DICTIONARY
OF
MICROELECTRONICS

K. Ya. PROKHOROV
B. I. ZAICHIK
L. I. BOROVIKOVA

RUSSKY YAZYK PUBLISHERS
MOSCOW
1991

DICTIONARY OF MICROELECTRONICS

English
Russian
German
French
Dutch

1991
KLUWER TECHNISCHE BOEKEN
DEVENTER

Distributors:

for all non-socialist countries
Kluwer Technische Boeken BV/Libresso BV
P. O. Box 23
7400 GA The Netherlands
ISBN 80 201 23238

D/1991/0108/162

In this dictionary, as in reference works in general, no mention is made of patents, trademark rights or other proprietary rights which may attach to certain words or entries. The absence of such mention, however, in no way implies that the words or entries in question are exempt from such rights. All rights reserved. No part of this book may be translated, reproduced, stored in information retrieval systems, or transmitted, in any form or by any means — electronic, mechanical, photocopying, recording, or otherwise — without the prior written permission of the publishers.

© 1991 Rusky Yazyk Publishers — Moscow, USSR (English, Russian, German, French Text)

© 1991 Kluwer Technische Boeken B. V.-Deventer, The Netherlands — Rusky Yazyk Publishers — Moscow, USSR (Dutch text)

PREFACE

This English-Russian-German-French-Dutch Dictionary of Microelectronics is a joint venture of Russky Yazyk Publishers (Moscow, USSR) and Kluwer Technische Boeken B. V. (Deventer, The Netherlands).

The publication of a multilingual dictionary of terms pertaining to microelectronics, which plays such an important role in the development of technology today, has been undertaken for the first time.

The dictionary contains some 10,000 English terms supplied with their Russian, German, French and Dutch equivalents. These terms are used in the main branches of microelectronics: technological processes and equipment necessary for the manufacture of integrated circuits, semiconductor and hybrid integrated circuits, methods and means of design and simulation of integrated circuits, and diagnosis, testing and control of materials, crystals, substrates and integrated circuits.

While preparing the dictionary a number of difficulties had to be overcome. Among them were: insufficiently standardized terminology, the great diversity of proprietary and advertising names and other occasional terms, and also the numerous abbreviations which are difficult to make out. The terms, terminological phrases and abbreviations selected for the dictionary are comparatively standard forms.

The indices of the Russian, German, French and Dutch terms included in the dictionary make it possible quickly to find the necessary term in one of these languages.

The dictionary is intended for a wide range of specialists in electronic engineering and students attending the radio engineering and electronics departments of colleges. It will also prove useful to translators of special literature and workers of scientific information services.

The authors and the publishers would appreciate it if any remarks and suggestions on the contents of the Dictionary were forwarded to Kluwer Technische Boeken B.V., Postbox 237400 GA Deventer, The Netherlands or to USSR, 103012, Moskva, Staropanski per., 1/5, Izdatelstvo «Russky Jazyk».

HOW TO USE THE DICTIONARY

The leading English terms are arranged in alphabetical order, compound terms being considered as though they were written as one word, for example:

screen
screenable resist
screen-and-fire process

Each main entry consists of English, Russian, German, French and Dutch terms arranged in a column. The leading English terms are printed in bold-face type. To refer the user to a synonymous term or abbreviation, the word *see* is used. All the Russian, German, French and Dutch terms are marked for gender (*m*, *f* or *n*) or the plural (*pl*). All the English terms are numbered within each letter of the alphabet to enable the user to find their Russian, German, French or Dutch equivalents in the indices. Thus, an entry looks like this, for example:

S106 *e* **screenable resist**
    r резист *m* для трафаретной печати
    d siebdruckfähiges Resist *n*
    f résist *m* pour sérigraphie
    nl voor zeefdrukken geschikte (af)deklak *m*

The following system of separating signs is used in the translations: equivalents of similar meaning are separated by commas, and less similar ones — by semicolons; different meanings are separated by numbers.

The synonymous variants of parts of translation are given in square brackets, for example: точка [температура] насыщения, which is the same as: точка насыщения, температура насыщения.

Optional parts of terms are enclosed in parentheses, for example: мелкий (энергетический) уровень, which is the same as: мелкий энергетический уровень, мелкий уровень.

Explanations of equivalent terms are printed in *italics* and are enclosed in parentheses, for example: резка (*слитков*).

To find the English equivalents of Russian, German, French or Dutch terms, the user should refer to the indices given at the end of the dictionary, in which all the terms are supplied with letters and numbers corresponding to those marking the leading English terms.

ПРЕДИСЛОВИЕ

Вниманию читателей предлагается Англо-русско-немецко-французско-нидерландский словарь по микроэлектронике, выпускаемый совместно издательствами «Русский язык» (Москва, СССР) и «Kluwer Technische Boeken BV» (Deventer, Nederland).

Выпуск многоязычного словаря по этой актуальной теме, имеющей важное значение для ускоренного развития современной техники и технологии, осуществляется впервые.

Словарь содержит около 10 000 английских терминов и их эквиваленты на русском, немецком, французском и нидерландском языках по основным разделам микроэлектроники: технологические процессы и оборудование для изготовления ИС, полупроводниковые и гибридные ИС, методы и средства проектирования и моделирования ИС, диагностика, испытание и контроль материалов, кристаллов, подложек, ИС.

При работе над словарем пришлось преодолеть ряд трудностей. К их числу следует отнести отсутствие достаточно стандартизованной терминологии, значительное число фирменных названий, рекламных и других окказиональных терминов, а также трудно расшифровываемых сокращений. Для данного словаря были отобраны сравнительно устоявшиеся термины, словосочетания и сокращения.

Наличие указателей русских, немецких, французских и нидерландских терминов в данном словаре позволяет быстро отыскать требуемый термин на одном из языков.

Словарь предназначен для широкого круга специалистов по электронной технике, студентов радиотехнических и электронных специальностей вузов; он будет полезен также для переводчиков специальной литературы и для работников научно-информационных организаций или отделов.

Авторы и издательства будут благодарны за отзывы и предложения, которые можно направлять по адресам: СССР, 103012, Москва, Старопанский пер., д. 1/5, издательство «Русский язык» или «Kluwer Technische Boeken BV», Postbox 237400 GA Deventer, Nederland.

О ПОЛЬЗОВАНИИ СЛОВАРЕМ

Ведущие английские термины расположены в словаре в алфавитном порядке, причем составные термины рассматриваются как слитно написанные слова, например:

    screen
    screenable resist
    screen-and-fire process

Словарная статья состоит из терминов на английском, русском, немецком, французском и нидерландском языках, расположенных в виде столбца. Ведущие английские термины выделены полужирным шрифтом. Для ссылки с одного синонимичного термина или сокращения используется помета *see* (*смотри*). Все русские, немецкие, французские и нидерландские термины имеют указание рода (*m, f, n*) и, при необходимости, множественного числа (*pl*). Все английские термины пронумерованы в пределах каждой из букв английского алфавита для возможности отыскания русских, немецких, французских и нидерландских терминов-эквивалентов по указателям. Таким образом, словарная статья имеет, например, следующий вид:

S106 *e*   **screenable resist**
    r   резист *m* для трафаретной печати
    d   siebdruckfähiges Resist *n*
    f   résist *m* pour sérigraphie
    nl   voor zeefdrukken geschikte (af)deklak *m*

В переводах принята следующая система разделительных знаков: близкие по значению эквиваленты отделены запятой, более далекие — точкой с запятой, разные значения — цифрами.

Синонимичные варианты части перевода заключены в квадратные скобки, например: точка [температура] насыщения. Термин следует читать: точка насыщения, температура насыщения.

Факультативная часть термина дается в круглых скобках, например: мелкий (энергетический) уровень. Термин следует читать: мелкий энергетический уровень, мелкий уровень.

Пояснения к терминам-эквивалентам набраны курсивом и заключены в круглые скобки, например: резка (*слитков*).

Для перевода с русского, немецкого, французского и нидерландского языков следует пользоваться помещенными в конце словаря указателями, в которых все термины имеют буквенно-цифровое обозначение, соответствующее обозначению при ведущем английском термине.

СПИСОК УСЛОВНЫХ СОКРАЩЕНИЙ

БИС	большая интегральная схема
ГИС	гибридная интегральная схема
ДТЛ	диодно-транзисторная логика
ЗУ	запоминающее устройство
ЗУПВ	запоминающее устройство с произвольной выборкой
И^{2}Л	интегральная инжекционная логика
ИС	интегральная схема
КМОП	комплементарная структура металл — оксид — полупроводник
МДП	структура металл — диэлектрик — полупроводник
МНОП	структура металл — нитрид — оксид — полупроводник
МОП	структура металл — оксид — полупроводник
ПЗС	прибор с зарядовой связью
ППЗ	прибор с переносом заряда
ПТЛ	логика на переключателях тока
САПР	система автоматизированного проектирования
СБИС	сверхбольшая интегральная схема
ССИС	сверхскоростная [сверхбыстродействующая] интегральная схема
ТКС	температурный коэффициент сопротивления
ТЛНС	транзисторная логика с непосредственными связями
ТТЛ	транзисторно-транзисторная логика
ТТЛМШ	транзисторно-транзисторная логика с диодами Шотки
ТШЛ	транзисторно-транзисторная логика с транзисторами Шотки
ЭСЛ	эмиттерно-связанная логика

VORWORT

Das von den Verlagen «Russkij Yazyk» (Moskau, UdSSR) und «Kluwer Technische Boeken BV» (Deventer, Nederland) gemeinsam entwickelte „Englisch-russisch-deutsch-französisch-niederländisches Wörterbuch der Mikroelektronik" stellt eine Erstauflage eines mehrsprachigen Wörterbuchs auf einem Gebiet dar, das für die beschleunigte Entwicklung der modernen Technologie and Technik besonders aktuell ist.

Das vorliegende Wörterbuch enthält etwa 10 000 englische Stichwörter und deren Äquivalente in Russisch, Deutsch, Französisch und Niederländisch zu den wichtigsten Teilgebieten der Mikroelektronik: Technologie und Ausrüstungen für die Herstellung der integrierten Schaltkreise, integrierte Halbleiterschaltkreise und hybride Schaltkreise; Mittel und Verfahren der Projektierung und Modellierung von integrierten Schaltkreisen; Diagnostik, Prüfung und Kontrolle von Materialien, Kristallen, Trägersubstraten und integrierten Schaltkreisen.

Bei der Entwicklung des Wörterbuchs hatten die Autoren Schwierigkeiten verschiedener Art zu überwinden. Einige davon waren: Mangel an allgemein anerkannter Terminologie, dagegen aber eine Fülle von Firmen-, Werbe- und okkasionellen Bezeichnungen; Vorhandensein einer Vielzahl von Abkürzungen, die sich ziemlich schwer dechiffrieren lassen. Für das vorliegende Wörterbuch wurden nur die meistgebräuchlichen Termini, Zusammensetzungen und Abkürzungen ausgewählt.

Die alphabetischen Register in Russisch, Deutsch, Französisch und Niederländisch ermöglichen das schnelle Auffinden der Äquivalente in der jeweils gewünschten Sprache.

Das Wörterbuch wendet sich an einen breiten Kreis von Fachleuten für Elektronik sowie an Studenten technischer Hochschulen für Elektronik und Radiotechnik. Es kann auch den Übersetzern der Fachliteratur und den Mitarbeitern der wissenschaftlichen Informationsstellen nützlich sein.

Die Verfasser und Herausgeber sind für Vorschläge und Hinweise jeglicher Art dankbar und bitten, diese an folgende Adressen zu senden: Kluwer Technische Boeken BV, Postbox 23 7400 GA Deventer, Nederland oder UdSSR, 103012, Moskva, Staropanski per., 1/5, Izdatelstvo «Russkij jazyk».

HINWEISE FUR DEN BENUTZER

Die englischen Stichwörter sind alphabetisch geordnet, wobei ein aus mehreren Wörtern bestehender Terminus als ein zusammengeschriebenes Wort aufgefaßt wird, z.B.:

screen
screenable resist
screen-and-fire process

Zum Wortartikel gehören Termini in englischer, russischer, deutscher, französischer und niederländischer Sprache, die untereinander stehen. Die englischen Stichwörter sind fettgedruckt. Als Hinweis auf einen synonymischen Terminus bzw. eine Abkürzung wird der Vermerk *see* (siehe) verwendet. Alle russischen, deutschen, französischen und niederländischen Termini sind mit einer Genusangabe (*m, f, n*) und, wenn nötig, mit einer Pluralangabe (*pl*) versehen. Die englischen Stichwörter innerhalb des jeweiligen Buchstabens sind numeriert, um das Auffinden der entsprechenden Termini im russischen, deutschen, französischen und niederländischen Register zu ermöglichen. Demuzufolge sieht ein Wortartikel folgendermaßen aus:

S106 *e* **screenable resist**
    r резист *m* для трафаретной печати
    d siebdruckfähiges Resist *n*
    f résist *m* pour sérigraphie
    nl voor zeefdrukken geschikte (af)deklak *m*

In den Übersetzungen sind synonymische Varianten durch ein Komma, sinnverwandte Varianten durch ein Semikolon, verschiedene Bedeutungen durch Ziffern abgetrennt.

Austauschbare Teile synonymischer Varianten sind bei der Übersetzung in eckige Klammern eingeschlossen, z. B.: точка [температура] насыщения. Dies ist folgenderweise zu lesen: точка насыщения, температура насыщения.

Der fakultative Teil eines Terminus steht in runden Klammern, z. B.: мелкий (энергетический) уровень. Der Terminus ist folgenderweise zu lesen: мелкий энергетический уровень, мелкий уровень.

Die Erläuterungen sind kursiv gedruckt und stehen in runden Klammern, z. B.: резка (*слитков*).

Für die Übersetzung aus dem Russischen, Deutschen, Französischen und Niederländischen sind die Register im Anhang zu verwenden. Hierin sind alle Termini ebenfalls nach dem englischen Stichwort numeriert.

PREFACE

Les Editions « Rousski yazyk » (Moscou, URSS) et la firme «Kluwer Technische Boeken BV» (Deventer, Nederland) proposent au lecteur le Dictionnaire de la micro-électronique anglais-russe-allemand-français-néerlandais.

C'est la première publication d'un dictionnaire plurilingue consacré à un thème actuel qui joue un rôle important dans le développement de la technique moderne.

Le Dictionnaire comporte près de 10 000 termes anglais avec leurs équivalents russes, allemands, français et néerlandais relevant les principales branches de la micro-électronique telles que les procédés technologiques et l'équipement pour la fabrication des circuits intégrés ; les circuits intégrés hybrides à semi-conducteurs ; les méthodes et les moyens de création et de simulation des circuits intégrés ; le diagnostic, les essais et le contrôle des matériaux, des cristaux, des substrats et des circuits intégrés.

Les auteurs ont dû surmonter une série de difficultés résultant de l'absence d'une terminologie normalisée, d'une grande diversité des termes publicitaires, occasionnels ou utilisés par différentes firmes et d'un grand nombre d'abréviations difficiles à déchiffrer. Le Dictionnaire renferme les termes, les groupes de mots et les abréviations les plus usités.

Les index russes, allemands, français et néerlandais permettent de trouver rapidement le terme nécessaire.

Le Dictionnaire est destiné aux spécialistes de la technique électronique, aux étudiants des facultés correspondantes, ainsi qu'aux traducteurs et aux employés des services d'information scientifique.

Les auteurs et les éditeurs seront reconnaissants pour toutes les remarques et suggestions qu'on peut envoyer à l'adresse suivante: Kluwer Technische Boeken BV, Boîte postale 237400 GA Deventer, Pays Bas ou URSS, 103012, Moskva, Staropanski per., 1/5, Izdatelstvo «Rousski jazyk».

INDICATIONS POUR L'UTILISATION DU DICTIONNAIRE

Les termes vedettes anglais sont placés en entrée dans l'ordre alphabétique. Les termes composés sont considérés comme un seul mot, par exemple :

screen
screenable resist
screen-and-fire process

Chaque article du Dictionnaire comporte les termes anglais, russes, allemands, français, néerlandais rangés en colonne. Les entrées anglaises sont écrites en caractères demi-gras. La marque d'usage *see* nous renvoit au synonyme de l'entrée donnée. Les termes russes, allemands, français et néerlandais ont l'indication du genre (*m*, *f*, *n*) et celle du nombre (*pl*) si cela est nécessaire. A l'intérieur de chaque lettre de l'alphabet les termes vedettes sont numérotés afin de faciliter la recherche des équivalents russes, allemands, français et néerlandais dans les index correspondants. Ainsi les articles ont la forme suivante :

S106 *e* **screenable resist**
    r резист *m* для трафаретной печати
    d siebdruckfähiges Resist *n*
    f résist *m* pour sérigraphie
    nl voor zeefdrukken geschikte (af)deklak *m*

Dans les articles les acceptions différentes sont présentées sous les chiffres différents, les sens voisins sont séparés par un point-virgule et les synonymes par une virgule.

Les variantes synonymes sont mises en crochets, par exemple : représentation [image] à l'échelle, ce qui équivaut à: représentation à l'échelle, image à l'échelle.

La partie facultative du terme est en parenthèses, par exemple: diode (à barrière) Schottky, ce qui est égal à: diode à barrière Schottky, diode Schottky.

Les explications des équivalents sont en italique et entre parenthèses, par exemple: environnement sévère (*d'exploitation*).

Pour la traduction du russe, de l'allemand, du français et du néerlandais il faut utiliser les index à la fin de l'ouvrage où tous les termes portent les marques d'usage littérales et numériques correspondant à l'entrée donnée.

VOORWOORD

Het vijftalig "Woordenboek Micro-elektronica" is een coproduktie van de uitgeverijen „Kluwer Technische Boeken B. V.", Holland en „Russkij Jazyk", USSR.

Dit eerste woordenboek met de micro-elektronica als onderwerp en in de talen Engels, Russisch, Duits, Frans en Nederlands, bevat ca 10 000 Engelse termen met hun equivalenten in de overige vier talen.

De opgenomen terminologie heeft betrekking op het gehele produktieproces van de onderscheiden typen geïntegreerde schakelingen: vanaf de kweek van het kristalmateriaal tot en met het testen van het eindprodukt.

Teneinde de omvang van het woordenboek tot handzame proporties te beperken, is het uiteindelijk corpus tot stand gekomen als selectie uit de oorspronkelijke terminologische verzameling, met dien verstande, dat vooral handelsmerken, commerciële benamingen en weinig toegepaste afkortingen zijn weggelaten.

De eerste uitgangstaal van het woordenboek is Engels. De vier registers maken het echter mogelijk om het woordenboek ook vanuit de overige vier talen te raadplegen. Zowel de samenstellers als beide uitgeverijen zullen dankbaar zijn voor suggesties ter verbetering, welke gestuurd kunnen worden aan een van beide onderstaande adressen:

Kluwer Technische Boeken B. V., Postbus 23, 7400 GA Deventer, Holland

en

103012 Moskva, Staropanskij per. 1/5, Izdatelstvo ‚Russkij Jazyk'.

AANWIJZINGEN VOOR HET GEBRUIK

Bij de alfabetisering van de trefwoorden in het hoofdwerk zowel als in de registers, is geen acht geslagen op spaties, koppeltekens, e. d. Bijvoorbeeld:

screen
screenable resist
screen-and-fire process

Alle artikels zijn voorzien van een alfanumerieke code. De letter van deze code stemt overeen met de beginletter van het Engels trefwoord; het numerieke deel van deze code bevat een, per beginletter oplopende, nummering. Vanuit de registers wordt via deze code terugverwezen naar het relevante artikel in het hoofdwerk.

De substantiva in de Duitse, Franse, Nederlandse en Russische vertalingen worden gevolgd door de — cursief gezette — genusaanduiding '*m*' voor masculinum, '*f*' voor feminium, '*n*' voor neutrum, eventueel gevolgd door '*pr*' voor pluralis.

Een volledig artikel kan er dan als volgt uitzien:

S106 *e* **screenable resist**
    r резист *m* для трафаретной печати
    d siebdruckfähiges Resist *n*
    f résist *m* pour sérigraphie
    nl voor zeefdrukken geschikte afdeklak *m*

In betekenis sterk van elkaar verschillende vertalingen zijn genummerd; min of meer equivalente vertalingen worden van elkaar gescheiden door een puntkomma, synonieme vertalingen door een komma.

Met rechte haken wordt aangegeven dat de voorgaande component in een samengestelde term vervangen mag worden door de omsloten component. Zo moet ‚IC [geïntegreerde schakeling] met luchtisolatie' gelezen worden als ‚IC met luchtisolatie, geïntegreerde schakeling met luchtisolatie'. Componenten tussen ronde haken mogen worden weggelaten. Zo kan ‚p-(type-)halfgeleider' gelezen worden als ‚p-type-halfgeleider, p-halfgeleider'.

АНГЛИЙСКИЙ АЛФАВИТ

Aa	Gg	Nn	Uu
Bb	Hh	Oo	Vv
Cc	Ii	Pp	Ww
Dd	Jj	Qq	Xx
Ee	Kk	Rr	Yy
Ff	Ll	Ss	Zz
	Mm	Tt	

A

A1   *e* **abrasive**
      r абразивный материал *m*, абразив *m*
      d Schleifmittel *n*
      f abrasif *m*
     nl schuurmiddel *n*, slijpmiddel *n*

A2   *e* **abrasive dust**
      r абразивный порошок *m*
      d Schleifpulver *n*
      f poudre *f* abrasive
     nl slijpstof *n*

A3   *e* **abrasive-jet machining**
      r абразивная струйная обработка *f*
      d Strahlläppen *n*
      f traitement *m* par jet abrasif
     nl machinaal bewerken *n* d. m. v. straalverspaning

A4   *e* **abrasive-jet trimming**
      r абразивная струйная подгонка *f*
      d Abgleichen *n* mittels Strahlläppen
      f ajustage *m* par jet abrasif
     nl trimmen *n* d. m. v. straalslijpen

A5   *e* **abrasive trimming**
      r абразивная подгонка *f*
      d Schleiftrimmen *n*
      f ajustage *m* abrasif
     nl slijptrimmen *n*

A6   *e* **abrupt heterojunction**
      r резкий гетеропереход *m*
      d abrupter Heteroübergang *m*
      f hétérojonction *f* abrupte
     nl abrupte hetero-overgang *f*

A7   *e* **abrupt junction, abrupt transition**
      r резкий переход *m*
      d abrupter Übergang *m*
      f jonction *f* abrupte
     nl abrupte overgang *f*

A8   *e* **absorption**
      r поглощение *n*, абсорбция *f*
      d Absorption *f*
      f absorption *f*
     nl absorptie *f*

A9   *e* **abutment joint**
      r соединение *n* встык
      d Stumpfstoß *m*
      f joint *m* bout à bout
     nl stomplas-verbinding *f*

A10   *e* **accelerated aging**
      r ускоренное старение *n*; ускоренная тренировка *f*
      d beschleunigte Alterung *f*
      f vieillissement *m* accéléré
     nl versnelde veroudering *f*

A11   *e* **accelerated test(ing)**
      r ускоренное испытание *n*
      d Kurzzeitprüfung *f*
      f test *m* [essai *m*] accéléré
     nl versneld testen *n*

A12   *e* **acceptor**
      r акцептор *m*, акцепторная примесь *f*
      d Akzeptor *m*
      f accepteur *m*
     nl acceptor *m*

A13   *e* **acceptor atom**
      r акцепторный атом *m*
      d Akzeptoratom *n*
      f atome *m* accepteur
     nl acceptoratoom *n*

A14   *e* **acceptor center**
      r акцепторный центр *m*
      d Akzeptorstörstelle *f*
      f centre *m* accepteur
     nl acceptorlokatie *f*

A15   *e* **acceptor density**
      r концентрация *f* акцепторов
      d Akzeptorkonzentration *f*, Akzeptordichte *f*
      f densité *f* d'accepteurs
     nl acceptorconcentratie *f*

A16   *e* **acceptor dopant, acceptor impurity**
      r акцепторная примесь *f*
      d Akzeptorstörstelle *f*; Akzeptorzusatz *m*
      f impureté *f* acceptrice
     nl acceptordotering *f*, acceptordoopstof *m*

A17   *e* **acceptor-type semiconductor**
      r дырочный полупроводник *m*, полупроводник *m* (с электропроводностью) *p*-типа
      d p-Halbleiter *m*, p-Typ-Halbleiter *m*, Defekthalbleiter *m*, Löcherhalbleiter *m*
      f semi-conducteur *m* type *p*
     nl p-(type-)halfgeleider *m*

ACCUMULATION

A18 e **accumulation layer**
  r обогащённый слой m
  d Anreicherungsschicht f
  f couche f enrichie [d'enrichissement]
  nl accumulatielaag f

A19 e **accurate positioning**
  r прецизионное позиционирование n
  d Feinpositionierung f
  f positionnement m de précision
  nl nauwkeurige positionering f

A20 e **ACE** *see* **advanced customized ECL**

A21 e **acicular crystal**
  r игольчатый кристалл m
  d Nadelkristall m
  f cristal m aciculaire
  nl naaldvormig kristal n

A22 e **acid etch**
  r кислотный травитель m
  d saures Ätzmittel n
  f décapant m acide
  nl zuurets(bad) n

A23 e **acid etching**
  r травление n кислотой
  d Ätzen n in Säuren
  f décapage m par acide
  nl zuuretsen n

A24 e **acoustic-surface waves**
  r поверхностные акустические волны f pl, ПАВ
  d akustische Oberflächenwellen f pl
  f ondes f pl acoustiques de surface
  nl oppervlaktegeluidsgolf f

A25 e **acoustic-wave oscillator**
  r генератор m на ПАВ, ПАВ-генератор m
  d SAW-Oszillator m, AOW-Oszillator m
  f oscillateur m à onde acoustique de surface
  nl geluidsgolfoscillator m

A26 e **acoustoelectric transducer**
  r акустоэлектрический преобразователь m
  d akustoelektrischer Wandler m
  f convertisseur m acousto-électrique
  nl akoesto-elektrische omvormer m

A27 e **activation**
  r активация f, активирование n
  d Aktivieren n, Aktivierung f
  f activation f
  nl activering f

A28 e **active area**
  r активная область f
  d aktive Fläche f
  f région f [zone f] active
  nl actief gebied n

A29 e **active circuit**
  r схема f на активных компонентах
  d aktive Schaltung f
  f circuit m actif
  nl actieve schakeling f

A30 e **active component**
  r активный компонент m
  d aktives Bauelement n
  f composant m actif
  nl actieve component m

A31 e **active dust**
  r биологически активная пыль f
  d biologish aktiver Staub m
  f poussière f biologique active
  nl besmet stof n; (bio-)actief stof n

A32 e **active element group**
  r группа f активных элементов
  d Gruppe f aktiver Bauelemente
  f groupe m d'éléments actifs
  nl groep f (m)actieve elementen

A33 e **active parasitics**
  r активные паразитные элементы m pl
  d aktive parasitäre Elemente n pl
  f éléments m pl parasites actifs
  nl parasitaire actieve elementen n pl

A34 e **active redundancy**
  r резервирование n замещением
  d aktive Redundanz f
  f redondance f active
  nl actieve redundantie f

A35 e **active substrate**
  r активная подложка f
  d aktives Substrat n
  f substrat m actif
  nl actief substraat n

A36 e **active-substrate trimming**
  r подгонка f резисторов на активной подложке
  d Abgleich m von Aktivsubstrat-widerständen
  f ajustage m sur le substrat actif
  nl trimmen n van actieve substraatelementen

A37 e **adatom**
  r адсорбированный атом m
  d Adatom n, absorbiertes Atom n
  f atome m adsorbé
  nl adatoom, geadsorbeerd atoom n

A38 e **added component**
  r навесной компонент m
  d diskretes Bauelement n (z. B. zur Leiterplattenbestückung)
  f composant m pendu
  nl discrete component m

A39 e **additive process**
  r аддитивная технология f
  d Additivverfahren n
  f technologie f additive
  nl additief proces n

A40 e **add-ons**
  r навесные компоненты m pl; компоненты m pl ГИС
  d diskrete Bauelemente n pl; hybride Bauelemente n pl
  f composants m pl pendus
  nl toegevoegde bouwstenen m pl

A41 e **adhesion**
  r адгезия f; прилипание n
  d Adhäsion f; Haften n

AIRBORNE

    f adhésion *f*
   nl adhesie *f*; hechting *f*
A42 *e* **adhesion strength**
    r сила *f* адгезии
    d Adhäsionskraft *f*, Haftung *f*
    f force *f* d'adhésion
   nl adhesie *f*; hechting *f*; kleefkracht *f (m)*
A43 *e* **adhesive**
    r клей *m*; адгезив *m*
    d Kleber *m*
    f adhésif *m*
   nl kleefmiddel *n*, plakmiddel *n*; lijm *m*
A44 *e* **adhesive die attachment**
    r присоединение *n* кристалла клеем
    d Klebemontage *f*
    f attachement *m* adhésif, cohésion *f* adhésive
   nl chip-kleefmontage *f*
A45 *e* **adhesive sealing**
    r герметизация *f* клеем
    d Verkappen *n* im Kleber
    f étanchéification *f* par adhésif
   nl afdichten *n* met kleefmiddel
A46 *e* **adjustable-threshold MOS**
    r МОП-структура *f* с регулируемым пороговым напряжением
    d MOS-Struktur *f* mit einstellbarem Transistorschwellwert, ATMOS *f*
    f structure *f* MOS à tension de seuil ajustable
   nl MOS *m* met instelbare drempelwaarde, ATMOS *m*
A47 *e* **adjustment**
    r регулировка *f*; подгонка *f*
    d Einstellung *f*; Justierung *f*
    f ajustement *m*
   nl instelling *f*; justering *f*
A48 *e* **admixture**
    r примесь *f*; добавка *f*
    d Beimengung *f*; Zusatz *m*
    f additif *m*
   nl bijmenging *f*; toevoeging *f*
A49 *e* **adulterated semiconductor material**
    r загрязнённый полупроводниковый материал *m*
    d verunreinigtes Halbleitermaterial *n*
    f matériau *m* semi-conducteur contaminé
   nl bastaard halfgeleidermateriaal *n*
A50 *e* **advanced customized ECL**
    r усовершенствованная специализированная ЭСЛ *f*
    d Advanced ECL-Kundenschaltkreise *m pl*
    f circuit *m* ECL personnalisé amélioré [perfectionné]
   nl hoogwaardige, op klantespec(ificatie)s ontworpen ECL-schakeling *f*
A51 *e* **advanced low-power Schottky TTL**
    r усовершенствованная ТТЛШ *f* с низкой потребляемой мощностью
    d Advanced Low-Power-Schottky-TTL *f*, hochentwickelte Niedrigleistungs-Schottky-TTL *f*
    f circuit *m* TTL Schottky perfectionné à faible consommation
   nl hoogontwikkelde laag-vermogen Schottky-TTL *m*
A52 *e* **advanced polysilicon self-aligned process**
    r усовершенствованная технология *f* МОП ИС с самосовмещёнными поликремниевыми затворами
    d Advanced MOS-Technologie *f* mit selbstjustierendem Poly-Si-Gate, fortgeschrittene MOS-Technologie *f* mit selbstjustierendem Poly-Si-Gate
    f technologie *f* MOS perfectionnée à grilles polysiliciums auto-alignées
   nl hoogontwikkeld zelfinpassend polysilicium (-proces) *n*
A53 *e* **advanced Schottky transistor logic**
    r усовершенствованная ТШЛ *f*
    d Advanced Schottky-Transistor-Logik *f*
    f logique *m* à transistor Schottky amélioré [perfectionné]
   nl hoogontwikkelde Schottky-transistorlogica *f*
A54 *e* **advanced Schottky TTL**
    r усовершенствованная ТТЛШ *f*
    d Advanced Schottky-TTL *f*, hochentwickelte Schottky-TTL *f*
    f circuit *m* TTL Schottky amélioré [perfectionné]
   nl hoogontwikkelde Schottky-TTL *m*
A55 *e* **AEG** *see* **active element group**
A56 *e* **AEG** *see* **Auger electron spectroscopy**
A57 *e* **affinity**
    r сродство *n*
    d Affinität *f*
    f affinité *f*
   nl affiniteit *f*
A58 *e* **aftertreatment**
    r последующая (технологическая) обработка *f*
    d Nachbehandlung *f*
    f post-traitement *m*
   nl nabehandeling *f*
A59 *e* **aging**
    r старение *n*; тренировка *f*
    d Alterung *f*, Altern *n*
    f vieillissement *m*
   nl (ver)oudering *f*
A60 *e* **AI** *see* **avalanche injection**
A61 *e* **AIM** *see* **1. air-isolation monolithic IC 2. avalanche-induced migration**
A62 *e* **air-bearing stage**
    r координатный стол *m* на воздушных подшипниках
    d Koordinatentisch *m* mit Luftlagerung
    f table *f* X-Y à coussinet d'air
   nl luchtgelagerde x-y tafel *f (m)*
A63 *e* **airborne contamination**
    r загрязнение *n* из воздушной среды
    d Verunreinigung *f* durch Umgebungsluft

f contamination *f* par milieu aérien
nl verontreiniging *f* uit omgevingslucht

A64 *e* **air bridge**
r воздушная перемычка *f*
d Luftspalt-Mikrobrücke *f*, Mikrobrücke *f* mit Luftspalt
f entrefer *m*, traversée *f* d'air
nl luchtspleet-microbrug *f (m)*

A65 *e* **air-bridge metallization**
r металлизация *f* поверхности с воздушными зазорами
d Luftspaltmetallisierung *f*
f métallisation *f* à l'entrefer
nl luchtspleetmetallisering *f*

A66 *e* **air gap**
r воздушный зазор *m*
d Luftspalt *m*
f entrefer *m*, espace *m* d'air
nl luchtspleet *f (m)*

A67 *e* **air-isolation integrated circuit**
r ИС *f* с воздушной изоляцией
d Schaltkreis *m* mit Luftisolation [mit Trennfugenisolation]
f circuit *m* intégré à isolation aérienne
nl IC *n* [geïntegreerde schakeling *f*] met luchtisolatie

A68 *e* **air-isolation monolithic IC**
r полупроводниковая ИС *f* с воздушной изоляцией
d monolithisches IC *n* mit Luftisolation
f circuit *m* monolithique à isolation aérienne
nl monolithisch IC *n* met luchtisolatie

A69 *e* **air-isolation process**
r технология *f* ИС с воздушной изоляцией
d Luftisolationsverfahren *n*, Trennfugenisolationstechnik *f*
f technologie *f* d'intégration à isolation aérienne
nl luchtisolatietechniek *f*

A70 *e* **air leak**
r натекание *n* воздуха
d Lufteinströmen *n*
f fuite *f* d'air
nl luchtlek *n*

A71 *e* **air-oxide isolation**
r оксидно-воздушная изоляция *f*
d Luft-Oxid-Isolation *f*
f isolation *f* air-oxyde
nl lucht-oxyde isolatie *f*

A72 *e* **air purge**
r очистка *f* продувкой воздуха
d Luftreinigung *f* Reinigung *f* mittels Durchblasen von Luft
f nettoyage *m* par soufflage d'air
nl doorblazen *n* met lucht *(reiniging)*

A73 *e* **airtight joint**
r герметичное соединение *n*
d luftdichte Verbindung *f*
f joint *m* hermétique
nl luchtdichte verbinding *f*

A74 *e* **air track**
r транспортёр *m* на воздушной подушке
d aërostatische [luftgelagerte] Führung *f*
f convoyeur *m* au coussin d'air
nl aërostatische [luchtgelagerde] geleiding *f*

A75 *e* **AJT** *see* **abrasive-jet trimming**
A76 *e* **ALD** *see* **automatic logic design**
A77 *e* **ALG** *see* **aluminum gate**

A78 *e* **aligner**
r установка *f* совмещения (и экспонирования); установка *f* литографии
d Justier-und Belichtungsanlage *f*
f aligneur *m*
nl uitlijn- en belichtingsapparatuur *f*; justeerinrichting *f*

A79 *e* **alignment**
r совмещение *n*, ориентация *f*
d Justierung *f*
f alignement *m*
nl uitlijning *f*; justering *f*

A80 *e* **alignment accuracy**
r точность *f* совмещения
d Justiergenauigkeit *f*
f exactitude *f* d'alignement
nl uitlijnnauwkeurigheid *f*; justeernauwkeurigheid *f*

A81 *e* **alignment error**
r ошибка *f* совмещения
d Justierfehler *m*
f erreur *m* d'alignement
nl uitlijnfout *f (m)*; justeerfout *f (m)*

A82 *e* **alignment machine** *see* **aligner**

A83 *e* **alignment mark**
r знак *m* [фигура *f*] совмещения
d Justiermarke *f*
f marque *f* d'alignement
nl uitlijnmerk *n*; justeermerk *n*

A84 *e* **alignment pin**
r установочный [ориентирующий] штырёк *m*
d Paßstift *m*
f broche *f* d'alignement
nl passtift *f (m)*

A85 *e* **alignment registration**
r точное совмещение *n*
d Feinjustierung *f*
f alignement *m* exact
nl fijnuitlijning *f*; fijnjustering *f*

A86 *e* **alignment requirements**
r требования *n pl* к точности совмещения
d Justierungsanforderungen *f pl*
f prescriptions *f pl* d'exactitude d'alignement
nl uitlijneisen *m pl*; justeereisen *m pl*

A87 *e* **alkaline strippable resist**
r резист *m*, удаляемый щелочным раствором
d mittels basischem Lösungsmittel ablösbares Resist *n*

       f résist *m* éliminé par alkaline
      nl alkalisch te verwijderen fotolak *m*

A88 *e* **all-diffused integrated circuit**
       r ИС *f* с диффузионными областями
      d Schaltkreis *m* mit Diffusionsgebieten
      f circuit *m* intégré entièrement [tout] diffusé
      nl geïntegreerde schakeling *f* met totaaldiffusie, (totaal)diffusie-IC *n*

A89 *e* **allowed level**
       r разрешённый (энергетический) уровень *m*
      d erlaubtes Energieniveau *n*
      f niveau *m* (énergétique) permis
      nl toegestaan (energie)niveau *n*

A90 *e* **alloy**
       r сплав *m*
      d Legierung *f*
      f alliage *m*
      nl legering *f*

A91 *e* **alloyed contact**
       r сплавной контакт *m*
      d Legierungskontakt *m*
      f contact *m* allié
      nl legeringscontact *n*

A92 *e* **alloyed region**
       r сплавная область *f*
      d legierte Zone *f*
      f région *f* alliée
      nl legeringszone *f (m)*

A93 *e* **alpha**
       r 1. коэффициент *m* передачи по току в схеме с общей базой, альфа, α 2. альфа-частица *f*
      d 1. Stromverstärkungsfaktor *m* von Bipolartransistoren in Basisschaltung, Alpha *n* 2. Alpha-Teilchen *n*
      f alpha *m*
      nl alfa

A94 *e* **alpha immunity**
       r стойкость *f* к альфа-излучению
      d Alphastrahlungsresistenz *f*
      f immunité *f* [résistance *f*] au rayonnement
      nl alfa-(stralings)ongevoeligheid *f*

A95 *e* **alpha-particle bombardment**
       r бомбардировка *f* альфа-частицами
      d Alphateilchenbeschuß *m*
      f bombardement *m* par particules α
      nl beschieting *f* met alfa-deeltjes

A96 *e* **alpha-particle protection**
       r (радиационная) защита *f* от альфа-частиц
      d Alphateilchenschutz *m*
      f protection *f* contre les particules α
      nl bescherming *f* tegen alfadeeltjes

A97 *e* **alpha-radiation sensitivity, alpha-radiation susceptibility**
       r чувствительность *f* к альфа-излучению
      d Alphastrahlungsempfindlichkeit *f*
      f sensibilité *f* au rayonnement α
      nl alfa-(stralings)gevoeligheid *f*

A98 *e* **alpha scintillation counter**
       r сцинтилляционный счётчик *m* альфа-частиц
      d Alphateilchenszintillationszähler *m*
      f scintillomètre *m* [comteur *m* de scintillation] des particules α
      nl alfa-(deeltjes-)scintillatieteller *m*

A99 *e* **ALS** see **advanced low-power Schottky TTL**

A100 *e* **alternating-current resistance**
       r сопротивление *n* (по) переменному току
      d Wechselstromwiderstand *m*
      f résistance *f* en courant alternatif
      nl wisselstroomweerstand *m*

A101 *e* **ALU** see **arithmetic and logic unit**

A102 *e* **alumina**
       r оксид *m* алюминия, Al_2O_3
      d Aluminiumoxid *n*
      f alumine *f*
      nl aluminiumoxyde *n*

A103 *e* **alumina ceramic scribing**
       r скрайбирование *n* керамических плат из оксида алюминия
      d Ritzen *n* von Aluminiumoxidkeramikplatten
      f rainage *m* de plaques céramiques en alumine
      nl ritsen *n* [inkrassen] van aluminiumoxyde-keramiekplaatjes

A104 *e* **alumina package**
       r керамический корпус *m* на основе оксида алюминия
      d Aluminiumoxidkeramikgehäuse *n*
      f boîtier *m* céramique en alumine
      nl aluminiumoxyde-behuizing *f*

A105 *e* **aluminizing** see **aluminum metallization**

A106 *e* **aluminosilicate glass**
       r алюмосиликатное стекло *n*
      d Alum(in)osilikatglas *n*
      f verre *m* en aluminosilicate
      nl aluminosilicaatglas *n*

A107 *e* **aluminum arsenide**
       r арсенид *m* алюминия, AlAs
      d Aluminiumarsenid *n*
      f arséniure *m* d'aluminium
      nl aluminiumarsenide *n*

A108 *e* **aluminum bonding**
       r термокомпрессионная сварка *f* алюминиевой проволоки
      d Aluminiumdrahtbonden *n*
      f soudage *m* à thermocompression de fil en aluminium
      nl aluminium-contactering *f*

A109 *e* **aluminum gate**
       r алюминиевый затвор *m*
      d Aluminium-Gate *n*
      f grille *f* en aluminium
      nl aluminiumpoort *f (m)*

A110 *e* **aluminum metallization**
       r металлизация *f* алюминием
      d Aluminiummetallisierung *f*,

ALUMINUM

      Metallisieren *n* mit Aluminium
  f métallisation *f* par aluminium
 nl aluminium-metallisering *f*

A111 *e* **aluminum-oxide ceramics**
  r алюмооксидная керамика *f*
  d Aluminiumoxidkeramik *f*, Al$_2$O$_3$
    = Keramik *f*
  f céramique *f* au oxyde d'aluminium
 nl aluminiumoxyde-keramiek *f*

A112 *e* **aluminum spiking**
  r образование *n* выступов на алюминиевой контактной площадке
  d Ausbildung *f* von Unebenheiten auf der Aluminiumseloberfläche
  f formation *f* de bossage à la surface de contact en aluminium
 nl naaldvorming *f* op aluminiumlaagje

A113 *e* **aluminum step coverage**
  r алюминиевое покрытие *n* на оксидной ступеньке
  d Aluminiumstufenbedeckungsschicht *f*
  f recouvrement *m* [couverture *f*] d'aluminium sur le degré oxyde
 nl aluminiumdekvlak *n* per (belichtings)stap

A114 *e* **aluminum-wire bond**
  r термокомпрессионное соединение *n* алюминиевой проволоки с контактной площадкой
  d Aluminiumdrahtbondung *f*
  f soudure *f* à thermocompression de fil en aluminium à la surface de contact
 nl aluminiumdraad-verbinding *f*

A115 *e* **ambient air monitor**
  r прибор *m* для контроля воздушной среды
  d Umgebungsluftüberwachungsgerät *n*
  f moniteur *m* pour l'air (ambiant)
 nl omgevingsluchtbewakingsapparaat *n*

A116 *e* **ambient environment**
  r условия *n pl* окружающей среды
  d Umgebungsbedingungen *f pl*
  f conditions *f pl* d'ambiance
 nl omgevingscondities *f pl*

A117 *e* **ambient humidity**
  r влажность *f* окружающей среды
  d Umgebungsfeuchtegehalt *m*
  f humidité *f* d'ambiance
 nl vochtigheidsgraad *m* in de omgeving

A118 *e* **ambient temperature**
  r температура *f* окружающей среды
  d Umgebungstemperatur *f*
  f température *f* d'ambiance
 nl omgevingstemperatuur *f*

A119 *e* **amorphization**
  r переход *m* в аморфное состояние
  d Übergang *m* in den amorphen Zustand
  f amorphisation *f*
 nl overgang *m* in amorfe staat

A120 *e* **amorphous/crystalline transition**
  r переход *m* из аморфного состояния в кристаллическое
  d Übergang *m* aus dem amorphen in den kristallinen Zustand
  f transition *f* amorphe/cristalline
 nl overgang *m* amorf-kristallijn

A121 *e* **amorphous implantation**
  r ионная имплантация *f* в аморфный полупроводник
  d Ionenimplantation *f* in den amorphen Halbleiter
  f implantation *f* (d'ions) dans semi-conducteur amorphe
 nl implantatie *f* in amorfe halfgeleider

A122 *e* **amorphous semiconductor**
  r аморфный полупроводник *m*
  d amorpher Halbleiter *m*
  f semi-conducteur *m* amorphe
 nl amorfe halfgeleider *m*

A123 *e* **amorphous-semiconductor device**
  r прибор *m* на аморфном полупроводнике
  d Bauelement *n* auf Basis von amorphen Halbleitern
  f dispositif *m* au semi-conducteur amorphe
 nl bouwelement *n* met amorfe halfgeleider; amorfe halfgeleider *m*

A124 *e* **amorphous state**
  r аморфное состояние *n*
  d amorpher Zustand *m*
  f état *m* amorphe
 nl amorfe staat *m*

A125 *e* **amplification**
  r 1. усиление *n* 2. коэффициент *m* усиления
  d 1. Verstärkung *f* 2. Verstärkungsfaktor *m*
  f gain *m*
 nl versterking *f*

A126 *e* **amplification factor**
  r коэффициент *m* усиления
  d Verstärkungsfaktor *m*
  f coefficient *m* d'amplification, gain *m*
 nl versterkingsfactor *m*

A127 *e* **amplifier**
  r усилитель *m*
  d Verstärker *m*
  f amplificateur *m*
 nl versterker *m*

A128 *e* **analog array**
  r аналоговая матрица *f*; аналоговая матричная ИС *f*
  d analoges Array *n*; analoge Matrixanordnung *f*
  f réseau *m* analogique
 nl analoge matrixschakeling *f*

A129 *e* **analog chip** *see* **analog integrated circuit**

A130 *e* **analog electronics**
  r аналоговая электроника *f*
  d Analogelektronik *f*
  f électronique *f* analogique
 nl analoge elektronica *f*

A131 *e* **analog integrated circuit**
  r аналоговая ИС *f*
  d Analog-IC *n*, Analogschaltkreis *m*
  f puce *f* [circuit *m* intégré] analogique

A132 e **analog microelectronics**
   nl analoge geïntegreerde schakeling *f*, analoog IC *n*
   r аналоговые интегральные схемы *f pl*
   d analoge Schaltkreistechnik *f*
   f micro-électronique *f* analogique
   nl analoge micro-elektronica *f*

A133 e **analog signal**
   r аналоговый сигнал *m*
   d Analogsignal *n*
   f signal *m* analogique
   nl analoog signaal *n*

A134 e **analyzer**
   r анализатор *m*
   d Analysator *m*
   f analyseur *m*
   nl analysator *m*

A135 e **AND circuit**
   r логическая схема *f* И
   d UND-Schaltung *f*
   f circuit *m* ET
   nl EN-schakeling *f*, AND-schakeling *f*

A136 e **AND element**
   r логический элемент *m* И
   d UND-Gatter, *n*, UND-Glied *n*
   f élément *m* ET
   nl EN-element *n*, AND-element *n*

A137 e **AND—NOR gate**
   r логический элемент *m* И—НЕ—ИЛИ
   d UND-NOR-Gatter *n*
   f élément *m* ET OU NON
   nl N-NOF poort *f (m)*, AND-NOR poort *f (m)*

A138 e **AND operation**
   r операция *f* И
   d UND-Operation *f*
   f opération *f* ET
   nl EN-bewerking *f*, AND-bewerking *f*

A139 e **AND-OR circuit**
   r логическая схема *f* И—ИЛИ
   d UND-ODER-Schaltung *f*
   f circuit *m* ET OU
   nl EN/OF schakeling *f*, AND-OR schakeling *f*

A140 e **angled ion implantation**
   r ионная имплантация *f* под углом к поверхности
   d Schrägimplantation *f*
   f implantation *f* ionique à l'angle de surface
   nl schuine ionenimplantatie *f*

A141 e **angle lap**
   r косой шлиф *m*
   d Schrägschliff *m*
   f coupe *f* oblique
   nl schuine slijp *m*

A142 e **angle-to-digit converter**
   r преобразователь *m* угол—код
   d Winkel-Kode-Wandler *m*
   f convertisseur *m* angle-code numérique
   nl digitale hoekwaarde-omzetter *m*

A143 e **anion(-exchange) resin**
   r анионообменная смола *f*
   d Anionenaustauschharz *n*
   f aniorésine *f*
   nl anionen(-wissel) hars *n*

A144 e **anisotropic etchant**
   r анизотропный травитель *m*
   d anisotroper Ätzer *m*
   f décapant *m* anisotrope
   nl anisotroop etsmiddel *n*

A145 e **anisotropic etching**
   r анизотропное травление *n*
   d anisotropes Ätzen *n*
   f décapage *m* anisotrope
   nl anisotroop etsen *n*

A146 e **anisotropic etch profile**
   r профиль *m* анизотропного травления
   d anisotropes Ätzprofil *n*
   f profil *m* de décapage anisotrope
   nl anisotroop etsprofiel *n*

A147 e **anisotropic etch property**
   r свойство *n* анизотропного травителя
   d Eigenschaft *f* des anisotropen Ätzers
   f propriété *f* de décapant anisotrope
   nl anisotrope etseigenschap *f*

A148 e **anisotropic material**
   r анизотропный материал *m*
   d anisotropes Material *n*
   f matériau *m* anisotrope
   nl anisotroop materiaal *n*

A149 e **annealer**
   r установка *f* для отжига; печь *f* для отжига
   d Ausheilungsofen *m*
   f four *m* à recuire
   nl 1. (uit) gloeioven *m*, onthardingsoven *m* 2. temperoven *m*

A150 e **annealing**
   r отжиг *m*
   d Ausheilen *n*, Ausheilung *f*; Tempern *n*
   f recuit *m*
   nl 1. (uit) gloeien *n*, ontharden *n*, ontlaten *n (metaal)* 2. temperen *n (plastic)*

A151 e **annealing activation**
   r активация *f* примеси отжигом
   d Aktivierung *f* von Dotanten durch beim Ausheilen erfolgende Energiezufuhr
   f activation *f* de dopant par recuit
   nl activering *f* door (uit) gloeien *(dotanten)*

A152 e **annealing cap**
   r (защитное) покрытие *n* для отжига
   d Ausheilungsdeckschicht *f*, Deckschicht *f (zum Schutz des Materials beim Ausheilen)*
   f revêtement *m* de protection pour recuit
   nl (af) deklaag *f (m)* bij temperen

A153 e **annular blade**
   r диск *m* с внутренней режущей кромкой
   d Innenbordtrennscheibe *f*
   f lame *m* de scie circulaire
   nl ringvormig blad *n* met inwendige snijrand

ANNULAR

A154 e **annular contact**
  r кольцевой контакт *m*
  d Ringkontakt *m*
  f contact *m* annulaire
  nl ringcontact *n*

A155 e **annular cutting**
  r резка *f* диском с внутренней режущей кромкой
  d Innenbordtrennschleifen *n*
  f coupage *m* par lame de scie circulaire
  nl rondom slijpen *n*

A156 e **annular saw**
  r дисковая пила *f* с внутренней режущей кромкой
  d Innenbordtrennsäge *f*
  f scie *f* circulaire
  nl inwendig getande circelzaag *f (m)*

A157 e **anode etching**
  r электрохимическое травление *n*
  d elektrolytisches Ätzen *n*
  f décapage *m* électrochimique
  nl anodisch etsen *n*

A158 e **anodic coating, anodic oxidation**
  r анодирование *n*
  d Anodieren *n*, anodische Oxydation *f*
  f anodisation *f*, oxydation *f* anodique
  nl anodiseren *n*, anodisch oxyderen *n*

A159 e **antimonide**
  r антимонид *m*
  d Antimonid *n*
  f antimoniure *m*
  nl antimonide

A160 e **antimonous oxide**
  r триоксид *m* сурьмы, Sb_2O_3
  d Antimontrioxid *n*, Antimon (III)-Oxid *n*
  f trioxyde *m* d'antimoine
  nl antimoonoxyde

A161 e **antimony**
  r сурьма *f*, Sb
  d Antimon *n*
  f antimoine *m*
  nl antimoon

A162 e **anti-oxidation layer**
  r слой *m*, препятствующий оксидированию
  d Antioxydationsschicht *f*
  f couche *f* anti-oxydante
  nl anti-oxidatielaag

A163 e **antistatic agent**
  r антистатический материал *m*, антистатик *m*
  d Antistatikmittel *n*
  f agent *m* antistatique
  nl antistatisch middel *n*

A164 e **antistatic aids**
  r антистатические средства *n pl*
  d Antistatikmittel *n pl*
  f moyens *m pl* antistatiques
  nl antistatische hulpmiddelen *n pl*

A165 e **antistatic assembly**
  r сборка *f* ИС при нейтрализации зарядов статического электричества
  d antistatische Montage *f*
  f assemblage *m* antistatique (de C.J.)
  nl antistatische assemblage *f*

A166 e **antistatic bag**
  r антистатический пакет *m*
  d antistatischer Folienbeutel *m*
  f sac *m* antistatique
  nl antistatische hoes *f (m)*

A167 e **antistatic gloves**
  r антистатические перчатки *f pl*
  d antistatische Handschuhe *m pl*
  f gants *m pl* antistatiques
  nl antistatische handschoenen *m pl*

A168 e **antistatic mask blank**
  r антистатическая (стеклянная) пластина *f* для фотошаблона
  d antistatische Fotoschablonenplatte *f*
  f galette *f* [pastille *f*] antistatique pour photomasque
  nl antistatisch blind masker *n*

A169 e **antistatic station**
  r устройство *n* для защиты от статического электричества
  d Antistatik-Station *f*
  f station *f* antistatique
  nl antistatische werkplek *f (m)*

A170 e **antistatic surface treatment**
  r антистатическая обработка *f* поверхности
  d antistatische Oberflächenbehandlung *f*
  f traitement *m* antistatique de surface
  nl antistatische oppervlaktebehandeling *f*

A171 e **antistatic tool**
  r антистатический инструмент *m*
  d antistatisches Werkzeug *n*
  f outil *m* antistatique
  nl antistatisch gereedschap *n*

A172 e **APCVD** *see* **atmospheric-pressure chemical vapor deposition**

A173 e **appearance inspection**
  r визуальный контроль *m*
  d Sichtprüfung *f*
  f surveillance *f* [inspection *f*] visuelle
  nl keuring *f* op uiterlijk

A174 e **application head**
  r установочная [монтажная] головка *f*
  d Montagekopf *m*
  f tête *f* de placement
  nl montagekop *m*

A175 e **applicator**
  r установка *f* для нанесения слоёв
  d Schichtauftragsanlage *f*, Applikator *m*
  f applicateur *m*
  nl applicator *m*

A176 e **APSA** *see* **advanced polysilicon self-aligned process**

A177 e **aqueous cleaner**
  r установка *f* очистки в водных растворах; установка *f* отмывки в деионизованной воде
  d Wässerungsanlage *f*

  f installation *f* de lavage-rinçage dans milieu aqueux
  nl waterbadreiniger *m*
A178 *e* **aqueous processing**
  r обработка *f* в водных растворах
  d Wässern *n*, Wässerung *f*
  f traitement *m* en milieu aqueux
  nl bewerking *f* in water
A179 *e* **architecture**
  r архитектура *f*; организация *f*; компоновка *f*.
  d Architektur *f*; Aufbau *m*
  f architecture *f*
  nl architectuur *f*, ontwerpstructuur *f*
A180 *e* **arc plasma**
  r плазма *f* дугового разряда
  d Bogenentladungsplasma *n*
  f plasma *m* d'arc
  nl (vlam) boogplasma *n*
A181 *e* **area**
  r 1. область *f*, зона *f* 2. площадь *f*
  d 1. Bereich *m*, Zone *f* 2. Fläche *f*
  f 1. région *f*, zone *f* 2. aire *f*
  nl 1. gebied *n*, zone *f* (*m*) 2. oppervlak *n* 3. bereik *n*
A182 *e* **area imager**
  r матричный формирователь *m* сигналов изображения
  d Detektormatrix *f*, Bildsensor *m*
  f imageur *m* matriciel
  nl beeldvlakopnemer *m*, beeldvlaksensor *m*
A183 *e* **arithmetic and logic unit**
  r арифметическо-логическое устройство *n*, АЛУ
  d Arithmetik-Logik-Einheit *f*, ALU *f*
  f unité *f* arithmétique-logique, UAL
  nl reken-en-beslis-eenheid *f*, ALU *m*
A184 *e* **arrangement**
  r 1. размещение *n*; расположение *n* 2. структура *f* 3. устройство *n*
  d Anordnung *f*
  f arrangement *m*
  nl 1. opstelling *f*, plaatsing *f*, schikking *f*, verdeling *f* 2. groepering *f* 3. inrichting *f*, mechanisme *n*
A185 *e* **array**
  r 1. матрица *f*; базовый матричный кристалл *m*; матричная ИС *f* 2. структура *f*
  d 1. Array *n*, Matrix *f*; regelmäßige Feldstruktur *f*; Grundchip *n*; Matrixschaltkreis *m* 2. Struktur *f*
  f 1. matrice *f*; réseau *m* 2. structure *f*
  nl groepering *f*, complex *n*, matrix *f*, structuur *f*, rooster *n*
A186 *e* **array chip**
  r базовый матричный кристалл *m*; матричная ИС *f*
  d Grundchip *n*; Matrixschaltkreis *m*
  f réseau *m* prédiffusé
  nl matrix-chip *m*
A187 *e* **array device, array integrated circuit**
  r матричная ИС *f*

  d Matrixschaltkreis *m*
  f réseau *m*, C. I. *m* matriciel
  nl matrixbouwsteen *m*; geïntegreerde matrixschakeling *f*, matrix-IC *n*
A188 *e* **array layout**
  r топология *f* базового матричного кристалла
  d Grundchiptopologie *f*
  f topologie *f* de réseau prédiffusé
  nl matrixstructuur *f*
A189 *e* **array logic**
  r матричные логические схемы *f pl*
  d Matrixlogik *f*, Arraylogik *f*
  f logique *f* matricielle [en réseau]
  nl matrixlogica *f*
A190 *e* **array memory**
  r матрица *f* элементов памяти
  d Speicher(zellen)matrix *f*
  f matrice *f* de mémoire [de mémorisation]
  nl (cellen)matrixgeheugen *n*
A191 *e* **array patterning**
  r формирование *n* рисунка (соединений) на базовом матричном кристалле
  d Array-Strukturierung *f*
  f définition *f* de dessin sur réseau
  nl matrixstructurering *f*
A192 *e* **array pitch**
  r шаг *m* матрицы
  d Matrixrastermaß *n*
  f pas *m* du réseau
  nl matrixrastermaat *f* (*m*)
A193 *e* **array processing**
  r обработка *f* матриц
  d Matrixbehandlung *f*
  f traitement *m* des réseaux
  nl verwerking *f* [behandeling *f*] op een rij [in een matrix]
A194 *e* **array structure**
  r матричная структура *f*
  d Matrixanordnung *f*
  f structure *f* en réseau
  nl matrixstructuur *f*
A195 *e* **arsenic**
  r мышьяк *m*, As
  d Arsen *n*
  f arsenic *m*
  nl arsenicum *n*, arseen *n*
A196 *e* **arsenic-doped emitter**
  r эмиттер *m*, легированный мышьяком
  d arsendotierter Emitter *m*
  f émetteur *m* dopé par arsenic
  nl met arsenicum gedoteerde emitter *m*
A197 *e* **arsenic-doped epi**
  r эпитаксиальный слой *m*, легированный мышьяком
  d arsendotierte Epitaxieschicht *f*
  f couche *f* épitaxiale dopée par arsenic
  nl met arsenicum gedoteerde epitaxiale laag *f* (*m*)
A198 *e* **arsenic doping**
  r легирование *n* мышьяком
  d Arsendotierung *f*

ARSENIC

 f dopage *m* par arsenic
 nl dotering *f* met arsenicum

A199 *e* **arsenic oxide** *see* **arsenic trioxide**

A200 *e* **arsenic pentoxide**
 r пентаоксид *m* мышьяка, As_2O_5
 d Arsenpentoxid *n*, Arsen (V)-Oxid *n*
 f pentoxyde *m* arsénieux
 nl arseenpentoxyde *n*

A201 *e* **arsenic spin-on solution**
 r раствор *m* мышьяка, наносимый на поверхность полупроводника *(для диффузии)*
 d aufgeschleuderte Arsenlösung *f*
 f solution *f* d'arsenic déposée à la surface *(de semi-conducteur)*
 nl opgecentrifugeerde arseenoplossing *f*

A202 *e* **arsenic trioxide**
 r триоксид *m* мышьяка, As_2O_3
 d Arsentrioxid *n*, Arsen (III)-Oxid *n*
 f trioxyde *m* arsénieux
 nl arseentrioxyde *n*

A203 *e* **arsenide**
 r арсенид *m*
 d Arsenid *n*
 f arséniure *m*
 nl arsenide *n*

A204 *e* **arsine**
 r арсин *m*, мышьяковистый водород *m*, AsH_3
 d Arsenwasserstoff *n*
 f arsine *f*
 nl arseenwaterstof *f (m)*, arseentrihydride *n*

A205 *e* **artwork**
 r оригинал *m (фотошаблона)*; фотооригинал *m*
 d Original *n*; Fotooriginal *n*; Vorlage *f*
 f original *m (de photomasque)*; photo-original *m*
 nl ontwerptekening *m*, ontwerpmodel *n*, ontwerpvoorbeeld *n*; ontwerptransparant *n*, ontwerpcliché *n*

A206 *e* **artwork checking tool**
 r инструмент *m* для контроля топологии фотошаблона
 d Werkzeug *n* zur Maskenlayoutprüfung
 f moyens *m pl* pour contrôle de disposition d'original
 nl controle-gereedschap *n* voor ontwerptekening [ontwerptransparant, ontwerpcliché, ontwerpnegatief]

A207 *e* **artwork design**
 r разработка *f* оригинала
 d Vorlagenentwurf *m*
 f conception *f* d'original
 nl masker(patroon)ontwerp *n*

A208 *e* **artwork generation**
 r изготовление *n* оригинала
 d Fotomaskenfertigung *f*, Vorlagenherstellung *f*
 f fabrication *f* d'original
 nl vervaardiging *f* van belichtingsmaskers

A209 *e* **artwork generator**
 r генератор *m* изображений оригиналов
 d Vorlagengenerator *m*
 f générateur *m* d'originaux
 nl patroongenerator *m* voor belichtingsmaskers

A210 *e* **artwork knife**
 r нож *m* для вырезания оригинала
 d Messer *m* zum Ausschneiden des Maskenoriginals
 f couteau *m* à couper l'original
 nl mes *n* voor het uitsnijden van het maskerorigineel

A211 *e* **artwork master**
 r оригинал *m (фотошаблона)*; эталонный фотошаблон *m*
 d Originalvorlage *f*; Zwischenschablone *f*
 f original *m (de photomasque)*; maître-photomasque *m*
 nl belichtingsmasker-origineel *n*

A212 *e* **AS** *see* **advanced Schottky TTL**

A213 *e* **aspect ratio**
 r формат *m* изображения; отношение *n* ширины к длине
 d Seitenverhältnis *n*; Bildseitenverhältnis *n*
 f format *m* d'image; rapport *m* largeur/longueur
 nl beeldverhouding *f (breedte/hoogte)*

A214 *e* **asperity**
 r микронеровность *f*; микровыступ *m*
 d Mikrounebenheit *f*
 f rugosité *f* microscopique
 nl micro-oneffenheid *f*

A215 *e* **assembler**
 r 1. сборочно-монтажная установка *f* 2. сборщик *m*; монтажник *m*
 d 1. Montageanlage *f* 2. Monteur *m*
 f 1. installation *f* d'assemblage 2. assembleur *m*
 nl 1. montage-installatie *f* 2. monteur *m*

A216 *e* **assembly**
 r 1. сборка *f*; монтаж *m* 2. сборка *f*; узел *m*
 d 1. Montage *f* 2. Montageeinheit *f*
 f 1. assemblage *m* 2. sous-ensemble *m*
 nl 1. montage *f*, assemblage *f* 2. montage-element *n*, montage-eenheid *f* 3. samenstel *n*

A217 *e* **assembly defect**
 r дефект *m* сборки
 d Montagefehler *m*
 f défaut *m* d'assemblage
 nl montagefout *f (m)*

A218 *e* **assembly equipment, assembly facilities**
 r сборочно-монтажное оборудование *n*
 d Montageausrüstungen *pl*
 f équipment *m* d'assemblage
 nl montage-uitrusting *f*, montagefaciliteiten *f pl*

A219 *e* **assembly fixture**
 r приспособление *n* для сборки
 d Montagehilfe *f*

AUTOMATIC

    f dispositif *m* d'assemblage
   nl werkstukhouder *m;* (op)spaninrichting *f*

A220 *e* **assembly room**
    r производственное помещение *n* для сборки
    d Montageraum *m*
    f salle *f* d'assemblage
   nl montageruimte *f*, assemblageruimte *f*

A221 *e* **assembly station**
    r рабочее место *n* для сборки
    d Montagestation *f*
    f station *f* d'assemblage
   nl montageplek *f (m)*

A222 *e* **assembly yield**
    r выход *m* годных после сборки кристаллов
    d Montageausbeute *f*
    f rendement *m* d'assemblage
   nl assemblageproduktiviteit *f*

A223 *e* **AST** *see* active substrate trimming

A224 *e* **ASTL** *see* advanced Schottky transistor logic

A225 *e* **AS-TTL** *see* advanced Schottky TTL

A226 *e* **ATE** *see* automatic test equipment

A227 *e* **ATMOS** *see* adjustable threshold MOS

A228 *e* **atmospheric-pressure chemical vapor deposition**
    r химическое осаждение *n* из паровой фазы при атмосферном давлении
    d CVD *f* bei atmosphärischem Druck
    f dépôt *m* chimique en phase vapeur à pression atmosphérique
   nl chemisch opdampen *n* onder atmosferische druk

A229 *e* **atomic absorption spectrophotometry**
    r атомная абсорбционная спектрофотометрия *f*
    d Atomabsorptionsspektrophotometrie *f*
    f spectrophotométrie *f* d'absorption atomique
   nl atomaire-absorptiespectrofotometrie *f*

A230 *e* **atomic impurity**
    r атомная примесь *f*
    d Störstellenatom *n*
    f impureté *f* atomique
   nl defectatoom *n*

A231 *e* **ATS** *see* automatic test system

A232 *e* **attached device** *see* added component

A233 *e* **attachment**
    r (при)соединение *n;* (при)крепление *n*
    d Montage *f;* Anschluß *m;* Befestigung *f*
    f attachement *m;* connexion *f*
   nl bevestiging *f*, aansluiting *f*

A234 *e* **audit**
    r контроль *m;* проверка *f*
    d Kontrolle *f;* Verifizierung *f*
    f contrôle *m;* vérification *f*, inspection *f*
   nl (boeken)controle *f (m)*, (boeken)verificatie *f*

A235 *e* **Auger electron**
    r оже-электрон *m*
    d Auger-Elektron *n*
    f électron *m* Auger
   nl Auger-elektron *n*

A236 *e* **Auger electron spectroscopy**
    r электронная оже-спектроскопия *f*
    d Auger-Elektronen-Spektroskopie *f*
    f spectroscopie *f* Auger électronique
   nl Auger-elektronenspectroscopie *f*

A237 *e* **Auger microprobe**
    r микрозонд *m* Оже
    d Auger-Mikrosonde *f*
    f microsonde *f* Auger
   nl Auger-microsonde *f (m)*

A238 *e* **Auger recombination**
    r рекомбинация *f* Оже
    d Auger-Rekombination *f*
    f recombinaison *f* Auger
   nl Auger-recombinatie *f*

A239 *e* **Auger spectrometer**
    r оже-спектрометр *m*
    d Auger-Spektrometer *n*
    f spectromètre *m* Auger
   nl Auger-spectrometer *m*

A240 *e* **autodoping**
    r автолегирование *n*
    d Selbstdotierung *f*
    f autodopage *m*
   nl zelfdotering *f*

A241 *e* **automask aligner**
    r автоматизированная установка *f* совмещения (и экспонирования)
    d automatische Justier- und Belichtungsanlage *f*
    f aligneur *m* automatique
   nl automatische uitlijn- en belichtingsinstallatie *f*

A242 *e* **automatic check**
    r автоматическая проверка *f*
    d automatische Prüfung *f*
    f surveillance *f* automatique
   nl automatische controle *f (m)*

A243 *e* **automatic component handler**
    r автоматический манипулятор *m* для компонентов
    d Manipulator *m* zur automatischen Handhabung von Bauelementen
    f manipulateur *m* automatique pour composants
   nl automatische componentenmanipulator *m*

A244 *e* **automatic insertion**
    r автоматический монтаж *m*
    d automatische Bestückung *f*
    f insertion *f* automatique
   nl automatisch insteken *n (componenten)*

A245 *e* **automatic layout technique**
    r автоматический метод *m* разработки топологии
    d automatisches Layout Design *n*
    f technique *f* automatique de topologie
   nl automatisch patroongenereren *n*

A246 *e* **automatic logic design**

AUTOMATIC

- r автоматизированное логическое проектирование n
- d rechnergestütztes Logik-Design n
- f conception f logique automatisée
- nl automatisch ontwerpen n van (geïntegreerde) logische bouwstenen

A247 e **automatic placer**
- r монтажный автомат m
- d Plazierungsautomat m
- f placeur m automatique
- nl plaatsingsautomaat m

A248 e **automatic router**
- r программа f автоматической трассировки
- d automatischer Router m, Autorouter m
- f routeur m automatique
- nl routeringsautomaat m

A249 e **automatic test equipment**
- r автоматическая контрольно-измерительная аппаратура f
- d automatisches Prüfgerät n
- f equipement m automatique de mesure
- nl automatische testapparatuur f

A250 e **automatic test system**
- r автоматическая установка f для испытаний
- d automatisches Testsystem n
- f système m de test automatique
- nl automatisch testsysteem n

A251 e **automatic vacuum deposition system**
- r автоматическая установка f термовакуумного осаждения
- d automatisches Vakuumabscheidungssystem n
- f système m automatique de dépôt sous vide
- nl automatisch (vacuüm-)opdampsysteem n

A252 e **autoregistration**
- r самосовмещение n
- d Selbstjustierung f
- f auto-alignement m
- nl zelfjustering f

A253 e **avalanche action**
- r лавина f, лавинный процесс m
- d Lawinenprozeß m
- f avalanche f
- nl lawinewerking f, lawine-effect n

A254 e **avalanche breakdown**
- r лавинный пробой m
- d Lawinendurchbruch m
- f claquage m par avalanche
- nl lawinedoorbraak m, lawinedoorslag m

A255 e **avalanche breakdown voltage**
- r напряжение n лавинного пробоя
- d Lawinendurchbruchspannung f
- f tension f d'avalanche
- nl lawinedoorbraakspanning f, lawinedoorslagspanning f

A256 e **avalanche-induced migration**
- r лавинно-индуцированная миграция f
- d lawineninduzierte Migration f, AIM f
- f migration f induite par avalanche
- nl lawine-migratie-effect n, AIM m

A257 e **avalanche injection**
- r лавинная инжекция f
- d Lawineninjektion f
- f injection f en avalanche
- nl lawine-injectie f

A258 e **avalanche-injection stacked gate MOS**
- r лавинно-инжекционная МОП-структура f с многоуровневыми затворами
- d MOS-Struktur f mit Stapelgates und Lawineninjektion
- f structure f MOS à injection en avalanche à grilles multicouches
- nl MOS-structuur m met gestapelde poortzone en lawine-injectie

A259 e **avalanche ionization**
- r лавинная ионизация f
- d Lawinenionisation f
- f ionisation f par avalanche
- nl lawine-ionisatie f

A260 e **avalanche multiplication factor**
- r коэффициент m лавинного умножения
- d Lawinenvervielfachungsfaktor m
- f facteur m de multiplication par avalanche
- nl lawine(-vermenigvuldigings)factor m

A261 e **avalanche-transit-time diode**
- r лавинно-пролётный диод m, ЛПД
- d Lawinenlaufzeitdiode f, IMPATT-Diode f
- f diode f à temps de transit, diode f IMPATT
- nl lawine-looptijddiode f, ATT-diode f

A262 e **avalanche transit-time oscillator**
- r генератор m на лавинно-пролётном диоде
- d IMPATT-Dioden-Oszillator m
- f oscillateur m à diode IMPATT
- nl ATT-diode-oscillator m

A263 e **AVDS** see **automatic vacuum deposition system**

A264 e **axial etch nonuniformity**
- r неравномерность f скорости травления в осевом направлении
- d axiale Ätzungsungleichmäßigkeit f
- f non-uniformité f axiale de décapage
- nl etsongelijkheid f in langsrichting

A265 e **axial lead**
- r аксиальный [осевой] вывод m
- d Axialzuleitung f
- f sortie f axiale
- nl axiale (aansluit)draad m

A266 e **axial rate nonuniformity** see **axial etch nonuniformity**

B

- B1   *e* **back bias**
  - *r* обратное смещение *n*, напряжение *n* обратного смещения
  - *d* Sperrvorspannung *f*, Vorspannung *f* in Sperrichtung
  - *f* polarisation *f* inverse
  - *nl* spervoorspanning *f*, voorspanning *f* in sperrichting, tegenvoorspanning *f*

- B2   *e* **back-biased diode**
  - *r* обратносмещённый диод *m*
  - *d* Rückwärtsdiode *f*, Backwarddiode *f*
  - *f* diode *f* polarisée en inverse
  - *nl* diode *f* met sperinstelling

- B3   *e* **backbonded chip**
  - *r* перевёрнутый кристалл *m*
  - *d* Flip-Chip *n*
  - *f* flip-chip *m*
  - *nl* van achteren gecontacteerde chip *m*

- B4   *e* **back bonding**
  - *r* монтаж *m* методом перевёрнутого кристалла
  - *d* Face-down-Montage *f*
  - *f* montage *m* en face inverse
  - *nl* van achteren contacteren *n*

- B5   *e* **back diffusion**
  - *r* обратная диффузия *f*
  - *d* Rückdiffusion *f*
  - *f* diffusion *f* inverse
  - *nl* terugdiffusie *f*

- B6   *e* **back-end processing**
  - *r* монтажно-сборочный этап *m* обработки
  - *d* Montageabschlußstufe *f*
  - *f* phase *f* [étape *f*] de montage
  - *nl* eindbewerking *f*

- B7   *e* **backfill**
  - *r* заполнение *f* (канавок)
  - *d* Füllen *n*, Ausfüllen *n* (von Ätzgruben)
  - *f* remplissage *m* (des rainures)
  - *nl* 1. opvulling *f* 2. weer opvullen *n*

- B8   *e* **back-gate MOS**
  - *r* МОП-структура *f* с нижним затвором
  - *d* Backgate-MOS-Struktur *f*, MOS-Struktur *f* mit rückwärtigem Substratanschluß
  - *f* structure *f* MOS à grille inférieure
  - *nl* MOS-structuur *f* met poort aan achterzijde, achterpoort-MOS *m*

- B9   *e* **backing strip**
  - *r* несущая лента *f*
  - *d* Trägerstreifen *m*
  - *f* bande *f* porteuse
  - *nl* steunstrook *f* (*m*)

- B10   *e* **back resistance**
  - *r* обратное сопротивление *n*
  - *d* Sperrwiderstand *m*
  - *f* résistance *f* inverse
  - *nl* sperweerstand *m*

- B11   *e* **backscatter(ing)**
  - *r* обратное рассеяние *n*
  - *d* Rückstreuung *f*
  - *f* rétrodiffusion *f*, diffusion *f* inverse
  - *nl* terug(ver)strooiing *f*

- B12   *e* **backside**
  - *r* нижняя сторона *f* (*подложки*)
  - *d* Rückseite *f*
  - *f* face *f* inférieure (*du substrat*)
  - *nl* achterzijde *f* (*m*)

- B13   *e* **backsputtering**
  - *r* физическое распыление *n*
  - *d* physikalisches Sputtern *n*
  - *f* pulvérisation *f* physique
  - *nl* fysisch sputteren *n*

- B14   *e* **backstreaming**
  - *r* (обратное) натекание *n*
  - *d* Rückströmen *n*, Einströmen *n*
  - *f* fuite *f* inverse
  - *nl* terugstroming *f*

- B15   *e* **backup**
  - *r* резервирование *n*
  - *d* Reserve *f*; Reserveausrüstung *f*; Sicherung *f*
  - *f* réservation *f*, mise *f* en réserve; redondance *f*
  - *nl* reserve *f*, reserve...

- B16   *e* **backward conductance**
  - *r* проводимость *f* в обратном направлении
  - *d* Sperrleitwert *m*
  - *f* conductance *f* inverse
  - *nl* spergeleiding(svermogen) *f* (*n*)

- B17   *e* **bacteria-free water**
  - *r* вода *f*, очищенная от микроорганизмов
  - *d* keimfreies Wasser *n*
  - *f* eau *m* purifié de bactéries
  - *nl* bacterievrij water *n*

- B18   *e* **bake**
  - *r* отжиг *m*; обжиг *m*; термообработка *f*
  - *d* Tempern *n*; Härten *n*; Wärmebehandlung *f*
  - *f* recuit *m*; cuisson *f*; traitement *m* thermique
  - *nl* temperen *n*, harden *n*; warmtebehandeling *f*

- B19   *e* **bakeout**
  - *r* отжиг *m*; обжиг *m*
  - *d* Tempern *n*; Austrocknen *n*
  - *f* recuit *m*
  - *nl* temperen *n*, droogwarmen *n*

- B20   *e* **ball**
  - *r* шариковый вывод *m*, шарик *m*
  - *d* Nagelkopf *m*
  - *f* sortie *f* à bille, bille *f*
  - *nl* (contacterings)balletje *n*

- B21   *e* **ball bond**
  - *r* соединение *n*, полученное методом шариковой термокомпрессии
  - *d* Nagelkopfbondung *f*

BALL

      f connexion *f* créée par soudage à thermocompression à bille
     nl balcontact(ering) *n (f)*

B22 *e* **ball bonder**
      r установка *f* шариковой термокомпрессии
     d Nagelkopfbonder *m*, Nailheadbonder *m*
      f machine *f* pour soudage à thermocompression à bille
     nl balcontacteermachine *f*

B23 *e* **ball bonding**
      r шариковая термокомпрессия *f*, термокомпрессионная сварка *f*
     d Nagelkopfbondverfahren *n*, Nagelkopfbonden *n*, Nailheadbonden *n*
      f soudage *m* à thermocompression à bille
     nl balcontactering *f*

B24 *e* **ballistic heterostructure**
      r баллистическая гетероструктура *f*
     d ballistische Heterostruktur *f*
      f hétérostructure *f* ballistique
     nl ballistische heterostructuur *f*

B25 *e* **ballistic transistor**
      r баллистический транзистор *m*
     d ballistischer Transistor *m*
      f transistor *m* ballistique
     nl ballistische transistor *m*

B26 *e* **ballistic transport**
      r баллистический перенос *m*
     d ballistischer Transport *m*
      f transfert *m* ballistique
     nl ballistisch (ladingdragers)transport *n*

B27 *e* **balls-down chip**
      r перевёрнутый кристалл *m* с шариковыми выводами
     d Flip-Chip *n* mit Nagelkopfanschlüssen
      f flip-chip *m* avec sortie à bille
     nl omgekeerde chip *m* met speldekopcontactering

B28 *e* **band**
      r (энергетическая) зона *f*
     d Band *n*, Energieband *n*
      f bande *f* (énergétique)
     nl (energie)band *m*

B29 *e* **band-edge curvature**
      r изгиб *m* края (энергетической) зоны
     d Bandkantenkrümmung *f*
      f courbure *f* de bord de bande
     nl bandrandkromming *f*

B30 *e* **band gap**
      r запрещённая (энергетическая) зона *f*
     d Bandabstand *m*
      f bande *f* interdite
     nl bandafstand *m*

B31 *e* **band-gap narrowing**
      r сужение *n* запрещённой (энергетической) зоны
     d Bandabstandverschmälerung *f*
      f rétrécissement *m* de bande interdite
     nl bandafstandverkleining *f*

B32 *e* **banding**
      r образование *n* полос (*на полупроводниковых слитках*)
     d Streifung *f*
      f formation *f* des rayures
     nl streepvorming

B33 *e* **band structure**
      r зонная структура *f*
     d Bandstruktur *f*
      f structure *f* de bande
     nl bandstructuur *f*

B34 *e* **band-to-band transition**
      r межзонный переход *m*
     d Band-Band-Übergang *m*
      f transition *f* bande à bande
     nl band-bandovergang *m*

B35 *e* **bandwidth**
      r 1. ширина *f* (энергетической) зоны 2. ширина *f* полосы (частот)
     d Bandbreite *f*
      f largeur *f* de bande
     nl bandbreedte *f*

B36 *e* **bar**
      r (полупроводниковый) слиток *m*; брусок *m*
     d Stab *m*, Einkristallstab *m*; Kristallrohling *m*
      f lingot *m*; barre *f*
     nl (monokristal)staaf *f (m) (onbewerkt)*

B37 *e* **bare board**
      r несмонтированная плата *f*
     d unbestückte Leiterplatte *f*
      f carte *f* non peuplée
     nl lege print(plaat) *m (f (m))*

B38 *e* **bare chip**
      r 1. кристалл *m* без герметизирующего покрытия 2. бескорпусная ИС *f*
     d Nacktchip *n*
      f puce *f* nue
     nl kale [onbedrade] chip *m*

B39 *e* **bare hybrid**
      r бескорпусная ГИС *f* (*с пластмассовым покрытием*)
     d unverkapptes Hybrid-IC *n* (*in Kunststoff eingekapselt*)
      f circuit *m* hybride sans boîtier (*à enveloppe plastique*)
     nl hybride IC *n* zonder kapje

B40 *e* **bare semiconductor**
      r бескорпусный полупроводниковый прибор *m*
     d gehäuseloses Halbleiterbauelement *n*
      f semi-conducteur *m* sans boîtier
     nl halgeleider(element) *m (n)* zonder behuizing

B41 *e* **barrel-reactor plasma etching**
      r плазменное травление *n* в цилиндрическом реакторе
     d Plasmaätzen *n* im Trommelreaktor
      f décapage *m* par plasma au réacteur cylindrique
     nl trommelbad-plasma-etsen *n*

BASE

B42 e **barrel-type reactor**
  r цилиндрический [барабанный] реактор m *(для плазменного травления)*
  d Trommelreaktor m
  f réacteur m cylindrique *(de décapage par plasma)*
  nl trommelbad n

B43 e **barrier**
  r (потенциальный) барьер m
  d Barriere f, Potentialbarriere f
  f barrière f (potentielle)
  nl 1. (potentiaal)barrière f 2. sperlaag f (m)

B44 e **barrier gate**
  r затвор m (с барьером) Шотки
  d Schottky-Gate n
  f grille f Schottky
  nl sper(laag)poort f (m)

B45 e **barrier-gate FET**
  r полевой транзистор m с затвором Шотки
  d Schottky-Feldeffekt-Transistor m, Schottky-FET m
  f transistor m FET à grille Schottky
  nl sperpoort-FET m

B46 e **barrier height**
  r высота f потенциального барьера
  d Potentialbarrierenhöhe f
  f hauteur f de barrière potentielle
  nl (potentiaal)barrièrehoogte f

B47 e **barrier-injection and transit-time diode**
  r инжекционно-пролётный диод m
  d BARITT-Diode f
  f diode f à temps de transit à barrière injectée, diode f BARITT
  nl sperlaaginjectie-looptijddiode f, BARITT-diode f

B48 e **barrier junction**
  r запирающий переход m
  d Sperrschicht f eines pn-Übergangs
  f jonction f à barrière
  nl sperlaagovergang m

B49 e **barrier-type CCD**
  r ПЗС m барьерного типа
  d Barrieren-CCD n
  f DCC [dispositif m à couplage de charge] type barrière
  nl sperlaag-CCD m

B50 e **base**
  r 1. база f, базовая область f 2. основание n; подложка f
  d 1. Basis f, Basisgebiet n 2. Unterlage f; Trägermaterial n
  f 1. base f 2. base f; substrat m
  nl basis f; ondergrond m

B51 e **base bias**
  r напряжение n смещения на базе
  d Basisvorspannung f
  f polarisation f inverse sur la base
  nl basisvoorspanning f, basisvoorinstelling f

B52 e **base-centered lattice**
  r базоцентрированная (кристаллическая) решётка f
  d basisflächenzentriertes Gitter n
  f réseau m à bases centrées
  nl t.o.v. ondergrond gecentreerd (kristal)rooster n

B53 e **base diffusion**
  r диффузия f для формирования базы, базовая диффузия f
  d Basisdiffusion f
  f diffusion f de base
  nl basisdiffusie f

B54 e **base-diffusion isolation**
  r изоляция f базовой диффузией
  d Isolation f durch Basisdiffusion, BDI-Verfahren n, BDI-Technik f
  f isolation f [isolement m] par diffusion de base
  nl isolatie f door basisdiffusie, BDI-procédé n, BDI-techniek f

B55 e **base-diffusion window**
  r окно n для проведения базовой диффузии
  d Basisdiffusionsfenster n
  f fenêtre f de diffusion de base
  nl basisdiffusievenster n

B56 e **base drive-in**
  r разгонка f примеси для формирования базовой области
  d Nachdiffusion f zur Basisgebietherstellung
  f injection-diffusion f d'impureté pour formation de base
  nl nadiffusie f voor basiszone

B57 e **base electrode**
  r базовый электрод m
  d Basiselektrode f
  f électrode f de base
  nl basiselektrode f

B58 e **base-emitter diode**
  r (интегральный) диод m на основе эмиттерного перехода
  d Basis-Emitter-Diode f, Emitter-Basis-Diode f
  d diode f émetteur-base
  nl basis-emitterdiode f

B59 e **base impurity**
  r примесь f в базовой области
  d Basisstörstelle f
  f impureté f à la base
  nl basisdotering f

B60 e **base-insert**
  r углублённая базовая область f
  d vergrabenes Basisgebiet n
  f base f plongée
  nl ingelaten basiszone f (m)

B61 e **base lifetime**
  r время n жизни носителей в базовой области
  d Ladungsträgerlebensdauer f im Basisgebiet
  f durée f de vie des porteurs dans la base

BASE

      nl (ladingdragers)levensduur *m* in de basiszone

B62 *e* **base-metal cermet**
    r кермет *m* на основе неблагородных металлов der
    d Kermet *m* auf der Basis von unedlen Metallen
    f cermet *m* à la base de métaux vils
    nl cermet *n* op basis van onedele metalen

B63 *e* **base-metal paste**
    r паста *m* на основе неблагородных металлов
    d Paste *f* auf der Basis von unedlen Metallen
    f pâte *f* à la base de métaux vils
    nl pasta *m* op basis van onedele metalen

B64 *e* **base-metal resistor**
    r резистор *m* на основе неблагородного металла
    d Widerstand *m* auf der Basis von unedlen Metallen
    f résistance *f* à la base de métaux vils
    nl weerstand *m* op basis van onedele metalen

B65 *e* **base push-out**
    r вытеснение *m* базы (*в коллекторную область*)
    d Basisverdrängung *f* (*ins Kollektorgebiet*)
    f déplacement *m* de la base (*dans région de collecteur*)
    nl verdringing *f* vanuit de basiszone

B66 *e* **base-region mask**
    r маска *f* для формирования базовых областей
    d Basisdiffusionsmaske *f*
    f masque *m* de formation de base
    nl basiszonemasker *n*

B67 *e* **base ring**
    r базовый кольцевой контакт *m*
    d Basisringelektrode *f*
    f contact *m* annulaire de base
    nl basisringelektrode *f*

B68 *e* **base sidewall**
    r боковая стенка *f* базы
    d Basisseitenwand *f*
    f paroi *f* de la base
    nl basiszonewand *m*

B69 *e* **basic approach**
    r базовый (конструктивно-технологический) метод *m*
    d Basisverfahren *n*
    f méthode *f* de base
    nl basisaanpak *m*

B70 *e* **basic building block**
    r базовый конструктивный блок *m*
    d Grundbaustein *m*
    f bloc *m* [unité *f*] de base
    nl basisbouwsteen *m*

B71 *e* **basic circuit**
    r принципиальная схема *f*
    d Prinzipschaltung *f*
    f circuit *m* de base
    nl principeschakeling *f*

B72 *e* **basic process**
    r базовая технология *f*
    d Basistechnologie *f*
    f technologie *f* [procédé *m*] de base
    nl basisproces *n*

B73 *e* **batch bonding**
    r групповая сварка *f*
    d Simultanbonden *n*, Gruppenbonden *n*
    f soudage *m* de groupe
    nl groepsgewijs contacteren *n*

B74 *e* **batch etching**
    r групповое травление *n*
    d Simultanätzen *n*, Gruppenätzen *n*
    f décapage *m* de groupe
    nl groepsgewijs etsen *n*

B75 *e* **batch fabrication**
    r изготовление *n* методом групповой технологии
    d Simultanherstellung *f*, Gruppentechnologie *f*
    f fabrication *f* par technologie de groupe
    nl seriefabricage *f*

B76 *e* **batch method**
    r групповой (технологический) метод *m*
    d Simultantechnik *f*, Gruppentechnologie *f*
    f méthode *f* de groupe
    nl groepsmethode *f*

B77 *e* **batch operation**
    r групповая операция *f*
    d Simultanoperation *f*
    f opération *f* de groupe
    nl groepsoperatie *f*

B78 *e* **BAW** *see* **bulk acoustic wave**

B79 *e* **BBB** *see* **basic building block**

B80 *e* **BBD** *see* **bucket-brigade device**

B81 *e* **BBSR** *see* **bucket-brigade shift register**

B82 *e* **BC** *see* 1. **buried channel** 2. **buried collector**

B83 *e* **BCCD** *see* 1. **bulk-channel CCD** 2. **buried-channel CCD**

B84 *e* **BCMOS** *see* **buried-channel MOS**

B85 *e* **BDI** *see* **base-diffusion isolation**

B86 *e* **beam**
    r луч *m*; пучок *m*
    d Strahl *m*; Bündel *n*
    f rayon *m*; faisceau *m*
    nl straal *m* (*f*), (stralen)bundel *m*

B87 *e* **beam-crystallized polysilicon**
    r поликристаллический кремний *m*, подвергнутый лучевой рекристаллизации
    d strahlungsrekristallisiertes Polysilizium *n*
    f polysilicium *m* à recristallisation par faisceau
    nl door bestraling gekristalliseerd polysilicium *n*

B88 e **beam lead**
  r ленточный вывод *m*
  d Beam-lead-Anschluß *m*, Balkenleiter *m*
  f poutre *f*
  nl verbindingsreep *m*, beam-lead *m*

B89 e **beam-lead assembly**
  r блок *m* на компонентах с балочными выводами
  d Balkenleitermontageeinheit *f*
  f bloc *m* aux éléments à poutres
  nl samenstel *n* met reepverbindingen, beam-lead-samenstel *n*

B90 e **beam-lead bonding**
  r присоединение *n* балочных выводов
  d Beam-lead-Bonden *n*; Beam-lead-Verfahren *n*
  f connexion *f* des poutres
  nl reepcontactering *f*, beam-lead-contactering *f*

B91 e **beam-lead chip**
  r кристалл *m* с балочными выводами
  d Beam-lead-Chip *n*
  f puce *f* à poutres
  nl beam-lead-chip *m*

B92 e **beam-lead contact** *see* **beam lead**

B93 e **beam-lead crossover**
  r пересечение *n* балочных выводов
  d Beam-lead-Kreuzung *f*
  f croisement *m* des poutres
  nl beam-lead-kruising *f*

B94 e **beam-lead device**
  r прибор *m* с балочными выводами
  d Beam-lead-Baustein *m*
  f dispositif *m* à poutres
  nl beam-lead-bouwsteen *m*

B95 e **beam-lead integrated circuit**
  r ИС *f* с балочными выводами
  d Beam-lead-IC *n*, Beam-lead-Schaltkreis *m*
  f circuit *m* intégré à poutres, circuit *m* beam-lead
  nl beam-lead-geïntegreerde schakeling *f*, beam-lead-IC *n*

B96 e **beam-lead isolation**
  r изоляция *f* элементов в ИС с балочными выводами
  d Beam-lead-Isolation *f*
  f isolation *f* de circuit intégré à poutres
  nl beam-lead-isolatie *f*

B97 e **beam positioner**
  r устройство *n* управления (электронным) лучом
  d Elektronenstrahlpositioniereinrichtung *f*
  f positionneur *m* de faisceau d'électrons
  nl (elektronen)bundelpositioneerder *m*

B98 e **beam-processing**
  r электронно-лучевая обработка *f*
  d Elektronenstrahlbearbeitung *f*
  f usinage *m* par faisceau d'électrons
  nl bewerking *f* met elektronenbundel

B99 e **beam tape**
  r ленточный носитель *m* с балочными выводами
  d Zwischenträgerfolienband *n*
  f bande *f* porteuse à poutres
  nl dragerfilm *m*

B100 e **beam tape-automated assembly**
  r автоматизированная сборка *f* ИС на ленточном носителе с балочными выводами
  d Zwischenträgermontage *f*, Montage *f* von Halbleiterchips auf Zwischenträgerfilmen
  f assemblage *m* automatisé des puces sur la bande porteuse à poutres
  nl geautomatiseerde (chip)montage *f* op dragerfilm

B101 e **beam tape-automated bonder**
  r автоматизированная установка *f* для присоединения кристаллов к балочным выводам на ленточном носителе
  d Folienbondautomat *m*
  f installation *f* automatisée d'assemblage des puces sur la bande porteuse à poutres
  nl dragerfilm-contacteerautomaat *m*

B102 e **beam tape packaging**
  r сборка *f* ИС на ленточном носителе с балочными выводами
  d automatisches Bonden *n* von Halbleiterchips auf Zwischenträgerfilme
  f encapsulage *m* des puces sur bande porteuse à poutres
  nl (chip)eindmontage *f* op dragerfilm

B103 e **beam tape technology**
  r технология *f* присоединения кристаллов к балочным выводам на ленточном носителе
  d Zwischenträgermontage *f*, automatisches Bonden *n* von Halbleiterchips auf Zwischenträgerfilme
  f technologie *f* d'assemblage des puces sur la bande porteuse à poutres
  nl dragerfilmtechnologie *f*

B104 e **beamwriter**
  r установка *f* литографии сканированием луча
  d Elektronenstrahlschreiber *m*
  f installation *f* de lithographie par faisceau d'électrons
  nl elektronenbundelschrijver *m*

B105 e **beamwriter lithography**
  r литография *f* сканированием луча
  d Elektronenstrahlschreiben *n*
  f lithographie *f* par faisceau d'électrons
  nl elektronenbundel-lithografie *f*

B106 e **bell jar**
  r колпак *m* вакуумной напылительной установки
  d Vakuumglocke *f*, Vakuumrezipient *m*
  f capot *m* d'évaporateur
  nl vacuümklok *f (m)*

BELLOWS

B107 *e* **bellows joint**
   r сильфонное соединение *n*
   d Faltenbalg *m*
   f joint *m* de soufflet
   nl expansiestuk *n*

B108 *e* **belt feed**
   r подача *f* на ленточном транспортёре
   d Förderbandzuführung *f*
   f alimentation *f* par convoyeur à bande
   nl lopende-bandaanvoer *m*

B109 *e* **belt feeder**
   r ленточный питатель *m*
   d Zuführungsband *n*, Zubringerband *n*
   f alimenteur *m* à bande
   nl (aanvoer-)lopende band *m*

B110 *e* **belt furnace**
   r конвейерная печь *f*
   d Durchlaufofen *m*
   f four *m* convoyeur
   nl lopende-bandoven *m*

B111 *e* **bench**
   r 1. монтажный стол *m* 2. стенд *m*
   d 1. Montagetisch *m* 2. Prüfstand *m*
   f 1. table *f* de montage 2. banc *m*
   nl werkbank *f (m)*

B112 *e* **beryllia**
   r оксид *m* бериллия, BeO
   d Berylliumoxid *n*
   f oxyde *m* de béryllium
   nl berylliumoxyde *n*

B113 *e* **beryllium(-oxide) ceramics**
   r бериллиевая керамика *f*
   d Berylliumoxidkeramik *f*
   f céramique *f* (à oxyde) de béryllium
   nl beryllium(oxyde-)keramiek *f*

B114 *e* **beta**
   r 1. коэффициент *m* усиления транзистора по току в схеме с общим эмиттером, бета, ß
      2. бета-излучение *n*
   d 1. Stromverstärkungsfaktor *m* eines Bipolartransistors in Emitterschaltung, Beta, ß 2. Beta-Strahlung *f*, ß-Strahlung *f*
   f 1. bêta *m* 2. rayonnement *m* ß
   nl beta

B115 *e* **beta-current gain**
   r коэффициент *m* усиления транзистора по току в схеме с общим эмиттером, бета, ß
   d Stromverstärkungsfaktor *m* eines Bipolartransistors in Emitterschaltung, ß bêta *m*
   nl versterkingsfactor *m* beta

B116 *e* **beta degradation**
   r уменьшение *n* коэффициента усиления по току в схеме с общим эмиттером, уменьшение *n* бета, уменьшение *n* ß
   d ß-Abnahme *f*
   f dégradation *f* de bêta
   nl beta-verslechtering *f*

B117 *e* **beta radiation**
   r бета-излучение *n*
   d Beta-Strahlung *f*, ß-Strahlung *f*
   f rayonnement *m* ß
   nl beta-straling *f*

B118 *e* **betascope**
   r радиационный бета-толщиномер *m*
   d Betaskop *n*
   f bêtascope *m*
   nl betascoop *m*

B119 *e* **beta tolerance**
   r стойкость *f* к бета-излучению
   d Beta-Strahlungresistenz *f*
   f tolérance *f* au rayonnement ß
   nl beta-(stralings)bestendigheid *f*

B120 *e* **bias**
   r 1. смещение *n*; отклонение *n* 2. напряжение *n* смещения, (электрическое) смещение *n*
   d 1. Abweichung *f* 2. Vorspannung *f*
   f 1. décalage *m*, déplacement *m* 2. tension *f* de polarisation, déplacement *m* (di)électrique
   nl voorinstelling *f*, voorspanning *f*

B121 *e* **bias current**
   r ток *m* смещения
   d Vorspannungsstrom *m*
   f courant *m* de déplacement (di)électrique
   nl instelstroom *m*

B122 *e* **bias heat treatment**
   r термообработка *f* с одновременной подачей напряжения смещения
   d Wärmebehandlung *f* unter Vorspannung
   f traitement *m* thermique à l'amenée de la tension de polarisation
   nl warmtevoorbehandeling *f*

B123 *e* **bias sputtering**
   r распыление *n* под углом
   d Schrägsputtern *n*
   f pulvérisation *f* sous angle
   nl schuinsputteren *n*

B124 *e* **bias voltage**
   r напряжение *n* смещения, (электрическое) смещение *n*
   d Vorspannung *f*
   f tension *f* de polarisation
   nl instelspanning *f*, voorspanning *f*

B125 *e* **bi-etching system**
   r установка *f* двойного травления
   d Doppelätzanlage *f*
   f installation *f* de décapage double
   nl dubbeletsinstallatie *f*

B126 *e* **BIFET, bi-FET** see **bipolar-junction FET technology**

B127 *e* **bi-FET amplifier**
   r ИС *f* усилителя на биполярных и полевых транзисторах
   d BIFET-Verstärker *m*
   f amplificateur *m* BITEC
   nl biFET versterker *m*

B128 *e* **bi-FET technology** see **bipolar-junction FET technology**

B129 *e* **BIGFET** *see* **bipolar-insulated gate FET IC**

B130 *e* **bi-level structure**
   r двухуровневая структура *f* затворов
   d Zweiebenenstruktur *f*
   f structure *f* à deux niveaux
   nl tweeverdiepingenstructuur *f*

B131 *e* **billet**
   r заготовка *f*; (полупроводниковый) слиток *m*
   d Rohling *m*; Stab *m*, Einkristallstab *m*
   f ébauche *f* moulée; lingot *m*
   nl (monokristal)staaf *f (m)*

B132 *e* **bimetal mask**
   r биметаллическая маска *f*; биметаллический трафарет *m*
   d Bimetallmaske *f*
   f masque *m* bimétallique
   nl bimetaalmasker *n*

B133 *e* **BIMOS, bi-MOS** *see* **bipolar MOS technology**

B134 *e* **bin**
   r бункер *m*, магазин *m (для компонентов)*
   d Bunker *m*
   f pochette *f (pour composants)*
   nl bak *m*; trechter *m*; reservoir *n*

B135 *e* **binary flip-flop**
   r Т-триггер *m*, триггер *m* со счётным запуском
   d T-Flipflop *n*
   f bascule *f* binaire
   nl binaire flip-flop *m*, tweewaardenwip(schakeling) *f (m) (f)*

B136 *e* **binary logic gate**
   r двоичный логический элемент *m*
   d binäres Logikgatter *n*
   f porte *f* logique binaire
   nl binaire logicapoort *f (m)*

B137 *e* **binder, binding agent**
   r связующее (вещество) *n*
   d Bindemittel *n*
   f liant *m*
   nl binder *m*, bindmiddel *n*

B138 *e* **bipolar**
   r биполярный (полупроводниковый) прибор *m*
   d Bipolarbaustein *m*
   f bipolaire *m*
   nl bipolaire bouwsteen *m*

B139 *e* **bipolar approach**
   r метод *m* (изготовления) биполярных ИС
   d Bipolartechnik *f*
   f méthode *f* bipolaire
   nl bipolairtechniek *f*

B140 *e* **bipolar array**
   r матрица *f* биполярных транзисторов
   d Bipolararray *n*
   f matrice *f* bipolaire
   nl bipolaire matrix (schakeling) *f (f)*

B141 *e* **bipolar bit-slice**
   r биполярный секционный микропроцессор *m*
   d bipolarer Bit-Slice-Prozessor *m*
   f microprocesseur *m* bipolaire en tranches
   nl bipolaire bit-slice *m* bipolaire (processor) schakel *m* [partverwerker *m*]

B142 *e* **bipolar cell**
   r 1. биполярный (логический) элемент *m* 2. биполярная ячейка *f* памяти
   d 1. bipolares logisches Element *n* 2. Bipolarzelle *f*
   f 1. élément *m* bipolaire 2. cellule *f* bipolaire
   nl bipolaire cel *m*

B143 *e* **bipolar chip, bipolar circuit**
   r ИС *f* на биполярных транзисторах, биполярная ИС *f*
   d Bipolar-IC *n*, bipolarer Schaltkreis *m*, bipolare Schaltung *f*
   f circuit *m* intégré bipolaire
   nl bipolaire chip *m* [schakeling *f*]

B144 *e* **bipolar design**
   r разработка *f* биполярных ИС
   d Bipolar-Design *n*, Entwurf *m* von bipolaren Schaltungen
   f conception *f* des circuits intégrés bipolaires
   nl bipolair ontwerp *n*

B145 *e* **bipolar driver**
   r биполярная ИС *f* формирователя
   d bipolares Treiber-IC *n*
   f circuit *m* intégré bipolaire de conformateur
   nl bipolaire stuurschakeling *f*

B146 *e* **bipolar-FET integrated circuit**
   r ИС *f* на биполярных и полевых транзисторах
   d BIFET-Schaltkreis *m*
   f circuit *m* intégré à BITEC
   nl bipolair-FET IC *n*, geïntegreerde schakeling *f* in bipolair-FET-technologie

B147 *e* **bipolar filter**
   r биполярная ИС *f* фильтра
   d bipolares Filter-IC *n*
   f circuit *m* intégré bipolaire de filtre
   nl bipolair filter *n*

B148 *e* **bipolar input**
   r 1. вход *m* на биполярных транзисторах, биполярный вход *m* 2. входной биполярный транзистор *m*
   d 1. Bipolar-Eingang *m* 2. bipolarer Eingangstransistor *m*
   f 1. entrée *f* à transistors bipolaires 2. transistor *m* bipolaire d'entrée
   nl bipolaire ingang *m*, bipolaire ingangstransistor *m*

B149 *e* **bipolar-insulated gate FET IC**
   r ИС *f* на биполярных и полевых транзисторах с изолированными затворами
   d BIGFET *m*, Bipolar-IGFET *m*
   f circuit *m* intégré à BITEC à grilles isolées

BIPOLAR

    nl bipolaire FET IC *n* met geïsoleerde poort

B150 *e* **bipolar integration** *see* **bipolar chip, bipolar circuit**

B151 *e* **bipolar ion implantation**
    r ионная имплантация *f* для биполярных приборов
    d Ionenimplantation *f* in bipolaren Geräten
    f implantation *f* ionique pour bipolaires
    nl bipolaire ioenimplantatie *f*

B152 *e* **bipolar isolation**
    r изоляция *f* элементов биполярной ИС
    d Bipolarisolation *f*
    f isolation *f* (des éléments de circuit) bipolaire
    nl bipolaire isolatie *f*

B153 *e* **bipolar-junction FET technology**
    r (комбинированная) технология *f* ИС на биполярных и полевых транзисторах
    d gemischte BIFET-Technik *f*
    f technologie *f* BITEC
    nl bipolair-JFET-technologie *f*, gemengde FET-technologie *f*

B154 *e* **bipolar logic**
    r биполярные логические схемы *f pl*
    d bipolare Logik *f*
    f logique *f* bipolaire
    nl bipolaire logica *f*

B155 *e* **bipolar-MOS device**
    r прибор *m* на биполярных и МОП-транзисторах
    d BIMOS-Baustein *m*, bipolarer MOS-Baustein *m*
    f dispositif *m* à transistors MOS bipolaires
    nl bipolair-MOS-bouwsteen *m*, biMOS-bouwsteen *m*

B156 *e* **bipolar MOS technology**
    r (комбинированная) технология *f* ИС на биполярных и МОП-транзисторах
    d gemischte BI-MOS-Technik *f*
    f technologie *f* bipolaire-MOS
    nl bipolaire MOS *m*, biMOS *m*

B157 *e* **bipolar operation**
    r механизм *m* работы биполярного прибора
    d Funktionsweise *f* von Bipolarbausteinen
    f opération *f* du bipolaire
    nl werking *f* van bipolaire bouwstenen

B158 *e* **bipolar performance**
    r характеристики *f pl* биполярных приборов
    d Charakteristiken *f pl* von Bipolarbausteinen
    f performances *f pl* des bipolaires
    nl prestaties *f pl* van bipolaire bouwstenen

B159 *e* **bipolar process**
    r биполярная технология *f*
    d Bipolartechnik *f*, Bipolartechnologie *f*
    f technologie *f* [procédé *m*] bipolaire
    nl bipolair proces *n*

B160 *e* **bipolar sample/hold**
    r биполярная ИС *f* выборки и хранения
    d bipolarer Sample/Hold-Schaltkreis *m*, bipolarer Abtast/Halte-Schaltkreis *m*
    f circuit *m* intégré bipolaire d'échantillonage-stockage
    nl bipolaire bemonster-houdschakeling *f*

B161 *e* **bipolar speed**
    r быстродействие *n* биполярных ИС
    d Arbeitsgeschwindigkeit *f* von Bipolarbausteinen
    f rapidité *f* de circuits intégrés bipolaires
    nl snelheid *f* van bipolaire schakelingen

B162 *e* **bipolar transistor**
    r биполярный транзистор *m*
    d Bipolartransistor *m*
    f transistor *m* bipolaire
    nl bipolaire transistor *m*

B163 *e* **bipolar wafer**
    r полупроводниковая пластина *f* с биполярными интегральными структурами
    d Bipolarwafer *m*
    f tranche *f* bipolaire
    nl bipolaire wafel *m*

B164 *e* **bird's beak**
    r 1. дефект *m* типа «птичий клюв» (при боковом растравливании оксида в ИС с боковой диэлектрической изоляцией) 2. точечный прокол *m* (в оксидном слое) 3. инструмент *m* в виде «птичьего клюва» (для термокомпрессионной сварки)
    d 1. «Schnabel»-Defekt *m* (beim Unterätzen) 2. Nadelloch *n* (in einer Oxidschicht) 3. Schnabel *m*, «Schnabel»-Werkzeug *n* (Bondwerkzeug)
    f 1. défaut *m* type «bec d'oiseau» 2. trou *m* ponctuel (en couche oxyde) 3. outil *m* type «bec d'oiseau»
    nl snavel *m*

B165 *e* **bird's beak bonding**
    r термокомпрессионная сварка *f* инструментом в виде «птичьего клюва»
    d Schnabelthermokompression *f*
    f soudage *m* à thermocompression par outil type «bec d'oiseau»
    nl contacteren *n* met een snavel

B166 *e* **bird's beak defect**
    r 1. дефект *m* типа «птичий клюв» (при боковом растравливании оксида в ИС с боковой диэлектрической изоляцией) 2. точечный прокол *m* (в оксидном слое)
    d 1. «Schnabel»-Defekt *m* (beim Unterätzen) 2. Nadelloch *n* (in einer Oxidschicht)
    f 1. défaut *m* type «bec d'oiseau» 2. trou *m* ponctuel (en couche oxyde)
    nl 1. snavel-defect *n* (bij onderetsen) 2. naaldoog *n* (in oxydelaag)

BLOCKING

B167 e **16-bit microcomputer**
  r 16-разрядная микроЭВМ f
  d 16-Bit-Mikrorechner m
  f micro-ordinateur m à 16 bits
  nl 16-bit-microcomputer m

B168 e **bit-slice** see **bit-slice microprocessor**

B169 e **bit-slice architecture**
  r секционная архитектура f
  d Bit-Slice-Architektur f
  f architecture f en tranches
  nl bit-slice-architectuur f, geschakelde bouw m

B170 e **bit-slice microprocessor**
  r секционный микропроцессор m, микропроцессорная секция f
  d Bit-Slice-Prozessor m, Scheibenprozessor m
  f microprocesseur m en tranches
  nl bit-slice-microprocessor m, geschakelde microprocessor m

B171 e **4-bit-slice processor**
  r 4-разрядная микропроцессорная секция f
  d 4-Bit-Slice-Prozessor m
  f processeur m à 4 tranches
  nl 4-bit-slice-processor m, 4-bit-partverwerker m

B172 e **bitter**
  r 16-разрядный микропроцессор m
  d 16-Bit-Mikroprozessor m
  f microprocesseur m à 16 bits
  nl 16-bit-microprocessor m, 16-bitter m

B173 e **blade**
  r режущий диск m; режущее полотно n
  d Trennscheibe f; Trennsägeblatt n, Sägeblatt n
  f disque m coupant; lame f de scie
  nl (zaag)blad n

B174 e **blade pack**
  r набор m режущих полотен
  d Sägeblattsatz m
  f jeu m des lames de scie
  nl pakket n (zaag)bladen

B175 e **blank** see **blank plate**

B176 e **blanket coating**
  r сплошное покрытие n
  d Schutzschicht f, Deckschicht f
  f enrobage m total; gaine f totale
  nl (af)deklaag f (m)

B177 e **blanket diffusion**
  r сплошная диффузия f
  d Blanket-Diffusion f
  f diffusion f continue
  nl afdekkende diffusie(stap) f (m)

B178 e **blanket exposure**
  r сплошное экспонирование n
  d Ganzscheibenbelichtung f
  f exposition f continue
  nl totaalbelichting f

B179 e **blank plate**
  r необработанная подложка f; несмонтированная подложка f
  d unbeschichteter Wafer m; nicht montierter Wafer m
  f substrat m nu; substrat m non monté
  nl onbewerkte wafel m

B180 e **BLD** see **beam-lead device**

B181 e **bleeding** see **blurring**

B182 e **bleed-out**
  r сползание n (слоя клея)
  d Ausfließen n (einer Klebeschicht)
  f glissement m (de la couche de colle)
  nl uitvloeien n (van lijmklodder)

B183 e **blemish**
  r пятно n (поверхностный дефект)
  d Fleck m (Oberflächendefekt)
  f tache f (défaut superficiel)
  nl vlek m (oppervlaktedefect)

B184 e **blind bonding**
  r автоматическая термокомпрессионная сварка f
  d Blindbonden n
  f soudage m automatique à thermocompression
  nl blindcontacteren n

B185 e **blister**
  r вздутие n (фоторезиста)
  d Aufblähung f
  f gonflement m
  nl blaar m, blaas m

B186 e **bloating**
  r набухание n; вздутие n (фоторезиста)
  d Aufquellung f; Aufblähung f
  f gonflement m
  nl (op)zwellen n

B187 e **block compiler**
  r блочный компилятор m (для автоматической генерации блоков при проектировании СБИС)
  d Block-Compiler m
  f compilateur m en bloc
  nl blok-compiler m, blok-compileerprogramma n

B188 e **block construction, block design**
  r блочная конструкция f
  d Blockbauweise f
  f construction f en bloc
  nl blokconstructie f, blokontwerp n

B189 e **blocking junction**
  r запирающий переход m
  d Sperrschicht f eines pn-Übergangs
  f jonction f à barrière
  nl sperlaagovergang m

B190 e **blocking mask**
  r защитная маска f
  d Schutzmaske f; Stoppmaske f
  f masque m de protection
  nl afdekmasker n

B191 e **blocking voltage**
  r запирающее напряжение n
  d Sperrspannung f
  f tension f de blocage
  nl blokkeerspanning f

BLOCK

B192 *e* **block-level design**
   r проектирование *n* на уровне блоков
   d Design *n* [Entwurf *m*] auf Modulebene
   f conception *f* par modules
  nl blokontwerp *n*

B193 *e* **block replicate approach**
   r метод *m* мультипликации блоками
   d Methode *f* der blockweisen Multiplikation
   f méthode *f* de multiplication par blocs
  nl blokherhalingsmethode *f*

B194 *e* **block replication**
   r мультипликация *f* блоками
   d blockweise Multiplikation *f*, Blockmultiplikation *f*
   f multiplication *f* par blocs
  nl bloksgewijze herhaling *f*

B195 *e* **blowable fuse**
   r плавкая перемычка *f*
   d schmelzbare Verbindung *f*, Ausbrennwiderstand *m*
   f fusible *f*
  nl wegsmeltbaar (geheugen)element *n*

B196 *e* **blurred image**
   r размытое изображение *n*
   d verwaschenes Bild *n*
   f image *f* floue
  nl wazig beeld *n*

B197 *e* **blurring**
   r размытость *f* *(изображения)*
   d Verwaschung *f*, Unschärfe *f*
   f flou *m* *(d'image)*
  nl (beeld)onscherpte *f*, (beeld)wazigheid *f*

B198 *e* **BMOS** *see* **back-gate MOS**

B199 *e* **BN source**
   r нитрид *m* бора в качестве источника диффузанта
   d BN-Quelle *f*
   f nitrure *m* de bore en source de diffusion
  nl BN-bron *f* *(m)*

B200 *e* **board**
   r (печатная) плата *f*
   d Leiterplatte *f*
   f carte *f* [plaque *f*] imprimée
  nl print(plaat) *m* *(f (m))*

B201 *e* **boat**
   r 1. лодочка *f* 2. кассета *f*
   d 1. Schiffchen *n*, Schälchen *n* 2. Träger *m*
   f 1. cuvette *f* 2. cassette *f*
  nl schuitje *n*

B202 *e* **boat evaporator**
   r лодочковый испаритель *m*
   d Verdampfungsschiffchen *n*
   f évaporateur *m* à cuvette
  nl uitdamper *m* met schuitje

B203 *e* **body**
   r 1. подложка *f* 2. тело *n* кристалла
   d 1. Substrat *n* 2. Körper *m*; Kristallkörper *m*
   f 1. substrat *m* 2. corps *m*
  nl 1. (kristal)lichaam *n* 2. substraat *n*

B204 *e* **body-centered lattice**
   r объёмноцентрированная (кристаллическая) решётка *f*
   d innenzentriertes [raumzentriertes] Gitter *n*
   f réseau *m* cristallin centré
  nl gecentreerd rooster *n*

B205 *e* **body effect**
   r эффект *m* подложки
   d Body-Effekt *m*
   f effet *m* de substrat
  nl substraatwerking *m*

B206 *e* **bond**
   r термокомпрессионное соединение *n*; сварное соединение *n*; соединение *n*
   d Bondverbindung *f*; Bondung *f*
   f connexion *f* par soudage à thermocompression; soudure *f*
  nl 1. bevestiging *f* 2. verbindingscontact *n*

B207 *e* **bonder**
   r 1. установка *f* термокомпрессионной сварки 2. установка *f* для монтажа
   d Bonder *m*, Bondanlage *f*
   f 1. machine *f* pour soudage à thermocompression 2. installation *f* pour connexion
  nl contacteermachine *f*

B208 *e* **bonder capillary**
   r капиллярный пуансон *m*, капилляр *m*
   d Bond(er)kapillar *n*
   f poinçon *m* capillaire
  nl draadtoevoer-capillair *n* (contacteermachine)

B209 *e* **bonder indexer**
   r устройство *n* шагового перемещения сварочного инструмента
   d Schrittschaltwerk *n* des Bondwerkzeuges
   f placeur *m* de l'outil de soudure
  nl stapmechanisme *n* in een contacteermachine

B210 *e* **bond failure**
   r нарушение *n* соединения
   d Lösen *n* einer Bondverbindung
   f détérioration *f* de connexion
  nl loslaten *n* van verbindingscontact

B211 *e* **bonding**
   r термокомпрессионная сварка *f*, термокомпрессия *f*; сварка *f*; (при)соединение *n*
   d Bonden *n*; Thermokompression *f*
   f soudage *m* à thermocompression; connexion *f*
  nl 1. bevestigen *n* (*met lijm*) 2. verbinden *n* (*met draadjes o. i. d.*) 3. contacteren *n*

B212 *e* **bonding adhesive**
   r клей *m* для прикрепления кристалла
   d Kleber *m* zur Herstellung einer Bondverbindung
   f adhésif *m* pour connexion de puce
  nl verbindingslijm *m*

B213 *e* **bonding area**
   r контактная площадка *f*

BORON

   d Bondstelle *f*
   f plot *m* de soudure, surface *f* de contact
   nl verbindingsvlak *n*

B214 e **bonding cycle**
   r цикл *m* [продолжительность *f*] операции термокомпрессии
   d Bondzyklus *m*
   f cycle *m* de soudage à thermocompression
   nl contacteringscyclus *m*

B215 e **bonding fixture**
   r оснастка *f* для термокомпрессионной сварки
   d Bondausrüstung *f*
   f outillage *m* pour soudage à thermocompression
   nl werkstukhouder *m* voor contactering

B216 e **bonding lead**
   r вывод *m*, присоединённый методом термокомпрессии
   d Bondanschluß *m*
   f broche *f* connectée par soudage à thermocompression
   nl verbindingsgeleider *m*

B217 e **bonding machine** *see* **bonder**

B218 e **bonding speed**
   r производительность *f* установки термокомпрессионной сварки
   d Bondgeschwindigkeit *f*
   f productivité *f* de machine pour soudage à thermocompression
   nl contacteersnelheid *f*

B219 e **bonding technique**
   r метод *m* присоединения выводов
   d Bondverfahren *n*
   f technique *f* de brochage
   nl 1. verbindingstechniek *f* 2. contacteringstechniek *f*

B220 e **bonding tip**
   r сварочный инструмент *m* в установке термокомпрессионной сварки
   d Bondspitze *f*
   f outil *m* pour soudage à thermocompression
   nl contacteertip *m*

B221 e **bonding wire**
   r проволока *f* для термокомпрессионной сварки
   d Bonddraht *m*
   f fil *m* pour soudage à thermocompression
   nl contacteerdraad *m*, *n*

B222 e **bonding wire connection**
   r проволочный вывод *m*, присоединённый методом термокомпрессии
   d Bonddrahtanschluß *m*
   f sortie *f* en fil connectée par soudage à thermocompression
   nl verbinding *f* via contacteerdraad

B223 e **bond interface**
   r граница *f* раздела вывод — контактная площадка
   d Bondschnittstelle *f*
   f interface *f* broche-surface de contact
   nl verbindingsraakvlak *n*

B224 e **bond lift-off**
   r отслаивание *n* термокомпрессионного соединения
   d Ablösen *n* einer Bondverbindung
   f décollement *m* de connexion par soudage à thermocompression
   nl loslaten *n* van verbinding

B225 e **bond pad**
   r 1. контактная площадка *f* 2. столбиковый вывод *m*
   d 1. Bondinsel *f* 2. Bondhügel *m*
   f 1. surface *f* de contact, plot *m* de soudure 2. poutre *f*
   nl contacteereilandje *n*, contacteervlakje *n*

B226 e **bond-pad definition**
   r формирование *n* рисунка контактных площадок
   d Bondinseldefinition *n*
   f définition *f* de dessin des plots de soudure
   nl begrenzing *f* [randscherpte *f*] van contacteereilandjes

B227 e **bond peel** *see* **bond lift-off**

B228 e **bond pull test**
   r испытание *n* проволочных выводов на отрыв
   d Zugtest *m* an einer Bondverbindung
   f essai *m* des sorties en fil de détachement
   nl contactdraad-trekproef *f (m)*

B229 e **bond sequence**
   r последовательность *f* операций термокомпрессионной сварки
   d Bondablauf *m*
   f séquence *f* des opérations de soudage à thermocompression
   nl volgorde *f* van verbinden

B230 e **boric anhydride, boric oxide**
   r оксид *m* бора, B_2O_3
   d Boroxid *n*
   f oxyde *m* de bore
   nl boor(zuur)anhydride *n*

B231 e **boron**
   r бор *m*, B
   d Bor *n*
   f bore *m*
   nl borium *n*

B232 e **boron base**
   r база *f*, легированная бором
   d bordotierte Basis *f*
   f base *f* dopée par bore
   nl met borium gedoteerde basis *f*

B233 e **boron depletion**
   r уменьшение *n* уровня легирования бором
   d Borverarmung *f*
   f déplétion *f* de dopage par bore
   nl uitputting *f* [depletie *f*] door borium

B234 e **boron diffusion**
   r диффузия *f* бора

BORON

- *d* Bordiffusion *f*
- *f* diffusion *f* de bore
- *nl* boriumdiffusie *f*

B235 *e* **boron doping**
- *r* легирование *n* бором
- *d* Bordotierung *f*
- *f* dopage *m* par bore
- *nl* boriumdotering *f*

B236 *e* **boron implantation**
- *r* имплантация *f* ионов бора
- *d* Borimplantation *f*
- *f* implantation *f* des ions de bore
- *nl* boriumimplantatie *f*

B237 *e* **boron-implanted silicon**
- *r* кремний *m* с имплантированными ионами бора
- *d* borimplantiertes Silizium *n*
- *f* silicium *m* à ions de bore implantés
- *nl* met borium geïmplanteerd silicium *n*

B238 *e* **boron-nitride pellicle**
- *r* плёнка *f* нитрида бора
- *d* Bornitridschicht *f*
- *f* pellicule *f* de nitrure de bore
- *nl* boriumnitride-huid *f (m)*

B239 *e* **boron semiconductor**
- *r* полупроводник *m*, легированный бором
- *d* bordotierter Halbleiter *m*
- *f* semi-conducteur *m* dopé par bore
- *nl* met borium gedoteerde halfgeleider *m*

B240 *e* **boron tribromide**
- *r* трёхбромистый бор *m*, BBr$_3$
- *d* Bortribromid *n*, Bor(III)-Bromid *n*
- *f* tribromure *m* de bore
- *nl* boriumtribromide *n*

B241 *e* **boron trichloride**
- *r* трёххлористый бор *m*, BCl$_3$
- *d* Bortrichlorid *n*, Bor(III)-Chlorid *n*
- *f* trichlorure *m* de bore
- *nl* boriumtrichloride *n*

B242 *e* **borosilicate glass**
- *r* боросиликатное стекло *n*
- *d* Borsilikatglas *n*
- *f* verre *m* de borosilicate
- *nl* borosilicaatglas *n*

B243 *e* **bottom**
- *r* дно *n*; нижняя сторона *f*; нижняя поверхность *f*
- *d* Boden *m*; Unterseite *f*
- *f* fond *m*; face *f* inférieure; surface *f* inférieure
- *nl* bodem *m*, onderzijde *f*

B244 *e* **bottomside mark**
- *r* маркировка *f* на нижней поверхности (корпуса)
- *d* Unterseitenmarkierung *f*, Markierung *f* an der Unterseite (*eines IC-Gehäuses*)
- *f* marquage *m* à la face inférieure
- *nl* merkteken *n* op onderzijde (*van IC-behuizing*)

B245 *e* **boule**
- *r* (полупроводниковый) слиток *m*; буль *f*
- *d* Einkristallkörper *m*
- *f* lingot *m*; boule *f*
- *nl* monokristal(lichaam) *n (n)*

B246 *e* **boundary**
- *r* граница *f*; поверхность *f* раздела
- *d* Grenze *f*; Grenzfläche *f*
- *f* interface *f*
- *nl* grens(vlak) *f (m) (n)*

B247 *e* **boundary defect**
- *r* дефект *m* на границе раздела
- *d* Grenzflächendefekt *m*
- *f* défaut *m* sur interface
- *nl* grensvlakdefect *n*

B248 *e* **boundary layer**
- *r* граничный [приповерхностный] слой *m*
- *d* Grenzschicht *f*
- *f* couche *f* d'interface
- *nl* grenslaag *f (m)*

B249 *e* **boundary region**
- *r* граничная область *f*
- *d* Grenzgebiet *n*
- *f* région *f* d'interface
- *nl* grensgebied *n*

B250 *e* **BOX** *see* **buried-oxide isolation process**

B251 *e* **box**
- *r* бокс *m*, скафандр *m* (*для сборки ИС*)
- *d* Box *f*
- *f* box *m*
- *nl* kast *f (m)*

B252 *e* **box diffusion**
- *r* диффузия *f* в ампуле
- *d* Ampullendiffusion *f*
- *f* diffusion *f* en ampoule
- *nl* diffusie *f* in kast

B253 *e* **BPT** *see* **bipolar transistor**

B254 *e* **Bragg reflection**
- *r* брэгговское отражение *n*
- *d* Braggsche Reflexion *f*
- *f* réflexion *f* de Bragg
- *nl* Bragg-reflectie *f*

B255 *e* **brazing**
- *r* пайка *f* тугоплавким припоем (*с температурой плавления выше 500°C*)
- *d* Hartlöten *n* (*Löttemperatur über 500°C*)
- *f* brasage *m* fort
- *nl* hardsolderen *n*

B256 *e* **brazing flux**
- *r* флюс *m* для пайки тугоплавким припоем
- *d* Hartlotflußmittel *n*
- *f* flux *m* de brasage fort
- *nl* hardsoldeer-vloeimiddel *n*

B257 *e* **brazing preform**
- *r* рамка *f* из тугоплавкого припоя
- *d* Hartlotrahmen *m*
- *f* cadre *m* en brasure forte
- *nl* hardsoldeermal *m*

B258 *e* **breadboard**
  r макет *m*; макетная плата *f*
  d Brettschaltung *f*; Versuchsaufbau *m*
  f maquette *f*, carte-maquette *f*
  nl proefopzetbord *n*

B259 *e* **break(age)**
  r разламывание *n*, ломка *f*
  d Brechen *n*, Zerlegen *n*
  f découpage *m*, brisement *m*
  nl breken *n*, breuk *m*

B260 *e* **breakdown**
  r 1. (электрический) пробой *m* 2. выход *m* из строя
  d 1. Durchbruch *m*; Durchschlag *m* 2. Ausfall *m*
  f 1. claquage *m*, rupture *f*, disruption *f* 2. défaillance *f*, panne *f*
  nl doorbraak *m*, doorslag *m*

B261 *e* **breakdown current**
  r ток *m* пробоя
  d Durchbruchstrom *m*
  f courant *m* disruptif [de claquage]
  nl doorbraakstroom *m*

B262 *e* **breakdown rating**
  r номинальное напряжение *n* пробоя
  d Durchbruchnennspannung *f*
  f tension *f* nominale disruptive
  nl (nominale) doorbraakwaarde *f*

B263 *e* **breakdown voltage**
  r напряжение *m* пробоя
  d Durchbruchspannung *f*
  f tension *f* disruptive [de claquage]
  nl doorbraakspanning *f*

B264 *e* **bridge**
  r перемычка *f*; мостик *m*; шунт *m*
  d Brücke *f*; Überbrückung *f*
  f traversée *f*; pont *m*; shunt *m*
  nl brug *f (m)*, overbrugging *f*

B265 *e* **bridging**
  r образование *n* перемычек; шунтирование *n*
  d Überbrückung *f*
  f mise *f* en traversée; shuntage *m*
  nl overbrugging *f*

B266 *e* **Bridgman-Stockbarger method**
  r метод *m* Бриджмена — Стокбаргера
  d Bridgman-Stockbarger-Verfahren *n*
  f méthode *f* Bridgman-Stockbarger
  nl Bridgman-Stockbargermethode *f*

B267 *e* **bright finish**
  r зеркальная полировка *f*
  d Glanzpolieren *n*
  f polissage *m* à miroire, brillantage *f*
  nl glanspolitoer *m*

B268 *e* **bright fringes**
  r светлые интерференционные полосы *f pl*
  d helle Interferenzstreifen *m pl*
  f franges *f pl* d'interférence brillantes
  nl heldere interferentielijnen *f (m) pl*

B269 *e* **brush scrubber**
  r установка *f* отмывки и очистки пластин щётками
  d Bürstenreinigungsanlage *f*
  f installation *f* de rinçage-nettoyage par brosses
  nl borstelreiniger *m*

B270 *e* **BSG** *see* **borosilicate glass**

B271 *e* **BTAB** *see* **bumped tape-automated bonding**

B272 *e* **bubble**
  r 1. цилиндрический магнитный домен *m*, ЦМД 2. пузырёк *m*
  d Blase *f*
  f 1. bulle *f* magnétique 2. bulle *f*
  nl magneetbel *f (m)*

B273 *e* **bubble domain**
  r цилиндрический магнитный домен *m*, ЦМД
  d Blasendomäne *f*
  f bulle *f* magnétique
  nl magneetbeldomein *n*

B274 *e* **bubble-domain memory**
  r ЗУ *n* на ЦМД
  d Blasenspeicher *m*, Magnetblasenspeicher *m*
  f mémoire *f* à bulles magnétiques
  nl (magneet)bellengeheugen *n*

B275 *e* **bubble-memory chip**
  r 1. кристалл *m* ЗУ на ЦМД 2. ИС *f* ЗУ на ЦМД
  d Blasenspeicherchip *n*
  f puce *f* de mémoire à bulles (magnétiques)
  nl bellengeheugen-chip *m*

B276 *e* **bubble-memory-circuit**
  r ИС *f* ЗУ на ЦМД
  d Blasenspeicher-IC *n*
  f circuit *m* intégré de mémoire à bulles (magnétiques)
  nl bellengeheugenschakeling *f*

B277 *e* **bubble tester**
  r пузырьковый течеискатель *m*
  d Blasenlecksucher *m*
  f testeur *m* de bulle
  nl bellenlekzoeker *m*

B278 *e* **bucket-brigade device**
  r прибор *m* типа «пожарная цепочка»
  d Eimerkettenbauelement *n*, Eimerkettenschaltung *f*, BBD-Bauelement *n*
  f dispositif *m* à élément à chapelet
  nl emmerketting-bouwsteen *m*, BBD *m*

B279 *e* **bucket-brigade memory**
  r ЗУ *n* на приборах типа «пожарная цепочка»
  d Eimerkettenspeicher *m*
  f mémoire *f* à élément à chapelet
  nl emmerketting-geheugen *n*

B280 *e* **bucket-brigade shift register**
  r сдвиговый регистр *m* на приборах типа «пожарная цепочка»
  d Eimerkettenschieberegister *n*, BBD-Schieberegister *n*
  f décaleur *m* à éléments à chapelet

BUFFERED

    nl emmerketting-schuifregister *n*, BBD-schuifregister *n*

B281 *e* **buffered etch, buffered etching solution**
    r буферный травитель *m*
    d Puffer-Ätzmittel *n*
    f décapant *m* tampon
    nl gebufferde ets *f (m)*

B282 *e* **building block**
    r конструктивный блок *m*
    d Baueinheit *f*
    f bloc *m* de construction
    nl bouwsteen *m*

B283 *e* **building-block concept**
    r блочный принцип *m* конструирования
    d Baukastenprinzip *n*
    f conception *f* modulaire
    nl bouwdoosconcept *n*

B284 *e* **built-in self-testing**
    r встроенная самодиагностика *f*
    d eingebaute Eigenprüfung *f*, eingebautes Selbstdiagnosesystem *n*
    f autodiagnostic *m* incorporé [in-situ]
    nl ingebouwd zelfdiagnosesysteem *n*

B285 *e* **bulk acoustic wave**
    r объёмная акустическая волна *f*
    d akústische Volumenwelle *f*
    f onde *f* acoustique de volume
    nl inwendige materiaalgeluidsgolf *f (m)*, massageluidsgolf *f (m)*

B286 *e* **bulk-channel CCD**
    r ПЗС *m* с объёмным каналом
    d Volumen-CCD *n*, Bulk-CCD-Bauelement *n*, volumenladungsgekoppeltes Element *n*
    f DCC[dispositif *m* à couplage de charge] à canal de volume
    nl CCD *m* met inwendig kanaal

B287 *e* **bulk charge**
    r объёмный заряд *m*
    d Volumenladung *f*
    f charge *f* volumique
    nl inwendige materiaallading *f*

B288 *e* **bulk CMOS process**
    r технология *f* КМОП ИС на полупроводниковой подложке
    d Bulk-CMOS-Technologie *f*
    f technologie *f* CMOS du circuit intégré sur substrat semi-conducteur
    nl massief CMOS-proces *n*

B289 *e* **bulk defect**
    r объёмный дефект *m*
    d Volumendefekt *m*
    f défaut *m* de volume
    nl inwendig (materiaal)defect *n*

B290 *e* **bulk-effect amplifier**
    r усилитель *m* на основе объёмного эффекта
    d Volumeneffektverstärker *m*, Bulk-Effekt-Verstärker *m*
    f amplificateur *m* à la base d'effet de volume
    nl (geïntegreerde) versterker *f* met inwendige werking

B291 *e* **bulk-effect integrated circuit**
    r ИС *f* на приборах с объёмным эффектом
    d Volumeneffekt-IC *n*, Bulk-Effekt-IC *n*
    f circuit *m* intégré à effet de volume
    nl geïntegreerde schakeling *f* met inwendige werking

B292 *e* **bulk MIS**
    r объёмная МДП-структура *f*
    d Bulk-MIS *f*
    f structure *f* MIS de volume
    nl massieve MIS *m (Metal-Insulator-Semiconductor)*

B293 *e* **bulk-molding compound**
    r компаунд *m* для объёмного прессования
    d Preßmasse *f* zum Volumenpressen
    f compound *m* pour moulage de volume
    nl mengsel *n* voor massief vormgieten [vormpersen, vormspuiten]

B294 *e* **bulk properties**
    r объёмные свойства *n pl*
    d Volumeneigenschaften *f pl*
    f propriétés *f pl* volumiques
    nl eigenschappen *f pl* in massieve vorm

B295 *e* **bulk sputtering**
    r напыление *n* сплошной толстой плёнки
    d Bulk-Sputtern *n*
    f pulvérisation *f* de film épais continu
    nl massief sputteren *n*

B296 *e* **bulk substrate**
    r сплошная полупроводниковая подложка *f*; полупроводниковая подложка *f* без эпитаксиального слоя
    d massives Substrat *n*
    f substrat *m* (semi-conducteur) massif
    nl massief substraat *n*

B297 *e* **bull's eye lid**
    r крышка *f* с кварцевым окошком (*для корпуса ЗУ*)
    d Quarzfensterdeckel *m (Speichergehäuse)*
    f couvercle *f* [capot *m*] à fenêtre de quartz
    nl wisvensterdeksel *n (EPROM e. d.)*

B298 *e* **bump, bump contact**
    r столбиковый вывод *m*
    d Höcker *m*, Kontakthöcker *m*, Bondhügel *m*
    f poutre *f*
    nl contact(eer)bobbel *m*

B299 *e* **bumped chip**
    r кристалл *m* со столбиковыми выводами
    d Chip *n* mit Bondhügeln
    f puce *f* à poutres
    nl chip *m* met contacteerbobbels

B300 *e* **bumped chip-carrier**
    r кристаллоноситель *m* со столбиковыми выводами

BURIED

    d Chip-Carrier *m* [Chipträger *m*]mit Bondhügeln
    f support *m* de puce à poutres
    nl chipdrager *m* met contacteerbobbels

B301 *e* **bumped component**
    r компонент *m* со столбиковыми выводами
    d Baustein *m* mit Bondhügeln
    f composant *m* à poutres
    nl component *m* met contacteerbobbels

B302 *e* **bumped tape**
    r ленточный носитель *m* со столбиковыми выводами
    d Trägerstreifen *m* mit Bondhügeln
    f bande *f* porteuse à poutres
    nl montagefilm *m* met contacteerbobbels

B303 *e* **bumped tape-automated bonding**
    r автоматизированное присоединение *n* кристаллов к столбиковым выводам на ленточном носителе
    d automatisches Bonden *n* von Halbleiterchips an die Trägerstreifenbondhügel
    f connexion *f* automatisée des puces sur la bande porteuse à poutres
    nl automatische contactering *f* d. m. v. film met contactbobbels

B304 *e* **bumped wafer**
    r полупроводниковая пластина *f* с интегральными структурами, имеющими столбиковые выводы
    d Wafer *m* mit Bondhügeln
    f tranche *f* à poutres
    nl wafel *m* met contacteerbobbels

B305 *e* **bumping**
    r формирование *n* столбиковых выводов
    d Herstellung *f* von Bondhügeln, Bondhügelherstellung *f*
    f formation *f* des poutres
    nl aanbrengen *n* van contacteerbobbels

B306 *e* **bumping technology**
    r технология *f* формирования столбиковых выводов
    d Bondhügelherstellungstechnologie *f*
    f technologie *f* de formation des poutres
    nl bobbelcontacteertechnologie *f*

B307 *e* **bump pad** *see* **bump**

B308 *e* **bump squash**
    r деформация *f* столбикового вывода
    d Bondhügelverformung *f*
    f déformation *f* de poutre
    nl pletten *n* van contacteerbobbel

B309 *e* **buried channel**
    r скрытый канал *m*
    d vergrabener Kanal *m*
    f canal *m* caché
    nl ingebed kanaal *n*

B310 *e* **buried-channel CCD**
    r ПЗС *m* со скрытым каналом
    d CCD-Bauelement *n* mit vergrabenem Kanal
    f DCC [dispositif *m* à couplage de charge] à canal caché
    nl CCD *m* met ingebed kanaal

B311 *e* **buried-channel FET**
    r полевой транзистор *m* со скрытым каналом
    d Feldeffekttransistor *m* mit vergrabenem Kanal
    f transistor *m* FET à canal caché
    nl FET *m* met ingebed kanaal

B312 *e* **buried-channel MOS**
    r МОП-структура *f* со скрытым каналом
    d MOS-Struktur *f* mit vergrabenem Kanal, BCMOS *f*
    f structure *f* MOS à canal caché
    nl MOS *m* met ingebed kanaal

B313 *e* **buried-channel transistor**
    r МОП-транзистор *m* со скрытым каналом
    d MOS-Feldeffekttransistor *m* mit vergrabenem Kanal
    f transistor *m* MOS à canal caché
    nl transistor *m* met ingebed kanaal

B314 *e* **buried collector**
    r коллектор *m* со скрытым слоем
    d vergrabener Kollektor *m*
    f collecteur *m* à couche cachée
    nl collectoronderlaag *f (m)* subcollector *m*

B315 *e* **buried-collector dopant**
    r примесь *f* для (формирования) скрытого слоя коллектора
    d Dotierstoff *m* zur Erzeugung von vergrabenen Kollektorgebieten
    f dopant *m* pour collecteur à couche cachée
    nl doteerstof *f (m)* voor collectoronderlaag *resp.* subcollector

B316 *e* **buried layer**
    r скрытый слой *m*
    d vergrabene Schicht *f*
    f couche *f* cachée
    nl ingebedde laag *f (m)*

B317 *e* **buried oxide**
    r углублённый оксид *m*
    d vergrabenes Oxid *n*
    f oxyde *m* plongé
    nl ingebedde oxydelaag *f (m)*; ingebed oxyde *n*

B318 *e* **buried-oxide isolation process**
    r технология *f* изоляции ИС углублённым оксидом
    d Isolation *f* mittels vergrabenem Oxid, Box-Technik *f*
    f technique *f* Box, procédé *m* d'isolation par oxyde plongé
    nl ingebedde oxydelaag *f (m)* (*isolatieprocédé*)

B319 *e* **buried region**
    r скрытая область *f*; углублённая область *f*
    d vergrabenes Gebiet *n*

       f région *f* cachée; région *f* plongée
     nl ingebedde zone *f (m)*

B320 *e* **burn-in**
      r термотренировка *f*
      d Burn-in *n*, Voralterungstest *m*
      f burn-in *m* en température élevée
     nl inbranden *n*

B321 *e* **burn-out**
      r выжигание *n (напр. наполнителя паст)*
      d Ausbrennen *n (z. B. von Pastenfüllstoffen)*
      f brulage *m (p. ex. des pâtes)*
     nl 1. doorslaan *n*, doorslag *m*, doorbranden *n* 2. uitgloeien *n*

B322 *e* **burr**
      r заусенец *m*; облой *m*
      d Grat *m*
      f bavure *f*
     nl 1. braam *f (m)* 2. gietnaad *m*, persnaad *m*

B323 *e* **bus**
      r (электрическая) шина *f*
      d Bus *m*
      f bus *m*
     nl hoofd(verbindings)lijn *f (m)*, bus *m*

B324 *e* **butt joint**
      r соединение *n* встык
      d Stumpfstoß *m*
      f joint *m* bout à bout
     nl stompe las *f (m)*, stootlas *f (m)*

B325 *e* **butt welding**
      r сварка *f* встык
      d Stumpfschweißen *n*
      f soudage *m* en bout
     nl stomplassen *n*, stuiklassen *n*

B326 *e* **bypass**
      r перемычка *f*; шунт *m*
      d Nebenschluß *m*; Überbrückung *f*
      f by-passe *m*
     nl 1. omloopleiding *f* 2. overbrugging *f* 3. overbruggings..., parallel..., ontkoppel...

B327 *e* **bypass connection**
      r обходное соединение *n*
      d Umgehung *f*
      f connexion *f* by-pass
     nl omloopverbinding *f*, nevenverbinding *f*

C

C1 *e* **CAD** see **computer-aided design**

C2 *e* **CAD system** see **computer-aided design system**

C3 *e* **CAD technique**
      r метод *m* автоматизированного проектирования
      d CAD-Lösung *f*; CAD-Technik *f*
      f technique *f* CAO
     nl CAD-techniek *f*

C4 *e* **CAD tools** see **computer-aided design facilities**

C5 *e* **CAD workstation**
      r автоматизированное рабочее место *n* [АРМ] проектировщика
      d CAD-Arbeitsplatz *m*
      f poste *m* de travail CAO
     nl CAD-werkplek *f (m)*

C6 *e* **calcination**
      r прокаливание *n*; обжиг *m*
      d Glühen *n*
      f calcination *f*
     nl 1. ontwateren *n (kristal)* 2. (uit)gloeien *n*, calcineren *n (metaal)*

C7 *e* **camber**
      r прогиб *m*; стрела *f* прогиба
      d Wölbung *f*; Durchbiegung *f*
      f flèche *f*
     nl (op)bolling *f*, welving *f*, kromte *f*

C8 *e* **camber-free ceramics**
      r керамическая плата *f* с высокой плоскостностью
      d wölbungsfreies Keramikplättchen *n*
      f plaque *f* céramique sans flèches
     nl ongekromde keramiekplaatjes *n pl*

C9 *e* **camera**
      r фотокамера *f*; фотоаппарат *m*
      d Kamera *f*, Fotokamera *f*
      f caméra *f* (photographique)
     nl camera *f (m)*

C10 *e* **camera lens**
      r объектив *m* фотокамеры
      d Fotoobjektiv *n*, Kameraobjektiv *n*
      f objectif *m* (de caméra) photographique
     nl cameralens *f (m)*

C11 *e* **CAMP** see **computer-aided (photo)mask preparation**

C12 *e* **can**
      r металлический корпус *m*
      d Metallgehäuse *n*
      f boîtier *m* métallique
     nl (metalen) kap *f (m)* [hoedje *n*]

C13 *e* **cap**
      r колпачок *m*; крышка *f (корпуса)*
      d Kappe *f*; Deckel *m*, Gehäusedeckel *m*
      f couvercle *m*, capot *m*
     nl 1. kap *f (m)*, hoedje *n* 2. (af)deklaag *f (m)*

C14 *e* **cap** see 1. **capacitor** 2. **capacity**

C15 *e* **capacitance**
      r (электрическая) ёмкость *f*
      d Kapazität *f*
      f capacité *f*
     nl capaciteit *f*, capacitantie *f*

C16 *e* **capacitive load**
      r ёмкостная нагрузка *f*
      d kapazitive Last *f*
      f charge *f* capacitive
     nl capacitieve belasting *f*

C17 *e* **capacitor**
      r конденсатор *m*
      d Kondensator *m*
      f condensateur *m*
     nl condensator *m*

C18 e **capacitor-coupled FET logic**
　　r логические схемы *f pl* на полевых транзисторах с ёмкостной связью
　　d kapazitätsgekoppelte FET-Logik *f*
　　f logique *f* FET à couplage capacitif
　　nl capacitief gekoppelde FET-logica *f*

C19 e **capacitor network**
　　r цепочка *f* конденсаторов
　　d Kondensatorkette *f*
　　f réseau *m* des condensateurs
　　nl condensatornetwerk *n*

C20 e **capacitor parasitics**
　　r паразитные конденсаторы *m pl*
　　d parasitäre Kondensatoren *m pl*
　　f condensateurs *m pl* parasites
　　nl parasitaire condensatoren *m pl*

C21 e **capacitor plate**
　　r обкладка *f* конденсатора
　　d Kondensatorbelag *m*
　　f plaque *f* du condensateur
　　nl condensatorplaat *f (m)*

C22 e **capacitor-voltage characteristic**
　　r вольт-фарадная характеристика *f*
　　d Spannungskapazitätskennlinie *f*, C-V-Kennlinie *f*
　　f caractéristique *f* tension-capacité
　　nl spanningsgedrag *n* [spanningskromme *f*] van condensator

C23 e **capacity**
　　r 1. (электрическая) ёмкость *f* 2. объём *m*, (информационная) ёмкость *f*
　　d Kapazität *f*
　　f capacité *f*
　　nl capaciteit *f*

C24 e **"capillaries"**
　　r установка *f* шариковой термокомпрессии
　　d Nagelkopfbonder *m*
　　f machine *f* pour soudage à thermocompression à bille, «capillaire» *f*
　　nl capillairstuk *n (contacteermachine)*

C25 e **capillary clogging**
　　r засорение *n* капилляра (*в установке шариковой термокомпрессии*)
　　d Kapillarverstopfung *f*
　　f engorgement *m* du capillaire (*dans machine pour soudage à thermocompression à bille*)
　　nl capillairverstopping *f*

C26 e **cap layer**
　　r защитное покрытие *n*
　　d Verkappungsschicht *f*, Deckschicht *f*
　　f revêtement *m* de protection
　　nl (af)deklaag *f (m)*

C27 e **capless annealing**
　　r отжиг *m* без защитного покрытия
　　d Tempern *n* ohne Deckschicht
　　f recuit *m* sans revêtement de protection
　　nl temperen *n* zonder (af)deklaag

C28 e **capping**
　　r 1. нанесение *n* защитного покрытия 2. герметизация *f* корпуса крышкой
　　d 1. Schutzschichtauftrag *m* 2. Verkappung *f*
　　f 1. enrobage *m* 2. encapsulation *f*
　　nl 1. verkapping *f* 2. (af)deklaag opbrengen *n*

C29 e **capping annealing**
　　r отжиг *m* с защитным покрытием
　　d Tempern *n* mit Deckschicht
　　f recuit *m* avec revêtement de protection
　　nl temperen *n* met (af)deklaag

C30 e **capping oxidation**
　　r оксидирование *n* для формирования защитного покрытия
　　d Oxydierung *f* zur Schutzoxidschichtherstellung
　　f oxydation *f* pour enrobage
　　nl afdekkende oxydatie *f*

C31 e **capping oxide**
　　r защитное оксидное покрытие *n*
　　d Schutzoxidschicht *f*
　　f revêtement *m* de protection d'oxyde
　　nl afdekkend oxyde *n*

C32 e **capsulation**
　　r герметизация *f*
　　d Verkapselung *f*
　　f encapsulation *f*
　　nl capsulatie *f*, verkapping *f*

C33 e **captive production**
　　r собственное производство *n*
　　d Eigenproduktion *f*
　　f production *f* pour les besoins spécifiques
　　nl produktie *f* voor eigen gebruik

C34 e **capture time**
　　r время *n* захвата носителей заряда
　　d Einfangzeit *f*, Trägereinfangzeit *f*
　　f temps *m* de capture
　　nl (in)vangtijd *m*

C35 e **card**
　　r (печатная) плата *f*
　　d Karte *f*; Platte *f*
　　f carte *f*, plaque *f*, plaquette *f*
　　nl kaart *f (m)*

C36 e **carrier**
　　r 1. носитель *m* (заряда) 2. носитель *m*; держатель *m*; кассета *f*
　　d Träger *m*
　　f 1. porteur *m* de charge 2. support *m*; cassette *f*
　　nl ladingdrager *m*

C37 e **carrier capture**
　　r захват *m* носителей заряда
　　d Trägereinfang *m*, Ladungsträgereinfang *m*
　　f capture *f* des porteurs de charge
　　nl ladingdragerinvang *m*

C38 e **carrier-carrier interaction**
　　r взаимодействие *n* между носителями заряда
　　d Träger-Träger-Wechselwirkung *f*
　　f interaction *f* des porteurs de charge
　　nl wisselwerking *f* tussen ladingdragers

CARRIER

C39   *e* **carrier deficiency** *see* **charge depletion**

C40   *e* **carrier density**
    r концентрация *f* носителей заряда
    d Trägerdichte *f*, Trägerkonzentration *f*, Ladungsträgerdichte *f*, Ladungsträgerkonzentration *f*
    f densité *f* des porteurs de charge
    nl ladingdragersdichtheid *f*

C41   *e* **carrier drift**
    r дрейф *m* носителей заряда
    d Trägerdrift *f*, Ladungsträgerdrift *f*
    f dérive *f* des porteurs de charge
    nl ladingdragerdrift *f (m)*

C42   *e* **carrier gas**
    r газ-носитель *m*
    d Trägergas *n*
    f gaz *m* porteur
    nl ladingdragergas *n*

C43   *e* **carrier killer**
    r примесь *f*, уменьшающая время жизни носителей заряда
    d Träger-«Killer» *m*
    f porteur-«assassin» *m (agent réduisant le temps de vie des porteurs de charge)*
    nl ladingdrager-neutralisator *m*

C44   *e* **carrier lifetime**
    r время *n* жизни носителей заряда
    d Trägerlebensdauer *f*, Ladungsträgerlebensdauer *f*
    f durée *f* [temps *m*] de vie des porteurs de charge
    nl ladingdragerlevensduur *m*

C45   *e* **carrier-pair generation**
    r генерация *f* электронно-дырочных пар
    d Paarerzeugung *f*, Trägerpaarerzeugung *f*
    f génération *f* des paires électron-trou
    nl ladingdragerpaarvorming *f*

C46   *e* **carrier recombination**
    r рекомбинация *f* носителей заряда
    d Trägerrekombination *f*, Ladungsträgerrekombination *f*
    f recombinaison *f* des porteurs de charge
    nl ladingdrager-recombinatie *f*

C47   *e* **carrier socket**
    r колодка *f*, спутник-носитель *m* (для ИС), панелька *f*
    d Stecksockel *m*, Sockel *m*; IC-Sockel *m*
    f socle *m*
    nl (insteek)voetje *n*, IC-voetje *n*

C48   *e* **carrier storage**
    r накопление *n* заряда
    d Ladungsspeicherung *f*
    f stockage *m* de charge
    nl ladingdrager-accumulatie *f*

C49   *e* **carrier tape**
    r ленточный носитель *m*
    d Trägerstreifen *m*
    f bande *f* porteuse
    nl dragerfilm *m*

C50   *e* **carrier transfer**
    r перенос *m* носителей заряда
    d Ladungsträgertransfer *m*
    f transfert *m* des porteurs de charge
    nl ladingdragersoverheveling *f*

C51   *e* **carrier-transfer device**
    r прибор *m* с переносом заряда, ППЗ
    d Ladungsverschiebeelement *n*
    f dispositif *m* à transfert de charge
    nl ladinghevelbouwsteen *m*

C52   *e* **carrier-transit time**
    r время *n* пролёта носителей заряда
    d Trägerlaufzeit *f*, Ladungsträgerlaufzeit *f*
    f temps *m* de vol des porteurs de charge
    nl ladingdragerlooptijd *m*

C53   *e* **case**
    r корпус *m*; оболочка *f*
    d Gehäuse *n*
    f boîtier *m*
    nl behuizing *f*, huis *n*; huls *f (m)*

C54   *e* **casing**
    r 1. корпус *m*; оболочка *f* 2. монтаж *m* в корпусе
    d 1. Gehäuse *n* 2. Verkappen *n*, Verkapseln *n*
    f 1. boîtier *m* 2. montage *m* en boîtier, encapsulation *f*
    nl behuizing *f*, omhulling *f*

C55   *e* **cassette-based transfer**
    r транспортировка *f* полупроводниковых пластин в кассетах
    d Kassettentransport *m*; Kassettenbetrieb *m*
    f transfert *m* en cassette
    nl (werkstuk)overbrenging *f* in cassettes

C56   *e* **cassette loader**
    r загрузочное устройство *n* для кассет
    d Kassettenlader *m*
    f chargeur *m* des cassettes
    nl cassettelader *m*

C57   *e* **cassette pitch**
    r расстояние *n* между кассетами
    d Kassettenabstand *m*
    f écartement *m* entre cassettes
    nl cassette-afstand *m*

C58   *e* **cassette sampling**
    r выборка *f* полупроводниковых пластин из кассеты
    d Kassettenentladung *f*
    f échantillonnage *m* en cassette
    nl cassettebemonstering *f*

C59   *e* **cassette station**
    r позиция *f* [место *n*] загрузки и выгрузки кассет
    d Kassettenhandhabungsstation *f*
    f station *f* de chargement/déchargement des cassettes
    nl cassette-verwerkingsplek *f (m)*

C60   *e* **cassette-to-cassette approach**
    r метод *m* транспортировки полупроводниковых пластин из кассеты в кассету
    d Kassettenbetrieb *m*

CELL

    f technique *f* de transfert cassette-cassette
   nl cassette-aan-en-afvoersysteem *n*; cassette-methode *f*

C61 *e* **cassette-to-cassette coater**
    r установка *f* для нанесения покрытий с устройством загрузки и выгрузки типа из кассеты в кассету
    d Beschichtungsanlage *f* mit automatischem Kassettenhandhabungssystem
    f dispositif *m* de gainage avec chargeur/déchargeur type cassette-cassette
   nl laagopbrengingsmachine *f* met automatische aan- en afvoer in cassettes

C62 *e* **cassette-to-cassette feed** *see* **cassette-to-cassette operation**

C63 *e* **cassette-to-cassette handler**
    r манипулятор *m* для передачи полупроводниковых пластин из кассеты в кассету
    d Kassettenhandhabungssystem *n*
    f manipulateur *m* pour transfert cassette-cassette
   nl cassetteverwerker *m*

C64 *e* **cassette-to-cassette operation, cassette-to-cassette wafer transport**
    r транспортировка *f* полупроводниковых пластин из кассеты в кассету
    d Kassettentransport *m*; Kassettenbetrieb *m*
    f transfert *m* cassette-cassette
   nl verwerking *f* via cassettes; wafeltransport *n* tussen cassettes

C65 *e* **casting**
    r 1. заливка *f* 2. отливка *f*
    d 1. Vergießen *n*; Gießen *n* 2. gußteil *n*, gußstück *n*
    f 1. moulage *m*; coulage *m* 2. moulage *m*, pièce *f* moulée
   nl gieten *n*, gietsel *n*

C66 *e* **casting resin**
    r смола *f* для герметизации
    d Vergußharz *n*
    f résine *f* pour moulage
   nl giethars *n*

C67 *e* **catalogue integrated circuit**
    r стандартная ИС *f*
    d Standardschaltungs baustein *m*
    f circuit *m* intégré standard
   nl geïntegreerde schakeling *f* van het catalogustype

C68 *e* **catalogue microprocessor**
    r стандартный микропроцессор *m*
    d Standardprozessor *m*
    f microprocesseur *m* standard
   nl microprocessor *m* van het catalogustype

C69 *e* **catalytic oxidation**
    r каталитическое оксидирование *n*
    d katalytische Oxydation *f*
    f oxydation *f* catalytique
   nl katalytische oxydatie *f*

C70 *e* **cathode spraying, cathode sputtering**
    r катодное распыление *n*
    d Katodenzerstäubung *f*
    f pulvérisation *f* cathodique
   nl katodeverstuiving *f*, katodsputtering *f*

C71 *e* **cation(-exchange) resin**
    r катионообменная смола *f*
    d Kationenaustauschharz *n*
    f résine *f* cationique
   nl kationenwisselhars *n*

C72 *e* **CCD** *see* **charge-coupled device**

C73 *e* **CCD filter**
    r фильтр *m* на ПЗС
    d CCD-Filter *n*
    f filtre *m* à DCC
   nl CCD-filter *n*

C74 *e* **CCD image array**
    r матричный формирователь *m* (сигналов) изображения на ПЗС
    d CCD-Bildmatrix *f*
    f imageur *m* matriciel à DCC
   nl CCD-beeldopnemer *m*

C75 *e* **CCD logic**
    r логические схемы *f pl* на ПЗС
    d CCD-Logik *f*
    f logique *f* à DCC
   nl CCD-logica *f*

C76 *e* **CCD multiplexer**
    r мультиплексор *m* на ПЗС
    d CCD-Multiplexer *m*
    f multiplexeur *m* à DCC
   nl CCD-multiplexer *m*

C77 *e* **CCFL** *see* **capacitor-coupled FET logic**

C78 *e* **CCI** *see* **charge-coupled imager**

C79 *e* **CCL** *see* **charge-coupled logic**

C80 *e* **CCRAM** *see* **charge-coupled RAM**

C81 *e* **CD** *see* **critical dimension**

C82 *e* **C^{2}D** *see* **charge-coupled device**

C83 *e* **CDD** *see* **charge-domain device**

C84 *e* **CDI** *see* **collector-diffusion isolation**

C85 *e* **CDIP** *see* **ceramic DIP**

C86 *e* **cell**
    r элемент *m*; ячейка *f*
    d Zelle *f*
    f élément *m*; cellule *f*
   nl cel *m*

C87 *e* **cell array**
    r матрица *f* ячеек (в базовом матричном кристалле)
    d Zellenarray *n*, Zellenfeld *n*
    f réseau *m* des cellules
   nl 1. cellenrij *f (m)* 2. cellenmatrix *f*

C88 *e* **cell-based design**
    r конструкция *f* (специализированной) ИС на библиотечных элементах
    d Zellenaufbau *m*, zellularer Aufbau *m*
    f conception *f* de C. I. précaractérisée
   nl cellulair ontwerp *n*

C89 *e* **cell density**

CELL

- r плотность *f* упаковки элементов *(напр. памяти)*
- d Zellendichte *f*
- f densité *f* de compactage d'éléments
- nl cellendichtheid *f*

C90 e **cell library**
- r библиотека *f* логических элементов
- d Zellenbibliothek *f*
- f bibliothèque *f* des éléments logiques
- nl celmodellenverzameling *f*, cell(enbibli)otheek *f*

C91 e **cement**
- r клей *m*
- d Kleber *m*, Klebstoff *m*
- f colle *f*
- nl (kit)lijm *m*

C92 e **cement bonding**
- r клеевое соединение *n*
- d Klebeverbindung *f*
- f cohésion *f* avec une colle
- nl lijmmontage *f*

C93 e **center**
- r (примесный) центр *m*
- d Störstelle *f*
- f centre *m* (impur)
- nl doteringslocatie *f*

C94 e **center-to-center spacing**
- r межцентровое расстояние *n*
- d Mittenabstand *m*
- f écartement *m* centre-centre
- nl hart-op-hart-afstand *m*

C95 e **central processor unit**
- r центральный процессор *m*
- d zentrale Verarbeitungseinheit *f*, ZVE *f*, CPU *f*
- f processeur *m* central
- nl centrale verwerkingseenheid *f*

C96 e **centrifuge**
- r центрифуга *f*
- d Zentrifuge *f*, Schleuder *f*
- f centrifugeur *m*, centrifugeuse *f*
- nl centrifuge *f*

C97 e **centrifuge testing**
- r испытание *n* в центрифуге
- d Schleudertest *m*
- f test *m* [essai *m*] au centrifugeur
- nl slingerproef *f (m)*

C98 e **ceramic-and-metal package**
- r металлокерамический корпус *m*
- d Kermetgehäuse *n*
- f boîtier *m* métallocéramique
- nl keramiek-metalen [cermet] omhulsel *n*

C99 e **ceramic base**
- r керамическая подложка *f*
- d Keramikträger *m*
- f substrat *m* céramique
- nl keramisch grondplaatje *n*

C100 e **ceramic-based microcircuit**
- r микросхема *f* на керамической подложке
- d IC *n* mit Keramikchipträger
- f microcircuit *m* à substrat céramique
- nl microschakeling *f* op keramische ondergrond

C101 e **ceramic cap**
- r керамическая крышка *f*
- d Keramikdeckel *m*
- f couvercle *m* [capot *m*] céramique
- nl keramisch kapje *n*

C102 e **ceramic (chip-)carrier**
- r керамический кристаллоноситель *m*
- d Keramik(chip)träger *m*
- f support *m* céramique de puce
- nl keramische (chip)drager *m*

C103 e **ceramic DIP**
- r керамический DIP-корпус *m*
- d DIP-Gehäuse *n* [Dual-in-line-Gehäuse *n*] aus Keramik
- f boîtier *m* DIP céramique
- nl keramische DIP *m*, cerdip *m*

C104 e **ceramic-encapsulated IC**
- r ИС *f* в керамическом корпусе
- d IC *m* im Keramikgehäuse
- f C. I. [circuit *m* intégré] en boîtier céramique
- nl keramisch (ingekapseld) IC *n*, IC *n* in keramiekhuisje

C105 e **ceramic metallization**
- r металлизация *f* керамики
- d Keramikmetallisierung *f*
- f métallisation *f* de céramique
- nl keramiek-metallisatie *f*

C106 e **cerdip assembly**
- r сборка *f (кристалла)* в корпус типа Cerdip
- d Montage *f* in CERDIP-Gehäusen
- f assemblage *m* [montage *m*] en boîter type Cerdip
- nl cerdip montage *f*

C107 e **cerdip package**
- r корпус *m* типа Cerdip
- d CERDIP-Gehäuse *n*
- f boîtier *m* type Cerdip
- nl cerdip-behuizing *f*

C108 e **cermet**
- r кермет *m*, металлокерамика *f*
- d Kermet *n*, Cermet *n*
- f cermet *m*
- nl cermet *n*

C109 e **cermet approach** see **cermet process**

C110 e **cermet conductor**
- r металлокерамический [керметный] проводник *m*
- d Metallkeramikleiter *m*
- f conducteur *m* en cermet
- nl cermetgeleider *m*

C111 e **cermet material** see **cermet**

C112 e **cermet process**
- r керметная технология *f*
- d Kermettechnologie *f*
- f technologie *f* en cermet
- nl cermetprocédé *n*

CHARGE

C113 *e* **chalcogenide glass**
    r халькогенидное стекло *n*
    d Chalkogenidglas *n*
    f verre *m* chalcogénure
    nl chalcogenide [koperhoudend] glas *n* (halfgeleider)

C114 *e* **chalcogenide memory**
    r ЗУ *n* на халькогенидных элементах памяти
    d Chalkogenidspeicher *m*
    f mémoire *f* chalcogénure
    nl chalcogenide geheugen *n*, halfgeleiderglasgeheugen *n*, Ovshinsky-geheugen *n*

C115 *e* **chamber wash**
    r промывка *f* (рабочей) камеры
    d Kammerspülung *f*, Spülen *n* der Arbeitskammer
    f lavage *m* de chambre
    nl werkkamer spoelen *n*

C116 *e* **channel**
    r 1. канал *m*, канальная область *f* (полевого транзистора) 2. канавка *f*; (проводящий) канал *m*
    d Kanal *m*
    f canal *m*
    nl kanaal *n*

C117 *e* **channel algorithm**
    r алгоритм *m* трассировки каналов
    d Routingalgorithmus *m*, Kanalroutingalgorithmus *m*
    f algorithme *m* d'acheminement [de routage] des canaux
    nl (kanaal) routeringsalgoritme *n*

C118 *e* **channel current**
    r ток *m* канала (полевого транзистора)
    d Kanalstrom *m*
    f courant *m* du canal
    nl kanaalstroom *m*

C119 *e* **channel cutoff**
    r отсечка *f* канала (полевого транзистора)
    d Kanalabschnürung *f*
    f coupure *f* du canal
    nl kanaalafsnoering *f*

C120 *e* **channel diffusion**
    r диффузия *f* для формирования канала (полевого транзистора)
    d Kanaldiffusion *f*
    f diffusion *f* (pour formation) du canal
    nl kanaaldiffusie *f*

C121 *e* **channel injection**
    r канальная инжекция *f*
    d Kanalinjektion *f*
    f injection *f* de canal
    nl kanaalinjectie *f*

C122 *e* **channel leakage**
    r ток *m* утечки через канал (полевого транзистора)
    d Kanalleckstrom *m*
    f fuite *f* électrique par canal
    nl kanaallekstroom *m*

C123 *e* **channelling**
    r образование *n* (проводящих) каналов
    d Kanalbildung *f*
    f formation *f* des canaux
    nl kanaalvorming *f*

C124 *e* **channel mobility**
    r подвижность *f* носителей заряда в канале
    d Ladungsträgerbeweglichkeit *f* im Kanal, Kanalbeweglichkeit *f*
    f mobilité *f* des porteurs de charge dans un canal
    nl ladingdragerbeweeglijkheid *f* in kanaal

C125 *e* **channel oxide**
    r оксид *m* на канальной области
    d Kanaloxid *n*
    f oxyde *m* (à la région) de canal
    nl kanaaloxyde *n*

C126 *e* **channel region**
    r канальная область *f*, канал *m* (полевого транзистора)
    d Kanalgebiet *n*, Kanalzone *f*
    f région *f* de canal, canal *m*
    nl kanaalgebied *n*, kanaalzone *f (m)*

C127 *e* **channel stopper**
    r ограничитель *m* канала
    d Kanalstopper *m*
    f limiteur *m* de canal
    nl kanaalstop *m*

C128 *e* **channel-stopper impurity**
    r примесь *f* для формирования ограничителя канала
    d Kanalstppstörstelle *f*
    f impureté *f* pour formation du limiteur de canal
    nl kanaalstopdotering *f*

C129 *e* **channel-stopper region**
    r область *f* ограничителя канала, каналоограничительная область *f*
    d Kanalstoppzone *f*
    f région *f* du limiteur de canal
    nl kanaalstopzone *f (m)*

C130 *e* **channel type**
    r тип *m* электропроводности канала (полевого транзистора)
    d Kanalleitfähigkeitstyp *m*
    f type *m* de la conductibilité de canal
    nl kanaalgeleidingstype *n*

C131 *e* **chanstop** see **channel stopper**

C132 *e* **charge**
    r 1. (электрический) заряд *m* 2. загрузка *f*
    d 1. Ladung *f* 2. Beschickung *f*
    f 1. charge *f* 2. charge *f*, chargement *m*
    nl 1. lading *f* 2. aangevoerde partij *f*

C133 *e* **charge carrier**
    r носитель *m* заряда
    d Ladungsträger *m*
    f porteur *m* de charge
    nl ladingdrager *m*

C134 *e* **charge-carrier diffusion**

CHARGE

    r диффузия *f* носителей заряда
    d Ladungsträgerdiffusion *f*
    f diffusion *f* des porteurs de charge
    nl ladingdragerdiffusie *f*

C135 *e* **charge-carrier generation**
    r генерация *f* носителей заряда
    d Ladungsträgererzeugung *f*
    f génération *f* des porteurs de charge
    nl ladingdragervorming *f*

C136 *e* **charge-carrier injection**
    r инжекция *f* носителей заряда
    d Ladungsträgerinjektion *f*
    f injection *f* des porteurs de charge
    nl ladingdragerinjectie *f*

C137 *e* **charge compensation**
    r компенсация *f* зарядов
    d Ladungsausgleich *m*
    f compensation *f* des charges
    nl ladingscompensatie *f*

C138 *e* **charge-coupled array**
    r матрица *f* ПЗС
    d CCD-Array *n*
    f réseau *m* à couplage de charge
    nl 1. ladinggekoppelde (CCD-)rij *f (m)*
        2. ladinggekoppelde (CCD-)matrix *f*

C139 *e* **charge-coupled cell**
    r элемент *m* на ПЗС, ячейка *f* ПЗС
    d CCD-Zelle *f*
    f élément *m* à couplage de charge;
      cellule *f* à couplage de charge
    nl ladinggekoppelde (CCD-)cel *m*

C140 *e* **charge-coupled circuit**
    r ИС *f* на ПЗС
    d ladungsgekoppelte Schaltung *f*,
      Ladungsverschiebungsschaltung *f*
    f circuit *m* intégré à couplage de charge
    nl ladinggekoppelde (CCD-) schakeling *f*

C141 *e* **charge-coupled device**
    r прибор *m* с зарядовой связью, ПЗС
    d CCD-Element *n*,
      Ladungsspeicherbaustein *m*
    f dispositif *m* á couplage de charge
    nl ladinggekoppelde bouwsteen *m*, CCD *m*

C142 *e* **charge-coupled FET**
    r комбинированная полупроводниковая структура *f* на ПЗС и полевых транзисторах
    d ladungsgekoppelter FET *m*, CCD- und FET-Struktur *f*
    f structure *f* à transistors FET
    nl ladinggekoppelde FET *m*

C143 *e* **charge-coupled imager**
    r формирователь *m* (сигналов) изображения на ПЗС
    d ladungsgekoppelter Bildsensor *m*, CCD-Bildsensor *m*
    f imageur *m* à couplage de charge
    nl ladinggekoppelde (CCD-)beeldopnemer *m*

C144 *e* **charge-coupled logic**
    r логические схемы *f pl* на ПЗС
    d ladungsgekoppelte Logik *f*, CCD-Logik *f*
    f logique *f* à couplage de charge
    nl ladinggekoppelde (CCD-)logica *f*

C145 *e* **charge-coupled memory**
    r память *f* на ПЗС
    d CCD-Speicher *m*
    f mémoire *f* à couplage de charge
    nl ladinggekoppeld (CCD-)geheugen *n*

C146 *e* **charge-coupled RAM**
    r ЗУПВ *n* на ПЗС
    d CCD-RAM *m*, CCD-RAM-Speicher *m*
    f mémoire *f* à accès aléatoire à couplage de charge
    nl ladinggekoppeld (CCD-)RAM *n*

C147 *e* **charge-coupled register**
    r регистр *m* на ПЗС
    d CCD-Register *n*, ladungsgekoppeltes Register *n*
    f registre *m* à couplage de charge
    nl ladinggekoppeld (CCD-)register *n*

C148 *e* **charge depletion**
    r обеднение *n* носителями заряда
    d Ladungsträgerverarmung *f*, Verarmung *f* an Ladungsträgern
    f déplétion *f* des porteurs de charge
    nl lading(drager) suitputting *f*; ladingsverarming *f*, ladingsdepletie *f*

C149 *e* **charge-depletion bucket**
    r обеднённый носителями заряда участок *m*
    d ladungsverarmter Eimer *m (eines BBD-Elementes)*
    f zone *f* à déplétion des porteurs de charge
    nl ladingsverarmd emmertje *n (in BBD)*

C150 *e* **charge distribution**
    r распределение *n* заряда
    d Ladungsverteilung *f*
    f distribution *f* de charge
    nl ladingsverdeling *f*

C151 *e* **charge-domain device**
    r прибор *m* с зарядовыми доменами
    d Ladungsdomänenbauelement *n*
    f dispositif *m* à domaines chargés
    nl ladingsdomeinen-bouwsteen *m*

C152 *e* **charge-domain filter**
    r фильтр *m* с зарядовыми доменами
    d Ladungsdomänenfilter *n*
    f filtre *m* à domaines chargés
    nl ladingsdomeinenfilter *n*

C153 *e* **charge-domain integrated circuit**
    r ИС *f* с зарядовыми доменами
    d Ladungsdomänenschaltung *f*
    f circuit *m* intégré à domaines chargés
    nl geïntegreerde schakeling *f* werkend met ladingsdomeinen, ladingsdomeinen-IC *n*

C154 *e* **charge-image device** *see* **charge-coupled imager**

C155 *e* **charge-injection device**
    r прибор *m* с инжекцией заряда, ПЗИ
    d CID-Element *n*, Ladungsinjektionsbauelement *n*
    f dispositif *m* à injection de charge

CHEMICAL

nl ladingdragersinjectie-bouwsteen m, CID m

C156 e **charge packet**
r зарядовый пакет m
d Ladungspaket n
f paquet m des charges
nl ladingspakket n

C157 e **charge recombination center**
r центр m рекомбинации носителей заряда
d Ladungsträgerrekombinationszentrum n
f centre m de recombinaison des porteurs de charge
nl ladingdragers-recombinatiecentrum n

C158 e **charge spreading**
r растекание n заряда
d Ladungsausbreitung f
f étalement m de charge
nl ladingsspreiding f

C159 e **charge-storage capacitor**
r запоминающий конденсатор m; накопительный конденсатор m
d Speicherkondensator m, Ladungsspeicherkondensator m
f condensateur m de mémoire
nl (ladings) opslag-condensator m

C160 e **charge-storage diode**
r диод m с накоплением заряда, ДНЗ
d Ladungsspeicherdiode f
f diode f à stockage de charge
nl diode f met ladingsopslag

C161 e **charge-transfer amplifier**
r усилитель m на ППЗ
d Ladungsverschiebeverstärker m
f amplificateur m à transfert de charge
nl ladinghevelversterker m

C162 e **charge-transfer channel**
r канал m для переноса заряда
d Ladungstransferkanal m, Ladungstransportkanal m
f canal m pour transfert de charge
nl ladingoverdrachtskanaal n

C163 e **charge-transfer circuit**
r ИС f на ППЗ
d Ladungsverschiebeschaltung f
f circuit m intégré à transfert de charge
nl ladinghevelschakeling f

C164 e **charge-transfer device**
r прибор m с переносом заряда, ППЗ
d Ladungsverschiebeelement n
f dispositif m à transfert de charge
nl ladinghevelbouwsteen m, CTD m

C165 e **charge-transfer structure**
r структура f ППЗ
d Ladungstransferstruktur f
f structure f à transfert de charge
nl ladinghevelstructuur f

C166 e **charging machine**
r загрузочное устройство n, загрузчик m
d Beschickungseinrichtung f
f chargeur m
nl aanvoermachine f

C167 e **chatter**
r 1. пилообразный край m среза (оригинала фотошаблона) 2. дрожание n; вибрация f
d 1. sägezahnförmige Kante f (eines Maskenoriginals) 2. Prellen n (Kontakt); Vibration f
f 1. bord m en forme de scie 2. vibration f
nl 1. kartelrand m (maskercliché) 2. stuiteren n (schakelcontact)

C168 e **check(ing)**
r проверка f; контроль m
d Prüfung f; Kontrolle f
f vérification f; contrôle m
nl controle f (m), controleren n

C169 e **chemical affinity**
r химическое сродство n
d chemische Affinität f
f affinité f chimique
nl (chemische) affiniteit f

C170 e **chemical durability**
r химическая стойкость f
d chemische Beständigkeit f, Beständigkeit f gegen chemische Einwirkungen
f durabilité f [stabilité f] chimique
nl chemische duurzaamheid f [houdbaarheid f]

C171 e **chemical etchant**
r химический травитель m
d chemischer Ätzer m
f décapant m chimique
nl chemisch etsmiddel n

C172 e **chemical etch polishing**
r химическая полировка f травлением
d chemisches Polierätzen n
f polissage m par décapage
nl chemisch etspolijsten n

C173 e **chemical thinning**
r уменьшение n толщины материала химическим методом (напр. травлением)
d Dünnätzen n
f amincissement m chimique
nl dun-etsen n

C174 e **chemical vapor deposition**
r химическое осаждение n из паровой фазы
d chemische Abscheidung f aus der Gasphase, CVD f
f déposition f [dépôt m] chimique en phase vapeur
nl chemisch opdampen n, CVD m

C175 e **chemical vapor deposition film**
r плёнка f, полученная химическим осаждением из паровой фазы
d CVD-Schicht f
f film m déposé par dépôt chimique en phase vapeur
nl chemisch opgedampte laag f (m)

C176 e **chemical vapor deposition reactor**
r реактор m для химического осаждения плёнок из паровой фазы

51

CHIP

    d CVD-Reaktor *m*
    f réacteur *m* pour dépôt chimique en phase vapeur
   nl reactievat *n* voor chemisch opdampen

C177 *e* **chip**
    r 1. кристалл *m* ИС 2. интегральная схема *f*, ИС; микросхема *f*
    d Chip *n*, *m*
    f puce *f*, chip *m*
   nl chip *m*

C178 *e* **chip-and-wire approach**
    r метод *m* проволочного монтажа кристаллов
    d Drahtbonden *n*, Montage *f* von Chips mittels Anschlußdrähten
    f méthode *f* de câblage des puces
   nl bedrade-chiptechniek *f*

C179 *e* **chip-and-wire hybrid**
    r ГИС *f* с проволочным монтажом кристаллов
    d drahtgebondete Hybridschaltung *f*
    f circuit *m* hybride câblé [à câblage des puces]
   nl bedrade-chiphybride(schakeling) *m (f) (f)*

C180 *e* **chip approach**
    r метод *m* (изготовления) многокристальных ИС
    d Mehrchiptechnik *f*
    f technique *f* multipuce
   nl multi-chiptechniek *f*

C181 *e* **chip assembler**
    r 1. установка *f* для сборки кристаллов (в корпусе); установка *f* для монтажа кристаллов (на платах) 2. программа *f* размещения элементов на кристалле
    d 1. Chipmontageausrüstung *f*; Chipbestückungseinrichtung *f* 2. Programm *n* für automatische Plazierung von Bauelementen auf Chips
    f 1. dispositif *m* d'emboîtage des puces; placeur *m* des puces *(sur cartes)* 2. programme *m* de placement à la puce
   nl 1. chip-assemblage-inrichting *f* 2. programma *n* voor automatische plaatsing van componenten op chip

C182 *e* **chip assembly**
    r сборка *f* кристаллов (в корпусе); монтаж *m* кристаллов (на платах)
    d Chipmontage *f*; Chipbestückung *f*
    f emboîtage *m* des puces; assemblage *m* [montage *m*] des puces *(sur cartes)*
   nl 1. chip-assemblage *f* 2. componentenmontage *f* op chip

C183 *e* **chip board**
    r плата *f* для монтажа кристаллов
    d Chipbestückungsplatte *f*
    f carte *f* mère
   nl chip-montageplaat *f (m)*, chip-print *m*

C184 *e* **chip bonding**
    r присоединение *n* [посадка *f*] кристалла
    d Chipbonden *n*
    f connexion *f* [brochage *m*] de puce
   nl 1. chip contacteren *n* 2. chip lijmen *n*

C185 *e* **chip-bonding pad**
    r площадка *f* для присоединения кристалла
    d Kontaktstelle *f* zum Chipbonden
    f plot *m* de brochage de puce
   nl contacteereilandje *n*, contacteervlakje *n* (op chip)

C186 *e* **chip capacitor**
    r бескорпусный конденсатор *m*
    d gehäuseloser Kondensator *m*, Chipkondensator *m*
    f condensateur *m* intégré
   nl chip-condensator *m*

C187 *e* **chip carrier**
    r кристаллоноситель *m*, кристаллодержатель *m*
    d Chipträger *m*
    f support *m* de puce
   nl chip-drager *m*

C188 *e* **chip-carrier assembly**
    r монтаж *m* кристаллов на кристаллоносителе
    d Montage *f* auf Chipträgern, Chipträgermontage *f*
    f assemblage *m* [montage *m*] sur le support de puce
   nl chipdragermontage *f*

C189 *e* **chip-carrier dissipation power**
    r мощность *f* рассеяния кристаллоносителя
    d Chipträgerverlustleistung *f*
    f puissance *f* de dissipation du support de puce
   nl warmteafvoervermogen *n* van chipdrager

C190 *e* **chip cavity**
    r углубление *n* для кристалла в основании корпуса
    d Versenk *m* für Chipaufnahme
    f cavité *f* pour la puce
   nl uitsparing *f* voor chip-montage, chipholte *f*

C191 *e* **chip compiler** *see* **silicon compiler**

C192 *e* **chip component**
    r бескорпусный компонент *m*
    d gehäuseloses Bauelement *n*, Chipbauelement *n*
    f composant *m* intégré
   nl component *m* zonder behuizing, onbeklede component *m*

C193 *e* **chip density**
    r плотность *f* упаковки в кристалле ИС
    d Schaltungsdichte *f*
    f densité *f* de compactage à la puce
   nl chip-elementendichtheid *f*, pakkingsgraad *m* op chip

C194 *e* **chip design**
    r проектирование *n* кристалла
    d Chip-Design *n*, Chip-Entwurf *m*
    f conception *f* de puce
   nl chip-ontwerp *n*

C195 e **chip dicing**
    r разделение *n* полупроводниковой пластины на кристаллы
    d Chipvereinzelung *f*
    f découpage *m* *(de tranche)* en puces
    nl in chips (ver)delen *n (wafel)*

C196 e **chip diode**
    r бескорпусный диод *m*
    d gehäuselose Diode *f*
    f diode *f* intégrée
    nl chip-diode *f*

C197 e **chip edge**
    r край *m* кристалла; длина *f* стороны кристалла
    d Chipkante *f*
    f bord *m* de puce; arête *f* de puce
    nl chiprand *m*

C198 e **chip element** see **chip component**

C199 e **chip family**
    r серия *f* ИС
    d Schaltkreisserie *f*, IC-Serie *f*
    f famille *f* [gamme *f*] des puces
    nl IC-typenreeks *m*

C200 e **chip grid**
    r сетка *f* размещения кристаллов *(на плате)*
    d Chipplazierungsraster *m*
    f grille *f* de disposition des puces *(sur carte)*
    nl chipplaatsingsraster *n*

C201 e **chip holder** see **chip carrier**

C202 e **chip integrated circuit**
    r бескорпусная ИС *f*
    d Nacktchip *n*
    f puce *f* nue
    nl kale [onbedrade] chip *m*

C203 e **chip layout**
    r топология *f* кристалла
    d Chiplayout *n*
    f disposition *f* [implantation *f*, topologie *f*] de puce
    nl chipindeling *f*, chip-layout *m*

C204 e **chip level complexity**
    r степень *f* интеграции кристалла
    d Chipkomplexität *f*
    f compacité *f* [densité *f*] de puce
    nl complexiteit *f* op chip-niveau, chip-complexiteit *f*

C205 e **chip marking**
    r 1. маркировка *f* кристаллов 2. маркировка *f* ИС
    d Chipmarkierung *f*
    f marquage *m* des puces
    nl chips merken *n*

C206 e **chip mounting**
    r монтаж *m* кристаллов
    d Chipmontage *f*
    f assemblage *m* [montage *m*] des puces
    nl chip-montage *f*

C207 e **chip-mounting area**
    r площадка *f* для монтажа кристаллов
    d Chipmontagefläche *f*
    f surface *f* [aire *f*] pour montage de puces
    nl chip-montagevlak *n*

C208 e **chip-on-board process**
    r монтаж *m* кристаллов на плате
    d Chipplazierung *f* unmittelbar auf der Platine, On-Board-Plazierung *f*
    f montage *m* des puces sur la carte
    nl chip insolderen *n*

C209 e **chip-on-tape**
    r кристалл *m* на ленточном носителе
    d auf Filmband gebondetes [foliengebondetes] Chip *n*
    f puce *f* sur la bande porteuse
    nl chip-on-film *m*

C210 e **chip placer**
    r установка *f* для монтажа кристаллов *(на платах)*
    d Chipplazierungsgerät *n*
    f placeur *m* des puces *(sur cartes)*
    nl chip-plaatser *m*

C211 e **chip positioner**
    r устройство *n* для позиционирования кристаллов ИС
    d Chippositioniereinrichtung *f*
    f positionneur *m* des puces
    nl chip-positioneerder *m*

C212 e **chip prober**
    r (много)зондовая установка *f* для проверки кристаллов ИС
    d Chipprüfgerät *n*
    f sondeur *m* [testeur *m*] des puces
    nl chip-testinrichting *f*

C213 e **chip processing**
    r обработка *f* кристаллов на полупроводниковой пластине
    d Chipbearbeitung *f* im Waferverband
    f traitement *m* des puces sur la plaque semi-conductrice
    nl chip-bewerking *f*

C214 e **chip profile**
    r форма *f* кристалла
    d Chipprofil *n*
    f profil *m* de puce
    nl chipprofiel *n*

C215 e **chip real-estate**
    r полезная площадь *f* кристалла
    d nutzbare Chipfläche *f*
    f surface *f* utile de puce
    nl nuttig chipvlak *n*

C216 e **chip resistor**
    r бескорпусный резистор *m*
    d gehäuseloser Widerstand *m*, Chipwiderstand *m*
    f résistance *f* intégrée, résistor *m* intégré
    nl chip-weerstand *m*

C217 e **chip set**
    r комплект *m* [набор *m*] ИС
    d Schaltkreissatz *m*
    f jeu *m* de circuits intégrés
    nl stel *n* chips, stel *n* IC's

C218 e **chip-set processor**
    r многокристальный микропроцессор *m*

CHIPSTRATE

    d Mehrchip-Mikroprozessor *m*
    f processeur *m* multipuce
    nl meerchips-processor *m*

C219 *e* **chipstrate**
    r многослойная подложка *f* для ГИС
    d Mehrschichtsubstrat *n* *(von Hybridschaltungen)*
    f substrat *m* multicouche *(pour circuit hybride)*
    nl meerlaagssubstraat *n* *(hybride IC)*

C220 *e* **chip-to-header bond**
    r соединение *n* кристалла с основанием корпуса
    d Chip-Gehäuseboden-Anschluß *m*
    f connexion *f* puce-fond de boîtier
    nl chip-bodemverbinding *f*

C221 *e* **chip trim(ming)**
    r подгонка *f* бескорпусного резистора
    d Abgleich *m* von Chipwiderständen
    f ajustage *m* de résistance intégrée
    nl chipweerstanden trimmen *n*

C222 *e* **CHMOS** *see* **complementary high-performance MOS**

C223 *e* **chocolate breaking**
    r разламывание *n* [ломка *f*] *(скрайбированной пластины)* по рискам
    d Brechen *n* [Zerteilen *n*] von geritzten Wafern
    f brisement *m* en chocolat
    nl tot chips opbreken *n* *(geritste wafel)*

C224 *e* **chrome mask** *see* **chrome photomask**

C225 *e* **chrome master**
    r хромированный эталонный фотошаблон *m*
    d Chromretikel *n*, Chromreticle *n*
    f maître-cache *f* photographique chromée
    nl chroom-moedernegatief *n*

C226 *e* **chrome photomask, chrome plate**
    r хромированный (металлизированный) фотошаблон *m*
    d Chrommutterschablone *f*
    f photomasque *m* chromé
    nl chroom-belichtingsmasker *n*, chroomplaat *f (m)*

C227 *e* **CI** *see* **channel injection**

C228 *e* **CIC** *see* **complementary integrated circuit**

C229 *e* **CID** *see* 1. **charge-image device** 2. **charge-injection device**

C230 *e* **CIGFET** *see* **complementary insulated gate FET**

C231 *e* **CIL** *see* **current-injection logic**

C232 *e* **circuit analysis**
    r схемотехнический анализ *m*
    d Schaltungsanalyse *f*
    f analyse *f* des circuits
    nl analyse *f* van schakeling

C233 *e* **circuit density**
    r плотность *f* упаковки ИС
    d Schaltungsdichte *f*
    f compacité *f* [densité *f* de compactage] de circuit intégré
    nl componentendichtheid *f*, pakkingsgraad *m* van (geïntegreerde) schakeling

C234 *e* **circuit element**
    r схемный элемент *m*; компонент *m* схемы
    d Schaltkreiselement *n*
    f élément *m* de circuit; composant *m* de circuit
    nl element *n* in schakeling

C235 *e* **circuit engineering**
    r схемотехника *f*
    d Schaltungstechnik *f*
    f circuiterie *f*
    nl ontwerp *n* en vervaardiging van (geïntegreerde) schakeling

C236 *e* **circuit requirements**
    r схемотехнические требования *n pl*
    d Schaltungsanforderungen *f pl*
    f exigence *f* aux circuits
    nl eisen *m pl* t. a. v. schakeling

C237 *e* **circuitry**
    r схемы *f pl*
    d Schaltungskomplex *m*; Schaltungsanordnung *f*
    f circuits *m pl*
    nl 1. (samenstel van) schakelingen
       2. opbouw *m* van schakeling

C238 *e* **circuit simulation**
    r схемотехническое моделирование *n*
    d Schaltungssimulation *f*
    f simulation *f* des circuits
    nl simulatie *f* van schakeling

C239 *e* **circuit technique** *see* **circuit engineering**

C240 *e* C^2L *see* **charge-coupled logic**

C241 *e* **cladding**
    r плакирование *n*
    d Plattierung *f*, Kaschierung *f*
    f gainage *m*, plaquage *m*
    nl plateren *n*, bekleden *n*

C242 *e* **clad layer**
    r плакирующий слой *m*
    d Plattierungsschicht *f*
    f couche *f* gainée [plaquée]
    nl plateringslaag *f (m)*, bekledingslaag *f (m)*

C243 *e* **clamp(ing) diode**
    r фиксирующий диод *m*
    d Klemmdiode *f*
    f diode *f* de fixation
    nl klemdiode *f*

C244 *e* **class-100 clean environment**
    r (производственные) условия *n pl*, соответствующие классу (чистоты) 100
    d Betriebsbedingungen *f pl* der (Staub)klasse 100, Staubklasse-100-Bedingungen *f pl*
    f environnement *m* de salle blanche classe 100
    nl stofvrije omgeving *f* volgens klasse 100

C245 *e* **class-100 clean room**

r чистая комната *f* класса (чистоты) 100
  d Reinraum *m* der (Staub)klasse 100, (Staub)klasse-100-Reinraum *m*
  f salle *f* blanche classe 100
  nl stofvrije ruimte *f* volgens klasse 100
C246 *e* **classification**
  r 1. классификация *f* 2. сортировка *f*
  d 1. Klassifizierung *f*, Einteilung *f* 2. Klassierung *f*, Sortierung *f*
  f 1. classification *f* 2. tri *m*, triage *m*
  nl 1. classificatie *f*, indeling *f* 2. sorteren *n*, schiften *n*
C247 *e* **classifier**
  r 1. классификатор *m* (полупроводниковых пластин) 2. сортирующее устройство *n*; сортировщик *m*
  d 1. Klassifizierer *m* 2. Sortiergerät *n*
  f 1. classificateur *m* 2. trieuse *f*
  nl 1. classificeerder *m*, sorteerder *m* 2. sorteerapparaat *n*
C248 *e* **clean area** *see* **clean room**
C249 *e* **clean audit**
  r контроль *m* чистоты (на рабочем месте)
  d Reinheitskontrolle *f (am Arbeitsplatz)*
  f contrôle *m* de propreté *(au poste de travail)*
  nl (boeken)controle *f (m)* op reinheid *(werkplek, werkruimte)*
C250 *e* **cléan bench**
  r рабочее место *n* монтажника в чистой комнате
  d Reinraumarbeitstisch *m*
  f banc *m* dans la salle blanche
  nl werktafel *m* in reine ruimte
C251 *e* **cleaner**
  r установка *f* очистки
  d Reinigungsanlage *f*
  f machine *f* de nettoyage
  nl reiniger *m (apparaat, materiaal)*
C252 *e* **cleaning**
  r очистка *f*; отмывка *f*
  d Reinigung *f*
  f nettoyage *m*; rinçage *m*
  nl schoonmaken *n*, reiniging *f*
C253 *e* **cleaning boat**
  r кассета *f* для очистки полупроводниковых пластин
  d Reinigungskassette *f*
  f cassette *f* de nettoyage
  nl reinigingscassette *f*
C254 *e* **clean kerf**
  r чистый пропил *m*
  d Sauberschnitt *m*
  f sciage *m* à bords réguliers
  nl zuivere [gladde] kerf *f (m)*, zuiver gladde snede *f (m)*
C255 *e* **clean machine** *see* **cleaner**
C256 *e* **clean room**
  r чистая комната *f*, чистое производственное помещение *n*
  d Reinraum *m*, Cleanroom *m*
  f salle *f* blanche
  nl reine ruimte *f*, clean-room *m*
C257 *e* **clean-room compatibility**
  r соответствие *n* требованиям чистой комнаты
  d Reinraumkompatibilität *f*
  f compatibilité *f* avec salle blanche
  nl verenigbaarheid *f* met reine-ruimtecondities, clean-room-compatibiliteit *f*
C258 *e* **clean-room compatible design**
  r конструкция *f*, пригодная для эксплуатации в чистых комнатах
  d reinraumgerechte Bauweise *f*
  f construction *f* [constitution *f*] pour l'exploitation dans les salles blanches
  nl ontwerp *n* dat voldoet aan reine-ruimte-condities, clean-room-compatibel ontwerp *n*
C259 *e* **clean-room environment**
  r (производственные) условия *n pl* чистой комнаты
  d Reinraumbedingungen *f pl*
  f environnement *m* de la salle blanche
  nl omgevingscondities *f pl* voor reine ruimte
C260 *e* **clean-room garment**
  r спецодежда *f* для чистых комнат
  d Reinraumbekleidung *f*
  f vêtement *m* de travail pour les salles blanches
  nl bekleding *f* voor reine ruimte
C261 *e* **cleanup**
  r очистка *f*
  d Reinigung *f*
  f nettoyage *m*
  nl schoonmaak *m*
C262 *e* **clean workstation**
  r рабочее место *n* в чистой комнате
  d Reinraumarbeitsplatz *m*
  f poste *m* de travail dans la salle blanche
  nl reine werkplek *f (m)*
C263 *e* **clearing**
  r очистка *f*; осветление *n*
  d 1. Löschen *n* 2. Klären *n*
  f éclaircissement *m*
  nl 1. wissen *n*, vrijmaken *n* 2. vrijgeven *n* 3. klaren *n*, heldermaken *n*
C264 *e* **cleavage**
  r 1. разламывание *n*, ломка *f* (полупроводниковой пластины) 2. спайность *f*
  d 1. Brechen *n*, Zerteilen *n* (von Wafern) 2. Spaltung *f* (Kristall)
  f 1. brisement *m*, découpage *m* (de-tranche) 2. clivage *m* (de cristal)
  nl 1. breken *n*, in chips (op)delen *n* (wafel) 2. splijten *n* (kristal)
C265 *e* **cleavage channel, cleavage line**
  r линия *f* разламывания (полупроводниковой пластины на отдельные кристаллы)

CLOCK

    d Zerteilungslinie *f*, Ritze *f*
    f ligne *f* de brisement [de découpage]
   nl 1. krasspoor *n* 2. splijtlijn *f (m)*

C266 *e* **clock(ing) rate**
    r тактовая частота *f;* частота *f* синхронизации
    d Taktfrequenz *f*
    f fréquence *f* d'horloge
   nl kloktempo *n*

C267 *e* **closed-tube diffusion**
    r диффузия *f* методом закрытой трубы
    d Diffusion *f* im geschlossenen Rohr
    f diffusion *f* par tube fermé
   nl gesloten-buisdiffusie *f*

C268 *e* **closed-tube oxidation-diffusion system**
    r система *f* проведения диффузии и оксидирования по методу закрытой трубы
    d Anlage *f* zur Durchführung von Diffusion / Oxydation im geschlossenen Rohr
    f système *m* d'oxydation-diffusion par tube fermé
   nl oxydatie-diffusie *f* in gesloten buis

C269 *e* **close-packed lattice**
    r плотноупакованная (кристаллическая) решётка *f*
    d dichtgepacktes Kristallgitter *n*
    f réseau *m* (cristallin) compact
   nl dichtbezet (kristal)rooster *n*

C270 *e* **close packing**
    r плотная упаковка *f*
    d dichte Packung *f;* hohe Packungsdichte *f*
    f placement *m* compact; assemblage *m* compact
   nl dichte pakking *f*, hoge pakkingsgraad *m*

C271 *e* **clustered defects**
    r сгруппированные дефекты *m pl*
    d gehäufte Defekte *m pl*
    f défauts *m pl* groupés
   nl opeengehoopte defecten *n pl*

C272 *e* **CMD** *see* **cylindrical magnetic domain**

C273 *e* **CMIS** *see* **complementary metal-insulator-semiconductor**

C274 *e* **CML** *see* **current-mode logic**

C275 *e* **CML gate**
    r элемент *m* ПТЛ
    d CML-Gatter *n*
    f porte *f* CML
   nl CML-poort *f (m)*

C276 *e* **CMOS(FET)** *see* **complementary (symmetry) MOS(FET)**

C277 *e* **CMOSIC** *see* **CMOS integrated circuit**

C278 *e* **CMOS integrated circuit**
    r ИС *f* на комплементарных МОП-транзисторах, комплементарная МОП ИС *f*, КМОП ИС
    d CMOS-Schaltkreis *m*, CMOS-IC *n*
    f circuit *m* intégré CMOS
   nl geïntegreerde CMOS-schakeling *f*, CMOS-IC *n*

C279 *e* **CMOS latchup**
    r защёлкивание *n* КМОП-структуры
    d CMOS-Latchup *n*, Thyristoreffekt *m* in CMOS-Strukturen
    f capture *f* de structure CMOS
   nl latch-up *m* in CMOS *(thyristor-effect)*

C280 *e* **CMOS-on-sapphire**
    r КМОП-структура *f* типа «кремний на сапфире»
    d CMOS-auf-Saphir-Struktur, CMOS-Struktur *f* auf Saphirsubstrat, CMOS SOS *f*
    f structure *f* CMOS sur saphir
   nl CMOS-op-saffier, CMOS-SOS

C281 *e* **CMOS-on-sapphire microprocessor**
    r КМОП-микропроцессор *m* с КНС-структурой
    d CMOS/SOS-Mikroprozessor *m*
    f microprocesseur *m* CMOS sur saphir
   nl CMOS-SOS-microprocessor *m*

C282 *e* **CMOS-on-sapphire process**
    r технология *f* КМОП ИС с КНС-структурой
    d CMOS/SOS-Technologie *f*
    f technologie *f* CMOS sur saphir
   nl CMOS-SOS-procédé *n*

C283 *e* **CMOS-process**
    r технология *f* КМОП ИС
    d CMOS-Technik *f*
    f technologie *f* CMOS
   nl CMOS-procédé *n*

C284 *e* **CMRR** *see* **common-mode rejection ratio**

C285 *e* **coarse alignment**
    r предварительная [грубая] ориентация *f*
    d Grobjustierung *f*
    f alignement *m* préliminaire
   nl grofuitlijning *f*

C286 *e* **coat**
    r покрытие *n;* слой *m*
    d Schicht *f;* Deckschicht *f*
    f enrobage *m;* gaine *f;* couche *f*
   nl (dek)laag *f (m)*, bekledingslaag *f (m)*

C287 *e* **coater**
    r установка *f* для нанесения покрытий
    d Beschichtungsanlage *f*
    f machine *f* à gainer
   nl laag-opbrengmachine *f*

C288 *e* **coating**
    r 1. покрытие *n;* слой *m* 2. нанесение *n* покрытия
    d 1. Deckschicht *f;* Schicht *f* 2. Beschichtung *f*
    f 1. enrobage *m;* gaine *f;* couche *f* 2. enrobage *m*, gainage *m*
   nl 1. (dek)laag *f (m)*, bekleding *f*, coating *f* 2. voorzien *n* van (dek)laag [bekleding, coating]

C289 *e* **coating chamber**
    r (вакуумная) камера *f* для напыления тонких плёнок

d Beschichtungskammer *f*
f évaporateur *m* (à vide) pour gainage
nl coating-kamer *m*

C290 *e* **coating composition**
r состав *m* покрытия; композиция *f* для покрытия
d Deckschichtzusammensetzung *f*; Beschichtungsmasse *f*
f composition *f* d'enrobage
nl coating-mengsel *n*

C291 *e* **coating striation**
r полосатость *f* покрытия (чередование светлых и тёмных полос на покрытии)
d Deckschichtstreifung *f*
f striation *f* d'enrobage
nl striatie *f* van de deklaag

C292 *e* **co-diffusion**
r одновременная диффузия *f* (двух примесей)
d Codiffusion *f*, gleichzeitige Diffusion *f* zweier Fremdstoffe
f codiffusion *f*
nl codiffusie *f*

C293 *e* **coevaporation**
r одновременное напыление *n*
d gleichzeitige Aufdampfung *f*
f évaporation *f* parallèle
nl samen opdampen *n*

C294 *e* **cofi** *see* **combo**

C295 *e* **coil getter**
r спиральный геттер *m*
d Wendelgetter *m*
f getter *m* spiral
nl spiraalvormige gasbinder *m* [getter *m*]

C296 *e* **cold-crucible technology**
r метод *m* холодного тигля
d Kalttiegelverfahren *n*
f technique *f* de creuset froid
nl koude-kroestechniek *f* (smelten)

C297 *e* **cold forming**
r холодная формовка *f*
d Kaltformen *n*
f formage *m* à froid
nl koudvervormen *n*

C298 *e* **cold-processing technique**
r метод *m* низкотемпературной обработки
d Kaltbearbeitungsverfahren *n*
f technique *f* de traitement à froid
nl koudverwerkingstechniek *f*

C299 *e* **cold trap chiller**
r криогенная ловушка *f* (вакуумной системы)
d Kryofalle *f*
f piège *m* [trappe *f*] cryogénique
nl kryoval *m*

C300 *e* **cold weld(ing)**
r холодная сварка *f*
d Kaltschweißen *n*
f soudage *m* à froid
nl 1. koude las *f* (*m*) 2. koud lassen *n*

C301 *e* **collapse diameter**
r диаметр *m* коллапса
d Kollapsdurchmesser *m*
f diamètre *m* du collapsus
nl collapsdiameter *m*

C302 *e* **collector-base diode**
r (интегральный) диод *m* на основе коллекторного перехода
d Kollektor-Basis-Diode *f*
f diode *f* collecteur-base
nl collector-basisdiode *f*

C303 *e* **collector breakdown**
r пробой *m* коллекторного перехода
d Kollektordurchbruch *m*, Kollektor-Basis-Durchbruch *m*
f claquage *m* de jonction collecteur-base
nl collector(-basis)doorbraak *f* (*m*)

C304 *e* **collector characteristic**
r коллекторная [выходная] характеристика *f* (транзистора)
d Kollektorcharakteristik *f*
f caractéristique *f* de collecteur
nl collector-karakteristiek *f*

C305 *e* **collector diffusion**
r коллекторная диффузия *f*, диффузия *f* для формирования коллектора
d Kollektordiffusion *f*
f diffusion *f* (de formation) de collecteur
nl collectordiffusie *f*

C306 *e* **collector-diffusion isolation**
r изоляция *f* методом коллекторной диффузии
d Kollektordiffusionsisolation *f*
f isolation *f* par diffusion de collecteur
nl collectordiffusie-isolatie *f*, CDI *f*

C307 *e* **collector-diffusion isolation technique**
r метод *m* изоляции коллекторной диффузией
d CDI-Technik *f*, CDI-Verfahren *n*
f technique *f* d'isolation par diffusion de collecteur
nl CDI-techniek *f*

C308 *e* **collector-junction capacitance**
r ёмкость *f* коллекторного перехода
d Kollektor-Basis-Kapazität *f*
f capacité *f* de jonction collecteur-base
nl collector-basis capaciteit *f*

C309 *e* **collector mask**
r маска *f* для формирования коллекторных областей
d Kollektormaske *f*
f masque *m* de collecteur
nl collector-sjabloon *n*

C310 *e* **collision**
r соударение *n*; столкновение *n*
d Zusammenstoßen *n*, Kollision *f*
f collision *f*
nl botsing *f*

C311 *e* **collision ionization**
r ударная ионизация *f*
d Stoßionisation *f*

COLLISION

    f ionisation *f* par collisions
    nl stootionisatie *f*

C312 *e* **collision length**
    r длина *f* пробега между соударениями
    d Stoßlänge *f*
    f longueur *f* entre collisions
    nl botsingstraject *n*

C313 *e* **column III & V element**
    r полупроводниковый прибор *m* на соединении (типа) $A^{III} B^V$
    d A^{III}- B^V - Bauelement *n*
    f semi-conducteur *m* type III-V
    nl element *n* uit groepen III en V

C314 *e* **combinational logic function**
    r комбинационная логическая функция *f*
    d kombinatorische Logikfunktion *f*
    f fonction *f* logique combinatoire
    nl logische combinatiefunctie *f*

C315 *e* **combo**
    r ИС *f* кодека и фильтра на одном кристалле
    d «Combo»-Schaltkreis *m*
    f circuit *m* de codec et de filtre intégré sur une même puce
    nl combo(-schakeling) *n* (*f*)

C316 *e* **committed chip**
    r специализированная ИС *f*
    d anwendungsspezifisches IC *n*
    f circuit *m* intégré personnalisé
    nl functiegebonden IC *n*

C317 *e* **commonality-type part**
    r стандартный компонент *m*
    d Standardbaustein *m*
    f composant *m* standard
    nl doorsnee onderdeel *n*

C318 *e* **common-base connection**
    r включение *n* (транзистора) по схеме с общей базой
    d Basis(grund)schaltung *f*
    f connexion *f* de transistor à base commune
    nl gemeenschappelijke-basisschakeling *f*

C319 *e* **common-collector connection**
    r включение *n* (транзистора) по схеме с общим коллектором
    d Kollektor(grund)schaltung *f*
    f connexion *f* de transistor à collecteur commun
    nl gemeenschappelijke-collectorschakeling *f*

C320 *e* **common-emitter connection**
    r включение *n* (транзистора) по схеме с общим эмиттером
    d Emitter(grund)schaltung *f*
    f connexion *f* de transistor à émetteur commun
    nl gemeenschappelijke-emitterschakeling *f*

C321 *e* **common-mode rejection ratio**
    r коэффициент *m* ослабления синфазного сигнала
    d Gleichtaktunterdrückung *f*
    f facteur *m* de réjection de mode commun

    nl onderdrukking *f* van tweelingsignalen, CMRR *f*

C322 *e* **compatibility**
    r совместимость *f*
    d Kompatibilität *f*
    f compatibilité *f*
    nl verenigbaarheid *f*; uitwisselbaarheid *f*; compatibiliteit *f*

C323 *e* **compatible integrated circuit**
    r совмещённая ИС *f*
    d kompatibler Schaltkreis *m*, kompatibles IC *n*
    f circuit *m* intégré compatible
    nl compatibele geïntegreerde schakeling *f*, compatibel IC *n*

C324 *e* **compensated impurity**
    r скомпенсированная примесь *f*
    d kompensierte Störstelle *f*
    f impureté *f* compensée
    nl gecompenseerde dotering *f*

C325 *e* **compensation factor**
    r степень *f* компенсации (*примеси*)
    d Kompensationsgrad *m*
    f facteur *m* de compensation
    nl compensatiegraad *m*

C326 *e* **complementary high-performance MOS**
    r высококачественная КМОП-структура *f*
    d HCMOS-Struktur *f*, komplementäre HMOS-Struktur *f*
    f structure *f* MOS complémentaire à haute performance
    nl HCMOS *m*

C327 *e* **complementary insulated-gate FET**
    r комплементарный полевой транзистор *m* с изолированным затвором
    d CMOS-IGFET *m*
    f transistor *m* FET complémentaire à grille isolée
    nl CMOS-IGFET *m*

C328 *e* **complementary integrated circuit**
    r ИС *f* на комплементарных транзисторах, комплементарная ИС *f*
    d CMOS-Schaltkreis *m*, CMOS-IC *n*
    f circuit *m* intégré à transistors complémentaires, circuit *m* CMOS
    nl geïntegreerde CMOS-schakeling *f*, CMOS-IC *n*

C329 *e* **complementary metal-insulator-semiconductor**
    r комплементарная МДП-структура *f*
    d CMIS-Struktur *f*
    f structure *f* métal-isolant-semi-conducteur complémentaire
    nl CMIS *m*

C330 *e* **complementary MNOS**
    r комплементарная МНОП-структура *f*
    d komplementäre MNOS-Struktur *f*
    f structure *f* MNOS complémentaire
    nl complementaire MNOS *m*

C331 *e* **complementary (symmetry) MOS (FET)**

r комплементарная МОП-структура *f*,
КМОП-структура *f*
d CMOS-Struktur *f*, komplementär-
symmetrische MOS-Struktur *f*
f structure *f* MOS complémentaire
nl CMOS(-FET)

C332 *e* **complementary transistor logic**
r логические схемы *f pl* на
комплементарных транзисторах
d Komplementärtransistorlogik *f*
f logique *f* à transistors complémentairs
nl complementaire transistorlogica *f* [TTL]

C333 *e* **complementary transistors**
r комплементарные транзисторы *m pl*
d Komplementärtransistoren *m pl*
f transistors *m pl* complémentaires
nl complementaire transistoren *m pl*

C334 *e* **complementary TTL**
r комплементарные транзисторно-
транзисторные логические схемы *f pl*
d komplementäre TTL-Schaltkreise *m pl*
f logique *f* complémentaire à transistors et
transistors
nl complementaire TTL *f*

C335 *e* **complexity**
r степень *f* интеграции; сложность *f*
d Komplexität *f*
f échelle *f* d'intégration; complexité *f*
nl complexiteit *f*

C336 *e* **complexity factor**
r степень *f* интеграции
d Komplexitätsgrad *m*; Integrationsgrad *m*
f échelle *f* d'intégration
nl complexiteitsgraad *m*, integratiegraad *m*

C337 *e* **complexity level**
r уровень *m* сложности; степень *f*
интеграции
d Komplexitätsstufe *f*; Integrationsgrad *m*
f niveau *m* de complexité; échelle *f*
d'intégration
nl complexiteitsklasse *f*

C338 *e* **complex microelectronics**
r функционально сложные микросхемы
f pl
d komplexe mikroelektronische
Schaltkreise *m pl*
f micro-électronique *f* compliquée
[complexe]
nl complexe microelektronica *f*

C339 *e* **compliant lead**
r гибкий вывод *m*
d flexible Zuleitung *f*
f broche *f* flexible
nl buigzame aansluiting *f*

C340 *e* **component density**
r плотность *f* упаковки элементов ИС
d Bauelementedichte *f*
f compacité *f* des composants, densité *f* de
compactage
nl componentendichtheid *f*,
pakking(sgraad) *f (m)*

C341 *e* **component derating**
r ухудшение *n* характеристик
компонента
d Abnahme *f* von Nennwerten der
Bauelementeparameter, Derating *n*
f détérioration *f* [dégradation *f*] des
performances de composant
nl belastbaarheidsvermindering *f* van
component

C342 *e* **component inserter**
r сборочно-монтажная установка *f*
для компонентов с радиальными
выводами
d Bestückungssystem *n*,
Bauelementebestückungssystem *m*
f système *m* d'insertion des composants
nl onderdeleninsteekmachine *f*

C343 *e* **component integration**
r интеграция *f* компонентов
d Bauelementeintegration *f*, Integration
f von Bauelementen
f intégration *f* des composants
nl integratie *f* van componenten

C344 *e* **component interconnect(ion)**
r межкомпонентное соединение *n*
d Bauelementeverbindung *f*
f interconnexion *f* des composants
nl verbinding *f* van componenten

C345 *e* **component manufacturing machinery**
r оборудование *n* для производства
компонентов
d Ausrüstungen *f pl* zur
Bauelementeherstellung
f équipement *m* pour fabrication des
composants
nl machinerie *f* voor componentenfabricage

C346 *e* **component placement**
r установка *f* [монтаж *m*] компонентов
d Bauelementeplazierung *f*
f placement *m* des composants
nl plaatsing *f* van componenten

C347 *e* **component preforming**
r формовка *f* выводов компонентов
d Vorformen *n* von
Bauelementanschlüssen
f formage *m* de sorties des composants
nl voorvormen *n* van aansluitingen bij
componenten

C348 *e* **composite** *see* **composite material**

C349 *e* **composite board**
r многослойная печатная плата *f*
d Mehrlagen(leiter) platte *f*
f carte *f* multicouche
nl meerlaagsprint(plaat) *m (f) (m)*

C350 *e* **composite gate**
r многоуровневый затвор *m*
d Mehrebenengate *n*
f grille *f* composée
nl meerlaagspoort *f (m)*

C351 *e* **composite-gate MOS structure**
r МОП-структура *f* с многоуровневыми
затворами
d Mehrebenengate-MOS-Struktur *f*

COMPOSITE

    f structure *f* MOS à grilles composées
    nl MOS-structuur *f* met meerlaagspoort

C352 *e* **composite layer**
    r слой *m* композиционного материала
    d Kompositionsschicht *f*,
        Verbundstoffschicht *f*
    f couche *f* de composite
    nl samengestelde laag *f (m)*,
        meermaterialenlaag *f (m)*

C353 *e* **composite material**
    r композиционный материал *m*,
        композит *m*
    d Verbundstoff *m*
    f matériau *m* composite, composite *f*
    nl samengesteld materiaal *n*

C354 *e* **composite substrate**
    r многослойная подложка *f*
    d Mehrschichtsubstrat *n*
    f substrat *m* multicouche
    nl meerlaagssubstraat *n*

C355 *e* **composite wafer**
    r многослойная полупроводниковая
        пластина *f*
    d Mehrschichtwafer *m*
    f tranche *f* multicouche
    nl meerlaagswafel *f (m)*

C356 *e* **composition**
    r состав *m*; композиция *f*
    d Zusammensetzung *f*; Komposition *f*
    f composition *f*
    nl samenstelling *f*, compositie *f*

C357 *e* **compound**
    r **1.** (химическое) соединение *n* **2.**
        компаунд *m*
    d **1.** Verbindung *f* **2.** Vergußmasse *f*
    f **1.** combinaison *f* chimique **2.** compound *m*
    nl **1.** verbinding *f (stof)* **2.** gietmassa *f (m)*

C358 *e* **compound glass**
    r многокомпонентное стекло *n*
    d Verbundglas *n*
    f verre *f* compound
    nl gelaagd glas *n*

C359 *e* **compound (monolithic) integration**
    r многокристальная ИС *f*
    d Mehrchipschaltung *f*
    f intégration *f* multipuce
    nl meerchipsintegratie *f*

C360 *e* **compound semiconductor**
    r полупроводниковое соединение *n*,
        сложный полупроводник *m*
    d Verbindungshalbleiter *m*,
        zusammengesetzter Halbleiter *m*
    f semi-conducteur *m* composé
    nl verbindingshalfgeleider *m*

C361 *e* **II-VI compound semiconductor**
    r полупроводниковое соединение
        n (типа) $A^{II} B^{VI}$
    d A^{II} - B^{VI} - Verbindung *f*
    f semi-conducteur *m* type II-VI
    nl halfgeleider *m* op basis van II-VI
        verbinding

C362 *e* **compound-semiconductor body**
    r подложка *f* из полупроводникового
        соединения
    d Verbindungshalbleitersubstrat *n*
    f substrat *m* en semi-conducteur composé
    nl verbindingshalfgeleiderlichaam *n*

C363 *e* **compound-semiconductor device**
    r прибор *m* на основе
        полупроводникового соединения
    d Verbindungshalbleiterbaustein *m*
    f dispositif *m* à la base de semi-
        conducteur composé
    nl verbindingshalfgeleiderbouwsteen *m*

C364 *e* **compound-semiconductor interface**
    r граница *f* раздела между
        полупроводниковыми соединениями
    d Grenzfläche *f* zwischen den
        Verbindungshalbleitern
    f interface *f* de semi-conducteurs
        composés
    nl grensvlak *n* tussen verbindingsmateriaal
        en halfgeleider

C365 *e* **computer-aided customization**
    r автоматизированная разработка *f*
        заказных ИС
    d rechnergestütztes Kunden-IC-Design *n*,
        rechnergestützter
        Kundenwunschentwurf *m*
    f conception *f* automatisée de circuits
        intégrés personnalisés
    nl aanpassing *f* van produkt(ontwerp)
        volgens klantspecificaties met behulp
        van computer

C366 *e* **computer-aided design**
    r автоматизированное проектирование *n*
    d rechnergestützter Entwurf *m*, CAD *n*
    f conception *f* assistée par ordinateur,
        CAO
    nl computer-ondersteund ontwerpen *n*,
        CAD *n*

C367 *e* **computer-aided design facilities**
    r средства *n pl* автоматизированного
        проектирования
    d rechnergestützte Enwurfsmittel *n pl*
    f moyens *m pl* CAO [de conception
        assistée par ordinateur]
    nl voorzieningen *f pl* voor computer-
        ondersteund ontwerpen, CAD-
        faciliteiten *f pl*

C368 *e* **computer-aided design library**
    r библиотека *f* программ для
        автоматизированного проектирования
    d CAD-Bibliothek *f*
    f bibliothèque *f* des programmes pour
        CAO [conception assistée par ordinateur]
    nl CAD-modellenbestand *n*, CAD-
        bibliotheek *f*

C369 *e* **computer-aided design system**
    r система *f* автоматизированного
        проектирования, САПР
    d CAD-System *n*
    f système *m* CAO [de conception assistée
        par ordinateur]

nl computer-ondersteund ontwerpsysteem *n*, CAD-systeem *n*

C370 *e* **computer-aided drafting, computer-aided drawing**
r изготовление *n* чертежей с помощью ЭВМ
d rechnergestütztes Zeichnen *n*
f dessin *m* assisté par ordinateur
nl computer-ondersteund concept-ontwerpen *n*; computer-ondersteund tekenen *n*

C371 *e* **computer-aided (photo)mask preparation**
r автоматизированное производство *n* фотошаблонов
d rechnergestützte Schablonenherstellung *f*
f production *f* automatisée des (photo)masques
nl computer-ondersteunde (belichtings)sjabloonvervaardiging

C372 *e* **computer-assisted design** *see* **computer-aided design**

C373 *e* **computer-generated artwork**
r оригинал *m*, спроектированный с помощью ЭВМ
d rechnererstellte Originalschablone *f*
f original *m* (*de photomasque*) construit par ordinateur
nl computer-gegenereerd ontwerppatroon *n*

C374 *e* **computerized design technique**
r метод *m* автоматизированного проектирования
d CAD-Technik *f*
f technique *f* CAO [de conception assistée par ordinateur]
nl gecomputeriseerde ontwerptechniek *f*

C375 *e* **computer simulation**
r моделирование *n* на ЭВМ
d Rechnersimulation *f*
f simulation *f* sur le ordinateur
nl computersimulatie *f*

C376 *e* **concentration gradient**
r градиент *m* концентрации
d Konzentrationsgradient *m*
f gradient *m* de concentration
nl concentratiegradiënt *m*

C377 *e* **concentration level**
r уровень *m* легирования
d Dotierungsgrad *m*
f niveau *m* de dopage
nl doteringsgraad *m*

C378 *e* **concentration profile**
r профиль *m* распределения концентрации примеси, концентрационный профиль *m*
d Dotierungsprofil *n*
f profil *m* de concentration
nl doteringsprofiel *n*

C379 *e* **concentration ratio**
r отношение *n* концентраций примесей
d Konzentrationsverhältnis *n*
f rapport *m* des concentrations
nl concentratieverhouding *f*

C380 *e* **condensation nucleus**
r ядро *n* конденсации
d Kondensationskern *m*
f noyau *m* de condensation
nl condensatiekern *m*

C381 *e* **condition**
r **1.** состояние *n*; условие *n* **2.** *pl* режим *m* (работы)
d **1.** Zustand *m* **2.** Bedingung *f* **3.** Bedingungen *f pl*, Betriebsbedingungen *f pl*
f **1.** condition *f* **2.** régime *m* (de fonctionnement)
nl **1.** toestand *m*, conditie *f* **2.** voorwaarde *f*, conditie *f*

C382 *e* **conditioned air**
r кондиционированный воздух *m*
d konditionierte Luft *f*
f air *m* conditionné
nl behandelde lucht *m*

C383 *e* **conductance**
r **1.** (активная) проводимость *f* **2.** теплопроводность *f*
d (reeller) Leitwert *m*, Wirkleitwert *m*, Konduktanz *f*
f **1.** conductance *f* **2.** conductibilité *f* thermique
nl geleiding(svermogen) *f* (*n*)

C384 *e* **conductance band**
r зона *f* проводимости
d Leitungsband *n*, Leitfähigkeitsband *n*
f bande *f* de conduction
nl geleidingsband *m*

C385 *e* **conducting channel**
r проводящий канал *m*
d leitfähiger Kanal *m*
f canal *m* conducteur
nl geleidingskanaal *n*

C386 *e* **conducting path**
r токопроводящая дорожка *f*
d Leitbahn *f*, Strombahn *f*
f piste *f* conductrice
nl geleidingsbaan *m*, geleidingstraject *n*

C387 *e* **conduction**
r электропроводность *f*, проводимость *f*
d Leitung *f*
f conduction *f*
nl geleiding *f*

C388 *e* **conduction-band edge**
r край *m* зоны проводимости
d Leitungsbandkante *f*
f bord *m* de bande de conduction
nl geleidingsbandrand *m*

C389 *e* **conduction-electron density**
r концентрация *f* электронов проводимости
d Leitungselektronendichte *f*
f densité *f* d'électrons de conduction
nl geleidingselektronendichtheid *f*

CONDUCTION

C390 e **conduction type**
 r тип m электропроводности
 d Leitungstyp m
 f type m de conduction
 nl geleidingstype n

C391 e **conductive coating**
 r проводящее покрытие n
 d leitfähige Deckschicht f
 f revêtement m conducteur
 nl geleidende (dek)laag f (m)

C392 e **conductive crossover**
 r пересечение n проводников
 d Leitbahnkreuzung f
 f croisement m des conducteurs
 nl geleiderskruising f

C393 e **conductive path** see **conducting path**

C394 e **conductive pattern**
 r рисунок m межсоединений
 d Leiterstruktur f
 f dessin m conducteur
 nl geleiderspatroon n

C395 e **conductive track** see **conducting path**

C396 e **conductivity**
 r удельная электропроводность f
 d Leitfähigkeit f
 f conductivité f
 nl geleidingsvermogen n

C397 e **conductor**
 r проводник m; токопроводящая дорожка f
 d Leiter m; Leit(er)bahn f
 f conducteur m; piste f conductrice
 nl geleider m

C398 e **conductor formulation**
 r композиция f для проводников
 d Verbundmasse f zur Leiterherstellung
 f composition f pour conducteurs
 nl formule f voor samenstelling van geleidende verbinding

C399 e **conductor-insulator-semiconductor FET**
 r МДП-транзистор m
 d MIS-Transistor m, MISFET m
 f transistor m MIS
 nl MISFET m

C400 e **conductor paste**
 r проводящая паста f
 d Leitpaste f
 f pâte f conductrice
 nl geleidingspasta m

C401 e **conductor paste system**
 r система f паст для формирования толстоплёночных проводников
 d Leitpastensystem n
 f système m des pâtes conductrices
 nl geleidingspastasysteem n

C402 e **conductor pedestal**
 r столбиковый вывод m
 d Bondhügel m, Kontakthügel m
 f poutre f
 nl contacteerbobbel m

C403 e **conductor run** see **conducting path**

C404 e **configuration**
 r 1. конфигурация f; геометрия f 2. компоновка f; структура f
 d Konfiguration f
 f configuration f
 nl configuratie f

C405 e **conformal coating**
 r конформное покрытие n (повторяющее рельеф поверхности)
 d konforme Deckschicht f
 f enrobage m conforme
 nl vormvolgend bekleden n

C406 e **connecting stripe** see **conducting path**

C407 e **connection**
 r 1. вывод m; соединение n 2. включение n
 d 1. Anschluß m, Verbindung f 2. Schaltung f
 f connexion f
 nl aansluiting f, verbinding f, schakeling f

C408 e **connection diagram**
 r схема f электрических соединений
 d Verbindungsplan m, Anschlußplan m
 f diagramme m des connexions
 nl aansluitschema n, verbindingsschema n

C409 e **connection error**
 r ошибка f монтажа
 d Montagefehler m
 f erreur f de connexion
 nl aansluitfout f (m), verbindingsfout f (m), montagefout f (m)

C410 e **connector**
 r 1. (электрический) соединитель m 2. вывод m; соединение n
 d 1. Steckverbinder m 2. Anschluß m; Verbindung f
 f 1. connecteur m 2. connexion f
 nl 1. connector m, verbindingsstuk n, 2. aansluiting f

C411 e **connector strip** see **conducting path**

C412 e **construction**
 r 1. конструкция f 2. конструирование n
 d Konstruktion f
 f construction f
 nl constructie f

C413 e **contact**
 r 1. контакт m 2. электрод m; вывод m
 d Kontakt m
 f contact m
 nl contact n

C414 e **contact aligner** see **contact printer**

C415 e **contact annealing**
 r отжиг m контактным нагревом
 d Ausheilen n durch Kontaktheizung
 f recuit m à chauffage par contact
 nl uitgloeien n [ontharding f, temperen n] door contactverhitting

C416 e **contact area**
 r контактная площадка f
 d Kontaktfläche f

f surface *f* de contact
nl contactvlak *n*

C417 *e* **contact-area mask**
 r маска *f* для формирования контактов
 d Kontaktherstellungsmaske *f*
 f masque *m* des contacts
 nl contactpatroonmasker *n*

C418 *e* **contact bump** *see* **conductor pedestal**

C419 *e* **contact diffusion**
 r диффузия *f* для формирования контактов
 d Kontaktdiffusion *f*, Anschlußdiffusion *f*
 f diffusion *f* pour formation des contacts
 nl contactdiffusie *f*

C420 *e* **contact drop** *see* **contact potential**

C421 *e* **contact exposure**
 r экспонирование *n* при контактной фотолитографии
 d Kontaktbelichtung *f*
 f exposition *f* à photolithographie par contact
 nl contactbelichting *f*

C422 *e* **contact gap**
 r зазор *m* между контактами
 d Kontaktabstand *m*
 f intervalle *m* de contact
 nl afstand *m* bij contactprocédé

C423 *e* **contact hole** *see* **contact window**

C424 *e* **contact-hole opening**
 r вскрытие *n* контактного окна
 d Öffnen *n* [Freiätzen *n*] von Kontaktfenstern
 f ouverture *f* de la fenêtre de contact
 nl openen *n* [wegetsen *n*] van contactvensters

C425 *e* **contact leakage block**
 r группа *f* контактов для проверки токов утечки (*в тестовом кристалле*)
 d Kontaktgruppe *f* zum Nachweis von Testchipleckströmen
 f bloc *m* des contacts pour vérification de courants de fuite
 nl groep *f (m)* contacten voor lekstroomtest

C426 *e* **contactless lithography**
 r бесконтактная литография *f*
 d Quasikontaktlithografie *f*
 f lithographie *f* sans contact
 nl contactloze lithografie *f*

C427 *e* **contactless scribing**
 r бесконтактное (лазерное) скрайбирование *n*
 d kontaktloses Ritzen *n*
 f rainage *m* (laser) sans contact
 nl contactloos ritsen *n*

C428 *e* **contact lithography** *see* **contact photolithography**

C429 *e* **contact mask printer**
 r установка *f* для контактного копирования фотошаблонов
 d Kontaktbelichtungsanlage *f*

f système *m* à copier les photomasques par contact
nl contactbelichtingsapparaat *n*

C430 *e* **contact opening** *see* **contact window**

C431 *e* **contact pad**
 r контактная площадка *f*; столбиковый вывод *m*
 d Kontaktinsel *f*; Kontaktstelle *f*; Bondhügel *m*, Kontakthügel *m*
 f plot *m* de soudure, surface *f* de contact; poutre *f*
 nl contacteilandje *n*, contactvlakje *n*

C432 *e* **contact photolithography**
 r контактная фотолитография *f*
 d Kontaktfofolithografie *f*
 f photolithographie *f* par contact
 nl contactfotolithografie *f*

C433 *e* **contact pitting**
 r образование *n* ямок на контактных площадках
 d Grübchenbildung *f* an den Kontaktstellen
 f formation *f* des cavités sur plots de soudure
 nl putjesvorming *f* op contactplekken

C434 *e* **contact potential**
 r контактная разность *f* потенциалов
 d Kontaktpotential *n*
 f différence *f* de potentiel de contact
 nl contactpotentiaal *m*

C435 *e* **contact printer**
 r установка *f* контактной фотолитографии
 d Kontaktjustier- und Belichtungsanlage *f*, Kontaktbelichtungsanlage *f*
 f 1. système *m* à copier par contact 2. système *m* de photolithographie par contact
 nl contactbelichtingsapparaat *n*

C436 *e* **contact region** *see* **contact area**

C437 *e* **contact resistance**
 r контактное сопротивление *n*, сопротивление *n* контакта
 d Kontaktwiderstand *m*
 f résistance *f* de contact
 nl overgangsweerstand *m*

C438 *e* **contact scribing**
 r контактное скрайбирование *n*
 d Kontaktritzen *n*
 f rainage *m* de contact
 nl fysiek ritsen *n*

C439 *e* **contact window**
 r контактное окно *n*
 d Kontaktfenster *n*
 f fenêtre *f* de contact
 nl contactvenster *n*

C440 *e* **contaminant**
 r загрязнение *n*, нежелательная примесь *f*
 d Verunreinigung *f*, Fremdstoff *m*
 f contaminant *m*
 nl verontreinigende stof *f (m)*, verontreiniging *f*

CONTAMINANT

C441 e **contaminant-free film**
 r плёнка f без посторонних включений
 d fremdstoffreie Schicht f
 f film m sans contaminants
 nl verontreinigingsvrije laag f (m)

C442 e **contamination** see **contaminant**

C443 e **continuous layer**
 r сплошной слой m
 d ununterbrochene Schicht f
 f couche f continue
 nl doorlopende laag f (m)

C444 e **continuous table**
 r координатный стол m с непрерывным (нешаговым) перемещением
 d kontinuierlich verschiebbarer Koordinatentisch m
 f table f (x-y) à déplacement continu
 nl continuverstelbare coördinatentafel f (m)

C445 e **continuous-wave mode, continuous-wave operation**
 r непрерывный режим m
 d Dauerstrichbetrieb m
 f mode m continu
 nl continuwerking f

C446 e **control**
 r 1. контроль m; проверка f 2. управление n; регулирование n
 d 1. Kontrolle f; Prüfung f 2. Steuerung f; Regelung f
 f 1. contrôle m; vérification f 2. commande f
 nl besturing f, regeling f, beheersing f

C447 e **control chip**
 r управляющая ИС f
 d Steuer-IC n, Steuerschaltkreis m
 f puce f de commande
 nl bestuurs-chip m, bestuurs-IC n

C448 e **control electrode**
 r управляющий электрод m
 d Steuerelektrode f
 f électrode f de commande
 nl stuurelektrode f

C449 e **control gate**
 r управляющий затвор m
 d Steuergate n
 f grille f de commande
 nl stuurpoort f (m)

C450 e **control integrated circuit** see **control chip**

C451 e **controlled-atmosphere furnace**
 r печь f с регулируемой атмосферой
 d Ofen m mit regelbarer Atmosphäre
 f four m sous atmosphère contrôlée
 nl oven m met veiligheidsgasvulling

C452 e **controlled diffusion**
 r управляемая диффузия f
 d gesteuerte Diffusion f
 f diffusion f commandée
 nl gestuurde diffusie f

C453 e **controlled junction depth**
 r контролируемая глубина f залегания $p-n$ - перехода
 d kontrollierbare Übergangstiefe f
 f profondeur f de jonction contrôlée
 nl beheerste diepte f van (p-n-)overgang

C454 e **controlled nitrogen box**
 r бокс m с защитной атмосферой азота
 d Box f mit regelbarer Stickstoffschutzatmosphäre
 f box m à nitrogène contrôlé
 nl kast f (m) met regelbare stikstofatmosfeer

C455 e **controlled-surface device**
 r прибор m с управляемыми поверхностными свойствами
 d Bauelement n mit kontrollierbaren Oberflächeneigenschaften
 f dispositif m à propriétes de surface contrôlables
 nl bouwsteen m met bestuurbare oppervlakte-eigenschappen

C456 e **controller**
 r контроллер m
 d Controller m, Steuereinheit f
 f contrôleur m
 nl bestuurder m, regelaar m

C457 e **conversion**
 r преобразование n; превращение n
 d Umwandlung f, Konversion f, Konvertierung f
 f conversion f; transformation f
 nl 1. omzetting f, conversie f 2. convertering f 3. ombouw m

C458 e **conversion efficiency**
 r коэффициент m преобразования
 d Umwandlungswirkungsgrad m
 f coefficient m de conversion
 nl conversierendement n

C459 e **conversion integrated circuit**
 r ИС f преобразователя
 f Wandler - IC n
 f circuit m intégré de convertisseur
 nl omzetter-IC n

C460 e **conversion loss**
 r потери f pl на преобразование
 d Konversionsverlust m, Umwandlungwerlust m
 f pertes f pl de conversion
 nl conversie-verlies n

C461 e **conveyor dryer**
 r конвейерная печь f для сушки
 d Durchlauftrockenofen m, Bandtrockner m
 f four m convoyeur pour étuvage
 nl lopende-banddroogoven m

C462 e **convolver**
 r конвольвер m
 d Convolver m
 f convolver m
 nl oprolmachine f

C463 e **coolant**
 r хладагент m
 d Kühlmittel n
 f agent m réfrigérant, réfrigérant m

CRITICAL

   nl koelmiddel *n*
C464 *e* **coolant fluid**
   r жидкий хладагент *m*
   d Kühlflüssigkeit *f*
   f réfrigérant *m* fluidique
   nl koelvloeistof *f (m)*

C465 *e* **cooler**
   r холодильник *m*
   d Kühler *m*, Kühlvorrichtung *f*
   f réfrigérateur *m*
   nl koeler *m*, koelapparaat, koelvat *n*, koeloven *m*

C466 *e* **coordinate drafting**
   r вычерчивание *n* на координатографе
   d Zeichnen *n* mittels x-y-Plotter, Koordinatenzeichnen *n*
   f traçage *m* au coordinatographe
   nl tekenen *n* met coördinatograaf

C467 *e* **coordinate plotter** *see* **coordinatograph**

C468 *e* **coordinate table**
   r координатный стол *m*
   d Koordinatentisch *m*, x-y-Tisch *m*
   f table *f* x-y
   nl coördinatentafel *f (m)*

C469 *e* **coordinatograph**
   r координатограф *m*
   d Koordinatenschreiber *m*, x-y-Plotter *m*
   f coordinatographe *m*
   nl coördinatograaf *m*

C470 *e* **coplanar electrodes**
   r компланарные электроды *m pl*
   d Koplanarelektroden *f pl*
   f électrodes *f pl* coplanaires
   nl coplanaire elektroden *f pl*

C471 *e* **copper-filled adhesive**
   r клей *m* с медным наполнителем
   d kupfergefüllter Kleber *m*
   f adhésif *m* à matériau de remplissage de cuivre
   nl koperhoudende lijm *m*

C472 *e* **core microprocessor**
   r микропроцессор *m*, сформированный на одном кристалле с другими схемами
   d Kristallmikroprozessor *m*
   f microprocesseur *m* et circuit intégré sur une même puce
   nl kern-microprocessor *m*

C473 *e* **coring**
   r образование *n* фасеток, фасетирование *n (при выращивании монокристаллических слитков)*
   d Facettenbildung *f*
   f facettage *m*
   nl (uit)kristalliseren *n*

C474 *e* **counter doping**
   r компенсирующее легирование *n*
   d Ausgleichsdotierung *f*, Gegendotierung *f*
   f dopage *m* à compensation
   nl contradotering *f*

C475 *e* **counter ring**
   r кольцевой счётчик *m*
   d Ringzähler *m*
   f compteur *m* annulaire
   nl teller-ring(schakeling) *m (f)*

C476 *e* **coupling impedance**
   r полное сопротивление *n* связи
   d Kopplungsimpedanz *f*
   f impédance *f* de couplage
   nl koppelimpedantie *f*

C477 *e* **cover, coverage**
   r покрытие *n*
   d Bedeckung *f*
   f recouvrement *m*, couverture *f*
   nl 1. bedekking *f* 2. bereik *n*

C478 *e* **CPU** *see* **central processor unit**

C479 *e* **CR** *see* **controller**

C480 *e* **crack detection**
   r дефектоскопия *f* трещин
   d Rißerkennung *f*
   f détection *f* des fissures
   nl (haar)scheurtjes opsporen *n*

C481 *e* **crack formation**
   r образование *n* трещин
   d Rißbildung *f*
   f fissuration *f*, fracturation *f*
   nl (haar)scheurtjesvorming *f*

C482 *e* **cracking**
   r 1. образование *n* трещин
   2. разламывание *n*, ломка *f (полупроводниковой пластины)*
   d 1. Rißbildung *f* 2. Brechen *n*, Zerteilen *n (von Wafern)*
   f 1. fissuration *f*, fracturation *f* 2. brisement *m*, découpage *m (de tranche)*
   nl 1. (haar)scheurvorming *f* 2. breken *n*, in chips (op)delen *n(wafel)*

C483 *e* **crack nucleation** *see* **crack formation**

C484 *e* **cratering**
   r образование *n* кратеров, образование *n* воронок
   d Kraterbildung *f*
   f formation *f* des cratères
   nl kratervorming *f*

C485 *e* **craze**
   r микротрещина *f*
   d Mikroriß *m*
   f microfissure *f*, microfracture *f*
   nl haarscheurtje *n*

C486 *e* **creepage**
   r утечка *f* по поверхности диэлектрика
   d Kriechen *n*; Kriechstrom *m*
   f fuite *f* à la surface d'isolant
   nl kruip *m*

C487 *e* **critical alignment**
   r прецизионное совмещение *n*
   d Feinjustierung *f*
   f alignement *m* critique
   nl fijnuitlijning *f*

C488 *e* **critical dimension**
   r минимальный размер *m (ИС)*
   d kritische Abmessung *f*
   f dimension *f* critique
   nl kritische afmeting *f*

65

CROSS

C489 *e* **cross diffusion**
 r встречная диффузия *f*
 d Kreuzdiffusion *f*
 f diffusion *f* croisée
 nl kruisdiffusie *f*

C490 *e* **crosshair targeting**
 r позиционирование *n* (*элемента*) с помощью перекрестия
 d Fadenkreuzpositionierung *f*
 f positionnement *m* par réticule
 nl dradenkruis-positionering *f*

C491 *e* **crossover**
 r пересечение *n*; точка *f* пересечения
 d Kreuzung *f*; Kreuzungspunkt *m*
 f point *m* de croisement
 nl kruising *f*, kruispunt *n*

C492 *e* **crossover oxide**
 r оксидный диэлектрик *m* для изоляции пересекающихся межсоединений
 d Kreuzungsoxid *n*
 f isolant *m* d'oxyde pour interconnexions croisées
 nl (over)kruisend oxyde *n*, (over)kruisende oxydelaag *f (m)*

C493 *e* **crosspoint chip**
 r ИС *f* координатного переключателя
 d Kreuzungspunktchip *n*
 f puce *f* de point de croisement
 nl kruispunt-chip *m*

C494 *e* **crossunder**
 r пересечение *n* межсоединений ИС
 d Unterkreuzung *f*, Unterführung *f*
 f croisement *m* d'interconnexions
 nl onderkruising *f*

C495 *e* **crow's-foot** *see* **craze**

C496 *e* **crucible**
 r тигель *m*
 d Tiegel *m*
 f creuset *m*
 nl (smelt)kroes *m*

C497 *e* **crucible evaporator**
 r тигельный испаритель *m*
 d Verdampfungstiegel *m*
 f évaporateur *m* à creuset
 nl verdampingskroes *m*

C498 *e* **crucible furnace**
 r тигельная печь *f*
 d Tiegelofen *m*
 f four *m* à creuset
 nl kroezenoven *m*

C499 *e* **crucibleless method**
 r бестигельный метод *m*
 d tiegelfreies Verfahren *n*, tiegelfreies Züchtungsverfahren *n*
 f méthode *f* sans creuset
 nl kroesloos procédé *n*

C500 *e* **crucible melting**
 r тигельная плавка *f*
 d Tiegelschmelzen *n*
 f coulée *f* au creuset
 nl smeltkroestechniek *f*

C501 *e* **crucible oven** *see* **crucible furnace**

C502 *e* **cryoelectronics, cryogenic electronics**
 r криоэлектроника *f*, криогенная электроника *f*
 d Kryoelektronik *f*
 f cryo-électronique *f*, électronique *f* cryogénique
 nl kryo-elektronica *f*, kryotronica *f*

C503 *e* **cryogenic element**
 r криогенный элемент *m*
 d Kryo(gen)element *n*
 f élément *m* cryogénique
 nl kryo-elektronisch element *n*

C504 *e* **cryogenic engineering**
 r криогенная техника *f*
 d Kryogenik *f*
 f cryogénie *f*, technique *f* cryogénique
 nl kryo-elektronisch ontwerpen *n*

C505 *e* **cryogenic equipment**
 r криогенная аппаратура *f*
 d Kryogengerät *n*
 f équipement *m* cryogénique
 nl kryogene apparatuur *f*

C506 *e* **cryologic**
 r криогенные логические схемы *f pl*, логические схемы *f pl* на приборах с переходами Джозефсона
 d Kryologik *f*
 f cryologique *f*
 nl kryologica *f*

C507 *e* **cryopump**
 r криогенный вакуумный насос *m*
 d Kryopumpe *f*
 f cryopompe *f*
 nl kryopomp *f (m)*

C508 *e* **cryptomicroprocessor**
 r криптомикропроцессор *m* (*микропроцессор, работающий по закодированной программе*)
 d Kryptomikroprozessor *m* (*zur Ausführung von verschlüsselten Programmen*)
 f cryptomicroprocesseur *m*
 nl crypto(grafie-)microprocessor *m*

C509 *e* **II-VI crystal**
 r кристалл *m* соединения (типа) $A^{II} B^{VI}$
 d A^{II}-B^{VI}-Kristall *m*
 f cristal *m* (type) II-VI
 nl II-VI-kristal *n*

C510 *e* **crystal anisotropy**
 r анизотропия *f* кристалла
 d Kristallanisotrophie *f*
 f anisotropie *f* du cristal
 nl kristalanisotropie *f*

C511 *e* **crystal axis**
 r кристаллографическая ось *f*
 d Kristallachse *f*, kristallografische Achse *f*
 f axe *m* cristallographique
 nl kristalas *f (m)*

C512 *e* **crystal boundary**
 r 1. поверхность *f* раздела кристалла
 2. межзёренная граница *f*

CUBIC

    d 1. Kristallgrenzfläche *f* 2. Korngrenze *f*
    f 1. surface *f* intermédiaire du cristal
       2. interface *f* intergranulaire
   nl 1. kristalgrens(vlak) *f (m) (n)*
      2. korrelgrens *f (m)*

C513 *e* **crystal checker**
    r прибор *m* для проверки кристаллов (*ИС*)
    d Chiptester *m*
    f testeur *m* des cristaux
   nl chiptester *m*

C514 *e* **crystal cut**
    r срез *m* кристалла
    d Kristallschnitt *m*
    f coupe *f* de cristal
   nl kristalsnede *f (m)*

C515 *e* **crystal defect**
    r дефект *m* кристаллической решётки
    d Kristallbaufehler *m*
    f défaut *m* du réseau cristallin
   nl (kristal)roosterfout *f (m)*

C516 *e* **crystal embedding**
    r герметизация *f* кристалла (*заливкой*)
    d Kristalleinbettung *f*
    f encapsulation *f* du cristal
   nl kristalinbedding *f*

C517 *e* **crystal face**
    r грань *f* кристалла
    d Kristallfläche *f*
    f face *f* cristalline
   nl kristalvlak *n*, kristalzijde *f (m)*

C518 *e* **crystal grain** *see* **crystallite**

C519 *e* **crystal-growing apparatus**
    r установка *f* для выращивания кристаллов
    d Kristallzüchtungsanlage *f*
    f dispositif *m* de croissance des cristaux
   nl kristalkweekapparaat *n*, kristalgroeiapparaat *n*

C520 *e* **crystal growth**
    r выращивание *n* кристаллов; рост *m* кристалла
    d Kristallzüchtung *f*; Kristallwachstum *n*
    f croissance *f* du cristal
   nl 1. kristallen kweken *n* 2. kristalgroei *m*

C521 *e* **crystal indices**
    r индексы *m pl* Миллера
    d Millersche Indizes *m pl*
    f indices *m pl* de Miller
   nl kristal-indices *m pl*, Miller-indices *m pl*

C522 *e* **crystalline semiconductor**
    r кристаллический полупроводник *m*
    d kristalliner Halbleiter *m*
    f semi-conducteur *m* cristallin
   nl kristallijne halfgeleider *m*

C523 *e* **cristallite**
    r кристаллит *m*
    d Kristallit *m*
    f cristallite *f*
   nl kristalliet *f (m)*

C524 *e* **crystallization center**
    r центр *m* кристаллизации
    d Kristallisationszentrum *n*
    f centre *m* de cristallisation
   nl kristallisatiekern *f (m)*

C525 *e* **crystallization nucleus**
    r зародыш *m* кристаллизации
    d Kristallkeim *m*, Keimkristall *m*
    f nacelle *f* [germe *m*] de cristallisation
   nl kristalkiem *f (m)*, kiemkristal *n*

C526 *e* **crystallographic orientation**
    r кристаллографическая ориентация *f*
    d Kristallorientierung *f*, kristallografische Orientierung *f*
    f orientation *f* cristallographique
   nl kristaloriëntatie *f*

C527 *e* **crystallographic plane, crystal plane**
    r кристаллографическая плоскость *f*
    d Kristallebene *f*
    f plan *m* cristallographique
   nl kristalvlak *n*

C528 *e* **crystal mount** *see* **chip carrier**

C529 *e* **crystal puller**
    r установка *f* для выращивания кристаллов методом вытягивания
    d Kristallziehanlage *f*
    f installation *f* de tirage des cristaux
   nl kristaltrekapparaat *n*

C530 *e* **crystal pulling**
    r выращивание *n* кристаллов методом вытягивания
    d Ziehen *n* von Kristallen
    f tirage *m* des cristaux
   nl kristaltrekken *n*

C531 *e* **crystal pulling furnace**
    r печь *f* для выращивания кристаллов методом вытягивания
    d Kristallziehofen *m*
    f four *m* de tirage des cristaux
   nl kristaltrekoven *m*

C532 *e* **crystal seed rod**
    r монокристаллический затравочный стержень *m*
    d einkristalliner Impfstab *m*
    f germe *m* monocristallin
   nl kristalentstaaf *f (m)*

C533 *e* **CTD** *see* **charge-transfer device**

C534 *e* **CTL** *see* **complementary transistor logic**

C535 *e* **CT^{2}L** *see* **complementary TTL**

C536 *e* **C-to-C transport** *see* **cassette-to-cassette wafer transport**

C537 *e* **CTTL** *see* **complementary TTL**

C538 *e* **cubical lattice**
    r кубическая кристаллическая решётка *f*
    d kubisches Gitter *n*
    f réseau *m* (*cristallin*) cubique
   nl kubisch [regulair] rooster *n*

C539 *e* **cubic semiconductor**
    r полупроводник *m* с кубической кристаллической решёткой
    d Halbleiter *m* mit kubischem Gitter

CURE

        f semi-conducteur *m* à réseau *(cristallin)* cubique
     nl halfgeleider *m* met kubische [regulaire] (kristal)structuur

C540 *e* **cure**
      r отверждение *n*
     d Härten *n*, Härtung *f*, Aushärtung *f*
      f durcissement *m*
     nl (uit)harden *n*

C541 *e* **curing agent**
      r отвердитель *m*
     d Härtemittel *n*
      f agent *m* de durcissement, durcisseur *m*
     nl hardingsmiddel *n*, harder *m*

C542 *e* **curing system**
      r установка *f* отверждения; установка *f* полимеризации
     d Härtungsanlage *f*
      f installation *f* de durcissement
     nl (uit)hardingsinstallatie *f*

C543 *e* **curing temperature**
      r температура *f* отверждения
     d Härtungstemperatur *f*
      f température *f* de durcissement
     nl hardingstemperatuur *f*

C544 *e* **current-access magnetic bubble**
      r ЗУ *n* на ЦМД с токовой выборкой
     d Magnetblasenspeicher *m* mit Stromzugriff
      f mémoire *f* à bulles (magnétiques) à accès par courant
     nl magneetbellengeheugen *n* met stroomaansturing

C545 *e* **current amplification factor**
      r коэффициент *m* усиления по току
     d Stromverstärkungsfaktor *m*
      f gain *m* [facteur *m* d'amplification] en courant
     nl stroomversterkingsfactor *m*

C546 *e* **current-carrying capacity**
      r нагрузочная способность *f* по току, допустимая нагрузка *f* по току
     d Stromführungsfähigkeit *f*
      f capacité *f* de charge en courant
     nl stroomvoercapaciteit *f*

C547 *e* **current driver**
      r формирователь *m* тока
     d Stromtreiber *m*
      f conformateur *m* de courant
     nl stroomstuurschakeling *f*

C548 *e* **current gain**
      r 1. коэффициент *m* усиления по току 2. усиление *n* по току
     d Stromverstärkung *f*
      f 1. gain *m* [facteur *m* d'amplification]en courant 2. gain *m* [amplification *f*] en courant
     nl stroomversterking *f*

C549 *e* **current generator**
      r генератор *m* тока
     d Stromgenerator *m*
      f générateur *m* de courant
     nl stroomgenerator *m*

C550 *e* **current-injection logic**
      r логические схемы *f pl* с токовой инжекцией
     d Strominjektionslogik *f*
      f logique *f* à injection de courant
     nl stroominjectielogica *f*

C551 *e* **current-mode logic**
      r логика *f* на переключателях тока, ПТЛ
     d Stromschaltlogik *f*, stromgesteuerte Logik *f*
      f logique *f* à commutateurs de courant
     nl stroomschakellogica *f*, stroomgestuurde logica *f*, CML *f*

C552 *e* **current rating**
      r номинальный ток *m*
     d Nennstrom *m*
      f courant *m* nominal
     nl nominale stroom(sterkte) *m (f)*

C553 *e* **current regulator**
      r стабилизатор *m* тока
     d Stromregler *m*
      f régulateur *m* de courant
     nl stroomregulator *m*

C554 *e* **current source**
      r источник *m* тока
     d Stromquelle *f*
      f source *f* de courant
     nl stroombron *f (m)*

C555 *e* **current-voltage characteristic, current-voltage diagram**
      r вольт-амперная характеристика *f*, ВАХ
     d Strom-Spannungs-Charakteristik *f*
      f caractéristique *f* courant-tension [tension-courant]
     nl stroom-spanningskarakteristiek *f*

C556 *e* **curve**
      r 1. кривая *f* 2. характеристика *f*
     d Kurve *f*
      f courbe *f*
     nl curve *f*, kromme *f*

C557 *e* **custom approach**
      r метод *m* (изготовления) заказных ИС
     d Kundenwunsch-Schaltkreisherstellung *f*
      f technique *f* de fabrication des circuits intégrés à la demande
     nl produktdefinitie *f* volgens klantespecificatie

C558 *e* **custom(-built) chip** *see* **custom integrated circuit**

C559 *e* **custom design**
      r разработка *f* заказных ИС; проектирование *n* ИС по заказу
     d Kundenwunschentwurf *m*, Kunden-IC-Design *n*
      f conception *f* des circuits intégrés à la demande

nl ontwerp *n* volgens klantespecificatie, klantgebonden ontwerp *n*, ontwerp *n* naar wens

C560 *e* **custom-design technology**
 r технология *f* заказных ИС
 d Kundenschaltkreistechnologie *f*
 f technologie *f* de fabrication des circuits intégrés à la demande
 nl klantgerichte ontwerptechnologie *f*

C561 *e* **custom hardware**
 r заказное оборудование *n*
 d kundenspezifische Hardware *f*
 f matériel *m* à la demande
 nl klantgebonden apparatuur *f* [hardware *m*]

C562 *e* **custom implementation**
 r 1. реализация *f* (*аппаратуры*) на основе заказных ИС 2. создание *n* заказных ИС
 d 1. kundenspezifische Ausführung *f* 2. Kundenschaltkreisherstellung *f*
 f 1. réalisation *f* à la base des circuits intégrés à la demande 2. fabrication *f* des circuits intégrés à la demande
 nl klantgebonden uitvoering *f*, maatwerk *n*

C563 *e* **custom integrated circuit**
 r заказная ИС *f*
 d Kundenschaltkreis *m*, kundenspezifischer integrierter Schaltkreis *m*, Kunden-IC *n*
 f circuit *m* intégré à la demande
 nl klantgebonden IC *n*, maatwerk-IC *n*

C564 *e* **customizable array**
 r специализируемая матрица *f*
 d kundenspezifisch ausgelegtes Array *n*
 f réseau *m* personnalisable
 nl naar klante-eisen te structureren roosterontwerp *n* [bouwsteen *m*]

C565 *e* **customization**
 r 1. реализация *f* ИС в виде заказных приборов 2. применение *n* заказных ИС
 d 1. kundenspezifische Auslegung *f* 2. Kunden-IC-Einsatz *m*
 f 1. réalisation *f* des circuits intégrés à la demande 2. application *f* des circuits intégrés à la demande
 nl aanpassing *f* [structurering *f*] op wens van klant

C566 *e* **custom layout**
 r топология *f* заказной ИС
 d Kunden-IC-Layout *n*
 f disposition *f* [topologie *f*] de circuit intégré à la demande
 nl ontwerp *n* volgens klantespecificaties

C567 *e* **custom photomask**
 r заказной фотошаблон *m*
 d Kundenwunschmaske *f*, kundenspezifische Maske *f*
 f photomasque *m* à la demande
 nl klantspecifiek belichtingsmasker *n*

C568 *e* **custom route**
 r заказная разводка *f*
 d kundenspezifische Leitungsführung *f*
 f routage *m* à la demande
 nl verbindingenloop *m* volgens klantevoorschrift

C569 *e* **cut-and-form unit**
 r устройство *n* для обрезки и формовки выводов
 d Schneid- und Vorformeinheit *f*
 f unité *f* de coupe-formatage des sorties
 nl afknip- en voorvormapparaat *n*

C570 *e* **cutoff bias**
 r запирающее напряжение *n* смещения
 d Sperrspannung *f*; Abschnürspannung *f*
 f tension *f* de polarisation de coupure
 nl afknijpinstelling *f*, spervoorspanning *f*

C571 *e* **cutoff current**
 r ток *m* отсечки
 d Abschnürstrom *m*
 f courant *m* de coupure
 nl afknijpstroom *m*, lekstroom *m*

C572 *e* **cutoff frequency**
 r 1. частота *f* отсечки 2. граничная [предельная] частота *f*
 d 1. Abschnürfrequenz *f* 2. Grenzfrequenz *f* (*eines Transistors*)
 f fréquence *f* de coupure
 nl grensfrequentie *f*, afsnijfrequentie *f*

C573 *e* **cutoff voltage**
 r напряжение *n* отсечки
 d Abschnürspannung *f*
 f tension *f* de coupure
 nl afknijpspanning *f*

C574 *e* **cutting**
 r (раз)резание *n*, резка *f*
 d Schneiden *n*
 f découpage *m*, coupe *f*
 nl (af)snijden *n*, (af)knippen *n*; beitelen *n*; klieven *n*, kloven *n*

C575 *e* **cutting blade**
 r режущий диск *m*
 d Trennscheibe *f*
 f disque *m* coupant
 nl afsnijblad *n*, afsnijmes *n*

C576 *e* **CVD** *see* **chemical vapor deposition**

C577 *e* **CVD oxide**
 r оксид *m*, сформированный методом химического осаждения из паровой фазы
 d CVD-Oxid *n*
 f oxyde *m* CVD
 nl CVD-oxyde *n*

C578 *e* **CVD polysilicon**
 r поликристаллический кремний *m*, сформированный методом химического осаждения из паровой фазы
 d CVD-Polysilizium *n*

CVD

    f polysilicium *m* CVD
    nl CVD-polysilicium(laag) *n* (*f* (*m*))

C579 *e* **CVD silicon**
    r слой *m* кремния, полученный методом химического осаждения из паровой фазы
    d CVD-Siliziumschicht *f*
    f couche *f* de silicium CVD
    nl CVD-silicium(laag) *n* (*f* (*m*))

C580 *e* **cycle**
    r цикл *m*; период *m*
    d Zyklus *m*
    f cycle *m*
    nl cyclus *m*, periode *f*

C581 *e* **cycle duration, cycle time**
    r длительность *f* цикла
    d Zykluszeit *f*
    f durée *f* de cycle
    nl cyclustijd *m*, periodeduur *m*

C582 *e* **cylindrical magnetic bubble, cylindrical magnetic domain**
    r цилиндрический магнитный домен *m*, ЦМД
    d Magnetblase *f*
    f domaine *m* magnétique cylindrique
    nl cylindrische magneetbel *f* (*m*)

C583 *e* **cylindrical plasma reactor**
    r цилиндрический [барабанный] плазменный реактор *m*
    d zylinderförmiger Plasmareaktor *m*
    f réacteur *m* cylindrique de plasma
    nl cylindrisch plasmareactivaat *n*

C584 *e* **CZ** *see* **Czochralski method**

C585 *e* **Czochralski-grown crystal, Czochralski-grown ingot**
    r кристалл *m*, выращенный методом Чохральского
    d nach dem Czochralski-Verfahren gezogener Kristall *m*
    f cristal *m* (crû par méthode) Czochralski
    nl volgens Czochralski-methode getrokken kristal *n*

C586 *e* **Czochralski method, Czochralski process**
    r метод *m* Чохральского
    d Czochralski-Verfahren *n*, Czochralski-Ziehverfahren *n*
    f méthode *f* de Czochralski
    nl Czochralski-methode *f* [-procédé *n*]

C587 *e* **Czochralski production system**
    r установка *f* для выращивания кристаллов методом Чохральского
    d Czochralski-Ziehanlage *f*
    f installation *f* de croissance des cristaux par méthode de Czochralski
    nl Czochralski-produktiesysteem *n*

C588 *e* **Czochralski silicon**
    r кремний *m*, полученный методом Чохральского
    d CZ-Silizium *n*, Czochralski-Silizium *n*
    f silicium *m* Czochralski
    nl Czochralski-silicium *n*

D

D1 *e* **DA** *see* **design automation**

D2 *e* **damage**
    r 1. повреждение *n*; разрушение *n* 2. дефект *m*
    d 1. Schaden *m*; Beschädigung *f* 2. Schaden *m*; Defekt *m*
    f 1. endommagement *m* 2. défaut *m*, défaillance *f*, panne *f*
    nl schade *f* (*m*), beschadiging *f*

D3 *e* **damage-tolerant design**
    r отказоустойчивая конструкция *f*
    d ausfallsichere Konstruktion *f*
    f construction *f* tolérant des pannes
    nl beschadigingsbestand ontwerp *n*

D4 *e* **dark fringes**
    r тёмные интерференционные полосы *f pl*
    d dunkle Interferenzstreifen *m pl*
    f franges *f pl* obscures
    nl donkere interferentiestrepen *f* (*m*) *pl*

D5 *e* **Darlington amplifier**
    r усилитель *m* на паре Дарлингтона
    d Darlington-Verstärker *m*
    f amplificateur *m* Darlington
    nl Darlington-versterker *m*

D6 *e* **Darlington emitter follower**
    r эмиттерный повторитель *m* на паре Дарлингтона
    d Darlington-Emitterfolger *m*
    f émetteur-suiveur *m* [répétiteur *m*] Darlington
    nl Darlington-emittervolger *m*, super-emittervolger *m*

D7 *e* **Darlington pair**
    r пара *f* Дарлингтона
    d Darlington-Paar *n*
    f paire *f* Darlington
    nl Darlington-paar *n*

D8 *e* **data-slice**
    r секционный микропроцессор *m*, микропроцессорная секция *f*
    d Bit-Slice-Prozessor *m*, Scheibenprozessor *m*
    f microprocesseur *m* en tranches
    nl data-part(verwerker) *n* (*m*)

D9 *e* **DCCD** *see* **digital CCD**

D10 *e* **DCCL** *see* **direct charge-coupled logic**

D12 *e* **DCTL** *see* **direct-coupled transistor logic**

D13 *e* **DCTL gate**
    r элемент *m* ТЛНС
    d DCTL-Gatter *n*
    f porte *f* DCTL
    nl DCTL-poort *f* (*m*)

D14 *e* **3-D distribution**
    r трёхмерное распределение *n* (*дефектов в кристаллической решётке*)
    d 3D-Verteilung *f*
    f distribution *f* 3D
    nl driedimensionale [3-D-, ruimtelijke] verdeling *f*

D15   e   **deburring**
       r   удаление n заусенцев; удаление n облоя; галтовка f
       d   Entgraten n
       f   ébavurage m
     nl   ontbramen n, afbramen n

D16   e   **Debye length**
       r   длина f Дебая, дебаевская длина f
       d   Debye-Länge f
       f   longueur f de Debye
     nl   Debye-lengte f

D17   e   **Debye temperature**
       r   температура f Дебая, характеристическая температура f
       d   Debye-Temperatur f
       f   température f de Debye
     nl   Debye-temperatuur f

D18   e   **decapsulation**
       r   вскрытие n [демонтаж m] корпуса
       d   Entkappen n
       f   décapsulage m
     nl   ontkapseling f

D19   e   **decomposition**
       r   1. разложение n; распад m 2. декомпозиция f, разбиение n
       d   1. Zersetzung f 2. Zerlegung f
       f   décomposition f
     nl   ontleding f, ontbinding f; afbraak f (m), uiteenvallen n

D20   e   **decomposition reaction**
       r   реакция f разложения
       d   Zersetzungsreaktion f
       f   réaction f de décomposition
     nl   ontledingsreactie f

D21   e   **decomposition technique**
       r   метод m декомпозиции
       d   Zerlegungsverfahren n
       f   méthode f de décomposition
     nl   ontledingstechniek f

D22   e   **decomposition temperature**
       r   температура f термического разложения
       d   Zersetzungstemperatur f
       f   température f de décomposition
     nl   ontledingstemperatuur f

D23   e   **decoration**
       r   декорирование n (метод выявления дефектов полупроводника); окрашивание n
       d   Dekoration f
       f   décoration f
     nl   versiering f, decoratie f

D24   e   **dedicated chip, dedicated(-design) integrated circuit**
       r   специализированная ИС f
       d   Anwenderschaltkreis m, anwendungsspezifischer Schaltkreis m
       f   puce f spécialisée, circuit m intégré personnalisé
     nl   functiegebonden IC n

D25   e   **deep acceptor**
       r   глубокий акцепторный уровень m
       d   tiefer [tiefliegender] Akzeptor m
       f   accepteur m profond
     nl   diepgelegen acceptor m

D26   e   **deep center**
       r   глубокий (примесный) центр m
       d   tiefe Störstelle f
       f   centre m (impur) profond
     nl   diepgelegen (doterings)concentratie f

D27   e   **deep-depletion CCD**
       r   ПЗС m с глубокообеднённым слоем
       d   Deep-Depletion-CCD n
       f   dispositif m CCD [à couplage de charge] à couche de déplétion profonde
     nl   diepontladings-CCD m

D28   e   **deep-depletion transistor**
       r   транзистор m с глубокообеднённым слоем
       d   Deep-Depletion-Transistor m
       f   transistor m à couche de déplétion profonde
     nl   transistor m met brede uitputtingslaag

D29   e   **deep diffusion**
       r   глубокая диффузия f
       d   Tiefendiffusion f
       f   diffusion f profonde
     nl   diepdiffusie f

D30   e   **deep donor**
       r   глубокий донорный уровень m
       d   tiefer [tiefliegender] Donator m
       f   donneur m profond
     nl   diepgelegen donor m

D31   e   **deep kerf**
       r   глубокий пропил m
       d   tiefer Schnitt m
       f   entaille f profonde
     nl   diepe kerf f (m)

D32   e   **deep trap**
       r   глубокая ловушка f
       d   tiefe Haftstelle f
       f   piège m profond, trappe f profonde
     nl   diepgelegen (ladingdrager)val m

D33   e   **deep-UV exposure**
       r   экспонирование n дальним УФ-излучением
       d   Belichtung f mit Wellenlängen im fernen Ultraviolett
       f   exposition f par ultraviolet lointain
     nl   bestraling f met [blootstelling f aan] diep-UV

D34   e   **deep-UV light**
       r   дальнее ультрафиолетовое [дальнее УФ-]излучение n
       d   fernes Ultraviolett n; extrem kurzwelliges UV-Licht n
       f   ultraviolet m lointain
     nl   diep-UV-straling f, diep-UV-licht n

D35   e   **deep-UV lithography**
       r   фотолитография f с источником дальнего УФ-излучения
       d   Fotolithografie f mit extrem kurzwelligem UV-Licht

       f lithographie *f* à ultraviolet lointain
    nl diep-UV-lithografie *f*

D36 *e* **deep-UV mask**
     r фотошаблон *m* для фотолитографии с источником дальнего УФ-излучения
     d Fotomaske *f* für tiefen UV-Bereich
     f photomasque *m* pour lithographie à ultraviolet lointain
    nl diep-UV-masker *n*

D37 *e* **deep-UV projection aligner**
     r установка *f* проекционной фотолитографии с источником дальнего УФ-излучения
     d Progektionsjustier- und Belichtungsanlage *f* für die Fotolithografie mit extrem kurzwelligem UV-Licht
     f aligneur *m* de lithographie de projection à ultraviolet lointain
    nl diep-UV-projectie-uitlijn- en belichtingsapparaat *n*, diep-UV-projectielithograaf *m*

D38 *e* **deep-UV rays** *see* **deep-UV light**

D39 *e* **deep-UV resist**
     r фоторезист *m*, чувствительный к дальнему УФ-излучению
     d Resist *n* für tiefen UV-Bereich
     f résist *m* sensible au ultraviolet lointain
    nl diep-UV-afdeklak *m*

D40 *e* **defect concentration**
     r концентрация *f* дефектов; плотность *f* дефектов
     d Defektkonzentration *f*, Defektdichte *f*; Störstellenkonzentration *f*, Störstellendichte *f*
     f concentration *f* des défauts; densité *f* des défauts
    nl defect-elektronenconcentratie *f*, gatenconcentratie *f*

D41 *e* **defect conduction**
     r электропроводность *f*, обусловленная дефектами кристаллической решётки
     d Störstellenleitung *f*
     f conduction *f* par défauts cristallins
    nl geleiding *f* door defect-elektronen, gatengeleiding *f*

D42 *e* **defect density**
     r плотность *f* дефектов
     d Defektdichte *f*
     f densité *f* des défauts
    nl defect-elektronendichtheid *f*, gatendichtheid *f*

D43 *e* **defect-density distribution**
     r распределение *n* дефектов по плотности
     d Defektdichteverteilung *f*
     f distribution *f* des défauts par densité
    nl gatendichtheidsverdeling *f*

D44 *e* **defect-free crystal**
     r бездефектный кристалл *m*
     d störungsfreier [defektfreier] Kristall *m*
     f cristal *m* sans défauts, cristal *m* exempt de défauts
    nl foutloos kristal *n*

D45 *e* **defective silicon**
     r кремний *m* с дислокациями
     d Silizium *m* mit gestörtem Kristallgitter
     f silicium *m* défectif [à dislocations]
    nl silicium *n* met roosterfouten

D46 *e* **defect motion**
     r перемещение *n* дефекта
     d Defektwanderung *f*
     f déplacement *m* [dérive *f*] de défaut
    nl defect-elektronenverplaatsing *f*, gatenverplaatsing *f*

D47 *e* **defects per million**
     r число *n* дефектов на миллион (1000 DRM-0,1% числа дефектов)
     d Defekte *m pl* per Million
     f défauts *m pl* par million
    nl (aantal *n*) defecte exemplaren *n pl* per miljoen

D48 *e* **definition**
     r 1. формирование *n* рисунка 2. чёткость *f*, резкость *f* (*изображения*)
     d 1. Strukturabbildung *f* 2. Bildschärfe *f*, Abbildungsschärfe *f*; Auflösungsvermögen *n*
     f 1. définition *f* [mise *f* en forme] de dessin 2. définition *f* (*d'image*)
    nl definitie *f*, detailleringsvermogen *n*; structureringsfijnheid *f*; randscherpte *f*, afbeeldingsscherpte *f*

D49 *e* **definition technique**
     r метод *m* формирования рисунка
     d Strukturabbildungsverfahren *n*
     f technique *f* de définition [de mise en forme] de dessin
    nl patroonafbeeldingstechniek *f*, structureringstechniek *f*

D50 *e* **deflasher**
     r установка *f* для удаления заусенцев; установка *f* для удаления облоя; установка *f* для галтовки
     d Entgrater *m*
     f ébavureur *m*
    nl ontbramer *m*

D51 *e* **defluxer**
     r установка *f* для удаления флюса
     d Flußmittelentferner *m*
     f défluxeur *m*
    nl installatie *f* voor het verwijderen van vloeimiddelresten

D52 *e* **degassing**
     r обезгаживание *n*
     d Entgasung *f*
     f dégazage *m*
    nl ontgassing *f*

D53 *e* **degeneracy**
     r вырождение *n*; степень *f* вырождения
     d Entartung *f*

      f dégénérescence *f*; degré *m* de dégénérescence
    nl degeneratie *f*, ontaarding *f*

D54 *e* **degeneracy factor**
     r степень *f* вырождения
    d Entartungsgrad *m*
     f degré *m* de dégénérescence
    nl degeneratiegraad *m*

D55 *e* **degenerate condition**
     r вырожденное состояние *n*
    d entarteter Zustand *m*
     f condition *f* dégénérée
    nl ontaarde toestand *m*

D56 *e* **degenerate distribution**
     r вырожденное распределение *n*
    d entartete Verteilung *f*
     f distribution *f* dégénérée
    nl ontaardingsverdeling *f*

D57 *e* **degenerate level**
     r вырожденный (энергетический) уровень *m*
    d entartetes Niveau *n*
     f niveau *m* dégénéré
    nl ontaard niveau *n*

D58 *e* **degenerate region**
     r вырожденная область *f*
    d entarteter Bereich *m*
     f région *f* dégénérée
    nl ontaardingszone *f* (*m*)

D59 *e* **degenerate semiconductor**
     r вырожденный полупроводник *m*
    d entarteter Halbleiter *m*
     f semi-conducteur *m* dégénéré
    nl ontaarde halfgeleider *m*

D60 *e* **degradation**
     r деградация *f*, (постепенное) ухудшение *n* характеристик
    d Degradation *f*, Verschlechterung *f*; Derating *n*
     f dégradation *f*
    nl achteruitgang *m*, verslechtering *f*, verval *n*; verlies *n*

D61 *e* **degreaser**
     r установка *f* для обезжиривания
    d Entfettungsanlage *f*
     f dégraisseur *m*
    nl ontvetter *m*

D62 *e* **degrutting**
     r удаление *n* облоя; удаление *n* заусенцев
    d Entgraten *n*
     f ébavurage *m*
    nl ontbramen *n*

D63 *e* **deionizator**
     r 1. ионообменная установка *f*
       2. установка *f* деионизации воды
    d 1. Ionenaustauschanlage *f*
       2. Entionisierungsanlage *f*
     f 1. installation *f* d'échange ionique
       2. désionisateur *m*
    nl deïonisator *m*

D64 *e* **deionized water**
     r деионизованная вода *f*
    d entionisiertes Wasser *n*
     f eau *f* désionisée
    nl gedeïoniseerd water *n*

D65 *e* **deionized-water rinsing**
     r промывка *f* в деионизованной воде
    d Reinigung *f* im entionisierten Wasser
     f rinçage *m* dans l'eau désionisée
    nl spoelen *n* met gedeïoniseerd water

D66 *e* **delay time**
     r время *n* задержки
    d Verzögerungszeit *f*
     f temps *m* de délai
    nl vertragingstijd *m*, looptijd *m*

D67 *e* **delidding** *see* decapsulation

D68 *e* **delineation**
     r формирование *n* рисунка; формирование *n* рельефа
    d Strukturabbildung *f*, Strukturierung *f*; Schreiben *n* (*z.B. durch Elektronenstrahlen*)
     f définition *f* [mise *f* en forme] de dessin
    nl 1. uitgewerkte tekening *f* 2. patroonafbeelding *f*, structurering *f*, schrijven *n*

D69 *e* **demagnifying electron(-beam) projection**
     r электронно-лучевая проекционная литография *f* с уменьшением изображения
    d Projektion *f* durch Elektronenbestrahlung mit Abbildungsverkleinerung
     f lithographie *f* de projection par faisceau d'électrons à diminuation d'image
    nl verkleinende elektronenbundelprojectie *f*

D70 *e* **demineralization**
     r очистка *f* воды с помощью ионообменных установок
    d Demineralisation *f*
     f déminéralisation *f*
    nl demineralisering *f*, ontzouting *f*, ontharding *f*

D71 *e* **demineralizer**
     r ионообменная установка *f*
    d Ionenaustauschanlage *f*
     f installation *f* d'échange ionique
    nl demineralisator *m*, ontzouter *m*, ontharder *m*

D72 *e* **dendrite formation**
     r рост *m* дендритов
    d dendritisches Wachstum *n*, Dendritbildung *f*
     f croissance *f* des dendrites
    nl dendrietvorming *f*

D73 *e* **dendritic crystal**
     r дендритный кристалл *m*
    d dendritischer Kristall *m*, Dendrit *m*
     f cristal *m* dendritique
    nl dendrietvormig [dendritisch] kristal *n*, dendriet *f*

DENSE

D74   e   **dense chip**
        r   кристалл *m* с высокой плотностью упаковки
        d   dichtgepacktes Chip *n*, Chip *n* mit hoher Bauelementepackungsdichte
        f   puce *f* à haut compactage
       nl   dichtbezette chip *m*, chip *m* met hoge pakkingsgraad

D75   e   **dense logic**
        r   логические схемы *f pl* с высокой плотностью упаковки
        d   Logik *f* mit hoher Bauelementepackungsdichte
        f   logique *f* densée [à haut compactage]
       nl   logica *f* met hoge structuurdichtheid

D76   e   **densely populated board**
        r   плата *f* с плотным монтажом
        d   Leiterplatte *f* mit hoher Bestückungsdichte
        f   carte *f* à population dense
       nl   dichtbezette print(plaat) *m (f (m))*

D77   e   **dense population**
        r   плотная заселённость *f (энергетических уровней)*
        d   dichte Niveaubesetzung *f*
        f   population *f* dense
       nl   hoge onderdelendichtheid *f*

D78   e   **density**
        r   плотность *f*; концентрация *f*
        d   Dichte *f*; Konzentration *f*
        f   densité *f*; concentration *f*
       nl   dichtheid *f*

D79   e   **density distribution**
        r   распределение *n* по плотности
        d   Dichteverteilung *f*
        f   distribution *f* par densité
       nl   dichtheidsverdeling *f*

D80   e   **denuded zone**
        r   область *f* без защитного слоя
        d   bloßgelegte Zone *f*
        f   zone *f* dénudée
       nl   blootgelegde zone *f (m)*

D81   e   **depletion channel**
        r   обеднённый канал *m*
        d   Verarmungskanal *m*
        f   canal *m* de déplétion
       nl   uitputtingskanaal *n*, verarmingskanaal *n*, depletiekanaal *n*

D82   e   **depletion (ion) implantation**
        r   ионная имплантация *f* для формирования обеднённой области
        d   Ionenimplantation *f* zur Erzeugung von Verarmungsgebieten
        f   implantation *f* ionique pour zone de déplétion
       nl   (ionen)implantatie *f* van verarmingstype

D83   e   **depletion-layer capacitance, depletion-layer capacity**
        r   барьерная ёмкость *f*, ёмкость *f* обеднённого слоя
        d   Sperrschichtkapazität *f*
        f   capacité *f* de couche de déplétion
       nl   capaciteit *f* van de uitputtingslaag [verarmingslaag, depletielaag]

D84   e   **depletion metal-Schottky FET**
        r   полевой транзистор *m* с барьером Шотки, работающий в режиме обеднения
        d   Depletion-Schottky-FET *m*
        f   transistor *m* FET Schottky à déplétion
       nl   Schottky-(FET) *m* met verarmingsmetaallaag

D85   e   **depletion mode**
        r   режим *m* обеднения
        d   Verarmungsmodus *m*, Betrieb *m* mit Ladungsträgerausräumung
        f   mode *m* à déplétion
       nl   (van) verarmingstype, verarmings...

D86   e   **depletion-mode FET**
        r   полевой транзистор *m*, работающий в режиме обеднения
        d   Depletion-FET *m*, Depletion-Transistor *m*, Verarmungstransistor *m*
        f   transistor *m* FET à déplétion
       nl   FET *m* van het verarmingstype

D87   e   **depletion-mode integrated circuit**
        r   ИС *f* на полевых транзисторах, работающих в режиме обеднения
        d   Verarmungsbaustein *m*, integrierter Schaltkreis *m* vom Verarmungstyp
        f   circuit *m* intégré en mode à déplétion
       nl   geïntegreerde schakeling *f* [IC] van verarmingstype

D88   e   **depletion-mode operation**
        r   работа *f* в режиме обеднения
        d   Betrieb *m* mit Ladungsträgerausräumung, Verarmungsbetrieb *m*
        f   opération *f* en mode à déplétion
       nl   werking *f* op basis van verarmingseffect

D89   e   **depletion-mode region**
        r   обеднённая область *f*
        d   Verarmungsgebiet *n*, Verarmungszone *f*
        f   région *f* [zone *f*] de déplétion
       nl   verarmingszone *f (m)*

D90   e   **depletion MOS**
        r   МОП-транзистор *m*, работающий в режиме обеднения
        d   Depletion-MOSFET *m*, MOS-Transistor *m* im Verarmungsbetrieb
        f   transistor *m* MOS à déplétion
       nl   MOS *m* van verarmingstype

D91   e   **deposition**
        r   осаждение *n*
        d   Abscheidung *f*; Aufdampfung *f*
        f   déposition *f*, dépôt *m*
       nl   **1.** opbrengen *n*, opdamping *f* **2.** neerslag *n*, afzetting *f*, depositie *f*

D92   e   **deposition chamber**
        r   (вакуумная) камера *f* для осаждения тонких плёнок
        d   Hochvakuumkammer *f* zum Aufdampfen von Dünnschichten, Beschichtungskammer *f*

DESIGN

- *f* chambre *f* de déposition
- *nl* opdampkamer *m*

D93 *e* **deposition composition**
- *r* состав *m* осаждённого слоя; композиция *f* для осаждённого слоя
- *d* Aufdampfgut *n*
- *f* composition *f* de couche déposée
- *nl* opdampverbinding *f*

D94 *e* **deposition mask**
- *r* маска *f* для формирования металлизации
- *d* Aufdampfmaske *f*
- *f* masque *m* de déposition
- *nl* opdampmasker *n*

D95 *e* **deposition target**
- *r* мишень *f* установки для осаждения распылением
- *d* Aufdampfanlagentarget *n*
- *f* cible *f* de déposition
- *nl* werkstuk *n* bij opdampen

D96 *e* **deposit-substrate interface**
- *r* граница *f* раздела осаждённый слой — подложка
- *d* Aufdampfschicht-Substrat-Grenzfläche *f*
- *f* interface *f* de couche déposée-substrat
- *nl* grensvlak *n* tussen opgedampte laag en ondergrond

D97 *e* **depth**
- *r* глубина *f*; толщина *f*
- *d* Tiefe *f*
- *f* profondeur *f*; épaisseur *f*
- *nl* diepte *f*, dikte *f*

D98 *e* **depth dimensions**
- *r* вертикальные размеры *m pl*
- *d* Tiefenmaße *n pl*
- *f* dimensions *f pl* de profondeur
- *nl* dieptematen *f (m) pl*

D99 *e* **depth distribution**
- *r* распределение *n* легирующей примеси по глубине
- *d* Tiefenverteilung *f*
- *f* distribution *f* par profondeur
- *nl* diepteverdeling *f*

D100 *e* **depth meter**
- *r* 1. прибор *m* для измерения глубины залегания *p—n*-перехода 2. толщиномер *m*
- *d* Tiefenmeßgerät *n*
- *f* jauge *f* d'épaisseur
- *nl* dieptemaat *f (m)*, dieptemeter *m*; diktemaat *f (m)*, diktemeter *m*

D101 *e* **depth placement**
- *r* вертикальное введение *n* легирующей примеси
- *d* tiefenmäßige [tiefenorientierte] Dotierung *f*
- *f* implantation *f* (d'impureté) en profondeur
- *nl* plaatsing *f* onder oppervlakte

D102 *e* **depth profile**
- *r* профиль *m* распределения легирующей примеси по глубине
- *d* Tiefenprofil *n*
- *f* profil *m* de dopage en profondeur
- *nl* diepteprofiel *n*; dikteprofiel *n*

D103 *e* **descumming**
- *r* удаление *n* непроявленного фоторезиста
- *d* Abziehen *n* von Fotolackresten
- *f* élimination *f* de photorésist non développé
- *nl* fotolakresten verwijderen *n*

D104 *e* **desiccant**
- *r* осушитель *m*
- *d* Trocknungsmittel *n*
- *f* étuve *f*
- *nl* vochtabsorberende stof *f (m)*, droogmiddel *n*

D105 *e* **design**
- *r* 1. проектирование *n*; разработка *f*; конструирование *n* 2. проект *m*; разработка *f*; конструкция *f*
- *d* Design *n*, Entwurf *m*
- *f* 1. conception *f* 2. projet *m*
- *nl* ontwerp *n*

D106 *e* **design aids**
- *r* средства *n pl* автоматизированного проектирования
- *d* Entwurfshilfen *f pl*
- *f* moyens *m pl* de conception automatisée
- *nl* ontwerphulpmiddelen *n pl*

D107 *e* **design automation**
- *r* автоматизация *f* проектирования
- *d* Entwurfsautomatisierung *f*
- *f* automatisation *f* de conception
- *nl* ontwerpautomatisering *f*, CAD *n*

D108 *e* **design automation software package**
- *r* пакет *m* программ для САПР
- *d* CAD-Softwarepaket *n*
- *f* progiciel *m* de CAO [de conception assistée par ordinateur]
- *nl* programmapakket *n* voor ontwerpautomatisering [voor CAD]

D109 *e* **design automation system**
- *r* система *f* автоматизированного проектирования, САПР
- *d* CAD-System *n*
- *f* (système *m* de) conception *f* assistée par ordinateur, CAO
- *nl* ontwerpautomatiseringssysteem *n*, CAD-systeem *n*

D110 *e* **design database**
- *r* база *f* данных для проектирования
- *d* Entwurfsdatenbank *f*
- *f* base *f* de données pour conception
- *nl* ontwerpgegevensbank *f (m)*

D111 *e* **designer**
- *r* проектировщик *m*; конструктор *m*
- *d* Designer *m*; Konstrukteur *m*
- *f* concepteur *m*
- *nl* ontwerper *m*

D112 *e* **design facilities** *see* **design aids**

DESIGN

D113 e **design phase**
   r этап *m* проектирования
   d Entwurfsphase *f*, Entwurfsstufe *f*
   f phase *f* [étape *f*] de conception
  nl ontwerpfase *f*, ontwerpstap *m*

D114 e **design rule**
   r 1. правило *n* проектирования 2. (топологическая) проектная норма *f* (*минимальный размер элемента ИС*)
   d Entwurfsregel *f* 2. Entwurfsmaß *n*
   f règle *f* de conception
  nl ontwerpregel *m*, ontwerpvoorschrift *n*

D115 e **design technique**
   r метод *m* проектирования
   d Entwurfsverfahren *n*
   f technique *f* de conception
  nl ontwerptechniek *f*

D116 e **desoldering**
   r демонтаж *m*; удаление *n* припоя
   d Entlöten *n*
   f dessoudure *f*, élimination *f* de soudure
  nl desolderen *n*, uitsolderen *n*, lossolderen *n*

D117 e **desoldering vacuum module**
   r модульная установка *f* для удаления припоя методом отсасывания
   d Lotabsauggerät *n*
   f module *m* pour dessoudure sous vide
  nl soldeerzuiger *m*

D118 e **destaticization**
   r антистатическая обработка *f*
   d antistatische Behandlung *f*
   f traitement *m* antistatique
  nl antistatische behandeling *f*, antistatisch maken *n*

D119 e **destaticizing blower**
   r вентилятор *m* для нейтрализации зарядов статического электричества
   d Lüfter *m* zur antistatischen Behandlung
   f ventilateur *m* pour traitement antistatique
  nl ventilator *m* voor antistatische behandeling

D120 e **destructive pull test(ing)**
   r разрушающее испытание *n* выводов на отрыв
   d zerstörender Zugtest *m*
   f essai *m* destructif
  nl destructieve (af)treksterkteproef *f* (*m*)

D121 e **develop check**
   r (визуальный) контроль *m* проявления фоторезиста
   d Entwicklungssichtprüfung *f*, visuelle Entwicklungsprüfung *f*
   f contrôle *m* (visuel) de développement de photorésist
  nl (visuele) controle *f* (*m*) op ontwikkeling

D122 e **developed image**
   r проявленный рисунок *m*
   d entwickeltes Resistbild *n*
   f image *f* développée, dessin *m* [motif *m*] développé
  nl ontwikkeld (lak)beeld *n*

D123 e **developer**
   r 1. проявитель *m* 2. установка *f* для проявления
   d 1. Entwickler *m* 2. Entwicklungsgerät *n*
   f 1. développateur *m* 2. développeuse *f*
  nl ontwikkelaar *m*

D124 e **developing solution**
   r проявитель *m*
   d Entwicklerlösung *f*
   f développateur *m*, solution *f* de développement
  nl ontwikkelvloeistof *f* (*m*), ontwikkelaar *m*

D125 e **development**
   r 1. проявление *n* 2. разработка *f*; проектирование *n*
   d Entwicklung *f*
   f 1. développement *m* 2. conception *f*
  nl ontwikkeling *f*

D126 e **development flow**
   r последовательность *f* этапов проектирования
   d Entwicklungsfolge *f*
   f succession *f* de conception
  nl ontwikkelprocédé *n*

D127 e **development tools** *see* **design aids**

D128 e **device**
   r прибор *m* (*транзистор, диод, ИС*); компонент *m*; элемент *m* (*ИС*)
   d Gerät *n*; Bauelement *n*
   f dispositif *m*; composant *m*; élément *m*
  nl 1. apparaat *n* 2. bouwsteen *m*

D129 e **device feature**
   r топологический элемент *m* прибора
   d Strukturelement *n*
   f élément *m* structural de dispositif
  nl bijzonderheid *f* van apparaat [bouwsteen]

D130 e **dewetting**
   r образование *n* несмачиваемых припоем участков
   d Entnetzung *f*
   f formation *f* des zones non mouillables par brasure
  nl ontvocht(ig)en *n*

D131 e **dew-point temperature**
   r точка *f* росы
   d Taupunkt *m*
   f point *m* de rosée
  nl dauwpunttemperatuur *f*

D132 e **DFET** *see* **depletion-mode FET**

D133 e **DFT** *see* **discrete Fourier transform**

D134 e **diagnostic facilities**
   r средства *n pl* диагностики
   d Diagnosehilfen *f pl*
   f moyens *m pl* diagnostiques
  nl diagnose-hulpmiddelen *n pl*

D135 e **diamond (impregnated) blade**
   r диск *m* с алмазной режущей кромкой

DIELECTRICALLY

    d Diamanttrennscheibe *f*
    f lame *f* circulaire à tranchant à diamant
    nl diamanten afkapschijt *f (m)*

D136 *e* **diamond saw**
    r дисковая пила *f* с алмазной режущей кромкой
    d Diamantsäge *f*
    f scie *f* circulaire à tranchant à diamant
    nl diamantzaag *f (m)*

D137 *e* **diamond scriber**
    r 1. скрайбер *m* с алмазным резцом 2. алмазный резец *m*
    d Diamantritzwerkzeug *n*
    f 1. gratteur *m* à outil-diamant 2. outil-diamant *m*
    nl diamantkerver *m*

D138 *e* **diamond scribe tool**
    r скрайбер *m* с алмазным резцом
    d Diamantritzwerkzeug *n*
    f gratteur *m* à outil-diamant
    nl diamanten kerfgereedschap *n*

D139 *e* **diamond wheel** *see* **diamond (impregnated) blade**

D140 *e* **DIC** *see* **digital integrated circuit**

D141 *e* **dice**
    r кристаллы *m pl* (на полупроводниковой пластине)
    d Chips *n pl*, Einzelchips *n pl*
    f tranches *f pl*
    nl wafelpartje(s) *n (n pl)*, chip(s) *m (m pl)*

D142 *e* **dicer**
    r установка *f* для разделения полупроводниковых пластин на кристаллы
    d Vereinzelungsstation *f*
    f machine *f* à découper les tranches
    nl wafeldeler *m*

D143 *e* **dice yield** *see* **die yield**

D144 *e* **dicing saw**
    r установка *f* для резки полупроводниковых пластин на кристаллы
    d Trennsäge *f*
    f machine *f* à découper les tranches
    nl wafelverzager *m*

D145 *e* **die**
    r кристалл *m* (ИС)
    d Chip *n*
    f puce *f*
    nl wafelpart *n*, chip *m*

D146 *e* **die adherence**
    r сцепление *n* кристалла с подложкой
    d Chipadhäsion *f*
    f adhérence *f* puce-substrat
    nl chip-hechting *f*

D147 *e* **die-and-wire bonding**
    r присоединение *n* кристалла и проволочных выводов
    d Chip-und-Draht-Bonden *n*
    f connexion *f* puce-fil
    nl chip-montage *f* met bedrading

D148 *e* **die attachment** *see* **die bonding**

D149 *e* **die-attach preform**
    r рамка *f* для присоединения кристалла
    d Chipbondrahmen *m*, Chipanschlußrahmen *m*
    f cadre *m* pour connexion de puce
    nl chip-montageraam *n*

D150 *e* **die bonder**
    r установка *f* для присоединения кристаллов; установка *f* для монтажа кристаллов
    d Chipbonder *m*
    f installation *f* pour connexion des puces
    nl chipmontage-installatie *f*, chipkit-installatie *f*, chiplegeeristallatie *f*; chipcontacteermachine *f*

D151 *e* **die bonding**
    r присоединение *m* [посадка *f*] кристалла
    d Chipbonden *n*; Chipanschluß *m*
    f connexion *f* de puce
    nl 1. chip-montage *f (alg.)* 2. chip aanbrengen *n* [kitten *n*, legeren *n*] 3. chip aansluiten *n* [contacteren *n*]

D152 *e* **die-by-die alignment**
    r помодульное совмещение *n*
    d Einzelchipjustierung *f*, chipweise Justierung *f*
    f alignement *m* puce à puce
    nl chip-voor-chip-uitlijning *f*

D153 *e* **die-by-die exposure**
    r помодульное экспонирование *n*
    d chipweise Belichtung *f*
    f exposition *f* puce à puce
    nl chip-voor-chipbelichting *f*

D154 *e* **die-by-die printing**
    r помодульная печать *f* изображений
    d chipweises Kopieren *n*
    f impression *f* tranche à tranche
    nl chip-voor-chip-lithografie *f*

D155 *e* **die ejector unit**
    r устройство *n* для отделения кристалла от скрайбированной полупроводниковой пластины
    d Chipejektor *m*
    f séparateur *m* des tranches
    nl chip-uitwerper *m*

D156 *e* **die grading** *see* **die sort**

D157 *e* **die integrated circuit**
    r бескорпусная ИС *f*
    d Nacktchip *n*, gehäuseloses Chip *n*
    f circuit *m* intégré sans boîtier
    nl kaal [onbedraad, onbehuisd] IC *n*

D158 *e* **dielectrically-isolated integrated circuit**
    r ИС *f* с диэлектрической изоляцией
    d Schaltkreis *m* mit dielektrischer Isolation
    f circuit *m* intégré à isolation diélectrique
    nl diëlektrisch geïsoleerd IC *n*

D159 *e* **dielectrically-isolated island**
    r островок *m*, изолированный диэлектриком
    d dielektrisch isolierte Insel *f*

DIELECTRIC

    f îlot *m* isolé par diélectrique
    nl diëlektrisch geïsoleerd eilandje *n*

D160 *e* **dielectric breakdown voltage**
    r напряжение *n* пробоя диэлектрика
    d dielektrische Durchschlagsspannung *f*
    f tension *f* de claquage du diélectrique
    nl (diëlektrische) doorslagspanning *f*

D161 *e* **dielectric cap**
    r крышка *f* из диэлектрического материала
    d dielektrischer Deckel *m*
    f couvercle *m* en diélectrique
    nl diëlektrisch kapje *n*

D162 *e* **dielectric dissipation factor** *see* **dielectric loss tangent**

D163 *e* **dielectric-isolated MOS**
    r МОП-структура *f* с диэлектрической изоляцией
    d DIMOS *f*, MOS-Struktur *f* mit dielektrischer Isolation
    f structure *f* MOS à isolation diélectrique
    nl diëlektrisch geïsoleerde MOS *m*

D164 *e* **dielectric isolation**
    r изоляция *f* диэлектриком, диэлектрическая изоляция *f*
    d dielektrische Isolation *f*
    f isolation *f* diélectrique
    nl diëlektrische isolatie *f*

D165 *e* **dielectric loss**
    r диэлектрические потери *f pl*
    d dielektrischer Verlust *m*
    f pertes *f pl* diélectriques
    nl diëlektrische verliezen *n pl*

D166 *e* **dielectric loss tangent**
    r тангенс *m* угла диэлектрических потерь
    d dielektrischer Verlustfaktor *m*
    f tangente *f* d'angle de pertes diélectriques
    nl diëlektrische verliesfactor *m*, tangens delta

D167 *e* **dielectric paste system**
    r система *f* паст для формирования диэлектрических слоёв
    d Isolierpastensystem *n*
    f jeu *m* de pâtes pour couches diélectriques
    nl isolatiepastasysteem *n*

D168 *e* **dielectric-semiconductor interface**
    r граница *f* раздела диэлектрик—полупроводник
    d Isolator-Halbleiter-Grenzfläche *f*
    f interface *f* diélectrique-semi-conducteur
    nl isolator-halfgeleidergrensvlak *n*

D169 *e* **dielectric strength**
    r электрическая прочность *f* диэлектрика
    d dielektrische Festigkeit *f*, Durchschlagfestigkeit *f*
    f rigidité *f* diélectrique
    nl (diëlektrische) doorslagvastheid *f*

D170 *e* **die-mounting area**
    r площадка *f* для монтажа кристалла
    d Chipbondfläche *f*
    f surface *f* de montage de la puce
    nl chip-montageplek *f (m)*

D171 *e* **die-on-tape**
    r кристалл *m* на ленточном носителе
    d auf einem Trägerstreifen gebondetes Chip *n*
    f puce *f* sur la bande porteuse
    nl chip-op-film *m*

D172 *e* **die orientation**
    r ориентация *f* кристалла ИС
    d Chipausrichtung *f*, Chiporientation *f*, Einzelbildausrichtung *f*, Einzelbildorientierung *f*
    f orientation *f* de puce
    nl chip-oriëntatie *f*

D173 *e* **die pad** *see* **die-mounting area**

D174 *e* **die pickup**
    r захватное устройство *n* для кристалла; (вакуумный) пинцет *m* для кристалла
    d Chipgreifer *m*
    f manipulateur *m* de saisie de la puce
    nl chip-oppikker *m*

D175 *e* **die processing**
    r обработка *f* кристаллов *(сборка и герметизация)*
    d Chipbearbeitung *f* *(Montage + Verkappen bzw. Umhüllen mit Kunststoff)*
    f traitement *m* des puces *(montage et encapsulage)*
    nl chip-bewerking *f*

D176 *e* **die push test(ing)**
    r испытание *n* кристалла на отрыв от основания
    d Zugtest *m* für Chips
    f essai *m* de détachement de la puce
    nl chip-duwproef *f (m)*

D177 *e* **die separation**
    r разделение *n* полупроводниковой пластины на кристаллы
    d Chipvereinzelung *f*
    f séparation *f* de tranche *(aux puces)*
    nl chips van elkaar scheiden *n* [losmaken *n*]

D178 *e* **die sort**
    r сортировка *f* [отбраковка *f*] кристаллов
    d Chipaussortierung *f*
    f triage *m* des puces
    nl chips sorteren *n*

D179 *e* **die sorter**
    r прибор *m* для сортировки [отбраковки] кристаллов
    d Chipaussortiergerät *n*
    f dispositif *m* de triage des puces
    nl chips-sorteermachine *f*

D180 *e* **die visual control**
    r визуальный контроль *m* кристаллов
    d visuelle Chipprüfung *f*
    f contrôle *m* visuel des puces
    nl visuele inspectie *f* na verchipping

DIFFUSED

D181 e **die visual gate**
 r пост m визуального контроля кристаллов
 d Sichtprüfungsstation f für Chips
 f station f de contrôle visuel des puces
 nl visuele-controlesluis f (m) voor (Kale) chips

D182 e **die yield**
 r выход m годных кристаллов после скрайбирования и ломки
 d Chipausbeute f
 f rendement m des puces
 nl opbrengst m aan chips (bruikbaar percentage van produktie)

D183 e **difference amplifier, differential amplifier**
 r дифференциальный усилитель m
 d Differenzverstärker m
 f amplificateur m différentiel
 nl verschilversterker m, differentiaalversterker m

D184 e **differential etching**
 r дифференциальное травление n
 d Differenzätzen n
 f décapage m différentiel
 nl verschiletsen n

D185 e **differential etch rate**
 r дифференциальная скорость f травления
 d Differenzätzrate f
 f vitesse f différentielle de décapage
 nl verschil-etsgraad m

D186 e **diffraction fringes**
 r дифракционные полосы f pl
 d Beugungsringe m pl, Beugungsstreifen m pl
 f franges f pl de diffraction
 nl buigingsringen m pl

D187 e **diffraction grating**
 r дифракционная решётка f
 d Beugungsgitter n
 f réseau m de diffraction
 nl buigingstralie f, buigingsrooster n

D188 e **diffraction grating alignment**
 r совмещение n с помощью дифракционной решётки
 d Beugungsgitterjustierung f
 f alignement m par réseau de diffraction
 nl buigingsroosteruitlijning f

D189 e **diffusant**
 r диффузант m
 d Diffusant m, Diffusionsmittel n
 f diffusant m
 nl diffusiestof f (m)

D190 e **diffusant source**
 r источник m диффузанта
 d Diffusionsquelle f
 f source f de diffusant
 nl diffusiebron f (m)

D191 e **diffused base**
 r диффузионная база f
 d diffundierte Basis f
 f base f de diffusion
 nl gediffundeerde basis f

D192 e **diffused drain**
 r диффузионный сток m
 d diffundiertes Draingebiet n
 f drain m de diffusion
 nl gediffundeerde afvoer m

D193 e **diffused junction**
 r диффузионный переход m
 d diffundierter (p-n-)Übergang m
 f jonction f de diffusion
 nl gediffundeerde overgang m

D194 e **diffused-junction capacitor**
 r диффузионный конденсатор m
 d diffundierter Kondensator m
 f condensateur m de diffusion
 nl gediffundeerde condensator m

D195 e **diffused-junction diode**
 r диффузионный диод m
 d Diffusionsdiode f
 f diode f diffusée
 nl diffusiediode f

D196 e **diffused-junction isolation**
 r изоляция f диффузионными p-n-переходами
 d Isolation f mittels diffundierter p-n-Übergänge
 f isolation f par jonction diffusée
 nl isolatie f met gediffundeerde overgang

D197 e **diffused line**
 r диффузионная токопроводящая дорожка f; диффузионная шина f
 d diffundierte Leiterbahn f
 f piste f diffusée
 nl gediffundeerde geleiderbaan f (m)

D198 e **diffused planar process**
 r планарная технология f
 d Planartechnik f
 f technologie f planaire
 nl planair (diffusie)procédé n

D199 e **diffused portion**
 r диффузионная область f
 d diffundiertes Gebiet n
 f région f de diffusion
 nl gediffundeerd part n

D200 e **diffused resistor**
 r диффузионный резистор m
 d diffundierter Widerstand m
 f résistor m diffusé
 nl gediffundeerde weerstand m

D201 e **diffused-resistor block**
 r группа f элементов (тестового кристалла) для контроля диффузионных резисторов
 d Block m von diffundierten Widerständen (in einem Testchip für Bauelementeprüfung)
 f bloc m pour contrôle des résistors diffusés
 nl gediffundeerd weerstandenblok n

D202 e **diffused source**
 r диффузионный исток m

DIFFUSED

    d diffundiertes Sourcegebiet *n*
    f source *f* de diffusion
    nl gediffundeerde bron *f (m)*

D203 *e* **diffused strip**
    r диффузионная токопроводящая дорожка *f*
    d diffundierte Leiterbahn *f*
    f piste *f* diffusée
    nl gediffundeerde geleiderbaan *f (m)*

D204 *e* **diffused weld(ing)**
    r диффузионная сварка *f*
    d Diffusionsschweißen *n*
    f soudage *m* par diffusion
    nl gediffundeerde las *f (m)*, diffusielassen *n*

D205 *e* **diffuse image**
    r размытое изображение *n*
    d verwaschenes Bild *n*
    f image *f* floue
    nl diffuus beeld *n*

D206 *e* **diffusing atom**
    r диффундирующий атом *m*
    d diffundierendes Atom *n*
    f atome *m* diffusant
    nl diffusie-atoom *n*

D207 *e* **diffusing impurity** see **diffusant**

D208 *e* **diffusion**
    r диффузия *f*
    d Diffusion *f*
    f diffusion *f*
    nl diffusie *f*

D209 *e* **diffusion annealing**
    r последиффузионный отжиг *m*
    d Nachdiffusionstempern *n*
    f recuit *m* après la diffusion
    nl nadiffusietemperen *n*

D210 *e* **diffusion barrier**
    r диффузионный барьер *m*
    d Diffusionsbarriere *f*
    f barrière *f* de diffusion
    nl diffusiebarrière *f*

D211 *e* **diffusion boat**
    r кассета *f* диффузионной печи
    d Scheibenhalter *m (für im Diffusionsofen behandelte Wafer)*
    f cuvette *f* pour four à diffusion
    nl diffusieschuitje *n*

D212 *e* **diffusion bonding** see **diffused weld(ing)**

D213 *e* **diffusion capacitance, diffusion capacity**
    r диффузионная ёмкость *f*
    d Diffusionskapazität *f*
    f capacité *f* de diffusion
    nl diffusiecapaciteit *f*

D214 *e* **diffusion coefficient**
    r коэффициент *m* диффузии
    d Diffusionskoeffizient *m*
    f coefficient *m* [facteur *m*] de diffusion
    nl diffusiecoëfficiënt *m*

D215 *e* **diffusion collector**
    r диффузионный коллектор *m*
    d diffundiertes Kollektorgebiet *n*
    f collecteur *m* de diffusion
    nl gediffundeerde collector *m*

D216 *e* **diffusion condition**
    r условия *n pl* проведения диффузии
    d Diffusionsdurchführungsbedingungen *f pl*
    f condition *f* de diffusion
    nl voorwaarden *f pl* voor geslaagde diffusie

D217 *e* **diffusion depth**
    r глубина *f* диффузии
    d Diffusionstiefe *f*
    f profondeur *f* de diffusion
    nl diffusiediepte *f*

D218 *e* **diffusion edge**
    r граница *f* диффузионной области
    d Diffusionsgebietskante *f*, Diffusionszonenrand *m*
    f frontière *f* [interface *f*] de diffusion
    nl diffusiezonerand *m*

D219 *e* **diffusion equation**
    r уравнение *n* диффузии
    d Diffusionsgleichung *f*
    f équation *f* de diffusion
    nl diffusievergelijking *f*

D220 *e* **diffusion facilities**
    r диффузионное оборудование *n*; диффузионные печи *f pl*
    d Ausrüstung *f* zur Diffusionsdurchführung
    f facilités *f pl* à diffusion
    nl diffusievoorzieningen *f pl*

D221 *e* **diffusion factor** see **diffusion coefficient**

D222 *e* **diffusion furnace**
    r диффузионная печь *f*
    d Diffusionsofen *m*
    f four *m* à diffusion
    nl diffusie-oven *m*

D223 *e* **diffusion gettering**
    r диффузионное геттерирование *n*
    d Diffusionsgettern *n*, Gettern *n* durch Diffusion
    f getterage *f* de diffusion
    nl gasbinding *f* door diffusie

D224 *e* **diffusion gradient**
    r градиент *m* распределения примеси при диффузии
    d Diffusions(dotierungs)gefälle *n*, Diffusionsgradient *m*
    f gradient *m* d'impureté de diffusion
    nl diffusiegradiënt *m*, doteringsverval *n* bij diffusie

D225 *e* **diffusion-impervious layer**
    r слой *m*, препятствующий диффузии *(напр. маскирующий слой)*
    d diffusionshemmende Schicht *f*
    f couche *f* à empêcher le diffusion
    nl diffusiedichte laag *f (m)*

D226 *e* **diffusion-induced strain**
    r деформация *f* кристалла, вызванная диффузией
    d diffusionsinduzierte Kristalldeformation *f*
    f déformation *f* provoquée par diffusion

nl (materiaal)spanning *f* als gevolg van diffusie

D227 *e* **diffusion junction** *see* **diffused junction**

D228 *e* **diffusion mask**
r маска *f* для формирования диффузионных областей
d Diffusionsmaske *f*
f masque *m* (pour formation des zones) de diffusion
nl diffusiemasker *n*

D229 *e* **diffusion-mask opening**
r 1. окно *n* в маске для проведения диффузии 2. вскрытие *n* окна в маске для проведения диффузии
d 1. Diffusionsmaskenfenster *n* 2. Freiätzen *n* von Diffusionsmaskenfenstern
f 1. fenêtre *f* de diffusion au masque 2. ouverture *f* de la fenêtre de diffusion au masque
nl 1. diffusiemaskervenster *n* 2. wegetsen *n* van diffusiemaskervensters

D230 *e* **diffusion oven** *see* **diffusion furnace**

D231 *e* **diffusion pump**
r диффузионный насос *m*
d Diffusionspumpe *f*
f pompe *f* à diffusion
nl diffusiepomp *f (m)*

D232 *e* **diffusion-pump fluid**
r жидкость *f* для диффузионных насосов
d Diffusionspumpenflüssigkeit *f*
f fluide *m* pour pompes à diffusion
nl diffusiepompvloeistof *f (m)*

D233 *e* **diffusion-pump oil**
r масло *n* для диффузионного насоса
d Diffusionspumpenöl *n*
f huile *f* pour pompe à diffusion
nl diffusiepompolie *f (m)*

D234 *e* **diffusion rate**
r скорость *f* диффузии
d Diffusionsgeschwindigkeit *f*
f rapidité *f* de diffusion
nl diffusiesnelheid *f*

D235 *e* **diffusion source** *see* **diffusant source**

D236 *e* **diffusion-step carrier**
r кассета *f* для обработки полупроводниковых пластин в диффузионной печи
d Diffusionskassette *f*
f cuvette *f* pour traitement des tranches dans le four à diffusion
nl diffusie-cassette *f*

D237 *e* **diffusion stop(per)**
r ограничитель *m* диффузии
d Diffusionsstopper *m*
f limiteur *m* de diffusion
nl diffusiestopper *m*

D238 *e* **diffusion tube**
r труба *f* диффузионной печи
d Diffusionsrohr *n*

f tube *m* de four à diffusion
nl diffusiebuis *f (m)*

D239 *e* **diffusion window**
r окно *n* в маске для проведения диффузии
d Diffusionsfenster *n*
f fenêtre *f* de diffusion
nl diffusievenster *n*

D240 *e* **digital array**
r цифровая матрица *f*
d digitales Array *n*
f réseau *m* digital
nl digitale matrix *f*

D241 *e* **digital CCD**
r цифровая ИС *f* на ПЗС
d digitales CCD-Element *n*
f circuit *m* intégré digital à CCD
nl digitale CCD *m*

D242 *e* **digital chip, digital integrated circuit**
r цифровая ИС *f*
d Digital-IC *n*, Digitalschaltung *f*
f circuit *m* intégré digital
nl digitale chip *m*, digitale geïntegreerde schakeling *f*, digitaal IC *n*

D243 *e* **digital logic gate**
r логический элемент *m* цифровой ИС
d digitales Logikgatter *n*
f porte *f* logique digitale
nl digitale logicapoort *f (m)*

D244 *e* **digital microelectronics**
r цифровые интегральные схемы *f pl*
d digitale Mikroelektronik *f*
f micro-électronique *f* digitale
nl digitale micro-elektronica *f*

D245 *e* **digital performance**
r характеристики *f pl* цифровых ИС
d Leistungskennwerte *m pl* digitaler Schaltungen
f performances *f pl* des circuits intégrés digitaux
nl prestaties *f pl* van digitale schakelingen

D246 *e* **digitizer**
r кодировщик *m* (для автоматизированного проектирования)
d Digitalisiergerät *n*
f digitaliseur *m*
nl 1. digitaliseerder *m* (IC) 2. analoog-digitaalomzetter *m*, A/D-omzetter *m* 3. grafisch invoertableau *n*

D247 *e* **DIIC** *see* **dielectrically-isolated integrated circuit**

D248 *e* **DIL, DILP** *see* **dual in-line package**

D249 *e* **dilution**
r разбавление *n*; разжижение *n*
d Verdünnung *f*
f dilution *f*
nl verdunning *f*, verdunnen *n*

D250 *e* **dimensional squeezing**
r масштабирование *n*, пропорциональное уменьшение *n* размеров (*элементов ИС*)

DIMENSION

    d Skalierung *f*, maßstäbliche Verkleinerung *f*
    f mise *f* [réduction *f*] à l'échelle
    nl inpassen *n* in kleiner formaat

D251 *e* **dimension check**
    r контроль *m* [проверка *f*] размеров
    d Kontrolle *f* der Abmessungen
    f contrôle *m* des dimensions
    nl controle *f (m)* op maatvoering

D252 *e* **DIMOS** *see* **1. dielectric-isolated MOS 2. double-implanted MOS**

D253 *e* **diode action**
    r механизм *m* работы диода
    d Diodenfunktion *f*
    f fonctionnement *m* de diode
    nl diode-werking *f*

D254 *e* **diode arrangement**
    r диодная структура *f*
    d Diodenanordnung *f*
    f structure *f* de diode
    nl diodeschakeling *f*

D255 *e* **diode array**
    r диодная матрица *f*
    d Diodenarray *n*
    f réseau *m* à diodes
    nl diodematrix *f*

D256 *e* **diode-array integrated circuit**
    r ИС *f* диодной матрицы
    d Diodenarraychip *n*
    f puce *f* de réseau à diodes
    nl geïntegreerde diodematrix-schakeling *f*, diodematrix-IC *n*

D257 *e* **diode (ion) etching**
    r ионное травление *n* в двухэлектродной установке
    d Ionenstrahlätzen *n* in einer Diodenätzanlage *f*, Diodenätzen *n*
    f décapage *m* ionique à l'installation à deux électrodes
    nl (ionenstraal)etsen *n* in diode-installatie

D258 *e* **diode laser**
    r диодный лазер *m*, лазерный диод *m*
    d Laserdiode *f*
    f laser *m* à diode
    nl diode-laser *m*

D259 *e* **diode sputterer**
    r двухэлектродная установка *f* ионного распыления
    d Diodensputteranlage *f*
    f installation *f* à deux électrodes pour pulvérisation ionique
    nl diode-sputterinstallatie *f*, diode-verstuivingsinstallatie *f*

D260 *e* **diode-transistor logic**
    r диодно-транзисторные логические схемы *f pl*, диодно-транзисторная логика *f*, ДТЛ
    d Dioden-Transistor-Logik *f*, DTL *f*
    f logique *f* diode-transistor
    nl diode-transistorlogica *f*, DTL *f*

D261 *e* **diode-transistor logic gate**
    r элемент *m* ДТЛ
    d DTL-Gatter *n*
    f porte *f* de logique diode-transistor
    nl DTL-poort *f (m)*

D262 *e* **diode-type isolation**
    r изоляция *f* $p-n$-переходами
    d Sperrschichtisolation *f*
    f isolation *f* par jonctions
    nl sperlaagisolatie *f*

D263 *e* **dioxide**
    r 1. диоксид *m* 2. диоксид *m* кремния, SiO_2
    d Dioxid *n*
    f dioxyde *m*
    nl dioxyde *n*

D264 *e* **dioxide-polysilicon isolation**
    r изоляция *f* диоксидом кремния и поликристаллическим кремнием
    d SiO_2-Polysilizium-Isolation *f*
    f isolation *f* par dioxyde-polysilicium
    nl SiO_2-polysilicium-isolatie *f*

D265 *e* **DIP** *see* **dual in-line package**

D266 *e* **dip coating**
    r нанесение *n* покрытия методом погружения
    d Tauchbeschichtung *f*
    f enrobage *m* par immersion
    nl dompelbekleding *f*, dompel-coating *f*

D267 *e* **dip etching**
    r травление *n* методом погружения
    d Tauchätzen *n*
    f décapage *m* par immersion
    nl dompeletsen *n*

D268 *e* **DIP inserter**
    r сборочно-монтажная установка *f* для ИС в DIP-корпусах
    d Montagesystem *n* für integrierte Schaltungen in DIP-Gehäusen
    f machine *f* pour insertion des circuits intégrés en boîtiers DIP
    nl DIP-insteker *m*

D269 *e* **DIP integrated circuit**
    r ИС *f* в DIP-корпусе
    d DIP-IC *n*, integrierter Schaltkreis im DIP-Gehäuse
    f circuit *m* intégré en boîtier DIP
    nl geïntegreerde schakeling *f* in DIP-uitvoering, DIP-IC *n*

D270 *e* **DIP lead-frame**
    r выводная рамка *f* для DIP-корпуса
    d Leiterrahmen *m* für DIP-Gehäuse
    f cadre *m* de boîtier DIP
    nl aansluitraam *n* voor DIP-behuizing, DIP-spin *f (m)*

D271 *e* **dipping**
    r погружение *n*; окунание *n*
    d Tauchen *n*
    f immersion *f*
    nl dompelen *n*

D272 *e* **DIP power**
    r мощность *f* рассеяния DIP-корпуса
    d DIP-Gehäuse-Verlustleistung *f*

DISCRETE

- *f* puissance *f* de dissipation de boîtier DIP
- *nl* DIP-vermogensdissipatie *f*

D273 *e* **direct charge-coupled logic**
- *r* логические схемы *f pl* с непосредственными зарядовыми связями
- *d* direkt ladungsgekoppelte Logik *f*
- *f* logique *f* à couplage de charge direct
- *nl* direct ladinggekoppelde logica *f*

D274 *e* **direct-coupled transistor logic**
- *r* транзисторные логические схемы *f pl* с непосредственными связями, транзисторная логика *f* с непосредственными связями, ТЛНС
- *d* direktgekoppelte Transistorlogik *f*, DCTL *f*
- *f* logique *f* à transistors couplés directement
- *nl* directgekoppelde transistor-logica *f*, DCTL *f*

D275 *e* **direct-current beta**
- *r* коэффициент *m* усиления (по постоянному току) в схеме с общим эмиттером, бета, ß
- *d* Beta *n* (tleichsgromverstärkungsfaktor in Emitterschaltung)
- *f* bêta *m*
- *nl* gelijkstroomversterkingsfactor *m* beta

D276 *e* **direct-current resistance**
- *r* сопротивление *n* (по) постоянному току
- *d* Gleichstromwiderstand *m*
- *f* résistance *f* en courant continu
- *nl* gelijkstroomweerstand *m*

D277 *e* **directional etching**
- *r* направленное травление *n*
- *d* gerichtetes Ätzen *n*
- *f* décapage *m* directionnel
- *nl* gericht etsen *n*

D278 *e* **direct step-on-wafer**
- *r* прямое последовательное шаговое экспонирование *n*
- *d* direkte Waferbelichtung *f* im Step-and-Repeat-Verfahren
- *f* exposition *f* successive directe
- *nl* directe wafelbelichting *f* in stappentechniek

D279 *e* **direct-write E-beam system**
- *r* установка *f* электронно-лучевой литографии с непосредственным формированием изображений
- *d* Elektronenstrahldirektschreiber *m*
- *f* système *m* de lithographie par faisceau d'électrons à enregistrement direct
- *nl* elektronenstraaltechniek *f* [E-straaltechniek *f*] voor direct schrijven

D280 *e* **direct-write electron-beam lithography**
- *r* электронно-лучевая [электронная] литография с непосредственным формированием изображений
- *d* Elektronenstrahllithografie *f* für direkte Waferbelichtung
- *f* lithographie *f* par faisceau d'électrons à enregistrement direct
- *nl* directe elektronenstraal-lithografie *f*

D281 *e* **discharge**
- *r* 1. разряд *m* 2. рассасывание *n* заряда
- *d* Entladung *f*
- *f* décharge *f*
- *nl* ontlading *f*

D282 *e* **discharge quenching**
- *r* гашение *n* разряда
- *d* Entladungslöschen *n*, Löschung *f* einer Entladung
- *f* extinction *f* de décharge
- *nl* doven *n* van ontlading

D283 *e* **discrete component**
- *r* дискретный компонент *m*
- *d* diskretes Bauelement *n*
- *f* composant *m* discret
- *nl* discrete component *m*

D284 *e* **discrete-component circuit**
- *r* схема *f* на дискретных компонентах
- *d* Schaltung *f* mit diskreten Bauelementen
- *f* circuit *m* aux composants discrets
- *nl* schakeling *f* met discrete componenten, discrete schakeling *f*

D285 *e* **discrete counterpart**
- *r* аналог *m* на дискретных компонентах
- *d* Analogon *n* auf Basis von diskreten Bauelementen, diskretes Analogon *n*
- *f* analogue *m* aux composants discrets
- *nl* tegenhanger *m* in discrete vorm

D286 *e* **discrete-device chip**
- *r* бескорпусный дискретный компонент *m*
- *d* diskretes Chipbauelement *n*
- *f* puce *f* discrète
- *nl* discrete chip-component *m*

D287 *e* **discrete element** *see* **discrete component**

D288 *e* **discrete Fourier transform**
- *r* дискретное преобразование *n* Фурье
- *d* diskrete Fouriertransformation *f*
- *f* transformation *f* de Fourier discrète
- *nl* discrete Fourier-transformatie *f*

D289 *e* **discrete IC equivalent**
- *r* эквивалент *m* ИС с малой степенью интеграции
- *d* diskretes IC-Äquivalent *n*
- *f* équivalent *m* de C.I. discret
- *nl* discreet IC-equivalent *n*

D290 *e* **discrete integrated circuit**
- *r* ИС *f* с малой степенью интеграции
- *d* diskretes IC *n*, diskrete integrierte Schaltung *f*
- *f* circuit *m* intégré discret
- *nl* discreet IC *n*, discrete geïntegreerde schakeling *f*

D291 *e* **discrete microprocessor**
- *r* дискретный микропроцессор *m*
- *d* discreter Mikroprozessor *m*
- *f* microprocesseur *m* discret
- *nl* discrete microprocessor *m*

DISCRETE

D292 *e* **discrete resistor**
r дискретный резистор *m*
d diskreter Widerstand *m*
f résistor *m* discret
nl discrete weerstand *m*

D293 *e* **discrete semiconductor**
r дискретный полупроводниковый прибор *m*
d diskretes Halbleiterbauelement *n*
f semi-conducteur *m* discret
nl discrete halfgeleider *m*

D294 *e* **discrete wiring**
r дискретный монтаж *m* (*от точки к точке*)
d diskrete Verdrahtung *f*
f câblage *m* discret
nl discrete bedrading *f*

D295 *e* **discretionary integration**
r ИС *f* с избирательными межсоединениями
d Schaltung *f* mit wählbaren Leiterbahnverbindungen
f intégration *f* à interconnexions échantillonnées
nl aanpasbare integratie *f*

D296 *e* **discretionary interconnections**
r избирательные межсоединения *n pl*; избирательная разводка *f*
d wählbare Leiterbahnverbindungen *f pl*
f interconnexions *f pl* échantillonnées
nl aanpasbaar verbindingenpatroon *n (IC)*

D297 *e* **discretionary-routed array**
r матричная ИС *f* с избирательными межсоединениями
d Array *n* mit wählbaren Leiterbahnverbindungen
f réseau *m* à interconnexions échantillonnées
nl matrix-complex *n* met aanpasbare verbindingenloop

D298 *e* **discretionary-wiring pattern**
r рисунок *m* избирательных соединений
d wählbares Leiterbahnlayout *n*
f dessin *m* des connexions échantillonnées
nl aanpasbaar bedradingspatroon *n*

D299 *e* **disk grinding**
r шлифование *n* абразивным кругом
d Schleifscheibenbearbeitung *f*
f meulage *m* abrasif
nl schijfslijpen *n*

D300 *e* **dislocation density**
r концентрация *f* дислокаций
d Versetzungsdichte *f*
f densité *f* des dislocations
nl roosterfoutenconcentratie *f*

D301 *e* **dislocation line**
r линия *f* дислокации
d Versetzungslinie *f*
f ligne *f* de dislocation
nl roosterfoutlijn *f (m)*

D302 *e* **dislocation multiplication**
r размножение *n* дислокаций
d Versetzungsvervielfachung *f*
f multiplication *f* des dislocations
nl vermeerdering *f* van roosterfouten

D303 *e* **dislocation scatter(ing)**
r рассеяние *n* на дислокациях
d Streuung *f* an Versetzungen
f diffusion *f* due aux dislocations
nl verstrooiing *f* van roosterfouten

D304 *e* **dismear(ing)**
r удаление *n* поверхностных загрязнений
d Oberflächenreinigung *f*
f élimination *f* de contamination à la surface
nl oppervlaktereiniging *f*

D305 *e* **disorder**
r (структурное) разупорядочение *n* (кристаллической решётки)
d Fehlordnung *f*
f désordre *m* (*du réseau cristallin*)
nl 1. storing *f* 2. wanorde *f (m)*, onregelmatigheid *f*, structuurverstoring *f*

D306 *e* **dispenser, dispensing system** *see* **doser**

D307 *e* **displacement damage**
r дефект *m* смещения
d Verschiebungsdefekt *m*
f défaut *m* de déplacement
nl verschuivingsdefect *n*

D308 *e* **dissipation factor** *see* **dielectric loss tangent**

D309 *e* **dissipation power**
r мощность *f* рассеяния
d Verlustleistung *f*
f puissance *f* de dissipation
nl dissipatie(vermogen) *f (n)*, verliesvermogen *n*

D310 *e* **dissipator**
r теплоотвод *m*; радиатор *m*
d Kühlkörper *m*
f dissipateur *m* (thermique)
nl koellichaam *n*

D311 *e* **distilled water**
r дистиллированная вода *f*
d destilliertes Wasser *n*
f eau *f* distillée
nl gedestilleerd water *n*

D312 *e* **distorted image**
r искажённое изображение *n*
d verzerrte Abbildung *f*
f image *f* défectueuse [à distorsions]
nl vervormd beeld *n*

D313 *e* **distributed circuitry**
r схемы *f pl* с распределёнными параметрами
d Schaltungen *f pl* mit verteilten Parametern
f circuits *m pl* à paramètres distribués [répartis]
nl decentrale [verspreide] schakelingen *f pl*

D314 *e* **distributed-element equivalent circuit**
r эквивалентная схема *f* с распределёнными параметрами

  d Ersatzschaltung *f* mit verteilten Parametern
  f circuit *m* équivalent à paramètres distribués
  nl equivalente schakeling *f* met gelede elementen

D315 *e* **distributed Josephson logic circuit**
  r логическая схема *f* с распределёнными параметрами на переходах Джозефсона
  d Josephson-IC *n* mit verteilten Parametern
  f circuit *m* logique à paramètres distribués à effet Josephson
  nl verspreide Josephson-logicaschakeling *f*

D316 *e* **distributed load**
  r распределённая нагрузка *f*
  d verteilte Belastung *f*
  f charge *f* distribuée
  nl verdeelde belasting *f*

D317 *e* **DJLC** *see* **distributed Josephson logic circuit**

D318 *e* **distribution coefficient**
  r коэффициент *m* распределения
  d Verteilungsfaktor *m*
  f coefficient *m* de distribution [de répartition]
  nl distributiecoëfficiënt *m*, verdelingsfactor *m*

D319 *e* **DI water facilities**
  r оборудование *n* для получения деионизованной воды
  d Anlage *f* zur Gewinnung des entionisierten Wassers
  f équipement *m* pour désionisation d'eau
  nl voorzieningen *f pl* voor gedeïoniseerd water

D320 *e* **DLM** *see* **double-level metallization**

D321 *e* **DMES FET** *see* **depletion metal-Schottky FET**

D322 *e* **DMOS FET** *see* **double-diffused MOS FET**

D323 *e* **DMOST** *see* **double-diffused MOS transistor**

D324 *e* **Doulby integrated circuit**
  r ИС *f* шумоподавления, ИС *f* Долби
  d Dolby-IC *n*
  f circuit *m* intégré de Dolby
  nl geïntegreerde Dolby-schakeling *f*, Dolby-IC *n*

D325 *e* **domain**
  r 1. домен *m* 2. область *f*
  d 1. Domäne *f* 2. Bereich *m*
  f domaine *m*
  nl domein *n*, Weiss-gebied *n*

D326 *e* **donor**
  r донор *m*, донорная примесь *f*
  d Donator *m*
  f donneur *m*
  nl donor *m*

D327 *e* **donor atom**
  r донорный атом *m*
  d Donatoratom *n*
  f atome *m* donneur
  nl donoratoom *n*

D328 *e* **donor dopant, donor impurity**
  r донорная примесь *f*
  d Donatorstörstelle *f*
  f dopant *m* donneur, impureté *f* donatrice
  nl donordoteerstof *f (m)*, n-doteerstof *f (m)*, elektronendoteerstof *f (m)*

D329 *e* **donor-type semiconductor**
  r электронный полупроводник *m*, полупроводник *m* (с электропроводностью) *n*-типа
  d n-Halbleiter *m*, Elektronenhalbleiter *m*
  f semi-conducteur *m* électronique [type n]
  nl donor-halfgeleider *m*, n-halfgeleider *m*, elektronenhalfgeleider *m*

D330 *e* **dopant**
  r легирующая примесь *f*
  d Dotier(ungs)mittel *n*, Dotant *m*
  f dopant *m*
  nl doteerstof *f (m)*

D331 *e* **dopant activation**
  r активация *f* [ионизация *f*] легирующей примеси
  d Dotantenaktivierung *f*
  f activation *f* de dopant
  nl doteringsactivering *f*

D332 *e* **dopant atom**
  r атом *m* легирующей примеси
  d Dotierungsatom *n*
  f atome *m* de dopant
  nl doteringsatoom *n*

D333 *e* **dopant density**
  r концентрация *f* легирующей примеси
  d Dotierungsdichte *f*
  f densité *f* de dopant
  nl doteringsdichtheid *f*

D334 *e* **dopant deposition** *see* **dopant spin-on**

D335 *e* **dopant distribution**
  r распределение *n* легирующей примеси
  d Dotantenverteilung *f*
  f distribution *f* de dopant
  nl doteringsverdeling *f*

D336 *e* **dopant gas**
  r газообразная легирующая примесь *f*; газообразный диффузант *m*
  d Dotierungsgas *n*
  f diffusant *m* gazeux
  nl doteringsgas *n*

D337 *e* **dopant gradient**
  r градиент *m* распределения легирующей примеси
  d Dotierungsgefälle *n*, Dotierungsgradient *m*
  f gradient *m* de dopage
  nl doteringsgradiënt *m*, doteringsconcentratieverval *n*

DOPANT

D338 *e* **dopant host**
 r твёрдый источник *m* легирующей примеси
 d Festkörperdotantenquelle *f*
 f source *f* solide de dopant
 nl doteringsgastheer *m*, doteringsdrager(stof) *m* (*f* (*m*))

D339 *e* **dopant impurity** *see* **dopant**

D340 *e* **dopant profile**
 r профиль *m* распределения легирующей примеси
 d Dotierungsprofil *n*
 f profil *m* de dopage
 nl doteringsprofiel *n*

D341 *e* **dopant resist**
 r легированный резист *m*
 d dotiertes Resist *n*
 f résist *m* dopant
 nl doteringsafschermmiddel *n*

D342 *e* **dopant source**
 r источник *m* легирующей примеси
 d Dotantenquelle *f*
 f source *f* de dopant
 nl doteringsbron *f* (*m*)

D343 *e* **dopant spin-on**
 r загонка *f* примеси (*первая стадия двухстадийного процесса диффузии*)
 d Vorbelegungsdiffusion *f*
 f prédéposition *f* de dopant
 nl preparatie *f* vóór dotering

D344 *e* **dope** *see* **doping agent**

D345 *e* **dope additive** *see* **dopant**

D346 *e* **doped-polysilicon diffusion**
 r диффузия *f* из легированного поликристаллического кремния
 d Diffusion *f* aus dotiertem Polisilizium; DOPOS-Technik *f*
 f diffusion *f* au polysilicium dopé
 nl diffussie *f* vanuit gedoteerd polysilicium, DOPOS-procédé *n*

D347 *e* **doper**
 r установка *f* для легирования
 d Dotieranlage *f*
 f installation *f* à doper
 nl doteringsinstallatie *f*

D348 *e* **doping**
 r легирование *n*
 d Dotieren *n*, Dotierung *f*
 f dopage *m*
 nl dotering *f*, doteren *n*

D349 *e* **doping agent**
 r легирующая примесь *f*; диффузант *m*
 d Dotier(ungs)mittel *n*
 f dopant *m*; diffusant *m*
 nl doteermiddel *n*

D350 *e* **doping compensation**
 r компенсация *f* легирующей примесью
 d Kompensation *f* durch Dotanteneinbau
 f compensation *f* par dopage
 nl doteringsneutralisatie *f*

D351 *e* **doping depth**
 r глубина *f* легирования
 d Dotierungstiefe *f*
 f profondeur *f* de dopage
 nl doteringsdiepte *f*

D352 *e* **doping level**
 r уровень *m* легирования, концентрация *f* легирующей примеси
 d Dotierungsgrad *m*
 f degré *m* de dopage
 nl doteringsgraad *m*

D353 *e* **doping mask**
 r маска *f* для формирования легированных областей
 d Dotierungsmaske *f*
 f masque *m* pour régions dopées
 nl doteringsmasker *n*

D354 *e* **doping mask window**
 r окно *n* в маске для проведения диффузии
 d Diffusions(masken)fenster *n*
 f fenêtre *f* de diffusion au masque
 nl venster *n* in doteringsmasker

D355 *e* **doping profiler**
 r прибор *m* для измерения профиля распределения легирующей примеси
 d Dotierungsprofilmesser *m*
 f profilomètre *m* de dopage
 nl doteringsprofielmeter *m*

D356 *e* **doping ratio**
 r отношение *n* концентраций легирующих примесей
 d Dotantenverhältnis *n*
 f rapport *m* des dopants
 nl doteringsfactor *m*

D357 *e* **doping type**
 r тип *m* примесной электропроводности; тип *m* легирующей примеси
 d Dotierungstyp *m*
 f type *m* de dopage
 nl type *n* dotering(smiddel)

D358 *e* **doping uniformity**
 r равномерность *f* распределения легирующей примеси
 d Dotierungsgleichmäßigkeit *f*
 f uniformité *f* de dopage
 nl doteringsgelijkmatigheid *f*

D359 *e* **DOPOS** *see* **doped-polysilicon diffusion**

D360 *e* **dosage concentration**
 r концентрация *f* имплантированных ионов примеси
 d Dosiskonzentration *f*, implantierte Dotantenmenge *f*
 f concentration *f* de dosage des ions implantés d'impureté
 nl dosisconcentratie *f*

D361 *e* **doser**
 r дозирующее устройство *n*, дозатор *m*
 d Dosierer *m*
 f doseur *m*
 nl doseerinstallatie *f*

D362 *e* **dot AND**
 r монтажное И *n*

DOUBLE

    d Wired-UND *n*, verdrahtetes UND *n*
    f ET *m* câblé
    nl bedrade EN *m* [AND *m*], spook-EN *m* [-AND *m*] *(funktie, schakeling, bouwsteen)*

D363 *e* **dot OR**
    r монтажное ИЛИ *n*
    d Wired-ODER *n*, verdrahtetes ODER *n*
    f OU *m* câblé
    nl bedrade OF *m* [OR *m*], spook-OF *m* [-OR *m*] *(functie, schakeling, bouwsteen)*

D364 *e* **double-chamber vacuum-deposition system**
    r двухкамерная установка *f* термовакуумного осаждения
    d Doppelkammer-Vakuumbedampfungsanlage *f*
    f système *m* à deux chambres pour dépôt sous vide
    nl opdampinstallatie *f* met dubbele vacuümkamer

D365 *e* **double-crucible crystal-growing apparatus**
    r двухтигельная установка *f* для выращивания кристаллов
    d Doppeltiegel-Kristallzüchtungsanlage *f*
    f installation *f* à deux creusets pour croissance des cristaux
    nl kristalkweekapparaat *n* met dubbele kroes

D366 *e* **double-crucible method**
    r метод *m* двойного тигля, двухтигельный метод *m*
    d Doppeltiegelverfahren *n*
    f méthode *f* de double creuset
    nl dubbele-kroesmethode *f*

D367 *e* **double-diffused diode**
    r двухдиффузионный диод *m*
    d Doppeldiffusionsdiode *f*
    f diode *f* à double diffusion
    nl dubbel gediffundeerde diode *f*

D368 *e* **double-diffused injector**
    r инжектор *m*, сформированный двойной диффузией
    d Doppeldiffusionsinjektor *m*
    f injecteur *m* de double diffusion
    nl dubbel gediffundeerde injector *m*

D369 *e* **double-diffused MOSFET**
    r двухдиффузионная МОП-структура *f*
    d DMOS-Struktur *f*, doppeldiffundiertes MOSFET *n*
    f sturcture *f* MOS à double diffusion
    nl dubbel gediffundeerde MOS(FET)

D370 *e* **double-diffused MOS transistor**
    r двухдиффузионный МОП-транзистор *m*
    d DMOS-Transistor *m*
    f transistor *m* MOS à double diffusion
    nl dubbel gediffundeerde MOS-transistor

D371 *e* **double-diffused process, double diffusion**
    r двойная [двукратная] диффузия *f*
    d Doppeldiffusion *f*
    f double diffusion *f*
    nl dubbele diffusie *f*, dubbeldiffusie *f*

D372 *e* **double-diffusion technique**
    r метод *m* двойной[двукратной]диффузии, двухдиффузионный метод *m*
    d Doppeldiffusionsverfahren *n*
    f technique *f* de double diffusion
    nl dubbele-diffusietechniek *f*

D373 *e* **double doping**
    r двойное [двукратное] легирование *n*
    d Doppeldotierung *f*
    f double dopage *m*
    nl dubbele dotering *f*, dubbeldotering *f*

D374 *e* **double-epi process, double epitaxy**
    r двойная эпитаксия *f*
    d Doppelepitaxie *f*
    f double épitaxie *f*
    nl dubbel-epi(taxie)-procédé *n*

D375 *e* **double-heterojunction semiconductor**
    r полупроводниковый прибор *m* с двумя гетеропереходами
    d Halbleiter *m* mit zwei Heteroübergängen
    f semi-conducteur *m* à double hétérojonction
    nl halfgeleider *m* met dubbele hetero-overgang

D376 *e* **double-implanted MOS**
    r МОП-структура *f*, сформированная двойной ионной имплантацией
    d doppelimplantierte MOS-Struktur *f*
    f structure *f* MOS à double implantation ionique
    nl dubbel geïmplanteerde MOS *m*

D377 *e* **double ion-implanted process**
    r двойная [двукратная] ионная имплантация *f*
    d Doppelimplantation *f*
    f double implantation *f* ionique
    nl dubbel-ionenimplantatieprocédé *n*

D378 *e* **double-junction semiconductor**
    r полупроводниковый прибор *m* с двумя $p-n$-переходами
    d Halbleiter *m* mit zwei p-n-Übergängen
    f semi-conducteur *m* à deux jonctions
    nl halfgeleider *m* met dubbele overgang

D379 *e* **double-level metallization**
    r двухуровневая [двухслойная] металлизация *f*
    d Zweiebenenmetallisierung *f*
    f métallisation *f* à deux niveaux
    nl tweelaagsmetallisatie *f*

D380 *e* **double-level polysilicon MOS-structure**
    r МОП-структура *f* с двумя уровнями поликристаллического кремния
    d MOS-Struktur *f* mit zwei Polysiliziumebenen
    f structure *f* MOS à deux niveaux de silicium polycristallin
    nl MOS-structuur *f* met dubbele polysillaag

DOUBLE

D381 e **double poly (MOS) process**
    r технология *f* МОП ИС с двухуровневыми поликремниевыми затворами
    d Doppel-Poly-Si-Gate-MOS-Technik *f*
    f technologie *f* MOS pour circuit intégré à grille polysilicium à deux niveaux
    nl dubbelpoly-[MOS]procédé *n*

D382 e **double-sided board**
    r двусторонняя печатная плата *f*
    d doppelseitige Leiterplatte *f*
    f carte *f* imprimée à double face
    nl dubbelzijdige print(plaat) *m (f(m))*

D383 e **down-scaled integration**
    r масштабированная ИС *f*
    d skalierte [maßstabgerecht verkleinerte] Schaltung *f*
    f intégration *f* à échelle
    nl integratie *f* bij evenredige verkleining

D384 e **DPM** *see* **defects per million**

D385 e **DRA** *see* **discretionary-routed array**

D386 e **drafter**
    r координатограф *m*; графопостроитель *m*
    d Koordinatenschreiber *m*; Zeichenmaschine *f*
    f coordinatographe *m*; traceur *m*
    nl tekenmachine *f*

D387 e **drafting**
    r вычерчивание *n*
    d Zeichnen *n*
    f tracé *m*
    nl takenen *n (voorontwerp)*

D388 e **drafting sheet**
    r плёнка *f* для изготовления топологических чертежей
    d Folie *f* für Layouts [für Konstruktionszeichnungen der Schaltkreistopografie]
    f feuille *f* de dessin en cuivre
    nl ontwerptekenvel *n*

D389 e **drain**
    r сток *m*, стоковая область *f (полевого транзистора)*
    d Drain *m*, Draingebiet *n*, Drainbereich *m*
    f drain *m*
    nl afvoer *m*

D390 e **drain and source diffusion**
    r диффузия *f* для формирования стока и истока
    d Drain- und Sourcediffusion *f*
    f diffusion *f* de drain et de source
    nl diffusie *f* van afvoer en bron

D391 e **drain-channel junction**
    r переход *m* сток — канал
    d Drain-Kanal-Übergang *m*
    f jonction *f* drain-canal
    nl afvoer-kanaalovergang *m*

D392 e **drain current**
    r ток *m* стока
    d Drainstrom *m*
    f courant *m* de drain
    nl afvoerstroom *m*

D393 e **drain electrode**
    r электрод *m* стока
    d Drainelektrode *f*
    f électrode *f* de drain
    nl afvoerelektrode *f*

D394 e **drain region** *see* **drain**

D395 e **drain-substrate junction**
    r переход *m* сток — подложка
    d Drain-Substrat-Übergang *m*
    f jonction *f* drain-substrat
    nl afvoer-onderlaagovergang *m*

D396 e **drawing**
    r чертёж *m*; рисунок *m (кристалла)*
    d Zeichnung *f*; Muster *n*
    f dessin *m*; motif *m*
    nl tekening *f*

D397 e **drift**
    r дрейф *m*; уход *m*; смещение *n*
    d Drift *f*
    f dérive *f*
    nl 1. drift *f (m)* 2. verloop *n*

D398 e **drift current**
    r дрейфовый ток *m*
    d Driftstrom *m*
    f courant *m* de dérive
    nl driftstroom *m*

D399 e **drift length**
    r длина *f* дрейфа
    d Driftlänge *f*
    f longueur *f* de dérive
    nl driftafstand *m*, drifttraject *n*

D400 e **drift rate, drift speed**
    r скорость *f* дрейфа носителей заряда
    d Driftgeschwindigkeit *f*, Trägerdriftgeschwindigkeit *f*
    f vitesse *f* de dérive
    nl driftsnelheid *f*

D401 e **drift stabilized operational amplifier**
    r операционный усилитель *m* со стабилизацией дрейфа
    d driftstabilisierter Operationsverstärker *m*
    f amplificateur *m* opérationnel à stabilisation de dérive
    nl opamp *m* [operationele versterker *m*] met zelfstabiliserende instelling

D402 e **drive-in, drive-in diffusion**
    r разгонка *f* примеси *(вторая стадия двухстадийной диффузии)*
    d Tiefendiffusion *f*
    f diffusion *f* secondaire, redistribution *f* de dopant
    nl diepdiffusie *f*

D403 e **driver**
    r 1. возбудитель *m*; задающее устройство *n* 2. формирователь *m*
    d Treiber *m*
    f 1. driver *m*, excitateur *m* 2. driver *m*, form(at)eur *m*
    nl stuurschakeling *f*, stuurtrap *m*

D404 *e* **drop-in test array**
   r тестовая структура *f*
   в полупроводниковой пластине
   d eingefügte Teststruktur *f*
   f réseau *m* de test sur la tranche, testeur *m* in situ
   nl (naar keus) bij te voegen teststructuur *f*

D405 *e* **drop-in test group**
   r группа *f* тестовых кристаллов в полупроводниковой пластине
   d eingefügte Testchipgruppe *f*
   f jeu *m* des puces de test sur la tranche
   nl (naar keus) bij te voegen testgroep *f (m)*

D406 *e* **dry box**
   r бокс *m* с осушенной и очищенной атмосферой
   d Trockenbox *f*
   f box *m* sec
   nl handschoenkast *f (m)*

D407 *e* **dry chemistry**
   r сухая химическая обработка *f*
   d chemische Trockenbearbeitung *f*
   f traitement *m* chimique à sec
   nl droge chemie *f*

D408 *e* **dry development**
   r сухое проявление *n*
   d Trockenentwicklung *f*
   f développement *m* à sec
   nl droogontwikkelen *n*

D409 *e* **dryer**
   r печь *f* для сушки
   d Trockenofen *m*
   f étuve *f*
   nl 1. droogapparaat *n*, droger *m* 2. droogstof *f (m)*, siccatief *n*

D410 *e* **dry etching**
   r сухое травление *n*
   d Trockenätzen *n*
   f décapage *m* à sec
   nl droogetsen *n*

D411 *e* **dry-etching apparatus**
   r установка *f* сухого травления
   d Trockenätzanlage *f*
   f dispositif *m* [installation *f*] de décapage à sec
   nl droogetsapparaat *n*

D412 *e* **dry-etching reactor**
   r реактор *m* для сухого травления
   d Trockenätzreaktor *m*
   f réacteur *m* pour décapage à sec
   nl droogetsreactor *m*

D413 *e* **dry-film photoprocessing**
   r фотолитография *f* с применением сухого плёночного фоторезиста
   d Trockenfilmfotolithografie *f*
   f photolithographie *f* avec résist à film sec
   nl drogefilm-fotolithografie *f*

D414 *e* **dry-film photoresist, dry-film resist**
   r сухой плёночный фоторезист *m*
   d Trockenfilmfotoresist *n*
   f (photo)résist *m* à film sec
   nl drogefilm-fotolak *m* [-(af)deklak *m*]

D415 *e* **drying agent**
   r осушитель *m*
   d Trockenmittel *n*
   f desséchant *m*
   nl droogmiddel *n*

D416 *e* **dry oxidation**
   r сухое оксидирование *n*; оксидирование *n* в атмосфере сухого кислорода
   d Trockenoxydation *f*
   f oxydation *f* à sec
   nl droge oxydatie *f*

D417 *e* **dry-oxygen ambient**
   r атмосфера *f* сухого кислорода
   d Trockensauerstoffatmosphäre *f*
   f ambiance *f* d'oxygène sec
   nl drogezuurstof-atmosfeer *m*

D418 *e* **dry (plasma) photoresist stripper**
   r установка *f* для удаления сухого плёночного фоторезиста
   d Trockenfilmfotoresistablösemaschine *f*
   f dispositif *m* pour élimination de photorésist à film à sec
   nl droge (plasma)fotolakstripper *m*

D419 *e* **dry process**
   r сухая технология *f* (без применения жидких реактивов)
   d Trockenverfahren *n*
   f technologie *f* à sec
   nl droog procédé *n*

D420 *e* **dry-processed integrated circuit**
   r ИС *f*, изготовленная по сухой технологии
   d nach dem Trockenverfahren hergestellter Schaltkreis *m*
   f circuit *m* intégré créé par technologie à sec
   nl met droog procédé vervaardigde geïntegreerde schakeling *f* [IC *n*]

D421 *e* **dry processing**
   r сухая обработка *f*
   d Trockenbearbeitung *f*
   f traitement *m* à sec
   nl droge bewerking *f*

D422 *e* **dry-resist stripping**
   r удаление *n* сухого плёночного резиста
   d Trockenfilm(foto)resistablösung *f*
   f élimination *f* de résist à film sec
   nl droog lakstrippen *n*

D423 *e* **DSW** *see* direct step-on-wafer

D424 *e* **DTL** *see* diode-transistor logic

D425 *e* **DTLZ** *see* **DTL Zener diode**

D426 *e* **DTL Zener diode**
   r диодно-транзисторные логические схемы *f pl* со стабилитронами
   d DTZL-Logik *f*, DTL-Logik *f* mit Z-Dioden
   f LDT *f* Zener
   nl DTL-zenerdiode *f*

DUAL

D427 e **dual-emitter transistor**
 r двухэмиттерный транзистор m
 d Zweiemittertransistor m
 f transistor m à deux émetteurs
 nl dubbel-emittertransistor m

D428 e **dual-gate FET**
 r двухзатворный полевой транзистор m
 d Doppelgate-FET n
 f transistor m FET à deux grilles
 nl dubbelpoort-FET m

D429 e **dual in-line integrated circuit**
 r ИС f в DIP-корпусе
 d integrierte Schaltung f im DIP-Gehäuse
 f circuit m intégré en boîtier DIP
 nl geïntegreerde schakeling f [IC n] met contactenrij ter weerszijden, DIL-IC n

D430 e **dual in-line lead-frame**
 r выводная рамка f для ИС в DIP-корпусе
 d Leiterrahmen m für DIP-Gehäuse
 f cadre m de boîtier DIP
 nl aansluitraam n met dubbele contactenrij, DIL-spin f (m)

D431 e **dual in-line package**
 r (плоский) корпус m с двухрядным расположением выводов, корпус m типа DIP, DIP-корпус m
 d Dual-in-line-Gehäuse n, DIP-Gehäuse n
 f boîtier m DIP
 nl behuizing f met contactenrij ter weerszijden, DIL-huisje n, DIP m

D432 e **dual in-line plastic package**
 r пластмассовый DIP-корпус m
 d Plast-DIP-Gehäuse n
 f boîtier m DIP plastique
 nl kunststof behuizing f met contactenrij ter weerszijden, plastic DIL-huisje n, plastic DIP m

D433 e **dual-surface lithography**
 r двусторонняя литография f
 d doppelseitige Lithografie f
 f lithographie f à double face
 nl dubbelzijdige lithografie f

D434 e **duplication**
 r мультиплицирование n, размножение n; копирование n
 d Duplizierung f, Vervielfältigung f; Kopieren n (von Fotomasken)
 f duplication f
 nl duplicatie f, verveelvoudiging f, copiëren n

D435 e **duplicator**
 r установка f для мультиплицирования
 d Dupliziergerät n
 f duplicatrice f
 nl duplicator m, dupliceerapparaat n

D436 e **durability**
 r прочность f; стойкость f
 d Haltbarkeit f, Dauerhaftigkeit f
 f durabilité f; résistance f
 nl duurzaamheid f, houdbaarheid f

D437 e **duroid**
 r дюроид m (материал для подложек ГИС)
 d Duroid n
 f duroïde m (matériau pour substrat de C. I. hybride)
 nl duroid n

D438 e **dust**
 r 1. порошок m 2. пыль f
 d 1. Pulver n 2. Staub m
 f 1. poudre f 2. poussière f
 nl stof n

D439 e **dust-controlled area**
 r (производственная) площадь f с контролируемой запылённостью
 d Produktionsfläche f mit kontrolliertem Staubgehalt
 f site m à époussetage contrôlé
 nl stofarme zone f (m)

D440 e **dust-free room**
 r обеспыленное производственное помещение n
 d staubfreier Raum m
 f chambre f dépoussiérée
 nl stofvrije ruimte f

D441 e **dusting**
 r 1. обдув m (азотом) 2. удаление n пыли
 d 1. Anblasen n 2. Entstaubung f
 f 1. soufflage m 2. époussetage m, dépoussiérage m
 nl ontstoffen n

D442 e **dust-proof box**
 r пыленепроницаемый бокс m
 d staubdichte Box f
 f box m étanche à la poussière
 nl stofdichte kast m

D443 e **duty cycle**
 r рабочий цикл m
 d Arbeitszyklus m
 f cycle m opératoire
 nl werkcyclus m, aan/uit-verhouding f, schakelverhouding f, belastingsfactor m

D444 e **dye-penetrant test(ing)**
 r проверка f герметичности (корпусов) методом погружения в краситель
 d Dichtheitskontrolle f durch Eintauchen in Färbemittel
 f essai m d'étanchéité par immersion dans un colorant
 nl beproeving f op afdichting door onderdompelen in kleurstof

D445 e **dynamic burn-in**
 r динамическая термотренировка f
 d dynamisches Burn-in n
 f burn-in m dynamique
 nl dynamisch inbranden n

D446 e **dynamic deposition**
 r осаждение n на движущуюся подложку
 d dynamische Abscheidung f

       f dépôt *m* [déposition *f*] dynamique
      nl dynamisch opdampen *n*
D447 *e* **DZTL** *see* **DTL Zener diode**

E

E1   *e* **EAROM** *see* **electrically alterable read-only memory**
E2   *e* **EB** *see* **electron beam**
E3   *e* **EB direct writing**
      r электронно-лучевое формирование *n* изображения непосредственно на полупроводниковой пластине
      d Elektronenstrahldirektschreiben *n*, ES-Direktschreiben *n*
      f imagerie *f* directe à faisceau d'électrons
      nl direct schrijven *n* met elektronenstraal
E4   *e* **e-beam direct-write-on-wafer system**
      r установка *f* электронно-лучевой литографии с непосредственным формированием изображений на полупроводниковой пластине
      d Elektronenstrahl-Direktschreiberanlage *f*
      f système *m* de lithographie électronique à enregistrement direct
      nl direct-op-wafel-schrijvende-E-straaltechniek *f*
E5   *e* **e-beam exposure system** *see* **electron-beam exposer**
E6   *e* **e-beam mask**
      r шаблон *m* для электронно-лучевой литографии
      d Maske *f* für Elektronenstrahllithografie
      f masque *m* de lithographie électronique
      nl E-straalmasker *n*
E7   *e* **e-beam pattern generation** *see* **electron-beam patterning**
E8   *e* **e-beam projector**
      r 1. установка *f* электронно-лучевой проекционной литографии 2. электронно-лучевая пушка
      d 1. Elektronenstrahlbildprojektor *m* 2. Elektronenstrahlkanone *f*
      f 1. installation *f* de lithographie électronique de projection 2. canon *m* électronique
      nl E-straalprojector *m*
E9   *e* **e-beam quartz**
      r слой *m* диоксида кремния, сформированный электронно-лучевой обработкой
      d durch Elektronenstrahlbearbeitung erzeugte SiO_Schicht *f*
      f quartz *m* créé par faisceau d'électrons
      nl E-straal-kwartskristal *n*
E10   *e* **e-beam technology**
      r электронно лучевая технология *f*
      d Elektronenstrahltechnik *f*
      f technologie *f* par [à] faisceaux d'électrons
      nl E-straal-technologie *f*
E11   *e* **EBES** *see* **e-beam exposure system**
E12   *e* **EBL** *see* **electron-beam lithography**
E13   *e* **e-chrome mask**
      r шаблон *m* со слоем хрома для электронно-лучевой литографии
      d Chromschablone *f* für Elektronenstrahllithografie
      f masque *m* chromé pour lithographie électronique
      nl E-straal-chroommasker *n*
E14   *e* **ECL** *see* **emitter-coupled logic**
E15   *e* **ECL slice**
      r секционный ЭСЛ-микропроцессор *m*
      d ECL-Bitscheibenprozessor *m*
      f microprocesseur *m* ECL en tranches
      nl ECL-part *n*
E16   *e* **edge**
      r 1. край *m* (*фоторезиста*) 2. ребро *n* (*кристалла*)
      d Kante *f*; Rand *m*
      f bord *m*; arête *f*
      nl rand *m*, kant *m*
E17   *e* **edge acuity** *see* **edge sharpness**
E18   *e* **edge chipping**
      r обкалывание *n* краёв (*кристалла*)
      d Kantenausbrechen *n*
      f clivage *m* des bord
      nl randafbrokkeling *f*
E19   *e* **edge contact area**
      r краевая контактная площадка *f*
      d Bondstelle *f* am Chiprand, Randbondstelle *f*
      f surface *f* de contact de bord
      nl randcontactgebied *n*
E20   *e* **edge definition** *see* **edge sharpness**
E21   *e* **edge dislocation**
      r краевая дислокация *f*
      d Kantenversetzung *f*, Stufenversetzung *f* (*Kristallbaufehler*)
      f dislocation *f* de bord
      nl randroosterfout *f* (*m*)
E22   *e* **edge effect**
      r краевой эффект *m*
      d Kanteneffekt *m*
      f effet *m* de bord
      nl randeffect *n*
E23   *e* **edge fuzziness**
      r размытость *f* края изображения
      d Bildrandunschärfe *f*
      f flou *m* du bord d'image
      nl randonscherpte *f*
E24   *e* **edge irregularity**
      r неровность *f* края (*кристалла*)
      d Kantenunebenheit *f*
      f irrégularité *f* du bord
      nl randonregelmatigheid *f*
E25   *e* **edge placement**
      r установка *f* угла кристалла в заданное положение
      d Kantenlageeinstellung *f*

EDGE

       f placement m du bord
     nl plaatsing f op rand [kant]
E26 e **edge sharpness**
       r резкость f [чёткость f] края изображения
       d Randschärfe f, Bildrandschärfe f
       f définition f du bord d'image
     nl randscherpte f, kantscherpte f
E27 e **EDMOS** see enhancement depletion MOS
E28 e **EEIC** see elevated-electrode integrated circuit
E29 e **EEROM** see electrically erasable read-only memory
E30 e **EF** see emitter follower
E31 e **efficiency**
       r 1. эффективность f 2. коэффициент m полезного действия, кпд
       d Wirkungsgrad m, Nutzeffekt
       f efficacité f
     nl 1. doelmatigheid f, efficiency m 2. nuttig effect n, rendement n, opbrengst f
E32 e **effusion cell**
       r эффузионный элемент m (в молекулярно-пучковой эпитаксии)
       d Effusionszelle f
       f cellule f d'effusion
     nl effusiecel f(m)
E33 e **EFL** see 1. emitter-follower logic 2. emitter-function logic
E34 e **E^{2}IC** see elevated-electrode integrated circuit
E35 e **ejected electron** see emitted electron
E36 e **ejection**
       r испускание n, эжекция f
       d Ausstoßen n, Ejektion f
       f éjection f
     nl uitwerpen n, uitstoten n
E37 e **E-JFET** see enhancement-mode junction FET
E38 e **EL** see electron-beam lithography
E39 e **elastic-surface-wave device**
       r прибор m на упругих [акустических] поверхностных волнах
       d Oberflächenwellen-Bauelement n
       f dispositif m à ondes élastiques de surface
     nl met elastische oppervlaktegolven werkende bouwsteen m
E40 e **electrical bridging**
       r образование n перемычек; образование n каналов (между соединениями)
       d Überbrückung f
       f formation f des traversées
     nl elektrische brugvorming f
E41 e **electrical conduction**
       r электропроводность f, проводимость f
       d elektrische Leitung f
       f conductibilité f
     nl elektrische geleiding f
E42 e **electrical inspection**
       r контроль m электрических параметров
       d Kontrolle f elektrischer Parameter
       f inspection f des paramètres électriques
     nl controle f (m) op elektrische parameters
E43 e **electrically alterable read-only memory**
       r электрически перепрограммируемое ПЗУ n
       d elektrish umprogrammierbarer ROM m, [Festwertspeicher m], EAROM m
       f mémoire f EAROM [permanente reprogrammable électriquement]
     nl elektrisch te wijzigen leesgeheugen n [ROM n], EAROM n
E44 e **electrically conductive adhesive**
       r электропроводный клей m
       d elektrisch leitender Kleber m
       f adhésif m conducteur
     nl elektrisch geleidend kleefmiddel n [plakmiddel n], elektrisch geleidende lijm m
E45 e **electrically erasable read-only memory**
       r электрически стираемое ПЗУ n
       d elektrisch löschbarer ROM m [Festwertspeicher m], EEROM m
       f mémoire f morte effaçable électriquement
     nl elektrisch wisbaar leesgeheugen n [ROM n], EEROM n
E46 e **electrically-floating region**
       r плавающая область f
       d Floating-Bereich m
       f région f flottante
     nl elektrisch zwevende zone f (m)
E47 e **electrically programmable read-only memory**
       r электрически программируемое ПЗУ n ЭППЗУ
       d elektrisch programmierbarer ROM m [Festwertspeicher m], ЕПРОМ m
       f mémoire f morte programmable électriquement
     nl elektrisch programmeerbaar leesgeheugen n [ROM n], EPROM n
E48 e **electrical sorting**
       r разбраковка f по электрическим параметрам
       d Sortierung f nach elektrischen Parametern
       f triage m par paramètres électriques
     nl sorteren n op elektrische parameters
E49 e **electrochemical deposition**
       r электрохимическое осаждение n
       d elektrochemische Abscheidung f
       f déposition f électrochimique
     nl elektrochemisch neerslaan n [bedekken n]
E50 e **electrochemical grinding**
       r электрохимическое шлифование n
       d elektrochemisches Schleifen n

ELECTRON

    f meulage *m* électrochimique
    nl elektrochemisch slijpen *n*
E51 *e* **electrode geometry**
    r конфигурация *f* [форма *f*] электрода
    d Elektrodenform *f*
    f géométrie *f* d'électrode
    nl elektrode(n)vorm *m*
E52 *e* **electrodeposition** *see* **electrolythic deposition**
E53 *e* **electrode spacing**
    r расстояние *n* [промежуток *m*] между электродами
    d Elektrodenabstand *m*
    f distance *f* interélectrodes
    nl elektrodenafstand *m*
E54 *e* **electroerosion machining**
    r электроэрозионная обработка *f*
    d Elektroerosion *f;* elektroerosive Bearbeitung *f*
    f usinage *m* par électro-érosion
    nl machinale elektro-erosie *f* [vonkverspaning *f*]
E55 *e* **electroetching**
    r электрохимическое травление *n*
    d elektrochemisches Ätzen *n*
    f décapage *m* électrochimique
    nl elektrolytisch etsen *n*, elektro-etsen *n*
E56 *e* **electroless deposition, electroless plating, electroless processing**
    r осаждение *n* методом химического восстановления
    d stromlose Plattierung *f*, Tauchplattierung *f*
    f dépôt *m* [déposition *f*] par réduction
    nl stroomloze [chemische] depositie *f* [neerslaan *n*]
E57 *e* **electrolysis**
    r электролиз *m*
    d Elektrolyse *f*
    f électrolyse *f*
    nl elektrolyse *f*
E58 *e* **electrolythic anodization**
    r электролитическое анодирование *n*
    d Anodisieren *n*, anodische [elektrolytische] Oxydation *f*
    f anodisation *f* électrolytique
    nl (elektrolytisch) anodiseren *n*, anodische (elektrolytische) oxydatie *f*
E59 *e* **electrolythic bath**
    r электролитическая ванна *f*, электролизёр *m*
    d Elektrolysebad *n*
    f électrolyseur *m*, cuve *f* électrolytique
    nl elektrolysebad *n*
E60 *e* **electrolythic deposition**
    r электролитическое осаждение *n*
    d elektrolytische Abscheidung *f*
    f dépôt *m* [déposition *f*] électrolytique
    nl 1. elektrolytisch neerslaan *n*, galvaniseren *n* 2. elektrolytische depositie *f*, galvanische bedekking *f*
E61 *e* **electrolythic etching**
    r электролитическое травление *n*
    d elektrolytisches Ätzen *n*, Elektroätzen *n*
    f décapage *m* électrolytique
    nl elektrolytisch etsen *n*, elektro-etsen *n*
E62 *e* **electrolythic grinding**
    r электролитическое шлифование *n*
    d elektrolytisches Schleifen *n*
    f meulage *m* électrolythique
    nl elektrolytisch slijpen *n*
E63 *e* **electrolythic ionization**
    r электролитическая ионизация *f*
    d elektrolytische Ionisation *f*
    f ionisation *f* électrolytique
    nl elektrolytische ionisatie *f*
E64 *e* **electrolythic oxidation**
    r электролитическое оксидирование *n*
    d elektrolytische Oxydation *f*
    f oxydation *f* électrolytique
    nl elektrolytische oxydatie *f*
E65 *e* **electrolythic polishing**
    r электролитическая полировка *f*
    d elektrolytisches Polieren *n*
    f polissage *m* électrolytique
    nl elektrolytisch polijsten *n*
E66 *e* **electromagnetic scrub**
    r электромагнитная очистка *f*
    d elektromagnetische Reinigung *f*
    f nettoyage *m* électromagnétique
    nl elektromagnetische reiniging *f*
E67 *e* **electromigration immunity, electromigration resistance**
    r стойкость *f* к электромиграции
    d Beständigkeit *f* gegen Elektromigration
    f immunité *f* [stabilité *f*] à la électromigration
    nl elektromigratie-immuniteit *f*
E68 *e* **electron affinity**
    r сродство *n* к электрону
    d Elektronenaffinität *f*
    f affinité *f* électronique
    nl 1. elektronenaffiniteit *f* 2. uittree-arbeid *m*
E69 *e* **electron beam**
    r электронный луч *m*; пучок *m* электронов
    d Elektronenstrahl *m*
    f rayon *m* cathodique; faisceau *m* électronique [d'électrons]
    nl elektronenbundel *m*, elektronenstraal *m* (*v*)
E70 *e* **electron-beam aligner** *see* **electron-beam exposer**
E71 *e* **electron-beam alignment**
    r ориентация *f* электронного луча
    d Elektronenstrahljustierung *f*
    f alignement *m* d'un rayon cathodique
    nl elektronenstraal-uitlijning *f*
E72 *e* **electron-beam annealer**
    r установка *f* электронно-лучевого отжига
    d Elektronenstrahlausheilungsanlage *f*

ELECTRON

        f installation *f* de recuit par faisceau d'électrons
        nl elektronenstraal-uitgloei-installatie *f*

E73 *e* **electron-beam annealing**
        r электронно-лучевой отжиг *m*
        d Elektronenstrahlausheilung *f*
        f recuit *m* par faisceau d'électrons
        nl elektronenstraal-uitgloeiing *f*

E74 *e* **electron-beam bonding**
        r электронно-лучевая сварка *f*
        d Elektronenstrahlbonden *n*
        f soudage *m* par faisceau d'électrons
        nl contacteren *n* met elektronenstraal

E75 *e* **electron-beam deposition**
        r электронно-лучевое осаждение *n*
        d Elektronenstrahlabscheidung *f*
        f dépôt *m* [déposition *f*] par faisceau d'électrons
        nl elektronenstraal-depositie *f*

E76 *e* **electron-beam evaporation**
        r электронно-лучевое напыление *n*
        d Elektronenstrahlverdampfung *f*
        f évaporation *f* par faisceau d'électrons
        nl verdamping *f* met elektronenstraal

E77 *e* **electron-beam evaporation source** *see* **electron-bombardment evaporator**

E78 *e* **electron-beam evaporator**
        r 1. электронно-лучевая установка *f* для напыления 2. электронно-лучевой испаритель *m*
        d Elektronenstrahlverdampfer *m*
        f évaporateur *m* à faisceau d'électrons
        nl elektronenstraalverdamper *m*

E79 *e* **electron-beam exposer**
        r установка *f* электронно-лучевой литографии
        d Elektronenstrahlbelichtungsanlage *f*
        f installation *f* de lithographie électronique
        nl elektronenstraal-belichtingsapparaat *n*

E80 *e* **electron-beam exposure**
        r электронно-лучевое [электронное] экспонирование *n*
        d Elektronenstrahlbelichtung *f*
        f exposition *f* par faisceau d'électrons
        nl belichting *f* met elektronenstraal

E81 *e* **electron-beam generated mask**
        r фотошаблон *m*, изготовленный по электронно-лучевой технологии
        d elektronenlithografisch hergestellte Maske *f*
        f masque *m* fabriqué par technologie à faisceau d'électrons
        nl elektronenstraal-lithografisch vervaardigd masker *n*

E82 *e* **electron-beam heating**
        r электронно-лучевой нагрев *m*
        d Elektronenstrahlheizung *f*
        f chauffage *m* par faisceau d'électrons
        nl elektronenstraalverhitting *f*

E83 *e* **electron-beam image repeater**
        r электронно-лучевой мультипликатор *n* изображений
        d Elektronenstrahlrepeater *m*, Elektronenstrahl-Fotorepeater *m*
        f répé(ti)teur *m* d'images par faisceau d'électrons
        nl elektronenstraal-repeerprojector *m*

E84 *e* **electron-beam imaging** *see* **electron-beam patterning**

E85 *e* **electron-beam lithography**
        r электронно-лучевая [электронная] литография *f*, электронолитография *f*
        d Elektronenstrahllithografie *f*
        f lithographie *f* électronique
        nl elektronenstraal-lithografie *f*

E86 *e* **electron-beam mask generator**
        r электронно-лучевой генератор *m* изображений фотошаблонов
        d Elektronenstrahlmaskenschreiber *m*
        f générateur *m* des (photo)masque par faisceau d'électrons
        nl elektronenstraal-maskervormer *m*

E87 *e* **electron-beam mask system**
        r электронно-лучевая установка *f* для изготовления фотошаблонов
        d Elektronenstrahlmaskenschreiberanlage *f*
        f système *m* de génération des (photo)masque par faisceau d'électrons
        nl elektronenstraal-maskersysteem *n*

E88 *e* **electron-beam metallization**
        r электронно-лучевая металлизация *f*
        d Elektronenstrahlmetallisierung *f*
        f métallisation *f* par faisceau d'électrons
        nl elektronenstraal-metallisatie *f*

E89 *e* **electron-beam patterning**
        r электронно-лучевое формирование *n* изображений
        d Elektronenstrahlstrukturierung *f*
        f imagerie *f* à faisceau d'électrons
        nl patroonvorming *f* door elektronenstraal

E90 *e* **electron-beam pattern writer**
        r электронно-лучевая установка *f* для формирования изображений
        d Elektronenstrahlbildgenerator *m*
        f imageur *m* à faisceau d'électrons
        nl elektronenstraal-patroonschrijver *m*

E91 *e* **electron-beam printing** *see* **electron-beam lithography**

E92 *e* **electron-beam probe**
        r электронно-лучевой зонд *n*
        d Elektronen(strahl) sonde *f*
        f sonde *f* à faisceau d'électrons
        nl elektronenstraalsonde *f* (*m*)

E93 *e* **electron-beam probing**
        r электронно-лучевое зондирование *n*
        d Elektronenstrahlsondierung *f*
        f sondage *m* par faisceau d'électrons
        nl sondering *f* met elektronenstraal

E94 *e* **electron-beam processing**
        r электронно-лучевая обработка *f*
        d Elektronenstrahlbearbeitung *f*

ELECTRONIC

    f traitement *m* par faisceau d'électrons
   nl elektronenstraalbewerking *f*
E95 *e* **electron-beam projection**
    r 1. проецирование *n* электронного луча (*на обрабатываемый объект*) 2. электронно-лучевая проекционная литография *f*
    d 1. Elektronenstrahlprojektion *f* 2. Elektronenstrahlprojektionsverfahren *n*
    f 1. projection *f* de rayon cathodique 2. lithographie *f* électronique de projection
   nl elektronenstraal-projectie *f*
E96 *e* **electron-beam resist**
    r электронный резист *m*, электронорезист *m*
    d elektronenempfindliches Resist *n*
    f résist *m* sensible aux électrons
   nl elektronengevoelige (afdek)lak *m*
E97 *e* **electron-beam reticle** *see* **e-beam mask**
E98 *e* **electron-beam writing** *see* **electron-beam patterning**
E99 *e* **electron bombardment**
    r электронная бомбардировка *f*
    d Elektronenbeschuß *m*
    f bombardement *m* électronique
   nl elektronenbombardement *n*, beschieting *f* met elektronen
E100 *e* **electron-bombardment evaporator**
    r электронно-лучевой испаритель *m*
    d Elektronenstrahlverdampfer *m*
    f évaporateur *m* à faisceau d'électrons
   nl verdamper *m* werkend met elektronenbeschieting
E101 *e* **electron conduction**
    r электронная электропроводность *f*, электропроводность *f* *n*-типа
    d Elektronenleitung *f*, n-Leitung *f*
    f conductibilité *f* par électrons
   nl geleiding *f* via elektronen, n-geleiding *f*
E102 *e* **electron-continuity equation**
    r уравнение *n* непрерывности для электронов
    d Elektronenkontinuitätsgleichung *f*
    f équation *f* de continuité d'électrons
   nl elektronen-continuïteitsvergelijking *f*
E103 *e* **electron current**
    r электронный ток *n*
    d Elektronenstrom *m*
    f courant *m* électronique
   nl elektronenstroom *m*
E104 *e* **electron diffusion length**
    r диффузионная длина *f* электронов
    d Elektronendiffusionslänge *f*
    f longueur *f* de diffusion d'électrons
   nl elektronendiffusiediepte *f*
E105 *e* **electron-discharge machining**
    r электроискровая обработка *f*
    d Elektroerodieren *n*, elektroerosive Bearbeitung *f*
    f usinage *m* par électro-érosion
   nl machinale vonkverspaning *f*

E106 *e* **electron drift**
    r дрейф *m* электронов
    d Elektronendrift *f*
    f dérive *f* d'électrons
   nl elektronendrift *f* (*m*)
E107 *e* **electron envelope**
    r электронная оболочка *f*
    d Elektronenhülle *f*
    f couche *f* électronique
   nl elektronen-omhulsel *n*
E108 *e* **electron gun**
    r электронная пушка *f*
    d Elektronenkanone *f*
    f canon *m* électronique
   nl elektronenkanon *n*
E109 *e* **electron-hole avalanche**
    r электронно-дырочная лавина *f*
    d Elektronen-Löcher-Lawine *f*
    f avalanche *f* électron-trou
   nl elektronen-gatenlawine *f*
E110 *e* **electron-hole pair generation**
    r генерация *f* электронно-дырочных пар
    d Paarerzeugung *f*, Elektron-Loch-Paarerzeugung *f*
    f génération *f* des paires électron-trou
   nl elektron-gat-paarvorming *f*
E111 *e* **electron-hole recombination**
    r электронно-дырочная рекомбинация *f*
    d Elektron-Loch-Rekombination *f*
    f recombinaison *f* électron-trou
   nl elektron-gat-recombinatie *f*
E112 *e* **electron-hole scatter(ing)**
    r электронно-дырочное рассеяние *n*
    d Elektron-Loch-Streuung *f*
    f dispersion *f* électron-trou
   nl elektron-gat-verstrooiing *f*
E113 *e* **electronic engineering**
    r электронная техника *f*
    d elektronische Technik *f*
    f technique *f* électronique
   nl elektronische techniek *f*
E114 *e* **electronic-grade chemical**
    r химический реактив *m*, соответствующий требованиям электронной промышленности
    d elektronikgerechtes Reagens *n*
    f réactif *m* chimique selon l'exigence d'industrie électronique
   nl chemisch produkt *n* van elektronica-kwaliteit
E115 *e* **electronic-grade gas**
    r газ *m* электронной чистоты
    d Gas *n* elektronischer Reinheit
    f gaz *m* de pureté électronique
   nl gas *n* van elektronica-kwaliteit
E116 *e* **electronic-grade solvent**
    r растворитель *m* электронной чистоты
    d Lösungsmittel *n* elektronischer Reinheit
    f solvant *m* de pureté électronique
   nl oplosmiddel *n* van elektronica-kwaliteit

ELECTRONIC

E117 *e* **electronic-grade water**
   r вода *f*, соответствующая требованиям электронной промышленности
   d elektronikgerechtes Wasser *n*
   f eau *f* selon l'exigence d'industrie électronique
   nl water *n* van elektronica-kwaliteit

E118 *e* **electronics**
   r 1. электроника *f* 2. электронные приборы *m pl*
   d Elektronik *f*
   f électronique *f*
   nl elektronica *f*

E119 *e* **electronic semiconductor**
   r электронный полупроводник *m*, полупроводник *m* (с электропроводностью) *n*-типа
   d Elektronenhalbleiter *m*, n-Halbleiter *m*
   f semi-conducteur *m* électronique
   nl elektronische halfgeleider *m*

E120 *e* **electronic vision system**
   r установка *f* с системой технического зрения
   d System *n* mit visuellen Erkennungseinrichtungen
   f système *m* à vision
   nl elektronisch zichtsysteem *n*

E121 *e* **electron image projection**
   r электронно-лучевая проекционная литография *f*
   d Elektronenbildprojektion *f*
   f lithographie *f* électronique de projection
   nl elektronenbeeldprojectie *f*

E122 *e* **electron image projector**
   r установка *f* электронно-лучевой проекционной литографии
   d Elektronenbildprojektor *m*
   f installation *f* de lithographie électronique de projection
   nl elektronenbeeld-projector *m*

E123 *e* **electron impact** *see* **electron bombardment**

E124 *e* **electron-irradiated silicon**
   r кремний *m*, подвергнутый электронно-лучевой обработке
   d elektronenstrahlbearbeitetes Silizium *n*
   f silicium *m* irradié par faisceau d'électrons
   nl met elektronenstraal bewerkt silicium *n*

E125 *e* **electron microscope**
   r электронный микроскоп *m*
   d Elektronenmikroskop *n*
   f microscope *m* électronique
   nl elektronenmicroscoop *m*

E126 *e* **electron physics**
   r физическая электроника *f*
   d Elektronenphysik *f*
   f électronique *f* physique
   nl elektronenfysica *f*

E127 *e* **electron population**
   r электронная заселённость *f* (*энергетических уровней*)
   d Elektronenbesetzung *f*
   f population *f* électronique
   nl elektronenbezetting *f*

E128 *e* **electron resist, electron-sensitive resist**
see **electron-beam resist**

E129 *e* **electron-sensitive emulsion**
   r электронно-чувствительная эмульсия *f*, электронный эмульсионный резист *m*
   d elektronenempfindliche Emulsion *f*, elektronenempfindliches Emulsionsresist *n*
   f émulsion *f* sensible aux électrons, résist *m* à émulsion électronique
   nl elektronengevoelige emulsie *f*

E130 *e* **electron shell** *see* **electron envelope**

E131 *e* **electron technology**
   r 1. электронная технология *f* 2. электронная техника *f*
   d Elektronentechnologie *f*
   f technologie *f* électronique
   nl elektronentechnologie *f*

E132 *e* **electron tunneling**
   r туннелирование *n* электронов
   d Elektronendurchtunnelung *f*
   f tunneling *m* de la barrière d'électrons
   nl tunnelen *n* van elektronen

E133 *e* **electron trap**
   r электронная ловушка *f*, центр *m* захвата электронов
   d Elektronenfalle *f*
   f piège *m* d'électrons, trappe *f* électronique
   nl elektronenval *m*

E134 *e* **electron vacancy**
   r дырка *f*, электронная вакансия *f*
   d Defektelektron *n*, Loch *n*
   f lacune *f* [trou *m*] électronique
   nl ontbrekend elektron *n*, gat *n*

E135 *e* **electrooptical effect**
   r электрооптический эффект *m*
   d elektrooptischer Effekt *m*
   f effet *m* électro-optique
   nl elektro-optisch effect *n*

E136 *e* **electrooptical technology**
   r технология *f* оптоэлектронных приборов
   d optoelektronische Technologie *f*
   f technologie *f* opto-électronique
   nl elektro-optische technologie *f*

E137 *e* **electrooptics**
   r 1. электрооптика *f* 2. оптоэлектроника *f*
   d 1. Elektrooptik *f* 2. Optoelektronik *f*
   f 1. électro-optique *f* 2. opto-électronique *f*
   nl elektro-optica *f*

E138 *e* **electroplating** *see* **electrolythic deposition**

E139 *e* **electropolishing** *see* **electrolythic polishing**

E140 *e* **electrostatic charge**
   r заряд *m* статического электричества, электростатический заряд *m*
   d elektrostatische Ladung *f*
   f charge *f* électrostatique
   nl elektrostatische lading *f*

E141 *e* **electrostatic discharge**
   r разряд *m* статического электричества
   d elektrostatische Entladung *f*
   f décharge *f* électrostatique
   nl elektrostatische ontlading *f*

E142 *e* **electrostatic elimination**
   r снятие *n* зарядов статического электричества
   d Entfernen *n* [Ableiten *n*] der elektrostatischen Aufladungen
   f élimination *f* d'électricité statique
   nl elektrostatische lading wegnemen *n*

E143 *e* **electrostatic field**
   r электростатическое поле *n*
   d elektrostatisches Feld *n*
   f champ *m* électrostatique
   nl elektrostatisch veld *n*

E144 *e* **electrostatic wafer chuck**
   r электростатический держатель *m* полупроводниковых пластин
   d elektrostatischer Waferhalter *m*, elektrostatische Waferaufnahmevorrichtung *f*
   f support *m* électrostatique des tranches
   nl elektrostatische wafelhouder *m*

E145 *e* **electrotinning**
   r электролитическое лужение *n*
   d galvanische Verzinnung *f*
   f étamage *m* électrolytique
   nl (elektrolytisch, galvanisch) vertinnen *n*

E146 *e* **element**
   r элемент *n* (ИС); компонент *m*; прибор *m* (ИС, диод, транзистор)
   d Element *n*
   f élément *m*; composant *m*
   nl element *n*

E147 *e* **elemental semiconductor**
   r простой полупроводник *m*
   d Elementhalbleiter *m*
   f semi-conducteur *m* élémentaire
   nl elementaire halfgeleider *m*

E148 *e* **elementary charge**
   r элементарный заряд *m*, заряд *m* электрона
   d Elementarladung *f*
   f charge *f* d'électron
   nl elementaire lading *f*

E149 *e* **elementary MOS device**
   r дискретный МОП-прибор *m*
   d diskretes MOS-Bauelement *n*
   f dispositif *m* discret à structure MOS
   nl discrete MOS-bouwsteen *m*

E150 *e* **element density**
   r плотность *f* упаковки элементов ИС
   d Bauelementedichte *f*
   f compacité *f* [compactage *m*] d'éléments
   nl onderdelendichtheid *f*

E151 *e* **element redundancy**
   r поэлементное резервирование *n*
   d Elementredundanz *f*
   f redondance *f* par éléments
   nl elementenreserve *f (m)*

E152 *e* **elevated-electrode integrated circuit**
   r ИС *f* с выступающими электродами
   d Schaltkreis *m* mit erhöhten Elektroden
   f circuit *m* intégré à électrodes saillantes
   nl IC *n* [geïntegreerde schakeling *f*] met verhoogde elektroden

E153 *e* **ellipsometer**
   r эллипсометр *m*
   d Ellipsometer *m*
   f ellipsomètre *m*
   nl ellipsometer *m*

E154 *e* **ELSI** *see* **extra large-scale integration**

E155 *e* **embedding, embedment**
   r герметизация *f*; заливка *f*
   d Einbettung *f*
   f étanchement *m*, encapsulation *f*; enrobage *m*
   nl inbedding *f*

E156 *e* **EMESFET** *see* **enhancement metal Schottky (gate) FET**

E157 *e* **emission transition**
   r излучательный переход *m*
   d Emissionsübergang *m*
   f transition *f* radiative [avec émission]
   nl stralingsovergang *m*

E158 *e* **emitted electron**
   r испускаемый электрон *m*
   d emittiertes Elektron *n*
   f électron *m* émis
   nl geëmitteerd elektron *n*

E159 *e* **emitter**
   r эмиттер *m*, эмиттерная область *f*
   d Emitter *n*
   f émetteur *m*
   nl emitter *m*, emissor *m*

E160 *e* **emitter-base diode**
   r (интегральный) диод *m* на основе перехода эмиттер — база
   d Emitter-Basis-Diode *f*
   f diode *f* à jonction émetteur-base
   nl emitter-basisdiode *f*

E161 *e* **emitter-base junction**
   r эмиттерный переход *m*, переход *m* эмиттер — база
   d Emitter-Basis-Übergang *m*
   f jonction *f* émetteur-base
   nl emitter-basis-overgang *m*

E162 *e* **emitter bias**
   r напряжение *n* смещения на эмиттере
   d Emittevorspannung *f*
   f tension *f* préalable d'émetteur
   nl emitter-voorspanning *f*, emitter(voor)instelling *f*

EMITTER

E163 *e* **emitter-coupled (logic) gate**
  r элемент *m* ЭСЛ
  d ECL-Gatter *n*
  f porte *f* (logique) ECL [à couplage par émetteurs]
  nl ECL-poort *f (m)*

E164 *e* **emitter-coupled logic**
  r логические схемы *f pl* с эмиттерными связями, эмиттерно-связанная логика *f*, ЭСЛ
  d emittergekoppelte Logik *f*, ECL *f*
  f logique *f* ECL [à couplage par émetteurs]
  nl emittergekoppelde logica *f*, ECL *f*

E165 *e* **emitter current**
  r эмиттерный ток *m*
  d Emitterstrom *m*
  f courant *m* émetteur
  nl emitterstroom *m*

E166 *e* **emitter diffusion**
  r эмиттерная диффузия *f*, диффузия *f* для формирования эмиттера
  d Emitterdiffusion *f*
  f diffusion *f* émettrice
  nl emitterdiffusie *f*

E167 *e* **emitter-diffusion opening**
  r окно *n* для проведения эмиттерной диффузии
  d Emitterdiffusionsfenster *n*
  f fenêtre *f* de diffusion émettrice
  nl emitterdiffusievenster *n*

E168 *e* **emitter dip**
  r углубление *n* эмиттера
  d Emittersenkung *f*
  f cavité *f* d'émetteur
  nl emitter-dip(-effect) *m (n)*

E169 *e* **emitter electrode**
  r эмиттерный электрод *m*, электрод *m* эмиттера
  d Emitterelektrode *f*
  f électrode *f* d'émetteur
  nl emitterelektrode *f*

E170 *e* **emitter follower**
  r эмиттерный повторитель *m*
  d Emitterfolger *m*
  f répé(ti)teur *m* émetteur, émetteur *m* répéteur
  nl emittervolger *m*

E171 *e* **emitter-follower input**
  r входной эмиттерный повторитель *m*
  d Eingangsemitterfolger *m*
  f répé(ti)teur *m* émetteur d'entrée
  nl emittervolgeringang *m*

E172 *e* **emitter-follower logic**
  r логика *f* на эмиттерных повторителях, ЭПЛ
  d Emitterfolgerlogik *f*, EFL *f*; EFL-Schaltkreis *m*
  f logique *f* à émetteurs répéteurs
  nl emittervolger-logica *f*, EFL *f*

E173 *e* **emitter-function logic**
  r эмиттерно-функциональная логика *f*, ЭФЛ
  d Emitterfunktionslogik *f*, EFL *f*
  f logique *f* fonctionnelle à émetteurs couplés
  nl functionele-emitterlogica *f*

E174 *e* **emitter impurity concentration**
  r концентрация *f* (легирующей) примеси в эмиттерной области
  d Emitterstörstellendichte *f*
  f concentration *f* d'impureté en zone émettrice
  nl emitterdoteringsconcentratie *f*

E175 *e* **emitter ion implantation**
  r ионная имплантация *f* для формирования эмиттерных областей
  d Emitterimplantation *f*
  f implantation *f* ionique pour formation des zones émettrices
  nl ionenimplantatie *f* voor emitter

E176 *e* **emitter mask**
  r маска *f* для формирования эмиттерных областей
  d Emitterdiffusionsmaske *f*
  f masque *m* pour formation des zones émettrices
  nl emittermasker *n*

E177 *e* **emitter push**
  r вытеснение *n* эмиттера
  d Emitterverdrängung *f*
  f entraînement *m* d'émetteur
  nl emitterverdringing *f*

E178 *e* **emitting diode**
  r светодиод *m*, светоизлучающий диод *m*, СИД
  d Lichtemitterdiode *f*, Leuchtdiode *f*, LED *f*
  f diode *f* émettrice de lumière
  nl emitterende diode *f*, emissie-diode *f*, uitstralende diode *f*

E179 *e* **EMOS, EMOSFET** *see* **enhancement MOS (FET)**

E180 *e* **empty level**
  r свободный уровень *m*
  d unbesetztes Niveau *n*
  f niveau *m* libre
  nl onbezet niveau *n*

E181 *e* **emulsifier**
  r эмульгатор *m*
  d Emulsionsmittel *n*
  f émulsifiant *m*
  nl emulgeermiddel *n*, emulgator *m*

E182 *e* **emulsion**
  r эмульсия *f*; фотоэмульсия *f*, фоторезист *m*
  d Emulsion *f*
  f émulsion *f*
  nl emulsie *f*

E183 *e* **emulsion build-up**
  r утолщение *n* эмульсионного слоя (*на фотошаблоне*)
  d Emulsionsschichtverdickung *f*
  f épaississement *m* de couche d'émulsion
  nl emulsielaag-aandikking *f*

ENGINEERING

E184 *e* **emulsion mask** *see* **emulsion photomask**
E185 *e* **emulsion-mask pattern**
 r рисунок *m* на эмульсионном фотошаблоне
 d Emulsionsmaskenbild *n*, Emulsionsmaskenstruktur *f*
 f dessin *m* [motif *m*] sur le photomasque d'émulsion
 nl emulsiemaskerpatroon *n*

E186 *e* **emulsion photomask, emulsion plate**
 r эмульсионный фотошаблон *m*
 d Emulsionsmaske *f*
 f photomasque *m* d'émulsion
 nl foto-emulsiemasker *n*, foto-emulsieplaat *f (m)*

E187 *e* **encapsulant**
 r герметик *m*, герметизирующий материал *m*
 d Verkappungsmaterial *n*, Vergußmasse *f*
 f matériau *m* hermétique
 nl inkapselstof *f (m)*, inkapselmiddel *n*

E188 *e* **encapsulated component**
 r герметизированный компонент *m*
 d verkapseltes Bauelement *n*
 f composant *m* encapsulé [hermétisé]
 nl ingekapselde component *m*

E189 *e* **encapsulated hybrid**
 r герметизированная ГИС *f*
 d verkapselte Hybridschaltung *f*
 f circuit *m* hybride encapsulé
 nl ingekapselde hybride(schakeling) *m (f) (f)*

E190 *e* **encapsulated integrated circuit**
 r герметизированная ИС *f*
 d verkapselter Schaltkreis *m*
 f circuit *m* intégré encapsulé
 nl ingekapselde geïntegreerde schakeling *f*, ingekapseld IC *n*

E191 *e* **encapsulation**
 r герметизация *f (чаще пластмассой)*
 d Verkapselung *f*, Verkappung *f (in einer Vergußmasse)*
 f encapsulation *f*
 nl inkapseling *f*

E192 *e* **encapsulation mold**
 r пресс-форма *f* для изготовления пластмассовых корпусов
 d Preßwerkzeug *n* für die Herstellung von Kunststoffgehäusen
 f moule *m* pour boîtiers plastiques
 nl ingietmal *m*, ingietmatrijs *f (m)*, ingietvorm *m*

E193 *e* **enclosure** *see* **envelope**
E194 *e* **encoder**
 r кодирующее устройство *n*, кодер *m*
 d Codiereinrichtung *f*, Coder *m*, Kodierer *m*
 f codeur *m*
 nl codeerder *m (schakeling, bouwsteen)*

E195 *e* **end effect** *see* **edge effect**
E196 *e* **end-point**
 r момент *m* завершения операции
 d Endpunkt *m*, Operationsabschlußmoment *m*
 f instant *m* de fin d'opération
 nl 1. eindpunt *n* 2. omslagpunt *n* 3. eindresultaat *n* 4. grenswaarde *f* 5. slotmoment *n*

E197 *e* **end-point detection**
 r определение *n* момента завершения операции
 d Endpunktfeststellung *f*
 f défection *f* d'instant de fin d'opération
 nl eindpuntdetectie *f*

E198 *e* **endurance**
 r 1. стойкость *f*; износостойкость *f* 2. срок *m* службы; долговечность *f*
 d 1. Dauerhaftigkeit *f* 2. Lebensdauer *f*
 f 1. résistance; *f*; endurance *f* 2. durée *f* de vie
 nl duurzaamheid *f*, levensduur *m*, standtijd *m*

E199 *e* **energy band**
 r энергетическая зона *f*
 d Energieband *n*
 f bande *f* énergétique
 nl energieband *m*

E200 *e* **energy-band structure**
 r зонная структура *f*
 d Energiebänderstruktur *f*, Bänderstruktur *f*, Bandstruktur *f*
 f structure *f* de bande
 nl (energie)band(en) structuur *f*

E201 *e* **energy gap**
 r запрещённая энергетическая зона *f*
 d Bandabstand *m*, Energielücke *f*
 f bande *f* énergétique interdite
 nl bandafstand *m*, energie-interval *n*

E202 *e* **energy level**
 r энергетический уровень *m*
 d Energieniveau *n*
 f niveau *m* énergétique
 nl energieniveau *n*

E203 *e* **energy-pulse bonding**
 r (контактная) импульсная сварка *f*
 d Impulsbonden *n*
 f soudage *m* par impulsion
 nl impulscontactering *f*

E204 *e* **energy state**
 r энергетическое состояние *n*; энергетический уровень *m*
 d Energiezustand *m*
 f état *m* énergétique
 nl energiestaat *m*, energietoestand *m*

E205 *e* **ENFET** *see* **enhancement-mode FET**
E206 *e* **engineering**
 r 1. техника *f* 2. конструирование *n*; проектирование *n*
 d 1. Ingenieurtechnik *f*, Technik *f* 2. Konstruieren *n*; Entwerfen *n*
 f ingénierie *f*
 nl 1. ingenicurswezen *n* 2. werktuigbouw (kunde) *m (f)* 3. (ontwikkelen *n* en) construeren *n*

ENGRAVING

E207 *e* **engraving**
   r гравирование *n;* формирование *n* микрорельефа
   d Gravur *f;* Eingravieren *n*
   f gravure *f*
  nl graveren *n,* plaatsnijden *n*

E208 *e* **enhanced diffusion**
   r ускоренная [стимулированная] диффузия *f*
   d beschleunigte Diffusion *f*
   f diffusion *f* accélérée
  nl verbeterde diffusie *f*

E209 *e* **enhanced region**
   r обогащённая область *f*
   d Anreicherungsgebiet *n*
   f région *f* enrichie
  nl verrijkte zone *f (m)*

E210 *e* **enhancement**
   r 1. обогащение *n* 2. усиление *n;* стимулирование *n*
   d 1. Anreicherung *f* 2. Beschleunigung *f,* Stimulierung *f*
   f 1. enrichissement *m* 2. amplification *f,* gain *m;* stimulation *f*
  nl 1. verbetering *f,* vergroting *f,* versterking *f (alg.)* 2. verrijking *f (halfgeleider)*

E211 *e* **enhancement channel**
   r обогащённый канал *m*
   d Anreicherungskanal *m*
   f canal *m* enrichi
  nl verrijkingskanaal *n*

E212 *e* **enhancement/depletion MOS**
   r МОП-структура *f* на транзисторах, работающих в режимах обогащения и обеднения
   d Enhancement/Depletion-MOS-Struktur *f,* MOS-Struktur *f* des Anreicherungs-Verarmungstyps
   f structure *f* MOS en mode enrichissement/déplétion
  nl verrijkings/verarmings-MOS *m*

E213 *e* **enhancement metal Schottky (gate) FET**
   see **enhancement-type Schottky-barrier (gate) FET**

E214 *e* **enhancement mode**
   r режим *m* обогащения
   d Anreicherungsbetrieb *m*
   f mode *m* d'enrichissement
  nl (met) verrijkingswerking *f,* van verrijkingstype *n*

E215 *e* **enhancement-mode FET**
   r полевой транзистор *m,* работающий в режиме обогащения
   d Enhancement-FET *m,* Anreicherunstyp-FET *m*
   f transistor *m* FET à enrichissement
  nl FET *m* van verrijkingstype

E216 *e* **enhancement-mode integrated circuit**
   r ИС *f* на полевых транзисторах, работающих в режиме обогащения
   d Enhancement-FET-Schaltkreis *m*
   f circuit *m* intégré à transistor FET à enrichissement
  nl IC *n* [geïntegreerde schakeling *f*] van verrijkingstype

E217 *e* **enhancement-mode junction FET**
   r полевой транзистор *m* с $p-n$-переходом, работающий в режиме обогащения
   d Enhancement-JFET *m,* Anreicherungstyp-JFET *m*
   f transistor *m* FET à jonction p-n à enrichissement
  nl sperlaag-FET *m* [JFET *m*] van verrijkingstype

E218 *e* **enhancement-mode operation**
   r работа *f* в режиме обогащения
   d Anreicherungsbetrieb *m*
   f opération *f* en mode d'enrichissement
  nl verrijkingswerking *f*

E219 *e* **enhancement MOS (FET)**
   r МОП-транзистор *m,* работающий в режиме обогащения
   d Enhancement-MOSFET *m;* Anreicherungstyp-MOSFET *m*
   f transistor *m* MOS FET à enrichissement
  nl MOS(FET) *m (m)* van verrijkingstype

E220 *e* **enhancement-type Schottky-barrier (gate) FET**
   r полевой транзистор *m* с затвором Шотки, работающий в режиме обогащения
   d Enhancement-Schottky-FET *m*
   f transistor *m* FET à barrière Schottky à enrichissement
  nl Schottky-FET *m* van verrijkingstype

E221 *e* **envelope**
   r корпус *m;* оболочка *f*
   d Kapselung *f;* Gehäuse *n*
   f boîtier *m;* enveloppe *f,* enceinte *f*
  nl omhulling *f,* omhulsel *n*

E222 *e* **environment**
   r условия *n pl* окружающей среды
   d Umgebung *f;* Umgebungsbedingungen *f pl*
   f environnement *m*
  nl omgeving *f,* omgevingscondities *f pl*

E223 *e* **environmental handler**
   r манипулятор *m* камеры для климатических испытаний
   d Klimakammer-Manipulator *m*
   f manipulateur *m* de chambre climatique
  nl manipulator *m* voor klimaatgeregelde ruimte

E224 *e* **environment cabinet, environment chamber**
   r камера *f* для климатических испытаний
   d Klimakammer *f*
   f chambre *f* climatique
  nl kast f *(m)* [kamer *f (m)*] met klimaatregeling

EPITAXIAL

E225 e **epi**
  r эпитаксиальный слой *m*
  d Epischicht *f*, Epitaxieschicht *f*, Epitaxialschicht *f*
  f couche *f* épitaxiale
  nl epi(taxie)laag *f (m)*, epitaxiaallaag *f (m)*

E226 e **EPIC** *see* **epitaxial passivated integrated circuit**

E227 e **epic approach**
  r ЭПИК-процесс *m*; ЭПИК-технология *f*
  d EPIC-Verfahren *n*
  f procédé *m* EPIC
  nl EPIC-methode *f*

E228 e **epifilm** *see* **epitaxial film**

E229 e **epi-island**
  r эпитаксиальный островок *m*
  d Epi-Insel *f*, Epitaxieinsel *f*
  f îlot *m* épitaxial
  nl epi(taxie)-eilandje *n*

E230 e **epilayer** *see* **epitaxial layer**

E231 e **epiplanar device**
  r планарно-эпитаксиальный прибор *m*
  d Epitaxial-Planar-Bauelement *n*
  f dispositif *m* planaire épitaxial
  nl epi(taxiaal)-planaire bouwsteen *m*

E232 e **epiplanar technology**
  r планарно-эпитаксиальная технология *f*
  d Epitaxial-Planar-Technik *f*
  f technologie *f* planaire-épitaxial
  nl epi(taxiaal)-planairtechnologie *f*

E233 e **epitaxial body**
  r подложка *f* с эпитаксиальным слоем
  d Substrat *n* mit Epitaxieschicht
  f corps *m* à couche épitaxiale
  nl epitaxiaal lichaam *n*

E234 e **epitaxial collector**
  r эпитаксиальный коллектор *m*, коллектор *m*, сформированный в эпитаксиальном слое
  d Epitaxialkollektor *m*
  f collecteur *m* épitaxial
  nl epitaxiale collector *m*

E235 e **epitaxial CVD**
  r химическое осаждение *n* эпитаксиального слоя из паровой фазы
  d Epitaxial-CVD *f*
  f dépôt *m* chimique de couche épitaxiale en phase vapeur
  nl epitaxiale CVD *m*

E236 e **epitaxial deposition**
  r осаждение *n* эпитаксиального слоя
  d Epitaxialwachstum *n*, epitaxiales Aufwachsen *n*
  f déposition *f* épitaxiale, dépôt *m* épitaxial
  nl epitaxiaal opdampen *n* [neerslaan *n*, bekleden *n*]

E237 e **epitaxial-edge crown**
  r утолщение *n* эпитаксиального слоя на краях полупроводниковой пластины
  d Epischichtverdickung *f* an der Waferkante
  f épaississement *m* de couche épitaxiale aux bords de la tranche
  nl epitaxie-randverdikking *f (wafel)*

E238 e **epitaxial film**
  r эпитаксиальная плёнка *f*
  d Epitaxieschicht *f*, Epitaxialschicht *f*
  f film *m* épitaxial
  nl (dunne) epi-laag *f (m)*, (dunne) epitaxiale laag *f (m)*

E239 e **epitaxial furnace** *see* **epitaxial reactor**

E240 e **epitaxial growth**
  r эпитаксиальное выращивание *n*, эпитаксия *f*
  d epitaxiales Aufwachsen *n*
  f croissance *f* épitaxiale, épitaxie *f*
  nl epitaxiale aangroei *m (procédé)*

E241 e **epitaxial integrated circuit**
  r ИС *f*, изготовленная с использованием эпитаксиальной технологии
  d Epitaxialschaltkreis *m*
  f circuit *m* intégré fabriqué par épitaxie
  nl geïntegreerde epitaxiaalschakeling *f*, epitaxiaal-IC *n*

E242 e **epitaxial junction**
  r эпитаксиальный переход *m*
  d Epitaxialübergang *m*
  f jonction *f* épitaxiale
  nl epitaxiaalovergang *m*

E243 e **epitaxial layer**
  r эпитаксиальный слой *m*
  d Epitaxieschicht *f*, Epitaxialschicht *f*
  f couche *f* épitaxiale
  nl epi(taxie)-laag *f (m)*, epitaxiaallaag *f (m)*

E244 e **epitaxially grown film** *see* **epitaxial film**

E245 e **epitaxially grown junction** *see* **epitaxial junction**

E246 e **epitaxial passivated integrated circuit**
  r ИС *f*, изготовленная по ЭПИК-технологии
  d EPIC-Schaltkreis *m*
  f circuit *m* intégré fabriqué par technologie EPIC
  nl epitaxiaal gepassiveerd IC *n*

E247 e **epitaxial planar transistor**
  r планарно-эпитаксиальный транзистор *m*
  d Epitaxial-Planar-Transistor *m*
  f transistor *m* planaire-épitaxial
  nl epi(taxiaal)-planaire transistor *m*

E248 e **epitaxial pocket**
  r карман *m* в эпитаксиальном слое
  d Epitaxieschichtwanne *f*
  f poche(tte) *f* de couche épitaxiale
  nl epitaxielaagholte *f*

E249 e **epitaxial reactor**
  r эпитаксиальный реактор *m*
  d Epitaxialreaktor *m*
  f réacteur *m* épitaxial
  nl epitaxievat *n*, epitaxikamer *f (m)*

EPITAXIAL

E250 *e* **epitaxial refill**
  r заполнение *n* канавок эпитаксиальным материалом
  d epitaxiales Füllen *n*
  f remplissage *m* par matériau épitaxial
  nl epitaxiaal opvullen *n*

E251 *e* **epitaxial region**
  r область *f* в эпитаксиальном слое, эпитаксиальная область *f*
  d Epitaxialbereich *m*
  f région *f* épitaxiale
  nl epitaxiale zone *f (m)*

E252 *e* **epitaxial regrowth**
  r рекристаллизация *f* эпитаксиального слоя
  d Epitaxieschichtrekristallisation *f*
  f recristallisation *f* de couche épitaxiale
  nl herkristallisatie *f* van epitaxiaallaag

E253 *e* **epitaxial slice** *see* **epitaxial wafer**

E254 *e* **epitaxial solution**
  r раствор *m* для жидкостной эпитаксии
  d Epitaxiallösung *f*
  f solution *f* pour épitaxie
  nl epitaxie-oplossing *f*

E255 *e* **epitaxial spike**
  r выступ *m* на эпитаксиальном слое
  d epitaxiale Spitze *f*
  f bossage *m* sur la couche épitaxiale
  nl epitaxie-punt *m*

E256 *e* **epitaxial substrate film**
  r эпитаксиальная плёнка *f* для формирования ИС
  d auf dem Trägersubstrat aufgewachsene Epitaxieschicht *f*
  f film *m* épitaxial pour substrat
  nl (dunne) epitaxiaallaag *f (m)* op substraat

E257 *e* **epitaxial wafer**
  r полупроводниковая пластина *f* с эпитаксиальным слоем
  d Wafer *m* mit Epitaxieschicht
  f tranche *f* à couche épitaxiale
  nl wafel *f (m)* met epitaxiaallaag

E258 *e* **epitaxy**
  r эпитаксия *f*
  d Epitaxie *f*
  f épitaxie *f*
  nl epitaxie *f*

E259 *e* **epoxy**
  r эпоксидная смола *f*
  d Epoxidharz *n*
  f résine *f* époxy
  nl epoxy(hars) *n*

E260 *e* **epoxy adhesive**
  r эпоксидный клей *m*
  d Epoxidkleber *m*
  f adhésif *m* époxy
  nl epoxylijm *m*

E261 *e* **epoxy coating**
  r покрытие *n* из эпоксидной смолы
  d Epoxidharzdeckschicht *f*
  f revêtement *m* époxy
  nl epoxy-(dek)laag *f (m)*

E262 *e* **epoxy cure**
  r отверждение *n* эпоксидной смолы
  d Epoxidharzhärtung *f*
  f durcissement *m* de résine époxy
  nl epoxy-(uit)harding *f*

E263 *e* **epoxy die attachment**
  r прикрепление *n* кристалла эпоксидным клеем
  d Chipbonden *n* mit Epoxidkleber
  f connexion *f* de puce par adhésif époxy
  nl chipmontage *f* met epoxylijm

E264 *e* **epoxy die bonder**
  r установка *f* для монтажа кристаллов с использованием эпоксидного клея
  d Bondanlage *f* zum Chipkleben mittels Epoxidkleber
  f machine *f* de connexion des puces par adhésif époxy
  nl chip-montage-installatie *f* voor verlijming met epoxy

E265 *e* **epoxy dispenser, epoxy dispensing system**
  r устройство *n* для дозированного нанесения (капель) эпоксидного клея
  d Epoxidkleberdosierer *m*
  f doseur *m* d'adhésif époxy
  nl epoxydoseerder *m* (met reservoir)

E266 *e* **epoxy encapsulant**
  r эпоксидный герметик *m*
  d Epoxidharzverkappungsmaterial *n*
  f hermétique *m* époxy
  nl epoxy-ingietmassa *f (m)*

E267 *e* **epoxy encapsulation**
  r герметизация *f* эпоксидной смолой
  d Epoxidharzverkappung *f*
  f encapsulation *f* par résine époxy
  nl ingieten *n* in epoxy

E268 *e* **epoxy-glass**
  r стеклоэпоксид *m*
  d Epoxidglas *n*
  f époxyde *m* de verre
  nl epoxy-glas *n*

E269 *e* **epoxy hardener**
  r отвердитель *m* для эпоксидной смолы
  d Epoxidharzhärtemittel *n*
  f durcissant *m* de résine époxy
  nl epoxy-harder *m*

E270 *e* **epoxy laminate**
  r эпоксидный слоистый пластик *m*
  d Epoxidharzschicht(preß)stoff *m*
  f laminé *m* époxy
  nl (gelaagd en geperst) epoxy-plaat(materiaal) *n (n)*

E271 *e* **epoxy molding**
  r прессование *n* эпоксидной смолы
  d Epoxidharzformen *n*
  f moulage *m* de résine époxy
  nl met/in epoxy vormen *n* [(in)gieten *n*, persen *n*]

E272 e **epoxy package**
    r корпус m из эпоксидной смолы
    d Epoxidharzgehäuse n
    f boîtier m en résine époxy
    nl epoxy-huisje n

E273 e **epoxy potting** see **epoxy encapsulation**

E274 e **epoxy sealing** see **epoxy encapsulation**

E275 e **EPROM** see **1. electrically programmable read-only memory 2. erasable programmed read-only memory**

E276 e **equilibrium carrier**
    r равновесный носитель m заряда
    d Gleichgewichts(ladungs)träger m
    f porteur m de charge équilibré
    nl evenwichtsladingdrager m

E277 e **equivalent gate**
    r эквивалентный логический элемент m (единица измерения степени интеграции СБИС, содержащая 7—10 компонентов)
    d Äquivalentgatter n
    f porte f équivalente
    nl equivalente [gelijkwaardige] poort(schakeling) f (m) (f)

E278 e **equivalent-gate complexity**
    r степень f интеграции в эквивалентных логических элементах
    d Äquivalentgatter-Komplexität f
    f complexité f des portes équivalentes
    nl complexiteit f in equivalente poorten

E279 e **equivalent resistance**
    r эквивалентное сопротивление n
    d Ersatzwiderstand m
    f résistance f équivalente
    nl equivalente weerstand m, vervangingsweerstand m, substituutweerstand m

E280 e **erasable programmed read-only memory**
    r стираемое программируемое ПЗУ n, СППЗУ
    d lösch- und programmierbarer ROM m, EPROM m
    f mémoire f EPROM [permanente programmable et effaçable]
    nl programmeer- en wisbaar uitleesgeheugen n, EPROM n

E281 e **erratic doping**
    r неуправляемое легирование n
    d ungesteuerte Dotierung f
    f dopage m erratique
    nl ongecontroleerde dotering f

E282 e **error-function diffusion**
    r диффузия f в соответствии с функцией дополнения интеграла ошибок до 1
    d Fehlerfunktionsdiffusion f
    f diffusion f en fonction d'erreurs
    nl statistische diffusiefout f (m)

E283 e **error-function distribution**
    r распределение n в соответствии с функцией дополнения интеграла ошибок до 1
    d Fehlerfunktionsverteilung f
    f distribution f en fonction d'erreurs
    nl statistische foutverdeling f

E284 e **Esaki effect**
    r туннельный эффект m
    d Tunneleffekt m, Esaki-Effekt m
    f effet m tunnel
    nl tunneleffect n, Esaki-effect n

E285 e **Esaki junction**
    r туннельный переход m
    d Tunnelübergang m, Esaki-Übergang m
    f jonction f tunnel
    nl tunnelovergang m, Esaki-overgang m

E286 e **ESBT** see **enhancement-type Schottky-barrier (gate) FET**

E287 e **ESD** see **electrostatic discharge**

E288 e **etch**
    r 1. травитель m 2. травление n
    d Ätzer m 2. Ätzen n
    f 1. décapant m 2. décapage m
    nl 1. ets f (m) 2. etsmiddel n

E289 e **etchant**
    r травитель m
    d Ätzer m
    f décapant m
    nl etsmiddel n, etsstof f (m)

E290 e **etchant gas**
    r газообразный травитель m
    d Ätzgas n
    f décapant m gazeux
    nl etsgas n

E291 e **etchant regeneration system**
    r установка f регенерации травителя
    d Ätzerregenerationsanlage f
    f installation f [système m] de régénération du décapant
    nl etsmiddel-regeneratieapparatuur f

E292 e **etchant solution**
    r раствор m травителя
    d Ätzlösung f
    f solution f du décapant
    nl etsoplossing f

E293 e **etch bath**
    r травильная ванна f
    d Ätzbad n
    f bain m de décapage
    nl etsbad n

E294 e **etch chamber**
    r травильная камера f
    d Ätzkammer f
    f chambre f de décapage
    nl etskamer f (m)

E295 e **etch depth**
    r глубина f травления
    d Ätztiefe f
    f profondeur f du décapage
    nl etsdiepte f

E296 e **etched mesa**
    r вытравленная мезаструктура f
    d geätzte Mesastruktur f
    f structure f mesa décapée

ETCHED

    nl met etsen uitgespaarde mesa(-structuur) *f (f)*

E297 *e* **etched pattern** *see* **etch figure**

E298 *e* **etch end-point**
    r момент *m* завершения травления
    d Ätzoperationsabschlußmoment *m*
    f instant *m* de fin du décapage
    nl etsslotmoment *n*

E299 *e* **etcher**
    r установка *f* (для) травления
    d Ätzanlage *f*
    f installation *f* pour décapage
    nl etsinstallatie *f*

E300 *e* **etch factor**
    r показатель *m* травления (*отношение глубины травления к ширине*)
    d Ätzfaktor *m*
    f facteur *m* de décapage
    nl etsfactor *m*

E301 *e* **etch figure**
    r фигура *f* травления
    d Ätzfigur *f*
    f figure *f* du décapage
    nl etsfiguur *n*

E302 *e* **etching agent** *see* **etchant**

E303 *e* **etching anisotropy**
    r анизотропия *f* травления
    d Ätzanisotropie *f*
    f anisotropie *f* du décapage
    nl etsanisotropie *f*

E304 *e* **etching bias** *see* **etch taper**

E305 *e* **etching chemical** *see* **etchant**

E306 *e* **etching durability**
    r стойкость *f* к травлению
    d Ätzfestigkeit *f*
    f résistance *f* au décapage
    nl etsbestendigheid *f*

E307 *e* **etching gas mixture**
    r смесь *f* для газового травления
    d Ätzgasmischung *f*
    f mélange *m* pour décapage gazeux
    nl etsgasmengsel *n*

E308 *e* **etching mask**
    r маска *f* для травления
    d Ätzmaske *f*
    f masque *m* pour décapage
    nl etsmasker *n*

E309 *e* **etching reactor**
    r (плазменный) реактор *m* для травления
    d Ätzreaktor *m*
    f réacteur *m* du décapage
    nl etsvat *n*, etskamer *f (m)*

E310 *e* **etch moat**
    r вытравленная канавка *f*
    d Ätzgraben *m*
    f rainure *f* décapée
    nl gordelets *f (m)*

E311 *e* **etch-out and backfill isolation**
    r изоляция *f* вытравленными канавками, заполненными диэлектриком
    d Isolation *f* durch mit einem Dielektrikum gefüllte Trennfugen (*vertikales anisotropes Ätzen*)
    f isolation *f* par rainures décapées remplies par diélectrique
    nl isolatie *f* door opgevulde etspartij

E312 *e* **etch pit**
    r ямка *f* травления
    d Ätzgrübchen *n*
    f trou *m* du décapage
    nl etsputje *n*

E313 *e* **etch polishing**
    r полировка *f* травлением
    d Polierätzen *n*
    f polissage *m* chimique
    nl etspolijsten *n*

E314 *e* **etch profile**
    r профиль *m* травления
    d Ätzprofil *n*
    f profil *m* du décapage
    nl etsprofiel *n*

E315 *e* **etch rate**
    r скорость *f* травления
    d Ätzrate *f*
    f rapidité *f* du décapage
    nl etsgraad *m*

E316 *e* **etch ratio**
    r отношение *n* скоростей травления
    d Ätz(raten)verhältnis *n*
    f rapport *m* des vitesses du décapage
    nl etsverhouding *f*

E317 *e* **etch removal**
    r стравливание *n*, удаление *n* травлением
    d Abätzen *n*, Wegätzen *n*
    f élimination *f* par décapage
    nl verwijdering *f* van etsmiddel, ontetsen *n*

E318 *e* **etch resistance**
    r 1. стойкость *f* к травителю 2. стойкость *f* к травлению
    d Ätzfestigkeit *f*
    f 1. résistance *f* au décapant 2. résistance *f* au décapage
    nl etsbestendigheid *f*

E319 *e* **etch-resistant layer**
    r слой *m*, стойкий к травителю
    d ätzfeste Schicht *f*
    f couche *f* résistant au décapant
    nl etsbestendige laag *f (m)*

E320 *e* **etch response**
    r чувствительность *f* к травителю
    d Ätzempfindlichkeit *f*
    f sensibilité *f* au décapant
    nl etsgevoeligheid *f*

E321 *e* **etch / rinse (semiconductor) processor**
    r установка *f* для травления и промывки (полупроводниковых) пластин
    d Ätz- und Wässerungsanlage *f*

EVAPORATION

    f installation *f* pour décapage / rinçage des tranches
   nl ets- en spoelinstallatie *f* (halfgeleiderfabricage)

E322 *e* **etch stop layer**
    r слой *m*, препятствующий травлению
   d ätzhemmende Schicht *f*
    f couche *f* antidécapante
   nl etswerende laag *f (m)*

E323 *e* **etch tank** *see* **etch bath**

E324 *e* **etch taper**
    r клин *m* травления
   d Ätzkegel *m*
    f coin *m* du décapage
   nl etskegel *m*

E325 *e* **etch trench** *see* **etch moat**

E326 *e* **eutectic alloy**
    r эвтектический сплав *m*
   d eutektische Legierung *f*
    f alliage *m* eutectique
   nl eutectische alliage *f*, eutecticum *n*

E327 *e* **eutectic brazing**
    r пайка *f* эвтектическим припоем
   d eutektisches Löten *n*
    f brasage *m* [brasure *f*] eutectique
   nl eutectisch hardsolderen *n*

E328 *e* **eutectic coverage**
    r покрытие *n* из эвтектического сплава
   d eutektische Bedeckung *f*
    f revêtement *m* eutectique
   nl eutectisch vlak *n*

E329 *e* **eutectic die attachment**
    r прикрепление *n* кристалла эвтектическим припоем
   d eutektisches Chipbonden *n*
    f connexion *f* de puce par brasure eutectique
   nl eutectische chipbevestiging *f*

E330 *e* **eutectic die bonder**
    r установка *f* для монтажа кристаллов с использованием эвтектического припоя
   d Anlage *f* zum eutektischen Chipbonden
    f installation *f* de connexion des puces par brasure eutectique
   nl eutectische chipmontagemachine *f*

E331 *e* **eutectic preform**
    r рамка *f* из эвтектического сплава
   d eutektische Vorform *f*
    f cadre *m* en alliage eutectique
   nl eutectische voorvorm *m*

E332 *e* **eutectic(-temperature) solder**
    r эвтектический припой *m*
   d eutektisches Lötmittel *n*
    f brasure *f* [soudure *f*] eutectique
   nl eutectisch soldeer *n*

E333 *e* **eutectic vibration brazing**
    r вибрационная пайка *f* эвтектическим припоем
   d Vibrationslöten *n* mit eutektischem Lötmittel

    f soudure *f* vibrationnelle par brasure eutectique
   nl eutectisch trilsolderen *n*

E334 *e* **evacuated chamber**
    r вакуумная камера *f*
   d Evakuierungskammer *f*, Vakuumkammer *f*
    f chambre *f* à vide
   nl vacuüm-getrokken kamer *f (m)*

E335 *e* **evacuation**
    r откачка *f*, вакуумирование *n*
   d Evakuierung *f*
    f évacuation *f*
   nl vacuüm trekken *n*, luchtledig maken *n*

E336 *e* **evacuation rate**
    r скорость *f* откачки
   d Evakuierungsrate *f*
    f vitesse *f* d'évacuation
   nl vacuüm-opbouwtempo *n*

E337 *e* **evaporant**
    r 1. напыляемое вещество *n* 2. испаряемое вещество *n*
   d Verdampfergut *n*, Verdampfungsgut *n*
    f évaporant *m*
   nl te verdampen stof *f (m)*

E338 *e* **evaporated bump**
    r столбиковый вывод *m*, сформированный методом напыления
   d aufgedampfter Bondhügel *m*
    f poutre *f* formée par évaporation
   nl opgedampte contact(eer)bobbel *m*

E339 *e* **evaporation**
    r (термовакуумное) напыление *n*, термовакуумное испарение *n*
   d Aufdampfen *n*; Verdampfen *n*
    f évaporation *f* sous vide
   nl 1. opdampen *n* 2. verdamping *f*, uitdamping *f*, indamping *f (alg.)*

E340 *e* **evaporation chamber**
    r (вакуумная) камера *f* для напыления тонких плёнок, напылительная камера *f*
   d Aufdampfkammer *f*
    f chambre *f* d'évaporation
   nl opdampkamer *f (m)*

E341 *e* **evaporation charge**
    r навеска *f* для напыления
   d Verdampfergutmenge *f*
    f charge *f* d'évaporation
   nl lading *f* [in één gang te verwerken partij *f*] voor opdampen

E342 *e* **evaporation coating**
    r покрытие *n*, нанесённое напылением
   d aufgedampfte Schicht *f*
    f revêtement *m* par évaporation
   nl 1. bekleding *f* door opdampen 2. opgedampte laag *f (m)*

E343 *e* **evaporation deposition**
    r осаждение *n* из паровой фазы
   d Gasphasenabscheidung *f*
    f déposition *m* en phase vapeur

EVAPORATION

    nl opdamping *f*, opdampen *n*, vacuümdepositie *f*

E344 *e* **evaporation mask**
    r маска *f* для напыления слоя
    d Aufdampfmaske *f*
    f masque *m* pour évaporation
    nl opdampmasker *n*

E345 *e* **evaporation rate**
    r 1. скорость *f* напыления 2. скорость *f* испарения
    d Aufdampfrate *f*; Verdampfungsrate *f*
    f vitesse *f* d'évaporation
    nl 1. opdampsnelheid *f*
    2. verdampingssnelheid *f*

E346 *e* **evaporation source**
    r испаритель *m*
    d Verdampfungsquelle *f*
    f source *f* d'évaporation
    nl opdampbron *f (m)*, verdampingsbron *f (m)*

E347 *e* **evaporator**
    r 1. установка *f* для напыления, установка *f* для термовакуумного испарения 2. испаритель *m*
    d Verdampfer *m*
    f évaporateur *m*
    nl 1. opdampinstallatie *f* 2. verdamper *m*

E348 *e* **exact registration**
    r точное совмещение *n*
    d Feinjustierung *f*
    f alignement *m* exact
    nl exacte uitlijning *f*

E349 *e* **excess(-charge) carrier**
    r избычный носитель *m* заряда
    d Überschuß (ladungs)träger *m*
    f porteur *m* de charge excédentaire
    nl overschot-ladingdrager *m*

E350 *e* **excess holes**
    r избыточные дырки *f pl*
    d Überschußlöcher *n pl*
    f trous *m pl* excédentaires
    nl overschotgaten *n pl*

E351 *e* **excimer laser**
    r эксимерный лазер *m*
    d Excimer-Laser *m*
    f laser *m* à excimères
    nl excimeer-laser *m*

E352 *e* **excimer laser etching**
    r травление *n* с использованием эксимерного лазера
    d Excimer-Laserätzen *n*
    f décapage *m* à laser à excimères
    nl etsen *n* met excimeer-laser

E353 *e* **excising**
    r вырезание *n* (кристалла из ленточного носителя)
    d Ausschneiden *n* (eines Chips aus dem Folienband)
    f découpage *m* (de puce à la bande)
    nl uitsnijden *n* (chip uit film)

E354 *e* **excising/lead former**
    r установка *f* для вырезания кристалла из ленточного носителя и формовки выводов
    d Chipausschneid- und Anschlußvorformanlage *f*
    f machine *f* de découpage de puce à la bande et de formation des sorties
    nl (chip)uitsnijder *m* en contactenvormer *m*

E355 *e* **exhaustion** *see* **evacuation**

E356 *e* **exhaustion rate**
    r скорость *f* откачки
    d Evakuierungsrate *f*
    f vitesse *f* d'évacuation
    nl legingssnelheid *f (vacuümapparatuur)*

E357 *e* **expandable gate**
    r логический элемент *m* с возможностью расширения по входам
    d erweiterbares Gatter *n*
    f porte *f* à expansion à l'entrée
    nl uitbreidbare poort(schakeling) *f (m) (f)*

E358 *e* **expander**
    r расширитель *m*
    d Erweiterungsbaustein *m*, Expander *m*
    f expanseur *m*
    nl uitbreidingsbouwsteen *m*

E359 *e* **expansion coefficient, expansion ratio**
    r температурный коэффициент *m* расширения, ТКР *m*
    d Wärmeausdehnungskoeffizient *m*
    f coefficient *m* de dilatation thermique
    nl uitzettingscoëfficiënt *m*

E360 *e* **expected life**
    r предполагаемый срок *m* службы
    d erwartete Lebensdauer *f*
    f durée *f* de vie supposée
    nl verwachte levensduur *m*

E361 *e* **expert system-on-a-chip**
    r ИС *f* экспертной системы
    d Expertensystem-IC *n*
    f puce *f* de système expert
    nl expertsysteem *n* op chip

E362 *e* **exponential grading**
    r экспоненциальное плавное распределение *n* примеси
    d exponentielle Störstellenverteilung *f*
    f gradation *f* exponentielle
    nl exponentiële verdeling *f* van doteringsatomen

E363 *e* **exposed film**
    r экспонированная плёнка *f*
    d belichteter Film *m*
    f film *m* exposé
    nl belichte film *m*

E364 *e* **exposed region**
    r 1. экспонированный участок *m* 2. вскрытый [открытый] участок *m*
    d 1. belichteter Abschnitt *m*, belichteter Teil *m* 2. freigelegter Bereich *m*
    f 1. région *f* exposée 2. région *f* ouverte
    nl belichte zone *f (m)*

E365 *e* **exposed surface**
    r вскрытая [открытая] поверхность *f*

    d freigelegte Oberfläche *f*
    f surface *f* ouverte
    nl belicht oppervlak *n*

E366 *e* **exposer**
    r установка *f* (совмещения и) экспонирования, установка *f* литографии
    d Belichtungsanlage *f*, Justier- und Belichtungsanlage *f*
    f aligneur *m*
    nl belichtingsapparaat *n*

E367 *e* **exposing radiation**
    r экспонирующее излучение *n*
    d Belichtungsstrahlung *f*
    f radiation *f* exposante
    nl patroonoverbrengingsstraling *f*

E368 *e* **exposure**
    r 1. экспонирование *n* 2. вскрытие *n*
    d 1. Belichten *n*, Belichtung *f* 2. Freilegen *n*, Öffnen *n*
    f 1. exposition *f* 2. ouverture *f*
    nl 1. blootstelling *f* 2. belichting *f*

E369 *e* **exposure dose**
    r доза *f* экспонирующего излучения
    d Belichtungsdosis *f*
    f dose *f* d'exposition
    nl belichtingssterkte *f*, bestralingsdosis *f*

E370 *e* **exposure field**
    r поле *n* экспонирования
    d Belichtungsfeld *n*
    f champ *m* d'exposition
    nl belichtingsveld *n*, bestralingsveld *n*

E371 *e* **exposure meter, exposure monitor**
    r экспонометр *m*
    d Belichtungsmesser *m*
    f compte-pose *m*, posemètre *m*
    nl belichtingsmeter *m*, bestralingsmeter *m*

E372 *e* **exposure source**
    r источник *m* экспонирующего излучения
    d Belichtungsquelle *f*
    f source *f* de radiation exposante
    nl belichtingsbron *f (m)*, bestralingsbron *f (m)*

E373 *e* **exposure wavelength**
    r длина *f* волны экспонирующего излучения
    d Belichtungswellenlänge *f*
    f longueur *f* d'onde de radiation exposante
    nl bestralingsgolflengte *f*, belichtingsgolflengte *f*

E374 *e* **external component**
    r навесной компонент *m*
    d diskretes Bauelement *n (Hybrid-Technik)*
    f composant *m* pendu
    nl externe [uitwendige] component *m*

E375 *e* **extra large-scale integration**
    r 1. степень *f* интеграции выше сверхвысокой 2. ИС *f* со степенью интеграции выше сверхвысокой
    d 1. Höchstintegration *f*, ULSI *f* 2. ULSI-Schaltung *f*
    f 1. intégration *f* à l'extra grande échelle 2. circuit *m* intégré à extra grande échelle
    nl extra-groteschaal-integratie *f*, extra-complexe integratie *f*, ELSI *f*

E376 *e* **extrinsic conduction**
    r примесная электропроводность *f*
    d Störstellenleitung *f*, Störleitung *f*
    f conduction *f* extrinsèque
    nl extrinsieke geleiding *f*

E377 *e* **extrinsic properties**
    r свойства *n pl* материала с примесной электропроводностью
    d durch Störstellenleitung bedingte Eigenschaften *f pl*
    f propriétés *f pl* de matériau à conduction extrinsèque
    nl extrinsieke eigenschappen *f pl*

E378 *e* **extrinsic semiconductor**
    r примесный полупроводник *m*
    d Störstellenhalbleiter *m*, Extrinsic-Halbleiter *m*
    f semi-conducteur *m* extrinsèque
    nl extrinsieke halfgeleider *m*

F

F1 *e* **fabrication facilities**
    r технологическое оборудование *n*
    d Fertigungseinrichtungen *f pl*, technologische Ausrüstungen *f pl*
    f équipement *m* de fabrication
    nl fabricagevoorzieningen *f pl*, fabricageuitrusting *f*

F2 *e* **fabrication processing**
    r технологическая обработка *f*
    d technologische Bearbeitung *f*
    f traitement *m* technologique
    nl fabricageprocesgang *m*

F3 *e* **FACE** *see* **field-alterable control element**

F4 *e* **face**
    r 1. грань *f (кристалла)* 2. (лицевая) поверхность *f*; плоскость *f*
    d 1. Kristallfläche *f* 2. Seite *f*; Frontseite *f*; Vorderseite *f*
    f 1. face *f (cristalline)* 2. surface *f* de face; plan *m*
    nl 1. (kristal)vlak *n* 2. (opper)vlak *n* 3. (voor)kant *m*, voorzijde *f (m)*, front *n*

F5 *e* **face bonding** *see* **flip-chip bonding**

F6 *e* **face-centered lattice**
    r гранецентрированная (кристаллическая) решётка *f*
    d flächenzentriertes Gitter *n*
    f réseau *m* à faces centrées
    nl vlakgecentreerd rooster *n*

F7 *e* **face-down bonding** *see* **flip-chip bonding**

F8 *e* **face-down chip** *see* **flip chip**

FACE

F9   e   **face-down integrated circuit** *see* **flip-chip integrated circuit**

F10   e   **face-down mounting** *see* **flip-chip bonding**

F11   e   **facet**
- r   1. грань *f (кристалла)* 2. фасетка *f*
- d   Kante *f*, Kristallfläche *f*, Facette *f*
- f   1. face *f* (cristalline) 2. facette *f*
- nl   (kristal)vlak *n*, slijpvlak *n*, facet *n*

F12   e   **factory-programmable chip**
- r   ИС *f*, программируемая изготовителем
- d   herstellerprogrammierter Schaltkreis *m*
- f   circuit *m* intégré programmable par producteur
- nl   fabrieksmatig geprogrammeerde chip *m*

F13   e   **factory-programmable read-only memory**
- r   ПЗУ *n*, программируемое изготовителем
- d   herstellerprogrammierter ROM *m* [Festwertspeicher *m*]
- f   mémoire *f* morte programmable par producteur
- nl   fabrieksmatig geprogrammeerd leesgeheugen *n* [ROM *n*]

F14   e   **failure**
- r   отказ *m*; повреждение *n*; неисправность *f*
- d   Ausfall *m*; Fehler *m*, Störung *f*
- f   défaillance *f*, défaut *m*, panne *f*
- nl   uitval *m*, defect *n*, storing *f*, falen *n*

F15   e   **fallouts**
- r   отказавшие [вышедшие из строя] приборы *m pl*
- d   ausgefallene Bauelemente *n pl*
- f   appareils *m pl* défaillants
- nl   afvalstoffen *f (m) pl*

F16   e   **family**
- r   семейство *n*; серия *f*
- d   Familie *f*, Serie *f*; Schar *f*
- f   famille *f*; série *f*
- nl   familie *f*, typenreeks *f (m)*

F17   e   **family of characteristics**
- r   семейство *n* характеристик
- d   Kennlinienschar *f*, Kennlinienfeld *n*
- f   famille *f* des courbes (caractéristiques)
- nl   curvenschaar *f (m)*

F18   e   **FAMOS** *see* **floating-gate avalanche-injection MOS**

F19   e   **fan-in**
- r   коэффициент *m* объединения по входу
- d   Fan-in, Eingangslastfaktor *m*, Eingangs(auf)fächerung *f*
- f   entrance *f*
- nl   aantal *n* toegangen, toegangscapaciteit *f*, fan-in *m*, in-tal *n (logicabouwsteen)*

F20   e   **fan-out**
- r   коэффициент *m* разветвления по выходу
- d   Fan-out *n*, Ausgangslastfaktor *m*, Ausgangs(auf)fächerung *f*
- f   sortance *f*
- nl   uitgangsbelastbaarheid *f*, stuurcapaciteit *f*, fan-out *m*, uit-tal *n (logicabouwsteen)*

F21   e   **fan-out capability**
- r   нагрузочная способность *f*
- d   Ausgangslastfaktor *m*
- f   capacité *f* de sortance
- nl   stuurcapaciteit *f*, uitgangsbelastbaarheid *f*

F22   e   **far-contact printer**
- r   установка *f* фотолитографии с (микро)зазором
- d   Abstandsjustier- und Belichtungsanlage *f*, Abstandsbelichtungsgerät *n*
- f   installation *f* de lithographie à micro-écart(ement)
- nl   afstandsbelichtingsapparaat *n*

F23   e   **far-ultraviolet radiation**
- r   дальнее ультрафиолетовое [дальнее УФ-] излучение *n*
- d   fernes UV-Licht *n*
- f   ultraviolet *m* [UV *m*] lointain
- nl   ver-UV-straling *f*

F24   e   **far-UV laser**
- r   лазер *m*, работающий в дальней УФ-области
- d   im fernen UV-Bereich betriebener Laser *m*
- f   laser *m* UV lointain
- nl   ver-UV-laser *m*

F25   e   **fast chip**
- r   быстродействующая ИС *f*
- d   schnelles Chip *n*, schnelle integrierte Schaltung *f*
- f   puce *f* rapide
- nl   snelle chip *m*, snel IC *n*

F26   e   **fast diffusant**
- r   диффузант *m* с высоким коэффициентом диффузии
- d   schnell diffundierendes Diffusionsmittel *n*
- f   diffusant *m* à diffusion rapide
- nl   snel indringende diffusiestof *f (m)*

F27   e   **fast electron**
- r   быстрый электрон *m*
- d   schnelles Elektron *n*
- f   électron *m* rapide
- nl   snel elektron *n*

F28   e   **fast Fourier transform**
- r   быстрое преобразование *n* Фурье
- d   schnelle Fourier-Transformation *f*
- f   transformation *f* Fourier rapide
- nl   snelle Fourier-transformatie *f*

F29   e   **fast pumpdown**
- r   быстрая откачка *f*
- d   schnelle Evakuierung *f*
- f   pompage *m* rapide
- nl   snel leegpompen *n (vacuüm)*

F30   e   **fast resist**
- r   высокочувствительный фоторезист *m*
- d   hochempfinliches Resist *n*, Resist *n* mit hoher Strahlungsempfindlichkeit

f (photo)résist m à haute sensibilité à la lumière
nl snelle [zeer gevoelige] (foto)lak m [(af)deklak m]

F31 e **fast response**
r быстрое срабатывание n; быстродействие n
d schnelles Ansprechen n; Schnellwirkung f
f réponse f rapide
nl snelle respons(ie) f (f); (met) korte reactietijd, snel reagerend

F32 e **fault**
r 1. повреждение n; неисправность f 2. дефект m упаковки
d Fehler m; Schaden m
f panne f, défaut m
nl fout f (m), gebrek n, storing f

F33 e **fault-free chip**
r отказоустойчивая ИС f
d fehlerfreier [ausfallsicherer] Schaltkreis m
f puce f tolérant les pannes
nl foutvrije chip m

F34 e **faultless mask**
r бездефектный шаблон m
d fehlerfreie Maske f
f masque m sans défauts
nl foutloos masker n

F35 e **fault tolerance**
r отказоустойчивость f
d Fehlertoleranz f
f tolérance f des pannes
nl fouttolerantie f

F36 e **fault-tolerant design**
r отказоустойчивая конструкция f
d fehlertolerantes Design n, fehlertolerante Konstruktion f
f construction f tolérant les pannes
nl fouttolerant ontwerp n

F37 e **feature**
r (топологический) элемент m; (топологический) размер m элемента
d Strukturelement n; Strukturbreite f, Strukturgröße f
f élément m topologique; dimension f topologique
nl 1. structuurelement n 2. structuur(for)maat f (m) (n)

F38 e **feature dimension**
r (топологический) размер m элемента
d Strukturbreite f, Strukturgröße f
f dimension f topologique
nl structuur(for)maat f (m) (n)

F39 e **feature edge**
r край m (топологического) элемента
d Strukturkante f
f bord m topologique
nl structuurrand m

F40 e **feature placement**
r размещение n (топологических) элементов
d Plazierung f der Strukturelemente
f placement m des éléments topologiques
nl plaatsing f van structuurelementen

F41 e **feature size** *see* **feature dimension**

F42 e **feeder**
r питатель m, подающее устройство n
d Zubringer m
f alimentateur m
nl aanvoerinrichting f, toevoerinrichting f, voedingsinrichting f

F43 e **feed hopper**
r бункерный питатель m
d Hopper m, Beschickungstrichter m
f alimentateur m à pochette [à bunker]
nl printplatenmagazijn n

F44 e **Fermi distribution**
r распределение n Ферми — Дирака
d Fermi-Dirac-Verteilung f
f distribution f de Fermi(-Dirac)
nl Fermi-verdeling f

F45 e **Fermi level**
r (энергетический) уровень m Ферми
d Fermi-Niveau n
f niveau m de Fermi
nl Fermi-niveau n

F46 e **ferromask**
r фотошаблон m со слоем оксида железа
d Ferromaske f
f ferromasque m
nl ferromasker n

F47 e **FET** *see* **field-effect transistor**

F48 e **FET array**
r матрица f полевых транзисторов
d FET-Array n
f réseau m à transistor FET
nl FET-matrix f

F49 e **FET channel**
r канал m [канальная область f] полевого транзистора
d FET-Kanal m
f canal m de transistor FET
nl FET-kanaal n

F50 e **FET input**
r входной полевой транзистор m
d Eingangs-FET m
f transistor m FET d'entrée
nl FET-ingang m

F51 e **FF, F/F** *see* **flip-flop**
F52 e **FG** *see* **floating gate**
F53 e **FGT** *see* **floating-gate transistor**
F54 e **fiber glass**
r стекловолокно n
d Glasfaser f
f fibre f de verre
nl vezelglas n, fiberglas n

F55 e **fiber-glass epoxy laminate**
r стеклоэпоксидный слоистый пластик m
d Glasfaserepoxid-Schichtpreßstoff m
f fibre f de verre époxy laminée
nl epoxy-glasvezelplaat f(m)

F56　e　**FIBL** see focused ion-beam lithography
F57　e　**FIC** see film integrated circuit
F58　e　**Fick's law**
　　　r　закон m Фика
　　　d　Ficksches Gesetz n, Ficksches Diffusionsgesetz n
　　　f　loi f de Fick
　　　nl　wet f (m) van Fick (diffusie)
F59　e　**fiducial cross**
　　　r　крест m для совмещения
　　　d　Justiermarkenkreuz n
　　　f　croix f d'alignement
　　　nl　uitlijnmerkenkruis n
F60　e　**fiducial mark**
　　　r　знак m [фигура f] совмещения
　　　d　Justiermarke f
　　　f　marque f d'alignement
　　　nl　uitlijnmerk n
F61　e　**field-alterable control element**
　　　r　управляющая ИС f с эксплуатационным программированием
　　　d　anwenderprogrammierbarer Steuerschaltkreis m
　　　f　circuit m intégré de gestion programmable par utilisateur
　　　nl　door gebruiker te programmeren stuurelement n
F62　e　**field-by-field alignment**
　　　r　последовательное шаговое совмещение n от кристалла к кристаллу
　　　d　Einzelfeldjustierung f, chipweise Justierung f
　　　f　alignement m champ à champ [puce à puce]
　　　nl　uitlijning f per chip
F63　e　**field distribution**
　　　r　распределение n напряжённости электрического поля (напр. в эпитаксиальном слое)
　　　d　Feldstärkeverteilung f
　　　f　distribution f d'intensité du champ (électrique)
　　　nl　veldsterkteverdeling f
F64　e　**field effect**
　　　r　эффект m поля, полевой эффект m
　　　d　Feldeffekt m
　　　f　effet m de champ
　　　nl　veldeffect n
F65　e　**field-effect device**
　　　r　прибор m на полевых транзисторах
　　　d　FET-Bauelement n
　　　f　dispositif m à transistors FET
　　　nl　veldeffect-bouwsteen m
F66　e　**field-effect transistor**
　　　r　полевой транзистор m
　　　d　Feldeffekttransistor m, FET m
　　　f　transistor m FET [à effet de champ]
　　　nl　veldeffect-transistor m, FET m
F67　e　**field emission**
　　　r　автоэлектронная эмиссия f
　　　d　Feldemission f
　　　f　émission f par champ (électrique)
　　　nl　veldemissie f
F68　e　**field insulation**
　　　r　изоляция f защитным слоем оксида
　　　d　Feldoxidisolation f
　　　f　isolation f par couche d'oxyde
　　　nl　veldoxyde-isolatie f
F69　e　**field inversion**
　　　r　инверсия f (электрического) поля
　　　d　Feldinversion f
　　　f　inversion f du champ (électrique)
　　　nl　veldinversie f, veldomkering f
F70　e　**field oxidation**
　　　r　оксидирование n для формирования защитного слоя оксида
　　　d　Feldoxydation f
　　　f　oxydation f pour formation de couche protectrice
　　　nl　veldoxydatie f
F71　e　**field-oxide film**
　　　r　защитная оксидная плёнка f
　　　d　Feldoxidschicht f
　　　f　film m d'oxyde protecteur
　　　nl　veldoxydelaagje n
F72　e　**field-oxide implantation**
　　　r　ионная имплантация f через защитный слой оксида
　　　d　Feldoxidimplantation f
　　　f　implantation f ionique à travers de couche d'oxyde protectrice
　　　nl　veldoxyde-implantatie f
F73　e　**field-oxide isolator**
　　　r　защитный слой m оксида
　　　d　isolierendes Feldoxid n
　　　f　couche f d'oxyde protectrice
　　　nl　isolerend veldoxyde n
F74　e　**field-oxide region**
　　　r　защитный оксидный участок m
　　　d　Feldoxidbereich m
　　　f　région f d'oxyde protectrice
　　　nl　veldoxydezone f (m)
F75　e　**field-programmable logic array**
　　　r　логическая матрица f с эксплуатационным программированием
　　　d　anwenderprogrammierbare PLA f, FPLA f
　　　f　réseau m logique programmable par utilisateur
　　　nl　door gebruiker te programmeren logicamatrix f, FPLA m
F76　e　**field-programmable logic family**
　　　r　серия f логических ИС с эксплуатационным программированием
　　　d　anwenderprogrammierbare Logikfamilie f
　　　f　famille f des circuits intégrés logiques programmables par utilisateur
　　　nl　FPLA-familie f
F77　e　**field-programmable logic integrated circuit**

    r логическая ИС *f* с эксплуатационным программированием
    d anwenderprogrammierbares Logik-IC *n*
    f circuit *m* intégré logique programmable par utilisateur
    nl door gebruiker te programmeren IC *n* [integrale logica-schakeling *f*]

F78 *e* **field-programmable read-only memory**
    r ПЗУ *n* с эксплуатационным программированием
    d anwenderprogrammierbarer ROM *m* [Festwertspeicher *m*]
    f mémoire *f* morte programmable par utilisateur
    nl door gebruiker te programmeren leesgeheugen *n* [ROM *n*], FPROM *n*

F79 *e* **field strength**
    r напряжённость *f* электрического поля
    d (elektrische) Feldstärke *f*
    f intensité *f* du champ (électrique)
    nl veldsterkte *f*

F80 *e* **filament formation**
    r образование *n* шнура, шнурообразование *n*
    d Einschnürung *f*
    f formation *f* de filament
    nl haarvorming *f*

F81 *e* **filled adhesive**
    r клей *m* с наполнителем
    d gefüllter Kleber *m*
    f adhésif *m* chargé
    nl lijm *m* met toevoeging

F82 *e* **filled level**
    r заполненный (энергетический) уровень *m*
    d besetztes Niveau *n*, besetztes Energieniveau *n*
    f niveau *m* occupé
    nl bezet (energie)niveau *n*

F83 *e* **filler**
    r наполнитель *m*
    d Füllstoff *m*
    f charge *f*, matière *f* de remplissage
    nl vuller *m* (*materiaal*)

F84 *e* **film**
    r плёнка *f*; тонкий слой *m*
    d Film *m*, Schicht *f*
    f film *m*, pellicule *f*; couche *f* mince
    nl (dunne) laag *f (m)*, film *m*

F85 *e* **film carrier**
    r ленточный носитель *m*
    d Filmträger *m*, Folienzwischenträger *m*
    f bande *f* porteuse
    nl draagfilm *m*, draagfolie *f (m)*

F86 *e* **film-carrier assembly**
    r сборка *f* ИС на ленточном носителе
    d Filmträgermontage *f*, automatisches Chipbonden *n* auf Trägerstreifen
    f assemblage *m* à la bande porteuse
    nl draagfilmmontage *f*

F87 *e* **film-carrier bonding**
    r присоединение *n* кристаллов к выходной рамке на ленточном носителе
    d Folienbondverfahren *n*, automatisches Chipbonden *n* an die Leiterrahmen am Zwischenträgerfilm
    f connexion *f* des puces avec cadre sur bande porteuse
    nl draagfilmcontactering *f*

F88 *e* **film chip carrier**
    r плёночный (ленточный) кристаллоноситель *m*
    d Filmträger *m*
    f support *m* de puce en film
    nl chip-draagfilm *m*, chip-draagfolie *f (m)*

F89 *e* **film-circuit assembly**
    r сборка *f* плёночных микросхем
    d Schichtschaltkreismontage *f*
    f assemblage *m* des circuits intégrés à films
    nl montage *f* van laagschakeling

F90 *e* **film circuitry**
    r плёночные микросхемы *f pl*
    d Schichtschaltungen *f pl*
    f circuiterie *f* à films [à couches minces]
    nl laagschakelingen *f pl*, hybride schakelingen *f pl*

F91 *e* **film conductor**
    r плёночный проводник *m*
    d Schichtleiter *m*
    f conducteur *m* à film
    nl laaggeleider *m*

F92 *e* **film electronics**
    r плёночная микроэлектроника *f*
    d Schichtelektronik *f*, Schichtelemente *n pl*
    f électronique *f* à films [à couches minces]
    nl elektronica *f* met laagschakelingen, [hybride schakelingen]

F93 *e* **film evaporator**
    r установка *f* для напыления тонких плёнок
    d Dünnschichtverdampfer *m*
    f évaporateur *m* des couches minces
    nl (dunne-)laagopdamper *m*

F94 *e* **film integrated circuit, film microcircuit**
    r плёночная микросхема *f*
    d Schichtschaltkreis *m*
    f circuit *m* intégré à film
    nl geïntegreerde laagschakeling *f*, laag-IC *n*, hybride IC *n*, FIC *n*

F95 *e* **film-mounted IC**
    r ИС *f* на ленточном носителе
    d auf dem Trägerstreifen montierter Schaltkreis *m*
    f circuit *m* intégré sur bande porteuse
    nl op film gemonteerd IC *n*

F96 *e* **film resistor**
    r плёночный резистор *m*
    d Schichtwiderstand *m*

FILM

    f résistance *f* à film
    nl laagweerstand *m*

F97 *e* **film technique**
    r плёночная технология *f*
    d Schichttechnik *f*
    f technologie *f* à film [à couches minces]
    nl laagtechniek *f*

F98 *e* **filter hybrid**
    r ГИС *f* фильтра
    d Filter-Hybridschaltkreis *m*
    f circuit *m* hybride du filtre
    nl hybride filter(bouwsteen) *n (m)*

F99 *e* **fin**
    r радиатор *m;* ребро *n* (теплоотвода)
    d Kühl(körper)rippe *f*
    f radiateur *m;* ailette *f (de refroidissement)*
    nl 1. (koel)vin *f (m),* koelrib *f (m)*
        2. persnaad *m,* gietnaad *m*

F100 *e* **final inspection**
    r выходной контроль *m*
    d Endprüfung *f*
    f inspection *f* de sortie
    nl eindcontrole *f (m)*

F101 *e* **final smoothing**
    r финишная полировка *f*
    d Fertigfeinpolieren *n*
    f polissage *m* fini
    nl laatste gladslijpgang *m*

F102 *e* **final yield**
    r выход *m* годных
    d Endausbeute *f*
    f rendement *m* des circuits intégrés
    nl eindopbrengst *f,* uiteindelijke opbrengst *f*

F103 *e* **fine alignment**
    r точное совмещение *n*
    d Feinjustierung *f*
    f alignement *m* exact
    nl fijnuitlijning *f*

F104 *e* **fine-featured resist**
    r резист *m* для формирования структур с элементами уменьшенных размеров
    d Resist *n* für Mikrostrukturlithografie
    f résist *m* pour lithographie des microstructures
    nl fijnverdeelde (af)deklak *m* [fotolak *m*] *(microlithografie)*

F105 *e* **fine finish**
    r 1. низкая степень *f* шероховатости поверхности 2. финишная обработка
    d 1. geringe Oberflächenrauhigkeit *f* 2. Fertigbearbeitung *f*
    f basse rugosité *f*
    nl fijnafwerking *f (polijsten, slijpen e. d.)*

F106 *e* **fine geometry mask**
    r прецизионный фотошаблон *m*
    d Mikrostrukturmaske *f*
    f masque *m* à microstructure
    nl fijnstructuurmasker *n*

F107 *e* **fine leak**
    r слабое натекание *n*
    d schwaches Anströmen *n*
    f fuite *f* faible
    nl fijn lek *n*

F108 *e* **fine line**
    r линия *f* малой ширины; (топологический) элемент *m* уменьшенного размера
    d Mikrostrukturlinie *f;* Feinleiter *m*
    f trait *m* mince; microstructure *f*
    nl fijne [smalle] lijn *f (m)* [geleider *m*]

F109 *e* **fine-line definition**
    r формирование *n* рисунка с элементами уменьшенных размеров
    d Mikrostrukturauflösung *f*
    f définition *f* des microstructures
    nl fijne-lijndefinitie *f*

F110 *e* **fine-line emulsion**
    r эмульсия *f* с высокой разрешающей способностью
    d hochauflösende Emulsion *f*
    f émulsion *f* à haute résolution
    nl fijnstructuur-emulsie *f*

F111 *e* **fine-line geometry**
    r геометрия *f* ИС с элементами уменьшенных размеров
    d Feinleitergeometrie *f*
    f géométrie *f (des C.I.)* à traits minces
    nl fijnlijnige geometrie *f,* fijngestructureerd vormenpatroon *n*

F112 *e* **fine-line imaging**
    r формирование *n* рисунка с элементами уменьшенных размеров, микроструктурирование *n*
    d Mikrostrukturierung *f*
    f imagerie *f* à traits minces
    nl beeldvorming *f* met hoge lijnendichtheid

F113 *e* **fine-line integrated circuit**
    r ИС *f* с элементами уменьшенных размеров
    d Feinleiterschaltung *f* IC *n* mit Mikrolinienstruktur
    f circuit *m* intégré à traits minces
    nl fijngestructureerd IC *n,* fijngestructureerde geïntegreerde schakeling *f*

F114 *e* **fine-line lithography**
    r прецизионная литография *f*
    d Mikrostrukturlithografie *f,* Drucken *n* feiner Leiterzüge
    f lithographie *f* des microstructures
    nl fijne-lijnlithografie *f,* fijnstructuurlithografie *f*

F115 *e* **fine-line mask** *see* **fine geometry mask**

F116 *e* **fine-line metallization**
    r металлизация *f* для формирования межсоединений с высоким резрешением
    d Mikrolinienmetallisierung *f*
    f métallisation *f* pour interconnexions à traits minces
    nl fijne-lijnmetallisatie *f*

FIXED

F117 *e* **fine-line pattern**
   r рисунок *n* с элементами уменьшенных размеров
   d Mikrostrukturbild *n*
   f image *f* à traits minces
   nl fijnlijnig patroon *n*, patroon *n* met geringe lijnbreedte

F118 *e* **fine-line patterning** *see* **fine-line imaging**

F119 *e* **fine-line printing** *see* **fine-line lithography**

F120 *e* **fine-line resolution**
   r высокая разрешающая способность *f*, высокое разрешение *n*
   d hohes Auflösungsvermögen *n*; Auflösung *f* von Mikrostrukturen
   f haute résolution *f*
   nl fijne-lijnresolutie *f*, fijne-lijndetaillering *f*

F121 *e* **fine-linewidth pattern** *see* **fine-line pattern**

F122 *e* **fine-pattern fabrication**
   r формирование *n* рисунка с элементами уменьшенных размеров
   d Mikrostrukturerzeugung *f*
   f formation *f* des microstructures
   nl fijnstructuur-vervaardiging *f*

F123 *e* **fine-pattern geometry** *see* **fine-line geometry**

F124 *e* **fine-pattern integrated circuit** *see* **fine-line integrated circuit**

F125 *e* **fine-pattern printing** *see* **fine-line lithography**

F126 *e* **fine registration** *see* **fine alignment**

F127 *e* **finger**
   r полоска *f*; зубец *m* гребёнки
   d Zinken *m*
   f peigne *m*
   nl vinger *m*, tand *m*

F128 *e* **fingered geometry**
   r гребенчатая геометрия *f*
   d Kammgeometrie *f*
   f géométrie *f* en peigne
   nl kamvorm *m*, vinger-geometrie *f*, getande structuur *f*

F129 *e* **finger gate**
   r гребенчатый затвор *m* *(полевого транзистора)*
   d Kontaktkammgate *n*
   f grille *f* à peigne
   nl vingervormige [kamvormige] poort(elektrode) *f (m) (f)*

F130 *e* **finish**
   r 1. финишная обработка *f* 2. шероховатость *f* поверхности
   d 1. Fertigbearbeitung *f*, Nachbearbeitung *f* 2. Oberflächengüte *f*, Oberflächenbeschaffenheit *f*
   f 1. finition *f* 2. rugosité *f*
   nl 1. afwerking *f*, eindbewerking *f* 2. oppervlaktegesteldheid *f*, gladheid *f*, oppervlaktekwaliteit *f*

E131 *e* **finish machining**
   r финишная обработка *f*
   d Fertigbearbeitung *f*
   f finition *f*
   nl machinale afwerking *f* [eindbewerking *f*]

F132 *e* **finned heat-sink**
   r теплоотвод *m* с радиаторами
   d Rippenkühlkörper *m*
   f radiateur *m* à ailettes
   nl warmteafvoer *m* met koelribben

F133 *e* **FIP** *see* **fixed-interconnection pattern**

F134 *e* **Fipos** *see* **full isolation by porous oxidized silicon**

F135 *e* **firing profile**
   r профиль *m* распределения температуры при обжиге
   d Glühtemperaturprofil *n*
   f profil *m* de la température de grillage
   nl inbrandprofiel *n*

F136 *e* **firing temperature**
   r температура *f* обжига
   d Glühtemperatur *f*
   f température *f* de grillage
   nl inbrandtemperatuur *f*

F137 *e* **firmware building block**
   r стандартный блок *m* микропрограммного обеспечения
   d Firmware-Baustein *m*
   f bloc *m* normalisé de logiciel microprogrammé
   nl bouwsteen *m* met vaste programmatuur *(firmware)*

F138 *e* **first-level conductor run**
   r токопроводящая дорожка *f* первого уровня *(в многоуровневых соединениях)*
   d Leiterbahn *f* der ersten Ebene
   f piste *f* conductrice du premierniveau
   nl eerstelaags-geleiderbaan *f (m)*

F139 *e* **fissure**
   r трещина *f*; микротрещина *f*
   d Riß *m*; feiner Riß *m*
   f fissure *f*; microfissure *f*
   nl (kleine) scheur *f (m)*, spleet *f (m)*, barst *m*

F140 *e* **fitting**
   r 1. подгонка *f*; согласование *n* 2. монтажное (соединительное) устройство *n*
   d 1. Einpassen *n*; Anpassen *n* 2. Fitting *n*; Armatur *f*
   f 1. ajustage *m* 2. dispositif *m* de câblage
   nl passen *n*, passing *f (uitlijnen)*

F141 *e* **fixed capacitor**
   r конденсатор *n* постоянной ёмкости
   d Festwertkondensator *m*
   f condensateur *m* à capacité fixe
   nl vaste condensator *m*

F142 *e* **fixed carrier**
   r фиксированный носитель *m* заряда
   d unbeweglicher Träger *m*, unbeweglicher Ladungsträger *m*

FIXED

    f porteur *m* (de charge) fixe
   nl vaste [gebonden] ladingdrager *m*

F143 *e* **fixed charge**
    r фиксированный заряд *m*
   d unbewegliche Ladung *f*
    f charge *f* fixe
   nl vaste lading *f*

F144 *e* **fixed grid**
    r сетка *f* с фиксированным шагом
   d Raster *m* mit festem Rasterabstand
    f grille *f* à pas régulier
   nl vast raster *n*

F145 *e* **fixed-interconnection pattern**
    r рисунок *m* фиксированных межсоединений
   d Festverbindungsmuster *n*
    f image *f* d'interconnexions fixes
   nl vast verbindingspatroon *n*

F146 *e* **fixed-interconnection pattern approach**
    r метод *m* фиксированных межсоединений
   d Herstellung *f* fester Verbindungsleitungen
    f procédé *m* d'interconnexions fixes
   nl benadering *f* met vast verbindingspatroon

F147 *e* **fixed interconnections**
    r фиксированная [жёсткая] разводка *f*; фиксированные межсоединения *n pl*
   d vorgegebene Zwischenverbindungen *f pl*
    f interconnexions *f pl* fixes
   nl vaste (interne) verbindingen *f pl*

F148 *e* **fixed-pattern metallization**
    r металлизация *f* для формирования фиксированных межсоединений, фиксированная соединительная металлизация *f*
   d Metallisierung *f* fester Verbindungsleitungen
    f métallisation *f* d'interconnexions fixes
   nl metallisatie *f* met vast patroon

F149 *e* **fixed programming**
    r жёсткое программирование *n*
   d feste Programmierung *f*, Festprogrammierung *f*
    f programmation *f* câblée
   nl vaste programmering *f*

F150 *e* **fixed resistor**
    r постоянный резистор *m*
   d Festwiderstand *m*
    f résistance *f* fixe
   nl vaste weerstand *m*

F151 *e* **fixed wiring**
    r фиксированная [жёсткая] разводка *f*; жёсткий монтаж *m*
   d vorgegebene Verdrahtung *f*, vorgegebene Leiterbahnverbindungen *f pl*
    f câblage *m* fixe
   nl vaste bedrading *f*

F152 *e* **fixture**
    r оснастка *f*; оправка *f*
   d Haltevorrichtung *f*

    f outillage *m*; mandrin *m*
   nl houder *m*, spanklem *f (m)*

F153 *e* **FL** *see* **fusible link**

F154 *e* **flash**
    r 1. вспышка *f* 2. заусенец *m*; облой *m*
   d 1. Aufleuchten *n*, Aufblitzen *n* 2. Grat *m*
    f 1. flash *m* 2. bavure *f*
   nl 1. flits *m* 2. vormnaad *m* 3. braam *f (m)* 4. (voor)dekbad *n (galvaniseren)* 5. overtreklaag *f (m) (glas)*

F155 *e* **flash compression**
    r мгновенное [взрывное] прессование *n*
   d Explosionspressen *n*
    f compression *f* à explosion
   nl explosiepersen *n*

F156 *e* **flash evaporation**
    r взрывное испарение *n*
   d Entspannungsverdampfung *f*
    f évaporation *f* explosive
   nl snelverdamping *f*, ontspanningsverdamping *f*

F157 *e* **flash evaporator**
    r испаритель *m* для проведения взрывного испарения
   d Entspannungsverdampfer *m*
    f évaporateur *f* à explosion
   nl snelverdamper *m*, ontspanningsverdamper *m*

F158 *e* **flash getter**
    r распыляемый геттер *m*
   d Verdampfungsgetter *m*, Verdampfergetter *m*
    f getter *m* flash
   nl ontspanningsgetter *m*

F159 *e* **flash point**
    r температура *f* вспышки
   d Flammpunkt *m*, Entflammungstemperatur *f*
    f point *m* d'inflammation
   nl (ont)vlampunt *n*, ontvlamtemperatuur *f*

F160 *e* **flatness checker**
    r прибор *m* для контроля плоскостности *(напр. полупроводниковых пластин)*
   d Ebenheitsprüfgerät *n*
    f testeur *m* de planéité
   nl vlakheidstester *m*

F161 *e* **flatness gage**
    r измеритель *m* плоскостности
   d Ebenheitsmesser *m*
    f mesureur *m* de planéité
   nl vlakheidsmeter *m*

F162 *e* **flatness tester** *see* **flatness gage**

F163 *e* **flat pack, flat package**
    r плоский корпус *m* с планарными выводами
   d Flat-Pack-Gehäuse *n*, Flachgehäuse *n*
    f boîtier *m* flat-pack
   nl vlakmontagebehuizing *f*, flat pack *(IC)*

F164 *e* **flat-pack assembler**
    r 1. установка *f* для сборки кристаллов в плоские корпуса с планарными

выводами 2. установка f для монтажа плоских корпусов с планарными выводами *(на плате)*
   d Flat-Pack-Montageanlage f
   f installation f d'emboîtage flat-pack
   nl montage-installatie f voor flat packs

F165 e **flat-pack integrated circuit**
   r ИС f в плоском корпусе с планарными выводами
   d Flat-Pack-Schaltkreis m
   f circuit m intégré en boîtier flat-pack
   nl geïntegreerde schakeling f in platte behuizing, flat-pack-IC n

F166 e **flaw**
   r дефект m; трещина f
   d Fehler m; Fehlstelle f; Defekt m
   f fissure f
   nl fout f (m), onregelmatigheid f

F167 e **flex-fab** *see* **flexible fabrication**

F168 e **flexible carrier**
   r гибкий ленточный носитель m
   d flexibler Träger m
   f bande f porteuse flexible
   nl flexibele drager m

F169 e **flexible fabrication**
   r гибкое автоматизированное производство n, ГАП
   d flexible (automatisierte) Fertigung f
   f fabrication f assistée par ordinateur, FAO
   nl flexibele [aan vraag aan te passen] fabricage f

F170 e **flexible machining system**
   r гибкая производственная система f, ГПС
   d flexibles Fertigungssystem n, FFS n
   f système m de fabrication flexible
   nl flexibel machinepark n

F171 e **flexible programming**
   r гибкое программирование n
   d flexible Programmierung f
   f programmation f flexible
   nl flexibele programmering f

F172 e **flip chip**
   r перевёрнутый кристалл m
   d Flip-Chip n
   f flip-chip m, cristal m inverse
   nl ondersteboven [op de kop] gemonteerde chip m, flip-chip m

F173 e **flip-chip approach** *see* **flip-chip method**

F174 e **flip-chip assembly** *see* **flip-chip bonding**

F175 e **flip-chip bonder**
   r установка f для монтажа методом перевёрнутого кристалла
   d Flip-Chip-Bonder m
   f dispositif m pour montage par flip-chip
   nl flip-chipmontage-automaat m

F176 e **flip-chip bonding**
   r монтаж m методом перевёрнутого кристалла
   d Flip-Chip-Bonden n, Face-down-Montage f
   f montage m par flip-chip
   nl flip-chipmontage f

F177 e **flip-chip bump**
   r столбиковый вывод m перевёрнутого кристалла ИС
   d Flip-Chip-Höcker m
   f poutre f de flip-chip [de cristal inverse]
   nl flip-chip(contact)bobbel m

F178 e **flip-chip carrier**
   r кристаллоноситель m для монтажа методом перевёрнутого кристалла
   d Flip-Chip-Träger m
   f support m pour montage par flip-chip
   nl flip-chipdrager m

F179 e **flip-chip integrated circuit**
   r ИС f, смонтированная методом перевёрнутого кристалла
   d Flip-Chip-Schaltkreis m
   f circuit m intégré monté par flip-chip
   nl IC n [geïntegreerde schakeling f] op flip-chip

F180 e **flip-chip method**
   r метод m перевёрнутого кристалла
   d Flip-Chip-Technik f
   f technique f de flip-chip
   nl flip-chipmethode f

F181 e **flip-chip mount** *see* **flip-chip bonding**

F182 e **flip-chip mounting** *see* **flip-chip bonding**

F183 e **flip-flop**
   r 1. триггер m; триггерная схема f 2. ждущий [бистабильный] мультивибратор m
   d Flip-Flop n
   f bascule f, basculeur m, trigger m
   nl flip-flop m, tuimelschakeling f, (bistabiele) wipschakeling f [kipschakeling f]

F184 e **flip-over** *see* **flip-chip bonding**

F185 e **floating-crucible technique**
   r метод m плавающего тигля
   d Schwimmtiegelverfahren n
   f méthode f de creuset flottant
   nl drijvende-kroestechniek f

F186 e **floating gate**
   r плавающий затвор m
   d floatendes Gate n, Floating Gate n
   f grille f flottante
   nl zwevende [geïsoleerde] poort f (m)

F187 e **floating-gate avalanche-injection MOS**
   r лавинно-инжекционная МОП-структура f с плавающим затвором
   d FAMOS f, MOS-Struktur f mit schwebendem [floatendem] Gate und Lawineninjektion
   f structure f MOS avalanche-injection à grille flottante
   nl FAMOS m, MOS m met zwevende poort en lawine-injectie

FLOATING

F188 *e* **floating-gate FET**
   r полевой транзистор *m* с плавающим затвором
   d Floating-Gate-FET *m*
   f transistor *m* FET à grille flottante
   nl FET *m* met zwevende poort

F189 *e* **floating-gate IC**
   r ИС *f* на МОП-транзисторах с плавающими затворами
   d Floating-Gate-Schaltkreis *m*
   f circuit *m* intégré à grilles flottantes
   nl IC *n* in zwevende-poorttechniek

F190 *e* **floating-gate MOS**
   r МОП-структура *f* с плавающим затвором
   d Floating-Gate-MOS *f*, MOS-Struktur *f* mit schwebendem [floatendem] Gate
   f structure *f* MOS à grille flottante
   nl zwevende-poort-MOS *m*

F191 *e* **floating-gate silicon process**
   r технология *f* ИС на МОП-транзисторах с плавающими кремниевыми затворами
   d Floating-Gate-Silizium-Technik *f*
   f technologie *f* des circuits intégrés MOS à grilles flottantes en silicium
   nl siliciumtechniek *f* met zwevende poort

F192 *e* **floating-gate transistor**
   r МОП-транзистор *m* с плавающим затвором
   d Floating-Gate-Transistor *m*
   f transistor *m* MOS à grille flottante
   nl zwevende-poorttransistor *m*

F193 *e* **floating island**
   r плавающий [электрически несвязанный] островок *m*
   d floatende Insel *f*
   f îlot *m* flottant
   nl zwevend [geïsoleerd] eiland *n*

F194 *e* **floating junction**
   r плавающий переход *m*
   d floatender Übergang *m*
   f jonction *f* flottante
   nl zwevende [niet-aangesloten, stroomloze] overgang *m*

F195 *e* **floating-zone melting**
   r зонная плавка *f*
   d (tiegelfreies)Zonenschmelzen *n*
   f fusion *f* de zone
   nl verticaal zonesmelten *n*

F196 *e* **floating-zone refining**
   r очистка *f* методом зонной плавки
   d Zonenreinigung *f*
   f raffinage *m* par fusion de zone
   nl verticale zonezuivering *f*

F197 *e* **floating-zone silicon**
   r кремний *m*, полученный методом зонной плавки
   d nach dem Zonenschmelzverfahren hergestelltes (einkristallines) Silizium *n*
   f silicium *m* fabriqué par fusion de zone
   nl met zonesmelten verkregen (monokristallijn) silicium *n*

F198 *e* **floating-zone technique**
   r метод *m* зонной плавки
   d Zonenschmelzverfahren *n*
   f procédé *m* de fusion de zone
   nl verticale zonesmelttechniek *f*

F199 *e* **float-zone crystal**
   r кристалл *m*, полученный методом зонной плавки
   d nach dem Zonenschmelzverfahren hergestellter Kristall *m*
   f cristal *m* créé par fusion de zone
   nl drijfzone-kristal *n*

F200 *e* **float-zone growth**
   r выращивание *n* кристаллов методом зонной плавки
   d Kristallzüchtung *f* nach dem Zonenschmelzverfahren
   f croissance *f* de cristal par fusion de zone
   nl drijfzone-(kristal)groei *m*, drijfzone-(kristal)kweek *m*

F201 *e* **float-zone method** *see* **floating-zone technique**

F202 *e* **flood exposure** *see* **full-field exposure**

F203 *e* **floor planning**
   r (поуровневое) размещение *n* элементов *(на кристалле)*
   d Lageplan *m*, Anordnungsplan *m*
   f placement *m* en couches des éléments *(sur puce)*
   nl laagontwerp *n* *(chip-fabricage)*

F204 *e* **flow soldering**
   r пайка *f* волной припоя
   d Schwallöten *n*, Fließlöten *n*
   f soudure *f* à la vague
   nl golfsolderen *n*

F205 *e* **flow temperature**
   r температура *f* растекания, температура *f* размягчения
   d Fließtemperatur *f*
   f température *f* de flux
   nl vloeitemperatuur *f*

F206 *e* **FL-PROM** *see* **fusible-link programmable read-only memory**

F207 *e* **flubble**
   r (комбинированное) ЗУ *n* на магнитных дисках и ЦМД
   d «Flubble» *n*, Folien- und Blasenspeicher *m*
   f mémoire *f* sur disques et bulles magnétiques
   nl flubbel *m*, folie- en bellengeheugen *n*

F208 *e* **fluidity**
   r текучесть *f*
   d Fließbarkeit *f*
   f fluidité *f*
   nl vloeibaarheid *f*

F209 *e* **fluidized-bed coating**
   r нанесение *n* покрытия методом псевдоожиженного слоя
   d Fließbettbeschichtung *f*

FORWARD

       f gainage *m* par couche fluidisée
     nl wervelsinteren *n*
F210 *e* **fluidized-bed packaging**
      r герметизация *f* в псевдоожиженном слое
      d Fließbettverkappung *f*
      f encapsulation *f* en couche fluidisée
     nl omhullen *n* volgens wervelbed-methode
F211 *e* **flusher**
      r установка *f* для струйной промывки
      d Spülanlage *f*
      f installation *f* de rinçage
     nl spoelinstallatie *f*
F212 *e* **flux**
      r флюс *m (для пайки)*
      d Flußmittel *n*
      f flux *m*, pâte *f* (à souder)
     nl **1.** stroom *m*, stroming *f* **2.** vloeimiddel *n*, verdunningsmiddel *n*, smeltmiddel *n*, flux *m*
F213 *e* **fluxer**
      r устройство *n* для нанесения флюса
      d Fluxer *m*
      f fluxeur *m*
     nl inrichting *f* voor het aanbrengen van vloeimiddel, fluxer *m*
F214 *e* **flux-free bonding, flux-free soldering**
      r бесфлюсовая пайка *f*
      d flußmittelloses Löten *n*
      f soudure *f* sans flux
     nl fluxvrij contacteren *n* [solderen *n*]
F215 *e* **fluxing agent** *see* **flux**
F216 *e* **flying capacitor**
      r навесной конденсатор *m*
      d diskreter Kondensator *m*
      f condensateur *m* pendu
     nl losse [discrete] condensator *m*
F217 *e* **flying lead**
      r неподсоединённый вывод *m*
      d freie Anschlußleitung *f*, freie Zuleitung *f*
      f sortie *f* non connectée
     nl losse [vrije] aansluiting *f*
F218 *e* **fly's eye lens**
      r фасеточный объектив *m*
      d Facettenlinse *f*
      f lentille *f* à facette
     nl vliegenooglens *f (m)*, facetlens *f (m)*
F219 *e* **flywire**
      r тонкий проволочный вывод *m*
      d dünner Anschlußdraht *m*
      f fil *m* mince de sortie
     nl vrijlopende [niet-ondersteunde] draad *m*
F220 *e* **focused ion-beam lithography**
      r литография *f* фокусируемым ионным пучком
      d Lithografie *f* mittels fokussierter Ionenstrahlen
      f lithographie *f* par faisceau ionique focalisé
     nl gefocusseerde-ionenstraallithografie *f*

F221 *e* **fog**
      r вуаль *f (на фотооригинале)*; помутнение *n (фотоэмульсии)*
      d Schleier *m*; Trübung *f*
      f voile *m*
     nl sluier *m*, vertroebeling *f*
F222 *e* **footprint**
      r сетка *f (определяющая стандартное расстояние между выводами корпуса)*
      d Anschlußstiftkonfiguration *f*
      f maille *f (determinant l'espace standard entre pattes de boîtier)*
     nl **1.** aansluitpennenpatroon *n*
         2. oppervlaktebeslag *n*
F223 *e* **forbidden band**
      r запрещённая (энергетическая) зона *f*
      d verbotene Zone *f*; Bandabstand *m*
      f bande *f* [zone *f*] interdite
     nl verboden zone *f (m)*
F224 *e* **forbidden bandwidth**
      r ширина *f* запрещённой (энергетической) зоны
      d Bandabstand *m*
      f largeur *f* de bande interdite, gap *m*
     nl verboden-zonebreedte *f*
F225 *e* **forbidden gap**
      r запрещённая (энергетическая) зона; ширина *f* запрещённой (энергетической) зоны
      d Bandlücke *f*, Energielücke *f*
      f bande *f* interdite; largeur *f* de bande interdite, gap *m*
     nl verboden (tussenband)zone *f (m)*
F226 *e* **foreign atom**
      r примесный атом *m (нежелательной примеси)*
      d Fremdatom *n*
      f atome *m* étranger
     nl vreemd atoom *n*
F227 *e* **foreign material**
      r загрязнение *n*, нежелательная примесь *f*
      d Fremdstoff *m*
      f contaminant *m*, impureté *f* étrangère
     nl vreemd materiaal *n*
F228 *e* **foreign substrate**
      r инородная подложка *f*
      d fremdartiges Substrat *n*
      f substrat *m* étranger
     nl substraat *n* van ander materiaal
F229 *e* **formulation**
      r композиция *f*; состав *m*
      d Komposition *f*; Zusammensetzung *f*
      f composition *f*
     nl compositie *f*, samenstelling *f*
F230 *e* **forward bias**
      r напряжение *n* прямого смещения, прямое смещение *n*
      d Durchlaßvorspannung *f*, Vorspannung *f* in Durchlaßrichtung
      f polarisation *f* directe

FORWARD

    nl doorlaatvoorspanning *f*, voorspanning *f* in doorlaattoestand, doorlaatinstelling *f*

F231 *e* **forward-bias conduction**
    r проводимость *f* при прямом смещении
    d Durchlaßleitwert *m*
    f conduction *f* à la polarisation directe
    nl geleiding(svermogen) *f (n)* bij doorlaatinstelling, doorlaatgeleiding(svermogen) *f (n)*

F232 *e* **forward-biased current**
    r ток *m* при прямом смещении
    d Durchlaßstrom *m*
    f courant *m* à la polarisation directe
    nl doorlaatstroom *m*

F233 *e* **forward-biased diode**
    r прямосмещённый диод *m*
    d in Durchlaßrichtung vorgespannte Diode *f*
    f diode *f* polarisée en direct
    nl in doorlaatrichting geschakelde [werkende] diode *f*

F234 *e* **forward-biased junction**
    r прямосмещённый переход *m*
    d in Durchlaßrichtung vorgespannter Übergang *m*
    f jonction *f* polarisée en direct
    nl in doorlaatrichting werkende overgang *m*

F235 *e* **forward characteristic**
    r характеристика *f (диода)* при прямом смещении
    d Durchlaßkennlinie *f*
    f caractéristique *f* à la polarisation directe
    nl doorlaatkromme *f*

F236 *e* **forward current**
    r прямой ток *m*
    d Durchlaßstrom *m*
    f courant *m* direct
    nl doorlaatstroom *m*

F237 *e* **forward impedance**
    r прямое полное сопротивление *n*
    d Durchlaßimpedanz *f*
    f impédance *f* directe
    nl doorlaatimpedantie *f*

F238 *e* **forward resistance**
    r прямое сопротивление *n*
    d Durchlaßwiderstand *m*
    f résistance *f* directe
    nl doorlaatweerstand *m*

F239 *e* **foundry**
    r оборудование (для) *n* производства специализированных ИС
    d Fertigungsanlagen *f pl* für kundenspezifische Schaltkreise
    f fondérie *f*
    nl maskermakerij *f*

F240 *e* **foundry customer**
    r заказчик *m* специализированных ИС
    d Kunden-IC-Anwender *m*
    f utilisateur *m* des circuits intégrés personnalisés
    nl klant *m* voor maskermakerij *(met speciale wensen)*

F241 *e* **four-bit chip**
    r ИС *f* 4-разрядного микропроцессора
    d 4-Bit-Chip *n*
    f puce *f* du microprocesseur à quatre bits
    nl 4-bits chip *m*

F242 *e* **Fourier analyzer**
    r анализатор *m* Фурье
    d Fourier-Analysator *m*
    f analyseur *m* de Fourier
    nl Fourier-analysator *m*

F243 *e* **Fourier inversion**
    r обратное преобразование *n* Фурье
    d Fourier-Inversion *f*
    f inversion *f* de Fourier
    nl Fourier-inversie *f*

F244 *e* **Fourier transform**
    r преобразование *n* Фурье
    d Fourier-Transformation *f*
    f transformation *f* de Fourier
    nl Fourier-transformatie *f*

F245 *e* **four-phase logic**
    r четырёхфазные логические схемы *f pl*
    d Vierphasenlogik *f*
    f logique *f* à quatre phases
    nl vierfasen-logica *f*

F246 *e* **four-point probe**
    r четырёхзондовая измерительная установка *f*
    d Vierpunktprüfanlage *f*, Vierpunktsonde *f*
    f sonde *f* à quatre points
    nl vierpuntstaster *m*, vierpuntssonde *f (m)*

F247 *e* **four-point probe measurement**
    r измерение *n* (характеристик) четырёхзондовым методом
    d Vier(punkt)sondenmessung *f*
    f mesure *f* par sonde à quatre points
    nl vierpunts-sondemeting *f*

F248 *e* **four-point probe technique**
    r четырёхзондовый метод *m* измерения
    d Vier(punkt)sondenprüfverfahren *n*
    f technique *f* de sonde à quatre points
    nl vierpunts(sonde)-meettechniek *f*

F249 *e* **four-pole equivalent network**
    r эквивалентная схема *f* четырёхполюсника
    d Vierpolersatzschaltung *f*
    f schéma *m* équivalent du quadripôle
    nl vierpool-vervangingsschakeling *f*

F250 *e* **FPLA** see **field-programmable logic array**

F251 *e* **FPLF** see **field-programmable logic family**

F252 *e* **F-PROM** see **field-programmable read-only memory**

F253 *e* **fracture**
    r разламывание *n*, ломка *f*; растрескивание *n*
    d Brechen *n*; Bruch *m*

  f cassure *f*; fracture *f*
  nl breuk(vlak) *f (m) (n)*, spleet *f (m)*
F254 *e* **fracturer**
  r установка *f* для разламывания (пластины)
  d Vereinzelungsanlage *f*
  f installation *f* de cassure *(des tranches)*
  nl breekmachine *f*, chips-uitbreker *m*
F255 *e* **fracture strength**
  r прочность *f* на излом
  d Bruchfestigkeit *f*
  f résistance *f* à la fracture
  nl breeksterkte *f*, breekvastheid *f*
F256 *e* **fragile material**
  r хрупкий [ломкий] материал *m*
  d spröder Werkstoff *m*
  f matériau *m* fragile
  nl (licht) breekbaar [broos, bros] materiaal *n*
F257 *e* **fragility**
  r хрупкость *f*, ломкость *m*
  d Brüchigkeit *f*
  f fragilité *f*
  nl breekbaarheid *f*, bro(o)sheid *f*
F258 *e* **fragmentation**
  r измельчение *n*; дробление *n*
  d Zerkleinerung *f*, Aufspaltung *f*
  f fragmentation *f*
  nl in stukjes [brokken] verdelen *n*, verbrokkeling *f*, versplintering *f*, fragmentatie *f*
F259 *e* **frame**
  r выводная рамка *f*
  d Rahmen *m*, Leiterrahmen *m*
  f cadre *m*
  nl systeemdrager *m*, aansluitraam *n*, spin *f (m)*
F260 *e* **frame attacher**
  r установка *f* для прикрепления выводной рамки (к основанию корпуса)
  d Leiterrahmenbefestigungsanlage *f*
  f machine *f* de connexion du cadre *(à la base de boîtier)*
  nl bevestigingsinstallatie *f* voor aansluitramen
F261 *e* **free carrier**
  r свободный носитель *m* заряда
  d freier Ladungsträger *m*
  f porteur *m* (de charge) libre
  nl vrije ladingdrager *m*
F262 *e* **free electron**
  r свободный электрон *m*
  d freies Elektron *n*
  f électron *m* libre
  nl vrij elektron *n*
F263 *e* **free path**
  r длина *f* свободного пробега
  d freie Weglänge *f*
  f parcours *m* libre
  nl vrij traject *n*, vrije weglengte *f*
F264 *e* **Frenkel defect**
  r дефект *m* по Френкелю

  d Frenkel-Defekt *m*, Frenkelsche Fehlstelle *f*
  f défaut *m* Frenkel
  nl Frenckel-defect *n* *(roosterfout)*
F265 *e* **freon plasma**
  r фреоновая плазма *f*
  d Freonplasma *n*
  f fréon *m* en plasma
  nl freonplasma *n*
F266 *e* **frequency-compensation capacitor**
  r конденсатор *m* с частотной компенсацией (в линейных ИС)
  d frequenzkompensierter Kondensator *m (in den linearen ICs)*
  f condensateur *m* à compensation de fréquence
  nl frequentiecompensatie-condensator *m*
F267 *e* **frequency-response characteristic, frequency-response curve**
  r амплитудно-частотная характеристика *f*, АЧХ
  d Frequenzgang *m*, Frequenzkennlinie *f*
  f courbe *f* [caractéristique *f*] amplitude-fréquence
  nl frequentiekarakteristiek *f*
F268 *e* **fringe**
  r интерференционная полоса *f*
  d Interferenzstreifen *m*
  f frange *f*
  nl interferentiestreep *f (m)*, strooiveld *n*
F269 *e* **fringe counter**
  r счётчик *m* интерференционных полос
  d Interferenzstreifenzähler *m*, Streifenzähler *m*
  f compteur *m* des franges
  nl (interferentie)strepenteller *m*
F270 *e* **frit**
  r фритта *f*
  d Fritte *f*
  f fritte *f*
  nl frit *m*, fritten *n (keramiek)*
F271 *e* **FROM** *see* **factory-programmable read-only memory**
F272 *e* **front-end circuit**
  r схема *f* входного каскада
  d Eingangsteil *n*, Eingangsschaltung *f*
  f circuit *m* de cascade d'entrée
  nl kopschakeling *f*
F273 *e* **front-end design**
  r 1. разработка *f* входных каскадов 2. конструкция *f* входного каскада
  d Front-End-Design *n*
  f conception *f* des cascades d'entrée
  nl front-end-ontwerp *n*
F274 *e* **front-end processing**
  r начальный этап *m* изготовления *(до сборочно-монтажных операций)*
  d Vorverarbeitung *f*
  f traitement *m* initial
  nl voorverwerking *f*
F275 *e* **front-to-back registration**
  r совмещение *n* с верхней и нижней

FRONT

поверхностями полупроводниковой пластины
 d Überdeckung *f* von Vorder- und Rückseitenstrukturen
 f alignement *m* avec surface supérieure et surface inférieure de la tranche
 nl uitljning *f* van voor tot achter

F276 *e* **front wafer surface**
 r верхняя поверхность *f* полупроводниковой пластины
 d Wafervorderseite *f*
 f surface *f* supérieure de la tranche
 nl wafelvoorzijde *f (m)*

F277 *e* **FT** *see* **Fourier transform**

F278 *e* **FTR** *see* **functional throughput**

F279 *e* **full custom IC**
 r полностью заказная ИС *f*
 d (Voll-)Kunden-IC *n*, (voll)kundenspezifischer Schaltkreis *m*
 f C.I. *f* (purement) à la demande
 nl geheel klantspecifiek IC *n*

F280 *e* **full-field exposure**
 r экспонирование *n* по всему полю полупроводниковой пластины
 d Gesamtwaferbelichtung *f*
 f exposition *f* sur la tranche entière
 nl volle wafelbelichting *f*

F281 *e* **full isolation by porous oxidized silicon**
 r полная изоляция *f* элементов МОП ИС пористым оксидом кремния
 d Vollisolation *f* mittels porösem Siliziumoxid
 f isolation *f* complète par oxyde poreux de silicium
 nl volledige isolatie *f* door poreus siliciumoxyde

F282 *e* **full-slice integration**
 r 1. интеграция *f* на целой полупроводниковой пластине 2. ИС *f* на целой полупроводниковой пластине
 d 1. Ganzscheibenintegration *f* 2. Ganzscheibenschaltkreis *m*
 f 1. intégration *f* sur la tranche entière 2. circuit *m* intégré sur la tranche entière
 nl volleschijf-integratie *f*

F283 *e* **full-slice technology**
 r технология *f* ИС на целой полупроводниковой пластине
 d Ganzscheibentechnologie *f*
 f technologie *f (de C.I.)* sur la tranche entière
 nl volleschijf-technologie *f*

F284 *e* **full-wafer aligner**
 r установка *f* совмещения (и экспонирования) по всему полю полупроводниковой пластины
 d Gesamtwaferjustieranlage *f*, Gesamtwaferjustier- und Belichtungsanlage *f*
 f aligneur *m* sur la tranche entière
 nl vollewafel-uitlijner *m*

F285 *e* **full-wafer alignment**
 r совмещение *n* всей полупроводниковой пластины с фотошаблоном
 d Gesamtwaferjustierung *f*
 f alignement *m* sur la tranche entière *(au photomasque)*
 nl vollewafel-uitlijning *f*

F286 *e* **full-wafer chip**
 r ИС *f* на целой полупроводниковой пластине
 d Ganzscheibenschaltkreis *m*
 f puce *f* sur la tranche entière
 nl volleschijf-chip *m*

F287 *e* **full-wafer exposure** *see* **full-field exposure**

F288 *e* **full-wafer lithography**
 r литография *f* по всему полю пластины
 d Ganzscheibenlithografie *f*
 f lithographie *f* sur la tranche entière
 nl volleschijf-lithografie *f*

F289 *e* **full-wafer mask**
 r маска *f* на всей поверхности полупроводниковой пластины
 d Ganzscheibenmaske *f*
 f masque *m* sur la tranche entière
 nl volleschijf-masker *n*

F290 *e* **full-wafer memory**
 r память *f* на целой полупроводниковой пластине
 d Ganzscheibenspeicher *m*
 f mémoire *f* sur la tranche entière
 nl volleschijf-geheugen *n*

F291 *e* **fully-enclosed air isolation**
 r полная воздушная изоляция *f*
 d Volluftisolation *f*
 f isolation *f* à air complète
 nl rondom-luchtisolatie *f*

F292 *e* **fume hood**
 r вытяжной шкаф *m*
 d Abzugsschrank *m*, Abzug *m*
 f hotte *f*
 nl 1. rookkap *f (m)*, wasemkap *f (m)*, afzuigkap *f (m)* 2. zuurkast *f (m)*

F293 *e* **functional capability, functional capacity**
 r функциональная способность *f*
 d Funktionsfähigkeit *f*
 f capacité *f* fonctionnelle
 nl functiecapaciteit *f*, functionaliteit

F294 *e* **functional check**
 r функциональный контроль *m*
 d Funktionsprüfung *f*
 f contrôle *m* de fonctionnement
 nl functionele controle *f (m)*

F295 *e* **functional chip**
 r работоспособный [годный] кристалл *m*
 d funktionstüchtiges [intaktes] Chip *n*
 f puce *f* bonne
 nl 1. (naar behoren) functionerende [werkende] chip *m* 2. uit functieblokken bestaande chip *m*

FUSE

F296 e **functional complexity**
r степень f функциональной сложности
d Funktionskomplexität f
f complexité f fonctionnelle
nl functiecomplexiteit f

F297 e **functional design**
r функциональное проектирование n
d Funktionsentwurf m, funktioneller Entwurf m
f conception f fonctionnelle
nl functiegericht [functioneel] ontwerp n

F298 e **functional electronics**
r 1. функциональная электроника f 2. функциональные ИС f pl
d Funktionalelektronik f
f 1. électronique f fonctionnelle 2. circuits m pl intégrés fonctionnels
nl functiegerichte elektronica f

F299 e **functional integrated circuit**
r функциональная ИС f
d funktionaler Schaltkreis m, funktionelle Schaltung f
f circuit m intégré fonctionnel
nl 1. (naar behoren) werkende geïntegreerde schakeling f 2. uit functieblokken bestaand IC n

F300 e **functionality** see **functional capability**

F301 e **functional logic**
r функциональные логические схемы f pl
d Funktionslogik f
f logique f fonctionnelle
nl op functieblokken gebaseerde logica f, functieblokken-logica f

F302 e **functional modularity**
r функционально-модульный принцип m
d Funktionsmodulaufbau m
f modularité f fonctionnelle
nl funktieblokken-opbouw m

F303 e **functional partitioning**
r функциональная декомпозиция f
d funktionelle Teilung f
f décomposition f fonctionnelle
nl verdeling f naar functiegroepen

F304 e **functional power** see **functional capability**

F305 e **functional testing**
r проверка f работоспособности
d Funktionstest m, Funktionsprüfung f
f test m de fonctionnement
nl functionele beproeving f

F306 e **functional throughput**
r функциональная производительность f (характеристика ССИС)
d Funktionseffektivität f
f rendement m fonctionnel
nl verwerkingscapaciteit f per functie

F307 e **furnace annealing**
r отжиг m в печи
d Ausheilung f im Ofen
f recuit m en four
nl tempering f [uitgloeiing f] in oven

F308 e **furnace boat**
r лодочка f для термической обработки в печи
d Ofenkassette f
f cuvette f du four
nl ovenschuitje n, ovencassette f

F309 e **furnace module**
r модуль m диффузионной печи
d Ofenmodul m
f module m du four
nl ovenmoduul n

F310 e **furnace profile**
r температурный профиль m печи
d Ofentemperaturprofil n
f profil m de la température du four
nl oventemperatuurprofiel n

F311 e **furnace slice carrier**
r кассета f для обработки полупроводниковых пластин в печи
d Scheibenträger m (für Wärmebehandlung der Wafer im Ofen)
f cassette f pour traitement des tranches en four
nl schijvenmagazijn n voor oven

F312 e **fused junction**
r сплавной переход m
d legierter Übergang m; Rekristallisationsschicht f
f jonction f alliée
nl herkristallisatielaag f (m)

F313 e **fused quartz**
r плавленый кварц m
d geschmolzener Quarz m
f quartz m fondu
nl gesmolten kwarts n

F314 e **fused silica crucible**
r тигель m из плавленого кварца
d Quarzglastiegel m
f creuset m en quartz fondu
nl kwartsglaskroes m

F315 e **fuse link**
r плавкая перемычка f (в ПЛМ)
d Schmelzverbindung f
f traversée f fusible
nl wegsmeltbare verbinding f, smeltverbinding f

F316 e **fuse-link technology**
r метод m плавких перемычек
d Schmelzverbindungsverfahren n
f technique f des traversées fusibles
nl smeltverbindingstechnologie f

F317 e **fuse logic** see **fuse-programmable array logic**

F318 e **fuse-programmable array logic**
r логические матрицы f pl, программируемые плавкими перемычками
d schmelzverbindungsprogrammierbare Matrixlogik f

FUSE

  f réseau *m* logique programmé par traversées fusibles
  nl door inbranden te programmeren matrixlogica *f*

F319 *e* **fuse-programmable chip**
  r ИС *f*, программируемая плавкими перемычками
  d schmelzverbindungsprogrammierbares Chip *n*
  f puce *f* programmée par traversées fusibles
  nl door smeltverbindingen programmeerbare chip *m*, inbrand-PROM *n*

F320 *e* **fuser**
  r печь *f* для расплавления припоя
  d Lotschmelzofen *m*
  f four *m* pour soudure
  nl smeltoven *m*

F321 *e* **fusible link** *see* **fuse link**

F322 *e* **fusible-link programmable read-only memory**
  r ПЗУ *n*, программируемое плавкими перемычками
  d Schmelzsicherungs-PROM *m*, schmelzverbindungsprogrammierbarer ROM *m*
  f mémoire *f* morte programmée par traversées fusibles
  nl inbrand-PROM *n*

F323 *e* **fusing**
  r расплавление *n*; сплавление *n*
  d Schmelzen *n*
  f fusion *f*
  nl smelten *n*, wegsmelten *n*, doorsmelten *n*

F324 *e* **fusion temperature**
  r температура *f* расплавления
  d Schmelztemperatur *f*
  f température *f* de fusion
  nl smelttemperatuur *f*

F325 *e* **fuzziness**
  r размытость *f (изображения)*
  d Unschärfe *f*, Bildungschärfe *f*
  f flou *m*
  nl wazigheid *f*, onscherpte *f (beeld)*

G

G1 *e* **GaAs**
  r 1. арсенид *m* галлия 2. прибор *m* на арсениде галлия
  d 1. Galliumarsenid *n*, GaAs 2. GaAs-Bauelement *n*
  f GaAs, arséniure *m* de gallium
  nl galliumarsenide *n*, GaAs *n*

G2 *e* **GaAs logic gate**
  r логический элемент *m* на арсениде галлия
  d GaAs-Logikgatter *n*
  f porte *f* logique en GaAs
  nl logicapoort *f (m)* van GaAs

G3 *e* **gage**
  r 1. манометр *m*; вакуумметр *m*; 2. измерительный прибор *m*, измеритель *m*
  d 1. Druckmesser *m*, Manometer *n*; Vakuummesser *m* 2. Meßgerät *n*
  f 1. manomètre *m*; vacuomètre *m* 2. mesureur *m*
  nl 1. meetinstrument *n*, meter *m* 2. maat *f (m)* 3. drukmeter *m*, manometer *m*, vacuümmeter *m*

G4 *e* **gain**
  r 1. коэффициент *m* усиления 2. усиление *n*; увеличение *n*
  d 1. Verstärkungsfaktor *m* 2. Verstärkung *f*; Gewinn *m*
  f gain *m*
  nl versterking(sfactor) *f (m)*, winst *f*

G5 *e* **gain factor**
  r коэффициент *m* усиления
  d Verstärkungsfaktor *m*
  f gain *m*
  nl versterkingsfactor *m*

G6 *e* **gal**
  r гал *m* *(единица измерения ускорения воздушного потока в чистых комнатах,* гал $= G \cdot 10^{-3}$ *m/s²)*
  d Gal *n*
  f gal *m*
  nl 1. gal *m (eenheid)* 2. wolfraam *n*

G7 *e* **gallium-aluminum arsenide**
  r арсенид *m* галлия и алюминия, GaAlAs
  d Gallium-Aluminium-Arsenid, *n* GaAlAs
  f arséniure *m* de gallium-aluminium
  nl gallium-aluminium-arsenide *n*, GaAlAs *n*

G8 *e* **gallium arsenide**
  r арсенид *m* галлия, GaAs
  d Galliumarsenid *n*, GaAs
  f arséniure *m* de gallium, GaAs
  nl galliumarsenide *n*, GaAs *n*

G9 *e* **gallium-arsenide FET**
  r полевой транзистор *m* на арсениде галлия
  d GaAs-FET *m*
  f transistor *m* FET en arséniure de gallium
  nl GaAs-FET *m*

G10 *e* **gallium-arsenide logic**
  r логические схемы *f pl* на арсениде галлия
  d GaAs-Logik *f*, Galliumarsenidlogik *f*
  f logique *f* en arséniure de gallium
  nl GaAs-logica *f*

G11 *e* **gallium phosphide**
  r фосфид *m* галлия, GaP
  d Galliumphosphid *n*, GaP
  f phosphure *m* de gallium
  nl galliumfosfide *n*, GaP *n*

G12 *e* **gamma radiation**
  r гамма-излучение *n*
  d Gammastrahlung *f*

      f rayonnement *m* gamma
     nl gammastraling *f*

G13 *e* **gang**
      r комплект *m*; набор *m*; блок *m*
     d Satz *m*, Sortiment *n*
      f jeu *m*, bloc *m*, ensemble *m*
     nl stel *n*

G14 *e* **gang bonder**
      r установка *f* групповой пайки *или* сварки выводов
     d Simultanbonder *m*
      f machine *f* pour soudage en groupe
     nl simultaanmontagemachine *f*, simultaancontacteermachine *f*

G15 *e* **gang-bonding bump**
      r столбиковый вывод *m* для групповой пайки *или* сварки
     d Kontakthügel *m* für Simultanbonden
      f poutre *f* pour soudage en groupe
     nl contactbobbel *m* voor simultaancontactering

G16 *e* **gang-bonding integrated circuit**
      r ИС *f*, смонтированная методом групповой сварки выводов
     d gruppengebondeter Schaltkreis *m*
      f circuit *m* intégré monté par soudage en groupe
     nl simultaanmontage-IC *n*, simultaancontacterings-IC *n*

G17 *e* **gap**
      r 1. зазор *m*; промежуток *m* 2. запрещённая (энергетическая) зона *f*
     d 1. Spalt *m*; Lücke *f*; Zwischenraum *m* 2. Energielücke *f*, Bandabstand *m*
      f 1. gap *m*; écart *m*; intervalle *m*; entrefer *m* 2. bande *f* interdite, gap *m*
     nl 1. spleet *f (m)*, tussenruimte *f* 2. bandafstand *m*, energieverschil *n*, energie-interval *n*

G18 *e* **gap printer**
      r установка *f* фотолитографии с (микро)зазором
     d Abstandjustier- und Belichtungsanlage *f*
      f installation *f* de photo-impression au gap
     nl

G19 *e* **gap state**
      r состояние *n* в запрещённой зоне
     d Energielückenzustand *m*
      f état *m* de bande interdite
     nl energieverschiltoestand *m*

G20 *e* **garnet film**
      r плёнка *f* граната
     d Granatschicht *f*
      f film *m* de grenat
     nl granaatlaag *f (m)*

G21 *e* **gas cleaning**
      r газовая очистка *f*
     d Gasreinigung *f*
      f nettoyage *m* au gaz
     nl gasreiniging *f*, gaswassen *n*

G22 *e* **gas decomposition**
      r разложение *n* газообразного соединения
     d Gaszersetzung *f*
      f décomposition *f* de gaz
     nl gasontleding *f*

G23 *e* **gas deposition**
      r осаждение *n* из газовой фазы
     d Gasphasenabscheidung *f*
      f déposition *f* en phase gazeuse
     nl neerslaan *n* [opdamping *f*] vanuit gasfase

G24 *e* **gas-discharge plasma**
      r газоразрядная плазма *f*
     d Gasentladungsplasma *n*
      f plasma *m* à décharge gazeuse
     nl gasontladingsplasma *n*

G25 *e* **gaseous diffusion** see **gas-phase diffusion**

G26 *e* **gaseous-phase reaction**
      r реакция *f* в газовой фазе
     d Gasphasenreaktion *f*
      f réaction *f* en phase gazeuse
     nl gasfasereactie *f*

G27 *e* **gaseous-plasma generation**
      r образование *n* газоразрядной плазмы
     d Erzeugung *f* des Gasentladungsplasmas
      f génération *f* de plasma à décharge gazeuse
     nl gasplasmavorming *f*

G28 *e* **gaseous-source predeposition**
      r разгонка *f* примеси из газообразного источника
     d Vorbelegungsdiffusion *f* mit gasförmiger Dotantenquelle
      f prédéposition *f* de la source gazeuse
     nl predepositie *f* vanuit gasbron

G29 *e* **gas etchant**
      r газообразный травитель *m*
     d gasförmiger Ätzer *m*
      f décapant *m* gazeux
     nl gasvormig etsmiddel *n*

G30 *e* **GASFET** see **gallium-arsenide FET**

G31 *e* **gas handling**
      r распределение *n* (технологических) газов
     d Verteilung *f* [Einsatz *m*] technologischer Gase
      f distribution *f* de gaz
     nl beschikbaarstelling *f* en gebruik van technische gassen

G32 *e* **gas-phase composition**
      r состав *m* газовой фазы
     d Gasphasenzusammensetzung *f*
      f composition *f* de phase gazeuse
     nl samenstelling *f* vanuit gasfase

G33 *e* **gas-phase diffusion**
      r диффузия *f* из газовой фазы
     d Gasphasendiffusion *f*
      f diffusion *f* en phase gazeuse
     nl diffusie *f* vanuit gasfase

G34 *e* **gas-phase doping**
      r легирование *n* из газовой фазы

GAS

    d Gasphasendotierung *f*
    f dopage *m* en phase gazeuse
    nl dotering *f* vanuit gasfase

G35 *e* **gas-plasma oxidizer**
    r плазменный реактор *m* для оксидирования полупроводниковых пластин
    d Gasplasmaoxydationsreaktor *m*
    f réacteur *m* de plasma pour oxydation des tranches
    nl gasplasma-oxydatie-inrichting *f*

G36 *e* **gas plating** *see* **gas deposition**

G37 *e* **gas-source diffusion**
    r диффузия *f* из газообразного источника
    d Trägergasdiffusion *f*
    f diffusion *f* de la source gazeuse
    nl diffusie *f* vanuit gasbron

G38 *e* **gate**
    r 1. логический элемент *m*; логическая схема *f* 2. затвор *m* (*полевого транзистора*); управляющий электрод *m*
    d 1. Gatter *n*, 2. Gate *n*, Torelektrode *f*, Steuerelektrode *f*
    f grille *f*
    nl poort *f (m)*, gate *m*

G39 *e* **gate array**
    r матрица *f* логических элементов (*тип базового матричного кристалла*)
    d Gate-Array *n*, Gatterfeld *n*
    f réseau *m* prédiffusé
    nl poortenmatrix *f*, poortenrooster *n*

G40 *e* **gate-array approach**
    r метод *m* базового матричного кристалла
    d Gate-Array-Lösung *f*, Gatterfeldlösung *f*
    f méthode *f* de réseau prédiffusé
    nl poortenmatrix-benadering *f* (*programmeerbare logica*)

G41 *e* **gate-array chip**
    r базовый кристалл *m* типа матрицы логических элементов, базовый матричный кристалл *m*
    d Universalschaltkreischip *n*
    f puce *f* en réseau prédiffusé
    nl poortenmatrix-chip *m*

G42 *e* **gate-array integration**
    r цифровая ИС *f* на основе базового матричного кристалла, цифровая матричная ИС *f*
    d Universalschaltkreis *m*
    f circuit *m* intégré prédiffusé
    nl integratie *f* op basis van universele logica

G43 *e* **gate-array master chip** *see* **gate-array chip**

G44 *e* **gate cell**
    r логический элемент *m*
    d Gatterzelle *f*

    f porte *f*
    nl poortcel *f (m)*

G45 *e* **gate complexity**
    r степень *f* интеграции в эквивалентных логических элементах
    d Gatterkomplexität *f*
    f complexité *f* des portes
    nl poortencomplexiteit *f*

G46 *e* **gate connection**
    r вывод *m* затвора
    d Gate-Zuleitung *f*, Gate-Anschluß *m*
    f sortie *f* de grille
    nl poortaansluiting *f*

G47 *e* **gate count**
    r количество *n* логических элементов
    d Gatter(an)zahl *f*
    f nombre *m* des portes
    nl poortental *n*

G48 *e* **gate delay**
    r задержка *f* (распространения сигнала) на логический элемент
    d Gatterverzögerung *f*
    f délai *m* du signal de porte
    nl poortvertraging *f*

G49 *e* **gate delay time**
    r время *n* задержки сигнала на логический элемент
    d Gatterverzögerungszeit *f*
    f temps *m* de délai sur signal de porte
    nl poortvertragingstijd *m*, poortschakeltijd *m*

G50 *e* **gate density**
    r плотность *f* упаковки ИС в эквивалентных логических элементах
    d Gatterdichte *f*
    f densité *f* des portes équivalentes
    nl poortendichtheid *f*

G51 *e* **gate dielectric**
    r изолирующий слой *m* затвора (*полевого транзистора*), подзатворный диэлектрик *m*
    d Gatedielektrikum *n*; Gate-Oxid *n*
    f diélectrique *m* [couche *f* isolante] de grille
    nl poort-diëlektricum *n*, poort-isolatie *f*

G52 *e* **gate equivalent**
    r эквивалентный логический элемент *m* (*относительная единица измерения степени функциональной интеграции БИС*)
    d Gatteräquivalent *n*
    f porte *f* équivalente
    nl poortequivalent *n*

G53 *e* **gate-equivalent circuit**
    r схема *f*, эквивалентная логическому элементу (*условная единица измерения степени функциональной интеграции цифровых БИС и СБИС*)
    d gatteräquivalente Schaltung *f*
    f circuit *m* de porte équivalente
    nl poortvervangingsschakeling *f*

G54 e **gate expander**
  r логический расширитель m
  d Erweiterungsglied n, Gattererweiterung f
  f expanseur m de porte
  nl poortuitbreidingsschakeling f, poortuitbreider m

G55 e **gate groove**
  r канавка f V-образного затвора
  d V-Grube f
  f rainure f de grille en V
  nl poortkeep f (m) (V-groef)

G56 e **gate-injection MOS**
  r МОП-структура f с инжекционным (плавающим) затвором
  d Injektionsgate-MOS-Struktur f
  f structure f MOS à grille injectée
  nl poortinjectie-MOS m

G57 e **gate-insulation breakdown**
  r пробой m изоляции затвора
  d Gateisolationsdurchbruch m
  f claquage m d'isolation de grille
  nl poortisolatiedoorbraak f (m)

G58 e **gate-insulation layer, gate insulator** see **gate dielectric**

G59 e **gate-level simulation**
  r моделирование n на уровне логических элементов
  d Simulation f auf Gatterebene
  f simulation f au niveau des portes
  nl simulatie f van poortligging; simulatie f van poortlaag

G60 e **gate line**
  r затворная токопроводящая дорожка f
  d Gate-Leitbahn f
  f piste f de grille
  nl poortlijn f (m)

G61 e **gate metal**
  r металл m для (формирования) затвора
  d Gatemetall n
  f métal m pour grille
  nl poortmetaal n

G62 e **gate output**
  r выход m логического элемента
  d Gatterausgang m
  f sortie f de porte
  nl poortuitgang m

G63 e **gate overlap**
  r перекрытие n затворов
  d Gateüberlappung f
  f chevauchement m [superposition f] des grilles
  nl overlapping f van poorten

G64 e **gate oxidation**
  r оксидирование n для формирования подзатворного оксида
  d Gate-Oxydation f
  f oxydation f de grille
  nl poortoxydatie f

G65 e **gate oxide**
  r подзатворный оксид m
  d Gate-Oxid n, Gateoxid n
  f oxyde m de grille
  nl poortoxyde n

G66 e **gate-oxide defect**
  r дефект m подзатворного оксида
  d Gateoxidfehler m
  f défaut m d'oxyde de grille
  nl poortoxyde-defect n

G67 e **gate-oxide integrity**
  r целостность f подзатворного оксида
  d Gateoxidintegrität f
  f intégrité f d'oxyde de grille
  nl poortoxyde-bestendigheid f

G68 e **gate pattern**
  r форма f затвора
  d Gatekonfiguration f, Gatestruktur f
  f profil m [forme f] de grille
  nl poortconfiguratie f

G69 e **gate region**
  r затворная область f, область f затвора
  d Gatebereich m, Gatezone f
  f région f de grille
  nl poortzone f (m)

G70 e **gate speed**
  r быстродействие n логического элемента
  d Gattergeschwindigkeit f
  f rápidité f de la porte
  nl poortsnelheid f (schakeltijd)

G71 e **gate strip**
  r затворная полоска f
  d Gatestreifen m
  f strip m de grille
  nl poortstrook f (m)

G72 e **gate-to-substrate breakdown** see **gate-insulation breakdown**

G73 e **gate width**
  r ширина f затвора
  d Gatebreite f
  f largeur f de grille
  nl poort(zone)breedte f

G74 e **Gaussian distribution**
  r гауссовское распределение n (примеси)
  d Gaußsche Verteilung f, Gauß-Verteilung f
  f distribution f gaussienne
  nl Gauss-verdeling f

G75 e **Gaussian impurity profile**
  r профиль f распределения примеси по Гауссу
  d Gaußsches Störstellenprofil n
  f profil m de distribution gaussienne
  nl Gaussiaans doteringsprofiel n

G76 e **Gaussian law**
  r закон m (распределения вероятностей) Гаусса
  d Gaußsches Gesetz n, Gaußscher Satz m
  f loi f gaussienne
  nl wet f (m) van Gauss

G77 e **gel**
  r гель m

GENERATION

    d Gel *n*
    f gelée *f*, gel *m*
  nl gel *n*

G78 *e* **generation**
    r 1. генерация *f* 2. образование *n*; изготовление *n*; формирование *n* 3. поколение *n* (*приборов*)
    d 1. Generierung *f* 2. Erzeugung *f* 3. Generation *f*
    f génération *f*
  nl 1. generering *f*, opwekking *f* 2. generatie *f*

G79 *e* **generation center**
    r генерационный центр *m*
    d Generationszentrum *n*
    f centre *m* de génération
  nl (paar)vormingscentrum *n* (*ladingdragers*)

G80 *e* **generation-recombination noise**
    r генерационно-рекомбинационный шум *m*
    d Generations-Rekombinations-Rauschen *n*
    f bruit *m* de génération-recombinaison
  nl generering-recombinatieruis *m*

G81 *e* **geometric layout**
    r топологический чертёж *m*
    d Anordnungsgeometrie *f*, geometrische Anordnung *f*
    f géométrie *f* de disposition
  nl geometrisch ontwerp *n*

G82 *e* **geometry**
    r 1. геометрия *f*; конфигурация *f* 2. размер *m*
    d 1. Geometrie *f*; Konfiguration *f* 2. Dimension *f*
    f 1. géométrie *f* 2. dimension *f*
  nl geometrie *f*; (regelmatige) vlakverdeling *f*, regelmatig vormenpatroon *n*; maten *f* (*m*) *pl*, vorm *m*

G83 *e* **geometry control**
    r контроль *m* размеров элементов
    d Strukturgrößenkontrolle *f*, Kontrolle *f* der Strukturabmessungen
    f contrôle *m* des dimensions (*d'éléments*)
  nl aanhouden *n* van structuurmaat, (vaste) maatvoering *f*

G84 *e* **geometry design**
    r топологическое проектирование *n*
    d topologischer Entwurf *m*
    f conception *f* topologique
  nl ontwerp *n* naar vlakverdeling

G85 *e* **geometry (design) rule, geometry size**
    r топологическая проектная норма *f*, минимальный размер *m* элемента
    d (minimale) Strukturgröße *f*
    f norme *f* de conception topologique
  nl (minimum) structuurmaat *f* (*m*)

G86 *e* **germania**
    r оксид *m* германия, GeO_2
    d Germaniumoxid *n*, GeO_2
    f oxyde *m* germanique
  nl germanium(di)oxyde *n*

G87 *e* **germanium**
    r германий *m*, Ge
    d Germanium *n*, Ge
    f germanium *m*
  nl germanium *n*

G88 *e* **germanosilicate glass**
    r германиево-силикатное стекло *n*
    d Germaniumsilikatglas *n*
    f verre *m* germanosilicate
  nl germanosilicaatglas *n*

G89 *e* **getter**
    r геттер *m*; газопоглотитель *m*
    d Getter *m*
    f getter *m*
  nl gasbinder *m*, getter *m*

G90 *e* **gettering**
    r геттерирование *n*, газопоглощение *n*
    d Gettern *n*, Getterung *f*
    f getterage *m*
  nl gasbinden *n*, getteren *n*

G91 *e* **gettering defect**
    r геттерирующий дефект *m*
    d Getterstörung *f*
    f défaut *m* de getterage
  nl getterstoring *f*

G92 *e* **gigascale integration**
    r ИС *f* со степенью интеграции 10^9 элементов на кристалле
    d Giga-scale-Schaltkreis *m*, integrierter Schaltkreis *m* mit 10^9 Funktionselementen
    f intégration *f* à gigaéchelle
  nl giga-integratie *f*, integratie *f* met factor 1 miljard

G93 *e* **GIMIC** see **guard-ring isolated monolithic integrated circuit**

G94 *e* **GIMOS** see **gate-injection MOS**

G95 *e* **glass-and-metal package**
    r металлостеклянный корпус *m*
    d Glas-Metall-Gehäuse *n*
    f boîtier *m* en métal-verre
  nl glas-metaalbehuizing *f*

G96 *e* **glass binder**
    r стеклянное связующее *n*
    d Glasbindemittel *n*
    f liant *m* en verre
  nl glasbindmiddel *n*

G97 *e* **glass capsulation**
    r герметизация *f* стеклом
    d Glas(ver)kapselung *f*
    f encapsulation *f* par verre
  nl inkapseling *f* in glas

G98 *e* **glass-ceramic package**
    r стеклокерамический корпус *m*
    d Glaskeramikgehäuse *n*
    f boîtier *m* en céramique de verre
  nl glaskeramische behuizing *f*

G99 *e* **glass ceramics**
    r стеклокерамика *f*
    d Glaskeramik *f*
    f céramique *f* de verre
  nl glaskeramiek *f*

GLOW

G100 e **glass-coated aluminum**
   r алюминий *m* со слоем стекла (подложка для *ГИС*)
   d Aluminium *n* mit Glasdeckschicht
   f aluminium *m* gainé [enrobé] par verre
   nl met glas bekleed [overtrokken] aluminium *n*

G101 e **glass encapsulation** *see* **glass capsulation**

G102 e **glass envelope**
   r стеклянный корпус *m*; стеклянная оболочка *f*
   d Glasgehäuse *n*; Glasumhüllung *f*
   f boîtier *m* en verre; enveloppe *f* de verre
   nl glasomhulling *f*

G103 e **glass-epoxy board**
   r стеклоэпоксидная печатная плата *f*
   d Epoxidglasleiterplatte *f*
   f carte *f* verre-époxy
   nl epoxyglas-print(plaat) *m (f (m))*

G104 e **glass fiber**
   r 1. стекловолокно *n* 2. стеклотекстолит *m*
   d Glasfaser *f* 2. Glashartgewebe *n*
   f fibre *f* de verre
   nl glasvezel, glasfiber *deel: m, materiaal: n*

G105 e **glass-fiber laminate**
   r стеклопластик *m*
   d Glasfaserkunststoff *m*
   f fibre *f* de verre laminée
   nl geperste glasvezelplaat *f (m)*

G106 e **glass header**
   r 1. стеклянный кристаллоноситель *m* 2. стеклянное основание *n* корпуса
   d Glassockel *m*
   f support *m* en verre
   nl glazen voetje *n*

G107 e **glassivation** *see* **glass passivation**

G108 e **glass mask substrate**
   r стеклянная подложка *f* для фотошаблона
   d Glasmaskensubstrat *n*
   f substrat *m* en verre pour masque
   nl glazen maskergrondplaat *f (m)*

G109 e **glass-passivated capacitor**
   r (толстоплёночный) конденсатор *m* с пассивирующим слоем стекла
   d glaspassivierter Kondensator *m*
   f condensateur *m* à couche passivée par verre
   nl glasgepassiveerde condensator *m*

G110 e **glass passivation**
   r пассивация *f* стеклом
   d Glaspassivierung *f*
   f passivation *f* par verre
   nl glas(pas)sivering *f*

G111 e **glass preform**
   r рамка *f* из припойного стекла
   d Glasvorform *f*
   f cadre *m* en verre
   nl glazen voorvorm *m*

G112 e **glass sealing**
   r герметизация *f* стеклом
   d Verkappen *n* im Glas; Verschließen *n* durch Glaslot
   f encapsulation *f* par verre
   nl afdichting *f* met glassoldeer

G113 e **glass-to-ceramic seal**
   r стеклокерамический спай *m*
   d Glas-Keramik-Verbindung *f*
   f scellement *m* verre-céramique
   nl glas-(op-)keramiek-afdichting *f*

G114 e **glass-to-metal header**
   r металлостеклянное основание *n* корпуса
   d Glas-metall-Sockel *m*
   f support *m* métal-verre
   nl glas-(op-)metaal-voetje *n*

G115 e **glass-to-metal seal**
   r металлостеклянный спай *m*
   d Glas-Metall-Verbindung *f*
   f scellement *m* verre-métal
   nl glas-(op-)metaal-afdichting *f*, glas-metaal-versmelting *f*

G116 e **glass transition**
   r (фазовый) переход *m* стекла
   d Vitrifizierung *f*, Übergang *m* in den Glaszustand, Glasumwandlung *f*
   f transition *f* de phase de verre
   nl overgang *m* naar glastoestand, vitrificatie *f*

G117 e **glazed alumina**
   r глазурованный оксид *m* алюминия
   d glasiertes Aluminiumoxid *n*
   f alumine *f* glaçurée, oxyde *m* d'aluminium glaçuré
   nl geglazuurd [verglaasd] aluminiumoxyde *n*

G118 e **glazed ceramics**
   r глазурованная керамика *f*
   d glasierte Keramik *f*
   f céramique *f* glaçurée [émaillée]
   nl geglazuurde [verglaasde] keramiek *f*

G119 e **glitch**
   r кратковременный сбой *m* (*ИС*)
   d Glitch *n*, kurzzeitige Störung *f*
   f glitch *m*
   nl stoorimpuls *m*, glitch *m*

G120 e **global alignment**
   r совмещение *n* по всему полю пластины
   d Gesamtwaferjustierung *f*
   f alignement *m* global
   nl globale uitlijning *f*

G121 e **glove box**
   r скафандр *m* с перчатками
   d Handschuh-Box *f*
   f box *m* à gants; scaphandre *m* à gants
   nl handschoenkast *f (m)*

G122 e **glow-discharge cleaning**
   r очистка *f* в тлеющем разряде
   d Glimmentladungsreinigung *f*
   f nettoyage *m* par décharge luminescente
   nl reiniging *f* door glimontlading

G123 e **glow-discharge decomposition**

GLOW

    r разложение *n* в тлеющем разряде
    d Glimmentladungszersetzung *f*
    f décomposition *f* en décharge luminescente
    nl ontleding *f* door glimontlading

G124 *e* **glow-discharge deposition**
    r осаждение *n* в тлеющем разряде
    d Glimmentladungsabscheidung *f*
    f déposition *f* en décharge luminescente
    nl neerslag *n* [depositie *f*] door glimontlading

G125 *e* **glow-discharge plasma**
    r плазма *f* тлеющего разряда
    d Glimmentladungsplasma *n*
    f plasma *m* de décharge luminescente
    nl glimontladingsplasma *n*

G126 *e* **glue**
    r клей *m*
    d Kleber *m*
    f colle *f*; adhésif *m*
    nl plakmiddel *n*, lijm *m*, kit *f (m)*

G127 *e* **glue applicator**
    r устройство *n* для дозированного нанесения клея
    d Kleberauftragseinrichtung *f*
    f doseur *m* d'adhésif
    nl lijmopbrengmachine *f*

G128 *e* **glue logic**
    r интерфейсные логические схемы *f pl*
    d Interface-Logik *f*
    f logique *f* d'interface
    nl logica *f* als verbindende schakel

G129 *e* **gold ball bonding**
    r шариковая термокомпрессионная сварка *f* золотой проволоки
    d Goldnagelkopfbonden *n*
    f thermocompression *f* à balle de fil d'or
    nl balcontactering *f* met goudraad

G130 *e* **gold bump**
    r золотой столбиковый вывод *m*
    d Goldbondhügel *m*
    f poutre *f* d'or
    nl gouden contact(eer)bobbel *m*

G131 *e* **gold-doped process**
    r технология *f* ИС с использованием легирования золотом
    d Golddotierungstechnologie *f*
    f procédé *m* de dopage par or
    nl gouddoterings-procédé *n*

G132 *e* **gold doping**
    r легирование *n* золотом
    d Golddotierung *f*
    f dopage *m* par or
    nl gouddotering *f*

G133 *e* **gold mask**
    r золотой шаблон *m (для рентгенолитографии)*
    d Goldmaske *f*
    f masque *m* d'or
    nl goudmasker *n*

G134 *e* **gold-plated lead**
    r золочёный вывод *m*
    d vergoldeter Anschluß *m*
    f sortie *f* dorée [métallisée par or]
    nl vergulde aansluiting *f*

G135 *e* **gold plating**
    r золочение *n*, нанесение *n* золотого покрытия
    d Vergolden *n*, Goldplattierung *f*
    f dorage *m*, dorure *f*
    nl vergulden *n*

G136 *e* **gold-silicon eutectic**
    r эвтектика *f* золота и кремния
    d Gold-Silizium-Eutektik *f*
    f eutectique *m* or-silicium
    nl eutectische goud-siliciumverbinding *f*

G137 *e* **gold-silicon preform**
    r рамка *f* из эвтектического сплава золота и кремния
    d Vorform *f* aus Gold-Silizium-Eutektik
    f cadre *m* en eutectique or-cilicium préformé
    nl goud-siliciumvoorvorm *m*

G138 *e* **goniometer**
    r гониометр *m*
    d Goniometer *n*
    f goniomètre *m*
    nl goniometer *m*, hoekmeter *m*

G139 *e* **graded-band gap**
    r плавно изменяющаяся запрещённая зона *f*
    d Energielücke *f* mit stetig variierender Breite
    f bande *f* interdite changeable graduellement
    nl geschakeerd bandinterval *n*

G140 *e* **grade die sort(ing)**
    r 1. сортировка *f* кристаллов по группам 2. классификация *f* кристаллов
    d Chipsortierung *f* nach Gruppen
    f triage *m* des puces par groupes
    nl chipsortering *f* naar (kwaliteits)klasse

G141 *e* **graded-impurity concentration**
    r плавно меняющаяся концентрация *f* примеси
    d stetig variierende Störstellenkonzentration *f*
    f concentration *f* d'impureté changeable graduellement
    nl gelijkmatig verlopende doteringsconcentratie *f*

G142 *e* **graded junction**
    r плавный переход *m*
    d allmählicher Übergang *m*
    f jonction *f* graduelle
    nl geleidelijke overgang *m*

G143 *e* **graded-junction varactor**
    r варактор *m* с плавным переходом
    d Varaktor *m* mit allmählichem Übergang
    f varactor *m* à jonction graduelle
    nl varactor *m* met gelijdelijke overgang

G144 *e* **gradual taper**
    r плавный скос *m (ступеньки роста)*
    d Abschrägung *f*

    f coupe *f* graduelle
    nl gelijkmatige [vlakke] afschuining *f* [schuinte *f*, helling *f*]

G145 *e* **gradual transition** *see* **graded junction**

G146 *e* **grain**
    r зерно *n;* кристаллит *m;* гранула *f*
    d Korn *n*
    f grain *m*, granule *f*
    nl korrel *m*, kristalliet *f (m)*

G147 *e* **grain boundary**
    r межзёренная граница *f*
    d Korngrenze *f*
    f limite *f* intergranulaire
    nl korrelgrens(vlak) *f (m) (n)*

G148 *e* **grain-boundary migration**
    r миграция *f* межзёренных границ
    d Korngrenzenwanderung *f*
    f migration *f* des limites intergranulaires
    nl korrelgrensmigratie *f*

G149 *e* **grand-scale integration**
    r 1. высокая степень *f* интеграции 2. ИС *f* с высокой степенью интеграции, большая ИС *f*, БИС
    d 1. Hochintegration *f* 2. hochintegrierter Schaltkreis *m*, LSI-Schaltkreis *m*
    f 1. intégration *f* à grande échelle 2. circuit *m* intégré à grande échelle
    nl grootschalige integratie *f*, GSI *f*

G150 *e* **granulation**
    r гранулирование *n*, грануляция *f*
    d Granulation *f*, Granulierung *f*
    f granulation *f*
    nl in korrelvorm brengen *n;* korreling *f*, granulatie *f*

G151 *e* **granule**
    r зерно *n;* гранула *f*
    d Korn *n;* Körnchen *n*
    f grain *m*, granule *f*
    nl korreltje *n*

G152 *e* **graphic plotter**
    r графопостроитель *m*
    d Kurvenschreiber *m*, Plotter *m*
    f enregistreur *m* graphique, traceur *m*
    nl grafieksrchrijver *m;* tekenmachine *f*, plotter *m*

G153 *e* **graphio-epitaxy**
    r графоэпитаксия *f*
    d Graphoepitaxie *f*
    f grapho-épitaxie *f*
    nl grafo-epitaxie *f*

G154 *e* **graphite carrier**
    r графитовая кассета *f*
    d Graphitträger *m*
    f cassette *f* de graphite
    nl grafietdrager *m*, grafietmagazijn *n*

G155 *e* **graphite strip heater**
    r графитовый ленточный нагреватель *m*
    d Graphitstreifenheizer *m*
    f chauffeur *m* de graphite en bande
    nl grafietstrookverhitter *m*

G156 *e* **graphoepitaxy** *see* **graphio-epitaxy**

G157 *e* **grating**
    r 1. (дифракционная) решётка *f* 2. сетка *f;* решётка *f*
    d 1. Gitter *n*, Beugungsgitter *n* 2. Gitter *n*
    f 1. réseau *m* 2. grille *f;* maille *f*
    nl (buigings)rooster *n*, tralie *n*

G158 *e* **grating pitch**
    r шаг *m* решётки
    d Gitterrastermaß *n*
    f pas *m* du réseau
    nl tralierastermaat *f (m)*, roosterconstante *f (kristal)*

G159 *e* **grid**
    r сетка *f;* решётка *f*
    d Gitter *n;* Raster *m*
    f grille *f;* maille *f*
    nl rooster *n*, raster *n*, tralie *n*

G160 *e* **grid mask**
    r шаблон *m* для электронно-лучевой проекционной литографии
    d Gittermaske *f*
    f masque *m* pour lithographie électronique
    nl roostermasker *n*

G161 *e* **grinder**
    r шлифовальный станок *m*
    d Schleifmaschine *f*
    f machine *f* à meuler
    nl slijpmachine *f*

G162 *e* **grinding**
    r шлифование *n*
    d Schleifen *n*
    f meulage *m*
    nl slijpen *n*

G163 *e* **grinding dust**
    r шлифовальный порошок *m*
    d Schleifpulver *n*
    f poudre *f* pour meulage
    nl slijpstof *n*

G164 *e* **grinding wheel**
    r шлифовальный круг *m*
    d Schleifscheibe *f*
    f meule *f*
    nl slijpschijf *f (m)*

G165 *e* **grit size**
    r размер *m* зерна *(в суспензии)*
    d Suspensionskörnchengröße *f*
    f taille *f* de grain
    nl korrelgrootte *f*

G166 *e* **groove**
    r канавка *f;* углубление *n*
    d Graben *m;* Trennfuge *f;* Vertiefung *f*
    f rainure *f;* cavité *f*, rigole *f*
    nl groef *f (m)*, voor *f (m)*, keep *f (m)*

G167 *e* **grooved-gate MOS-transistor**
    r МОП-транзистор *m* с V-образным затвором
    d MOS-Transistor *m* mit V-förmigem Gate, VMOS-Transistor *m*
    f transistor *m* MOS à grille en V
    nl MOS-transistor *m* met V-poort, V-MOS-transistor *m*

GROOVE

G168 e **groove isolation**
  r изоляция f вытравленными канавками
  d Grabenisolation f
  f isolation f par rainures
  nl groefisolatie f, V-isolatie f

G169 e **grooving**
  r 1. формирование n канавок 2. канавка f, углубление n 3. определение n качества диффузии
  d 1. Trennfugenerzeugung f 2. Trennfuge f; Trennfugen f pl 3. (Fachjargon) Abschätzung f der Trennfugenqualität
  f 1. mise f en forme des rainures 2. rainure f; cavité f, rigole f 3. définition f de qualité de diffusion
  nl groeven n, in V-vorm wegetsen n

G170 e **gross leak**
  r сильное натекание n
  d starkes Anströmen n
  f écoulement m fort
  nl grof lek n

G171 e **grounding bracelet**
  r заземлённый браслет m
  d geerdetes Armband n
  f bracelet m mis à la terre [à la masse]
  nl aardingsarmband m

G172 e **group V impurity**
  r примесь f элемента V группы
  d Störstellenelement n der V Gruppe
  f impureté f du groupe V
  nl dotant m uit groep V

G173 e **group III-V semiconductor**
  r полупроводник m типа $A^{III} B^V$
  d A^{III}-B^V-Halbleiter m
  f semi-conducteur m type III-V
  nl verbindingshalfgeleider m uit groep [III-V]

G174 e **group III-V compound semiconductor material**
  r полупроводниковое соединение n типа $A^{III} B^V$
  d A^{III}-B^V-Verbindung f
  f composé m semi-conducteur III-V
  nl halfgeleiderverbinding f uit groep(en) III-V

G175 e **grower**
  r установка f для выращивания; эпитаксиальный реактор m
  d Züchtungsanlage f; Epitaxiereaktor m
  f installation f de croissance; réacteur m épitaxial
  nl aangroeiistallatie f, kweekistalatie f, epitaxie-installatie f

G176 e **grown crystal**
  r выращенный кристалл m
  d gezüchteter Kristall m
  f cristal m crû
  nl gekweekt kristal n

G177 e **grown film**
  r выращенная плёнка f
  d aufgewachsene Schicht f
  f film m crû
  nl orgegroeide laag f (m)

G178 e **growth**
  r выращивание n, наращивание n; рост m
  d Wachstum n
  f croissance f
  nl (aan)groei m, kweken n

G179 e **growth boat**
  r лодочка f для выращивания кристаллов
  d Kristallwachstumsschale f
  f cuvette f pour croissance des cristaux
  nl kweekschaal f (m)

G180 e **growth direction** see **growth orientation**

G181 e **growth melt**
  r расплав m для выращивания эпитаксиального слоя
  d Epischichtwachstumsschmelze f
  f fusion f pour dépôt (de couche épitaxiale)
  nl groeismelt f (m)

G182 e **growth nucleation**
  r образование n зародышей при росте
  d Keimbildung f beim Wachsen
  f germination f cristalline
  nl kiemvorming f [kernvorming f] bij groeien [kweken]

G183 e **growth orientation**
  r направление n роста (кристалла)
  d Wachstumsrichtung f
  f orientation f de croissance
  nl groeirichting f

G184 e **growth pattern**
  r форма f роста (кристаллов)
  d Wachstumsform f
  f forme f de croissance
  nl groeivorm m

G185 e **growth pyramid**
  r пирамида f роста (поверхностный дефект полупроводника)
  d Wachstumspyramide f
  f pyramide f de croissance
  nl groeipiramide f

G186 e **growth rate**
  r скорость f выращивания
  d Wachstumsrate f, Aufwachsrate f
  f vitesse f de croissance; vitesse f de dépôt
  nl (aan)groeitempo n

G187 e **growth solution**
  r раствор m для выращивания эпитаксиального слоя
  d Wachstumslösung f
  f solution f pour dépôt (de couche épitaxiale)
  nl kweekoplossing f

G188 e **growth step**
  r ступенька f роста
  d Wachstumsstufe f
  f échelon m de croissance
  nl groeistap m

G189 e **GSG** see **germanosilicate glass**

G190 e **GSI** *see* **grand-scale integration**
G191 e **GSI** *see* **gigascale integration**
G192 e **guard band, guard ring**
    r охранное кольцо *n*
    d Schutzring *m*
    f anneau *m* [bague *f*] de protection [de garde]
    nl schermring *m*
G193 e **guarding diffusion**
    r диффузия *f* для формирования охранных колец
    d Schutzringdiffusion *f*
    f diffusion *f* de mise en forme des anneaux de protection
    nl afschermende diffusie *f*
G194 e **guard-ring isolated monolithic integrated circuit**
    r полупроводниковая ИС *f* с изолирующими охранными кольцами
    d integrierte Schaltung *f* mit Schutzringisolation
    f circuit *m* intégré à anneaux isolés de protection
    nl monolithisch IC *n* met schermring-isolatie
G195 e **guide**
    r направляющее устройство *n*
    d Führung *f*
    f guide *m*
    nl geleider *m (mechanisch)*
G196 e **guide edge**
    r направляющий край *m*
    d Führungskante *f*
    f bord *m* guidé
    nl leirand *m*, geleiderand *m*
G197 e **gun**
    r электронный прожектор *m*, электронная пушка *f*
    d Elektronenstrahlkanone *f*
    f canon *m* (électronique)
    nl (elektronen)kanon *n*
G198 e **"guncher"**
    r установка *f* для скрайбирования и ломки *(полупроводниковых пластин)*
    d «Guncher» *m*
    f «guncher» *m*, installation *f* pour grattage et cassure *(des transches)*
    nl pulserend (elektronen)kanon *n*, guncher *m*
G199 e **Gunn-effect device**
    r прибор *m* на эффекте Ганна
    d Gunn-Element *n*
    f dispositif *m* à effet Gunn
    nl Gunn-effect-bouwsteen *m*
G200 e **Gunn-effect diode**
    r диод *m* Ганна
    d Gunndiode *f*
    f diode *f* Gunn
    nl Gunn-effect diode *f*
G201 e **Gunn-effect integrated circuit**
    r ИС *f* на приборах Ганна
    d Gunn-Halbleiterschaltkreis *m*
    f circuit *m* intégré à effet Gunn
    nl Gunn-effect-geïntegreerde schakeling *f*, Gunn-effect-IC *n*
G202 e **Gunn mode**
    r ганновский режим *m*
    d Gunn-Mode *m*
    f mode *m* Gunn
    nl werking(swijze) *f (f)* op basis van Gunn-effect

H

H1 e **halid(-based) photoresist**
    r галогенный фоторезист *m*
    d Halogenidresist *n*, Fotoresist *n* auf Halogenidbasis
    f photorésist *m* de halogénure
    nl halogeen-resist *m*, fotolak *m* op hal(ogen) ide-basis
H2 e **Hall cell**
    r ячейка *f* Холла
    d Hall-Zelle *f*
    f cellule *f* Hall
    nl Hall-cel *f (m)*
H3 e **Hall coefficient, Hall constant**
    r коэффициент *m* [постоянная *f*] Холла
    d Hall-Koeffizient *m*, Hall-Konstante *f*
    f constante *f* Hall
    nl Hall-coëfficiënt *m*, Hall-constante *f*
H4 e **Hall effect**
    r эффект *m* Холла
    d Hall-Effekt *m*
    f effet *m* Hall
    nl Hall-effect *n*
H5 e **Hall-effect device**
    r прибор *m* на эффекте Холла
    d Hall-Element *m*
    f dispositif *m* à effet Hall
    nl Hall-effect-bouwsteen *m*
H6 e **Hall-effect integrated circuit**
    r ИС *f* на приборах с эффектом Холла
    d Hall-IC *n*, Hall-Schaltkreis *m*
    f circuit *m* intégré à effet Hall
    nl Hall-effect-geïntegreerde schakeling *f*, Hall-effect-IC *n*
H7 e **Hall generator**
    r генератор *m* Холла
    d Hall-Generator *m*
    f générateur *m* à effet Hall
    nl Hall-generator *m*
H8 e **Hall mobility**
    r холловская подвижность *f*
    d Hall-Beweglichkeit *f*
    f mobilité *f* de Hall
    nl Hall-beweeglijkheid *f*
H9 e **Hamilton circle**
    r круг *m* Гамильтона *(применяемый в проектировании ИС)*
    d Hamilton-Kreis *m*

      f cercle *m* Hamilton
     nl Hamilton-cirkel *m*
H10 *e* **Hamilton line**
      r линия *f* Гамильтона *(соединяющая без пересечения контакты ИС)*
      d Hamilton-Linie *f*
      f ligne *f* Hamilton
     nl Hamilton-lijn *f (m)*
H11 *e* **hand-drafted layout**
      r топологический чертёж *m*, выполненный вручную
      d handgezeichnetes Layout *n*
      f dessin *m* topologique [plan *m* de disposition] créé à la main
     nl met de hand getekend ontwerp *n*
H12 *e* **handler**
      r манипулятор *m;* устройство *n* подачи и перемещения
      d Handhabevorrichtung *f*
      f manipulateur *m;* placeur *m*
     nl manipulator *m*, verwerker *m*
H13 *e* **handling**
      r 1. манипулирование *n;* (межоперационная) транспортировка *f* 2. технологическая) обработка *f*
      d 1. Handhabung *f* 2. Behandlung *f,* Bearbeitung *f*
      f 1. manipulation *f;* transfert *m* 2. traitement *m*
     nl 1. hantering *f,* manipulatie *f;* behandeling *f,* omgang *m,* verwerking *f* 2. gebruik *n,* bediening(swijze)
H14 *e* **handling equipment**
      r оборудование *n* для транспортировки
      d Handhabungsausrüstung *f*
      f équipement *m* [matériel *m*] de transfert
     nl hanteringsapparatuur *f;* verwerkingsapparatuur *f*
H15 *e* **hands-off operation**
      r автоматическая операция *f*
      d Betrieb *m* ohne manuelle Handhabung; Automatikbetrieb *m*
      f opération *f* automatique
     nl werking *f* zonder handbediening, (volledig) machinaal bedrijf *n*
H16 *e* **hands-off water transfer**
      r автоматическая транспортировка *f* полупроводниковых пластин
      d automatischer Wafertransport *m*
      f transfert *m* automatique des tranches
     nl (vol)machinale wafeloverbrenging *f*
H17 *e* **hardbaking**
      r задубливание *n (фоторезиста)*
      d Nachhärten *n,* Nachtrocknen *n*
      f tannage *m (de photorésist)*
     nl naharden *n,* nadrogen *n*
H18 *e* **hard-contact aligner**
      r установка *f* фотолитографии с плотным контактом
      d Kontaktjustier- und Belichtungsanlage *f*
      f masqueur *m* à contact parfait
     nl raakcontact-uitlijnapparaat *n*

H19 *e* **hardened microelectronics**
      r радиационно стойкие микроэлектронные устройства *n pl*
      d strahlenfeste Mikroelektronik *f*
      f micro-électronique *f* à immunité à la radiation
     nl stralingsbestendige microelektronica *f*
H20 *e* **hardener**
      r отвердитель *m*
      d Härtemittel *n*
      f durcisseur *m*
     nl (ver)hardingsmiddel *n,* harder *m*
H21 *e* **hardening**
      r 1. отверждение *n;* твердение *n;* затвердевание *n* 2. задубливание *n (фоторезиста)*
      d Härtung *f,* Härten *n;* Erhärtung *f*
      f 1. durcissement *m* 2. tannage *m (de photorésist)*
     nl (ver)harding *f,* harden *n*
H22 *e* **hardening temperature**
      r температура *f* затвердевания
      d Erhärtungstemperatur *f*
      f température *f* de durcissement
      hardingstemperatuur *f*
H23 *e* **hardness**
      r 1. твёрдость *f* 2. жёсткость *f* воды; жёсткость *f* излучения
      d 1. Härte *f;* Härtezahl *f* 2. Härte *f,* Härtegrad *m (Wasser)* 3. Härte *f,* Strahlungshärte *f*
      f dureté *f*
     nl hardheid *f (stof, materiaal, straling, vacuüm)*
H24 *e* **hard solder**
      r тугоплавкий припой *m*
      d Hartlot *n*
      f brasure *f* difficilement fusible
     nl hardsoldeer *n*
H25 *e* **hard-surface mask**
      r износоустойчивый фотошаблон *m;* металлизированный фотошаблон *m*
      d Hartmaske *m*
      f masque *m* tolérant à l'usure
     nl masker *n* met gehard oppervlak
H26 *e* **hard-surface master**
      r износоустойчивый оригинал *m;* износоустойчивый фотооригинал *m*
      d verschleißfeste Originalschablone *f*
      f masque *m* maître tolérant à l'usure
     nl slijtvast moedersjabloon *n*
H27 *e* **hard-surface phototool** *see* **hard-surface mask**
H28 *e* **hard-surface plate**
      r 1. пластина *f* с износоустойчивым поверхностным слоем 2. износоустойчивый фотошаблон *m;* металлизированный фотошаблон *m*
      d 1. Hartplatte *f* 2. verschleißfeste Originalschablone *f*
      f plaque *f* tolérant à l'usure

HEAVY

      nl geharde plaat *f (m)*, slijtvast moedersjabloon *n*

H29 *e* **hard vacuum**
    r высокий вакуум *m*
    d Hochvakuum *n*
    f vide *m* élevé
    nl hardvacuüm *n*

H30 *e* **hardware**
    r аппаратное обеспечение *n*, оборудование *n*, аппаратура *f*
    d Hardware *f*
    f matériel *m*
    nl hardware *m*, apparatuur *f*, materieel *n*

H31 *e* **hard-wired logic**
    r схемы *f pl* с жёсткой логикой
    d festverdrahtete Logik *f*
    f logique *f* câblée
    nl vastverbonden [niet-programmeerbare, permanente] logica *f*

H32 *e* **hard X-rays**
    r жёсткие рентгеновские лучи *m pl*
    d harte Röntgenstrahlung *f*, Hartstrahlung *f*
    f rayons *m pl* X durs
    nl harde röntgenstraal *m (v)*

H33 *e* **HBIP** *see* **high-performance bipolar process**

H34 *e* **HBT** *see* **heterojunction bipolar transistor**

H35 *e* **HCD** *see* **hot-carrier diode**

H36 *e* **HCMOS technique**
    r технология *f* высококачественных КМОП ИС
    d HCMOS-Technik *f*
    f technologie *f* CMOS de haute qualité
    nl HCMOS-techniek *f*

H37 *e* **HDTL** *see* **hybrid diode-transistor logic**

H38 *e* **header**
    r 1. кристаллоноситель *m*, кристаллодержатель *m* 2. основание *n* корпуса
    d Sockel *m*
    f support *m*
    nl voetje *n*

H39 *e* **header assembly**
    r монтаж *m (кристалла ИС)* на основании корпуса
    d Sockelmontage *f*
    f montage *m* en support (de boîtier)
    nl montage *f* in voetje

H40 *e* **heat cleaning**
    r термическая очистка *f*
    d thermische Reinigung *f*
    f nettoyage *m* thermique
    nl thermische reiniging *f*

H41 *e* **heat conduction**
    r теплопроводность *f*
    d Wärmeleitung *f*
    f conductibilité *f* calorifique [thermique]
    nl warmtegeleiding *f*

H42 *e* **heat dissipation**
    r рассеяние *n* тепла
    d 1. Wärmeableitung *f*, Wärmeabfuhr *f*; Wärmeabstrahlung *f* 2. Wärmestreuung *f*
    f dissipation *f* calorifique [thermique]
    nl warmteafgifte *f*, warmtedissipatie *f*

H43 *e* **heat oxidation**
    r термическое оксидирование *n*
    d thermische Oxydation *f*
    f oxydation *f* thermique
    nl thermische oxydatie *f*

H44 *e* **heat radiator**
    r радиатор *m* теплоотвода
    d Kühlkörper *m*
    f radiateur *m* de chaleur
    nl warmteafstraler *m*

H45 *e* **heat removal**
    r теплоотвод *m*
    d Wärmeableitung *f*, Wärmeabfuhr *f*
    f évacuation *f* de chaleur
    nl warmteafvoer *m*, warmte-afleiding *f*

H46 *e* **heat resistance**
    r теплостойкость *f*
    d Wärmebeständigkeit *f*, Wärmefestigkeit *f*; Hitzebeständigkeit *f*
    f thermostabilité *f*
    nl warmtebestendigheid *f*, hittebestendigheid *f*

H47 *e* **heat sink**
    r радиатор *m*; теплоотвод *m*
    d Kühlkörper *m*; Wärmeableiter *m*; Wärmesenke *f*
    f radiateur *m* de chaleur
    nl warmteafvoerlichaam *n*, koellichaam *n*

H48 *e* **heat treatment**
    r термическая обработка *f*, термообработка *f*
    d Wärmebehandlung *f*, thermische Behandlung *f*
    f traitement *m* thermique
    nl warmtebehandeling *f*, thermische behandeling *f*

H49 *e* **heat-up cycle**
    r цикл *m* разогрева *(печи)*
    d Anheizzyklus *m*
    f cycle *m* de rechauffage [de mise à la température]
    nl opwarmperiode *f*

H50 *e* **heavily-doped material**
    r сильнолегированный материал *m*
    d hochdotiertes Material *n*
    f matériau *m* fortement dopé
    nl sterk gedoteerd materiaal *n*

H51 *e* **heavily-doped region**
    r сильнолегированная область *f*
    d hochdotierter Bereich *m*
    f région *f* fortement dopée
    nl sterk gedoteerde zone *f (m)*

H52 *e* **heavy doping**
    r сильное легирование *n*
    d starke Dotierung *f*
    f fort dopage *m*
    nl hoge dotering(sgraad) *f (m)*

HEAVY

H53 *e* **heavy exposure**
    r сильное экспонирование *n*
    d starke Belichtung *f*
    f exposition *f* forte
    nl sterke belichting *f*

H54 *e* **heavy impurity**
    r тяжёлая примесь *f*
    d schwerer Dotant *m*
    f impureté *f* lourde
    nl sterke dotering *f*

H55 *e* **HE-IC** *see* **Hall-effect integrated circuit**

H56 *e* **height-to-width aspect ratio**
    r соотношение *n* сторон (*прямоугольника*); отношение *n* высоты к ширине (*области*)
    d Seitenverhältnis *n*
    f rapport *m* hauteur-largeur
    nl hoogte-breedte-verhouding *f*, zijdenverhouding *f*, beeldverhouding *f*

H57 *e* **helium spectrometer**
    r гелиевый масс-спектрометр *m*
    d Heliumspektrometer *m*
    f spectromètre *m* (*de masse*) à hélium
    nl helium-spectrometer *m*

H58 *e* **HEMT** *see* **high-electron mobility transistor**

H59 *e* **hermetic encapsulation**
    r герметизация *f*
    d hermetische Verkappung *f*
    f encapsulation *f* hermétique
    nl hermetische inkapseling *f*

H60 *e* **hermetic package**
    r герметичный корпус *m*
    d hermetisch dichtes Gehäuse *n*
    f boîtier *m* hermétique
    nl hermetische behuizing *f*

H61 *e* **hermetic seal**
    r 1. герметичный спай *m* 2. герметичное уплотнение *n*
    d 1. hermetischer Verschluß *m* 2. hermetische Abdichtung *f*, luftdichter Abschluß *m*
    f 1. scellement *m* hermétique 2. joint *m* hermétique
    nl hermetische afdichting *f*

H62 *e* **HET** *see* **hot-electron transistor**

H63 *e* **heteroepitaxial deposition**
    r гетероэпитаксиальное осаждение *n*
    d heteroepitaxiale Abscheidung *f*
    f déposition *f* hétéroépitaxiale, dépôt *m* hétéroépitaxial
    nl hetero-epitaxiaal [depositie]procédé *n*

H64 *e* **heteroepitaxial film**
    r гетероэпитаксиальная плёнка *f*
    d heteroepitaxiale Schicht *f*
    f film *m* hétéroépitaxial
    nl hetero-epitaxiaal (depositie) procédé *n*

H65 *e* **heteroepitaxial growth**
    r гетероэпитаксиальное выращивание *n*
    d heteroepitaxiales Wachstum *n*
    f croissance *f* hétéroépitaxiale
    nl hetero-epitaxiale opgroei *m*

H66 *e* **heteroepitaxy**
    r гетероэпитаксия *f*
    d Heteroepitaxie *f*
    f hétéroépitaxie *f*
    nl hetero-epitaxie *f*

H67 *e* **heterogeneous reaction**
    r гетерогенная реакция *f*
    d heterogene Reaktion *f*
    f réaction *f* hétérogène
    nl heterogene reactie *f*

H68 *e* **heterogeneous structure** *see* **heterojunction structure**

H69 *e* **heterointegrated circuit**
    r ИС *f* с гетеропереходами
    d integrierter Schaltkreis *m* mit Heteroübergängen, Heterojunction-IC *n*
    f circuit *m* intégré à hétérojonctions
    nl IC *n* [geïntegreerde schakeling *f*] in heterotechniek

H70 *e* **heterointerface** *see* **heterojunction interface**

H71 *e* **heterojunction**
    r гетеропереход *m*
    d Heteroübergang *m*, Heterojunction *f*
    f hétérojonction *f*
    nl hetero-overgang *m*

H72 *e* **heterojunction bipolar transistor**
    r биполярный гетеротранзистор *m*
    d Bipolartransistor *m* mit Heteroübergang, Heterojunction-Bipolartransistor *m*
    f transistor *m* bipolaire à hétérojonctions
    nl bipolaire transistor *m* met hetero-overgang

H73 *e* **heterojunction diode**
    r гетеродиод *m*
    d Heterodiode *f*
    f diode *f* à hétérojonction
    nl diode *f* met hetero-overgang

H74 *e* **heterojunction interface**
    r граница *f* раздела в гетеропереходе
    d Grenzschicht *f* eines Heteroüberganges
    f interface *f* de hétérojonction
    nl grensvlak *n* op hetero-overgang

H75 *e* **heterojunction structure, heterostructure**
    r гетероструктура *f*
    d Heterostruktur *f*
    f hétérostructure *f*
    nl hetero(-overgangs)structuur *f*

H76 *e* **heterostructure bipolar transistor** *see* **heterojunction bipolar transistor**

H77 *e* **heterotransition** *see* **heterojunction**

H78 *e* **HF drying**
    r высокочастотная [ВЧ-]сушка *f*
    d Hochfrequenztrocknung *f*, HF-Trocknung *f*
    f étuvage *m* [séchage *m*] à HF [à haute fréquence]
    nl hoogfrequent drogen *m*, HF-drogen *n*

H79 *e* **HIC** *see* **hybrid integrated circuit**

HIGH

H80 *e* **high-aspect ratio region**
    r область *f* с высоким отношением длины к высоте
    d Bereich *m* mit großem Seitenverhältnis
    f région *f* à haut rapport longueur-hauteur
    nl gebied *n* met grote zijdenverhouding

H81 *e* **high-capacity evaporator**
    r напылительная установка *f* с большим вакуумным объёмом; высокопроизводительная напылительная установка *f*
    d Hochleistungsverdampfer *m*
    f évaporateur *m* à haut rendement
    nl verdamper *m* met grote capaciteit

H82 *e* **high-complexity microelectronic device**
    r микроэлектронное устройство *n* высокой (функциональной) сложности
    d mikroelektronisches Bauelement *n* hoher Komplexität
    f dispositif *m* micro-électronique à haute complexité fonctionnelle
    nl zeer complexe micro-elektronicabouwsteen *m*

H83 *e* **high concentration**
    r высокая концентрация *f* примеси
    d hohe Konzentration *f*
    f haute concentration *f*
    nl hoge [sterke] concentratie *f*

H84 *e* **high-concentration layer**
    r сильнолегированный слой *m*
    d hochdotierte Schicht *f*
    f couche *f* fortement dopée
    nl sterk gedoteerde laag *f (m)*

H85 *e* **high-current implanter**
    r мощная установка *f* ионной имплантации
    d Hochstromimplantationsanlage *f*
    f implanteur *m* d'ions puissant
    nl stroomsterke implantatie-inrichting *f*

H86 *e* **high-density chip**
    r кристалл *f* с высокой плотностью упаковки
    d Chip *n* mit hohem Integrationsgrad
    f puce *f* à haute compacité
    nl chip *m* met grote elementendichtheid [pakkingsdichtheid], dichtbezette chip *m*

H87 *e* **high-density integrated circuit**
    r ИС *f* с высокой плотностью упаковки
    d hochintegrierter Schaltkreis *m*
    f circuit *m* intégré à haute compacité
    nl zeer dichtgepakte geïntegreerde schakeling *f*, zeer dichtgepakt IC *n*

H88 *e* **high-density isolation technology**
    r технология *f* изоляции ИС с высокой плотностью упаковки
    d Isolationstechnik *f* für hochintegrierte Schaltkreise
    f technologie *f* d'isolation à haute compacité
    nl isolatietechnologie *f* voor zeer dicht gepakte schakeling

H89 *e* **high-density layout**
    r топология *f* ИС с высокой плотностью размещения элементов
    d hochdichtes Layout *n*
    f toplogie *f* à haute compacité
    nl zeer dichte opstelling *f (van functie-elementen)*

H90 *e* **high-density memory**
    r ЗУ *n* с высокой плотностью упаковки элементов памяти
    d Speicher *m* (mit) hoher Packungsdichte
    f mémoire *f* à haute compacité
    nl zeer dicht gepakt geheugen(-IC) *n (n)*

H91 *e* **high-density multiwire**
    r многопроводный монтаж *m* высокой плотности
    d Mehrverdrahtungverfahren *n* mit hoher Packungsdichte
    f câblage *m* multifil à haute densité
    nl zeer dicht bezette chip *m* met meerlaagsverbindingen

H92 *e* **high-density packaging**
    r сборка *f* высокой плотности; монтаж *m* высокой плотности
    d Packung *f* mit hoher Bauteildichte
    f câblage *m* à haute densité; paquetage *m* à haute densité
    nl zeer dicht openpakken *n* van elementen in één behuizing

H93 *e* **high-density packing**
    r упаковка *f* высокой плотности, высокоплотная компоновка *f*
    d hochdichte Packung *f*, hohe Packungsdichte *f*
    f compactage *m* à haute densité
    nl zeer dichte pakking *f (elementen)*, zeer dichte bezetting *f (chip)*

H94 *e* **high-density technology**
    r технология *f* ИС с высокой плотностью упаковки
    d hochdichte Schaltkreistechnik *f*; Schaltkreistechnik *f* mit hohem Integrationsgrad
    f technologie *f* des C.I. à haute compacité
    nl technologie *f* met hoge pakkingsdichtheid *(IC-fabricage, printmontage)*

H95 *e* **high doping** *see* **heavy doping**

H96 *e* **high-dosage ion implantation**
    r высокодозированная ионная имплантация *f*
    d Hochdosisimplantation *f*
    f implantation *f* d'ions à haute dose
    nl hooggedoseerde ionenimplantatie *f*

H97 *e* **high-electron mobility transistor**
    r транзистор *m* с высокой подвижностью электронов
    d Transistor *m* mit hoher Elektronenbeweglichkeit, HEMT *m*
    f transistor *m* à haute mobilité d'électrons
    nl transistor *m* met grote elektronenbeweeglijkheid, HEMT *m*

HIGH

H98 *e* **high-end microprocessor**
 r высококачественный (высокоразрядный) микропроцессор *m*
 d Mikroprozessor *m* für das obere Ende des Anforderungsspektrums, High-End-Mikroprozessor *m*
 f microprocesseur *m* haut de gamme
 nl microprocessor *m* voor veeleisende toepassingen

H99 *e* **high-energy ion implantation**
 r имплантация *f* ионов высокой энергии
 d Implantierung *f* von Ionen hoher Energie, energiereiche Ionenimplantierung *f*
 f implantation *f* d'ions à grande énergie
 nl ionenimplantatie *f* bij hoge energie

H100 *e* **high fan-out**
 r высокий коэффициент *m* разветвления по выходу; высокая нагрузочная способность *f*
 d hohes Fan-out *n*, hohe Ausgangsverzweigung *f*; hoher Ausgangslastfaktor *m*
 f haute sortance *f*
 nl hoge uitgangsbelastbaarheid *f* [stuurcapaciteit *f*, fan-out *m*], hoog uit-tal *n* (*logicabouwsteen*)

H101 *e* **high-fidelity transfer**
 r перенос *m* изображений с высокой точностью
 d Bildübertragung *f* mit hoher Abbildungstreue
 f transfert *m* [transmission *f*] d'images à haute fidélité
 nl patroonoverdracht *f (m)* met hoge afbeeldingsgetrouwheid

H102 *e* **high-frequency furnace**
 r высокочастотная печь *f*
 d Hochfrequenzofen *m*, HF-Ofen *m*
 f four *m* à haute fréquence
 nl hoogfrequent-oven *m*, HF-oven *m*

H103 *e* **high-frequency heating**
 r высокочастотный нагрев *m*, ВЧ-нагрев *m*
 d Hochfrequenzheizung *f*, HF-Heizung *f*
 f chauffage *m* électronique [par haute fréquence]
 nl hoogfrequentverhitting *f*, HF-verhitting *f*

H104 *e* **high-frequency ion etching**
 r высокочастотное ионное травление *n*
 d Hochfrequenzionenätzen *n*
 f gravure *f* ionique à haute fréquence
 nl hoogfrequent-ionenetsen *n*, HF-ionenetsen *n*

H105 *e* **high input**
 r входной сигнал *m* высокого уровня
 d H-Eingangssignal *n* Hochpegel-Eingangssignal *n*
 f signal *m* d'entrée à haut niveau
 nl hoog ingangssignaal *n*, ingang(sstaat)-hoog, H-ingang *m* (*logicabouwsteen*)

H106 *e* **high-integration circuit**
 r ИС *f* с высокой степенью интеграции, большая ИС *f*, БИС
 d hochintegrierter Schaltkreis *m*, LSI-Schaltkreis *m*
 f circuit *m* intégré à grande échelle
 nl sterk geïntegreerde schakeling *f*

H107 *e* **high integrity coating**
 r бездефектное покрытие *n*
 d defektfreie Schicht *f*, Schicht *f* mit großer Defektarmut
 f revêtement *m* sans défauts
 nl zeer fijn dekkende [foutvrije] laag *f (m)*

H108 *e* **high-intensity source**
 r источник *m* высокоинтенсивного излучения
 d Strahlungsquelle *f* hoher Intensität
 f source *f* de radiation de haute intensité
 nl bron *f (m)* van grote intensiteit

H109 *e* **high lead-count package**
 r корпус *m* с большим числом выводов
 d Gehäuse *n* mit hoher Anschlußzahl, mehrpoliges Gehäuse *n*
 f boîtier *m* à sorties multiples
 nl zeer veelpolige behuizing *f*

H110 *e* **high-level injection**
 r сильная инжекция *f*
 d Hochstrominjektion *f*, starke Injektion *f*
 f injection *f* forte
 nl sterke injectie(stroom)*f (m)*

H111 *e* **high-level logic**
 r логические схемы *f pl* с высокими логическими уровнями
 d H-Pegellogik *f*, Großpegellogik *f*
 f logique *f* à hauts niveaux logiques
 nl hoog-niveau-logica *f*, HLL *f*

H112 *e* **high-low chamber** *see* **humidity chamber**

H113 *e* **highly integrated chip** *see* **high-integration circuit**

H114 *e* **highly ordered state**
 r упорядоченное состояние *n*
 d geordneter Zustand *m*
 f état *m* ordonné
 nl sterk geordende toestand *m* [staat *m*]

H115 *e* **highly-packed chip** *see* **high-density chip**

H116 *e* **high-magnification inspection**
 r (визуальный) контроль *m* под микроскопом с большим увеличением
 d Prüfung *f* mittels eines stark vergrößernden Mikroskops
 f inspection *f* au microscope à grossissement fort
 nl inspectie *f* door sterk vergrotende microscoop

H117 *e* **high-mobility semiconductor**
 r полупроводник *m* с высокой подвижностью носителей
 d Halbleiter *m* mit hoher Trägerbeweglichkeit
 f semi-conducteur *m* à haute mobilité des porteurs
 nl halfgeleider *m* met grote ladingdragerbeweeglijkheid

H118 e **high noise-immunity device**
r помехоустойчивый прибор m
d störsicheres Bauelement n
f dipositif m à haute immunité contre le bruit
nl bouwsteen m met hoge stoorongevoeligheid, onverstoorbare bouwsteen m

H119 e **high-noise-immunity logic**
r логические схемы f pl с высокой помехоустойчивостью
d störsichere Logik f
f logique f à haute immunité contre le bruit
nl onverstoorbare logica f, HiNIL f

H120 e **high-ohmic semiconductor**
r высокоомный полупроводник m
d hochohmiger Halbleiter m
f semi-conducteur m à haute résistance
nl hoogohmige halfgeleider m

H121 e **high output**
r выходной сигнал m высокого уровня
d H-Ausgangssignal n, Hochpegel-Ausgangssignal n
f signal m de sortie à haut niveau
nl hoog uitgangssignaal n, uitgang(sstaat)-hoog

H122 e **high-output implanter**
r высокопроизводительная установка f ионной имплантации
d Hochleistungsimplantationsanlage f
f implanteur m d'ions à grand rendement
nl implantatie-apparatuur f met hoge (ionen)afgifte

H123 e **high-performance bipolar process**
r технология f высококачественных биполярных ИС
d Hochleistungs-Bipolartechnik f
f technologie f bipolaire de haute qualité
nl bipolairtechniek f voor grote prestaties

H124 e **high-performance circuit**
r высококачественная ИС f
d Hochleistungsschaltkreis m
f circuit m intégré de haute qualité
nl schakeling f met groot prestatievermogen

H125 e **high-performance MOS**
r высококачественная МОП ИС f
d Hochleistungs-MOS f, HMOS f
f circuit m intégré MOS de haute qualité
nl MOS m met groot prestatievermogen, HMOS m

H126 e **high-precision network**
r высокопрецизионная схема f
d Hochpräzisionsschaltung f
f circuit m intégré à haute précision
nl netwerk n van grote nauwkeurigheid

H127 e **high-pressure grower**
r установка f выращивания (монокристаллов) при высоком давлении
d Hochdruckzüchtungsanlage f
f installation f pour croissance des cristaux sous haute pression
nl hogedruk-kweekinstallatie f

H128 e **high-pressure LEC**
r метод m Чохральского с обволакиванием расплава инертной жидкостью, осуществляемый в атмосфере высокого давления
d Hochdruck-LEC-Verfahren n
f méthode f LEC sous haute pression
nl hogedruk-LEC-proces n

H129 e **high-pressure oxidation**
r оксидирование n при высоком давлении
d Hochdruckoxydation f
f oxydation f sous haute pression
nl hogedruk-oxydatie f

H130 e **high-rate deposition**
r осаждение n (слоёв) с высокой скоростью
d Hochgeschwindigkeitsaufdampfung f
f déposition f rapide
nl zeer snel opbrengen n [opdampen n], zeer snelle depositie f

H131 e **high-resistance load**
r высокоомная нагрузка f
d hochohmige Last f
f charge f à haute résistance
nl hoogohmige belasting f

H132 e **high-resistivity region**
r высокоомная область f
d hochohmiger Bereich m
f région f à haute résistance
nl zone f (m) met hoge specifieke weerstand, hoog-resistieve zone f (m)

H133 e **high-resistivity silicon**
r кремний m с высоким удельным сопротивлением
d Silizium n mit hohem spezifischem Widerstand
f silicium m à haute résistivité
nl silicium n met hoge specifieke weerstand, hoog-resistief silicium n

H134 e **high resolution**
r высокая разрешающая способность f, высокое разрешение n
d hohe Auflösung f, hohes Auflösungsvermögen n
f haute résolution f
nl hoog onderscheidingsvermogen n [oplossingsvermogen n, scheidend vermogen n], hoge resolutie f

H135 e **high-resolution emulsion**
r эмульсия f с высокой разрешающей способностью
d Emulsion f mit hoher Auflösung
f émulsion f à haute résolution
nl hoogoplossende emulsie f

H136 e **high-resolution image replication**
r мультиплицирование n изображений с высокой разрешающей способностью

HIGH

    d Bildvervielfältigung *f* mit hoher Auflösung
    f multiplication *f* d'images à haute résolution
    nl hoogoplossende beeldverveelvoudiging *f*

H137 *e* **high-resolution imaging**
    r формирование *n* изображений с высоким разрешением
    d hochauflösende Abbildung *f*, Bilderzeugung *f* mit hoher Auflösung
    f imagerie *f* à haute résolution
    nl fijndetaillerende [hoogoplossende] beeldvorming *f*

H138 *e* **high-resolution lithography**
    r прецизионная литография *f*, литография *f* с высоким разрешением
    d Lithografie *f* mit hoher Auflösung
    f lithographie *f* à haute résolution
    nl fijnstructuur-lithografie *f*

H139 *e* **high-resolution registration**
    r совмещение *n* с высоким разрешением
    d Justierung *f* mit hoher Auflösung
    f alignement *m* à haute résolution
    nl zeer nauwkeurige uitlijning *f*

H140 *e* **high-resolution screening**
    r прецизионная трафаретная печать *f*
    d Siebdruck *m* mit hoher Auflösung
    f sérigraphie *f* à haute résolution
    nl (zeer) fijn detaillerende zeefdruk *m*

H141 *e* **high-scale integration**
    r 1. высокая степень *f* интеграции 2. ИС *f* с высокой степенью интеграции, большая ИС *f*, БИС
    d 1. Hochintegration *f*, LSI *f* 2. hochintegrierter Schaltkreis *m*, LSI-Schaltkreis *m*
    f 1. intégration *f* à grande échelle 2. circuit *m* intégré à grande échelle
    nl grootschalige integratie *f*

H142 *e* **high-slew-rate operational amplifier**
    r операционный усилитель *m* с высокой скоростью нарастания выходного напряжения
    d Operationsverstärker *m* mit hoher Slew-Rate
    f amplificateur *m* opérationnel à acroissement rapide de la tension de sortie
    nl operationele versterker *m* [opamp *m*] met hoge stijgsnelheid

H143 *e* **high-specification encapsulation**
    r высококачественная герметизация *f*
    d hohe Verkappungsgüte *f*
    f encapsulation *f* de haute qualité
    nl inkapseling *f* van hoge kwaliteit

H144 *e* **high-speed element**
    r быстродействующий компонент *m*
    d schnelles Bauelement *n*
    f composant *m* de fonctionnement rapide
    nl zeer snel element *n*

H145 *e* **high-speed I^{2}L**
    r быстродействующая И^{2}Л-схема *f*
    d schnelle IIL *f*, schnelle I^{2}L *f*
    f logique *f* intégrée à injection rapide, circuit *m* I^{2}L rapide
    nl zeer snelle I^{2}L *m*

H146 *e* **high-speed integrated circuit**
    r быстродействующая ИС *f*
    d Hochgeschwindigkeitsschaltkreis *m*, Hochgeschwindigkeitsschaltung *f*, Hochgeschwindigkeits-IC *n*
    f circuit *m* intégré rapide
    nl zeer snelle geïntegreerde schakeling *f*, zeer snel IC *n*

H147 *e* **high-speed logic**
    r быстродействующие логические схемы *f pl*
    d schnelle Logik *f*, Hochgeschwindigkeitslogik *f*
    f logique *f* rapide
    nl zeer snelle logica *f*

H148 *e* **high-speed LSI**
    r быстродействующая БИС *f*
    d Hochgeschwindigkeits-LSI-Schaltung *f*
    f circuit *m* LSI rapide
    nl zeer snelle LSI *f*

H149 *e* **high-speed operation**
    r режим *m* работы с высоким быстродействием
    d Hochgeschwindigkeitsbetrieb *m*
    f mode *m* de fonctionnement rapide
    nl zeer snelle werking *f*

H150 *e* **high-speed performance**
    r быстродействие *n*
    d Schnellwirkung *f*
    f rapidité *f* (de fonctionnement)
    nl żeer goede snelheidsprestaties *f pl*

H151 *e* **high-speed plotter**
    r высокоскоростной графопостроитель *m*
    d Hochgeschwindigkeitsplotter *m*
    f traceur *m* rapide
    nl zeer snelle tekenmachine *f* [plotter *m*]

H152 *e* **high-speed process** see **high-speed technology**

H153 *e* **high-speed resist**
    r высокочувствительный резист *m*
    d hochempfindliches Resist *n*
    f résist *m* très sensible
    nl zeer snelle [gevoelige] afdeklak *m* [fotolak *m*, resist *m*]

H154 *e* **high-speed response**
    r быстрое срабатывание *n;* быстродействие *n*
    d schnelles Ansprechen *n*
    f réponse *f* rapide
    nl zeer snel reageren *n*

H155 *e* **high-speed series**
    r серия *f* быстродействующих ИС
    d schnelle IC-Familie *f*
    f famille *f* des circuits intégrés rapides
    nl (typen)reeks *f* (*m*) met zeer goede snelheidsspec(ificatie)s

H156 e **high-speed technology**
   r технология f быстродействующих ИС
   d Technologie f der Hochgeschwindigkeitsschaltungen
   f technologie f des circuits intégrés rapides
   nl hoge-snelheids-technologie f

H157 e **high-stepping wafer stepper**
   r высокопроизводительная установка f последовательного шагового экспонирования
   d hochleistungsfähige Step-and-Repeat-Anlage f
   f installation f d'exposition pas à pas à haute performance
   nl zeer snelle stappen-repeteer-installatie f

H158 e **high-technology integrated circuit**
   r ИС f, изготовленная по передовой технологии
   d Hochtechnologieschaltkreis m
   f circuit m intégré fabriqué par technologie avancée
   nl technologisch-geavanceerde [high-tech] geïntegreerde schakeling f

H159 e **high-temperature annealing**
   r высокотемпературный отжиг m
   d Hochtemperaturtempern n
   f recuit m à haute température
   nl uitgloeien n [temperen n] bij hoge temperatuur

H160 e **high-temperature chemical vapor deposition**
   r высокотемпературное химическое осаждение n из паровой фазы
   d Hochtemperatur-CVD f
   f dépôt m chimique en phase vapeur à haute température
   nl chemisch opdampen n bij hoge temperatuur, hoge-temperatuur-CVD f

H161 e **high-temperature epitaxy**
   r высокотемпературная эпитаксия f
   d Hochtemperaturepitaxie f
   f épitaxie f à haute température
   nl hoge-temperatuur-epitaxie f

H162 e **high-temperature processing**
   r высокотемпературная обработка f
   d Hochtemperaturbearbeitung f
   f traitement m à haute température
   nl bewerking f bij hoge temperatuur

H163 e **high-threshold device**
   r прибор m высоким пороговым напряжением
   d Bauelement n mit hoher Schaltschwelle
   f dispositif m à haute tension de seuil
   nl bouwsteen m met hoge drempelwaarde

H164 e **high-threshold logic**
   r логические схемы f pl с высоким пороговым напряжением, высокопороговая логика f
   d Logikschaltungen f pl mit hohem Schwellwert, High-Threshold-Logik f
   f logique f à seuil élevé
   nl logica f met hoge drempelwaarde

H165 e **high-threshold MOS**
   r МОП-структура f с высоким пороговым напряжением
   d MOS-Struktur f mit hohem Schwellwert
   f structure f MOS à haute tension de seuil
   nl MOS m met hoge drempelwaarde

H166 e **high-throughput system**
   r высокопроизводительная установка f
   d Anlage f mit hoher Arbeitsleistung, hochproduktike Anlage f
   f système m [installation f] à grand rendement
   nl 1. systeem n met hoge (gegevens)doorvoercapaciteit 2. hoge produktiviteit f (fabricage)

H167 e **high-vacuum chamber**
   r высоковакуумная камера f
   d Hochvakuumkammer f
   f chambre f sous vide élevé
   nl hoogvacuümkamer f (m)

H168 e **high-vacuum degassing**
   r обезгаживание n в высоком вакууме
   d Hochvakuumentgasung f
   f dégazage m sous vide élevé
   nl hoogvacuüm-ontgassing f

H169 e **high-vacuum evaporation**
   r высоковакуумное напыление n
   d Hochvakuumverdampfung f
   f évaporation f sous vide élevé
   nl hoogvacuüm-verdamping f

H170 e **high-vacuum flange**
   r высоковакуумный фланец m
   d Hochvakuumflansch m
   f bride f sous vide élevé
   nl hoogvacuümflens m

H171 e **high-vacuum grease**
   r высоковакуумная смазка f
   d Hochvakuumschmierung f
   f graisse f sous vide élevé
   nl hoogvacuümsmering f

H172 e **high-vacuum technology equipment**
   r высоковакуумное (технологическое) оборудование n
   d Hochvakuumtechnik f
   f équipement m sous vide élevé
   nl hoogvacuüm-apparatuur f

H173 e **high-voltage integrated circuit**
   r высоковольтная ИС f
   d Hochspannungsshaltkreis m, High-Voltage-IC n
   f circuit m intégré à haute tension
   nl geïntegreerde schakeling f voor hoge spanningen, IC n voor hoge spanningen

H174 e **high-voltage MOST**
   r высоковольтный МОП-транзистор m
   d Hochspannungs-MOSFET m
   f transistor m MOS à haute tension
   nl hoogspannings-MOS-transistor m

H175 e **high-voltage stability**
   r стабильность f (прибора) при высоком напряжении
   d Hochspannungsstabilität f

HIGH

  f stabilité *f* sous haute tension
  nl hoogspanningsstabiliteit *f*
H176 *e* **high-voltage thin-film transistor**
  r высоковольтный тонкоплёночный транзистор *m*
  d Hochspannungsdünnschichttransistor *m*
  f transistor *m* haute tension à couches minces
  nl dunne-laagtransistor *m* voor hoge spanningen
H177 *e* **high-voltage transmission electron microscope**
  r высоковольтный просвечивающий электронный микроскоп *m*
  d Hochspannungsdurchstrahlungsmikroskop *n*
  f microscope *m* électronique à transmission haute tension
  nl hoogspannings-doorzicht-elektronenmicroscoop *m*, hoogspannings-TEM *m*
H178 *e* **highway**
  r 1. токопроводящая дорожка *f*; соединение *n* 2. шина *f*
  d 1. Leitbahn *f* 2. Sammelschiene *f*, Bus *m*
  f 1. piste *f* 2. bus *m*
  nl hoofdlijn *f (m)*, multilijn *f (m)*
H179 *e* **high-work function metal**
  r металл *m* с высокой работой выхода
  d Metall *n* mit hoher Austrittsarbeit
  f métal *m* à grand rendement
  nl metaal *n* met hoge uittree-arbeid
H180 *e* **high-yield IC production**
  r производство *n* ИС с высоким выходом годных
  d IC-Produktion *f* mit hoher Ausbeute
  f production *f* des C.J. à grand rendement
  nl IC-produktie *f* met hoge opbrengst
H181 *e* **hill, hillock**
  r выступ *m*, бугор *m* (дефект)
  d Hügel *m*, Ätzhügel *m*
  f bosse *f*, bossage *m* (de défaut)
  nl hobbel *m*
H182 *e* **HIMIC, Himic, HM, HMC** see **hybrid microcircuit**
H183 *e* **HiPOx** see **high-pressure oxidation**
H184 *e* **HIT** see **high-density isolation technology**
H185 *e* **HJ** see **heterojunction**
H186 *e* **HJBT** see **heterojunction bipolar transistor**
H187 *e* **HLL** see **high-level logic**
H188 *e* **HMOS** see **high-performance MOS**
H189 *e* **HNIL** see **high-noise immunity logic**
H190 *e* **holder**
  r 1. кристаллоноситель *m*, кристаллодержатель *m*; держатель *m* 2. кассета *f*
  d Träger *m*; Haltevorrichtung *f*
  f 1. support *m* 2. cassette *f*
  nl houder *m*

H191 *e* **hole**
  r 1. дырка *f* 2. отверстие *n*
  d Loch *n*
  f 1. trou *m*, lacune *f* 2. trou *m*
  nl gat *n*
H192 *e* **hole capture**
  r захват *m* дырки
  d Löchereinfang *m*
  f capture *f* de trou
  nl gatenopvang *f*
H193 *e* **hole conduction**
  r дырочная электропроводность *f*, электропроводность *f* p-типа
  d Löcherleitung *f*, p-Leitung *f*
  f conductibilité *f* par trous
  nl gatengeleiding *f*, p-geleiding *f*
H194 *e* **hole current**
  r дырочный ток *m*
  d Löcherstrom *m*
  f courant *m* de trous
  nl gatenstroom *m*
H195 *e* **hole diffusion length**
  r диффузионная длина *f* дырок
  d Löcherdiffusionslänge *f*
  f distance *f* [parcours *m*] de diffusion des trous
  nl p-diffusielengte *f*
H196 *e* **hole drift**
  r дрейф *m* дырок
  d Löcherdrift *f*
  f dérive *f* des trous
  nl gatendrift *f (m)*
H197 *e* **hole-electron pair**
  r электронно-дырочная пара *f*
  d Loch-Elektron-Paar *n*
  f paire *f* électron-trou
  nl gat-elektronpaar *n*
H198 *e* **hole-electron recombination**
  r электронно-дырочная рекомбинация *f*
  d Loch-Elektron-Rekombination *f*
  f recombinaison *f* électron-trou
  nl gat-elektronrecombinatie *f*
H199 *e* **hole gas**
  r дырочный газ *m*
  d Löchergas *n*
  f gaz *m* des trous
  nl gatengas *n*
H200 *e* **hole injection**
  r инжекция *f* дырок
  d Löcherinjektion *f*
  f injection *f* des trous
  nl gateninjectie *f*
H201 *e* **hole life**
  r время *n* жизни дырок
  d Löcherlebensdauer *f*
  f durée *f* de vie des trous
  nl gatenlevensduur *m*
H202 *e* **hole quasi-Fermi level**
  r дырочный квазиуровень *m* Ферми
  d Defektelektronen-Quasiferminiveau *n*

    f quasi-niveau *m* Fermi des trous
    nl quasi-Ferminiveau *n* voor gaten
H203 *e* **hole semiconductor**
    r дырочный полупроводник *m*, полупроводник *m* (с электропроводностью) *p*-типа
    d Löcherhalbleiter *m*, p-Halbleiter *m*
    f semi-conducteur *m* type *p*
    nl gatenhalfgeleider *m*, p-halfgeleider *m*
H204 *e* **hole trapping** *see* **hole capture**
H205 *e* **homoepitaxy**
    r гомоэпитаксия *f*
    d Homoepitaxie *f*
    f homoépitaxie *f*
    nl homo-epitaxie *f*
H206 *e* **homogeneous junction, homojunction**
    r гомопереход *m*
    d Homoübergang *m*, Homojunction *f*
    f homojonction *f*
    nl homogene overgang *m*, homo-overgang *m*, homo-junctie *f*
H207 *e* **homointegrated circuit**
    r ИС *f* с гомопереходами
    d Schaltkreis *m* mit Homoübergängen, Homojunction-IC *n*
    f circuit *m* intégré à homojonctions
    nl geïntegreerde schakeling *f* in homo-technologie, homo-junctie-IC *n*
H208 *e* **homojunction transistor**
    r транзистор *m* на гомопереходах
    d Transistor *m* mit Homoübergang, Homojunction-Transistor *m*
    f transistor *m* à homojonctions
    nl transistor *m* met homo-overgang, homojunctie-transistor *m*
H209 *e* **hood**
    r вытяжной шкаф *m*
    d Abzug *m*, Abzugsschrank *m*
    f hotte *f*
    nl **1.** kap *f (m) (alg.)* **2.** rookkap *f (m)*, wasemkap *f (m)*, afzuigkap *f (m)* **3.** zuurkast *f (m)*
H210 *e* **hopper**
    r бункер *m*; загрузочная воронка *f*; бункерный питатель *m*
    d Hopper *m*; Beschickungstrichter *m*
    f bunker *m*, pochette *f*, magasin *m*
    nl **1.** trechter *m*, hopper *m* **2.** toevoermagazijn *n*, aflegmagazijn *n*
H211 *e* **horizontal reactor**
    r горизонтальный (эпитаксиальный) реактор *m*
    d horizontaler Epitaxiereaktor *m*, Horizontalreaktor *m*
    f réacteur *m* (épitaxial) horizontal
    nl horizontale reactor *m*
H212 *e* **hostile environment**
    r агрессивная (внешняя) среда *f*
    d unfreundliche Umgebung *f*
    f environnement *m* d'attaque
    nl aggressieve omgeving *f*
H213 *e* **host lattice**

    r кристаллическая решётка *f* основного вещества
    d Wirtsgitter *n*, Grundgitter *n*
    f réseau-hôte *m* cristallin
    nl entrooster *n*, moederrooster *n*
H214 *e* **host layer**
    r исходный слой *m*
    d Grundschicht *f*
    f couche *f* source
    nl entlaag *f (m)*, moederlaag *f (m)*
H215 *e* **host material**
    r исходный материал *m*, материал *m* подложки
    d Wirtssubstanz *f*, Grundmaterial *n*
    f matériau *m* source
    nl entmateriaal *n*, moedermateriaal *n*
H216 *e* **hot carrier**
    r горячий носитель *m* заряда
    d «heißer» Träger *m*, «heißer» Ladungsträger *m*
    f porteur *m* chaud
    nl hete [energieke, extra beweeglijke] ladingdrager *m*, hot-carrier *m*
H217 *e* **hot-carrier diode**
    r диод *m* на горячих носителях
    d Schottky-Diode *f*, Metall-Halbleiter-Diode *f*, Heißelektronendiode *f*
    f diode *f* à porteurs chauds
    nl diode *f* met extra ladingdragerbeweeglijkheid, hot-carrierdiode *f*
H218 *e* **hot electron**
    r горячий электрон *m*
    d heißes Elektron *n*
    f électron *m* chaud
    nl heet [energiek, extra beweeglijk] elektron *n*
H219 *e* **hot-electron injection**
    r инжекция *f* горячих электронов
    d Heißelektroneninjektion *f*
    f injection *f* d'électrons chauds
    nl injectie *f* met extra beweeglijke [hete] elektronen
H220 *e* **hot-electron transistor**
    r транзистор *m* на горячих электронах
    d Heißelektronentransistor *m*
    f transistor *m* à électrons chauds
    nl hete-elektronentransistor *m*
H221 *e* **hot-filament evaporator**
    r проволочный испаритель *m*
    d Heizfadenverdampfer *m*
    f évaporateur *m* à filament
    nl gloeidraadverdamper *m*
H222 *e* **hot forming**
    r горячая формовка *f*
    d Heißformen *n*
    f formage *m* à chaud
    nl warmvervormen *n*
H223 *e* **hot-gas bonder**
    r установка *f* пайки струёй горячего газа
    d Heißgasbonder *m*

       f machine *f* à braser par jet de gaz chaud
      nl heetgas-montagemachine *f*

H224 *e* **hot implantation**
      r ионная имплантация *f* в нагретый полупроводник
      d Hochtemperaturimplantation *f*
      f implantation *f* ionique à haute température
      nl implantatie *f* bij verhoogde temperatuur

H225 *e* **hot spot**
      r место *n* локального перегрева (*дефект*)
      d örtliche Überhitzung *f*
      f place *f* de chauffage local
      nl plaatselijke oververhitting *f*, hot-spot *m*

H226 *e* **hot-tip bonder**
      r установка *f* термокомпрессионной сварки
      d TC-Bonder *m* (*mit geheiztem Bondstempel*)
      f machine *f* à souder à thermocompression
      nl thermocompressie-contacteerder *m*, TC-contacteerder *m* (*met verhit stempel*)

H227 *e* **HSIC** *see* **high-speed integrated circuit**

H228 *e* **HSIIL** *see* **high-speed IIL**

H229 *e* **HSL** *see* **high-speed logic**

H230 *e* **HSLSI** *see* **high-speed LSI**

H231 *e* **HTCVD** *see* **high-temperature chemical vapor deposition**

H232 *e* **HTL** *see* **high-threshold logic**

H233 *e* **human handling**
      r ручная транспортировка *f*
      d manuelle Handhabung *f*; manuelle Förderung *f*
      f transfert *m* à la main
      nl manuele behandeling *f* [verwerking *f*]

H234 *e* **humid-hydrogen atmosphere**
      r атмосфера *f* влажного водорода
      d Feuchtwasserstoffatmosphäre *f*
      f atmosphère *f* de hydrogène humide
      nl vocht-waterstofatmosfeer *f* (*m*)

H235 *e* **humidity cabinet** *see* **humidity chamber**

H236 *e* **humidity chamber**
      r камера *f* для климатических испытаний
      d Feuchtekammer *f*
      f chambre *f* climatique
      nl ruimte *f* [kamer *f*] met regelbare vochtigheidsgraad

H237 *e* **humidity durability**
      r влагостойкость *f*
      d Feuchtigkeitsbeständigkeit *f*
      f résistance *f* à l'humidité
      nl vochtbestendigheid *f*

H238 *e* **humidity meter**
      r влагомер *m*; гигрометр *m*
      d Feuchtemesser *m*
      f humidomètre *m*; hydromètre *m*
      nl vochtigheidsmeter *m*, hygrometer *m*

H239 *e* **humidity test(ing)**
      r испытания *n pl* на влагостойкость
      d Feuchtigkeitstest *m*
      f test *m* de résistance à l'humidité
      nl vocht(bestendigheidst)test *m*, vochtbestendigheidsproef *f* (*m*)

H240 *e* **HVIC** *see* **high-voltage integrated circuit**

H241 *e* **HVMOST** *see* **high-voltage MOS**

H242 *e* **HVTEM** *see* **high-voltage transmission electron microscope**

H243 *e* **HVTFT** *see* **high-voltage thin-film transistor**

H244 *e* **hybrid amplifier**
      r гибридный усилитель *m*, ГИС *f* усилителя
      d Hybridverstärker *m*
      f amplificateur *m* hybride
      nl hybride versterker *m*

H245 *e* **hybrid approach**
      r гибридная технология *f*
      d Hybridtechnik *f*
      f technologie *f* hybride
      nl hybride-techniek *f*

H246 *e* **hybrid assembler**
      r установка *f* для сборки ГИС
      d Anlage *f* zur Hybridschaltkreismontage
      f installation *f* pour assemblage de circuit hybride
      nl montage-installatie *f* voor hybride bouwstenen

H247 *e* **hybrid assembly**
      r 1. сборка *f* ГИС 2. гибридная микросборка *f*
      d 1. Hybridschaltkreismontage *f* 2. Hybrideinheit *f*
      f 1. assemblage *m* de circuit hybride 2. micro-assemblage *m* hybride
      nl 1. montage *f* van hybride bouwstenen 2. samenstel *n* in hybride-techniek

H248 *e* **hybrid beam source**
      r гибридный источник *m* излучения (*электронов и ионов*)
      d hybride Strahlungsquelle *f*
      f source *f* de rayonnement hybride
      nl hybride stralingsbron *f* (*m*)

H249 *e* **hybrid bonder**
      r установка *f* для монтажа ГИС
      d Bondanlage *f* für Hybridschaltkreise
      f installation *f* pour montage de circuit hybride
      nl montage-installatie *f* voor hybride schakelingen

H250 *e* **hybrid bonding**
      r монтаж *m* кристаллов на плате ГИС
      d Hybridschaltkreisbonden *n*
      f montage *m* de microcircuit hybride
      nl montage *f* van hybride(n) (microschakelingen)

H251 *e* **hybrid carrier**
      r (безвыводной) корпус *m* для ГИС
      d Hybrid-IC-Träger *m*
      f boîtier *m* sans broches des circuit hybride
      nl hybride(-chip)-drager *m*

HYGROMETER

H252 e **hybrid chip**
   r 1. кристалл *m* для ГИС 2. гибридная ИС *f*, ГИС
   d Hybridchip *n*
   f 1. puce *f* hybride 2. circuit *m* hybride
   nl hybride chip *m*

H253 e **hybrid circuit** *see* **hybrid integrated circuit**

H254 e **hybrid-circuit board**
   r плата *f* для (монтажа) ГИС
   d Hybridschaltkreisplatine *f*
   f carte *f* de circuit hybride
   nl print(plaat) *m (f (m))* voor [met] hybride schakelingen

H255 e **hybrid component**
   r 1. компонент *m* ГИС 2. гибридная ИС *f*, ГИС
   d hybrides Bauelement *n*
   f 1. composant *m* intégré hybride 2. circuit *m* hybride
   nl hybride component *m*

H256 e **hybrid design**
   r проектирование *n* ГИС
   d Hybridschaltungsentwurf *m*
   f conception *f* des circuits hybrides
   nl ontwerp *n* met hybride bouwstenen

H257 e **hybrid diode-transistor logic**
   r гибридная ДТЛ-схема *f*
   d Hybrid-DTL *f*
   f logique *f* hybride à diodes et transistors
   nl hybride DTL *f*

H258 e **hybrid exposure technique**
   r гибридный метод *m* экспонирования *(электронными и рентгеновскими лучами)*
   d Hybridbelichtungsverfahren *n (mit Elektronen- und Röntgenstrahlen)*
   f technique *f* hybride d'exposition *(par faisceaux d'électrons et Roentgen)*
   nl gemengde belichtingstechniek *f (elektronen-en röntgenstralen)*

H259 e **hybrid integrated circuit**
   r гибридная ИС *f*, ГИС
   d Hybridschaltkreis *m*, Hybridschaltung *f*, Hybrid-IC *n*
   f circuit *m* (intégré) hybride
   nl hybride geïntegreerde schakeling *f*, hybride IC *n*

H260 e **hybridization**
   r реализация *f* в виде ГИС
   d Hybridisierung *f*
   f hybridisation *f*
   nl hybridisatie *f*

H261 e **hybrid microassembly**
   r гибридная микросборка *f*
   d hybride Mikrobaueinheit *f*, Hybrideinheit *f*
   f micro-assemblage *m* hybride
   nl microsamenstel *n* in hybride-techniek

H262 e **hybrid microcircuit** *see* **hybrid integrated circuit**

H263 e **hybrid microelectronics**
   r гибридная микроэлектроника *f*
   d Hybridmikroelektronik *f*
   f micro-électronique *f* hybride
   nl hybride micro-elektronica *f*

H264 e **hybrid module**
   r большая ГИС *f*, БГИС
   d Hybridmodul *m*
   f module *m* hybride
   nl hybride moduul *n*

H265 e **hybrid packaging**
   r сборка *f* и герметизация *f* ГИС
   d Hybridschaltungsverkappung *f*
   f encapsulation *f* de circuit hybride
   nl gemengde schakeling onderbrengen *n* in één behuizing

H266 e **hybrid resistor**
   r резистор *m* для ГИС
   d Widerstand *m* für Hybridtechnik
   f résistance *f* pour circuit hybride
   nl weerstand *m* in hybride-techniek

H267 e **hybrid screen**
   r трафарет *m* для толстоплёночных ГИС
   d Sieb *n* für Dickschicht-Hybridtechnik
   f masque *m* de circuit hybride
   nl drukzeef *f (m)* voor hybride-techniek

H268 e **hybrid technique** *see* **hybrid approach**

H269 e **hydrogen annealing**
   r отжиг *m* в водороде
   d Wasserstofftempern *n*
   f recuit *m* sous hydrogène
   nl waterstoftemperen *n*

H270 e **hydrogen passivation**
   r пассивация *f* в водороде *(путём отжига)*
   d Wasserstoffpassivierung *f*
   f passivation *f* sous hydrogène
   nl passivering *f* met waterstof

H271 e **hydrogen reduction**
   r восстановление *n* водородом
   d Wasserstoffreduktion *f*
   f réduction *f* sous hydrogène
   nl reductie *f* door waterstof

H272 e **hydrophobic silica**
   r гидрофобный диоксид *m* кремния
   d hydrophobes Siliziumdioxid *n*
   f dioxyde *m* de silicium hydrophobe
   nl hydrofoob siliciumdioxyde *n*

H273 e **hydroplane polishing**
   r гидроплоскостная полировка *f*
   d Hydroplane-Polieren *n*
   f polissage *m* hydraulique des surfaces planes
   nl spiegelglad polijsten *n*

H274 e **hydrothermal epitaxy**
   r гидротермальная эпитаксия *f*
   d hydrothermale Epitaxie *f*
   f épitaxie *f* hydrothermal
   nl hydrothermische epitaxie *f*

H275 e **hygrometer**
   r гигрометр *m*
   d Hygrometer *m*

HYPERABRUPT

    f hygromètre *m*
    nl hydrometer *m*

H276 *e* **hyperabrupt junction**
    r сверхрезкий переход *m*
    d hyperabrupter Übergang *m*
    f jonction *f* hyperabrupte
    nl hyperabrupte overgang *m*

H277 *e* **hyperabrupt-junction varactor**
    r варактор *m* со сверхрезким переходом
    d Varaktor *m* mit hyperabruptem Übergang
    f varactor *m* à jonction hyperabrupte
    nl hyperabrupte-overgangsvaractor *m*

H278 *e* **hyperabrupt profile**
    r сверхрезкий профиль *m* (*распределения легирующей примеси*)
    d hyperabruptes Profil *n*, hyperabruptes Störstellenprofil *n*
    f profil *m* hyperabrupt
    nl hyperabrupt profiel *n*

H279 *e* **hyperpure germanium**
    r сверхчистый германий *m*
    d Reinstgermanium *n*
    f germanium *m* ultra-pur
    nl hyperzuiver germanium *n*

I

I1   *e* **IBE** *see* **ion-beam etching**
I2   *e* **IBL** *see* **ion-beam lithography**
I3   *e* **IBT** *see* **ion-implanted base transistor**
I4   *e* **IC** *see* **integrated circuit**
I5   *e* **ICAD** *see* **interactive computer-aided design**

I6   *e* **IC amplifier**
    r ИС *f* усилителя, интегральный усилитель *m*
    d integrierter Verstärker *m*, integrierte Verstärkerschaltung *f*
    f circuit *m* intégré d'amplificateur; amplificateur *m* intégré
    nl IC-versterker *m*

I7   *e* **IC arrangement**
    r структура *f* ИС
    d IC-Struktur *f*, Schaltkreisstruktur *f*
    f structure *f* de C. I.
    nl IC-opstelling *f*, (interne) IC-configuratie *f*

I8   *e* **IC array**
    r интегральная матрица *f;* матричная ИС *f*
    d IC-Array *n;* Matrixschaltkreis *m*
    f réseau *m* intégré; circuit *m* intégré matriciel
    nl matrixschakeling *f* in IC-vorm, matrix-IC *n*

I9   *e* **IC artwork generation**
    r изготовление *n* оригинала (*фотошаблона*) для ИС
    d IC-Vorlagenherstellung *f*
    f génération *f* d'original (*de photomasque*) pour C. I.
    nl vervaardiging *f* van belichtingsmaskers t. b. v. IC-produktie

I10   *e* **IC benchmark**
    r характеристики *f pl* ИС
    d IC-Benchmark *f*, IC-Leistungsparameter *m pl*, IC-Leistungsdaten *pl*
    f performance *f* de C. I.
    nl (standaard) IC-test *m;* IC-testresultaten *n pl*

I11   *e* **IC capacitor**
    r интегральный конденсатор *m*
    d integrierter Kondensator *m*
    f condensateur *m* intégré
    nl geïntegreerde condensator *m*, IC-condensator *m*

I12   *e* **IC chip**
    r кристалл *m* ИС
    d Halbleiterchip *n*, IC-Chip *n*
    f puce *f* de C. I.
    nl IC-chip *m*

I13   *e* **IC design**
    r проектирование *n* ИС
    d Schaltkreisentwurf *m*, Entwurf *m* integrierter Schaltkreise
    f conception *f* de circuit intégré
    nl ontwerp *n* van geïntegreerde schakelingen, IC-ontwerp *n*

I14   *e* **IC development**
    r разработка *f* ИС
    d Schaltkreisentwicklung *f*, Entwicklung *f* integrierter Schaltkreise
    f développement *m* de circuit intégré
    nl ontwikkeling *f* van geïntegreerde schakelingen, IC-ontwikkeling *f*

I15   *e* **IC element**
    r элемент *m* ИС
    d IC-Element *n*, Schaltkreiselement *n*
    f élément *m* de C. I.
    nl IC-element *n*

I16   *e* **IC isolation technique**
    r метод *m* изоляции (элементов) ИС
    d Schaltkreisisolationstechnik *f*
    f technique *f* d'isolation de circuit intégré
    nl IC-isolatietechniek *f*

I17   *e* **IC lead socket**
    r колодка *f* [спутник-носитель *m*] для ИС
    d Sockel *m* für integrierte Schaltkreise
    f socle *m* de circuit intégré
    nl IC-voetje *n*

I18   *e* **IC memory**
    r память *f* на ИС, ИС *f* памяти
    d Speicher-IC *n*
    f mémoire *f* intégrée, C. I. *m* de mémorisation
    nl IC-geheugen *n*

I19   *e* **IC mockup**
    r макет *m* ИС

IMAGE

       d IC-Versuchsaufbau *m*
       f maquette *f* de C. I.
      nl proefopbouw *m* van IC

I20 *e* **IC module**
      r модуль *m* на ИС, интегральный модуль *m*
      d IC-Modul *m*, integrierter Baustein *m*
      f module *m* intégré
     nl IC-moduul *n*, geïntegreerde bouwsteen

I21 *e* **IC processing**
      r обработка *f* полупроводниковых пластин для изготовления ИС
      d Waferbearbeitung *f* (für die IC-Fertigung)
      f traitement *m* des tranches (pour fabrication des C. I.)
     nl procesverwerking *f* tot IC

I22 *e* **IC processor**
      r 1. ИС *f* микропроцессора 2. установка *f* для обработки полупроводниковых пластин в процессе производства ИС
      d 1. Mikroprozessorchip *n*, Mikroprozessorschaltkreis *m* 2. Waferbearbeitungsanlage *f*
      f 1. circuit *m* intégré de microprocesseur 2. système *m* de traitement des tranches (pendant la fabrication des C. I.)
     nl 1. (micro)processor-IC *n* 2. IC-bewerkingsinstallatie *f*

I23 *e* **IC process technology**
      r технология *f* изготовления ИС
      d Schaltkreistechnologie *f*, IC-Technologie *f*, Technologie *f* integrierter Schaltkreise, integrierte Schaltkreistechnik *f*
      f technologie *f* des C. I.
     nl IC-procestechnologie *f*

I24 *e* **ideal diode equation**
      r уравнение *n* идеального диода, уравнение *n* Шокли
      d Shockleysche Randschichtgleichung *f*
      f équation *f* Shockley [de diode idéale]
     nl vergelijking *f* voor ideale diode

I25 *e* **identification**
      r 1. идентификация *f*; распознавание *n*; опознавание *n* 2. обозначение *n*; маркировка *f*
      d 1. Identifizierung *f*; Erkennung *f* 2. Kennzeichnung *f*, Markierung *f*
      f 1. identification *f* 2. marquage *m*
     nl identificatie *f*

I26 *e* **IFL** see **integrated fuse logic**
I27 *e* **IGFET** see **insulated-gate FET**
I28 *e* **IGMOS** see **insulated-gate MOS**
I29 *e* **IIC** see **interface integrated circuit**
I30 *e* **IIL, I^{2}L** see **integrated injection logic**
I31 *e* **I^{2}L circuit**
      r логическая ИС *f* с инжекционным питанием
      d I^{2}L-Schaltung *f*
      f circuit *m* I^{2}L
     nl I^{2}L-schakeling *f*

I32 *e* **I^{2}L gate**
      r элемент *m* И^{2}Л
      d I^{2}L-Gatter *n*
      f porte *f* I^{2}L
     nl I^{2}L-poort *f* (*m*)

I33 *e* **I^{2}L memory**
      r ИС *f* памяти на элементах И^{2}Л
      d I^{2}L-Speicher *m*
      f mémoire *f* I^{2}L
     nl I^{2}L-geheugen *n*

I34 *e* **I^{2}L slice**
      r секционный микропроцессор *m* на элементах И^{2}Л
      d I^{2}L-Bitscheibenprozessor *m*
      f microprocesseur *m* I^{2}L en tranches
     nl I^{2}L-(processor)schakel *m*, I^{2}L-part *n*, I^{2}L-slice *m*

I35 *e* **image**
      r изображение *n*; рисунок *m*; образ *m*
      d Bild *n*; Abbildung *f*
      f image *f*; dessin *m*, motif *m*
     nl beeld *n*, afbeelding *f*

I36 *e* **image acuity** see **image sharpness**

I37 *e* **image array**
      r 1. матрица *f* изображений (на фотошаблоне) 2. матричный формирователь *m* (сигналов) изображения
      d 1. Bildmatrix *f* 2. CCD-Matrix *f*
      f 1. matrice *f* à images 2. imageur *m* matriciel
     nl beeldopnemercomplex *n* (alg.); beeldopnemerregel *m* (1-dimensionaal); beeldopnemermatrix *f* (2-dimensionaal)

I38 *e* **image blurring**
      r размытие *n* изображения
      d Bildunschärfe *f*
      f flou *m* d'image
     nl beeldwazigheid *f*

I39 *e* **image converter** see **imager**
I40 *e* **image definition** see **image sharpness**
I41 *e* **image detector** see **imager**

I42 *e* **imaged resist**
      r экспонированный резист *m*
      d belichtetes Resist *n*
      f résist *m* exposé
     nl belichte afdeklak *m* [fotolak *m*]

I43 *e* **image element**
      r элемент *m* изображения
      d Bildelement *n*, Pixel *n*
      f élément *m* d'image
     nl beeldelement *n*

I44 *e* **image enhancement**
      r повышение *n* качества изображения
      d Bildkontrasterhöhung *f*
      f amélioration *f* de qualité d'image
     nl beeld[scherpte -en-contrast] verbetering *f*

I45 *e* **image error**
      r искажение *n* изображения
      d Bildfehler *m*

IMAGE

    f déformation *f* d'image
    nl beeldfout *f (m)*

I46   *e* **image field**
    r поле *n* изображения
    d Bildfeld *n*
    f champ *m* d'image
    nl beeldveld *n*

I47   *e* **image format**
    r формат *m* изображения
    d Bildformat *n*
    f format *m* d'image
    nl beeldformaat *n*

I48   *e* **image identification**
    r распознавание *n* образов
    d Bilderkennung *f*
    f identification *f* d'images
    nl beeldherkenning *f*

I49   *e* **image multiplication**
    r мультипликация *f* изображений
    d Bildvervielfältigung *f*
    f multiplication *f* d'images
    nl verveelvoudiging *f* van afbeelding

I50   *e* **image penumbra** *see* **image blurring**

I51   *e* **image processing**
    r обработка *f* изображений
    d Bildverarbeitung *f*
    f imagerie *f*, traitement *m* d'images
    nl (elektronische) beeld(signaal)verwerking *f*

I52   *e* **image projection system**
    r установка *f* проекционной литографии
    d Projektionsjustier- und Belichtungsanlage *f*
    f système *m* de lithographie de projection
    nl beeldprojectie-installatie *f*

I53   *e* **imager**
    r формирователь *m* (сигналов) изображения
    d Bildsensor *m*
    f imageur *m*
    nl beeldopnemer *m*, beeldsensor *m*

I54   *e* **image repeater**
    r фотоповторитель *m*; мультипликатор *m* изображений
    d Fotorepeater *m*
    f répétiteur *m* photographique
    nl repeterende (patroon)afbeelder *m*

I55   *e* **image replication**
    r мультипликация *f* изображений
    d Bildvervielfältigung *f*
    f multiplication *f* d'images
    nl beeldverveelvoudiging *f*

I56   *e* **image resolution**
    r разрешающая способность *f* изображения
    d Bildauflösung *f*
    f résolution *f* d'image
    nl beeldonderscheidingsvermogen *n*, beelddetaillering *f*, beeldresolutie *f*

I57   *e* **imagery**
    r 1. изображения *n pl*; рисунки *m pl*
    2. формирование *n* изображений; формирование *n* рисунка
    d 1. Abbildungen *f pl* 2. Abbildung *f*; Bilderzeugung *f*
    f 1. images *f pl* 2. imagerie *f*; définition *f* du dessin [du motif]
    nl 1. afbeelding(en) *f (f pl)* 2. beeldvorming *f*

I58   *e* **image sensing**
    r считывание *n* изображения
    d Bilderfassung *f* und - umwandlung *f*
    f lecture *f* d'image
    nl beeldopnemen *n*

I59   *e* **image sensor** *see* **imager**

I60   *e* **image sharpness**
    r чёткость *f* [резкость *f*] изображения
    d Bildschärfe *f*
    f netteté *f* d'image
    nl beeldscherpte *f*

I61   *e* **image size**
    r размер *m* изображения; поле *n* модуля *(на фотошаблоне)*
    d Bildgröße *f*
    f dimension *f* d'image
    nl beeldformaat *n*

I62   *e* **image stepping**
    r последовательная шаговая мультипликация *f* изображений
    d Bildvervielfältigung *f* nach dem Step-and-Repeat-Verfahren
    f multiplication *f* pas à pas d'images
    nl beeld-voor-beeld-lithografie *f*

I63   *e* **imaging**
    r 1. формирование *n* изображений; формирование *n* рисунка
    2. отображение *n*; визуализация *f*
    d Abbildung *f*
    f 1. imagerie *f*; définition *f* du dessin [du motif] 2. affichage *m*, visualisation *f*
    nl 1. beeldvorming *f (alg.)* 2. afbeelding *f* 3. beeldopnemen *n*

I64   *e* **imaging array**
    r матричный формирователь *m* (сигналов) изображения
    d CCD-Matrix *f*
    f imageur *m* matriciel
    nl beeldmatrix *f*

I65   *e* **imaging process**
    r формирование *n* изображений; формирование *n* рисунка; формирование *n* рельефа
    d Abbildungsprozeß *m*
    f imagerie *f*; définition *f* du dessin [du motif]; définition *f* de relief
    nl beeldvormingsproces *n*, afbeeldingsprocédé *n*

I66   *e* **imaging radiation**
    r излучение *n* для экспонирования резиста
    d Belichtungsstrahlung *f*
    f radiation *f* pour l'exposition *(de résist)*
    nl beeldvormende straling *f*

I67 e **immersion development**
 r проявление n методом погружения в жидкий проявитель
 d Immersionsentwicklung f
 f développement m par immersion
 nl ontwikkeling f in bad

I68 e **immersion-vapor degreaser**
 r установка f для обезжиривания с погружением в жидкий растворитель и в парах растворителя
 d Immersions- und Dampfentfettungsanlage f
 f dégraisseur m par immersion dans le solvant liquide et vapeur de solvant
 nl dompel-verdampontvetter m

I69 e **I²MOS** see **ion-implanted MOS**

I70 e **impact-avalanche and transit-time diode**
 r лавинно-пролётный диод m, ЛПД
 d IMPATT-Diode f, Lawinenlaufzeitdiode f
 f diode f IMPATT
 nl IMPATT-diode f, lawine-looptijddiode

I71 e **impact-extruded package**
 r корпус m, изготовленный ударным прессованием
 d durch Schlagpressen hergestelltes Gehäuse n
 f boîtier m filé par extrusion à la presse à chocs
 nl slag-extrusiebehuizing f

I72 e **impact ionization**
 r ударная ионизация f
 d Stoßionisation f
 f ionization f par choc [par impact]
 nl stootionisatie f

I73 e **impact molding**
 r ударное прессование n
 d Schlagpressen n
 f moulage m par choc
 nl slagpersen n

I74 e **IMPATT diode** see **impact-avalanche and transit-time diode**

I75 e **impedance**
 r полное сопротивление n, импеданс m
 d Impedanz f, Scheinwiderstand m
 f impédance f
 nl impedantie f, schijnweerstand m

I76 e **imperfect crystal**
 r несовершенный кристалл m
 d fehlerhafter [gestörter, nichtidealer] Kristall m
 f cristal m imparfait
 nl imperfect kristal n

I77 e **imperfection**
 r несовершенство n; дефект m
 d Unvollkommenheit f; Störung f, Defekt m
 f imperfection f; défaut m
 nl onvolkomenheid f, gebrek n

I78 e **imperfect wafer**
 r полупроводниковая пластина f с дефектами
 d Wafer m mit Strukturdefekten
 f tranche f défectueuse
 nl wafel f (m) met materiaalfouten

I79 e **implant**
 r 1. ионно-имплантированная примесь f 2. ионная имплантация f, ионное легирование n
 d 1. Implantationsstoff m 2. Implantation f, Ionenimplantation f
 f 1. impureté f implantée 2. implantation f (ionique)
 nl implantatie f, implantatiestof f (m)

I80 e **implantation**
 r ионная имплантация f; ионное легирование n
 d Implantation f, Ionenimplantation f
 f implantation f (ionique)
 nl implantatie f

I81 e **implantation annealing** see **ion-implantation annealing**

I82 e **implantation damage**
 r дефект m, вызванный ионной имплантацией
 d Implantationsfehler m, durch Ionenimplantation entstandene Störung f
 f défaut m créé par implantation
 nl implantatiebeschadeging(en) f (f pl), implantatieschade f (m)

I83 e **implantation doping** see **implantation**

I84 e **implanted channel**
 r ионно-имплантированный канал m
 d implantierter Kanal m
 f canal m implanté
 nl geïmplanteerd kanaal n

I85 e **implanted dopant, implanted impurity**
 r ионно-имплантированная примесь f
 d implantierter Dotant m
 f impureté f implantée
 nl geïmplanteerde doteerstof f (m)

I86 e **implanted oxide**
 r ионно-имплантированный оксид m
 d implantiertes Oxid n
 f oxyde m implanté
 nl geïmplanteerd oxyde n

I87 e **implanter**
 r установка f ионной имплантации, установка f ионного легирования
 d Implantationsanlage f
 f implanteur m (d'ions)
 nl implantatie-installatie f

I88 e **implant-isolation technique**
 r метод m изоляции с использованием ионной имплантации
 d Isolation f durch Ionenimplantation
 f technique f d'isolation par implantation (ionique)
 nl techniek f van isolatie door implanting

I89 e **implant masking step**
 r маскирование n для проведения ионной имплантации

IMPREGNANT

- d Maskierungsschritt *m* bei der Ionenimplantation
- f masquage *m* pour implantation (ionique)
- nl maskeringsstap *m* bij implantatie

I90 e **impregnant**
- r пропитывающее вещество *n*
- d Imprägnierstoff *m*
- f imprégnant *m*
- nl impregneermiddel *n*

I91 e **impregnation**
- r пропитывание *n*, пропитка *f*
- d Imprägnierung *f*, Tränkung *f*
- f imprégnation *f*
- nl impregnering *f*, doordrenking *f*

I92 e **impurity**
- r (легирующая) примесь *f*
- d Störstelle *f*, Verunreinigung *f*
- f impureté *f* (dopante), dopant *m*
- nl onzuiverheid *f*, verontreiniging *f*; vreemde stof *f (m)*, dotering *f*

I93 e **impurity activation**
- r активация *f* [ионизация *f*] (легирующей) примеси
- d Störstellenaktivierung *f*
- f activation *f* d'impureté (dopante)
- nl doteringsactivering *f*

I94 e **impurity atom**
- r примесный атом *m*
- d Fremdatom *n*
- f atome *m* d'impureté
- nl doteringsatoom *n*, vreemd atoom *n*

I95 e **impurity band**
- r примесная зона *f*
- d Störstellenband *n*
- f bande *f* d'impureté
- nl (energie)band *m* van dotering, vreemd-atoomband *m*

I96 e **impurity center**
- r примесный центр *m*
- d Störstelle *f*, Störstellenzentrum *n*
- f centre *m* d'impureté
- nl doteringslocatie *f*

I97 e **impurity conduction**
- r примесная электропроводность *f*
- d Störstellenleitung *f*
- f conduction *f* d'impureté
- nl geleiding *f* via doteringen, vreemdgeleiding *f*

I98 e **impurity defect**
- r примесный дефект *m*
- d Verunreinigungsdefekt *m*
- f défaut *m* d'impureté
- nl doteringsdefect *n*

I99 e **impurity density**
- r концентрация *f* (легирующей) примеси
- d Störstellendichte *f*
- f densité *f* d'impureté (dopante)
- nl doteringsdichtheid *f*

I100 e **impurity diffusion**
- r диффузия *f* (легирующей) примеси
- d Störstellendiffusion *f*
- f diffusion *f* d'impureté (dopante)
- nl doteringsdiffusie *f*

I101 e **impurity distribution**
- r распределение *n* (легирующей) примеси
- d Störstellenverteilung *f*
- f distribution *f* d'impureté (dopante)
- nl doteringsverdeling *f*

I102 e **impurity dopant** *see* **impurity**

I103 e **impurity-dopant incorporation**
- r введение *n* легирующей примеси, легирование *n*
- d Dotierung *f* mit Fremdatomen, Einbau *m* von Fremdatomen auf Kristallgitterplätzen
- f dopage *m* d'impureté
- nl opnemen *n* [inbrengen *n*] van vreemde atomen als dotering

I104 e **impurity doping**
- r легирование *n* примесью
- d Dotierung *f* mit Fremdatomen
- f dopage *m*
- nl dotering *f* met vreemde atomen

I105 e **impurity gradient**
- r градиент *m* распределения (легирующей) примеси
- d Störstellengradient *m*
- f gradient *m* d'impureté (dopante)
- nl doteringsgradiënt *m*

I106 e **impurity ionization**
- r ионизация *f* (легирующей) примеси
- d Störstellenionisation *f*
- f ionisation *f* d'impureté (dopante)
- nl doteringsionisatie *f*

I107 e **impurity profile**
- r профиль *m* распределения (легирующей) примеси
- d Störstellenprofil *n*
- f profil *m* d'impureté (dopante)
- nl doteringsprofiel *n*

I108 e **impurity segregation**
- r сегрегация *f* (легирующей) примеси
- d Störstellenausscheidung *f*
- f ségrégation *f* d'impureté (dopante)
- nl afscheiding *f* [uitscheiding *f*] van vreemde atomen

I109 e **impurity semiconductor**
- r примесный полупроводник *m*, полупроводник *m* с примесной электропроводностью
- d Störstellenhalbleiter *m*
- f semi-conducteur *m* extrinsèque
- nl gedoteerde [vreemdgeleidende] halfgeleider *m*

I110 e **impurity type**
- r тип *m* (легирующей) примеси; тип *m* примесной электропроводности
- d Störstellentyp *m*, Leitungstyp *m*
- f type *m* d'impureté (dopante)
- nl soort *n* dotering, geleidingstype *n*

I111 e **inactive region**
- r пассивная область *f*

       d inaktiver Bereich *m*
       f région *f* inactive
      nl onwerkzame zone *f (m)*

I112 *e* **inboard bonding**
       r монтаж *m* методом перевёрнутого кристалла
       d Flip-Chip-Technik *f*
       f montage *m* par méthode flip-chip
      nl flip-chip-techniek *f*

I113 *e* **incoherent illumination**
       r некогерентное излучение *n*
       d inkohärente Strahlung *f*
       f rayonnement *m* incohérent
      nl incoherente belichting *f*

I114 *e* **incoming inspection**
       r входной контроль *m*
       d Eingangskontrolle *f*
       f inspection *f* d'entrée
      nl ingangscontrole *f (m)*, controle *f (m)* ŋa binnenkomst

I115 *e* **indexer**
       r устройство *n* прецизионного шагового перемещения
       d Schaltvorrichtung *f*, Weiterschaltvorrichtung *f*, Indexierungseinrichtung *f*
       f indexeur *m*, placeur *m* de précision pas à pas
      nl schakel(index-)inrichting *f*

I116 *e* **indexing**
       r прецизионное шаговое перемещение *n*
       d Weiterschalten *n*, Indexieren *n*
       f indexage *m*, placement *m* de précision pas à pas
      nl indexering *f*; intermitterende beweging *f*, schakelen *n*, schakelbeweging *f*

I117 *e* **indexing holes**
       r фиксирующие отверстия *n pl* (*печатной платы*); установочные отверстия *n pl*
       d Bezugslöcher *n pl*, Indexlöcher *n pl*
       f trous *m pl* pour indexage *(de carte imprimée)*; trous *m pl* d'indexage
      nl indexgaten *n pl*, referentiegaten *n pl*

I118 *e* **indexing notch**
       r установочный паз *m*, установочная выемка *f*
       d Polarisierungsschlitz *m*, Indexnut *f*
       f rainure *f* d'indexage
      nl vanggroef *f (m)*

I119 *e* **in-diffusion**
       r прямая диффузия *f*, диффузия *f* внутрь объёма
       d Eindiffusion *f*, Eindiffundieren *n*
       f diffusion *f* à intérieur
      nl indiffusie *f*, indiffunderen *n*

I120 *e* **individual circuit chip**
       r кристалл *m* ИС с малой степенью интеграции
       d Einzelchip *n (einer SSI-Schaltung)*
       f puce *f* à intégration à petite échelle
      nl chip *m* met enkelvoudige schakeling

I121 *e* **induced channel**
       r индуцированный канал *m*
       d induzierter Kanal *m*
       f canal *m* induit
      nl geïnduceerd kanaal *n*

I122 *e* **induced charge**
       r индуцированный [наведённый] заряд *m*
       d induzierte Ladung *f*
       f charge *f* induite
      nl geïnduceerde lading *f*

I123 *e* **inductance**
       r индуктивность *f*
       d Induktivität *f*
       f inductance *f*
      nl **1.** inductie *f* **2.** inductiviteit *f*, inductiespoel *f (m)* **3.** inductantie *f*

I124 *e* **induction furnace**
       r индукционная печь *f*
       d Induktionsofen *m*, Ofen *m* mit Induktionsheizung
       f four *m* à induction
      nl inductie-oven *m*, oven *m* met inductieve verhitting

I125 *e* **induction heating, inductive heating**
       r индукционный нагрев *m*
       d Induktionsheizung *f*
       f chauffage *m* par induction
      nl inductieve verhitting *f*, inductieverhitting *f*

I126 *e* **inductive load**
       r индуктивная нагрузка *f*
       d induktive Belastung *f*, induktive Last *f*
       f charge *f* inductive
      nl inductieve belasting *f*

I127 *e* **inductivity**
       r **1.** индуктивность *f* **2.** диэлектрическая проницаемость *f*
       d **1.** Induktivität *f* **2.** Dielektrizitätskonstante *f*
       f **1.** inductivité *f* **2.** constante *f* diélectrique, permittivité *f*
      nl zelfinductie-coëfficiënt *m*, inductiviteit *f*

I128 *e* **industrial(-grade) integrated circuit**
       r ИС *f* для промышленной аппаратуры
       d integrierter Schaltkreis *m* für industrielle Anwendung
       f circuit *m* intégré pour équipement industriel
      nl geïntegreerde schakeling *f* voor industriële toepassing

I129 *e* **industrial microcomputer**
       r микроЭВМ *f* для управления производством
       d Mikrorechner *m* für industrielle Anwendung
       f micro-ordinateur *m* de gestion de production
      nl microcomputer *m* voor industrieel gebruik

I130 *e* **inert atmosphere**
       r атмосфера *f* инертного газа

INERT

      d Edelgasatmosphäre *f*
      f ambiance *f* de gaz inerte
      nl edelgasatmosfeer *f (m)*

I131 *e* **inert gas**
      r инертный [благородный] газ *m*
      d inertes Gas *n*, Edelgas *n*
      f gaz *m* inerte
      nl inert gas *n*, edelgas *n*

I132 *e* **inert-gas ambient** *see* **inert atmosphere**

I133 *e* **inert-gas blanket**
      r обволакивающий слой *m* инертного газа
      d Edelgasschutzhülle *f*
      f couche *f* enveloppante en gaz inerte
      nl edelgasomhulling *f*

I134 *e* **inert layer**
      r (химически) пассивный [инертный] слой *m*
      d chemisch träge Schicht *f*
      f couche *f* inerte
      nl chemisch stabiele laag *f (m)*

I135 *e* **infinite source**
      r бесконечный [неограниченный] источник *m* примеси
      d endlose [unbegrenzte] Quelle *f*
      f source *f* infinie *(d'impureté)*
      nl onuitputtelijke bron *f (m)*

I136 *e* **infrared cure**
      r отверждение *n* ИК-излучением
      d Härten *n* durch Infrarotstrahlen
      f durcissement *m* par infrarouge
      nl infrarood-(uit)harden *n*, IR-(uit)harden *n*

I137 *e* **infrared dryer**
      r установка *f* (для) инфракрасной сушки
      d Infrarottrockner *m*
      f séchoir *m* infrarouge
      nl infrarooddroger *m*, IR-droger *m*

I138 *e* **infrared heating**
      r инфракрасный нагрев *m*
      d Infrarotheizung *f*
      f chauffage *m* infrarouge
      nl infraroodverhitting *f*, IR-verhitting *f*

I139 *e* **infrared imaging**
      r формирование *n* ИК-изображений
      d Abbildung *f* durch Infrarotstrahlen
      f formation *f* d'image infrarouge
      nl beeldvorming *f* met infraroodstralen [IR-stralen]

I140 *e* **infrared light** *see* **infrared radiation**

I141 *e* **infrared microscope**
      r инфракрасный микроскоп *m*
      d Infrarotmikroskop *n*
      f microscope *m* infrarouge
      nl infraroodmicroscoop *m*, IR-microscoop *m*

I142 *e* **infrared radiation**
      r инфракрасное [ИК-] излучение *n*
      d infrarote Strahlung *f*, Infrarotstrahlung *f*, IR-Strahlung *f*
      f infrarouge *m*
      nl infraroodstraling *f*, IR-straling *f*

I143 *e* **infrared source**
      r источник *m* ИК-излучения
      d Infrarotquelle *f*
      f source *f* infrarouge
      nl infraroodbron *f (m)*, IR-bron *f (m)*

I144 *e* **infrared tomography**
      r ИК-томография *f*
      d Infrarottomografie *f*, IR-Tomografie *f*
      f tomographie *f* infrarouge
      nl infraroodtomografie *f*, IR-tomografie *f*

I145 *e* **ingot**
      r (полупроводниковый) слиток *m*
      d Rohling *m*, Kristallrohling *m*
      f lingot *m*
      nl gieteling *f*, baar *f (m)*, (kristal)staaf *f (m)*

I146 *e* **ingot grinder**
      r станок *m* для шлифовки слитков
      d Schleifmaschine *f* für Kristallrohlinge
      f machine *f* à meuler les lingots
      nl slijpmachine *f* voor kristalstaven

I147 *e* **ingrown lead frame**
      r выращенная выводная рамка *f*
      d aufgewachsener Leiterrahmen *m*
      f cadre *m* crû de sortie
      nl opgegroeid aansluitraam *n*

I148 *e* **in-house facility**
      r оборудование *n* для собственного производства ИС
      d Eigenproduktionsausrüstung *f*
      f équipement *m* pour besoins individuels
      nl eigen fabricagevoorziening *f*

I149 *e* **in-house production**
      r собственное производство *n*
      d Eigenproduktion *f*
      f production *f* individuelle
      nl produktie *f* in eigen beheer

I150 *e* **injected carrier**
      r инжектированный носитель *m*
      d injizierter Träger *m*, injizierter Ladungsträger *m*
      f porteur *m* de charge injecté
      nl geïnjecteerde ladingdrager *m*

I151 *e* **injected electrons**
      r инжектированные электроны *m pl*
      d injizierte Elektrone *n pl*
      f électrons *m pl* injectés
      nl geïnjecteerde elektronen *n pl*

I152 *e* **injected holes**
      r инжектированные дырки *f pl*
      d injizierte Löcher *n pl*
      f trous *m pl* injectés
      nl geïnjecteerde gaten *n pl*

I153 *e* **injected laser**
      r инжекционный лазер *m*
      d Injektionslaser *m*
      f laser *m* à injection
      nl injectielaser *m*

I154 *e* **injection**
      r инжекция *f*
      d Injektion *f*
      f injection *f*
      nl injectie *f*

I155 e **injection coupling**
　r инжекционная связь f
　d Injektionskopplung f
　f couplage m par injection
　nl injectiekoppeling f

I156 e **injection current**
　r инжекционный ток m
　d Injektionsstrom m
　f courant m d'injection
　nl injectiestroom m

I157 e **injection doping**
　r инжекционное легирование n
　d Injektionsdotierung f
　f dopage m par injection
　nl injectiedotering f

I158 e **injection efficiency** see **injection ratio**

I159 e **injection molder, injection molding press**
　r пресс m для литья под давлением
　d Spritzgußpresse f
　f presse f pour moulage par injection
　nl spuitgietmachine f, spuitgietpers f (m)

I160 e **injection ratio**
　r коэффициент m инжекции
　d Injektionswirkungsgrad m
　f coefficient m d'injection
　nl injectierendement n

I161 e **injection region**
　r инжекционная область f, инжектор m
　d Injektionsbereich m
　f région f d'injection
　nl injectiezone f (m)

I162 e **injector**
　r инжектор m, эмиттерная область f p–n–p-транзистора (в $И^2Л$)
　d Injektor m
　f injecteur m
　nl injector m

I163 e **injector junction**
　r инжектирующий переход m
　d pn-Übergang m als Ladungsträgerinjektor
　f jonction f d'injection
　nl injector-overgang m

I164 e **ink**
　r 1. паста f (для толстоплёночной технологии) 2. краситель m (для маркировки)
　d 1. Paste f (Dickschichttechnik) 2. Farbe f, Markierungsfarbe f; Tinte f
　f 1. pâte f (sérigraphique) 2. encre f
　nl 1. pasta m (dikkelaagtechniek) 2. (gekleurde merk)lak m, inkt m

I165 e **ink dot recognition**
　r распознавание n (дефектных кристаллов) по точке красителя
　d Erkennung f von Ausschußchips anhand aufgetragener Farbmarkierungen
　f reconnaissance f par point d'encre
　nl kleurstipherkenning f

I166 e **inking**
　r маркировка f (дефектных кристаллов) красителем
　d Markierung f, Farbmarkierung f, Kennzeichnung f
　f encrage m
　nl merken n (met gekleurde lak of inkt)

I167 e **ink system**
　r система f паст для толстоплёночной технологии
　d Pastensystem n
　f système m des pâtes sérigraphiques
　nl pastasysteem n (dikke-laagtechniek)

I168 e **in-line assembly**
　r сборка f на поточной линии
　d Fließreihenmontage f
　f assemblage m en ligne
　nl doorlopende montage f [assemblage f], lopendeband-montage f [-assemblage f]

I169 e **in-line IC processor**
　r установка f для поточной обработки полупроводниковых пластин в процессе производства ИС
　d fließreihenintegrierte Waferbearbeitungsanlage f
　f processeur m pour traitement des tranches en ligne
　nl IC-bewerker m met dorlopende aanvoer

I170 e **in-line processing**
　r поточная обработка f
　d Fließreihenbearbeitung f
　f traitement m en ligne
　nl bewerking f bij doorlopende aanvoer

I171 e **in-line production mode**
　r поточный метод m производства
　d Fließfertigung m
　f production m [fabrication f] ен лигне
　nl produktiewijze f met doorlopende aanvoer, lopendeband-produktie f

I172 e **in-line sputterer**
　r поточная установка f ионного распыления
　d fließreihenintegrierte Sputteranlage f
　f installation f de pulvéristation ionique continue
　nl sputter-installatie f [verstuivingsinstallatie f] met doorlopende werkstukaanvoer

I173 e **inner(-lead) bonder**
　r установка f для присоединения внутренних концов выводов (выводной рамки) к контактным площадкам кристалла
　d Innenbonder m, Innenbondanlage f
　f machine f pour connexion des pattes intérieures aux plots de soudure
　nl contacteermachine f voor interne verbindingen

I174 e **inoperable chip**
　r дефектный [негодный] кристалл m
　d Ausschußchip n
　f puce f défectueuse
　nl onwerkzame [onbruikbare, onklare] chip m

INPUT

I175 *e* **input/output expander**
 r расширитель *m* по входу и выходу
 d E-A-Erweiterungsglied *n*
 f expanseur *m* par entrée/sortie
 nl in/uitgangs-uitbreidings-chip *m*

I176 *e* **input/output operation**
 r операция *n* ввода-вывода
 d Eingabe-Ausgabe-Operation *f*
 f opération *f* d'entrée/sortie
 nl in/uitvoerbewerking *f*, I/O-bewerking *f*

I177 *e* **input/output pads**
 r входные и выходные контактные площадки *f pl*
 d Eingabe-Ausgabe-Bondstellen *f pl*
 f plots *m pl* soudure d'entrée/sortie
 nl contacteervlakjes *n pl* voor in/uitvoer [I/O]

I178 *e* **inserter**
 r сборочно-монтажная установка *f*
 d Montageausrüstung *f*; Bestückungsanlage *f*
 f machine *f* d'insertion
 nl insteekmachine *f (onderdelenmontage)*

I179 *e* **insertion**
 r установка *f*, монтаж *m (компонентов)*
 d **1.** Montage *f*; Einfügen *n*, Fügen *n* **2.** Bestückung *f*
 f insertion *f*
 nl insteken *n (onderdelenmontage)*

I180 *e* **insertion machine, insertion tool** see **inserter**

I181 *e* **insoluble photoresist**
 r нерастворимый фоторезист *n*
 d unlösliches Fotoresist *n*
 f photorésist *m* insoluble
 nl onoplosbare fotolak *m*

I182 *e* **inspection equipment**
 r аппаратура *f* [устройство *n*] визуального контроля
 d Prüfeinrichtung *f*
 f équipement *m* d'inspection
 nl controle-apparatuur *f*

I183 *e* **inspection gate**
 r пост *m* визуального контроля
 d Prüfstelle *f*, Prüfstation *f*
 f post *m* d'inspection
 nl controlesluis *f (m)*

I184 *e* **inspection microscope**
 r микроскоп *m* для визуального контроля
 d Prüfmikroskop *n*
 f microscope *m* d'inspection
 nl controle-microscoop *m*

I185 *e* **insulant**
 r (электро)изоляционный материал *m*
 d Isolierstoff *m*, Isoliermaterial *n*
 f isolant *m*
 nl isolatiestof *f (m)*, controlemateriaal *n*

I186 *e* **insulated-gate electrode**
 r изолированный электрод *m* затвора
 d elektrisch isolierte Gateelektrode *f*
 f électrode *f* isolée de grille
 nl geïsoleerde poortelektrode *f*

I187 *e* **isolated-gate FET**
 r полевой транзистор *m* с изолированным затвором
 d Isolierschicht-Feldeffekttransistor *m*, Feldeffekttransistor *m* mit isoliertem Gate, IGFET *m*
 f transistor *m* FET à grille isolée
 nl veldeffecttransistor *m* [FET *m*] met geïsoleerde poort, IGFET *m*

I188 *e* **isolated-gate MOS**
 r МОП-структура *f* с изолированным затвором
 d MOS-Struktur *f* mit isoliertem Gate
 f structure *f* MOS à grille isolée
 nl MOS *m* met geïsoleerde poort(en)

I189 *e* **insulated-substrate integrated circuit**
 r ИС *f* с КНД-структурой
 d SOI-Schaltkreis *m*
 f circuit *m* intégré sur silicium-substrat-isolant
 nl geïntegreerde schakeling *f* met geïsoleerde onderlaag

I190 *e* **insulating base**
 r диэлектрическая [электроизоляционная] подложка *f*
 d isolierendes Substrat *n*
 f substrat *m* isolant
 nl isolerend grondplaatje *n*

I191 *e* **insulating layer**
 r изолирующий слой *m*
 d Isolierschicht *f*, Isolationsschicht *f*
 f couche *f* isolante
 nl isolerende laag *f (m)*

I192 *e* **insulation**
 r **1.** изоляция *f* **2.** (электро)изоляционный материал *m*
 d Isolation *f*
 f **1.** isolation *f* **2.** isolant *m*
 nl isolatie *f*

I193 *e* **insulation oxide**
 r изолирующий оксид *m*
 d Isolationsoxid *n*
 f oxyde *m* isolant
 nl isolatie-oxyde *n*

I194 *e* **insulation pattern**
 r конфигурация *f* изолирующих областей
 d Isolationsmuster *n*
 f configuration *f* des régions isolantes
 nl isolatiepatroon *n*

I195 *e* **insulator**
 r **1.** диэлектрик *n* **2.** изолирующий слой *n*
 d **1.** Isolator *m* **2.** Isolationsschicht *n*
 f **1.** isolant *m* **2.** couche *f* isolante
 nl isolator *m*

I196 *e* **intact fuse link**
 r ненарушенная плавкая перемычка *f*
 d unversehrter Ausbrennwiderstand *m*
 f fusible *f* intacte
 nl intacte smeltbrug *f (m)*

INTEGRATED

I197 *e* **integrated circuit**
 r интегральная схема *f*, ИС
 d integrierter Schaltkreis *m*, integrierte Schaltung *f*, IC *m*, IS *f*
 f circuit *m* intégré, C. I.
 nl geïntegreerde schakeling *f*, integrale schakeling *f*, IC *n*

I198 *e* **integrated-circuit component**
 r 1. интегральный компонент *m* 2. интегральная схема *f*, ИС
 d 1. integriertes Bauteil *n* 2. integrierter Baustein *m*
 f 1. composant *m* intégré 2. circuit *m* intégré, C. I.
 nl 1. geïntegreerde component *m* 2. geïntegreerde bouwsteen *m*

I199 *e* **integrated-circuit design language**
 r язык *m* для автоматизированного проектирования ИС
 d Entwurfssprache *f* für integrierte Schaltkreise
 f langage *m* pour conception automatisée des C. I.
 nl programmeertaal *f (m)* voor ontwerp van geïntegreerde schakelingen

I200 *e* **integrated-circuit engineering** *see* **IC design**

I201 *e* **integrated-circuit family**
 r серия *f* ИС
 d Schaltkreisserie *f*, IC-Serie *f*, Schaltungsfamilie *f*
 f famille *f* des circuits intégrés
 nl IC-familie *f*, IC-typenreeks *f (m)*

I202 *e* **integrated-circuit layout**
 r топология *f* ИС
 d IC-Layout *n*
 f disposition *f* [topologie *f*] de circuit intégré
 nl IC-ontwerp *n*

I203 *e* **integrated-circuit logic**
 r интегральные логические схемы *f pl*
 d logische ICs *n pl*, integrierte Logikschaltungen *f pl*
 f circuits *m* intégrés logiques, logique *f*
 nl geïntegreerde [IC-]logica *f*

I204 *e* **integrated circuitry**
 r интегральные схемы *f pl*
 d integrierte Schaltungen *f pl*
 f circuiterie *f* intégrée
 nl geïntegreerde schakelingen *f pl*

I205 *e* **integrated driver**
 r ИС *f* формирователя
 d Treiber-IC *n*, Treiberschaltkreis *m*
 f formateur *m* intégré
 nl geïntegreerde stuurschakeling *f*, stuur-IC *n*, drijver-IC *n*

I206 *e* **integrated electronics**
 r интегральная электроника *f*
 d integrierte Elektronik *f*
 f électronique *f* intégrée
 nl geïntegreerde [integrale] IC-elektronica *f*

I207 *e* **integrated element**
 r интегральный элемент *m*
 d IC-Bauelement *n*, integriertes Bauelement *n*
 f élément *m* intégré
 nl geïntegreerd element *n*

I208 *e* **integrated fuse logic**
 r логические схемы *f pl* с плавкими перемычками
 d logische Schaltungen *f pl* mit durchbrennbaren Schmelzsicherungen
 f logique *f* à fusibles
 nl geïntegreerde smeltlogica *f*

I209 *e* **integrated injection logic**
 r интегральные инжекционные логические схемы *f pl*, интегральная инжекционная логика *f*, И²Л
 d integrierte Injektionslogik *f*, I²L *f*
 f logique *f* à l'injection intégrée, I²L
 nl geïntegreerde injectielogica *f*, I²L *f*

I210 *e* **integrated microelectronics**
 r 1. интегральная микроэлектроника *f* 2. интегральные схемы *f pl*
 d integrierte Mikroelektronik *f*
 f micro-électronique *f* intégrée
 nl (geïntegreerde) micro-elektronica *f*

I211 *e* **integrated network** *see* **integrated circuit**

I212 *e* **integrated optical circuit**
 r оптическая ИС *f*; оптоэлектронная ИС *f*
 d optisches IC *n*; optoelektronisches IC *n*, optoelektronischer Schaltkreis *m*
 f circuit *m* en optique intégrée; circuit *m* en opto-électronique intégrée
 nl geïntegreerde [integrale] optische schakeling *f*, optisch IC *n*, opto-elektronisch IC *n*

I213 *e* **integrated optics**
 r интегральная оптика *f*; интегральная оптоэлектроника *f*
 d intergrierte Optik *f*; integrierte Optoelektronik *f*
 f optique *f* intégrée; opto-électronique *f* intégrée
 nl geïntegreerde [integrale] optica *f* [optiek *f*]

I214 *e* **integrated optoelectronics**
 r интегральная оптоэлектроника *f*
 d integrierte Optoelektronik *f*
 f opto-électronique *f* intégrée
 nl geïntegreerde [integrale] opto-elektronica *f*

I215 *e* **integrated processor**
 r ИС *f* микропроцессора
 d integrierter Prozessor *m*, Mikroprozessorschaltkreis *m*
 f processeur *m* intégré
 nl microprocessor *m*

I216 *e* **integrated regulator**
 r ИС *f* стабилизатора напряжения
 d integrierter Spannungsregler *m*
 f régulateur *m* intégré de tension
 nl geïntegreerde spanningsregelaar *m*

I217 *e* **integrated resistor**
  r интегральный резистор *m*
  d integrierter Widerstand *m*
  f résistance *f* intégrée
  nl geïntegreerde weerstand *m*

I218 *e* **integrated Schottky logic**
  r интегральные логические схемы *f pl* с диодами Шотки, интегральная логика *f* Шотки, ИШЛ
  d integrierte Schottky-Logik *f*, ISL *f*
  f logique *f* intégrée Schottky
  nl geïntegreerde Schottky-logica *f*, ISL *f*

I219 *e* **integrated vacuum circuit**
  r (электро)вакуумная ИС *f*
  d integrierter Vakuumschaltkreis *m*
  f circuit *m* intégré sous vide
  nl geïntegreerde vacuümschakeling *f*

I220 *e* **integration**
  r 1. интеграция *f*; степень *f* интеграции 2. интегральная схема *f*, ИС
  d 1. Integration *f*; Integrationsgrad *m* 2. integrierte Schaltung *f*
  f 1. intégration *f* 2. circuit *m* intégré
  nl integratie *f*, integratiegraad *m*

I221 *e* **integration density**
  r 1. плотность *f* упаковки ИС 2. степень *f* интеграции
  d Integrationsdichte *f*
  f densité *f* d'intégration
  nl integratiedichtheid *f*

I222 *e* **integration level**
  r степень *f* интеграции
  d Integrationsniveau *n*
  f échelle *f* d'intégration
  nl integratieniveau *n*

I223 *e* **integration limit**
  r предельная степень *f* интеграции
  d Integrationsgrenze *f*
  f limite *f* d'intégration
  nl integratiegrens *f (m)*

I224 *e* **integrity**
  r целостность *f*; бездефектность *f*
  d Integrität *f*; Fehlerlosigkeit *f*
  f intégrité *f*
  nl integriteit *f*, foutvrijheid *f*, onschendbaarheid *f*

I225 *e* **interactive computer-aided design**
  r диалоговое автоматизированное проектирование *n*
  d interaktiver rechnergestützter Entwurf *m*
  f conception *f* interactive assistée par ordinateur
  nl interactief ontwerpen *n* met computerhulp, interactief CAD *n*

I226 *e* **interactive placement**
  r диалоговое автоматизированное размещение *n* (элементов ИС)
  d Plazierung *f* im Dialogbetrieb
  f placement *m* automatisé interactif
  nl interactief inpassen *n*

I227 *e* **interactive router**
  r программа *f* диалоговой трассировки
  d interaktiver Router *m*
  f routeur *m* interactif
  nl interactieve routeerder *m*

I228 *e* **interatomic distance, interatomic lattice spacing**
  r межатомное расстояние *n* в кристаллической решётке
  d Atomabstand *m* (*eines Kristallgitters*), interatomarer Kristallgitterabstand *m*
  f distance *f* interatomique (*au réseau cristallin*)
  nl interatomaire afstand *m*

I229 *e* **interband transition**
  r межзонный переход *m*
  d Band-Band-Übergang *m*
  f transition *f* entre bandes
  nl bandovergang *m*, bandsprong *m*

I230 *e* **interchip delay**
  r время *n* задержки распространения сигнала на соединениях между кристаллами
  d Zwischenchipverzögerungszeit *f*
  f retard *m* entre puces
  nl looptijd *m*, vertraging(stijd) *f (m)* tussen chips

I231 *e* **interconnect customization**
  r формирование *n* заказных соединений; специализация *f* соединений
  d Verbindungsauslegung *f* nach Kundenwunsch
  f personnalisation *f* des interconnexions
  nl verbindingspatroon-aanpassing *f* volgens klantespec(ificatie)s

I232 *e* **interconnection**
  r межсоединение *n*; токопроводящая дорожка *f*; *pl* разводка *f*
  d Zwischenverbindung *f*; Verbindungsleitung *f*, Verbindung *f*
  f interconnexions *f pl*; piste *f* conductrice
  nl (onderlinge) verbinding *f*

I233 *e* **interconnection bonding**
  r присоединение *n* выводов
  d Anschlußbonden *n*
  f connexion *f* des sorties
  nl aansluiten *n* via verbindingen, verbinden *n*

I234 *e* **interconnection density**
  r плотность *f* (размещения) межсоединений
  d Anschlußdichte *f*, Verbindungsdichte *f*
  f densité *f* d'interconnexions
  nl aansluitingendichtheid *f*, verbindingendichtheid *f*

I235 *e* **interconnection diagram**
  r схема *f* межсоединений
  d Verbindungsmuster *n*, Verbindungsschema *n*
  f diagramme *m* d'interconnexions
  nl verbindingsschema *n*

INTERFACE

I236   *e* **interconnection equipment**
    r сборочно-монтажное оборудование *n*
    d Verdrahtungseinrichtung *f*
    f équipement *m* d'interconnexion
    nl bedradingsapparatuur *f*

I237   *e* **interconnection layer**
    r слой *m* межсоединений
    d Verbindungsebene *f*
    f couche *f* d'interconnexions
    nl verbindingslaag *f (m)*

I238   *e* **interconnection layout**
    r топология *f* межсоединений
    d Verbindungslayout *n*
    f disposition *f* [implantation *f*] d'interconnexions
    nl verbindingspatroon *n*

I239   *e* **interconnection level** *see* **interconnection layer**

I240   *e* **interconnection mask**
    r маска *f* для формирования межсоединений
    d Maske *f* für Verbindungsleitungen
    f masque *m* d'interconnexions
    nl verbindingspatroonmasker *n*

I241   *e* **interconnection metallurgy**
    r металлы *m pl* для межсоединений
    d Metalle *n pl* für Verbindungsleitungen
    f métaux *m pl* pour interconnexions
    nl verbindingsmetallurgie *f*

I242   *e* **interconnection network** *see* **interconnection diagram**

I243   *e* **interconnection process**
    r формирование *n* межсоединений
    d Herstellung *f* von Verbindungsleitungen
    f formation *f* d'interconnexions
    nl aanbrengen *n* van verbindingen

I244   *e* **interconnection substrate**
    r подложка *f* со слоем межсоединений
    d Substrat *n* mit Verbindungsschicht
    f substrat *m* à couche d'interconnexions
    nl ondergrond *m* [substraat *n*] met verbindingslaag

I245   *e* **interconnect pad**
    r контактная площадка *f*
    d Kontaktfläche *f*
    f surface *f* de contact, plot *m* de soudure
    nl verbindingsvlakje *n*, verbindingseilandje *n*

I246   *e* **interconnect tape**
    r ленточный носитель *m* с выводными рамками
    d Trägerstreifen *m* mit Leiterrahmen
    f bande *f* porteuse à cadres de sortie
    nl verbindingsband *n*

I247   *e* **interdevice isolation**
    r межэлементная изоляция *f*
    d Bauelementisolation *f*
    f isolation *f* intercomposante
    nl isolatie *f* tussen elementen *(IC)*

I248   *e* **inter-die spacing**
    r межкристальный промежуток *m (на пластине)*
    d Chipabstand *m*
    f intervalle *m* entre puces
    nl afstand *m* tussen chips *(wafel)*

I249   *e* **interdiffusion**
    r взаимная диффузия *f*
    d Interdiffusion *f*, Zwischendiffusion *f*
    f interdiffusion *f*
    nl interdiffusie *f*, tussendiffusie *f*

I250   *e* **interdiffusion voids**
    r междиффузионные пустоты *f pl*
    d Interdiffusionshohlräume *m pl*, Zwischendiffusionshohlräume *m pl*
    f vides *m pl* d'interdiffusion
    nl tussendiffusieholten *f pl*

I251   *e* **interdigital emitter**
    r эмиттер *m* встречно-гребенчатого типа
    d Doppelkammemitter *m*
    f émetteur *m* interdigital
    nl kamvormige emitter *m*

I252   *e* **interdigitated geometry**
    r встречно-гребенчатая геометрия *f*
    d Doppelkammgeometrie *f*
    f géométrie *f* interdigitale
    nl (sluitende) dubbele-kamvorm *m* [ritsvorm *m*]

I253   *e* **interdigitated structure**
    r встречно-гребенчатая структура *f*
    d Doppelkammstruktur *f*
    f structure *f* interdigitale
    nl (sluitende) dubbele-kamstructuur *f* [ritsstructuur *f*]

I254   *e* **interdigitation**
    r 1. изготовление *n* в виде встречно-гребенчатой структуры 2. встречно-гребенчатая конструкция *f*
    d 1. Doppelkammstrukturherstellung *f* 2. Doppelkammstruktur *f*
    f 1. interdigitation *f* 2. structure *f* interdigitale
    nl structurering *f* in vorm van (sluitende) dubbele kam, ritsstructurering *f*

I255   *e* **interequipment automation**
    r автоматизация *f* межоперационных транспортных операций
    d Automatisierung *f* von Handhabeoperationen zwischen den Arbeitsgängen
    f automatisation *f* d'opérations de transfert d'interéquipements
    nl overkoepelende automatisering *f*, koppelingsautomatisering *f*

I256   *e* **interface**
    r 1. граница *f* раздела; поверхность *f* раздела 2. устройство *n* сопряжения, интерфейс *m*; согласующее устройство *n*
    d 1. Grenzfläche *f*; Grenzschicht *f* 2. Interface *n*, Schnittstelle *f*; Anschlußteil *m*
    f interface *f*
    nl 1. grensvlak *n* 2. koppelorgaan *n*, koppeling *f*, interface *n*

INTERFACE

I257 e **interface chip, interface integrated circuit**
r интерфейсная ИС *f*
d Interface-Chip *n*, Interface-IC *n*, Schnittstellenschaltung *f*
f puce *f* d'interface
nl koppelchip *m*, interface-chip *m*

I258 e **interface layer**
r граничный [приповерхностный] слой *m*
d Grenzschicht *f*
f couche *f* d'interface
nl grenslaag *f (m)*

I259 e **interface level converter**
r интерфейсная ИС *f* преобразования логического уровня
d Interface-Logikkonverter *m*, Schnittstellen-Logikkonverter *m*
f convertisseur *m* d'interface du niveau logique
nl niveau-omzetter-koppeling *f*

I260 e **interface state**
r состояние *n* на поверхности раздела
d Grenzschichtzustand *m*
f état *m* d'interface
nl grenslaagstaat *m*

I261 e **interfacial oxide**
r оксид *m* на поверхности раздела
d Grenzschichtoxid *n*
f oxyde *m* d'interface
nl grenslaagoxyde *n*

I262 e **interference fringes**
r интерференционные полосы *f pl*
d Interferenzstreifen *m pl*
f franges *f pl* d'interférence
nl interferentiestrepen *f (m) pl*

I263 e **interlayer dielectric**
r диэлектрик *m* для внутренних изолирующих слоёв
d Dielektrikum *n* zwischen den Schichten
f diélectrique *f* d'intercouche
nl tussenlaag-diëlektricum *n*

I264 e **interlayer metallization**
r межслойная [межуровневая] металлизация *f*
d Zwischenschichtmetallisierung *f*
f métallisation *f* intercouches
nl tussenlaagmetallisatie *f*

I265 e **interlevel alignment**
r послойное совмещение *n*
d Justierung *f* von Ebene zu Ebene
f alignement *m* d'intercouche
nl laag-op-laag-uitlijning *f*

I266 e **interlevel insulator**
r межслойный изолирующий слой *m*
d Zwischenschichtisolator *m*
f isolateur *m* intercouches
nl tussenlaagisolator *m*

I267 e **interlevel oxidation**
r формирование *n* межслойного изолирующего оксида
d Zwischenschichtoxydierung *f*
f oxydation *f* intercouches
nl tussenlaagoxydatie *f*

I268 e **interline coupling**
r (ёмкостная) связь *f* между токопроводящими дорожками
d (kapazitive) Leiterbahnenkopplung *f*
f couplage *m* entre pistes
nl (capacitieve) koppeling *f* tussen verbindingssporen

I269 e **intermediate metallization**
r металлизация *f* внутреннего слоя *(при многоуровневой металлизации)*
d Zwischenmetallisierung *f*, Innenschichtmetallisierung *f*
f métallisation *f* intermédiaire
nl tussenmetallisatie *f*, binnenlaagmetallisatie *f*

I270 e **intermediate photomaster**
r промежуточный фотооригинал *m*; промежуточный фотошаблон *m*
d Zwischenschablone *f*
f photomasque *m* intermédiaire
nl tussensjabloon *n*

I271 e **internal channel**
r встроенный канал *m* *(полевого транзистора)*
d «eingebauter» Kanal *m*, Verarmungskanal *m (FET)*
f canal *m* incorporé *(du transistor FET)*
nl intern kanaal *n*

I272 e **interpoly dielectric**
r диэлектрик *m*, разделяющий поликремниевые слои
d Isolator *m* für Polysiliziumschichten
f diélectrique *m* [isolant *m*] pour couches polysilicium
nl diëlektricum *n* tussen polysil(icium)lagen

I273 e **interstice**
r междоузлие *n*
d Zwischengitterplatz *m*
f interstice *m*
nl roostertussenplaats *f (m)*

I274 e **interstitial atom**
r междоузельный атом *m*
d Zwischengitteratom *n*
f atome *m* interstitiel
nl roostertussenatoom *n*

I275 e **interstitial defect**
r дефект *m* внедрения
d Zwischengitterdefekt *m*
f défaut *m* interstitiel
nl roostertussendefect *n*

I276 e **interstitial diffusion**
r междоузельная диффузия *f*
d Zwischengitterdiffusion *f*
f diffusion *f* interstitielle
nl tussendiffusie *f*

I277 e **interstitial imperfection** *see* **interstitial defect**

I278 e **interstitial impurity**
r примесь *f* внедрения

I278 (cont.)
  d Zwischengitterstörstelle f
  f impureté f interstitielle
  nl roostertussendotering f
I279 e interstitial site see interstice
I280 e interstitial-vacancy pair
  r пара f примесь внедрения — вакансия f, дефект m по Френкелю
  d Zwischengitteratom-Leerstellen-Paar n, Frenkel-Fehlordnung f, Frenkel-Defekt m
  f paire f d'impureté interstitielle-vacance
  nl roostertussenatoom-leemtenpaar n, Frenkelse ordefout f (m), Frenkels defect n
I281 e intraconnection
  r межсхемное соединение n
  d Innenverbindung f
  f intraconnexion f
  nl interne verbinding f
I282 e intrinsic-barrier diode
  r $p-i-n$-диод m
  d Intrinsic-Barrier-Diode f, p-i-n-Diode f
  f diode f p-i-n à barrière intrinsèque
  nl intrinsieke-barrière-diode f, p-i-n-diode f
I283 e intrinsic body
  r полупроводниковая подложка f с собственной электропроводностью
  d Eigenleitunssubstrat n
  f substrat m à conductibilité intrinsèque
  nl eigengeleidingsromp m, intrinsieke romp m
I284 e intrinsic carrier
  r носитель m в собственном полупроводнике
  d Ladungsträger m in einem Eigenhalbleiter m
  f porteur m intrinsèque
  nl eigen [intrinsieke] ladingdrag m
I285 e intrinsic concentration
  r собственная концентрация f
  d Trägerdichte f in einem Eigenhalbleiter
  f concentration f intrinsèque
  nl eigen [intrinsieke] ladingdragerconcentratie f
I286 e intrinsic conduction
  r собственная электропроводность f
  d Eigenleitung f, Instrinsic-Leitung f, i-Leitung f
  f conductibilité f [conduction f] intrinsèque
  nl instrinsieke geleiding f, eigengeleiding f, i-geleiding f
I287 e intrinsic gate
  r затвор m из полупроводника с собственной электропроводностью
  d Eigenhalbleitergate n
  f grille f en semi-conducteur intrinsèque
  nl eigengeleidingspoort f (m), intrinsieke poort f (m)
I288 e intrinsic mobility
  r подвижность f носителей в собственном полупроводнике
  d Eigenbeweglichkeit f
  f mobilité f intrinsèque
  nl intrinsieke beweeglijkheid f, eigenbeweeglijkheid f
I289 e intrinsic semiconductor
  r собственный полупроводник m, полупроводник m с собственной электропроводностью
  d Eigenhalbleiter m, Intrinsic-Halbleiter m, i-Halbleiter m
  f semi-conducteur m intrinsèque
  nl intrinsieke geleider m, eigenhalfgeleider m, i-halfgeleider m
I290 e intrusion
  r внедрение n примеси
  d Eindringung f
  f intrusion f, implantation f
  nl indringing f
I291 e inverse beta
  r инверсный коэффициент m усиления по току в схеме с общим эмиттером
  d inverses Beta n
  f bêta m inverse
  nl inverse beta m
I292 e inverse Fourier transform
  r обратное преобразование n Фурье
  d inverse Fourier-Transformation f
  f transformation f de Fourier inverse
  nl inverse Fourier-transformatie f
I293 e inversion capacitance
  r ёмкость f инверсионного слоя
  d Inversionskapazität f
  f capacité f de la couche d'inversion
  nl inversiecapaciteit f
I294 e inversion channel
  r инверсионный канал m
  d Inversionskanal m
  f canal m inverse
  nl inversiekanaal n
I295 e inversion density
  r плотность f носителей в инверсионной области
  d Inversionsdichte f
  f densité f (des porteurs) de la région d'inversion
  nl inversiedichtheid f
I296 e inversion layer
  r инверсионный слой m
  d Inversionsschicht f
  f couche f d'inversion
  nl inversielaag f (m)
I297 e inverted image
  r перевёрнутое изображение n
  d umgekehrtes Bild n, Kehrbild n
  f image f inverse
  nl omgekeerd beeld n
I298 e inverted meniscus process
  r метод m обратного мениска (для выращивания поликремниевой плёнки)

d Methode *f* des invertierten Meniskus
f procédé *m* de de ménisque inverse
nl procédé *n* van omgekeerde meniscus

I299 e **IOC** see **integrated optical circuit**

I300 e **ion-assisted plasma etching**
r реактивное ионное травление *n*
d reaktives Ionenätzen *n*
f décapage *m* ionique par plasma
nl reactief ionenetsen *n*

I301 e **ion-beam cleaning**
r ионная очистка *f*
d Ionenstrahlreinigung *f*
f nettoyage *m* ionique
nl ionenstraalreiniging *f*

I302 e **ion-beam coating**
r ионно-пучковое нанесение *n* покрытия
d Ionenstrahlbeschichtung *f*
f enrobage *m* par faisceau ionique
nl laagopbrenging *f* met ionenstraal, ionenstraalbekleding *f*

I303 e **ion-beam damage**
r дефект *m*, вызванный ионным облучением
d Ionenbestrahlungsdefekt *m*
f défaut *m* créé par faisceau ionique
nl ionenbestralingsschade *f (m)*

I304 e **ion-beam deposition**
r ионно-пучковое осаждение *n*
d Ionenstrahlabscheidung *f*
f dépôt *m* [déposition *f*] par faisceau ionique
nl opbrengen *n* [opdamping *f*] met ionenstraal, ionenstraaldepositie *f*

I305 e **ion-beam epitaxy**
r ионно-пучковая эпитаксия *f*
d Ionenstrahlepitaxie *f*
f épitaxie *f* par faisceau ionique
nl ionenstraal-epitaxie *f*

I306 e **ion-beam etcher**
r установка *f* ионного [ионно-пучкового] травления
d Ionenstrahlätzer *m*
f machine *f* de décapage ionique
nl ionenstraaletser *m*

I307 e **ion-beam etching**
r ионное [ионно-пучковое] травление *n*
d Ionenstrahlätzen *n*
f décapage *m* ionique
nl ionenstraaletsing *f*

I308 e **ion-beam exposure**
r ионно-пучковое экспонирование *n*
d Ionenstrahlbelichtung *f*
f exposition *f* par faisceau ionique
nl ionenbestraling *f*

I309 e **ion-beam implanter** see **implanter**

I310 e **ion-beam lithography**
r ионная [ионно-пучковая] литография *f*
d Ionenstrahllithografie *f*
f lithographie *f* (par faisceau) ionique
nl ionenstraal-lithografie *f*

I311 e **ion-beam machine** see **ion-beam etcher**
I312 e **ion-beam milling** see **ion-beam etching**
I313 e **ion-beam nitridation**
r ионно-пучковое формирование *n* нитрида кремния
d Siliziumnitriderzeugung *f* durch Ionenstrahlung
f formation *f* de nitrure de silicium par faisceau d'ions
nl ionenstraalnitratie *f*

I314 e **ion-beam printing** see **ion-beam lithography**

I315 e **ion-beam sputtering**
r ионное [ионно-пучковое] распыление *n*
d Ionenstrahlkatodenzerstäubung *f*, Sputtertechnik *f*
f pulvérisation *f* par faisceau ionique
nl ionenstraalverstuiving *f*

I316 e **ion-beam writing**
r ионно-пучковое формирование *n* рисунка
d Ionenstrahlschreiben *n*
f définition *f* de dessin [de motif] par faisceau
nl ionenstraalschrijven *n*

I317 e **ion bombardment**
r ионная бомбардировка *f*
d Ionenbeschuß *m*
f bombardement *m* ionique
nl ionenbeschieting *f*, ionenbombardement *n*

I318 e **ion-clearing process** see **ion-beam cleaning**

I319 e **ion-damaged area**
r область *f*, нарушенная ионной имплантацией
d durch Ionenimplantation gestörter Bereich *m*
f région *f* défaillie par implantation ionique
nl gebied *n* met ionenbestralingsschade

I320 e **ion-enhanced etching**
r ионно-стимулированное травление *n*
d ionenstimuliertes Ätzen *n*
f décapage *m* à excitation ionique
nl door ionenbestraling gestimuleerd etsen *n*

I321 e **ion erosion**
r ионная эрозия *f*
d Ionenerosion *f*
f érosion *f* ionique
nl ionen-erosie *f*

I322 e **ion-etching chamber**
r камера *f* для ионного травления
d Ionenätzkammer *f*
f chambre *f* pour décapage ionique
nl ionenetskamer *f (m)*

I323 e **ion etching station** see **ion-beam etcher**

I324 e **ion-etch reactor**
r установка *f* реактивного ионного травления

IONIZATION

    d Ionenätzreaktor *m*
    f réacteur *m* de décapage ionique
    nl ionenetsvat *n*

I325 *e* **ion-exchange membrane**
    r ионообменная мембрана *f*
    d Ionenaustauschmembran *f*
    f membrane *f* d'échange des ions
    nl ionen(uit)wisselingsmembraan *n*

I326 *e* **ion exchanger**
    r 1. ионообменная установка *f*
        2. ионообменная смола *f*
    d Ionenaustauscher *m*
    f 1. échangeur *m* ionique [des ions] 2. résine *f* d'échange ionique
    nl ionen(uit)wisselaar *m*

I327 *e* **ion-exchange resin**
    r ионообменная смола *f*
    d Ionenaustauschharz *n*
    f résine *f* d'échange ionique
    nl ionen(uit)wisselhars *n*

I328 *e* **ion exposure** *see* **ion-beam exposure**

I329 *e* **ion-getter pump**
    r геттерно-ионный насос *m*
    d Ionengetterpumpe *f*
    f pompe *f* getter-ionique
    nl ionengetterpomp *f (m)*

I330 *e* **ionic impurity**
    r ионная примесь *f*
    d Ionenstörstelle *f*, Fremdion *n*
    f impureté *f* ionique
    nl ionendotering *f*, vreemd ion *n*

I331 *e* **ionic soil**
    r ионное загрязнение *n*
    d Fremdion *n*
    f pollution *f* [contamination *f*] ionique
    nl vreemd ion *n*

I332 *e* **ion-implantation annealing**
    r послеимплантационный отжиг *m*
    d Ionenimplantationsausheilung *f*, Ausheilung *f* von bei der Ionenimplantation entstandenen Strahlenschäden
    f recuit *m* après implantation ionique
    nl uitgloeiing *f* na ionenimplantatie

I333 *e* **ion-implantation apparatus** *see* **implanter**

I334 *e* **ion-implantation doping** *see* **implantation**

I335 *e* **ion-implantation dosage**
    r доза *f* имплантируемых ионов примеси
    d Ionenimplantationsdosis *f*, implantierte Dotantenmenge *f*
    f dose *f* d'implantation ionique
    nl ionenimplantatiedosis *f*

I336 *e* **ion-implantation gettering** *see* **ion-implant gettering**

I337 *e* **ion-implantation mask**
    r маска *f* для ионной имплантации
    d Ionenimplantationsmaske *f*
    f masque *m* d'implantation ionique
    nl ionenimplantatiemasker *n*

I338 *e* **ion-implantation profile**
    r профиль *m* распределения примеси при ионной имплантации
    d Implantationsprofil *n*
    f profil *m* d'implantation ionique
    nl ionenimplantatieprofiel *n*

I339 *e* **ion-implanted base transistor**
    r транзистор *m* с ионно-имплантированной базой
    d Transistor *m* mit ionenimplantierter Basis
    f transistor *m* à base d'implantation ionique
    nl transistor *m* met ionenimplantatie-basis

I340 *e* **ion-implanted FET**
    r ионно-имплантированный полевой транзистор *m*
    d ionenimplantierter FET *m*
    f transistor *m* FET à implantation ionique
    nl ionenimplantatie-FET *m*, I^2-FET *m*

I341 *e* **ion-implanted impurity**
    r ионно-имплантированная примесь *f*
    d ionenimplantierter Dotant *m*
    f impureté *f* implantée par ions
    nl geïmplanteerde dotering *f*

I342 *e* **ion-implanted integrated circuit**
    r ионно-имплантированная ИС *f*
    d nach dem Ionenimplantationsverfahren hergestellter Schaltkreis *m*
    f circuit *m* intégré à implantation ionique
    nl ionenimplantatie-IC *n*, I^2-IC *n*

I343 *e* **ion-implanted junction**
    r ионно-имплантированный переход *m*
    d ionenimplantierter Übergang *m*
    f jonction *f* implantée (par ions)
    nl ionenimplantatie-overgang *m*

I344 *e* **ion-implanted MOS**
    r ионно-имплантированная МОП ИС *f*
    d ionenimplantierter MOS-Schaltkreis *m*
    f circuit *m* MOS à implantation ionique
    nl ionenimplantatie-MOS *m*

I345 *e* **ion-implant gettering**
    r геттерирование *n* дефектов ионной имплантации
    d Ionenimplantationsgettern *n*, Gettern *n* durch Ionenimplantation
    f getterage *m* d'implantation ionique
    nl gettering *f* [gasbinding *f*] door ionenimplantatie

I346 *e* **ionization chamber**
    r ионизационная камера *f*
    d Ionisationskammer *f*
    f chambre *f* d'ionisation
    nl ionisatievat *n*

I347 *e* **ionization gage**
    r ионизационный вакуумметр *m*
    d Ionisationsmanometer *n*
    f vacuomètre *m* d'ionisation
    nl vacuümmeetbuis *f (m) (volgens ionisatieprincipe)*

I348 *e* **ionized donor**
   r ионизированный донор *m*
   d ionisierter Donator *m*
   f donneur *m* ionisé
   nl geïoniseerde donor *m*

I349 *e* **ionizing radiation**
   r ионизирующая радиация *f*
   d Ionisierungsstrahlung *f*
   f radiation *f* ionisante
   nl ioniserende straling *f*

I350 *e* **ion milling** *see* **ion-beam etching**

I351 *e* **IPOS** *see* **isolation by porous oxide**

I352 *e* **IR annealing**
   r ИК-отжиг *m*
   d IR-Ausheilung *f*
   f recuit *m* infrarouge
   nl IR-uitgloeiing *f*

I353 *e* **iron-oxide mask**
   r фотошаблон *m* со слоем оксида железа
   d Eisenoxidmaske *f*
   f masque *m* à oxyde de fer
   nl ijzeroxydemasker *n*

I354 *e* **irradiation**
   r облучение *n*
   d Bestrahlung *f*
   f irradiation *f*
   nl bestraling *f*

I355 *e* **irradiation hardening**
   r радиационное отверждение *n*
   d strahlungsinitiierte Härtung *f*
   f durcissement *m* par radiation
   nl harding *f* door bestralen

I356 *e* **irregular grid**
   r сетка *f* с переменным шагом
   d Rasternetz *n* mit irregulärem Rastermaß
   f grille *f* à pas variable
   nl onregelmatig (kristal)rooster *n*

I357 *e* **ISL** *see* **integrated Schottky logic**

I358 *e* **island**
   r 1. островок *m* 2. площадка *f*
   d Insel *f*
   f îlot *m*
   nl eiland(je) *n* (*n*)

I359 *e* **island region**
   r островок *m*
   d Insel *f*
   f îlot *m*
   nl eiland(je) *n* (*n*)

I360 *e* **ISL masterslice**
   r базовый матричный кристалл *m*
   d ISL-Master-Slice *n*
   f tranche *f* maître ISL
   nl ISL-master-slice *m*

I361 *e* **ISOCMOS** *see* **isolated silicon-gate CMOS**

I362 *e* **isolated gate**
   r изолированный затвор *m*
   d isoliertes Gate *n*
   f grille *f* isolée
   nl geïsoleerde poort *f* (*m*)

I363 *e* **isolated island**
   r изолированный островок *m*
   d isolierte Insel *f*
   f îlot *m* isolé
   nl geïsoleerd eiland(je) *n* (*n*)

I364 *e* **isolated silicon-gate CMOS**
   r КМОП ИС *f* с изолированными кремниевыми затворами
   d CMOS-IC *n* mit isoliertem Gate
   f circuit *m* CMOS à grilles isolées de silicium
   nl CMOS *m* met geïsoleerde silicium-porten

I365 *e* **isolated well**
   r изолированный карман *m*
   d isolierte Wanne *f*
   f poche(tte) *f* isolée
   nl geïsoleerde put *m*

I366 *e* **isolation barrier**
   r изолирующий барьер *m*
   d Isolationswand *f*, Trennwand *f*; Sperrschicht *f*
   f barrière *f* isolante
   nl isolatiewand *m*, scheidingswand *m* (IC)

I367 *e* **isolation by porous oxide**
   r изоляция *f* элементов ИС пористым оксидным слоем
   d Isolation *f* mittels porösem Oxid
   f isolation *f* par couche d'oxyde poreuse
   nl isolatie *f* met poreus oxyde

I368 *e* **isolation channel** *see* **isolation groove**

I369 *e* **isolation diffusion**
   r изолирующая [разделительная] диффузия *f*
   d Trenndiffusion *f*
   f diffusion *f* isolante [d'isolement]
   nl scheidingsdiffusie *f*

I370 *e* **isolation diode**
   r изолирующий диод *m*
   d Trenndiode *f*, Sperrdiode *f*
   f diode *f* d'isolement
   nl scheidingsdiode *f*, blokkeerdiode *f*

I371 *e* **isolation dopant**
   r примесь *f* для формирования изолирующей области
   d isolierender Dotant *n*
   f dopant *m* pour région isolante
   nl isolerende dotering *f*

I372 *e* **isolation groove**
   r изолирующая канавка *f*
   d Trennfuge *f*
   f rainure *f* d'isolement
   nl scheidingsgroef *f* (*m*)

I373 *e* **isolation junction**
   r изолирующий переход *m*
   d isolierender Übergang *m*
   f jonction *f* d'isolement
   nl isolerende overgang *m*

I374 *e* **isolation mask**
   r маска *f* для формирования изолирующих областей
   d Isolationsmaske *f*

  f masque *m* pour région isolante
  nl isolatiemasker *n*
I375 *e* **isolation-moat structure**
  r структура *f* с изолирующими канавками
  d durch Trennfugen isolierte Struktur *f*
  f structure *f* à rainures d'isolement
  nl isolatiegordel-structuur *f*
I376 *e* **isolation oxide**
  r изолирующий оксид *m*
  d Isolationsoxid *n*
  f oxyde *m* d'isolement
  nl isolatie-oxyde *n*
I377 *e* **isolation pattern**
  r конфигурация *f* изолирующих областей
  d Isolationsmuster *n*, Isolationsstruktur *f*
  f configuration *f* [dessin *m*] des régions d'isolement
  nl isolatiepatroon *n*
I378 *e* **isolation pocket**
  r изолирующий [разделительный] карман *m*
  d Isolationstasche *f*
  f poche(tte) *f* d'isolement
  nl isolatieholte *f*
I379 *e* **Isoplanar**
  r изопланарная технология *f*
  d Isoplanartechnik *f*
  f technologie *f* isoplanaire
  nl Isoplanar *m*
I380 *e* **isoplanar-based integrated circuit**
  r ИС *f*, изготовленная по изопланарной технологии
  d nach dem Isoplanarverfahren hergestellte integrierte Schaltung *f*
  f circuit *m* intégré créé par technologie isoplanaire
  nl geïntegreerde schakeling *f* in isoplanair-techniek
I381 *e* **isoplanar isolation**
  r изопланарная изоляция *f*
  d isoplanare Isolation *f*, Isoplanarisation *f*
  f isolation *f* isoplanaire
  nl isoplanair-isolatie *f*
I382 *e* **isoplanar process**
  r изопланарный процесс *m*
  d Isoplanarverfahren *n*, ISOPLANAR-Verfahren *n*
  f processus *m* isoplanaire
  nl isoplanair-procédé *n*
I383 *e* **Isoplanar S**
  r изопланарная технология *f* масштабированных ИС
  d ISOPLANAR-S
  f technologie *f* isoplanaire S
  nl Isoplanar *S*
I384 *e* **isoplanar system**
  r СБИС *f*, изготовленная по изопланарной технологии
  d nach dem Isoplanarverfahren hergestellte VLSI-Schaltung *f*
  f circuit *m* VLSI créé par technologie isoplanaire
  nl isoplanair complex *n*
I385 *e* **isoplanar technique** *see* **Isoplanar**
I386 *e* **isotropic etch**
  r изотропный травитель *m*
  d isotroper Ätzer *m*
  f décapant *m* isotrope
  nl isotrope ets *f (m)*
I387 *e* **isotropic etching**
  r изотропное травление *n*
  d isotropes Ätzen *n*
  f décapage *m* isotrope
  nl isotroop etsen *n*
I388 *e* **isovalent impurities**
  r изовалентные примеси *f pl*
  d isovalente Störstellen *f pl*
  f impuretés *f pl* isovalentes
  nl isovalente dotanten *m pl*
I389 *e* **i-type semiconductor** *see* **intrinsic semiconductor**
I390 *e* **IVC** *see* **integrated vacuum circuit**

J

J1 *e* **jack**
  r гнездо *n* (электрического соединителя)
  d Buchse *f*, Steckerbuchse *f*
  f jack *m*
  nl (steker)bus *f (m)*
J2 *e* **JCCD** *see* **junction CCD**
J3 *e* **jet etching**
  r струйное травление *n*
  d Strahlätzen *n*
  f décapage *m* par jet
  nl straaletsen *n*
J4 *e* **jet scrubbing**
  r струйная отмывка *f* и очистка *f*
  d Strahlreinigung *f*
  f rinçage *m* et nettoyage *m* par jet
  nl straalreiniging *f*
J5 *e* **JFET, JGFET** *see* **junction-gate FET**
J6 *e* **JI** *see* **junction isolation**
J7 *e* **JICMOS** *see* **junction-insulated CMOS**
J8 *e* **JJ** *see* **Josephson junction**
J9 *e* **JJL** *see* **Josephson-junction logic**
J10 *e* **Josephson barrier** *see* **Josephson junction**
J11 *e* **Josephson effect**
  r эффект *m* Джозефсона
  d Josephson-Effekt *m*
  f effet *m* de Josephson
  nl Josephson-effect *n*
J12 *e* **Josephson junction**
  r переход *m* Джозефсона, джозефсоновский переход *m*
  d Josephson-Übergang *m*

JOSEPHSON

    f jonction *f* de Josephson
    nl Josephson-overgang *m*

J13 *e* **Josephson-junction circuit**
    r ИС *f* на приборах с переходами Джозефсона
    d Josephson-IC *n*
    f circuit *m* intégré à jonctions de Josephson
    nl Josephson-schakeling *f*

J14 *e* **Josephson-junction logic**
    r логические схемы *f pl* на переходах Джозефсона
    d Josephson-Logik *f*
    f logique *f* à jonctions de Josephson
    nl Josephson-logica *f*

J15 *e* **Josephson-junction logic gate**
    r логический элемент *m* на переходах Джозефсона
    d Josephson-Gate *n*
    f porte *f* logique à jonctions de Josephson
    nl Josephson-(logica)poort *f (m)*

J16 *e* **Josephson tunnel logic**
    r логические схемы *f pl* на туннельных переходах Джозефсона
    d Josephson-Tunnel-Logik *f*
    f logique *f* à jonction tunnel de Josephson
    nl Josephson-tunnellogica *f*

J17 *e* **JSIT** *see* **junction-gate static-induction transistor**

J18 *e* **JTL** *see* **Josephson tunnel logic**

J19 *e* **JUGFET** *see* **junction-gate FET**

J20 *e* **jumper wire**
    r навесной проволочный вывод *m*
    d Drahtbrücke *f*
    f sortie *f* pendue en fil
    nl draadbrug *f (m)*

J21 *e* **junction**
    r (*p*–*n*-)переход *m*
    d Übergang *m* , pn-Übergang *m*
    f jonction *f (p-n)*
    nl overgang *m (halfgeleiders)*

J22 *e* **junction area**
    r площадь *f p*–*n*-перехода
    d Sperrschichtfläche *f*
    f aire *f* de jonction
    nl sperlaagzone *f (m)*

J23 *e* **junction capacitor**
    r полупроводниковый конденсатор *m*
    d Sperrschichtkondensator *m*
    f condensateur *m* à jonction
    nl sperlaagcondensator *m*

J24 *e* **junction CCD**
    r ПЗС *m* на полевых транзисторах с *p*–*n*-переходом
    d JFET-CCD *n*
    f dispositif *m* à couplage de charge à transistors à jonction *(p-n)*
    nl JFET-CCD *m*

J25 *e* **junction depth**
    r глубина *f* залегания *p*–*n*-перехода
    d Übergangstiefe *f*, Tiefe *f* des pn-Überganges
    f profondeur *f* de jonction *p-n*
    nl diepte *f* van overgang

J26 *e* **junction diode**
    r плоскостной диод *m*
    d Flächendiode *f*
    f diode *f* à jonction
    nl lagendiode *f*

J27 *e* **junction formation**
    r формирование *n p*–*n*-перехода
    d Formierung *f* des pn-Überganges
    f formation *f* de jonction *p-n*
    nl overgangsformering *f*

J28 *e* **junction-gate FET**
    r полевой транзистор *m* с управляющим *p*–*n*-переходом
    d Sperrschicht-Feldeffekttransistor *m*, JFET *m*
    f transistor *m* FET avec grille à jonction *(p-n)*
    nl sperlaag-FET *m*, lagen-FET *m*, J(G)FET *m*

J29 *e* **junction-gate static-induction transistor**
    r полевой транзистор *m* с управляющим *p*–*n*-переходом и вертикальным каналом
    d Sperrschicht-SIT *m*, SIT *m*
    f transistor *m* FET avec grille à jonction et à canal vertical
    nl lageninductie-transistor *m*, sperlaag-SIT *m*

J30 *e* **junction-insulated CMOS**
    r КМОП ИС *f* с изоляцией *p*–*n*-переходами
    d sperrschichtisoliertes CMOS-IC *n*
    f circuit *m* CMOS à isolation par jonctions
    nl CMOS *m* met sperlaagisolatie

J31 *e* **junction interface**
    r поверхность *f* раздела (областей) *p*–*n*-перехода
    d Übergangsgrenzschicht *f*
    f interface *f* de jonction
    nl overgangsgrensvlak *n*

J32 *e* **junction isolation**
    r изоляция *f p*–*n*-переходами
    d Sperrschichtisolation *f*
    f isolation *f* par jonctions
    nl sperlaagisolatie *f*

J33 *e* **junction laser**
    r полупроводниковый лазер *m*
    d Halbleiterlaser *m*
    f laser *m* à jonction *p-n*
    nl halfgeleider-laser *m*

J34 *e* **junction leakage**
    r ток *m* утечки перехода
    d Übergangskriechstrom *m*
    f courant *m* de fuite de jonction
    nl sperlaagkruipstroom *m*

J35 *e* **junction transistor**
    r плоскостной транзистор *m*
    d Flächentransistor *m*

    f transistor *m* à jonction
    nl lagentransistor *m*

K

K1   *e* **kapton film**
    r каптоновая [полиимидная] плёнка *f*
    d Kapton-Film *m*
    f film *m* Kapton [polyimide]
    nl kapton-film *m*

K2   *e* **kerf**
    r 1: пропил *m (от скрайбера)* 2. линия *f* скрайбирования
    d 1. Schnitt *m* 2. Ritzlinie *f*
    f 1. entaille *f (de gratteur)* 2. ligne *f* de grattage
    nl kerf *f (m)*, snede *f (m)*

K3   *e* **key**
    r направляющий выступ *m*; ключ *m (на корпусе ИС)*
    d Schlüssel *m*
    f clé *f*
    nl toets *m*, sleutel *m*

K4   *e* **killer**
    r примесь *f*, уменьшающая время жизни неосновных носителей; отравляющая примесь *f*; подавитель *m (реакции)*
    d «Killer» *m*, neutralisierendes Mittel *n*
    f «killer» *m*; impureté *f* réduisant une durée de vie des minoritaires
    nl neutralisator *m*, killer *m*

K5   *e* **kiln**
    r печь *f* для обжига или сушки
    d Temperofen *m*; Trockenofen *m*
    f four *m* à cuire; étuve *f*
    nl temperoven *m*, droogoven *m*

L

L1   *e* **lacquer**
    r 1. лак *m* 2. фоторезист *m*
    d 1. Lack *m* 2. Fotolack *m*, Fotoresist *n*
    f 1. vernis *m* 2. résine *f* photosensible, hotorésist *m*
    nl (foto)lak *m*

L2   *e* **lacquer layer**
    r слой *m* фоторезиста
    d Fotolackschicht *f*, Fotoresistschicht *f*
    f couche *f* de photorésist
    nl (foto)laklaag *f (m)*

L3   *e* **ladder network**
    r многозвенная (резистивная) схема *f* лестничного типа
    d Kettenleiter *m*, Kettenleiter-Widerstands-Netzwerk *n*
    f réseau *m* type échelle
    nl laddernetwerk *n*

L4   *e* **LAIA** *see* **large-area imaging array**

L5   *e* **lambda-wave soldering**
    r пайка *f* лямбда-волной припоя
    d Lambdawellenlöten *n*
    f brasure *f* [soudure *f*] à la vague-lambda
    nl lambda-golfsolderen *n*

L6   *e* **laminar deposition**
    r осаждение *n* для формирования многослойной структуры
    d laminare Abscheidung *f*
    f déposition *f* [dépôt *m*] laminaire
    nl opbrengen *n* [opdampen *n*, neerslaan *n*, depositie *f*] in lagen

L7   *e* **laminar-flow booth**
    r бокс *m* с ламинарным потоком *(очищенного воздуха)*
    d Laminarbox *f*
    f box *m* à courant d'air laminaire
    nl cel *f (m)* [ruimte *f*]met laminaire (lucht)stroming

L8   *e* **laminar-flow ultra-clean area**
    r сверхчистая комната *f* с ламинарным потоком *(очищенного воздуха)*
    d Laminarreinstraum *m*
    f chambre *f* ultra-blanche à flux laminaire
    nl ultrareine zone *f (m)* met laminaire (lucht)stroming

L9   *e* **laminate**
    r слоистый пластик *m*; слоистый материал *m*
    d Schicht(preß)stoff *m*; Laminat *n*
    f plastique *m* laminaire, laminé *m*
    nl gelaagd materiaal *n*, gelaagde stof *f (m)*, laminaat *n*

L10   *e* **lamination coating**
    r нанесение *n* многослойных покрытий
    d laminare Beschichtung *f*
    f gainage *m* laminé
    nl gelaagde bekleding *f* [coating *f*]

L11   *e* **lamp annealing**
    r ламповый отжиг *m*
    d Lampenausheilung *f*; Blitzlampenausheilung *f*
    f recuit *m* de lampe [de tube]
    nl ontlating *f* met flitsbuis

L12   *e* **lamp heating**
    r ламповый нагрев *m*
    d Lampenheizung *f*
    f chauffage *m* par tube
    nl verwarming *f* door lamp(en)

L13   *e* **land area**
    r контактная площадка *f*
    d Kontaktfläche *f*
    f surface *f* de contact, plot *m* de soudure
    nl contactvlak(je) *n (n)*

L14   *e* **lap**
    r 1. шлифовка *f*; полировка *f* 2. шлиф *m*
    d 1. Schleifen *n*; Polieren *n*; Läppen *n* 2. Schliff *m*
    f 1. rodage *m*; polissage *m* 2. coupe *f*
    nl 1. slijpen *n*, polijsten *n*, lappen *n* 2. sleep *m*

LAPPED

L15 *e* **lapped face**
    r шлифованная поверхность *f*; полированная поверхность *f*
    d reibgeschliffene Fläche *f*; polierte Fläche *f*
    f surface *f* rodée; surface *f* polie
    nl geslepen [gepolijst] vlak *n*

L16 *e* **lapper**
    r шлифовальный станок *m*
    d Läppmaschine *f*, Schleifmaschine *f*
    f machine *f* à roder
    nl slijpmachine *f*, lapmachine *f*

L17 *e* **lapping compound**
    r шлифовальный состав *m*
    d Läppmittel *n*
    f pâte *f* à roder
    nl slijpmiddel *n*, polijstmiddel *n*

L18 *e* **lapping guide**
    r знак *m* [отметка *f*] для прекращения шлифовки *(напр. стопорный слой)*
    d Läppmarke *f*
    f marque *f* pour cessation de rodage
    nl lapmerk *n*

L19 *e* **lapping hardness**
    r твёрдость *m* при шлифовке
    d Reibschleifhärte *f*, Läpphärte *f*
    f dureté *f* au rodage
    nl schuurslijphardheid *f*

L20 *e* **lapping machine** *see* **lapper**

L21 *e* **large-area exposure**
    r экспонирование *n* большого поля
    d großflächige Belichtung *f*
    f exposition *f* de champ large
    nl grootvlakkige belichting *f*

L22 *e* **large-area imaging array**
    r матричный формирователь *m* (сигналов) изображения большой площади
    d Großfeldbildmatrix *f*
    f imageur *m* matriciel de grande image
    nl beeldvormingsmatrix *f* met groot chipvlak

L23 *e* **large-area pattern**
    r структура *f* большой площади; рисунок *m* большой площади
    d großflächige Struktur *f*
    f grande image *f*
    nl groot chipvlak beslaand patroon *n*

L24 *e* **large-energy gap**
    r широкая запрещённая энергетическая зона *f*
    d breiter Bandabstand *m*
    f bande *f* interdite large
    nl breed energie-interval *n*

L25 *e* **large-gap material**
    r широкозонный полупроводник *m*, полупроводник *m* с широкой запрещённой (энергетической) зоной
    d Halbleiter *m* mit breitem Bandabstand
    f matériau *m* à bande interdite large
    nl (halfgeleider)materiaal *n* met brede bandsprong

L26 *e* **large-scale hybrid integrated circuit**, **large-scale hybrid integration** *see* **large-scale integration hybrid**

L27 *e* **large-scale integrated circuit**
    r ИС *f* с высокой степенью интеграции, большая ИС *f*, БИС
    d hochintegrierter Schaltkreis *f*, LSI-Schaltung *f*
    f circuit *m* intégré à grande échelle
    nl zeer complex IC *n*, LSI-schakeling *f*

L28 *e* **large-scale integration**
    r 1. высокая степень *f* интеграции 2. ИС *f* с высокой степенью интеграции, большая ИС *f*, БИС
    d Hochintegration *f*, LSI *f*
    f 1. grande échelle *f* d'intégration 2. circuit *m* intégré à grande échelle
    nl grootschalige [zeer complexe] integratie *f*, LSI *f*

L29 *e* **large-scale integration/discretionary routed array**
    r БИС *f* с избирательными соединениями
    d LSI-Schaltung *f* mit wählbaren Leiterbahnverbindungen
    f circuit *m* intégré à grande échelle avec connexions sélectives
    nl LSI *f* [zeer complexe matrixschakeling *f*] met flexibele [aanpasbare] verbindingenloop

L30 *e* **large-scale integration/fixed-interconnection pattern**
    r БИС *f* с фиксированными межсоединениями
    d LSI-Schaltung *f* mit vorgegebenen Leiterbahnverbindungen
    f circuit *m* intégré à grande échelle avec interconnexions fixées
    nl LSI *f* [zeer complexe matrixschakeling *f*] met vaste verbindingenloop

L31 *e* **large-scale integration hybrid**
    r ГИС *f* с высокой степенью интеграции, большая ГИС *f*, БГИС
    d hochintegrierte Hybridschaltung *f*
    f circuit *m* intégré hybride à grande échelle
    nl hybride LSI *f*

L32 *e* **large-scale integration level** *see* **LSI level**

L33 *e* **large-scale integration microprocessor** *see* **LSI microprocessor**

L34 *e* **large-signal parameters**
    r параметры *m pl* в режиме большого сигнала
    d Großsignalparameter *m pl*
    f paramètres *m pl* en signal fort
    nl grootsignaal-parameters *m pl*

L35 *e* **laser aerosol counter**
    r лазерный счётчик *m* аэрозольных частиц
    d Laser-Aerosolteilchenzähler *m*
    f compteur *m* à laser des particules aérosoles
    nl laser-aerosoldeeltjesteller *m*

L36   e **laser-annealed silicon-on-sapphire**
      r КНС-структура *f*, полученная лазерным отжигом
      d laserausgeheilte SOS-Struktur *f*
      f structure *f* silicium-sur-saphir créée par recuit à laser
      nl laser-getemperd silicium-op-saffier *n* [SOS *n*]

L37   e **laser-assisted diffusion**
      r лазерно-стимулированная диффузия *f*
      d laserstimulierte [laserinduzierte] Diffusion *f*
      f diffusion *f* excitée par radiation laser
      nl door laser gestimuleerde diffusie *f*

L38   e **laser-beam cutting**
      r лазерная резка *f*
      d Laserschneiden *n*
      f coupage *m* par laser
      nl laser(straal)snijden *n*

L39   e **laser-beamevaporation**
      r лазерное напыление *n*
      d Laserverdampfung *f*
      f évaporation *f* par laser
      nl laser(straal)verdamping *f*

L40   e **laser bonding**
      r лазерная сварка *f*
      d Laserbonden *n*
      f soudage *m* par laser
      nl contactering *f* met laser

L41   e **laser crystallized polysilicon**
      r поликристаллический кремний *m*, рекристаллизованный лазерным лучом
      d durch Laserstrahlen rekristallisiertes Silizium *n*
      f polysilicium *m* recristallisé par faisceau laser
      nl door laser gekristalliseerd polysilicium *n*

L42   e **laser cut**
      r вырез *m*, сформированный лазерным лучом, лазерный вырез *m*
      d Laserschnitt *m*
      f échancrure *f* (formée par faisceau) laser
      nl lasersnede *f (m)*

L43   e **laser deposition**
      r лазерное осаждение *n*
      d Laserabscheidung *f*
      f déposition *f* [dépôt *m*] par laser
      nl 1. opbrengen *n* [opdampen *n*] met laser 2. met laser aangebracht neerslag *n* (afzetting *f*, depositie *f*]

L44   e **laser dicing**
      r лазерная резка *f* полупроводниковых пластин
      d Lasertrennen *n* von Wafern
      f coupage *m* des tranches par laser
      nl met laser in chips (ver)delen *n* [verchippen *n*]

L45   e **laser diode**
      r лазерный диод *m*, инжекционный лазер *m*
      d Laserdiode *f*
      f diode *f* laser
      nl laserdiode *f*

L46   e **laser direct imaging**
      r формирование *n* изображений лазерным лучом
      d direkte Abbildung *f* mit Laserstrahlen
      f imagerie *f* [formation *f* d'images] par faisceau laser
      nl rechtstreekse afbeelding *f* met laserbundel

L47   e **laser doping**
      r лазерно-стимулированное легирование *n*
      d laserstimulierte [laserinduzierte] Dotierung *f*, Laserdotierung *f*
      f dopage *m* par laser
      nl door laser gestimuleerde dotering *f*, laserdotering *f*

L48   e **laser drilling**
      r лазерная прошивка *f* отверстий
      d Laserbohren *n*
      f forage *m* par laser
      nl laserboren *n*

L49   e **laser-enhanced plating** see **laser-induced deposition**

L50   e **laser gettering**
      r лазерное геттерирование *n*
      d Lasergettern *n*
      f getterage *m* laser
      nl lasergettering *f*

L51   e **laser-heated electroplating**
      r электролитическое осаждение *n* с лазерным нагревом
      d Elektroplattierung *f* mit Laserheizung
      f dépôt *m* électrolytique par chauffage laser
      nl galvanisering *f* onder laserverhitting

L52   e **laser-induced defect**
      r дефект *m*, вызванный лазерным излучением
      d durch Laserstrahlen verursachter Fehler *m*
      f défaut *m* créé par radiation laser
      nl door laserstralen veroorzaakte fout *f (m)*

L53   e **laser-induced deposition**
      r лазерно-стимулированное осаждение *n*
      d laserstimulierte [laserinduzierte] Abscheidung *f*
      f dépôt *m* induit par laser
      nl 1. door laser gestimuleerd opbrengen *n* [opdampen *n*] 2. door laser gestimuleerde neerslag *n*

L54   e **laser interferometric alignment**
      r совмещение *n* с помощью лазерного интерферометра
      d laserinterferometrische Justierung *f*
      f alignement *m* à l'aide d'interféromètre laser
      nl laserinterferometrische uitlijning *f*

L55 e **laser kerf**
r лазерный пропил m (при лазерной подгонке резисторов)
d Laserschnitt m
f sciage m laser
nl laser-kerf f (m), laser-snede f (m)

L56 e **laser lithography**
r лазерная литография f
d Laserlithografie f
f lithographie f laser
nl laser-lithografie f

L57 e **laser-processed silicon-on-insulator**
r КНД-структура f, полученная лазерной обработкой
d durch Laserbearbeitung erzeugte SOS-Struktur f
f structure f silicium-sur-isolant créée par traitement laser
nl met laser bewerkte silicium-op-isolator n [SOI n]

L58 e **laser processor**
r установка f лазерной обработки
d Laserbearbeitungsanlage f
f machine f de traitement par laser
nl laser-bewerkingsinrichting f

L59 e **laser-recrystallized silicon-on-insulator**
r КНД-структура f, полученная лазерной рекристаллизацией
d durch Laserstrahlen rekristallisierte SOS-Struktur f
f structure f silicium-sur-isolant créée par recristallisation laser
nl door laser gerekristalliseerd silicium-op-isolator n [SOI n]

L60 e **laser rounding**
r лазерное сглаживание n
d Laserabrunden f
f arrondi m par laser
nl laser-afronden n

L61 e **laser scanning microscope**
r лазерный растровый микроскоп m
d Laserrastermikroskop n
f microscope m laser à balayage
nl laserrastermicroscoop m

L62 e **laser scriber**
r лазерный скрайбер m
d Laserscriber m, Laserritzeinrichtung f
f gratteur m à laser
nl laser-inkerver m, laser-ritser m

L63 e **laser scribing**
r лазерное скрайбирование n
d Laserritzen n
f rainage m [grattage m] par laser
nl inkerven n [ritsen n] met laser

L64 e **laser section**
r лазерный шлиф m
d Laserschliff m
f coupe f par laser
nl 1. lasersectie f, lasergedeelte n
2. laserbundeldoorsnede f (m), laserprofiel m

L65 e **laser-trimmed resistor**
r резистор m с лазерной подгонкой
d lasergetrimmter Widerstand m
f résistance f à ajustage par laser
nl lasergetrimde weerstand m

L66 e **laser trimmer**
r установка f лазерной подгонки резисторов
d Laserabgleichanlage f, Lasertrimmer m
f dispositif m d'ajustage des résistances par laser
nl laser-maatwerker m, laser-trimmer m

L67 e **laser-trimming technique**
r лазерный метод m подгонки резисторов
d Laserabgleichverfahren n, Lasertrimmverfahren n
f technique f d'ajustage des résistances par laser
nl laser-maatwerktechniek f, laser-trimtechniek f

L68 e **laser wafer trim(ming)**
r лазерная подгонка f резисторов на полупроводниковой пластине
d Lasertrimmung f von Widerständen auf dem Wafer
f ajustage m des résistances sur la tranche par laser
nl lasermaatwerk-op-wafel, laser-trimmen-op-wafel

L69 e **laser zapper** *see* **laser trimmer**

L70 e **LASOS** *see* **laser-annealed silicon-on-sapphire**

L71 e **latch**
r 1. фиксатор m, схема-защёлка f 2. триггер m (преимущественно D-типа)
d 1. Latch n 2. Latchflipflop n, Auffangflipflop n
f 1. circuit m de capture 2. bascule f D
nl borgschakeling f, vergrendelschakeling f

L72 e **latchup**
r 1. фиксирование n, защёлкивание n 2. нарушение n срабатывания
d Latchup n
f captage m, capture f
nl latch-up m (thyristor-effect)

L73 e **latchup-free device**
r КМОП ИС f без защёлкивания
d latchupfreier (CMOS-)Baustein m
f circuit m CMOS sans capture
nl latch-up-vrije bouwsteen m

L74 e **latchup turn-on**
r (паразитное) включение n КМОП ИС за счёт эффекта защёлки
d Latchup-Einschalten n
f mise f en marche de circuit CMOS par capture
nl aanschakelen n door latch-up

L75 e **lateral array**
r горизонтальная структура f
d laterale Struktur f, Lateralstruktur f
f structure f latérale
nl lateraalstructuur f

L76　e **lateral diffusion**
　　r горизонтальная [боковая] диффузия *f*
　　d seitliche Diffusion *f*, Unterdiffusion *f*
　　f diffusion *f* latérale
　　nl zijdelingse diffusie *f*, onderdiffusie *f*

L77　e **lateral dimensions**
　　r горизонтальные размеры *m pl*
　　d Breitenabmessungen *f pl*, laterale Abmessungen *f pl*
　　f dimensions *f pl* horizontales
　　nl breedtematen *f (m) pl*

L78　e **lateral doping profile**
　　r горизонтальный профиль *m* распределения примеси
　　d laterales Dotierungsprofil *n*
　　f profil *m* latéral de dopage
　　nl lateraal doteringsprofiel *n*

L79　e **lateral encroaching**
　　r подтравливание *n*
　　d Unterätzen *n*
　　f sous-décapage *m*
　　nl onderetsing *f*

L80　e **lateral etching**
　　r боковое травление *n;* подтравливание *n*
　　d Unterätzen *n*
　　f décapage *m* latéral; sous-décapage *m*
　　nl onderetsing *f*

L81　e **lateral FET**
　　r горизонтальный полевой транзистор *m*
　　d Lateral-FET *m*, lateraler Feldeffekttransistor *m*
　　f transistor *m* FET latéral
　　nl laterale FET *m*

L82　e **lateral geometry**
　　r горизонтальная геометрия *f*
　　d Lateralgeometrie *f*
　　f géométrie *f* latérale
　　nl laterale geometrie *f*, horizontaalgevormdheid *f*

L83　e **lateral isolation**
　　r изоляция *f* боковых стенок областей
　　d Lateralisolation *f*
　　f isolation *f* latérale
　　nl lateraal-isolatie *f*

L84　e **lateral oxidation**
　　r оксидирование *n* кремния под маской
　　d Lateraloxydation *f*
　　f oxydation *f* latérale
　　nl lateraal-oxydatie *f*

L85　e **lateral packing density**
　　r горизонтальная плотность *f* упаковки
　　d laterale Packungsdichte *f*
　　f compacité *f* latérale, compactage *m* latéral
　　nl laterale pakkingsgraad *f* [bezettingsgraad *m*]

L86　e **lateral placement**
　　r горизонтальное введение *n (легирующей примеси)*
　　d seitliche Dotierung *f*
　　f placement *m* latéral *(du dopant)*
　　nl laterale plaatsing *f*

L87　e **lateral pulling**
　　r выращивание *n* кристаллов методом вытягивания в горизонтальном направлении
　　d laterales Kristallziehen *n*
　　f tirage *m* latéral des cristaux
　　nl lateraal (kristal)trekken *n*

L88　e **lateral registration**
　　r совмещение *n* в горизонтальном направлении
　　d seitliche Überdeckung *f*
　　f superposition *f* latérale
　　nl lateraal in register brengen *n* [zijn *n*], laterale uitlijning *f* [dekking *f*]

L89　e **lateral spreading**
　　r расширение *n* (элементов) в горизонтальном направлении
　　d seitliche Ausbreitung *f*
　　f extension *f* latérale des éléments
　　nl zijdelingse spreiding *f*

L90　e **lateral-transistor structure**
　　r структура *f* горизонтального транзистора
　　d Lateraltransistorstruktur *f*
　　f structure *f* du transistor latéral
　　nl laterale transistor-structuur *f*

L91　e **lattice constant**
　　r постоянная *f* кристаллической решётки
　　d Gitterkonstante *f*
　　f constante *f* du réseau cristallin
　　nl roosterconstante *f (m)*

L92　e **lattice defect**
　　r дефект *m* кристаллической решётки
　　d Gitterstörung *f*, Gitterfehler *m*
　　f défaut *m* du réseau cristallin
　　nl roosterfout *f (m)*, roosterdefect *n*

L93　e **lattice disorder**
　　r разупорядочение *n* кристаллической решётки
　　d Gitterfehlordnung *f*
　　f désorganisation *f* [désordre *m*] du réseau cristallin
　　nl verstoorde roosterorde *f (m)*

L94　e **lattice distortion**
　　r искажение *n* кристаллической решётки
　　d Gitterverzerrung *f*
　　f distorsion *f* du réseau cristallin
　　nl roostervervorming *f*

L95　e **lattice-hardening dopant**
　　r примесь *f*, упрочняющая кристаллическую структуру
　　d gitterstabilisierender Dotant *m*
　　f dopant *m* stabilisant le réseau (cristallin)
　　nl roosterverstarrende dotering *f*

L96　e **lattice imperfection** see **lattice defect**

L97　e **lattice irregularity**
　　r несовершенство *n* кристаллической решётки

LATTICE

    d Gitterunregelmäßigkeit *f*
    f irrégularité *f* du réseau cristallin
    nl roosteronregelmatigheid *f*

L98 *e* **lattice matching**
    r согласование *n* постоянных кристаллических решёток
    d Gitteranpassung *f*
    f adaptation *f* des constantes de réseaux cristallins
    nl roosterpassing *f*

L99 *e* **lattice parameter** *see* **lattice constant**

L100 *e* **lattice perfection**
    r совершенство *n* кристаллической решётки
    d Gittervollkommenheit *f*
    f perfection *f* du réseau cristallin
    nl roostervolmaaktheid *f*

L101 *e* **lattice site**
    r узел *m* кристаллической решётки
    d Gitterplatz *m*
    f nœud *m* du réseau cristallin
    nl roosterplaats *f (m)*

L102 *e* **lattice structure**
    r структура *f* кристаллической решётки
    d Gitterstruktur *f*, Gitter(auf)bau *m*
    f structure *f* du réseau cristallin
    nl roosterstructuur *f*

L103 *e* **lattice vacancy**
    r вакансия *f*
    d Gitterfehlstelle *f*, Gitterleerstelle *f*
    f lacune *f*, vacance *f*
    nl onbezette, lege roosterplaats *f (m)*

L104 *e* **lattice vibration**
    r колебания *n pl* кристаллической решётки
    d Gitterschwingung *f*
    f vibration *f* du réseau cristallin
    nl roostertrilling *f*

L105 *e* **layered dielectric**
    r слоистый [многослойный] диэлектрик *m*
    d Schichtdielektrikum *n*, geschichtetes Dielektrikum *n*
    f diélectrique *m* multicouche, multidiélectrique *m*
    nl gelaagd diëlektricum *n*

L106 *e* **layered mask**
    r многослойная маска *f*
    d Schichtmaske *f*
    f masque *m* multicouche
    nl gelaagd masker *n*

L107 *e* **layered structure**
    r многослойная структура *f*
    d Schichtstruktur *f*
    f structure *f* multicouche
    nl gelaagde structuur *f*

L108 *e* **layout**
    r 1. топология *f* 2. размещение *n*, расположение *n*
    d Layout *n*
    f 1. topologie *f* 2. disposition *f*, placement *m*
    nl (opstellings)plan *n*, vlakindeling *f*, vlakverdeling *f*; ontwerp *n*, lay-out *m*

L109 *e* **layout automation**
    r автоматизация *f* разработки топологии ИС
    d Layoutentwurfsautomatisierung *f*, Automatisierung *f* des Layoutentwurfs
    f automatisation *f* de conception de la topologie de C.I.
    nl automatisering *f* van lay-out-ontwerp

L110 *e* **layout chart**
    r топологический чертёж *m*
    d Layoutzeichnung *f*
    f dessin *m* [motif *m*] topologique
    nl lay-out-tekening *f*

L111 *e* **layout data**
    r топологические данные *pl*
    d Entwurfsdaten *pl*
    f données *f pl* topologiques
    nl lay-out-gegevens *n pl*

L112 *e* **layout design**
    r проектирование *n* топологии ИС
    d Layoutentwurf *m*
    f conception *f* de la topologie de C.I.
    nl lay-out-ontwerp *n*

L113 *e* **layout drawing**
    r 1. топологический чертёж *m* 2. вычерчивание *n* топологии
    d Layoutzeichnung *f*
    f 1. dessin *m* [motif *m*] topologique 2. dessin *m* de la topologie
    nl lay-out-tekening *f*

L114 *e* **layouter**
    r координатограф *m*
    d Koordinatenschreiber *m*
    f coordinatographe *m*
    nl 1. lay-out-maker *m* 2. lay-out-tekenmachine *f*

L115 *e* **layout generation**
    r разработка *f* топологии ИС
    d Layoutentwicklung *f*
    f conception *f* de la topologie de C.I.
    nl lay-out-ontwikkeling *f*

L116 *e* **layout plot** *see* **layout chart**

L117 *e* **layout rule**
    r топологическая (проектная) норма *f*
    d Layout-Regel *f*, Entwurfsregel *f*
    f règle *f* topologique
    nl lay-out-(ontwerp)regel *m*

L118 *e* **L-B trough**
    r ванна *f* Лангмюра — Блоджета *(для выращивания молекулярных плёнок)*
    d L-B-Bad *n*
    f bain *m* L-B
    nl L-B-bad *n*

L119 *e* **LCC** *see* **leadless chip-carrier**

L120 *e* **LD** *see* **laser direct imaging**

L121 *e* **LDD** *see* **lightly-doped drain**

L122 *e* **leaching**
    r выщелачивание *n*
    d Auslaugen *n*, Auslaugung *f*

    f lixiviation *f*
    nl (uit)logen *n*
L123 *e* **lead**
    r (гибкий) вывод *m (корпуса)*; электродный вывод *m*
    d Anschlußleitung *f*, Zuleitung *f*
    f terminaison *f* flexible [souple] (de boîtier); patte *f* [sortie *f*] flexible [souple] (d'*électrode*)
    nl aansluiting *f*, geleider *m*, leiding *f*
L124 *e* **lead bonding**
    r присоединение *n* выводов
    d Anschlußbonden *n*
    f connexion *f* des terminaisons; connexion *f* des pattes
    nl aansluitcontactering *f*
L125 *e* **leaded chip-carrier**
    r кристаллоноситель *m* с выводами
    d Chipträger *m* mit Anschlüssen
    f support *m* de puce à terminaisons
    nl chipdrager *m* met aansluitingen
L126 *e* **lead finish(ing)**
    r финишная подготовка *f* выводов
    d Endbearbeitung *f* von Anschlußdrähten
    f finition *f* des pattes [des terminaisons]
    nl afwerking *f* van aansluitingen
L127 *e* **lead format**
    r форма *f* выводов *(корпуса)*
    d Anschlußform *f*, Anschlußkonfiguration *f*
    f forme *f* [configuration *f*] des terminaisons
    nl aansluitconfiguratie *f*, aansluitpatroon *n*
L128 *e* **lead former**
    r установка *f* для формовки выводов
    d Anlage *f* zum Formieren von Anschlüssen
    f formateur *m* des pattes [des terminaisons]
    nl aansluitingenvormer *m*
L129 *e* **lead forming**
    r формовка *f* выводов
    d Anschlußformen *n*
    f formage *m* des pattes [des terminaisons]
    nl aansluitingen vormen *n*
L130 *e* **lead-forming machine** *see* **lead former**
L131 *e* **lead frame**
    r выводная рамка *f*
    d Leiterrahmen *m*
    f cadre *m* de sortie
    nl aansluitraam *n*, spin *f (m)*
L132 *e* **lead-frame assembly system**
    r установка *f* для сборки ИС на выводных рамках
    d Leiterrahmenmontageanlage *f*
    f système *m* d'assemblage aux cadres de sortie
    nl aansluitraam-montagesysteem *n*
L133 *e* **lead-frame attachment**
    r прикрепление *n* выводной рамки
    d Leiterrahmenbefestigung *f*
    f fixation *f* du cadre de sortie
    nl aansluitraam-bevestiging *f*

L134 *e* **lead-frame pin**
    r штырьковый вывод *m* выводной рамки
    d Leiterrahmenpin *n*, Leiterrahmenanschlußstift *m*
    f broche *f* du cadre de sortie
    nl aansluitraampin *f (m)*
L135 *e* **lead identification**
    r обозначение *n* выводов
    d Anschlußkennzeichnung *f*
    f identification *f* des pattes [des terminaisons]
    nl aansluitkenmerk *n*
L136 *e* **leadless chip-carrier**
    r безвыводной кристаллоноситель *m*
    d Chipträger *m* ohne Anschlüsse
    f support *m* de puce sans terminaisons
    nl chipdrager *m* zonder (uitstekende) aansluitingen, LCC *m*
L137 *e* **leadless hermetic package**
    r герметичный безвыводной корпус *m*
    d hermetisch dichtes Gehäuse *n* ohne Anschlüsse
    f boîtier *m* étanche sans terminaisons
    nl hermetisch huisje *n* zonder (uitstekende) aansluitingen
L138 *e* **leadless package**
    r безвыводной корпус *m*
    d Baustein *m* ohne Anschlüsse
    f boîtier *m* sans terminaisons
    nl behuizing *f* [huisje *n*] zonder (uitstekende) aansluitingen
L139 *e* **lead pattern**
    r 1. рисунок *m* расположения проводников 2. форма *f* выводов *(корпуса)*
    d 1. Anschlußlageplan *m* 2. Anschlußform *f*, Anschlußkonfiguration *f*
    f 1. dessin *m* des terminaisons 2. forme *f* des terminaisons
    nl aansluitpatroon *n*, aansluitconfiguratie *f*
L140 *e* **lead pin pitch**
    r шаг *m* выводов, расстояние *n* между штырьковыми выводами *(корпуса)*
    d Anschlußstiftabstand *m*, Abstand *m* der Anschlußstifte
    f espacement *m* [écart *m*] entre broches
    nl aansluitpennenafstand *m*, aansluitpennentussenmaat *f (m)*, aansluitpennensteek *m*
L141 *e* **lead receptacle**
    r гнездо *n* для вывода *(корпуса)*
    d Anschlußdrahtaufnahmeloch *n*
    f jack *m* de terminaison
    nl insteekorgaan *n* voor aansluiting
L142 *e* **lead spacing**
    r расстояние *n* между выводами *(корпуса)*
    d Anschlußabstand *m*, Abstand *m* der Anschlüsse
    f espacement *m* [écart *m*] entre terminaisons

LEADTHROUGH

   nl aansluitpennenafstand *m*,
   aansluitpennentussenmaat *f (m)*

L143 *e* **leadthrough**
   r проходной вывод *m*
   d Durchgangsdraht *m*, Durchgangsleitung *f*
   f sortie *f* passante
   nl doorvoer *m*

L144 *e* **leadtrack**
   r токопроводящая дорожка *f*
   d leitbahn *f*, stromführende Bahn *f*
   f piste *f* conductrice
   nl geleiderspoor *n*

L145 *e* **lead wire**
   r проволочный вывод *m*; проволока *f* для выводов
   d Anschlußdraht *m*
   f sortie *f* en fil; fil *m* des broches
   nl aansluitdraad *m*

L146 *e* **leakage current**
   r ток *m* утечки
   d Leckstrom *m*
   f courant *m* de fuite
   nl lekstroom *m*

L147 *e* **leakage flow**
   r утечка *f*; течь *f*
   d Leckverlust *m*; Ausfluß *m*
   f fuite *f*
   nl vloeistoflek *n*, uitlopen *n*

L148 *e* **leak detector**
   r течеискатель *m*
   d Lecksuchgerät *n*, Lecksucher *m*
   f détecteur *m* de fuite
   nl lekzoeker *m*, lekdetector *m*

L149 *e* **leak test(ing)**
   r 1. проверка *f* на натекание *(вакуумной системы)* 2. проверка *f* герметичности
   d Leckprüfung *f*
   f essai *m* d'étanchéité
   nl lekcontrole *f (m)*

L150 *e* **leak-tight encapsulation**
   r герметизация *f*
   d lecksichere Verkappung *f*
   f encapsulation *f* à étanchéité
   nl lekdichte inkapseling *f*

L151 *e* **leak tightness**
   r герметичность *f*
   d Lecksicherheit *f*
   f herméticité *f*, étanchéité *f*
   nl lekdichtheid *f*

L152 *e* **leaky package**
   r негерметичный корпус *m*
   d undichtes Gehäuse *n*
   f boîtier *m* non étanche
   nl onvoldoend afsluitende [dichte] behuizing *f*

L153 *e* **LEC** *see* **liquid encapsulation Czochralski process**

L154 *e* **LED** *see* **light-emitting diode**

L155 *e* **Lee's algorithm**
   r алгоритм *m* Ли *(для трассировки соединений)*
   d Leescher Algorithmus *m*
   f algorithme *m* Lee
   nl algoritme *n* van Lee

L156 *e* **lens**
   r 1. линза *f* 2. объектив *m*
   d 1. Linse *f* 2. Objektiv *n*
   f 1. lentille *f* 2. objectif *m*
   nl 1. lens *f (m)* 2. objectief *n*

L157 *e* **lens aperture**
   r апертура *f* объектива
   d Objektivöffnung *f*
   f ouverture *f* d'objectif
   nl objectiefopening *f*, apertuur *f*

L158 *e* **leveler**
   r устройство *n* для выравнивания *(слоя припоя)*
   d Einebner *m*
   f aligneur *m* des couches *(de la brasure)*
   nl vlakpasser *m*

L159 *e* **level population**
   r заселённость *f* (энергетических) уровней
   d Energieniveaubesetzung *f*
   f population *f* du niveau énergétique
   nl (energie)niveaubezetting *f* (atoom)

L160 *e* **level shifter**
   r схема *f* сдвига (логического) уровня
   d Pegelumsetzer *m*
   f décaleur *m* du niveau (logique)
   nl (signaal/spannings) niveau-omzetter *m*

L161 *e* **level-to-level alignment, level-to-level registration**
   r послойное совмещение *n*
   d Justierung *f* [Überdeckung *f*] zwischen den Ebenen
   f alignement *m* couche par couche
   nl laag-voor-laag in register [dekking] brengen *n*

L162 *e* **LHP** *see* **leadless hermetic package**

L163 *e* **LIC** *see* **linear integrated circuit**

L164 *e* **lid-sealing epoxy**
   r эпоксидная смола *f* для герметизации крышки корпуса
   d Epoxidharz *n* für Gehäusedeckelabdichtung
   f résine *f* époxy pour étanchéité du couvercle d'enceinte
   nl afdichtings-epoxy *n* voor kapje [van IC-huis]

L165 *e* **lid seal preform**
   r рамка *f* из припоя для припаивания крышки корпуса
   d Vorform *f* für Anlöten von Gehäusedeckeln
   f préforme *f* pour soudage du couvercle d'enceinte
   nl kapafdichtings-voorvorm *m*

L166 *e* **life aging** *see* **life test**

L167 *e* **life span**
   r долговечность *f*; срок *m* службы

    d Lebensdauer *f*; Nutzungsdauer *f*
    f vie *f*, durée *f* de vie, longévité *f*
    nl (nuttige) levensduur *m*, gebruiksduur *m*
L168 *e* **life test**
    r испытание *n* на долговечность
    d Lebensdauerprüfung *f*
    f essai *m* de vie
    nl levensduurproef *f (m)*
L169 *e* **life time**
    r 1. долговечность *f*; срок *m* службы
       2. время *n* жизни *(носителей заряда)*
    d Lebensdauer *f*
    f 1. vie *f*, durée *f* de vie, longévité *f*
       2. temps *m* de vie
    nl levensduur *m*
L170 *e* **lifetime-killer doping**
    r легирование *n* примесью, уменьшающей время жизни неосновных носителей
    d Dotierung *f* mit trägerlebensdauerverkürzenden Fremdstoffen
    f dopage *m* par impureté réduisant la durée de vie des minoritaires
    nl levensduur verkortende dotering *f (ladingdragers)*
L171 *e* **lifting**
    r отслаивание *n*; вспучивание *n*
    d Abheben *n*
    f décollement *m*; détachement *m*
    nl (van onderlaag) losmaken *n* [lostrekken *n*, aftrekken *n*]
L172 *e* **lift-off**
    r 1. взрыв *m* 2. обратная [взрывная] литография *f* 3. отслаивание *n*; вспучивание *n*; отрыв *m*
    d 1. Lift-off *n* 2. Abhebetechnik *f*, Lift-off-Methode *f* 3. Abheben *n*
    f 1. explosion *f* 2. lithographie *f* d'explosion 3. décollement *m*; détachement *m*
    nl (van onderlaag) losmaken *n* [lostrekken *n*, aftrekken *n*] *(volgens bep. techniek)*; lift-off *m*
L173 *e* **lift-off lithography**
    r обратная [взрывная] литография *f*
    d Abhebetechnik *f*, Lift-off-Methode *f*
    f lithographie *f* inverse
    nl lft-off-lithografie *f*
L174 *e* **lift-off metallization**
    r металлизация *f*, сформированная методом обратной литографии
    d Lift-off-Metallisierung *f*
    f métallisation *f* par méthode de lithographie inverse
    nl lift-off-metallisatie *f*
L175 *e* **lift-off patterning**
    r формирование *n* рисунка методом обратной литографии
    d Lift-off-Strukturbildung *f*
    f imagerie *f* par lithographie inverse
    nl lift-off-patroonvorming *f*
L176 *e* **lift-off process** see **lift-off lithography**

L177 *e* **light activation**
    r активация *f* светом
    d Lichtaktivierung *f*
    f activation *f* par lumière
    nl activering *f* door licht
L178 *e* **light development**
    r слабое проявление *n*
    d schwache Entwicklung *f*
    f faible développement *m*
    nl zwakke ontwikkeling *f*
L179 *e* **light doping** see **low-concentration doping**
L180 *e* **light-emitting diode**
    r светодиод *m*, светоизлучающий диод *m*, СИД
    d Lichtemitterdiode *f*, Leuchtdiode *f*, LED *f*
    f diode *f* EL [électroluminescente]
    nl lichtgevende diode *f*, LED *f*
L181 *e* **light-emitting diode matrix**
    r светодиодная матрица *f*
    d Leuchtdiodenmatrix *f*, LED-Matrix *f*
    f matrice *f* à diodes électroluminescentes
    nl lichtgevende-diode-matrix *f*, LED-matrix *f*
L182 *e* **light implantation**
    r слабая ионная имплантация *f*
    d schwache Ionenimplantation
    f faible implantation *f* d'ions
    nl licht gedoseerde implantatie *f*
L183 *e* **light-induced etching**
    r травление *n* оптической стимуляцией
    d lichtstimuliertes Ätzen *n*
    f décapage *m* induit par lumière
    nl door licht gestimuleerd etsen *n*
L184 *e* **lightly-doped drain**
    r слаболегированная стоковая область *f*
    d schwachdotiertes Draingebiet *n*
    f drain *m* à faible dopage
    nl lichtgedoteerde afvoer *m*
L185 *e* **light optical exposure**
    r оптическое экспонирование *n*
    d optische Belichtung *f*
    f exposition *f* optique
    nl optische belichting *f*
L186 *e* **light-sectioning microscope**
    r микроскоп *m* с расщеплённым лучом *(для измерения толщины плёнок)*
    d Lichtschnittmikroskop *n*
    f microscope *m* à faisceau sectionné
    nl lichtsnedemicroscoop *m*
L187 *e* **light-sensitive emulsion**
    r фотоэмульсия *f*; фоторезист *m*
    d lichtempfindliche Emulsion *f*; Fotoemulsion *f*
    f émulsion *f* photosensible
    nl lichtgevoelige emulsie *f*
L188 *e* **light sensor**
    r фотоприёмник *m*
    d Lichtempfänger *m*
    f photorécepteur *m*
    nl lichtsensor *m*

LIGHT

L189 e **light transmission**
 r пропускание n света
 d Lichtdurchlässigkeit f
 f transmission f de lumière
 nl lichtdoorlatendheid f, lichtdoorlaatbaarheid f

L190 e **light-transmitting photomask**
 r прозрачный [транспарентный] фотошаблон m
 d lichtdurchlässige Fotomaske f
 f photomasque m transparent
 nl lichtdoorlatend masker n

L191 e **light-wave device**
 r оптоэлектронный прибор m
 d Lichtwellengerät n, optoelektronisches Gerät n
 f dispositif m opto-électronique
 nl lichtgolven-bouwsteen m, opto-elektronische bouwsteen m

L192 e **limited space-charge accumulation**
 r ограниченное накопление n объёмного заряда, ОНОЗ
 d LSA-Mode m
 f accumulation f limitée de charge d'espace
 nl beperkte ruimteladingsopslag m, LSA m

L193 e **line**
 r 1. токопроводящая дорожка f; соединение n; шина f; провод m 2. (поточная) технологическая линия f 3. серия f (напр. ИС)
 d 1. Leit(er)bahn f; Leitung f 2. Linie f, Fertigungsstraße f 3. Serie f, Familie f
 f 1. piste f conductrice 2. ligne f de technologie 3. serie f, famille f, gamme m
 nl 1. geleiderspoor n, leiding f 2. (produktie)lijn f (m) 3. typenreeks f (m)

L194 e **line-addressable RAM**
 r ЗУ n с произвольной адресной выборкой по строкам
 d zeilenadressierter RAM m
 f mémoire f à accès au hasard ligne par ligne
 nl lijnadresseerbare RAM n

L195 e **linear array**
 r матрица f аналоговых элементов (тип базового матричного кристалла)
 d Lineararray n, lineare Matrixanordnung f
 f réseau m linéaire
 nl rijcomplex n, lineaire [eendimensionale] matrix f

L196 e **linear chip** see **linear integrated circuit**

L197 e **linear circuitry**
 r линейные интегральные схемы f pl
 d lineare Schaltungen f pl
 f circuiterie f linéaire
 nl (stel n) lineaire schakelingen f pl

L198 e **linear expansion**
 r линейное расширение n
 d Längenausdehnung f
 f expansion f linéaire
 nl lineaire uitzetting f

L199 e **linear integrated circuit, linear integration**
 r линейная ИС f
 d linearer integrierter Schaltkreis m, lineares IC n
 f circuit m intégré linéaire
 nl lineair geïntegreerde schakeling f, lineair IC n; lineaire integratie f

L200 e **linear performance**
 r характеристики f pl линейных ИС
 d lineares Verhalten n
 f performances f pl linéaires
 nl lineair gedrag n

L201 e **linear response**
 r линейная характеристика f
 d linearer Frequenzgang m
 f réponse f linéaire
 nl lineaire [rechtlijnige] frequentiekarakteristiek f

L202 e **linear technology**
 r технология f линейных ИС
 d Lineartechnik f, Technologie f linearer Schaltkreise
 f technologie f de circuiterie linéaire
 nl technologie f van lineaire schakelingen, lineaire technologie f

L203 e **line-by-line scan(ning)**
 r построчное сканирование n
 d zeilenweise Abtastung f
 f balayage m ligne par ligne
 nl lijnenrasteraftasting f

L204 e **line definition**
 r чёткость f токопроводящей дорожки
 d Linienkantenschärfe f, Kantenschärfe f von Leiterbahnen
 f définition f de piste conductrice
 nl lijndefinitie f, strakheid f van geleidersporen

L205 e **line edge blur**
 r неровность f края токопроводящей дорожки
 d Linienkantenrauhigkeit f, Kantenrauhigkeit f von Leiterbahnen
 f irrégularité f du bord de piste conductrice
 nl lijnrandonregelmatigheid f; randonregelmatigheid f van geleidersporen

L206 e **line imager**
 r строчной формирователь m (сигналов) изображения
 d CCD-Zeile f
 f formateur m [circuit m de mise en forme] des lignes
 f beeldregelopnemer m, beeldrijopnemer m

L207 e **line pattern**
 r линейная структура f
 d Linienstruktur f
 f structure f linéaire

LIQUID

   nl lijnenpatroon *n*, geleidersporenpatroon *n*

L208 *e* **line scan(ning)**
- *r* строчное сканирование *n*
- *d* Zeilenabtastung *f*, zeilenweise Abtastung *f*
- *f* balayage *m* linéaire
- *nl* lijnaftasting *f*

L209 *e* **line separation, line spacing**
- *r* расстояние *n* между токопроводящими дорожками
- *d* Leiterbahnabstand *m*
- *f* espacement *m* [écart *m*] entre pistes conductrices
- *nl* spoorafstand *m*

L210 *e* **linewidth loss**
- *r* уход *m* ширины линий (элементов ИС)
- *d* Linienbreiteabnahme *f*, Abnahme *f* der Linienbreite
- *f* réduction *f* de largeur de ligne
- *nl* spoorbreedteverlies *n*

L211 *e* **linewidth resolution**
- *r* минимальная ширина *f* линии (элемента ИС)
- *d* Linienbreiteauflösung *f*, Strukturbreitenauflösung *f*
- *f* résolution *f* de ligne
- *nl* lijnbreedtenauwkeurigheid *f*, stuctuurbreedtenauwkeurigheid *f*

L212 *e* **linewidth shrinkage** *see* **linewidth loss**

L213 *e* **link**
- *r* перемычка *f*; связь *f*
- *d* Verbindungsglied *n*; Verbindung *f*; Übertragungsleitung *f*
- *f* traversée *f*; lien *m*
- *nl* verbindingsorgaan *n*, schakel *m*, verbinding *f*

L214 *e* **linkage**
- *r* связь *f*; соединение *n*
- *d* Verbindung *f*; Kopplung *f*
- *f* lien *m*
- *nl* verbinding *f*, koppeling *f*

L215 *e* **lip**
- *r* нависающий край *m* (резиста)
- *d* Überhang *m* (der Fotoresistschicht)
- *f* bord *m* surplombant [bossu]
- *nl* rand *m*, overhang *f* (fotolaklaag)

L216 *e* **liquid bubble test(ing)**
- *r* проверка *f* герметичности методом погружения в жидкость
- *d* Tauchprüfung *f*
- *f* essai *m* d'étanchéité par immersion dans liquide
- *nl* dompelproef *f* (*m*)

L217 *e* **liquid chemical processing**
- *r* жидкостная химическая обработка *f*
- *d* chemische Naßbehandlung *f*
- *f* traitement *m* chimique par liquide
- *nl* natte chemische behandeling *f*

L218 *e* **liquidcrystal**
- *r* жидкий кристалл *m*
- *d* Flüssigkristall *m*
- *f* cristal *m* liquide
- *nl* vloeibaar kristal *n*, vloeikristal *n*

L219 *e* **liquid diffusion**
- *r* диффузия *f* из жидкого источника примеси
- *d* Diffusion *f* aus flüssiger Diffusionsquelle
- *f* diffusion *f* en dopant liquide
- *nl* diffusie *f* vanuit vloeistofbron

L220 *e* **liquid dopant**
- *r* жидкий источник *m* примеси
- *d* flüssiger Dotant *m*
- *f* dopant *m* liquide
- *nl* vloeibaar doteermiddel *n*

L221 *e* **liquid encapsulation Czochralski process**
- *r* метод *m* Чохральского с использованием обволакивания расплава инертной жидкостью
- *d* LEC-Verfahren *n*
- *f* méthode *f* de Czochralski par encapsulation liquide
- *nl* LEC-proces *n*

L222 *e* **liquid epitaxy** *see* **liquid-phase epitaxy**

L223 *e* **liquid etching technique**
- *r* метод *m* жидкостного химического травления
- *d* Naßätzverfahren *n*
- *f* procédé *m* de décapage chimique liquide
- *nl* natetstechniek *f*

L224 *e* **liquid nitrogen**
- *r* жидкий азот *m*
- *d* flüssiger Stickstoff *m*
- *f* azote *m* liquide
- *nl* vloeibare stikstof *f* (*m*)

L225 *e* **liquid-phase crystallization**
- *r* кристаллизация *f* из жидкой фазы
- *d* Flüssigphasenkristallisation *f*
- *f* cristallisation *f* en phase liquide
- *nl* kristallisatie *f* vanuit vloei(stof)fase

L226 *e* **liquid-phase epitaxial growth**
- *r* эпитаксиальное выращивание *n* из жидкой фазы
- *d* epitaxiales Aufwachsen *n* in flüssiger Phase
- *f* croissance *f* épitaxiale en phase liquide
- *nl* epitaxiale (op)groei *m* vanuit vloei(stof)fase

L227 *e* **liquid-phase epitaxial layer**
- *r* эпитаксиальный слой *m*, выращенный из жидкой фазы
- *d* durch Kontakt mit einer Flüssigphase aufgewachsene Epitaxieschicht *f*
- *f* couche *f* épitaxiale en phase liquide
- *nl* vloei(stof)fase-epitaxie-laag *f* (*m*), LPE-laag *f* (*m*)

L228 *e* **liquid-phase epitaxial regrowth**
- *r* рекристаллизация *f* при жидкостной эпитаксии
- *d* Rekristallisation *f* während der Flüssigphasenepitaxie

  f recristallisation *f* sous épitaxie en phase liquide
  nl herkristallisatie *f* vanuit vloei(stof)fase
L229 *e* **liquid-phase epitaxy**
  r эпитаксия *f* из жидкой фазы, жидкостная эпитаксия *f*
  d Flüssigphasenepitaxie *f*
  f épitaxie *f* en phase liquide
  nl vloei(stof)fase-epitaxie *f*
L230 *e* **liquid-phase reaction**
  r реакция *f* в жидкой фазе
  d Flüssigphasenreaktion *f*
  f réaction *f* sous phase liquide
  nl reactie *f* in vloei(stof)fase
L231 *e* **liquid photoresist**
  r жидкий фоторезист *m*
  d Fotokopierlack *m*, Fotoabdecklack *m*
  f photorésist *m* liquide
  nl vloeibare fotolak *m*
L232 *e* **liquidus**
  r ликвидус *m*
  d Liquiduslinie *f*, Liquiduskurve *f*
  f liquidus *m*
  nl liquiduslijn *f (m)*, liquiduscurve *f (m)*
L233 *e* **liquidus temperature**
  r температура *f* перехода в жидкое состояние
  d Liquidustemperatur *f*
  f température *f* de la transition à l'état liquide
  nl liquidustemperatuur *f*
L234 *e* **litho** *see* **lithography**
L235 *e* **lithographic equipment**
  r оборудование *n* для литографии
  d lithografische Anlagen *f pl*
  f équipement *m* de lithographie
  nl lithografie-apparatuur *f*
L236 *e* **lithographic imagery**
  r формирование *n* изображений методом литографии
  d lithografische Abbildung *f*
  f imagerie *f* par lithographie
  nl beeldvorming *f* in de lithografie
L237 *e* **lithographic mask**
  r маска *f* для литографии
  d Lithografiemaske *f*
  f masque *m* de lithographie
  nl lithografie-masker *n*
L238 *e* **lithographic process** *see* **lithography**
L239 *e* **lithographic resolution**
  r разрешающая способность *f* литографии
  d lithografische Auflösung *f*
  f résolution *f* de lithographie
  nl lithografisch detailleringsvermogen *n*; lithografische fijnstructureerbaarheid *f* [resolutie *f*]
L240 *e* **lithography**
  r литография *f*
  d Lithografie *f*
  f lithographie *f*
  nl lithografie *f*

L241 *e* **lithography machine**
  r установка *f* литографии
  d lithografische Anlage *f*
  f installation *f* [système *m*] de lithographie
  nl lithografie-inrichting *f*
L242 *e* **LLL** *see* **low-level logic**
L243 *e* **load**
  r 1. нагрузка *f* 2. загрузка *f*
  d 1. Last *f*, Belastung *f* 2. Laden *n*; Beschickung *f*
  f 1. charge *f* 2. chargement *m*
  nl 1. lading *f*, vulling *f* 2. last *m*, belasting *f*
L244 *e* **load aging**
  r старение *n* под нагрузкой; тренировка *f* под нагрузкой
  d Alterung *f* unter Last
  f vieillissement *m* en charge
  nl oudering *f* onder belasting
L245 *e* **load capacitor**
  r нагрузочный конденсатор *m*
  d Lastkondensator *m*
  f condensateur *m* de charge
  nl belastingscondensator *m*
L246 *e* **load chamber**
  r загрузочная камера *f*
  d Ladekammer *f*
  f chambre *f* de chargement
  nl laadkamer *m*
L247 *e* **load characteristic, load curve**
  r нагрузочная характеристика *f*
  d Belastungskurve *f*, Lastkennlinie *f*, Lastcharakteristik *f*
  f caractéristique *f* de chargement
  nl belastingskarakteristiek *f*, belastingscurve *f (m)*
L248 *e* **load-driving capability**
  r нагрузочная способность *f*
  d Belastungsfähigkeit *f*, Belastbarkeit *f*
  f capabilité *f* de chargement
  nl stuurvermogen *n*, belastbaarheid *f*
L249 *e* **loaded board**
  r смонтированная (печатная) плата *f*
  d bestückte Leiterplatte *f*
  f carte *f* montée
  nl (met onderdelen) bezette print(plaat) *m (f (m))*
L250 *e* **loader**
  r загрузочное устройство *n*, загрузчик *m*
  d Lader *m*; Beschickungseinrichtung *f*, Ladegerät *n*
  f chargeur *m*
  nl lader *m*, (bij)vuller *m*, aanvoerinrichting *f*
L251 *e* **loading**
  r 1. загрузка *f* 2. монтаж *m*; установка *f (компонентов на плату)*
  d 1. Laden *n*; Beschickung *f* 2. Bestückung *f*
  f 1. chargement *m*; alimentation *f* 2. insertion *f (des composants sur carte)*
  nl 1. laden *n*, (bij)vullen *n*, aanvoeren *n* 2. onderdelen aanbrengen *n*

L252 *e* **loading factor**
　r коэффициент *m* загрузки
　d Belastungsfaktor *m*, Lastfaktor *m*
　f facteur *m* de chargement
　nl belastingsfactor *m*

L253 *e* **loading hopper**
　r бункер *m*; загрузочная воронка *f*
　d Hopper *m*, Beschickungstrichter *m*
　f puits *m* de chargement
　nl (bij)vultrechter *m*, aanvoertrechter *m*, hopper *m*

L254 *e* **loading machine** *see* **loader**

L255 *e* **load line** *see* **load characteristic**

L256 *e* **load lock**
　r загрузочный шлюз *m*
　d Ladeschleuse *f*
　f verrou *m* de chargement
　nl laadsluis *f (m)*

L257 *e* **load position**
　r позиция *f* загрузки
　d Ladestellung *f*, Ladeposition *f*, Beschickungsposition *f*; Zuführungsposition *f*
　f position *f* de chargement
　nl laadpositie *f*, aanvoerpositie *f*, toevoerpositie *f*

L258 *e* **load rating**
　r номинальная нагрузка *f*
　d Nennlast *f*
　f charge *f* nominale
　nl nominale belasting(swaarde) *f (f)*

L259 *e* **load resistance**
　r нагрузочное сопротивление *n*
　d Belastungswiderstand *m*, Lastwiderstand *m*
　f résistance *f* de charge
　nl belastingsweerstand *m*

L260 *e* **load transistor**
　r нагрузочный транзистор *m*
　d Lasttransistor *m*
　f transistor *m* de charge
　nl belastingstransistor *m*

L261 *e* **LOBOS** *see* **local buried-oxide isolation**

L262 *e* **local buried-oxide isolation**
　r локальная изоляция *f* углублённым оксидом
　d lokale Isolation *f* durch vergrabenes Oxid *n*
　f isolation *f* locale par oxyde fondu
　nl plaatselijke isolatie *f* door verzonken oxyde, LOBOS *f*

L263 *e* **local epitaxy**
　r локальная эпитаксия *f*
　d lokale Epitaxie *f*
　f épitaxie *f* localisée
　nl plaatselijke epitaxie *f*

L264 *e* **local etching**
　r локальное травление *n*
　d lokales Ätzen *n*
　f décapage *m* localisé
　nl plaatselijk etsen *n*

L265 *e* **localized diffusion**
　r локальная диффузия *f*
　d lokale Diffusion *f*
　f diffusion *f* localisée
　nl plaatsbepaalde [(nauwkeurig) afgebakende] diffusie *f*

L266 *e* **localized doping**
　r локальное легирование *n*
　d lokale Dotierung *f*
　f dopage *m* localisé
　nl plaatsbepaalde [(nauwkeurig) afgebakende] dotering *f*

L267 *e* **local oxidation of silicon**
　r локальное оксидирование *n* кремния
　d Lokaloxydation *f* von Silizium
　f oxydation *f* localisée du silicium
　nl plaatselijke oxydatie *f* van silicium, LOCOS *f*

L268 *e* **local oxidation of silicon-on-sapphire**
　r локальное оксидирование *n* кремния на сапфире
　d lokale Oxydation *f* von Silizium auf Saphir
　f oxydation *f* localisée du silicium-sur-saphir
　nl plaatselijke oxydatie *f* van silicium-op-saffier [SOS], LOSOS *f*

L269 *e* **LOCEP** *see* **local epitaxy**

L270 *e* **lock**
　r 1. шлюз *m* (вакуумной камеры) 2. блокировка *f*; запирание *n*
　d 1. Schleuse *f* 2. Blockierung *f*, Verriegelung *f*
　f 1. verrou *m* 2. blocage *m*, verrouillage *m*
　nl 1. sluis *f (m)* 2. blokkering *f*, vergrendeling *f*

L271 *e* **lock chamber**
　r шлюзовая камера *f*
　d Schleusenkammer *f*
　f chambre *f* à verrou
　nl sluisruimte *f*

L272 *e* **lockout**
　r блокировка *f*; запирание *n*
　d Blockierung *f*; Verriegelung *f*
　f blocage *m*; verrouillage *m*
　nl uitsluiting *f*, blokkering *f*, vergrendeling *f*

L273 *e* **LOCOS** *see* **local oxidation of silicon**

L274 *e* **logic**
　r 1. логика *f* 2. логические схемы *f pl*, логика *f*
　d Logik *f*
　f logique *f*
　nl logica *f*

L275 *e* **logical block**
　r логический блок *m*
　d Logikblock *m*
　f bloc *m* logique
　nl logicablok *n*, logicabouwsteen *m*

L276 *e* **logical function**
　r логическая функция *f*
　d logische Funktion *f*

LOGICAL

  f fonction *f* logique
  nl logica-functie *f*

L277 *e* **logical one**
  r логическая «1» *f*
  d logische Eins *f*
  f un *m* logique
  nl logische een *m*

L278 *e* **logical one voltage**
  r напряжение *n* логической «1»
  d «logisch-1»-Potential *n*
  f tension *f* d'un logique
  nl logische-een-potentiaal *m*

L279 *e* **logical operation**
  r логическая операция *f*
  d logische Operation *f*
  f opération *f* logique
  nl logische bewerking *f* [operatie *f*]

L280 *e* **logical zero**
  r логический «0» *m*
  d logische Null *f*
  f zéro *m* logique
  nl logische nul *m*

L281 *e* **logical zero voltage**
  r напряжение *n* логического «0»
  d «logisch-0»-Potential *n*
  f tension *f* de zéro logigue
  nl logische-nul-potentiaal *m*

L282 *e* **logic array**
  r логическая матрица *f*, матрица *f* логических элементов *(тип базового матричного кристалла)*
  d Logikmatrix *f*
  f réseau *m* logique
  nl logicamatrix *f*

L283 *e* **logic array device**
  r логическая матричная ИС *f*
  d logischer Matrixschaltkreis *m*
  f circuit *m* logique matriciel
  nl logica-matrixbouwsteen *m*

L284 *e* **logic cell**
  r логический элемент *m*; логическая ячейка *f*
  d logisches Element *n*; Logikzelle *f*
  f élément *m* logique; cellule *f* logique
  nl logica-cel *f (m)*

L285 *e* **logic chip** *see* **logic integrated circuit**

L286 *e* **logic circuit**
  r логическая схема *f*
  d Logikschaltung *f*
  f circuit *m* logique
  nl logicaschakeling *f*

L287 *e* **logic complexity**
  r логическая сложность *f*; степень *f* интеграции логической ИС
  d logische Komplexität *f*
  f complexité *f* logique
  nl (specifiek) poortental *m*

L288 *e* **logic design**
  r логическое проектирование *n*
  d logischer Entwurf *m*
  f conception *f* logique
  nl logisch concept *n*, functioneel ontwerp *n*

L289 *e* **logic element**
  r логический элемент *m*
  d logisches Element *n*
  f élément *m* logique
  nl logica-(functie-)element *n*

L290 *e* **logic family**
  r серия *f* логических ИС
  d Logikfamilie *f*
  f famille *f* logique
  nl logica-familie *f*, logica-typenreeks *f (m)*

L291 *e* **logic flowchart**
  r логическая блок-схема *f*
  d logisches Flußdiagramm *n*
  f organigramme *m* logique
  nl logica-stroomdiagram *n*

L292 *e* **logic gate**
  r логический элемент *m*; логическая схема *f*
  d Logikgatter *n*
  f porte *f* logique
  nl logicapoort *f (m)*

L293 *e* **logic glue**
  r логические интерфейсные ИС *f pl*
  d logische Interfaceschaltungen *f pl*
  f logique *f* d'interface
  nl logica *f* als verbindende schakel

L294 *e* **logic integrated circuit, logic integration**
  r логическая ИС *f*
  d integrierte Logikschaltung *f*
  f circuit *m* intégré logique
  nl geïntegreerde logicaschakeling *f*, logica-IC *n*

L295 *e* **logic level**
  r логический уровень *m*
  d Logikpegel *m*
  f niveau *m* logique
  nl logisch niveau *n*

L296 *e* **logic probe**
  r (много)зондовая установка *f* для проверки логических ИС
  d Logiktastkopf *m*, Logiktester *m*
  f testeur *m* multisonde des circuits logiques
  nl logicatestpen *f (m)*

L297 *e* **logic simulation**
  r логическое моделирование *n*
  d Logiksimulation *f*
  f simulation *f* logique
  nl logicasimulatie *f*

L298 *e* **logic switch**
  r логический ключ *m*, логическая переключательная схема *f*
  d Logikschalter *m*
  f commutateur *m* logique
  nl logicaschakelaar *m*

L299 *e* **logic tester**
  r испытательная установка *f* для логических ИС, тестер *m* логических ИС
  d Logiktester *m*
  f testeur *m* des circuits logiques
  nl logicatester *m*

L300 *e* **longitudinal slicer**
    r установка *f* для резки полупроводниковых слитков вдоль продольной оси
    d Anlage *f* zum Längszerteilen von Wafern
    f machine *f* de découpage longitudinal des lingots
    nl in de lengte werkende plakkensnijmachine *f*

L301 *e* **long lifetime**
    r большое время *n* жизни *(носителей заряда)*
    d lange Lebensdauer *f*
    f vie *f* longue
    nl lange levensduur *m*

L302 *e* **long-term drift**
    r долговременный дрейф *m*
    d Langzeitdrift *f*
    f dérive *f* à vie longue
    nl lange-duurverloop *n*

L303 *e* **loop**
    r 1. петля *f*; контур *m* 2. кольцевой регистр *m* (в ЗУ на ЦМД)
    d Schleife *f*
    f boucle *f*
    nl lus *f (m)*, (regel)kring *f*

L304 *e* **loose defect**
    r несвязанный дефект *m*
    d lose Fehlstelle *f*
    f défaut *m* non connecté
    nl loze (kristalrooster)fout *f (m)*

L305 *e* **LOSOS** *see* **local oxidation of silicon-on-sapphire**

L306 *e* **low-bandgap material**
    r узкозонный материал *m*, материал *m* с узкой запрещённой (энергетической) зоной
    d Material *n* mit schmalem Bandabstand
    f matériau *m* à bande interdite étroite
    nl materiaal *n* met kleine bandafstand

L307 *e* **low-concentration doping**
    r слабое легирование *n*
    d schwache Dotierung *f*
    f dopage *m* à basse concentration
    nl dotering *f* met lage concentratie, zwakke dotering *f*

L308 *e* **low-density IC**
    r ИС *f* с низкой плотностью упаковки элементов
    d Schaltkreis *m* mit geringer Packungsdichte
    f circuit *m* intégré à basse compacité (d'éléments)
    nl laagbezet IC *n*

L309 *e* **low diffuser**
    r диффузант *m* с низким коэффициентом диффузии
    d schwacher Diffusant *m*
    d diffusant *m* à faible diffusivité
    nl zwakke diffusiestof *f (m)*

L310 *e* **low-dosage ion implantation**
    r слабодозированная ионная имплантация *f*
    d Niederdosisimplantation *f*
    f implantation *f* ionique à basse dose
    nl laaggedoseerde ionenimplantatie *f*

L311 *e* **low electron affinity**
    r слабое сродство *n* к электрону
    d schwache Elektronenaffinität *f*
    f basse affinité *f* électronique
    nl lage elektronenaffiniteit *f*

L312 *e* **low-end microprocessor**
    r микропроцессор *m* широкого применения
    d Low-End-Mikroprozessor *m*, Mikroprozessor *m* für das untere Ende des Anforderungsspektrums
    f microprocesseur *m* bas de gamme
    nl microprocessor *m* voor weinig-eisende toepassingen

L313 *e* **low-energy gap**
    r узкая запрещённая энергетическая зона *f*
    d schmaler Bandabstand *m*
    f bande *f* interdite étroite
    nl klein energie-interval *n*

L314 *e* **low-energy ion implantation**
    r имплантация *f* ионов низкой энергии
    d Implantation *f* von Ionen niedriger Energien
    f implantation *f* d'ions de basse énergie
    nl laag-energetische ionenimplantatie *f*

L315 *e* **low-energy logic**
    r маломощные логические схемы *f pl*
    d Low-Power-Logik *f*, Kleinleistungslogik *f*
    f logique *f* à faible consommation
    nl energie-zuinige logica *f*

L316 *e* **low-frequency furnace**
    r низкочастотная печь *f*
    d Niederfrequenzofen *m*
    f four *m* à basse fréquence
    nl laagfrequent-oven *m*, LF-oven *m*

L317 *e* **low-gain transistor**
    r транзистор *m* с низким коэффициентом усиления
    d Transistor *m* niedriger Verstärkung
    f transistor *m* à bas gain
    nl laagversterkende transistor *m*

L318 *e* **low input**
    r входной сигнал *m* низкого уровня
    d Eingangssignal *n* mit niedrigem Pegel, L-Eingangssignal *n*
    f entrée *f* de bas niveau
    nl laag ingangssignaal *n*, ingang(sstaat)-laag *m*, L-ingang *m* (*logicabouwsteen*)

L319 *e* **low-level injection**
    r слабая инжекция *f*
    d schwache Injektion *f*
    f injection *f* de bas niveau
    nl zwakke injectie(stroom) *f (m)*

L320 e **low-level logic**
  r логические схемы *f pl* с низкими логическими уровнями
  d leistungsarme Logik *f*, Logik *f* mit niedrigem Signalpegel
  f logique *f* à bas niveau
  nl laagniveau-logica *f*

L321 e **low lifetime**
  r малое время *n* жизни (*носителей заряда*)
  d kurze Lebensdauer *f*
  f vie *f* courte
  nl geringe levensduur *m*

L322 e **low-mobility layer**
  r слой *m* с низкой подвижностью носителей заряда
  d Schicht *f* mit geringer Trägerbeweglichkeit
  f couche *f* à basse mobilité des porteurs de charge
  nl laag *f (m)* met geringe ladingdragerbeweeglijkheid

L323 e **low-mobility semiconductor**
  r полупроводник *m* с низкой подвижностью носителей заряда
  d Halbleiter *m* mit geringer Trägerbeweglichkeit
  f semi-conducteur *m* à basse mobilité des porteurs de charge
  nl halfgeleider *m* met geringe ladingdragerbeweeglijkheid

L324 e **low-noise circuit**
  r малошумящая схема *f*
  d rauscharme Schaltung *f*
  f circuit *m* à faible bruit
  nl schakeling *f* voor laag stoorniveau

L325 e **low-ohmic semiconductor**
  r низкоомный полупроводник *m*
  d niederohmiger Halbleiter *m*
  f semi-conducteur *m* à basse résistivité
  nl laagohmige halfgeleider *m*

L326 e **low-power consumption**
  r низкое потребление *n* мощности
  d geringe Leistungsaufnahme *f*
  f faible consommation *f (de puissance)*
  nl geringe vermogensopname *f (m)*, laag verbruik *n*

L327 e **low-power DTL**
  r маломощные диодно-транзисторные логические схемы *f pl*
  d Low-Power-DTL *f*, leistungsarme DTL *f*
  f circuits *m pl* DTL à faible consommation
  nl laagverbruik-DTL *f*

L328 e **low-power Schottky TTL**
  r маломощные транзисторно-транзисторные логические схемы *f pl* с диодами Шотки
  d Low-Power-Schottky-TTL *f*, leistungsarme Schottky-TTL *f*
  f logique *f* Schottky tout à transistors à faible consommation
  nl laagverbruik-Schottky-TTL *f*, LS(P)TTL *f*

L329 e **low-power transistor**
  r маломощный транзистор *m*
  d Kleinleistungstransistor *m*
  f transistor *m* à faible consommation
  nl kleinvermogen-transistor *m*

L330 e **low-pressure chemical vapor deposition**
  r химическое осаждение *n* из паровой фазы при низком давлении
  d Niederdruck-CVD *f*
  f déposition *f* chimique en phase vapeur sous basse pression
  nl lagedruk-CVD *f*

L331 e **low-pressure epitaxial growth**
  r эпитаксиальное выращивание *n* при низком давлении
  d Niederdruckepitaxie *f*, epitaxiales Aufwachsen *n* beim Niederdruck
  f croissance *f* épitaxiale sous basse pression
  nl epitaxiale (op)groei *m* bij lage druk, lagedruk-epitaxie *f*

L332 e **low-pressure triode method**
  r триодный метод *m* ионного распыления при низком давлении
  d Niederdrucktriodenzerstäubung *f*
  f méthode *f* triode de pulvérisation ionique sous basse pression
  nl lagedruk-triodeverstuiving *f*

L333 e **low-profile integrated circuit**
  r ИС *f* в малогабаритном корпусе
  d integrierte Schaltung *f* im SO-Gehäuse
  f circuit *m* intégré en petit boîtier
  nl IC *n* [geïntegreerde schakeling *f*] met geringe bouwhoogte

L334 e **low-profile package**
  r малогабаритный корпус *m*; микрокорпус *m*
  d SO-Gehäuse *n*
  f petit boîtier *m*; microboîtier *m*
  nl behuizing *f* met geringe bouwhoogte

L335 e **low-resistance semiconductor** *see* **low-ohmic semiconductor**

L336 e **low-resistivity material**
  r низкоомный материал *m*, материал *m* с низким удельным сопротивлением
  d niederohmiges Material *n*
  f matériau *m* à basse résistivité
  nl materiaal *n* met lage resistiviteit [specifieke weerstand], laag-resistief material *n*

L337 e **low-resistivity region**
  r низкоомная область *f*
  d niederohmiges Gebiet *n*
  f région *f* à basse résistivité
  nl zone *f (m)* met lage resistiviteit [specifieke weerstand], laag-resistieve zone *f (m)*

L338 e **low resolution**
  r низкая разрешающая способность *f*
  d geringe Auflösung *f*
  f basse résolution *f*

  nl laag oplossend [scheidend] vermogen *n*, lage resolutie *f*

L339 *e* **low-resolution registration**
  r совмещение *n* с низким разрешением
  d Justierung *f* mit geringer Auflösung
  f recouvrement *m* [alignement *m*] à basse résolution
  nl uitlijning *f* met geringe nauwkeurigheid

L340 *e* **low-speed logic**
  r логические схемы *f pl* с низким быстродействием
  d langsame Logik *f*
  f logique *f* à basse rapidité
  nl langzame logica *f*

L341 *e* **low-temperature coefficient resistor**
  r резистор *m* с низким температурным коэффициентом сопротивления, резистор *m* с низким ТКС
  d Widerstand *m* mit niedrigem Widerstandstemperaturkoeffizenten
  f résistor *m* à bas coefficient de température
  nl weerstand *m* met lage temperatuurcoëfficiënt

L342 *e* **low-temperature epitaxy**
  r низкотемпературная эпитаксия *f*
  d Niedrigtemperaturepitaxie *f*
  f épitaxie *f* à basse température
  nl lage-temperatuur-epitaxie *f*

L343 *e* **low-temperature oxidation**
  r низкотемпературное оксидирование *n*
  d Niedrigtemperaturoxydation *f*
  f oxydation *f* à basse température
  nl lage-temperatuur-oxydatie *f*

L344 *e* **low-temperature oxide**
  r низкотемпературный оксид *m*, оксид *m*, сформированный низкотемпературным оксидированием
  d Niedrigtemperaturoxid *n*
  f oxyde *m* de basse température
  nl lage-temperatuur-oxyde *n*

L345 *e* **low-temperature passivation**
  r низкотемпературная пассивация *f*
  d Niedrigtemperaturpassivierung *f*
  f passivation *f* sous basse température
  nl lage-temperatuur-passivering *f*

L346 *e* **low-temperature vapor deposition**
  r низкотемпературное осаждение *n* из паровой фазы
  d Tieftemperaturdampfabscheidung *f*
  f déposition *f* en phase vapeur à basse température
  nl lage-temperatuur-opdamping *f*

L347 *e* **low-threshold MOS**
  r МОП-структура *f* с низким пороговым напряжением
  d MOS-Struktur *f* mit niedriger Schwellspannung
  f structure *f* MOS à basse tension de seuil
  nl MOS *m* met lage (spannings)drempel

L348 *e* **low-work function metal**
  r металл *m* с низкой работой выхода
  d Metall *n* mit geringer Austrittsarbeit
  f métal *m* à bas travail de sortie des électrons
  nl metaal *n* met geringe uitree-arbeid

L349 *e* **low yielding wafer**
  r полупроводниковая пластина *f* с низким выходом годных кристаллов
  d Wafer *m* mit geringer Chipausbeute
  f tranche *f* à bas rendement des puces
  nl wafel *f (m)* met geringe chips-opbrengst

L350 *e* **LP** *see* **leadless package**

L351 *e* **LPCVD** *see* **low-pressure chemical vapor deposition**

L352 *e* **LPDTL** *see* **low-power DTL**

L353 *e* **LPE** *see* **liquid-phase epitaxy**

L354 *e* **LPSTTL** *see* **low-power Schottky TTL**

L355 *e* **LSA** *see* **limited space-charge accumulation**

L356 *e* **LSA mode**
  r режим *m* с ограниченным накоплением объёмного заряда, ОНОЗ-режим *m*
  d LSA-Mode *m*
  f mode *m* LSA [à accumulation limitée de charge d'espace]
  nl LSA-werkwijze *f*

L357 *e* **LSHI** *see* **large-scale hybrid integration**

L358 *e* **LSHIC** *see* **large-scale hybrid integrated circuit**

L359 *e* **LSI** *see* **large-scale integration**

L360 *e* **LSIC** *see* **large-scale integrated circuit**

L361 *e* **LSI chip**
  r кристалл *m* БИС
  d LSI-Chip *n*, Chip *n* mit hochintegriertem Schaltkreis
  f puce *f* LSI [de circuit intégré à large échelle]
  nl LSI-chip *m*, chip *m* met zeer complexe schakeling

L362 *e* **LSI/DRA** *see* **large-scale integration/discretionary routed array**

L363 *e* **LSI/FIP** *see* **large-scale integration/fixed-interconnection pattern**

L364 *e* **LSI level**
  r степень *f* интеграции, соответствующая БИС
  d LSI-Komplexitätsgrad *m*
  f niveau *m* de complexité LSI [de circuit intégré à large échelle]
  nl LSI-complexiteitsgraad *m*

L365 *e* **LSI linear**
  r линейная БИС *f*
  d linearer LSI-Schaltkreis *m*
  f LSI [circuit *m* intégré à large échelle] linéaire
  nl lineaire LSI-schakeling *f*

L366 *e* **LSI logic**
  r логические БИС *f pl*
  d logische LSI-Schaltkreise *m pl*

LSI

- f logique f à large échelle
- nl zeer complexe logica f, LSI-logica f

L367 e **LSI microprocessor**
- r БИС f микропроцессора
- d LSI-Mikroprozessor m
- f LSI [circuit m intégré à large échelle] du microprocesseur
- nl zeer complexe microprocessor m, LSI-microprocessor m

L368 e **LSI modem**
- r БИС f модема
- d LSI-Modem m
- f LSI [circuit m intégré à large échelle] du modem
- nl LSI-modem n

L369 e **LSI process** see **LSI technology**

L370 e **LSI surface levelling**
- r выравнивание n поверхности пластины при изготовлении БИС
- d Einebnen n der Oberfläche von Halbleiterscheiben bei der Herstellung der LSI-Schaltkreise
- f égalisation f de la surface de pastille pour circuit intégré à large échelle
- nl oppervlakten-nivellering f bij LSI-fabricage

L371 e **LSI technology**
- r технология f БИС
- d LSI- Technologie f
- f technologie f d'intégration à grande échelle
- nl LSI-technologie f

L372 e **LSL** see **low-speed logic**

L373 e **LTO** see **low-temperature oxide**

L374 e **LTP** see **low-temperature passivation**

L375 e **lumped(-constant) circuit**
- r схема f с сосредоточенными параметрами
- d Schaltung f mit konzentrierten Parametern
- f circuit m à paramètres localisés [concentrés]
- nl schakeling f met geconcentreerde parameters

L376 e **LWT** see **laser wafer trim(ming)**

M

M1 e **machining**
- r (механическая) обработка f
- d maschinelle Bearbeitung f; spanende Bearbeitung f
- f usinage m
- nl 1. machinale bewerking f 2. machinale verspaning f (kunststof)

M2 e **macroblock**
- r макроблок m; большая ячейка f, макроячейка f (в базовом матричном кристалле)
- d Makroblock m
- f macrobloc m
- nl macroblok n

M3 e **Macrocell**
- r 1. большая ячейка f, макроячейка f (в базовом матричном кристалле) 2. базовый матричный кристалл m с большими ячейками
- d Makrozelle f
- f macrocellule f
- nl Macrocel f (m)

M4 e **Macrocell approach**
- r метод m базового матричного кристалла с большими ячейками
- d Makrozellentechnik f
- f technique f de macrocellule
- nl Macrocel-methode f

M5 e **Macrocell array**
- r матрица f больших ячеек (базовый матричный кристалл с большими ячейками)
- d Makrozellenmatrix f
- f réseau m des macrocellules
- nl Macrocel-matrix f

M6 e **Macrocell package**
- r корпус m для матричной ИС с макроячейками
- d Makrozellengehäuse n
- f boîtier m de macrocellule
- nl Macrocel-behuizing f

M7 e **made-to-order integrated circuit**
- r заказная ИС f
- d Kundenwunschschaltkreis m, kundenspezifisches IC n
- f circuit m intégré à la demande
- nl in opdracht [volgens klantespecs] gemaakt IC n

M8 e **MADOS** see **magnetic domain storage**

M9 e **magazine**
- r магазин m; кассета f
- d Magazin n
- f magasin m; cassette f
- nl magazijn n

M10 e **magnetic-bubble device**
- r устройство n на ЦМД
- d Magnetblassenbaustein m
- f disposiitif m à bulles magnétiques
- nl magneetbellen-bouwsteen m

M11 e **magnetic-bubble domain**
- r цилиндрический магнитный домен m, ЦМД
- d Magnetblasendomäne f
- f bulle f magnétique, domaine m magnétique cylindrique
- nl magneetbellendomein n

M12 e **magnetic-bubble domain chip**
- r 1. кристалл m устройства на ЦМД 2. ИС f устройства на ЦМД
- d Magnetblasendomänenchip n
- f puce f à bulles magnétiques
- nl magneetbellen-chip m

MANUFACTURABILLITY

M13 *e* **magnetic-bubble memory, magnetic-domain storage**
   r ЗУ *n* на ЦМД
   d Magnetblasenspeicher *m*
   f mémoire *f* à bulles magnétiques
   nl magneetbellengeheugen *n*

M14 *e* **magnetic-field-applied LEC**
   r метод *m* Чохральского с использованием полного обволакивания расплава инертной жидкостью в магнитном поле
   d Magnetfeld-LEC-Verfahren *n*
   f procédé *m* LEC au champ magnétique
   nl magneetveld-LEC-techniek *f*

M15 *e* **magnetics**
   r магнитоэлектроника *f*
   d Magnetoelektronik *f*
   f magnéto-électronique *f*
   nl 1. magnetisme *n*, magnetische verschijnselen *n pl* 2. (leer van de) magneto-elektronica *f*

M16 *e* **magnetic semiconductor**
   r магнитный полупроводник *m*
   d magnetischer Halbleiter *m*
   f semi-conducteur *m* magnétique
   nl magnetischgevoelige halfgeleider *m*

M17 *e* **magnetic-static wave**
   r магнитостатическая волна *f*
   d magnetostatische Welle *f*
   f onde *f* magnétostatique
   nl magnetostatische golf *f (m)*

M18 *e* **magnetoacoustic delay line**
   r магнитоакустическая линия *f* задержки
   d magnetoakustische Verzögerungsleitung *f*
   f ligne *f* de retard magnéto-acoustique
   nl magneto-akoestische vertragingslijn *f (m)*

M19 *e* **magnetooptic memory**
   r магнитооптическое ЗУ *n*
   d magnetooptischer Speicher *m*
   f mémoire *f* magnéto-optique
   nl magneto-optische geheugen *n*

M20 *e* **magnetoresistive effect**
   r магниторезистивный эффект *m*, эффект *m* Гаусса
   d Magnetowiderstandseffekt *m*
   f effet *m* magnétique en résistance
   nl magnetoresistief effect *n*

M21 *e* **magnetostatic volume wave**
   r магнитостатическая объёмная волна *f*
   d magnetostatische Raumwelle *f*
   f onde *f* de volume magnétostatique
   nl magnetostatische volumegolf *f (m)*

M22 *e* **magnetostatic-wave device**
   r прибор *m* на магнитостатических волнах
   d MSW-Bauelement *n*
   f dispositif *m* à ondes magnétostatiques
   nl magnetostatischegolf-bouwsteen *m*

M23 *e* **magnetostriction transducer**
   r магнитострикционный преобразователь *m*
   d Magnetostriktionswandler *m*
   f tra(ns)ducteur *m* de magnétostriction
   nl magnetostrictie-omvormer *m*

M24 *e* **magnetron ion etcher**
   r установка *f* ионного травления магнетронного типа
   d Magnetronionenstrahlätzer *m*
   f machine *f* à décapage ionique en magnétron
   nl magnetron-ionenstraaletser *m*

M25 *e* **magnetron sputtering**
   r магнетронное распыление *n*
   d Magnetronzerstäubung *f*
   f pulvérisation *f* de magnétron
   nl magnetronverstuiving *f*

M26 *e* **maintainability**
   r ремонтопригодность *f*
   d Reparaturfähigkeit *f*
   f maintenabilité *f*
   nl onderhoudbaarheid *f*

M27 *e* **majority carrier**
   r основной носитель *m* (заряда)
   d Majoritäts(ladungs)träger *m*
   f porteur *m*
   nl meerderheidsladingdrager *m*

M28 *e* **majority(-carrier) current**
   r ток *m* основных носителей
   d Majoritätsträgerstrom *m*
   f courant *m* des porteurs majoritaires
   nl meerderheids(ladingdragers)stroom *m*

M29 *e* **majority gate**
   r элемент *m* мажоритарной логики
   d Majoritätslogikgatter *n*, Mehrheitslogikgatter *n*
   f porte *f* majoritaire
   nl meerderheids(logica)poort *f (m)*

M30 *e* **majority logic**
   r мажоритарная логика *f*
   d Majoritätslogik *f*, Mehrheitslogik *f*
   f logique *f* majoritaire
   nl meerderheidslogica *f*

M31 *e* **malfunction**
   r нарушение *n* работоспособности; сбой *m*
   d Funktionsstörung *f*, Fehlfunktion *f*
   f défaillance *f*; panne *f*
   nl storing *f*

M32 *e* **manual insertion**
   r ручной монтаж *m*
   d manuelle Bestückung *f*
   f montage *m* à la main, insertion *f* manuelle
   nl met de hand [handmatig] insteken *n*

M33 *e* **manufacturability**
   r технологичность *f*
   d Fertigungsmöglichkeit *f*, Herstellbarkeit *f*
   f manufacturabilité *f*
   nl fabriceerbaarheid *f*

MANUFACTURING

M34 *e* **manufacturing line**
  r технологическая линия *f*
  d Fertigungslinie *f*
  f ligne *f* de production
  nl fabricagelijn *f (m)*, produktielijn *f (m)*, produktiestraat *f (m)*

M35 *e* **manufacturing method**
  r технологический метод *m*
  d Fertigungsverfahren *n*
  f méthode *f* technologique
  nl fabricagemethode *f*

M36 *e* **many-valley semiconductor**
  r многодолинный полупроводник *m*
  d Mehrtalhalbleiter *m*
  f semi-conducteur *m* multivallée
  nl multidal-halfgeleider *m*

M37 *e* **mapping**
  r планировка *f*; размещение *n* элементов
  d Mapping *n*
  f mappage *m*
  nl in kaart brengen *n*, localiseren *n*

M38 *e* **marginal sharpness**
  r чёткость *f* [резкость *f*] края изображения
  d Randschärfe *f*, Bildrandschärfe *f*
  f définition *f* [netteté *f*] des bords d'image
  nl (beeld) randscherpte *f*

M39 *e* **marker pip**
  r установочный [ориентирующий] знак *m (на корпусе ИС)*
  d Orientierungsmarke *f (am IC-Gehäuse)*
  f marque *f*, marqueur *m* d' orientation *(de boîtier de C.I.)*
  nl oriënteringsmerk(je) *n (n) (op IC-huisje)*

M40 *e* **marking**
  r маркировка *f*, маркирование *n*; клеймение *n*
  d Markierung *f*, Kennzeichnung *f*
  f marquage *m*
  nl markering *f*, merken *n*

M41 *e* **mask**
  r 1. фотошаблон *m*; шаблон *m*; (свободная) маска *f*; трафарет *m* 2. маска *f*, маскирующий слой *m*
  d Maske *f*
  f masque *m*
  nl masker *n*, sjabloon *n*

M42 *e* **mask aligner**
  r установка *f* совмещения (и экспонирования)
  d (Masken) justier- und Belichtungsanlage *f*
  f aligneur *m*
  nl maskeruitlijn- en belichtingsapparaat *n*

M43 *e* **maskant**
  r маскирующий материал *m*
  d Maskierungsmittel *n*
  f masquant *m*
  nl maskeermiddel *n*

M44 *e* **mask artwork**
  r оригинал *m (шаблона)*; фотооригинал *m*
  d Maskenvorlage *f*
  f original *m* de masque
  nl maskermodel *n*, maskerorigineel *n*

M45 *e* **mask blank**
  r пластина *f* для фотошаблона
  d Maskenplatte *f*
  f pastille *f* de masque
  nl (onbewerkte) maskerplaat *f (m)*

M46 *e* **mask carrier**
  r 1. держатель *m* фотошаблона 2. держатель *m* маски
  d Maskenträger *m*
  f support *m* de masque
  nl maskerdrager *m*

M47 *e* **mask cassette**
  r кассета *f* для шаблонов
  d Schablonenkassette *f*
  f cassette *f* de masque
  nl maskercassette *f*

M48 *e* **mask copy**
  r копия *f* шаблона; рабочий шаблон *m*
  d Maskenkopie *f*
  f copie *f* de masque
  nl maskerkopie *f*

M49 *e* **mask definition**
  r формирование *n* изображений фотошаблона
  d Maskenabbildung *f*
  f définition *f* de masque
  nl masker (patroon) fijnheid *f*, maskerdefinitie *f*

M50 *e* **mask degradation**
  r (постепенное) ухудшение *n* качества шаблона
  d Maskenverschlechterung *f*
  f dégradation *f* de masque
  nl maskerachteruitgang *m*, maskerverslechtering *f*

M51 *e* **mask distortion**
  r 1. искривление *n* маски 2. искривление *n* [изгиб *m*] шаблона
  d Maskenverzerrung *f*
  f distorsion *f* de masque
  nl maskervervorming *f*

M52 *e* **masked diffusion**
  r диффузия *f* с использованием маски
  d maskierte Diffusion *f*, Diffusion *f* durch eine Maske [durch ein Oxidfenster]
  f diffusion *f* au travers de masque
  nl diffusie *f* door masker [oxydevenster], maskerdiffusie *f*

M53 *e* **masked ion implantation**
  r ионная имплантация *f* через маску
  d maskierte Ionenimplantation *f*, Ionenimplantation *f* durch eine Maske
  f implantation *f* ionique au travers de masque
  nl ionenimplantatie *f* door masker, masker-ionenimplantatie *f*

MASK

M54   *e* **mask feature**
    r топологический элемент *m* шаблона
    d Maskenstrukturelement *n*, Strukturelement *n* einer Maske
    f élément *m* structural de masque
    nl maskerstructuurelement *n*

M55   *e* **mask holder**
    r держатель *m* шаблона
    d Schablonenhalter *m*
    f support *m* de masque
    nl maskerhouder *m*

M56   *e* **mask hole**
    r окно *n* в маске
    d Maskenöffnung *f*
    f fenêtre *f* de masque
    nl maskeropening *f*

M57   *e* **masking**
    r маскирование *n*
    d Maskierung *f*
    f masquage *m*
    nl maskering *f*

M58   *e* **masking film**
    r маскирующая плёнка *f*
    d Maskierungsfilm *m*
    f film *m* de masquage
    nl maskeerfilm *m*

M59   *e* **masking layer**
    r маскирующий слой *m*, маска *f*
    d Maskierungsschicht *f*
    f couche *f* de masquage
    nl maskeerlaag *f (m)*

M60   *e* **masking oxide**
    r маскирующий оксид *m*
    d Maskierungsoxid *n*
    f oxyde *m* de masquage
    nl maskeeroxyde *n*

M61   *e* **masking pattern**
    r маскирующий рисунок *m (напр. оксидного слоя)*, рисунок *m* маски
    d Maskenstruktur *f*
    f dessin *m* [motif *m*, image *m*] de masque
    nl maskeerpatroon *n*

M62   *e* **masking photoresist**
    r фоторезистная маска *f*, фоторезистный маскирующий слой *m*
    d photoresistive Maskierungsschicht *f*
    d masquage *m* à photorésist
    nl maskerende fotolak *m*

M63   *e* **mask inspection tool**
    r прибор *m* для контроля шаблонов
    d Maskenprüfgerät *n*
    f testeur *m* des masques
    nl maskercontrole-instrument *n*

M64   *e* **maskless ion implantation**
    r безмасочная ионная имплантация *f*
    d unmaskierte Ionenimplantation *f*, Ionenimplantation *f* ohne Maske
    f implantation *f* ionique sans masque
    nl maskerloze ionenimplantatie *f*

M65   *e* **maskless pattern generation**
    r безмасочное формирование *n* изображений *(на резисте)*
    d maskenlose Strukturerzeugung *f*
    f génération *f* d'image sans masque
    nl maskerloze patroonvorming *f* [structurering *f*]

M66   *e* **mask level**
    r слой *m* шаблона
    d Maskenebene *f*
    f couche *f* de masque
    nl maskerlaag *f (m)*

M67   *e* **mask lifetime**
    r срок *m* службы шаблона
    d Maskenlebensdauer *f*
    f durée *f* de vie du masque
    nl maskerlevensduur *m*

M68   *e* **mask lithography**
    r литография *f* для изготовления фотошаблонов
    d Maskenlithografie *f*
    f lithographie *f* de masque
    nl masker-lithografie *f*

M69   *e* **mask-making facilities**
    r оборудование *n* для изготовления шаблонов
    d Ausrüstungen *f pl* für Maskenherstellung; Maskenherstellungsanlage *f*
    f équipement *m* de fabrication des masques
    nl voorzieningen *f pl* voor maskervervaardiging

M70   *e* **mask membrane**
    r мембрана-подложка *f* для шаблона; маскирующая мембрана *f*
    d Maskenmembran *f*
    f membrane *f* de masque
    nl maskermembraan *n*

M71   *e* **mask opening**
    r 1. окно *n* в маске 2. вскрытие *n* окна в маске
    d Maskenöffnung *f*
    f 1. fenêtre *f* de masque 2. ouverture *f* de masque
    nl maskeropening *f*

M72   *e* **mask overlay comparator**
    r оптический компаратор *m* для фотошаблонов
    d Schablonenvergleichsgerät *n*
    f comparateur *m* optique des masques
    nl maskerdekkings-controleapparaat *n*

M73   *e* **mask overlay error**
    r погрешность *f* совмещения между шаблонами
    d Maskenüberdeckungsfehler *m*
    f erreur *m* de superposition des masques
    nl maskerdekkingsfout *f (m)*

M74   *e* **mask pack**
    r упаковка *f* для шаблона
    d Maskenverpackung *f*
    f boîtier *m* de masque
    nl gestapeld stel *n* (bijeenbehorende) maskers, pak *f* maskers

MASK

M75 *e* **mask pattern generator**
    r генератор *m* изображений фотошаблонов
    d Maskenstrukturgenerator *m*
    f générateur *m* d'image des masques
    nl maskerpatroongenerator *m*, maskerpatroonvormer *m*

M76 *e* **mask pattern layout**
    r топология *f* структур шаблона
    d Maskenlayout *n*
    f déposition *f* [topologie *f*] de motif de masque
    nl maskerpatroonontwerp *n*

M77 *e* **mask pellicle** *see* **masking film**

M78 *e* **mask-programmable array**
    r базовый матричный кристалл *m* с масочным программированием
    d maskenprogrammiertes Array *n*
    f réseau *m* programmable par masque
    nl maskerprogrammeerbaar [permanent geprogrammeerd] complex *n*

M79 *e* **mask-programmable chip**
    r кристалл *m* с масочным программированием
    d maskenprogrammiertes Chip *n*
    f puce *f* programmable par masque
    nl maskerprogrammeerbare [permanent geprogrammeerde] chip *m*

M80 *e* **mask-programmable integration**
    r ИС *f* с масочным программированием (на основе базового матричного кристалла)
    d maskenprogrammierter Schaltkreis *m*, maskenprogrammiertes IC *n*
    f circuit *m* intégré programmable par masque
    nl integratie *f* met maskerprogrammering [permanente programmering]

M81 *e* **mask-programmable memory**
    r ЗУ *n* с масочным программированием
    d maskenprogrammierter Speicher *m*
    f mémoire *f* programmable par masque
    nl maskerprogrammeerbaar [permanent geprogrammeerd] geheugen *n*

M82 *e* **mask replication**
    r 1. мультипликация *f* структур фотошаблонов 2. тиражирование фотошаблонов
    d Maskenvervielfältigung *f*
    f 1. multiplication *f* des masques 2. duplication *f* des masques
    nl maskerverveelvoudiging *f*

M83 *e* **mask replicator**
    r фотоповторитель *m*
    d Maskenvervielfältigungsanlage *f*
    f duplicatrice *f* des masques
    nl maskerreplicator *m*

M84 *e* **mask resolution**
    r разрешающая способность *f* маски
    d Maskenauflösungsvermögen *n*
    f résolution *f* de masque
    nl maskerresolutie *f*

M85 *e* **mask scrubber**
    r установка *f* для отмывки и очистки фотошаблонов
    d Wasserspül- und Reinigungsanlage *f* für Masken
    f machine *f* de rinçage et nettoyage des masques
    nl spoel- en reinigingsinstallatie *f* voor maskers

M86 *e* **mask substrate**
    r подложка *f* для фотошаблона
    d Maskensubstrat *n*
    f substrat *m* de masque
    nl maskergrondplaat *f* (*m*), maskersubstraat *n*

M87 *e* **mask superposition error** *see* **mask overlay error**

M88 *e* **mask tolerance**
    r допуск *m* на точность изготовления шаблона
    d Maskentoleranz *f*
    f tolérance *f* de masque
    nl toegestane afwijking *f* in masker, maskertolerantie *f*

M89 *e* **mass bonding**
    r групповое присоединение *n* выводов
    d Simultanbonden *n*
    f connexion *f* en groupe
    nl simultaanmontage *f*

M90 *e* **mass spectrometer**
    r масс-спектрометр *m*
    d Massenspektrometer *m*
    f spectromètre *m* de masse
    nl massaspectrometer *m*

M91 *e* **mass spectroscopy**
    r масс-спектроскопия *f*
    d Massenspektroskopie *f*
    f spectroscopie *f* de masse
    nl massaspectrometrie *f*

M92 *e* **master**
    r 1. оригинал *m* (*фотошаблона*); фотооригинал *m* 2. эталонный фотошаблон *m*
    d Original *n*
    f original *m*
    nl moederexemplaar *n*, origineel *n*, voorbeeld *n*, model *n*

M93 *e* **master artwork**
    r оригинал *m* (*фотошаблона*)
    d Originalvorlage *f*
    f original *m*; cliché *m* (de photomasque)
    nl ontwerptekening *f*, ontwerpmodel *n* voor moeder(masker)

M94 *e* **master drawing**
    r 1. эталонный чертёж *m* 2. оригинал *m* (*фотошаблона*)
    d 1. Leiterbildoriginal *n* 2. Originalvorlage *f*
    f 1. maître-dessin *m* 2. original *m* (de photomasque)
    nl 1. origineel *n* van tekening 2. tekening *f* van moeder(masker)

MEASUREMENT

M95 *e* **master layout**
    r оригинал *m (фотошаблона)*
    d Originalmuster *n*
    f cliché *m (de photomasque)*
    nl 1. origineel *n* van opstellingsplan
    2. opstellingsplan *n* van moeder (masker)

M96 *e* **master mask**
    r эталонный фотошаблон *m*
    d Muttermaske *f*
    f photomasque *m* maître
    nl moedermasker *n*

M97 *e* **master MOS approach**
    r метод *m* базового матричного кристалла с МОП-ячейками
    d Master-MOS-Verfahren *n*
    f technique *f* de tranche maître à structure MOS
    nl master-MOS-procédé *n*

M98 *e* **master plate** *see* **master mask**

M99 *e* **master reticle**
    r 1. эталонный промежуточный фотооригинал *m* 2. эталонный промежуточный фотошаблон *m*
    d Master-Retikel *n*
    f cliché *m* de production d'original
    nl reticule *n* voor moedermasker

M100 *e* **master slice**
    r 1. полупроводниковая пластина *f* с базовыми матричными кристаллами 2. базовый матричный кристалл *m*
    d 1. Stammscheibe *f* 2. Master-Slice *n*, Universalschaltkreis *m*
    f tranche *f* maître
    nl basisversieschijf *f (m)*, master-slice *m*

M101 *e* **masterslice, master-slice**
    r базовый матричный кристалл *m*
    d Master-Slice *n*, Universalschaltkreis *m*
    f tranche *f* maître
    nl master-slice *m*

M102 *e* **masterslice approach**
    r метод *m* базового матричного кристалла
    d Universalschaltkreistechnik *f*, Master-Slice-Technik *f*
    f technique *f* de tranche maître
    nl master-slice benadering *f*

M103 *e* **master-slice array, master-slice chip** *see* **masterslice**

M104 *e* **master-slice integrated circuit**
    r ИС *f* на основе базового матричного кристалла, матричная ИС *f*
    d vorgefertigter Standardschaltkreis *m*
    f circuit *m* intégré sur tranche maître
    nl basisversie-IC *n*, master-slice-IC *n*

M105 *e* **master-slice personalization**
    r специализация *f* базового матричного кристалла; формирование *n* специализированной разводки на базовом матричном кристалле
    d endgültige Standardschaltkreisverdrahtung *(nach Kundenwunsch)*
    f personnalisation *f* de tranche maître
    nl aanpassing *f* van master-slice [definitieve IC-uitvoering] aan klantespecs

M106 *e* **master-slice wafer**
    r полупроводниковая пластина *f* с базовыми матричными кристаллами
    d Stammscheibe *f*
    f pavé *m* semi-conducteur à tranches maîtres
    nl basisversie-wafel *f (m)*, master-slice wafel *f (m)*

M107 *e* **matrix integrated circuit**
    r матричная ИС *f*
    d Matrixschaltkreis *m*
    f circuit *m* intégré matriciel
    nl IC *n* [geïntegreerde schakeling *f*] in matrix-vorm, matrix-IC *n*

M108 *e* **matrix large-scale integration**
    r матричная БИС *f*
    d LSI-Matrixschaltkreis *m*
    f circuit *m* intégré matriciel à large échelle
    nl LSI *f* [grootschalif integratie *f*] in matrix-vorm, matrix-LSI *f*

M109 *e* **MBD** *see* **1. magnetic-bubble device 2. magnetic-bubble domain**

M110 *e* **MBE** *see* **molecular-beam epitaxy**

M111 *e* **MBM** *see* **magnetic-bubble memory**

M112 *e* **MBT** *see* **metal-base transistor**

M113 *e* **MC** *see* **microcircuit**

M114 *e* **MCA** *see* **multichip array**

M115 *e* **MCCD** *see* **meander CCD**

M116 *e* **MCVD** *see* **modified chemical vapor deposition**

M117 *e* **meander CCD**
    r ПЗС *m* с меандровым каналом
    d CCD-Element *n* mit mäanderförmigem Kanal
    f dispositif *m* à couplage de charge à canal type méandre
    nl meandervormig CCD *n*

M118 *e* **mean time between failures**
    r средняя наработка на отказ
    d mittlerer Ausfallabstand *m*, MTBF
    f temps *m* moyen entre défaillances, moyenne *f* de temps de bon fonctionnement
    nl gemiddeld storingsvrij interval *n*, MTBF *m*

M119 *e* **measurement probe**
    r измерительный зонд *m*; (много)зондовая измерительная установка *f*
    d Meßsonde *f*
    f sonde *f* de mesure
    nl meetkop *m*

MEDIUM

M120 e **medium complexity**
  r средняя степень f интеграции
  d mittlere Komplexität f
  f intégration f à moyenne échelle
  nl (middel)matige complexiteit f

M121 e **medium-scale integration**
  r 1. средняя степень f интеграции 2. ИС f со средней степенью интеграции, средняя ИС f, СИС
  d 1. mittlere Integration f, mittlerer Integrationsgrad m, MSI f 2. MSI-Schaltkreis m
  f 1. intégration f à moyenne échelle 2. circuit m intégré à moyenne échelle
  nl middelschaal-integratie f, MSI f

M122 e **megachip, megascale IC**
  r ИС f со степенью интеграции 1 млн. элементов (на кристалле)
  d Megachip n
  f mégapuce f
  nl megachip m, grootschalig IC n

M123 e **MELF** see metal electrode face

M124 e **MELF resistor**
  r безвыводный резистор m с металлическими торцевыми электродами
  d MELF-Widerstand m
  f résistance f MELF
  nl MELF-weerstand m

M125 e **melt**
  r 1. плавка f, плавление n 2. расплав m
  d 1. Schmelzen n, Schmelzung f 2. Schmelze f
  f fusion f
  nl smelt f (m)

M126 e **membrane**
  r мембрана f, плёнка f
  d Membran f
  f membrane f
  nl membraan n

M127 e **membrane mask**
  r мембранный шаблон m (напр. рентгеношаблон)
  d Membranmaske f
  f masque m en membrane
  nl membraanmasker n

M128 e **memory capacitor**
  r запоминающий конденсатор m; накопительный конденсатор m
  d Speicherkondensator m
  f condensateur m de mémoire
  nl geheugencondensator m, geheugencapaciteit f

M129 e **memory chip**
  r 1. кристалл m ИС памяти 2. ИС f памяти
  d Speicherchip n
  f puce f de mémoire
  nl geheugen-chip m

M130 e **memory controller**
  r контроллер m ЗУ
  d Speichercontroller m, Speichersteuereinheit f
  f contrôleur m de la mémoire
  nl geheugenbestuurschakeling f, geheugenbestuurder m

M131 e **memory density**
  r плотность f (размещения) элементов памяти
  d Speicherdichte f, Dichte f der Speicherelemente
  f densité f de placement d'éléments de la mémoire
  nl geheugen (-elementen) dichtheid f

M132 e **memory management chip**
  r ИС f управления памятью
  d Speicherverwaltungschip n
  f circuit m intégré de commande de la mémoire
  nl geheugenbeheer-chip m, geheugenbeheerder m

M133 e **memory mapping**
  r размещение n элементов памяти; планировка f ЗУ (на площади кристалла)
  d Speicheraufteilung f, Speicherbereichszuordnung f, Speicher-Mapping n
  f placement m d'éléments de la mémoire
  nl geheugenplaatsbepaling f

M134 e **memory transistor**
  r запоминающий транзистор m
  d Speichertransistor m
  f transistor m de mémoire
  nl geheugentransistor m

M135 e **merged n-p-n load**
  r нагрузочный n-p-n-транзистор m с функционально-совмещёнными областями
  d npn-Lasttransistor m mit gemischter Struktur
  f transistor m n-p-n de charge à régions superposées par fonctions
  nl tussengevoegde n-p-n belasting f

M136 e **merged structure**
  r интегральная структура f с функционально-совмещёнными областями
  d gemischte Struktur f, Mischstruktur f
  f structure f à régions superposées par fonctions
  nl samengevoegde [tussengevoegde] structuur f

M137 e **merged transistor logic**
  r интегральное инжекционные логические схемы f pl, интегральная инжекционная логика f, И²Л
  d integrierte Injektionslogik f, I²L
  f logique f intégrée à injection
  nl MTL [merged transistor logic] (merknaam voor I²L)

M138 e **mesa-epitaxial approach**
  r мезаэпитаксиальная технология f
  d Mesa-Epitaxietechnik f

METAL

    f technologie *f* mesa-épitaxiale
    nl mesa-epitaxiaal-techniek *f*

M139*e* **mesa etching**
    r вытравливание *n* мезаструктур
    d Mesaätzung *f*
    f décapage *m* de mesa
    nl mesa-etsing *f*

M140*e* **mesa(-like) island**
    r меза-островок *m*
    d Mesainsel *f*
    f mesa-îlot *m*
    nl mesa-(vormig) (eiland(je) *n*

M141*e* **mesa recess**
    r канавка *f* между мезаструктурами
    d Mesagraben *m*
    f rainure *f* de mesa
    nl mesa-holling *f*

M142*e* **mesa structure**
    r мезаструктура *f*
    d Mesastruktur *f*
    f mesa *m*
    nl mesa-structuur *f*

M143*e* **mesa-type transistor**
    r мезатранзистор *m*
    d Mesatransistor *m*
    f transistor *m* mesa
    nl mesatransistor *m*

M144*e* **MESFET** *see* **metallized semiconductor FET, metal-Schottky FET**

M145*e* **mesh emitter**
    r эмиттер *m* ячеистого типа
    d Maschenemitter *m*
    f émetteur *m* en maille
    nl maasvormige emitter *m*

M146*e* **mesh size**
    r размер *m* ячейки сита, номер *m* сита
    d Siebmaschengröße *f*, Maschengröße *f*
    f dimension *f* de maille
    nl maaswijdte *f*

M147*e* **metal-base transistor**
    r транзистор *m* с металлической базой
    d Metallbasistransistor *m*
    f transistor *m* à base métallique
    nl metaalbasis-transistor *m*

M148*e* **metal-ceramic package**
    r металлокерамический корпус *m*
    d Kermetgehäuse *n*, Metallkeramikgehäuse *n*
    f boîtier *m* métal-céramique
    nl cermet-[metaal-keramiek-]behuizing *f*

M149*e* **metal-core board**
    r плата *f* с металлическим основанием
    d Metallkern(leiter)platte *f*
    f carte *f* à base métallique
    nl print(plaat) *m (f (m))* met metalen binnenlaag

M150*e* **metal definition**
    r формирование *n* рисунка в слое металлизации
    d Strukturerzeugung *f* in der Metallisierungsschicht
    f définition *f* de dessin à la couche de métallisation
    nl structuur-[structurerings] fijnheid *f* van metaal (laag)

M151*e* **metal electrode face**
    r торцевой металлический электрод *m (безвыводных резисторов)*
    d MELF-Elektrode *f*
    f électrode *f* MELF
    nl metaal-elektrode contactering *f* bij omgekeerde chip, MELF *f*

M152*e* **metal etch resist**
    r резист *m* для литографии по металлическим плёнкам
    d Metallätzresist *m*, Fotolack *m* für Metallätzung
    f résist *m* pour métallisation
    nl (af) deklak *m* voor metaaletsen

M153*e* **metal evaporation**
    r термовакуумная металлизация *f*
    d Metallverdampfung *f*
    f métallisation *f* sous vide
    nl metaalverdamping *f*

M154*e* **metal evaporator**
    r установка *f* для термовакуумной металлизации
    d Metallverdampfer *m*
    f évaporateur *m* pour métallisation
    nl metaalverdamper *m*

M155*e* **metal-film resistor**
    r металлоплёночный резистор *m*
    d Metallschichtwiderstand *m*
    f résistance *f* métal-film
    nl metaallaagweerstand *m*

M156*e* **metal-gate electrode**
    r металлический электрод *m* затвора; затвор *m (ПЗС)*
    d metallische Gateelektrode *f*
    f électrode *f* métallique de grille
    nl metalen poortelektrode *f*

M157*e* **metal-gate technique**
    r технология *f* МОП ИС с металлическими затворами
    d Metall-Gate-Technik *f*
    f technologie *f* de circuit intégré à transistor MOS à grille métallique
    nl metaalpoorttechniek *f*

M158*e* **metal-gate transistor**
    r МОП-транзистор *m* с металлическим затвором
    d Metall-Gate-Transistor *m*
    f transistor *m* MOS à grille métallique
    nl metaalpoorttransistor *m*

M159*e* **metal-insulator-metal**
    r структура *f* металл — диэлектрик — металл, МДМ-структура *f*
    d MIM-Struktur *f*, Metall-Isolator-Metall-Struktur *f*
    f structure *f* métal-isolant-métal
    nl metaal-isolator-metaal *n*, MIM *n*

METAL

M160 e **metal-insulator-semiconductor**
r структура f металл — диэлектрик — полупроводник, МДП-структура f
d Metall-Isolator-Halbleiter-Struktur f, MIS-Struktur f
f structure f métal-isolant-semi-conducteur
nl metaal-isolator-halfgeleider m, MIS m

M161 e **metal-insulator-semiconductor FET**
r (полевой) МДП-транзистор m
d MISFET m, Metall-Isolator-Halbleiter-Feldeffekttransistor m
f transistor m FET à structure métal-isolant-semi-conducteur
nl metaal-isolator-halfgeleider-FET m [veldeffecttransistor m], MISFET m

M162 e **metallic island**
r металлическая контактная площадка f
d metallische Kontaktfläche f
f plot m métallique de soudure
nl eiland(je) n (n), contactvlak(je) n (n) van metaal

M163 e **metal line**
r металлическая токопроводящая дорожка f
d Metalleitung f, Metalleiterbahn f
f piste f métallique
nl metalen (geleider) spoor n [lijn f (m)]

M164 e **metallization deposition**
r металлизация f, осаждение n плёнки металла
d Metallschichtabscheidung f
f dépôt m par métallisation
nl opbrengen n [opdampen n, depositie f] van metallisatie (laag)

M165 e **metallization mask**
r маска f для формирования рисунка металлизации
d Metallisierungmaske f
f masque m pour métallisation
nl metallisatie(ets)masker n

M166 e **metallization masking**
r маскирование n для формирования (соединительной) металлизации
d Maskierung f für Metallisierung
f masquage m pour métallisation
nl metallisatiemaskering f

M167 e **metallization pattern**
r рисунок m (соединительной) металлизации
d Metallisierungsmuster m
f dessin m [motif m] de métallisation
nl metallisatiepatroon n

M168 e **metallization routing**
r (соединительная) металлизация f; токопроводящие дорожки f pl
d Metalleitungsführung; Metallisierungsbahnen f pl
f routage m par métallisation
nl bepaling f van de loop van de metallisatiebanen, metallisatiebanenroutering f

M169 e **metallized semiconductor FET** see **metal-Schottky FET**

M170 e **metallographical microscope**
r металлографический микроскоп m
d metallographisches Mikroskop n
f microscope m métallographique
nl metallografische microscoop m

M171 e **metallographic section**
r металлографический шлиф m
d metallographischer Schliff m
f coupe f métallographique
nl metallografisch gedeelte n

M172 e **metallo-organic (chemical vapor) deposition**
r химическое осаждение n из паровой фазы металлоорганического соединения
d metallorganische CVD f, MO-CVD f, MOCVD f
f dépôt m chimique en phase vapeur métallo-organique
nl **metallo-organische CVD** f, **MO-CVD** f

M173 e **metallo-organic vapor-phase epitaxy**
r эпитаксия f из паровой фазы металлоорганического соединения
d metallorganische Gasphasenepitaxie f, MOVPE f
f épitaxie f en phase vapeur métallo-organique
nl metallo-organische VPE f [gasfase-epitaxie f], MOVPE f

M174 e **metallurgy**
r 1. металлургия f 2. система f для металлизации
d Metallurgie f
f métallurgie f
nl metallurgie f

M175 e **metal mask**
r 1. металлическая маска f 2. маска f для формирования (соединительной) металлизации
d Metallmaske f
f masque m métallique
nl metaalmasker n

M176 e **metal-nitride-oxide-semiconductor**
r структура f металл — нитрид — оксид — полупроводник m, МНОП-структура f
d MNOS-Struktur f, Metall-Nitrid-Oxid-Halbleiter m
f structure f métal-nitrure-oxyde-semi-conducteur
nl metaal-nitride-oxyde-halfgeleider m, MNOS m

M177 e **metal-nitride-semiconductor**
r структура f металл — нитрид — полупроводник, МНП-структура f
d Metall-Nitrid-Halbleiter-Struktur f, MNS-Struktur f
f structure f métal-nitrure-semi-conducteur
nl metaal-nitride-halfgeleider m, MNS m

M178 e **metal-on-glass mask**

MICRO

    r металлизированный фотошаблон *m*
    d Metall-auf-Glas-Maske *f*
    f masque *m* métal sur verre
    nl metaal-glasmasker *n*

M179*e* **metal-oxide resistor**
    r металлооксидный резистор *m*
    d Metalloxidwiderstand *m*
    f résistance *f* métal-oxyde
    nl metaaloxydeweerstand *m*

M180*e* **metal-oxide-semiconductor**
    r структура *f* металл — оксид — полупроводник, МОП-структура *f*
    d Metall-Oxid-Halbleiter-Struktur *f*, MOS-Struktur *f*
    f structure *f* MOS [métal-oxyde-semi-conducteur]
    nl metaal-oxyde-halfgeleider *m*, MOS *m*

M181*e* **metal-oxide-semiconductor FET**
    r (полевой) МОП-транзистор *m*
    d MOS-Feldeffekttransistor *m*, MOSFET *m*
    f transistor *m* FET à structure MOS
    nl metaal-oxyde-halfgeleider — FET *m*, MOSFET *m*

M182*e* **metal-oxide-semiconductor/silicon-on sapphire**
    r МОП-структура *f* типа «кремний на сапфире»
    d MOS/SOS-Struktur *f*
    f structure *f* MOS silicium-sur-saphire
    nl MOS *m* [metaal-oxyde-halfgeleider *m*]/ SOS *n* [silicium-op-saffier *n*]

M183*e* **metal-oxide-semiconductor transistor load**
    r нагрузочный МОП-транзистор *m*
    d Last-MOSFET *m*
    f transistor *m* MOS de charge
    nl MOS-belastingstransistor *m*

M184*e* **metal photomask**
    r металлизированный фотошаблон *m*
    d metallisierte Fotomaske *f*
    f photomasque *m* métallisé
    nl gemetalliseerd fotomasker *n*

M185*e* **metal quality block**
    r группа *f* элементов (*тестового кристалла*) для контроля металлизации
    d Testeinheit *f* zur Überprüfung der Metalleiterbahnengüte
    f bloc *m* de test de qualité de métallisation
    nl metallisatietestveld *n*

M186*e* **metal-Schottky FET**
    r полевой транзистор *m* с затвором Шотки
    d MESFET *m*, Metall-Halbleiter-Feldeffekttransistor *m*, Schottky-FET *m*
    f transistor *m* FET à grille à barrière métallique
    nl metaal-halfgeleider *m*, Schottky-FET *m*, MESFET *m*

M187*e* **metal screen printing**
    r трафаретная печать *f*
    d Siebdruck *m*
    f impression *f* sérigraphique, sérigraphie *f*
    nl metaalzeefdruk *m*

M188*e* **metal self-aligned process**
    r технология *f* МОП ИС с самосовмещёнными областями
    d MSA-Technik *f*
    f technologie *f* MOS à régions auto-alignées
    nl zelfjusterend metallisatie-procédé *n*

M189*e* **metal-semiconductor barrier**
    r переход *m* металл-полупроводник; барьер *m* Шотки
    d Metall-Halbleiter-Barriere *f*, Metall-Halbleiter-Sperrschicht *f*
    f jonction *f* métal-semi-conducteur, barrière *f* Schottky
    nl Schottky-[metaalhalfgeleider]barrière *f* (*m*)

M190*e* **metal-semiconductor device**
    r прибор *m* с переходом металл — полупроводник; диод *m* Шотки
    d Metall-Halbleiter-Bauelement *n*; Schottky-Diode *f*
    f dispositif *m* à jonction métal-semi-conducteur; diode *f* Schottky
    nl Schottky-[metaal-halfgeleider]bouwsteen *m*

M191*e* **metal-semiconductor interface**
    r граница *f* раздела металл-полупроводник
    d Metall-Helbleiter-Grenzschicht *f*
    f interface *f* métal-semi-conducteur
    nl Schottky-[metaal-halfgeleider]grensvlak *n*

M192*e* **metal-semiconductor junction** *see* **metal-semiconductor barrier**

M193*e* **metal-semiconductor-metal**
    r структура *f* металл—полупроводник—металл
    d Metall-Halbleiter-Metall-Struktur *f*, MSM-Struktur *f*
    f structure *f* métal-semi-conducteur--métal
    nl metaal-halfgeleider-metaal *n*, MSM *n*

M194*e* **metal-silicide interconnection**
    r межсоединение *n* из силицида металла
    d Metall-Silizid-Zwischenverbindung *f*
    f interconnexion *f* en siliciure de métal
    nl metaal-silicide-tussenverbinding *f*

M195*e* **metal system**
    r система *f* для металлизации
    d Metallisierungssystem *n*
    f système *m* de métallisation
    nl metalliseringssysteem *n*

M196*e* **MGT** *see* **metal-gate transistor**

M197*e* **MIC** *see* **1. microwave integrated circuit 2. monolithic integrated circuit**

M198*e* **micro**
    r 1. микропроцессор *m* 2. микроЭВМ *f*
    d 1. Mikroprozessor *m* 2. Mikrocomputer *m*, Mikrorechner *m*

MICROASSEMBLY

  f **1.** microprocesseur *m* **2.** micro-ordinateur *m*
  nl microcomputer *m*, microprocessor *m*

M199*e* **microassembly**
  r микросборка *f*
  d Mikrobaueinheit *f*
  f micro-assemblage *m*
  nl microbouwsteen *m*

M200*e* **microchip**
  r **1.** ИС *f* микропроцессора **2.** ИС *f* микроЭВМ **3.** (микро)кристалл *m*
  d Mikrochip *n*
  f micropuce *f*
  nl micro-chip *m*

M201*e* **microchip resistor**
  r бескорпусный микрорезистор *m*
  d Mikrochipwiderstand *m*
  f résistance *f* en micropuce
  nl microchipweerstand *m*

M202*e* **microcircuit**
  r микросхема *f*; интегральная схема *f*, ИС
  d Mikroschaltkreis *m*, Mikroschaltung *f*
  f microcircuit *m*
  nl microschakeling *f*

M203*e* **microcircuit element**
  r интегральный элемент *m*
  d Mikroschaltungsbauelement *n*
  f élément *m* de microcircuit
  nl microschakelingselement *n*

M204*e* **microcircuit engineering**
  r микросхемотехника *f*
  d Mikroschaltungstechnik *f*
  f microcircuiterie *f*
  nl microschakelingstechniek *f*

M205*e* **microcircuitry**
  r микросхемы *f pl*; интегральные схемы *f pl*
  d Mikroschaltungsanordnungen *f pl*
  f microcircuiterie *f*, microcircuits *m pl*
  nl (samenstel *n* van) microschakelingen *f pl*

M206*e* **micro-cleaned surface**
  r сверхчистая поверхность *f*
  d superreine Oberfläche *f*
  f surface *f* superfinie
  nl microscopisch gereinigd oppervlak *n*

M207*e* **microcoded micro** *see* **microprogrammed micro**

M208*e* **microcomputer**
  r микроЭВМ *f*
  d Mikrocomputer *m*, Mikrorechner *m*
  f circuit *m* intégré de micro-ordinateur
  nl microcomputer *m*

M210*e* **microcontroller**
  r микроконтроллер *m*
  d Mikrocontroller *m*, Mikrosteuerwerk *n*
  f microcontrôleur *m*
  nl microbestuurseenheid *f*, microstuureenheid *f*

M211*e* **microdefinition** *see* **microimaging**

M212*e* **microdiscrete device**
  r дискретный микрокомпонент *m*
  d diskretes Mikrobauelement *n*
  f microcomposant *m* discret
  nl discrete microbouwsteen *m*

M213*e* **microelectronic chemical**
  r химический реактив *m* для микроэлектронной промышленности
  d Reagens *f* für die mikroelektronische Industrie *f*
  f agent *m* chimique de micro-électronique
  nl chemische stof *f (m)* voor micro-elektronica-industrie

M214*e* **microelectronic circuit**
  r интегральная схема *f*, ИС; микросхема *f*
  d mikroelektronischer Schaltkreis *m*
  f microcircuit *m*
  nl micro-elektronische schakeling *f*

M215*e* **microelectronic packaging**
  r сборка *f* и герметизация *f* ИС
  d mikroelektronische Kapselung *f*
  f micro-encapsulation *f*
  nl microminiaturisering *f* in elektronica

M216*e* **microelectronics**
  r **1.** микроэлектроника *f* **2.** интегральные схемы *f pl*; микроэлектронные приборы *m pl*
  d Mikroelektronik *f*
  f micro-électronique *f*
  nl micro-elektronica *f*

M217*e* **microelectronic technology**
  r микроэлектронная технология *f*
  d mikroelektronische Technologie *f*
  f technologie *f* micro-électronique
  nl micro-elektronische technologie *f*

M218*e* **microengine** *see* **micro**

M219*e* **microfabrication**
  r микротехнология *f*; микрообработка *f*
  d Mikrofertigung *f*, Mikroherstellung *f*
  f microproduction *f*; microtraitement *m*
  nl microfabricage *f*

M220*e* **microfilm resistor**
  r плёночный микрорезистор *m*
  d Mikroschichtwiderstand *m*
  f résistance *f* à microcouche
  nl micro-laagweerstand *m*

M221*e* **micrograph**
  r микрофотография *f*, микрофотоснимок *m*
  d Mikrofotografie *f*
  f microphotographie *f*
  nl microfoto *f (m)*, opname *f (m)* via microscoop

M222*e* **microgravity processing**
  r обработка *f (материалов)* в условиях невесомости
  d Bearbeitung *f* unter Schwerelosigkeitsverhältnissen
  f traitement *m* en etat d'apesanteur
  nl bewerking *f* in quasi-gewichtloze toestand

M223 e **microimaging**
 r формирование n рисунка микроструктур
 d Mikroabbildung f, Abbildung f von Mikrostrukturen
 f micro-imagerie f
 nl micro-beeldvorming f, afbeelding f van micro-structuren

M224 e **microinterconnection**
 r межсоединение n (в СБИС)
 d Mikroverbindungsleitung f
 f micro-interconnexion f
 nl micro-verbinding f

M225 e **microinterferometer**
 r микроинтерферометр m (для измерения толщины тонких плёнок)
 d Mikrointerferometer n
 f micro-interféromètre m
 nl micro-interferometer m

M226 e **microlithographic patterning**
 r формирование n рисунка методом микролитографии
 d mikrolithografische Strukturierung f
 f définition f de dessin par microlithographie
 nl micro-lithografische patroonvorming f

M227 e **microlithography**
 r микролитография f
 d Mikrolithografie f
 f microlithographie f
 nl micro-lithografie f

M228 e **micromachining**
 r микрообработка f; прецизионная обработка f
 d Mikrobearbeitung f
 f microtraitement m
 nl machinale micro-bewerking f

M229 e **micromainframe**
 r (универсальная) микроЭВМ f
 d (universaler) Mikrorechner m
 f micro-ordinateur m universel
 nl microcomputer m met prestaties van mainframe, micromainframe n

M230 e **micrometer lithography**
 r литография f для формирования структур с микронными элементами
 d μ-Lithografie f
 f lithographie f de microcomposants
 nl micron-lithografie f

M231 e **microminiaturization**
 r микроминиатюризация f
 d Mikrominiaturisierung f
 f microminiaturisation f
 nl microminiaturisatie f, microminiaturisering f

M232 e **micromodule**
 r микромодуль m
 d Mikromodul m
 f micromodule m
 nl micro-moduul n

M233 e **micron lithography** see **micrometer lithography**

M234 e **micron-scale integrated circuit**
 r ИС f с элементами микронных размеров
 d μ-Schaltkreis m
 f circuit m intégré à échelle micronique
 nl micron-IC n

M235 e **micron-sized geometry**
 r геометрия f ИС с микронными элементами
 d μ-Geometrie f, geometrische Struktur f im Mikrometerbereich
 f géométrie f à dimensions microniques
 nl micron-structuurmaat f (m), micron-geometrie f

M236 e **microoptoelectronics**
 r оптоэлектронные ИС f pl
 d optoelektronische integrierte Schaltungen f pl
 f micro-opto-électronique f
 nl opto-elektronische IC-techniek f

M237 e **micropattern**
 r 1. микрорисунок m 2. микроструктура f
 d 1. Mikromuster n 2. Mikrostruktur f
 f 1. micro-image f 2. microstructure f
 nl micropatroon n

M238 e **micropatterning** see **microimaging**

M239 e **microplacer**
 r установка f для монтажа кристаллов и микрокомпонентов; установка f поверхностного монтажа
 d Mikroplazierungsanlage f
 f microplaceur m
 nl micro-plaatsingsinstallatie f

M240 e **microplating**
 r прецизионное избирательное электролитическое осаждение n
 d Mikrobeschichtung f
 f microdéposition f
 nl micro-platering f

M241 e **micropositioner**
 r устройство n прецизионного позиционирования
 d Feinpositionierer m
 f micropositionneur m
 nl micro-positioneerder m

M242 e **micropositioning table**
 r координатный стол m для прецизионного позиционирования
 d Feinpositioniertisch m
 f table f de micropositionnement
 nl micro-positioneertableau n

M243 e **micropower integration**
 r микромощная ИС f
 d Mikroleistungsschaltkreis m
 f circuit m intégré à très faible consommation de puissance
 nl microvermogen-IC n

M244 e **micropower transistor**
 r микромощный транзистор m
 d Mikroleistungstransistor m

     f transistor *m* à micropuissance
    nl microvermogen-transistor *m*

M245*e* **microprinter**
     r малогабаритная установка *f* трафаретной печати
    d Mikrosiebdruckanlage *f*
     f imprimeur *m* microminiaturisé de sérigraphie
    nl microzeefdrukapparatuur *f*

M246*e* **microprobe**
     r микрозонд *m*
    d Mikrosonde *f*
     f microsonde *f*
    nl microsonde *f (m)*, micro-meetpen *f (m)*

M247*e* **microprocessor automated sputterer**
     r установка *f* ионного распыления с микропроцессорным управлением
    d mikroprozessorgesteuerte Sputteranlage *f*
     f installation *f* de pulvérisation ionique commandée par microprocesseur
    nl microprocessorgestuurde sputterinstallatie *f*

M248*e* **microprocessor-based prober**
     r (много)зондовая измерительная установка *f* с микропроцессорным управлением
    d mikroprozessorgesteurte Meßsondenanlage *f*
     f sondeur *m* de mesure commandé par microprocesseur
    nl microprocessorgestuurde meetsonde-installatie *f*

M249*e* **microprocessor chip** *see* **microprocessor integrated circuit**

M250*e* **microprocessor-controlled bonder**
     r установка *f* термокомпрессионной сварки с микропроцессорным управлением
    d mikroprozessorgesteuerter Bonder *m*
     f machine *f* pour soudage à thermocompression commandée par microprocesseur
    nl microprocessorgestuurde contacteerautomaat *m*

M251*e* **microprocessor integrated circuit**
     r ИС *f* микропроцессора
    d Mikroprozessorschaltkreis *m*
     f circuit *m* intégré de microprocesseur
    nl microprocessor-IC *n*

M252*e* **microprocessor kit**
     r микропроцессорный комплект *m*
    d Mikroprozessor-Schaltkreissatz *m*
     f jeu *m* des puces de microprocesseur, kit *m* de microprocesseur
    nl microprocessor-bouwpakket *n*

M253*e* **microprocessor modem**
     r микропроцессорный модем *m*, модем *m* с микропроцессором
    d Mikroprozessormodem *m*
     f modem *m* à microprocesseur
    nl microprocessor-modem *n*

M254*e* **microprocessor set** *see* **microprocessor kit**

M255*e* **microprocessor slice**
     r секционный микропроцессор *m*, микропроцессорная секция *f*
    d Mikroprozessorscheibe *f*
     f microprocesseur *m* en tranches; tranche *f* de microprocesseur
    nl microprocessor-schakel *m* [-part *n*]

M256*e* **microprogrammed micro**
     r микропроцессор *m* с микропрограммным управлением
    d mikroprogrammierter Mikroprozessor *m*
     f microprocesseur *m* microprogrammé
    nl microgeprogrammeerde microprocessor *m*

M257*e* **microsection**
     r микрошлиф *m*
    d Mikroschliff *m*
     f microcoupe *f*
    nl micro-slijpen *n*

M258*e* **microshaving**
     r снятие *n* металлизации; удаление *n* тонких плёнок
    d Mikroschaben *n*
     f dénudage *m* des microcouches
    nl micro-schaven *n*

M259*e* **microslice**
     r установка *f* для резки полупроводниковых слитков на пластины
    d Trennanlage *f* für Kristallrohlinge
     f machine *f* à couper sur microtranches, installation *f* de découpage en microtranches
    nl micro-plakkenzaag *f (m)*

M260*e* **microsorter**
     r **1.** сортирующее устройство *n*, сортировщик *m* **2.** классификатор *m* (*полупроводниковых пластин*)
    d Mikrosortierer *m*
     f microtrieuse *f*
    nl micro-sorteerinrichting *f*

M261*e* **microstage** *see* **micropositioning table**

M262*e* **micro-surface profile**
     r микропрофиль *m* поверхности
    d Oberflächenmikroprofil *n*
     f microprofil *m* de surface
    nl micro-profiel *n* van oppervlak

M263*e* **microtrace**
     r микрослед *m* (*чрезвычайно низкая концентрация примеси*)
    d Mikrospur *f*
     f microtrace *f*
    nl micro-spoor *n*

M264*e* **microwatt logic**
     r микромощные логические схемы *f pl*
    d Mikroleistungslogik *f*
     f logique *f* microwattée
    nl micro-vermogenlogica *f*, microwatt-logica *f*

M265e **microwave baking**
  r термообработка f в СВЧ-печи
  d Mikrowellenhärtung f, Trocknung f [Härtung f] im Mikrowellenofen
  f traitement m thermique (au four) microhertzien
  nl microgolf-warmtebehandeling f

M266e **microwave integrated circuit**
  r ИС f СВЧ-диапазона
  d Mikrowellenschaltung f
  f circuit m intégré microhertzien
  nl microgolf-IC n

M267e **microwave laminate**
  r слоистый пластик m для подложек ИС СВЧ-диапазона
  d Mikrowellenlaminat n
  f laminé m microhertzien
  nl gelaagde microgolfstructuur f

M268e **microwave logic**
  r логические схемы f pl СВЧ-диапазона
  d Mikrowellenlogik f
  f logique f microhertzienne
  nl microgolf-logica f

M269e **microwave plasma etching**
  r сверхвысокочастотное плазменное травление n
  d Mikrowellenätzung f
  f décapage m microhertzien par plasma
  nl microgolf-(plasma-)etsen n

M270e **microwave semiconductor**
  r полупроводниковый прибор m СВЧ-диапазона
  d Mikrowellenhalbleiter m
  f semi-conducteur m microhertzien
  nl microgolf-halfgeleider m

M271e **mid-range microprocessor**
  r микропроцессор m среднего уровня
  d mittlerer Mikroprozessor m
  f microprocesseur m de rang moyen
  nl middenklasse-microprocessor m

M272e **MIG** see **multilevel-interconnection generator**

M273e **mild etching**
  r слабое травление n
  d Anätzen n
  f décapage m faible
  nl aanetsen n

M274e **MILIC** see **millimeter-wave image line integrated circuit**

M275e **Miller indices**
  r индексы m pl Миллера
  d Millersche Indizes m pl
  f indices m pl de Miller
  nl Miller-indices m pl

M276e **millimeter-wave image line integrated circuit**
  r ИС f миллиметрового диапазона с оптическим волноводом
  d MILIC-Schaltung f
  f circuit m MILIC
  nl mm-golflijnbeeldsensor-IC n

M277e **millimeter-wave monolithic integrated circuit**
  r полупроводниковая ИС f миллиметрового диапазона
  d MIMIC-Schaltung f
  f circuit m MIMIC
  nl mm-golf-IC n uit één stuk

M278e **milling**
  r фрезерование n (сухим травлением)
  d Fräsen n, Milling n
  f fraisage m (par décapage sec)
  nl frezen n

M279e **MIM** see **metal-insulator-metal**

M280e **MIMIC** see **millimeter-wave monolithic integrated circuit**

M281e **miniprober**
  r миниатюрная (много)зондовая измерительная установка f
  d Minisonde f
  f minisondeur m
  nl mini-sondeerinrichting f

M282e **minor carrier, minority carrier**
  r неосновной носитель m (заряда)
  d Minoritäts(ladungs)träger m
  f minoritaire m
  nl minderheidsladingdrager m

M283e **minority-carrier current**
  r ток m неосновных носителей
  d Minoritätsträgerstrom m
  f courant m des minoritaires
  nl minderheids(ladingdragers)stroom m

M284e **minority-carrier device**
  r прибор m на неосновных носителях
  d Minoritätsträgerbauelement n
  f dispositif m aux minoritaires
  nl minderheidsladingdragers-bouwsteen m

M285e **MIP** see **multiple in-line package**

M286e **mirror(-like) finish, mirror polishing**
  r зеркальная полировка f
  d Hochglanzpolieren n
  f brillantage m
  nl hoogglans-afwerking f, spiegelglans-polijsten n

M287e **MIS** see **metal-insulator-semiconductor**

M288e **misalignment**
  r неточное совмещение n
  d fehlerhafte [ungenaue] Justierung f
  f désalignement m
  nl misuitlijning f

M289e **MISFET** see **metal-insulator-semiconductor FET**

M290e **MIS logic**
  r логические схемы f pl на МДП-транзисторах
  d MIS-Logik f
  f logique f MIS
  nl MIS-logica f

M291e **misregistration** see **misalignment**

M292e **missing electron site**
  r дырка f
  d Defektelektron n, Loch n

MIS

   f trou *m*
  nl defectelektron *n*, gat *n*

M293 *e* **MIS transistor**
   r (полевой) МДП-транзистор *m*
   d MIS-Transistor *m*
   f transistor *m* MIS
  nl MIS-transistor *m*

M294 *e* **mixed-bed demineralizer**
   r ионообменная установка *f*, заполненная анионообменной и катионообменной смолами
   d Mischbett-Ionenaustauschanlage *f*
   f installation *f* d'échange ionique de déminéralisation
  nl mengbed-ontharder *m*

M295 *e* **mixed process, mixed technology**
   r комбинированная технология *f (напр. объединение биполярной и МОП-технологий)*
   d gemischte Technologie *f*
   f technologie *f* mixte
  nl gemengd procédé *n*, gemengde technologie *f*

M296 *e* **mix & match lithography**
   r комбинированная литография *f*
   d kombinierte Lithografie *f*, lithografie *f* mit kombinierten Maskenherstellungsverfahren bzw. mit verschiedenen Strahlungsquellen
   f lithographie *f* combinée
  nl combi-en-paslithografie *f (gecombineerde maskervervaardiging, verschillende stralingsbronnen)*

M297 *e* **mixture ratio**
   r соотношение *n* компонентов в смеси
   d Mischungsverhältnis *n*
   f rapport *m* des composants au mélange
  nl mengverhouding *f*

M298 *e* **MLB** *see* **multilayer board**

M299 *e* **MLC** *see* 1. **multilayer capacitor** 2. **multilayer ceramic**

M300 *e* **MLI** *see* **multilayer interconnections**

M301 *e* **MLM** *see* **multilayer metallization**

M302 *e* **MNOS** *see* **metal-nitride-oxide-semiconductor**

M303 *e* **MNOS transistor**
   r МНОП-транзистор *m*
   d MNOS-Transistor
   f transistor *m* MNOS
  nl MNOS-transistor *m*

M304 *e* **MNS** *see* **metal-nitride-semiconductor**

M305 *e* **MOA** *see* **monolithic operation amplifier**

M306 *e* **moat**
   r канавка *f*; углубление *n*
   d Graben *m*
   f rainure *f*
  nl gordel *m*, gordelvormige uitholling *f*

M307 *e* **mobile carrier**
   r подвижный носитель *m* заряда
   d beweglicher Landungsträger *m*
   f porteur *m* libre mobile
  nl beweeglijke ladingdrager *m*

M308 *e* **mobility enhancement**
   r повышение *n* подвижности носителей заряда
   d Trägerbeweglichkeitserhöhung *f*, Erhöhung *f* der Ladungsträgerbeweglichkeit
   f accélération *f* (de mobilité) des porteurs
  nl beweeglijkheidsverhoging *f*

M309 *e* **mockup**
   r макет *m*; модель *f*
   d Versuchsaufbau *m*
   f maquette *f*; modèle *m*
  nl bouwmodel *n* [proefmodel *n*] op ware grootte

M310 *e* **MOCVD** *see* **metallo-organic chemical vapor deposition**

M311 *e* **MOCVD reactor**
   r реактор *m* для химического осаждения из паровой фазы металлоорганического соединения
   d MOCVD-Reaktor *m*
   f réacteur *m* pour dépôt chimique en phase vapeur métallo-organique
  nl MOCVD-reactor *m*

M312 *e* **MOD** *see* **metallo-organic deposition**

M313 *e* **modem chip**
   r ИС *f* модема
   d Modemchip *n*
   f puce *f* de modem
  nl modemchip *m*

M314 *e* **modified chemical vapor deposition**
   r модифицированное химическое осаждение *n* из паровой фазы
   d modifizierte CVD *f*
   f déposition *f* chimique modifiée en phase vapeur
  nl gewijzigde CVD *f* [chemische opdamping *f*], MOCVD *f*

M315 *e* **modifier**
   r (легирующая) примесь *f*, определяющая тип электропроводности полупроводника
   d Modifikator *m*
   f modifieur *m*
  nl modificator *m*

M316 *e* **modularity**
   r модульный принцип *m*; модульность *f*
   d modulare Bauweise *f*; Modularität *f*
   f modularité *f*
  nl modulaire [blokgewijze] opbouw *m*, modulariteit *f*

M317 *e* **modularization**
   r расчленение *n* [разбиение *n*] на модули, модуляризация *f*
   d Modularisierung *f*
   f modularisation *f*
  nl blokgewijs opzetten *n* [bouwen *n*]

M318 *e* **modular station**
   r модульная технологическая установка *f*

    d Modulstation *f*, modulare Anlage *f*
    f station *f* modulaire
    nl modulair (bewerkings)station *n*

M319 *e* **modular track wafer scrubber**
    r модульная установка *f* отмывки и очистки полупроводниковых пластин с погрузочно-разгрузочным устройством
    d modulare Waferreinigungsanlage *f* mit Wafertransfervorrichtung
    f rinçeuse *f* modulaire des tranches à chargeur-déchargeur
    nl wafelreiniger *m* met modulaire werkstukloop

M320 *e* **moisture barrier**
    r слой *m*, препятствующий проникновению влаги
    d Feuchtigkeitsschutzschicht *f*
    f couche *f* étanche à l'humidité
    nl vochtscherm *n*, vochtwerende laag *f (m)*

M321 *e* **moisture content**
    r влагосодержание *n*
    d Feuchtegehalt *m*
    f teneur *f* en humidité
    nl vochtgehalte *n*

M322 *e* **moisture meter**
    r гигрометр *m*; влагомер *m*
    d Feuchtigkeitsmesser *m*, Feuchtemesser *m*
    f hygromètre *m*
    nl vocht(igheids)meter *m*

M323 *e* **moisture resistance**
    r влагостойкость *f*
    d Feuchtebeständigkeit *f*
    f résistance *f* à l'humidité
    nl vochtbestendigheid *f*

M324 *e* **moisture sensor**
    r датчик *m* [детектор *m*] влажности
    d Feuchtesensor *m*
    f détecteur *m* d'humidité
    nl vochtsensor *m*

M325 *e* **mold**
    r пресс-форма *f*
    d Preßwerkzeug *n*
    f moule *m*
    nl mal *m*, matrijs *f (m)*, gietvorm *m*

M326 *e* **molded assembly**
    r герметизированный (*преимущественно пластмассой*) узел *m*
    d hermetische [eingegossene] Montageeinheit *f*
    f (sous-)ensemble *m* moulé
    nl (hermetisch) ingegoten montage-eenheid *f*

M327 *e* **molded case** *see* **molded package**

M328 *e* **molded holder**
    r прессованный (пластмассовый) кристаллоноситель *m*
    d gegossener Chipträger *m*
    f support *m* de puce moulé
    nl gegoten houder *m*

M329 *e* **molded package**
    r прессованный (пластмассовый) корпус *m*
    d gegossenes Gehäuse *n*
    f boîtier *m* moulé
    nl gegoten behuizing *f*

M330 *e* **molder**
    r пресс *m*
    d Laminierpresse *f*
    f presse *f*
    nl vormer *m*, vormmachine *f (gieterij)*

M331 *e* **molding**
    r прессование *n*; формовка *f*
    d Gießen *n*; Laminieren *n*
    f moulage *n*
    nl 1. vormen *n*, (spuit)gieten *n*, persen *n* 2. vormstuk *n*, (spuit)geitstuk *n*, persstuk *n*

M332 *e* **molectronics** *see* **molecular electronics**

M333 *e* **molecular-beam deposition**
    r молекулярно-пучковое осаждение *n*
    d Molekularstrahlabscheidung *f*
    f dépôt *m* à [par] jet moléculaire
    nl moleculenstraal-opdamping *f* [-depositie *f*]

M334 *e* **molecular-beam epitaxy**
    r молекулярно-пучковая эпитаксия *f*
    d Molekularstrahlepitaxie *f*
    f épitaxie *f* à [par] jet moléculaire
    nl moleculenstraal-epitaxie *f*

M335 *e* **molecular electronics**
    r молекулярная электроника *f*, молектроника *f*
    d Molekularelektronik *f*
    f électronique *f* moléculaire
    nl moleculaire elektronica *f*

M336 *e* **molecular gun**
    r источник *m* молекулярного пучка
    d Molekularstrahlenquelle *f*, Molekularstrahlkanone *f*
    f canon *m* moléculaire
    nl moleculenstraalkanon *n*

M337 *e* **molecular impurity**
    r молекулярная примесь *f*
    d molekulare Verunreinigung *f*
    f impureté *f* moléculaire
    nl moleculaire onzuiverheid *f*

M338 *e* **molecular integrated circuit**
    r молекулярная ИС *f*
    d molekulares IC *n*
    f circuit *m* intégré moléculaire
    nl moleculaire geïntegreerde schakeling *f*, moleculair IC *n*

M339 *e* **MOM capacitor**
    r конденсатор *m* со структурой металл—оксид—металл, металлооксидный конденсатор
    d MOM-Kondensator *m*
    f condensateur *m* MOM [métal-oxyde-métal]
    nl MOM-condensator *m*

M340*e* **monobrid**
   r монобрид *m*, монобридный монтаж *m* (*монтаж нескольких ИС в одном корпусе*)
   d Monobrid *n*, Monobridverfahren *n*
   f monobride *f*
   nl monobrid *m*; monobridmontage *f*

M341*e* **monobrid circuit**
   r ГИС *f*, состоящая из нескольких кристаллов ИС в одном корпусе
   d Monobridschaltung *f*
   f circuit *m* monobride
   nl monobrid-schakeling *f*

M342*e* **monocrystal**
   r монокристалл *m*
   d Einkristall *m*, Monokristall *m*
   f monocristal *m*
   nl enkelvoudig kristal *n*

M343*e* **monocrystalline reconversion**
   r рекристаллизация *f* в виде монокристалла
   d monokristalline Rekristallisation *f*
   f recristallisation *f* en monocristal
   nl monokristallijne rekristallisatie *f*

M344*e* **monolayer**
   r мономолекулярный слой *m*, монослой *m*
   d monomolekulare Schicht *f*
   f monocouche *f*
   nl monomoleculaire laag *f (m)*

M345*e* **monolithic**
   r 1. полупроводниковая ИС *f* 2. монолитная структура *f*; сплошная подложка *f*
   d 1. monolithische Schaltung *f*, monolithisch-integrierte Schaltung *f* 2. monolithische Struktur *f*
   f 1. circuit *m* (intégré) monolithique, monolithique *f* 2. structure *f* monolithique
   nl 1. monolithisch, uit één stuk 2. monolithische geïntegreerde schakeling *f*

M346*e* **monolithic cell**
   r ячейка *f* полупроводниковой ИС
   d monolithische Zelle *f*
   f cellule *f* monolithique
   nl monolithische cel *f (m)*

M347*e* **monolithic component**
   r 1. монолитный компонент *m* 2. полупроводниковая ИС *f*
   d monolithischer Baustein *m*
   f composant *m* monolithique
   nl monolithische component *m*

M348*e* **monolithic integrated circuit, monolithic integration**
   r монолитная ИС *f*; полупроводниковая ИС *f*
   d monolithisch-integrierte Festkörperschaltung *f*
   f circuit *m* (intégré) monolithique, monolithique *f*
   nl monolithische geïntegreerde schakeling *f*, monolithisch IC *n*

M349*e* **monolithic microcircuit**
   r монолитная микросхема *f*; полупроводниковая микросхема *f*
   d monolithischer Schaltkreis *m*
   f microcircuit *m* monolithique
   nl monolithische microschakeling *f*

M350*e* **monolithic operation amplifier**
   r полупроводниковая ИС *f* операционного усилителя
   d monolithischer Operationsverstärker *m*
   f circuit *m* monolithique d'amplificateur opérationnel
   nl monolithische OpAmp *m* [operationele versterker *m*]

M351*e* **monolithic processor**
   r однокристальный микропроцессор *m*
   d monolithischer Mikroprozessor *m*
   f microprocesseur *m* monolithique
   nl monolithische processor *m*

M352*e* **monolithic resistor**
   r интегральный резистор *m*
   d monolithischer Widerstand *m*
   f résistance *f* monolithique
   nl monolithische weerstand *m*

M353*e* **monolithic sample/hold**
   r полупроводниковая ИС *f* выборки и хранения
   d monolithischer Abtast-Halte-Schaltkreis *m*
   f circuit *m* monolithique d'échantillon/stockage
   nl monolithische bemonster/houdschakeling *f*

M354*e* **monolithic(-type) structure**
   r монолитная структура *f*
   d monolithische Struktur *f*
   f structure *f* monolithique
   nl monolithische structuur *f*

M355*e* **monomolecular film**
   r мономолекулярная плёнка *f*
   d monomolekularer Film *m*
   f film *m* monomoléculaire
   nl monomoleculaire laag *f(m)*

M356*e* **Monte-Carlo method**
   r метод *m* Монте-Карло
   d Monte-Carlo-Verfahren *n*
   f méthode *f* Monte-Carlo
   nl Monte Carlo methode *f*

M357*e* **Monte-Carlo modelling**
   r моделирование *n* методом Монте-Карло
   d Monte-Carlo-Simulation *f*
   f simulation *f* Monte-Carlo
   nl Monte Carlo modelvorming *f* [simulatie *f*]

M358*e* **MOS** *see* metal-oxide-semiconductor

M359*e* **MOS array integrated circuit**
   r матричная МОП ИС *f*
   d MOS-Matrixschaltkreis *m*
   f circuit *m* intégré matriciel à structure MOS
   nl MOS-matrix-IC *n*

M360e **MOS capacitor**
 r МОП-конденсатор *m*
 d MOS-Kondensator *m*
 f condensateur *m* MOS
 nl MOS-condensator *m*

M361e **MOSFET** *see* **metal-oxide-semiconductor FET**

M362e **MOSFET gate**
 r логический элемент *m* на МОП-транзисторах
 d MOSFET-Gatter *n*
 f porte *f* à transistor MOS à effet de champ
 nl MOSFET-(logica)poort *f(m)*

M363e **MOS insulated-gate transistor**
 r МОП-транзистор *m* с изолированным затвором
 d Isolierschicht-MOSFET *m*, MOSFET *m* mit isoliertem Gate, MOSIGT *m*
 f transistor *m* MOS à effet de champ à grille isolée
 nl MOSFET *m* met geïsoleerde poort

M364e **MOS ion implantation**
 r ионная имплантация *f* для формирования МОП-структур
 d Ionenimplantation *f* zur Erzeugung von MOS-Strukturen
 f implantation *f* ionique pour formation des structures MOS
 nl ionenimplantatie *f* voor MOS-technologie

M365e **MOS logic**
 r логические схемы *f pl* на МОП-транзисторах
 d MOS-Logik *f*
 f logique *f* MOS
 nl MOS-logica *f*

M366e **MOS/SOS** *see* **metal-oxide-semiconductor/silicon-on -sapphire**

M367e **MOST** *see* **MOS transistor**

M368e **MOS technology**
 r МОП-технология *f*
 d MOS-Technik *f*, MOS-Technologie *f*
 f technologie *f* MOS
 nl MOS-technologie *f*, MOS-techniek *f*

M369e **MOSTL** *see* **MOS transistor logic**

M370e **MOS transistor**
 r МОП-транзистор *m*
 d MOS-Transistor *m*
 f transistor *m* MOS
 nl MOS-transistor *m*

M371e **MOS transistor circuıt**
 r ИС *f* на МОП-транзисторах, МОП ИС *f*
 d MOS-Schaltkreis *m*
 f circuit *m* à transistors MOS
 nl MOS-(transistor)schakeling *f*

M372e **MOS transistor logic**
 r логические схемы *f pl* на МОП-транзисторах
 d MOS-Transistorlogik *f*
 f logique *f* MOS transistorisée
 nl MOS-transistorlogica *f*

M373e **MOS wafer**
 r полупроводниковая пластина *f* с МОП-структурами
 d MOS-Wafer *m*
 f tranche *f* à structure MOS
 nl MOS-wafel *f (m)*

M374e **mount**
 r 1. кристаллоноситель *m*, кристаллодержатель *m* 2. основание *n (корпуса)*
 d 1. Träger *m* 2. Gehäuseboden *m*
 f 1. support *m* de puce 2. base *f* (de boîtier)
 nl 1. houder *m* 2. oplegraam *n*

M375e **mounting equipment**
 r монтажно-сборочное оборудование *n*
 d Montageausrüstung *f*
 f équipement *m* d'assemblage
 nl montage-uitrusting *f*

M376e **moving mask**
 r свободная маска *f*
 d bewegliche Maske *f*, Wechselmaske *f*
 f masque *m* libre
 nl verwisselbaar masker *n*

M377e **MOVPE** *see* **metallo-organic vapor-phase epitaxy**

M378e **MP** *see* **monolithic processor**

M379e **MS** *see* **magnetic semiconductor**

M380e **MSA** *see* **metal self-aligned process**

M381e **MSI** *see* **medium-scale integration**

M382e **MSI circuit**
 r ИС *f* со средней степенью интеграции, средняя ИС *f*, СИС
 d MSI-Schaltung *f*
 f circuit *m* MSI à moyenne échelle
 nl MSI-schakeling *f*

M383e **MSM** *see* **metal-semiconductor-metal**

M384e **MSW** *see* **magnetic-static wave**

M385e **MSW device**
 r прибор *m* на магнитостатических волнах
 d MSW-Bauelement *n*
 f dispositif *m* à ondes magnétostatiques
 nl MSW-bouwsteen *m*

M386e **MTBF** *see* **mean time between failure**

M387e **MTL** *see* **merged transistor logic**

M388e **multiatmosphere furnace**
 r печь *f* с различными рабочими средами
 d Multimediumofen *m*
 f four *m* multimilieu
 nl multi-atmosfeer oven *m*

M389e **multichamber etcher**
 r многокамерная установка *f* травления
 d Mehrkammerätzer *m*
 f machine *f* à décapage multichambre
 nl meerkameretser *m*

M390e **multichannol FET**
 r многоканальный полевой транзистор *m*

MULTICHIP

- *d* Mehrkanal-FET *m*
- *f* transistor *m* FET multicanal
- *nl* meerkanaals-FET *m*

M391*e* **multichip array** *see* **multichip circuit**

M392*e* **multichip assembly**
- *r* 1. многокристальный монтаж *m* (ГИС) 2. многокристальная микросборка *f*
- *d* 1. Mehrchipmontage *f* 2. Mehrchipbaueinheit *f*
- *f* 1. assemblage *m* [montage *m*] multipuce 2. micro-assemblage *m* multipuce
- *nl* 1. meerchips-montage *f* 2. multichip-(montage-) eenheid *f*

M393*e* **multichip assembly technique**
- *r* многокристальный метод *m* сборки ИС
- *d* Mehrchipmontageverfahren *n*
- *f* technique *f* d'assemblage multipuce
- *nl* multichip-montagetechniek *f*

M394*e* **multichip carrier**
- *r* плата *f* многокристальной ИС 2. кристалл оноситель *m* для нескольких кристаллов
- *d* Mehrchipträger *m*
- *f* support *m* multipuce
- *nl* multichip-drager *m*

M395*e* **multichip circuit**
- *r* многокристальная ИС *f*
- *d* Multichipschaltung *f*
- *f* circuit *m* multipuce
- *nl* multichip-schakeling *f*

M396*e* **multichip hybrid**
- *r* многокристальная ГИС *f*
- *d* Multichip-Hybridschaltung *f*
- *f* circuit *m* hybride multipuce, hybride *f* multipuce
- *nl* multichip-hybride (schakeling) *m* (*f*)

M397*e* **multichip microprocessor**
- *r* многокристальный микропроцессор *m*
- *d* Mehrchip-Mikroprozessor *m*, Multichip-Mikroprozessor *m*
- *f* microprocesseur *m* multipuce
- *nl* multichip-microprocessor *m*

M398*e* **multichip module**
- *r* большая многокристальная ИС *f*
- *d* Multichipmodul *m*
- *f* module *m* multipuce
- *nl* multichip-moduul *n*

M399*e* **multichip system**
- *r* многокристальная сверхбольшая ГИС *f*
- *d* Multichipsystem *n*
- *f* système *m* multipuce
- *nl* multichipsysteem *n*

M400*e* **multicomponent glass**
- *r* многокомпонентное стекло *n*
- *d* Mehrkomponentenglas *n*
- *f* verre *f* multicomposant
- *nl* meercomponentenglas *n*

M401*e* **multidimensional modeling, multidimensional simulation**
- *r* многомерное моделирование *n*
- *d* mehrdimensionale Simulation *f*
- *f* simulation *f* multidimensionnelle
- *nl* meerdimensionale modelvorming *f* [simulatie *f*]

M402*e* **multiemitter transistor**
- *r* многоэмиттерный транзистор *m*
- *d* Mehrfachemitter-Transistor *m*, Multiemitter-Transistor *m*
- *f* transistor *m* multi-émetteur
- *nl* multi-emitter transistor *m*

M403*e* **multifacet reactor**
- *r* (плазменный) реактор *m* с многогранным барабаном
- *d* Reaktor *m* mit Mehrflächentrommel
- *f* réacteur *m* à tambour polyédrique
- *nl* reactor *m* met veelvlakkige trommel

M404*e* **multilayer board**
- *r* многослойная (печатная) плата *f*
- *d* Mehrschicht(leiter)platte *f*
- *f* carte *f* multicouche
- *nl* meerlaagsprint (plaat) *m* (*f* (*m*))

M405*e* **multilayer capacitor**
- *r* многослойный конденсатор *m*
- *d* Mehrschichtkondensator *m*
- *f* condensateur *m* multicouche
- *nl* meerlaagscondensator *m*

M406*e* **multilayer ceramics**
- *r* многослойная керамика *f*
- *d* Mehrschichtkeramik *f*
- *f* céramique *f* multicouche
- *nl* meerlaagskeramiek *f*

M407*e* **multilayer chip-carrier**
- *r* кристалл оноситель *m* с многоуровневыми соединениями
- *d* Mehrebenenchipträger *m*
- *f* support *m* de puce à connexions multicouches
- *nl* chipstapeldrager *m*

M408*e* **multilayer integrated circuit**
- *r* многоуровневая ИС *f*
- *d* Mehrebenenschaltkreis *m*
- *f* circuit *m* intégré multicouche
- *nl* meerlaags-geïntegreerde schakeling *f*, meerlaags IC *n*

M409*e* **multilayer interconnections**
- *r* многоуровневые межсоединения *n pl*; многоуровневая разводка *f*
- *d* Mehrschichtverbindungsleitungen *f pl*, Mehrebenenverbindungsleitungen *f pl*
- *f* interconnexions *f pl* multicouches
- *nl* meerlaags-verbindingen *f pl*

M410*e* **multilayer metallization**
- *r* многоуровневая [многослойная] металлизация *f*
- *d* Mehrschichtmetallisierung *f*
- *f* métallisation *f* multicouche
- *nl* meerlaags-metallisatie *f*

M411*e* **multilayer semiconductor device**
- *r* многоуровневый полупроводниковый прибор *m*
- *d* Mehrebenenbauelement *n*
- *f* semi-conducteur *m* multicouche
- *nl* meerlaags-halfgeleiderbouwsteen *m*

M412e **multilayer substrate**
 r многослойная подложка f
 d Mehrschichtsubstrat n
 f substrat m multicouche
 nl meerlaags-substraat n

M413e **multilead chip**
 r многовыводная ИС f
 d Chip n mit mehreren Anschlüssen
 f puce f multibroche
 nl chip m met veel aansluitingen

M414e **multileaded flat pack**
 r многовыводной плоский корпус m
 d Flachgehäuse n mit mehreren Anschlüssen, mehrpoliges Flachgehäuse n
 f boîtier m plat multibroche
 nl veelpolig platte behuizing f, veelpolig IC n met platte behuizing

M415e **multilevel circuit** see **multilayer integrated circuit**

M416e **multilevel insulator**
 r изолятор m для многоуровневых соединений
 d Mehrebenenisolator m
 f isolateur m pour connexions multicouches
 nl meerlaags-isolator m

M417e **multilevel-integration**
 r многоуровневая ИС f; ИС f с многоуровневой металлизацией
 d Mehrebenenschaltkreis m
 f circuit m (intégré) multicouche
 nl meerlaags-integratie f, meerlaags-IC n

M418e **multilevel-interconnection generator**
 r генератор m многоуровневых межсоединений
 d Mehrebenen-Verbindungsgenerator m
 f générateur m d'interconnexions multicouches
 nl meerlaags-verbindingspatroongenerator m

M419e **multilevel logic**
 r многоуровневые [многозначные] логические схемы f pl
 d Mehrebenenlogik f
 f logique f multivaleur [à plusieurs valeurs]
 nl meerniveaus-logica f

M420e **multilevel oxide**
 r оксидный слой m в многоуровневой металлизации, межуровневый оксид m
 d Mehrebenenoxid n
 f oxyde m de métallisation multicouche
 nl meerlaags-oxyde n

M421e **multimask processing**
 r многократная фотолитография f
 d Mehrmaskenverfahren n
 f procédé m photolithographique multimasque
 nl meermaskers-procédé n

M422e **multipattern matrix**
 r матрица f изображений структур (на фотошаблоне)
 d Mehrmustermatrix f, Mehrstrukturmatrix f
 f matrice f à images multiples
 nl meerpatronenmatrix f

M423e **multipin package**
 r многоштырьковый корпус m
 d mehrpoliges Gehäuse n
 f boîtier m multibroche
 nl veelpolige behuizing f

M424e **multiple blades**
 r набор m режущих дисков (для повышения производительности резки)
 d Trennscheibensatz m
 f jeu m des lames de scie
 nl meervoudige zaagschijven f (m) pl

M425e **multiple chip microprocessor** see **multichip microprocessor**

M426e **multiple diffusion**
 r многократная диффузия f
 d Mehrfachdiffusion f
 f diffusion f multiple
 nl meervoudige diffusie f

M427e **multiple exposure**
 r многократное экспонирование n
 d Mehrfachbelichtung f
 f exposition f multiple
 nl meervoudige belichting f

M428e **multiple-gate finger FET**
 r полевой транзистор m с гребенчатыми затворами
 d Doppelkammgate-FET n
 f transistor m FET à grilles en peigne
 nl FET m met dubbelekam-poort

M429e **multiple image**
 r мультиплицированное изображение n
 d vervielfältigte Abbildung f
 f image f multiple
 nl verveelvoudigde afbeelding f

M430e **multiple-image generation** see **multiple imaging**

M431e **multiple-image lens**
 r 1. фасеточная линза f 2. фасеточный объектив m
 d Facettenlinse f
 f 1. lentille f à image multiple 2. objectif m à image multiple
 nl facettenlens f (m)

M432e **multiple imaging**
 r мультипликация f изображений
 d Vervielfältigung f von Abbildungen
 f imagerie f multiple, multiplication f d'images
 nl afbeeldings-verveelvoudiging f

M433e **multiple-in-line package**
 r (плоский) корпус m с многорядным расположением штырьковых выводов
 d Multiple-In-Line-Gehäuse n
 f boîtier m plat à rangées multiples des connexions
 nl behuizing f met (meer dan 2 evenwijdige) contactenrijen

MULTIPLE

M434 *e* **multiple pattern** *see* **multiple image**

M435 *e* **multiple-stage deposition**
- *r* многоступенчатое осаждение *n*
- *d* Mehrstufenabscheidung *f*
- *f* déposition *f* [dépôt *m*] à étages multiples
- *nl* getrapt opbrengen *n* [opdampen *n*], getrapte neerslag *m* [depositie *f*]

M436 *e* **multiple step-and-repeat machine**
- *r* многопозиционный фотоповторитель *m*
- *d* Mehrpositionsfotorepeater *m*
- *f* photorépét (it) eur *m* à positions multiples
- *nl* meervoudige stappenprojector *m*

M437 *e* **multiplication**
- *r* 1. мультипликация *f*, мультиплицирование *n*, размножение *n* 2. умножение *n*; перемножение *n* 3. усиление *n*, увеличение *n*
- *d* 1. Vervielfältigung *f* Multiplizierung *f*, Multiplikation *f* 3. Verstärkung *f*
- *f* multiplication *f*
- *nl* 1. vermenigvuldiging *f* 2. verveelvoudiging *f* 3. versterking *f*

M438 *e* **multiplication ratio**
- *r* коэффициент *m* лавинного умножения
- *d* Multiplikationsverhältnis *n*
- *f* facteur *m* de multiplication par avalanche
- *nl* verveelvoudigingsfactor *m*

M439 *e* **multipoint probe**
- *r* многозондовая измерительная установка *f*
- *d* Mehrsondenanlage *f*
- *f* sondeur *m* multiple, dispositif *m* de mesure multisonde
- *nl* meerpuntssonde *f (m)*

M440 *e* **multistage furnace** *see* **multizone oven**

M441 *e* **multistrate**
- *r* многослойная подложка *f*; подложка *f* с многоуровневыми соединениями
- *d* Mehrschichtsubstrat *n*; Substrat *n* mit vielfachen Querverbindungen
- *f* substrat *m* multicouche; substrat *m* à connexions multicouches
- *nl* meerlaags-substraat *n*

M442 *e* **multistrip array**
- *r* многополосковая структура *f*
- *d* Mehrstreifenanordnung *f*
- *f* réseau *m* [structure *f*] multistrip, structure *f* multibande
- *nl* strokenrooster *n*

M443 *e* **multivalued logic** *see* **multilevel logic**

M444 *e* **multiwafer plasma oxidizer**
- *r* плазменный реактор *m* для группового оксидирования полупроводниковых пластин
- *d* Plasmareaktor *m* für simultane Waferoxidation
- *f* réacteur de plasma pour oxydation des tranches en groupe
- *nl* plasmareactor *m* voor simultane wafeloxydering

M445 *e* **multiwafer plasma reactor**
- *r* плазменный реактор *m* для групповой обработки полупроводниковых пластин
- *d* Plasmareaktor *m* für simultane Waferbehandlung
- *f* réacteur *m* de plasma pour traitement des tranches en groupe
- *nl* plasmareactor *m* voor simultane wafelbehandeling

M446 *e* **multiwire**
- *r* многопроводный монтаж *m*
- *d* Mehrverdrahtungsverfahren *n*
- *f* montage *m* multifil
- *nl* meervoudige bedradingstechniek *f*

M447 *e* **multizone oven**
- *r* многозонная печь *f*
- *d* Mehrzonenofen *f*
- *f* four *m* multizone
- *nl* meerzones-oven *m*

N

N1 *e* **NAA** *see* **neutron activation analysis**

N2 *e* **nail-head bond**
- *r* соединение *n*, полученное методом шариковой термокомпрессии
- *d* Nagelkopfbondstelle *f*, Nailheadbondstelle *f*
- *f* connexion *f* créée par soudage à thermocompression à bille
- *nl* speldekoplas *f (m)*, speldekopverbinding *f*

N3 *e* **nail-head bonding**
- *r* шариковая термокомпрессия *f*
- *d* Nagelkopfbondverfahren *n*, Nailheadbonding *n*
- *f* soudage *m* à thermocompression à bille
- *nl* speldekoplassen *n*

N4 *e* **naked board**
- *r* несмонтированная плата *f*
- *d* unbestückte Platte *f*
- *f* carte *f* nue
- *nl* kale print (plaat) *m (f (m))*

N5 *e* **naked chip**
- *r* 1. кристалл *m* без герметизирующего покрытия 2. бескорпусная ИС *f*
- *d* Nacktchip *n*
- *f* puce *f* nue
- *nl* romp-chip *m (zonder aansluitingen)*

N6 *e* **naked component**
- *r* бескорпусный компонент *m*
- *d* Nacktchipbauelement *n*, Chipbauelement *n*
- *f* composant *m* sans boîtier
- *nl* rompcomponent *m*, chip-component *m*

N7 *e* **NAND circuit**
- *r* логическая схема *f* И — НЕ

       d NAND-Schaltung *f*
       f circuit *m* ET NON
      nl NIET-EN-schakeling *f*, NAND-schakeling *f*

N8 *e* **NAND gate**
      r логический элемент *m* И — НЕ
      d NAND-Gatter *n*
      f porte *f* ET NON
     nl NIET-EN-poort *f (m)*, NAND-poort *f (m)*

N9 *e* **NAND operation**
      r операция *f* И — НЕ
      d NAND-Operation *f*
      f opération *f* ET NON
     nl NIET-EN-bewerking *f*, NAND-bewerking *f*

N10 *e* **nano-electronics**
      r 1. наноэлектроника *f* 2. интегральные схемы *f pl* с наносекундным быстродействием
      d Nanoelektronik *f*
      f 1. nano-électronique *f* 2. nanocircuits *m pl*
     nl nano-elektronica *f*

N11 *e* **nanolithography**
      r нанолитография *f* (для ИС с наносекундным быстродействием)
      d Nanolithografie *f*
      f nanoprocesseur *m*
     nl nanoprocessor *m*

N12 *e* **nanoprocessor**
      r нанопроцессор *m*, микропроцессор *m* с наносекундным быстродействием
      d Nanoprozessor *m*
      f nanoproce sseur *m*
     nl nanoprocessor *m*

N13 *e* **narrow-bandgap semiconductor**
      r полупроводник *m* с узкой запрещённой (энергетической) зоной
      d Halbleiter *m* mit schmalem Bandabstand
      f semi-conducteur *m* à bande interdite étroite
     nl halfgeleider *m* met kleine bandafstand

N14 *e* **narrow-gap region**
      r узкая запрещённая (энергетическая) зона *f*
      d schmaler Bandabstand *m*
      f bande *f* interdite étroite
     nl zone *f (m)* met kleine bandafstand

N15 *e* **narrowing**
      r сужение *n*, уменьшение *n* ширины (напр. дорожки)
      d Verschmälerung *f*; Einengung *f*
      f rétrécissement *m*
     nl versmalling *f*

N16 *e* **native defect**
      r собственный дефект *m*
      d Eigendefekt *m*
      f défaut *m* intrinsèque
     nl eigen defect *n*

N17 *e* **native(-grown) silicon dioxide**
      r исходный диоксид *m* кремния
      d Eigensiliziumdioxid *n*
      f dioxyde *m* de silicium de source
     nl eigen(groei)-siliciumdioxyde *n*

N18 *e* **n^+ buried (sub)collector**
      r скрытый n^+ - слой *m* коллектора
      d vergrabene n^+ - Kollektorschicht *f*
      f couche *f* n^+ cachée du collecteur
     nl n^+ -collectoronderlaag *f (m)*

N19 *e* **n-channel FET**
      r полевой транзистор *m* с каналом *n*-типа, *n*-канальный полевой транзистор *m*
      d n-Kanal-Feldeffekttransistor, n-Kanal-FET *m*
      f transistor *m* FET à canal n
     nl n-(kanaal-) FET *m*

N20 *e* **n-channel junction FET**
      r *n*-канальный полевой транзистор *m* с *p—n*- переходом
      d n-Kanal-JFET *m*
      f transistor *m* FET à jonction *p-n* à canal n
     nl n-kanaal-sperlaag-FET *m*, n-kanaal-J(G)FET *m*

N21 *e* **n-channel MOS**
      r МОП-структура *f* с каналом *n*-типа, *n*-канальная МОП-структура *f*
      d n-Kanal-MOS-Struktur *f*
      f structure *f* à canal n
     nl n-(kanaal-) MOS *m*

N22 *e* **n^+-diffusion**
      r диффузионная область *f* n^+-типа
      d n^+-Diffusionsbereich *m*
      f région *f* diffusée n^+
     nl n^+-diffusie *f*

N23 *e* **n-dopant source**
      r источник *m* донорной примеси
      d n-Dotantenquelle *f*
      f source *f* de dopant type n
     nl n-doteringsbron *f (m)*

N24 *e* **n-doped drain**
      r сток *m* (с электропроводностью) *n*-типа
      d n-dotierter Drain *m*
      f drain *m* type n
     nl n-(gedoteerde) afvoer *m*

N25 *e* **n-doped semiconductor** *see* **n-type semiconductor**

N26 *e* **n-doped source**
      r исток *m* (с электропроводностью) *n*-типа
      d n-dotierte Source *f*
      f source *f* type n
     nl n-(gedoteerde) bron *f (m)*

N27 *e* **n-doped tub**
      r карман *m* (с электропроводностью) *n*-типа
      d n-Wanne *f*
      f pochette *f* type n
     nl n-holte *f*

N28 *e* **NDS** *see* **neutron-doped silicon**

N29 *e* **NDT** *see* **nondestructive testing**

N30 e **near-contact printer**
  r установка *f* фотолитографии с (микро)зазором
  d Abstandsjustier- und Belichtungsanlage *f*
  f système *m* de photo-impression à micro-écart
  nl quasi-contactbelichtingsapparaat *n*

N31 e **near-contact printing**
  r фотолитография *f* с (микро)зазором
  d Abstandsbelichtung *f*, Abstandskopierverfahren *n*
  f photo-impression *f* [photogravure *f*] à micro-écart
  nl quasi-contactlithografie *f*

N32 e **near-UV exposure**
  r экспонирование *n* ближним УФ-излучением
  d Belichtung *f* mit Wellenlängen im nahen Ultraviolett
  f exposition *f* par ultraviolet proche
  nl nabij-UV-belichting *f*

N33 e **near-UV resist**
  r резист *m*, чувствительный к ближнему УФ-излучению
  d für nahes Ultraviolett empfindliches Resist *n*
  f résist *m* de ultraviolet proche
  nl nabij-UV-(gevoelige af) deklak *m*

N34 e **needle-shaped crystallite**
  r игольчатый кристаллит *m*
  d nadelförmiger Kristallit *m*
  f cristallite *f* aciculaire
  nl naaldvormige kristalliet *n*

N35 e **negation gate**
  r логический элемент *m* НЕ
  d Negationsgatter *n*
  f porte *f* NON
  nl negatie-poort *f (m)*, NIET-poort *f (m)*, NOT-poort *f (m)*

N36 e **negative AND gate** see **NAND gate**

N37 e **negative artwork**
  r негативное изображение *n* [негатив *m*] оригинала
  d negative Originalschablone *f*
  f négatif *m* [image *f* négative] d'original
  nl negatief maskerorigineel *n*

N38 e **negative carrier**
  r носитель *m* отрицательного заряда
  d negativer Träger *m*
  f porteur *m* négatif
  nl negatieve ladingdrager *m*

N39 e **negative electron affinity**
  r отрицательное сродство *n* к электрону
  d negative Elektronenaffinität *f*
  f affinité *f* électronique négative
  nl negatieve elektronenaffiniteit *f*

N40 e **negative emulsion** see **negative photoresist**

N41 e **negative image**
  r негативное изображение *n*, негатив *m*
  d Negativbild *n*
  f image *f* négative, négatif *m*
  nl negatief beeld *n*

N42 e **negative logic**
  r отрицательная логика *f*
  d negative Logik *f*
  f logique *f* négative
  nl negatieve logica *f*

N43 e **negative mask**
  r негативный фотошаблон *m*; маска *f* из негативного фоторезиста
  d Negativmaske *f*
  f photomasque *m* négatif
  nl maskernegatief *n*

N44 e **negative pattern** see **negative image**

N45 e **negative photoresist**
  r негативный фоторезист *m*
  d Negativresist *n*
  f photorésist *m* négatif
  nl negatieve fotolak *m*

N46 e **negative phototool**
  r негативный фотошаблон *m*
  d Negativmaske *f*
  f photomasque *m* négatif
  nl negatieve sjablone *f (m)*

N47 e **negative-resistance characteristic**
  r характеристика *f* с отрицательным сопротивлением
  d fallende Widerstandscharakteristik *f*
  f caractéristique *f* à résistance négative
  nl negatieve-weerstandskarakteristiek *f*

N48 e **negative-resistance diode**
  r диод *m* с отрицательным сопротивлением
  d Negativwiderstandsdiode *f*, Diode *f* mit negativem Widerstand
  f diode *f* à résistance négative
  nl diode *f* met negatieve weerstand

N49 e **negative-resistance element**
  r элемент *m* с отрицательным сопротивлением
  d Element *n* mit negativem Widerstand
  f élément *m* à résistance négative
  nl element *n* met negatieve weerstand

N50 e **negative temperature coefficient of resistance**
  r отрицательный температурный коэффициент *m* сопротивления, отрицательный ТКС *m*
  d negativer Widerstandstemperaturkoeffizient *m*
  f coefficient *m* négatif de température de la résistance
  nl negatieve weerstandstemperatuurcoëfficiënt *m*

N51 e **negative temperature coefficient resistor**
  r резистор *m* с отрицательным температурным коэффициентом
  d Widerstand *m* mit negativem Widerstandstemperaturkoeffizienten
  f résistance *f* à coefficient négatif de température

    nl weerstand *m* met negatieve temperatuurcoëfficiënt, NTC-weerstand *m*

N52 *e* **n-epi**
    r эпитаксиальный слой *m* (с электропроводностью) *n*-типа
    d n-Epischicht *f*
    f couche *f* épitaxiale type *n*
    nl n-epi *f*, n-epitaxielaag *f (m)*

N53 *e* **n-etch rate**
    r скорость *f* травления полупроводника (с электропроводностью) *n*-типа
    d n-Ätzrate *f*
    f vitesse *f* de décapage du semi-conducteur type *n*
    nl n-etsfactor *m*

N54 *e* **network**
    r 1. схема *f* 2. цепь *f*; сеть *f*
    d Netzwerk *n*
    f réseau *m*
    nl netwerk *n*

N55 *e* **neutral trapping center**
    r нейтральный центр *m* захвата
    d neutrale Fangstelle *f*
    f centre *m* neutre de capture
    nl neutrale opvanglokatie *f*

N56 *e* **neutron activation analysis**
    r нейтронный активационный анализ *m*
    d Neutronenaktivierungsanalyse *f*
    f analyse *f* neutronique d'activation
    nl neutronenactiveringsanalyse *f*

N57 *e* **neutron-doped semiconductor**
    r трансмутационно-легированный полупроводник *m*
    d neutronendotierter Halbleiter *m*
    f semi-conducteur *m* dopé par neutron
    nl met neutronen gedoteerde halfgeleider *m*

N58 *e* **neutron-doped silicon**
    r трансмутационно-легированный кремний *m*
    d neutronendotiertes Silizium *n*
    f silicium *m* dopé par neutron
    nl met neutronen gedoteerd silicium *n*

N59 *e* **neutron doping**
    r трансмутационное легирование *n*
    d Neutronendotierung *f*
    f dopage *m* par neutron
    nl neutronendotering *f*

N60 *e* **neutron irradiation**
    r облучение *n* нейтронами
    d Neutronenbestrahlung *f*
    f irradiation *f* par neutrons
    nl neutronenbestraling *f*

N61 *e* **neutron-transmutation doping**
    r легирование *n* за счёт нейтронной ядерной реакции
    d Neutronen(transmutations)dotierung *f*
    f dopage *m* par neutron-transmutation
    nl neutron-transmutatiedotering *f*

N62 *e* **NFET** *see* **n-channel FET**

N63 *e* **n^+ guard ring**
    r охранное кольцо *n* n^+-типа
    d n^+-Schutzring *m*
    f bague *f* [anneau *m*] de garde type n^+
    nl n^+-afschermring *m*

N64 *e* **nico**
    r сплав *m* никеля и кобальта *(для магниточувствительных полупроводниковых приборов)*
    d Nico *n*
    f nico *m*
    nl nikkel-cobalt *n*, nico *n*

N65 *e* **nife**
    r сплав *m* никеля и железа *(для магниточувствительных полупроводниковых приборов)*
    d Nife *n*
    f nifé *m*
    nl nikkel-ijzer *n*, nife *n*

N66 *e* **nitridation**
    r нитрирование *n*; формирование *n* нитрида кремния
    d Nitrierung *f*
    f nitruration *f*
    nl nitreren *n*

N67 *e* **nitride definition**
    r формирование *n* рельефа в слое нитрида кремния
    d Nitriddefinition *f*
    f définition *f* de nitrure de silicium
    nl nitrideringsnauwkeurigheid *f*

N68 *e* **nitride gate**
    r затвор *m (МНОП-структуры)* с изолирующим слоем из нитрида кремния
    d Siliziumnitridgate *n*
    f grille *f* de nitrure de silicium
    nl (silicium)nitride-poort *f (m)*

N69 *e* **nitride masking**
    r формирование *n* маски [маскирующего слоя] из нитрида кремния
    d Siliziumnitridmaskierung *f*
    f masquage *m* par nitrure de silicium
    nl (silicium)nitride-maskering *f*

N70 *e* **nitride-oxide reactor**
    r плазменный реактор *m* для формирования нитридных и оксидных плёнок
    d Nitrid-Oxid-Reaktor *m*, NITROX-Reaktor *m*
    f réacteur *m (de plasma)* NITROX [nitrure-oxyde]
    nl nitride-oxyde-reactor *m*, nitrox-reactor *m*

N71 *e* **nitride-oxide structure**
    r структура *f (ИС)* с двухслойным пассивирующим покрытием из оксида и нитрида кремния
    d Nitrid-Oxid-Struktur *f*, Nitroxstruktur *f*
    f structure *f* nitrure-oxyde
    nl nitride-oxyde-structuur *f*, nitroxstructuur *f*

N72 *e* **nitride passivation**
    r пассивация *f* нитридом кремния

NITRIDE

    d Nitridpassivierung *f*
    f passivation *f* par niture de silicium
    nl nitride-passivering *f*

N73 *e* **nitride process**
    r 1. технология *f* МНОП ИС 2. метод *m* формирования нитрида кремния
    d Nitridtechnik *f*
    f 1. technologie *f* MNOS 2. procédé *m* de formation de niture de silicium
    nl nitride-procédé *n*

N74 *e* **nitrogen dusting**
    r обдув *m* азотом *(напр. для очистки поверхности)*
    d Stickstoffspülung *f*
    f soufflage *m* par azote
    nl stikstofspoeling *f*

N75 *e* **nitrogenous hood**
    r азотный шкаф *m*
    d Stickstoffschrank *m*
    f armoire *f* azotique
    nl stikstofkast *f (m)*

N76 *e* **nitrogen purging** see **nitrogen dusting**

N77 *e* **nitrogen purifier**
    r установка *f* для очистки азота
    d Stickstoffreinigungsanlage *f*
    f système *m* de purification d'azote
    nl stikstofreinigingsinstallatie *f*

N78 *e* **nitrox** see **nitride-oxide structure**

N79 *e* **NITROX reactor** see **nitride-oxide reactor**

N80 *e* **NJFET** see **n-channel junction FET**

N81 *e* **NMOS** see **n-channel MOS**

N82 *e* **nMOS approach**
    r метод *m* n-канальных МОП ИС
    d NMOS-Technik *f*
    f technique *f* nMOS
    nl NMOS-procédé *n*

N83 *e* **nMOS structure** see **n-channel MOS**

N84 *e* **nMOS technology**
    r технология *f* n-канальных МОП ИС
    d NMOS-Technologie *f*
    f technologie *f* n MOS
    nl NMOS-technologie *f*

N85 *e* **nMOS transistor**
    r МОП-транзистор *m* с каналом *n*-типа, *n*-канальный МОП-транзистор *m*
    d NMOS-Transistor *m*
    f transistor *m* MOS à canal n
    nl NMOS-transistor *m*

N86 *e* **noble gas**
    r благородный [инертный] газ *m*
    d Edelgas *n*
    f gaz *m* noble
    nl edelgas *n*

N87 *e* **noble-metal cermet**
    r кермет *m* на основе благородных металлов
    d Kermet *n* auf Edelmetallbasis
    f cermet *m* à la base de métal noble
    nl edelmetaal-cermet *n*

N88 *e* **noble-metal paste**
    r паста *f* на основе благородных металлов
    d Paste *f* auf Edelmetallbasis
    f pâte *f* à la base de métal noble
    nl edelmetaal-pasta *m*

N89 *e* **node**
    r узел *m*, точка *f* разветвления *(цепи)*
    d Knoten *m*
    f nœud *m*
    nl knoop *m*, knooppunt *n*

N90 *e* **noise factor**
    r коэффициент *m* шума, шум-фактор *m*
    d Rauschfaktor *m*
    f facteur *m* de bruit
    nl ruisfactor *m*

N91 *e* **noise immunity**
    r помехоустойчивость *f*
    d Störsicherheit *f*
    f immunité *f* au bruit
    nl stoorongevoeligheid *f*, onverstoorbaarheid *f*

N92 *e* **noise margin**
    r запас *m* помехоустойчивости
    d Störabstand *m*
    f marge *f* de bruit
    nl stoorafstand *m*, ruisafstand *m*

N93 *e* **nomenclature**
    r номенклатура *f*; система *f* условных обозначений
    d Nomenklatur *f*
    f nomenclature *f*
    nl nomenclatuur *f*, naamgeving *f*

N94 *e* **non-alloyed contact**
    r несплавной контакт *m*
    d nichtlegierter Kontakt *m*
    f contact *m* non allié
    nl niet-gelegeerd contact *n*

N95 *e* **nonconductor**
    r изолятор *m*
    d Nichtleiter *m*
    f non-conducteur *m*
    nl niet-geleider *m*

N96 *e* **noncontact measurement technique**
    r бесконтактный метод измерений *m*
    d berührungsfreies Meßverfahren *n*
    f technique *f* de mesure sans contact
    nl contactloze meettechniek *f*

N97 *e* **noncontact printing**
    r проекционная [бесконтактная] литография *f*
    d Abstandsbelichtung *f*; Projektionsbelichtung *f*, Projektionslithografie *f*
    f lithographie *f* de projection sans contact
    nl contactloze lithografie *f*, projectie-lithografie *f*

N98 *e* **noncontact scribing**
    r бесконтактное скрайбирование *n*
    d berührungsfreies Ritzen *n*
    f grattage *m* [rainage *m*] sans contact
    nl contactloos (in)kerven *n* [ritsen *n*]

NONUNDERCUTTING

N99 *e* **nondedicated part**
- *r* неспециализированный компонент *m*; стандартный компонент *m*
- *d* nichtspezialisierter Baustein *m*; Standardbaustein *m*
- *f* composant *m* non specialisé
- *nl* [niet-specialistisch] standaardonderdeel *n*

N100 *e* **nondefective zone**
- *r* бездефектная зона *f*
- *d* defektfreie Zone *f*
- *f* zone *f* sans défauts
- *nl* foutvrije zone *f (m)*

N101 *e* **nondegenerate semiconductor**
- *r* невырожденный полупроводник *m*
- *d* nichtentarteter Halbleiter *m*
- *f* semi-conducteur *m* non dégénéré
- *nl* ontaardingsvrije halfgeleider *m*

N102 *e* **nondestructive check**
- *r* неразрушающий контроль *m*
- *d* zerstörungsfreie Prüfung *f*
- *f* contrôle *m* non destructif
- *nl* niet-destructieve controle *f (m)*

N103 *e* **nondestructive edge sensing**
- *r* бесконтактное определение *n* ориентации края кристалла
- *d* zerstörungsfreie Kantenorientationsbestimmung *f*
- *f* contrôle *m* non destructif d'orientation du bord de cristal
- *nl* niet-destructieve randdetectie *f*

N104 *e* **nondestructive evaluation**
- *r* оценка *f* надёжности неразрушающим методом
- *d* zerstörungsfreie Zuverlässigkeitsbestimmung *f*
- *f* évaluation *f* de fiabilité par méthode non destructive
- *nl* niet-destructieve waardering *f*

N105 *e* **nondestructive monitoring** see **nondestructive check**

N106 *e* **nondestructive testing** see **nondestructive check**

N107 *e* **nonequilibrium carrier**
- *r* неравновесный носитель *m* заряда
- *d* Nichtgleichgewichtsträger *m*
- *f* porteur *m* (de charge) en non-équilibre
- *nl* disbalans-ladingdrager *m*

N108 *e* **nonflame spot bonder**
- *r* беспламенная установка *f* точечной пайки
- *d* flammenlose Anlage *f* für punktförmiges Löten
- *f* machine *f* pour brasage sans flamme
- *nl* vlamloze puntcontacteermachine *f*

N109 *e* **nonflatness**
- *r* неплоскостность *f*
- *d* Unebenheit *f*
- *f* non-planéité *f*
- *nl* oneffenheid *f*

N110 *e* **noninvasive probe**
- *r* неразрушающий диод *m*
- *d* nichteindringende [nichtzerstörende] Sonde *f*
- *f* sonde *f* non destructive
- *nl* niet-binnendringende sonde *f (m)*

N111 *e* **nonliquid resist**
- *r* сухой (плёночный) фоторезист *m*
- *d* Trockenfilmresist *n*
- *f* (photo)résist *m* sec (à film)
- *nl* vloeistofvrije [droge] (af)deklak *m*

N112 *e* **nonplanarity** see **nonflatness**

N113 *e* **nonradiative recombination**
- *r* безызлучательная рекомбинация *f*
- *d* strahlungslose Rekombination *f*
- *f* recombinaison *f* non radiative
- *nl* stralingsloze recombinatie *f*

N114 *e* **nonradiative transition**
- *r* безызлучательный переход *m*
- *d* strahlungsloser [emissionsloser] Übergang *m*
- *f* transition *f* non radiative
- *nl* stralingsloze overgang *m* [sprong *m*]

N115 *e* **nonrectifying junction**
- *r* невыпрямляющий [омический] переход *m*
- *d* sperrfreier [ohmscher] Übergang *m*
- *f* jonction *f* non rectifiante
- *nl* niet-sperrende (Ohmse) overgang *m*

N116 *e* **nonredundant integrated circuit**
- *r* ИС *f* без резервирования
- *d* nichtredudanter integrierter Schaltkreis *m*
- *f* circuit *m* intégré sans redondance
- *nl* niet-redundant IC *n*, niet-redundante geïntegreerde schakeling *f (zonder reserve-elementen)*

N117 *e* **nonsaturated logic**
- *r* ненасыщенные логические схемы *f pl*
- *d* ungesättigte Logik *f*
- *f* logique *f* non saturée
- *nl* onverzadigde logica *f*

N118 *e* **nonsaturated mode**
- *r* ненасыщенный режим *m*
- *d* ungesättigter Zustand *m*
- *f* mode *m* non saturé
- *nl* onverzadigde werkwijze *f*

N119 *e* **nonsaturation current-voltage characteristic**
- *r* вольт-амперная характеристика *f* без участка насыщения
- *d* Strom-Spannungs-Charakteristik *f* ohne Sättigungsabschnitt
- *f* caractéristique *f* courant-tension sans plage de saturation
- *nl* stroom-spanningskarakteristiek *f*

N120 *e* **nonthreshold logic**
- *r* непороговая логика *f*
- *d* schwellenwertfreie Logik *f*
- *f* logique *f* sans seuil
- *nl* drempelvrije logica *f*

N121 *e* **nonundercutting etching**
- *r* травление *n* без подтравливания

NONVOLATILE

    d Ätzprozeß *m* ohne Unterätzung
    f décapage *m* sans gravure sous-jacente
   nl niet-uitlopend etsen *n*

N122 *e* **nonvolatile charge-addressed memory**
    r энергонезависимое ЗУ *n* с зарядовой адресацией
    d nichtflüchtiger ladungsadressierter Speicher *m*
    f mémoire *f* non volatile adressable par charge
   nl niet-vluchtig ladinggeadresseerd geheugen *n*

N123 *e* **nonvolatile memory**
    r энергонезависимое ЗУ *n*
    d nichtflüchtiger Speicher *m*
    f mémoire *f* non volatile
   nl niet-vluchtig geheugen *n*

N124 *e* **nonvolatile memory array**
    r матрица *f* энергонезависимых элементов памяти
    d nichtflüchtige Speichermatrix *f*
    f matrice *f* de mémoire non volatile
   nl niet-vluchtige geheugenmatrix *f*

N125 *e* **nonvolatile RAM**
    r энергонезависимое ЗУПВ *n*
    d nichtflüchtiger RAM *m*
    f mémoire *f* non volatile à accès aléatoire
   nl niet-vluchtig lees/schrijfgeheugen *n* [RAM *n*]

N126 *e* **NOR circuit**
    r логическая схема *f* ИЛИ — НЕ
    d NOR-Schaltung *f*
    f circuit *m* OU NON
   nl NOCH-schakeling *f*, NOR-schakeling *f*

N127 *e* **NOR gate**
    r логический элемент *m* ИЛИ — НЕ
    d NOR-Gatter *n*
    f porte *f* OU NON
   nl NOCH-poort *f (m)*, NOR-poort *f (m)*

N128 *e* **normally-off FET**
    r полевой транзистор *m*, работающий в режиме обогащения
    d Feldeffekttransistor *m* des Anreicherungstyps, Anreicherungs-FET *m*
    f transistor *m* FET à enrichissement
   nl veldeffecttransistor *m* van verrijkingstype, verrijkings-FET *m*

N129 *e* **normally-on FET**
    r полевой транзистор *m*, работающий в режиме обеднения
    d Feldeffekttransistor *m* des Verarmungstyps, Verarmungs-FET *m*
    f transistor *m* FET à appauvrissement
   nl veldeffecttransistor *m* van verarmingstype, verarmings-FET *m*

N130 *e* **NOT-AND circuit** *see* **NAND circuit**

N131 *e* **NOT-AND gate** *see* **NAND gate**

N132 *e* **notch**
    r канавка *f*; выемка *f*, вырез *m*; паз *m*
    d Kerbe *f*
    f rainure *f*
   nl inkeping *f*, gleuf *f (m)*

N133 *e* **NOT circuit**
    r логическая схема *f* НЕ
    d NICHT-Schaltung *f*
    f circuit *m* NON
   nl NIET-schakeling *f*, NOT-schakeling *f*

N134 *e* **NOT gate**
    r логический элемент *m* НЕ
    d NICHT-Gatter *n*
    f porte *f* NON
   nl NIET-poort *f (m)*, NOT-poort *f (m)*

N135 *e* **NOT-OR circuit**
    r логическая схема *f* ИЛИ — НЕ
    d NOR-Schaltung *f*, ODER-NICHT-Schaltung *f*
    f circuit *m* OU NON
   nl NOCH-NOCH-schakeling *f*, NOT-OR-schakeling *f*, NOR-schakeling *f*

N136 *e* **NOVCAM** *see* **nonvolatile charge-addressed memory**

N137 *e* **novolac resin**
    r новолачная смола *f*
    d Novolakharz *n*
    f résine *f* en novolaque
   nl novolac-hars *m*

N138 *e* **n-p junction**
    r $n-p$-переход *m*
    d np-Übergang *m*
    f jonction *f* $n-p$
   nl n-p-overgang *m*

N139 *e* **n-p-n transistor**
    r $n-p-n$-транзистор *m*
    d npn-Transistor *m*
    f transistor *m* (de polarité) $n-p-n$
   nl n-p-n-transistor *m*, npn-transistor *m*

N140 *e* **n$^+$ poly gate**
    r затвор *m* из поликристаллического кремния n^+-типа
    d n$^+$-Poly-Si-Gate *n*
    f grille *f* en polysilicium type n$^+$
   nl n$^+$-polysil(icium)-poort *f (m)*

N141 *e* **NRE** *see* **negative-resistance element**

N142 *e* **NTCR** *see* **negative temperature coefficient of resistance**

N143 *e* **NTL** *see* **nonthreshold logic**

N144 *e* **n-type conduction**
    r электронная электропроводность *f*, электропроводность *f* *n*-типа
    d n-Leitung *f*
    f conductibilité *f* [conduction *f*] type *n*
   nl n-geleiding *f*

N145 *e* **n-type diffusion**
    r диффузия *f* донорной примеси
    d n-Diffusion *f*
    f diffusion *f* d'impureté donatrice
   nl n-diffusie *f*

N146 *e* **n-type dopant**
    r донорная примесь *f*

d n-Dotant *m*
  f impureté *f* donatrice
  nl n-donordoteerstof *f (m)*

N147 e **n-type dopant atom**
  r донорный атом *m*
  d Dotierstoffatom *n* von n-Typ
  f atome *m* dopant type *n*
  nl n-donordoteeratoom *n*

N148 e **n-type doping**
  r легирование *n* донорной примесью
  d n-Dotierung *f*
  f dopage *m* type *n*
  nl n-donordotering *f*

N149 e **n-type semiconductor**
  r полупроводник *m* (с электропроводностью) *n*-типа, электронный полупроводник *m*
  d n-Halbleiter *m*
  f semi-conducteur *m* type *n*
  nl n-halfgeleider *m*

N150 e **n-type substrate**
  r подложка *f* (с электропроводностью) *n*-типа
  d n-Substrat *n*, n-leitendes Substrat *n*
  f substrat *m* type *n*
  nl n-substraat *n*

N151 e **nucleating layer**
  r зародышевый слой *m*
  d Keimbildungsschicht *f*
  f couche *f* de germe
  nl kiemvormingslaag *f (m)*

N152 e **nucleation**
  r зародышеобразование *n*, образование *n* зародышей
  d Keimbildung *f*
  f germination *f*
  nl kiemvorming *f*

N153 e **nucleation center**
  r центр *m* зародышеобразования, зародыш *m*
  d Keimbildungszentrum *n*
  f germe *m*
  nl kiemvormingscentrum *n*

N154 e **nucleator**
  r затравка *f*, затравочный кристалл *m*
  d Kristallkeim *m*
  f germe *m* cristallin
  nl kristalkiem *f (m)*

N155 e **nucleus**
  r 1. зародыш *m* (кристаллизации) 2. ядро *n*
  d Kern *m*
  f 1. germe *m* 2. nucléus *m*
  nl kern *f (m)*

N156 e **numerical modeling**
  r численное моделирование *n*
  d numerische Simulation *f*
  f simulation *f* numérique
  nl numerieke modelvorming *f*

N157 e **NVM** *see* **nonvolatile memory**

N158 e **NVRAM** *see* **nonvolatile random-access memory**

N159 e **n-well**
  r карман *m* (с электропроводностью) *n*-типа
  d n-Wanne *f*
  f paroi *m* type *n*
  nl n-put *m*

N160 e **n-well CMOS process**
  r КМОП-технология *f* с карманами *n*-типа
  d n-Wannen-CMOS-Technik *f*
  f technologie *f* de circuit intégré CMOS à parois type *n*
  nl n-put-CMOS-techniek *f*

O

O1 e **OAT** *see* **oxide-aligned transistor technology**

O2 e **objective lens**
  r объектив *m*
  d objektiv *n*
  f objectif *m*
  nl objectief *n*

O3 e **objective turret**
  r колонна *f (прибора)* с объективами
  d Objektivrevolver *m*
  f tourelle *f* à objectif
  nl objectief-revolver *m*

O4 e **oblique deposition**
  r осаждение *n* под острым углом к поверхности
  d Schrägabscheidung *f*
  f déposition *f* [dépôt *m*] oblique
  nl schuin opdampen *n*, schuine depositie *f*

O5 e **occlusion**
  r окклюзия *f*, поглощение *n* газов металлами
  d Okklusion *f*
  f occlusion *f*
  nl insluiting *f*, occlusie *f*

O6 e **occupancy**
  r заполнение *n* (энергетических уровней)
  d Besetzungsgrad *m*
  f occupation *f*
  nl bezettingsgraad *m*

O7 e **occupation density**
  r плотность *f* заполнения (энергетических уровней)
  d Besetzungsdichte *f*
  f densité *f* d'occupation
  nl bezettingsdichtheid *f*

O8 e **ocular lens**
  r окуляр *m*
  d Okular *n*
  f oculaire *m*
  nl oculair *n*

O9 e **ODE** *see* **orientation-dependent etch(ing)**

O10 e **ODE recess**
  r канавка *f*, сформированная анизотропным травлением

    d ODE-Ätzgraben *m*, nach dem anisotropen Ätzverfahren erzeugter Ätzgraben *m*
    f rainure *f* formée par décapage orienté
    nl ODE-uitsparing *f*, met anisotropisch etsprocédé gemaakte uitsparing *f*

O11 *e* **OEIC** see **optoelectronic integrated circuit**

O12 *e* **off-chip amplifier**
    r навесной усилитель *m*
    d Off-Chip-Verstärker *m*, chipexterner Verstärker *m*
    f amplificateur *m* pendu
    nl chip-externe versterker *m*, off-chip-versterker *m*

O13 *e* **off-chip connection**
    r внешнее соединение *n*, внешний вывод *m* (кристалла)
    d Außenleitung *f*
    f connexion *f* externe
    nl buitenverbinding *f*

O14 *e* **off-chip resistor**
    r навесной резистор *m*
    d Off-Chip-Widerstand *m*, chipexterner Widerstand *m*
    f résistance *f* pendue
    nl chip-externe weerstand *m*, off-chip-weerstand *m*

O15 *e* **off-chip trimming**
    r подстраивание *n* характеристик ИС с помощью навесных резисторов
    d Off-Chip-Trimmen *n*
    f ajustage *m* des circuits intégrés par résistances pendues
    nl off-chip trimmen *n*

O16 *e* **off condition**
    r состояние *n* «выключено»; закрытое состояние *n*
    d Aus-Zustand *m*
    f état *m* «off»
    nl uit-toestand *m*, niet-geleidingstoestand *m*

O17 *e* **off contact**
    r контакт *m* с (микро)зазором Quasikontakt *m*
    f contact *m* à micro-intervalle
    nl contact *n* op afstand

O18 *e* **off-grid routing**
    r трассировка *f* без сетки
    d Off-Grid-Routing *n*
    f routage *m* sans grille
    nl routering *f* buiten rooster om

O19 *e* **off-line mode**
    r автономный режим *m*
    d Off-line-Betrieb *m*
    f mode *m* autonome
    nl computeronafhankelijke [niet-gekoppelde, indirecte] werkwijze *f*

O20 *e* **off-line (process) control**
    r автономный технологический контроль *m*
    d Off-line-Kontrolle *f*
    f contrôle *m* autonome de processus
    nl indirecte [niet-gekoppelde] (proces)besturing *f*

O21 *e* **off resistance**
    r 1. сопротивление *n* в закрытом состоянии 2. сопротивление *n* выключения
    d 1. Widerstand *m* im Aus-Zustand 2. Ausschaltwiderstand *m*
    f 1. résistance *f* «off» 2. résistance *f* de déclenchement
    nl 1. sperweerstand *m* 2. weerstand *m* in uit-toestand [niet-geleidende toestand] 3. uitschakelweerstand *m*

O22 *e* **offset-gate FET**
    r полевой транзистор *m* со смещённым затвором
    d Feldeffekttransistor *m* mit verschobenem Gate
    f transistor *m* FET à grille décalée
    nl veldeffecttransistor *m* (FET *m*) met verschoven poort

O23 *e* **offset mask**
    r смещённая маска *f*
    d verschobene Maske *f*
    f masque *m* décalé
    nl verschoven masker *n*

O24 *e* **offset voltage**
    r напряжение *n* смещения (операционного усилителя)
    d Offsetspannung *f*
    f tension *f* de décalage
    nl afstandspanning *f*, verstelspanning *f*, offset-spanning *f*

O25 *e* **off state**
    r 1. закрытое состояние *n* 2. состояние *n* выключения
    d Aus-Zustand *m*
    f 1. état *m* «off» 2. état *m* de déclenchement
    nl spertoestand *m*, uit-toestand *m*, niet-geleidingstoestand *m*

O26 *e* **off-the-shelf integrated circuit**
    r стандартная ИС *f*
    d Standard-IC *n*, Standardschaltkreis *m*
    f circuit *m* intégré standard
    nl uit voorraad leverbaar IC *n*

O27 *e* **off time**
    r время *n* выключения
    d Ausschaltzeit *f*
    f temps *m* de déclenchement
    nl 1. spertijd *m* 2. uitschakeltijd *m*

O28 *e* **off transistor**
    r закрытый транзистор *m*
    d zugesteuerter Transistor *m*
    f transistor *m* fermé
    nl transistor *m* in uit-toestand, dichtgestuurde [niet-geleidende] transistor *m*

O29 *e* **OG** see **OR gate**

O30 *e* **ohmic bridge**
    r омический мостик *m*

ONE

- *d* ohmsche Brücke *f*
- *f* pont *m* ohmique
- *nl* ohmse brug *f (m)*, ohmse brugschakeling *f*

O31 *e* **ohmic conductor, ohmic contact**
- *r* омический [невыпрямляющий] контакт *m*
- *d* ohmscher Kontakt *m*
- *f* contact *m* ohmique
- *nl* ohmse geleider *m*, ohms contact *n*

O32 *e* **ohmic junction**
- *r* омический [невыпрямляющий] переход *m*
- *d* ohmscher Übergang *m*
- *f* jonction *f* ohmique
- *nl* ohmse overgang *m*

O33 *e* **ohmic metallization**
- *r* металлизация *f* омических контактов
- *d* Metallisierung *f* von ohmschen Kontakten
- *f* métallisation *f* ohmique
- *nl* ohmse metallisatie *f*

O34 *e* **ohmic resistance**
- *r* активное сопротивление *n*
- *d* ohmscher Widerstand *m*
- *f* résistance *f* ohmique
- *nl* ohmse weerstand *m*

O35 *e* **ohmic short**
- *r* омическая закорачивающая перемычка *f*
- *d* ohmsche Kurzschlußbrücke *f*
- *f* barre *f* de court-circuitage ohmique
- *nl* ohmse (kort)sluiting *f*

O36 *e* **OIC** *see* **optical integrated circuit**

O37 *e* **oil backstreaming**
- *r* натекание *n* паров масла (*в вакуумный объём*)
- *d* Öleinströmen *n*
- *f* coulage *m* de vapeur d'huile
- *nl* olieterugstroming *f*

O38 *e* **oil-free pumping**
- *r* безмасляная откачка *f*
- *d* ölfreie Evakuierung *f*
- *f* pompage *m* sans huile
- *nl* olievrij (luchtledig) pompen *n*

O39 *e* **OLB** *see* **outer-lead bonding**

O40 *e* **on-chip amplifier**
- *r* усилитель *m* на одном кристалле с другой схемой
- *d* On-Chip-Verstärker *m*, Einchipverstärker *m*
- *f* amplificateur *m* incorporé [sur une même puce]
- *nl* chip-interne [op chip (mee-)geïntegreerde] versterker *m*

O41 *e* **on-chip components**
- *r* интегральные компоненты *m pl*
- *d* On-Chip-Bausteine *m pl*, schaltkreisintegrierte Bausteine *m pl*
- *f* composants *m pl* intégrés
- *nl* chip-interne [op chip (mee-)geïntegreerde] component *m*

O42 *e* **on-chip integration**
- *r* интеграция *f* (схем) на одном кристалле
- *d* On-Chip-Integration *f*, Integration *f* in einem Chip
- *f* intégration *f* sur une puce
- *nl* op chip- (mee-)integreren *n*, integratie *f* in één chip

O43 *e* **on-chip interconnection**
- *r* межсоединение *n* на кристалле
- *d* On-Chip-Zwischenverbindung *f*, Zwischenverbindung *f* auf dem Chip
- *f* interconnexion *f* sur une puce
- *nl* tussenverbinding *f* op de chip

O44 *e* **on-chip redundancy**
- *r* резервирование *n* на кристалле
- *d* chipinterne Redundanz *f*
- *f* redondance *f* sur une puce
- *nl* chip-interne redundantie *f* [reserve *f (m)*]

O45 *e* **on-chip resistor**
- *r* интегральный резистор *m*
- *d* On-Chip-Widerstand *m*, schaltkreisintegrierter Widerstand *m*
- *f* résistance *f* intégrée
- *nl* (mee)geïntegreerde weerstand *m*

O46 *e* **on-chip trimming**
- *r* подгонка *f* номиналов компонентов на кристалле ИС
- *d* On-Chip-Trimmen *n*
- *f* ajustage *m* sur une puce
- *nl* trimmen *n* op de chip

O47 *e* **on condition**
- *r* состояние *n* «включено»; открытое состояние *n*
- *d* Ein-Zustand *m*
- *f* état *m* «on»
- *nl* geleidingstoestand *m*, aan-toestand *m*

O48 *e* **one-board microcomputer**
- *r* одноплатная микроЭВМ *f*
- *d* Einplatinen-Mikrorechner *m*, Einkarten-Mikrorechner *m*
- *f* micro-ordinateur *m* monoplaque [à plaque unique]
- *nl* microcomputer *m* op één kaart [print(plaat)]

O49 *e* **one-by-four crosspoint chip**
- *r* ИС *f* координатного коммутатора с полем 1×4
- *d* 1:4-Kreuzschienenschalter *m*
- *f* puce *f* du commutateur de coordonnée un par quatre
- *nl* één-op-vier schakel-chip *m*

O50 *e* **one-chip amplifier**
- *r* однокристальный усилитель *m*
- *d* Einchipverstärker *m*
- *f* amplificateur *m* monopuce
- *nl* enkel-chip versterker *m*

O51 *e* **one-chip integrated circuit**
- *r* однокристальная ИС *f*
- *d* Einchipschaltkreis *m*
- *f* circuit *m* intégré monopuce
- *nl* op één chip geïntegreerde schakeling *f*

ONE

O52 *e* **one-chip microprocessor**
  r однокристальный микропроцессор *m*
  d Einchipmikroprozessor *m*
  f microprocesseur *m* monopuce
  nl enkel-chip microprocessor *m*

O53 *e* **one-chipper**
  r однокристальный микропроцессор *m*; однокристальная микроЭВМ *f*
  d Einchipmikroprozessor *m*; Einchipmikrorechner *m*
  f microprocesseur *m* monopuce; micro-ordinateur *m* monopuce
  nl enkel-chip microprocessor *m* [microcomputer *m*], één-chipper *m*

O54 *e* **one-device cell** *see* **one-T cell**

O55 *e* **one-layer metallization**
  r однослойная [одноуровневая] (соединительная) металлизация *f*
  d Einschichtmetallisierung *f*
  f métallisation *f* monocouche
  nl eenlaags-metallisatie *f*

O56 *e* **one-level metallization**
  r одноуровневая (соединительная) металлизация *f*
  d Einebenenmetallisierung *f*
  f métallisation *f* à un niveau
  nl enkelvoudige metallisatie *f*

O57 *e* **one-mask integrated circuit**
  r ИС *f* с одномасочным программированием
  d Einmaskenschaltkreis *m*
  f circuit *m* intégré à un masque
  nl enkelmasker-geïntegreerde schakeling *f*, enkelmasker-IC *n*

O58 *e* **one output**
  r выходной сигнал *m* «1»
  d «1»-Ausgangssignal *n*
  f signal *m* de sortie un
  nl één-uitgangssignaal *n*

O59 *e* **one signal**
  r сигнал *m* «1»
  d «1»-Signal *n*
  f signal *m* un
  nl één-signaal *n*

O60 *e* **one state**
  r (логическое) состояние *n* «1»
  d «1»-Zustand *m*
  f état *m* un
  nl één-staat *m*, één-toestand *m*

O61 *e* **one-step diffusion**
  r одностадийная диффузия *f*
  d Einstufendiffusion *f*
  f diffusion *f* à un stade
  nl eenstaps-diffusie *f*

O62 *e* **one-step reduction**
  r одноступенчатое уменьшение *n* изображения
  d einschrittige Reduktion *f*
  f réduction *f* d'image à un degré
  nl enkelvoudige verkleining *f*

O63 *e* **one-T cell**
  r однотранзисторный элемент *m*; однотранзисторная ячейка *f*
  d Eintransistorzelle *f*
  f élément *m* à un transistor; cellule *f* à un transistor
  nl één-transistor cel *f (m)*

O64 *e* **one-to-one projection system**
  r установка *f* проекционной литографии без масштабирования
  d 1:1-Projektionsanlage *f*
  f installation *f* de lithographie de projection à l'échelle 1
  nl één-op-één-projectie-installatie *f*

O65 *e* **one-to-one wafer imaging**
  r формирование *n* изображений на пластине без масштабирования
  d 1:1-Abbildung *f* auf dem Wafer
  f imagerie *f* sur la tranche à l'échelle 1
  nl één-opéén-afbeelding *f* op de wafel

O66 *e* **one-to-zero ratio**
  r отношение *n* напряжений логических «1» и «0», отношение *n* напряжений в состоянии «1» и «0»
  d Null-Eins-Verhältnis *n*
  f rapport *m* signal un-signal zéro
  nl één-nul-verhouding *f*

O67 *e* **one-transistor memory**
  r ЗУ *n* на однотранзисторных элементах
  d Eintransistor(zellen)speicher *m*
  f mémoire *f* à élément à un transistor
  nl één-transistorcellen-geheugen *n*

O68 *e* **on-grid routing**
  r трассировка *f* по сетке
  d On-Grid-Routing *n*
  f routage *m* par réseau
  nl roostervolgende routering *f*

O69 *e* **on-line mode**
  r неавтономный режим *m*
  d On-line-Betrieb *m*
  f mode *m* en ligne
  nl computerbestuurde [gekoppelde, directe] werkwijze *f*

O70 *e* **on-line process control**
  r технологический контроль *m* непосредственно на линии
  d On-line-Kontrolle *f*
  f contrôle *m* de processus en ligne
  nl directe [gekoppelde] (proces)besturing *f*

O71 *e* **on resistance**
  r 1. сопротивление *n* в открытом состоянии 2. сопротивление *n* включения
  d 1. Widerstand *m* im Ein-Zustand 2. Einschaltwiderstand *m*
  f 1. résistance *f* «on» 2. résistance *f* d'enclenchement
  nl 1. geleidingsweerstand *m* 2. weerstand *m* in aan-toestand [geleidingstoestand] 3. inschakelweerstand *m*

O72 *e* **on state**
  r 1. открытое состояние *n* 2. состояние *n* включения

OPERATING

    d Ein-Zustand *m*
    f 1. état *m* «on» 2. état *m* d'enclenchement
    nl aan-toestand *m*, geleidingstoestand *m*

O73 *e* **on time**
    r время *n* включения
    d Einschaltzeit *f*
    f temps *m* d'enclenchement
    nl 1. geleidingstijd *m* 2. inschakeltijd *m*

O74 *e* **on transistor**
    r открытый транзистор *m*
    d aufgesteuerter Transistor *m*
    f transistor *m* non bloqué
    nl transistor *m* in aan-toestand, opengestuurde [geleidende] transistor *m*

O75 *e* **on-wafer chip test**
    r проверка *f* кристаллов *(ИС)* на полупроводниковой пластине
    d On-Wafer-Chiptesten *n*, Chiptesten *n* auf dem Wafer
    f test *m* des puces in situ
    nl chip-beproeving *f* op de wafel

O76 *e* **opaque defect**
    r непрозрачный дефект *m (на фотошаблоне)*
    d undurchsichtiger [opaker] Defekt *m*
    f défaut *m* opaque *(sur photomasque)*
    nl ondoorzichtigheidsfout *f (m)*

O77 *e* **opaque region**
    r непрозрачный участок *m (на фотошаблоне)*
    d undurchsichtiger Bereich *m*
    f région *f* opaque *(sur photomasque)*
    nl ondoorzichtige zone *f (m)*

O78 *e* **opaque spot**
    r непрозрачное пятно *n*; непрозрачная точка *f (дефект фотошаблона)*
    d opaker Fleck *m*
    f tache *f* opaque; point *m* opaque *(défaut de photomasque)*
    nl ondoorzichtige plek *f (m)*

O79 *e* **open**
    r обрыв *m*; размыкание *n*; разрыв *m (электрической цепи)*
    d Leitungsunterbrechung *f*; Drahtbruch *m*
    f coupure *f*
    nl onderbreking *f*

O80 *e* **open emitter**
    r разомкнутый эмиттер *m*
    d offener Emitter *m*
    f émetteur *m* ouvert
    nl vrije [niet-verbonden, onbelaste, open] emitter *m*

O81 *e* **opening**
    r 1. окно *n*, отверстие *n (в слое оксида)* 2. вскрытие *n (окна в слое оксида)* 3. обрыв *m*; разрыв *m*; размыкание *n (электрической цепи)*
    d 1., 2. Öffnung *f* 3. Unterbrechung *f*
    f 1. fenêtre *f* 2. ouverture *f* 3. coupure *f*
    nl opening *f*, openen *n*

O82 *e* **open-tube deposition**
    r осаждение *n* методом открытой трубы
    d offene Abscheidung *f*, Abscheidung *f* im offenem Rohr
    f dépôt *m* par méthode de tube ouvert
    nl opdampen *n* [depositie *f*] in open buis, open opdamping *f* [depositie *f*]

O83 *e* **open-tube diffusion**
    r диффузия *f* методом открытой трубы
    d offene Diffusion *f*, Diffusion *f* im offenen Rohr
    f diffusion *f* par méthode de tube ouvert
    nl diffusie *f* in open buis, open diffusie *f*

O84 *e* **open-tube diffusion system**
    r диффузионная установка *f* по методу открытой трубы
    d Anlage *f* zur Diffusion im offenen Rohr
    f système *m* de diffusion par méthode de tube ouvert
    nl open-buis diffusie-installatie *f*

O85 *e* **open-tube dry oxidation**
    r оксидирование *n* в сухом кислороде методом открытой трубы
    d Trockensauerstoffoxydierung *f* im offenen Rohr
    f oxydation *f* sèche par méthode de tube ouvert
    nl drogezuurstof-oxydatie *f* in open buis

O86 *e* **open-tube poly**
    r поликристаллический кремний *m*, выращенный методом открытой трубы
    d im offenen Rohr erzeugtes Polysilizium *n*
    f polysilicium *m* créé par méthode de tube ouvert
    nl met open-buis methode aangebracht polysilicium *n*

O87 *e* **open-tube steam oxidation**
    r оксидирование *n* в парах воды методом открытой трубы
    d Wasserdampfoxydation *f* im offenen Rohr
    f oxydation *f* en vapeur d'eau par méthode de tube ouvert
    nl stoomoxydatie *f* in open buis

O88 *e* **open-tube system**
    r система *f* проведения диффузии по методу открытой трубы
    d Anlage *f* zur Diffusionsdurchführung im offenen Rohr
    f système *m* de diffusion par méthode de tube ouvert
    nl open-buis installatie *f*

O89 *e* **operating characteristic**
    r рабочая характеристика *f*
    d Betriebscharakteristik *f*
    f caractéristique *f* de fonctionnement
    nl werkkarakteristiek *f*

O90 *e* **operating frequency**
    r рабочая частота *f*
    d Betriebsfrequenz *f*
    f fréquence *f* opérationnelle
    nl werkfrequentie *f*

O91 *e* **operating mode**
    r рабочий режим *m*

OPERATING

- *d* Betriebsart *f*
- *f* mode *m* fonctionnement
- *nl* werkwijze *f*

O92 *e* **operating speed**
- *r* быстродействие *n*; скорость *f* срабатывания
- *d* Schnellwirkung *f*
- *f* vitesse *f* de fonctionnement; vitesse *f* de réponse
- *nl* werkingssnelheid *f*

O93 *e* **operating-temperature range**
- *r* диапазон *m* рабочих температур
- *d* Arbeitstemperaturbereich *m*
- *f* gamme *f* de températures de service
- *nl* werktemperatuurbereik *n*

O94 *e* **operating voltage**
- *r* рабочее напряжение *n*
- *d* Betriebsspannung *f*
- *f* tension *f* de service
- *nl* werkspanning *f*

O95 *e* **operation**
- *r* 1. операция *f*; действие *n* 2. работа *f*; функционирование *n*
- *d* 1. Operation *f* 2. Betrieb *m*
- *f* opération *f*
- *nl* werking *f*, in bedrijf zijn *n*

O96 *e* **operation al amplifier**
- *r* операционный усилитель *m*, ОУ
- *d* Operationsverstärker *m*, OPV
- *f* amplificateur *m* opérationnel
- *nl* operationele versterker *m*, opamp *m*

O97 *e* **operational mode** *see* **operating mode**

O98 *e* **operation position**
- *r* рабочая позиция *f*
- *d* Betriebsposition *f*, Arbeitsposition *f*
- *f* position *f* d'opération
- *nl* stand *m* in bedrijf

O99 *e* **operator handling**
- *r* ручная транспортировка *f*; ручные погрузочно-разгрузочные операции *f pl*
- *d* Handhabung *f* durch den Bediener
- *f* manutention *f* manuelle
- *nl* hantering *f* door bediener

O100 *e* **opposed gate-source transistor**
- *r* полевой транзистор *m* с противоположно расположенными затвором и истоком
- *d* Feldeffekttransistor *m* mit einander gegenüberliegenden Gate und Source
- *f* transistor *m* FET à source et drain opposées
- *nl* transistor *m* met tegenover elkaar gelegen poort en bron

O101 *e* **opposite polarity**
- *r* противоположная полярность *f*; противоположный тип *m* электропроводности
- *d* umgekehrte Polarität *f*; entgegengesetzter Leitungstyp *m*
- *f* polarité *f* opposée
- *nl* tegengestelde polariteit *f*

O102 *e* **optical aligner**
- *r* установка *f* оптического совмещения (и экспонирования), установка *f* фотолитографии
- *d* optische Justier- und Belichtungsanlage
- *f* aligneur *m* optique
- *nl* optisch justeer- en belichtingsapparaat *n*

O103 *e* **optical alignment**
- *r* оптическое совмещение *n*
- *d* optische Justierung *f*
- *f* alignement *m* optique
- *nl* optische uitlijning *f*

O104 *e* **optical checking**
- *r* оптический контроль *m*
- *d* optische Kontrolle *f*
- *f* contrôle *m* [inspection *f*] optique
- *nl* optische controle *f (m)*

O105 *e* **optical coupler** *see* **optron**

O106 *e* **optical exposure**
- *r* оптическое экспонирование *n*
- *d* optische Belichtung *f*
- *f* exposition *f* optique
- *nl* optische belichting *f*

O107 *e* **optical finish**
- *r* зеркальная полировка *f*
- *d* Hochglanzpolieren *n*, Fertigfeinpolieren *n*
- *f* polissage *m* [rodage *m*] optique
- *nl* hooggimlans-afwerking *f*

O108 *e* **optical image repeater** *see* **optical step-and-repeat camera**

O109 *e* **optical imaging**
- *r* формирование *n* рисунка оптическим методом
- *d* optische Abbildung *f*
- *f* imagerie *f* optique
- *nl* optische beeldvorming *f*

O110 *e* **optical integrated circuit**
- *r* оптическая ИС *f*; оптоэлектронная ИС *f*
- *d* Opto-IC *n*, optische integrierte Schaltung *f*
- *f* circuit *m* intégré optique
- *nl* optische geïntegreerde schakeling *f*, opto-IC *n*

O111 *e* **optical interconnection**
- *r* оптическая связь *f*; оптронная связь *f*
- *d* optische Kopplung *f*
- *f* interconnexion *f* optique
- *nl* optische verbinding *f*

O112 *e* **optical lithographic resolution**
- *r* разрешающая способность *f* фотолитографии
- *d* fotolithografisches Auflösungsvermögen *n*
- *f* résolution *f* optique de lithographie
- *nl* fotolithografische detaillering *f* [resolutie *f*], fotolithografisch detailleringsvermogen *n*

OPTICAL

O113 *e* **optical lithography**
   r фотолитография *f*, оптическая литография *f*
   d Fotolithografie *f*
   f photolithographie *f*
   nl fotolithografie *f*

O114 *e* **optically flat wafer**
   r оптически плоская пластина *f*
   d optisch ebener Wafer *m*
   f tranche *f* plate optique
   nl optisch vlakke wafel *f (m)*

O115 *e* **optical mask**
   r фотошаблон *m*
   d Fotomaske *f*
   f photomasque *m*
   nl fotomasker *n*

O116 *e* **optical masking**
   r фотомаскирование *n*
   d Fotomaskierung *f*
   f photomasquage *m*
   nl fotomaskering *f*

O117 *e* **optical mask stepper** *see* **optical step-and-repeat camera**

O118 *e* **optical memory**
   r оптическое ЗУ *n*
   d optischer Speicher *m*
   f mémoire *f* optique
   nl optisch geheugen *n*

O119 *e* **optical overlay method**
   r метод *m* оптического совмещения (слоёв)
   d optische Überdeckungsmethode *f*
   f méthode *f* de superposition optique
   nl optische overdekkingsmethode *f*

O120 *e* **optical pattern**
   r оптическое изображение *n*
   d optisches Bild *n*
   f image *f* optique
   nl optische patroon *n*

O121 *e* **optical pattern generator**
   r оптический генератор *m* изображений
   d Fotomaskenbildgenerator *m*, optischer Patterngenerator *m*
   f générateur *m* optique d'images
   nl optische patroongenerator *m*

O122 *e* **optical patterning**
   r формирование *n* рисунка методом фотолитографии
   d optische Strukturdefinition *f*
   f imagerie *f* par photolithographie
   nl optische patroonvorming *f*

O123 *e* **optical pattern transfer**
   r оптический перенос *m* изображений
   d optische Strukturübertragung *f*
   f transfert *m* optique d'images
   nl optische patroonoverdracht *f (m)*

O124 *e* **optical printer**
   r установка *f* фотолитографии
   d fotolithografische Anlage *f*
   f photo-imprimante *f*
   nl fotolithografie-inrichting *f*

O125 *e* **optical printing** *see* **optical lithography**

O126 *e* **optical projection lithography**
   r проекционная фотолитография *f*
   d Lichtprojektionslithografie *f*
   f photolithographie *f* de projection
   nl lichtprojectie-lithografie *f*

O127 *e* **optical projection master**
   r фотооригинал *m* для проекционной фотолитографии
   d Originalvorlage *f* für Lichtprojektionslithografie
   f original *m* de photolithographie de projection
   nl origineel *n* voor lichtprojectie-lithografie

O128 *e* **optical read-only storage**
   r оптическое ПЗУ *n*
   d optischer ROM *m*
   f mémoire *f* morte optique
   nl optische ROM *n*

O129 *e* **optical resist**
   r фоторезист *m*
   d Fotoresist *n*
   f photorésist *m*
   nl fotolak *m*

O130 *e* **optical scanner**
   r формирователь *m* сигналов изображения
   d optischer Abtaster *m*
   f scanner *m* [formateur *m* des images] optique
   nl optische (beeld)aftaster *m*

O131 *e* **optical solid(-state) circuit** *see* **optical integrated circuit**

O132 *e* **optical spectroscopy**
   r оптическая спектроскопия *f*
   d Lichtspektroskopie *f*, optische Spektroskopie *f*
   f spectroscopie *f* optique
   nl optische spectroscopie *f*

O133 *e* **optical step-and-repeat camera**
   r фотоповторитель *m*
   d Fotorepeater *m*
   f photorépé(ti)teur *m*
   nl optische stappen-repeteercamera *f (m)*

O134 *e* **optical stepper lithography**
   r фотолитография *f* с последовательным шаговым экспонированием
   d Fotolithografie *f* nach dem Step-und-Repeat-Verfahren
   f photolithographie *f* à l'exposition pas à pas
   nl fotolithografie *f* volgens stappenrepeteermethode

O135 *e* **optical wafer stepper**
   r установка *f* фотолитографии с последовательным шаговым экспонированием
   d Wafer-Stepper *m*
   f photo imprimante *f* à l'exposition pas à pas
   nl stappen-wafelbelichter *m*

OPTICAL

O136 e **optical wafer stepping**
  r последовательное шаговое экспонирование n фоторезиста на полупроводниковой пластине
  d schrittweise Waferbelichtung f
  f exposition f optique pas à pas *(de photorésist sur tranche)*
  nl stapsgewijze wafelbelichting f

O137 e **optimum-scale integration**
  r ИС f с оптимальной степенью интеграции
  d Schaltkreis m mit optimalem Integrationsgrad
  f intégration f à échelle optimale
  nl optimale integratiegraad m

O138 e **option design**
  r проектирование n с выбором вариантов
  d Optionsentwurf m, Entwurf m mit frei wählbaren Varianten
  f conception f à option
  nl ontwerp n met keuzemogelijkheden

O139 e **optoacoustic microscope**
  r оптикоакустический микроскоп m
  d optoakustisches Mikroskop n
  f microscope m opto-acoustique
  nl opto-akoestische microscoop m

O140 e **opto chip**
  r 1. кристалл m оптоэлектронной ИС 2. оптоэлектронная ИС f
  d Optochip n
  f 1. puce f opto-électronique 2. circuit m intégré opto-électronique
  nl opto-chip m

O141 e **optocoupler** *see* **optron**

O142 e **optocoupler semiconductor device**
  r полупроводниковый прибор m с оптронной связью
  d Halbleiterbaustein m mit Optokopplerverbindung
  f dispositif m semi-conducteur à optocouplage
  nl halfgeleiderbouwsteen m met optische koppeling

O143 e **optoelectronic chip, optoelectronic integrated circuit**
  r оптоэлектронная ИС f
  d optoelektronischer integrierter Schaltkreis m, Opto-IC n
  f circuit m intégré opto-électronique
  nl opto-elektronische chip m

O144 e **optoelectronics**
  r оптоэлектроника f
  d Optoelektronik f
  f opto-électronique f
  nl opto-elektronica f

O145 e **optoelectronic semiconductor**
  r оптоэлектронный (полупроводниковый) прибор m
  d optoelektronisches Bauelement n
  f semi-conducteur m opto-électronique
  nl opto-elektronische halfgeleider m

O146 e **optoelectronic sensor**
  r фотоприёмник m
  d optoelektronischer Sensor m, Optosensor m; Lichtempfänger m, Lichtdetektor m
  f photorécepteur m
  nl opto-elektronische sensor m [voeler m]

O147 e **optoelectronic transistor**
  r фототранзистор m; оптотранзистор m
  d Fototransistor m; optischer Transistor m
  f phototransistor m; transistor m optique
  nl lichtgevoelige transistor m

O148 e **optoisolator, optron**
  r оптрон m, оптопара f
  d Optokoppler m; Optron m
  f optron m
  nl opto-koppeling f, optron n

O149 e **optronics**
  r оптроника f; оптоэлектроника f
  d Optronik f; Optoelektronik f
  f optronique f; opto-électronique f
  nl opto-elektronica f, optronica f

O150 e **orange peel**
  r поверхность f с дефектами типа «апельсиновая корка»
  d Apfelsinenschaleneffekt m, Apfelsinenschalenstruktur f, Orangenhaut f
  f surface f type «peau d'orange»
  nl sinaasappelschileffect n

O151 e **OR circuit**
  r логическая схема f ИЛИ
  d OR-Schaltung f, ODER-Schaltung f
  f circuit m OU
  nl OF-schakeling f, OR-schakeling f

O152 e **ordered arrangement**
  r упорядоченная структура f
  d geordnete Struktur f
  f structure f ordonnée
  nl geordende opstelling f [plaatsing f, schikking f]

O153 e **OR element** *see* **OR gate**

O154 e **organic-based resist**
  r органический резист m, резист m на основе органического соединения
  d Resist n auf organischer Basis
  f résist m à la base de composition organique
  nl (af)deklak m op organische basis, organische (af)deklak m

O155 e **organic binder**
  r органическое связующее n
  d organisches Bindemittel n
  f liant m organique
  nl organisch bindmiddel n

O156 e **organic fill**
  r органический наполнитель m
  d organischer Füllstoff m
  f charge f organique
  nl organische vulstof f (m)

O157 e **organic-on-GaAs diode**
  r диод m в виде органической плёнки на арсениде галлия

OUT

    d Diode *f* auf organischer GaAs-Schicht
    f diode *f* en film organique sur arséniure de gallium
    nl organisch-op-GaAs diode *f*

O158 *e* **organic-on-organic contact barrier**
    r барьер *m* Шотки на основе плёнок органических соединений
    d Schottky-Barriere *f* auf der Basis von organischen Schichten
    f barrière *f* Schottky à la base des films organiques
    nl organisch-organisch-contactbarrière *f*

O159 *e* **organic resist stripper**
    r установка *f* для удаления органических резистов
    d Stripping-Anlage *f* für Resiste auf organischer Basis
    f machine *f* à striper le résist organique
    nl organische-(afdek)lakstripper *m*

O160 *e* **organic semiconductor**
    r органический полупроводник *m*
    d organischer Halbleiter *m*
    f semi-conducteur *m* organique
    nl organische halfgeleider *m*

O161 *e* **organometallic compound**
    r металлоорганическое соединение *n*
    d metallorganische Verbindung *f*
    f composé *m* organométallique
    nl metaalorganische verbinding *f*, organometaal *n*

O162 *e* **organosilicon material**
    r кремнийорганический материал *m*
    d silikonorganisches Material *n*
    f matériau *m* organosilicié
    nl organosilicium-materiaal *n*

O163 *e* **OR gate**
    r логический элемент *m* ИЛИ
    d OR-Gatter *n*
    f porte *f* OU
    nl OF-poort *f (m)*, OR-poort *f (m)*

O164 *e* **(111-) orientation**
    r ориентация *f* в кристаллографической плоскости (111)
    d (111) Orientierung *f*
    f orientation *f* (111)
    nl oriëntatie *f* volgens de c-as

O165 *e* **orientation-dependent etch**
    r направленный травитель *m*; анизотропный травитель *m*
    d 1. anisotropes Ätzmittel *n* 2. anisotropes Ätzen *n*
    f 1. décapant *m* orienté 2. décapage *m* orienté
    nl 1. anisotroop [richtingsafhankelijk] etsmiddel *n* 2. anisotroop [richtingsafhankelijk] etsen *n*

O166 *e* **oriented growth**
    r ориентированный рост *m*
    d orientiertes Wachstum *n*
    f croissance *f* orientée
    nl gerichte groei *m*

O167 *e* **original artwork**
    r (первичный) оригинал *m* фотошаблона
    d Originalvorlage *f*
    f original *m* de source
    nl originele ontwerptekening(en) *f (f pl)*

O168 *e* **OROS** *see* **optical read-only storage**

O169 *e* **OSI** *see* **optimum-scale integration**

O170 *e* **out-diffusion**
    r обратная диффузия *f*
    d Ausdiffusion *f*
    f diffusion *f* inverse
    nl uitdiffusie *f*

O171 *e* **outer-lead bonder**
    r установка *f* для присоединения внешних концов выводов *(выводной рамки)* к штырькам корпуса
    d Außenbonder *m*
    f machine *f* pour connexion des terminaisons *(du cadre)* aux broches du boîtier
    nl contacteermachine *f* voor externe verbindingen

O172 *e* **outer-lead bonding**
    r присоединение *n* внешних концов выводов *(выводной рамки)* к штырькам корпуса
    d Außenbonden *n*
    f connexion *f* des terminaisons *(du cadre)* aux broches du boîtier
    nl extern contacteren *n*

O173 *e* **outer-shell electron**
    r валентный электрон *m*
    d Außenschalenelektron *n*, Valenzelektron *n*
    f électron *m* de valence
    nl elektron *n* in buiten(ste)schil

O174 *e* **outfit**
    r комплект *m* оборудования; набор *m* инструментов
    d Ausrüstung *f*; Werkzeugsatz *m*
    f jeu *m*
    nl uitrusting *f*, installatie *f*

O175 *e* **outgassing**
    r обезгаживание *n*
    d Entgasung *f*; Ausgasung *f*
    f dégazage *m*
    nl uitgassing *f*, ontgassing *f*

O176 *e* **outgoing inspection**
    r выходной контроль *m*
    d Endprüfung *f*, Ausgangskontrolle *f*
    f inspection *f* de sortie
    nl uitgangscontrole *f*

O177 *e* **outline**
    r конфигурация *f*; форма *f*
    d Konfiguration *f*; Form *f*
    f configuration *f*; forme *f*
    nl hoofdlijnen *f (m) pl* van de opzet

O178 *e* **out-of-contact exposure**
    r бесконтактное экспонирование *n*
    d Abstandsbelichtung *f*
    f exposition *f* sans contact
    nl belichting *f* op afstand

OUT

O179 *e* **out-of-contact imaging**
  r бесконтактное формирование *n* изображений
  d kontaktlose Abbildung *f*
  f imagerie *f* sans contact
  nl afbeelding *f* op afsand

O180 *e* **out-of-contact printing**
  r проекционная бесконтактная фотолитография *f*
  d Abstandsbelichtung *f*, Abstandskopierverfahren *n*
  f photolithographie *f* de projection sans contact
  nl structuuroverdracht *f (m)* op afstand

O181 *e* **out-of-tolerance wafer**
  r полупроводниковая пластина *f*, не соответствующая по величине допуска
  d nicht toleranzgerechter Wafer *m*, Wafer *m* außerhalb der Toleranz
  f tranche *f* hors de tolérance
  nl wafel *f (m)* buiten toleranties

O182 *e* **output capability**
  r нагрузочная способность *f*
  d Ausgangslastfaktor *m*, Belastbarkeit *f* des Ausgangs
  f capabilité *f* de charge
  nl uitgangs-stuurvermogen *n*, uitgangsbelastbaarheid *f*

O183 *e* **output pin**
  r штырьковый вывод *m*
  d Anschlußstift *m*
  f broche *f* de sortie
  nl aansluitstift *f (m)*, aansluitpen *f (m)*

O184 *e* **oven baking**
  r термообработка *f* в печи
  d Ofenbehandlung *f*
  f traitement *m* thermique au four
  nl (warmte)behandeling *f* in oven

O185 *e* **overall dimensions**
  r габаритные размеры *m pl*
  d Gesamtabmessungen *f pl*
  f dimensions *f pl* hors toutes
  nl grootste buitenmaten *f (m) pl*, maximum-formaat *n*

O186 *e* **overcoat**
  r (наружное) покрытие *n*
  d Außenbeschichtung *f*
  f revêtement *m* (extérieur); gaine *f*
  nl (extra) buitenlaag *f (m)*

O187 *e* **overcompensation**
  r перекомпенсация *f*
  d Überkompensation *f*
  f récompensation *f*
  nl overcompensatie *f*

O188 *e* **overcomplexity**
  r сверхсложность *f*; степень *f* выше сверхвысокой интеграции
  d Überkomplexität *f*
  f supracomplexité *f*; supra-échelle *f* d'intégration
  nl overcomplexiteit *f*

O189 *e* **overcurrent**
  r сверхток *m*
  d Überstrom *m*
  f supracourant *m*
  nl overstroom *m*

O190 *e* **overdeveloping**
  r перепроявление *n*
  d Überentwicklung *f*
  f surdéveloppement *m*
  nl overontwikkeling *f*

O191 *e* **overdoping**
  r избыточное легирование *n*
  d Überdotierung *f*
  f surdopage *m*
  nl overdotering *f*

O192 *e* **overetching**
  r перетравливание *n*
  d Überätzung *f*
  f surdécapage *m*
  nl overetsing *f*

O193 *e* **overexposure**
  r передержка *f*
  d Überbelichtung *f*
  f surexposition *f*
  nl overbelichting *f*

O194 *e* **overglazing**
  r нанесение *n* (защитного) стеклянного покрытия
  d Überglasung *f*
  f gainage *m* en verre
  nl overglazing *f*

O195 *e* **overhang**
  r нависание *n*, нависающий край *m (напр. резиста)*
  d Überhang *m*
  f saillie *f*, bossage *m*
  nl overhang *m*, overstek *n*

O196 *e* **overlaid CMOS**
  r многоуровневая КМОП-структура *f*
  d Mehrebenen-CMOS-Struktur *f*
  f structure *f* CMOS multicouche
  nl meerlaags-CMOS *m*

O197 *e* **overlapping**
  r 1. перекрытие *n* 2. соединение *n* внахлёстку
  d Überlappung *f*
  f 1. superposition *f* 2. assemblage *m* à recouvrement
  nl overlapping *f*

O198 *e* **overlapping-gate CCD**
  r ПЗС *m* с перекрывающимися затворами
  d CCD *n* mit Gateüberlappung
  f dispositif *m* CCD [à couplage de charge] à grilles superposées
  nl CCD *f* met poortoverlap

O199 *e* **overlayer**
  r (защитное) покрытие *n*, верхний слой *m*
  d Deckschicht *f*
  f couche *f* supérieure
  nl (over)deklaag *f (m)*

O200 *e* **overlay registration**
  r последовательное совмещение *n* слоёв
  d Überdeckungsjustierung *f*
  f superposition *f* successive
  nl laagsgewijs dekkend positioneren *n (transparanten)*

O201 *e* **overlay transistor**
  r многоэмиттерный транзистор *m*
  d Overlay-Transistor *m*, Multiemittertransistor *m*
  f transistor *m* multi-émetteur
  nl overlay-transistor *m*

O202 *e* **overrunning**
  r выход *m* за номинальные пределы
  d Überschreitung *f*
  f dépassement *m* des limites nominaux
  nl (laten) overlopen [uitlopen] buiten zeker kader

O203 *e* **oversaturation**
  r перенасыщение *n*
  d Übersättigung *f*
  f sursaturation *f*
  nl oververzadiging *f*

O204 *e* **ovonic memory**
  r ЗУ *n* на элементах Овшинского
  d Ovonic-Speicher *m*
  f mémoire *f* à ovonic
  nl ovonisch geheugen *n*

O205 *e* **Ovshinsky effect**
  r эффект *m* Овшинского
  d Ovshinsky-Effekt *m*
  f effet *m* Ovshinsky
  nl Ovshinsky-effect *n*

O206 *e* **oxidant**
  r окислитель *m*
  d Oxydationsmittel *n*
  f oxydant *m*
  nl oxydatiemiddel *n*, oxydator *m*, oxydans *n*

O207 *e* **oxidation**
  r оксидирование *n*, окисление *n*
  d Oxydation *f*, Oxydierung *f*
  f oxydation *f*
  nl oxydatie *f*, oxydering *f*

O208 *e* **oxidation ambient**
  r окислительная среда *f*
  d Oxydationsmedium *n*, Oxydationsumgebung *f*
  f milieu *m* oxydant
  nl oxydatiemedium *n*

O209 *e* **oxidation-barrier film**
  r слой *m*, препятствующий оксидированию (*напр. маскирующий слой*)
  d Oxydationshemmschicht *f*
  f couche *f* anti-oxydante
  nl oxydatieremmende laag *f (m)*

O210 *e* **oxidation coating**
  r 1. оксидная плёнка *f* 2. нанесение *n* покрытия методом оксидирования
  d 1. Oxidschicht *f* 2. Oxydationsbeschichtung *f*
  f 1. film *m* d'oxydation 2. gainage *m* par oxydation
  nl 1. oxydelaag *f (m)* 2. oxydatiebekleding *f*

O211 *e* **oxidation furnace**
  r печь *f* для оксидирования; диффузионная печь *f*
  d Oxydationsofen *m*
  f four *m* à diffusion
  nl oxydatie-oven *m*

O212 *e* **oxidation mask**
  r маска *f*, препятствующая оксидированию
  d Oxydationsmaske *f*
  f masque *m* anti-oxydant
  nl oxydatie-masker *n*

O213 *e* **oxidation reaction**
  r реакция *f* окисления
  d Oxydationsreaktion *f*
  f réaction *f* d'oxydation
  nl oxydatie-reactie *f*

O214 *e* **oxidation tube**
  r труба (диффузионной) печи для проведения оксидирования
  d Oxydationsrohr *n*
  f tube *m* de four à diffusion
  nl oxydatie-buis *f (m)*

O215 *e* **oxide**
  r 1. оксид *m* 2. диоксид *m* кремния, SiO$_2$
  d Oxid *n*
  f oxyde *m*
  nl oxyde *n*

O216 *e* **oxide-aligned transistor technology**
  r биполярная технология *f* ИС с самосовмещённой оксидной маской
  d Bipolartechnologie *f* mit selbstjustierender Oxidmaske
  f technologie *f* OAT
  nl transistortechnologie *f* met zelfjusterend oxydemasker

O217 *e* **oxide densification**
  r уплотнение *n* оксида
  d Oxidverdichtung *f*
  f densification *f* d'oxyde
  nl oxydeverdichting *f*

O218 *e* **oxide dielectric**
  r оксидный диэлектрик *n*
  d Oxiddielektrikum *n*
  f diélectrique *m* d'oxyde
  nl oxyde-diëlektricum *n*

O219 *e* **oxide diffusion mask**
  r оксидная маска *f* для (проведения) диффузии
  d Oxiddiffusionsmaske *f*
  f masque *m* d'oxyde de diffusion
  nl oxyde-diffusiemasker *n*

O220 *e* **oxide encroachment**
  r подтравливание *n* (кремния) под оксидом
  d Oxiduntcrätzung *f*
  f décapage *m* latéral par oxyde
  nl oxyde-onderetsing *f*

OXIDE

O221 *e* **oxide etch**
  r 1. травитель *m* для оксида 2. травление *n* оксида
  d 1. Oxidätzer *m* 2. Oxidätzung *f*
  f 1. décapant *m* d'oxyde 2. décapage *m* d'oxyde
  nl oxyde-ets(ing) *f (m) (f)*

O222 *e* **oxide film**
  r оксидная плёнка *f*
  d Oxidschicht *f*
  f film *m* d'oxyde
  nl oxydelaag *f (m)*

O223 *e* **oxide growth**
  r выращивание *n* оксида
  d Oxidwachstum *n*
  f croissance *f* d'oxyde
  nl oxyde-aangroei *n*

O224 *e* **oxide-isolated integrated circuit**
  r ИС *f* с оксидной изоляцией
  d oxidisolierter integrierter Schaltkreis *m*
  f circuit *m* intégré à isolation d'oxyde
  nl oxyde-geïsoleerde geïntegreerde schakeling *f*

O225 *e* **oxide-isolated island**
  r островок *m*, изолированный оксидом
  d oxidisolierte Insel *f*
  f îlot *m* isolé par oxyde
  nl oxyde-geïsoleerd eiland(je) *n (n)*

O226 *e* **oxide-isolated monolithic technology**
  r технология *f* полупроводниковых ИС с оксидной изоляцией
  d OXIM-Technik *f*
  f technologie *f* des circuits intégrés à isolation d'oxyde
  nl oxyde-geïsoleerde-monoliettechnologie *f*, OXIM-technologie *f*

O227 *e* **oxide-isolated process, oxide isolation**
  r изоляция *f* оксидом, оксидная изоляция *f*
  d Oxidisolation *f*
  f isolation *f* d'oxyde [par oxyde]
  nl oxyde-isolatieprocédé *n*

O228 *e* **oxide isolation trench**
  r изолирующая канавка *f*, заполненная оксидом
  d Oxidisolationsgraben *m*
  f rainure *f* isolante remplie par oxyde
  nl oxyde-isolatie-geul *f (m)*

O229 *e* **oxide-masked diffusion**
  r диффузия *f* с использованием оксидной маски
  d Oxidmaskendiffusion *f*
  f diffusion *f* par masque d'oxyde
  nl oxydemasker-diffusie *f*

O230 *e* **oxide masking**
  r оксидное маскирование *n*
  d Oxidmaskierung *f*
  f masquage *m* par oxyde
  nl oxydemaskering *f*

O231 *e* **oxide-nitride masking**
  r маскирование *n* оксидом и нитридом кремния
  d Oxid-Nitrid-Maskierung *f*
  f masquage *m* par oxyde et nitrure [nitride]
  nl oxyde-nitridemaskering *f*

O232 *e* **oxide overetching**
  r перетравливание *n* оксидного слоя
  d Oxidschichtüberätzung *f*
  f surdécapage *m* de couche d'oxyde
  nl oxyde-overetsing *f*

O233 *e* **oxide overhang**
  r нависающий край *m* оксидного слоя
  d Oxidüberhang *m*
  f bossage *m* de couche d'oxyde
  nl oxyde-overhang *m*

O234 *e* **oxide passivation**
  r оксидная пассивация *f*, пассивация *f* (поверхности) оксидным покрытием
  d Oxidpassivierung *f*
  f passivation *f* par oxyde
  nl oxyde-passivering *f*

O235 *e* **oxide pattern**
  r рельеф *m* оксидного слоя
  d Oxidstruktur *f*
  f relief *m* de couche d'oxyde
  nl oxydepatroon *n*

O236 *e* **oxide pinhole**
  r точечный прокол *m* в оксидном слое
  d Oxidschichtnadelloch *n*
  f perçage *m* de couche d'oxyde
  nl speldeprikgaatje *n* in oxyde(laag)

O237 *e* **oxide plasma**
  r плазма *f* для формирования оксида
  d Oxidplasma *n*
  f plasma *m* pour formation d'oxyde
  nl oxydeplasma *n*

O238 *e* **oxide reactor**
  r реактор *m* для плазменного оксидирования
  d Oxidreaktor *m*, Oxidationsreaktor *m*
  f réacteur *m* pour oxydation par plasma
  nl oxydatiereactor *m*

O239 *e* **oxide step**
  r оксидная ступенька *f*; ступенька *f* в оксидном слое
  d Oxidstufe *f*
  f degré *m* en couche d'oxyde
  nl oxydatiestap *m*

O240 *e* **oxide-walled base**
  r база *f* с оксидированными боковыми стенками
  d Oxidwandbasisgebiet *n*
  f base *f* à parois latérales oxydées
  nl door oxyde omsloten basis *f*

O241 *e* **oxide-walled emitter**
  r эмиттер *m* с оксидированными боковыми стенками
  d Oxidwandemitter *m*
  f émetteur *m* à parois latérales oxydées
  nl door oxyde omsloten emitter *m*

O242 *e* **oxide window**
  r окно *n* в слое оксида
  d Oxidfenster *n*

f fenêtre *f* en couche d'oxyde
nl oxydevenster *n*

O243 *e* **oxidizer**
r 1. окислитель *m* 2. установка *f* для оксидирования
d 1. Oxydationsmittel *n* 2. Oxydationsanlage *f*
f 1. oxydant *m* 2. installation *f* à oxyder
nl oxydatie-inrichting *f*

O244 *e* **oxidizing agent** *see* **oxidant**

O245 *e* **oxidizing environment** *see* **oxidation ambient**

O246 *e* **oxygenation** *see* **oxidation**

O247 *e* **oxygen atmosphere seal(ing)**
r герметизация *f (пайкой)* в атмосфере кислорода
d Abdichten *n* durch Löten in der Sauerstoffatmosphäre
f étanchage *m* (par soudure) en atmosphère d'oxygène
nl afdichting *f* in zuurstofatmosfeer

O248 *e* **oxygen-gas plasma stripping**
r удаление *n* фоторезиста в кислородной плазме
d Ablösen *n* des Resists im Sauerstoffplasma
f élimination *f* du photorésist en plasma d'oxygène
nl strippen *n* in zuurstof-plasma

O249 *e* **oxygen-impermeable mask**
r маска *f*, не проницаемая для кислорода
d sauerstoffdichte Maske *f*
f masque *m* imperméable pour oxygène
nl zuurstofdicht masker *n*

O250 *e* **oxygen implanter**
r установка *f* для имплантации ионов кислорода
d Sauerstoffimplanter *m*
f implanteur *m* d'ions d'oxygène
nl zuurstofinplanter *m*

O251 *e* **oxygen meter**
r газоанализатор *m* на кислород
d Sauerstoffmesser *m*
f oxygénomètre *m*
nl zuurstofmeter *m*

O252 *e* **oxygen monitoring**
r контроль *m* содержания кислорода
d Sauerstoffgehaltüberwachung *f*
f contrôle *m* (du contenu) d'oxygène
nl zuurstofgehaltebewaking *f*

O253 *e* **oxygen precipitation**
r выделение *n* кислорода *(из пластины при отжиге)*
d Sauerstoffpräzipitation *f*
f précipitation *f* [extraction *f*] d'oxygène
nl neerslag *m* in zuurstof(atmosfeer)

O254 *e* **oxynitride film**
r плёнка *f* оксинитрида кремния
d Oxinitridschicht *f*
f film *m* d'oxynitrure
nl oxynitridelaag *f (m)*

O255 *e* **ozone induced scumming**
r образование *n* непроявленного фоторезиста из-за присутствия озона
d Entstehung *f* von nicht entwickelten Stellen im Resist infolge Ozoneinwirkung
f formation *f* de photorésist non développé induite par ozone
nl uitslaan *n (van niet-ontwikkelde plekken in afdeklaag)* door ozon-inwerking

P

P1 *e* **pack**
r 1. корпус *m* 2. упаковка *f*; сборка *f*; блок *m*
d 1. Gehäuse *n* 2. Packing *f*; Satz *m*; Einheit *f*
f 1. boîtier *m* 2. assemblage *m*; bloc *m*
nl 1. pak(ket) *n (n)* 2. stel *n* 3. geheel *n*

P2 *e* **package**
r корпус *m*
d Gehäuse *n*
f boîtier *m*
nl behuizing *f*

P3 *e* **package assembly**
r монтаж *m* ИС в корпусе
d Verkappen *n*, Verkappung *f*
f encapsulation *f*
nl van behuizing voorzien *n*

P4 *e* **package base**
r основание *n* корпуса
d Gehäuseboden *m*
f base *f* de boîtier
nl behuizingsbodem *m*

P5 *e* **package closure**
r герметизация *f* корпуса
d hermetisches Verschließen *n* des Gehäuses, Gehäuseverschluß *m*
f étanchéification *f* de boîtier
nl behuizingsafsluiting *f*

P6 *e* **packaged chip, packaged integrated circuit**
r ИС *f* в корпусе
d gekapseltes Chip *n*
f puce *f* encapsulée
nl behuisde chip *m*, behuisde geïntegreerde schakeling *f*, behuisd IC *n*

P7 *e* **package header** *see* **package base**

P8 *e* **package inductance**
r индуктивность *f* корпуса
d Gehäuseinduktivität *f*
f inductance *f* de boîtier
nl behuizingsinductantie *f*

P9 *e* **package lead**
r вывод *m* корпуса
d Gehäuseanschluß *m*
f sortie *f* de boîtier
nl naar buiten uitgevoerde leiding *f*

P10 *e* **packageless integrated microcircuit**
r бескорпусная ИС *f*

PACKAGE

    d gehäuseloses IC *n*
    f circuit *m* intégré sans boîtier
    nl geïntegreerde microschakeling *f* zonder behuizing

P11 *e* **package receptacle**
    r углубление *n* *(на плате)* для корпуса
    d Aussparung *f* zur Gehäuseaufnahme
    f cavité *f* pour boîtier *(sur carte imprimée)*
    nl pasrand *m*, pasgleuf *f (m)* voor behuizing

P12 *e* **packaging**
    r **1.** монтаж *m* ИС в корпусе **2.** сборка *f* и герметизация *f*
    d Verkappung *f*, Kapselung *f*
    f encapsulation *f*
    nl tot én geheel maken *n*, behuizen *n*

P13 *e* **packaging density**
    r плотность *f* упаковки
    d Packungsdichte *f*
    f densité *f* de compactage
    nl pakkingsdichtheid *f (in één behuizing)*

P14 *e* **packaging hardware**
    r **1.** оборудование *n* для сборки и герметизации **2.** детали *f pl* и элементы *m pl* для корпусов
    d Verkappungshardware *f*
    f matériel *m* pour encapsulation
    nl behuizingsmateriaal *n*

P15 *e* **packaging socket**
    r колодка *f* [спутник-носитель *m*] для ИС в корпусе
    d Gehäusesockel *m*
    f socle *m* pour encapsulation
    nl insteekvoetje *n*

P16 *e* **packaging system**
    r установка *f* для монтажа ИС в корпусе
    d Verkappungssystem *n*
    f installation *f* pour encapsulation
    nl behuizingssysteem *n*

P17 *e* **packing**
    r **1.** упаковка *f* **2.** уплотнение *n*
    d **1.** Packung *f* **2.** Abdichtung *f*
    f **1.** emballage *m* **2.** compactage *m*
    nl **1.** verpakken *n*, (opeen)pakken *n* **2.** (af)dichten *n*

P18 *e* **packing density** *see* **packaging density**

P19 *e* **pad**
    r контактная площадка *f*; столбиковый вывод *m*, контактный столбик *m*
    d Kontaktfläche *f*, Kontaktstelle *f*; Kontaktierungsinsel *f*; Bondinsel *f*
    f plot *m* de soudure, surface *f* de contact; poutre *f*
    nl aansluitvlakje *n*, contacteervlakje *n*, contacteereilandje *n*

P20 *e* **pad layer**
    r слой *m* для формирования контактных площадок
    d Kontaktflächenschicht *f*
    f couche *f* pour plots de soudure
    nl contacteerlaag *f (m)*

P21 *e* **pad registration**
    r совмещение *n* контактных площадок
    d Kontaktflächenüberdeckung *f*, Kontaktflächenjustierung *f*
    f superposition *f* [alignement *m*] des plots de soudure
    nl passen *n* op contacteervlakjes

P22 *e* **PAL** *see* **programmable array logic**

P23 *e* **palladium-silver conductor system**
    r система *f* паст на основе палладия и серебра
    d Palladium-Silber-Leitpastensystem *n*
    f pâtes *f pl* à la base de palladium-argent
    nl geleiderstelsel *n* op palladium-zilver basis

P24 *e* **pantograph**
    r пантограф *m*
    d Pantograph *m*
    f pantographe *m*
    nl tekenaap *m*, pantograaf *m*

P25 *e* **parallel-gap weld(ing)**
    r сварка *f* сдвоенным электродом
    d Doppelelektrodenschweißen *n*
    f soudage *m* par électrode accouplée
    nl dubbel-elektrodelas(sen) *f (m) (n)*

P26 *e* **paralleling**
    r **1.** резервирование *n* **2.** параллельное включение *n*
    d **1.** Reservehaltung *f* **2.** Parallelschaltung *f*
    f **1.** mise *f* en réserve, redondance *f* **2.** connexion *f* parallèle
    nl parallelschakeling *f*

P27 *e* **parallel pipelining**
    r параллельная конвейерная обработка *f*
    d Parallel-Pipelineverarbeitung *f*
    f traitement *m* de pipeline parallèle
    nl parallelle pijplijnconfiguratie *f*

P28 *e* **parallel-plate plasma etcher, parallel-plate plasma reactor**
    r реактор *m* с параллельными (электродными) пластинами для плазменного травления
    d Parallelelektroden-Plasmaätzer *m*, Planarplasmaätzanlage *f*
    f machine *f* à décaper par plasma à plaques parallèles
    nl parallelelektroden-plasma-etser *m*

P29 *e* **parallel seam sealing**
    r герметизация *f* роликовой сваркой с параллельным швом
    d Verschließen *n* durch Parallelnahtschweißen
    f étanchéification *f* par soudage aux galets à joint parallèle
    nl afdichten *n* met dubbele lasnaad

P30 *e* **parallel-transfer CCD**
    r ПЗС *m* с параллельным переносом
    d Paralleltransfer-CCD *n*
    f DCC [dispositif *m* à couplage de charge] à transfert parallèle

    nl CCD *f* met parallelle ladingsoverheveling, parallel-CCD *f*

P31 *e* **paramp, parametric amplifier**
    r параметрический усилитель *m*
    d parametrischer Verstärker *m*
    f amplificateur *m* paramétrique
    nl parametrische versterker *m*, paramp *m*

P32 *e* **parasitic action**
    r паразитное срабатывание *n*
    d parasitäre Auflösung *f*
    f action *f* parasite
    nl parasitaire werking *f*

P33 *e* **parasitic capacitance**
    r паразитная ёмкость *f*
    d parasitäre Kapazität *f*
    f capacité *f* parasite
    nl parasitaire capaciteit *f*

P34 *e* **parasitics**
    r паразитные компоненты *m pl*; паразитные элементы *m pl*
    d parasitäre Bauelemente *n pl*
    f éléments *m pl* parasites
    nl parasitaire verschijnselen *n pl* [elementen *n pl*, oscillaties *f pl*]

P35 *e* **parent material**
    r исходный материал *m*; материал *m* подложки для выращивания эпитаксиального слоя
    d Wirtsmaterial *n*
    f matériau *m* source
    nl moedermateriaal *n*, grondmateriaal *n*

P36 *e* **part**
    r 1. компонент *m*; элемент *m* 2. деталь *f*
    d 1. Bauteil *n* 2. Einzelteil *m*
    f 1. composant *m*; élément *m* 2. pièce *f*
    nl (onder)deel *n*

P37 *e* **partial dislocation**
    r частичная дислокация *f*
    d partielle Versetzung *f*, Teilversetzung *f*
    f dislocation *f* partielle
    nl gedeeltelijke ontzetting *f*

P38 *e* **partial pressure**
    r парциальное давление *n*
    d Partialdruck *m*, Teildruck *m*
    f pression *f* partielle
    nl gedeeltelijke druk *m*

P39 *e* **particulate contamination**
    r дисперсное загрязнение *n*
    d Teilchenverunreinigung *f*
    f contamination *f* dispersive
    nl deeltjesverontreiniging *f*

P40 *e* **parts per billion** *see* **ppb**
P41 *e* **parts per million** *see* **ppm**
P42 *e* **parts per trillion** *see* **ppt**

P43 *e* **passivant**
    r пассиватор *m*
    d Passivierungsmittel *n*
    f agent *m* passivant
    nl passiveringsmiddel *n*

P44 *e* **passivating coating**
    r пассивирующее покрытие *n*
    d Passivierungsschicht *f*
    f enrobage *m* de passivation
    nl passiverende (dek)laag *f (m)*

P45 *e* **passivation**
    r пассивация *f*, пассивирование *n*
    d Passivierung *f*
    f passivation *f*
    nl passivering *f*

P46 *e* **passivation etching**
    r травление *n* пассивирующего слоя
    d Passivierungsschichtätzung *f*
    f décapage *m* de la couche de passivation
    nl passiverings(laag)etsing *f*

P47 *e* **passive component**
    r пассивный компонент *m*
    d passives Bauelement *n*
    f composant *m* passif
    nl passieve component *m*

P48 *e* **passive down-scaling**
    r пассивное масштабирование *n (уменьшение горизонтальных размеров элементов ИС)*
    d passive Skalierung *f*
    f mise *f* à l'échelle passive
    nl passieve schaalverkleining *f*

P49 *e* **passive isolation**
    r пассивная изоляция *f*
    d passive Isolation *f*
    f isolation *f* passive
    nl passieve isolatie *f*

P50 *e* **passive paralleling**
    r пассивное резервирование *n (с отключением отказавшего элемента)*
    d passive Reservehaltung *f*
    f redondance *f* passive
    nl passieve parallelschakeling *f*

P51 *e* **passive substrate**
    r пассивная подложка *f*
    d passives Substrat *n*
    f substrat *m* passif
    nl passief substraat *n*

P52 *e* **paste composition**
    r состав *m* пасты; композиция *f* пасты
    d Pastenzusammensetzung *f*
    f composition *f* de la pâte
    nl pastasamenstelling *f*

P53 *e* **paste system**
    r система *f* паст *(для толстоплёночной технологии)*
    d Pastensystem *n*
    f pâtes *f pl*
    nl pastasysteem *n*

P54 *e* **path**
    r 1. (токопроводящая) дорожка *f* 2. длина *f* пробега
    d 1. Bahn *f*, Leiterbahn *f* 2. Weglänge *f*; Weg *m*
    f 1. piste *f* conductrice 2. longueur *f* de parcours
    nl 1. baan *f (m)*, traject *n* 2. weg *m*, weglengte *f*

PATTERN

P55 e **pattern**
    r 1. рисунок *m*; изображение *n* 2. конфигурация *f*, форма *f* 3. структура *f*
    d 1. Muster *n*; Bild *n* 2. Konfiguration *f*, Form *f* 3. Struktur *f*
    f 1. dessin *m*, motif *m*; image *f* 2. configuration *f*, forme *f* 3. structure *f*
    nl 1. patroon *n* 2. structuur *f*

P56 e **pattern alignment**
    r совмещение *n* изображений
    d Strukturjustierung *f*
    f alignement *m* d'images
    nl patroonuitlijning *f*

P57 e **pattern array**
    r матрица *f* изображений *(на фотошаблоне)*
    d Bildmatrix *f*, Leiterbildmatrix *f*
    f réseau *m* d'images
    nl tweedimensionale patroonherhaling *f*

P58 e **pattern blurring**
    r размытие *n* рисунка
    d Strukturunschärfe *f*
    f flou *m* d'image
    nl patroononscherpte *f*

P59 e **pattern definition** *see* **patterning**

P60 e **patterned film**
    r структурированная плёнка *f*
    d strukturierter Film *m*
    f film *m* structuré
    nl gestructureerde laag *f (m)*

P61 e **pattern element**
    r элемент *m* рисунка *(на фотошаблоне)*
    d Strukturelement *n*
    f élément *m* de dessin [de motif]
    nl structuurelement *n*

P62 e **pattern fabrication, pattern formation**
    r формирование *n* рисунка
    d Strukturerzeugung *f*
    f définition *f* de dessin [de motif]
    nl structuurfabricage *f*, structuurformering *f*

P63 e **pattern generation**
    r формирование *f* изображений; формирование *n* структур *(на фотошаблоне)*
    d Strukturerzeugung *f*
    f définition *f* de dessin [de motif]
    nl patroonvorming *f*, patroonproeping *f*

P64 e **pattern generator**
    r генератор *m* изображений; генератор *m* структур *(на фотошаблоне)*
    d Patterngenerator *m*, Bildgenerator *m*
    f générateur *m* d'images
    nl patroonvormer *m*, patroonproeper *m*

P65 e **pattern identification**
    r распознавание *n* образов
    d Mustererkennung *f*
    f réconnaissance *f* d'images
    nl patroonidentificatie *f*, patroonherkenning *f*

P66 e **patterning**
    r 1. формирование *n* рисунка; формирование *n* изображений 2. структурирование *n*, формирование *n* рельефа
    d Strukturierung *f*
    f définition *f* de dessin [de motif]; formation *f* d'images; structuration *f*
    nl patroonvorming *f*, structurering *f*

P67 e **patterning exposure**
    r экспонирование *n* для формирования рисунка
    d Strukturierungsbelichtung *f*
    f exposition *f* pour définition de dessin [de motif]
    nl structurerende belichting *f*

P68 e **pattern mask**
    r маска *f* для формирования рисунка
    d Strukturerzeugungsmaske *f*
    f masque *m* pour définition de dessin [de motif]
    nl patroonmasker *n*

P69 e **pattern matrix** *see* **pattern array**

P70 e **pattern recognition** *see* **pattern identification**

P71 e **pattern repeater**
    r фотоповторитель *m*; мультипликатор *m* изображений
    d Fotorepeater *m*
    f photorépé(ti)teur *m*
    nl repeterende patroonafbeelder *m*, fotorepeater *m*

P72 e **pattern replication**
    r мультипликация *f* изображений
    d Strukturvervielfältigung *f*
    f multiplication *f* d'images
    nl patroonverveelvoudiging *f*

P73 e **pattern writer**
    r установка *f* для формирования рисунка
    d Strukturschreibanlage *f*
    f imageur *m*, machine *f* à dessiner
    nl patroonschrijver *m*

P74 e **PBT** *see* **permeable base transistor**

P75 e **pc, PC** *see* **printed circuit**

P76 e **pcb, PCB** *see* **printed circuit board**

P77 e **PCB insertion**
    r сборка *f* печатный плат
    d Leiterplattenbestückung *f*
    f assemblage *m* des cartes imprimées
    nl onderdelen in print(plaat) steken *n*

P78 e **p-channel FET**
    r полевой транзистор *m* с каналом *p*-типа
    d p-Kanal-FET *m*
    f transistor *m* FET à canal type p
    nl p-(kanaal)FET *m*

P79 e **p-channel MOS**
    r МОП-структура *f* с каналом *p*-типа
    d p-Kanal-MOS-Struktur *f*
    f structure *f* MOS à canal type p
    nl p-(kanaal)MOS *m*

P80 *e* **PCI** *see* **polycrystal isolation**
P81 *e* **p-contact**
  r (омический) контакт *m* (с электропроводностью) *p*-типа
  d p-Kontakt *m*
  f contact *m* type p
  nl p-contact *n*
P82 *e* **p-diffused region**
  r диффузионная область *f* (с электропроводностью) *p*-типа
  d p-diffundierte Zone *f*
  f région *f* de diffusion type p
  nl p-diffusiezone *f (m)*
P83 *e* **p-diffused tub**
  r диффузионный карман *m* (с электропроводностью) *p*-типа
  d p-diffundierte Wanne *f*, p-Typ-Wanne *f*
  f poche *f* de diffusion type p
  nl p-diffusieholte *f*
P84 *e* **PDIP** *see* **plastic dual in-line package**
P85 *e* **PDO** *see* **phosphorous doped oxide**
P86 *e* **p-dopant** *see* **p-type dopant**
P87 *e* **p-dopant incorporation**
  r введение *n* акцепторной примеси, легирование *n* акцепторной примесью
  d p-Dotierung *f*
  f dopage *m* p
  nl p-doteringsinsluiting *f*
P88 *e* **p-dopant modifier** *see* **p-type dopant**
P89 *e* **p-doped drain**
  r сток *m* (с электропроводностью) *p*-типа
  d p-dotierter Drain *m*
  f drain *m* dopé p
  nl p-(gedoteerde)afvoer *m*
P90 *e* **p-doped semiconductor** *see* **p-type semiconductor**
P91 *e* **p-doped source**
  r исток *m* (с электропроводностью) *p*-типа
  d p-dotierte Source *f*
  f source *f* conductance p
  nl p-(gedoteerde)bron *f (m)*
P92 *e* **pds** *see* **phosphorous diffusion source**
P93 *e* **pedestal** *see* **pad**
P94 *e* **pedestal chip**
  r кристалл *m* со столбиковыми выводами
  d Chip *m* mit Bondhügeln
  f puce *f* à poutres
  nl chip *m* met contacteerbobbels
P95 *e* **peel strength**
  r прочность *f* сцепления слоя с подложкой
  d Haftvermögen *n*, Haftfestigkeit *f*
  f rigidité *f* d'adhésion de la couche au substrat
  nl aftreksterkte *f*, hechtkracht *f (m)*, pelweerstand *m*, (af)bladderbestendigheid *f*

P96 *e* **pel** *see* **picture element**
P97 *e* **pellet**
  r кристалл *m* ИС
  d Chip *n*
  f puce *f*
  nl korreltje *n*, pilletje *n*, tabletje *n*, bolletje *n*, balletje *n*
P98 *e* **pellicle**
  r (тонкая) плёнка *f*; мембрана *f*
  d Membran *f*
  f pellicule *f*
  nl huid *f (m)*, vlies *n*, dun vel *n*, membraan *n*
P99 *e* **pellicle reticle**
  r плёночный промежуточный фотооригинал *m*
  d Membranretikel *n*
  f photomasque *m* de pellicule
  nl membraan-reticule *m*
P100 *e* **Peltier(-effect) cooler**
  r термоэлектрический холодильник *m* на основе эффекта Пельтье
  d Peltier-Kühler *m*
  f refroidisseur *m* à effet Peltier
  nl Peltier(-effect)-koelelement *n*
P101 *e* **pel-to-pel processing**
  r поэлементная обработка *f* изображений
  d pixelweise [pixelorientierte]Bildverarbeitung *f*
  f traitement *m* d'images point par point
  nl beeldpuntgewijze bewerking *f*
P102 *e* **penumbral blur(ring)**
  r полутеневое размытие *n* изображения
  d Halbschattenunschärfe *f*
  f flou *m* de pénombre d'image
  nl halfschaduwwaas *n*
P103 *e* **p-epi**
  r эпитаксиальный слой *m* (с электропроводностью) *p*-типа
  d p-Epischicht *f*
  f couche *f* épitaxiale à conductance p
  nl p-epi *m*, p-epi(taxie)-laag *f (m)*
P104 *e* **perfect dislocation**
  r полная дислокация *f*
  d vollkommene Versetzung *f*
  f dislocation *f* parfaite
  nl volkomen ontzetting *f*
P105 *e* **perfect lattice**
  r идеальная (кристаллическая) решётка *f*
  d ideales [vollkommenes]Kristallgitter *n*
  f réseau *m* cristallin parfait
  nl volmaakt [foutvrij] (kristal)rooster *n*
P106 *e* **performance**
  r 1. рабочие характеристики *f pl*; параметры *m pl* 2. работа *f*; функционирование *n*
  d 1. Leistungsparameter *m pl*, Betriebsverhalten *n* 2. Funktion *f*, Funktionieren *n*

PERFORMANCE

  f **1.** performance *f* **2.** fonctionnement *m*
  nl prestatie(s) *f (f pl)*, verrichting *f*, gedrag *n*

P107 *e* **performance characteristic**
  r рабочая характеристика *f*
  d Betriebscharakteristik *f*
  f caractéristique *f* de fonctionnement
  nl prestatiecurve *f (m)*

P108 *e* **perimeter sealer**
  r установка *f* для герметичного соединения краёв крышки с основанием корпуса
  d Anlage *f* zum hermetischen Verbinden von Deckelkanten mit dem Gehäuseboden
  f installation *f* pour scellement des bords de capot avec base de boîtier
  nl rondom-afdichter *m*

P109 *e* **peripheral blade**
  r диск *m* с внешней режущей кромкой
  d Außenbordtrennscheibe *f*
  f lame *f* de scie à tranchant périphérique
  nl uitwendig snijdend blad *n*

P110 *e* **peripheral chip**
  r периферийная ИС *f*
  d Peripherie-IC *n*
  f puce *f* périphérique
  nl **1.** neven-chip *m* **2.** (bestuurs) chip *m* voor randapparatuur

P111 *e* **peripheral chipping**
  r обкалывание *n* краёв кристалла
  d peripheres Abbrechen *n*
  f cisaillement *m* des bordes de puce
  nl rand-chips uit(wafel) breken *n*

P112 *e* **peripheral circuit** *see* **peripheral chip**

P113 *e* **peripheral electron**
  r валентный электрон *m*
  d Außenschalenelektron *n*, Valenzelektron *n*
  f électron *m* périphérique [de valence]
  nl elektron *n* in buitenste schil, buitenbaan-elektron *n*

P114 *e* **peripheral saw**
  r дисковая пила *f* с внешней режущей кромкой
  d Außenbordtrennsäge *f*
  f lame *f* de scie à tranchant périphérique
  nl circelzaag *f (m)*

P115 *e* **peristaltic CCD**
  r перистальтический ПЗС *m*
  d peristaltisches CCD *n*
  f dispositif *m* à couplage de charge péristaltique
  nl peristaltisch CCD *f*

P116 *e* **permeability**
  r магнитная проницаемость *f*
  d Permeabilität *f*
  f perméabilité *f*
  nl permeabiliteit *f*

P117 *e* **permeable-base transistor**
  r транзистор *m* с проницаемой базой
  d Transistor *m* mit permeabler Basis
  f transistor *m* à base perméable
  nl transistor *m* met doorlatende onderlaag

P118 *e* **permittivity**
  r диэлектрическая проницаемость *f*
  d Dielektrizitätskonstante *f*
  f permittivité *f*
  nl diëlektrische constante *f*

P119 *e* **per-slice yield**
  r выход *m* годных кристаллов на пластине
  d Waferausbeute *f*
  f rendement *m* en tranche
  nl opbrengst *f* per schijf *(aantal bruikbare chips)*

P120 *e* **per-unit-area concentration**
  r удельная поверхностная концентрация *f*
  d spezifische Oberflächenkonzentration *f*
  f concentration *f* spécifique en surface
  nl concentratie *f* per oppervlakte-eenheid, oppervlakteconcentratie *f*

P121 *e* **per-unit-volume concentration**
  r удельная объёмная концентрация *f*
  d spezifische Volumenkonzentration *f*
  f concentration *f* spécifique en volume
  nl concentratie *f* per volume-eenheid, volumeconcentratie *f*

P122 *e* **PFET** *see* **p-channel FET**

P123 *e* **PG** *see* **pattern generator**

P124 *e* **PGA** *see* **1. programmable gate array 2. pin-grid array package**

P125 *e* **p$^+$ guard ring**
  r охранное кольцо *n* p$^+$-типа
  d p$^+$- Shutzring *m*
  f anneau *m* [bague *f*] de garde (type)p$^+$
  nl p$^+$-(af)schermring *m*

P126 *e* **phase diagram**
  r фазовая диаграмма *f*, диаграмма *f* состояний
  d Zustandsdiagramm *n*
  f diagramme *m* des phases
  nl fasediagram *n*

P127 *e* **phase transition**
  r фазовый переход *m*, фазовое превращение *n*
  d Phasenübergang *m*
  f transformation *f* de phase
  nl fase-overgang *m*, fasesprong *m*

P128 *e* **phenolic resin**
  r фенольная смола *f*
  d Phenolharz *n*
  f résine *f* phénolique
  nl fenolhars *n*

P129 *e* **phosphor doping**
  r легирование *n* фосфором
  d Phosphordotierung *f*
  f dopage *m* par phosphore
  nl fosfordotering *f*

P130 *e* **phosphorous diffusion source**
  r диффузионный источник *m* фосфора
  d Phosphordiffusionsquelle *f*

PHOTOFABRICATION

    f source f de diffusion de phosphore
    nl fosfor-diffusiebron f (m)

P131 e **phosphorous doped oxide**
    r диоксид m кремния, легированный фосфором
    d phosphordotiertes Siliziumdioxid n
    f dioxyde m de silicium dopé par phosphore
    nl met fosfor gedoteerd oxyde n

P132 e **phosphorous emitter**
    r эмиттер m, легированный фосфором
    d phosphordotierter Emitter m
    f émitteur m dopé par phosphore
    nl met fosfor gedoteerde emitter m

P133 e **phosphorous ion implant**
    r имплантация f ионов фосфора
    d Phosphorionenimplantation f
    f implantation f d'ions de phosphore
    nl fosforionen-implantatie f

P134 e **phosphorous semiconductor**
    r полупроводник m, легированный фосфором
    d phosphordotierter Halbleiter m
    f semi-conducteur m dopé par phosphore
    nl met fosfor gedoteerde halfgeleider m

P135 e **phosphosilicate glass**
    r фосфоросиликатное стекло n
    d Phosphorsilikatglas n
    f verre f en phosphorosilicate
    nl fosforsilicaat-glas n

P136 e **photo artwork**
    r фотооригинал m
    d Originalvorlage f
    f photo-original m
    nl gefotografeerde ontwerptekeningen f pl

P137 e **photoblank**
    r пластина f для фотошаблона
    d Fotomaskenplatte f
    f pastille f de photomasque
    nl onbelichte fotografische (masker)plaat f (m)

P138 e **photochemical deposition**
    r фотохимическое осаждение n
    d fotochemische Abscheidung f
    f déposition f photochimique
    nl fotochemisch opdampen n, fotochemische depositie f

P139 e **photochemical vapor deposition oxide**
    r фотохимическое осаждение n оксида из паровой фазы
    d fotochemische Gasphasenabscheidung f
    f déposition f photochimique d'oxyde en phase vapeur
    nl fotochemisch opgedampt oxyde n

P140 e **photocomposer**
    r фотонаборная машина f
    d Bildfeldmontagesystem n
    f photocomposeuse f
    nl beeldveldmontagesysteem n

P141 e **photocomposition**
    r фотонабор m
    d Bildfeldmontage f
    f photocomposition f
    nl beeldveldmontage f

P142 e **photocomposition machine** see **photocomposer**

P143 e **photo-coupled semiconductor device**
    r полупроводниковый прибор m с оптронной связью
    d optrongekoppeltes Halbleitergerät n
    f semi-conducteur m à optocouplage
    nl optisch dekoppelde halfgeleiderbouwsteen m

P144 e **photocoupler**
    r оптрон m, оптопара f
    d Optokoppler m
    f optron m, optocoupleur m
    nl optische koppeling f

P145 e **photo coupling**
    r оптронная связь f
    d Optronkopplung f
    f optocouplage m
    nl optische koppeling f

P146 e **photodelineation** see **photopatterning**

P147 e **photodeposition** see **photochemical deposition**

P148 e **photodetector**
    r фотоприёмник m
    d Fotodetektor m, Fotoempfänger m, Lichtempfänger m
    f photorécepteur m
    nl lichtgevoelige detector m, fotodetector m

P149 e **photodiode**
    r фотодиод m
    d Fotodiode f
    f photodiode f
    nl lichtgevoelige diode f, fotodiode f

P150 e **photoelectrochemical etching**
    r электрохимическое травление n с оптическим стимулированием
    d lichtstimulierte elektrochemische Ätzung f
    f décapage m photo-électrochimique
    nl foto-elektrochemisch etsen n

P151 e **photoemulsion**
    r фотоэмульсия f; фоторезист m
    d Fotoemulsion f
    f photo-émulsion f; photorésist m
    nl lichtgevoelige emulsie f, foto-emulsie f

P152 e **photoengraving**
    r 1. фотолитография f, оптическая литография f 2. фотогравировка f
    d 1. Fotolithografie f 2. Fotoätzen n
    f 1. photolithographie f 2. photogravure f
    nl 1. fotolithografie f 2. foto-etsen f

P153 e **photoetching**
    r фототравление n; формирование n рисунка методом фотолитографии
    d Fotoätzen n
    f photodécapage m
    nl foto etsen n

P154 e **photofabrication**
    r фотохимическая обработка f

PHOTO

       d fotografische Herstellung *f*;
          Fotodruckverfahren *n*
       f traitement *m* photochimique
      nl fotolithografische vervaardiging *f*

P155 *e* **photo FET**
       r полевой фототранзистор *m*
       d Foto-FET *m*
       f phototransistor *m* FET
      nl lichtgevoelige FET *m*, foto-FET *m*

P156 *e* **photogeneration**
       r фотогенерация *f*, фотоэлектрическая генерация *f* (носителей заряда)
       d Fotogeneration *f*, Fotoerzeugung *f*, Trägererzeugung *f* durch Fotoanregung
       f photogénération *f*
      nl lichtopwekking *f (in bepaalde halfgeleiders)*

P157 *e* **photographic mask** see **photomask**

P158 *e* **photoimaging** see **photopatterning**

P159 *e* **photoionization**
       r фотоионизация *f*
       d Fotoionisation *f*
       f photo-ionisation *f*
      nl ionisatie *f* onder invloed van licht, foto-ionisatie *f*

P160 *e* **photolacquer mask** see **photoresist mask**

P161 *e* **photolayer**
       r фоточувствительный слой *m*; слой *m* фоторезиста
       d fotoempfindlich Schicht *f*; Fotoresistschicht *f*
       f couche *f* photosensible; couche *f* de photorésist
      nl **1.** lichtgevoelige laag *f (m)* **2.** fotolaklaag *f (m)*

P162 *e* **photolithographic delineation** see **photopatterning**

P163 *e* **photolithographic mask**
       r фотошаблон *m*; фоторезистная маска *f*
       d Fotomaske *f*; Fotoresistmaske *f*
       f photomasque *m*; masque *m* photorésistant
      nl foto(lithografie-)masker *n*

P164 *e* **photolithographic resolution**
       r разрешающая способность *f* фотолитографии
       d fotolithografische Auflösung *f*
       f résolution *f* de photolithographie
      nl fotolithografisch detailleringsvermogen *n*, fotolithografische detaillering *f* [resolutie *f*]

P165 *e* **photolithography**
       r фотолитография *f*, оптическая литография *f*
       d Fotolithographie *f*
      nl fotolithografie *f*

P166 *e* **photolysis**
       r фотолиз *m*
       d Fotolyse *f*
       f photolyse *f*
      nl fotolyse *f*

P167 *e* **photolytic reduction**
       r фотолитическое восстановление *n*
       d fotolytische Reduktion *f*
       f réduction *f* photolythique
      nl fotolytische reductie *f*

P168 *e* **photomask**
       r фотошаблон *m*
       d Fotomaske *f*
       f photomasque *m*
      nl fotomasker *n*

P169 *e* **photomask copy**
       r копия *f* эталонного фотошаблона; рабочий фотошаблон *m*
       d Fotomaskenkopie *f*
       f copie *f* de photomasque
      nl fotomaskerkopie *f*

P170 *e* **photomask damage**
       r дефект *m* фотошаблона
       d Fotomaskendefekt *m*
       f défaut *m* de photomasque
      nl fotomaskerbeschadiging *f*

P171 *e* **photomask drawing**
       r чертёж *m* фотошаблона
       d Fotomaskenzeichnung *f*
       f dessin *m* de photomasque
      nl fotomaskertekening *f*

P172 *e* **photomasking**
       r фотомаскирование *n*; фотолитография *f*, оптическая литография *f*
       d Fotomaskierung *f*; Fotolithografie *f*
       f photomasquage *m*; photolithographie *f*
      nl fotomaskering *f*

P173 *e* **photomask inspection**
       r (визуальный) контроль *m* фотошаблонов
       d Fotomaskenkontrolle *f*, Kontrolle *f* [Überprüfung *f*] von Fotomasken
       f inspection *f* [contrôle *m*] des photomasques
      nl fotomaskercontrole *f*

P174 *e* **photomask inspector**
       r прибор *m* для контроля фотошаблонов
       d Fotomaskenkontrollgerät *n*, Maskenkontrollgerät *n*, Defektkontrollgerät *n*
       f contrôleur *m* [appareil *m* de contrôle] des photomasques
      nl (foto)maskercontroleapparaat *n*

P175 *e* **photomask pattern**
       r рисунок *m* фотошаблона; структура *f* фотошаблона
       d Fotomaskenbild *n*
       f image *f* [motif *m*, dessin *m*] de photomasque
      nl fotomaskerpatroon *n*

P176 *e* **photomask processor**
       r установка *f* фотолитографии
       d Fotoschablonentwicklungsanlage *f*

PHOTORESIST

    f installation *f* [système *m*] de photolithographie
    nl fotosjabloon—ontwikkelapparaat *n*

P177 *e* **photomask replicator** *see* **pattern repeater**

P178 *e* **photomask resolution**
    r разрешающая способность *f* фотошаблона
    d Fotomaskenauflösungsvermögen *n*
    f résolution *f* de photomasque
    nl fotomaskerdetaillering *f*, fotomaskerresolutie *f*

P179 *e* **photomask scrubber**
    r установка *f* для отмывки и очистки фотошаблонов
    d Fotomaskenreinigungsanlage *f*
    f installation *f* pour rinçage et nettoyage des photomasques
    nl fotomaskerreinigingsapparaat *n*

P180 *e* **photomaster** *see* **photoplate master**

P181 *e* **photometer**
    r фотометр *m*
    d Fotometer *n*
    f photomètre *m*
    nl lichtmeter *m*, fotometer *m*

P182 *e* **photomicrograph**
    r микрофотография *f*, микрофотоснимок *m*
    d Mikrofoto *n*, Mikrofotografie *n*
    f microphotographie *f*
    nl microfoto *f (m)*

P183 *e* **photomicrography**
    r микрофотосъёмка *f*
    d Mikrofotografie *f*
    f microphotographie *f*
    nl fotomicrografie *f*

P184 *e* **photon-coupled transistor**
    r оптотранзистор *m*
    d Optotransistor *m*
    f optotransistor *m*, transistor *m* à optocouplage
    nl fototransistor *m*

P185 *e* **photopatterning**
    r формирование *n* рисунка методом фотолитографии
    d lichtoptische Strukturerzeugung *f*
    f définition *f* de dessin par photolithographie
    nl patroonvorming *f* [structurering *f*] door belichting

P186 *e* **photoplate**
    r фотопластина *f*; фотошаблон *m*
    d Fotoschablonenplatte *f*
    f plaque *f* photosensible; photomasque *m*, cliché *m*
    nl fotosjabloonplaat *f (m)*

P187 *e* **photoplate master**
    r фотооригинал *m*; эталонный фотошаблон *m*
    d Originalvorlage *f*; Originalschablone *f*
    f cliché *m*; cliché *m* de production original
    nl foto(sjabloon)plaat-origineel *n*

P188 *e* **photoplotter**
    r координатограф *m*; графопостроитель *m*
    d Fotoplotter *m*
    f phototraceur *m*
    nl fotoplotter *m*

P189 *e* **photoprocessing**
    r 1. фотолитография *f*, оптическая литография *f* 2. фотохимическая обработка *f*
    d 1. Fotolithografie *f* 2. fotochemische Bearbeitung *f*
    f 1. photolithographie *f* 2. traitement *m* photochimique
    nl fotochemische bewerking *f*

P190 *e* **photoreader**
    r фотоэлектрическое считывающее устройство *n*
    d fotoelektrisches Ablesegerät *n*
    f lecteur *m* photo-électrique
    nl foto-elektrisch afleesapparaat *n*

P191 *e* **photoreduction**
    r оптическое уменьшение *n* [оптическое редуцирование *n*] изображения
    d Fotoreduktion *f*, fotografische Verkleinerung *f*
    f réduction *f* photographique
    nl 1. reductie *f (chem.)* onder invloed van licht, fotoreductie *f* 2. fotografische verkleining *f*

P192 *e* **photorepeater**
    r фотоповторитель *m*
    d Fotorepeater *m*
    f photorépé(ti)teur *m*
    nl repeterende fotolithograaf *m*, fotorepeater *m*

P193 *e* **photorepetition**
    r фотомультипликация *f*, фотомультиплицирование *n*
    d Fotomultiplizierung *f*
    f photomultiplication *f*
    nl fotografische vermenigvuldiging *f*

P194 *e* **photoresist burnoff**
    r плазмохимическое удаление *n* фоторезиста
    d plasmachemische Fotoresistablösung *f*
    f élimination *f* plasmachimique du photorésist
    nl plasmachemische fotolakverwijdering *f*

P195 *e* **photoresist coater**
    r установка *f* для нанесения фоторезиста
    d Fotolackbeschichtungsanlage *f*
    f installation *f* pour gainage par photorésist
    nl fotolak-aanbrenginrichting *f*

P196 *e* **photoresist-controlled etch**
    r травление *n* с использованием фоторезистной маски
    d Ätzen *n* mit Fotoresistmaske
    f décapage *m* à l'aide de masque photorésistant
    nl etsen *n* met fotolakmasker

PHOTORESIST

P197 *e* **photoresist developer**
 r 1. проявитель *m* фоторезиста
 2. установка *f* для проявления фоторезиста
 d 1. Fotoresistentwickler *m*
 2. Fotoresistentwicklungsanlage *f*
 f 1. développ(at)eur *m* du photorésist
 2. développeuse *f* du photorésist
 nl 1. fotolakontwikkelaar *m* (stof) 2. foto-ontwikkelapparatuur *f*

P198 *e* **photoresist edge build-up**
 r утолщение *n* фоторезиста на краях кремниевой пластины
 d Fotoresistrandverdickung *f*
 f ronflement *m* du photorésist sur bords de tranche en silicium
 nl fotolak-randophoping *f*

P199 *e* **photoresist film**
 r плёнка *f* фоторезиста
 d Fotoresistschicht *f*
 f film *m* du photorésist
 nl fotolaklaag *f (m)*

P200 *e* **photoresist integrity**
 r стойкость *f* фоторезиста
 d Fotoresistwiderstandsfähigkeit *f*
 f résistance *f* du photorésist
 nl fotolak(laag)dekking *f*

P201 *e* **photoresist lacquer**
 r фоторезист *m*, фотолак *m*
 d Fotoresist *n*, Fotolack *m*
 f photorésist *m*, laque *f* photosensible
 nl foto(resist)lak *m*

P202 *e* **photoresist lift-off**
 r отслаивание *n* слоя фоторезиста
 d Abheben *n* der Fotoresistschicht
 f détachement *m* de la couche du photorésist
 nl fotolaklaag afnemen *n* [aftrekken *n*]

P203 *e* **photoresist mask**
 r фоторезистная маска *f*
 d Fotoresistmaske *f*
 f masque *m* photorésistant
 nl fotolakmasker *n*

P204 *e* **photoresist-masked etching**
 r травление *n* с использованием фоторезистной маски
 d Ätzung *f* mit Fotoresistmaske
 f décapage *m* à l'aide de masque photorésistant
 nl etsing *f* met fotolakmasker

P205 *e* **photoresist mask pattern**
 r рисунок *m* в слое фоторезиста
 d Fotoresistschichtstruktur *f*
 f image *f* à la couche du photorésist
 nl fotolakmaskerpatroon *n*

P206 *e* **photoresistor**
 r фоторезистор *m*
 d Fotowiderstand *m*
 f photorésistance *f*
 nl lichtgevoelige weerstand *m*, fotoweerstand *m*

P207 *e* **photoresist pattern delineation**
 r формирование *n* рисунка в слое фоторезиста
 d Fotoresistschichtstrukturierung *f*
 f définition *f* de dessin à la couche du photorésist
 nl fotolaklaagstructurering *f*

P208 *e* **photoresist process** see **photolithography**

P209 *e* **photoresist spinner**
 r центрифуга *f* для нанесения фоторезиста
 d Fotoresistschleuder *f*
 f centrifugeur *m* pour gainage par photorésist
 nl fotolakcentrifuge *f*

P210 *e* **photoresponsive junction**
 r фоточувствительный переход *m*
 d fotoempfindlicher Übergang *m*
 f jonction *f* photosensible
 nl op licht reagerende overgang *m*

P211 *e* **photosensitive lacquer** see **photoresist lacquer**

P212 *e* **photosensitive layer** see **photolayer**

P213 *e* **photosensitive semiconductor**
 r фоточувствительный полупроводник *m*
 d fotoempfindlicher Halbleiter *m*
 f semi-conducteur *m* photosensible
 nl lichtgevoelige halfgeleider *m*

P214 *e* **photosensitizer**
 r оптический сенсибилизатор *m*
 d lichtoptischer Sensibilisator *m*
 f sensibilisateur *m* optique
 nl lichtoptische sensibilisator *m*

P215 *e* **photosetting** see **photocomposition**

P216 *e* **phototool** see **photomask**

P217 *e* **phototooling**
 r 1. изготовление *n* фотошаблонов
 2. проведение *n* фотолитографии
 d 1. Fotoschablonenherstellung *f*, Fotovorlagenherstellung *f*
 2. fotolithografischer Prozeß *m*
 f 1. fabrication *f* des photomasques
 2. réalisation *f* de photolithographie
 nl 1. bewerking *f* met fotochemische apparatuur 2. fotochemische apparatuur *f*

P218 *e* **Photox** see **photochemical vapor deposition oxide**

P219 *e* **physical sputtering**
 r физическое распыление *n*
 d physikalisches Sputtern *n*
 f pulvérisation *f* physique
 nl fysisch sputteren *n* [verstuiven *n*]

P220 *e* **physical vapor deposition**
 r физическое осаждение *n* из паровой фазы
 d physikalische Gasphasenabscheidung *f*
 f dépôt *m* [déposition *f*] physique en phase vapeur
 nl fysisch opdampen *n*, PVD *f*

P221 *e* **picel** see **picture element**

P222 *e* **pick-and-place head**
   r захватывающая и позиционирующая головка *f* (*установки поверхностного монтажа*)
   d Pick-and-Place-Kopf *m*
   f tête *f* de saisie et de positionnement
  nl pak-en-plaats-kop *m*

P223 *e* **pick-and-place machine**
   r установка *f* поверхностного монтажа (*с захватывающими и позиционирующими устройствами*)
   d Pick-and-Place-Anlage *f*
   f machine *f* de saisie et de positionnement
  nl pak-en-plaats-machine *f*

P224 *e* **pick-and-place nozzle**
   r вакуумное захватывающее и позиционирующее устройство *n* (*установки поверхностного монтажа*)
   d Pick-and-Place-Sauger *m*
   f manipulateur *m* de saisie et de positionnement
  nl pak-en-plaats-zuigmond *m*

P225 *e* **pickup**
   r (вакуумный) пинцет *m*; схват *m* (*в роботе*); захватное устройство *n*
   d Pinzette *f*; Greifvorrichtung *f*, Pick-up-Vorrichtung *f*, Aufnahmevorrichtung *f*
   f pince *f*; manipulateur *m* de saisie
  nl 1. oppik-inrichting *f*, grijpinrichting *f*
      2. opneemelement *n*, opnemer *m*

P226 *e* **pickup station**
   r устройство *n* для захвата и позиционирования кристалла
   d Pick-up-Einrichtung *f*
   f manipulateur *m* de saisie et de positionnement de la puce
  nl oppik-inrichting *f*

P227 *e* **picoprocessor**
   r пикопроцессор *m*, процессор *m* с пикосекундным быстродействием
   d Picoprozessor *m*
   f picoprocesseur *m*
  nl picoprocessor *m*

P228 *e* **picture**
   r изображение *n*; рисунок *m*
   d Bild *n*
   f image *f*; dessin *m*, motif *m*
  nl beeld *n*, afbeelding *f*

P229 *e* **picture element**
   r элемент *m* изображения
   d Bildelement *m*, Pixel *n*
   f élément *m* d'image, pixel *m*
  nl beeldelement *n*, pixel *m*

P230 *e* **picture resolution**
   r разрешающая способность *f* изображения
   d Bildauflösung *f*
   f résolution *f* d'image
  nl beeldgedetailleerdheid *f*, beelddetaillering *f*, beeldresolutie *f*

P231 *e* **picture sharpness**
   r чёткость *f* [резкость *f*] изображения
   d Bildschärfe *f*
   f netteté *f* d'image
  nl beeldscherpte *f*

P232 *e* **piece part**
   r комплектующий компонент *m*; комплектующая деталь *f*
   d Zubehörelement *n*; Zubehörteil *m*
   f composant *m* de montage; pièce *f* de montage
  nl los onderdeel *n* (*dat per stuk gaat*)

P233 *e* **piezoelectric crystal**
   r пьезоэлектрический кристалл *m*, пьезокристалл *m*
   d piezoelektrischer Kristall *m*
   f cristal *m* piézo-électrique
  nl piëzo-elektrisch kristal *n*

P234 *e* **piggyback board**
   r (печатная) плата *f*, смонтированная на другой плате
   d Huckepack-Leiterplatte *f*
   f carte *f* hors position
  nl rugzak-print *m*, hulpprintplaat *f (m)*

P235 *e* **pigtail**
   r конец *m* проволочного вывода (*после сварки и обрезки*)
   d Drahtende *n*
   f sortie *f* en fil
  nl soepele vrije draadverbinding *f*

P236 *e* **pillar**
   r столбиковый вывод *m*, контактный столбик *m*
   d Bondhügel *m*
   f poutre *f*
  nl contacteerbobbel *m*

P237 *e* **pilot plant**
   r опытная установка *f*
   d Pilotanlage *f*
   f installation *f* pilote
  nl proeffabriek *f*

P238 *e* **pin**
   r штырьковый вывод *m* (*корпуса*)
   d Anschlußstift *m*, Pin *n*
   f broche *f*, fiche *f*
  nl aansluitstift *f (m)*, (aansluit)pen *f (m)*

P239 *e* **pinch-off**
   r отсечка *f* (*в полевом транзисторе*)
   d Abschnürung *f*
   f coupure *f*
  nl insnoering *f (kanaal, stroom)*, afknijpen *n*, afknijp... (*spanning*), pinch-off

P240 *e* **pin compatibility**
   r совместимость *f* корпусов по шагу выводов
   d Pinkompatibilität *f*
   f compatibilité *f* broche à broche
  nl fysieke uitwisselbaarheid *f*, aansluitcompatibiliteit *f*, pin-compatibiliteit *f*

P241 *e* **pin grid array**
   r 1. матрица *f* штырьковых выводов
      2. (плоский) корпус *m* с матричным

PIN

расположением штырьковых выводов, матричный корпус *m*
- *d* Pin-Grid-Array *n*, Anschlußstiftmatrix *f*
- *f* 1. réseau *m* des broches 2. boîtier *m* fakir [PGA]
- *nl* (aansluit)pennenrooster *n*

P242 *e* **pin grid array package**
- *r* (плоский) корпус *m* с матричным расположением штырьковых выводов, матричный корпус *m*
- *d* Gehäuse *n* mit Pin-Grid-Array [mit Anschlußstiftmatrix]
- *f* boîtier *m* fakir [PGA]
- *nl* behuizing *f* met (aansluit)pennenrooster

P243 *e* **pin grid spacing**
- *r* шаг *m* выводов, расстояние *n* между штырьковыми выводами (корпуса)
- *d* Anschlußstiftabstand *m*, Pinabstand *m*
- *f* pas *m* des broches
- *nl* (aansluit)pennenroostermaat *f (m)*

P244 *e* **pinhole**
- *r* точечный прокол *m*
- *d* Nadelloch *n*
- *f* trou *m* d'épingle
- *nl* spelde(prik)gaatje *n*

P245 *e* **pin in-line package** *see* **pin grid array package**

P246 *e* **pinpoint soldering**
- *r* точечная пайка *f*
- *d* punktförmiges Löten *n*
- *f* soudure *f* par points
- *nl* puntsolderen *n*

P247 *e* **PIP** *see* 1. **pin in-line package** 2. **programmed interconnection pattern**

P248 *e* **pipe diffusion**
- *r* диффузия *f* вдоль линий дислокаций
- *d* Diffusion *f* entlang der Versetzungslinien
- *f* diffusion *f* le long de ligne de dislocation
- *nl* diffusie *f* langs breuklijnen *(in kristalrooster)*

P249 *e* **pit**
- *r* ямка *f*; несквозное отверстие *n*
- *d* Grübchen *n*
- *f* cavité *f*, lacune *f*
- *nl* put *m*, putje *n*

P250 *e* **pitch**
- *r* шаг *m*; шаг *m* выводов, расстояние *n* между штырьковыми выводами (корпуса)
- *d* Abstand *m*; Rastermaß *n*
- *f* pas *m*; pas *m* [espacement *m*] des broches
- *nl* (regelmatige tussen)afstand *m*, rastermaat *f (m)*

P251 *e* **pitting**
- *r* образование *n* ямок *(при травлении)*
- *d* Grübchenbildung *f*
- *f* création *f* des cavités [des lacunes]
- *nl* putjesvorming *f*, putcorrosie *f*

P252 *e* **pixel** *see* **picture element**

P253 *e* **PLA** *see* **programmable logic array**

P254 *e* **placement head**
- *r* установочная [монтажная] головка *f*
- *d* Plazierungskopf *m*
- *f* tête *f* de placement
- *nl* plaatsingskop *m*

P255 *e* **placement rate**
- *r* производительность *f* монтажа
- *d* Plazierungsrate *f*
- *f* efficacité *f* de placement
- *nl* plaatsingstempo *n*

P256 *e* **placement tool**
- *r* монтажный инструмент *m*; монтажное устройство *n*
- *d* Plazierungswerkzeug *n*
- *f* outil *m* de placement; placeur *m*
- *nl* plaatsingswerktuig *n*

P257 *e* **placement viewing**
- *r* визуальный контроль *m* монтажа
- *d* Sichtprüfung *f* der bestückten Leiterplatte
- *f* inspection *f* [contrôle *m* visuel] de placement
- *nl* zichtcontrole *f (m)* op onderdelenplaatsing

P258 *e* **placer**
- *r* 1. установка *f* для монтажа 2. программа *f* размещения элементов
- *d* 1. Plazierungsanlage *f* 2. Plazierungsprogramm *n*
- *f* 1. placeur *m* 2. programme *m* de placement
- *nl* 1. plaatsingsapparatuur *f* 2. plaatsingsprogramma *n*

P259 *e* **planar dopant host** *see* **planar source**

P260 *e* **planar electrode**
- *r* плоский электрод *m*
- *d* Planarelektrode *f*
- *f* électrode *f* planaire
- *nl* planair-elektrode *f*

P261 *e* **planar epitaxial diode**
- *r* планарно-эпитаксиальный диод *m*
- *d* Planar-Epitaxial-Diode *f*, Epitaxie-Planar-Diode *f*
- *f* diode *f* planaire-épitaxiale
- *nl* planair-epitaxiale [epi-planaire] diode *f*

P262 *e* **planar epitaxial technique**
- *r* планарно-эпитаксиальная технология *f*
- *d* Planar-Epitaxial-Technik *f*, PEP-Technik *f*
- *f* technologie *f* planaire-épitaxiale
- *nl* planair-epitaxiaal-techniek *f*, epi-planair-techniek *f*, PEP-techniek *f*

P263 *e* **planar epitaxial transistor**
- *r* планарно-эпитаксиальный транзистор *m*
- *d* Planar-Epitaxial-Transistor *m*, Epitaxie-Planar-Transistor *m*
- *f* transistor *m* planaire-épitaxial
- *nl* planair-epitaxiale [epi-planaire] transistor *m*

P264 e **planar integrated circuit**
 r планарная ИС f
 d Planar-IC n
 f circuit m intégré planaire
 nl planaire geïntegreerde schakeling f, planair IC n

P265 e **planarity**
 r плоскостность f
 d Ebenheit f
 f planéité f
 nl effenheid f

P266 e **planarization ring**
 r выравнивающее [планаризующее] кольцо n
 d Planarisierungsring m
 f anneau m de planage
 nl planariseringsring m

P267 e **planarized structure**
 r структура f с плоской поверхностью
 d planarisierte Struktur f
 f structure f planaire
 nl geplanariseerde structuur f

P268 e **planar junction**
 r планарный переход m
 d planarer Übergang m
 f jonction f planaire
 nl planaire overgang m

P269 e **planar-mounted integrated circuit**
 r ИС f в (плоском) корпусе с планарными выводами
 d IC n im Flachgehäuse mit planaren Anschlüssen
 f circuit m intégré en boîtier flat-pack
 nl planair [in één vlak] gemonteerde geïntegreerde schakeling f, planair gemonteerd IC n

P270 e **planar oxidation**
 r оксидирование n плоской поверхности
 d planare Oxydierung f
 f oxydation f de surface plane
 nl planaire oxydering f

P271 e **planar package**
 r (плоский) корпус m с планарными выводами
 d Flachgehäuse m mit planaren Anschlüssen
 f boîtier m flat-pack [plat]
 nl planaire behuizing f (met aansluitingen in chip-vlak)

P272 e **planar plasma etcher, planar plasma reactor**
 r планарный реактор m для плазменного травления
 d Planarplasmaätzer m
 f réacteur m planaire pour décapage à plasma
 nl planaire plasma-etser m

P273 e **planar processing approach** see **planar technique**

P274 e **planar source**
 r плоский источник m примеси (в виде пластины)
 d planare Diffusionsquelle f
 f source f planaire de diffusion
 nl bron f (m) voor planaire diffusie

P275 e **planar technique**
 r планарная технология f
 d Planartechnik f
 f technologie f planaire
 nl planair-techniek f

P276 e **planar wafer**
 r пластина f с плоскопараллельными поверхностями
 d Planarscheibe f, planarer Wafer m
 f tranche f planaire
 nl planaire wafel f (m)

P277 e **planetary fixture**
 r планетарное устройство n (в вакуумной напылительной установке)
 d Umlaufvorrichtung f
 f support m planétaire (dans un évaporateur)
 nl planetaire houder m, planetaire spanklem f (m)

P278 e **planning**
 r размещение n элементов (на кристалле)
 d Anordnungsplan m (der Bauelemente)
 f placement m des composants (sur puce)
 nl opstellingsplan n

P279 e **plasma anodization**
 r плазменное анодирование n
 d Plasmaanodierung f
 f anodisation f par plasma
 nl plasma-anodisering f

P280 e **plasma ashing**
 r плазмохимическое удаление n (фоторезиста)
 d Plasmaätzen n
 f elimination f plasmachimique du photorésist
 nl plasma-verassing f

P281 e **plasma chemical vapor deposition**
 r плазмохимическое осаждение n из паровой фазы
 d plasmachemische Gasphasenabscheidung f, PCVD f
 f dépôt m plasmachimique en phase vapeur
 nl plasma-chemisch opdampen n, plasma-CVD f, PCVD f

P282 e **plasma desmear system**
 r установка f плазменной очистки
 d Plasmareinigungssystem n
 f installation f de nettoyage par plasma
 nl plasma-reinigingssysteem n

P283 e **plasma etch cleaning**
 r очистка f плазменным травлением
 d Plasmaätzreinigung f
 f nettoyage m par décapage à plasma
 nl plasma-etsreiniging f

PLASMA

P284 *e* **plasma etcher**
    r реактор *m* для плазменного травления, плазменный реактор *m*
    d Plasmaätzer *m*
    f réacteur *m* pour décapage à plasma
    nl plasma-etser *m*

P285 *e* **plasma etching**
    r плазменное травление *n*
    d Plasmaätzen *n*
    f décapage *m* à plasma
    nl plasma-etsen *n*

P286 *e* **plasma etch mask**
    r маска *f* для плазменного травления
    d Plasmaätzmaske *f*
    f masque *m* pour décapage à plasma
    nl plasma-etsmasker *n*

P287 *e* **plasma oxidation**
    r плазменное оксидирование *n*
    d Plasmaoxydation *f*
    f oxydation *f* par plasma
    nl plasma-oxydatie *f*

P288 *e* **plasma reactor** *see* **plasma etcher**

P289 *e* **plasma spraying, plasma sputtering**
    r плазменное распыление *n*
    d Plasmasputtern *n*, Plasmazerstäubung *f*
    f pulvérisation *f* par plasma
    nl plasma-verstuiving *f*, plasma-sputteren *n*

P290 *e* **plasma stripping**
    r плазменное удаление *n* фоторезиста
    d Plasmastripping *n*
    f élimination *f* du photorésist par plasma
    nl plasma-strippen *n*

P291 *e* **plastic bleed**
    r пластмассовый облой *m*
    d Plastgrat *m*, Kunstoffgrat *m*
    f bavure *f* plastique
    nl plastic [kunststof] welnaad *m*

P292 *e* **plastic capsulation** *see* **plastic encapsulation**

P293 *e* **plastic carrier**
    r пластмассовый кристаллоноситель *m*; пластмассовый ленточный носитель *m*
    d Plastträger *m*, Kunststoffträger *m*
    f support *m* plastique; bande *f* porteuse plastique
    nl plastic drager *m*, kunstof drager *m*

P294 *e* **plastic dual in-line package**
    r пластмассовый DIP-корпус *m*
    d Plast-DIP-Gehäuse *n*
    f boîtier *m* DIP [à double rangée de connexion] plastique
    nl plastic [kunststof] DIL-huisje *n*, kunststof DIP *n*

P295 *e* **plastic-encapsulated integrated circuit**
    r ИС *f*, герметизированная пластмассой; ИС *f* в пластмассовом корпусе
    d plastverkapptes IC *n*; IC *n* im Plastgehäuse
    f circuit *m* intégré à encapsulation par plastique; circuit *m* intégré en boîtier plastique
    nl in plastic [kunststof] gekapselde geïntegreerde schakeling *f*, plastic IC *n*

P296 *e* **plastic encapsulation**
    r герметизация *f* пластмассой
    d Plastverkappung *f*, Kunststoffverkappung *f*
    f encapsulation *f* par plastique
    nl inkapseling *f* in plastic [kunststof]

P297 *e* **plasticizer**
    r пластификатор *m*
    d Weichmacher *m*, Plastifikator *m*
    f plastifiant *m*
    nl weekmaker *m* (*stof*)

P298 *e* **plastic-packaged integrated circuit**
    r ИС *f* в пластмассовом корпусе
    d IC *n* im Plastgehäuse
    f circuit *m* intégré en boîtier plastique
    nl geïntegreerde schakeling *f* met plastic [kunststof] huisje, plastic IC *n*

P299 *e* **plastic packaging**
    r сборка *f* в пластмассовый корпус
    d Plastverkappung *f*
    f assemblage *m* en boîtier plastique
    nl behuizing *f* in plastic [kunststof]

P300 *e* **plated-through hole**
    r металлизированное сквозное отверстие *n*
    d durchkontaktiertes Loch *n*
    f trou *m* métallisé
    nl doorgemetalliseerd gat *n*

P301 *e* **plating**
    r **1.** электролитическое осаждение *n*, электроосаждение *n* **2.** нанесение *n* покрытия
    d Plattierung *f*
    f **1.** dépôt *m* électrolytique **2.** enrobage *m*, gainage *m*
    nl overtrekken *n* (*met metaal*), galvaniseren *n*, plateren *n*, metalliseren *n*

P302 *e* **plating bath**
    r электролитическая ванна *f*, электролизёр *m*
    d Galvanisierbad *n*
    f électrolyseur *m*
    nl **1.** galvanisch bad *n*, galvaniseerbad *n* **2.** galvaniseervloeistof *f* (*m*)

P303 *e* **plotter**
    r графопостроитель *m*; координатограф *m*
    d Plotter *m*
    f traceur *m*; coordinatographe *m*
    nl tekenmachine *f*, curveschrijver *m*, plotter *m*

P304 *e* **plotting table**
    r планшетный графопостроитель *m*; планшетный координатограф *m*
    d Tischplotter *m*
    f table *f* traçante
    nl tekentafel *f* (*m*)

P305 *e* **pluggable socket**
    r колодка *f* со штырьковыми выводами
    d steckbarer Sockel *m*

POLYMERIC

    f socle *m* enfichable
    nl insteekvoetje *n*

P306 *e* **plug-in package**
    r корпус *m* со штырьковыми выводами
    d Steckgehäuse *n*, steckbares Gehäuse *m*
    f boîtier *m* enfichable
    nl insteek-bouwsteen *m*

P307 *e* **PMOS** *see* **p-channel MOS**

P308 *e* **p-n (junction) FET**
    r полевой транзистор *m* с управляющим *p*—*n*-переходом
    d Sperrschicht-FET *m*
    f transistor *m* FET à jonction *p-n*
    nl p-n-J(G)FET *m*, sperlaag-FET *m*, lagen-FET *m*

P309 *e* **p-n junction isolation**
    r изоляция *f p*—*n*-переходами
    d pn-Schichtisolation *f*
    f isolation *f* par jonction *p-n*
    nl isolatie *f* door p-n overgang

P310 *e* **p-n junction rectification**
    r выпрямление *n* на *p*—*n*-переходе
    d Sperrschichtgleichrictung *f*
    f rectification *f* à la jonction *p-n*
    nl gelijkrichting *f* door p-n overgang

P311 *e* **point charge**
    r точечный заряд *m*
    d Punktladung *f*
    f charge *f* ponctuelle
    nl puntlading *f*

P312 *e* **point defect, point imperfection**
    r точечный дефект *m*
    d Punktfehlstelle *m*
    f défaut *m* ponctuel
    nl (rooster)puntdefect *n*, (rooster)punt-onvolkomenheid *f*

P313 *e* **polisher/lapper**
    r станок *m* для шлифовки и полировки
    d Schleif- und Poliermaschine *f*
    f machine *f* à polir et roder
    nl slijp- en polijstmachine *f*

P314 *e* **polishing etchant**
    r травитель *m* для (химической) полировки
    d polierender Ätzer *m*
    f décapant *m* pour polissage chimique
    nl polijstend etsmiddel *n*

P315 *e* **poly** *see* **1. polycrystal 2. polysilicon**

P316 *e* **polychip-DIP**
    r DIP-корпус *m* для многокристальных ИС
    d Polychip-DIP-Gehäuse *n*
    f boîtier *m* DIP pour circuit intégré multipuce
    nl meerchips-DIP *n*

P317 *e* **polycide gate**
    r (двухслойный) затвор *m* из поликремния и силицида металла
    d Silizid Polysilizium-Gate *n*
    f grille *f* polysilicium-siliciure
    nl silicide-polysiliciumpoort *f (m)*

P318 *e* **polycrystal**
    r 1. поликристалл *m* 2. поликристаллический кремний *m*, поликремний *m*
    d 1. Polykristall *m* 2. Polysilizium *n*
    f 1. polycristal *m* 2. silicium *m* polycristallin, polysilicium *m*
    nl polykristal *n*, polysilicium *n*

P319 *e* **polycrystal isolation**
    r изоляция *f* (элементов ИС) поликристаллическим кремнием
    d Polysilizium-Isolation *f*
    f isolation *f* par silicium polycristallin
    nl isolatie *f* met polysilicium

P320 *e* **polycrystalline deposition**
    r осаждение *n* поликристаллического материала
    d polykristalline Abscheidung *f*
    f dépôt *m* de matériau polycristallin
    nl polykristallijn opdampen *n*, polykristallijne depositie *f*

P321 *e* **polycrystalline ingot, polycrystalline rod**
    r поликристаллический слиток *m*
    d polykristalliner Stab *m*
    f lingot *m* polycristallin
    nl polykristallijne gieteling *f* [baar *f (m)*, staaf *f (m)*]

P322 *e* **polycrystalline silicon-gate MOS**
    r МОП-структура *f* с поликремниевым затвором
    d Poly-Si-Gate-MOS *f*
    f structure *f* MOS à grille de polysilicium
    nl polysil(-poort)-MOS *m*

P323 *e* **polyimide adhesive**
    r полиимидный клей *m*
    d Polyimidkleber *m*
    f adhésif *m* polyimidique
    nl polyimide kleefmiddel *n* [plakmiddel *n*, lijm *m*]

P324 *e* **polyimide carrier**
    r полиимидный ленточный носитель *m*
    d Polyimidträger *m*
    f bande *f* porteuse polyimidique
    nl polyimide drager *m*

P325 *e* **polyimide film**
    r полиимидная плёнка *f*
    d Polyimidfilm *m*
    f film *m* polyimidique
    nl polyimide laag *f (m)* [film *m*]

P326 *e* **polymer adhesive**
    r полимерный клей *m*
    d Polymerkleber *m*
    f adhésif *m* polymère
    nl polymeer kleefmiddel *n* [plakmiddel *n*, lijm *m*]

P327 *e* **polymeric resist**
    r полимерный резист *m*
    d Polymerresist *n*
    f résist *m* polymère
    nl polymeer (af)dekmiddel *n*, polymere laag *f (m)*

POLYMERIC

P328 *e* **polymeric sealant**
  r полимерный герметик *m*
  d polymere Abdichtung *f*
  f hermétique *m* polymère
  nl polymeer (af)dichtmiddel *n*

P329 *e* **polymerized photoresist**
  r полимеризуемый фоторезист *m*
  d polymerisierbares Fotoresist *n*
  f photorésist *m* polymérisé
  nl gepolymeriseerde fotolak *m*

P330 *e* **polymer thick film**
  r полимерная толстая плёнка *f*
  d polymerer Dickfilm *m*
  f film *m* épais polymère
  nl polymere dikke-laag *f (m)*

P331 *e* **poly plant**
  r установка *f* для получения поликристаллического кремния
  d Poly-Si-Gewinnungsanlage *f*
  f installation *f* de fabrication du silicium polycristallin
  nl poly(silicium)-vervaardigingsinrichting *f*

P332 *e* **poly reox**
  r повторное оксидирование *n* поликристаллического кремния
  d Reoxydierung *f* des Polysiliziums
  f réoxydation *f* de silicium polycristallin
  nl reoxydering *f* van polysilicium

P333 *e* **polyresistor**
  r поликремниевый резистор *m*
  d Polysiliziumwiderstand *m*
  f résistance *f* en polysilicium
  nl polysil(icium) weerstand *m*

P334 *e* **poly semiconductor**
  r поликристаллический полупроводник *m*
  d Polykristallhalbleiter *m*
  f semi-conducteur *m* polycristallin
  nl polykristallijne halfgeleider *m*

P335 *e* **polysilicon**
  r поликристаллический кремний *m*, поликремний *m*
  d Polysilizium *n*
  f silicium *m* polycristallin, polysilicium *m*
  nl polysil(icium) *n (n)*

P336 *e* **polysilicon backfill** *see* **polysilicon filling**

P337 *e* **polysilicon boat**
  r лодочка *f* из поликристаллического кремния
  d Polysiliziumschälchen *n*
  f cuvette *f* en silicium polycristallin
  nl polysil(icium)-schuitje *n*

P338 *e* **polysilicon definition**
  r формирование *n* рельефа в слое поликристаллического кремния
  d Polysiliziumstrukturierung *f*, Strukturierung *f* der Polysiliziumschicht
  f définition *f* de dessin à la couche de polysilicium
  nl polysil(icium)-fijnstructurering *f* [-definitie *f*]

P339 *e* **polysilicon diffusion equipment**
  r диффузионные печи *f pl* с трубами из поликристаллического кремния
  d Diffusionsofenanlage *f* mit Polysiliziumrohren
  f fours *m pl* à diffusion avec tubes en polysilicium
  nl polysil(icium)-diffusie-apparatuur *f*

P340 *e* **polysilicon FET**
  r полевой транзистор *m* на поликристаллическом кремнии
  d Polysilizium-FET *m*
  f transistor *m* FET en polysilicium
  nl polysil(icium) veldeffecttransistor *m* [FET *m*]

P341 *e* **polysilicon filling**
  r заполнение *n (канавок)* поликристаллическим кремнием
  d Ausfüllen *n* mit Polysilizium
  f remplissage *m (des rainures)* par silicium polycristallin
  nl polysil(icium)-(op)vulling *f*

P342 *e* **polysilicon-gate CCD**
  r ПЗС *m* с поликристаллическими кремниевыми затворами
  d Poly-Si-Gate-CCD *n*
  f DCC *m* à grilles en polysilicium
  nl polysil(icium)-poort CCD *f*

P343 *e* **polysilicon-gate process**
  r технология *f* МОП ИС с поликристаллическими кремниевыми затворами
  d Poly-Si-Gate-Technik *f*
  f technologie *f* des structures MOS à grilles en polysilicium
  nl polysil(icium)-poort-procédé *n*

P344 *e* **polysilicon-on-oxide region**
  r область *f* поликристаллического кремния на оксидном слое
  d Polysilizium-auf-Oxid-Bereich *m*
  f région *f* de silicium polycristallin sur couche d'oxyde
  nl polysil(icium)-oxyde-zone *f (m)*

P345 *e* **polysilicon self-aligned process**
  r технология *f* биполярных ИС с поликремниевыми резисторами и самосовмещёнными областями
  d selbstjustierende Polysiliziumtechnik *f*
  f technologie *f* des circuits intégrés bipolaires avec résistances en polysilicium et régions auto-alignées
  nl zelfjusterings-polysil(icium)-procédé *n*

P346 *e* **poly squared CMOS**
  r КМОП-структура *f* с двумя слоями поликристаллического кремния
  d P^2CMOS-Struktur *f*
  f structure *f* CMOS à deux couches de polysilicium
  nl P^2-CMOS *m*

P347 *e* **populated board**
  r смонтированная печатная плата *f*
  d bestückte Leiterplatte *f*
  f carte *f* imprimée peuplée
  nl bezette print(plaat) *m (f (m))*

P348 e **population**
  r заселённость f (энергетических уровней)
  d Besetzung f (eines Energieniveaus)
  f population f (des niveaux énergétiques)
  nl bezetting f

P349 e **population inversion**
  r инверсия f заселённости
  d Besetzungsinversion f
  f inversion f de population
  nl bezettingsomkering f

P350 e **porcelainized steel substrate**
  r эмалированная стальная подложка f
  d keramikbeschichtete Stahlunterlage f
  f substrat m émaillé en acier
  nl stalen ondergrond m met keramische bovenlaag

P351 e **position**
  r положение n; (рабочая) позиция f
  d Position f
  f position f
  nl positie f

P352 e **positioner, positioning system**
  r устройство n для позиционирования, позиционирующее устройство n
  d Positioniervorrichtung f
  f positionneur m
  nl positioneerinrichting f

P353 e **positioning table**
  r стол m для позиционирования
  d Positioniertisch m
  f table f de positionnement
  nl positioneertableau n

P354 e **positive artwork**
  r позитивное изображение n оригинала
  d positive Originalvorlage f
  f image f positive d'original
  nl positief maskerorigineel n

P355 e **positive carrier**
  r носитель m положительного заряда
  d positiver Ladungsträger m
  f porteur m de charge positive
  nl positieve ladingdrager m

P356 e **positive electron affinity**
  r положительное сродство n к электрону
  d positive Elektronenaffinität f
  f affinité f électronique positive
  nl positieve elektronenaffiniteit f

P357 e **positive emulsion**
  r позитивная фотоэмульсия f, позитивный фоторезист m
  d positive Emulsion f
  f émulsion f positive
  nl positieve emulsie f

P358 e **positive image**
  r позитивное изображение n, позитив m
  d Positivbild n
  f image f positive
  nl positief beeld n

P359 e **positive-image material** see **positive photoresist**

P360 e **positive pattern** see **positive image**

P361 e **positive photoresist**
  r позитивный фоторезист m
  d Positivresist m
  f photorésist m positif
  nl positieve fotolak m

P362 e **positive phototool**
  r позитивный фотошаблон m, фотошаблон m со слоем позитивного фоторезиста
  d positive Fotoschablone f
  f photomasque m positif
  nl positief fotosjabloon n

P363 e **positive-resist lithography**
  r фотолитография f по позитивному фоторезисту
  d Positivresistlithografie f
  f lithographie f sur le photorésist positif
  nl lithografie f met positieve (af)deklak

P364 e **positive temperature coefficient of resistance**
  r положительный температурный коэффициент m сопротивления, положительный ТКС
  d positives TCR n
  f coefficient m positif de température de résistance
  nl positieve weerstandstemperatuurcoëfficiënt m

P365 e **post** see **pad**

P366 e **post bake**
  r термообработка f после технологической операции
  d Nachtrocknen n, Nachtempern n
  f traitement m thermique final
  nl nadrogen n, natemperen n

P367 e **postdevelopment bake**
  r термообработка f после проявления; сушка f проявленного фоторезиста
  d Nachhärten n; Nachtrocknen n
  f traitement m thermique postérieur au développement; traitement m thermique après développement
  nl naharden n, nadrogen n

P368 e **postexposure bake**
  r термообработка f после экспонирования
  d Nachhärten n
  f traitement m thermique après exposition
  nl naharden n, nadrogen n

P369 e **post-seal visual**
  r визуальный контроль m (ИС) после герметизации
  d Sichtprüfung f nach der Abdichtung
  f inspection f visuelle après étanchéification
  nl visuele controle f (m) na afdichting

P370 e **potential barrier**
  r потенциальный барьер m
  d Potentialschwelle f, Potentialbarriere f
  f barrière f du potentiel
  nl potentiaalbarrière f (m)

POTENTIAL

P371 *e* **potential drop**
 r падение *n* напряжения
 d Spannungsabfall *m*
 f chute *f* [baisse *f*] de tension
 nl potentiaalval *m*

P372 *e* **potential pit, potential well**
 r потенциальная яма *f*
 d Potentialgrube *f*
 f puits *m* de potentiel
 nl potentiaalput *m*

P373 *e* **potting**
 r заливка *f*; герметизация *f* (пластмассой)
 d Verguß *m*; Verschließen *n*
 f moulage *m*; étanchéification *f*
 nl ingieten *n*, inkapselen *n*

P374 *e* **potting resin**
 r смола *f* для герметизации
 d Vergußharz *n*
 f résine *f* pour étanchéification
 nl giethars *n*

P375 *e* **power density**
 r удельная мощность *f*
 d Leistungsdichte *f*
 f puissance *f* spécifique
 nl vermogensdichtheid *f*

P376 *e* **power gain**
 r 1. усиление *n* по мощности
  2. коэффициент *m* усиления по мощности
 d Leistungsgewinn *m*; Leistungsverstärkung *f*
 f gain *m* en puissance
 nl vermogenswinst *f*

P377 *e* **power integrated circuit**
 r мощная ИС *f*
 d Power-IC *n*
 f circuit *m* intégré de puissance
 nl vermogens-IC *n*

P378 *e* **power rating**
 r номинальная мощность *f*
 d Nennleistung *f*
 f puissance *f* nominale
 nl nominaal vermogen *n*

P379 *e* **power semiconductor**
 r мощный полупроводниковый прибор *m*
 d Leistungshalbleiter *m*
 f semi-conducteur *m* de puissance
 nl vermogenshalfgeleider *m*

P380 *e* **power supply unit**
 r блок *m* питания
 d Stromversorgungsgerät *n*
 f unité *f* d'alimentation
 nl voeding(sapparaat) *f (n)*

P381 *e* **ppb**
 r частей *f pl* на миллиард (единица измерения очень малых концентраций примесей, $1\,ppb = 10^{-7}\%$)
 d ppb
 f ppb, pièces *f pl* par milliard
 nl ppb *pl*

P382 *e* **ppm**
 r частей *f pl* на миллион (единица измерения малых концентраций примесей, $1\,ppm = 10^{-4}\%$)
 d ppm
 f ppm, pièces *f pl* par million
 nl ppm *pl*

P383 *e* **PPR** *see* **positive photoresist**

P384 *e* **ppt**
 r частей *f pl* на триллион (единица измерения сверхмалых концентраций примесей, $1\,ppt = 10^{-10}\%$)
 d ppt
 f ppt, pièces *f pl* par trillion
 nl ppt *pl*

P385 *e* **praetersonics**
 r акустоэлектроника *f*
 d Akustoelektronik *f*
 f acousto-électronique *f*
 nl akoesto-élektronica *f*

P386 *e* **preaging**
 r предварительное старение *n*
 d Voralterung *f*
 f prévieillissement *m*
 nl vooroudering *f*

P387 *e* **prealigner**
 r устройство *n* предварительного совмещения
 d Vorjustiergerät *n*
 f préaligneur *m*
 nl vooruitlijnapparaat *n*

P388 *e* **prealignment**
 r предварительное совмещение *n*; предварительная ориентация *f*
 d Vorjustierung *f*
 f préalignement *m*
 nl vooruitlijning *f*

P389 *e* **prebake**
 r предварительная термообработка *f*
 d Vorhärten *n*; Vortrocknen *n*
 f prétraitement *m* thermique
 nl voorharden *n*, voordrogen *n*

P390 *e* **precap visual** *see* **preseal visual**

P391 *e* **precipitation**
 r осаждение *n*
 d Abscheidung *f*
 f déposition *f*, dépôt *m*
 nl neerslag *m*

P392 *e* **precise finish**
 r прецизионная шлифовка *f*
 d Feinschleifen *n*
 f meulage *m* de précision
 nl nauwkeurige afwerking *f*, fijnafwerking *f*

P393 *e* **precise registration**
 r точное совмещение *n*
 d Feinüberdeckung *f*, Feinjustierung *f*
 f alignement *m* de précision
 nl nauwkeurig in register [dekking] brengen *n* [zijn *n*]

P394 *e* **precision photolithography**
 r прецизионная фотолитография *f*
 d Präzisionslithografie *f*
 f photolithographie *f* de précision
 nl precisie-fotolithografie *f*

P395 *e* **preconditioning**
 r предварительная обработка *f*; подготовка *f*
 d Vorbearbeitung *f*; Vorbereitung *f*
 f prétraitement *m*
 nl voorbehandeling *f*, voorbereiding *f*

P396 *e* **predeposit implant**
 r загонка *f* ионов примеси (первая стадия двухстадийной ионной имплантации)
 d Vorbeschichtungsimplantation *f*
 f prédéposition *f* d'implantation (premier stade d'implantation ionique à deux étapes)
 nl voorbehandelingsimplanting *f*

P397 *e* **predeposition diffusion**
 r загонка *f* примеси (первая стадия двухстадийной диффузии)
 d Vorbeschichtungsdiffusion *f*
 f prédéposition *f* de diffusion (premier stade de diffusion à deux étapes)
 nl voorbehandelingsdiffusie *f*

P398 *e* **prediffused cell**
 r ячейка *f* без соединительной металлизации (в базовом матричном кристалле)
 d vordiffundierte Zelle *f*
 f cellule *f* prédiffusée
 nl voorgediffundeerde cel *f* (*m*)

P399 *e* **prediffused slice**
 r полупроводниковая пластина *f* с базовыми матричными кристаллами
 d vordiffundierte Scheibe *f*
 f tranche *f* prédiffusée
 nl voorgediffundeerde plak *f* (*m*) [slice *m*]

P400 *e* **pre-epitaxial growth**
 r выращивание *n* скрытых n⁺- слоёв перед эпитаксиальным осаждением
 d vorepitaxiales Wachstum *n*
 f croissance *f* avant dépôt épitaxial
 nl voorepitaxiale groei *m*

P401 *e* **pre-etch hardbake**
 r термообработка *f* (фоторезиста) перед травлением оксида
 d Härtung *f* vor dem Ätzen
 f traitement *m* thermique après décapage d'oxyde
 nl (thermisch)harden *n* voor het etsen

P402 *e* **preferential doping**
 r избирательное легирование *n*
 d selektive Dotierung *f*
 f dopage *m* sélectif
 nl voorkeursdotering *f*

P403 *e* **preform**
 r заготовка *f*; рамка *f* (из припоя)
 d Vorform *f*
 f préforme *f*
 nl voorvorm *m*, mal *m*

P404 *e* **pre-implantation**
 r предварительное ионное легирование *n*
 d Vorimplantation *f*
 f pré-implantation *f*
 nl voorimplantatie *f*

P405 *e* **preinsertion processing system**
 r установка *f* для подготовки компонентов к монтажу
 d Chipvorbehandlungsanlage *f*
 f installation *f* [système *m*] de pré-insertion des composants
 nl voorinsteeksysteem *n*

P406 *e* **prelidding**
 r обработка *f* перед припаиванием крышки корпуса
 d Vorbehanlung *f* vor dem Anschweißen des Gehäusedeckels
 f traitement *m* avant soudure du capot de boîtier
 nl voorbehandeling *f* van deksel [kapje]

P407 *e* **premolded chip carrier**
 r прессованный кристаллоноситель *m*
 d vorgeformter Chipträger *m*
 f support *m* de puce moulé
 nl voorgevormde chip-drager *m*

P408 *e* **preseal burn-in**
 r отжиг *n* перед герметизацией корпуса
 d Burn-in *n* vor dem Verschließen des Gehäuses
 f recuit *m* avant étanchéification du boîtier
 nl inbranden *n* vóór afdichting

P409 *e* **preseal visual**
 r визуальный контроль *m* (кристалла) перед монтажом в корпусе
 d Sichtprüfung *f* vor der Einkapselung
 f inspection *f* visuelle (de la puce) avant encapsulation
 nl visuele controle vóór afdichting

P410 *e* **preset capacitor**
 r подстроечный конденсатор *m*
 d Abgleichkondensator *m*
 f condensateur *m* ajustable
 nl instelcondensator *m*, afregelcondensator *m*

P411 *e* **presolder coated land**
 r контактная площадка *f*, покрытая припоем
 d verzinnte Kontaktfläche *f*
 f surface *f* de contact gainée par brasure
 nl voorvertind soldeereilandje *f*

P412 *e* **press pack**
 r пластмассовый плоский корпус *m*
 d Kunststofflachgehäuse *n*, flaches Plastgehäuse *n*
 f flat-pack *m* plastique
 nl plastic huisje *n*

P413 *e* **pressure cooker**
 r термобарокамера *f*

      d Dampfdruckkammer *f*
      f chambre *f* thermique à dépression
     nl stoomkamer *f (m)*

P414 *e* **prime**
      r обработка *f* поверхности для улучшения адгезии *(фоторезиста)*
      d Vorbehandlung *f* der Oberfläche *(zur Verbesserung der Adhäsionseigenschaften)*
      f empâtement *m*
     nl 1. voorbehandeling *f* 2. voorbehandelen *n*

P415 *e* **printed circuit, printed circuit board**
      r печатная плата *f*
      d Leiterplatte *f*
      f carte *f* imprimée
     nl gedrukte bedrading *f* [schakeling *f*], print- (plaat)m *(f (m))*

P416 *e* **printed conductor paste**
      r проводящая паста *f* для трафаретной печати
      d Leitpaste *f* für den Siebdruck
      f pâte *f* conductrice pour sérigraphie
     nl geleiderpasta *m* voor zeefdruk

P417 *e* **printed wiring board** *see* **printed circuit**

P418 *e* **printer**
      r 1. установка *f* литографии 2. установка *f* трафаретной печати
      d 1. Belichtungsgerät *n* 2. Siebdruckanlage *f* 3. Drucker *m*
      f 1. installation *f* [système *m*] de lithographie 2. installation *f* à sérigraphier
     nl 1. lithograaf *m* 2. zeefdrukinrichting *f* 3. afdrukker *m*

P419 *e* **printer squeegee**
      r ракель *m* установки трафаретной печати
      d Rakel *f* der Siebdruckanlage
      f raclette *f* [aiguille *f*] d'installation à sérigraphier
     nl rakel *m* van zeefdrukinrichting

P420 *e* **printing**
      r 1. литография *f*; фотолитография *f* 2. трафаретная печать *f*
      d 1. Belichtung *f*; Fotolithografie *f* 2. Siebdruck *m* 3. Druck *m*
      f 1. lithographie *f*; photo-impression *f* 2. sérigraphie *f*
     nl 1. lithografie *f* 2. zeefdruk *m* 3. afdrukken *n*

P421 *e* **printing fidelity**
      r точность *f* трафаретной печати
      d Siebdruckpräzision *f*
      f fidélité *f* de sérigraphie
     nl (zeef)drukgetrouwheid *f*

P422 *e* **printing paste**
      r паста *f* для трафаретной печати
      d Siebdruckpaste *f*
      f pâte *f* pour sérigraphie
     nl zeefdrukpasta *m*

P423 *e* **printing wavelength**
      r длина *f* волны экспонирующего излучения
      d Belichtungswellenlänge *f*
      f longueur *f* d'onde de rayonnement exposant
     nl belichtingsgolflengte *f (lithografie)*

P424 *e* **probe**
      r 1. зонд *m* 2. зондовая измерительная установка *f*
      d 1. Sonde *f*, Tastkopf *m* 2. Sondenprüfanlage *f*
      f 1. sonde *f* 2. sondeur *m*
     nl 1. sonde *f (m)*, tastkop *m* 2. meetpen *f(m)*: meetkop *m* 3. testinrichting *f* met sondes

P425 *e* **probe array**
      r набор *m* зондов; зондовая матрица *f* *(в зондовой измерительной установке)*
      d Sondensatz *m*; Sondenanordnung *f*; Sondenarray *n*
      f réseau *m* des sondes
     nl sonden-opstelling *f*, sonden-stel *n*

P426 *e* **probe (contact) pad**
      r контактная площадка *f* для зонда
      d Kontaktstelle *f* für Sondenprüfung
      f plot *m* de soudure pour sonde
     nl sonde(contact) plek *f (m)*

P427 *e* **probe station**
      r зондовая измерительная установка *f*
      d Sondenprüfanlage *f*
      f sondeur *m*
     nl sonde-testinrichting *f*, sonde-testplek *f (m)*

P428 *e* **probe yield**
      r выход *m* годных кристаллов на операции зондовых испытаний
      d Prüfausbeute *f*
      f rendement *m* des puces aux essais de sonde
     nl goed-percentage *n* na sondetest

P429 *e* **probing**
      r зондирование *n*
      d Sondenprüfverfahren *n*
      f sondage *m*
     nl testen *n* met sonde(s), sonderen *n*

P430 *e* **process**
      r 1. процесс *m* 2. (технологический) метод *m*; технология *f*
      d Prozeß *m*
      f 1. processus *m* 2. procédé *m*; technologie *f*
     nl proces *n*; procédé *n*

P431 *e* **process certification**
      r аттестация *f* [сертификация *f*] технологического процесса
      d Prozeßattestierung *f*
      f sertification *f* du processus
     nl procescertificatie *n*, procescertifiëring *f*

P432 *e* **process control gate**
      r пост *m* операционного контроля
      d Betriebsprüfstelle *f*
      f poste *m* du contrôle de processus
     nl procesbesturingssluis *f (m)*

PROCESS

P433 e **process control inspection**
    r (производственный) операционный контроль *m*, контроль *m* технологического процесса
    d Prozeßkontrolle *f*
    f contrôle *m* de processus
    nl procesbesturingscontrole *f (m)*

P434 e **process visual control**
    r визуальный операционный контроль *m*
    d visuelle Prozeßkontrolle *f*
    f contrôle *m* visuel de processus
    nl visuele procesbesturingscontrole *f (m)*

P435 e **process-development chip**
    r тестовый кристалл *m* для разработки технологического процесса
    d Testchip *n* zur Durchführung der Prozeßkontrolle
    f puce *f* de test pour conception du processus
    nl test-chip *m* voor procescontrole

P436 e **process-development wafer**
    r тестовая пластина *f* для разработки технологического процесса
    d Testwafer *m* zur Durchführung der Prozeßkontrolle
    f tranche *f* de test pour conception du processus
    nl test-wafel *f (m)* voor procescontrole

P437 e **process flow**
    r схема *f* технологического процесса, технологическая цепочка *f*
    d Fertigungsablaufplan *m*
    f organigramme *m* du processus; chaîne *f* techologique
    nl procesverloop *n*

P438 e **process gas**
    r технологический газ *m*
    d Gas *n* für technologische Zwecke
    f gaz *m* technologique
    nl technisch gas *n*

P439 e **processing**
    r (технологическая) обработка *f*
    d Verarbeitung *f*
    f traitement *m* (technologique)
    nl verwerking *f*, behandeling *f*, verwerkingsproces *n*

P440 e **processing chamber**
    r камера *f* для технологической обработки
    d technologische Kammer *f*
    f chambre *f* technologique
    nl behandelkamer *f (m)*

P441 e **processing compatibility**
    r технологическая совместимость *f*
    d technologische Kompatibilität *f*
    f compatibilité *f* technologique
    nl procesverdraaglijkheid *f*

P442 e **processing equipment, processing facilities**
    r технологическое оборудование *n*
    d technologische Ausrüstung *f*
    f équipement *m* technologique
    nl procesapparatuur *f*, procesuitrusting *f*

P443 e **processing-induced pinhole**
    r точечный прокол *m*, возникший при технологической обработке
    d fertigungsbedingtes Nadelloch *n*
    f trou *m* d'épingle à cause de traitement technologique
    nl bij fabricage ontstaan spelde(prik)-gaatje *n*

P444 e **processing line**
    r технологическая линия *f*
    d Fertigungslinie *f*
    f ligne *f* de traitement technologique
    nl fabricagelijn *f (m)*

P445 e **processing rate, processing speed**
    r скорость *f* обработки; производительность *f* операции или процесса
    d Verarbeitungsgeschwindigkeit *f*
    f vitesse *f* de traitement; productivité *f*
    nl verwerkingstempo *n*, behandelingstempo *n*, behandelingssnelheid *f*

P446 e **processing step**
    r технологическая операция *f*
    d Fertigungsschritt *m*
    f opération *f* technologique
    nl bewerkingsstap *m*, fabricagestap *m*

P447 e **processing track**
    r транспортёр *m* для (межоперационной) транспортировки
    d Transportband *n (in einem Fertigungssystem)*
    f convoyeur *m* pour transfert
    nl bewerkingsgang *m*, fabricagestraat *f (m)*

P448 e **process liquid**
    r технологический жидкий реактив *m*
    d flüssiges Reagens *n* für technologische Zwecke
    f liquide *m* de réaction du processus
    nl technische vloeistof *f (m)*

P449 e **processor**
    r 1. процессор *m*; микропроцессор *m* 2. установка *f* для технологической обработки
    d Prozessor *m*
    f 1. processeur *m*; microprocesseur *m* 2. installation *f* de traitement technologique
    nl processor *m*

P450 e **process qualification**
    r квалификационные испытания *n pl* технологического процесса
    d Qualifizierungsprüfungen *f pl* bei einem Fertigungsprozeß
    f essais *m pl* de qualification du processus
    nl proces-(test) kwalificatie *f*

P451 e **process repeatability**
    r воспроизводимость *f* процесса
    d Prozeßreproduzierbarkeit *f*
    f repétabilité *f* du processus
    nl procesreproduceerbaarheid *f*

PROCESS

P452 *e* **process sequence**
 r последовательность *f* технологических операций
 d Bearbeitungsfolge *f*
 f séquence *f* d'opérations technologiques
 nl bewerkingsreeks *f (m)*

P453 *e* **process validation wafer**
 r тестовая пластина *f* для контроля технологического процесса
 d Testwafer *m* zur Durchführung der Prozeßkontrolle
 f tranche *f* de test pour contrôle du processus
 nl testwafel *f (m) (bewerkingscontrole)*

P454 *e* **production mask**
 r рабочий шаблон *m*
 d Arbeitsschablone *f*
 f masque *m* de production
 nl werksjabloon *n*

P455 *e* **production master**
 r рабочий фотооригинал *m*
 d Arbeitsvorlage *f*
 f maître-photomasque *m* de production
 nl werkorigineel *n*

P456 *e* **production plant**
 r промышленная установка *f*
 d Industrieanlage *f*
 f installation *f* industrielle
 nl produktie-installatie *f*, produktiebedrijf *n*, (produktie) fabriek *f*

P457 *e* **product mix**
 r номенклатура *f* продукции
 d Erzeugnisnomenklatur *f*
 f nomenclature *f* de production
 nl produktcombinatie *f*

P458 *e* **profiler**
 r профилометр *m*
 d Profilmesser *m*
 f profilmètre *m*
 nl profielmeter *m*

P459 *e*. **programmable array logic** *see* **programmable logic array**

P460 *e* **programmable gate array**
 r программируемая матрица *f* логических элементов
 d programmierte Gatteranordnung *f*
 f réseau *m* des portes logiques programmable
 nl programmeerbaar poortcomplex *n*, PGA *m*

P461 *e* **programmable logic array**
 r программируемая логическая матрица *f*, ПЛМ
 d programmierte Logikanordnung *f*
 f réseau *m* logique programmable
 nl programmeerbaar logicacomplex *n*, PLA *m*

P462 *e* **programmable read-only memory**
 r программируемое постоянное ЗУ *n*, ППЗУ
 d programmierbarer ROM *m*, PROM *m*
 f mémoire *f* PROM [morte programmable]
 nl programmeerbaar ROM *n*, PROM *n*

P463 *e* **program mask**
 r маска *f* для программирования; шаблон *m* для программирования
 d Programmiermaske *f*
 f masque *m* programmable
 nl programmeermasker *n*

P464 *e* **programmed-interconnection pattern**
 r рисунок *m* программируемых межсоединений
 d programmiertes Verbindungsmuster *n*
 f image *f* d'interconnexions programmables
 nl geprogrammeerd verbindingspatroon *n*

P465 *e* **programmer**
 r 1. устройство *n* программирования, программатор *m* 2. программист *m*
 d 1. Programmiergerät *n* 2. Programmierer *m*
 f programmeur *m*
 nl 1. programmeerapparaat *n* 2. programmeur *m*

P466 *e* **projection**
 r 1. проецирование *n* (электронного луча) 2. выступ *m* 3. проекционная литография *f*
 d 1. Projektion *f* 2. Vorsprung *m* 3. Projektionslithografie *f*
 f 1. projection *f* 2. bossage *m* 3. lithographie *f* de projection
 nl 1. projectie *f* 2. uitspringing *f*, schouder *m*, aanzet *m*, neus *m* 3. projectielithografie *f*

P467 *e* **projection aligner** *see* **projection printer**

P468 *e* **projection exposure**
 r экспонирование *n* при проекционной литографии
 d Projektionsbelichtung *f*
 f exposition *f* de lithographie de projection
 nl projectiebelichting *f*

P469 *e* **projection imaging**
 r 1. формирование *n* рисунка методом проекционной литографии 2. проецирование *n* изображений
 d 1. Projektionsstrukturierung *f* 2. Bildprojektion *f*
 f 1. imagerie *f* de projection 2. projection *f* d'images
 nl beeldoverbrenging *f* door projectie, beeldprojectie *f*

P470 *e* **projection lithography**
 r проекционная литография *f*
 d Projektionslithografie *f*
 f lithographie *f* de projection
 nl projectie-lithografie *f*

P471 *e* **projection mask**
 r шаблон *m* для проекционной литографии
 d Projektionsmaske *f*

PROXIMITY

    f masque *m* de projection
    nl projectiemasker *n*

P472 *e* **projection masking**
    r маскирование *n* при проекционной литографии
    d Projektionsmaskierung *f*
    f masquage *m* de lithographie de projection
    nl projectiemaskering *f*

P473 *e* **projection point**
    r острый выступ *m*
    d Spitze *f*, Spitzenvorsprung *m*
    f bossage *m* pointu
    nl (uitspringende) punt *m*

P474 *e* **projection printer**
    r установка *f* проекционной литографии
    d Projektionsjustier- und Belichtungsanlage *f*
    f installation *f* de lithographie de projection
    nl projectielithograaf *m*

P475 *e* **projection printing** *see* **projection lithography**

P476 *e* **projection print plate** *see* **projection mask**

P477 *e* **projection reduction scale**
    r масштаб *m* уменьшения *(изображения)* при проекционной литографии
    d Verkleinerungsmaßstab *m* bei der Projektionsbelichtung
    f échelle *f* de réduction *(d'image)* à la lithographie de projection
    nl verkleiningsfactor *m* bij projectielithografie

P478 *e* **projection stepper**
    r установка *f* проекционной литографии с последовательным шаговым экспонированием
    d Projektionsscheibenrepeater *m*
    f installation *f* de lithographie de projection à exposition pas à pas
    nl stappenprojector *m*

P479 *e* **projector** *see* **projection printer**

P480 *e* **PROM** *see* **programmable read-only memory**

P481 *e* **propagation element**
    r элемент *m* схемы продвижения ЦМД
    d Schaltungselement *n* zum Fortbewegen der Magnetblasen
    f élément *m* de circuit pour propagation des domaines magnétiques en bulle
    nl voortplantingselement *n* *(magneetbellen)*

P482 *e* **proprietary integrated circuit**
    r ИС *f* собственной разработки
    d Eigenetwicklungsschaltkreis *m*
    f circuit *m* intégré de conception personnalisée
    nl zelfontwikkelde geïntegreerde schakeling *f*

P483 *e* **protective layer**
    r защитный слой *m*
    d Schutzschicht *f*
    f couche *f* protectrice
    nl beschermingslaag *f (m)*

P484 *e* **proton bombardment**
    r бомбардировка *f* протонами
    d Protonenbeschuß *m*
    f bombardement *m* protonique
    nl protonenbeschieting *f*, protonenbombardement *n*

P485 *e* **proton bombardment isolation**
    r изоляция *f (элементов ИС)* имплантацией протонов
    d Isolation *f* der IC-Funktionselemente durch Protonenimplantation
    f isolation *f (des composants de C.I.)* par implantation protonique
    nl isolering *f* door protonenbeschieting [protonenbombardement] *(IC-techniek)*

P486 *e* **proton-implanted region**
    r область *f*, сформированная протонной имплантацией
    d protonenimplantierter Bereich *m*
    f région *f* formée par implantation protonique
    nl zone *f (m)* met protonenimplant

P487 *e* **prototype**
    r (опытный) образец *m*; макет *m*
    d Prototyp *m*; baumuster *n*
    f prototype *m*; modèle *m*
    nl prototype *n*

P488 *e* **proximity aligner** *see* **proximity printer**

P489 *e* **proximity effect**
    r эффект *m* близости
    d Proximity-Effekt *m*
    f effet *m* de proximité
    nl nabijheidseffect *n*

P490 *e* **proximity exposure**
    r экспонирование *n* с (микро)зазором
    d Abstandsbelichtung *f*
    f exposition *f* à micro-écart
    nl nabije belichting *f*, belichting *f* op korte afstand

P491 *e* **proximity gap**
    r микрозазор *m (в фотолитографии)*
    d Abstand *m*, Abstandsspalt *m*
    f micro-écart *m*
    nl raakafstand *m*, scheidingsspleet *f (m)*

P492 *e* **proximity mask alignment**
    r совмещение *n* фотошаблона при фотолитографии с (микро)зазором
    d Abstandsjustierung *f*
    f alignement *m* de photomasque en photolithographie à micro-écart
    nl rakelingse maskeruitlijning *f*

P493 *e* **proximity printer**
    r установка *f* фотолитографии с (микро)зазором
    d Abstandsbelichtungsgerät *n*
    f installation *f* de photolithographie à micro-écart
    nl rakelings-contactlithograaf *m*

PROXIMITY

P494 *e* **proximity printing**
   r фотолитография *f* с (микро)зазором
   d Abstandsbelichtung *f*, Abstands(kopier)verfahren *n*
   f photolithographie *f* à micro-écart
   nl rakelings-contactlithografie *f*

P495 *e* **proximity spacing** *see* **proximity gap**

P496 *e* **PSA** *see* **polysilicon self-aligned process**

P497 *e* **PSG** *see* **phosphosilicate glass**

P498 *e* **PSU** *see* **power supply unit**

P499 *e* **PTCR** *see* **positive temperature coefficient of resistance**

P500 *e* **PTF** *see* **polymer thick film**

P501 *e* **p-type conduction**
   r дырочная электропроводность *f*, электропроводность *f* *p*-типа
   d p-Leitung *f*, Löcherleitung *f*
   f conduction *f* type p
   nl p-geleiding *f*, gatengeleiding *f*

P502 *e* **p-type conductivity**
   r дырочная удельная проводимость *f*, удельная электропроводность *f* *p*-типа
   d p-Leitfähigkeit *f*
   f conductivité *f* type p
   nl p-geleidingsvermogen *n*, gatengeleidingsvermogen *n*

P503 *e* **p-type diffusion**
   r диффузия *f* акцепторной примеси
   d p-Diffusion *f*
   f diffusion *f* type p
   nl p-diffusie *f*

P504 *e* **p-type dopant**
   r акцепторная примесь *f*
   d Akzeptorbeimischung *f*
   f dopant *m* type p
   nl p-doteerstof *f (m)*, acceptor-doteerstof *f (m)*

P505 *e* **p-type dopant atom**
   r акцепторный атом *m*
   d Akzeptoratom *n*
   f atome *m* accepteur
   nl p-doteeratoom *n*, acceptor-doteeratoom *n*

P506 *e* **p-type doping**
   r легирование *n* акцепторной примесью
   d p-Dotierung *f*
   f dopage *m* type p
   nl p-dotering *f*, acceptordotering *f*

P507 *e* **p-type semiconductor**
   r дырочный полупроводник *m*, полупроводник *m* (с электропроводностью) *p*-типа
   d p-Halbleiter *m*
   f semi-conducteur *m* type p
   nl p-halfgeleider *m*

P508 *e* **pulled crystal**
   r кристалл *m*, выращенный методом вытягивания
   d gezogener Kristall *m*
   f cristal *m* tiré
   nl getrokken kristal *n*

P509 *e* **puller**
   r установка *f* выращивания (*кристаллов*) методом вытягивания
   d Ziehapparat *m*, Kristallziehanlage *f*
   f installation *f* à tirer les cristaux
   nl kristaltrekinrichting *f*

P510 *e* **pulling growth**
   r выращивание *n* (*кристаллов*) методом вытягивания
   d Ziehverfahren *n*
   f tirage *m*, croissance *f* (*de cristal*) par tirage
   nl trek(groei)procédé *n*

P511 *e* **pull test(ing)**
   r испытания *n pl* выводов на отрыв
   d Zugtest *m*
   f essai *m* de traction [de rupture]
   nl trekproef *f (m)*, trekbeproeving *f*

P512 *e* **pull-up resistor**
   r нагрузочный резистор *m*
   d Pull-up-Widerstand *m*
   f résistance *f* de charge
   nl pull-up weerstand *m*

P513 *e* **pulsed-heat bonder**
   r установка *f* термоимпульсной сварки
   d Thermoimpulsbondanlage *f*
   f machine *f* pour soudage thermo-impulsionnel
   nl thermo-impulscontacteerinstallatie *f*

P514 *e* **pulsed mode, pulsed operation**
   r импульсный режим *m*
   d Impulsbetrieb *m*
   f mode *m* impulsionnel
   nl impulsbedrijf *n*, pulserende werking *f*

P515 *e* **pumpdown**
   r откачка *f* (*газов из объёма*)
   d Evakuierung *f*
   f pompage *m*
   nl ledigpompen *n*

P516 *e* **punch-through**
   r прокол *m* базы, смыкание *n*
   d Durchschlag *m*, Durchgriff *m*
   f piqûre *f*; pincement *m*
   nl doorslag *m*

P517 *e* **puncture**
   r пробой *m*, прокол *m* (*оксидного слоя*)
   d Durchschlag *m*
   f piqûre *f*
   nl doorslag *m*

P518 *e* **purging, purification**
   r очистка *f*
   d Reinigung *f*
   f purification *f*
   nl zuivering *f*

P519 *e* **purified germanium**
   r очищенный германий *m*
   d gereinigtes Germanium *n*
   f germanium *m* purifié
   nl gezuiverd germanium *n*

P520 *e* **purified silicon**
   r очищенный кремний *m*

QUALIFICATION

    d gereinigtes Silizium *n*
    f silicium *m* purifié
    nl gezuiverd silicium *n*

P521 *e* **purifier**
    r установка *f* очистки
    d Reinigungsanlage *f*
    f installation *f* de purification
    nl zuiveringsinstallatie *f*

P522 *e* **purity**
    r чистота *f*; беспримесность *f*
    d Reinheit *f*
    f pureté *f*
    nl zuiverheid *f*

P523 *e* **PVD** *see* **physical vapor deposition**

P524 *e* **PVW** *see* **process validation wafer**

P525 *e* **PWB** *see* **printed wiring board**

P526 *e* **p-well diffusion**
    r диффузия *f* для формирования кармана (с электропроводностью) *p*-типа
    d p-Well-Diffusion, p-Wannen-Diffusion *f*
    f diffusion *f* pour formation des puits type p
    nl n-put-diffusie *f*

P527 *e* **p-well mask**
    r маска *f* для формирования карманов (с электропроводностью) *p*-типа
    d p-Well-Maske *f*, p-Wannen-Maske *f*
    f masque *m* pour formation des puits type p
    nl n-put-(diffusie)masker *n*

P528 *e* **pyrolytically deposited layer**
    r слой *m*, полученный пиролизом
    d pyrolytisch abgeschiedene Schicht *f*
    f couche *f* déposé par pyrolyse
    nl pyrolithisch opgedampte laag *f (m)*

P529 *e* **pyrolytic deposition**
    r пиролитическое осаждение *n*
    d pyrolytische Abscheidung *f*
    f dépôt *m* par pyrolyse
    nl pyrolithisch opdampen *n*

P530 *e* **pyrolytic oxide**
    r оксид *m*, сформированный пиролизом
    d pyrolytisches Oxid *n*
    f oxyde *m* pyrolythique
    nl pyrolithisch oxyde *n*

P531 *e* **pyrolytic reaction**
    r пиролитическая реакция *f*
    d pyrolytische Reaktion *f*
    f réaction *f* pyrolythique
    nl pyrolithische reactie *f*

P532 *e* **pyrotube furnace**
    r печь *f* с трубчатыми нагревательными элементами
    d Ofen *m* mit Rohrheizelementen
    f four *m* à pyrotubes [à éléments chauffants tubulaires]
    nl oven *m* met buisverwarmingselementen

Q

Q1 *e* **Q**
    r добротность *f*
    d Güte *f*, Gütefaktor *m*, Q
    f Q *m*, qualité *f*, surtension *f*
    nl Q *(kwaliteitsfactor)*

Q2 *e* **Qa** *see* **quality assurance**

Q3 *e* **QA gate**
    r пост *m* обеспечения качества продукции
    d Qualitätssicherungsstelle *f*
    f station *f* d'assurance de qualité
    nl kwaliteitsgarantie-sluis *f (m)*, QA-sluis *f (m)*

Q4 *e* **QFP** *see* **quad flat package**

Q5 *e* **QFT** *see* **quick Fourier transform**

Q6 *e* **QIL** *see* **quad in-line package**

Q7 *e* **Q & R** *see* **quality and reliability**

Q8 *e* **QTAT** *see* **quick turnaround time**

Q9 *e* **QTAT line**
    r высокопроизводительная технологическая линия *f*
    d QTAT-Line *f*, Fertigungslinie *f* mit kurzer Zykluszeit
    f ligne *f* QTAT [technologique haute productivité]
    nl QTAT-lijn *f (m)*, fabricagelijn *f (m)* met korte doorlooptijd

Q10 *e* **quad flat package**
    r плоский корпус *m* с четырёхсторонним расположением планарных выводов
    d Quad-Flat-Gehäuse *n*
    f boîtier *m* plat à quatre rangées des sorties planaires
    nl (IC *n* in) vlakmontagehuisje *n* met vierzijdige contactenrij, quad flatpack *n*

Q11 *e* **quad in-line package**
    r (плоский) корпус *m* с четырёхрядным расположением выводов
    d QUIL-Gehäuse *n*, QUIP-Gehäuse *n*
    f boîtier *m* plat à quatre rangées des sorties, QUIP
    nl behuizing *f* met vierzijdige contactenrij, QUIL *n*

Q12 *e* **qualification**
    r 1. квалификационные испытания *n pl* 2. характеристики *f pl*
    d 1. Qualifikationsprüfung *f* 2. Qualifikationsanforderungen *f pl*
    f 1. essai *m* de qualification 2. qualification *f*
    nl kwalificatie *f*, kwalificatieproef *f (m)*, kwalificatie-eisen *m pl*

Q13 *e* **qualification test(ing)**
    r квалификационные испытания *n pl*
    d Qualifikationsprüfung *f*
    f essai *m* [test *m*] de qualification
    nl kwalificatiebeproeving *f*, kwalificatietesten *n*

QUALITY

Q14   *e* **quality**
      r качество *n*
      d Qualität *f*, Güte *f*
      f qualité *f*
      nl kwaliteit *f*

Q15   *e* **quality and reliability**
      r качество *n* и надёжность *f*
      d Qualität *f* und Zuverlässigkeit *f*
      f qualité *f* et fiabilité *f*
      nl kwaliteit *f* en betrouwbaarheid

Q16   *e* **quality assurance**
      r обеспечение *n* качества
      d Qualitätssicherung *f*
      f assurance *f* de qualité
      nl kwaliteitverzekering *f*

Q17   *e* **quality audit, quality control, quality validation**
      r контроль *m* качества
      d Qualitätskontrolle *f*
      f contrôle *m* de qualité
      nl kwaliteitverificatie *f*, kwaliteitbeheersing *f*

Q18   *e* **quantum efficiency** *see* **quantum yield**

Q19   *e* **quantum interference Josephson gate**
      r сверхпроводящий квантовый интерференционный датчик *m*, сквид
      d SQUID *n*, Quanteninterferometer *n*
      f SQUID, interféromètre *m* quantique
      nl kwantuminterferentie-Josephsonpoort *f (m)*

Q20   *e* **quantum-mechanical tunneling**
      r квантово-механическое туннелирование *n*
      d quantenmechanische Tunnelung *f*
      f tunneling *m* quantique-mécanique
      nl kwantummechanisch tunnelen *n*

Q21   *e* **quantum well**
      r потенциальная яма *f*
      d Quantenmulde *f*
      f puits *m* potentiel
      nl kwantumput *m*

Q22   *e* **quantum yield**
      r квантовый выход *m*
      d Quantenausbeute *f*
      f rendement *m* quantique
      nl kwantenopbrengst *f*

Q23   *e* **quartz**
      r кварц *m*; диоксид *m* кремния, SiO_2
      d Quarz *m*; Siliziumdioxid *n*, SiO_2
      f quartz *m*; dioxyde *m* de silicium
      nl 1. kwarts *n* 2. kwartskristal *n*

Q24   *e* **quartz bell jar**
      r кварцевый колпак *m* (вакуумной установки)
      d Quarzglocke *f*
      f cloche *f* en quartz
      nl kwarts vacuümklok *f (m)*

Q25   *e* **quartz boat**
      r кварцевая лодочка *f*
      d Quarzschiffchen *n*
      f cuvette *f* en quartz
      nl kwartsschuitje *f*

Q26   *e* **quartz capsule**
      r кварцевая ампула *f* (для проведения диффузии примеси)
      d Quarzampulle *f*
      f capsule *f* en quartz
      nl kwartsampul *f (m)*

Q27   *e* **quartz chrome mask**
      r хромированный фотошаблон *m* на кварцевой пластине
      d Quarzchrommaske *f*
      f photomasque *m* chromé sur plaque en quartz
      nl kwarts-chroommasker *n*

Q28   *e* **quartz crucible**
      r кварцевый тигель *m*
      d Quarztiegel *m*
      f creuset *m* en quartz
      nl kwarts (smelt) kroes *m*

Q29   *e* **quartz tube furnace**
      r печь *f* с кварцевой трубой
      d Quarzrohrofen *m*
      f four *m* avec tube en quartz
      nl kwartsbuisoven *m*

Q30   *e* **quasi-Fermi level**
      r квазиуровень *m* Ферми
      d Quasi-Fermi-Niveau *n*
      f niveau *m* quasi Fermi
      nl quasi-Fermi-niveau *n*

Q31   *e* **quasi-Fermi potential**
      r квазипотенциал *m* Ферми
      d Quasi-Fermi-Potential *n*
      f potential *m* quasi Fermi
      nl quasi-Fermi-potentiaal *m*

Q32   *e* **quasi-multidimensional modelling**
      r квазимногомерное моделирование *n*
      d quasimultidimensionale Simulation *f*
      f simulation *f* quai multidimensionnelle
      nl quasi-multidimensionale simulatie *f*

Q33   *e* **quick chip**
      r базовый матричный кристалл *m*; кристалл-заготовка *m*
      d Quickchip *n*; Rohchip *n*
      f réseau *m* prédiffusé; puce *f* de base
      nl quick chip *m*

Q34   *e* **quick dump rinser**
      r высокопроизводительная установка *f* струйной промывки
      d Spülanlage *f* hoher Arbeitsleistung
      f rinçeuse *f* haute productivité
      nl snelspoelinstallatie *f*

Q35   *e* **quick hardening, quick setting**
      r быстрое затвердевание *n*
      d schnelles Härten *n*
      f durcissement *m* rapide
      nl snel (ver) hardend, snelbindend

Q36   *e* **quick setup**
      r быстрая наладка *f*
      d schnelles Einrichten *n*
      f mise *f* au point rapide
      nl snelopstelling *f*

RADIATION

Q37   *e* **quick turnaround time**
      r короткий цикл *m* создания прибора *(время от разработки прибора до выпуска)*
      d kurze Zykluszeit *f* (Entwicklung-Produktion)
      f cycle *m* court *(de conception-production)*
      nl korte ontwikkel-en produktietijd *m*

Q38   *e* **QUIP** see **quad in-line package**

Q39   *e* **QUIP socket**
      r колодка *f* [спутник-носитель *m*] для (плоского) корпуса с четырёхрядным расположением выводов
      d QUIP-Sockel *m*
      f socle *m* QUIP, socle *m* pour boîtier à quatre rangées des sorties
      nl QUIP-voetje *n*

Q40   *e* **QW** see **quantum well**

R

R1   *e* **Rad Hard** see **radiation hardening**

R2   *e* **rad-hard process**
      r технология *f* изготовления радиационно-стойких приборов
      d «strahlungsfeste» Technik *f*, Technologie *f* strahlungsfester Bauelemente
      f technologie *f* de fabrication des dispositifs résistant à la radiation
      nl stralinghardings-procédé *n*

R3   *e* **radial etch nonuniformity**
      r неравномерность *f* скорости травления в радиальном направлении
      d radiale Ätzungleichförmigkeit *f*
      f non-uniformité *f* de décapage en direction radiale
      nl radiale etsongelijkheid *f*

R4   *e* **radial-flow plasma-etching reactor**
      r реактор *m* плазменного травления с радиальным потоком реактивных газов
      d Plasmaätzer *m* mit radialem Strom reaktiver Gase
      f réacteur *m* de décapage par plasma à flux radial de gaz réactif
      nl plasma-etser *m* met radiale stroming

R5   *e* **radial lead**
      r радиальный вывод *m*
      d Radialanschluß *m*, radialer Anschluß *m*
      f sortie *f* radiale
      nl radiale aansluiting *f* [draad *m*]

R6   *e* **radial-lead (component) inserter**
      r установка *f* монтажа компонентов с радиальными выводами
      d Bestückungsanlage *f* für Bauteile mit radialen Anschlüssen
      f installation *f* d'insertion des composants à sorties radiales
      nl (componenten-)insteekmachine *f* voor radiale aansluitdraden

R7   *e* **radiating heating**
      r радиационный нагрев *m*
      d Strahlungserwärmung *f*
      f chauffage *m* par rayonnement
      nl stralingsverwarming *f*

R8   *e* **radiation**
      r 1. излучение *n* 2. радиация *f*
      d Strahlung *f*
      f radiation *f*
      nl straling *f*

R9   *e* **radiation annealing**
      r радиационный отжиг *m*
      d Ausheilen *n* durch Strahlungseinwirkung
      f recuit *m* par radiation
      nl ontlaten *n*, temperen *n* door bestraling

R10   *e* **radiation damage** see **radiation-induced defect**

R11   *e* **radiation-free processing**
      r (технологическая) обработка *f* без образования радиационных дефектов
      d strahlenschadenfreie Bearbeitung *f*
      f traitement *m* (technologique) sans défauts radiatifs
      nl stralingsvrije bewerking *f* [behandeling *f*]

R12   *e* **radiation-hard CMOS**
      r радиационно-стойкая КМОП-структура *f*
      d strahlungsfeste CMOS-Struktur *f*
      f structure *f* CMOS résistant à la radiation
      nl stralingsbestendige [stralingsharde] CMOS *m*

R13   *e* **radiation-hardened integrated circuit**
      r радиационно-стойкая ИС *f*
      d strahlungsfestes IC *n*
      f circuit *m* intégré résistant à la radiation
      nl stralingsbestendige [stralingsharde] geïntegreerde schakeling *f*

R14   *e* **radiation hardening**
      r обеспечение *n* радиационной стойкости
      d Strahlungsfestmachen *n*
      f garantie *f* de la résistance à la radiation
      nl stralingsharding *f*

R15   *e* **radiation hardness**
      r 1. жёсткость *f* излучения 2. радиационная стойкость *f*
      d 1. Strahlungshärte *f* 2. Strahlungsresistenz *f*
      f 1. dureté *f* de radiation 2. résistance *f* à la radiation
      nl stralingshardheid *f*, stralingsbestendigheid *f*

R16   *e* **radiation-induced defect**
      r радиационный дефект *m*
      d strahlungsbedingte Störung *f*
      f défaut *m* radiatif [induit par radiation]
      nl op stralingsschade gebaseerde fout *f* (*m*)

R17   *e* **radiation-induced trapping**
      r радиационно-индуцированный захват *m* *(носителей заряда)*

RADIATION

    d Strahlungsbedingter Einfang *m* (von Ladungsträgern)
    f capture *f* induite par radiation
    nl op stralingsschade gebaseerde (ladingdrager)vangst *f*

R18 *e* **radiation resistance**
    r радиационная стойкость *f*
    d Strahlungsresistenz *f*, (Strahlungsbeständigkeit *f*
    f résistance *f* à la radiation
    nl stralingsbestendigheid *f*, stralingsresistentie *f*

R19 *e* **radiation-resistant diode-transistor logic**
    r радиационно-стойкие диодно-транзисторные логические схемы *f pl*
    d strahlungsfeste DTL *f*, strahlungsfeste Dioden-Transistor-Logik *f*
    f logique *f* à diode et transistors résistant à la radiation
    nl stralingsbestendige DTL *f*

R20 *e* **radiation-sensitive material**
    r светочувствительный материал *m*; фоторезист *m*
    d lichtempfindliches [strahlungsempfindliches] Material *n*; Fotoresist *n*
    f matériau *m* photosensible; photorésist *m*
    nl stralingsgevoelig materiaal *n*

R21 *e* **radiation-tolerant SOS**
    r радиационно-стойкая КНС-структура *f*
    d strahlungsfeste SOS-Struktur *f*
    f structure *f* SOS tolérant à la radiation
    nl stralingsverdraagzaam [stralingsbestendig] SOS *n*

R22 *e* **radiative recombination**
    r излучательная рекомбинация *f*
    d Strahlungsrekombination *f*
    f recombinaison *f* radiative
    nl emissieve recombinatie *f*

R23 *e* **radiator**
    r теплоотвод *m*; радиатор *m* (теплоотвода)
    d Wärmeableiter *m*; Radiator *m*
    f échangeur *m* de chaleur; radiateur *m*
    nl (warmte)straler *m*

R24 *e* **radical (plasma) etching**
    r радикальное плазмохимическое травление *n*
    d radikales Plasmaätzen *n*
    f décapage *m* radicalaire par plasma
    nl (plasma-)etsen *n* met radicalen

R25 *e* **radical reaction**
    r реакция *f* с участием свободных радикалов
    d Reaktion *f* mit freien Radikalen
    f réaction *f* aux radicaux
    nl reactie met radicalen *n pl*

R26 *e* **radio-frequency heating**
    r высокочастотный нагрев *m*
    d Hochfrequenzheizung *f*, HF-Heizung *f*
    f chauffage *m* haute fréquence
    nl hoogfrequent-verhitting *f*, HF-verhitting *f*

R27 *e* **radio-frequency plasma etch**
    r высокочастотное плазменное травление *n*
    d Hochfrequenz(plasma)ätzen *n*
    f décapage *m* par plasma haute fréquence
    nl hoogfrequent-plasma-etsen *n*, HF-plasma-etsen *n*

R28 *e* **raised metallized area**
    r выступающая металлизированная контактная площадка *f*
    d erhöhter Bondhügel *m*
    f plot *m* de soudure métallisé saillant
    nl verhevenheid *f* in metallisatie

R29 *e* **raised pad**
    r столбиковый вывод *m*
    d Bondhügel *m*
    f poutre *f*
    nl verhoogd aansluitvlakje *n*

R30 *e* **RAM** *see* **random-access memory**

R31 *e* **ramping**
    r (плавный) вывод *m* оборудования на рабочий режим
    d stetige Belastungssteigerung *f*
    f rampage *m*
    nl gelijkmatige belastingtoename *f (m)*

R32 *e* **ramp responce**
    r линейно-изменяющаяся характеристика *f*
    d Rampenantwort *f*
    f rampe *f*, réponse *f* rampante [de rampe]
    nl gelijkmatig toenemend verloop *n*

R33 *e* **ramp-up** *see* **ramping**

R34 *e* **RAM refresh**
    r регенерация *f* ЗУПВ
    d RAM-Regenerierung *f*
    f rafraîchissement *m* [régénération *f*] de mémoire à accès aléatoire
    nl RAM-regeneratie *f*, RAM-opfrissing *f*

R35 *e* **random-access memory, random-access storage**
    r память *f* с произвольной выборкой, ЗУПВ
    d RAM *m*, RAM-Speicher *m*, Speicher *m* mit wahlfreiem Zugriff
    f mémoire *f* à accès aléatoire
    nl direct toegankelijk lees/schrijfgeheugen *n*, RAM *n*

R36 *e* **random imperfection**
    r случайный дефект *m*
    d zufälliger Defekt *m*
    f défaut *m* aléatoire
    nl toevallige onvolkomenheid *f*

R37 *e* **random interconnections**
    r нерегулярные межсоединения *n pl*; нерегулярная разводка *f*
    d Zufallsverbindungen *f pl*
    f interconnexions *f pl* aléatoires
    nl toevalsverbindingen *f pl*

R38   *e* **range**
     r 1. диапазон *m* 2. длина *f* свободного пробега 3. номенклатура *f*
     d 1. Bereich *m* 2. freie Weglänge *f* 3. Nomenklatur *f*
     f 1. gamme *f*, plage *f* 2. longueur *f* de parcours libre 3. nomenclature *f*
    nl 1. rij *f (m)*, reeks *f (m)* 2. gebied *n*, bereik *n*, vrije weglengte *f*

R39   *e* **rare gas**
     r инертный [благородный] газ *m*
     d inertes Gas *n*, Egelgas *n*
     f gaz *m* noble [rare]
    nl inert gas *n*, edelgas *n*

R40   *e* **RAS** *see* **random-access storage**

R41   *e* **raster-scan e-beam system**
     r установка *f* электронно-лучевой литографии с растровым сканированием
     d Rasterscan-Anlage *f*
     f système *m* de lithographie à faisceau d'électrons avec balayage de trame
    nl raster-E-straalinstallatie *f*

R42   *e* **raster-scan electron-beam lithography**
     r электронно-лучевая литография *f* с растровым сканированием
     d Rasterscan-Elektronenstrahllithografie *f*
     f lithographie *f* à faisceau d'électrons avec balayage de trame
    nl rasterelektronenstraal-lithografie *f*

R43   *e* **rated life**
     r номинальный срок *m* службы
     d Nennlebensdauer *f*
     f durée *f* de service nominale
    nl nominale levensduur *m*

R44   *e* **rating**
     r номинальное значение *n (параметра)*
     d Nennwert *m*
     f valeur *f* nominale
    nl 1. nominale waarde *f* 2. toegestane waarde *f*, grenswaarde *f* 3. waarde *f* in bedrijf

R45   *e* **ratio**
     r 1. отношение *n* 2. коэффициент *m*
     d Verhältnis *n*
     f rapport *m*
    nl verhouding *f*

R46   *e* **raw silicon**
     r неочищенный кремний *m*
     d Rohsilizium *n*
     f silicium *m* brut
    nl onbewerkt silicium *n*

R47   *e* **raw wafer**
     r необработанная полупроводниковая пластина *f*
     d unbearbeiteter Wafer *m*
     f tranche *f* brute
    nl onbewerkte [onbelichte] wafel *f (m)*

R48   *e* **RCDTL** *see* **resistor-capacitor diode-transistor logic**

R49   *e* **RCTL** *see* **resistor-capacitor transistor logic**

R50   *e* **reach-through region**
     r сквозная область *f*
     d hindurchgehendes Gebiet *n*
     f région *f* de part en part
    nl doorlaatgebied *n*

R51   *e* **reach-through window**
     r окно *n* к сквозной области
     d durchreichendes Fenster *n*
     f fenêtre *f* à la région de part en part
    nl doorlaatvenster *n*

R52   *e* **reactant**
     r реактив *m*
     d Reagens *n*
     f réactif *m*, agent *m* (chimique)
    nl reagens *n*

R53   *e* **reaction camera**
     r реакционная камера *f*, камера *f* реактора
     d Reaktionskammer *f*
     f chambre *f* de réaction
    nl reactiecamera *f (m)*

R54   *e* **reaction gas**
     r химически активный газ *m*
     d Reaktionsgas *n*
     f gaz *m* actif chimique
    nl reactiegas *n*

R55   *e* **reactive etching**
     r реактивное травление *n*
     d reaktives Ätzen *n*
     f décapage *m* réactif
    nl reactief etsen *n*

R56   *e* **reactive gas plasma**
     r реактивная газоразрядная плазма *f*
     d reaktives Gas(entladungs)plasma *n*
     f plasma *m* réactif à décharge gazeuse
    nl reactief gasplasma *n*

R57   *e* **reactive-ion beam**
     r пучок *m* химически активных ионов
     d reaktiver Ionenstahl *m*
     f faisceau *m* d'ions réactifs
    nl reactieve ionenstraal *m*

R58   *e* **reactive ion-beam etch(ing)**
     r реактивное ионно-пучковое травление *n*
     d reaktives Ionenstrahlätzen *n*
     f décapage *m* par faisceau d'ions réactifs
    nl etsen *n* met reactieve ionenstraal

R59   *e* **reactive ion-beam oxidation**
     r реактивное ионно-пучковое оксидирование *n*
     d reaktive Ionenstrahloxydation *f*
     f oxydation *f* par faisceau d'ions réactifs
    nl oxyderen *n* met reactieve ionenstraal

R60   *e* **reactive ion etch(ing)**
     r реактивное ионное травление *n*
     d reaktives Ionenätzen *n*
     f décapage *m* ionique réactif
    nl reactief ionen-etsen *n*

R61   *e* **reactive-ion etch resistance**
     r стойкость *f* к реактивному ионному травлению

REACTIVE

- *d* Beständigkeit *f* gegen reaktives Ionenätzen
- *f* résistance *f* au décapage ionique réactif
- *nl* resistentie *f* tegen reactief ionen-etsen

R62 *e* **reactive ion etch system**
- *r* установка *f* реактивного ионного травления
- *d* Anlage *f* für reaktives Ionenätzen
- *f* système *m* de décapage ionique réactif
- *nl* installatie *f* voor reactief ionen-etsen

R63 *e* **reactive ion milling** *see* **reactive ion etch(ing)**

R64 *e* **reactive sputtering**
- *r* реактивное ионное распыление *n*
- *d* reaktives Sputtern *n*
- *f* pulvérisation *f* ionique réactive
- *nl* reactief sputteren *n* [verstuiven *n*]

R65 *e* **reactor**
- *r* (химический) реактор *m*
- *d* Reaktor *m*
- *f* réacteur *m* (chimique)
- *nl* reactor *m*

R66 *e* **read-only memory, read-only storage**
- *r* постоянное ЗУ *n*, ПЗУ
- *d* ROM *m*, ROM-Speicher *m*, Nur-Lese-Speicher *m*
- *f* mémoire *f* morte
- *nl* (uit)leesgeheugen *n*, dood [vast, star] geheugen *n*, ROM *n*

R67 *e* **readout operation**
- *r* операция *f* считывания
- *d* Ableseoperation *f*, Leseoperation *f*
- *f* opération *f* de lecture
- *nl* (uit)leesoperatie *f*

R68 *e* **readout register**
- *r* регистр *m* считывания
- *d* Ausleseregister *n*
- *f* registre *m* de lecture
- *nl* (uit)leesregister *n*

R69 *e* **read-restore cycle**
- *r* цикл *m* считывания с регенерацией
- *d* Lesezyklus *m* mit Regenerierung
- *f* cycle *m* de lecture à régénération
- *nl* leescyclus *m* met regeneratie

R70 *e* **read-write cycle**
- *r* цикл *m* считывания и записи
- *d* Lese-Schreib-Zyklus *m*
- *f* cycle *m* lecture-écriture
- *nl* lees-schrijfcyclus *m*

R71 *e* **real-estate**
- *r* полезная площадь *f* (кристалла)
- *d* Nutzfläche *f*
- *f* surface *f* active (du cristal)
- *nl* nuttig oppervlak *n*

R72 *e* **real-estate requirement**
- *r* требуемая полезная площадь *f (кристалла)*
- *d* Flächenbedarf *m*
- *f* surface *f* active requise
- *nl* benodigd nuttig oppervlak *n*

R73 *e* **realignment**
- *r* повторное совмещение *n*; переориентация *f*
- *d* Neujustierung *f*
- *f* réalignement *m*
- *nl* heruitlijning *f*

R74 *e* **receptacle**
- *r* **1.** колодка *f*, панелька *f*; спутник-носитель *m (для ИС)* **2.** розеточная часть *f*, розетка *f (электрического соединителя)*
- *d* **1.** Sockel *m* **2.** Steckbuchse *f*
- *f* **1.** socle *m* **2.** prise *f* femelle
- *nl* (insteek)voetje *n*

R75 *e* **receptacle pin**
- *r* штырьковый вывод *m* колодки, штырьковый вывод *m* спутника-носителя
- *d* Sockelstift *m*
- *f* fiche *f* de socle
- *nl* aansluitstift *f (m)*, aansluitpen *f (m)* van voetje

R76 *e* **recess**
- *r* канавка *f*; углубление *n*
- *d* Vertiefung *f*, Aussparung *f*
- *f* rainure *f*; sillon *m*
- *nl* inspringing *f*, uitsparing *f*, terugwijkend deel *n*

R77 *e* **recessed gate**
- *r* затвор *m* с V-образной канавкой
- *d* V-Graben-Gate *n*
- *f* grille *f* à rainure en V
- *nl* V-groef-poort *f (m)*

R78 *e* **recessed-gate (MOS) transistor**
- *r* МОП-транзистор *m* с V-образным затвором
- *d* VMOS-Transistor *m*
- *f* transistor *m* MOS (à grille) à rainure en V
- *nl* VMOS-transistor *m*

R79 *e* **recessed junction**
- *r* *p — n*-переход *m*, сформированный в канавке
- *d* vertiefter Übergang *m*
- *f* jonction *f p-n* formée en rainure
- *nl* ingelaten [diepergelegen, onderliggende] overgang *m*

R80 *e* **recessed metallization**
- *r* металлизация *f* канавок
- *d* Grabenmetallisierung *f*
- *f* métallisation *f* des rainures
- *nl* verzonken metallisatie *f*

R81 *e* **recessed oxide**
- *r* оксид *m*, заполняющий канавки
- *d* grabenfüllendes Oxid *n*
- *f* oxyde *m* remplissant les rainures
- *nl* verzonken [(uitsparingen) opvullend] oxyde *n*

R82 *e* **recessed oxide isolation**
- *r* изоляция *f* канавками, заполненными оксидом
- *d* Isolation *f* durch oxidgefüllte Gräben

       f isolation *f* par rainures à oxyde
    nl izolatie *f* door opvullen met oxyde

R83 *e* **recessed oxide region**
     r углублённая оксидная область *f*, оксидная область *f* в канавке
     d vertieftes Oxidbereich *m*
     f région *f* d'oxyde enfoncée
    nl zone *f (m)* met opvuloxyde

R84 *e* **recessed seat**
     r монтажная канавка *f (для кристалла)*
     d Montagesitz *m (für den Chip)*
     f rainure *f* de montage *(pour puce)*
    nl verzonken montagevlak *n (voor IC)*

R85 *e* **recessed silicon dioxide**
     r диоксид *m* кремния, сформированный в канавках
     d in den Isolationsgräben erzeugtes Siliziumoxid *n*
     f dioxyde *m* de silicium formé en rainures
    nl in isolatie-uitsparingen aangebracht [verzonken] siliciumdioxyde *n*

R86 *e* **recessed structure**
     r структура *f* ИС с изолирующими канавками
     d IC-Struktur *f* mit Isolationsgräben
     f structure *f (C.I.)* à rainures isolées
    nl (IC-)structuur *f* met (isolatie-)uitsparingen

R87 *e* **recirculator**
     r установка *f* для рециркуляции, рециркулятор *m*
     d Rezirkulator *m*
     f récirculateur *m*
    nl recirculator *m*

R88 *e* **reclamation**
     r регенерация *f*
     d Regenerierung *f*, Wiedergewinnung *f*
     f réclamation *f*
    nl regeneratie *f*, terugwinning *f*

R89 *e* **recognition**
     r распознавание *n* образов
     d Erkennung *f*
     f reconnaissance *f*
    nl herkenning *f*

R90 *e* **recombination center**
     r центр *m* рекомбинации *(носителей заряда)*
     d Rekombinationszentrum *n*
     f centre *m* de recombinaison
    nl recombinatiekern *f (m)*

R91 *e* **recombination-center concentration**
     r концентрация *f* центров рекомбинации
     d Rekombinationszentrendichte *f*
     f concentration *f* des centres de recombinaison
    nl recombinatiekernen-dichtheid *f*

R92 *e* **recombination-center neutralizer**
     r зона *f* компенсации центров рекомбинации
     d Rekombinationszentrenneutralisierer *m*
     f neutralisateur *m* des centres de recombinaison
    nl recombinatiekernen-neutralisator *m*

R93 *e* **recombination coefficient**
     r коэффициент *m* рекомбинации
     d Rekombinationskoeffizient *m*
     f coefficient *m* [facteur *m*] de recombinaison
    nl recombinatiecoëfficiënt *m*

R94 *e* **recombination current**
     r ток *m* рекомбинации
     d Rekombinationsstrom *m*
     f courant *m* de recombinaison
    nl recombinatiestroom *m*

R95 *e* **recombination lifetime**
     r рекомбинационное время *n* жизни
     d Rekombinationslebensdauer *f*
     f durée *f* de vie de recombinaison
    nl recombinatielevensduur *m*

R96 *e* **recombination radiation**
     r рекомбинационное излучение *n*
     d Rekombinationsstrahlung *f*
     f radiation *f* de recombinaison
    nl recombinatiestraling *f*

R97 *e* **recombination rate**
     r скорость *f* рекомбинации
     d Rekombinationsrate *f*
     f vitesse *f* de recombinaison
    nl recombinatiefactor *m*

R98 *e* **recombination region**
     r рекомбинационная область *f*
     d Rekombinationszone *f*
     f région *f* de recombinaison
    nl recombinatiezone *f (m)*

R99 *e* **recombination velocity** see **recombination rate**

R100 *e* **reconditioning**
     r восстановление *n*
     d Wiederherstellung *f*
     f réduction *f*
    nl herstellen *n*, opknappen *n*, reconditionering *f*

R101 *e* **reconversion**
     r (повторное) превращение *n*; рекристаллизация *f*
     d Rekonversion *f*
     f reconversion *f*; recristallisation *f*
    nl terugomzetting *f*, reconversie *f*

R102 *e* **recovery**
     r восстановление *n*; регенерация *f*
     d Wiederherstellung *f*; Erholung *f*; Regenerierung *f*; Rückgewinnung *f*
     f recouvrement *m*; régénération *f*
    nl herstel *n*, regeneratie *f*, terugwinning *f*

R103 *e* **recrystallization temperature**
     r температура *f* рекристаллизация
     d Rekristallisationstemperatur *f*
     f température *f* de recristallisation
    nl rekristallisatietemperatuur *f*

R104 *e* **recrystalllzed junction**
     r рекристаллизованный переход *m*
     d rekristallisierter Übergang *m*

f jonction *f* recristallisée
nl gerekristalliseerde overgang *m*

R105 *e* **rectifying barrier, rectifying junction**
r выпрямляющий переход *m*
d gleichrichtender Übergang *m*
f barrière *f* redresseuse
nl delijkrichtende sperlaag *f (m)*, overgang *m*

R106 *e* **recuperation**
r регенерация *f*; восстановление *n*
d Regenerierung *f*; Wiedergewinnung *f*
f récupération *f*
nl regeneratie *f*, terugwinning *f*, recuperatie *f*

R107 *e* **redox reaction**
r реакция *f* окисления-восстановления
d Redox-Reaktion *f*
f réaction *f* oxydation-réduction [d'oxydoréduction]
nl redox-reactie *f*

R108 *e* **reduced mask printing**
r фотолитография *f* с уменьшением изображения для изготовления фотошаблонов
d Fotolithografie *f* mit Bildverkleinerung für Maskenherstellung
f photolithographie *f* de masque à réduction
nl lithografie *f* met verkleind masker

R109 *e* **reduced-pressure chemical vapor deposition**
r химическое осаждение *n* из паровой фазы при пониженном давлении
d CVD *f* bei reduziertem Druck
f dépôt *m* chimique en phase vapeur à pression réduite
nl CVD *f* bij onderdruk [verminderde druk]

R110 *e* **reduced-pressure epitaxy**
r эпитаксия *f* при пониженном давлении
d Epitaxie *f* bei reduziertem Druck
f épitaxie *f* à pression réduite
nl epitaxie *f* bij onderdruk [verminderde druk]

R111 *e* **reduced-temperature epitaxy**
r низкотемпературная эпитаксия *f*
d Niedrigtemperaturepitaxie *f*
f épitaxie *f* à température réduite
nl epitaxie *f* bij verlaagde temperatuur

R112 *e* **reducer, reducing agent**
r (химический) восстановитель *m*
d Reduktionsmittel *n*
f agent *m* réducteur, réducteur *m*
nl reductiemiddel *n*

R113 *e* **reducing ambient, reducing atmosphere**
r восстановительная среда *f*, восстановительная атмосфера *f*
d Reduktionsmedium *n*
f ambiance *f* [atmosphère *f*] réductrice
nl reductiemedium *n*

R114 *e* **reducing electron(-beam) projection system**
r установка *f* электронно-лучевой проекционной литографии с уменьшением изображения
d Elektronenstrahlprojektionssystem *n* mit Bildverkleinerung
f système *m* de lithographie électronique de projection avec réduction d'image
nl verkleinende elektronenstraal-projectie-installatie *f*

R115 *e* **reduction**
r 1. (оптическое) уменьшение *n* [редуцирование *n*] изображения 2. восстановление *n* (химическая реакция)
d Reduktion *f*
f réduction *f*
nl 1. vermindering *f (alg)* 2. reductie *f (chem.)* 3. verkleining *f (optica)*

R116 *e* **reduction camera**
r редукционная фотокамера *f*
d Reduktionskamera *f*
f chambre *f* photographique de réduction
nl verkleiningscamera *f (m)*

R117 *e* **reduction projection aligner, reduction projection printer**
r установка *f* проекционной литографии с уменьшением изображения
d Projektions- und Überdeckungsrepeater *m* mit Bildverkleinerung
f système *m* de lithographie de projection à réduction d'image
nl verkleinende projectielithograaf *m*

R118 *e* **reduction reaction**
r реакция *f* восстановления
d Reduktionsreaktion *f*
f réaction *f* de réduction
nl reductiereactie

R119 *e* **reduction step**
r операция *f* уменьшения [редуцирования] изображения
d Reduktionsschritt *m*, Bildverkleinerungsschritt *m*
f opération *f* de réduction d'image
nl (beeld) verkleiningsstap *m*

R120 *e* **reduction technique**
r метод *m* уменьшения изображения (в фотолитографии)
d Reduktionsverfahren *n*, Bildverkleinerungsverfahren *n*
f méthode *f* de réduction d'image (de photolithographie)
nl reductietechniek *f*

R121 *e* **redundancy**
r 1. избыточность *f* 2. резервирование *n*
d Redundanz *f*
f redondance *f*
nl overmaat *f (m)*, reserve *f (m)*, redundantie *f*

R122 *e* **redundancy rate**
r степень *f* резервирования
d Redundanzgrad *m*
f degré *m* de redondance

REFLOW

    nl overmaat *f (m)*, mate *f (m)* van redundantie
R123 *e* **redundant integrated circuit**
    r ИС *f* с резервированием
    d redundanter Schaltkreis *m*
    f circuit *m* intégré à redondance
    nl redundante geïntegreerde schakeling *f*, IC *n* met ingebouwde reserve
R124 *e* **reeled-component handler**
    r подающее устройство *n* для компонентов, вклеенных в ленту
    d Zuführungseinrichtung *f* für eingeklebte Bauelemente
    f alimenteur *m* pour composants en bande porteuse
    nl toevoerder *m* voor opgespoelde componenten
R125 *e* **reeled components**
    r компоненты *m pl*, вклеенные в ленту
    d eingeklebte Bauelemente *n pl*
    f composants *m pl* en bande porteuse
    nl componenten *n pl* aan de rol (opgespoelde draagband)
R126 *e* **reel feeder** *see* **reeled-component handler**
R127 *e* **reference**
    r 1. источник *m* опорного напряжения 2. опорный сигнал *m*
    d 1. Referenzspannungsquelle *f* 2. Bezugssignal *n*
    f 1. source *f* de tension de référence 2. signal *m* de référence
    nl 1. referentie *f (alg.)* 2. referentie-spanningsbron *f (m)* 3. referentie-signaal *n*
R128 *e* **reference diode**
    r опорный диод *m*
    d Referenzdiode *f*
    f diode *f* de référence
    nl referentie-spanningsdiode *f*, vergelijkingsspanningsdiode *f*
R129 *e* **reference frequency**
    r опорная частота *f*; эталонная частота *f*
    d Referenzfrequenz *f*, Bezugsfrequenz *f*
    f fréquence *f* de référence
    nl referentiefrequentie *f*
R130 *e* **reference mark**
    r реперный знак *m* *(напр. на полупроводниковой пластине)*
    d Referenzzeichen *n*
    f marqueur *m* de référence
    nl referentie-(merk) teken *n*
R131 *e* **reference potential**
    r опорное напряжение *n*
    d Referenzspannung *f*, Bezugsspannung *f*
    f tension *f* de référence
    nl referentiepotentiaal *m*
R132 *e* **reference voltage** *see* **reference potential**
R133 *e* **reference voltage source**
    r источник *m* опорного напряжения
    d Referenzspannungsquelle *f*
    f source *f* de tension de référence
    nl referentiespanningsbron *f (m)*, spanningsreferentie *f*
R134 *e* **5V reference**
    r (стабилизированный) источник *m* опорного напряжения 5В
    d 5V-Referenz *f*, 5V-Referenzspannungsquelle *f*
    f alimentation *f* (stabilisée) de tension de référence 5V
    nl 5V-referentie (spanningsbron)
R135 *e* **refill(ing)**
    r заполнение *n* *(канавок)*
    d Ausfüllen *n* *(von Ätzgruben)*
    f remplissage *m* *(des rainures)*
    nl (op) vullen *n*
R136 *e* **refinement**
    r 1. очистка *f* 2. усовершенствование *f*
    d 1. Reinigung *f* 2. Verfeinerung *f*
    f 1. raffinage *m*, purification *f* 2. perfectionnement *m*
    nl verfijning *f*, raffinage *f*, loutering *f (glas)*
R137 *e* **refiner**
    r установка *f* для очистки
    d Reinigungsanlage *f*
    f installation *f* pour raffinage
    nl raffinage-installatie *f*, bereidingskuip *f (m) (glas)*
R138 *e* **reflection factor**
    r коэффициент *m* отражения
    d Reflexionskoeffizient *m*
    f facteur *m* de réflexion
    nl reflectie-factor *m*, weerkaatsingscoëfficiënt *m*
R139 *e* **reflectivity**
    r 1. отражательная способность *f* 2. коэффициент *m* отражения
    d Reflexionsvermögen *n*
    f réflexibilité *f*
    nl reflectie-vermogen *n*, weerkaatsingsvermogen *n*
R140 *e* **reflowed step**
    r оплавленная ступенька *f*
    d aufgeschmolzene Stufe *f*
    f gradin *m* fondu
    nl opgesmolten verhoging *f*
R141 *e* **reflow soldering**
    r пайка *f* оплавлением припоя
    d Aufschmelzlöten *n*
    f soudage *m* par fusion
    nl opsmeltsolderen *n*
R142 *e* **reflow soldering system**
    r установка *f* пайки оплавлением припоя
    d Aufschmelzlötanlage *f*
    f machine *f* pour soudage par fusion
    nl opsmeltsoldeerinstallatie *f*
R143 *e* **reflow solder mount**
    r оплавляемый припойный столбик *m*
    d aufgeschmolzene Lotsäule *f*
    f poutre *f* fondue de brasure
    nl opgesmolten soldeerzuil *f (m)*

REFRACTIVE

R144 *e* **refractive index**
   r показатель *m* преломления
   d Brechungsindex *m*, Brechzahl *f*
   f indice *f* de réfraction
  nl brekingsindex *m*

R145 *e* **refractory mask**
   r маска *f* из тугоплавкого материала
   d schwerschmelzende Maske *f*
   f masque *m* en matériau réfractaire
  nl hittebestendig masker *n*

R146 *e* **refractory material**
   r тугоплавкий материал *m*
   d schwerschmelzendes Material *n*
   f matériau *m* réfractaire
  nl hittebestendig [vuurvast] materiaal *n*

R147 *e* **refractory-metal gate**
   r затвор *m* из тугоплавкого металла
   d Gate *n* aus schwerschmelzendem Metall
   f grille *f* en métal réfractaire
  nl poortelektrode *f* van hittebestendig metaal

R148 *e* **refractory metallization**
   r **1.** металлизация *f* тугоплавким металлом **2.** (соединительная) металлизация *f* из тугоплавкого металла
   d Metallisierung *f* mit schwerschmelzendem Metall; schwerschmelzende Metallisierung *f*
   f métallisation *f* par métal réfractaire
  nl hittebestendige metallisatie *f*

R149 *e* **refractory-metal paste**
   r паста *f* на основе тугоплавкого металла
   d Paste *f* auf der Basis von schwerschmelzendem Metall
   f pâte *f* à la base de métal réfractaire
  nl pasta *m* op basis van hittebestendig metaal

R150 *e* **refractory MOS**
   r МОП-структура *f* с затвором из тугоплавкого металла
   d Refractory-MOS *f*, MOS-Struktur *f* mit dem Gate aus schwerschmelzendem Metall
   f structure *f* MOS à grille à la base de métal réfractaire
  nl MOS *m* met poortelektrode van hittebestendig metaal

R151 *e* **refresh**
   r регенерация *f*, восстановление *n* (информации, изображения на экране)
   d Auffrischung *f*, Refresh *n*
   f rafraîchissement *m*
  nl opfrissing *f*

R152 *e* **refresh cycle**
   r цикл *m* регенерации
   d Refresh-Zyklus *m*
   f cycle *m* de rafraîchissement
  nl opfriscyclus *m*

R153 *e* **refreshing circuit**
   r схема *f* регенерации
   d Refresh-Schaltung *f*
   f circuit *m* de rafraîchissement
  nl opfrisschakeling *f*

R154 *e* **refresh signal**
   r сигнал *m* регенерации
   d Refresh-Signal *n*
   f signal *m* de rafraîchissement
  nl opfrissignaal *n*

R155 *e* **regeneration**
   r регенерация *f*; восстановление *n*
   d Regeneration *f*; Wiederherstellung *f*
   f régénération *f*
  nl **1.** regeneratie *f*, herstel *n* **2.** (positieve) terugkoppeling *f*

R156 *e* **regeneration rate**
   r частота *f* регенерации
   d Regenerationsrate *f*
   f vitesse *f* de régénération
  nl regeneratie-snelheid *f*, herstelsnelheid *f*

R157 *e* **region**
   r область *f*; зона *f*; участок *m*
   d Bereich *m*, Zone *f*
   f région *f*; zone *f*
  nl gebied *n*, zone *f (m)*

R158 *e* **register**
   r регистр *m*
   d Register *n*
   f registre *m*
  nl register *n*

R159 *e* **register driver**
   r регистровый формирователь *m*
   d Registertreiber *m*
   f formateur *m* de registre
  nl registerstuurschakeling *f*

R160 *e* **registered layers**
   r совмещённые слои *m pl*
   d überdeckte Schichten *f pl*
   f couches *f pl* superposées
  nl overdekkende [in register gebrachte] lagen *f (m) pl*

R161 *e* **registration**
   r (точное) совмещение *n*
   d Überdeckung *f*, Justierung *f*
   f superposition *f* précise
  nl in register [dekking] brengen *n* [zijn *n*], (over)dekken *n*

R162 *e* **registration accuracy**
   r точность *f* совмещения
   d Überdeckungsgenauigkeit *f*, Justiergenauigkeit *f*
   f précision *f* de superposition
  nl (over)dekkingsnauwkeurigheid *f*, justeringsnauwkeurigheid *f*

R163 *e* **registration mark**
   r знак *m* [фигура *f*] совмещения
   d Justiermarke *f*
   f marqueur *m* de superposition
  nl justeermerk *n*, pasmerk *n*

R164 *e* **registration precision** *see* **registration accuracy**

R165 *e* **registration tolerance**
   r допуск *m* на точность совмещения

    d Überdeckungstoleranz *f*
    f tolérance *f* de superposition
    nl (over)dekkingstolerantie *f*

R166 *e* **regrowth**
    r рекристаллизация *f*
    d Umschmelzen *n* und Züchtung *f*
    f recristallisation *f*
    nl herkristallisatie *f*

R167 *e* **regularity**
    r регулярность *f (структуры)*
    d Regelmäßigkeit *f*
    f régularité *f (de structure)*
    nl gelijkmatigheid *f*, regelmatigheid *f*

R168 *e* **regular layout**
    r регулярная топология *f*
    d reguläres Layout *n*
    f disposition *f* [topologie *f*] régulière
    nl regulaire layout *m*

R169 *e* **regular logic**
    r регулярная логика *f*
    d reguläre Logik *f*
    f logique *f* régulière
    nl regulaire logica *f*

R170 *e* **regular pattern**
    r регулярная структура *f*
    d reguläre Struktur *f*
    f structure *f* régulière
    nl regelmatig patroon *n*

R171 *e* **regulation**
    r 1. стабилизация *f (напряжения)*
    2. регулирование *n* 3. инструкция *f*;
    правило *n*
    d 1. Stabilisierung *f* 2. Regelung *f* 3. Regel
    f, Vorschrift *f*
    f 1. stabilisation *f (de tension)* 2. réglage
    m 3. consigne *f*
    nl 1. regel *m*, voorschrift *n* 2. regeling *f*,
    stabilisering *f*

R172 *e* **regulator**
    r 1. стабилизатор *m* 2. регулятор *m*
    d Regler *m*
    f 1. stabilisateur *m* 2. régulateur *m*
    nl (spannings)regelaar *m*,
    spanningsstabilisator *m*

R173 *e* **reject chip marking**
    r клеймение *n* дефектного кристалла
    d Markierung *f* von Ausschußchips
    f marquage *m* de puce rebutée
    nl merken *n* van afgekeurde chips

R174 *e* **rejestion**
    r 1. отбраковка *f* 2. подавление *n*;
    ослабление *n*; режекция *f*
    d 1. Rückweisung *f* 2. Unterdrückung *f*
    f 1. mise *f* au rebut 2. réjection *f*
    nl 1. afkeuring *f* 2. onderdrukking *f*

R175 *e* **rejection ratio**
    r коэффициент *m* ослабления
    d Unterdrückungsfaktor *m*
    f rapport *m* de réjection
    nl onderdrukkingsfactor *m*

R176 *e* **relative humidity**
    r относительная влажность *f*

    d relative Feuchtigkeit *f*
    f humidité *f* relative
    nl relatieve vochtigheid *f*

R177 *e* **relaxed registration**
    r совмещение *n* с невысокой точностью, непрецизионное совмещение *n*
    d ungenaue Überdeckung *f*
    f superposition *f* non précise
    nl onnauwkeurige (over)dekking *f*

R178 *e* **relaxed registration photolithography**
    r непрецизионная фотолитография *f*
    d Fotolithografie *f* mit geringer Justiergenauigkeit
    f photolithographie *f* non précise
    nl fotolithografie *f* met geringe justeernauwkeurigheid

R179 *e* **reliability**
    r надёжность *f*
    d Zuverlässigkeit *f*
    f fiabilité *f*
    nl betrouwbaarheid *f*

R180 *e* **reliability fundamentals**
    r физические основы *f pl* надёжности; теория *f* надёжности
    d physikalische Grundlagen *pl* der Zuverlässigkeitstheorie
    f théorie *f* de fiabilité
    nl grondslagen *m pl* der betrouwbaarheidstheorie

R181 *e* **relief**
    r 1. рельеф *m* 2. разгрузка *f*
    d 1. Relief *n* 2. Entlastung *f*
    f 1. relief *m* 2. déchargement *m*
    nl 1. reliëf *n* 2. ontlasting *f*

R182 *e* **remanence**
    r остаточная магнитная индукция *f*
    d Remanenz *f*
    f rémanence *f*
    nl restmagnetisatie *f*, remanent magnetism *n*, remanentie *f*

R183 *e* **remelt junction** *see* **recrystallized junction**

R184 *e* **remote control module**
    r модуль *m* дистанционного управления
    d Fernsteuerungsmodul *m*
    f module *m* de commande à distance
    nl afstandbedieningsmoduul *m*

R185 *e* **removal**
    r удаление *n*, снятие *n (фоторезиста)*
    d Entfernen *n*, Ablösen *n*
    f dénudage *m*, élimination *f*
    nl verwijdering *f*, wegneming *f*

R186 *e* **renewal**
    r восстановление *n*; восстановительный ремонт *m*
    d Erneuerung *f*
    f reconstruction *f*
    nl vernieuwing *f*

R187 *e* **Rent's rule**
    r правило *n* Рента *(зависимость числа выводов ИС от степени интеграции, выраженной в логических элементах)*

  d Rent-Regel *f* (*Abhängigkeit der IS-Anschlußzahl vom in Gatteräquivalenten ausgedrückten Integrationsgrad*)
  f règle *f* de Rent (*dépendance de nombre des sorties des C. I. d'échelle d'intégration exprimée en éléments logiques*)
  nl regel *m* van Rent

R188 *e* **REOX** see **1. reoxidation 2. reverse etching of oxide**

R189 *e* **reoxidation**
  r повторное оксидирование *n*
  d Reoxydation *f*
  f réoxydation *f*
  nl reoxydatie *f*

R190 *e* **repair**
  r ремонт *m*; устранение *n* дефектов
  d Reparatur *f*; Schadenbeseitigung *f*
  f réparation *f*; dépannage *m*
  nl reparatie *f*

R191 *e* **repairability**
  r ремонтопригодность *f*
  d Reparaturfähigkeit *f*
  f réparabilité *f*
  nl repareerbaarheid *f*

R192 *e* **repair capability**
  r ремонтопригодность *f*; ремонтоспособность *f*
  d Reparaturfähigkeit *f*
  f réparabilité *f*
  nl repareerbaarheid *f*

R193 *e* **repeatability**
  r воспроизводимость *f*; повторяемость *f*
  d Reproduzierbarkeit *f*
  f réproductibilité *f*
  nl herhaalbaarheid *f*, herhalingsnauwkeurigheid *f*, reproduceerbaarheid *f*

R194 *e* **repeater**
  r фотоповторитель *m*; мультипликатор *m* изображений
  d Repeater *m*
  f photorépétiteur *m*
  nl repeteerprojector *m*

R195 *e* **repetitions patterns, repetitive patterns**
  r **1.** мультиплицированные изображения *n pl* **2.** повторяющиеся структуры *f pl*
  d Wiederholstrukturen *f pl*
  f images *f pl* répétitives
  nl terugkerende patronen *n pl*

R196 *e* **replica**
  r копия *f*; дубликат *m*
  d Abbild *n*
  f réplique *f*
  nl afdruk *m*, replica *f*

R197 *e* **replicated image**
  r мультиплицированное изображение *n*
  d vervielfältigtes Bild *n*
  f image *f* répétitive
  nl verveelvoudigd beeld *n*

R198 *e* **replication**
  r **1.** мультипликация *f*, мультиплицирование *n* **2.** тиражирование *n* (*фотошаблонов*)
  d Vervielfältigung *f*
  f **1.** multiplication *f* **2.** duplication *f*
  nl verveelvoudiging *f*

R199 *e* **replicator**
  r фотоповторитель *m*
  d Vervielfältigungsgerät *n*
  f multiplieur *m*
  nl verveelvoudigingsapparaat *n*

R200 *e* **reproducibility** see **repeatability**

R201 *e* **reproducing, reproduction**
  r воспроизведение *n*; репродуцирование *n*
  d Reproduktion *f*
  f reproduction *f*
  nl reproduktie *f*

R202 *e* **reprogrammable memory**
  r перепрограммируемое ЗУ *n*
  d umprogrammierbarer Speicher *m*
  f mémoire *f* reprogrammable
  nl herprogrammeerbaar geheugen *n*

R203 *e* **reprogrammable ROM**
  r перепрограммируемое ПЗУ *n*, ППЗУ
  d umprogrammierbarer ROM
  f mémoire *f* morte reprogrammable
  nl herprogrammerbaar star geheugen *n*, REPROM *n*

R204 *e* **REPROM** see **reprogrammable ROM**

R205 *e* **resel** see **resolution element**

R206 *e* **reset**
  r **1.** восстановление *n*, возврат *m*; сброс *m* **2.** установка *f* на «0»
  d Rücksetzen *n*
  f **1.** restauration *f* **2.** remise *f* à zéro
  nl terugstellen *n*, op nul zetten *n*

R207 *e* **reset-set flip-flop**
  r (асинхронный) RS-триггер *m*
  d RS-Flip-Flop *n*
  f bascule *f* R-S
  nl RS-flip-flop *m*

R208 *e* **residual damage**
  r дефект *m*, возникший после проведения технологической операции
  d Restdefekt *m*
  f défaut *m* résiduel
  nl restschade *f* (*m*)

R209 *e* **residual oxide**
  r остатки *m pl* оксида (*после травления*)
  d Restoxid *n*
  f oxyde *m* résiduel
  nl oxyderesten *f* (*m*) *pl*

R210 *e* **residual pressure**
  r остаточное давление *n*
  d Restdruck *m*
  f pression *f* résiduelle
  nl restdruk *m*

RESISTIVE

R211 *e* **residue-free substrate**
  r подложка *f* без остатков (технологических) реактивов на поверхности
  d Substrat *n* ohne Reagenzreste
  f substrat *m* sans défauts résiduels à la surface
  nl residuvrij substraat *n*

R212 *e* **resilient lead**
  r гибкий вывод *m*
  d flexible Zuleitung *f*
  f patte *f* flexible
  nl flexibele aansluitdraad *m*

R213 *e* **resin glass**
  r органическое стекло *n*
  d organisches Glas *n*
  f verre *m* organique
  nl organisch glas *n*

R214 *e* **resin-molded (semiconductor) device**
  r (полупроводниковый) прибор *m*, герметизированный смолой
  d mit Harz vergossenes Bauelement *n*
  f dispositif *m* moulé par résine
  nl (in hars) ingegoten halfgeleiderbouwsteen *m*

R215 *e* **resist**
  r резист *m*; фоторезист *m*
  d Resist *n*
  f résist *m*; photorésist *m*
  nl (af)deklak *m*, resist *m*

R216 *e* **resist adhesion**
  r адгезия *f* резиста
  d Resisthaftung *f*
  f adhésion *f* de résist
  nl (af)deklakhechting *f*

R217 *e* **resistance**
  r 1. (активное) сопротивление *n* 2. стойкость *f*, устойчивость *f*
  d 1. Widerstand *m* 2. Widerstandsfähigkeit *f*, Resistenz *f*
  f résistance *f*
  nl weerstand *m*, resistentie *f*

R218 *e* **resistance-capacitance network**
  r резистивно-ёмкостная цепочка *f*, RC-цепочка *f*
  d RC-Netzwerk *n*, Widerstands-Kapazitäts-Netzwerk *n*
  f circuit *m* résistif-capacitif
  nl weerstand-condensatornetwerk *n*, RC-netwerk *n*

R219 *e* **resistance network**
  r резисторная схема *f*
  d Widerstandsnetzwerk *n*
  f circuit *m* de résistance
  nl weerstandsnetwerk *n*

R220 *e* **resistance soldering**
  r пайка *f* электросопротивлением
  d Widerstandslöten *n*
  f brasage *m* par résistance
  nl weerstandssolderen *n*

R221 *e* **resistance-type heater**
  r резистивный нагреватель *m*
  d Widerstandsheizer *m*
  f réchauffeur *m* type résistance
  nl weerstandsverhitter *m*

R222 *e* **resist coating**
  r 1. покрытие *n* из резиста 2. нанесение *n* резиста
  d 1. Resistbeschichtung *f* 2. Resistschicht *f*
  f 1. enrobage *m* [gaine *f*] en résist 2. gainage *m* de résist
  nl 1. (af)deklaklaag *f (m)* 2. afdeklaklaag opbrengen *n*

R223 *e* **resist definition**
  r формирование *n* рисунка в слое резиста
  d Resiststrukturierung *f*
  f définition *f* de dessin en couche de résist
  nl deklak-fijnheid *f*, deklak-definitie *f*

R224 *e* **resist dispenser unit**
  r устройство *n* для дозировки фоторезиста
  d Resistdosiereinrichtung *f*
  f doseur *m* de résist
  nl deklak-doseerinrichting *f*

R225 *e* **resist film**
  r плёнка *f* резиста
  d Resistfilm *m*, Resistschicht *f*
  f film *m* de résist
  nl (af)deklaklaag *f (m)*

R226 *e* **resistive element**
  r резистивный элемент *m*
  d Widerstandselement *n*
  f élément *m* résistif
  nl weerstandselement *n*

R227 *e* **resistive evaporator**
  r резистивный испаритель *m*
  d Widerstandsverdampfer *m*
  f évaporateur *m* résistif
  nl weerstandsverdamper *m*

R228 *e* **resistive film**
  r резистивная плёнка *f*
  d Widerstandsfilm *m*
  f flim *m* résistif
  nl weerstandslaag *f (m)*

R229 *e* **resistive insulated-gate FET**
  r полевой транзистор *m* с резистивным изолированным раствором
  d RIGFET *m*, Feldeffekttransistor *m* mit isoliertem Widerstandsgate
  f transistor *m* FET à grille isolée résistive
  nl veldeffecttransistor *m* [FET *m*] met geïsoleerde weerstandspoort, RJGFET *m*

R230 *e* **resistive layer**
  r резистивный слой *m*
  d Widerstandsschicht *f*
  f couche *f* résistive
  nl weerstandslaag *f(m)*

R231 *e* **resistive load**
  r активная [омическая] нагрузка *f*
  d ohmsche Last *f*, Widerstandslast *f*
  f charge *f* résistive
  nl Ohmse belasting *f*, weerstandsbelasting *f*

RESISTIVE

R232 *e* **resistive material**
  r резистивный материал *m*
  d Widerstandswerkstoff *m*
  f matériau *m* résistif
  nl weerstandsmateriaal *n*

R233 *e* **resistive network**
  r резистивная цепочка *f*
  d Widerstandsnetwerk *n*
  f circuit *m* résistif
  nl weerstandsnetwerk *n*

R234 *e* **resistive paste**
  r паста *f* для формирования резисторов
  d Widerstandspaste *f*
  f pâte *f* pour formation des résistances
  nl weerstandspasta *m*

R235 *e* **resistivity**
  r удельное сопротивление *n*
  d spezifischer Widerstand *m*
  f résistivité *f*
  nl soortelijke weerstand *m*, resistiviteit *f*

R236 *e* **resistivity gage** *see* **resistivity meter**

R237 *e* **resistivity gradient**
  r градиент *m* удельного сопротивления
  d Gradient *m* des spezifischen Widerstandes
  f gradient *m* de résistivité
  nl (soortelijke-)weerstandsgradiënt *m*

R238 *e* **resistivity meter**
  r измеритель *m* удельного сопротивления
  d Einheitswiderstandsmesser *m*, Resistivitätsmesser *m*
  f résistivimètre *m*
  nl eenheidsweerstandsmeter *m*, resistiviteitsmeter *m*

R239 *e* **resistivity profile**
  r профиль *m* распределения удельного сопротивления
  d Einheitswiderstandsprofil *n*
  f profil *m* de résistivité
  nl eenheidsweerstandsprofiel *n*

R240 *e* **resistless etching**
  r травление *n* (оксида) без (фото)резистной маски
  d resistloses Ätzen *n*
  f décapage *m* (d'oxyde) sans résist
  nl lakloos etsen *n*

R241 *e* **resistless lithography**
  r безрезистная литография *f*, литография *f* без применения (фото)резистов
  d resistlose Lithografie *f*
  f lithographie *f* sans résist
  nl lakloze lithografie *f*

R242 *e* **resistless patterning**
  r 1. формирование *n* рисунка без применения (фото)резиста 2. безрезистное структурирование *n*
  d resistlose Strukturierung *f*
  f 1. imagerie *f* sans résist 2. définition *f* des dessins sans résist
  nl lakloze patroonoverbrenging *f* [structurering *f*]

R243 *e* **resistor body**
  r тело *n* резистора
  d Widerstandskörper *m*
  f solide *m* de résistance
  nl weerstandslichaam *n*

R244 *e* **resistor-capacitor diode-transistor logic**
  r диодно-транзисторные логические схемы *f pl* с резистивно-ёмкостными связями
  d RCDTL *f*, Widerstands-Kondensator-Dioden-Transistor-Logik *f*
  f logique *f* diode-transistor à couplages résistifs-capacitifs
  nl weerstand-condensator diode-transistor logica *f*, RCDTL *f*

R245 *e* **resistor-capacitor transistor logic**
  r транзисторные логические схемы *f pl* с резистивно-ёмкостными связями
  d RCTL *f*, Widerstands-Kondensator-Transistor-Logik *f*
  f logique *f* transistorisée à couplages résistifs-capacitifs
  nl weerstand-condensator-transistor logica *f*, RCTL *f*

R246 *e* **resistor chip**
  r бескорпусный резистор *m*
  d Chipwiderstand *m*
  f résistance *f* intégrée
  nl weerstands-chip *m*

R247 *e* **resistor-coupled transistor logic**
  r транзисторные логические схемы *f pl* с резистивными связями
  d widerstandsgekoppelte Transistorlogik *f*
  f logique *f* transistorisée à couplages résistifs
  nl weerstandsgekoppelde transistorlogica *f*

R248 *e* **resistor ink** *see* **resistor paste**

R249 *e* **resistor network**
  r резисторная схема *f*
  d Widerstandsnetzwerk *n*
  f circuit *m* de résistance
  nl weerstandsnetwerk *n*

R250 *e* **resistor parasitics**
  r паразитные резисторы *m pl*
  d parasitäre Widerstände *m pl*
  f résistances *f pl* parasites
  nl parasitaire weèrstanden *m pl*

R251 *e* **resistor stripe**
  r резисторная дорожка *f*
  d Widerstandsstreifen *m*
  f piste *f* de résistance
  nl weerstandsstrook *f (m)*

R252 *e* **resistor tolerance**
  r допуск *m* на номинал резистора
  d Widerstandstoleranz *f*
  f tolérance *f* sur résistance
  nl weerstandstolerantie *f*

R253 *e* **resistor track** *see* **resistor stripe**

R254 e **resistor-transistor logic**
   r резисторно-транзисторные логические схемы *f pl*, резисторно-транзисторная логика *f*, РТЛ
   d RTL *f*, Widerstands-Transistor-Logik *f*
   f logique *f* à résistances et transistors
   nl weerstand-transistor logica *f*, RTL *f*

R255 e **resistor trimming**
   r подгонка *f* резисторов
   d Widerstandstrimmen *n*
   f ajustage *m* des résistances
   nl weerstandstrimmen *n*

R256 e **resist pattern**
   r рисунок *m* [рельеф *m*] слоя резиста
   d Reststruktur *f*
   f image *f* [dessin *m*] de (couche de) résist
   nl (af)deklaagpatroon *n*

R257 e **resist patterning**
   r формирование *n* рисунка [рельефа] в слое резиста
   d Reststrukturierung *f*
   f défininiton *f* de dessin en couche de résist
   nl patroonvorming *f* [structurering *f*] van (af)deklaag

R258 e **resist patterning step**
   r операция *f* литографии; операция *f* формирования рисунка [рельефа] в слое резиста
   d Reststrukturierungsschritt *m*
   f opération *f* de définition de dessin en couche de résist
   nl lakstructureringsstap *m*

R259 e **resist profile**
   r рельеф *m* резиста; профиль *m* резиста
   d Resistprofil *n*
   f profil *m* de résist
   nl lak(structuur)profiel *n*

R260 e **resist remover**
   r установка *f* для удаления резиста
   d Reststrippmaschine *f*
   f installation *f* pour élimination de résist
   nl lakverwijderaar *m*, lakstripper *m*

R261 e **resist response** see resist sensitivity

R262 e **resist scum**
   r непроявленный фоторезист *m*
   d unentwickeltes Fotoresist *n*
   f photorésist *m* non développé
   nl onontwikkelde lak *m*

R263 e **resist scumming**
   r 1. образование *n* непроявленного фоторезиста 2. удаление *n* непроявленного фоторезиста
   d 1. Entstehung *f* von unentwickeltem Fotoresist 2. Entfernung *f* des unentwickelten Fotoresists
   f 1. création *f* du résist non développé 2. élimination *f* de résist non développé
   nl 1. ontstaan *n* 2. verwijdering *f* van onontwikkelde (af)deklak

R264 e **resist sensitivity, resist speed**
   r чувствительность *f* резиста
   d Resistempfindlichkeit *f*
   f sensibilité *f* de résist
   nl lakgevoeligheid *f*

R265 e **resist stripping**
   r снятие *n* [удаление *n*] резиста
   d Resistablösung *f*
   f élimination *f* de résist
   nl lakstrippen *n*

R266 e **resolution**
   r разрешающая способность *f*, разрешение *n*
   d Auflösung *f*
   f résolution *f*
   nl onderscheidingsvermogen *n*, scheidend vermogen *n*, resolutie *f*

R267 e **resolution element**
   r (минимальный) элемент *m* разрешения
   d (minimales) Auflösungselement *n*
   f élément *m* de résolution
   nl fijnste structuurelement *n*

R268 e **resolution enhancement**
   r повышение *n* разрешающей способности
   d Aulösungsverbesserung *f*
   f augmentation *f* de résolution
   nl verbetering *f* van detaillering [detailleerbaarheid]

R269 e **resolving ability, resolving capacity** see resolution

R270 e **response**
   r 1. срабатывание *n*; реакция *f* 2. характеристика *f*; зависимость *f*
   d 1. Ansprechen *n* 2. Antwort *f*; Frequenzgang *m*
   f réponse *f*
   nl 1. reactie(tijd) *f (m)*, responsie *f* 2. frequentiekarakteristiek *f*, spectrale gevoeligheid *f*

R271 e **response time**
   r время *n* срабатывания
   d Ansprechzeit *f*, Reaktionszeit *f*
   f temps *m* de réponse
   nl reactietijd *m*

R272 e **restorability**
   r способность *f* к восстановлению работоспособности
   d Wiederherstellungsfähigkeit *f*
   f restaurabilité *f*
   nl herstelvermogen *n*

R273 e **RET** see ring-emitter transistor

R274 e **retainer**
   r держатель *m*; кассета *f*
   d Halter *m*; Festhalter *m*; Kassete *f*
   f support *m*; cartouche *f*, cassette *f*
   nl (vast)houder *m*, tegenhouder *m*, aanslag *m*, borg *m*

R275 e **retardant**
   r ингибитор *m*
   d Hemmstoff *m*
   f inhibiteur *m*
   nl vertragende [remmende] stof *f (m)*

RETICLE

R276 *e* **reticle**
　r промежуточный фотошаблон *m*; промежуточный фотооригинал *m*
　d Retikel *n*, Zwischenschablone *f*
　f photomasque *m* intermédiaire
　nl reticle *m*, tussensjabloon *n*

R277 *e* **reticle alignment**
　r совмещение *n* промежуточного фотошаблона; совмещение *n* фотооригинала
　d Retikeljustierung *f*
　f alignement *m* de photomasque intermédiaire
　nl reticule-uitlijning *f*

R278 *e* **reticle image**
　r рисунок *m* промежуточного фотошаблона; рисунок *m* промежуточного фотооригинала
　d Retikelbild *n*
　f image *f* de photomasque intermédiaire
　nl reticule-beeld *m*

R279 *e* **reticle loading**
　r установка *f* промежуточного фотошаблона (*в фотоповторителе*)
　d Retikelladen *n*
　f positionnement *m* de photomasque intermédiaire
　nl reticule-laden *n*

R280 *e* **reticle mask**
　r промежуточный фотошаблон *m*
　d Retikelmaske *f*
　f photomasque *m* intermédiaire
　nl reticule-masker *n*

R281 *e* **reticle masking**
　r маскирование *n* с использованием промежуточного фотошаблона
　d Retikelmaskierung *f*
　f masquage *m* à photomasque intermédiaire
　nl reticule-maskering *f*

R282 *e* **reticle pattern**
　r рисунок *m* промежуточного фотошаблона
　d Retikelstruktur *f*
　f dessin *m* [image *f*] de photomasque intermédiaire
　nl reticule-patroon *n*

R283 *e* **reticle photoplate**
　r промежуточный фотошаблон *m*
　d Retikelplatte *f*
　f photomasque *m* intermédiaire
　nl reticule-plaat *f (m)*

R284 *e* **retrofit kit**
　r комплект *m* запасных инструментов и приспособлений
　d Nachrüstungssatz *m*; Umrüstungssatz *m*
　f jeu *m* [kit *m*] des pièces de rechange
　nl aanvullingspakket *n*

R285 *e* **revealed portion**
　r вскрытый [открытый] участок *m*
　d freigelegter Abschnitt *m*
　f région *f* ouverte
　nl blootgelegd gedeelte *n*

R286 *e* **reversal**
　r 1. изменение *n* полярности 2. изменение *n* направления на противоположное
　d Umkehr *f*
　f inversion *f*
　nl omkering *f*

R287 *e* **reverse bias**
　r напряжение *n* обратного смещения, обратное смещение *n*
　d Sperrvorspannung *f*
　f tension *f* de polarisation inverse
　nl spervoorspanning *f*, voorspanning *f* in spertoestand, sperinstelling *f*

R288 *e* **reverse-biased current**
　r ток *m* при обратном смещении
　d Sperrstrom *m*
　f courant *m* de polarisation inverse
　nl sperstroom *m*

R289 *e* **reverse-biased diode**
　r обратносмещённый диод *m*
　d in Sperrichtung gepolte Diode *f*
　f diode *f* polarisée en inverse
　nl in sperrichting ingestelde [werkende] diode *f*

R290 *e* **reverse-biased heterojunction**
　r обратносмещённый гетеропереход *m*
　d in Sperrichtung vorgespannter Heteroübergang *m*
　f hétérojonction *f* polarisée en inverse
　nl in sperrichting werkende hetero-overgang *m*

R291 *e* **reverse-biased isolation**
　r изоляция *f* обратносмещёнными *p—n*-переходами
　d Isolation *f* durch in Sperrichtung vorgespannte pn-Übergänge
　f isolation *f* par jonctions polarisées en inverse
　nl isolatie *f* door sperrende p-n-overgangen

R292 *e* **reverse-biased junction**
　r обратносмещённый *p—n*-переход *m*
　d in Sperrichtung vorgespannter pn-Übergang *m*
　f jonction *f* polarisée en inverse
　nl in sperrichting werkende overgang *m*

R293 *e* **reverse characteristic**
　r характеристика *f* при обратном смещении
　d Sperrkennlinie *f*
　f caractéristique *f* de polarisation inverse
　nl sperkromme *f (m)*

R294 *e* **reverse conductance**
　r проводимость *f* в обратном направлении
　d Sperrleitwert *m*
　f conductance *f* inverse
　nl geleiding(svermogen) *f (n)* bij sperinstelling, spergeleiding(svermogen) *f (n)*

R295 e **reverse current**
  r обратный ток *m*
  d Sperrstrom *m*
  f courant *m* inverse
  nl sperstroom *m*

R296 e **reverse engineering**
  r воспроизведение *n*, копирование *n* (*образцов приборов*)
  d Reproduzierung *f*, Kopieren *n* (*von Gerätemustern*)
  f reproduction *f* (*des modeles de dispositifs*)
  nl terugwerkend ontwikkelen en construeren (*vanuit bestaand produkt*)

R297 e **reverse etching of oxide**
  r травление *n* оксидированной обратной поверхности полупроводниковой пластины
  d Ätzen *n* der oxydierten Waferrückseite
  f décapage *m* de surface inverse oxydée de tranche
  nl negatief oxyde-etsen *n*

R298 e **reverse image**
  r перевёрнутое изображение *n*
  d umgekehrtes Bild *n*
  f image *f* inverse
  nl 1. omgekeerd beeld *n* 2. gespiegeld beeld *n* 3. negatief beeld *n*

R299 e **reverse mesa**
  r обратная меза-структура *f*
  d umgekehrte Mesastruktur *f*
  f structure *f* mesa inverse
  nl omgekeerde mesa(-structuur) *f* (*f*)

R300 e **reverse osmosis system**
  r система *f* водоочистки с обратным осмосом
  d Rückosmosesystem *n*
  f système *m* (*de purification d'eau*) à osmose inverse
  nl omgekeerde-osmose-systeem *n*

R301 e **reverse resistance**
  r обратное сопротивление *n*
  d Sperrwiderstand *m*
  f résistance *f* inverse
  nl sperweerstand *m*

R302 e **reversibility**
  r обратимость *f* (*реакции*)
  d Umkehrbarkeit *f*
  f réversibilité *f*
  nl omkeerbaarheid *f*

R303 e **reversible [reversive] transition**
  r реверсивный [обратимый] переход *m*
  d umkehrbarer Übergang *m*
  f transition *f* inverse
  nl omkeerbare overgang *m*

R304 e **rework cassette**
  r кассета *f* для регенерируемых (полупроводниковых) пластин
  d Regenerationskassette *f*
  f cassette *f* pour tranches régénérées
  nl nabewerkingscassette *f*

R305 e **RF induced plasma**
  r индуцированная плазма *f* ВЧ-разряда
  d HF-induziertes Plasma *n*
  f plasma *m* induit de décharge à haute fréquence
  nl HF-geïnduceerd plasma *n*

R306 e **RF sputtering**
  r высокочастотное ионное распыление *n*
  d HF-Sputtern *n*, Hochfrequenzsputtern *n*
  f pulvérisation *f* ionique à haute fréquence
  nl hoogfrequent-sputteren *n*, HF-sputteren *n* [verstuiven *n*]

R307 e **RH** *see* **relative humidity**

R308 e **RHIC** *see* **radiation hardened integrated circuit**

R309 e **ribbon crystal**
  r ленточный кристалл *m*
  d Streifenkristall *m*
  f puce *f* en bande
  nl lintkristal *n*

R310 e **ribbon lead**
  r ленточный вывод *m*
  d Bandzuleitung *f*
  f sortie *f* de bande
  nl bandleiding *f*

R311 e **RIBE** *see* **reactive ion-beam etch(ing)**

R312 e **RIBO** *see* **reactive ion-beam oxidation**

R313 e **RIE** *see* **reactive ion etch(ing)**

R314 e **RIGFET** *see* **resistive insulated gate FET**

R315 e **rigidity**
  r жёсткость *f*; твёрдость *f*
  d Starrheit *f*; Steifigkeit *f*
  f rigidité *f*
  nl stijfheid *f*, starheid *f*

R316 e **rigid transmission mask**
  r жёсткий прозрачный [жёсткий транспарентный] фотошаблон *m*
  d starre Transparentmaske *f*
  f masque *m* rigide de transmission
  nl stijf transparantmasker *n*

R317 e **ring**
  r 1. кольцо *n* 2. кольцевой счётчик *m* 3. кольцевой генератор *m*
  d Ring *m*
  f anneau *m*
  nl ring *m*

R318 e **ring carrier**
  r кольцевой держатель *m* (*полупроводниковой пластины*)
  d Ringsträger *m*
  f support *m* en anneau
  nl ringvormige drager *m*

R319 e **ring-emitter transistor**
  r транзистор *m* с кольцевым эмиттером
  d Ringemittertransistor *m*
  f transistor *m* à émetteur annulaire [circulaire]
  nl transistor *m* met ring(vormige) emitter

R320 e **ring oscillator**
  r кольцевой генератор *m*
  d Ringoszillator *m*

RINSE

    f oscillateur *m* en anneau [annulaire]
   nl ringoscillator *m*

R321 *e* **rinse**
    r промывка *f*; отмывка *f*
    d Spülen *n*, Spülung *f*; Wässern *n*
    f rinçage *m*
   nl (af)spoelen, afwassen

R322 *e* **rinser**
    r установка *f* (для) промывки
    d Spülanlage *f*
    f rinceuse *f*
   nl spoelinstallatie *f*

R323 *e* **rinser/dryer system**
    r установка *f* промывки и сушки (полупроводниковых пластин)
    d Spül- und Trockenanlage *f*
    f système *m* de rinçage-séchage
   nl spoel-drooginstallatie *f*

R324 *e* **rinse water**
    r вода *f* для промывки или отмывки
    d Spülwasser *n*
    f eau *f* pour rinçage
   nl spoelwater *n*

R325 *e* **rinsing module**
    r модуль *m* отмывки
    d Wässerungsmodul *m*
    f module *m* de rinçage
   nl spoeleenheid *f*

R326 *e* **riser**
    r вертикальная проводящая перемычка *f*
    d vertikale Leitungsbrücke *f*
    f traversée *f* conductrice verticale
   nl verticale bruggeleider *m*

R327 *e* **rise time**
    r время *n* нарастания; время *n* установления
    d Anstiegszeit *f*
    f temps *m* de croissance
   nl stijgtijd *m*, oplooptijd *m*

R328 *e* **robotics, robotic technology**
    r робототехника *f*
    d Robotik *f*, Robotertechnik *f*
    f robotique *f*
   nl robotica *f*, robottechniek *f*

R329 *e* **robotic transfer system**
    r роботизированная погрузочно-разгрузочная система *f*
    d robotisiertes Transfersystem *n*
    f système *m* de chargement-déchargement robotique
   nl gerobotiseerd goederentransport(systeem) *n (n)*

R330 *e* **robot picker**
    r схват *m* робота
    d Greifvorrichtung *f* eines Roboters
    f pince *f* de robot
   nl grijpinrichting *f* van robot

R331 *e* **rod**
    r стержень *m*; (полупроводниковый) слиток *m*
    d Stab *m*

    f barre *f*
   nl staaf *f (m)*

R332 *e* **roentgen radiation**
    r рентгеновское излучение *n*
    d Röntgenstrahlung *f*, X-Strahlung *f*
    f radiation *f* Roentgen
   nl Röntgenstraling *f*, X-straling *f*

R333 *e* **ROI** *see* **recessed-oxide isolation**

R334 *e* **ROI region**
    r изолирующая оксидная область *f* в канавке
    d ROI-Bereich *m*, isolierter Graben-Oxidbereich *m*
    f région *f* isolée oxydée en rainure
   nl verzonken-oxyde zone *f (m)*

R335 *e* **ROM** *see* **read-only memory**

R336 *e* **ROS** *see* **read-only storage**

R337 *e* **rotary (surface) grinder**
    r шлифовальный станок *m* с вращающимися абразивными кругами
    d Schleifmaschine *f* mit rotierenden Schleifscheiben
    f meuleuse *f* à disques abrasifs rotatifs
   nl slijpmachine *f* met roterende slijpschijf

R338 *e* **roughness**
    r шероховатость *f*
    d Rauhigkeit *f*
    f rugosité *f*
   nl ruwheid *f*

R339 *e* **roughness meter**
    r измеритель *m* шероховатости
    d Rauhigkeitsmesser *m*
    f rugosimètre *m*
   nl ruwheidsmeter *m*

R340 *e* **rough surface**
    r шероховатая поверхность *f*; нешлифованная поверхность *f* подложки
    d rauhe Oberfläche *f*; unbearbeitete (Wafer)oberfläche *f*
    f surface *f* rugueuse
   nl ruw [onbewerkt] oppervlak *n*

R341 *e* **rough vacuum**
    r низкий вакуум *m*
    d Grobvakuum *n*
    f vide *m* bas
   nl grof-vacuüm *n*

R342 *e* **route**
    r 1. трассировка *f*; разводка *f*; соединения *n pl* 2. трасса *f*; путь *m*; маршрут *m*
    d 1. Routing *n*, Trassierung *f*, Leitwegführung *f* 2. Route *f*; Leitweg *m*; Leitbahn *f*
    f 1. routage *m*; traçage *m* 2. route *f*
   nl 1. route *f*, tracé *n* 2. routeren, traceren, langs traject geleiden

R343 *e* **routed layout**
    r скоммутированная топология *f*, топология *f* скоммутированных элементов

    d verdrahtetes Layout *n*
    f disposition *f* [topologie *f*] commutée
    nl opstelling *f* [ontwerp *n*] met onderlinge verbindingen

R344 *e* **router** *see* **routing program**

R345 *e* **routine lithographic resolution**
    r типовая разрешающая способность *f* литографии
    d typisiertes lithografisches Auflösungsvermögen *n*
    f résolution *f* de lithographique conventionnelle
    nl doorsnee lithografie-resolutie *f*

R346 *e* **routing**
    r **1.** трассировка *f*; формирование *n* разводки **2.** разводка *f*; соединения *n pl*
    d **1.** Routing *n*; Leitwegführung *f*; Trassierung *f* **2.** Leiterzugführung *f*, Leiterbahnverlauf *m*
    f **1.** routage *m* **2.** interconnexions *f pl*
    nl verbindingenloop *m*, routering *f*, trajectgeleiding *f*

R347 *e* **routing layout**
    r топология *f* разводки; топология *f* соединений
    d Leitweglayout *n*
    f disposition *f* [topologie *f*] d'interconnexions
    nl verbindingsplan *n*, ontwerp *n* van verbindingenloop

R348 *e* **routing pattern**
    r рисунок *m* соединений
    d Leitwegstruktur *f*
    f image *f* [motif *m*, dessin *m*] d'interconnexions
    nl verbindingspatroon *n*

R349 *e* **routing program**
    r программа *f* трассировки
    d Routingprogramm *n*
    f routeur *m*
    nl routeringsprogramma *n*

R350 *e* **ROX** *see* **recessed oxide**

R351 *e* **RPCVD** *see* **reduced-pressure chemical vapor deposition**

R352 *e* **RRDTL** *see* **radiation-resistant diode-transistor logic**

R353 *e* **R-S flip-flop** *see* **reset-set flip-flop**

R354 *e* **R-S-T flip-flop**
    r RST-триггер *m*, тактируемый RS-триггер *m*
    d RST-Flip-Flop *n*
    f bascule *f* R-S-T, bascule *f* R-S synchronisée
    nl RST-flip-flop *m*

R355 *e* **RTL** *see* **resistor-transistor logic**

R356 *e* **ruby(lith)**
    r рубилит *m*; рубилитовая плёнка *f*
    d Rubilith *m*; Rubilithfolie *f*
    f rubylith *m*; film *m* en rubylith
    nl rubiliet(folie) *n (n)*

R357 *e* **rubylith artwork**
    r рубилитовый оригинал *m*
    d Rubilithvorlage *f*
    f original *m* de rubylith
    nl rubiliet-origineel *n*

R358 *e* **rugged environment**
    r жёсткие условия *n pl (эксплуатации)*; неблагоприятные условия *n pl* окружающей среды
    d rauhe Umgebungsbedingungen *pl*
    f environnement *m* adverse
    nl zware omgevingscondities *f pl*

R359 *e* **ruggedness**
    r (механическая) прочность *f*; стойкость *f*, устойчивость *f*
    d Robustheit *f*
    f résistance *f*
    nl robuustheid *f*

R360 *e* **rugged photomask**
    r износоустойчивый фотошаблон *m*
    d stabile Fotomaske *f*
    f photomasque *m* tolérant à usure
    nl vormvast fotomasker *n*

R361 *e* **rule**
    r **1.** правило *n* **2.** (топологическая) проектная норма *f*
    d Regel *f*
    f règle *f*
    nl maatstaf *m*

R362 *e* **rule checking**
    r проверка *f* (топологических) проектных норм, проверка *f* минимальных размеров элементов
    d Strukturbreitenkontrolle *f*
    f contrôle *m* des règles topologiques
    nl structuurbreedte-controle *f (m)*

R363 *e* **run**
    r **1.** токопроводящая дорожка *f*; шина *f* **2.** партия *f (приборов)* **3.** цикл *m*; операция *f*
    d **1.** Leiterbahn *f* **2.** Serie *f* **3.** Durchgang *m*; Arbeitsgang *m*
    f **1.** piste *f* conductrice **2.** série *f* **3.** cycle *m*; opération *f*
    nl **1.** gang *m*, loop *m* **2.** (geleider)spoor *n* **3.** (produktie)serie *f*

R364 *e* **runaway**
    r уход *m*; разброс *m (параметров)*; нестабильность *f*
    d Weglaufen *n*; Instabilität *f*
    f dérive *f*; variance *f*; instabilité *f*
    nl op hol slaan *n*, instabiliteit *f*

R365 *e* **runover**
    r растекание *n*; натекание *n (фоторезиста)*
    d Zerfließen *n*
    f écoulement *f*
    nl viaduct-spoor *n*

R366 *e* **run-to-run repeatability, run-to-run reproducibility**
    r воспроизводимость *f (приборов)* от партии к партии

- d Reproduzierbarkeit *f* von Serie zu Serie
- f reproductibilité *f (des dispositifs)* de série à la série
- nl reproduceerbaarheid *f* van serie tot serie

R367 e **run-to-run variation**
- r разброс *m* параметров от партии к партии
- d Streuung *f* von Serie zu Serie
- f variance *f* des paramètres de série à la série
- nl variatie *f* van serie tot serie

R368 e **rupture**
- r разрушение *n*; пробой *m*; разрыв *m*
- d Zerstörung *f*; Bruch *m*; Durchschlag *m*
- f destruction *f*; rupture *f*
- nl breuk *f (m)*, doorslag *m*

R369 e **rupture voltage**
- r напряжение *n* пробоя
- d Durchschlaggspannung *f*
- f tension *f* de rupture
- nl doorslagspanning *f*

R370 e **ruthenium-oxide system**
- r система *f* паст на основе оксида рутения
- d Rutheniumoxidpastensystem *n*
- f pâtes *f pl* à la base d'oxyde de ruthénium
- nl ruthenium-oxydepasta-systeem *n*

S

S1 e **SAC** *see* **self-aligned contact**
S2 e **SAG** *see* **self-aligned gate**
S3 e **SAGMOS** *see* **self-aligned gate MOS**
S4 e **Salicide** *see* **self-aligned polycide**
S5 e **SAM** *see* **scanning Auger microprobe**
S6 e **SAMC** *see* **single-aluminum memory cell**
S7 e **SAMOS** *see* **self-aligned gate metal-oxide-semiconductor**

S8 e **sample**
- r 1. (опытный) образец *m* 2. выборка *f*
- d 1. Muster *n*, Versuchsmuster *n* 2. Stichprobe *f* 3. Abtastwert *m*
- f échantillon *m*
- nl 1. monster *n* 2. proefexemplaar *n* 3. stekproet *f (m)* 4. momentane waarde *f*, momentwaarde *f*

S9 e **sample/hold, sample-hold circuit**
- r схема *f* выборки и хранения
- d Abtast- und Halteschaltung *f*
- f circuit *m* d'échantillonnage/stockage
- nl bemonster-(aan)houdschakeling *f*

S10 e **sample wafer**
- r тестовая полупроводниковая пластина *f*; полупроводниковая пластина *f* для выборочного контроля
- d Testscheibe *f (für Stichprobenprüfung)*
- f tranche *f* pour inspection sélective
- nl proefwafel *f (m)*, testwafel *f (m)*

S11 e **sampling**
- r 1. изготовление *n* опытных образцов 2. выборка *f*; выборочные испытания *n pl*
- d 1. Versuchsmusterherstellung *f* 2. Stichprobenahme *f*; Probenahme *f*
- f 1. fabrication *f* des prototypes 2. échantillonnage *m*
- nl bemonstering *f*, monster(s) nemen *n*, steekproef uitvoeren *n*

S12 e **sampling inspection**
- r выборочный (визуальный) контроль *m*
- d Stichprobenprüfung *f*
- f inspection *f* sélective
- nl steekproefgewijze controle *f (m)*

S13 e **sandblaster**
- r установка *f* пескоструйной обработки
- d Sandstrahlanlage *f*
- f installation *f* pour sablage
- nl zandstraalinstallatie *f*

S14 e **sandblasting**
- r абразивная (пескоструйная) обработка *f*
- d Sandstrahlen *n*, Abstrahlen *n*
- f sablage *m*
- nl (zand) stralen *n*

S15 e **sandwich structure**
- r трёхслойная структура *f*, структура *f* типа «сэндвич»
- d Sandwichstruktur *f*, Mehrschichtenstruktur *f*
- f structure *f* à trois couches, structure *f* type sandwich
- nl sandwich-structuur *f*

S16 e **sapphire dielectric isolation**
- r диэлектрическая изоляция *f* в ИС на КНС-структуре
- d dielektrische Saphirisolation *f*
- f isolation *f* diélectrique à structure silicium-sur-saphir
- nl diëlektrische isolatie *f* met saffier

S17 e **sapphire microprocessor**
- r микропроцессор *m* с КНС-структурой
- d Saphir-Prozessor *m*, Mikroprozessor *m* mit SOS-Struktur
- f microprocesseur *m* à structure silicium-sur-saphir
- nl microprocessor *m* op basis van saffier, microprocessor *m* in SOS-techniek

S18 e **SASFET** *see* **self-aligned Schottky FET**
S19 e **SATO** *see* **self-aligned thick oxide**

S20 e **SATO process**
- r технология *f* МОП ИС с самосовмещёнными затворами и толстым оксидным слоем
- d SATO-Technik *f*
- f technologie *f* SATO [des C. I. MOS à grilles auto-alignées et à couche d'oxyde épaisse]
- nl SATO-procédé *n*

S21   e **saturation characteristic**
     r характеристика *f* на участке
         насыщения
     d Sättigungscharakteristik *f*
     f caractéristique *f* de région de saturation
     nl verzadigingskromme *f (m)*

S22   e **saturation current**
     r ток *m* насыщения
     d Sättigungsstrom *m*
     f courant *m* de saturation
     nl verzadigingsstroom *m*

S23   e **saturation mode**
     r режим *m* насыщения
     d Sättigungsbetrieb *m*
     f mode *m* de saturation
     nl instelling *f* op verzadiging

S24   e **saturation point**
     r точка *f* [температура *f*] насыщения
     d Sättigungspunkt *m*
     f point *m* de saturation
     nl verzadigingspunt *n*

S25   e **saturation region**
     r область *f* насыщения
     d Sättigungsbereich *m*
     f région *f* de saturation
     nl verzadigingsgebied *n*

S26   e **saturation resistance**
     r сопротивление *n* насыщения
     d Sättigungswiderstand *m*
     f résistance *f* de saturation
     nl verzadigingsweerstand *m*

S27   e **saturation voltage**
     r напряжение *n* насыщения
     d Sättigungsspannung *f*
     f tension *f* de saturation
     nl verzadigingsspanning *f*

S28   e **SAW** *see* **surface-acoustic wave**

S29   e **saw**
     r 1. пила *f* 2. установка *f* для резки
         слитков
     d 1. Säge *f* 2. Trennsäge *f*
     f 1. scie *f* 2. installation *f* à découper les
         lingots
     nl zaag *f (m)*

S30   e **SAW amplifier**
     r усилитель *m* на ПАВ
     d SAW-Verstärker *m*, OFW-Verstärker *m*
     f amplificateur *m* à ondes de surface
         acoustiques
     nl SAW-versterker *m*

S31   e **saw blade**
     r режущий диск *m*; режущее
         полотно *n*
     d Sägeblatt *n*
     f lame *f* de scie
     nl zaagblad *n*

S32   e **saw device**
     r прибор *m* на поверхностных
         акустических волнах, прибор *m* на
         ПАВ
     d SAW-Bauelement *n*, OFW-
         Bauelement *n*
     f dispositif *m* à ondes de surface
         acoustiques
     nl SAW-bouwsteen *m*

S33   e **SAWF** *see* **surface-acoustic wave filter**

S34   e **sawing**
     r распиливание *n*; резка *f (слитков)*
     d Zersägen *n*; Trennen *n*
     f sciage *m*; découpage *m*
     nl (af)zagen *n*

S35   e **SB** *see* **Schottky barrier**

S36   e **SBC** *see* **standard buried collector**

S37   e **SBC technique**
     r базовая технология *f* ИС на
         биполярных транзисторах
         с коллекторными скрытыми слоями
     d SBC-Technik *f*
     f technologie *f* SBC [de base des C. I.
         à transistors bipolaires à couches
         collectrices cachées]
     nl SBC-techniek *f*

S38   e **SBD** *see* **Schottky barrier diode**

S39   e **SB-FET** *see* **Schottky barrier gate FET**

S40   e **SBMOS** *see* **Schottky barrier MOS**

S41   e **SBR diffusion**
     r диффузия *f* для формирования
         стандартных базы и резистора
     d SBR-Diffusion *f*
     f diffusion *f* SBR [pour formation de base
         et de résistance standard]
     nl SBR-diffusie *f*

S42   e **SC** *see* **semiconductor**

S43   e **scaled-down lithography**
     r литография *f* с масштабированием
     d Lithografie *f* mit maßstäblicher
         Verkleinerung
     f lithographie *f* à mise [à réduction]
         à l'échelle
     nl lithografie *f* met schaalverkleining

S44   e **scaled geometry**
     r геометрия *f* масштабированной ИС
     d skalierte Geometrie *f*
     f géométrie *f* de C. I. à réduction
         à l'échelle
     nl geometrie *f* op schaal, ingeschaalde
         geometrie *f*, vormenpatroon(afbeelding)
         n (f) op maatraster

S45   e **scaled integrated circuit**
     r масштабированная ИС *f*, ИС *f*
         с элементами пропорционально
         уменьшенных размеров
     d skalierter integrierter Schaltkreis *m*
     f circuit *m* intégré à réduction à l'échelle
     nl geïntegreerde schakeling *f* op schaal,
         (evenredig) verkleind IC *n*

S46   e **scaled Isoplanar**
     r изопланарная технология *f*
         масштабированных ИС
     d Isoplanartechnik *f* mit maßstäblicher
         Verkleinerung
     f technologie *f* isoplanaire à réduction
         à l'échelle

SCALED

    nl Isoplanar-procédé *n* met verkleinde maatvoering

47 *e* **scaled MOS**
    r масштабированная МОП-структура *f*
    d skalierte MOS-Struktur *f*
    f structure *f* MOS à réduction à l'échelle
    nl MOS-procédé *n* met verkleinde maatvoering

S48 *e* **scaled process**
    r технология *f* масштабированных ИС
    d Schaltkreistechnik *f* mit maßstäblicher Verkleinerung *f*
    f technologie *f* des C. I. à réduction à l'échelle
    nl op schaal verkleind procédé *n*

S49 *e* **scaled representation**
    r масштабированное изображение *n*; изображение *n* в масштабе
    d skalierte Darstellung *f*
    f représentation *f* [image *f*] à l'échelle
    nl weergave *f (m)* op schaal, weergave *f (m)* met maatraster

S50 *e* scale factor *see* **scaling factor**

S51 *e* **scaling, scaling-down**
    r масштабирование *n*, пропорциональное уменьшение *n* размеров (элементов ИС)
    d Skalierung *f*, maßstäbliche Verkleinerung *f*
    f mise *f* [réduction *f*] à l'échelle
    nl schaalverkleining *f*, gereduceerde maatvoering *f*

S52 *e* **scaling factor**
    r коэффициент *m* масштабирования
    d Skalierungsfaktor *m*
    f facteur *m* de mise à l'échelle
    nl schaalverkleiningsfactor *m*

S53 *e* **scaling law**
    r правило *n* масштабирования
    d Skalierungsregel *f*
    f règle *f* de mise à l'échelle
    nl lschaalverkeiningsregel *m*

S54 *e* **scaling parameter, scaling ratio** *see* **scaling factor**

S55 *e* **scanner**
    r сканирующее устройство *n*
    d Scanner *m*, Abtaster *m*
    f scanneur *m*
    nl aftaster *m*, scanner *m*

S56 *e* **scanning Auger microanalysis**
    r сканирующий оже-микроанализ *m*
    d Raster-Auger-Mikroskopie *f*
    f micro-analyse *f* d'Auger de balayage
    nl raster-Augermicroscopie *f*

S57 *e* **scanning Auger microprobe**
    r сканирующий микрозонд *m* Оже
    d Raster-Auger-Mikrosonde *f*
    f microsonde *f* d'Auger de balayage
    nl raster-Augermicrosonde *f (m)*

S58 *e* **scanning electron-beam lithography**
    r сканирующая электронно-лучевая литография *f*
    d Rasterelektronenstrahllithografie *f*
    f lithographie *f* électronique à balayage
    nl rasterelektronen (straal) lithografie *f*

S59 *e* **scanning electron micrograph**
    r микрофотография *f*, полученная с помощью растрового электронного микроскопа
    d rasterelektronenmikroskopische Aufnahme *f*
    f microphotographie *f* à l'aide d'un microscope électronique à balayage
    nl rasterelktronenmicroscopische opname *f (m)*

S60 *e* **scanning electron microscope**
    r растровый электронный микроскоп *m*
    d Rasterelektronenmikroskop *n*
    f microscope *m* électronique à balayage
    nl rasterelektronenmicroscoop *m*

S61 *e* **scanning laser-acoustic microscope**
    r растровый лазерно-акустический микроскоп *m*
    d laserakustisches Rastermikroskop *n*
    f microscope *m* laser-acoustique à balayage
    nl laserakoestische rastermicroscoop *m*

S62 *e* **scanning projection printing**
    r сканирующая проекционная литография *f*
    d Projektionsbelilchtung *f* mit Waferscanner
    f lithographie *f* de projection à balayage
    nl rasterprojectielithografie *f*

S63 *e* **scanning transmission electron microscope**
    r растровый просвечивающий электронный микроскоп *m*
    d Transmissionsrastermikroskop *n*, Rastertransmissionselektronen-mikroskop *n*
    f microscope *m* électronique à balayage et à transmission
    nl doorlaat-rasterelektronenmicroscoop *m*

S64 *e* **scanning tunneling microscope**
    r растровый туннельный микроскоп *m*
    d Rastertunnelmikroskop *n*
    f microscope *m* tunnel à balayage
    nl rastertunnelmicroscoop *m*

S65 *e* **SCAT** *see* **Scottky cell array technology**

S66 *e* **scatter(ing)**
    r рассеяние *n*; разброс *m*
    d Streuung *f*
    f dispersion *f*
    nl (ver) strooiing *f*, (ver) spreiding *f*

S67 *e* **SCCD** *see* 1. **surface-channel CCD** 2. **surface charge-coupled device**

S68 *e* **schematic representation, scheme**
    r схема *f*
    d schematische Darstellung *f*
    f schéma *m*
    nl schematische weergave *f (m)*, schema *n*

S69 *e* **Schmitt trigger**
    r триггер *m* Шмитта

SCHOTTKY

- *d* Schmitt-Trigger *m*
- *f* basculeur *m* de Schmitt
- *nl* Schmitt-trigger (schakeling) *m (f)*

S70 *e* **Schottky barrier**
- *r* барьер *m* Шотки
- *d* Schottky-Barriere *f*
- *f* barrière *f* Schottky
- *nl* Schottky-barrière *f (m)*

S71 *e* **Schottky barrier diode**
- *r* диод *m* Шотки
- *d* Schottky-Diode *f*
- *f* diode *f* (à barrière) Schottky
- *nl* Schottky-diode *f*

S72 *e* **Schottky barrier gate**
- *r* затвор *m* в виде барьера Шотки, затвор *m* Шотки
- *d* Schottky-Gate *n*
- *f* grille *f* (à barrière) Schottky
- *nl* Schottky-poort *f (m)*

S73 *e* **Schottky barrier gate FET**
- *r* полевой транзистор *m* с затвором Шотки
- *d* Schottky-Gate-Feldeffekttransistor *m*
- *f* transistor *m* FET à grille Schottky
- *nl* Schottky-poort-veldeffecttransistor *m*, Schottky-FET *m*

S74 *e* **Schottky barrier junction** *see* **Schottky barrier**

S75 *e* **Schottky barrier MOS**
- *r* МОП-структура *f* с затвором Шотки
- *d* Schottky-Gate-MOS *f*
- *f* structure *f* MOS à grille Schottky
- *nl* Schottky-poort-metaal-oxyde-halfgeleider *m*, Schottky-MOS *m*

S76 *e* **Schottky cell**
- *r* элемент *m* ТТЛ с диодами Шотки, элемент *m* ТТЛШ; ячейка *f* ТТЛ с диодами Шотки, ячейка *f* ТТЛШ
- *d* Schottky-Zelle *f*
- *f* élément *m* de logique tout à transistors à diodes Schottky
- *nl* Schottky *f (m)*

S77 *e* **Schottky-cell array**
- *r* матрица *f* ячеек ТТЛ с диодами Шотки *(тип базового матричного кристалла)*
- *d* Schottky-Zellenarray *n*
- *f* réseau *m* d'éléments de logique tout à transistors à diodes Schottky
- *nl* Schottky-cellenmatrix *f*

S78 *e* **Schottky cell array technology**
- *r* техника *f* матричных ИС на основе базовых ТТЛ кристаллов с диодами Шотки
- *d* Schottky-Zellenarraytechnik *f*
- *f* technologie *f* à la base de réseau d'éléments de logique tout à transistors à diodes Schottky
- *nl* Schottky-cellenmatrixtechnologie *f*

S79 *e* **Schottky clamp**
- *r* фиксирующий диод *m* Шотки
- *d* Schottky-Klemmdiode *f*
- *f* diode *f* Schottky limiteuse
- *nl* Schottky-klemdiode *f*

S80 *e* **Schottky-clamped transistor**
- *r* транзистор *m* Шотки
- *d* Schottky-Transistor *m*
- *f* transistor *m* Schottky
- *nl* transistor *m* met Schottky-klemdiode, Schottky-transistor *m*

S81 *e* **Schottky-coupled transistor logic**
- *r* ТТЛ *f* с транзисторами Шотки, ТШЛ
- *d* Schottky-gekoppelte Transistorlogik *f*, SCL *f*
- *f* logique *f* toute à transistors Schottky
- *nl* Schottky-gekoppelde transistor logica *f*, SCTL *f*

S82 *e* **Schottky defect**
- *r* дефект *m* по Шотки
- *d* Schottky-Defekt *m*
- *f* défaut *m* de Schottky
- *nl* Schottky-defect *n*

S83 *e* **Schottky-diode** *see* **Schottky barrier diode**

S84 *e* **Schottky-diode FET** *see* **Schottky barrier gate FET**

S85 *e* **Schottky-diode FET logic**
- *r* логические схемы *f pl* на полевых транзисторах с затворами Шотки
- *d* Schottky-FET-Logik *f*
- *f* logique *f* à transistors FET à grille Schottky
- *nl* Schottky-FET-logica *f*

S86 *e* **Schottky-diode transistor logic** *see* **Schottky transistor-transistor logic**

S87 *e* **Schottky effect**
- *r* эффект *m* Шотки
- *d* Schottky-Effekt *m*
- *f* effet *m* Schottky
- *nl* Schottky-effect *n*

S88 *e* **Schottky electrode** *see* **Schottky barrier gate**

S89 *e* **Schottky gate FET** *see* **Schottky barrier gate FET**

S90 *e* **Schottky-gate metallization**
- *r* металлизация *f* для формирования затвора Шотки
- *d* Schottky-Gate-Metallisierung *f*
- *f* métallisation *f* pour formation de grille Schottky
- *nl* Schottky-poortmetallisatie *f*

S91 *e* **Shottky integrated injection logic**
- *r* И^{2}Л *f* с диодами Шотки
- *d* Schottky-I^{2}L *f*
- *f* logique *f* I^{2}L [intégrée à injection] à diodes Schottky
- *nl* Schottky-geïntegreerde injectielogica *f*, I^{2}L *f*

S92 *e* **Schottky interface**
- *r* граница *f* раздела металл — полупроводник, образующая барьер Шотки
- *d* Schottky-Grenzfläche *f*

SCHOTTKY

    f interface *f* Schottky
    nl Schottky-(metaal-halfgeleider) grenslaag *f (m)*

S93 *e* **Schottky junction** *see* **Schottky barrier**

S94 *e* **Schottky noise**
    r дробовой шум *m*
    d Schrotrauschen *n*
    f bruit *m* Schottky
    nl Schottky-hagel ruis *m*

S95 *e* **Schottky transistor**
    r транзистор *m* Шотки
    d Schottky-Transistor *m*
    f transistor *m* Schottky
    nl Schottky-transistor *m*

S96 *e* **Schottky-transistor logic**
    r логические схемы *f pl* с транзисторами Шотки
    d Schottky-Transistorlogik *f*
    f logique *f* à transistors Schottky
    nl Schottky-transistorlogica *f*

S97 *e* **Schottky transistor-transistor logic**
    r ТТЛ *f* с диодами Шотки, ТТЛШ
    d Schottky-TTL *f*
    f logique *f* toute à transistors à diodes Schottky
    nl Schottky-transistor-transistorlogica *f*, TTL *f*

S98 *e* **Schottky TTL gate**
    r элемент *m* ТТЛ с диодами Шотки, элемент *m* ТТЛШ
    d Schottky-TTl-Element *n*
    f porte *f* de logique toute à transistors à diodes Schottky
    nl Schottky-TTL-poort *f (m)*

S99 *e* **SC-LSI** *see* **semicustom large-scale integration**

S100 *e* **SC/MP** *see* **semiconductor microprocessor**

S101 *e* **scored slice**
    r скрайбированная полупроводниковая пластина *f*
    d geritzter Wafer *m*
    f tranche *f* rayée
    nl geritste plak *f (m)*

S102 *e* **score line** *see* **scribed line**

S103 *e* **SCOT** *see* **self-aligned silicide base contact technology**

S104 *e* **scratch**
    r 1. царапина *f* 2. линия *f* скрайбирования
    d Ritze *f*
    f rayure *f*
    nl kras *f (m)*, kerf *f (m)*, inkerving *f*

S105 *e* **screen**
    r 1. трафарет *m* 2. экран *m* 3. отбраковка *f*
    d 1. Maske *f*, Sieb *n* 2. Bildschirm *m* 3. Rückweisung *f*
    f 1. masque *m* 2. écran *m* 3. mise *f* en rebut
    nl 1. scherm *n* 2. beeldscherm *n* 3. afscherming *f* 4. raster *n* 5. zeef *f (m)*

S106 *e* **screenable resist**
    r резист *m* для трафаретной печати
    d siebdruckfähiges Resist *n*
    f résist *m* pour sérigraphie
    nl voor zeefdrukken geschikte (af) deklak *m*

S107 *e* **screen-and-fire process, screen-and-fire technology**
    r технология *f* трафаретной печати и вжигания нанесённой пасты; толстоплёночная технология *f*
    d Siebdruck- und Einbrenntechnik *f*; Dickschichttechnik *f*
    f technologie *f* de sérigraphie et de cuisson des pâtes; technologie *f* sérigraphique
    nl zeefdruk- en inbrandprocédé *n*, dikkelaagprocédé *n*

S108 *e* **screened conductor**
    r проводник *m*, сформированный трафаретной печатью
    d im Siebdruck hergestellter Leiter *m*
    f conducteur *m* créé par sérigraphie
    nl in zeefdruk vervaardigde geleider *m*

S109 *e* **screened-on resistor**
    r толстоплёночный резистор *m*, резистор, *m*, сформированный трафаретной печатью
    d im Siebdruck hergestellter Dickschichtwiderstand *m*
    f résistance *f* créée par sérigraphie
    nl in zeefdruk vervaardigde dikkelaagweerstand *m*

S110 *e* **screened solder mask**
    r припойная маска *f*, сформированная трафаретной печатью
    d Siebdruckmaske *f*
    f masque *m* à braser créé par sérigraphie
    nl zeefdruk-soldeermasker *n*

S111 *e* **screener** *see* **screen printer**

S112 *e* **screening**
    r 1. трафаретная печать *f* 2. экранирование *n* 3. отбраковка *f*; выборочные испытания *n pl*
    d 1. Siebdruck *m* 2. Abschirmung *f* 3. Rückweisung *f*; Stichprobe *f* 4. Rasterung *f*
    f 1. sérigraphie *f* 2. blindage *m* 3. mise *f* en rebut; échantillonnage *m*
    nl 1. zeefdruk *m* 2. afscherming *f* 3. onderzoeken *n* op verborgen fouten, doorlichten *n (fig.)*

S113 *e* **screening burn-in**
    r выборочная термотренировка *f*
    d stichprobenweises Burn-in *n*
    f entraînement *m* à température élevée d'échantillon
    nl inbranden *n* bij zeefdruk

S114 *e* **screen(ing) mask**
    r трафарет *m* для толстоплёночной технологии
    d Sieb *n*

  f masque *m* pour technologie
   sérigraphique
  nl zeef *f (m)*

S115 *e* **screen printable paste**
  r паста *f* для трафаретной печати
  d Siebdruckpaste *f*
  f pâte *f* pour sérigraphie
  nl zeefdrukpasta *m*

S116 *e* **screen-printed circuit**
  r толстоплёночная ГИС *f*
  d Dickschichthybridschaltung *f*
  f circuit *m* intégré hybride créé par
   sérigraphie
  nl dikkelaag-hybrideschakeling *f*

S117 *e* **screen printer**
  r установка *f* трафаретной печати
  d Siebdruckmaschine *f*
  f imprimante *f* de sérigraphie
  nl zeefdrukinrichting *f*

S118 *e* **screen printing**
  r трафаретная печать *f*
  d Siebdruck *m*
  f sérigraphie *f*
  nl zeefdrukken *n*

S119 *e* **screen printing stencil**
  r трафарет *m* для толстоплёночных
   ГИС
  d Schablonenmaske *f (für
   Dickschichthybridschaltungen)*
  f masque *m* sérigraphique
  nl sjabloonmasker *n*

S120 *e* **screen size, screen-wire mesh**
  r размер *m* ячейки в проволочном
   трафарете
  d Siebzellengröße *f*
  f taille *f* de maille de masque
   sérigraphique
  nl zeefmaaswijdte *f*

S121 *e* **screw dislocation**
  r винтовая дислокация *f*
  d Schraubenversetzung *f*
  f dislocation *f* en hélice
  nl schroefvormige dislocatie *f*

S122 *e* **scribed line**
  r линия *f* скрайбирования
  d Ritze *f*, Ritzgraben *m*
  f rayure *f*
  nl ingekerfde lijn *f (m)*, inkerving *f*

S123 *e* **scribe-line definition**
  r формирование *n* рисунка линий
   скрайбирования
  d Ritzenmusterdefinition *f*
  f définition *f* de dessin des rayures
  nl kerfdefinitie *f*, ritslijndefinitie *f*

S124 *e* **scriber**
  r 1. скрайбер *m*, установка *f*
   скрайбирования 2. (алмазный)
   резец *m*
  d 1. Ritzvorrichtung *f* 2. Diamantwerkzeug
   n
  f 1. installation *f* de rayure 2. outil-
   diamant *m*
  nl kraswerktuig *n*, kerfwerktuig *n*,
   ritswerktuig *n*, ritsinrichting *f*

S125 *e* **scribing**
  r скрайбирование *n*
  d Ritzen *n*
  f rayure *f*, grattage *m*
  nl aftekenen *n*, inkrassen *n*,
   (in)kerven *n*, ritsen *n*

S126 *e* **scribing plotter**
  r координатограф *m* с резцом
  d —
  f coordinatographe *m* [tableur *m*] à rayer
  nl opteken-plotter *m*

S127 *e* **scribing system** *see* **scriber**

S128 *e* **scrubber**
  r установка *f* отмывки и очистки
  d Skrubber *m*, Schrubmaschine *f*
  f installation *f* de rinçage et nettoyage
  nl 1. schrobinrichting *f* 2. gaswasser *m*,
   gasreiniger *m*

S129 *e* **scrubbing**
  r отмывка *f* и очистка *f*
  d Skrubben *n*
  f rinçage *m* et nettoyage *m*
  nl 1. schrobben *n* 2. gaswassen *n*,
   gasreiniging *f*

S130 *e* **SCT** *see* **surface charge transistor**

S131 *e* **SCTL** *see* **Schottky-coupled transistor
  logic**

S132 *e* **scum**
  r остатки *m pl* непроявленного
   фоторезиста
  d Resistreste *m pl*, Lackreste *m pl*
  f restes *m pl* du résist non développé
  nl lakresten *f (m) pl*

S133 *e* **SDA** *see* **shallow-diode array**

S134 *e* **SDFEL** *see* **Schottky-diode FET
  logic**

S135 *e* **SDFET** *see* **Schottky-diode FET**

S136 *e* **S/D regions**
  r области *f pl* истока и стока
  d S/D-Bereiche *m pl*
  f régions *f pl* drain/source
  nl S/D-zones *f (m) pl*

S137 *e* **SDTL** *see* **Schottky-diode transistor
  logic**

S138 *e* **seal**
  r 1. уплотняющая прокладка *f*;
   уплотнение *n* 2. спай *m*; впай *m*
  d 1. Abdichtung *f*; Dichtung *f*
   2. Einschmelzstelle *f*
  f 1. joint *m* (étanche) 2. scellement *m*
  nl (hermetische) afdichting *f*, (af)sluiting *f*

S139 *e* **sealant**
  r герметик *m*; уплотнитель *m*
  d Verkappungsmaterial *n*; Dichtungsmittel
   n
  f hermétique *m*
  nl (af) dichtmiddel *n*

S140 *e* **sealed chamber**
  r герметизированная камера *f*

SEALED

- *d* hermetisch abgeschlossene Kammer *f*
- *f* chambre *f* hermétique
- *nl* hermetisch afgesloten kamer *f (m)*

S141 *e* **sealed diode**
- *r* герметизированный диод *m*
- *d* hermetisierte Diode *f*
- *f* diode *f* encapsulée
- *nl* hermetische diode *f*

S142 *e* **sealed hybrid**
- *r* герметизированная ГИС *f*
- *d* hermetisch verschlossene Hybridschaltung *f*
- *f* circuit *m* intégré hybride encapsulé
- *nl* hermetisch afgedichte hybrideschakeling *f*

S143 *e* **sealed-junction integrated circuit**
- *r* ИС *f* с герметизированными переходами
- *d* Schaltkreis *m* mit hermetisierten pn-Übergängen
- *f* circuit *m* intégré à jonctions hermétiques
- *nl* geïntegreerde schakeling *f* met hermetisch afgedekte p-n-overgangen

S144 *e* **sealer**
- *r* 1. установка *f* для герметизации 2. установка *f* для пайки
- *d* 2. Verkappungsanlage *f* 2. Lötmaschine *f*
- *f* 1. installation *f* pour encapsulation 2. machine *f* à souder
- *nl* afdichtinrichting *f*

S145 *e* **sealing**
- *r* 1. герметизация *f*; уплотнение *n* 2. формирование *n* спаев
- *d* 1. hermetischer Verschluß *m*; Abdichten *n*, Abdichtung *f* 2. Herstellung *f* von ötverbindungen
- *f* 1. hermétisation *f*; étanchement *m*; encapsulation *f* 2. scellage *m*
- *nl* hermetische afdichting *f* [afsluiting *f*]

S146 *e* **sealing compound**
- *r* герметизирующий компаунд *m*
- *d* Verkappungsmittel *n*
- *f* compound *m* hermétique
- *nl* afdichtverbinding *f*

S147 *e* **sealing gas**
- *r* газ-наполнитель *m* для корпусов
- *d* Abdichtungsgas *n*
- *f* gaz *m* pour remplissage des boîtiers
- *nl* afdichtingsgas *n*

S148 *e* **sealing glass**
- *r* припойное стекло *n*, стеклянный припой *m*
- *d* Glaslot *n*
- *f* verre *f* à braser, brasure *f* en verre
- *nl* glassoldeer *n*

S149 *e* **sealing layer**
- *r* герметизирующий слой *m*
- *d* Verkappungsschicht *f*
- *f* couche *f* scellée
- *nl* afsluitlaag *f (m)*

S150 *e* **sealing preform**
- *r* рамка *f* для припаивания кристалла
- *d* Vorform *f* zum hermetischen Chipanlöten
- *f* cadre *m* pour souder la puce
- *nl* afdichtingsvoorvorm *m*

S151 *e* **sealing schedule**
- *r* режим *m* процесса герметизации
- *d* Verkappungsablaufschema *n*
- *f* mode *m* d'encapsulation
- *nl* afdichtingsprocedure *f*

S152 *e* **seam welding**
- *r* роликовая сварка *f*
- *d* Rollennahtschweißen *n*
- *f* soudage *m* aux galets
- *nl* naadlassen *n*

S153 *e* **SEBL** *see* **scanning electron-beam lithography**

S154 *e* **secondary-ion mass-spectroscopy**
- *r* масс-спектроскопия *f* на вторичных ионах
- *d* Sekundärionenmassenspektroskopie *f*
- *f* spectroscopie *f* de masse à ions secondaires
- *nl* secundair-ionenmassaspectroscopie *f*

S155 *e* **seed crystal**
- *r* затравка *f*; затравочный кристалл *m*
- *d* Keim *m*, Keimkristall *m*
- *f* germe *m* cristallin
- *nl* kiemkristal *n*, kiem *f (m)*

S156 *e* **see-through photomask**
- *r* прозрачный [транспарентный] фотошаблон *m*
- *d* transparente Fotomaske *f*
- *f* photomasque *m* transparent
- *nl* transparant fotomasker *n*

S157 *e* **selective diffusion**
- *r* избирательная диффузия *f*
- *d* selektive Diffusion *f*
- *f* diffusion *f* sélective
- *nl* selectieve diffusie *f*

S158 *e* **selective doping**
- *r* избирательное легирование *n*
- *d* selektive Dotierung *f*
- *f* dopage *m* sélectif
- *nl* selectieve dotering *f*

S159 *e* **selective etchant**
- *r* избирательный травитель *m*
- *d* selektiver Ätzer *m*
- *f* décapant *m* sélectif
- *nl* selectief etsmiddel *n*

S160 *e* **selective interconnection**
- *r* избирательные межсоединения *n pl*; избирательная разводка *f*
- *d* selektive Verbindungen *f pl*
- *f* interconnexions *f pl* sélectives
- *nl* selectieve verbinding *f*

S161 *e* **selective lift-off**
- *r* избирательная обратная литография *f*
- *d* selektives Abhebeverfahren *n*
- *f* lithographie *f* en arrière sélective

nl selectief *(van onderlaag)* losmaken *n* [lostrekken *n*, aftrekken *n*] *(volgens bepaalde techniek)*

S162 *e* **selective masking**
 r избирательное маскирование *n*
 d selektive Maskierung *f*
 f masquage *m* sélectif
 nl selectieve maskering *f*

S163 *e* **selective-oxidation process**
 r технология *f* избирательного оксидирования
 d selektive Oxydationstechnik *f*
 f procédé *m* d'oxydation sélective
 nl selectief oxydatieprocédé *n*

S164 *e* **selective oxide etching**
 r избирательное травление *n* оксида
 d selektives Oxidätzen *n*
 f décapage *m* sélectif d'oxyde
 nl selectief oxyde-etsen *n*

S165 *e* **selective removal**
 r избирательное удаление *n (оксидного слоя)*
 d selektives Ablösen *n*
 f élimination *f* sélective
 nl selectieve verwijdering *f*

S166 *e* **selective tracing**
 r избирательная трассировка *f*
 d selektive Trassierung *f*
 f routage *m* sélectif
 nl selectieve tracering *f*

S167 *e* **self-aligned approach**
 r метод *m* самосовмещения
 d selbstjustierendes Verfahren *n*
 f méthode *f* d'auto-alignement
 nl zelfjusteringsmethode *f*

S168 *e* **self-aligned CCD**
 r ПЗС *m* с самосовмещёнными областями
 d selbstjustiertes CCD *n*
 f DCC [dispositif *m* à couplage de charge] à régions auto-alignées
 nl zelfgejusteerde CCD *f*

S169 *e* **self-aligned contact**
 r самосовмещённый контакт *m*
 d selbstjustierter Kontakt *m*
 f contact *m* auto-aligné
 nl zelfgejusteerd contact *n*

S170 *e* **self-aligned electrode**
 r самосовмещённый электрод *m*
 d selbstjustierte Elektrode *f*
 f électrode *f* auto-alignée
 nl zelfgejusteerde elektrode *f*

S171 *e* **self-aligned gate**
 r самосовмещённый затвор *m*
 d selbstjustiertes Gate *n*
 f grille *f* auto-alignée
 nl zelfgejusteerde poort *f (m)*

S172 *e* **self-aligned gate FET**
 r полевой транзистор *m* с самосовмещённым затвором
 d Feldeffekttransistor *m* mit selbstjustiertem Gate
 f transistor *m* FET à grille auto-alignée
 nl FET *m* met zelfgejusteerde poort

S173 *e* **self-aligned gate MOS**
 r МОП-структура *f* с самосовмещёнными затворами
 d MOS-Struktur *f* mit selbstjustierten Gates
 f structure *f* MOS à grilles auto-alignées
 nl MOS *m* met zelfgejusteerde poorten

S174 *e* **self-aligned injector**
 r самосовмещённый инжектор *m*
 d selbstjustierter Injektor *m*
 f injecteur *m* auto-aligné
 nl zelfgejusteerde injector *m*

S175 *e* **self-aligned integrated circuit**
 r ИС *f* с самосовмещёнными областями
 d selbstjustierter integrierter Schaltkreis *m*
 f circuit *m* intégré à régions auto-alignées
 nl zelfgejusteerde geïntegreerde schakeling *f*, zelfgejusteerd IC *n*

S176 *e* **self-aligned photoresist process**
 r самосовмещённая фотолитография *f*
 d selbstjustierende Fotolithografie *f*
 f photolithographie *f* à auto-alignement
 nl zelfjusterende fotolithografie *f*

S177 *e* **self-aligned polycide**
 r самосовмещённый полицид *m* *(двухслойная структура из силицида на поликремнии)*
 d selbstjustiertes Polycid *n*
 f polycide *m* auto-aligné
 nl zelfjusterend polycide *n*

S178 *e* **self-aligned polysilicon process**
 r технология *f* МОП-структур с самосовмещёнными поликремниевыми затворами
 d selbstjustierende Polysiliziumtechnik *f*
 f technologie *f* de structure MOS à grilles en polysilicium auto-alignées
 nl zelfjusterend polysil(icium)-procédé *n*

S179 *e* **self-aligned Schottky FET**
 r полевой транзистор *m* с самосовмещённым затвором Шотки
 d selbstjustierter Schottky-Feldeffekttransistor *m*
 f transistor *m* FET à grille Schottky auto-alignée
 nl zelfgejusteerde Schottky-veldeffecttransistor *m*

S180 *e* **self-aligned semiconductor device**
 r полупроводниковый прибор *m* с самосовмещёнными областями
 d selbstjustierter Halbleiterbaustein *m*
 f semi-conducteur *m* à régions auto-alignées
 nl zelfgejusteerde halfgeleider-bouwsteen *m*

S181 *e* **self-aligned silicide base contact technology**
 r технология *f* с самосовмещёнными силицидными базовыми контактами

SELF

-    *d* selbstjustierende Silizidbasenkontakttechnik *f*
-    *f* technologie *f* des C. I. à contacts de base auto-alignées en siliciure
-   *nl* zelfjusterende contacttechnologie *f* op silicide-basis

S182 *e* **self-aligned thick oxide**
-    *r* самосовмещённые затворы *m pl* и толстый оксидный слой *m*
-    *d* selbstjustierte dicke Oxidschicht *f*
-    *f* grilles *f pl* et couche *f* d'oxyde épaisse auto-alignées
-   *nl* zelfgejusteerde dikke oxydelaag *f (m)*

S183 *e* **self-alignment**
-    *r* самосовмещение *n*
-    *d* Selbstjustierung *f*, Selbstjustage *f*
-    *f* auto-alignement *m*
-   *nl* zelfjustering *f*

S184 *e* **self-cased LSI**
-    *r* БИС *f* с герметизирующим защитным покрытием
-    *d* LSI-Schaltkreis *m* mit hermetisierender Verkappungsschicht
-    *f* circuit *m* LSI [intégré à large échelle] à auto-encapsulation
-   *nl* LSI-schakeling *f* met hermetische afdeklaag

S185 *e* **self-checking integrated circuit**
-    *r* ИС *f* с самодиагностикой
-    *d* selbstprüfende Schaltung *f*
-    *f* circuit *m* intégré à autodiagnostic
-   *nl* zelftestende geïntegreerde schakeling *f*, zelftestend IC *n*

S186 *e* **self-developing resist**
-    *r* самопроявляющийся резист *m*
-    *d* selbstentwickelndes Resist *n*
-    *f* résist *m* autodéveloppable
-   *nl* zelfontwikkelende (foto)lak *m*

S187 *e* **self-diagnostics**
-    *r* самодиагностика *f*
-    *d* Eigendiagnose *f*
-    *f* autodiagnostic *m*
-   *nl* zelfdiagnose *f*

S188 *e* **self-isolation**
-    *r* самоизоляция *f* (элементов ИС)
-    *d* Selbstisolation *f*
-    *f* auto-isolation *f*
-   *nl* zelfisolatie *f*

S189 *e* **self-masking epitaxy**
-    *r* самомаскирующая эпитаксия *f*
-    *d* selbstmaskierende Epitaxie *f*
-    *f* épitaxie *f* automasquante
-   *nl* zelfmaskerende epitaxie *f*

S190 *e* **self-registered gate** *see* **self-aligned gate**

S191 *e* **self-repair**
-    *r* самовосстановление *n*
-    *d* Selbstreparatur *f*
-    *f* autorestauration *f*
-   *nl* zelfreparatie *f*

S192 *e* **self-terminating oxidation**
-    *r* самопрекращающееся оксидирование *n*
-    *d* selbststoppende Oxydation *f*
-    *f* oxydation *f* autoterminable
-   *nl* zelfstoppende oxydering *f*

S193 *e* **self-testing**
-    *r* самотестирование *n*, самопроверка *f*
-    *d* Selbstprüfung *f*
-    *f* autotest *m*
-   *nl* zelftesten *n*

S194 *e* **Selox** *see* **selective oxide etching**

S195 *e* **SEM** *see* **scanning electron microscope**

S196 *e* **SEMI, semi** *see* **semiconductor**

S197 *e* **semiadditive process**
-    *r* полуаддитивный процесс *m*
-    *d* semiadditives Verfahren *n*
-    *f* procédé *m* semi-additif
-   *nl* semi-additief procédé *n*

S198 *e* **semi-automatic placer**
-    *r* монтажный полуавтомат *m*
-    *d* Plazierungshalbautomat *m*
-    *f* placeur *m* semi-automatique
-   *nl* semi-automatische (componenten)plaatser *m*

S199 *e* **semiconductive body**
-    *r* полупроводниковая подложка *f*
-    *d* Halbleitersubstrat *n*
-    *f* substrat *m* semi-conducteur
-   *nl* halfgeleidend lichaam *n*

S200 *e* **semiconductor**
-    *r* 1. полупроводник *m* 2. полупроводниковый прибор *m*
-    *d* Halbleiter *m*
-    *f* semi-conducteur *m*
-   *nl* halfgeleider *m*

S201 *e* **semiconductor area**
-    *r* 1. площадь *f* полупроводникового кристалла 2. полупроводниковая область *f*
-    *d* 1. Halbleiterchipfläche *f* 2. Halbleiterbereich *m*
-    *f* 1. surface *f* de la puce semi-conductrice 2. région *f* semi-conductrice
-   *nl* 1. halfgeleider(-chip)vlak *n* 2. halfgeleiderzone *f (m)*

S202 *e* **semiconductor array**
-    *r* матрица *f* полупроводниковых приборов
-    *d* Halbleiterarray *n*
-    *f* réseau *m* des semi-conducteurs
-   *nl* halfgeleidermatrix *f*

S203 *e* **semiconductor assembly**
-    *r* 1. сборка *f* полупроводниковых приборов 2. полупроводниковая микросборка *f*
-    *d* 1. Halbleiterbauelementmontage *f* 2. Halbleitermontageeinheit *f*
-    *f* 1. assemblage *m* des semi-conducteurs 2. micro-assemblage *m* semi-conducteur
-   *nl* 1. halfgeleider(-bouwstenen)montage *f* 2. halfgeleidermontage-eenheid *f*

S204 *e* **semiconductor billet** *see* **semiconductor ingot**

SEMICONDUCTOR

S205 *e* **semiconductor blank** *see* **semiconductive body**

S206 *e* **semiconductor chip**
 r кристалл *m* полупроводникового прибора
 d Halbleiterchip *n*
 f puce *f* de semi-conducteur
 nl halfgeleider-chip *m*

S207 *e* **semiconductor chip carrier**
 r кристаллоноситель *m* полупроводниковой ИС
 d Halbleiterchipträger *m*
 f support *m* de la puce semi-conductrice
 nl halfgeleider-chipdrager *m*

S208 *e* **semiconductor circuit**
 r **1.** полупроводниковая ИС *f* **2.** схема *f* на полупроводниковых приборах
 d Halbleiterschaltkreis *m*
 f circuit *m* (semi-conducteur) monolithique
 nl halfgeleider-schakeling *f*

S209 *e* **semiconductor compound**
 r полупроводниковое соединение *n*
 d Halbleiterverbindung *f*
 f composé *m* semi-conducteur
 nl halfgeleider-verbinding *f*

S210 *e* **semiconductor compound gases**
 r газы *m pl* для формирования полупроводникового соединения
 d Halbleiterverbindungsgase *n pl*, Gase *n pl* zur Erzeugung von Halbleiterverbindungen
 f gaz *m pl* pour formation du composé semi-conducteur
 nl gassen *n pl* voor (vervaardiging van) halfgeleiderverbindingen

S211 *e* **semiconductor doping**
 r легирование *n* полупроводниковой подложки
 d Dotieren *n* von Halbleitern
 f dopage *m* du substrat semi-conducteur
 nl doteren *n* van halfgeleiders

S212 *e* **semiconductor electronics**
 r полупроводниковая электроника *f*
 d Halbleiterelektronik *f*
 f électronique *f* des semi-conducteurs
 nl halfgeleider-elektronica *f*

S213 *e* **semiconductor encapsulant**
 r герметик *m* для полупроводниковых приборов
 d Halbleiterverkappungsmaterial *n*
 f hermétique *m* [encapsulant *m*] pour semi-conducteurs
 nl halfgeleider-inkapselmateriaal *n*

S214 *e* **semiconductor-grade silicon**
 r кремний *m* полупроводниковой чистоты
 d Silizium *n* halbleitertechnischer Reinheit
 f silicium *m* à pureté semi-conducteur
 nl silicium *n* van voldoende zuiverheid voor halfgeleiderfabricage, halfgeleider-kwaliteit silicium *n*

S215 *e* **semiconductor impurity analyzer**
 r прибор *m* для определения содержания примесей в полупроводниках
 d Analysator *m* für Störstellengehalt in Halbleitern
 f analyseur *m* d'impureté du semi-conducteur
 nl zuiverheidstester *m* voor halfgeleiders

S216 *e* **semiconductor ingot**
 r полупроводниковый слиток *m*
 d Halbleiterstab *m*
 f lingot *m* semi-conducteur
 nl kristalstaaf *f (m)* (voor halfgeleiderproduktie)

S217 *e* **semiconductor integrated circuit**
 r полупроводниковая ИС *f*
 d Halbleiterschaltkreis *m*
 f circuit *m* (semi-conducteur) monolithique
 nl geïntegreerde halfgeleiderschakeling *f*, halfgeleider-IC *n*

S218 *e* **semiconductor laser**
 r полупроводниковый лазер *m*
 d Halbleiterlaser *m*
 f laser *m* (à) semi-conducteur
 nl halfgeleider-laser *m*

S219 *e* **semiconductor melt**
 r расплав *m* полупроводникового материала
 d Halbleiterschmelze *f*
 f fusion *f* de matière semi-conductrice
 nl halfgeleider-smelt *f (m)*

S220 *e* **semiconductor memory**
 r полупроводниковое ЗУ *n*
 d Halbleiterspeicher *m*
 f mémoire *f* à semi-conducteur
 nl halfgeleider-geheugen *n*

S221 *e* **semiconductor mesa**
 r полупроводниковая мезаструктура *f*
 d Halbleitermesastruktur *f*
 f mesa *m* semi-conducteur
 nl halfgeleider-mesa(structuur) *f (f)*

S222 *e* **semiconductor microlithography**
 r микролитография *f* для изготовления полупроводниковых ИС
 d Halbleitermikrolithografie *f*
 f microlithographie *f* pour création des circuits (semi-conducteurs) monolithiques
 nl halfgeleider-microlithografie *f*

S223 *e* **semiconductor microprocessor**
 r полупроводниковая ИС *f* микропроцессора
 d monolithischer μP-Schaltkreis *m*
 f circuit *m* (semi-conducteur) monolithique du microprocesseur
 nl monolithische microprocessor *m*

S224 *e* **semiconductor-nitride-oxide-semiconductor**
 r структура *f* типа поликремний-нитрид-оксид-полупроводник, МНОП-структура *f* с поликремниевыми затворами

SEMICONDUCTOR

- *d* MNOS-Struktur *f*
- *f* structure *f* MNOS [polysilicium-nitrure-oxyde-semi-conducteur à grilles en polysilicium]
- *nl* halfgeleider-nitride-oxyde-halfgeleider *m*, SNO-halfgeleider *m*

S225 *e* **semiconductor noise**
- *r* шумы *m pl* полупроводникового прибора
- *d* Halbleiterrauschen *n*
- *f* bruits *m pl* du semi-conducteur
- *nl* halfgeleiderruis *m*

S226 *e* **semiconductor-on-sapphire device**
- *r* прибор *m* со структурой типа «полупроводник на сапфире»
- *d* SOS-Bauelement *n*
- *f* dispositif *m* type semi-conducteur-sur-saphir
- *nl* SOS-bouwsteen *m*

S227 *e* **semiconductor pellet** *see* **semiconductor chip**

S228 *e* **semiconductor pocket**
- *r* полупроводниковый карман *m*
- *d* Halbleitertasche *f*
- *f* pochette *f* semi-conductrice
- *nl* halfgeleiderholte *f*

S229 *e* **semiconductor production line**
- *r* технологическая линия *f* для производства полупроводниковых приборов
- *d* Halbleiterfertigungslinie *f*
- *f* ligne *f* de production des semi-conducteurs
- *nl* halfgeleiderproduktielijn *f (m)*

S230 *e* **semiconductor resistor**
- *r* полупроводниковый резистор *m*
- *d* Halbleiterwiderstand *m*
- *f* résistance *f* semi-conductrice
- *nl* halfgeleiderweerstand *m*

S231 *e* **semiconductor rod** *see* **semiconductor ingot**

S232 *e* **semiconductor slice**
- *r* полупроводниковая пластина *f*
- *d* Halbleiterscheibe *f*
- *f* tranche *f* (semi-conductrice)
- *nl* halfgeleiderplak *f (m)*

S233 *e* **semiconductor storage unit** *see* **semiconductor memory**

S234 *e* **semiconductor wafer** *see* **semiconductor slice**

S235 *e* **semicustom array**
- *r* полузаказная матрица *f*
- *d* Semikunden-Array *n*
- *f* réseau *m* prédiffusé
- *nl* semi-maatwerk complex *n*

S236 *e* **semicustom chip**
- *r* 1. кристалл *m* полузаказной ИС 2. полузаказная ИС *f*
- *d* Semikunden-Chip *n*
- *f* puce *f* prédiffusée
- *nl* semi-maatwerk chip *m*

S237 *e* **semicustom integrated circuit**
- *r* полузаказная ИС *f*
- *d* Semikunden-IC *n*, Semikundenschaltkreis *m*
- *f* circuit *m* intégré prédiffusé
- *nl* semi-maatwerk geïntegreerde schakeling *f* IC

S238 *e* **semicustom LSI**
- *r* полузаказная БИС *f*
- *d* Semikunden-LSI-Schaltung *f*
- *f* circuit *m* LSI prédiffusé
- *nl* semi-maatwerk LSI *f*

S239 *e* **semicustom masterslice**
- *r* базовый матричный кристалл *m* для изготовления полузаказных матричных ИС
- *d* Semikunden-Master-Slice *n*
- *f* maître-tranche *f* des C.I. prédiffusés
- *nl* semi-maatwerk masterslice *m*

S240 *e* **semicustom process**
- *r* технология *f* полузаказных ИС
- *d* Semikunden-Technik *f*
- *f* technologie *f* des C.I. prédiffusés
- *nl* semi-maatwerk-procédé *n*

S241 *e* **semicustom route**
- *r* полузаказная разводка *f*
- *d* Semikunden-Routing *n*
- *f* routage *m* semi-personnalisé
- *nl* semi-maatwerk-verbindingenloop *m*

S242 *e* **semipermeable membrane**
- *r* полупроницаемая мембрана *f*
- *d* semipermeable Membran *f*
- *f* membrane *f* semi-perméable
- *nl* halfdoorlatend membraan *n*

S243 *e* **semirecessed oxide** *see* **shallow oxide**

S244 *e* **semirecessed-oxide isolation**
- *r* изоляция *f* мелкими канавками, заполненными оксидом
- *d* Flachoxidisolation *f*, Isolation *f* durch halbversenkten Oxid
- *f* isolation *f* par petits sillons remplis d'oxyde
- *nl* isolatie *f* door halfverzonken oxyde

S245 *e* **SEMIROX** *see* **semirecessed oxide**

S246 *e* **semi-ROX structure**
- *r* изолирующая структура *f* с мелкими канавками, заполненными оксидом
- *d* Semi-ROX-Struktur *f*
- *f* structure *f* isolante à petits sillons remplis d'oxyde
- *nl* semi-ROC-structuur *f*

S247 *e* **SEM micrograph**
- *r* микрофотография *f*, полученная с помощью растрового электронного микроскопа
- *d* SEM-Aufnahme *f*, Mikrofotografie *f* eines Rasterelektronenmikroskops
- *f* microphotographie *f* par microscope électronique à balayage
- *nl* rasterelektronenmicroscopische opname *f (m)*, REM-opname *f (m)*

S248 e **sense amplifier**
  r усилитель m считывания
  d Leseverstärker m
  f amplificateur m de lecture
  nl leesversterker m

S249 e **sense line**
  r шина f считывания
  d Leseleitung f
  f bus m de lecture
  nl leeslijn f (m)

S250 e **sensor**
  r 1. (первичный) измерительный преобразователь m, датчик m
    2. преобразователь m
  d Sensor m
  f senseur f
  nl opnemer m, voeler m, sensor m

S251 e **separation diffusion**
  r разделительная [изолирующая] диффузия f
  d Trenndiffusion f
  f diffusion f séparatrice
  nl scheidingsdiffusie f

S252 e **separation layer**
  r разделительный [изолирующий] слой m
  d Trennschicht f
  f coche f de séparation
  nl scheidingslaag f (m)

S253 e **serigraphy** see **silk-screening**

S254 e **severe environment**
  r жёсткие условия n pl (эксплуатации); неблагоприятные условия n pl окружающей среды
  d harte Betriebsbedingungen f pl; unfreundliche Umgebungsbedingungen f pl
  f environnement m sévère (d'exploitation); environnement m défavorable
  nl veeleisende omgevingscondities f pl

S255 e **SFET** see **Schottky-gate FET**

S256 e **SGT** see 1. **silicon-gate technology**
    2. **silicon-gate transistor**

S257 e **S/H** see **sample-hold circuit**

S258 e **shallow acceptor**
  r мелкий акцепторный уровень m
  d flachliegender Akzeptor m
  f niveau m accepteur peu profond
  nl ondiepe acceptor(dotering) f (f)

S259 e **shallow chip structure**
  r мелкая структура f кристалла ИС
  d flache Chipstruktur f
  f structure f fine de la puce
  nl vlakke chip-structuur f

S260 e **shallow diode**
  r диод m с мелкой структурой
  d Flachdiode f
  f diode f à structure fine
  nl vlakke diode f

S261 e **shallow-diode array**
  r диодная матрица f с мелкой структурой
  d Flachdiodenarray n
  f réseau m à diodes à structure fine
  nl vlakke-diodenmatrix f

S262 e **shallow donor**
  r мелкий донорный уровень m
  d flachliegender Donator m
  f niveau m donneur peu profond
  nl ondiepe donor(dotering) m (f)

S263 e **shallow emitter**
  r эмиттер m с мелкой структурой
  d Flachemitter m
  f émetteur m à structure fine
  nl ondiepe emitter m

S264 e **shallow junction**
  r мелкий переход m
  d flacher [flachliegender] pn-Übergang m
  f jonction f peu profonde
  nl ondiepe overgang m

S265 e **shallow level**
  r мелкий (энергетический) уровень m
  d flachliegendes Energieniveau n
  f niveau m énergétique bas
  nl weinig verlaagd energieniveau n

S266 e **shallow-level [shallow-lying] impurity**
  r примесь f, образующая мелкий уровень
  d flachliegende Störstelle f
  f impureté f créée le niveau peu profond
  nl vlak onder de oppervlakte gelegen dotering f

S267 e **shallow oxide**
  r оксид m, заполняющий мелкие канавки
  d «flaches» Oxid n, Oxid n in flachen Trenngräben
  f oxyde m remplissant les petits sillons
  nl ondiep oxyde n, ondiepe oxydepartij f

S268 e **shallow trap**
  r мелкая ловушка f
  d flache Haftstelle f
  f petit piège m
  nl vlak onder de oppervlakte gelegen val m

S269 e **shallow V-groove**
  r мелкая V-образная канавка f
  d flache V-Grube f
  f petit sillon m [petite rayure f] en V
  nl ondiepe V-groef f (m)

S270 e **shaped beam**
  r луч m прямоугольного сечения
  d Formstrahl m, Flächenstrahl m
  f faisceau m de section rectangulaire
  nl geformeerde (stralen)bundel m

S271 e **sharp edge**
  r резкий [чёткий] край m (слоя фоторезиста)
  d scharfe Kante f
  f bord m régulier
  nl scherpe rand m

S272 e **sharp etching**
 r травление n, обеспечивающее получение ровных краёв (окон в маске)
 d Scharfkantenätzung f
 f décapage m créé les bords réguliers
 nl scherpe randen wegetsen n

S273 e **sharp image**
 r резкое [чёткое] изображение n
 d scharfe Abbildung f, scharfes Bild n
 f image f nette [à haute définition]
 nl scherp beeld n

S274 e **sharp junction**
 r резкий переход m
 d abrupter pn-Übergang m
 f jonction f abrupte
 nl abrupte (p-n) overgang m

S275 e **sharp kerf**
 r пропил m с ровными краями
 d scharfkantiger Schnitt m
 f entaille f à bords réguliers
 nl scherpgerande kerf f (m)

S276 e **sharpness**
 r резкость f, чёткость f (изображения)
 d Schärfe f, Bildschärfe f
 f définition f, netteté f
 nl scherpte f

S277 e **shear**
 r 1. сдвиг m 2. срез m; скол m
 d 1. Scherung f; Schub m 2. Abscherung f
 f 1. déplacement m 2. taille f; coupe f
 nl afschuiving f, schuifspanning f

S278 e **shear force**
 r усилие n сдвига
 d Scherkraft f
 f effort m de déplacement
 nl dwarskracht f (m)

S279 e **shear visual control**
 r визуальный контроль m сдвига (кристалла на основании)
 d Schubkontrolle f
 f contrôle m visuel de déplacement
 nl visuele controle f op schuifspanningen (in materiaal)

S280 e **sheet resistivity**
 r поверхностное удельное сопротивление n слоя
 d spezifischer Schichtwiderstand m
 f résistivité f superficielle de la couche
 nl soortelijke laagweerstand m

S281 e **shelf life**
 r срок m хранения
 d Lagerfrist f
 f durée f de stockage
 nl opslaglevensduur m

S282 e **shielding**
 r 1. экранирование n 2. маскирование n
 d 1. Abschirmung f 2. Maskierung f
 f 1. blindage m 2. masquage m
 nl 1. afscherming f 2. maskering f

S283 e **shielding film**
 r 1. экранирующая плёнка f 2. маскирующая плёнка f
 d 1. Abschirmfilm m 2. Maskierfilm m
 f 1. film m de blindage 2. film m de masquage
 nl 1. afschermlaag f (m) 2. maskeerlaag f (m)

S284 e **shift register**
 r сдвиговый регистр m
 d Schieberegister n
 f registre m à décalage
 nl schuifregister n

S285 e **Shockley equation**
 r уравнение n Шокли, уравнение n идеального диода
 d Shockley-Gleichung f
 f équation f Shockley
 nl vergelijking f van Shockley

S286 e **Shockley partial dislocation**
 r частичная дислокация f по Шокли
 d Shockleysche unvollständige Versetzung f, Shockley-Versetzung f
 f dislocation f partielle de Shockley
 nl gedeeltelijke dislocatie f volgens Shockley

S287 e **Shockley-Read-Hall recombination**
 r рекомбинация f Шокли—Рида—Холла
 d Shockley-Read-Hall-Rekombination f
 f recombinaison f Shockley-Read-Hall
 nl Shockley-Read-Hall recombinatie f

S288 e **shock resistance**
 r ударопрочность f
 d Stoßfestigkeit f
 f résistance f au choc
 nl schokbestendigheid f

S289 e **short-channel FET**
 r полевой транзистор m с коротким каналом
 d Kurzkanal-FET m
 f transistor m FET à court canal
 nl kort-kanaal-FET m

S290 e **short-circuiting**
 r короткое замыкание n
 d Kurzschließen n, Kurzschluß m
 f court-circuit m
 nl kortsluiting f

S291 e **shorting region**
 r закорачивающая область f
 d Kurzschlußbereich m
 f région f court-circuitante
 nl kortsluitzone f (m)

S292 e **short lifetime**
 r малое время n жизни носителей заряда
 d kurze Lebensdauer f, kurze Trägerlebensdauer f
 f courte durée f de vie
 nl korte levensduur f

S293 e **short period superlattice**
 r сверхрешётка f с коротким периодом
 d Kurzperiodenübergitter n
 f superréseau m à courte période

SILICON

    nl super(kristal)rooster *n* met kleine roostermaat

S294 *e* **short-term drift**
    r кратковременный дрейф *m*
    d Kurzzeitdrift *f*
    f dérive *f* à court temps
    nl korte-termijn-verloop *n*, korte-termijn-drift *f (m)*

S295 *e* **shrinkage**
    r 1. масштабирование *n*, пропорциональное уменьшение *n* размеров *(элементов ИС)* 2. усадка *f*
    d 1. maßstäbliche Verkleinerung *f* 2. Schrumpfung *f*
    f 1. mise *f* [réduction *f*] à l'échelle 2. retrait *m*
    nl 1. krimp *m* 2. formaatverkleining *f*

S296 *e* **SHSIC** *see* **super high-speed integrated circuit**

S297 *e* **SIC** *see* **1. semiconductor integrated circuit 2. silicon integrated circuit**

S298 *e* **side etching**
    r подтравливание *n*; боковое травление *n*
    d Unterätzung *f*
    f décapage *m* latéral
    nl zijdelings etsen *n*

S299 *e* **sidewall**
    r боковая стенка *f*
    d Seitenwand *f*
    f paroi *f* latérale
    nl zijwand *m*

S300 *e* **sidewall angle**
    r 1. клин *m* травления *(оксидного слоя)* 2. клин *m* проявления *(фоторезиста)*
    d Böschungswinkel *m*
    f 1. angle *m* de décapage *(de la couche d'oxyde)* 2. angle *m* de développement *(du photorésist)*
    nl zijwandhoek *m*

S301 *e* **sidewall masking**
    r маскирование *n* боковой стенки канавки
    d Seitenwandmaskierung *f*
    f masquage *m* de paroi latérale
    nl zijwandmaskering *f*

S302 *e* **sidewall oxide**
    r оксидный слой *m* на боковой стенке канавки
    d Seitenwandoxid *n*
    f couche *f* d'oxyde de paroi latérale
    nl zijwandoxyde *n*

S303 *e* **sideways diffusion**
    r горизонтальная [боковая] диффузия *f*
    d seitliche Diffusion *f*
    f diffusion *f* horizontale [latérale]
    nl zijdelingse diffusie *f*

S304 *e* **sideways etch**
    r боковое травление *n*
    d laterales Ätzen *n*
    f décapage *m* latéral
    nl zijdelingse ets *f (m)*

S305 *e* **SIGFET** *see* **silicon insulated gate FET**

S306 *e* **signal processor**
    r сигнальный процессор *m*, процессор *m* сигналов
    d Signalprozessor *m*
    f processeur *m* des signaux
    nl signaal — processor *m*

S307 *e* **SII** *see* **silicon-in-insulator**

S308 *e* **SIL** *see* **single in-line package**

S309 *e* **silane CVD**
    r химическое осаждение *n* из паровой фазы силана
    d Silan-CVD *f*
    f dépôt *m* chimique en phase vapeur de silane
    nl silaan-CVD *f*

S310 *e* **silane discharge**
    r электрический разряд *m* в среде силана
    d Silan-Entladung *f*
    f décharge *f* électrique en milieu de silane
    nl silaan-ontlading *f*

S311 *e* **silane pyrolysis**
    r пиролиз *m* силана
    d Silanpyrolise *f*
    f pyrolyse *f* de silane
    nl silaan-pyrolyse *f*

S312 *e* **silica** *see* **silicon dioxide**

S313 *e* **silicate glass**
    r силикатное стекло *n*
    d Silikatglas *n*
    f verre *m* de silicate
    nl silicaatglas *n*

S314 *e* **silicided drain**
    r сток *m* из силицида
    d Siliziddrain *m*
    f drain *m* de siliciure
    nl silicide-afvoer *m*

S315 *e* **silicided source**
    r исток *m* из силицида
    d Silizidsource *f*
    f source *f* de siliciure
    nl silicide-bron *f (m)*

S316 *e* **silicide metallization**
    r металлизация *f* из силицида
    d Silizidmetallisierung *f*
    f métallisation *f* de siliciure
    nl silicide-metallisatie *f*

S317 *e* **silicon**
    r кремний *m*, Si
    d Silizium *n*, Si
    f silicium *m*, Si
    nl silicium *n*

S318 *e* **(111) silicon**
    r кремний *m*, ориентированный в кристаллографической плоскости (111)
    d (111)-Silizium *n*

SILICON

    f silicium *m* (111)
    nl [111]-silicium *n*

S319 *e* **silicon area**
    r площадь *f* кремниевого кристалла
    d Siliziumchipfläche *f*
    f surface *f* de la puce de silicium
    nl silicium (-chip)vlak *n*

S320 *e* **silicon base, silicon body**
    r кремниевая подложка *f*
    d Siliziumsubstrat *n*
    f substrat *m* de silicium
    nl silicium-ondergrond *m*, siliciumlichaam *n*

S321 *e* **silicon compiler**
    r кремниевый компилятор *m*
    d Siliconcompiler *m*
    f compilateur *m* de silicium
    nl silicium-compiler *m*

S322 *e* **silicon cratering**
    r образование *n* кратеров [воронок] в кремнии
    d Trichterbildung *f* im Silizium
    f mise *f* en forme des cavernes dans silicium
    nl kratervorming *f* in silicium

S323 *e* **silicon dioxide**
    r диоксид *m* кремния, SiO_2
    d Siliziumdioxid *n*, SiO_2
    f dioxyde *m* de silicium, SiO_2
    nl silicium-dioxyde *n*, SiO_2

S324 *e* **silicon-dioxide etching**
    r травление *n* диоксида кремния
    d Siliziumdioxidätzung *f*
    f décapage *m* de dioxyde de silicium
    nl siliciumdioxyde-etsen *n*

S325 *e* **silicon-dioxide masking**
    r маскирование *n* диоксидом кремния
    d Siliziumdioxidmaskierung *f*
    f masquage *m* par dioxyde de silicium
    nl siliciumdioxyde-maskering *f*

S326 *e* **silicon doping**
    r легирование *n* кремния
    d Siliziumdotierung *f*, Dotieren *n* des Siliziums
    f dopage *m* de silicium
    nl dotering *f* van silicium, siliciumdotering *f*

S327 *e* **silicone adhesive**
    r силиконовый клей *m*
    d Silikonkleber *m*
    f adhésif *m* de silicone
    nl siliconenlijm *m*

S328 *e* **silicone encapsulant**
    r герметик *m* из кремнийорганического полимера
    d Silikonverkappungsmaterial *n*
    f hermétique *m* [encapsulant *m*] en silicone
    nl siliconeninkapselmateriaal *n*

S329 *e* **silicone encapsulation**
    r герметизация *f* кремнийорганической смолой
    d Silikonharzverkappung *f*

    f encapsulation *f* par résine de silicone
    nl inkapseling *f* met siliconenhars

S330 *e* **silicone grease**
    r силиконовая смазка *f*
    d Silikonfett *n*
    f graisse *f* de silicone
    nl siliconenvet *n*, siliconensmeermiddel *n*

S331 *e* **silicon epitaxy**
    r эпитаксия *f* кремния
    d Siliziumepitaxie *f*
    f épitaxie *f* de silicium
    nl siliciumepitaxie *f*

S332 *e* **silicone resin**
    r кремнийорганическая смола *f*
    d Silikonharz *n*
    f résine *f* de silicone
    nl siliconenhars *n*

S333 *e* **silicon etchant**
    r травитель *m* для кремния
    d Siliziumätzer *m*
    f décapant *m* pour silicium
    nl etsstof *f (m)* voor silicium

S334 *e* **silicon etch solution**
    r жидкий травитель *m* для кремния
    d Siliziumätzflüssigkeit *f*
    f décapant *m* liquide pour silicium
    nl etsoplossing *f* voor silicium

S335 *e* **silicon foundry**
    r кремниевая мастерская *f*
    d Silicon Foundry *f*, Kunden-LSI-Herstellerbetrieb *m*
    f fonderie *f* de silicium
    nl silicium-atelier *n*

S336 *e* **silicon gate**
    r кремниевый затвор *m*; поликремниевый затвор *m*
    d Silizium-Gate *n*; Polysilizium-Gate *n*
    f grille *f* de silicium; grille *f* de polysilicium
    nl siliciumpoort *f (m)*

S337 *e* **silicon-gate MOS process**
    r технология *f* МОП ИС с кремниевыми затворами
    d Siliziumgatetechnik *f*
    f technologie *f* MOS à grilles de silicium
    nl siliciumpoort-MOS-procédé *n*

S338 *e* **silicon-gate self-aligned junction isolated CMOS**
    r КМОП ИС *f* с самосовмещёнными кремниевыми затворами и изолирующими *p-n*-переходами
    d selbstjustiertes CMOS-IC *n* mit isolierenden pn-Übergängen
    f circuit *m* intégré CMOS à grilles de silicium auto-alignées et jonctions isolantes
    nl siliciumpoort-CMOS *m* met isolatie door zelgjusterende (p-n-) overganger

S339 *e* **silicon-gate structure**
    r МОП-структура *f* с кремниевыми затворами
    d Siliziumgate-MOS-Struktur *f*

SILICON

    f structure *f* MOS à grilles de silicium
    nl siliciumpoort-structuur *f*

S340 *e* **silicon-gate technology** *see* **silicon-gate MOS process**

S341 *e* **silicon-gate transistor**
    r МОП-транзистор *m* с кремниевым затвором
    d Siliziumgate-Transistor *m*
    f transistor *m* MOS à grille de silicium
    nl siliciumpoort-transistor *m*

S342 *e* **silicon ingot**
    r кремниевый слиток *m*
    d Siliziumstab *m*
    f lingot *m* de silicium
    nl silicium-gieteling *f*, siliciumstaaf *f (m)*

S343 *e* **silicon-in-insulator**
    r структура *f* типа «кремний в диэлектрике», КВД-структура *f*
    d SII-Struktur *f*, Silizium-im-Isolator-Struktur *f*
    f structure *f* silicium-au-isolant
    nl silicium-in-isolator *n*, SII *n*

S344 *e* **silicon-in-insulator technology**
    r технология *f* ИС на структуре типа «кремний в диэлектрике», КВД-технология *f*
    d SII-Technik *f*
    f technologie *f* silicium-au-isolant
    nl silicium-in-isolator-technologie *f*, SII-technologie *f*

S345 *e* **silicon-in-sapphire**
    r структура *f* типа «кремний в сапфире», КВС-структура *f*
    d SIS-Struktur *f*, Silizium-im-Saphir-Struktur *f*
    f structure *f* silicium-au-saphir
    nl silicium-in-saffier *n*, SIS *n*

S346 *e* **silicon insulated gate FET**
    r полевой транзистор *m* с изолированным кремниевым затвором
    d Feldeffekttransistor *m* mit isoliertem Si-Gate
    f transistor *m* FET à grille de silicium isolée
    nl veldeffecttransistor *m* [FET *m*] met geïsoleerde siliciumpoort

S347 *e* **silicon-insulator structure** *see* **silicon-on-insulator**

S348 *e* **silicon integrated circuit**
    r кремниевая ИС *f*
    d integrierter Siliziumschaltkreis *m*
    f circuit *m* intégré sur silicium
    nl geïntegreerde siliciumschakeling *f*, silicium-IC *n*

S349 *e* **silicon layout**
    r топология *f* кремниевой ИС
    d Siliziumschaltkreislayout *n*
    f topologie *f* [disposition *f*] de circuit intégré sur silicium
    nl silicium-(IC-)layout *m*

S350 *e* **silicon molecular-beam epitaxy**
    r молекулярно-пучковая эпитаксия *f* кремния
    d Silizium-Molekularstrahlepitaxie *f*
    f épitaxie *f* de silicium par jet moléculaire
    nl silicium-moleculstraalepitaxie *f*

S351 *e* **silicon monoxide**
    r монооксид *m* кремния, SiO
    d Siliziummonoxid *n*
    f mono-oxyde *m* de silicium
    nl siliciummonoxyde *n*

S352 *e* **silicon nitride**
    r нитрид *m* кремния, Si_3N_4
    d Siliziumnitrid *n*, Si_3N_4
    f nitrure *f* de silicium, Si_3N_4
    nl siliciumnitride *n*

S353 *e* **silicon-nitride mask**
    r маска *f* [маскирующий слой *m*] из нитрида кремния
    d Siliziumnitridmaske *f*
    f masque *m* en nitrure de silicium
    nl siliciumnitridemasker *n*

S354 *e* **silicon-nitride passivation**
    r пассивация *f* нитридом кремния
    d Siliziumnitridpassivierung *f*
    f passivation *f* par nitrure de silicium
    nl siliciumnitride-passivering *f*

S355 *e* **silicon-nitride substrate**
    r подложка *f* со слоем нитрида кремния
    d Siliziumnitridsubstrat *n*
    f substrat *m* à couche en nitrure de silicium
    nl siliciumnitride-substraat *n*

S356 *e* **silicon-on-dielectric, silicon-on-insulated substrate** *see* **silicon-on-insulator**

S357 *e* **silicon-on-insulator**
    r структура *f* типа «кремний на диэлектрике», КНД-структура *f*
    d SOS-Struktur *f*
    f structure *f* silicium-sur-isolant
    nl silicium-op-isolator *n*, SOI *n*

S358 *e* **silicon-on-insulator material**
    r материал *m* с КНД-структурой
    d Material *n* mit SOS-Struktur
    f matériau *m* à structure silicium-sur-isolant
    nl SOI-materiaal *n*

S359 *e* **silicon-on-sapphire**
    r структура *f* типа «кремний на сапфире», КНС-структура *f*
    d SOS-Struktur *f*
    f structure *f* silicium-sur-saphir
    nl silicium-op-saffier *n*, SOS *n*

S360 *e* **silicon-on-sapphire integrated circuit**
    r ИС *f* на КНС-структуре
    d SOS-IC *n*
    f circuit *m* intégré à la structure silicium-sur-saphir
    nl SOS-IC *n*

S361 *e* **silicon-on-sapphire/large-scale integration**
    r БИС *f* на КНС-структуре

SILICON

    d SOS-LSI-Schaltkreis *m*
    f circuit *m* intégré à grande échelle à la structure silicium-sur-saphir
    nl SOS-LSI *f*

S362 *e* **silicon-on-sapphire ribbon**
    r сапфировая лента *f* со слоем кремния
    d SOS-Band *n*
    f ruban *m* en saphir à couche de silicium
    nl SOS-band *m*

S363 *e* **silicon-on-spinel**
    r структура *f* типа «кремний на шпинели»
    d Silizium-auf-Spinell-Struktur *f*
    f structure *f* silicium-sur-spinelle
    nl silicium-op-spinel *n*

S364 *e* **silicon oxide**
    r диоксид *m* кремния, SiO_2
    d Siliziumdioxid *n*, SiO_2
    f dioxyde *m* de silicium
    nl siliciumoxyde *n*

S365 *e* **silicon polycrystal**
    r поликристаллический кремний *m*, поликремний *m*
    d polykristallines Silizium *n*, Polysilizym *n*
    f silicium *m* polycristallin, polysilicium *m*
    nl polykristal *n* van silicium

S366 *e* **silicon-sapphire interface**
    r граница *f* раздела кремний — сапфир
    d Silizium-Saphir-Grenzfläche *f*
    f interface *f* silicium-saphir
    nl silicium-saffiergrensvlak *n*

S367 *e* **silicon single-crystal**
    r кремниевый монокристалл *m*
    d Siliziumeinkristall *m*
    f monocristal *m* de silicium
    nl monokristal *n* van silicium

S368 *e* **silicon source gas**
    r газообразный источник *m* кремния
    d gasförmige Siliziumquelle *f*
    f source *f* gazeuse de silicium
    nl gasvormige siliciumbron *f (m)*

S369 *e* **silicon wafer engineering**
    r технология *f* обработки кремниевых пластин
    d Siliziumwaferverarbeitungstechnik *f*
    f ingénierie *f* [technologie *f* de traitement] des tranches de silicium
    nl silicium-wafel-techniek *f*

S370 *e* **silk-screening**
    r трафаретная печать *f*
    d Siebdruck *m*
    f sérigraphie *f*
    nl zeefdruk *m*, zeefdrukken *n*

S371 *e* **SIL lead-frame**
    r выводная рамка *f* для SIP-корпуса
    d Leiterrahmen *m* für SIL-Gehäuse
    f cadre *m* pour boîtier à une seule rangée des connexions
    nl aansluitraam *n* met enkele contactenrij, SIL-spin *f*

S372 *e* **silox** *see* **silicon oxide**

S373 *e* **silox pinhole**
    r прокол *m* в слое диоксида кремния
    d Silox-Nadelloch *n*
    f piqûre *f* de la couche de dioxyde de silicium
    nl silox-speldekopgaatje *n*

S374 *e* **silver-based package**
    r корпус *m* с рамкой из серебряного припоя
    d Gehäuse *n* mit Silberlotrahmen
    f boîtier *m* avec cadre en brasure d'argent
    nl behuizing *f* met zilversoldeerraam

S375 *e* **silver-ceramic adhesion**
    r адгезия *f* серебра к керамике
    d Silber-Keramik-Adhäsion *f*
    f adhésion *f* argent-céramique
    nl zilver-op-keramiek hechting *f*

S376 *e* **silver-filled adhesive**
    r клей *m* с серебряным наполнителем
    d silbergefüllter Kleber *m*
    f adhésif *m* à remplissant en argent
    nl zilverhoudende lijm *m*

S377 *e* **Si-MBE** *see* **silicon molecular-beam epitaxy**

S378 *e* **Si-MESFET**
    r кремниевый полевой транзистор *m* с затвором Шотки
    d Si-MESFET *m*
    f transistor *m* FET de silicium à grille Schottky
    nl Si-MESFET *m*

S379 *e* **SIMOS** *see* **stacked-gate injection MOS**

S380 *e* **SIMS** *see* **secondary-ion mass-spectroscopy**

S381 *e* **simulation**
    r моделирование *n*
    d Simulation *f*
    f simulation *f*
    nl simulatie *f*

S382 *e* **simulator**
    r 1. моделирующая программа *f*
       2. моделирующее устройство *n*
    d Simulator *m*
    f simulateur *m*
    nl simulator *m*

S383 *e* **simultaneous out-diffusion**
    r одновременная обратная диффузия *f*
    d simultane Ausdiffusion *f*
    f diffusion *f* inverse simultanée
    nl gelijktijdige uitdiffusie *f*

S384 *e* **single-aluminum memory cell**
    r ячейка *f* ЗУ с одноуровневой алюминиевой металлизацией
    d Speicherzelle *f* mit Einebenen-Aluminiummetallisierung
    f cellule *f* de mémoire à métallisation au aluminium à un seul niveau
    nl geheugencel *f (m)* met enkele aluminiummetallisatie(laag)

S385 *e* **single-channel MOS**
    r МОП-структура *f* с однотипными каналами

       d Einkanal-MOS-Struktur *f*
       f structure *f* MOS à canaux unifiés
     nl enkelkanaals-MOS *m*

S386 *e* **single-chip bubble**
       r однокристальное устройство *n* на ЦМД
       d Einchipmagnetblasenbaustein *m*
       f monopuce *f* à bulles (magnétiques)
     nl enkel-chips magneetbellenbouwsteen *m*

S387 *e* **single-chip microprocessor**
       r однокристальный микропроцессор *m*
       d Einchipmikroprozessor *m*
       f microprocesseur *m* monopuce
     nl enkel-chips microprocessor *m*

S388 *e* **single component**
       r дискретный компонент *m*
       d diskreter Baustein *m*
       f composant *m* discret
     nl losse discrete component *m*

S389 *e* **single-crystal device**
       r прибор *m* на основе монокристаллического полупроводника
       d Einkristallbauelement *n*
       f dispositit *m* à base de monocristal
     nl monokristallijne bouwsteen *m*

S390 *e* **single-crystal film**
       r монокристаллическая плёнка *f*
       d Einkristallfilm *m*
       f film *m* monocristallin
     nl monokristallijne laag *f (m)*

S391 *e* **single-crystal growth**
       r выращивание *n* монокристаллов
       d Einkristallwachstum *n*
       f croissance *f* des monocristaux
     nl monokristalgroei *m*, monokristalkweek *m*

S392 *e* **single-crystal ingot, single-crystal rod**
       r монокристаллический слиток *m*
       d Einkristallstab *m*
       f lingot *m* monocristallin
     nl monokristallijne gieteling *f* [staaf *f (m)*]

S393 *e* **single-crystal semiconductor**
       r монокристаллический полупроводник *m*
       d Einkristallhalbleiter *m*
       f semi-conducteur *m* monocristallin
     nl monokristallijne halfgeleider *m*

S394 *e* **single-defect point**
       r точечный дефект *m*
       d Punktdefekt *m*
       f défaut *m* ponctuel
     nl puntdefect *n*

S395 *e* **single-device MOS gate**
       r логический элемент *m* на одном МОП-транзисторе
       d Eintransistor-MOS-Gatter *n*
       f porte *f* à un transistor MOS
     nl eentransistor-MOS-poort *f (m)*

S396 *e* **single diffusion**
       r однократная диффузия *f*
       d einfache Diffusion *f*
       f diffusion *f* simple
     nl enkelvoudige diffusie *f*

S397 *e* **single dislocation**
       r единичная дислокация *f*
       d Einzelversetzung *f*
       f dislocation *f* unique
     nl enkelvoudige dislocatie *f*

S398 *e* **single-hearth crucible**
       r односекционный тигель *m*
       d einteiliger Tiegel *m*
       f creuset *m* à une section
     nl (smelt)kroes *m* met enkelvoudige bodem

S399 *e* **single injection**
       r однократная инжекция *f*
       d einfache Injektion *f*
       f injection *f* simple
     nl enkelvoudige injectie *f*

S400 *e* **single in-line package**
       r (плоский) корпус *m* с однорядным расположением выводов, SIP-корпус *m*
       d SIL-Gehäuse *n*
       f boîtier *m* à une seule rangée des connexions
     nl behuizing *f* met eenzijdige contactenrij, SIL-huisje *n*

S401 *e* **single-ion implantation**
       r однократная ионная имплантация *f*; имплантация *f* ионов одной примеси
       d einfache Ionenimplantation *f*
       f implantation *f* ionique simple
     nl enkel-ion-implantatie *f*

S402 *e* **single-layer chip-carrier**
       r кристаллоноситель *m* с одним уровнем соединений
       d Einschichtshipträger *m*
       f support *m* à un seul niveau
     nl enkellaags chipdrager *m*

S403 *e* **single-layer metallization**
       r однослойная [одноуровневая] металлизация *f*
       d Einschichtmetallisierung *f*
       f métallisation *f* à un seul niveau
     nl enkellaags metallisatie *f*

S404 *e* **single-(logic) level gate**
       r логический элемент *m* с одним логическим уровнем
       d Einpegelgatter *n*
       f porte *f* à un seul niveau logique
     nl poort *f (m)* met één (logisch) niveau

S405 *e* **single-mask method**
       r метод *m* изготовления прибора с применением одного фотошаблона
       d Einmaskentechnik *f*
       f methode *f* de production de dispositif avec photomasque unique
     nl enkelmasker-methode *f*

S406 *e* **single-pattern photomask**
       r фотошаблон *m* с одной структурой
       d Einstrukturmaske *f*
       f photomasque *m* à structure unique
     nl enkelpatroons fotomasker *n*

SINGLE

S407 *e* **single-poly gate**
   r затвор *m* из монокристаллического и поликристаллического кремния
   d kombiniertes Gate *n* aus ein- und polykristallinem Silizium
   f grille *f* en monosilicium et polysilicium
  nl poort *f (m)* in gemengde mono- en polysil(icium)techniek

S408 *e* **single-poly process**
   r технология *f* МОП ИС с одним поликремниевым слоем
   d Einschichtpolysiliziumtechnik *f*
   f technologie *f* (MOS) à une couche en polysilicium
  nl enkellaags polysil(icium)techniek *f*

S409 *e* **single-sided board**
   r односторонняя печатная плата *f*
   d einseitige Leiterplatte *f*
   f carte *f* imprimée à simple face
  nl enkelzijdige print(plaat) *m (f (m))*

S410 *e* **single step-and-repeat machine**
   r однопозиционный фотоповторитель *m*
   d Einposition-Step-and-Repeat-Anlage *f*
   f photorépé(ti)teur *m* à une seule position
  nl enkelpositie-stappenrepeteermachine *f*

S411 *e* **single-transistor memory cell**
   r однотранзисторный элемент *m* памяти
   d Eintransistorspeicherzelle *f*
   f cellule *f* monotransistor de la mémoire
  nl één-transistor(geheugen)cel *f (m)*

S412 *e* **single-wafer plasma system**
   r плазменная установка *f* последовательной обработки полупроводниковых пластин
   d Einzelwaferplasmabearbeitungsanlage *f*
   f installation *f* à plasma pour traitement séquentiel des tranches
  nl één-wafel-plasmabehandelinstallatie *f*

S413 *e* **single-wafer processing**
   r последовательная обработка *f* полупроводниковых пластин
   d Einzelwaferbearbeitung *f*
   f traitement *m* séquentiel des tranches
  nl enkelwafelverwerking *f*

S414 *e* **sink**
   r радиатор *m*; теплоотвод *m*
   d Ableitvorrichtung *f*; Kühlkörper *m*
   f radiateur *m*
  nl afvoer *m (stroom, warmte)*

S415 *e* **sintering furnace**
   r печь *f* для спекания
   d Sinterofen *m*
   f four *m* à fritter
  nl sinteroven *m*

S416 *e* **SiO_2 capping**
   r формирование *n* (защитного) покрытия из диоксида кремния
   d SiO_2-Schutzschichtbildung *f*
   f mise *f* en forme de revêtement en dioxyde de silicium
  nl afdekking *f* met SiO_2

S417 *e* **SIP** *see* **single in-line package**

S418 *e* **SIP filter**
   r фильтр *m* в SIP-корпусе
   d SIP-Filter *n*
   f filtre *m* SIP [en boîtier à une seule rangée des connexions]
  nl filter(-bouwsteen) *n (m)* in SIL-huisje

S419 *e* **SIS** *see* **silicon-in-sapphire**

S420 *e* **SIS technology**
   r технология *f* КВС-структур
   d SIS-Technik *f*
   f technologie *f* SIS
  nl SIS-technologie *f*

S421 *e* **SIT** *see* **static induction transistor**

S422 *e* **site**
   r 1. участок *m*; площадка *f* 2. ловушка *f*, центр *m* захвата
   d 1. Fläche *f* 2. Haftstelle *f*
   f 1. site *m* 2. centre *m* de capture
  nl plek *f (m)*

S423 *e* **site aligner** *see* **step-and-repeat aligner**

S424 *e* **site-by-site alignment**
   r последовательное шаговое совмещение *n*
   d schrittweise Überdeckung *f*
   f alignement *m* pas à pas
  nl stapsgewijze uitlijning *f* op pasvlakjes

S425 *e* **S^2L** *see* **solid-state logic**

S426 *e* **SLAM** *see* **single-layer metallization**

S427 *e* **slanted side** *see* **slopped sidewall**

S428 *e* **slew rate**
   r скорость *f* нарастания выходного напряжения (*в операционном усилителе*)
   d Slew-Rate *f*, Durchsteuerzeit *f*; Anstiegsgeschwindigkeit *f* der Ausgangsspannung
   f vitesse *f* de croissance de la tension de sortie (*d'amplificateur opérationnel*)
  nl stijgsnelheid *f (uitgangsspanning)*

S429 *e* **slice**
   r 1. полупроводниковая пластина *f* 2. секционный микропроцессор *m*, микропроцессорная секция *f*
   d 1. Scheibe *f*, Wafer *m* 2. µP-Slice *n*, Bitscheibe *f*
   f 1. tranche *f* 2. microprocesseur *m* en tranches
  nl 1. schijf *f (m)*, plak *f (m)* 2. (processor)schakel *m*, partverwerker *m*, slice *m*

S430 *e* **slice architecture**
   r секционная архитектура *f* (*микропроцессоров*)
   d Bit-Slice-Architektur *f*, Bitscheibenarchitektur *f*
   f architecture *f* en tranches (*des microprocesseurs*)
  nl (bit)-slice architectuur *f*, geschakelde bouw *m*

SMALL

S431 *e* **slice breakage**
   r разламывание *n* [ломка *f*] полупроводниковых пластин
   d Zerteilen *n* von Wafern, Brechen *n*
   f cassure *f* des tranches
   nl breken *n* van de schijf [wafel] *(in chips)*

S432 *e* **slice microprocessor**
   r секционный микропроцессор *m*, микропроцессорная секция *f*
   d Slice-Prozessor *m*
   f microprocesseur *m* en tranches
   nl (bit)-slice microprocessor *m*, geschakelde microprocessor *m*

S433 *e* **slice nonflatness**
   r неплоскостность *f* полупроводниковой пластины
   d Waferunebenheit *f*
   f non-planéité *f* des tranches
   nl schijf-oneffenheid *f*, plakoneffenheid *f*

S434 *e* **slice processing sequence**
   r последовательность *f* технологической обработки полупроводниковой пластины
   d Scheibenverarbeitungsfolge *f*
   f séquence *f* de traitement technologique des tranches
   nl schijfbewerkingsprocedure *f*

S435 *e* **slicer**
   r установка *f* для резки полупроводниковых слитков на пластины
   d Trennscheibe *f* [Trennsäge *f*] zur Scheibenherstellung
   f machine *f* à découper les lingots en tranches
   nl plakkenzaag *f (m)*

S436 *e* **slicer blade**
   r диск *m* для резки полупроводниковых слитков
   d Trennscheibe *f* zur Scheibenherstellung
   f lame *f* de scie à découper les lingots
   nl plakkenzaagblad *n*

S437 *e* **slice resistivity**
   r удельное сопротивление *n* полупроводниковой пластины
   d spezifischer Scheibenwiderstand *m*
   f résistivité *f* de tranche
   nl soortelijke weerstand *m* van schijf [plak]

S438 *e* **slice-to-slice reproducibility**
   r воспроизводимость *f (структур)* от пластины к пластине
   d Scheibe-zu-Scheibe-Reproduzierbarkeit *f*
   f reproductibilité *f (des structures)* de tranche à la tranche
   nl reproducuurbaarheid *f* van schijf tot schijf

S439 *e* **slicing**
   r резка *f* полупроводниковых слитков на пластины
   d Trennen *n* von Einkristallstäben in einzelne Scheiben
   f découpage *m* des lingots en tranches
   nl in plakken zagen *n (kristalstaaf)*

S440 *e* **sloped sidewall**
   r наклонная боковая стенка *f (канавки)*
   d Böschungswand *f*
   f paroi *f* latérale oblique
   nl schuine zijwand *m*

S441 *e* **slow device**
   r прибор *m* с низким быстродействием
   d langsames Bauelement *n*
   f dispositif *m* à basse rapidité
   nl trage bouwsteen *m*

S442 *e* **slow electron**
   r медленный электрон *m*
   d langsames Elektron *n*
   f électron *m* lent
   nl traag elektron *n*

S443 *e* **SLS** *see* **superlow power Schottky TTL**

S444 *e* **SLSI** *see* **super large-scale integration**

S445 *e* **slurry** *see* **suspension**

S446 *e* **slurry polishing**
   r полировка *f* абразивной суспензией
   d Polieren *n* mit Schleifsuspension
   f polissage *m* par suspension abrasive
   nl natpolijsten *n* met amarilpoeder

S447 *e* **SM** *see* **surface mounting**

S448 *e* **SMA** *see* **surface-mounted assembly**

S449 *e* **small footprint**
   r сетка *f* с малым шагом
   d feinmaschiger Raster *m*
   f maille *f* à petit pas
   nl weinig oppervlak beslaand

S450 *e* **small-gap material**
   r полупроводник *m* с узкой запрещённой (энергетической) зоной
   d Halbleiter *m* mit schmalem Bandabstand
   f semi-conducteur *m* à bande interdite étroite
   nl materiaal *n* met geringe bandafstand

S451 *e* **small-integration circuit** *see* **small-scale integrated circuit**

S452 *e* **small-outline package**
   r малогабаритный корпус *m*, корпус *m* типа SO
   d SO-Gehäuse *n*
   f boîtier *m* de petites dimensions
   nl behuizing *f* met geringe buitenmaten, SO-huisje *n*

S453 *e* **small-outline package integrated circuit**
   r ИС *f* в корпусе типа SO
   d IC *n* im SO-Gehäuse
   f circuit *m* intégré en boîtier de petites dimensions
   nl IC *n* [geïntegreerde schakeling *f*] in SO-huisje

S454 *e* **small-outline package J**
   r малогабаритный корпус *m* с J-образными выводами, корпус *m* типа SOJ
   d SOJ-Gehäuse *n*
   f boîtier *m* de petites dimensions à sortie en J

SMALL

- *nl* behuizing *f* met geringe buitenmaten type J, SOJ-huisje *n*

S455 *e* **small-outline transistor package**
- *r* малогабаритный корпус *m* транзисторного типа, корпус *m* типа SOT
- *d* SOT-Gehäuse *n*
- *f* boîtier *m* de petites dimensions type transistor
- *nl* SOT-huisje *n*

S456 *e* **small-scale integrated circuit**
- *r* ИС *f* с малой степенью интеграции, малая ИС *f*
- *d* Schaltkreis *m* mit geringem Integrationsgrad, SSI-Schaltung *f*
- *f* circuit *m* intégré à petite échelle
- *nl* geïntegreerde schakeling *f* met geringe integratiegraad, SSI-IC *n*

S457 *e* **small-scale integration**
- *r* 1. малая степень *f* интеграции 2. ИС *f* с малой степенью интеграции, малая ИС *f*
- *d* 1. geringer Integrationsgrad *m* 2. Schaltkreis *m* mit geringem Integrationsgrad, SSI-Schaltung *f*
- *f* intégration *f* à petite échelle
- *nl* kleinschalige integratie *f*, SSI *f*

S458 *e* **small-scale integration level**
- *r* малая степень *f* интеграции; степень *f* интеграции малых ИС
- *d* geringer Integrationsgrad *m*; Kleinintegration *f*, SSI *f*
- *f* petite échelle *f* d'intégration; échelle *f* d'intégration des petits circuits intégrés
- *nl* kleinschalig integratieniveau *n*, SSI-niveau *n*

S459 *e* **small-signal gain**
- *r* 1. коэффициент *m* усиления при малом уровне сигнала 2. усиление *n* при малом уровне сигнала
- *d* Kleinsignalverstärkung *f*
- *f* gain *m* des signaux faibles
- *nl* kleinsignaalversterking *f*

S460 *e* **small-signal impedance**
- *r* полное сопротивление *n* в режиме малого сигнала
- *d* Kleinsignalimpedanz *f*
- *f* impédance *f* en mode des signaux faibles
- *nl* kleinsignaalimpedantie *f*

S461 *e* **SMD board**
- *r* плата *f* для (компонентов) поверхностного монтажа
- *d* SMD-Leiterplatte *f*
- *f* carte *f* CMS [des composants du montage en surface]
- *nl* SMD-print(plaat) *m* (*f* (*m*))

S462 *e* **SMD screen printer**
- *r* установка *f* трафаретной печати для плат поверхностного монтажа
- *d* SMD-Siebdruckanlage *f*
- *f* installation *f* de sérigraphie pour les cartes du montage en surface
- *nl* zeefdruk-SMD *f*

S463 *e* **SMD technology**
- *r* технология *f* поверхностного монтажа
- *d* SMD-Technik *f*
- *f* technologie *f* du montage en surface
- *nl* SMD-techniek *f*

S464 *e* **SMOS** *see* **scaled metal-oxide-semiconductor**

S465 *e* **SNOS** *see* **semiconductor-nitride-oxide-semiconductor**

S466 *e* **SO** *see* **small-outline package**

S467 *e* **socket**
- *r* колодка *f*, панелька *f*; спутник-носитель *m* (для ИС); панелька *f*
- *d* Sockel *m*, Stecksockel *m*
- *f* socle *m*
- *nl* (insteek)voetje *n*

S468 *e* **soft-contact aligner**
- *r* установка *f* фотолитографии с мягким контактом
- *d* Softkontaktjustieranlage *f*
- *f* aligneur *m* de photolithographie à contact doux
- *nl* rakelings-contact-uitlijnapparaat *n*

S469 *e* **soft-contact lithography**
- *r* фотолитография *f* с мягким контактом
- *d* Softkontaktlithografie *f*
- *f* lithographie *f* à contact doux
- *nl* rakelings-contact-lithografie *f*

S470 *e* **soft junction**
- *r* плавный переход *m*
- *d* allmählicher pn-Übergang *m*
- *f* jonction *f* graduelle
- *nl* gelijdelijke (p-n-)overgang *m*

S471 *e* **soft solder**
- *r* легкоплавкий припой *m*
- *d* Weichlot *n*
- *f* brasure *f* tendre
- *nl* zachtsoldeer *n*

S472 *e* **software**
- *r* программное обеспечение *n*
- *d* Software *f*
- *f* logiciel *m*
- *nl* programmatuur *f*, software *f*

S473 *e* **software-controlled machine**
- *r* установка *f* с программным управлением
- *d* programmgesteuerte Anlage *f*
- *f* installation *f* [machine *f*] à commande programmable
- *nl* programmabestuurde machine *f*

S474 *e* **software design aid**
- *r* программное обеспечение *n* систем автоматизированного проектирования, программное обеспечение *n* САПР
- *d* Software-Entwicklungshilfe *f*
- *f* logiciel *m* des systèmes de conception assistée par ordinateur
- *nl* hulpmiddel *n* voor software-ontwikkeling

S475 e **software-driven microcomputer**
  r микроЭВМ f с программным управлением
  d programmgesteuerter Mikrorechner m
  f micro-ordinateur m programmable
  nl programmabestuurde microcomputer m

S476 e **software engineering**
  r разработка f программного обеспечения
  d Software-Technik f, Software-Entwicklungstechnik f
  f ingénierie f du logiciel
  nl software-technologie f

S477 e **soft X-rays**
  r мягкие рентгеновские лучи m pl
  d weiche Röntgenstrahlen pl
  f rayons m pl X mous
  nl zachte Röntgenstraling f

S478 e **SOI** see **silicon-on-insulator**

S479 e **SOIC** see **small-outline package integrated circuit**

S480 e **SOI integrated circuit**
  r ИС f на КНД-структуре
  d SOI-IC n
  f circuit m intégré à la structure silicium-sur-isolant
  nl SOI-IC n

S481 e **SOI process** see **SOI technology**

S482 e **SOI substrate**
  r подложка f с КНД-структурой, диэлектрическая подложка f со слоем кремния
  d SOI-Substrat n
  f substrat m à structure silicium-sur-isolant
  nl SOI-substraat n

S483 e **SOIS** see **silicon-on-insulated substrate**

S484 e **SOI technology**
  r технология f ИС на КНД-структуре, КНД-технология f
  d SOI-Technik f
  f technologie f SOI, technologie f silicium-sur-isolant
  nl SOI-technologie f

S485 e **SOJ** see **small-outline package J**

S486 e **solder**
  r припой m
  d Lot n
  f brasure f, soudure f
  nl soldeer n

S487 e **solder ball**
  r шариковый вывод m из припоя
  d Lotkugelpin n
  f sortie f à balle de brasure
  nl soldeerbolletje n

S488 e **solder bond** see **solder joint**

S489 e **solder bump**
  r столбиковый вывод m из припоя
  d Lötkontakthügel m
  f poutre m de brasure
  nl soldeerbobbel m

S490 e **solder coater**
  r установка f для нанесения припоя
  d Lotbeschichtungsanlage f
  f machine f pour revêtement par brasure
  nl vlakvertinner m

S491 e **solder cream** see **solder paste**

S492 e **solder dip(ping)**
  r погружение n в (расплавленный) припой
  d Eintauchen n in Lot
  f immersion f dans un bain de brasure (fusible)
  nl dompelsolderen n

S493 e **solder-evacuator device**
  r устройство n для отсоса припоя
  d Lotabsaugeinrichtung f
  f dispositif m d'évacuation de brasure
  nl tinzuiger m

S494 e **solder fusing**
  r оплавление n припоя; расплавление n припоя
  d Lotaufschmelzen n
  f fusion f de brasure
  nl soldeer opsmelten n

S495 e **solder fusion system**
  r установка f пайки оплавлением припоя
  d Lotaufschmelzlötmaschine f, Reflow-Lötmaschine f
  f machine f à souder par fusion de brasure
  nl soldeer-opsmeltmachine f, reflow-soldeermachine f

S496 e **solder glass**
  r припойное стекло n, стеклянный припой m
  d Glaslot n
  f verre f à braser, brasure f à verre
  nl glassoldeer n

S497 e **soldering**
  r пайка f
  d Löten n
  f soudage m
  nl solderen n

S498 e **soldering flux**
  r флюс m для пайки
  d Flußmittel n, Lötflußmittel n
  f flux m de brasure
  nl soldeervloemiddel n

S499 e **solder joint**
  r паяное соединение n
  d Lötverbindung f
  f joint m soudé [brasé]
  nl soldeerverbinding f

S500 e **solder leaching**
  r выщелачивание n припоя
  d Lotauslaugung f
  f lixiviation f de brasure
  nl soldeeruitloging f

S501 e **solderless bond, solderless joint**
  r неполное соединение n
  d lötfreie Verbindung f
  f connexion f [jointure f] sans brasure

SOLDER

    nl soldeerloos contact *n*, soldeerloze verbinding *f*

S502 *e* **solder mask**
    r маска *f* из припоя, припойная маска *f*
    d Lötmaske *f*
    f masque *m* à braser
    nl soldeermasker *n*

S503 *e* **solder pad** *see* **solder bump**

S504 *e* **solder paste**
    r припойная паста *f*
    d Lötpaste *f*
    f pâte *f* à souder
    nl soldeerpasta *m*

S505 *e* **solder reflow**
    r оплавление *n* припоя
    d Lötmittelrückfluß *m*
    f fusion *f* de brasure
    nl soldeerterugvloeiing *f*

S506 *e* **solder sealer**
    r установка *f* для герметизации методом пайки
    d Anlage *f* zur Verkapselung durch Löten
    f installation *f* d'étanchéification par soudure
    nl soldeerafdichtinstallatie *f*

S507 *e* **solder sealing**
    r герметизация *f* пайкой
    d Verkapselung *f* durch Löten
    f étanchéification *f* par soudure
    nl afdichting *f* met soldeer

S508 *e* **solidification**
    r затвердевание *n*
    d Erstarren *n*, Erstarrung *f*
    f solidification *f*
    nl vast [hard] worden *n*, verstarren *n*

S509 *e* **solid phase**
    r твёрдая фаза *f*
    d feste Phase *f*
    f phase *f* solide
    nl vastestof-fase *f*

S510 *e* **solid-phase epitaxy**
    r эпитаксия *f* из твёрдой фазы
    d Festphasenepitaxie *f*
    f épitaxie *f* en phase solide
    nl v *f* estof-fase-epitaxie

S511 *e* **solid photoresist**
    r сухой (плёночный) фоторезист *m*
    d Trocken (film) resist *n*
    f photorésist *m* sec
    nl droge fotolak *m*, fotolak *m* in poedervorm

S512 *e* **solid solubility**
    r растворимость *f* в твёрдой фазе
    d Löslichkeit *f* in der festen Phase
    f solubilité *f* en phase solide
    nl oplosbaarheid *f* in vaste vorm

S513 *e* **solid source**
    r твёрдый источник *m* примеси
    d feste Dotantenquelle *f*
    f source *f* solide d'impureté
    nl vastestof-(doterings) bron *f (m)*

S514 *e* **solid state**
    r твёрдое тело *n*
    d fester Körper *m*
    f corps *m* solide, solide *m*
    nl vastestof-toestand *m*

S515 *e* **solid-state circuit**
    r твердотельная схема *f*
    d Festkörperschaltkreis *m*
    f cicruit *m* solide
    nl vastestofschakeling *f*

S516 *e* **solid-state component**
    r твердотельный компонент *m*
    d Festkörperbaustein *m*
    f composant *m* solide
    nl vastestof-component *m*, halfgeleidercomponent *m*

S517 *e* **solid-state device**
    r твердотельный прибор *m*
    d Festkörperbauelement *n*
    f dispositif *m* à solide
    nl vastestofbouwsteen *m*, halfgeleiderbouwsteen *m*

S518 *e* **solid-state diffusion**
    r диффузия *f* из твёрдого источника
    d Festkörperdiffusion *f*
    f diffusion *f* en source solide d'impureté
    nl vastestof-diffusie *f*

S519 *e* **solid-state electronics**
    r твердотельная электроника *f*
    d Festkörperelektronik *f*
    f électronique *f* des solides
    nl vastestof-elektronica *f*, halfgeleiderelektronica *f*

S520 *e* **solid-state epitaxy**
    r эпитаксия *f* из твёрдой фазы
    d Festphasenepitaxie *f*
    f épitaxie *f* en phase solide
    nl vastestof-epitaxie *f*

S521 *e* **solid-state imager**
    r твердотельный формирователь *m* (сигналов) изображения
    d Festkörperbildsensor *m*
    f imageur *m* (à) solide
    nl vastestof-beeldopnemer *m*, halfgeleider-beeldopnemer *m*

S522 *e* **solid-state laser**
    r твердотельный лазер *m*
    d Festkörperlaser *m*
    f laser *m* (à) solide
    nl vastestof-laser *m*

S523 *e* **solid-state logic**
    r твердотельные логические схемы *f pl*
    d Festkörperlogik *f*
    f logique *f* des solides
    nl halfgeleider-logica *f*

S524 *e* **solid-state physics**
    r физика *f* твёрдого тела
    d Festkörperphysik *f*
    f physique *f* du solide
    nl vastestof-fysica *f*

S525 *e* **solid-state reaction**
    r реакция *f* в твёрдой фазе

    d Festphasenreaktion *f*
    f réaction *f* en phase solide
    nl vastestof-reactie *f*

S526 *e* **solid-state technology**
    r твердотельная технология *f*
    d Festkörpertechnik *f*
    f technologie *f* des solides
    nl vastestof-technologie *f*

S527 *e* **solidus curve**
    r кривая *f* солидуса
    d Soliduslinie *f*
    f courbe *f* de solidus
    nl soliduskromme *f (m)*

S528 *e* **solidus temperature**
    r температура *f* перехода в твёрдое состояние
    d Solidustemperatur *f*
    f température *f* de la transition en état solide
    nl solidustemperatuur *f*

S529 *e* **solubility**
    r растворимость *f*
    d Löslichkeit *f*
    f solubilité *f*
    nl oplosbaarheid *f*

S530 *e* **solute doping**
    r легирование *n* примесью из раствора
    d Dotierung *f* aus der Lösung
    f dopage *m* de la solution
    nl dotering *f* vanuit een oplossing

S531 *e* **solution**
    r 1. раствор *m* 2. растворение *n*
    d 1. Lösung *f* 2. Lösen *n*, Auflösen *n*
    f 1. solution *f* 2. dissolution *f*
    nl 1. oplossing *f* 2. oplossen *n*

S532 *e* **solvent**
    r растворитель *m*
    d Lösungsmittel *n*
    f solvant *m*
    nl oplosmiddel *n*

S533 *e* **solvent cleaning**
    r очистка *f* в растворителях
    d Reinigen *n* in Lösungsmitteln
    f nettoyage *m* aux solvants
    nl reiniging *f* in oplosmiddel

S534 *e* **solvent reclamation, solvent recuperation**
    r регенерация *f* растворителя
    d Lösungsmittelrückgewinnung *f*
    f récupération *f* [régénération *f*] de solvant
    nl terugwinning *f* van oplosmiddel

S535 *e* **SOP** *see* **selective-oxidation process**

S536 *e* **sorter**
    r 1. сортирующее устройство *n*, сортировщик *m* 2. классификатор *m* (полупроводниковых пластин)
    d Sortiermaschine *f*
    f trieuse *f*
    nl sorteermachine *f*

S537 *e* **sorting**
    r 1. сортировка *f* 2. классификация *f* (полупроводниковых пластин)
    d Sortierung *f*
    f tri *m*, triage *m*
    nl sorteren *n*

S538 *e* **SOS** *see* **silicon-on sapphire**

S539 *e* **SOS approach**
    r технология *f* ИС на КНС-структуре, КНС-технология *f*
    d SOS-Technik *f*
    f technologie *f* silicium-sur-saphir, technologie *f* SOS
    nl SOS-techniek *f*

S540 *e* **SOS/CMOS** *see* **SOS complementary metal-oxide-semiconductor**

S541 *e* **SOS/CMOS process**
    r технология *f* КМОП ИС на КНС-структуре
    d SOS/CMOS-Technik *f*, CMOS/SOS-Technik *f*
    f technologie *f* SOS/CMOS
    nl SOS/CMOS-procédé *n*

S542 *e* **SOS complementary metal-oxide-semiconductor**
    r кремниевая КМОП-структура *f* на сапфире
    d SOS/CMOS-Struktur *f*, CMOS/SOS-Struktur *f*
    f structure *f* CMOS silicium-sur-saphir
    nl SOS/CMOS *m*

S543 *e* **SOSIC** *see* **silicon-on-sapphire integrated circuit**

S544 *e* **SOS island**
    r кремниевый островок *m* на сапфировой подложке
    d SOS-Insel *f*
    f îlot *m* silicium-sur-saphir
    nl SOS-eiland *n*

S545 *e* **SOS isolation technique**
    r метод *m* изоляции элементов в ИС на КНС-структуре
    d SOS-Isolationstechnik *f*
    f technique *f* d'isolation *(des composants de circuit intégré)* à la structure silicium-sur-saphir
    nl SOS-isolatietechniek *f*

S546 *e* **SOSL** *see* **silicon-on-spinel**

S547 *e* **SOS/LSI** *see* **silicon-on-sapphire/large-scale integration**

S548 *e* **SOS substrate**
    r подложка *f* с КНС-структурой, сапфировая подложка *f* со слоем кремния
    d SOS-Substrat *n*
    f substrat *m* à structure silicium-sur-saphir
    nl SOS-substraat *n*

S549 *e* **SOS transistor**
    r транзистор *m* на КНС-структуре
    d SOS-Transistor *m*
    f transistor *m* à structure silicium-sur-saphir
    nl SOS-transistor *m*

SOS

S550 *e* **SOS wafer**
   r сапфировая пластина *f* со слоем кремния
   d SOS-Wafer *m*
   f tranche *f* à structure silicium-sur-saphir
  nl SOS-wafel *f (m)*

S551 *e* **SOT** *see* **small-outline transistor package**

S552 *e* **source**
   r 1. источник *m* 2. исток *m*, истоковая область *f (полевого транзистора)*
   d 1. Quelle *f* 2. Source *f*
   f source *f*
  nl bron *f (m)*, aanvoer *m*

S553 *e* **source-channel junction**
   r переход *m* исток — канал
   d Source-Kanal-Übergang *m*
   f jonction *f* source-canal
  nl bron-kanaal-overgang *m*

S554 *e* **source current**
   r ток *m* истока
   d Sourcestrom *m*
   f courant *m* de la source
  nl bronstroom *m*

S555 *e* **source-drain diode**
   r (защитный) диод *m* между стоком и истоком
   d Source-Drain-Diode *f*
   f diode *f* (protectrice) entre source et drain
  nl bron-afvoerdiode *f*

S556 *e* **source electrode**
   r электрод *m* истока
   d Sourceelektrode *f*
   f électrode *f* de la source
  nl bronelektrode *f*

S557 *e* **source oven**
   r печь *f* для испарения источника примеси
   d Dotantenquellenverdampfungsofen *m*
   f four *m* pour évaporation de la source d'impureté
  nl doteringsbron(verdampings)oven *m*

S558 *e* **source region**
   r истоковая область *f*, исток *m (полевого транзистора)*
   d Source-Bereich *m*, Source-Gebiet *n*, Source-Zone *f*
   f région *f* de source *(du transistor FET)*
  nl bron-zone *f (m)*

S559 *e* **source-substrate junction**
   r переход *m* исток — подложка
   d Source-Substrat-Übergang *m*
   f jonction *f* source-substrat
  nl bron-substraat-overgang *m*

S560 *e* **space charge**
   r объёмный заряд *m*
   d Raumladung *f*
   f charge *m* volumétrique
  nl ruimtelading *f*

S561 *e* **space-charge accumulation**
   r накопление *n* объёмного заряда
   d Raumladungsspeicherung *f*
   f accumulation *f* de charge volumétrique
  nl ruimteladingsophoping *f*

S562 *e* **space-charge neutralization**
   r компенсация *f* объёмного заряда
   d Raumladungsneutralisation *f*
   f neutralisation *f* de la charge volumétrique
  nl ruimteladingsneutralisatie *f*

S563 *e* **space chip**
   r ИС *f*, изготовленная в космических условиях
   d unter Weltraumbedingungen hergestellter Chip *m*
   f puce *f* produite en conditions d'espace cosmique
  nl onder ruimtecondities vervaardigde chip *m*

S564 *e* **spaced alignment**
   r совмещение *n* в фотолитографии с (микро)зазором
   d Abstandsjustierung *f*
   f alignement *m* à micro-écart
  nl uitlijning *f* met tussenafstand

S565 *e* **spaced electrodes**
   r распределённые [разнесённые] электроды *m pl*
   d getrennte Elektroden *f pl*
   f électrodes *f pl* distribuées
  nl elektrodes *f pl* met tussenruimte

S566 *e* **spacer layer**
   r разделительный слой *m*; прослойка *f*
   d Trennschicht *f*
   f couche *f* intermédiaire
  nl afstandslaag *f (m)*

S567 *e* **spare part**
   r запасной элемент *m*; запасная деталь *f*
   d Ersatzbaustein *m*; Ersatzteil *n*
   f composant *m* de réserve; pièce *f* de rechange
  nl reserve-onderdeel *n*

S568 *e* **SPE** *see* **solid-state epitaxy**

S569 *e* **specific conductance**
   r удельная электропроводность *f*
   d spezifischer Leitwert *m*
   f conductivité *f*
  nl soortelijk geleidingsvermogen *n*

S570 *e* **specific heat**
   r удельная теплоёмкость *f*
   d spezifische Wärme *f*
   f chaleur *f* spécifique
  nl soortelijke warmte *f*

S571 *e* **specific resistance**
   r удельное сопротивление *n*
   d spezifischer Widerstand *m*
   f résistivité *f*
  nl soortelijke weerstand *m*

S572 *e* **speech chip**
   r ИС *f* синтезатора речи
   d Sprachsynthetisatorchip *m*
   f puce *f* du synthétiseur de parole
  nl spraak-chip *m*

S573 *e* **speech generator, speech synthesizer**
   r синтезатор *m* речи

- d Sprachsynthetisator *m*
- f synthétiseur *m* de parole
- nl spraakgenerator *m*, spraaksynthetisator *m*

S574 *e* **speed**
- r 1. быстродействие *n* 2. скорость *f*
- d 1. Schnellwirkung *f* 2. Geschwindigkeit *f*
- f 1. rapidité *f* 2. vitesse *f*
- nl snelheid *f*

S575 *e* **speed characteristic** *see* **speed performance**

S576 *e* **speed gain**
- r выигрыш *m* в быстродействии
- d Schnellwirkungsgewinn *m*
- f gain *m* de vitesse
- nl snelheidswinst *f*

S577 *e* **speed performance**
- r быстродействие *n*
- d Schnellwirkung *f*
- f rapidité *f* de fonctionnement
- nl prestaties *f pl* op punt van snelheid

S578 *e* **spider-bonding technology**
- r технология *f* присоединения кристаллов к паучковым выводам на ленточном носителе
- d Spinnenbondtechnik *f*
- f technologie *f* de connexion des puces aux sorties coudées sur la bande porteuse
- nl spincontacteertechniek *f*

S579 *e* **spider lead**
- r паучковый вывод *m*
- d Spinnenanschluß *m*, Zwischenträgerbrückenanschluß *m*
- f sortie *f* coudée
- nl verbindingsraamaansluiting *f*, spinnepoot *m*

S580 *e* **spider lead-frame**
- r выводная рамка *f* с паучковыми выводами
- d Leiterrahmen *m* mit Zwischenträgerbrückenanschlüssen
- f cadre *m* à sorties coudées
- nl spinvormig aansluitraam *n*

S581 *e* **spin**
- r 1. центрифугирование *n* 2. нанесение *n* (фоторезиста) методом центрифугирования
- d 1. Schleudern *n* 2. Aufschleudern *n*
- f 1. centrifugation *f* 2. gainage *m* par centrifugation
- nl snelle draaiing *f* [asrotatie *f*, spin *m*, tollen *n*]

S582 *e* **spin-dry wafer**
- r полупроводниковая пластина *f* после сушки в центрифуге
- d trockengeschleuderter Wafer *m*
- f tranche *f* après étuvage en centrifugeuse
- nl centrifuge-droge wafel *f (m)*

S583 *e* **spinner**
- r центрифуга *f*
- d Schleuder *f*, Zentrifuge *f*
- f centrifugeuse *f*
- nl centrifuge *f*

S584 *e* **spin-on**
- r загонка *f* примеси *(первая стадия двухстадийной диффузии)*
- d Vorbelegungsdiffusion *f*
- f prédéposition *f (premier stade de diffusion à deux étapes)*
- nl opcentrifugeren *n*

S585 *e* **spin-on dopant**
- r примесь *f*, наносимая на поверхность полупроводника
- d Dotierstoff *m* zum Aufschleudern
- f dopant *m* pour prédéposition
- nl op te centrifugeren doteerstof *f (m)*

S586 *e* **spin-on dopant coater**
- r установка *f* для нанесения легирующей примеси на поверхность полупроводника
- d Dotanten-Schleuderbeschichtungsanlage *f*
- f installation *f* à gainer le dopant pour prédéposition
- nl opcentrifugerende installatie *f* voor doteringsdeklaag

S587 *e* **spin-on impurity** *see* **spin-on dopant**

S588 *e* **splash-free evaporation**
- r напыление *n* без разбрызгивания
- d spritzerloses Aufdampfen *n*
- f évaporation *f* sans pulvérisation
- nl spatvrij opdampen *n*

S589 *e* **spot defect**
- r точечный дефект *m*
- d Punktdefekt *m*
- f défaut *m* ponctuel
- nl puntdefect *n*

S590 *e* **spot weld(ing)**
- r точечная сварка *f*
- d Punktschweißen *n*
- f soudage *m* par points
- nl puntlassen *n*

S591 *e* **spray developer**
- r установка *f* струйного проявления, установка *f* для проявления методом разбрызгивания
- d Sprühentwicklungsanlage *f*
- f développeuse *f* par pulvérisation fluidique
- nl sproei-ontwikkelaar *m*

S592 *e* **spray development**
- r струйное проявление *n*, проявление *n* методом разбрызгивания
- d Sprühentwicklung *f*
- f développement *m* (par pulvérisation) fluidique
- nl sproei-ontwikkeling *f*

S593 *e* **spraying**
- r распыление *n*
- d Sprühen *n*, Aufspritzen *n*
- f pulvérisation *f*
- nl sproeien *n*

S594 *e* **spurious inductance**
- r паразитная индуктивность *f*

SPUTTER

d parasitäre Induktivität *f*
f inductance *f* parasite
nl parasitaire inductie *f*

S595 *e* **sputter cleaning**
r очистка *f* методом ионного распыления
d Sputterreinigung *f*
f nettoyage *m* par pulvérisation ionique
nl sputter-reiniging *f*, reiniging *f* door verstuiving

S596 *e* **sputter coater** see **sputter reactor**

S597 *e* **sputter deposition**
r осаждение *n* методом ионного распыления
d Aufsputtern *n* Aufstäubungsbeschichtung *f*
f dépôt *m* par pulvérisation ionique
nl opbrengen *n* [depositie *f*] door verstuiving [sputteren]

S598 *e* **sputterer** see **sputter reactor**

S599 *e* **sputter etching**
r травление *n* методом ионного распыления
d Zerstäubungsätzen *n*
f décapage *m* par pulvérisation ionique
nl verstuivingsetsen *n*, sputter-etsen *n*

S600 *e* **sputter gun**
r 1. электронная пушка *f* для ионного распыления 2. пистолет *m* для ионного распыления, пистолет-распылитель *m*
d 1. Sputterkanone *f* 2. Spritzpistole *f*
f 1. canon *m* électronique pour pulvérisation par ions 2. pistolet *m* pour pulvérisation ionique
nl 1. sputter-kanon *n* 2. sproeipistool *n*

S601 *e* **sputtering chamber**
r камера *f* для ионного распыления
d Zerstäubungskammer *f*
f chambre *f* de pulvérisation ionique
nl verstuivingskamer *f (m)*

S602 *e* **sputtering source**
r источник *m* для ионного распыления
d Sputterquelle *f*
f source *f* de pulvérisation ionique
nl verstuivingsbron *f (m)*

S603 *e* **sputtering target**
r мишень *f* установки для ионного распыления
d Zerstäubungstarget *n*, Zerstäubungskatode *f*
f cible *f* du réacteur de pulvérisation ionique
nl verstuivingsdoel *n*, verstuivingsobject *n*, verstuivingskathode *f*

S604 *e* **sputter reactor**
r установка *f* для ионного распыления
d Sputterreaktor *m*
f réacteur *m* de pulvérisation ionique
nl sputter-reactor *m*

S605 *e* **square silicon ingot**
r кремниевый слиток *m* квадратного сечения
d Siliziumstab *m* mit quadratischem Querschnitt
f lingot *m* de silicium à section carrée
nl vierkante silicium-gieteling *f* [siliciumstaaf *f (m)*]

S606 *e* **squeegee**
r ракель *m*
d Rakel *f*
f raclette *f*
nl rakel *m*

S607 *e* **SQUID** see **superconducting quantum interference device**

S608 *e* **SR** see **1. shift register 2. slew rate**

S609 *e* **SRAM** see **static random-access memory**

S610 *e* **SRG** see **self-registered gate**

S611 *e* **SRG process**
r технология *f* МОП-структур с совмещёнными затворами
d SRG-Technik *f*
f technologie *f* des structures MOS à grilles auto-alignées
nl SRG-procédé *n*

S612 *e* **SSC** see **solid-state circuit**

S613 *e* **SSE** see **solid-state electronics**

S614 *e* **SSI** see **1. small-scale integration 2. standard-scale integration**

S615 *e* **SSIC** see **1. small-scale integrated circuit 2. standard-scale integrated circuit**

S616 *e* **SSL** see **solid-state logic**

S617 *e* **SST** see **solid-state technology**

S618 *e* **SSU** see **semiconductor storage unit**

S619 *e* **stability**
r 1. устойчивость *f* 2. стабильность *f*
d Stabilität *f*
f stabilité *f*
nl stabiliteit *f*

S620 *e* **stabilizing annealing**
r стабилизирующий отжиг *m*
d Stabilisierungstempern *n*
f recuit *m* de stabilisation
nl stabiliseringstempering *f*

S621 *e* **stacked arrangement**
r многоуровневая структура *f*
d Mehrebenenstruktur *f*
f structure *f* multiniveau [à couches multiples]
nl stapelstructuur *f*

S622 *e* **stacked complementary MOS**
r КМОП-структура *f* с многоуровневыми затворами
d Stapelgate-CMOS *f*
f structure *f* complémentaire métal-oxyde-semi-conducteur à grilles multiples
nl stapelpoort-CMOS *m*

S623 *e* **stacked-gate injection MOS**
r инжекционная МОП-структура *f* с многоуровневыми затворами

d Stapelgate-Injektions-MOS f, SIMOS f
  semi-conducteur à grilles multiples
nl stapelpoort-injectie-MOS m

S624 e **stacking fault**
r дефект m упаковки
d Stapelfehler m
nl stapelfout f (m)

S625 e **stage**
r 1. каскад m; 2. координатный стол m;
  3. этап m; стадия f
d 1. Stufe f; 2. X-Y-Koordinatentisch m; 3. Stufe
  f; Stadium n
f 1. étage m; 2. table f X-Y; 3. étape f; stade
  m
nl 1. trap m; schakeltrap m; 2. coördinatentafel
  f (schakeling) 3. coördinatentafel f (m),
  x-y tafel f (m)

S626 e **stage-by-stage diffusion technique**
r многостадийная диффузия f
d Mehrstufendiffusion f
f technique f de diffusion à étapes multiples
nl getrapte diffusietechniek f

S627 e **stage working area**
r рабочее поле n координатного стола
d Koordinatentischarbeitsfeld n
f aire f de travail de la table X-Y
nl werkvlak n op coördinatentafel

S628 e **starting technique**
r метод m окапывания поля
  определенного типа
  электропроводности
d Anfährverfahren n
f technique f de démarrage
nl kiemtechniek f, verliestechniek f

S629 e **stainless steel screen**
r трафарет m из нержавеющей стальной
  проволоки
d Nito-Siebdruckschablone f, Nito-Schablone f
f masque m en fil d'acier inoxydable
nl roestvrijstalen sjabloon n

S630 e **stalk** see **stem**

S631 e **standard buried collector**
r стандартный коллектор m со скрытым слоем
d vergrabener Standardkollektor m
f collecteur m standard à couche cachée
nl standaard subcollector m

S632 e **standard-cell circuit**
r ИС f со стандартными элементами
d Standardzellen-IC n
f circuit m intégré précaractérisé
nl uit standaardcellen opgebouwde
  schakeling f, standaard-cellenschakeling
  f

S633 e **standard-scale integrated circuit**
r ИС f со стандартной степенью
  интеграции, стандартная ИС f
d Standardschaltkreis m, Standard-IC n

f circuit m à intégration standard, C.I.
  m à intégration standard
nl standaard-schaal IC n

S634 e **standard-scale integration**
r 1. стандартная степень f интеграции;
  2. ИС f со стандартной степенью
  интеграции, стандартная ИС f
d 1. Standardintegration f;
  2. Standardschaltkreis m, Standard-IC n
f 1. échelle f standard d'intégration,
  intégration f standard; 2. circuit
  m à intégration standard, C.I.
  m standard
nl integratie f op standaard schaal

S635 e **standby unit**
r резервный прибор m; резервный блок
  m
d Bereitschaftsgerät n; Standby-Einheit f,
  Reserveeinheit f
nl reserveeenheid f, hulpeenheid f

S636 e **starting substance**
r исходное вещество n; исходный
  материал m
d Ausgangsstoff m
f substance f (matériau m) source
nl uitgangsstof f (m)

S637 e **state**
r 1. режим m; 2. (энергетическое) состояние n;
  (энергетический) уровень m
d 1. Zustand m; Lage f; 2. Zustand m;
  Niveau n
f 1. état m; 2. état m énergétique; niveau
  m énergétique
nl toestand m, staat m, niveau n

S638 e **state diagram**
r диаграмма f состояния, фазовая
  диаграмма f
d Zustandsdiagramm n
f diagramme m d'états
nl toestandsdiagram n

S639 e **static atmospherics**
r заряды m pl статического
  электричества в атмосфере
d statische atmosphärische Ladungen f pl
f charges f pl statiques atmosphériques
nl statische atmosferische ladingen f pl

S640 e **static burn-in**
r статическая термотренировка f
d statisches Burn-in n
f entraînement m thermique statique
nl statisch inbranden n

S641 e **static cell**
r статический элемент m памяти
d statische Speicherzelle f
f cellule f statique de mémoire
nl statische (geheugen)cel f (m)

S642 e **static characteristic**
r статическая характеристика f
d statische Charakteristik f
f caractéristique f statique
nl statische karakteristiek f

STITCHING

S664 *e* **step-and-repeat exposure**
    r последовательное шаговое экспонирование *n*
    d schrittweise Belichtung *f*
    f exposition *f* pas à pas
    nl stappenrepeteer-belichting *f*

S665 *e* **step-and-repeat lens**
    r объектив *m* фотоповторителя
    d Step-and-Repeat-Linse *f*
    f objectif *m* de photorépé(ti)teur
    nl stappenrepeteer-objectief *n*

S666 *e* **step-and-repeat lithography**
    r проекционная литография *f* с последовательным шаговым экспонированием
    d Step-and-Repeat-Lithografie *f*
    f lithographie *f* à exposition pas à pas
    nl stappenrepeteer-lithografie *f*

S667 *e* **step-and-repeat mask**
    r (рабочий) фотошаблон *m*, изготовленный фотоповторителем
    d nach dem Step-and-Repeat-Verfahren hergestellte Maske *f*
    f masque *m* d'exposition créé par photorépé(ti)teur
    nl stappenrepeteer-masker *n*

S668 *e* **step-and-repeat mechanism**
    r устройство *n* шагового перемещения (в установке совмещения и экспонирования)
    d Step-and-Repeat-Einrichtung *f*
    f mécanisme *m* de déplacement pas à pas
    nl stappenrepeteer-inrichting *f*

S669 *e* **step-and-repeat multiplication**
    r последовательная шаговая мультипликация *f*
    d Step-and-Repeat-Multiplikation *f*
    f multiplication *f* pas à pas
    nl stappenrepeteer-verveelvoudiging *f*

S670 *e* **step-and-repeat photography**
    r последовательная шаговая фотомультипликация *f*
    d Step-and-Repeat-Fotografie *f*
    f photographie *f* pas à pas
    nl stappenrepeteer-fotografie *f*

S671 *e* **step-and-repeat projection**
    r проекционная литография *f* с последовательным шаговым экспонированием, последовательная шаговая проекционная литография *f*
    d Step-and-Repeat-Projektion *f*
    f lithographie *f* de projection pas à pas
    nl stappenrepeteer-projectie *f*

S672 *e* **step-and-repeat stage, step-and-repeat table**
    r координатный стол *m* с шаговым перемещением
    d schrittweise bewegter Koordinatentisch *m*, Schrittschalttisch *m*
    f table *m* x-y à déplacement pas à pas
    nl x-y-stappenrepeteertafel *f (m)*

S673 *e* **step-by-step aligner** *see* **step-and-repeat aligner**

S674 *e* **step-by-step-assembly**
    r последовательный монтаж *m*
    d stufenweise Montage *f*
    f montage *m* successif [pas à pas]
    nl stap-voor-stap montage *f*

S675 *e* **step coverage**
    r покрытие *n* на (оксидной) ступеньке
    d Oxidstufenbelag *m*
    f gainage *m* sur degré d'oxyde
    nl bedekking *f* van niveausprongen

S676 *e* **step junction** *see* **sharp junction**

S677 *e* **step-on-wafer** *see* **step-and-repeat**

S678 *e* **stepped-oxide CCD**
    r ПЗС *m* со ступенчатым профилем оксида
    d Stufenoxid-CCD *n*
    f dispositif *m* à couplage de charge avec profil à degré d'oxyde
    nl trapoxyde-CCD *f*

S679 *e* **stepper aligner** *see* **step-and-repeat aligner**

S680 *e* **stepper lithography** *see* **step-and-repeat lithography**

S681 *e* **stepping** *see* **step-and-repeat**

S682 *e* **stepping table** *see* **step-and-repeat stage**

S683 *e* **step printing**
    r литография *f* с последовательным шаговым экспонированием, последовательная шаговая литография; *f* последовательная шаговая печать *f*
    d schrittweise Belichtung *f*
    f lithographie *f* à exposition pas à pas; impression *f* pas à pas
    nl stapsgewijze lithografie *f*

S684 *e* **stereomicroscopy**
    r стереомикроскопия *f*
    d Stereomikroskopie *f*
    f stéréomicroscopie *f*
    nl stereomicroscopie *f*

S685 *e* **sticking coefficient**
    r коэффициент *m* прилипания (для остаточных газов)
    d Haftfaktor *m*
    f coefficient *m* de collage (pour gaz résiduel)
    f kleefcoëfficiënt *m*

S686 *e* **stitch bonding**
    r термокомпрессионная сварка *f* сшиванием
    d Stitchbonden *n*, Keilbonden *n*
    f soudage *m* à thermocompression par point
    nl rijg(draad)contactering *f*

S687 *e* **stitching**
    r присоединение *n* сшиванием (напр. при термокомпрессии)
    d Heften *n*, Anheften *n*

STITCH

    f raccordement *m* par point
   nl rijgen *n*

S688 *e* **stitch weld(ing)**
    r стежковая сварка *f*
    d Stitchschueißen *n*
    f soudage *m* par points
   nl steeklassen *n*

S689 *e* **STL** *see* **Schottky transistor logic**

S690 *e* **ST²L** *see* **Schottky transistor-transistor logic**

S691 *e* **stoichiometric impurity**
    r стехиометрическая примесь *f*
    d stöchiometrische Beimischung *f*
    f impureté *f* stœchiométrique
   nl stoichiometrische onzuiverheid *f*

S692 *e* **stoichiometric ratio**
    r стехиометрическое отношение *n*
    d stöchiometrisches Verhältnis *n*
    f rapport *m* stœchiométrique
   nl stoichiometrische verhouding *f*

S693 *e* **stopping layer**
    r тормозящий (травление) слой *m*
    d Bremsschicht *f*
    f couche *f* à stopper le décapage
   nl remlaag *f (m)*

S694 *e* **storage**
    r 1. запоминающее устройство *n*, ЗУ; память *f* 2. запоминание *n*; накопление *n*; хранение *n*
    d 1. Speicher *m*, Speichereinheit *f* 2. Speichern *n*, Speicherung *f*
    f 1. mémoire *f* 2. stockage *m*
   nl 1. ophoping *f* 2. opberging *f*, opslag *f* 3. geheugen *n*

S695 *e* **storage box**
    r кассета *f* для хранения (*полупроводниковых пластин*)
    d Lagerbox *f*
    f box *m* pour stockage (*des tranches*)
   nl opbergdoos *f (m)*

S696 *e* **storage capacitor**
    r запоминающий конденсатор *m*; накопительный конденсатор *m*
    d Speicherkondensator *m*
    f condensateur *m* de mémoire
   nl opslagcondensator *m*, geheugencondensator *m*

S697 *e* **storage cell**
    r элемент *m* памяти; ячейка *f* ЗУ
    d Speicherzelle *f*
    f cellule *f* de mémoire
   nl geheugencel *f (m)*

S698 *e* **storage density**
    r плотность *f* (размещения) элементов в ЗУ
    d Speicherdichte *f*
    f densité *f* des cellules de mémoire
   nl opslagdichtheid *f*

S699 *e* **storage element**
    r элемент *m* памяти
    d Speicherelement *n*
    f élément *m* de mémoire
   nl opslagelement *n*, geheugenelement *n*

S700 *e* **storage life**
    r срок *m* хранения; долговечность *f* при хранении
    d Lagerfrist *f* Lager(ungs)beständigkeit *f*
    f durée *f* de stockage
   nl opslaglevensduur *m*

S701 *e* **storage mode**
    r режим *m* хранения; режим *m* накопления
    d Speicherbetrieb *m*
    f mode *m* de stockage
   nl geheugenwerking *f*

S702 *e* **stored charge**
    r накопленный заряд *m*
    d gespeicherte Ladung *f*
    f charge *f* stockée
   nl opgeslagen lading *f*

S703 *e* **strain gage**
    r тензочувствительный измерительный преобразователь *m*, тензодатчик *m*
    d Dehnungsmeßstreifen *m*
    f capteur *m* à jauge
   nl rekstrookje *n*

S704 *e* **stray capacitance**
    r паразитная ёмкость *f*
    d Streukapazität *f*, parasitäre Kapazität *f*
    f capacité *f* parasite
   nl parasitaire capaciteit *f*, strooicapaciteit *f*

S705 *e* **stray current**
    r 1. ток *m* утечки 2. паразитный ток *m*
    d 1. Streustorm *m* 2. parasitärer Strom *m*
    f 1. courant *m* de fuite 2. courant *m* parasite
   nl zwerfstroom *m*

S706 *e* **stray inductance**
    r паразитная индуктивность *f*
    d parasitäre Induktivität *f*
    f inductance *f* parasite
   nl strooi-inductie *f*

S707 *e* **street**
    r промежуток *m* между кристаллами на полупроводниковой пластине (*для скрайбирования*)
    d «Straße» *f* (*zwischen einzelnen Chips einer Halbleiterscheibe*)
    f écart *m* entre puces sur la tranche (*pour grattage*)
   nl straat *f (m)*

S708 *e* **striation-free coating**
    r покрытие *n* (*из фоторезиста*) без полосатости
    d streifenfreie Resistschicht *f*
    f enrobage *m* (*du photorésist*) sans stripage
   nl (af)deklaag *f (m)* zonder ribbels

S709 *e* **strip, stripe**
    r полоска *f*; дорожка *f*; лента *f*
    d Streifen *m*

  f strip m
  nl strook f (m)

S710 e **strip-geometry heterostructure**
  r полосковая гетероструктура f
  d streifenförmige Heterostruktur f
  f hétérostructure f à strips
  nl strookvormige heterostructuur f

S711 e **strip heater**
  r ленточный нагреватель m
  d Streifenheizer m
  f chauffeur m à strips
  nl bandverwarmer m

S712 e **stripper**
  r 1. установка f для удаления фоторезиста 2. реактив m для удаления фоторезиста
  d 1. Strippmaschine f 2. Resistentfernungsmittel n
  f 1. installation f à détacher 2. agent m détachant
  nl 1. lakverwijderingsmachine f, stripper m 2. lakverwijderingsmiddel n

S713 e **stripping**
  r удаление n, снятие n (фоторезиста)
  d Ablösen n, Strippen n
  f stripage n, détachement m (du photorésist)
  nl losmaken n, strippen n

S714 e **stripping solution**
  r раствор m для удаления фоторезиста
  d Entschichtungsmittel n, Stripper m
  f solution f pour stripage
  nl afbijtmiddel n

S715 e **strip transistor**
  r транзистор m полосковой геометрии
  d Streifentransistor m
  f transistor m à structure en strip
  nl strook-transistor m

S716 e **structural design**
  r структурное проектирование n
  d Strukturentwurf m
  f conception f structurée
  nl structuurontwerp n

S717 e **structural imperfection**
  r несовершенство n кристаллической структуры
  d Strukturunvollkommenheit f
  f imperfection f de la structure cristalline
  nl structuuronvolkomenheid f

S718 e **structure**
  r структура f; конструкция f
  d Struktur f
  f structure f
  nl structuur f

S719 e **structure formation**
  r формирование n [изготовление n] структуры
  d Strukturerzeugung f
  f formation f de la structure
  nl structuurvorming f, structurering f

S720 e **structure irregularity**
  r нерегулярность f структуры
  d Strukturunregelmäßigkeit f
  f irrégularité f de la structure
  nl structuuronregelmatigheid f

S721 e **structuring**
  r структурирование n
  d Strukturierung f
  f structuration f
  nl structurering f

S722 e **STTL** see **Schottky transistor-transistor logic**

S723 e **stuffing**
  r установка f [монтаж m] компонентов (на печатной плате)
  d Bestückung f
  f montage m des composants
  nl van componenten voorzien n

S724 e **stylus**
  r игла f (измерительной установки)
  d Nadel f
  f aiguille f
  nl naald f (m)

S725 e **S-type characteristic**
  r характеристика f S-типа
  d S-Kennlinie f
  f caractéristique f type S
  nl S-karakteristiek f

S726 e **subcollector**
  r скрытый слой m коллектора
  d Subkollektor m
  f sous-couche f de collecteur
  nl subcollector m

S727 e **subcollector region**
  r подколлекторная область f; скрытый слой m коллектора
  d Subkollektorbereich m
  f région f de la sous-couche de collecteur
  nl subcollector-zone f (m)

S728 e **subetching**
  r подтравливание n
  d Unterätzung f
  f décapage m latéral
  nl onderetsen n

S729 e **sublimation pump**
  r сублимационный насос m
  d Sublimationspumpe f
  f pompe f de sublimation
  nl sublimatiepomp f (m)

S730 e **submicrometer processing**
  r обработка f для формирования субмикронных структур
  d Submikrometerbearbeitung f
  f traitement m pour formation des structures submicroniques
  nl submicronbewerking f

S731 e **submicrometer resolution**
  r субмикронная разрешающая способность f
  d Submikrometerauflösung f
  f résolution f submicronique
  nl submicron-structuurfijnheid f, submicron-resolutie f

SUBMICROMETER

S732 *e* **submicrometer structure**
  r структура *f* с субмикронными элементами
  d Submikrometerstruktur *f*
  f structure *f* à éléments submicroniques
  nl submicron-structuur *f*

S733 *e* **submicron channel width**
  r субмикронная ширина *f* канала
  d Kanallänge *f* im Submikrometerbereich
  f largeur *f* submicronique du canal
  nl submicron-kanaalbreedte *f*

S734 *e* **submicron conductor**
  r проводник *m* субмикронной ширины
  d Submikrometerleiter *m*
  f conducteur *m* à largeur submicronique
  nl submicron-geleider(spoor) *m* (*n*)

S735 *e* **submicron film**
  r плёнка *f* субмикронной толщины
  d Submikrometerfilm *m*
  f film *m* à épaisseur submicronique
  nl submicron-laag *f* (*m*)

S736 *e* **submicron integrated circuit**
  r ИС *f* с субмикронными элементами
  d Submikrometerschaltkreis *m*
  f circuit *m* intégré à éléments submicroniques
  nl submicron-IC *n*

S737 *e* **submicron lithography**
  r литография *f* для формирования структур с субмикронными элементами
  d Submikrometerlithografie *f*
  f lithographie *f* pour formation des structures à éléments submicroniques
  nl submicron-lithografie *f*

S738 *e* **submicron mask aligner**
  r установка *f* совмещения (и экспонирования) с субмикронной точностью
  d Maskenjustier- und Belichtungsanlage *f* für den Submikrometerbereich
  f aligneur *m* à précision submicronique
  nl submicron-maskeruitlijner *m*

S739 *e* **submicron patterning**
  r формирование *n* рисунка с элементами субмикронного размера
  d Submikrometerstrukturerzeugung *f*
  f imagerie *f* à éléments submicroniques
  nl submicron-patroonvorming *f* [structurering *f*]

S740 *e* **submicron-scale MOS device**
  r МОП-транзистор *m* с субмикронными размерами
  d Submikrometer-MOSFET *m*
  f transistor *m* MOS à l'échelle submicronique
  nl submicron-MOS-bouwsteen *m*

S741 *e* **submicron technology**
  r субмикронная технология *f* ИС
  d Submikrometertechnik *f*
  f technologie *f* submicronique
  nl submicron-technologie *f*

S742 *e* **subnanosecond device**
  r прибор *m* с субнаносекундным быстродействием
  d Subnanosekundenbauelement *n*
  f dispositif *m* à rapidité de sous-nanoseconde
  nl subnanoseconde-bouwsteen *m*

S743 *e* **subnanosecond performance**
  r субнаносекундное быстродействие *n*
  d Subnanosekundenfunktion *f*
  f rapidité *f* de sous-nanoseconde
  nl subnanoseconde-prestaties *f pl*

S744 *e* **subnanosecond technology**
  r технология *f* ИС с субнаносекундным быстродействием
  d Subnanosekundentechnik *f*
  f technologie *f* à rapidité de sous-nanoseconde
  nl subnanoseconde-technologie *f*

S745 *e* **substitutional defect** *see* **substitution defect**

S746 *e* **substitutional diffusion**
  r диффузия *f* по вакантным узлам
  d Leerstellendiffusion *f*
  f diffusion *f* substitutionnelle
  nl substitutie-diffusie *f*

S747 *e* **substitutional impurity**
  r примесь *f* замещения
  d Substitutionsstörstelle *f*
  f impureté *f* substitutionnelle
  nl substitutie-dotering *f*

S748 *e* **substitution atom**
  r атом *m* замещения
  d substituiertes Atom *n*
  f atome *m* de substitution
  nl substitutie-atoom *n*

S749 *e* **substitution defect, substitution imperfection**
  r дефект *m* замещения
  d Substitutionsstörstelle *f*
  f défaut *m* de substitution
  nl substitutie-(rooster)fout (*f*) (*m*)

S750 *e* **substitution reaction**
  r реакция *f* замещения
  d Substitutionsreaktion *f*
  f réaction *f* de substitution
  nl substitutiereactie *f*

S751 *e* **substrate**
  r подложка *f*; основание *n*
  d Substrat *n*
  f substrat *m*
  nl substraat *n*

S752 *e* **substrate bias**
  r напряжение *n* смещения на подложке
  d Substratvorspannung *f*
  f polarisation *f* du substrat
  nl substraat-voorspanning *f*

S753 *e* **substrate carrier**
  r держатель *m* подложек (*в вакуумной камере*)
  d Substrathalter *m*, Substratträger *m*

    f support *m* des substrats
    nl substraathouder *m*

S754 *e* **substrate contact region**
    r контактная площадка *f* к подложке
    d Substratkontaktfläche *f*
    f surface *f* de contact du substrat
    nl substraat-contactvlak *n*

S755 *e* **substrate cracking**
    r приспособление *n* для разламывания (керамической) подложки на отдельные платы *(после скрайбирования)*
    d Substratbrechvorrichtung *f*
    f dispositif *m* pour cassure du substrat (céramique) en puces séparées *(après grattage)*
    nl (haar)scheurvorming *f* [barstjesvorming *f*] in substraat

S756 *e* **substrate dicing saw**
    r установка *f* для резки (керамических) подложек на отдельные платы
    d Substrattrennsäge *f*
    f installation *f* pour découpage des substrats (céramiques) en cartes séparées
    nl substraatverzaagmachine *f*

S757 *e* **substrate diffusion**
    r диффузия *f* (примеси) в подложку
    d Substratdiffusion *f*, Diffusion *f* in das Substrat
    f diffusion *f* d'impureté dans le substrat
    nl substraat-diffusie *f*

S758 *e* **substrate film**
    r плёнка *f*, служащая подложкой
    d Substratfilm *m*
    f film *m* en substrat
    nl substraatlaag *f (m)*

S759 *e* **substrate height sensor**
    r датчик *m* высоты (смонтированной) подложки
    d Substrathöhensensor *m*
    f senseur *m* de l'hauteur du substrat
    nl substraathoogtevoeler *m*

S760 *e* **substrate holder**
    r 1. держатель *m* подложек *(в вакуумной камере)* 2. кассета *f* для подложек
    d Substrathalter *m*
    f 1. support *m* des substrats 2. cassette *f* pour substrats
    nl substraathouder *m*

S761 *e* **substrate impurity**
    r примесь *f* в подложке
    d Substratstörstelle *f*
    f impureté *f* dans le substrat
    nl substraatdotering *f*

S762 *e* **substrate layer**
    r слой *m*, служащий подложкой
    d Substratschicht *f*
    f couche *f* en substrat
    nl substraatlaag *f (m)*

S763 *e* **substrate leakage**
    r ток *m* утечки через подложку
    d Substratleckstrom *m*
    f courant *m* de fuite à travers de substrat
    nl substraatlek(stroom) *n (m)*

S764 *e* **substrate parallelism**
    r плоскопараллельность *f* (поверхностей) подложки
    d Substratplanparallelität *f*
    f plan-parallélisme *m* des surfaces du substrat
    nl substraat(vlakken)evenwijdigheid *f*, substraatdikte-gelijkmatigheid *f*

S765 *e* **substrate pocket**
    r карман *m* в (кремниевой) подложке
    d Substrattasche *f*
    f pochette *f* du substrat (de silicium)
    nl substraatholte *f*

S766 *e* **substrate preparation**
    r подготовка *f* (поверхности) подложки
    d Substratoberflächenbehandlung *f*
    f préparation *f* de la surface du substrat
    nl substraat(voor)behandeling *f*

S767 *e* **substrate scriber**
    r скрайбер *m* для (керамических) подложек
    d Substratritzvorrichtung *f*
    f scripteur *m* pour substrats (céramiques)
    nl substraat-inkerfinrichting *f*, substraat-ritsinrichting *f*

S768 *e* **substrate strength**
    r прочность *f* подложки
    d Substratfestigkeit *f*
    f résistance *f* du substrat
    nl substraatsterkte *f*

S769 *e* **subsurface damage**
    r приповерхностный дефект *m*
    d oberflächennaher Defekt *m*, Defekt *m* unter der Oberfläche
    f défaut *m* sous-superficiel
    nl schade *f (m)* [beschadiging *f*] onder de oppervlakte

S770 *e* **subtractive board**
    r печатная плата *f*, изготовленная по субтрактивной технологии
    d Subtraktivleiterplatte *f*, im Subtraktivverfahren hergestellte Leiterplatte *f*
    f carte *f* imprimée fabriquée par technologie des substrats
    nl subtractieve print(plaat) *(m (f (m))*

S771 *e* **subtractive(-fabrication) process**
    r субтрактивная технология *f*
    d Subtraktivverfahren *n*
    f technologie *f* subtractive
    nl subtractief (fabricage) proces *n*

S772 *e* **super cell**
    r сверхбольшая ячейка *f (ИС)*
    d Superzelle *f*
    f supercellule *f*
    nl supercel *f (m)*

S773 *e* **superchip**
    r 1. суперкристалл *m* 2. ИС *f* со степенью интеграции выше сверхвысокой

SUPER

- *d* Superchip *n*
- *f* 1. superpuce *f*
  2. circuit *m* intégré à supérieur niveau d'intégration
- *nl* super-chip *m*

S774 *e* **super clean room**
- *r* сверхчистая комната *f*
- *d* Reinstraum *m*
- *f* chambre *f* superblanche
- *nl* superreine ruimte *f*, super clean room *m*

S775 *e* **superconducting electronics**
- *r* электроника *f* сверхпроводников
- *d* Supraleitungselektronik *f*
- *f* électronique *f* de superconducteurs
- *nl* supergeleidings-elektronica *f*

S776 *e* **superconducting element**
- *r* сверхпроводниковый элемент *m*
- *d* supraleitendes Element *n*
- *f* élément *m* superconducteur
- *nl* supergeleidend element *n*

S777 *e* **superconducting integrated circuit**
- *r* сверхпроводниковая ИС *f*
- *d* supraleitender integrierter Schaltkreis *m*
- *f* circuit *m* intégré superconducteur
- *nl* supergeleidend IC *n*

S778 *e* **superconducting logic**
- *r* сверхпроводниковые логические схемы *f pl*
- *d* Supraleitungslogik *f*
- *f* logique *f* superconductrice
- *nl* supergeleidende logica *f*

S779 *e* **superconducting quantum interference device**
- *r* сверхпроводящий квантовый интерференционный датчик *m*, сквид
- *d* Squid *n*, supraleitendes Quanteninterferometer *n*
- *f* dispositif *m* superconducteur quantique d'interférence
- *nl* supergeleidende kwanteninterferentie-bouwsteen *m*, SQUID *n*

S780 *e* **superconduction current**
- *r* ток *m* сверхпроводимости
- *d* Supraleitungsstrom *m*
- *f* courant *m* de supraconductibilité
- *nl* supergeleidingsstroom *m*

S781 *e* **superconductive layer**
- *r* сверхпроводящий слой *m*
- *d* supraleitende Schicht *f*
- *f* couche *f* superconductrice
- *nl* supergeleidende laag *f (m)*

S782 *e* **superconductivity**
- *r* сверхпроводимость *f*
- *d* Supraleitung *f*
- *f* superconductibilité *f*
- *nl* supergeleiding(svermogen) *f (n)*

S783 *e* **superconductor**
- *r* сверхпроводник *m*
- *d* Supraleiter *m*
- *f* superconducteur *m*, supraconducteur *m*
- *nl* supergeleider *m*

S784 *e* **super-dense memory**
- *r* ЗУ *n* со сверхвысокой плотностью упаковки элементов памяти
- *d* superdichter Speicher *m*, Speicher *m* mit superhoher Packungsdichte
- *f* mémoire *f* à superdensité des éléments [à très haut niveau d'intégration]
- *nl* geheugen *n* met ultrahoge pakkingsdichtheid

S785 *e* **superficial anneal(ing)**
- *r* отжиг *m* поверхности (*полупроводника*)
- *d* Oberflächentempern *n*
- *f* recuit *m* superficiel
- *nl* oppervlakte-tempering *f*

S786 *e* **super-gain transistor**
- *r* транзистор *m* со сверхусилением
- *d* Transistor *m* mit superhohem Verstärkungsfaktor
- *f* transistor *m* à supergain
- *nl* transistor *m* met ultrahoge versterkingsfactor

S787 *e* **super high-speed integrated circuit**
- *r* сверхбыстродействующая [сверхскоростная] ИС *f*
- *d* hochintegrierte Superhochgeschwindigkeitsschaltung *f*
- *f* circuit *m* intégré à très haute rapidité
- *nl* supersnel IC *n*

S788 *e* **superimposed layers**
- *r* последовательно нанесённые слои *m pl*
- *d* Überlagerungsschichten *f pl*, überdeckte Schichten *f pl*
- *f* couches *f pl* superposées successivement
- *nl* over elkaar gelegde lagen *pl*

S789 *e* **super large-scale integration**
- *r* 1. степень *f* интеграции выше сверхвысокой 2. ИС *f* со степенью интеграции выше сверхвысокой
- *d* 1. Ultrahöchstintegration *f* 2. ULSI-Schaltung *f*
- *f* 1. superintégration *f* 2. supercircuit *m* intégré, circuit *m* intégré à ultra-haut niveau d'intégration
- *nl* super grootschalige integratie *f*, SLSI *f*

S790 *e* **superlattice**
- *r* сверхрешётка *f*
- *d* Übergitter *n*
- *f* superréseau *m*
- *nl* superrooster *n*

S791 *e* **superlow-power Schottky TTL**
- *r* сверхмаломощные транзисторно-транзисторные логические схемы *f pl* с диодами Шотки
- *d* Superlow-Power-Schottky-TTL *f*, Superkleinleistungs-Schottky-TTL *f*
- *f* logique *f* toute transistorisée Schottky à superbasse puissance
- *nl* ultra-laagvermogen Schottky-TTL *f*

S792 *e* **superposition**
- *r* последовательное формирование *n* слоёв

SURFACE

    d Superposition *f*; Überdeckung *f*;
        Überlagerung *f*
    f superposition *f*
   nl aanbrenging *f* op, superpositie *f*

S793 *e* **supervacuum chamber**
    r сверхвысоковакуумная камера *f*
    d Superhochvakuumkammer *f*
    f chambre *f* à vide ultra-haut
   nl ultra-hoog-vacuümkamer *f (m)*

S794 *e* **supply line**
    r шина *f* питания
    d Versorgungsleitung *f*
    f ligne *f* d'alimentation
   nl voedingslijn *f (m)*

S795 *e* **supply unit**
    r блок *m* питания
    d Stromversorgungseinheit *f*
    f unité *f* d'alimentation
   nl voedingseenheid *f*

S796 *e* **supply voltage**
    r напряжение *n* питания
    d Versorgungsspannung *f*
    f tension *f* d'alimentation
   nl voedingsspanning *f*

S797 *e* **support chip**
    r периферийная ИС *f*
    d Hilfschip *n*, Hilfschaltkreis *m*
    f puce *f* périphérique [auxiliaire]
   nl hulp-chip *m*

S798 *e* **support circuitry**
    r вспомогательные схемы *f pl*
    d Hilfsschaltungen *f pl*
    f circuiterie *f* auxiliaire
   nl hulpschakelingen *f pl*

S799 *e* **support hardware**
    r вспомогательные приборы *m pl*;
       вспомогательная аппаратура *f*
    d Unterstützungshardware *f*
    f matériel *m* auxiliaire
   nl ondersteunings-hardware *f*

S800 *e* **support lead**
    r несущий вывод *m*
    d Trägeranschluß *m*
    f sortie *f* de support
   nl steundraad *m*

S801 *e* **surface-acoustic wave**
    r поверхностные акустические волны
       f pl, ПАВ
    d akustische Oberflächenwellen *f pl*
    f ondes *f pl* acoustiques de surface
   nl akoestische oppervlaktegolf *f (m)*,
       SAW *m*

S802 *e* **surface-acoustic wave filter**
    r фильтр *m* на ПАВ
    d SAW-Filter *n*, OFW-Filter *n*
    f filtre *m* à ondes acoustiques de surface
   nl SAW-filter *n*

S803 *e* **surface channel**
    r поверхностный канал *m*
    d Oberflächenkanal *m*
    f canal *m* superficiel
   nl oppervlaktekanaal *n*

S804 *e* **surface-channel CCD**
    r ПЗС *m* с поверхностным каналом
    d Oberflächenkanal-CCD
       *n (ladungsgekoppeltes Bauelement mit
       Ladungsspeicherung unter der
       Halbleiteroberfläche)*
    f D.C.C. [dispositif *m* à couplage de
       charge] à canal superficiel
   nl oppervlaktekanaal-CCD *f*

S805 *e* **surface charge-coupled device**
    r ПЗС *m* с поверхностной структурой
    d Oberflächen-CCD-Bauelement
       *n (ladungsgekoppeltes Bauelement mit
       Kanal an der Halbleiteroberfläche)*
    f D.C.C. [dispositif *m* à couplage de
       charge] à structure superficielle
   nl oppervlakte-CCD *f*

S806 *e* **surface-charge transistor**
    r транзистор *m* с поверхностным
       зарядом
    d Oberflächenladungstransistor *m*
    f transistor *m* à charge superficielle
   nl oppervlaktelading-transistor *m*

S807 *e* **surface density**
    r поверхностная плотность *f*;
       поверхностная концентрация *f*
    d Oberflächendichte *f*
    f densité *f* superficielle
   nl oppervlaktedichtheid *f*

S808 *e* **surface dislocation**
    r поверхностная дислокация *f*
    d Oberflächenversetzung *f*
    f dislocation *f* superficielle
   nl dislocatie *f* aan de oppervlakte

S809 *e* **surface doping**
    r легирование *n* поверхности
       полупроводника
    d Oberflächendotierung *f*
    f dopage *m* de la surface du semi-
       conducteur
   nl oppervlaktedotering *f*

S810 *e* **surface feature**
    r поверхностный топологический
       элемент *m*
    d topologisches Oberflächenbauelement *n*
    f élément *m* topologique de montage en
       surface
   nl topologisch oppervlakte-functie-
       element *n*

S811 *e* **surface finish**
    r чистота *f* обработки поверхности
    d Oberflächengüte *f*
    f finition *f* de la surface
   nl oppervlaktegesteldheid *f*, oppervlakte-
       kwaliteit *f*, oppervlakte-toestand *m*

S812 *e* **surface grinding**
    r шлифование *n* поверхности
    d Oberflächenschleifen *n*
    f meulage *m* de la surface
   nl slijpen *n* van oppervlakte

S813 *e* **surface irregularity**
    r неровность *f* поверхности

SURFACE

  d Oberflächenfehler m
  f irrégularité f de la surface
  nl oppervlaktefouten f (m) pl

S814 e **surface mobility**
  r поверхностная подвижность f (носителей заряда)
  d Oberflächenbeweglichkeit f
  f mobilité f superficielle des électrons
  nl beweeglijkheid f aan oppervlakte

S815 e **surface-mount assembler**
  r установка f для поверхностного монтажа
  d Oberflächenmontageanlage f
  f installation f pour montage en surface
  nl oppervlaktemontage f, SM-installatie f

S816 e **surface-mounted assembly**
  r 1. сборка f [блок m] на компонентах поверхностного монтажа 2. поверхностный монтаж m
  d 1. oberflächenmontierte Baugruppe f 2. Oberflächenmontage f
  f 1. bloc m d'assemblage des composants montés en surface 2. montage m en surface
  nl 1. oppervlaktemontage-eenheid f 2. oppervlaktemontage f

S817 e **surface-mounted placer** see **surface-mount assembler**

S818 e **surface mounting**
  r поверхностный монтаж m
  d Oberflächenmontage f
  f montage m en surface
  nl oppervlaktemontage f, SM f

S819 e **surface-passivated transistor**
  r пассивированный транзистор m
  d oberflächenpassivierter Transistor m
  f transistor m à surface passivée
  nl transistor m met gepassiveerd oppervlak

S820 e **surface passivation**
  r пассивация f поверхности
  d Oberflächenpassivierung f
  f passivation f de la surface
  nl oppervlakte-passivering f

S821 e **surface profile**
  r профиль m поверхности; рельеф m поверхности
  d Oberflächenprofil n
  f profil m de la surface
  nl oppervlakteprofiel n

S822 e **surface profiling**
  r формирование n рельефа поверхности
  d Oberflächenprofilierung f
  f formation f du profil de la surface
  nl oppervlakteprofilering f

S823 e **surface relief pattern**
  r рельеф m поверхности
  d Oberflächenrelief n
  f relief m de la surface
  nl oppervlaktereliëf n

S824 e **surface resistivity**
  r удельное поверхностное сопротивление n
  d spezifischer Oberflächenwiderstand m
  f résistivité f superficielle
  nl soortelijke weerstand m aan oppervlakte

S825 e **surface state**
  r поверхностное состояние n
  d Oberflächenzustand m
  f état m superficiel
  nl oppervlaktetoestand m

S826 e **surface-state concentration**
  r концентрация f поверхностных состояний
  d Oberflächenzustandsdichte f
  f concentration f des états superficiels
  nl oppervlaktetoestandsdichtheid f

S827 e **surface striation**
  r полосатость f поверхности
  d Oberflächenstreifigkeit f
  f striation f de la surface
  nl oppervlaktegestreeptheid f, oppervlakteribbeling f

S828 e **surface tension**
  r поверхностное натяжение n
  d Oberflächenspannung f
  f tension f superficielle
  nl oppervlaktespanning f

S829 e **surface treatment**
  r обработка f поверхности
  d Oberflächenbehandlung f
  f traitement m de la surface
  nl oppervlaktebehandeling f

S830 e **surface-wide stripping**
  r удаление n фоторезиста со всей поверхности подложки
  d Gesamtoberflächenstripping n, Ablösen n des Fotoresists von der gesamten Substratoberfläche
  f détachement m du photorésist à la surface entière
  nl (lak)verwijdering f [lakstrippen n] over de gehele oppervlakte

S831 e **susceptibility**
  r 1. восприимчивость f 2. чувствительность f
  d Suszeptibilität f, Empfindlichkeit f
  f susceptibilité f
  nl ontvankelijkheid f, gevoeligheid f, susceptibiliteit f

S832 e **suspension**
  r суспензия f
  d Suspension f
  f suspension f
  nl suspensie f

S833 e **SVG** see **shallow V-groove**

S834 e **swelling**
  r разбухание n, увеличение n в объёме (фоторезиста)
  d Anschwellen n, Aufquellen n
  f gonflement m (du photorésist)
  nl (op)zwellen n, (op)zetten n

S835 e **switch**
  r коммутатор m; переключатель m
  d Schalter m

    f commutateur *m*, connecteur *m*
    nl schakelaar *m*

S836 *e* **switching**
    r переключение *n*; коммутация *f*
    d Schalten *n*, Umschalten *n*
    f commutation *f*
    nl schakelen *n*

S837 *e* **switching(-type) transistor**
    r переключательный транзистор *m*
    d Schalttransistor *m*
    f transistor *m* à commutation
    nl schakeltransistor *m*

S838 *e* **synchrotron radiation**
    r синхронное излучение *n*
    d Synchrotronstrahlung *f*
    f radiation *f* synchrotron
    nl synchrotronstraling *n*

S839 *e* **system-on-a-chip**
    r 1. система *f* на кристалле 2. ИС *f* системы, интегральная система *f*
    d 1. Auf-dem-Chip-System *n* 2. Systemchip *n*
    f 1. système *m* en puces 2. système *m* intégré
    nl systeem-chip *m*

S840 *e* **system partitioning**
    r разделение *n* [декомпозиция *f*] системы *(на отдельные блоки и подсистемы)*
    d Systemdekomposition *f*, Systemsegmentierung *f*
    f partition *f* [partitionnement *m*] du système *(en blocs et sous-systèmes séparés)*
    nl systeemsegmentering *f*

S841 *e* **systems engineering, system technology**
    r системотехника *f*
    d Systemtechnik *f*
    f ingénierie *f* des systèmes
    nl systeem(bouw en -)ontwikkeling *f*

T

T1 *e* **TAB** *see* **tape automated bonding**

T2 *e* **TAB bonder**
    r автоматизированная установка *f* для присоединения кристаллов к выводам на ленточном носителе
    d TAB-Bonder *m*, automatische Folienbondanlage *f*
    f installation *f* automatique pour connexion des puces aux sorties sur la bande porteuse
    nl —

T3 *e* **TAB chip**
    r кристалл *m*, смонтированный на ленточном носителе для автоматизированной сборки ИС
    d TAB-Chip *n*
    f puce *f* montée sur la bande porteuse pour assemblage automatisé des circuits intégrés, puce *f* TAB
    nl TAB-chip *m*

T4 *e* **table**
    r 1. таблица *f* 2. координатный стол *m*
    d 1. Tabelle *f* 2. Tisch *m*, Koordinatentisch *m*
    f 1. table *f* 2. table *f* x-y
    nl 1. tabel *f (m)* 2. coördinatentafel *f (m)*

T5 *e* **TAB package**
    r кристаллоноситель *f* в виде вырезанного участка ленточного носителя с герметизированным кристаллом
    d TAB-Packeinheit *f*
    f micropack *m* TAB
    nl TAB-IC *n*

T6 *e* **TAB process**
    r технология *f* автоматизированной сборки ИС на ленточном носителе
    d TAB-Technik *f*, Folienbondtechnik *f*, automatisches Folienbondverfahren *n*
    f technologie *f* TAB [d'assemblage automatisé des circuits intégrés sur la bande porteuse]
    nl TAB-procédé *n*

T7 *e* **TAB processing** *see* **tape-automated assembly**

T8 *e* **tailoring**
    r подгонка *f*; подстройка *f*
    d Anpassung *f*; Abstimmung *f*
    f ajustage *m*
    nl maatwerk *n*; op maat maken *n*

T9 *e* **taking-out chamber**
    r разгрузочная камера *f*
    d Entladekammer *f*
    f chambre *f* de déchargement
    nl uitlaadkamer *f (m)*

T10 *e* **tank**
    r ванна *f*; резервуар *m*
    d Bad *n*; Behälter *m*
    f bain *m*; réservoir *m*
    nl bak *m*, reservoir *n*, vat *n*, tank *m*

T11 *e* **tank region**
    r карман *m* *(для формирования элементов ИС)*
    d Wanne *f* *(zur Erzeugung von IC-Elementen)*
    f pochette *f* *(pour formation des éléments de C.I.)*, magasin *m*
    nl kuip *f (m)* *(voor vorming van IC-elementen)*

T12 *e* **tantalum-nitride (film) resistor**
    r плёночный резистор *m* на основе нитрида тантала
    d Tantalnitridschichtwiderstand *m*
    f résistance *f* pelliculaire à la base de nitrure de tantale
    nl tantaliumnitride-filmweerstand *m*

T13 *e* **tantalum-silicide connection**
    r межсоединение *n* из силицида тантала

TAPE

- d Tantalsilizidverbindung *f*
- f interconnexion *f* en siliciure de tantale
- nl tantaliumsilicide-verbinding *f*

T14 e **tape**
- r 1. ленточный носитель *m* (*выводных рамок*) 2. лента *f*
- d 1. Filmband *n*, Folie *f* 2. Band *n*
- f 1. bande *f* porteuse 2. bande *f*
- nl (dun) band *n* [lint *n*]

T15 e **tape-automated assembly**
- r автоматизированная сборка *f* ИС на ленточном носителе
- d automatisches Folienbonden *n*, automatisches Folienbondverfahren *n*
- f assemblage *m* automatisé des circuits intégrés sur la bande porteuse
- nl assemblage *f* [montage *f*] met automatische onderdelenaanvoer op band

T16 e **tape-automated-bonded leads**
- r выводы *m pl* (*кристалла ИС*), автоматизированно присоединённые к выводной рамке на ленточном носителе
- d foliengebondete Anschlüsse *m pl*
- f sorties *f pl* (*de puce*) connectées automatiquement au cadre sur la bande porteuse
- nl automatisch op band aangevoerde en gecontacteerde aansluitingen *f pl*

T17 e **tape-automated bonding**
- r автоматизированное присоединение *n* кристаллов к выводам на ленточном носителе
- d automatisches Folienbonden *n*, automatisches Folienbondverfahren *n*
- f connexion *f* automatisée des puces aux sorties sur la bande porteuse
- nl contactering *f* met automatische aanvoer op band

T18 e **tape bonded hybrid**
- r ГИС *f*, изготовленная с использованием кристаллов на ленточных носителях
- d foliengebondete Hybridschaltung *f*
- f circuit *m* intégré hybride créé par puces sur la bande porteuse
- nl filmgecontacteerde hybride(schakeling) *m (f) (f)*

T19 e **tape bumping**
- r изготовление *n* столбиковых выводов на ленточном носителе
- d Herstellung *f* von Bondhügeln am Trägerstreifen [am Filmbandträger]
- f fabrication *f* des poutres sur la bande porteuse
- nl vervaardiging *f* van contacteerbobbels op montageband

T20 e **tape chip carrier**
- r ленточный носитель *m* кристаллов
- d Chip-Trägerstreifen *m*, Chip-Filmbandträger *m*
- f bande *f* porteuse des puces
- nl chipdragerband *m*, chipdragerfilm *m*

T21 e **taped component** see **tape-mounted component**

T22 e **tape feeder**
- r подающее устройство *n* для ленточного носителя
- d Filmbandzuführvorrichtung *f*
- f alimen(ta)teur *m* à bande porteuse
- nl filmtoevoerinrichting *f*, bandtoevoerinrichting *f*

T23 e **tape-mounted chip**
- r кристалл *m* на ленточном носителе
- d foliengebondetes Chip *n*
- f puce *f* sur la bande porteuse
- nl op film [band] bevestigde chip *m*

T24 e **tape-mounted component**
- r компонент *m* на ленточном носителе
- d foliengebondetes Bauelement *n*
- f composant *m* sur la bande porteuse
- nl op film [band] bevestigde component *m*

T25 e **tape peel tester**
- r прибор *m* для определения усилия отрыва защитной ленты (*от ленточного носителя с компонентами поверхностного монтажа*)
- d Streifenabzugkrafttester *m*
- f testeur *m* d'effort de détachement du ruban protecteur
- nl film- [band-]aftreksterkte-tester *m*

T26 e **taper**
- r 1. конусность *f* 2. клин *m*
- d 1. kegeliger [konischer] Verlauf *m*; Kegeligkeit *f*, Konizität *f* 2. Keil *m*
- f 1. conicité *f* 2. coin *m*
- nl 1. taps 2. taps verloop *n*, tapsheid *f* 3. taps verlopen *n*

T27 e **tapered opening**
- r отверстие *n* с наклонными стенками (*в оксидном слое*), конусное отверстие *n*
- d Böschungsloch *n*; Loch *n* mit abgeschrägten Wänden
- f ouverture *f* conique
- nl tapse opening *f*

T28 e **taper isolated cell**
- r элемент *m* с конусными изолирующими (оксидными) областями
- d Böschungsprofilelement *n*, isoliertes Element *n* mit Böschungskante
- f composant *m* à régions coniques oxydées d'isolation
- nl cel *f (m)* met isolatie-talud

T29 e **taping**
- r вклеивание *n* компонентов в ленточный носитель
- d Einkleben *n* (*von Bauelementen*) in den Filmbandträger
- f collage *m* des composants en bande porteuse

TEMPERATURE

- *nl* op film [band] bevestigen *n (van componenten)*
- T30 *e* **taping machine**
  - *r* установка *f* (для) вклеивания компонентов в ленточный носитель
  - *d* Einklebemaschine *f*
  - *f* machine *f* à coller les composants en bande porteuse
  - *nl* machine *f* voor het op film [band] bevestigen *(van componenten)*
- T31 *e* **tapped resistor**
  - *r* резистор *m* с отводами
  - *d* angezapfter Widerstand *m*
  - *f* résistance *f* à sorties
  - *nl* weerstand *m* met vertakking
- T32 *e* **TC** *see* **thermocompression**
- T33 *e* **TC bonding** *see* **thermocompression**
- T34 *e* **TCC** *see* **temperature coefficient of capacitance**
- T35 *e* **TCR** *see* **temperature coefficient of resistance**
- T36 *e* **TD** *see* **1. time delay 2. tunnel diode**
- T37 *e* **TDL** *see* **transistor-diode logic**
- T38 *e* **TDS** *see* **triple-diffusion structure**
- T39 *e* **TEA** *see* **transferred-electron amplifier**
- T40 *e* **technique**
  - *r* метод *m*, способ *m*
  - *d* Technik *f*, Verfahren *n*
  - *f* technique *f*
  - *nl* techniek *f*
- T41 *e* **technological limits**
  - *r* технологические ограничения *n pl*
  - *d* technologische Einschränkungen *f pl*
  - *f* limites *f pl* technologiques
  - *nl* technologische beperkingen *f pl* [grenzen *f (m) pl*]
- T42 *e* **technological parameters**
  - *r* характеристики *f pl* технологического процесса
  - *d* Fertigungsparameter *m pl*
  - *f* paramètres *m pl* technologiques
  - *nl* technische parameters *m pl*
- T43 *e* **technology**
  - *r* 1. технология *f* 2. техника *f*
  - *d* 1. Technologie *f* 2. Technik *f*
  - *f* 1. technologie *f* 2. technique *f*
  - *nl* 1. technologie *f* 2. techniek *f*
- T44 *e* **TED** *see* **transferred-electron device**
- T45 *e* **teflon**
  - *r* тефлон *m*, политетрафторэтилен *m*, фторопласт *m*
  - *d* Teflon *n*
  - *f* teflon *m*
  - *nl* teflon *n*
- T46 *e* **teflon boat**
  - *r* лодочка *f* из тефлона
  - *d* Teflonschiffchen *n*
  - *f* cuvette *f* de teflon
  - *nl* teflon-schuitje *n*
- T47 *e* **teflon carrier**
  - *r* тефлоновая [фторопластовая] кассета *f*
  - *d* Teflonkassette *f*
  - *f* cassette *f* de teflon
  - *nl* teflon-cassette *f*
- T48 *e* **TEM** *see* **transmission electron microscope**
- T49 *e* **TEM micrograph**
  - *r* микрофотография *f*, полученная с помощью просвечивающего электронного микроскопа
  - *d* TEM-Mikroaufnahme *f*
  - *f* microphotographie *f* créée par microscope électronique à transparence
  - *nl* TEM-opname *f (m)*
- T50 *e* **temperature aging** *see* **thermal aging**
- T51 *e* **temperature coefficient of capacitance**
  - *r* температурный коэффициент *m* ёмкости, ТКЕ
  - *d* Temperaturkoeffizient *m* der Kapazität, Kapazitätstemperaturkoeffizient *m*
  - *f* coefficient *m* de température de capacité
  - *nl* capaciteits-temperatuurcoëfficiënt *m*
- T52 *e* **temperature coefficient of resistance**
  - *r* температурный коэффициент *m* сопротивления, ТКС
  - *d* Temperaturkoeffizient *m* des Widerstandes, Widerstandstemperaturkoeffizient *m*
  - *f* coefficient *m* de température de résistance
  - *nl* weerstands-temperatuurcoëfficiënt *m*
- T53 *e* **temperature-compensated (voltage) reference**
  - *r* источник *m* опорного напряжения с температурной компенсацией
  - *d* temperaturkompensierte Referenzspannungsquelle *f*
  - *f* source *f* de tension de référence à compensation thermique
  - *nl* temperatuurgecompenseerde referentiespanningsbron *f (m)* [spanningsreferentie *f*]
- T54 *e* **temperature compensation**
  - *r* температурная компенсация *f*
  - *d* Temperaturkompensation *f*, Temperaturausgleich *m*
  - *f* compensation *f* thermique
  - *nl* temperatuurcompensatie *f*
- T55 *e* **temperature cycling test(ing)**
  - *r* испытание *n* на стойкость к циклическому изменению температуры
  - *d* Temperaturwechselprüfung *f*, Temperaturschwankungprüfung *f*
  - *f* essai *m* de stabilité au changement cyclique de température
  - *nl* temperatuurwisselproef *f (m)*, temperatuurwisselbeproeving *f*

TEMPERATURE

T56 *e* **temperature drift**
    r уход *m* параметров под влиянием температуры
    d Temperaturdrift *f*
    f dérive *f* thermique des paramètres
    nl temperatuurverloop *n*, temperatuurdrift *f (m)*

T57 *e* **temperature frequency coefficient**
    r температурный коэффициент *m* частоты, ТКЧ
    d Temperaturkoeffizient *m* der Frequenz
    f coefficient *m* de température de fréquence
    nl temperatuurcoëfficiënt *m* van frequentie

T58 *e* **temperature gradient**
    r температурный градиент *m*
    d Temperaturgradient *m*, Temperaturgefälle *n*
    f gradient *m* de température
    nl temperatuurgradiënt *m*

T59 *e* **temperature-gradient zone melting**
    r зонная плавка *f* с температурным градиентом
    d Zonenschmelzen *n* mit Temperaturgradient
    f fusion *f* de zone à gradient de température
    nl zonesmelten *n* met temperatuurgradiënt

T60 *e* **temperature-humidity chamber**
    r камера *f* для климатических испытаний
    d Klimakammer *f*
    f chambre *f* climatique
    nl kamer *f (m)* met regelbare temperatuur en vochtigheid, klimaatkamer *f (m)*

T61 *e* **temperature sensor**
    r датчик *m* температуры
    d Temperatursensor *m*
    f capteur *m* de température
    nl temperatuurvoeler *m*, temperatuursensor *m*

T62 *e* **temperature settability**
    r точность *f* установки температуры; точность *f* регулировки температуры
    d Temperatureinstellbarkeit *f*
    f précision *f* d'établissement de la température
    nl temperatuur-instelbaarheid *f*

T63 *e* **TEM study**
    r исследование *n* под просвечивающим электронным микроскопом
    d TEM-Untersuchung *f*
    f analyse *f* par microscope électronique à transparence
    nl TEM-onderzoek *n*

T64 *e* **tension**
    r натяжение *n*; сила *f* натяжения
    d Spannung *f*
    f tension *f*
    nl spanning *f*

T65 *e* **terminal**
    r вывод *m*; электрод *m*; контакт *m*
    d Anschluß *m*; Elektrode *f*; Kontakt *m*
    f terminaison *f*; contact *m*
    nl aansluiting *f*, elektrode *f*, contact *n*

T66 *e* **terminal area, terminal land**
    r контактная площадка *f*
    d Anschlußfläche *f*; Kontaktstelle *f*
    f plot *m* de soudure, surface *f* de contact
    nl aansluitvlakje *n*

T67 *e* **terminal metallurgy**
    r металлы *m pl* для контактов и выводов
    d Kontaktmetallurgie *f*
    f métaux *m pl* pour terminaisons
    nl contactmetallurgie *f*

T68 *e* **terminal pad** *see* **terminal area**

T69 *e* **terminal pin**
    r штырьковый вывод *m*
    d Anschlußstift *m*
    f fiche *f*
    nl aansluitstift *f (m)*, aansluitpen *f (m)*

T70 *e* **testability**
    r тестируемость *f*; контролепригодность *f*
    d Prüfbarkeit *f*
    f testabilité *f*
    nl beproefbaarheid *f*

T71 *e* **test block**
    r группа *f* [блок *m*] тестовых структур
    d Testblock *m*
    f jeu *m* de test
    nl testblok *n*

T72 *e* **test chip**
    r тестовый кристалл *m*
    d Testchip *n*
    f puce *f* de test
    nl test-chip *m*

T73 *e* **tester**
    r испытательная установка *f*, тестер *m*
    d Tester *m*
    f testeur *m*
    nl tester *m (persoon, apparaat)*

T74 *e* **testing**
    r тестирование *n*; контроль *m*
    d Testen *n*
    f test *m*; contrôle *m*
    nl beproeving *f*, testen *n*

T75 *e* **testing system**
    r контрольно-измерительная система *f*
    d Testanlage *f*
    f système *m* de test
    nl beproevingsinstallatie *f*, testinstallatie *f*

T76 *e* **test-manufactured IC**
    r опытная ИС *f*, опытный образец *m* ИС
    d IC-Versuchsmuster *n*
    f circuit *m* intégré d'essai
    nl proef-IC *n*

T77 *e* **test pad**
    r контактная площадка *f* для испытания ИС
    d Testpad *n*, Testanschlußfläche *f*
    f plot *m* de test
    nl meetcontact *n*, testcontact *n*

THERMAL

T78 *e* **test-pattern generation**
    r формирование *n* тестовых структур
    d Teststrukturerzeugung *f*
    f génération *f* des structures de test
    nl teststructuurontwikkeling *f*

T79 *e* **test probe**
    r зондовая измерительная установка *f*
    d Prüfsonde *f*
    f sonde *f* de test
    nl testsonde *f (m)*, testpen *f (m)*, testkop *m*

T80 *e* **test station**
    r рабочее место *n* для испытаний
    d Testplatz *m*, Prüfstation *f*
    f station *f* de test
    nl testplek *f (m)*

T81 *e* **test structure**
    r тестовая структура *f*
    d Teststruktur *f*
    f structure *f* de test
    nl proefstructuur *f*, teststructuur *f*

T82 *e* **tetrode etcher**
    r четырёхэлектродная установка *f* ионного травления
    d Vierelektrodenätzer *m*
    f machine *f* de décapage à quatre électrodes
    nl tetrode-etser *m*

T83 *e* **TFC** *see* **thin-film circuit**

T84 *e* **TFET** *see* **thin-film FET**

T85 *e* **T flip-flop** *see* **trigger flip-flop**

T86 *e* **TFT** *see* **1. thin-film technology 2. thin-film transistor**

T87 *e* **TGZM** *see* **temperature-gradient zone melting**

T88 *e* **thermal aging**
    r термическое старение *n*; термотренировка *f*
    d thermische Alterung *f*
    f vieillissement *m* thermique; entraînement *m* thermique
    nl thermisch (ver)ouderen *n*

T89 *e* **thermal annealing**
    r термический отжиг *m*
    d thermische Ausheilung *f*
    f recuit *m* thermique
    nl 1. (uit)gloeien *n*, ontharden *n*, ontlaten *n (metaal)* 2. temperen *n (plastic)*

T90 *e* **thermal blooming**
    r тепловое размытие *n (лазерного луча)*
    d thermisches Zerfließen *n (Laserstrahl)*
    f flou *m* thermique *(de faisceau laser)*
    nl thermische defocussering *f (van laserstraal)*

T91 *e* **thermal breakdown**
    r тепловой пробой *m*
    d Wärmedurchbruch *m*
    f rupture *f* [claquage *m*] thermique
    nl thermische doorslag *m*

T92 *e* **thermal chamber**
    r камера *f* для климатических испытаний; камера *f* для термообработки
    d Klimakammer *f*; Wärmebehandlungskammer *f*
    f chambre *f* climatique; chambre *f* de traitement thermique
    nl warmtebehandelingskamer *f (m)*, klimaatkamer *f (m)*

T93 *e* **thermal conduction**
    r теплопроводность *f*
    d Wärmeleitung *f*
    f conductibilité *f* thermique
    nl warmtegeleiding *f*

T94 *e* **thermal CVD**
    r термохимическое осаждение *n* из паровой фазы
    d thermische CVD *f*
    f déposition *f* thermochimique en phase vapeur
    nl thermische CVD *f*

T95 *e* **thermal decomposition**
    r термическое разложение *n*
    d thermische Zersetzung *f*
    f décomposition *f* thermique
    nl thermische ontleding *f* [dissociatie *f*], thermolyse *f*

T96 *e* **thermal diffusion**
    r термическая диффузия *f*
    d thermische Diffusion *f*, Thermodiffusion *f*
    f diffusion *f* thermique
    nl thermische diffusie *f*, thermodiffusie *f*

T97 *e* **thermal evaporation**
    r напыление *n*, термовакуумное испарение *n*
    d thermische Verdampfung *f*
    f évaporation *f* thermique
    nl thermische verdamping *f*

T98 *e* **thermal excitation**
    r тепловое [термическое] возбуждение *n*
    d thermische Anregung *f*
    f excitation *f* thermique
    nl thermische aanslag *m* [excitatie *f*]

T99 *e* **thermal expansion**
    r тепловое расширение *n*
    d Wärmeausdehnung *f*
    f dilatation *f* thermique
    nl warmte-uitzetting *f*

T100 *e* **thermal expansion coefficient**
    r температурный коэффициент *m* расширения, ТКР
    d Wärmeausdehnungskoeffizient *m*
    f coefficient *m* de dilatation thermique
    nl warmte-uitzettingscoëfficiënt *m*

T101 *e* **thermal ionization**
    r термическая ионизация *f*, термоионизация *f*
    d thermische Ionisation *f*
    f ionisation *f* thermique
    nl thermische ionisatie *f*

THERMAL

T102 *e* **thermal nitridation metal-insulator-semiconductor**
  r МДП-структура *f* с термическим нитрированием
  d MOS-Struktur *f* mit thermischer Nitrierung
  f structure *f* métal-isolant-semiconducteur à nitruration thermique
  nl thermisch genitreerde MIS *m* [metaal-isolator-halfgeleider *m*]

T103 *e* **thermal oxidation**
  r термическое [высокотемпературное] оксидирование *n*
  d thermische Oxydierung *f*
  f oxydation *f* thermique
  nl thermische oxydering *f*

T104 *e* **thermal oxide growth**
  r термическое выращивание *n* оксида
  d thermisches Oxidwachstum *n*
  f croissance *f* thermique d'oxyde
  nl thermische oxyde(laag)vorming *f* [oxydering *f*]

T105 *e* **thermal oxide layer**
  r оксидный слой *m*, сформированный методом термического оксидирования
  d thermische Oxidschicht *f*
  f couche *f* d'oxyde formée par oxydation thermique
  nl thermische oxydelaag *f* (*m*)

T106 *e* **thermal processing** *see* **thermal treatment**

T107 *e* **thermal-pulse bonding**
  r термоимпульсная сварка *f*
  d Wärmeimpulsschweißen *n*
  f soudage *m* thermique par impulsions
  nl thermopuls-contactering *f*

T108 *e* **thermal ramping**
  r вывод *m* (*напр. диффузионной печи*) на температурный режим
  d Hochfahren *n* (*z. B eines Diffusionsofens*) auf die Betriebstemperatur
  f rampage *m* thermique (*du four de diffusion*)
  nl (proef *f* (*m*) met) gelijkmatige temperatuurstijging *f* [temperatuur-opvoering *f*]

T109 *e* **thermal resistance**
  r 1. тепловое сопротивление *n*
     2. нагревостойкость *f*
  d 1. Wärmewiderstand *m*
     2. Wärmebeständigkeit *f*, Wärmefestigkeit *f*
  f résistance *f* thermique
  nl 1. thermische weerstand *m*, warmteweerstand *m*
     2. temperatuurbestendigheid *f*

T110 *e* **thermal-shock chamber**
  r камера *f* для испытаний на термический удар
  d Wärmeschockkammer *f*
  f chambre *f* d'essai de choc thermique
  nl thermische schok *m*, temperatuurschok *m*

T111 *e* **thermal stabilization**
  r термическая стабилизация *f*
  d thermische Stabilisierung *f*
  f stabilisation *f* thermique
  nl thermische stabilisatie *f*, temperatuurstabilisatie *f*

T112 *e* **thermal treatment**
  r термическая обработка *f*, термообработка *f*
  d Wärmebehandlung *f*
  f traitement *m* thermique
  nl thermische behandeling *f*, warmtebehandeling *f*

T113 *e* **thermocompression**
  r термокомпрессия *f*, термокомпрессионная сварка *f*
  d Thermokompression *f*
  f thermocompression *f*; soudage *m* à thermocompression
  nl thermocompressie *f*

T114 *e* **thermocompression ball bonding**
  r термокомпрессионная сварка *f* шариком
  d Thermokompressionskugelbonden *n*
  f soudage *m* à thermocompression par balle
  nl balcontactering *f* met thermocompressie

T115 *e* **thermocompression bond**
  r термокомпрессионное соединение *n*
  d Thermokompressionsbondung *f*
  f connexion *f* par thermocompression
  nl thermocompressie-contact *n* [verbinding *f*]; thermocompressie-contactering *f*

T116 *e* **thermocompression bonded device**
  r прибор *m* с термокомпрессионными проволочными выводами
  d thermokompressionsgebondetes Bauelement *n*
  f dispositif *m* pour connexion en fils par thermocompression
  nl met thermocompressie gecontacteerde bouwsteen *m*

T117 *e* **thermocompression bonder**
  r установка *f* термокомпрессионной сварки
  d Thermokompressionsbondanlage *f*
  f machine *f* pour soudage à thermocompression
  nl thermocompressie-contacteerapparaat *n*

T118 *e* **thermocompression bonding** *see* **thermocompression**

T119 *e* **thermocompression tape-automated-bonded leads**
  r выводы *m pl* (*кристалла ИС*), присоединённые автоматизированной термокомпрессией к выводной раме на ленточном носителе
  d mittels Thermokompression foliengebondete Anschlüsse *m pl*
  f sorties *f pl* (*de puce*) connectées automatiquement au cadre sur la bande porteuse par thermocompression

nl met thermocompressie gemaakte verbindingen *f pl* bij automatische aanvoer op band

T120 *e* **thermocycling**
r циклическое изменение *n* температуры
d Temperaturwechselbelastung *f*, zyklischer Temperaturwechsel *m*
f cyclage *m* thermique
nl temperatuurwisselproef *f (m)*

T121 *e* **thermomigration**
r термомиграция *f*
d Thermowanderung *f*
f thermomigration *f*
nl thermomigratie *f*

T122 *e* **thermoplastic coating**
r термопластическое покрытие *n*
d thermoplastische Beschichtung *f*
f enrobage *m* thermoplastique
nl thermoplastische deklaag *f (m)* [coating *f*]

T123 *e* **thermoplastic resin**
r термопластическая смола *f*
d thermoplastisches Harz *n*
f résine *f* thermoplastique
nl thermoplastische (kunst)hars *f*

T124 *e* **thermosetting coating**
r термореактивное покрытие *n*
d hitzehärtbare Beschichtung *f*
f enrobage *m* thermoréactif
nl thermohardende deklaag *f (m)* [coating *f*]

T125 *e* **thermosetting resin**
r термореактивная смола *f*
d hitzehärtbares Harz *n*
f résine *f* thermodurcissable
nl door warmte hardende (kunst)hars *n*, thermohardende hars *n*

T126 *e* **thermosonic bonder**
r установка *f* термоультразвуковой сварки
d Thermosonic-Anlage *f*, Anlage *f* zum kombinierten Thermokompressions- und Ultraschallbonden *n*
f machine *f* de soudage thermique ultra-sonique
nl thermosone contacteerinstallatie *f*

T127 *e* **thermosonic bonding**
r термоультразвуковая сварка *f*
d Thermosonicbonden *n*, kombiniertes Thermokompressions- und Ultraschallbonden *n*
f soudage *m* thermique ultra-sonique
nl thermosoon contacteren *n*

T128 *e* **theta alignment**
r угловое совмещение *n*; угловая ориентация *f*
d Winkeljustierung *f*
f alignement *m* angulaire; orientation *f* angulaire
nl thèta-(hoek)uitlijning *f*

T129 *e* **thick-film chip**
r кристалл *m* для толстоплёночной ГИС

d Dickschichthybridschaltungschip *n*, Dickschichtchip *n*
f puce *f* pour circuit hybride à couches épaisses
nl dikkelaag-(hybride-)chip *m*

T130 *e* **thick-film conductor**
r толстоплёночный проводник *m*
d Dickschichtleiter *m*
f conducteur *m* à couche épaisse
nl dikkelaag-geleider *m*

T131 *e* **thick-film firing**
r вжигание *n* толстых плёнок
d Einbrennen *n* von Dickschichten [Dickfilmen]
f cuisson *f* des couches épaisses
nl inbranden *n* van dikkelaag-structuur

T132 *e* **thick-film formulation**
r композиция *f* для толстоплёночных ГИС
d Verbundmaterial *n* für Dickschichthybridtechnik
f composition *f* pour circuits hybrides à couches épaisses
nl composiet-materiaal *n* voor dikkelaagtechniek

T133 *e* **thick-film hybrid**
r толстоплёночная ГИС *f*
d Dickschichthybridschaltung *f*
f circuit *m* hybride à couches épaisses
nl dikkelaag-hybrideschakeling *f*

T134 *e* **thick-film ink**
r паста *f* для толстоплёночных ГИС
d Dickschichtpaste *f*
f pâte *f* pour circuits hybrides à couches épaisses
nl dikkelaagpasta *m*

T135 *e* **thick-film multilayer technology**
r технология *f* толстоплёночных многослойных структур
d Dickschichtmehrebenen(struktur)technik *f*
f technologie *f* des structures à couches épaisses multiples
nl meerlaags-dikkelaagtechnologie *f*

T136 *e* **thick-film multilevel substrate**
r подложка *f* с многоуровневыми толстоплёночными соединениями
d Dickschichtmehrebenensubstrat *n*
f substrat *m* à couches épaisses multiples
nl meerlaags-dikkelaagsubstraat *n*

T137 *e* **thick-film printer**
r установка *f* трафаретной печати для толстоплёночных ГИС
d Siebdruckanlage *f* für Dickschichtschaltungen
f installation *f* de sérigraphie des circuits hybrides à couches épaisses
nl dikkelaag-drukker *m*

T138 *e* **thick-film resistor formula**
r композиция *f* для толстоплёночных резисторов
d Dickschichtwiderstandstoff *m*

THICK

    f composition *f* pour résistances à couche épaisse
  nl dikkelaag-weerstandsmateriaal *n*

T139 *e* **thick films**
  r 1. толстые плёнки *f pl*
    2. толстоплёночные ГИС *f pl*
  d 1. Dickschichten *f pl*, Dickfilme *m pl*
    2. Dickschicht(hybrid)schaltungen *f pl*
  f 1. films *m pl* épais, couches *f pl* épaisses
    2. circuits *m pl* hybrides à couches épaisses
  nl 1. dikke lagen *f (m) pl* 2. dikkelaag(-hybride)schakelingen *f pl*

T140 *e* **thick-film screening**
  r трафаретная печать *f* для толстоплёночных ГИС
  d Dickschichtsiebdruck *m*
  f sérigraphie *f* pour circuits hybrides à couches épaisses
  nl dikkelaag-zeefdruk *m*

T141 *e* **thickness gage, thickness meter**
  r толщиномер *m*
  d Dickenmesser *m*
  f jauge *f* d'épaisseur
  nl diktemaat *f (m)*, diktevoeler *m*, diktemeter *m*

T142 *e* **thickness/resistivity sorter**
  r классификатор *m* (полупроводниковых пластин) по толщине и удельному сопротивлению
  d Dicke/Resistivität-Sortieranlage *f*
  f trieuse *f* des tranches par épaisseur et résistivité
  nl thickness resistivity sorter

T143 *e* **thickness sorting**
  r классификация *f* (полупроводниковых пластин) по толщине
  d Dickesortierung *f*, Sortierung *f* nach Dicke
  f tri(age) *m* en épaisseur
  nl sorteren *n* op dikte

T144 *e* **thin-film chip**
  r кристалл *m* для тонкоплёночной ГИС
  d Dünnschichthybridschaltungschip *n*, Dünnschichtchip *n*
  f puce *f* pour circuit hybride à couches minces
  nl dunnelaag-chip *m*

T145 *e* **thin-film circuit**
  r тонкоплёночная микросхема *f*
  d Dunnschichtschaltkreis *m*
  f circuit *m* à couches minces
  nl dunnelaag-schakeling *f*

T146 *e* **thin-film cladding**
  r нанесение *n* тонких металлических плёнок
  d Dünnschichtauftragung *f*, Dünnschichtplattierung *f*
  f gainage *m* des couches minces métalliques
  nl opbrengen *n* van [plateren *n* met] dunnelaag

T147 *e* **thin-film conductor**
  r тонкоплёночный проводник *m*
  d Dünnschichtleiter *m*
  f conducteur *m* à couche mince
  nl dunnelaag-geleider *m*

T148 *e* **thin-film definition**
  r формирование *n* рисунка в тонкой плёнке
  d Dünnschichtdefinition *f*
  f définition *f* de dessin en couche mince
  nl dunnelaag-structuurfijnheid *f* [-structuurdefinitie *f*]

T149 *e* **thin-film densification**
  r уплотнение *n* тонких плёнок
  d Dünnschichtverdichtung *f*
  f densification *f* des couches minces
  nl dunnelaag-verdichting *f*

T150 *e* **thin-film deposition**
  r осаждение *n* тонких плёнок
  d Dünnschichtabscheidung *f*
  f déposition *f* des couches minces
  nl dunnelaag-opdamping *f*, dunnelaag-depositie *f*

T151 *e* **thin-film diode**
  r тонкоплёночный диод *m*
  d Dünnschichtdiode *f*
  f diode *f* à couche mince
  nl dunnelaag-diode *f*

T152 *e* **thin-film evaporation**
  r напыление *n* тонких плёнок
  d Dünnschichtaufdampfen *n*
  f évaporation *f* des couches minces
  nl dunnelaag-opdamping *f*

T153 *e* **thin-film FET**
  r тонкоплёночный полевой транзистор *m*
  d Dünnschicht-FET *m*
  f transistor *m* FET à couche mince
  nl dunnelaag-FET *m*

T154 *e* **thin-film hybrid**
  r тонкоплёночная ГИС *f*
  d Dünnschichthybridschaltung *f*
  f circuit *m* hybride à couches minces
  nl dunnelaag-hybrideschakeling *f*

T155 *e* **thin-film resistor ladder**
  r цепочка *f* тонкоплёночных резисторов
  d Dünnschichtswiderstandskettenleiter *m*
  f chaîne *f* des résistances à couche mince
  nl dunnelaag-weerstandsladder *f (m)*

T156 *e* **thin films**
  r 1. тонкие плёнки *f pl*
    2. тонкоплёночные ГИС *f pl*
  d 1. Dünnschichten *f pl*, Dünnfilme *m pl*
    2. Dünnschicht(hybrid)schaltungen *f pl*
  f 1. couches *f pl* [films *m pl*] minces 2. circuits *m pl* hybrides à couches minces
  nl 1. dunne lagen *f (m) pl* 2. dunnelaag(-hybride)schakelingen *f pl*

T157 *e* **thin-film sputtering**
  r ионное напыление *n* тонкой плёнки
  d Dünnschichtsputtern *n*

TIGHT

- *f* évaporation *f* ionique de couche mince
- *nl* dunnelaag-sputtering *f* [verstuiving *f*]

T158 *e* **thin-film substrate**
- *r* плата *f* для тонкоплёночных ГИС
- *d* Dünnschichtträgersubstrat *n*
- *f* substrat *m* pour circuit hybride à couches minces
- *nl* dunnelaag-substraat *n*

T159 *e* **thin-film technology**
- *r* тонкоплёночная технология *f*
- *d* Dünnschichttechnik *f*, Dünnfilmtechnik *f*
- *f* technologie *f* à films [à couches] minces
- *nl* dunne-laagtechnologie *f*

T160 *e* **thin-film transistor**
- *r* тонкоплёночный транзистор *m*
- *d* Dünnschichttransistor *m*
- *f* transistor *m* à couche mince
- *nl* dunnelaag-transistor *m*

T161 *e* **thixotropic adhesive**
- *r* тиксотропный клей *m*
- *d* thixotroper Kleber *m*
- *f* adhésif *m* thixotropique
- *nl* thixotrop(isch)e lijm *m*

T162 *e* **thixotropic agent**
- *r* тиксотропный реактив *m*
- *d* thixotropes Reagens *n*
- *f* agent *m* thixotropique
- *nl* thixotroop [thixotropisch] middel *n*

T163 *e* **thixotropic filler**
- *r* тиксотропный наполнитель *m*
- *d* thixotropes Füllmittel *n*
- *f* remplissant *m* thixotropique
- *nl* thixotroop [thixotropisch] vulmiddel *n*

T164 *e* **thixotropic paste**
- *r* тиксотропная паста *f*
- *d* thixotrope Paste *f*
- *f* pâte *f* thixotropique
- *nl* thixotrop(isch)e pasta *m*

T165 *e* **three-diffusion integrated circuit**
- *r* трёхдиффузионная ИС *f*
- *d* Dreidiffusionsschaltkreis *m*
- *f* circuit *m* intégré à trois diffusions
- *nl* drie-diffusies-IC *n*

T166 *e* **three-dimensional integrated circuit**
- *r* трёхмерная ИС *f*
- *d* dreidimensionaler Schaltkreis *m*, 3D-IC *n*
- *f* circuit *m* intégré tridimensionnel
- *nl* driedimensionale geïntegreerde schakeling *f*, 3D-IC *n*

T167 *e* **three-dimensional wiring**
- *r* трёхмерная разводка *f*
- *d* dreidimensionale Verdrahtung *f*
- *f* câblage *m* tridimensionnel, interconnexion *f* tridimensionnelle
- *nl* driedimensionale [3D-]verbindingsstructuur *f*

T168 *e* **threshold current**
- *r* пороговый ток *m*
- *d* Schwellenstrom *m*
- *f* courant *m* de seuil
- *nl* drempelstroom *m*

T169 *e* **threshold population**
- *r* предельная заселённость *f* (*энергетических уровней*)
- *d* Schwellenbesetzung *f*
- *f* population *f* à seuil
- *nl* drempelbezetting *f*

T170 *e* **threshold voltage**
- *r* пороговое напряжение *n*
- *d* Schwellenspannung *f*
- *f* tension *f* de seuil
- *nl* drempelspanning *f*

T171 *e* **through-metallized hole**
- *r* металлизированное сквозное отверстие *n* (*в печатной плате*)
- *d* durchkontaktiertes Loch *n*
- *f* trou *m* métallisé de traversée
- *nl* doorgemetalliseerd gat *n*

T172 *e* **throughput speed**
- *r* производительность *f*
- *d* Durchsatzrate *f*
- *f* productivité *f*
- *nl* doorvoersnelheid *f*

T173 *e* **tie bar**
- *r* соединительная перемычка *f* между выводами выводной рамки
- *d* Verbindungsbrücke *f*
- *f* barrette *f* de connexion entre sorties de cadre
- *nl* verbindingsbrug *f (m)*

T174 *e* **tiered structure**
- *r* многоярусная [многоуровневая] структура *f*
- *d* Mehrebenenstruktur *f*
- *f* structure *f* multiniveau
- *nl* stapelstructuur *f*, meerlaagsstructuur *f*

T175 *e* **tight geometry**
- *r* геометрия *f* ИС с элементами уменьшенных размеров
- *d* Kleinbreitengeometrie *f*
- *f* géométrie *f* de circuits intégrés avec éléments à encombrement réduit
- *nl* strakke maatvoering *f*, dicht opeengepakte structuur *f*, enge structuurmaat *f (m)*

T176 *e* **tightly-packed logic**
- *r* логические схемы *f pl* с высокой плотностью упаковки
- *d* Logik *f* mit hoher Packungsdichte
- *f* logique *f* à haut compactage
- *nl* logica *f* met hoge pakkingsdichtheid

T177 *e* **tight packing**
- *r* плотная упаковка *f*
- *d* hohe Packungsdichte *f*
- *f* haut compactage *m*
- *nl* hoge pakkingsdichtheid *f*

T178 *e* **tight registration tolerance**
- *r* жёсткий допуск *m* на совмещение
- *d* enge Überdeckungstoleranz *f*
- *f* tolérance *f* serrée d'alignement

TIGHT

  nl enge dekkingstolerantie *f* [passingstolerantie *f*]

T179 *e* **tight spacing**
  r малое расстояние *n* (между токопроводящими дорожками)
  d enge Plazierung *f* (von Leiterbahnen)
  f petite espace *f* (entre pistes conductrices)
  nl enge spatiëring *f*

T180 *e* **tight tolerance**
  r жёсткий допуск *m*
  d enge Toleranz *f*
  f tolérance *f* serrée
  nl enge tolerantie *f*

T181 *e* **tilt-angle implantation**
  r ионная имплантация *f* под углом к поверхности
  d Schrägimplantation *f*
  f implantation *f* ionique sous angle à la surface
  nl schuine implantatie *f*

T182 *e* **time delay**
  r 1. временная задержка *f* 2. время *n* задержки
  d Zeitverzögerung *f*
  f 1. retard *m* de temps 2. temps *m* de délai [de retard]
  nl tijdvertraging *f*

T183 *e* **time response**
  r временная характеристика *f*
  d Zeitverhalten *n*
  f réponse *f* temporelle
  nl tijdsverloop *n*

T184 *e* **tinned ball**
  r лужёный шариковый вывод *m*
  d verzinnter Kugelkontakt *m*
  f sortie *f* étamée à balle
  nl vertind bolcontact *n*

T185 *e* **tinning**
  r лужение *n*
  d Verzinnen *n*
  f étamage *m*
  nl vertinnen *n*

T186 *e* **tin plating**
  r гальваническое лужение *n*
  d galvanisches Verzinnen *n*
  f étamage *m* électroplastique
  nl (galvanisch) vertinnen *n*

T187 *e* **titanium-tungsten fuse**
  r плавкая перемычка *f* из титана и вольфрама
  d Titan-Wolfram-Schmelzverbindung *f*
  f fusible *f* en titane-tungstène
  nl titanium-wolfraam smeltverbinding *f*

T188 *e* **T²L** *see* **transistor-transistor logic**

T189 *e* **TNMIS** *see* **thermal nitridation metal-insulator-semiconductor**

T190 *e* **TO** *see* **transistor-outline package**

T191 *e* **TO-can** *see* **transistor-outline package**

T192 *e* **toggle**
  r триггер *m*; бистабильная схема *f*
  d Trigger *m*, Flip-Flop *n*; bistabile Schaltung *f*; Kippstufe *f*
  f bascule *f*, flip-flop *m*; circuit *m* bistable
  nl trigger *m*, flip-flop *m*, bistabiele schakeling *f*

T193 *e* **tolerance**
  r 1. допуск *m* 2. стойкость *f*
  d 1. Toleranz *f* 2. Beständigkeit *f*
  f 1. tolérance *f* 2. résistance *f*; stabilité *f*
  nl tolerantie *f*

T194 *e* **tolerant chip**
  r отказоустойчивая ИС *f*
  d fehlertolerantes Chip *n*
  f puce *f* tolérant les pannes
  nl storingsbeveiligde chip *m*

T195 *e* **tool**
  r 1. инструмент *m*; оснастка *f* 2. установка *f*; станок *m*
  d 1. Werkzeug *n* 2. Anlage *f*
  f 1. outil *m*; outillage *m* 2. machine *f*
  nl 1. werktuig *n* 2. (stuk *n*) gereedschap *n*

T196 *e* **TOP** *see* **transistor-outline package**

T197 *e* **top-down design**
  r нисходящее проектирование *n*
  d Top-down-Entwurf *m*
  f conception *f* de haut en bas
  nl top-down ontwerp *n*

T198 *e* **top-grade component**
  r высококачественный компонент *m*
  d hochwertiges Bauelement *n*
  f composant *m* de haute qualité
  nl component *m* van topkwaliteit

T199 *e* **topographical feature**
  r топологический элемент *m*
  d topologisches Element *n*
  f élément *m* topologique
  nl topologisch element *n*

T200 *e* **topography**
  r (поверхностный) рельеф *m*, топография *f*
  d Topografie *f*
  f topographie *f*
  nl topografie *f*

T201 *e* **topological layout**
  r топологический чертёж *m*
  d topologisches Layout *n*
  f dessin *m* topologique
  nl topologische opstelling *f* [vlakindeling *f*, vlakverdeling *f*, lay-out *m*], topologisch ontwerp *n*

T202 *e* **total-dose radiation hardness**
  r радиационная стойкость *f* к полной дозе облучения
  d Gesamtstrahlungsdosishärte *f*
  f radiorésistance *f* à la dose d'irradiation totale
  nl totale stralingsdosishardheid *f*

T203 *e* **tote box**
  r тара *f* транспортировки; транспортный поддон *m*
  d Transportbox *f*, Transportbehälter *m*
  f box *m* de transfert

TRANSFER

    nl **1.** transportkist *f (m)*, transportbak *m*
    2. werkstukkenkist *f (m)*,
    onderdelenbak *m*

T204 *e* **touchless handling**
    r бесконтактная транспортировка *f*
    (*напр. на воздушной подушке*)
    d berührungslose Handhabung *f*
    f transfert *m* par aspiration (*p.ex.au coussin d'air*)
    nl verwerking *f* zonder manipulatie

T205 *e* **Townsend discharge**
    r таунсендовский разряд *m*
    d Townsend-Entladung *f*
    f décharge *f* Townsend
    nl Townsend-ontlading *f*

T206 *e* **trace impurity**
    r следы *m pl* примеси
    d Fremdstoffspuren *f pl*
    f traces *f pl* d'impureté
    nl spoor *n* van vreemdestof

T207 *e* **track**
    r **1.** токопроводящая дорожка *f*
    2. транспортёр *m*, конвейер *m*
    d **1.** Leiterbahn *f* **2.** Förderband *n*
    f **1.** piste *f* conductrice **2.** transporteur *m*, convoyeur *m*
    nl geleiderbaan *f (m)*, geleiderspoor *n*

T208 *e* **track resolution**
    r минимальная ширина *f* токопроводящей дорожки
    d minimale Leiterbahnbreite *f*, Leiterbahnauflösung *f*
    f résolution *f* de la piste conductrice
    nl (minimum) geleiderbaanbreedte *f* [geleiderspoorbreedte *f*]

T209 *e* **transcalent device**
    r полупроводниковый прибор *m* с тепловыми трубками
    d Transcalent-Baustein *m*
    f semi-conducteur *m* à tubes chauffants
    nl transcalente bouwsteen *m*

T210 *e* **transconductance**
    r крутизна *f*
    d Vorwärtssteilheit *f*, Steilheit *f*
    f transconductance *f*
    nl steilheid *f*

T211 *e* **transfer**
    r перенос *m*; перемещение *n*; передача *f*; (межоперационная) транспортировка *f*
    d Transfer *m*; Übergabe *f*; Übertragung *f*
    f transfert *m*
    nl overdracht *f (m)*, overbrenging *f*, overheveling *f*

T212 *e* **transfer characteristic**
    r передаточная характеристика *f*
    d Übertragungskennlinie *f*
    f caractéristique *f* de transfert
    nl stuurkarakteristiek *f*, overdrachtskarakteristiek *f*

T213 *e* **transfer efficiency**
    r коэффициент *m* переноса
    d Transportwirkungsgrad *m*, Übertragungsleistung *f*
    f coefficient *m* de transfert
    nl transportrendement *n*

T214 *e* **transfer function**
    r передаточная функция *f*
    d Transferfunktion *f*, Übertragungsfunktion *f*
    f fonction *f* de transfert
    nl overdrachtsfunctie *f*

T215 *e* **transfer gate**
    r передающий затвор *m (ПЗС)*
    d Transfergate *n*
    f grille *f* de transfert
    nl overdrachtspoort *f (m)*, overhevelingspoort *f (m)*

T216 *e* **transfer-molded plastic**
    r пластмасса *f* литьевого прессования
    d Spritzpreßmasse *f*, Formmasse *f* zum Spritzpressen
    f plastique *f* pour moulage par transfert
    nl spuitgiet-kunststof *f (m)*

T217 *e* **transfer molding**
    r литьевое [трансферное] прессование *n*
    d Spritzpressen *n*, Preßspritzen *n*
    f moulage *m* par transfert
    nl spuitgieten *n*

T218 *e* **transfer molding press**
    r пресс *m* для трансферного литья
    d Spritzpresse *f*, Transferpresse *f*
    f presse *f* pour moulage par transfert
    nl spuitgietpers *f (m)*, transferpers *f (m)*

T219 *e* **transferred-electron amplifier**
    r усилитель *m* на приборе Ганна
    d Elektronentransferverstärker *m*
    f amplificateur *m* à transfert d'électrons [à effet Gunn]
    nl transferred-electron-versterker *m*, TEA *m*

T220 *e* **transferred-electron device**
    r прибор *m* с переносом электронов, прибор *m* (на эффекте) Ганна
    d Elektronentransferbauelement *n*
    f dispositif *f* à transfert d'électrons [à effet Gunn]
    nl transferred-electron-bouwsteen *m*

T221 *e* **transferred-electron oscillator**
    r генератор *m* на приборе Ганна
    d Elektronentransferoszillator *m*
    f oscillateur *m* à transfert d'électrons [à effet Gunn]
    nl transferred-electron-oscillator *m*

T222 *e* **transfer system**
    r устройство *n* для (межоперационной) транспортировки
    d Transfersystem *n*
    f système *m* de transfert
    nl overdrachtssysteem *n*, overhevelingssysteem *n*, transportsysteem *n*

TRANSFER

T223 *e* **transfer tray**
  r кассета *f* для (межоперационной) транспортировки
  d Transfermagazin *n*
  f plateau *m* [magasin *m*] de transfert
  nl overbrengingsmagazijn *n*

T224 *e* **transformation**
  r 1. преобразование *n* 2. фазовый переход *m*
  d Umwandlung *f*
  f 1. transformation *f* 2. transition *f* de phase
  nl omvorming *f*, transformatie *f*, omzetting *f*, (fase-)overgang *m*

T225 *e* **transformation point**
  r точка *f* [температура *f*] фазового перехода
  d Phasenübergangstemperatur *f*
  f point *m* [température *f*] de transition de phase
  nl fase-overgangspunt *n*

T226 *e* **transient mode**
  r переходный режим *m*
  d Übergangsbetrieb *m*
  f mode *m* transitoire
  nl overgangs-werking *f*

T227 *e* **transistor action**
  r механизм *m* работы транзистора
  d Transistorfunktionsmechanismus *m*; Transistorverstärkereffekt *m*
  f action *f* de transistor
  nl transistor-werking *f*

T228 *e* **transistor arrangement**
  r транзисторная структура *f*
  d Transistoranordnung *f*
  f structure *f* de transistor
  nl transistor-samenstel *n*, transistor-opstelling *f*

T229 *e* **transistor array**
  r транзисторная матрица *f*
  d Transistorarray *n*
  f réseau *m* transistorisé
  nl transistor-matrix *f*

T230 *e* **transistor chain**
  r цепочка *f* транзисторов, транзисторная цепочка *f*
  d Transistorkette *f*
  f chaîne *f* des transistors
  nl transistor-keten *f (m)*

T231 *e* **transistor-diode logic**
  r диодно-транзисторные логические схемы *f pl*, диодно-транзисторная логика *f*, ДТЛ
  d Transistor-Dioden-Logik *f*, TDL *f*, DTL *f*
  f logique *f* à transistors et diodes
  nl transistor-diode-logica *f*, DTL *f*

T232 *e* **transistor equation**
  r уравнение *n* транзистора
  d Transistorgleichung *f*
  f équation *f* de transistor
  nl transistorvergelijking *f*

T233 *e* **transistor-level simulation**
  r моделирование *n* на уровне транзисторов
  d Simulation *f* auf Transistorebene
  f simulation *f* au niveau de transistors
  nl simulatie *f* op transistor-niveau

T234 *e* **transistor microstructure**
  r микроструктура *f* транзистора
  d Transistormikrostruktur *f*
  f microstructure *f* de transistor
  nl transistor-microstructuur *f*

T235 *e* **transistor outline**
  r конфигурация *f* транзистора
  d Transistorkonfiguration *f*; Transistorabmessungen *f pl*
  f configuration *f* de transistor
  nl transistor-contour *m*

T236 *e* **transistor-outline package**
  r корпус *m* транзисторного типа, корпус *m* типа TO
  d TO-Gehäuse *n*
  f boîtier *m* type transistor [type TO]
  nl TO-behuizing *f*, TO-huisje *n*

T237 *e* **transistor-resistor logic**
  r резисторно-транзисторные логические схемы *f pl*, резисторно-транзисторная логика *f*, РТЛ
  d Transistor-Widerstands-Logik *f*, TRL *f*
  f logique *f* à résistances et transistors
  nl transistor-weerstand-logica *f*, TRL *f*

T238 *e* **transistor source**
  r истоковая область *f* полевого транзистора
  d Transistorsource *f*
  f source *f* de transistor à effet de champ
  nl transistorbron(elektrode) *f (m) (f)*

T239 *e* **transistor-transistor logic**
  r транзисторно-транзисторные логические схемы *f pl*, транзисторно-транзисторная логика *f*, ТТЛ
  d Transistor-Transistor-Logik *f*, TTL *f*, T^2L *f*
  f logique *f* à transistors et transistors
  nl transistor-transistor-logica *f*, TTL *f*

T240 *e* **transistor-transistor logic/advanced Schottky**
  r усовершенствованные транзисторно-транзисторные логические схемы *f pl* с диодами Шотки
  d Advanced-Schottky-TTL *f*
  f logique *f* avancée Schottky à transistors et transistors
  nl hoogontwikkelde Schottky-TTL *f*

T241 *e* **transition**
  r фазовый переход *m*
  d Übergang *m*
  f transition *f* de phase
  nl overgang *m*

T242 *e* **transition frequency**
  r частота *f* фазового перехода
  d Übergangsfrequenz *f*
  f fréquence *f* de transition
  nl transitfrequentie *f*

T243 *e* **transition metal impurity**
 r примесный переходный металл *m*
 d Verunreinigung *f* durch Übergangsmetalle
 f métal *m* d'impureté de transition
 nl verontreiniging *f* door overgangsmetalen

T244 *e* **transit time**
 r время *n* пролёта
 d Laufzeit *f*, Durchlaufzeit *f*
 f temps *m* de vol
 nl looptijd *m*

T245 *e* **transit-time diode**
 r лавинно-пролётный диод *m*, ЛПД
 d Laufzeitdiode *f*
 f diode *f* IMPATT [à temps de transit]
 nl looptijddiode *f*

T246 *e* **transit-time negative-resistance diode**
 r ЛПД *m* с отрицательным сопротивлением
 d Laufzeitdiode *f* mit negativem Widerstand
 f diode *f* à temps de transit et résistance négative
 nl looptijddiode *f* met negatieve weerstandskarakteristiek

T247 *e* **transit-time region**
 r пролётная область *f*
 d Laufzeitbereich *m*
 f région *f* de temps de transit
 nl looptijdzone *f* *(m)*

T248 *e* **transmission electron microscope**
 r просвечивающий электронный микроскоп *m*
 d Transmissionselektronenmikroskop *n*, TEM
 f microscope *m* électronique à transparence
 nl transmissie-elektronenmicroscoop *m*, TEM *m*

T249 *e* **transmutation doping**
 r трансмутационное легирование *n*
 d Transmutationsdotierung *f*
 f dopage *m* à transmutation
 nl transmutatie-dotering *f*

T250 *e* **transparent film**
 r прозрачная плёнка *f*
 d transparenter Film *m*
 f film *m* transparent
 nl doorzichtige [transparante] film *m*

T251 *e* **transport**
 r перенос *m*; перемещение *n*; (межоперационная) транспортировка *f*
 d Transport *m*; Transfer *m*
 f transport *m*; transfert *m*
 nl transport *n*

T252 *e* **transport efficiency** *see* **transfer efficiency**

T253 *e* **transport reaction**
 r (газо)транспортная реакция *f*
 d Gastransportreaktion *f*, Transportreaktion *f*
 f réaction *f* de transport (de gaz)
 nl (gas)transportreactie *f*

T254 *e* **transport system** *see* **transfer system**

T255 *e* **transport tape**
 r ленточный носитель *m*
 d Trägerstreifen *m*, Filmbandträger *m*
 f bande *f* porteuse
 nl aanvoerband *m*, toevoerband *m*, transportband *m*

T256 *e* **transputer**
 r транспьютер *m*
 d Transputer *m*
 f transputer *m*
 nl transputer *m*

T257 *e* **transverse piezoeffect**
 r поперечный пьезоэффект *m*
 d transversaler Piezoeffekt *m*
 f piézo-effet *m* transversal
 nl transversaal piëzo-effect *n*

T258 *e* **trap**
 r ловушка *f*, центр *m* захвата
 d Haftstelle *f*, Fangstelle *f*
 f trappe *f*, piège *m*; centre *m* de capture
 nl val *m*

T259 *e* **TRAPATT** *see* **trapped plasma avalanche-triggered transit mode**

T260 *e* **TRAPATT diode**
 r лавинно-ключевой диод *m*, ЛКД
 d TRAPATT-Diode *f*
 f diode *f* TRAPATT [à temps de transit et plasma piégé]
 nl TRAPATT-diode *f*

T261 *e* **trap impurity**
 r примесь *f*, создающая ловушки
 d Haftstellenfremdbeimischung *f*
 f impureté *f* créant les pièges
 nl als val fungerende dotering *f*

T262 *e* **trapped carrier**
 r захваченный носитель *m* заряда
 d eingefangener Träger *m*
 f porteur *m* piégé
 nl opgevangen ladingdrager *m*

T263 *e* **trapped plasma avalanche-triggered transit mode**
 r лавинно-ключевой режим *m*
 d TRAPATT-Betrieb *m*
 f mode *m* TRAPATT [à temps de transit et plasma piégé]
 nl TRAPATT(-werking *f*)

T264 *e* **trapping center, trapping state** *see* **trap**

T265 *e* **tray**
 r поддон *m*; лоток *m* *(с компонентами)*; кассета *f*
 d Palette *f*; Magazin *n* *(für Wafer)*; Halter *m*
 f plateau *m*; magasin *m* *(avec composants)*
 nl magazijn *n*, houder *m*, rek *n*

T266 *e* **TR-DMOS** *see* **trench double-diffusion MOS**

T267 *e* **treatment**
 r (технологическая) обработка *f*

TRENCH

    d Behandlung *f*; Bearbeitung *f*
    f traitement *m*
    nl behandeling *f*

T268 *e* **trench**
    r канавка *f*
    d Graben *m*
    f sillon *m*, rainure *f*
    nl geul *f (m)*

T269 *e* **trench double-diffusion MOS**
    r двухдиффузионная МОП-структура *f* с изолирующими канавками
    d Doppeldiffusion-MOS *f* mit Isolationsgräben
    f structure *f* MOS à deux diffusions et rainures isolantes
    nl dubbeldifusie-MOS *m* met geulisolatie

T270 *e* **trench etching**
    r вытравливание *n* канавок
    d Grabenätzung *f*
    f décapage *m* des rainures
    nl geuletsen *n*

T271 *e* **trench-isolated IC**
    r ИС *f* с изолирующими канавками
    d IC *n* mit isolierenden Gräben
    f circuit *m* intégré à rainures isolantes
    nl IC *n* met geulisolatie

T272 *e* **trench isolation technology**
    r технология *f* изоляции *(элементов ИС)* канавками с диэлектрическим материалом
    d Grabenisolationstechnik *f*
    f technologie *f* d'isolation par rainures isolantes
    nl geulisolatie-technologie *f*

T273 *e* **trench mask definition**
    r формирование *n* рисунка маски для вытравливания канавок
    d Grabenmaskendefinition *f*
    f définition *f* (de dessin) de masque pour décapage des rainures
    nl geulenmasker-definitie *f*

T274 *e* **trigger**
    r триггер *m*; триггерная схема *f*
    d Trigger *m*
    f bascule *f*, flip-flop *m*; circuit *m* bistable
    nl trigger *m*

T275 *e* **trigger action**
    r срабатывание *n* триггера
    d Triggerung *f*
    f action *f* [fonctionnement *m*] de bascule
    nl triggering *f*

T276 *e* **trigger flip-flop**
    r Т-триггер *m*, триггер *m* со счётным запуском
    d T-Flipflop *n*
    f bascule *f* T
    nl trigger flip-flop *m*

T277 *e* **triggering**
    r запуск *m*; отпирание *n*; срабатывание *n*
    d Triggerung *f*

    f basculement *m*
    nl triggering *f*

T278 *e* **trim**
    r подгонка *f*; подстройка *f*
    d Trimmen *n*, Abgleich *m*
    f ajustage *m*
    nl afregeling *f*, trimmen *n*

T279 *e* **tri-mask integrated circuit**
    r ИС *f*, изготовленная с использованием трёх фотошаблонов
    d Dreimasken-IC *n*
    f circuit *m* intégré créé par trois masques
    nl driemasker-IC *n*

T280 *e* **TRIMIC** see **tri-mask integrated circuit**

T281 *e* **trimmed accuracy**
    r точность *f* номиналов после подгонки
    d Trimmgenauigkeit *f*
    f précision *f* des valeurs nominaux après ajustage
    nl afregelnauwkeurigheid *f*

T282 *e* **trimmer**
    r 1. установка *f* для подгонки номиналов 2. подстроечный резистор *m* 3. подстроечный конденсатор *m*
    d 1. Abgleichgerät *n* 2, 3. Trimmer *m*
    f 1. installation *f* d'ajustage 2. résistance *f* ajustable 3. condencateur *m* ajustable
    nl 1. trimmer *m (machine)* 2. afregelcondensator *m*, instelcondensator *m*, trimmer *m*

T283 *e* **trim stability**
    r стабильность *f (резисторов)* после подгонки
    d Trimmstabilität *f*
    f stabilité *f* après ajustage
    nl trimstabiliteit *f*

T284 *e* **triode etcher**
    r трёхэлектродная установка *f* ионного травления
    d Dreielektrodenätzer *m*, Triodenätzer *m*
    f machine *f* de décapage ionique à trois électrodes
    nl triode-etser *m*

T285 *e* **triode sputterer**
    r трёхэлектродная установка *f* ионного распыления
    d Dreielektrodensputteranlage *f*, Triodenzerstäubungsanlage *f*
    f réacteur *m* de pulvérisation ionique à trois électrodes
    nl triode-sputterinrichting *f*

T286 *e* **triple-diffusion structure**
    r трёхдиффузионная структура *f*
    d Dreifachdiffussionsstruktur *f*
    f structure *f* de trois diffusions
    nl drievoudige diffusiestructuur *f*

T287 *e* **TRL** see **transistor-resistor logic**

T288 *e* **troubleshooting**
    r отыскание *n* и устранение *n* неисправностей
    d Fehlersuche *f*

    f localisation *f* et élimination *f* des défauts
    nl storingzoeken *n*

T289 *e* **trough**
    r канавка *f*; углубление *n*
    d Graben *m*
    f sillon *m*, rainure *f*; creux *m*
    nl goot *f (m)*

T290 *e* **TTL** *see* **transistor-transistor logic**

T291 *e* **TTL/AS** *see* **transistor-transistor logic/advanced Schottky**

T292 *e* **TTL gate**
    r элемент *m* ТТЛ
    d TTL-Gatter *n*
    f porte *f* TTL
    nl TTL-poort *f (m)*

T293 *e* **TTNR** *see* **transit-time negative-resistance diode**

T294 *e* **tub** *see* **tank region**

T295 *e* **tube furnace**
    r трубчатая печь *f*
    d Rohrofen *m*
    f four *m* tubulaire
    nl buisoven *m*

T296 *e* **tungsten evaporator**
    r вольфрамовый испаритель *m*
    d Wolframverdampfer *m*
    f évaporateur *m* à tungstène
    nl wolfraamverdamper *m*

T297 *e* **tungsten-tipped probe**
    r зонд *m* с вольфрамовым остриём
    d Wolframsonde *f*
    f sonde *f* à pointe en tungstène
    nl meetsonde *f (m)* [meetstift *f (m)*] met wolfraampunt

T298 *e* **tunnel barrier** *see* **tunnel junction**

T299 *e* **tunnel breakdown**
    r туннельный пробой *m*
    d Tunneldurchbruch *m*
    f claquage *m* tunnel
    nl tunneldoorbraak *f (m)*

T300 *e* **tunnel current**
    r туннельный ток *m*
    d Tunnelstrom *m*
    f courant *m* tunnel
    nl tunnelstroom *m*

T301 *e* **tunnel diode**
    r туннельный диод *m*
    d Tunneldiode *f*
    f diode *f* tunnel
    nl tunneldiode *f*

T302 *e* **tunnel effect**
    r туннельный эффект *m*
    d Tunneleffekt *m*
    f effet *m* tunnel
    nl tunneleffect *n*

T303 *e* **tunneling electron**
    r туннелирующий электрон *m*
    d tunnelierendes Elektron *n*
    f électron *m* tunnel
    nl tunnelend elektron *n*

T304 *e* **tunnel injection**
    r туннельная инжекция *f*
    d Tunnelinjektion *f*
    f injection *f* par effet tunnel
    nl tunnelinjectie *f*

T305 *e* **tunnel junction**
    r туннельный переход *m*
    d Tunnelübergang *m*
    f jonction *f* (à effet) tunnel
    nl tunnelovergang *m*

T306 *e* **turbomolecular pump**
    r турбомолекулярный вакуумный насос *m*
    d Turbomolekularpumpe *f*
    f pompe *f* turbomoléculaire
    nl turbomoleculaire pomp *f (m)*

T307 *e* **turbulent flow**
    r турбулентный поток *m*
    d Wirbelstrom *m*
    f flux *m* turbulent
    nl turbulente stroming *f*

T308 *e* **turnkey CAD system**
    r полная автономная САПР *f*, готовая к эксплуатации
    d schlüsselfertiges CAD-System *n*
    f système *m* CAO [de conception assistée par ordinateur] clé en main
    nl kant-en-klaar CAD-systeem *n*

T309 *e* **turnkey system**
    r система *f*, сдаваемая «под ключ»
    d schlüsselfertiges System *n*
    f système *m* clé en main
    nl kant-en-klaar systeem *n*

T310 *e* **turn-off time**
    r время *n* выключения
    d Ausschaltzeit *f*
    f temps *m* de débranchement [de déclenchement]
    nl deactiveringstijd *m*, uitschakeltijd *m*

T311 *e* **turn-on time**
    r время *n* включения
    d Einschaltzeit *f*
    f temps *m* de branchement [d'enclenchement]
    nl activeringstijd *m*, inschakeltijd *m*

T312 *e* **turntable**
    r координатный стол *m*
    d Koordinatentisch *m*; Drehtisch *m*
    f table *f* X-Y
    nl zwenktafel *f (m)*, draaitafel *f (m)*

T313 *e* **tweezer-free handling**
    r беспинцетные погрузочно-разгрузочные операции *f pl*
    d Handhabung *f* ohne Vakuumpipetten
    f opérations *f pl* de chargement-déchargement sans pinces
    nl hanteren *n* zonder pincet

T314 *e* **tweezer handling**
    r погрузочно-разгрузочные операции *f pl*, выполняющиеся с помощью (вакуумных) пинцетов
    d Handhabung *f* mittels Vakuumpipetten

TWIN

  f opérations *f pl* de chargement-
   déchargement à l'aide de pinces
  nl hanteren *n* met pincet

T315 *e* **twin**
  r (кристаллический) двойник *m*
  d Zwilling *m*, Kristallzwilling *m*
  f macle *f*
  nl 1. tweeling *m* 2. een tweede [gelijk]
   exemplaar maken [uitzoeken], paren

T316 *e* **twinned crystal**
  r двойниковый кристалл *m*
  d Zwillingskristall *m*
  f cristal *m* maclé
  nl tweelingkristal *n*

T317 *e* **twinning**
  r двойникование *n*
  d Zwillingsbildung *f*
  f maclage *m*
  nl tweelingvorming *f*

T318 *e* **twin-tub process, twin-well process**
  r технология *f* двух карманов *(для изготовления КМОП ИС)*
  d Twin-Well-Verfahren *n*, Doppelwannenprozeß *m*
  f technologie *f* de deux pochettes *(pour fabrication de circuits intégrés à structure CMOS)*
  nl dubbelholte-procédé *n*

T319 *e* **two-chip modem**
  r двухкристальный модем *m*
  d Zweichipmodem *m*
  f modem *m* à deux puces
  nl twee-chips modem *n*

T320 *e* **two-dimensional array**
  r двумерная матрица *f*
  f zweidimensionale Matrix *f*
  f réseau *m* bidimensionnel
  nl tweedimensionale matrix *f*

T321 *e* **two-hearth crucible**
  r двухсекционный тигель *m*
  d zweiteiliger Tiegel *m*
  f creuset *m* à deux sections
  nl (smelt)kroes *m* met dubbele bodem

T322 *e* **two-layer interconnections**
  r двухуровневые межсоединения *n pl*; двухуровневая разводка *f*
  d Zweiebenenverbindungen *f pl*
  f interconnexions *f pl* bicouches
  nl tweelaags-verbindingen *f pl*

T323 *e* **two-level metallization**
  r двухуровневая [двухслойная] металлизация *f*
  d Zweilagenmetallisierung *f*
  f métallisation *f* bicouche
  nl tweelaags-metallisatie *f*

T324 *e* **two-point measurement**
  r двухзондовый метод *m* измерений
  d Zweisondenmessung *f*
  f méthode *f* de mesure par deux sondes
  nl tweepuntsmeting *f*

T325 *e* **two-pole equivalent network**
  r эквивалентная схема *f* двухполюсника

  d Zweipolersatzschaltung *f*
  f circuit *m* équivalent du dipôle
  nl tweepool-vervangingsschakeling *f*

T326 *e* **two-polysilicon approach**
  r метод *m* изготовления ИС с двумя уровнями поликристаллического кремния
  d Zweiebenen-Polysiliziumverfahren *n*
  f méthode *f* de fabrication des circuits intégrés à deux couches de silicium polycristallin
  nl tweelaags-polysil(icium)techniek *f*

T327 *e* **two-sided PCB**
  r двусторонняя печатная плата *f*
  d zweiseitig bedruckte Leiterplatte *f*
  f carte *f* imprimée à deux faces
  nl dubbelzijdige print(plaat) *m (f (m))*

T328 *e* **two-step diffusion**
  r двухстадийная диффузия *f*
  d Zweischrittdiffusion *f*
  f diffusion *f* à deux stades [étapes]
  nl tweetraps-diffusie *f*

T329 *e* **two-step etch(ing)**
  r двухстадийное травление *n*
  d Zweischrittätzung *f*
  f décapage *m* à deux stades [étapes]
  nl tweetraps-ets(en) *f (m) (n)*

T330 *e* **two-step reduction**
  r двухступенчатое (оптическое) уменьшение *n* изображения
  d Zweischrittreduktion *f*
  f réduction *f* optique des images à deux degrés
  nl tweetraps-reductie *f*

T331 *e* **two-valley material**
  r двухдолинный (полупроводниковый) материал *m*
  d Zweitalhalbleitermaterial *n*
  f matériau *m* semi-conducteur à deux vallées
  nl (halfgeleider)materiaal *n* met twee dalpunten

T332 *e* **typer**
  r прибор *m* для определения типа электропроводности
  d Leitungstypbestimmungsgerät *n*
  f dispositif *m* de définition de type de la conductibilité
  nl p/n-tester *m*

U

U1 *e* **UAA** *see* **uncommitted analog array**

U2 *e* **UART** *see* **universal asynchronous receiver/transmitter**

U3 *e* **UNSI** *see* **ultrahigh-speed integration**

U4 *e* **UNV** *see* **ultra-high vacuum**

U5 *e* **ULA** *see* 1. **uncommitted logic array** 2. **universal logic array**

ULTRASONIC

U6   e   **ULA blank**
    r   полупроводниковая пластина f с нескоммутированными логическими матрицами
    d   ULA-Wafer m
    f   tranche f à réseaux logiques incommutables
   nl   ongestructureerde [niet-geprogrammeerde] ULA

U7   e   **ULA technology**
    r   технология нескоммутированных логических матриц
    d   ULA-Technik f
    f   technologie f des réseaux logiques incommutables
   nl   ULA-technologie f

U8   e   **ULG** see **universal logic gate**

U9   e   **ULPA** see **ultra-low penetration air filter**

U10   e   **ULSI** see **ultra large-scale integration**

U11   e   **ultimate resolution**
    r   максимальная разрешающая способность f
    d   höchste Auflösung f
    f   résolution f maximale
   nl   maximale resolutie f

U12   e   **ultra-clean area**
    r   сверхчистая комната f
    d   Reinstraum m
    f   chambre f blanche
   nl   ultra-reine zone f (m)

U13   e   **ultrafilter**
    r   фильтр m сверхтонкой очистки
    d   Ultrafilter n
    f   ultrafiltre m
   nl   ultrafilter n

U14   e   **ultra-fine geometry**
    r   геометрия f ИС с субмикронными элементами
    d   Ultrafeingeometrie f
    f   géométrie f des structures ultra-fines
   nl   ultra-fijn vormenpatroon n, ultra-fijne structuur f [geometrie f, maatvoering f]

U15   e   **ultra-fine resolution**
    r   сверхвысокая разрешающая способность f
    d   ultrahohe [extrem hohe] Auflösung f
    f   résolution f ultra-haute
   nl   ultra-fijne detaillering f [structurering f, resolutie f]

U16   e   **ultrahigh-speed integration**
    r   сверхбыстродействующая [сверхскоростная] ИС f, ССИС
    d   integrierter Höchstgeschwindigkeitsschaltkreis m
    f   circuit m intégré [intégration f] ultra-rapide
   nl   zeer snel IC n

U17   e   **ultra-high vacuum**
    r   сверхвысокий вакуум m
    d   Ultrahochvakuum n
    f   ultravide m
   nl   ultra-hoog [ultra-hard] vacuüm n

U18   e   **ultrahigh-vacuum evaporation**
    r   сверхвысоковакуумное напыление n
    d   Ultrahochvakuumverdampfung f
    f   évaporation f sous ultravide
   nl   verdamping f in ultra-hoog-vacuüm

U19   e   **ultra large-scale integration**
    r   1. степень f интеграции выше сверхвысокой 2. ИС f со степенью интеграции выше сверхвысокой
    d   1. Ultrahöchstintegration f 2. ULSI-Schaltung f
    f   1. intégration f à ultra-large échelle 2. circuit m intégré à ultra-large échelle
   nl   ultra-groteschaal-integratie f, ultra-complexe integratie f, ULSI f

U20   e   **ultra-low backstreaming**
    r   сверхнизкое натекание n (в вакуумный объём)
    d   extrem kleine Einströmung f
    f   fuite f ultra-basse
   nl   extreem-geringe terugstroming f

U21   e   **ultra-low penetration air filter**
    r   фильтр m сверхтонкой очистки воздуха
    d   Luftfeinstreinigungsfilter n
    f   ultrafiltre m d'air
   nl   ultra-fijn luchtfilter n

U22   e   **ultra-pure photoresist**
    r   сверхчистый фоторезист m
    d   Reinstresist n
    f   photorésist m ultra-pur
   nl   ultra-zuivere fotolak m

U23   e   **ultra-pure water**
    r   сверхчистая вода f
    d   Reinstwasser n
    f   eau f ultra-pure
   nl   ultra-zuiver water n

U24   e   **ultrasonic bond**
    r   соединение n, полученное методом ультразвуковой сварки
    d   Ultraschallbondung f
    f   connexion f de soudage par ultra-son
   nl   ultrasoon contact n, ultrasone verbinding f [contactering f]

U25   e   **ultrasonic bonder**
    r   установка f ультразвуковой сварки
    d   Ultraschallbondanlage f
    f   machine f de soudage par ultra-son
   nl   ultrasone contacteerinstallatie f

U26   e   **ultrasonic bonding** see **ultrasonic welding**

U27   e   **ultrasonic cleaner**
    r   установка f ультразвуковой очистки
    d   Ultraschallreinigungsanlage f
    f   installation f de purification par ultra-son
   nl   ultrasone reinigingsinstallatie f

ULTRASONIC

U28 *e* **ultrasonic etcher**
  r установка *f* травления с ультразвуковой активацией
  d Ultraschallätzer *m*, Ultraschallätzanlage *f*
  f installation *f* de décapage à activation par ultra-son
  nl ultrasone etser *m*

U29 *e* **ultrasonic probe**
  r ультразвуковой зонд *m*
  d Ultraschallsonde *f*
  f sonde *f* ultra-sonique
  nl ultrasoonsonde *f (m)*

U30 *e* **ultrasonic seal**
  r спай *m*, полученный методом ультразвуковой пайки
  d Ultraschallötstelle *f*
  f scellement *m* par ultra-son
  nl ultrasone afdichting *f*

U31 *e* **ultrasonic soldering**
  r ультразвуковая пайка *f*
  d Ultraschallöten *n*
  f soudage *m* par ultra-son
  nl ultrasoon solderen *n*

U32 *e* **ultrasonic vapor degreaser**
  r установка *f* для обезжиривания в парах растворителя с одновременным воздействием ультразвуковых колебаний
  d Ultraschalldampfentfettungsanlage *f*
  f installation *f* de dégraissage par vapeur de solvant et vibrations ultra-sonores
  nl ultrasone dampontvettingsinstallatie *f*

U33 *e* **ultrasonic waves**
  r ультразвуковые волны *f pl*
  d Ultraschallwellen *f pl*
  f ondes *f pl* ultra-soniques
  nl ultrasone golven *f (m) pl*

U34 *e* **ultrasonic wedge bonding**
  r ультразвуковая сварка *f* внахлёстку
  d Ultraschallkeilbonden *n*
  f soudage *m* ultra-sonique par recouvrement
  nl ultrasone wigcontactering *f*

U35 *e* **ultrasonic welder**
  r станок *m* ультразвуковой сварки
  d Ultraschallschweißmaschine *f*
  f machine *f* de soudage par ultra-son
  nl ultrasone lasmachine *f*

U36 *e* **ultrasonic welding**
  r ультразвуковая сварка *f*
  d Ultraschallschweißen *n*
  f soudage *m* par ultra-son
  nl ultrasoon lassen *n*

U37 *e* **ultrasonic wire bonding**
  r ультразвуковая сварка *f* проволочных выводов
  d Ultraschalldrahtbonden *n*
  f soudage *m* des sorties en fil par ultra-son
  nl ultrasone draadcontactering *f*

U38 *e* **ultrathin membrane**
  r сверхтонкая мембрана *f*
  d ultradünne Membran *f*
  f membrane *f* ultra-fine
  nl ultra-dun membraan *n*

U39 *e* **ultratrace impurity**
  r микроследы *m pl* примеси
  d Dotierstoffmikrospuren *f pl*
  f microtraces *f pl* d'impureté
  nl submicro-spoor *n* van doteerstof

U40 *e* **ultraviolet exposure**
  r экспонирование *n* УФ-излучением, УФ-экспонирование *n*
  d Ultraviolettbelichtung *f*, UV-Belichtung *f*
  f exposition *f* par radiation ultraviolette, UV-exposition *f*
  nl belichting *f* met [bestraling *f* met, blootstelling *f* aan] ultraviolet (licht)

U41 *e* **ultraviolet laser**
  r лазер *m* УФ-диапазона
  d UV-Laser *m*
  f laser *m* ultraviolet, UV-laser *m*
  nl ultraviolet-laser *m*, UV-laser *m*

U42 *e* **ultraviolet light** *see* **ultraviolet radiation**

U43 *e* **ultraviolet lithography**
  r литография *f* с использованием УФ-экспонирования
  d UV-Lithografie *f*
  f lithographie *f* par UV-exposition
  nl ultraviolet-lithografie *f*, UV-lithografie *f*

U44 *e* **ultraviolet/ozone cleaning**
  r очистка *f* методом совместного воздействия УФ-излучения и озона
  d UV/Ozon-Reinigung *f*
  f nettoyage *m* par UV-radiation et ozone
  nl ultraviolet-ozon-reiniging *f*

U45 *e* **ultraviolet projection system**
  r установка *f* проекционной фотолитографии с УФ-экспонированием
  d UV-Projektionsanlage *f*
  f installation *f* de photolithographie de projection à UV-exposition
  nl ultraviolet-projectiesysteem *n*, UV-projectiesysteem *n*

U46 *e* **ultraviolet radiation**
  r ультрафиолетовое [УФ-] излучение *n*
  d Ultraviolettstrahlung *f*, UV-Strahlung *f*
  f radiation *f* ultraviolette, UV-radiation *f*
  nl ultraviolet-straling *f*, UV-straling *f*

U47 *e* **ultraviolet(-sensitive) resist**
  r фоторезист *m*, чувствительный к УФ-излучению
  d UV-empfindliches Resist *n*
  f photorésist *m* sensible à la radiation ultraviolette
  nl ultraviolet-gevoelige [UV-gevoelige] afdeklak *m*

U48 *e* **ultraviolet sterilizer**
  r ультрафиолетовый стерилизатор *m*
  d UV-Sterilisator *m*
  f stérilisateur *m* ultraviolet

UNIFORMITY

    nl ultraviolet-sterilisator *m*, UV-sterilisator *m*

U49 *e* **unattended processing**
    r автоматическая обработка *f*
    d automatische Bearbeitung *f*
    f traitement *m* automatique
    nl verwerking *f* [bewerking *f*] zonder toezicht [personeel]

U50 *e* **uncased component**
    r бескорпусный компонент *m*
    d gehäuseloses Bauelement *n*
    f composant *m* sans boîtier
    nl onbehuisde component *m*

U51 *e* **uncommitted analog array**
    r нескоммутированная аналоговая матрица *f*
    d unverdrahtete Analoganordnung *f*
    f réseau *m* analogique incommutable
    nl ongestructureerd analoog complex *n*, ongestructureerde analoge matrix *f*

U52 *e* **uncommitted chip**
    r нескоммутированный кристалл *m*; базовый матричный кристалл *m*
    d unverdrahtetes Chip *n*; Master-Slice *n*
    f puce *f* incommutable; tranche *f* maître
    nl ongestructureerde chip *m*

U53 *e* **uncommitted component**
    r нескоммутированный компонент *m (напр. базовый матричный кристалл)*
    d unverdrahtetes Bauelement *n* (z. B. Master-Slice)
    f composant *m* incommutable
    nl ongestructureerde component *m*

U54 *e* **uncommitted integrated circuit**
    r нескоммутированная ИС *f*
    d unverdrahteter (integrierter) Schaltkreis *m*
    f circuit *m* intégré incommutable
    nl ongestructureerde geïntegreerde schakeling *f*

U55 *e* **uncommitted logic array**
    r нескоммутированная логическая матрица *f (тип базового матричного кристалла)*
    d unverdrahtete Logikanordnung *f*
    f réseau *m* logique incommutable
    nl ongestructureerd logica-complex *n*, ULA *m*

U56 *e* **uncommitted transistor cell**
    r нескоммутированная транзисторная ячейка *f (напр. в базовом матричном кристалле)*
    d unverdrahtete Transistorzelle *f (z. B. in einem Master-Slice)*
    f cellule *f* transistorisée incommutable
    nl niet-verbonden transistorcel *f (m)*

U57 *e* **uncompensated germanium**
    r нескомпенсированный германий *m*
    d nicht kompensiertes Germanium *n*
    f germanium *m* non compensé
    nl niet-gecompenseerd germanium *n*

U58 *e* **unconnected gates**
    r нескоммутированные логические элементы *m pl*
    d nicht gebundene Gatter *n pl*
    f portes *f pl* incommutables
    nl niet-verbonden poorten *f (m) pl*

U59 *e* **undercoat** *see* **underlayer**

U60 *e* **undercut, undercutting etching**
    r подтравливание *n*
    d Unterätzung *f*
    f décapage *m* latéral
    nl onderetsing *f*

U61 *e* **undercut profile**
    r профиль *m* подтравливания
    d Unterätzungsprofil *n*
    f profil *m* de décapage latéral
    nl onderetsingsprofiel *n*

U62 *e* **underdevelopment**
    r недопроявление *n*
    d Unterentwicklung *f*
    f sous-développement *m*
    nl onderontwikkeling *f*

U63 *e* **underetch**
    r 1. подтравливание *n*
       2. недотравливание *n*
    d 1. Unterätzung *f* 2. unvollkommenes Ätzen *n*
    f 1. décapage *m* latéral 2. sous-décapage *m*
    nl 1. onderetsing *f* 2. onvolkomen ets *f (m)* [etsing *f*]

U64 *e* **underlayer**
    r подслой *m*
    d Unterschicht *f*
    f sous-couche *f*
    nl onderlaag *f (m)*

U65 *e* **undoped region**
    r нелегированная область *f*
    d undotierter Bereich *m*
    f région *f* non dopée
    nl ongedoteerde zone *f (m)*

U66 *e* **uneven surface**
    r неровная [неплоская] поверхность *f (пластины)*
    d unebene Oberfläche *f*; nichtplane [unebene] Oberfläche *f (Wafer)*
    f surface *f* rugueuse; surface *f* non plan
    nl oneffen [niet-vlak, ongelijk] oppervlak *n*

U67 *e* **unflatness**
    r неплоскостность *f*
    d Unebenheit *f*
    f non-planéité *f*
    nl oneffenheid *f*

U68 *e* **uniaxial anisotropy**
    r одноосная анизотропия *f*
    d einachsige [uniaxiale] Anisotropie *f*
    f anisotropie *f* uniaxe
    nl eenassige anisotropie *f*

U69 *e* **uniformity**
    r равномерность *f*; однородность *f*
    d Gleichförmigkeit *f*
    f uniformité *f*
    nl delijkvormigheid *f*, uniformiteit *f*

UNIPOLAR

- U70 *e* **unipolar FET**
  - *r* полевой транзистор *m*, ПТ
  - *d* unipolarer Feldeffekttransistor *m*
  - *f* transistor *m* FET [unipolaire]
  - *nl* unipolaire FET *m*
- U71 *e* **unipolar integrated circuit**
  - *r* ИС *f* на полевых транзисторах
  - *d* Unipolarschaltkreis *m*
  - *f* circuit *m* intégré à transistors unipolaires
  - *nl* unipolaire geïntegreerde schakeling *f*
- U72 *e* **unipolar technology**
  - *r* униполярная технология *f*, технология *f* полевых транзисторов
  - *d* Unipolartechnik *f*
  - *f* technologie *f* unipolaire
  - *nl* unipolair-technologie *f*
- U73 *e* **unipolar transistor** *see* **unipolar FET**
- U74 *e* **Uniray** *see* **universal array**
- U75 *e* **unitary body**
  - *r* сплошная [монолитная] подложка *f*
  - *d* monolithisches Substrat *n*
  - *f* substrat *m* monolithique
  - *nl* monolithisch substraat *n*
- U76 *e* **unit cell**
  - *r* 1. единичный элемент *m*; единичная ячейка *f* (на фотошаблоне) 2. элементарная ячейка *f* (кристаллической решётки)
  - *d* 1. Einzelzelle *f* 2. Elementarzelle *f* (Kristallgitter)
  - *f* 1. cellule *f* unitaire 2. cellule *f* élémentaire
  - *nl* 1. elementaire (kristal) cel *f* (m) 2. enkelcel *f* (m)
- U77 *e* **unity gain output**
  - *r* выходной сигнал *m* с коэффициентом усиления 1
  - *d* Ausgangssignal *n* mit Verstärkaugsfaktor 1
  - *f* signal *m* de sortie à gain 1
  - *nl* onversterkt uitgangssignaal *n*
- U78 *e* **unity-magnification projection unit**
  - *r* установка *f* проекционной литографии без масштабирования
  - *d* 1:1-Projektionsanlage *f*
  - *f* installation *f* de lithographie de projection sans réduction à l'échelle 1
  - *nl* 1:1 projectie-installatie *f*
- U79 *e* **universal array**
  - *r* универсальная матрица *f* (тип базового матричного кристалла)
  - *d* Universalmatrix *f*, Universalschaltkreis *m*
  - *f* réseau *m* universel
  - *nl* universele matrix *f*
- U80 *e* **universal asynchronous receiver/transmitter**
  - *r* универсальный асинхронный приёмопередатчик *m*
  - *d* universeller asynchroner Empfänger/Sender *m*, UART *m*
  - *f* récepteur/transmetteur *m* asynchrone universel
  - *nl* universele asynchrone ontvanger/zender *m*, UART *m*
- U81 *e* **universal logic array**
  - *r* универсальная логическая матрица *f*
  - *d* universelle Logikanordnung *f*
  - *f* réseau *m* logique universel
  - *nl* universeel logicacomplex *n*
- U82 *e* **universal logic gate**
  - *r* универсальный логический элемент *m*
  - *d* universelles Logikelement *n*
  - *f* porte *f* logique universelle
  - *nl* universele logicapoort *f* (m)
- U83 *e* **universal synchronous/asynchronous receiver/transmitter**
  - *r* универсальный синхронно-асинхронный приёмопередатчик *m*
  - *d* universeller synchroner/asynchroner Empfänger/Sender *m*, USART *m*
  - *f* récepteur/transmetteur *m* synchrone/asynchrone universel
  - *nl* universele synchrone/asynchrone ontvanger/zender *m*, USART *m*
- U84 *e* **unload cassette**
  - *r* разгрузочная кассета *f*
  - *d* Entnahmemagazin *n*
  - *f* cassette *f* de déchargement
  - *nl* uitneemmagazijn *n*
- U85 *e* **unloaded pcb**
  - *r* несмонтированная печатная плата *f*
  - *d* unbestückte Leiterplatte *f*
  - *f* carte *f* imprimée nue
  - *nl* lege print(plaat) *m* (f (m))
- U86 *e* **unmasked region**
  - *r* немаскированная область *f*
  - *d* nicht maskierter Bereich *m*
  - *f* région *f* non masquée
  - *nl* ongemaskeerde zone *f* (m)
- U87 *e* **unpackaged chip**
  - *r* 1. кристалл *m* без герметизирующего покрытия 2. бескорпусная ИС *f*
  - *d* 1. unverkapptes Chip *n* 2. gehäuseloser Schaltkreis *m*
  - *f* puce *f* nue
  - *nl* chip *m* zonder behuizing *f* [kapje]
- U88 *e* **unpopulated pcb** *see* **unloaded pcb**
- U89 *e* **unsoldering**
  - *r* удаление *n* припоя; демонтаж *m*
  - *d* Entlötung *f*
  - *f* élimination *f* de brasure
  - *nl* uitsolderen *n*
- U90 *e* **unsupported ribbon growth**
  - *r* бесподложечное выращивание *n* ленточных кристаллов
  - *d* trägerlose bandkristallzüchtung *f*
  - *f* croissance *f* des cristaux à la bande sans substrat
  - *nl* ongesteunde bandkristalkweek *m*
- U91 *e* **untrimmed accuracy**
  - *r* точность *f* номиналов без подгонки

VACUUM

- *d* ungetrimmte Genauigkeit *f*
- *f* précision *f* des nominaux sans ajustage
- *nl* nauwkeurigheid *f* zonder [võõr] trimmen

U92 *e* **updated version**
- *r* усовершенствованный вариант *m*
- *d* vervollkommnete [modernisierte] Version *f*
- *f* version *f* perfectionnée
- *nl* aan de jongste ontwikkelingen (van de techniek) aangepaste versie *f*

U93 *e* **up-diffusion**
- *r* разгонка *f* (вторая стадия двухстадийной диффузии)
- *d* Tiefendiffusion *f* (zweiter Diffusionsschritt beim Zweischrittdiffusionsverfahren)
- *f* diffusion *f* secondaire (deuxième stade de diffusion à deux étapes)
- *nl* dieptediffusie *f*

U94 *e* **upgrading**
- *r* модернизация *f*; усовершенствование *n*
- *d* Modernisierung *f*; Vervollkommnung *f*; Verbesserung *f*
- *f* modernisation *f*; perfectionnement *m*
- *nl* op een technologisch hoger plan brengen

U95 *e* **uph** (units per hour)
- *r* штук (изделий) в час (единица измерения производительности технологического оборудования)
- *d* uph, Stück (zahl) pro Stunde
- *f* uph, unités *f pl* par l'heure
- *nl* stuks *n pl* per uur

U96 *e* **up-integration**
- *r* повышение *n* степени интеграции
- *d* Integrationsgraderhöhung *f*
- *f* augmentation *f* de degré d'intégration
- *nl* opwaartse integratie *f*

U97 *e* **UPW** see **ultra-puce water**

U98 *e* **USART** see **universal synchronous/asynchronous receiver/transmitter**

U99 *e* **user-programmable logic**
- *r* логические схемы *f pl*, программируемые пользователем
- *d* anwenderprogrammierbare Logik *f*
- *f* logique *f* programmable par utilisateur
- *nl* door gebruiker te programmeren logica *f*

U100 *e* **UV** see **ultraviolet radiation**

U101 *e* **UV absorption**
- *r* поглощение *n* УФ-излучения
- *d* UV-Absorption *f*
- *f* absorption *f* de UV-radiation
- *nl* UV-absorptie *f*

U102 *e* **UV degradation**
- *r* деградация *f* под воздействием УФ-излучения
- *d* UV-Degradation *f*
- *f* dégradation *f* provoquée par UV-radiation
- *nl* kwaliteitsachteruitgang *m* onder invloed van UV

U103 *e* **UV emulsion**
- *r* фотоэмульсия *f*, чувствительная к УФ-излучению
- *d* UV-empfindliche Emulsion *f*
- *f* émulsion *f* sensible à la UV-radiation
- *nl* UV-(gevoelige) emulsie *f*

U104 *e* **UV projection printing**
- *r* проекционная фотолитография *f* с УФ-экспонированием
- *d* Projektionsbelichtung *f* mit UV-Licht
- *f* photolithographie *f* de projection à UV-exposition
- *nl* projectielithografie *f* met UV

U105 *e* **UV proximity printing**
- *r* установка *f* фотолитографии с (микро)зазором и УФ-экспонированием
- *d* UV-Abstandsbelichtung *f*, Abstandsbelichtung *f* mit UV-Strahlen
- *f* installation *f* de photolithographie à (micro-)écart et UV-exposition
- *nl* korte-afstandslithografie *f* met UV

V1 *e* **vacancy**
- *r* вакансия *f*
- *d* Leerstelle *f*
- *f* vacance *f*
- *nl* lege roosterplaats *f (m)*, (rooster) leemte *f*

V2 *e* **vacancy concentration**
- *r* концентрация *f* вакансий
- *d* Leerstellenkonzentration *f*
- *f* concentration *f* des vacances
- *nl* (rooster) leemtenconcentratie *f*

V3 *e* **vacancy defect** see **vacancy**

V4 *e* **vacancy mobility**
- *r* подвижность *f* вакансий
- *d* Leerstellenbeweglichkeit *f*
- *f* mobilité *f* des vacances
- *nl* leemtenbeweeglijkheid *f*

V5 *e* **vacuum accessories**
- *r* оснастка *f* [приспособления *n pl*] для вакуумных систем
- *d* Vakuumausrüstungen *f pl*
- *f* accessoires *m pl* du système à vide
- *nl* vacuüm-uitrusting *f*

V6 *e* **vacuum apparatus**
- *r* вакуумная установка *f*
- *d* Vakuumanlage *f*
- *f* installation *f* à vide
- *nl* vacuüm-apparaat *n*

V7 *e* **vacuum bake**
- *r* вакуумный отжиг *m*; вакуумная термообработка *f*
- *d* Vakuumtempern *n*; Vakuumtrocknen *n*
- *f* recuit *m* sous vide; traitement *m* thermique sous vide
- *nl* vacuüm-temperen *n*, vacuüm-drogen *n*

V8 *e* **vacuum chamber**
- *r* вакуумная камера *f*

VACUUM

    d Vakuumkammer *f*
    f chambre *f* à vide
   nl vacuüm-kamer *f (m)*

V9 *e* **vacuum chemical vapor deposition**
    r химическое осаждение *n* из паровой фазы в вакууме
    d Vakuum-CVD *f*, V-CVD *f*
    f déposition *f* chimique en phase vapeur sous vide
   nl vacuüm-CVD *f*

V10 *e* **vacuum chuck**
    r вакуумный схват *m*; вакуумный держатель *m*
    d Vakuumaufnahmevorrichtung *f*; Vakuumansaugvorrichtung *f*; Vakuumaufspannvorrichtung *f*, Vakuumteller *m*
    f pince *f* à vide; support *m* à vide
   nl vacuüm-werkstukhouder *m*, vacuüm-opkleminrichting *f*

V11 *e* **vacuum chuck handler**
    r манипулятор *m* с вакуумным схватом
    d Handhabegerat *m* mit Vakuumaufnahme
    f manipulateur *m* avec pince à vide
   nl manipulator *m* met vacuümopklemming

V12 *e* **vacuum coater**
    r вакуумная установка *f* для нанесения покрытий
    d Vakuumbeschichtungsanlage *f*
    f installation *f* de gainage sous vide
   nl vacuüm-laagopbrengmachine *f*

V13 *e* **vacuum contact printer**
    r установка *f* контактной фотолитографии с вакуумным удержанием полупроводниковой пластины
    d Vakuum-Kontaktbelichtungsanlage *f*
    f installation *f* de photolithographie par contact à support à vide
   nl vacuüm-contactbelichtingsapparaat *n*

V14 *e* **vacuum-deposited layer**
    r слой *m*, сформированный методом термовакуумного осаждения
    d vakuumaufgedampfte Schicht *f*
    f couche *f* déposée sous vide
   nl vacuüm-opgedampte laag *f (m)*

V15 *e* **vacuum-deposition mask**
    r маска *f* для термовакуумного осаждения
    d Vakuumaufdampfungsmaske *f*
    f masque *m* pour déposition sous vide
   nl vacuüm-opdampmasker *n*

V16 *e* **vacuum-deposition system**
    r установка *f* термовакуумного осаждения плёнок
    d Vakuumbedampfungsanlage *f*
    f système *m* pour déposition sous vide
   nl vacuüm-opdampinstallatie *f*

V17 *e* **vacuum dryer**
    r вакуумная печь *f* для сушки
    d Vakuumtrockner *m*
    f étuve *f* à vide
   nl vacuüm-droger *m*

V18 *e* **vacuum duct**
    r вакуумный трубопровод *m*
    d Vakuumleitung *f*
    f conduit *m* à vide
   nl vacuüm-leiding *f*

V19 *e* **vacuum environment**
    r вакуумная среда *f*, вакуум *m*
    d Vakuum
    f vide *m*
   nl vacuüm *n*

V20 *e* **vacuum evaporation**
    r термовакуумное испарение *n*, (термовакуумное) напыление *n*
    d Vakuumaufdampfung *f*, Vakuumbedampfung *f*
    f évaporation *f* sous vide
   nl vacuüm-verdamping *f*

V21 *e* **vacuum float-zone crystal**
    r кристалл *m*, полученный методом зонной плавки в вакууме
    d Vakuum-FZ-Kristall *m*, nach dem Vakuum-Zonenschmelzverfahren hergestellter Kristall *m*
    f cristal *m* créé par fusion à zone sous vide
   nl met vacuüm-zonesmeltmethode vervaardigd kristal *n*

V22 *e* **vacuum furnace**
    r вакуумная печь *f*
    d Vakuumofen *m*
    f four *m* à vide
   nl vacuüm-oven *m*

V23 *e* **vacuum grease**
    r вакуумная смазка *f*
    d Vakuumfett *n*
    f graissage *m* sous vide
   nl vacuüm-vet *n*

V24 *e* **vacuum integrated circuit**
    r (электро)вакуумный ИС *f*
    d integrierter Vakuumschaltkreis *m*
    f circuit *m* intégré à vide
   nl geïntegreerde vacuümschakeling *f*

V25 *e* **vacuum integrity**
    r отсутствие *n* натекания в вакуумный объём
    d Vakuumdichtheit *f*, Vakuumintegrität *f*
    f intégrité *f* du vide
   nl vacuüm-dichtheid *f*, vacuüm-bestendigheid *f*

V26 *e* **vacuum lock**
    r вакуумный шлюз *m*, шлюз *m* вакуумной камеры
    d Vakuumschleuse *f*
    f écluse *f* de chambre à vide
   nl vacuümsluis *f (m)*

V27 *e* **vacuum melting**
    r вакуумная плавка *f*
    d Vakuumschmelzen *n*
    f fusion *f* sous vide
   nl vacuüm-smelten *n*

VAPOR

V28 *e* **vacuum meter**
   r вакуумметр *m*
   d Vakuummeter *n*, Vakuummesser *m*
   f vacuomètre *m*
   nl vacuümmeter *m*

V29 *e* **vacuum nozzle** *see* **vacuum pickup**

V30 *e* **vacuum oven** *see* **vacuum furnace**

V31 *e* **vacuum pickup**
   r вакуумный пинцет *m*; вакуумный схват *m*
   d Vakuumaufnahmevorrichtung *f*
   f pince *f* à vide
   nl vacuüm-oppik-inrichting *f*, vacuüm-grijpinrichting *f*

V32 *e* **vacuum pickup transfer**
   r (межоперационная) транспортировка *f* пластин с помощью вакуумных схватов
   d Handhabung *f* von Halbleiterscheiben mittels Vakuummaufnahmevorrichtungen
   f transfert *m* (*des tranches*) par pinces à vide
   nl overbrenging *f* door vacuüm-oppik-inrichting *f*

V33 *e* **vacuum pipette** *see* **vacuum pickup**

V34 *e* **vacuum pump**
   r вакуумный насос *m*
   d Vakuumpumpe *f*
   f pompe *f* à vide
   nl vacuümpomp *f (m)*

V35 *e* **vacuum pumping hardware**
   r вакуумное оборудование *n*
   d Vakuumpumpenausrüstung *f*
   f matériel *m* [équipement *m*] pour vidage [création du vide]
   nl vacuümpompmaterieel *n*

V36 *e* **vacuum pumping system**
   r вакуумная система *f* откачки
   d Vakuumpumpanlage *f*
   f système *m* de pompage sous vide
   nl vacuümpompinstallatie *f*

V37 *e* **vacuum purge system**
   r установка *f* промывки и очистки вакуумных насосов
   d Reinigungsanlage *f* für Vakuumpumpen
   f système *m* de rinçage/nettoyage des pompes à vide
   nl vacuüm-doorblaasinstallatie *f*, vacuüm-reinigingsinstallatie *f*

V38 *e* **vacuum tightness**
   r герметичность *f*
   d Vakuumdichtheit *f*
   f étanchéité *f* à vide
   nl vacuüm-dichtheid *f*

V39 *e* **vacuum troubleshooting**
   r устранение *n* неисправностей в вакуумных системах
   d Fehlersuche *f* in Vakuumanlagen
   f élimination *f* des défauts de systèmes à vide
   nl foutzoeken *n* [lekzoeken *n*] in vacuüminstallaties

V40 *e* **vacuum tweezer** *see* **vacuum pickup**

V41 *e* **VAD** *see* **vapor-phase axial deposition**

V42 *e* **valence band**
   r валентная зона *f*
   d Valenzband *n*
   f bande *f* de valence
   nl valentieband *m*

V43 *e* **valence electron**
   r валентный электрон *m*
   d Valenzelektron *n*
   f électron *m* de valence
   nl valentie-elektron *n*

V44 *e* **valley**
   r 1. долина *f* 2. канавка *f*; углубление *n*
   d 1. Tal *n* 2. Graben *m*; Vertiefung *f*
   f 1. vallée *f* 2. rainure *f*; cavité *f*
   nl 1. dal *n* (*in karakteristiek*) 2. holte *f*

V45 *e* **vapor**
   r пар *m*; пары *m pl*
   d Dampf *m*
   f vapeur *m*
   nl damp *m*

V46 *e* **vapor cleaner**
   r установка *f* очистки в парах растворителей
   d Dampfreinigungsanlage *f*
   f installation *f* pour raffinage par vapeur des solvants
   nl dampreinigingsinstallatie *f*

V47 *e* **vapor deposition system**
   r установка *f* осаждения плёнок из паровой фазы
   d Bedampfungsanlage *f*
   f système *m* de déposition en phase vapeur
   nl opdampinstallatie *f*

V48 *e* **vapor-growth apparatus**
   r установка *f* для выращивания плёнок из паровой фазы
   d Dampfphasenzüchtungsanlage *f*
   f installation *f* pour croissance épitaxique en phase vapeur
   nl dampfase-kweekinstallatie *f*

V49 *e* **vapor growth epitaxy**
   r эпитаксиальное выращивание *n* из паровой фазы
   d Dampfphasenepitaxie *f*
   f croissance *f* épitaxique en phase vapeur
   nl dampfase-epitaxie *f*

V50 *e* **vaporization**
   r испарение *n*; парообразование *n*
   d Verdampfung *f*
   f vaporisation *f*
   nl verdamping *f*

V51 *e* **vapor levitation epitaxy**
   r эпитаксия *f* из паровой фазы на полупроводниковых пластинах, поддерживаемых на воздушной подушке
   d VLE-Verfahren *n*

VAPOR

        f épitaxie *f* en phase vapeur aux tranches
       nl damplevitatie-epitaxie *f*, VLE *f*

V52 *e* **vapor oxidation**
       r оксидирование *n* в парах воды
      d Dampfoxydation *f*
       f oxydation *f* en vapeur (d'eau)
      nl dampoxydatie *f*

V53 *e* **vapor-oxidation coating**
       r плёнка *f* диоксида кремния, полученная методом оксидирования в парах воды
      d Dampfoxydationsbeschichtung *f*
       f dioxyde *m* de silicium créé par oxydation en vapeur
      nl laagvorming *f* door dampoxydatie

V54 *e* **vapor-phase axial deposition**
       r аксиальное осаждение *n* из паровой фазы
      d axiale Dampfphasenabscheidung *f*
       f déposition *f* axiale en phase vapeur
      nl axiale dampfase-depositie *f*

V55 *e* **vapor-phase deposition**
       r осаждение *n* из паровой фазы
      d Dampfphasenabscheidung *f*, Aufdampfung *f*
       f déposition *f* en phase vapeur
      nl dampfase-depositie *f*, opdamping *f*

V56 *e* **vapor-phase diffusion**
       r диффузия *f* из паровой фазы
      d Dampfphasendiffusion *f*
       f diffusion *f* en phase vapeur
      nl dampfase-diffusie *f*

V57 *e* **vapor-phase epitaxial growth** *see* **vapor growth epitaxy**

V58 *e* **vapor-phase epitaxy**
       r эпитаксия *f* из паровой фазы
      d Dampfphasenepitaxie *f*
       f épitaxie *f* en phase vapeur
      nl dampfase-epitaxie *f*

V59 *e* **vapor-phase grown junction**
       r переход *m*, выращенный из паровой фазы
      d aus der Dampfphase gezüchteter Übergang *m*
       f jonction *f* créée en phase vapeur
      nl uit dampfase gekweekte overgang *m*

V60 *e* **vapor-phase reaction**
       r реакция *f* в паровой фазе
      d Dampfphasenreaktion *f*
       f réaction *f* en phase vapeur
      nl dampfase-reactie *f*

V61 *e* **vapor-phase soldering**
       r пайка *f* струёй горячего пара *или* газа
      d Löten *n* in der Dampfphase, Dampfphasenlöten *n*
       f soudage *m* en phase vapeur
      nl dampfase-solderen *n*

V62 *e* **vapor-phase solder reflow**
       r оплавление *n* припоя струёй горячего пара *или* газа
      d Lotaufschmelzen *n* in der Dampfphase

       f fusion *f* de brasure en phase vapeur
      nl soldeer-opsmelten *n* in dampfase

V63 *e* **vapor-phase transport**
       r перенос *m (напр. примеси)* в паровой фазе
      d Dampfphasentransfer *m*
       f transfert *m* en phase vapeur
      nl deeltjesoverdracht *f (m)* vanuit dampfase

V64 *e* **vapor plating** *see* **vapor-phase deposition**

V65 *e* **VAPOX** *see* **vapor oxidation**

V66 *e* **variable capacitor**
       r конденсатор *m* переменной ёмкости
      d Drehkondensator *m*
       f condensateur *m* variable
      nl variabele condensator *m*, draaicondensator *m*

V67 *e* **variable grid**
       r сетка *f* с переменным шагом
      d Raster *m* mit veranderlichem Rastermaß
       f grille *f* (à pas) variable
      nl raster *n* met variabele maaswijdte

V68 *e* **variable resistor**
       r переменный резистор *m*
      d regelbarer [einstellbarer, veränderlicher] Widerstand *m*
       f résistance *f* variable
      nl regelbare [variabele] weerstand *m*

V69 *e* **variable-shaped electron-beam exposure system**
       r установка *f* электронно-лучевого экспонирования с электронным лучом изменяемой формы
      d Flächenstrahlbelichtungsanlage *f*
       f installation *f* d'exposition par faisceau d'électrons variable
      nl elektronenstraalschrijver *m* met variabele bundelvorm

V70 *e* **variable-threshold logic**
       r логические схемы *f pl* с переменным порогом
      d Logik *f* mit variabler Schwellspannung
       f logique *f* à seuil variable
      nl logica *f* met variabele drempelspaning

V71 *e* **VATE** *see* **1. versatile automatic test equipment 2. vertical anisotropic etching**

V72 *e* **VATE isolation**
       r изоляция *f* канавками, сформированными вертикальным анизотропным травлением
      d VATE-Isolation *f*
       f isolation *f* VATE [par rainures formées par décapage vertical anisotrope]
      nl VATE-isolatie *f*

V73 *e* **vc** *see* **variable capacitor**

V74 *e* **V-CVD** *see* **vacuum chemical vapor deposition**

V75 *e* **VDMOS** *see* **1. vertical double-diffused MOS 2. V-groove double-diffused MOS**

V76 e **vector-scan e-beam system**
 r установка f электронно-лучевой литографии с векторным сканированием
 d Vektorscan-Elektronen-Strahlanlage f
 f installation f de lithographie par faisceau d'électrons avec balayage vectoriel
 nl vector-scan [gericht werkende] elektronenstraalschrijver m

V77 e **vector-scan electron-beam lithography**
 r электронно-лучевая литография f с векторным сканированием
 d Vektorscan-Elektronenstrahllithografie f
 f lithographie f par faisceau d'électrons avec balayage vectoriel
 nl vector-scan [gerichte] elektronenstraallithografie f

V78 e **vehicle**
 r растворитель m; разбавитель m
 d Lösungsmittel n; Verdünnungsmittel n; Trägermedium n
 f solvant m; diluant m
 nl oplosmiddel n, verdunningsmiddel n, dragermedium n

V79 e **velocity distribution**
 r распределение n по скоростям
 d Geschwindigkeitsverteilung f
 f distribution f en vitesse
 nl snelheidsverdeling f

V80 e **velocity saturation**
 r насыщение n дрейфовой скорости (носителей заряда)
 d Driftgeschwindigkeitssättigung f
 f saturation f de la vitesse de dérive
 nl snelheidsverzadiging f

V81 e **verification**
 r проверка f; контроль m; верификация f
 d Prüfung f; Nachweis m der Richtigkeit; Verifizierung f
 f vérification f; contrôle m
 nl controle f (m), nagaan n, verificatie f

V82 e **verifier**
 r программа f проверки «Верификатор»
 d «Verifikator» m; Prüfer m
 f vérificateur m
 nl 1. controleur m 2. controle-toestel n, verificatie-toestel n

V83 e **versatile automatic test equipment**
 r универсальная аппаратура f автоматизированного контроля
 d VATE-Apparatur f
 f équipement m VATE [universel de contrôle automatisé]
 nl veelzijdige automatische beproevingsapparatuur m

V84 e **vertical anisotropic etching**
 r вертикальное анизотропное травление n
 d vertikales anisotropes Ätzen n
 f décapage m vertical anisotrope
 nl verticaal anisotroop etsen n, VATE n

V85 e **vertical-channel FET** see **vertical FET**

V86 e **vertical doping profile**
 r профиль m распределения примеси в вертикальном направлении
 d vertikales Dotierungsprofil n
 f profil m de dopage vertical
 nl verticaal doteringsprofiel n

V87 e **vertical double-diffused MOS**
 r двухдиффузионная вертикальная МОП-структура f
 d vertikale Doppeldiffusions-MOS-Struktur f
 f structure f MOS verticale à double diffusion
 nl verticale dubbel-gediffundeerde metaal-oxyde-halfgeleider m [MOS m], VDMOS m

V88 e **vertical etched edge profile**
 r профиль m вертикальных травленых краёв отверстий (в оксидной маске)
 d vertikales Atzkantenprofil n
 f profil m des bords verticaux décapés
 nl verticaal etsrandenprofiel n

V89 e **vertical FET**
 r вертикальный полевой транзистор m
 d Vertikal-FET m
 f transistor m FET vertical
 nl verticaal-FET m

V90 e **vertical-flow reactor**
 r реактор m для химического осаждения из паровой фазы с вертикальным потоком
 d CVD-Anlage f mit vertikalem Strom
 f réacteur m pour déposition en phase vapeur à flux vertical
 nl reactor m met verticale stroming

V91 e **vertical impurity profile** see **vertical doping profile**

V92 e **vertical injection logic**
 r И^{2}Л-схема f с вертикальными инжекторами
 d Vertikalinjektionslogik f, VIL
 f logique f à injecteurs verticaux
 nl verticale injectielogica f, VIL f

V93 e **vertical integration**
 r 1. вертикальная интеграция f 2. интеграция f элементов по вертикали
 d Vertikalintegration f
 f intégration f verticale
 nl verticale integratie f

V94 e **vertical-junction FET**
 r полевой транзистор m с вертикальным p−n-переходом
 d Vertikalübergang-FET m
 f transistor m FET à jonction verticale
 nl verticale lagen-FET m [JFET m]

V95 e **vertically integrated structure**
 r структура f (ИС) с вертикальной интеграцией
 d vertikalintegrierte Struktur f, integrierte Vertikalstruktur f

VERTICAL

    f structure *f* à intégration verticale
   nl verticaal geïntegreerde structuur *f*

V96 *e* **vertical metallization**
    r металлизация *f* для формирования вертикальных соединительных перемычек
    d Vertikalmetallisierung *f*
    f métallisation *f* verticale
   nl verticale metallisatie *f*

V97 *e* **vertical MOS**
    r вертикальная МОП-структура *f*
    d Vertikal-MOS *f*, Vertikal-MOS-Struktur *f*
    f structure *f* MOS verticale
   nl verticale metaal-oxyde-halfgeleider *m* [MOS *m*]

V98 *e* **vertical MOS transistor**
    r МОП-транзистор *m* с вертикальной структурой
    d Vertikal-MOSFET *m*
    f transistor *m* MOS à structure verticale
   nl verticale MOS-transistor *m*

V99 *e* **vertical poly link**
    r вертикальная поликремниевая перемычка *f*
    d vertikale Polysiliziumbrücke *f*
    f traversée *f* verticale en polysilicium
   nl verticale polysil(icium)brug *f* (*m*)

V100 *e* **vertical pulling**
    r выращивание *n* кристаллов методом вытягивания в вертикальном направлении
    d vertikales Ziehen *n*
    f tirage *m* vertical (*des cristaux*)
   nl verticaal (kristal)trekken *n*

V101 *e* **vertical scaling**
    r масштабирование *n* вертикальных размеров (*ИС*)
    d Vertikalskalierung *f*, vertikale Maßstabverkleinerung *f*
    f mise *f* à l'échelle verticale
   nl verticale schaalverkleining *f*

V102 *e* **vertical transistor**
    r вертикальный транзистор *m*, транзистор *m* с вертикальной структурой
    d Vertikaltransistor *m*
    f transistor *m* à structure verticale
   nl verticale transistor *m*

V103 *e* **very fine-line lithography**
    r прецизионная литография *f*; литография *f* для формирования структур с субмикронными элементами
    d Lithografie *f* sehr kleiner Strukturbreiten
    f lithographie *f* des structures à traits fins
   nl lithografie *f* voor zeer fijne structuur

V104 *e* **very high-performance integrated circuit**
    r сверхвысококачественная ИС *f*
    d integrierte Höchstleistungsschaltung *f*, VHPIC *n*
    f circuit *m* intégré à très haute performance
   nl geïntegreerde schakeling *f* met zeer groot prestatievermogen, VHPIC *n*

V105 *e* **very high-speed integrated circuit**
    r сверхбыстродействующая [сверхскоростная] ИС *f*, ССИС
    d integrierter Schaltkreis *m* sehr hoher Geschwindigkeit, integrierter Höchstgeschwindigkeitsschaltkreis *m*
    f circuit *m* intégré à très haute vitesse, VHSIC
   nl zeer snelle geïntegreerde schakeling *f*, VHSIC *n*

V106 *e* **very high-speed logic**
    r сверхбыстродействующие [сверхскоростные] логические схемы *f pl*
    d Höchstgeschwindigkeitslogik *f*
    f logique *f* à très haute vitesse
   nl zeer snelle logica *f*

V107 *e* **very large-scale integration**
    r 1. сверхбольшая степень *f* интеграции
       2. сверхбольшая ИС *f*, СБИС
    d 1. Höchstintegration *f* 2. VLSI-Schaltung *f*
    f 1. intégration *f* à très large échelle 2. circuit *m* intégré à très large échelle
   nl zeer grootschalige [complexe] integratie *f*, VLSI *f*

V108 *e* **very large-scale integration logic**
    r логические СБИС *f pl*
    d logische VLSI-Schaltungen *f pl*
    f logique *f* à intégration à très large échelle
   nl VLSI-logica *f*

V109 *e* **very low-end microprocessor**
    r микропроцессор *m* широкого применения
    d (Very-)Low-End-Mikroprozessor *m*
    f microprocesseur *m* universel
   nl microprocessor *m* voor zeer weinig eisende toepassingen

V110 *e* **very small-outline package**
    r микрокорпус *m*
    d VSO-Gehäuse *n*
    f boîtier *m* VSO, microboîtier *m*
   nl behuizing *f* met zeer geringe buitenmaten, VSO-huisje *n*

V111 *e* **very thin technique**
    r метод *m* формирования очень тонких плёнок
    d Technologie *f* sehr dünner Schichten
    f technologie *f* à films très minces
   nl zeer-dunne-lagentechniek *f*

V112 *e* **VFET** *see* **vertical FET**

V113 *e* **V-gate FET**
    r полевой транзистор *m* с V-образным затвором
    d V-Gate-FET *m*
    f transistor *m* FET à grille en V
   nl V-poort-FET *m*

V114 *e* **VGE** *see* **vapor growth epitaxy**
V115 *e* **V-groove**
    r V-образная канавка *f*
    d V-Graben *m*
    f rainure *f* en V
    nl V-groef *f (m)*
V116 *e* **V-groove double-diffused MOS**
    r двухдиффузионная МОП-структура *f* с V-образной канавкой
    d V-Graben-DMOS *f*
    f structure *f* MOS à double diffusion avec rainure en V
    nl V-groef DMOS *m*
V117 *e* **V-groove etch(ing)**
    r вытравливание *n* V-образных канавок
    d Ätzen *n* von V-Gräben
    f décapage *m* de rainure en V
    nl V-groef etsen *n*
V118 *e* **V-groove integrated injection logic**
    r И^{2}Л-схема *f* с изоляцией V-образными канавками
    d VIIL *f*, V-I^{2}L *f*
    f logique *f* intégrée à injection avec (isolation par) rainures en V
    nl V-groef-I^{2}L *f*
V119 *e* **V-groove isolation**
    r изоляция *f* V-образными канавками
    d V-Graben-Isolation *f*
    f isolation *f* par rainures en V
    nl V-groef isolatie *f*
V120 *e* **V-groove isolation polycrystal backfill**
    r заполнение *n* V-образных изолирующих канавок поликристаллическим кремнием
    d Ausfüllen *n* von V-Gräben mit isolierendem Polysilizium *(VIP-Technik)*
    f remplissage *m* des rainures isolantes en V par silicium polycristallin
    nl opvullen *n* van V-groeven met isolerend polysilicium
V121 *e* **V-groove MOS**
    r МОП-структура *f* с V-образной канавкой, VМОП-структура *f*
    d V-Graben-MOS-Struktur *f*, VMOS-Struktur *f*
    f structure *f* MOS à rainure en V
    nl V-groef MOS *m*
V122 *e* **V-groove MOS device**
    r прибор *m* на МОП-транзисторах с V-образными затворами
    d VMOS-Bauelement *n*
    f dispositif *m* à transistors MOS avec grilles en V
    nl V-groef MOS-bouwsteen *m*
V123 *e* **V-groove MOS transistor**
    r МОП-транзистор *m* с V-образным затвором
    d V-Graben-MOSFET *m*, VMOSFET *m*
    f transistor *m* MOS à grille en V
    nl V-groef MOS-transistor *m*
V124 *e* **V-groove region**
    r область *f* с V-образной канавкой
    d V-Graben-bereich *m*
    f région *f* avec rainure en V
    nl V-groef zone *f (m)*
V125 *e* **V-groove silicon substrate**
    r кремниевая подложка *f* с V-образными канавками
    d V-Graben-Siliziumsubstrat *n*
    f substrat *m* en silicium à rainures en V
    nl V-groef siliciumsubstraat *n*
V126 *e* **VHPIC** *see* **very high-performance integrated circuit**
V127 *e* **VHSIC** *see* **very high-speed integrated circuit**
V128 *e* **VHSIC program**
    r программа *f* создания ССИС
    d VHSIC-Programm *n*
    f programme *m* de conception de VHSIC
    nl VHSIC-programma *n*
V129 *e* **via, via hole**
    r сквозное отверстие *n* (*в печатных платах*)
    d Verbindungsloch *n*, Kontaktloch *n*, Durchkontakt *m*
    f trou *m* traversé
    nl verbindingsgat *n*
V130 *e* **via opening**
    r сквозное отверстие *n* (*между проводящими слоями*)
    d Verbindungsloch *n*, Kontaktloch *n*
    f trou *m* traversé
    nl verbindingsopening *f*
V131 *e* **vibration feeder**
    r вибрационный питатель *m*
    d Vibrationsspeiser *m*
    f alimentateur *m* vibratoire
    nl trilaanvoerinrichting *f*, triltoevoerinrichting *f*
V132 *e* **vibration-isolated table**
    r координатный стол *m* с виброизоляцией
    d schwingungsisolierter Koordinatentisch *m*
    f table *f* à coordonnées avec isolation contre vibrations
    nl trillingvrij opgestelde tafel *f (m)*
V133 *e* **vibration isolator**
    r устройство *n* для поглощения вибрации; устройство *n* для виброизоляции
    d Schwingungsdämpfer *m*
    f isolateur *m* contre vibrations
    nl trillingsisolator *m*
V134 *e* **vibration test**
    r испытание *n* на вибростойкость
    d Schütteltest *m*
    f essai *m* de vibration
    nl trillingsbeproeving *f*, triltest *m*
V135 *e* **vibratory bowl**
    r вибрационный бункер *m* (*для компонентов*)
    d Vibrationsmagazin *n*

VIEWING

    f pochette *f* vibratoire
    nl trilmagazijn *n*

V136 *e* **viewing eyepiece**
    r окуляр *m*
    d Okular *n*
    f oculaire *m*
    nl oculair *n*

V137 *e* **viewport**
    r смотровой патрубок *m;* смотровое окно *n*
    d Sichtfenster *n*
    f regard *m*
    nl kijkvenster *n*

V138 *e* **VIIL** *see* **V-groove integrated injection logic**

V139 *e* **VIL** *see* **vertical injection logic**

V140 *e* **V/I monitor**
    r измеритель *m* вольт-амперной характеристики
    d V/I-Monitor *m*
    f moniteur *m* de caractéristique courant-tension
    nl V/I-monitor *m*

V141 *e* **VIP** *see* **V-groove isolation polycrystalline backfill**

V142 *e* **VIP technique**
    r метод *m* изоляции V-образными канавками, заполненными поликристаллическим кремнием
    d VIP-Technik *f*
    f technique *f* d'isolation par rainures en V à silicium polycristallin
    nl VIP-techniek *f*

V143 *e* **virgin material**
    r беспримесный (полупроводниковый) материал *m;* материал *m* собственной проводимости
    d reines [undotiertes] Material *n*
    f matériau *m* vierge
    nl maagdelijk [onbewerkt, nog niet geactiveerd] materiaal *n*

V144 *e* **viscidity**
    r 1. вязкость *f* 2. клейкость *f*
    d 1. Zähigkeit *f* 2. Klebrigkeit *f*
    f 1. viscosité *f* 2. adhésivité *f*
    nl taai(vloeibaar)heid *f*, stroperigheid *f*

V145 *e* **viscometer**
    r вискозиметр *m*
    d Viskosimeter *n*
    f viscosimètre *m*
    nl viscosi(teits)meter *m*

V146 *e* **viscosity**
    r 1. вязкость *f* 2. коэффициент *m* вязкости
    d 1. Viskosität *f* 2. Viskositätskoeffizient *m*
    f 1. viscosité *f* 2. coefficient *m* de viscosité
    nl vloeibaarheid *f*, viscositeit *f*

V147 *e* **viscosity modifier**
    r добавка *f*, изменяющая вязкость исходного материала
    d Zähigkeitsregler *m*, Viskositätsregler *m*
    f agent *m* modificateur de viscosité
    nl viscositeitsregulator *m*

V148 *e* **vision system**
    r система *f* технического зрения, СТЗ
    d Sichtsystem *n*, Sehsystem *n*
    f système *m* de vision
    nl zicht-inrichting *f*, kijkinrichting *f*

V149 *e* **visual gate**
    r пост *m* визуального контроля
    d Sichtprüfungsstelle *f*
    f poste *m* de contrôle visuel
    nl zichtcontrolesluis *f (m)*

V150 *e* **visual inspection, visual monitoring**
    r визуальный контроль *m*
    d Sichtprüfung *f*, Sichtkontrolle *f*
    f inspection *f* visuelle
    nl visuele controle *f (m)* [bewaking *f*], zichtcontrole *f (m)*, zicht-inspectie *f*

V151 *e* **Viterbi decoder chip**
    r ИС *f* декодера Витерби
    d Viterbi-Dekoder *m*
    f décodeur *m* Viterbi
    nl viterbi-decodeer-chip *m*

V152 *e* **Viterbi encoder chip**
    r ИС *f* кодера Витерби
    d Viterbi-Koder *m*
    f puce *f* de codeur Viterbi
    nl viterbi-codeer-chip *m*

V153 *e* **vitreous binder**
    r стеклянное связующее *n*
    d glasartiges Bindemittel *n*
    f liant *m* en verre
    nl glasachtig bindmiddel *n*

V154 *e* **vitrification**
    r остекловывание *n*
    d Verglasung *f*
    f vitrification *f*
    nl verglazing *f*

V155 *e* **vitrification temperature**
    r температура *f* остекловывания
    d Verglasungstemperatur *f*
    f température *f* de vitrification
    nl verglazingstemperatuur *f*

V156 *e* **VJ-FET** *see* **vertical-junction FET**

V157 *e* **VLE** *see* **vapor levitation epitaxy**

V158 *e* **VLSI** *see* **very large-scale integration**

V159 *e* **VLSI circuit**
    r сверхбольшая ИС *f*, СБИС
    d VLSI-Schaltung *f*
    f circuit *m* VLSI [intégré à très large échelle]
    nl VLSI-schakeling *f*

V160 *e* **VLSI-grade gas**
    r сверхчистый газ *m*, требующийся для производства СБИС
    d Reinstgas *n* für VLSI-Herstellung
    f gaz *m* ultra-pur pour production des circuits VLSI
    nl gas *n* van voldoende zuiverheid voor VLSI-fabricage, gas *n* van VLSI-kwaliteit

VOLUME

V161 *e* **VLSI level**
 r 1. сверхвысокая степень *f* интеграции 2. степень *f* интеграции СБИС
 d VLSI-Integrationsgrad *m*
 f intégration *f* à très large échelle
 nl VLSI-integratiegraad *m*, VSLI-niveau *n*

V162 *e* **VLSI memory**
 r СБИС *f* памяти
 d VLSI-Speicher *m*
 f mémoire *f* de circuit VLSI
 nl VLSI-geheugen *n*

V163 *e* **VMOS** *see* 1. **vertical MOS** 2. **V-groove MOS**

V164 *e* **VMOSFET** *see* 1. **vertical MOS transistor** 2. **V-groove MOS transistor**

V165 *e* **VMOST** *see* 1. **vertical MOS transistor** 2. **V-groove MOS transistor**

V166 *e* **V notch** *see* **V-groove**

V167 *e* **voice synthesizer**
 r синтезатор *m* речи
 d Sprachsynthetisator *m*, Sprachsynthesizer *m*
 f synthétiseur *m* de parole
 nl spraakgenerator *m*, spraaksynthetisator *m*

V168 *e* **volatile memory**
 r энергозависимая память *f*
 d flüchtiger Speicher *m*
 f mémoire *f* volatile
 nl vluchtig geheugen *n*

V169 *e* **volatility**
 r летучесть *f*
 d Flüchtigkeit *f*
 f volatilité *f*
 nl vluchtigheid *f*

V170 *e* **volatilization**
 r удаление *n* летучих соединений
 d Verflüchtigung *f*
 f volatilisation *f*
 nl vervluchtiging *f*

V171 *e* **voltage amplification factor**
 r коэффициент *m* усиления по напряжению
 d Spannungsverstärkungsfaktor *m*
 f facteur *m* d'amplification en tension
 nl spanningsversterkingsfactor *m*

V172 *e* **voltage bias**
 r напряжение *n* смещения
 d Vorspannung *f*
 f tension *f* de polarisation
 nl spannings-voorinstelling *f*

V173 *e* **voltage-capacitance characteristic**
 r вольт-фарадная характеристика *f*
 d Spannungskapazitätskennlinie *f*, C-V-Kennlinie *f*
 f caractéristique *f* tension-capacité
 nl spanning-capaciteitskarakteristiek *f*

V174 *e* **voltage-comparator integrated circuit**
 r ИС *f* компаратора напряжений
 d Spannungskomparatorschaltkreis *m*
 f circuit *m* intégré du comparateur de tension
 nl spanningsvergelijkings-IC *n*

V175 *e* **voltage-controlled resistor**
 r варистор *m*
 d Varistor *m*
 f varistance *f*
 nl spanninggestuurde weerstand *m*, varistor *m*

V176 *e* **voltage-current characteristic**
 r вольт-амперная характеристика *f*, ВАХ
 d Stromspannungskennlinie *f*
 f caractéristique *f* tension-courant
 nl stroom-spanningskarakteristiek *f*

V177 *e* **voltage gain**
 r 1. коэффициент *m* усиления по напряжению 2. усиление *n* по напряжению
 d Spannungsverstärkung *f*
 f gain *m* en tension
 nl spanningsversterking *f*

V178 *e* **voltage range**
 r диапазон *m* напряжений
 d Spannungsbereich *m*
 f gamme *f* de tensions
 nl spanningsgebied *n*, spanningsbereik *n*

V179 *e* **voltage rating**
 r номинальное напряжение *n*
 d Spannungsnennwert *m*, Nennspannung *f*
 f tension *f* nominale
 nl nominale spanning(swaarde) *f (f)*

V180 *e* **voltage reference**
 r источник *m* опорного напряжения
 d Referenzspannungquelle *f*
 f référence *f* de tension
 nl spanningsreferentie(bron) *f (f (m))*

V181 *e* **voltage regulator**
 r стабилизатор *m* напряжения
 d Spannungsregler *m*
 f régulateur *m* de tension
 nl spanningsregelaar *m*

V182 *e* **voltage threshold**
 r пороговое напряжение *n*
 d Schwellspannung *f*
 f tension *f* de seuil
 nl spanningsdrempel *m*

V183 *e* **volume expansion**
 r объёмное расширение *n*
 d Volumenausdehnung *f*
 f expansion *f* de volume
 nl volume-uitzetting *f*

V184 *e* **volume life**
 r объёмное время *n* жизни
 d Volumenlebensdauer *f*
 f temps *m* de vie de volume
 nl volume-levensduur *f*

V185 *e* **volume resistivity**
 r объёмное удельное сопротивление *n*
 d (spezifischer) Volumenwiderstand *m*
 f résistivité *f* volumétrique
 nl soortelijke volumeweerstand *m*

V186 *e* **VPE** *see* **vapor-phase epitaxy**
V187 *e* **VPE wafer**
    r полупроводниковая пластина *f* с эпитаксиальным слоем, выращенным из паровой фазы
    d VPE-Wafer *m*
    f tranche *f* VPE
    nl VPE-wafel *f (m)*
V188 *e* **V-shaped recess** *see* **V-groove**
V189 *e* **VSO** *see* **very small-outline package**
V190 *e* **VTL** *see* **variable-threshold logic**
V191 *e* **VTT** *see* **very thin technique**

W

W1 *e* **wafer complexity**
    r сложность *f* полупроводниковой пластины *(количество сформированных на пластине структур ИС)*
    d Waferkomplexität *f (Anzahl von erzeugten IC-Strukturen)*
    f complexité *f* de tranche *(nombre des structures de C. J. formées sur tranche)*
    nl wafelcomplexiteit *f*
W2 *e* **wafer cracking jig** *see* **wafer fracturer**
W3 *e* **wafer cutting** *see* **wafering**
W4 *e* **wafer descumming**
    r удаление *n* остатков фоторезиста с полупроводниковой пластины
    d Entfernen *n* von Lackresten vom Wafer
    f élimination *f* des restes de photorésist à la tranche
    nl wafel ontdoen *n* van lakresten
W5 *e* **wafer developer**
    r установка *f* для проявления фоторезиста на полупроводниковых пластинах
    d Waferentwickler *m*
    f développeuse *f* pour le photorésist sur tranche
    nl wafelontwikkelaar *m*
W6 *e* **wafer dicing saw**
    r установка *f* для резки полупроводниковых пластин на кристаллы
    d Wafertrennsäge *f*
    f machine *f* à découper les tranches en puces
    nl wafel-verchipzaag *f (m)*
W7 *e* **wafer distortion**
    r деформация *f* полупроводниковой пластины
    d Waferdeformation *f*
    f déformation *f* de la tranche
    nl wafelvervorming *f*
W8 *e* **wafer drying spinner**
    r установка *f* центробежной сушки полупроводниковых пластин *(после отмывки)*
    d Waferzentrifugaltrockner *m*
    f étuve *f* centrifuge pour les tranches
    nl wafel-centrifugaaldroger *m*
W9 *e* **wafer engraving**
    r формирование *n* микрорельефа на поверхности полупроводниковой пластины
    d Wafereingravierung *f*
    f gravure *f* de la tranche
    nl wafelgravering *f*
W10 *e* **wafer fabrication line**
    r технологическая линия *f* для обработки полупроводниковых пластин
    d Waferfertigungslinie *f*
    f ligne *f* de fabrication des tranches
    nl wafel-fabricagelinie *f*
W11 *e* **wafer fabrication module**
    r модуль *m* [комплект *m* оборудования] для изготовления интегральных структур на полупроводниковых пластинах
    d Waferfertigungsmodul *m*
    f module *m* pour la fabrication des tranches
    nl wafel-fabricagemoduul *n*
W12 *e* **wafer flat**
    r плоский торец *m* для ориентации слитка *(для последующей резки его на полупроводниковые пластины)*
    d Scheibenanschliff *m*
    f plat *m* d'orientation du lingot
    nl wafel-vlakslijpen *n*
W13 *e* **wafer flatness**
    r плоскостность *f* полупроводниковой пластины
    d Waferebenheit *f*
    f planéité *f* de la tranche
    nl wafeleffenheid *f*
W14 *e* **wafer fracturer**
    r приспособление *n* для разделения полупроводниковых пластин на кристаллы разламыванием
    d Wafervereinzelungsanlage *f*
    f machine *f* à fracturer les tranches en puces
    nl wafelbreker *m*, wafelverbrokkelaar *m*
W15 *e* **wafer gaging system**
    r установка *f* для контроля и сортировки полупроводниковых пластин
    d Waferkontroll- und Sortieranlage *f*
    f système *m* pour le contrôle et le triage des tranches
    nl wafel-meetsysteem *n*
W16 *e* **wafer gettering**
    r геттерирование *n* полупроводниковой пластины
    d Gettern *n* des Wafers, Wafergettern *n*
    f getterage *m* de la tranche
    nl wafel-ontgassing *f*, wafel-getteren *n*

WAFER

W17 *e* **wafer gradient**
    r неоднородность *f* кристаллов, расположенных по периферии и в центральной части полупроводниковой пластины
    d Wafergradient *m*
    f gradient *m* de la tranche
    nl wafel-gradiënt *m*

W18 *e* **wafer handler**
    r погрузочно-разгрузочное устройство *n* для полупроводниковых пластин; манипулятор *m* для полупроводниковых пластин
    d Waferhandhabevorrichtung *f*
    f chargeur-déchargeur *m* des tranches
    nl wafel-hanteerinrichting *f*

W19 *e* **wafer handling** *see* **wafer transfer**

W20 *e* **wafer handling module**
    r транспортный модуль *m* для полупроводниковых пластин
    d Waferhandhabungsmodul *m*
    f module *m* de transfert des tranches
    nl wafel-hanteringsmoduul *n*

W21 *e* **wafer handling station** *see* **wafer-transfer system**

W22 *e* **wafer identification**
    r идентификация *f* полупроводниковых пластин; считывание *n* маркировки на полупроводниковых пластинах
    d Waferidentifikation *f*
    f identification *f* des tranches
    nl wafel-identificatie *f*

W23 *e* **wafering**
    r резка *f* полупроводниковых слитков на пластины
    d Waferschneiden *n*
    f découpage *m* des lingots en tranches
    nl wafelsnijden *n*

W24 *e* **wafer inspection microscope**
    r микроскоп *m* для визуального контроля полупроводниковых пластин
    d Waferkontrollmikroskop *n*
    f microscope *m* pour inspection des tranches
    nl wafel-inspectiemicroscoop *m*

W25 *e* **wafer inspection station**
    r установка *f* визуального контроля полупроводниковых пластин
    d Waferkontrollstation *f*, Waferkontrollplatz *m*
    f station *f* d'inspection des tranches
    nl wafel-inspectieplaats *f (m)*

W26 *e* **wafer inspector**
    r прибор *m* для визуального контроля полупроводниковых пластин
    d Waferkontrollgerät *n*
    f dispositif *m* pour inspection des tranches
    nl wafel-inspectie-apparaat *n*

W27 *e* **wafer level**
    r 1. степень *f* интеграции ИС на целой полупроводниковой пластине 2. уровень *m* [слой *m*] полупроводниковой пластины
    d 1. Ganzscheibenintegration *f* 2. Waferebene *f*
    f 1. échelle *f* d'intégration de la tranche 2. niveau *m* de la tranche
    nl 1. volleschijf-integratie *f* 2. wafelniveau *n*

W28 *e* **wafer leveling**
    r выравнивание *n* полупроводниковой пластины (*напр. при позиционировании*)
    d Waferhorizontierung *f*, Waferausrichtung *f*
    f nivellement *m* de la tranche
    nl richten *n* [waterpas stellen *n*] van wafel

W29 *e* **wafer lithography**
    r литография *f* по всему полю полупроводниковой пластины
    d Ganzscheibenlithografie *f*
    f lithographie *f* de la tranche
    nl wafel-lithografie *f*

W30 *e* **wafer loader**
    r подающее устройство *n* для полупроводниковых пластин
    d Waferladeeinrichtung *f*
    f chargeur *m* des tranches
    nl wafel-lader *m*

W31 *e* **wafer loading**
    r загрузка *f* [подача *f*] полупроводниковых пластин
    d Waferladen *n*, Laden *n* von Wafern
    f chargement *m* des tranches
    nl wafels laden *n*

W32 *e* **wafer mapping**
    r топография *f* поверхности полупроводниковой пластины
    d Waferoberflächentopografie *f*
    f topographie *f* de surface de la tranche
    nl wafel-topografie *f*

W33 *e* **wafer marking**
    r маркировка *f* полупроводниковых пластин
    d Wafermarkierung *f*
    f marquage *m* de la tranche
    nl wafel merken *n*

W34 *e* **wafer measuring equipment**
    r контрольно-измерительная аппаратура *f* для полупроводниковых пластин
    d Wafermeßsystem *n*
    f équipement *m* [appareillage *m*] de mesure pour les tranches
    nl wafel-meetapparatuur *f*

W35 *e* **wafer nonflatness**
    r неплоскостность *f* полупроводниковой пластины
    d Waferunebenheit *f*
    f non-planeité *f* de la tranche
    nl wafeloneffenheid *f*

WAFER

W36 *e* **wafer patterning**
   r 1. формирование *n* микрорельефа на поверхности полупроводниковой пластины 2. структурирование *n* полупроводниковой пластины
   d Waferstrukturierung *f*
   f définition *f* de la tranche
  nl wafelstructurering *f*

W37 *e* **wafer polishing machine**
   r станок *m* для полировки полупроводниковых пластин
   d Waferpoliermaschine *f*
   f machine *f* à polir les tranches
  nl wafel-polijstmachine *f*

W38 *e* **wafer positioner**
   r устройство *n* для позиционирования полупроводниковой пластины
   d Waferpositioniereinheit *f*
   f positionneur *m* de la tranche
  nl wafel-positioneerinrichting *f*

W39 *e* **wafer prealignment**
   r предварительное (грубое) совмещение *n* полупроводниковой пластины (с фотошаблоном)
   d Wafervorjustierung *f*
   f préalignement *m* de la tranche
  nl wafel-vooruitlijning *f*

W40 *e* **wafer printer**
   r установка *f* литографии по всему полю полупроводниковой пластины
   d Waferbelichtungsanlage *f*
   f installation *f* de lithographie de la tranche
  nl wafeldrukker *m*

W41 *e* **wafer printing** see **wafer lithography**

W42 *e* **wafer probe**
   r зондовая установка *f* для проверки структур на полупроводниковой пластине
   d Waferprober *m*
   f sondeur *m* de la tranche
  nl wafel-sonde *f (m)*, wafeltestinrichting *f*

W43 *e* **wafer-processing equipment**
   r оборудование *n* для технологической обработки полупроводниковых пластин
   d Waferbearbeitungseinrichtungen *f pl*
   f équipement *m* pour le traitement technologique des tranches
  nl wafel-bewerkingsapparatuur *f*

W44 *e* **wafer reading**
   r считывание *n* маркировки на полупроводниковых пластинах
   d Wafermarkenlesen *n*
   f lecture *f* de la marque des tranches
  nl wafel-merklezen *n*

W45 *e* **wafer resistivity**
   r удельное сопротивление *n* полупроводниковой пластины
   d spezifischer Waferwiderstand *m*
   f résistivité *f* de la tranche
  nl soortelijke weerstand *m* van wafel

W46 *e* **wafer-routing system**
   r установка *f* для трассировки соединений на полупроводниковой пластине
   d Waferroutinganlage *f*
   f routeur *m* de la tranche
  nl wafel-routeringssysteem *n*

W47 *e* **wafer-scale integrated circuit**
   r ИС *f* на целой полупроводниковой пластине
   d Ganzscheiben-IC *n*
   f circuit *m* intégré en tranche entière
  nl volleschijf-IC *n*

W48 *e* **wafer-scale integration**
   r 1. интеграция *f* на целой полупроводниковой пластине 2. ИС *f* на целой полупроводниковой пластине
   d 1. Ganzscheibenintegration *f* 2. Ganzscheiben-IC *n*
   f 1. intégration *f* en tranche entière 2. circuit *m* intégré en tranche entière
  nl volleschijf-integratie *f*

W49 *e* **wafer-scale memory**
   r ЗУ *n* на целой полупроводниковой пластине
   d Ganzscheibenspeicher *m*
   f mémoire *f* en tranche entière
  nl volleschijf-geheugen *n*

W50 *e* **wafer scanner**
   r установка *f* электронно-лучевой литографии со сканированием
   d Wafer-Scanner *m*
   f scanner *m* de la tranche
  nl raster-wafellithograaf *m*

W51 *e* **wafer scriber/dicer**
   r установка *f* для скрайбирования и разделения полупроводниковых пластин на кристаллы
   d Ritz- und Vereinzelungsanlage *f (für Wafer)*
   f gratteur *m*/découpeur *m* des tranches
  nl wafel-rits-en-verchip-installatie *f*

W52 *e* **wafer scrubber**
   r установка *f* для отмывки и очистки полупроводниковых пластин
   d Waferschrubber *m*
   f installation *f* de rinçage-nettoyage des tranches
  nl wafelreiniger *m*

W53 *e* **wafer shipping box**
   r тара *f* для транспортировки полупроводниковых пластин
   d Wafertransportbox *f*
   f box *m* de transport des tranches
  nl wafel-verzendcassette *f*

W54 *e* **wafer slicing**
   r резка *f* полупроводниковых пластин на кристаллы
   d Trennen *n* von Wafern, Chipvereinzelung *f*
   f découpage *m* des tranches en puces
  nl plakken snijden *n*

WALLED

W55 *e* **wafer sort**
- *r* сортировка *f* [отбраковка *f*] кристаллов на полупроводниковых пластинах
- *d* Wafersortierung *f*
- *f* triage *m* des tranches
- *nl* wafelsortering *f*

W56 *e* **wafer spacing**
- *r* промежуток *m* между полупроводниковыми пластинами (*в кассете*)
- *d* Waferzwischenraum *m* (*im Magazin*)
- *f* espace *f* entre tranches (*à la cassette*)
- *nl* 1. wafeltussenruimte *f* 2. wafels op tussenafstand plaatsen *n*

W57 *e* **wafer-stepper lithography**
- *r* проекционная литография *f* с последовательным шаговым экспонированием
- *d* Wafer-Stepper-Lithografie *f*
- *f* lithographie *f* de projection tranche à tranche
- *nl* wafel-lithografie *f* met stappenprojector

W58 *e* **wafer-stepper projection system, wafer-stepping aligner**
- *r* установка *f* проекционной литографии с последовательным шаговым экспонированием
- *d* Projektionsscheibenrepeater *m*
- *f* installation *f* de lithographie de projection tranche à tranche
- *nl* wafel-stappenprojector *m*

W59 *e* **wafer throughput rate**
- *r* производительность *f* (*напр. технологической линии*) при обработке полупроводниковых пластин
- *d* Waferdurchsatzrate *f*
- *f* rendement *m* de production des tranches
- *nl* wafel-verwerkingssnelheid *f*, wafel(verwerkings)capaciteit *f*

W60 *e* **wafer-to-mask gap**
- *r* зазор *m* между полупроводниковой пластиной и шаблоном
- *d* Wafer-Maske-Abstand *m*
- *f* gap *m* entre tranche et masque
- *nl* afstand *m* [spleetbreedte *f*] tussen wafel en masker

W61 *e* **wafer topography**
- *r* топография *f* [рельеф *m*] полупроводниковой пластины
- *d* Wafertopografie *f*
- *f* topographie *f* de la tranche
- *nl* wafel-topografie *f*

W62 *e* **wafer-to-wafer repeatability**
- *r* воспроизводимость *f* (*структур*) от пластины к пластине
- *d* Wafer-zu-Wafer-Reproduzierbarkeit *f*, Reproduzierbarkeit *f* von Wafer zu Wafer
- *f* reproductibilité *f* tranche à tranche
- *nl* reproduceerbaarheid *f* van wafel tot wafel

W63 *e* **wafertrack**
- *r* ленточный транспортёр *m* для полупроводниковых пластин
- *d* Waferförderband *n*
- *f* convoyeur *m* à bande pour les tranches
- *nl* wafel-transportband *m*

W64 *e* **wafertrack line**
- *r* технологическая линия *f* для обработки полупроводниковых пластин с использованием ленточного транспортёра
- *d* Waferfertigungslinie *f* mit Förderband
- *f* ligne *f* de fabrication des tranches avec convoyeur à bande
- *nl* lopendeband-wafellijn *f (m)*

W65 *e* **wafer transfer**
- *r* (межоперационная) транспортировка *f* для полупроводниковых пластин
- *d* Wafertransfer *m*, Wafertransport *m*
- *f* transfert *m* des tranches
- *nl* wafeloverbrenging *f*, wafeltransport *n*

W66 *e* **wafer-transfer system**
- *r* устройство *n* для (межоперационной) транспортировки полупроводниковых пластин
- *d* Wafertransportsystem *n*
- *f* système *m* de transfert des tranches
- *nl* wafeloverbrengingssysteem *n*, wafeltransportsysteem *n*

W67 *e* **wafer transport** *see* **wafer transfer**

W68 *e* **wafer typer**
- *r* прибор *m* для определения типа электропроводности полупроводниковых пластин
- *d* Einrichtung *f* zur Bestimmung des Waferleitungstyps
- *f* dispositif *m* de détermination du type de conductibilité des tranches
- *nl* wafeltype-tester *m*, wafel-p/n-tester *m*

W69 *e* **wafer warpage**
- *r* искривление *n* [изгиб *m*] полупроводниковой пластины
- *d* Waferverbiegung *f*
- *f* courbure *f* de la tranche
- *nl* wafelkromheid *f*

W70 *e* **wafer yield**
- *r* 1. выход *m* годных полупроводниковых пластин 2. выход *m* годных кристаллов на полупроводниковой пластине
- *d* Waferausbeute *f*
- *f* rendement *m* de production des tranches
- *nl* wafelopbrengst *f*, wafelproduktiviteit *f*

W71 *e* **wall**
- *r* 1. стенка *f* 2. доменная граница *f*; доменная стенка *f*
- *d* Wand *f*
- *f* paroi *f*
- *nl* wal *m*, wand *m*

W72 *e* **walled emitter**
- *r* эмиттер *m* с оксидной изоляцией боковых стенок

- d Emitter *m* mit Oxidwandisolation
- f émetteur *m* à isolation oxydée des côtés latéraux
- nl omwalde emitter *m*

W73 *e* **walled resistor**
- r (интегральный) резистор *m*, ограниченный оксидными стенками
- d oxidwandbegrenzter Widerstand *m*
- f résistance *f* à parois d'oxyde
- nl omwalde weerstand *m*

W74 *e* **wash**
- r промывка *f*; отмывка *f*
- d Waschen *n*; Spülen *n*
- f lavage *m*; rinçage *m*
- nl wassen *n*, wassing *f*, spoelen *n*

W75 *e* **washer**
- r установка *f* для промывки; установка *f* для отмывки
- d Waschanlage *f*; Spülanlage *f*
- f laveur *m*; rinceuse *f*
- nl was-installatie *f*, spoelinstallatie *f*

W76 *e* **wash liquid**
- r жидкость *f* для промывки
- d Spülflüssigkeit *f*
- f liquide *m* pour rinçage
- nl spoelvloeistof *f (m)*

W77 *e* **wash tank**
- r резервуар *m* для промывочной жидкости
- d Spülflüssigkeitsbehälter *m*
- f réservoir *m* pour liquide de rinçage
- nl spoel(vloeistof)tank *m*

W78 *e* **wash tray**
- r промывочный лоток *m*; промывочная кассета *f*
- d Spülrinne *f*; Spülbehälter *m*
- f auge *f* à laver; cassette *f* de rinçage
- nl spoelrek *n*

W79 *e* **water-based flux** *see* **water soluble flux**

W80 *e* **water-cooled cathode**
- r водоохлаждаемый катод *m* (*в плазменном реакторе*)
- d wassergekühlte Katode *f*
- f cathode *f* à refroidissement à l'eau
- nl watergekoelde kathode *f*

W81 *e* **water filter**
- r фильтр *m* для фильтрации воды
- d Wasserfilter *n*
- f filtre *m* à l'eau
- nl waterfilter *n*

W82 *e* **water purification system**
- r система *f* очистки воды
- d Wasserreinigungssystem *n*
- f épurateur *m* d'eau
- nl waterzuiveringsinstallatie *f*

W83 *e* **water recirculator**
- r установка *f* для рециркуляции воды, рециркулятор *m* воды
- d Wasserumlaufanlage *f*
- f recirculateur *m* d'eau
- nl waterrondpompinstallatie *f*

W84 *e* **water soluble flux**
- r водорастворимый флюс *m*
- d wasserlösliches Flußmittel *n*
- f flux *m* soluble dans l'eau
- nl in water oplosbaar vloeimiddel *n*

W85 *e* **water-tight packing**
- r водонепроницаемое уплотнение *n*
- d wasserdichte Packung *f*
- f joint *m* étanche à l'eau
- nl waterdichte pakking *f*

W86 *e* **water treatment technology**
- r технология *f* водоподготовки
- d Wasseraufbereitungstechnologie *f*
- f technologie *f* de traitement de l'eau
- nl waterbehandelingstechnologie *f*

W87 *e* **wave function**
- r волновая функция *f*
- d Wellenfunktion *f*
- f fonction *f* d'onde
- nl golffunctie *f*

W88 *e* **wave soldering**
- r пайка *f* волной припоя
- d Wellenlöten *n*, Schwallöten *n*
- f soudage *m* à la vague
- nl golfsolderen *n*

W89 *e* **wave solder system**
- r установка *f* пайки волной припоя
- d Wellenlötmaschine *f*, Schwallötmaschine *f*
- f machine *f* pour soudage à la vague
- nl golfsoldeerinstallatie *f*

W90 *e* **wax mounting**
- r закрепление *n* воском (*напр. полупроводниковой пластины при полировке*)
- d Wachseinbettung *f*
- f fixation *f* par cire
- nl wasinbedding *f*

W91 *e* **wear resistance**
- r износоустойчивость *f*
- d Verschleißfestigkeit *f*
- f résistance *f* à l'usure
- nl zwakke dotering *f*

W92 *e* **wedge bonder**
- r установка *f* термокомпрессионной сварки клинообразным пуансоном
- d Keilbonder *m*, Keilbondanlage *f*
- f machine *f* pour soudage à thermocompression par poinçon cunéiforme
- nl slijtvastheid *f*

W93 *e* **wedge bonding**
- r термокомпрессионная сварка *f* клинообразным пуансоном
- d Keilbonden *n*
- f soudage *m* à thermocompression par poinçon cunéiforme
- nl wigcontacteermachine *f*

W94 *e* **week doping**
- r слабое легирование *n*
- d schwache Dotierung *f*

WHITE

    f dopage *m* faible
   nl wigcontactering *f*

W95 *e* **welded joint**
    r сварное соединение *n*
   d Schweißverbindung *f*
    f joint *m* soudé
   nl gelaste verbinding *f*, lasverbinding *f*

W96 *e* **welder**
    r сварочный станок *m*; установка *f* сварки
   d Schweißmaschine *f*; Schweißanlage *f*
    f machine *f* à souder
   nl lasinstallatie *f*

W97 *e* **welding head**
    r сварочная головка *f*
   d Schweißkopf *m*
    f tête *f* de soudage
   nl laskop *m*

W98 *e* **well**
    r 1. карман *m* (*для формирования элементов ИС*) 2. потенциальная яма *f*
   d 1. Wanne *f* (*zur Erzeugung von IC-Elementen*) 2. Potentialmulde *f*
    f 1. cavité *f* (*pour formation d'éléments de C.I.*) 2. puits *m* de potentiel
   nl 1. holte *f* (*voor elementen op chip*) 2. (potentiaal)put *m*

W99 *e* **well implant**
    r ионное легирование *n* кармана
   d Wannenimplantation *f*
    f implantation *f* de la cavité
   nl inplanting *f* in holte

W100 *e* **well region**
    r карман *m* (*для формирования элементов ИС*)
   d Wannenbereich *m*
    f région *f* de cavité
   nl holle zone *f* (*m*)

W101 *e* **wet chemical station**
    r 1. рабочее место *n* жидкостной химической обработки 2. установка *f* жидкостной химической обработки
   d 1. naßchemische Workstation *f* 2. naßchemische Bearbeitungsanlage *f*
    f station *f* de traitement chimique par liquide
   nl natchemisch werkstation *n*

W102 *e* **wet chemistry**
    r жидкостная химическая обработка *f*
   d naßchemische Bearbeitung *f*
    f traitement *m* chimique par liquide
   nl natte chemie *f*

W103 *e* **wet development**
    r проявление *n* жидкими химическими реактивами
   d Naßentwicklung *f*
    f développement *m* par liquide de réaction
   nl nat ontwikkelen *n*

W104 *e* **wet etchant**
    r жидкий химический травитель *m*
   d naßchemisches Ätzmittel *n*

    f décapant *m* chimique liquide
   nl nat etsmiddel *n*

W105 *e* **wet etching**
    r жидкостное травление *n*
   d naßchemisches Ätzen *n*
    f décapage *m* liquide
   nl nat etsen *n*

W106 *e* **wet etch processor**
    r установка *f* (*для*) жидкостного травления
   d naßchemische Ätzanlage *f*
    f installation *f* de décapage liquide
   nl nat-etsinstallatie *f*

W107 *e* **wet-hydrogen atmosphere**
    r атмосфера *f* влажного водорода
   d Feuchtwasserstoffatmosphäre *f*
    f atmosphère *f* de hydrogène liquide
   nl vochtige waterstofatmosfeer *f* (*m*)

W108 *e* **wet masking**
    r маскирование *n* жидким фоторезистом
   d Naßmaskierung *f*
    f masquage *m* par photorésist liquide
   nl natmaskering *f*

W109 *e* **wet oxidation**
    r оксидирование *n* в атмосфере влажного кислорода; оксидирование *n* в парах воды
   d Feuchtoxydation *f*
    f oxydation *f* sous oxygène liquide
   nl vochtoxydatie *f*

W110 *e* **wet process**
    r технология *f* жидкостной химической обработки
   d naßchemisches Verfahren *n*
    f processus *m* de traitement chimique liquide
   nl nat(chemisch) procédé *n*

W111 *e* **wet processing** *see* **wet chemistry**

W112 *e* **wettability**
    r смачиваемость *f*
   d Benetzbarkeit *f*
    f humectabilité *f*
   nl bevochtigbaarheid *f*

W113 *e* **wetting ability**
    r смачивающая способность *f*, гидрофильность *f*
   d Benetzungseigenschaft *f*, Benetzungsfähigkeit *f*
    f mouillabilité *f*, hydrophilie *f*
   nl bevochtigbaarheid *f*

W114 *e* **whisker**
    r нитевидный кристалл *m*
   d Whisker *m*, Nadelkristall *m*
    f cristal *m* aciculaire
   nl 1. puntcontact-elektrode *f* 2. naaldkristal *n*, haar *m*, whisker *m*

W115 *e* **white elephant**
    r «белый слон» *m* (*отвод трубы диффузионной печи, предназначенный для охлаждения полупроводниковых пластин*)

WHITE

        d «weißer Elefant» *m* (*Diffusionsrohrknie zum Abkühlen von Wafern*)
        f «éléphant *m* blanc» (*tube de four à diffusion pour refroidissement des tranches*)
        nl witte olifant *m* (*diffusiebuisbocht ter afkoeling van wafel*)

W116 *e* **white robot**
        r робот *m* для чистых комнат
        d Roboter *m* zum Einsatz in Reinräumen
        f robot *m* pour les chambres blanches
        nl robot *m* voor reine ruimten

W117 *e* **white room**
        r чистая комната *f*; чистое производственное помещение *n*
        d Reinraum *m*
        f chambre *f* blanche
        nl reine ruimte *f*

W118 *e* **white-room facilities**
        r оборудование *n* для чистой комнаты
        d Reinraumausrüstung *f*
        f accessoires *m pl* de la chambre blanche
        nl reine-ruimte-faciliteiten *f pl*

W119 *e* **whole wafer exposure**
        r экспонирование *n* по всему полю полупроводниковой пластины
        d Gesamtscheibenbelichtung *f*
        f exposition *f* de la tranche entière
        nl volleschijf-belichting *f*

W120 *e* **wide-bandgap emitter**
        r эмиттер *m* с широкой запрещённой зоной
        d Emitter *m* mit breitem Bandabstand
        f émetteur *m* à grand gap [à large bande interdite]
        nl emitter(materiaal) *m (n)* met grote bandafstand

W121 *e* **wide-bandgap semiconductor**
        r полупроводник *m* с широкой запрещённой зоной
        d Halbleiter *m* mit breitem Bandabstand
        f semi-conducteur *m* à grand gap [à large bande interdite]
        nl halfgeleider(materiaal) *m (n)* met grote bandafstand

W122 *e* **width-to-length ratio**
        r соотношение *n* между шириной и длиной
        d Seitenverhältnis *n*
        f rapport *m* largeur-longueur
        nl lengte-breedteverhouding *f*, zijdenverhouding *f*

W123 *e* **window**
        r окно *n*, отверстие *n* (*напр. в маскирующем слое*)
        d Fenster *n* (*z. B. in der Maskierugsschicht*)
        f fenêtre *f* (*p. ex. en couche masquée*)
        nl venster *n*

W124 *e* **window-frame package**
        r корпус *m* с оптическим окном
        d Lichtfenstergehäuse *n*
        f boîtier *m* à fenêtre optique
        nl vensterraambehuizing *f*

W125 *e* **wiping**
        r очистка *f* поверхности (*путём растворения тонкого поверхностного слоя и его удаления*)
        d Wischen *n*, Reinwischen *n*
        f raffinage *m* de surface
        nl (schoon)wissen *n*

W126 *e* **wire**
        r 1. провод *m*; проводник *m* 2. проволока *f*; (проволочное) соединение *n*
        d Draht *m*
        f fil *m*
        nl draad *m*

W127 *e* **wire bond**
        r соединение *n* проволочных выводов
        d Drahtbondung *f*
        f connexion *f* des sorties en fil
        nl draadcontactering *f*

W128 *e* **wire bondability**
        r свариваемость *f* проволоки
        d Drahtbondbarkeit *f*
        f soudabilité *f* du fil
        nl draadcontacteerbaarheid *f*

W129 *e* **wire-bonded chip**
        r кристалл *m* с проволочными выводами
        d drahtgebondetes Chip *n*
        f puce *f* avec sorties en fil
        nl draadgecontacteerde chip *m*

W130 *e* **wire bonder**
        r установка *f* проволочной термокомпрессионной сварки
        d Drahtbonder *m*
        f machine *f* pour soudage à thermocompression des fils
        nl draadcontacteermachine *f*

W131 *e* **wire bonding**
        r 1. проволочная термокомпрессия *f* 2. присоединение *n* проволочных выводов
        d Drahtbonden *n*
        f soudage *m* à thermocompression des fils
        nl draadcontactering *f*

W132 *e* **wire bridge**
        r проволочная перемычка *f*
        d Drahtbrücke *f*
        f barrette *f* en fil
        nl draadbrug *f (m)*

W133 *e* **wired AND**
        r монтажное И *n*
        d verdrahtetes UND *n*, Wired-AND *n*
        f ET *m* câblé
        nl bedrade [geschakelde] EN *m* [AND *n*]

W134 *e* **wired AND logic**
        r логика *f* на основе монтажного И
        d Wired-AND-Logik *f*, verdrahtete UND-Logik *f*
        f logique *f* (à la base de) ET câblé
        nl bedrade [geschakelde] EN-logica *f* [AND-logica *f*]

W135 *e* **wired OR**

WIRING

- *r* монтажное ИЛИ *n*
- *d* verdrahtetes ODER *n*, Wired-OR *n*
- *f* OU *m* câblé
- *nl* bedrade [geschakelde] OF *m* [OR*m*]

W136 *e* **wired OR logic**
- *r* логика *f* на основе монтажного ИЛИ
- *d* Wired-OR-Logik *f*, verdrahtete ODER-Logik *f*
- *f* logique *f* (à la base de) OU câblé
- *nl* bedrade [geschakelde] OF-logica *f* [OR-logica *f*]

W137 *e* **wired OR, wired AND logic**
- *r* логика *f* монтажного объединения *или* разветвления
- *d* Wired-OR-Wired-AND-Logik *f*
- *f* logique *f* ET câblé-OU câblé
- *nl* bedrade [geschakelde] OF-bedrade [geschakelde] EN-logica *f*

W138 *e* **wire jumper**
- *r* навесной проволочный вывод *m*
- *d* Drahtbrücke *f*, Leitungsbrücke *f*
- *f* traversée *f* en fil
- *nl* draadlus *f (m)*, (lusvormige) draadbrug *f (m)*

W139 *e* **wire lead**
- *r* проволочный вывод *m*
- *d* Drahtzuleitung *f*
- *f* sortie *f* en fil
- *nl* draadleiding *f*

W140 *e* **wire routing**
- *r* трассировка *f* соединений
- *d* Verlegung *f* von Verbindungskanälen, Drahtrouting *n*
- *f* routage *m* des connexions
- *nl* verbindingspatroon *n*

W141 *e* **wire-routing machine**
- *r* трассировочная установка *f*
- *d* Routinganlage *f*, Drahtroutinganlage *f*
- *f* routeur *m*
- *nl* draadrouteringsmachine *f*

W142 *e* **wire squash**
- *r* деформация *f* проволочных выводов
- *d* Verformung *f* von Drahtzuleitungen
- *f* déformation *f* des sorties en fil
- *nl* draad pletten *n*

W143 *e* **wire-wrap machine**
- *r* машина *f* для монтажа методом накрутки
- *d* Drahtwickelmaschine *f*
- *f* machine *f* de connexion enroulée
- *nl* draadspiraal-verbindingsmachine *f*

W144 *e* **wire-wrappable pin**
- *r* штырёк *m* для монтажа методом накрутки
- *d* Stift *m* mit Wickelanschluß
- *f* broche *f* de connexion enroulée
- *nl* voor spiraalverbinding geschikte (aansluit)stift *f (m)*

W145 *e* **wire-wrapped joint**
- *r* соединение *n* накруткой
- *d* Wickelverbindung *f*
- *f* joint *m* par enroulement

- *nl* draadspiraal-verbinding *f*

W146 *e* **wire-wrap tool** *see* **wrapping gun**

W147 *e* **wiring**
- *r* 1. разводка *f*; (проволочные) соединения *n pl* 2. формирование *n* разводки 3. монтаж *m* 4. трассировка *f*
- *d* Verdrahtung *f*; Drahtanschlüsse *m pl*; Beschaltung *f*; Routing *n*
- *f* 1. interconnexions *f pl* 2. disposition *f* des connexions 3. câblage *m* 4. routage *m*
- *nl* bedrading *f*, verbindingen *f pl*, verbindingspatroon *n*

W148 *e* **wiring complexity, wiring density**
- *r* плотность *f* размещения соединений
- *d* Verdrahtungsdichte *f*
- *f* densité *f* d'interconnexions
- *nl* verbindingscomplexiteit *f*, verbindingsdichtheid *f*

W149 *e* **wiring diagram**
- *r* 1. монтажная схема *f*; схема *f* межсоединений 2. принципиальная (электрическая) схема *f*
- *d* 1. Verdrahtungsplan *m* 2. Stromlaufplan *m*
- *f* 1. diagramme *m* d'interconnexions 2. schéma *m* de câblage
- *nl* verbindingsschema *m*

W150 *e* **wiring error**
- *r* ошибка *f* монтажа
- *d* Verdrahtungsfehler *m*
- *f* erreur *f* de câblage
- *nl* verbindingsfout *f (m)*

W151 *e* **wiring line**
- *r* токопроводящая дорожка *f*
- *d* Leiterbahn *f*
- *f* piste *f* conductrice
- *nl* verbindingslijn *f (m)*

W152 *e* **wiring multilayer film**
- *r* плёнка *f* многоуровневых соединений
- *d* Mehrschichtverdrahtungsfilm *m*
- *f* film *m* d'interconnexions multicouches
- *nl* meerlaags-verbindingsvlies *n*

W153 *e* **wiring pad**
- *r* монтажная площадка *f*
- *d* Drahtbondinsel *f*
- *f* plot *m* de câblage
- *nl* draadaansluitvlakje *n*

W154 *e* **wiring pattern**
- *r* рисунок *m* соединений
- *d* Verdrahtungsmuster *n*
- *f* motif *m* d'interconnexions
- *nl* bedradingspatroon *n*, verbindingspatroon *n*

W155 *e* **wiring substrate**
- *r* подложка *f* со слоем межсоединений
- *d* Verdrahtungssubstrat *n*
- *f* substrat *m* à l'interconnexions
- *nl* bedradingsgrondlaag *f (m)*, verbindingsgrondlaag *f (m)*

WITHIN

W156 e **within-run (process) variation**
 r разброс *m (параметров процесса)* в пределах одной партии изделий
 d Parameterschwankung *f* in einem Los
 f dispersion *f* des paramètres de processus dans un lot
 nl (proces)variatie *f* tijdens produktie

W157 e **W/L ratio** *see* **width-to-length ratio**

W158 e **wobble bonding**
 r роликовая термокомпрессионная сварка *f*
 d Wobbelbonden *n*
 f soudage *m* à thermocompression à la molette
 nl wobbel-contactering *f*

W159 e **workability**
 r технологичность *f*, обрабатываемость *f*
 d Verarbeitungseigenschaften *f pl*; Bearbeitbarkeit *f*; Fertigungsgerechtheit *f*
 f traitabilité *f*
 nl verwerkbaarheid *f*

W160 e **work area**
 r рабочая зона *f*; производственная площадь *f*
 d Arbeitsbereich *m*
 f zone *f* de travail; aire *f* productive
 nl werkgebied *n*

W161 e **work chamber**
 r рабочая камера *f (установки)*
 d Arbeitskammer *f*
 f chambre *f* de travail
 nl werkkamer *f (m)*

W162 e **work function**
 r работа *f* выхода
 d Austrittsarbeit *f*
 f fonctionnement *m*
 nl uittree-arbeid *m*

W163 e **workholder**
 r держатель *m (напр. детали)*
 d Halterung *f*
 f support *m*
 nl werkstukhouder *m*

W164 e **working copy** *see* **work mask**

W165 e **working image size**
 r рабочее поле *n* модуля *(на фотошаблоне)*
 d Arbeitsfeld *n* eines Moduls
 f champ *m* de travail du module *(de photomasque)*
 nl werkend beeldformaat *n*

W166 e **working plate, work mask**
 r рабочий фотошаблон *m*
 d Arbeitsmaske *f*, Arbeitsschablone *f*
 f photomasque *m* de travail
 nl werkmasker *n*

W167 e **workplace, workstation**
 r рабочее место *n*
 d Arbeitsplatz *m*, Workstation *f*
 f poste *m* de travail
 nl werkplek *f (m)*

W168 e **worst-case conditions**
 r условия *n pl* наихудшего случая
 d Worst-case-Bedingungen *f pl*
 f conditions *f pl* du cas pire
 nl omstandigheden *f pl* in het slechtste geval, worst-case condities *f pl*

W169 e **worst-case design**
 r проектирование *n* по наихудшему варианту
 d Worst-case-Entwurf *m*
 f conception *f* en cas pire
 nl ontwerp *n* voor omstandigheden in het slechtste geval, worst-case-ontwerp *n*

W170 e **wrapped wire**
 r проволока *f* для монтажа методом накрутки
 d Wickeldraht *m*
 f fil *m* pour connexion enroulée
 nl (klemmend) opgewikkeld draad *n*

W171 e **wrapping**
 r накрутка *f*; соединение *n* накруткой
 d Drahtwickeln *n*; Wickelverbindung *f*
 f connexion *f* enroulée; enroulement *m*
 nl wikkelklemverbinding maken *n*

W172 e **wrapping gun**
 r пистолет *m* для накрутки
 d Drahtwickelpistole *f*, Wickelpistole *f*
 f pistolet *m* pour enroulement
 nl spiraalwikkel-pistool *n*

W173 e **write driver**
 r формирователь *m* сигналов записи; усилитель *m* записи
 d Schreibverstärker *m*
 f amplificateur *m* d'écriture
 nl schrijfstuurschakeling *f*, schrijfstuurbouwsteen *m*

W174 e **write e-beam lithography**
 r сканирующая электронно-лучевая литография *f*
 d Elektronenstrahlschreiben *n*
 f lithographie *f* à faisceaux électroniques à balayage
 nl elektronenstraalschrijven *n*

W175 e **write-erase window**
 r окно *n (в корпусе ЗУ)* для записи и стирания данных
 d Schreib-Lösch-Fenster *n*
 f fenêtre *f* pour écriture-effacement
 nl schrijf/uitwis-venster *n*

W176 e **writer**
 r установка *f* для (последовательного шагового) формирования рисунка
 d Strukturschreibanlage *f*
 f imageur *m* pas à pas
 nl (patroon)schrijver *m*

W177 e **writing**
 r 1. формирование *n* рисунка 2. запись *f*
 d Schreiben *n*
 f 1. définition *f* 2. écriture *f*
 nl schrijven *n*

W178 e **WSI** *see* **wafer-scale integration**

W179 e **WSI memory** *see* **wafer-scale memory**

W180 e **WWL, W²L** *see* **wired OR, wired AND logic**

X

X1 e **x-alignment**
    r совмещение *n* по оси x
    d Justierung *f* in x-Richtung
    f alignement *m* sur l'axe x
    nl uitlijning *f* in X-richting

X2 e **X-radiation**
    r рентгеновское излучение *n*
    d Röntgenstrahlung *f*
    f rayonnement *m* X
    nl röntgenstraling *f*

X3 e **X-rays**
    r рентгеновские лучи *m pl*
    d Röntgenstrahlen *pl*
    f rayons *m pl* X
    nl röntgenstraal *m*

X4 e **X-ray align and exposure equipment, X-ray aligner**
    r рентгеновская установка *f* совмещения и экспонирования, установка *f* рентгеновской литографии
    d Röntgenjustier- und Belichtungsanlage *f*, röntgenlithografische Anlage *f*
    f aligneur *m* de rayons X
    nl röntgen-uitlijn-en-belichtingsapparatuur *f*, röntgenlithografie-apparatuur *f*

X5 e **X-ray diffraction**
    r дифракция *f* рентгеновских лучей
    d Röntgen(strahlen)beugung *f*, Beugung *f* von Röntgenstrahlung
    f diffraction *f* des rayons X
    nl röntgen(stralen)buiging *f*

X6 e **X-ray examination**
    r исследование *n* с помощью рентгеновских лучей
    d Röntgenuntersuchung *f*
    f examination *f* [étude *f*] par rayons X
    nl röntgenonderzoek *n*

X7 e **X-ray exposer** *see* **X-ray aligner**

X8 e **X-ray exposure**
    r рентгеновское экспонирование *n*
    d Röntgenbelichtung *f*, Belichtung *f* mit Röntgenstrahlung
    f exposition *f* aux rayons X
    nl blootstelling *f* aan [belichting *f* met] röntgenstraling

X9 e **X-ray hardness**
    r 1. жёсткость *f* рентгеновских лучей 2. стойкость *f* к рентгеновскому излучению
    d 1. Röntgenstrahlenhärte *f* 2. Röntgenstrahlenbeständigkeit *f*
    f 1. dureté *f* des rayons X 2. résistance *f* au rayonnement X
    nl 1. röntgenstralingshardheid *f* 2. röntgenstralingsbestendigheid *f*

X10 e **X-ray imaging**
    r формирование *n* рисунка методом рентгеновской литографии
    d Röntgenabbildung *f*
    f imagerie *f* [définition *f* de dessin] aux rayons X
    nl afbeelding *f* met röntgenstralen

X11 e **X-ray irradiation**
    r облучение *n* рентгеновскими лучами
    d Röntgenbestrahlung *f*
    f irradiation *f* aux rayons X
    nl röntgenbestraling *f*

X12 e **X-ray lithography**
    r рентгеновская литография *f*, рентгенолитография *f*
    d Röntgenlithografie *f*
    f lithographie *f* aux rayons X
    nl röntgen-lithografie *f*

X13 e **X-ray (lithography) mask**
    r маска *f* [шаблон *m*] для рентгеновской литографии, рентгеношаблон *m*
    d Röntgenmaske *f*
    f masque *m* pour lithographie aux rayons X
    nl röntgen-(lithografie)masker *n*

X14 e **X-ray patterning** *see* **X-ray imaging**

X15 e **X-ray printing** *see* **X-ray lithography**

X16 e **X-ray resist**
    r резист *m* для рентгенографии
    d Röntgenresist *n*
    f résist *m* radiographique
    nl röntgen-(gevoelige)lak *m*

X17 e **X-ray source**
    r источник *m* рентгеновского излучения
    d Röntgenquelle *f*
    f source *f* de rayonnement X
    nl röntgen-(stralings)bron *f (m)*

X18 e **X-ray spectroscopy**
    r рентгеновская спектроскопия *f*
    d Röntgenspektroskopie *f*
    f spectroscopie *f* par rayons X
    nl röntgen-spectroscopie *f*

X19 e **X-ray step and repeat printer, X-ray stepper**
    r установка *f* рентгеновской литографии с последовательным шаговым экспонированием
    d Röntgenstepper *m*
    f installation *f* de lithographie aux rayons X avec exposition pas à pas
    nl röntgen-stappenrepeteer-lithograaf *m*, röntgen-stappenprojector *m*

X20 e **X-ray thickness gage**
    r рентгеновский толщиномер *m*
    d Röntgendickenmesser *m*
    f jauge *f* d'épaisseur aux rayons X
    nl röntgen-diktemeter *m*

X21 e **X-ray topography**
    r рентгеновская топография *f* (для обнаружения внутренних дефектов)

X-RAY

- d Röntgentopografie *f*
- f topograhie *f* aux rayons X
- nl röntgen-topografie *f*

X22 e **X-ray visual control**
- r визуальный контроль *m* с помощью рентгеновских методов
- d Röntgensichtprüfung *f*
- f inspection *f* visuelle aux rayons X
- nl visuele inspectie *f* onder röntgenlicht

X23 e **X-ray wafer analyzer**
- r рентгеновский анализатор *m* полупроводниковых пластин *(для определения толщины и состава тонких плёнок)*
- d Röntgenwaferanalysator *m*
- f analyseur *m* des tranches aux rayons X
- nl röntgen-wafelanalysator *m*

X24 e **XRT** *see* **X-ray topography**

X25 e **XUV** (extreme ultraviolet)
- r дальнее ультрафиолетовое [дальнее УФ-]излучение *n*
- d fernes Ultraviolett *n*
- f ultraviolet *m* lointain
- nl —

X26 e **x-y array**
- r матрица *f* с расположением элементов строками и столбцами
- d x-y-Array *n*
- f réseau *m* x-y
- nl X-Y-matrix *f*, X-Y-complex *n*

X27 e **x-y location**
- r расположение *n (напр. вывода компонента)* в системе координат x—y
- d x-y-Lage *f*
- f disposition *f* en système de coordonnées x-y
- nl X-Y-locatie *f*

X28 e **x-y plotter**
- r координатограф *m*; графопостроитель *m*
- d x-y-Plotter *m*
- f table *f* [traceur *m*] x-y; coordinatographe *m*
- nl X-Y-plotter *m*

X29 e **x-y (workpiece) stage**
- r координатный стол *m*
- d Koordinatentisch *m*
- f table *f* x-y
- nl X-Y-coördinatentafel *f (m)*

X30 e **x-y-z stage**
- r трёхкоординатный стол *m*
- d x-y-z-Tisch *m*, Dreikoordinatentisch *m*
- f table *f* x-y-z
- nl X-Y-Z-tafel *f (m)*

X31 e **x-y-θ stage**
- r трёхкоординатный стол *m*
- d x-y-θ-Tisch *m*, Dreikoordinatentisch *m*
- f table *f* x-y-θ
- nl X-Y[-theta]-tafel *f (m)*, driecoördinatentafel *f (m)*

Y

Y1 e **yellow room**
- r жёлтая комната *f*, чистая комната *f* для литографии
- d Gelbraum *m*, Reinraum *m* für lithografische Arbeiten
- f chambre *f* jaune
- nl gele ruimte *f*, geel-lichtruimte *f*

Y2 e **yellow room equipment**
- r оборудование *n* для жёлтых комнат, литографическое оборудование *n*
- d Gelbraumausrüstung *f*
- f équipement *m* de la chambre jaune
- nl gele [geel-licht-]ruimte-uitrusting *f*

Y3 e **yellow room's step**
- r операция *f*, проводимая в жёлтой комнате, фотолитографическая операция *f*
- d Gelbraumschritt *m*, (foto)lithografische Operation *f*
- f opération *f* à la chambre jaune
- nl (fabricage)stap *m* die in geel-lichtruimte moet plaatsvinden

Y4 e **yield**
- r 1. выход *m* годных 2. выход *m*; отдача *f*
- d Ausbeute *f*
- f rendement *m*
- nl opbrengst *(bruikbaar percentage van totale produktie)*

Y5 e **yield curve**
- r кривая *f* выхода годных
- d Ausbeutekurve *f*
- f courbe *f* du rendement
- nl produktiviteitskromme *f (m)*

Y6 e **yield killer**
- r фактор *m*, снижающий выход годных
- d Ausbeuteverminderungsfaktor *m*
- f facteur *m* de décroissement du rendement
- nl produktiviteitsaantastende factor *m*

Y7 e **yield map**
- r карта *f* процента выхода годных
- d Ausbeutekarte *f*
- f mappe *f* du rendement
- nl produktiviteitsgrafiek *f*

Y8 e **yield reduction**
- r снижение *n* процента выхода годных
- d Ausbeuteverminderung *f*
- f réduction *f* du rendement
- nl produktiviteitsvermindering *f*

Z

Z1 e **z-alignment**
- r совмещение *n* по оси z
- d Höhenjustierung *f*
- f alignement *m* sur l'axe z
- nl uitlijning *f* in Z-richting

Z2 e **zappable link**
    r пережигаемая перемычка f (напр. ПЛМ)
    d Schmelzverbindung f, aufschmelzbare Verbindung f
    f traversée f fusible
    nl wegsmeltbare [door te branden] verbinding f

Z3 e **Zener breakdown**
    r туннельный пробой m, пробой m Зенера
    d Zener-Durchbruch m
    f claquage m de Zener
    nl zener-doorslag m

Z4 e **Zener diode**
    r стабилитрон m
    d Z-Diode f
    f diode f Zener
    nl zenerdiode f

Z5 e **Zener zapping**
    r пережог m стабилитрона
    d Z-Dioden-Durchbrennen n, Zener-Zap n
    f brûlage m Zener
    nl doorbranden n van zenerdiode

Z6 e **zero-defect mask**
    r бездефектная маска f
    d defektfreie Maske f
    f masque m sans défauts
    nl foutvrij masker n

Z7 e **zero-defect silicon**
    r бездефектный кремний m
    d defektfreies Silizium n
    f silicium m sans défauts
    nl foutvrij silicium n

Z8 e **zero drain-source overlap**
    r отсутствие n перекрытия затвора областями стока и истока
    d Nullüberlappung f
    f chevauchement m nul de drain-source
    nl nuloverlap m (afvoer-bron)

Z9 e **zero incoming defects**
    r отсутствие n дефектов при входном контроле (интегральных схем)
    d Defektfreiheit f bei der Eingangskontrolle
    f absence f des défauts (des C.I.) sous inspection d'entrée
    nl foutvrijheid f bij ingangscontrole

Z10 e **zero outgoing defects**
    r отсутствие n дефектов при выходном контроле (интегральных схем)
    d Defektfreiheit f bei der Endkontrolle
    f absence f de défauts (des C.I.) sous inspection de sortie
    nl foutvrijheid f bij uitgangscontrole

Z11 e **zero output**
    r выходной сигнал m «0»
    d «0»-Ausgangssignal n
    f sortie f zéro
    nl uitgangssignaal n nul

Z12 e **zeropower RAM**
    r энергонезависимое ЗУПВ n
    d nichtflüchtiger RAM-Speicher m
    f mémoire f accessible à volonté non volatile
    nl niet-vluchtig RAM n

Z13 e **zero signal**
    r сигнал m «0»
    d «0»-Signal n
    f signal m zéro
    nl nulsignaal n

Z14 e **zero state**
    r (логическое) состояние n «0»
    d «0»-Zustand m
    f état m zéro
    nl logische-nultoestand m

Z15 e **zero-undercut etching**
    r травление n без подтравливания
    d Ätzen n ohne Unterätzung
    f décapage m sans décapage latéral
    nl etsen n zonder onderetsing

Z16 e **ZID** see **zero incoming defects**

Z17 e **zigzag-in-line package**
    r (плоский) корпус m со штырьковыми выводами, расположенными зигзагообразно
    d ZIL-Gehäuse n
    f boîtier m plat [flat-rack] à fiches en zigzag
    nl (IC-)behuizing f met om-en-om geplaatste rijcontacten, zigzag-DIL n, ZIL n

Z18 e **zigzag slit**
    r зигзагообразное окно n (в оксидном слое)
    d Zickzackfenster n (in der Oxidmaske)
    f fenêtre f en zigzag (de masque oxydé)
    nl zigzag-sleuf f (m) (in oxydemasker)

Z19 e **ZIL package** see **zigzag-in-line package**

Z20 e **zink-oxide nonlinear resistor**
    r нелинейный резистор m на основе оксида цинка
    d nichtlinearer Zinkoxidwiderstand m
    f résistance f non linéaire à la base d'oxyde de zinc
    nl niet-lineaire weerstand m op zinkoxyde-basis

Z21 e **ZIP** see **zigzag-in-line package**

Z22 e **ZNR** see **zink-oxide nonlinear resistor**

Z23 e **ZOD** see **zero outgoing defects**

Z24 e **zone leveling**
    r горизонтальное вытягивание n (слитков германия)
    d Zonen-Levelling-Verfahren n, Zonenhomogenisierung f
    f tirage m horizontal
    nl horizontaal maken n [houden n] van zonesmelt

Z25 e **zone melting**
    r зонная плавка f
    d Zonenschmelzen n
    f fusion f à zone
    nl zonesmelten n

ZONE

Z26   e   **zone-melting recrystallization**
     r   рекристаллизация *f* методом зонной плавки
     d   Zonenschmelzrekristallisation *f*
     f   recristallisation *f* par fusion à zone
     nl   herkristallisatie *f* bij [door] zonesmelten

Z27   e   **zone overlapping**
     r   перекрытие *n* областей
     d   Zonenüberlappung *f*
     f   chevauchement *m* des zones
     nl   zone-overlapping *f*

Z28   e   **zone purification**
     r   зонная очистка *f*
     d   Zonenreinigung *f*
     f   purification *f* de zone
     nl   zonezuivering *f*, zone-raffinage *f*

Z29   e   **zone refiner**
     r   установка *f* зонной очистки
     d   Zonenreinigungsanlage *f*
     f   installation *f* de purification de zone
     nl   zonezuiveringsinstallatie *f*

Z30   e   **zone refining** *see* **zone purification**

РУССКИЙ

А

абразив A1
абразивная пескоструйная обработка S14
~ подгонка A5
~ струйная обработка A3
~ струйная подгонка A4
абразивный материал A1
~ порошок A2
абсорбция A8
автолегирование A240
автоматизация межоперационных транспортных операций I255
~ проектирования D107
~ разработки топологии ИС L109
автоматизированная разработка заказных ИС C365
~ сборка ИС на ленточном носителе T15
~ сборка ИС на ленточном носителе с балочными выводами B100
~ установка для присоединения кристаллов к балочным выводам на ленточном носителе B101
~ установка для присоединения кристаллов к выводам на ленточном носителе T2
~ установка совмещения и экспонирования A241
автоматизированное логическое проектирование A246
~ присоединение кристаллов к выводам на ленточном носителе T17
~ присоединение кристаллов к столбиковым выводам на ленточном носителе B303
~ проектирование C366
~ производство фотошаблонов C371
~ рабочее место C5
автоматическая контрольно-измерительная аппаратура A249
~ обработка U49
~ операция H15
~ проверка A242
~ термокомпрессионная сварка B184
~ транспортировка полупроводниковых пластин H16
~ установка для испытаний A250
~ установка термовакуумного осаждения A251
автоматический манипулятор для компонентов A243
~ метод разработки топологии A245
~ монтаж A244
автономный режим O19
~ технологический контроль O20
автоэлектронная эмиссия F67
агрессивная среда H212
адгезив A43
адгезия A41
~ резиста R216
~ серебра к керамике S375
аддитивная технология A39

адсорбированный атом A37
азотный шкаф N75
аксиальное осаждение из паровой фазы V54
аксиальный вывод A265
активация A27
~ легирующей примеси D331
~ примеси I93
~ примеси отжигом A151
~ светом L177
активирование A27
активная нагрузка R231
~ область A28
~ подложка A35
~ проводимость C383
активное сопротивление O34
активные паразитные элементы A33
активный компонент A30
акустоэлектрический преобразователь A26
акустоэлектроника P385
акцептор A12
акцепторная примесь A12, A16, P504
акцепторный атом A13, P505
~ центр A14
алгоритм Ли LI55
~ трассировки каналов C117
алмазный резец D137, S124
АЛУ A183
альфа A93
~ -частица A93
алюминиевое покрытие на оксидной ступеньке A113
алюминиевый затвор A109
алюминий со слоем стекла G100
алюмооксидная керамика A111
алюмосиликатное стекло A106
аморфное состояние A124
аморфный полупроводник A122
амплитудно-частотная характеристика F267
анализатор A134
~ Фурье F242
аналог на дискретных компонентах Д285
аналоговая ИС A131
~ матрица A128
~ матричная ИС A128
~ электроника A130
аналоговые интегральные схемы A130
аналоговый сигнал A133
анизотропия кристалла C510
~ травления E303
анизотропное травление A145, O165
анизотропный материал A148
анизотропный травитель A144, O165
анионообменная смола A143
анодирование A158
антимонид A159
антистатик A163

антистатическая обработка D118
~ обработка поверхности A170
~ стеклянная пластина для фотошаблона D168
антистатические перчатки A167
~ средства A164
антистатический инструмент A171
~ материал A163
~ пакет A166
апертура объектива L157
аппаратное обеспечение H30
аппаратура H30
~ визуального контроля I182
~ арифметическо-логическое устройство A183
АРМ проектировщика C5
арсенид A203
~ алюминия A105
~ галлия G1, G8
~ галлия и алюминия G7
арсин A204
архитектура A179
атмосфера влажного водорода H234, W107
~ инертного газа I130
~ сухого кислорода D417
атом замещения S748
~ легирующей примеси D332
атомная абсорбционная спектрофотометрия A229
~ примесь A230
аттестация технологического процесса P431
АЧХ F267

Б

база B50
~ данных для проектирования D110
~, легированная бором B232
~ с оксидированными боковыми стенками O240
базовая диффузия B53
~ область B50
~ технология B72
~ технология ИС на биполярных транзисторах с коллекторными скрытыми слоями S37
базовый кольцевой контакт B67
~ конструктивно-технологический метод B69
~ конструктивный блок B70
~ кристалл типа матрицы логических элементов G41
~ матричный кристалл A185, A186, G41, M100, M101, Q33, U52
~ матричный кристалл для изготовления матричных ИС S239
~ матричный кристалл на интегральной логике Шотки I360
~ матричный кристалл с большими ячейками M3
~ матричный кристалл с масочным программированием M78
~ метод B69
~ электрод B57
базоцентрированная кристаллическая решётка B52
баллистическая гетероструктура B24
баллистический перенос B26
~ транзистор B25
балочный вывод B88
барабанный плазменный реактор C583
~ реактор B42
барьер B43
~ Шотки M189, S70
~ Шотки на основе плёнок органических соединений O158
барьерная ёмкость D83
БГИС H264, L31
безвыводной корпус L138
~ корпус для ГИС H251

~ кристаллоноситель L136
безвыводной резистор с металлическими торцевыми электродами M124
бездефектная зона N100
~ маска Z6
бездефектное покрытие H107
бездефектность I224
бездефектный кремний Z7
~ кристалл D44
~ шаблон F34
безмасляная откачка O34
безмасочная ионная имплантация M64
безмасочное формирование изображений M65
безрезистная литография R241
безрезистное структурирование R242
безфлюсовая пайка F214
безызлучательная рекомбинация N113
безызлучательный переход N114
«белый слон» W115
бериллиевая керамика B113
бесконечный источник примеси I135
бесконтактная литография C426, N97
~ транспортировка T204
~ фотолитография O180
бесконтактное определение ориентации края кристалла N103
~ скрайбирование C427, N98
~ формирование изображений O179
~ экспонирование O178
бесконтактный метод измерений N96
бескорпусная ГИС B39
~ ИС B38, C202, D157, N5, P10, U87
бескорпусный диод C196
~ дискретный компонент D286
~ компонент C192, N6, U50
~ конденсатор B186
~ микрорезистор M201
~ полупроводниковый прибор B40
~ резистор C216, R246
беспинцетные погрузочно-разгрузочные операции T313
беспламенная установка точечной пайки N108
бесподложечное выращивание ленточных кристаллов U90
беспримесность P522
беспримесный полупроводниковый материал V143
бестигельный метод C499
бета B114, B115
~-излучение B114, B117
библиотека логических элементов C90
~ программ для автоматизированного проектирования C368
биметаллическая маска B132
биметаллический трафарет B132
биологически активная пыль A31
биполярная ИС B143
~ ИС выборки и хранения B160
~ ИС фильтра B147
~ ИС формирователя B145
~ технология B159
~ технология ИС с самосовмещённой оксидной маской O216
~ ячейка памяти B142
биполярные логические схемы B154
биполярный вход B148
~ гетеротранзистор H72
~ логический элемент B142
~ полупроводниковый прибор B138
~ секционный микропроцессор B141
~ транзистор B162
БИС G149, H106, H141, L27, L28
~ микропроцессора L367
~ модема L368

~ на КНС-структуре S361
~ с герметизирующим защитным покрытием S184
~ с избирательными соединениями L29
~ с фиксированными межсоединениями L30
бистабильная схема T192
бистабильный мультивибратор F183
благородный газ I131, N86, R39
блок G13, P1
~ на компонентах поверхностного монтажа S816
~ на компонентах с балочными выводами B89
~ питания P380, S795
~ тестовых структур T71
блокировка L270, L272
блочная конструкция B188
блочный компилятор B187
~ принцип конструирования B283
боковая диффузия Л76, C303
~ стенка S299
~ стенка базы B68
боковое травление L80, S298, S304
бокс B251
~ с защитной атмосферой азота C454
~ с ламинарным потоком L7
~ с осушенной и очищенной атмосферой D406
большая ГИС H264, L31
~ ИС G149, H106, H141, L27, L28
~ многокристальная ИС M398
~ ячейка M2, M3
большое время жизни L301
бомбардировка альфа-частицами A95
~ протонами P484
бор B231
боросиликатное стекло B242
брусок B36
брэгговское отражение B254
бугор H181
буля B245
бункер B134, H210, L253
бункерный питатель F43, H210
буферный травитель B281
быстрая наладка Q37
~ откачка F29
быстродействие F31, H150, H154, O92, S574, S577
~ биполярных ИС B161
~ логического элемента G70
быстродействующая БИС H148
~ И^2 Л-схема H145
~ ИС F25, H146
быстродействующие логические схемы H147
быстродействующий компонент H144
быстрое затвердевание Q36
~ преобразование Фурье F28, Q35
~ срабатывание F31, H154
быстрый электрон F27

В

вакансия L103, V1
вакуум V19
вакуумирование E335
вакуумметр G3, V28
вакуумная ИС I219, V24
~ камера E334, V8
~ камера для напыления тонких плёнок E340
~ камера для осаждения тонких плёнок D92
~ печь V22
~ печь для сушки V17
~ плавка V27
~ система откачки V36
~ смазка V23
~ среда V19

~ термообработка V7
~ установка V6
~ установка для нанесения покрытий V12
вакуумное захватывающее и позиционирующее устройство P224
~ оборудование V35
вакуумный держатель V10
~ насос V34
~ отжиг V7
~ пинцет V31
~ пинцет для кристалла D174
~ схват V10, V31
~ трубопровод V18
~ шлюз V26
валентная зона V42
валентный электрон O173, P113, V43
ванна T10
~ Лангмюра-Блоджета L118
варактор со сверхрезким переходом H277
~ с плавным переходом G143
варистор V175
введение акцепторной примеси P87
~ легирующей примеси I103
вентилятор для нейтрализации зарядов статического электричества D119
верификация V81
вертикальная интеграция V93
~ МОП-структура V97
~ поликремниевая перемычка V99
~ проводящая перемычка R326
вертикальное анизотропное травление V84
~ введение легирующей примеси D101
вертикальные размеры D98
вертикальный полевой транзистор V89
~ транзистор V102
верхний слой O199
верхняя поверхность полупроводниковой пластины F276
вжигание толстых плёнок T131
взаимная диффузия I249
взаимодействие между носителями заряда C38
вздутие B185, B186
взрыв L172
взрывная литография L172, L173
взрывное испарение F156
~ прессование F155
вибрационная пайка эвтектическим припоем E333
вибрационный бункер V135
~ питатель V131
вибрация C167
визуализация I63
визуальный контроль A173, A150
~ контроль кристаллов D180
~ контроль монтажа P257
~ контроль перед монтажом в корпусе P409
~ контроль после герметизации P369
~ контроль проявления фоторезиста D121
~ контроль сдвига S279
~ контроль с помощью рентгеновских методов X22
~ контроль фотошаблонов P173
~ операционный контроль P434
винтовая дислокация S121
вискозиметр V145
вклеивание компонентов в ленточный носитель T29
включение C407
~ КМОП ИС за счёт эффекта защёлки L74
~ транзистора по схеме с общей базой C318
~ транзистора по схеме с общим коллектором C319
~ транзистора по схеме с общим эмиттером C320
влагомер H238, M322
влагосодержание M321
влагостойкость H237, M323
влажность окружающей среды A117
внедрение примеси I290

внешнее соединение O13
внешний вывод O13
вода для промывки или отмывки R324
~, очищенная от микроорганизмов B17
~, соответствующая требованиям электронной
   промышленности E117
водонепроницаемое уплотнение W85
водоохлаждаемый катод W80
водорастворимый флюс W84
возбудитель D403
возврат R206
воздушная перемычка A64
воздушный зазор A66
волновая функция W87
вольт-амперная характеристика C555, V176
~-амперная характеристика без участка
   насыщения N119
~-фарадная характеристика C22, V173
вольфрамовый испаритель T296
восприимчивость S831
воспроизведение R201, R296
воспроизводимость R193
~ от партии к партии R366
~ от пластины к пластине S438, W62
~ процесса P451
восстановительная атмосфера R113
~ среда R113
восстановительный ремонт R186
восстановление R100, R102, R106, R115, R151, R155,
   R186, R206
~ водородом H271
впай S138
временная задержка T182
~ характеристика T183
время включения O73, T311
~ выключения O27, T310
~ жизни L169
~ жизни дырок H201
~ жизни носителей в базовой области B61
~ жизни носителей заряда C44
~ задержки D66, T182
~ задержки распространения сигнала на
   соединениях между кристаллами I230
~ задержки сигнала на логический элемент G49
~ захвата носителей заряда C34
~ нарастания R327
~ пролёта T244
~ пролёта носителей заряда C52
~ срабатывания R271
~ установления R327
вскрытая поверхность E365
вскрытие E368, O81
~ контактного окна C424
~ корпуса D18
~ окна в маске M71
~ окна в маске для проведения диффузии D229
вскрытый участок E364, R285
вспомогательная аппаратура S799
вспомогательные приборы S799
~ схемы S798
вспучивание L171, L172
вспышка F154
встречная диффузия C489
встречно-гребенчатая геометрия I252
~ конструкция I254
~ структура I253
встроенная самодиагностика B284
встроенный канал I271
вуаль F221
вход на биполярных транзисторах B148
входной биполярный транзистор B148
~ контроль I144
~ полевой транзистор F50
~ сигнал высокого уровня H105

~ сигнал низкого уровня L318
~ эмиттерный повторитель E171
входные и выходные контактные площадки I177
ВЧ-нагрев H103
~-сушка H78
выборка S8, S11
~ полупроводниковых пластин из кассеты C58
выборочная термотренировка S113
выборочные испытания S11, S112
выборочный контроль S12
вывод C407, C410, C413, L123, T65
~ затвора G46
~ корпуса P9
~ на температурный режим T108
~ оборудования на рабочий режим R31
~, присоединённый методом термокомпрессии B216
выводная рамка F259, L131
~ для ИС в DIP-корпусе D430
~ для DIP-корпуса D270
~ для SIP-корпуса S371
~ паучковыми выводами S580
выводы, автоматизировано присоединённые
   к выводной рамке на ленточном носителе T16
~, присоединённые автоматизированной
   термокомпрессией к выводной рамке на
   ленточном носителе T119
выделение кислорода O253
выемка N132
выжигание B321
выигрыш в быстродействии S576
выпрямление на $p - n$-переходе P310
выпрямляющий переход R105
выравнивание поверхности пластины при
   изготовлении БИС L370
~ полупроводниковой пластины W28
выравнивающее кольцо P266
выращенная выводная рамка I147
~ плёнка G177
выращенный кристалл G176
выращивание G178
~ кристаллов C520
~ кристаллов методом вытягивания C530, P510
~ кристаллов методом вытягивания
   в вертикальном направлении V101
~ кристаллов методом вытягивания
   в горизонтальном направлении L87
~ кристаллов методом зонной плавки F200
~ монокристаллов S391
~ оксида O223
~ скрытых n^+ слоёв перед эпитаксиальным
   осаждением P400
вырез N132
~, сформированный лазерным лучом L42
вырезание E353
вырождение D53
вырожденная область D58
вырожденное распределение D56
~ состояние D55
вырожденный полупроводник D59
~ энергетический уровень D57
высокая концентрация примеси H83
~ нагрузочная способность H100
~ разрешающая способность F120, H134
~ степень интеграции G149, H141, L87
высокий вакуум H29
~ коэффициент разветвления по выходу H100
высоковакуумная камера H167
~ смазка H171
высоковакуумное напыление H169
~ оборудование H172
высоковакуумный фланец H170
высоковольтная ИС H173
высоковольтный МОП-транзистор H174
~ плёночный транзистор H176

просвечивающий электронный микроскоп H177
высокодозированная ионная имплантация H96
высокое разрешение F120, H134
высококачественная герметизация H143
~ ИС H124
~ КМОП-структура C326
~ МОП ИС H125
высококачественный компонент T198
~ микропроцессор H98
высокоомная нагрузка H131
~ область H132
высокоомный полупроводник H120
высокоплотная компоновка H93
высокопороговая логика H164
высокопрецизионная схема H126
высокопроизводительная напылительная установка H82
~ технологическая линия Q9
~ установка H166
~ установка ионной имплантации H122
~ установка последовательного шагового экспонирования H157
~ установка струйной промывки Q34
высокоскоростной графопостроитель H151
высокотемпературная обработка H162
~ эпитаксия H161
высокотемпературное оксидирование T103
~ химическое осаждение из паровой фазы H160
высокотемпературный отжиг H159
высокочастотная печь H102
~ сушка H78
высокочастотное ионное распыление R306
~ ионное травление H104
~ плазменное травление R27
высокочастотный нагрев H103, R26
высокочувствительный резист H153
~ фоторезист F30
высота потенциального барьера B46
выступ H181, P466
~ на эпитаксиальном слое E255
выступающая металлизированная контактная площадка R28
вытеснение базы B65
~ эмиттера E177
вытравленная канавка E310
~ мезаструктура E296
вытравливание канавок T270
~ мезаструктур M139
~ V-образных канавок V117
вытяжной шкаф F292, H209
выход Y4
~ годных F102, Y4
~ годных кристаллов на операции зондовых испытаний P428
~ годных кристаллов на пластине P119
~ годных кристаллов на полупроводниковой пластине W70
~ годных кристаллов после скрайбирования и ломки D182
~ годных полупроводниковых пластин W70
~ годных после сборки кристаллов A222
~ за номинальные пределы O202
~ из строя B260
~ логического элемента G62
выходная характеристика C304
выходной контроль F100, O176
~ сигнал «0» Z11
~ сигнал «1» O58
~ сигнал высокого уровня H121
~ сигнал с коэффициентом усиления 1 U77
вычерчивание D387
~ на координатографе C466
~ топологии L113
выщелачивание L122

~ припоя S500
вязкость V144, V146

Г

габаритные размеры O185
газ-наполнитель для корпусов S147
~-носитель C42
~ электронной чистоты E115
газоанализатор на кислород O251
газовая очистка G21
газообразная легирующая примесь D336
газообразный диффузант D336
~ источник кремния S368
~ травитель E290, G29
газопоглотитель G89
газопоглощение G90
газоразрядная плазма G24
газотранспортная реакция T253
газы для формирования полупроводникового соединения S210
гал G6
галогенный фоторезист H1
галтовка D15
гальваническое лужение T186
гамма-излучение G12
ганновский режим G202
гауссовское распределение G74
гашение разряда D282
гелиевый масс-спектрометр H57
гель G77
генератор изображений P64
~ изображений оригиналов A209
~ изображений фотошаблонов M75
~ многоуровневых межсоединений M418
~ на лавинно-пролётном диоде A262
~ на ПАВ A25
~ на приборе Ганна T221
~ структур P64
~ тока C549
~ Холла H7
генерационно-рекомбинационный шум G80
генерационный центр G79
генерация G78
~ носителей заряда C135
~ электронно-дырочных пар C45, E110
геометрия G82, C404
~ ИС с микронными элементами M235
~ ИС с субмикронными элементами U14
~ ИС с элементами уменьшенных размеров F111, T175
~ масштабированной ИС S44
германиево-силикатное стекло G88
германий G87
герметизация C32, E155, E191, H59, L150, P373, S145
~ в псевдоожиженном слое F210
~ клеем A45
~ корпуса P5
~ корпуса крышкой C28
~ кремнийорганической смолой S329
~ кристалла C516
~ пайкой S507
~ пайкой в атмосфере кислорода O247
~ пластмассой P296
~ роликовой сваркой с параллельным швом P29
~ стеклом G97, G112
~ эпоксидной смолой E267
герметизированная ГИС E189, S142
~ ИС E190
~ камера S140
герметизированный диод S141

~ компонент E188
~ узел M326
герметизирующий компаунд S146
~ материал E187
~ слой S149
герметик E187, S139
~ для полупроводниковых приборов S213
~ из кремнийорганического полимера S328
герметичное соединение A73
~ уплотнение H61
герметичность L151, V38
герметичный безвыводной корпус L137
~ корпус H60
~ спай H61
гетерогенная реакция H67
гетеродиод H73
гетеропереход H71
гетероструктура H75
гетероэпитаксиальная плёнка H64
гетероэпитаксиальное выращивание H65
~ осаждение H63
гетероэпитаксия H66
геттер G89
геттерирование G90
~ дефектов ионной имплантации I345
~ полупроводниковой пластины W16
геттерирующий дефект G91
геттерно-ионный насос I329
гибкая производственная система I170
гибкий вывод C339, L123, R212
~ ленточный носитель F168
гибкое автоматизированное производство F169
~ программирование F171
гибридная ДТЛ-схема H257
~ ИС H252, H255, H259
~ микросборка H247, H261
~ микроэлектроника H263
~ технология H245
гибридный источник излучения H248
~ метод экспонирования H258
~ усилитель H244
гигрометр H238, H275, M322
гидроплоскостная полировка H273
гидротермальная эпитаксия H274
гидрофильность W113
гидрофобный диоксид кремния H272
ГИС H252, H255, H259
~, изготовленная с использованием кристаллов на ленточных носителях T18
~ с высокой степенью интеграции L31
~, состоящая из нескольких кристаллов ИС в одном корпусе M341
~ с проволочным монтажом кристаллов C179
~ усилителя H244
~ фильтра F98
глазурованная керамика G118
глазурованный оксид алюминия G117
глубина D97
~ диффузии D217
~ легирования D351
~ травления E295
глубокая диффузия D29
~ ловушка D32
глубокий акцепторный уровень D25
~ донорный уровень D30
~ примесный центр D26
~ пропил D31
гнездо для вывода L141
годный кристалл F295
гомопереход H206
гомоэпитаксия H205
гониометр G138
горизонтальная геометрия L82
~ диффузия L76, S303

~ плотность упаковки L85
~ структура L75
горизонтальное введение L86
~ вытягивание Z24
горизонтальные размеры L77
горизонтальный полевой транзистор L81
~ профиль распределения примеси L78
~ реактор H211
горячая формовка H222
горячий носитель заряда H216
~ электрон H218
гравирование E207
градиент концентрации C376
~ распределения легирующей примеси D337
~ распределения примеси I105
~ распределения примеси при диффузии D224
~ удельного сопротивления R237
гранецентрированная кристаллическая решётка F6
~ решётка F6
граница B246
~ диффузионной области D218
~ раздела I256
~ раздела в гетеропереходе H74
~ раздела вывод — контактная площадка B223
~ раздела диэлектрик — полупроводник D168
~ раздела кремний — сапфир S366
~ раздела между полупроводниковыми соединениями C364
~ раздела металл — полупроводник M191
~ раздела металл — полупроводник, образующая барьер Шотки S92
~ раздела осаждённый слой — подложка D96
граничная область B249
~ частота C572
граничный слой B248, I258
гранула G146, G151
гранулирование G150
грануляция G150
грань F4, F11
~ кристалла C517
графитовая кассета G154
графитовый ленточный нагреватель G155
графопостроитель D386, G152, P188, P303, X28
графоэпитаксия G153
гребенчатая геометрия F128
гребенчатый затвор F129
грубая ориентация C285
группа активных элементов A32
~ контактов для проверки токов утечки C425
~ тестовых кристаллов в полупроводниковой пластине D405
~ тестовых структур T71
~ элементов для контроля диффузионных резисторов D201
~ элементов для контроля металлизации M185
групповая операция B77
~ сварка B73
групповое присоединение выводов M89
~ травление B74
групповой технологический метод B76

Д

дальнее ультрафиолетовое излучение X25
~ УФ-излучение D34, F23, X25
датчик S250
~ влажности M324
~ высоты подложки E750
~ температуры T61
двоичный логический элемент B136
двойная диффузия D371
~ ионная имплантация D377

347

~ эпитаксия D374
двойникование T317
двойниковый кристалл T316
двойное легирование D373
двукратная диффузия D371
~ ионная имплантация D377
двукратное легирование D373
двумерная матрица T320
двусторонняя литография D433
~ печатная плата D382, T327
двухдиффузионная вертикальная МОП-структура V87
~ МОП-структура D369
~ МОП-структура с изолирующими канавками T269
~ МОП-структура с V-образной канавкой V116
двухдиффузионный диод D367
~ метод D372
~ МОП-транзистор D370
двухдолинный полупроводниковый материал T331
двухзатворный полевой транзистор D428
двухзондовый метод измерений T324
двухкамерная установка термовакуумного осаждения D364
двухкристальный модем T319
двухсекционный тигель T321
двухслойная металлизация D379, T323
двухстадийная диффузия T328
двухстадийное травление T329
двухступенчатое оптическое уменьшение изображения T330
двухтигельная установка для выращивания кристаллов D365
двухтигельный метод D366
двухуровневая металлизация D379, T323
~ разводка T322
~ структура затворов B130
двухуровневые межсоединения T322
двухэлектродная установка ионного распыления D259
двухэмиттерный транзистор D427
дебаевская длина D16
деградация D60
~ под воздействием УФ-излучения U102
деионизованная вода D64
действие O95
декомпозиция D19
~ системы S840
декорирование D23
демонтаж D116, U89
~ корпуса D18
дендритный кристалл D73
держатель C36, H190, R274, W163
~ маски M46
~ подложек S753, S760
~ фотошаблона M46
~ шаблона M55
детали и элементы для корпусов P14
деталь P36
детектор влажности M324
дефект D2, F166, I77
~ внедрения I275
~, возникший после проведения технологической операции R208
~, вызванный ионной имплантацией I82
~, вызванный ионным облучением I303
~, вызванный лазерным излучением L52
~ замещения S749
~ кристаллической решётки C515, L92
~ на границе раздела B247
~ подзатворного оксида G66
~ по Френкелю F264, I280
~ по Шотки S82
~ сборки A217

~ смещения D307
~ типа «птичий клюв» B164, B166
~ упаковки F32, S624
~ фотошаблона P170
дефектный кристалл I174
дефектоскопия трещин C480
деформация кристалла, вызванная диффузией D226
~ полупроводниковой пластины W7
~ столбикового вывода B308
диаграмма состояний P127, S638
диалоговое автоматизированное проектирование I225
~ автоматизированное размещение I226
диаметр коллапса C301
диапазон R38
~ напряжений V178
~ рабочих температур O93
динамическая термотренировка D445
диод в виде органической плёнки на арсениде галлия O157
~ Ганна G200
~ между стоком и истоком S555
~ на горячих носителях H217
~ на основе коллекторного перехода C302
~ на основе перехода эмиттер — база E160
~ с мелкой структурой S260
~ с накоплением заряда C160
~ с отрицательным сопротивлением N48
~ Шотки M190, S71
диодная матрица D255
~ матрица с мелкой структурой S261
~ структура D254
диодно-транзисторная логика D260, T231
диодно-транзисторные логические схемы D260, T231
~ логические схемы со стабилитронами D426
~ логические схемы с резистивно-ёмкостными связями R244
диодный лазер D258
диоксид D263
~ кремния D263, O215, Q23, S323, S364
~ кремния, легированный фосфором P131
~ кремния, сформированный в канавках R85
диск для резки полупроводниковых слитков S436
~ с алмазной режущей кромкой D135
~ с внешней режущей кромкой P109
~ с внутренней режущей кромкой A153
дисковая пила с алмазной режущей кромкой D136
~ с внешней режущей кромкой P114
~ с внутренней режущей кромкой A156
дискретное преобразование Фурье D288
дискретный компонент D283, S388
~ микрокомпонент M212
~ микропроцессор D291
~ монтаж D294
~ МОП-прибор E149
~ полупроводниковый прибор D293
~ резистор D292
дисперсное загрязнение P39
дистиллированная вода D311
дифракционная решётка D187, G157
дифракционные полосы D186
дифракция рентгеновских лучей X5
дифференциальная скорость травления D185
дифференциальное травление D184
дифференциальный усилитель D183
диффузант D189, D349
~ с высоким коэффициентом диффузии F26
~ с низким коэффициентом диффузии L309
диффузионная база D191
~ длина дырок H195
~ длина электронов E104
~ ёмкость D213
~ область D199

~ область с электропроводностью *p*-типа P82
~ область *n*⁺-типа N22
~ печь D222, O211
~ сварка D204
~ токопроводящая дорожка D197, D203
~ установка по методу открытой трубы O84
~ шина D197
диффузионное геттерирование D223
~ оборудование D220
диффузионные печи D220
~ печи с трубами из поликристаллического кремния P339
диффузионный барьер D210
~ диод D195
~ исток D202
~ источник фосфора P130
~ карман с электропроводностью *p*-типа P83
~ коллектор D215
~ конденсатор D194
~ насос D231
~. переход D193
~ резистор D200
~ сток D192
диффузия D208
~ акцепторной примеси P503
~ бора B234
~ в ампуле B252
~ вдоль линий дислокаций P248
~ внутрь объёма I119
~ в подложку S757
~ в соответствии с функцией дополнения интеграла ошибок до 1 E282
~ для формирования базы B53
~ для формирования канала C120
~ для формирования кармана с электропроводностью *p*-типа P526
~ для формирования коллектора C305
~ для формирования контактов C419
~ для формирования охранных колец G193
~ для формирования стандартных базы и резистора S41
~ для формирования стока и истока D390
~ для формирования эмиттера E166
~ донорной примеси N145
~ из газовой фазы G33
~ из газообразного источника G37
~ из жидкого источника примеси L219
~ из легированного поликристаллического кремния D346
~ из паровой фазы V56
~ из твёрдого источника примеси S518
~ методом закрытой трубы C267
~ методом открытой трубы O83
~ носителей заряда C134
~ по вакантным узлам S746
~ примеси I100
~ с использованием маски M52
~ с использованием оксидной маски O229
диффундирующий атом D206
диэлектрик I195
~ для внутренних изолирующих слоёв I263
~ разделяющий поликремниевые слои I272
диэлектрическая изоляция D164
~ изоляция ИС на КНС-структуре S16
~ подложка I190
~ подложка со слоем кремния S482
~ проницаемость I127, P118
диэлектрические потери D165
длина волны экспонирующего излучения E373, P423
~ Дебая D16
~ дрейфа D399
~ пробега P54

~ пробега между соударениями C312
~ свободного пробега F263, R38
~ стороны кристалла C197
длительность цикла C581
дно B243
добавка A48
~, изменяющая вязкость исходного материала V147
добротность Q1
доза имплантируемых ионов примеси I335
~ экспонирующего излучения E369
дозатор D361
дозирующее устройство D361
долговечность E198, L167, L169
~ при хранении S700
долговременный дрейф L302
долина V44
домен D325
доменная граница W71
~ стенка W71
донор D326
донорная примесь D326, D328, N146
донорный атом D327, N147
допуск T193
~ на номинал резистора R252
~ на точность изготовления шаблона M88
~ на точность совмещения R165
допустимая нагрузка по току C546
дорожка S709
дрейф D397
~ дырок H196
~ носителей заряда C41
~ электронов E106
дрейфовый ток D398
дробление F258
дробовой шум S94
дрожание C167
ДТЛ D260, T231
дубликат R196
дырка E134, H191, M292
дырочная удельная проводимость P502
~ электропроводность H193, P501
дырочный газ H199
~ квазиуровень Ферми H202
~ полупроводник A17, H203, P507
~ ток H194
дюроид D437

Е, Ё

единичная дислокация S397
~ ячейка U76
единичный элемент U76
ёмкостная нагрузка C16
ёмкость C15, C23
~ инверсионного слоя I293
~ коллекторного перехода C308
~ обеднённого слоя D83

Ж

ждущий мультивибратор F183
жёлтая комната Y1
жёсткая разводка F147, F151
жёсткие рентгеновские лучи H32
~ условия R358, S254
жёсткий допуск T180
~ допуск на совмещение T178
~ монтаж F151
~ транспарентный фотошаблон R316
жёсткое программирование F149

жёсткость R315
~ воды H23
~ излучения H23, R15
~ рентгеновских лучей X9
жидкий азот L224
~ источник примеси L220
~ кристалл L218
~ травитель для кремния S334
~ фоторезист L231
~ химический травитель W104
~ хладагент C464
жидкостная химическая обработка L217, W102
~ эпитаксия L229
жидкостное травление W105
жидкость для диффузионных насосов D232
~ для промывки W76

З

зависимость R270
загонка ионов примеси P396
~ примеси D343, P397, S584
заготовка B131, P403
загрузка C132, L243, L251
~ полупроводниковых пластин W31
загрузочная воронка H210, L253
~ камера L246
загрузочное устройство C166, L250
~ устройство для кассет C56
загрузочный шлюз L256
загрузчик C166, L250
загрязнение C440, F227
~ из воздушной среды A63
загрязнённый полупроводниковый материал A49
задающее устройство D403
задержка на логический элемент G48
задубливание H17, H21
заземлённый браслет G171
зазор G17
~ между контактами C422
~ между полупроводниковой пластиной и подложкой W60
заказная ИС C563, M7
~ разводка C568
заказное оборудование C561
заказной фотошаблон C567
заказчик специализированных ИС F240
закон Гаусса G76
~ распределения вероятностей Гаусса G76
~ Фика F58
закорачивающая область S291
закрепление воском W90
закрытое состояние O16, O25
закрытый транзистор O28
заливка C65, E155, P373
запас помехоустойчивости N92
запасная деталь S567
запасной элемент S567
запирание L270, L272
запирающее напряжение B191
~ напряжение смещения C570
запирающий переход B48, B189
запись W177
заполнение B7, O6, R135
~ канавок поликристаллическим кремнием P341
~ канавок эпитаксиальным материалом E250
~ V-образных изолирующих канавок поликристаллическим кремнием V120
заполненный энергетический уровень F82
запоминание S694
запоминающее устройство S694
запоминающий конденсатор C159, M128, S696

~ транзистор M134
запрещённая зона B30
~ энергетическая зона B30, E201, F223, F225, G17
запуск T277
зародыш N153, N155
~ кристаллизации C525
зародышевый слой N151
зародышеобразование N152
заряд C132
~ статического электричества E140, S643
~ электрона E148
зарядовый пакет C156
заряды статического электричества в атмосфере S639
заселённость энергетических уровней L159, P348
засорение капилляра C25
затвердевание H21, S508
затвор G38, M156
~ в виде барьера Шотки S72
~ из монокристаллического и поликристаллического кремния S407
~ из поликремния и силицида металла P317
~ из поликристаллического кремния n^+-типа N140
~ из полупроводника с собственной электропроводностью I287
~ из тугоплавкого металла R147
~ с барьером Шотки B44
~ с изолирующим слоем из нитрида кремния N68
~ с V-образной канавкой R77
~ Шотки B44, S72
затворная область G69
~ полоска G71
~ проводящая дорожка G60
затравка N154, S155
затравочный кристалл N154
заусенец B322, F154
захват дырки H192
~ носителей заряда C37
захватное устройство P225
~ устройство для кристалла D174
захватывающая и позиционирующая головка P222
захваченный носитель заряда T262
защёлкивание L72
~ КМОП-структуры C279
защита от альфа-частиц A96
~ от статического электричества S650
защитная маска B190
~ оксидная плёнка F71
защитное оксидное покрытие C31
~ покрытие C26
~ покрытие для отжига A152
защитный оксидный участок F74
~ слой P483
~ слой оксида F73
зеркальная полировка B267, M286, O107
зерно 146, G151
зигзагообразное окно Z18
знак для прекращения шлифовки L18
~ совмещения A83, F60, R163
золотой столбиковый вывод G130
~ шаблон G133
золочение G135
золочёный вывод G134
зона A181, B28, R157
~ компенсации центров рекомбинации R92
~ проводимости C384
зонд P424
~ с вольфрамовым остриём T297
зондирование P429
зондовая измерительная установка M119, P424, P427, T79
~ измерительная установка с микропроцессорным управлением M248
~ матрица P425

~ установка для проверки кристаллов ИС C212
~ установка для проверки структур на полупроводниковой пластине W42
зонная очистка Z28
~ плавка F195, Z25
~ плавка с температурным градиентом T59
зонная структура B33, E200
ЗУ S694
~ на магнитных дисках и ЦМД F207
~ на однотранзисторных элементах O67
~ на приборах типа «пожарная цепочка» B279
~ на халькогенидных элементах памяти C114
~ на целой полупроводниковой пластине W49
~ на ЦМД B274, M13
~ на ЦМД с токовой выборкой C544
~ на элементах Овшинского O204
~ с высокой плотностью упаковки элементов памяти H90
~ с масочным программированием M81
~ со сверхвысокой плотностью упаковки элементов памяти S784
~ с произвольной адресной выборкой по строкам L194
~ зубец гребёнки F127
ЗУПВ R35
~ на ПЗС C146

И

игла S724
игольчатый кристалл A21
~ кристаллит N34
идеальная кристаллическая решётка P105
идентификация I25
~ полупроводниковых пластин W22
избирательная диффузия S157
~ обратная литография S161
~ разводка D296, S160
~ трассировка S166
избирательное легирование P402, S158
~ маскирование S162
~ травление оксида S164
~ удаление S165
избирательные межсоединения D296, S160
избирательный травитель S159
избыточное легирование O191
избыточность R121
избыточные дырки E350
избыточный носитель заряда E349
изгиб края энергетической зоны V29
~ полупроводниковой пластины W69
~ шаблона M51
изготовление G78
~ в виде встречно-гребенчатой структуры I254
~ методом групповой технологии B75
~ опытных образцов S11
~ оригинала A208
~ оригинала для ИС I9
~ столбиковых выводов на ленточном носителе T19
~ структуры S719
~ фотошаблонов P217
~ чертежей с помощью ЭВМ C370
излучательная рекомбинация R22
излучательный переход E157
излучение R8
~ для экспонирования резиста I66
измельчение F258
изменение направления на противоположное R286
~ полярности R286
~ характеристик четырёхзондовым методом F247
измеритель G3
~ плоскостности F161
~ удельного сопротивления R238

~ шероховатости R339
измерительный зонд M119
~ преобразователь S250
~ прибор G3
износостойкость E198
износоустойчивость W91
износоустойчивый оригинал H26
~ фотооригинал H26
~ фотошаблон H25, H28, R360
изображение I35, P55, P228
~ в масштабе S49
изображения I57
изовалентные примеси I388
изолятор N95
~ для многоуровневых соединений M416
изолированный затвор I362
~ карман I365
~ островок I363
~ электрод затвора I86
изолирующая диффузия I369, S251
~ канавка I372
~ канавка, заполненная оксидом O228
~ оксидная область в канавке R334
~ структура с мелкими канавками, заполненными оксидом S246
изолирующий барьер I366
~ диод I370
~ карман I378
~ оксид I193, I376
~ переход I373
~ слой I191, I195, S252
~ слой затвора G51
изоляционный материал I185, I192
изоляция I192
~ базовой диффузией B54
~ боковых стенок областей L83
~ вытравленными канавками G168
~ вытравленными канавками, заполненными диэлектриком E311
~ диоксидом кремния и поликристаллическим кремнием D264
~ диффузионными p–n-переходами D196
~ диэлектриком D164
~ защитным слоем оксида F68
~ имплантацией протонов P485
~ канавками, заполненными оксидом R82
~ канавками, сформированными вертикальным анизотропным травлением V72
~ мелкими канавками, заполненными оксидом S244
~ V-образными канавками V119
~ обратносмещёнными p-n-переходами R292
~ оксидом O227
~ методом коллекторной диффузии C306
~ p-n-переходами D262, P309
~ поликристаллическим кремнием P319
~ элементов в ИС с балочными выводами B152
~ элементов в ИС с балочными выводами B96
~ элементов ИС пористым оксидным слоем I367
изопланарная изоляция I381
~ технология I379
~ технология масштабированных ИС I383, S46
изопланарный процесс I382
изотропное травление I387
изотропный травитель I386
ИК-излучение I142
~-отжиг I352
~-томография I144
И²Л I209, M137
~ с диодами Шотки S91
~-схема с вертикальными инжекторами V92
~-схема с изоляцией V-образными канавками V188
импеданс I75
имплантация ионов бора B236
~ ионов высокой энергии H99

351

~ ионов низкой энергии L314
~ ионов одной примеси S401
~ ионов фосфора P133
импульсная сварка E203
импульсный режим P514
инверсионный канал I294
~ слой I296
инверсия заселённости P349
~ электрического поля F69
инверсный коэффициент усиления по току в схеме с общим эмиттером I291
ингибитор R275
индексы Миллера C521, M275
индуктивная нагрузка I126
индуктивность I123, I127
~ корпуса P8
индукционная печь I124
индукционный нагрев I125
индуцированная плазма ВЧ-разряда R305
индуцированный заряд I122
~ канал I121
инертный газ I131, N86, R39
~ слой I134
инжектированные дырки I152
~ электроны I151
инжектированный носитель I150
инжектирующий переход I163
инжектор I161, I162
~, сформированный двойной диффузией D368
инжекционная МОП-структура с многоуровневыми затворами S623
~ область I161
~ связь I155
инжекционное легирование I157
инжекционно-пролётный диод B47
инжекционный лазер I153, L45
~ ток I156
инжекция I154
~ горячих электронов H219
~ дырок H200
~ носителей заряда C136
инородная подложка F228
инструкция R171
инструмент T195
~ в виде «птичьего клюва» B164
~ для контроля топологии фотошаблона A206
интегральная инжекционная логика I209, M137
~ логика Шотки I218
~ матрица I8
~ микроэлектроника I210
~ оптика I213
~ оптоэлектроника I213, I214
~ система S839
~ структура с функционально-совмещёнными областями M136
~ схема C177, I197, I198, I220, M202, M214
~ электроника I206
интегральные инжекционные логические схемы I209, M137
~ компоненты O41
~ логические схемы I203
~ логические схемы с диодами Шотки I218
~ схемы I204, I210, M205, M216
~ схемы с наносекундным быстродействием N10
интегральный диод на основе эмиттерного перехода B58
~ компонент I198
~ конденсатор I11
~ модуль I20
~ резистор I217, M352, O45
~ усилитель I6
~ элемент I207, M203
интеграция I220
~ ИС на целой полупроводниковой пластине W48

~ компонентов C343
~ на одном кристалле O42
~ на целой полупроводниковой пластине F282
~ элементов по вертикали V93
интерфейс I256
интерфейсная ИС I257
~ ИС преобразования логического уровня I259
интерфейсные логические схемы G128
интерференционная полоса F268
интерференционные полосы I262
информационная ёмкость C23
инфракрасное излучение I142
инфракрасный микроскоп I141
~ нагрев I138
ионизационная камера I346
ионизационный вакуумметр I347
ионизация легирующей примеси D331
~ примеси I93, I106
ионизированный донор I348
ионизирующая радиация I349
ионная бомбардировка I317
~ имплантация I79, I80
~ имплантация в аморфный полупроводник A121
~ имплантация в нагретый полупроводник H224
~ имплантация для биполярных приборов B151
~ имплантация для формирования МОП-структур M364
~ имплантация для формирования обеднённой области D82
~ имплантация для формирования эмиттерных областей E175
~ имплантация под углом к поверхности A140, T181
~ имплантация через защитный слой оксида F72
~ имплантация через маску M53
ионная литография I310
~ очистка I301
~ примесь I330
~ эрозия I321
ионно-имплантированная ИС I342
~ МОП ИС I344
~ примесь I79, I85, I341
ионно-имплантированный канал I84
~ оксид I86
~ переход I343
~ полевой транзистор I340
ионно-пучковая литография I310
~ эпитаксия I305
ионно-пучковое нанесение покрытия I302
~ осаждение I304
~ распыление I315
~ травление I307
~ формирование нитрида кремния I313
~ формирование рисунка I316
~ экспонирование I308
ионно-стимулированное травление I320
ионное загрязнение I331
~ легирование I79, I80
~ легирование кармана W99
~ напыление тонкой плёнки T157
~ распыление I316
~ травление I307
~ травление в двухэлектродной установке D257
ионообменная мембрана I325
~ смола I326, I327
~ установка D63, D71, I326
~ установка, заполненная анионообменной и катионообменной смолами M294
ИС C177, I197, I198, I220, M202, M214
~ без резервирования N116
~ в керамическом корпусе C104
~ в корпусе P6
~ в DIP-корпусе D269, D429
~ в корпусе типа SO S453

~ в малогабаритном корпусе L333
~ в пластмассовом корпусе P295, P298
~ в плоском корпусе с планарными выводами F165, P269
~, герметизированная пластмассой P295
~ декодера Витерби V151
~ диодной матрицы D256
~ для промышленной аппаратуры I128
~ Долби D324
~ ЗУ на ЦМД B275, B276
~, изготовленная в космических условиях S563
~, изготовленная по изопланарной технологии I380
~, изготовленная по передовой технологии H158
~, изготовленная по сухой технологии D420
~, изготовленная по ЭПИК-технологии E246
~, изготовленная с использованием трёх фотошаблонов T279
~, изготовленная с использованием эпитаксиальной технологии E241
~ кодека и фильтра на одном кристалле C315
~ кодера Витерби V152
~ компаратора напряжений V174
~ координатного коммутатора с полем 1×4 O49
~ координатного переключателя C493
~ микропроцессора I22, I215, M200, M251
~ микроЭВМ M200, M209
~ миллиметрового диапазона с оптическим волноводом M276
~ модема M313
~ на биполярных и полевых транзисторах B146
~ на биполярных и полевых транзисторах с изолированными затворами B149
~ на биполярных транзисторах B143
~ на КНД-структуре S480
~ на КНС-структуре S360
~ на комплементарных МОП-транзисторах C278
~ на комплементарных транзисторах C328
~ на ленточном носителе F95
~ на МОП-транзисторах M371
~ на основе базового матричного кристалла M104
~ на ПЗС C140
~ на полевых транзисторах U71
~ на полевых транзисторах, работающих в режиме обеднения D87
~ на полевых транзисторах, работающих в режиме обогащения E216
~ на ППЗ C163
~ на приборах Ганна G201
~ на приборах с объёмным эффектом B291
~ на приборах с эффектом Холла H6
~ на стандартных элементах S632
~ на целой полупроводниковой пластине F282, F286, W47, W48
~ памяти I18, M129
~ памяти на элементах И^{2}Л I33
~ преобразователя C459
~, программируемая изготовителем F12
~, программируемая плавкими перемычками F319
~ 4-разрядного микропроцессора F241
~ с балочными выводами B95
~ с воздушной изоляцией A67
~ СВЧ-диапазона M266
~ с высокой плотностью упаковки H87
~ с высокой степенью интеграции G149, H106, H141, L27, L28
~ с выступающими электродами E152
~ с герметизированными переходами S143
~ с гетеропереходами H69
~ с гомопереходами D207
~ с диффузионными областями A87
~ с диэлектрической изоляцией D158
~ с зарядовыми доменами C153
~ с избирательными межсоединениями D295
~ с изолирующими канавками T271

~ синтезатора речи S572
~ системы S839
~ с КНД-структурой I189
~ с малой степенью интеграции D290, S456, S457
~ с масочным программированием M80
~ с многоуровневой металлизацией M417
~, смонтированная методом групповой сварки выводов G16
~, смонтированная методом перевёрнутого кристалла F179
~ с низкой плотностью упаковки элементов L308
~ собственной разработки P482
~ с одномасочным программированием O57
~ с оксидной изоляцией O224
~ с оптимальной степенью интеграции O137
~ со средней степенью интеграции M121, M382
~ со стандартной степенью интеграции S633, S634
~ со степенью интеграции выше сверхвысокой E375, S773, S789, U19
~ со степенью интеграции 1 млн элементов M122
~ со степенью интеграции 10^9 элементов на кристалле G92
~ с резервированием R123
~ с самодиагностикой S185
~ с самосовмещёнными областями S175
~ с субмикронными элементами S736
~ стабилизатора напряжения I216
~ с элементами микронных размеров M234
~ с элементами пропорционально уменьшенных размеров S45
~ с элементами уменьшенных размеров F113
~ управления памятью M132
~ усилителя I6
~ усилителя на биполярных и полевых транзисторах B127
~ устройства на ЦМД M12
~ формирователя I205
~ шумоподавления D324
~ экспертной системы E361
искажение изображения I45
~ кристаллической решётки L94
искажённое изображение D312
искривление маски M51
~ полупроводниковой пластины W69
~ шаблона M51
испарение V50
испаритель E346, E347
~ для проведения взрывного испарения F157
испаряемое вещество E337
испускаемый электрон E158
испускание E36
испытание в центрифуге C97
~ кристалла на отрыв от основания D176
~ на вибростойкость V134
~ на долговечность L168
~ на стойкость к циклическому изменению температуры T55
~ проволочных выводов на отрыв B228
испытания выводов на отрыв P511
~ на влагостойкость H239
испытательная установка T73
~ установка для логических ИС L299
исследование под просвечивающим электронным микроскопом T63
~ с помощью рентгеновских лучей X6
исток S552, S558
~ из силицида S315
~ с электропроводностью n-типа N26
~ с электропроводностью p-типа P91
истоковая область S552, S558
~ область полевого транзистора T238
источник S552
~ высокоинтенсивного излучения H108
~ диффузанта D190

~ для ионного распыления S602
~ донорной примеси N23
~ ИК-излучения I143
~ легирующей примеси D342
~ молекулярного пучка M336
~ опорного напряжения R127, R133, V180
~ опорного напряжения с температурной компенсацией T53
~ рентгеновского излучения X17
~ тока C554
~ экспонирующего излучения E372
исходное вещество S636
исходный диоксид кремния N17
~ материал H215, P35, S636
~ слой H214
ИШЛ I218

К

камера для ионного распыления S601
~ для ионного травления I322
~ для испытаний на термический удар T110
~ для климатических испытаний E224, H236, T60, T92
~ для напыления тонких плёнок C289
~ для осаждения тонких плёнок D92
~ для термообработки T92
~ для технологической обработки P440
~ реактора R53
канавка C116, G166, G169, M306, N132, R76, T268, T289, V44
~ между мезаструктурами M141
~ V-образного затвора G55
~, сформированная анизотропным травлением O10
канал C116, C126
~ для переноса заряда C162
каналоограничительная область C129
~ полевого транзистора F49
канальная инжекция C121
~ область C116, C126
~ область полевого транзистора F49
n-канальная МОП-структура N21
n-канальный МОП-транзистор N85
~ полевой транзистор N19
~ полевой транзистор с p-n-переходом N20
капилляр B208
капиллярный пуансон B208
карман T11, W98, W100
~ в подложке S765
~ в эпитаксиальном слое E248
~ с электропроводностью n-типа N27
~ n-типа N27, N159
карта процента выхода годных Y7
каскад S625
кассета B201, C36, H190, M9, R274, T265
~ диффузионной печи D211
~ для межоперационной транспортировки T223
~ для обработки полупроводниковых пластин в диффузионной печи D236
~ для обработки полупроводниковых пластин в печи F311
~ для очистки полупроводниковых пластин C253
~ для подложек S760
~ для регенерируемых полупроводниковых пластин R304
~ для хранения S695
~ для шаблонов M287
каталитическое оксидирование C69
катионообменная смола C71
катодное распыление C70
качество Q14
качество и надёжность Q15
квазимногомерное моделирование Q32

квазипотенциал Ферми Q31
квазиуровень Ферми Q30
квалификационные испытания Q12, Q13
~ испытания технологического процесса P450
квантово-механическое туннелирование Q20
квантовый выход Q22
кварц Q23
кварцевая ампула Q26
~ лодочка Q25
кварцевый колпак Q24
~ тигель Q28
КВД-структура S343
~-технология S344
КВС-структура S345
керамическая крышка C101
~ плата с высокой плоскостностью C8
~ подложка C99
керамический DIP-корпус C103
~ корпус на основе оксида алюминия A104
~ кристаллоноситель C102
кермет C108
~ на основе благородных металлов N87
~ на основе неблагородных металлов B62
керметная технология C112
керметный проводник C110
кислотный травитель A22
классификатор C247, M260, S536
~ полупроводниковых пластин по толщине и удельному сопротивлению T142
классификация C246, S537
~ кристаллов G140
~ полупроводниковых пластин по толщине T143
клеевое соединение C92
клей A43, C91, G126
~ для прикрепления кристалла B212
~ с медным наполнителем C471
~ с наполнителем F81
~ с серебряным наполнителем S376
клейкость V144
клеймение M40
~ дефектного кристалла R173
клин T26
~ проявления S300
~ травления E324, S300
КМОП ИС C278
~ без защёлкивания L73
~ с изолированными кремниевыми затворами I364
~ с самосовмещёнными кремниевыми затворами и изолирующими p-n-переходами S338
КМОП-микропроцессор с КНС-структурой C281
~-структура C331
~-структура с двумя слоями поликристаллического кремния P346
~-структура с многоуровневыми затворами S622
~-структура типа «кремний на сапфире» C280
~-технология с карманами n-типа N160
КНД-структура S357
~, полученная лазерной обработкой L57
~, полученная лазерной рекристаллизацией L59
~-технология S484
КНС-структура S359
~, полученная лазерным отжигом L36
~-технология S539
кодировщик D246
кодирующее устройство E194
колебания кристаллической решётки L104
количество логических элементов G47
коллектор со скрытым слоем B314
~, сформированный в эпитаксиальном слое E234
коллекторная диффузия C305
~ характеристика C304
колодка C47, R74, S467
~ для ИС I17
~ для ИС в корпусе P15

~ для плоского корпуса с четырёхрядным
  расположением выводов Q40
~ со штырьковыми выводами P305
колонна с объективами O3
колпак вакуумной напылительной установки B106
колпачок C13
кольцевой генератор R317, R320
~ держатель R318
~ контакт A154
~ регистр L303
~ счётчик C475, R317
кольцо R317
комбинационная логическая функция C314
комбинированная литография M296
~ полупроводниковая структура на ПЗС и полевых
  транзисторах C142
~ технология M295
~ технология ИС на биполярных и МОП-
  транзисторах B156
~ технология ИС на биполярных и полевых
  транзисторах B153
коммутатор S835
коммутация S836
компаунд C357
~ для объёмного прессования B293
компенсация зарядов C137
~ легирующей примесью D350
~ объёмного заряда S562
компенсирующее легирование C474
компланарные электроды C470
комплект G13
~ запасных инструментов и приспособлений R284
~ ИС C217
~ оборудования O174
~ оборудования для изготовления интегральных
  структур на полупроводниковых пластинах W11
комплектующая деталь P232
комплектующий компонент P232
комплементарная ИС C328
~ МДП-структура C329
~ МНОП-структура C330
~ МОП-структура C331
комплементарные транзисторно-транзисторные
  логические схемы C334
~ транзисторы C333
комплементарный полевой транзистор
  с изолированным затвором C327
композит C353
композиционный материал C353
композиция C356, F229
~ для осаждённого слоя D93
~ для покрытия C290
~ для проводников C398
~ для толстоплёночных ГИС T132
~ для толстоплёночных резисторов T138
~ пасты P52
компонент D128, E146, P36
~ ГИС H255
~ на ленточном носителе T24
~ со столбиковыми выводами B301
~ схемы C234
компоненты, вклеенные в ленту R125
~ ГИС A40
компоновка A179, C404
конвейер T207
конвейерная печь B110
~ печь для сушки C461
конвольвер C462
конденсатор C17
~ переменной ёмкости V66
~ постоянной ёмкости F141
~ со структурой металл — оксид — металл M339
~ с частотной компенсацией F266
кондиционированный воздух C382

конец проволочного вывода P235
конструирование C412, D105, E206
конструктивный блок B282
конструктор D111
конструкция C412, D105, S718
~ входного каскада F273
~ ИС на библиотечных элементах C88
~, пригодная для эксплуатации в чистых комнатах
  C258
контакт C413, T65
~ с зазором O17
~ с электропроводностью p-типа P81
контактная импульсная сварка E203
~ площадка B213, B225, C416, C431, I245, L13, P19,
  T66
~ площадка для зонда P426
~ площадка для испытания ИС T77
~ площадка к подложке S754
~ площадка, покрытая припоем P411
~ разность потенциалов C434
~ фотолитография C432
контактное окно C439
~ скрайбирование C438
~ сопротивление C437
контактный столбик P19, P236, R29
контролепригодность T70
контролируемая глубина залегания p—n-перехода
  C453
контроллер C456
~ ЗУ M130
контроль A234, C168, C436, T74, V81
~ качества Q17
~ под микроскопом с большим увеличением H116
~ проявления фоторезиста D121
~ размеров D251
~ размеров элементов G83
~ содержания кислорода O252
~ технологического процесса P433
~ чистоты C249
~ электрических параметров E42
контрольно-измерительная аппаратура для
  полупроводниковых пластин W34
~ система T75
контур L303
конусное отверстие T27
конусность T26
конфигурация C404, G82, O177, P55
~ изолирующих областей I194, I377
~ транзистора T235
~ электрода E51
конформное покрытие C405
концентрационный профиль C388
концентрация D78
~ акцепторов A15
~ вакансий V2
~ дефектов D40
~ дислокаций D300
~ имплантированных ионов примеси D360
~ легирующей примеси D333, D352
~ носителей заряда C40
~ поверхностных состояний S826
~ примеси I99
~ примеси в эмиттерной области E174
~ центров рекомбинации R91
~ электронов проводимости C389
координатный стол C468, S625, T4, T312, X29
~ для прецизионного позиционирования M242
~ на воздушных подшипниках A62
~ с виброизоляцией V132
~ с непрерывным перемещением C444
~ с шаговым перемещением S072
координатограф C469, D386, L144, P188, P303, X28
~ с резцом S126
копирование D434, R297

копия R196
~ шаблона M48
~ эталонного фотошаблона P169
короткий цикл создания прибора Q38
короткое замыкание S290
корпус C53, C54, E221, P1, P2
~ для матричной ИС с макроячейками M6
~, изготовленный ударным прессованием I71
~ из эпоксидной смолы E272
~ с большим числом выводов H109
~ с многорядным расположением штырьковых выводов M433
~ с однорядным расположением выводов S400
~ с оптическим окном W124
~ со штырьковыми выводами P306
~ с рамкой из серебряного припоя S374
~ с четырёхрядным расположением выводов Q11
~ типа Cerdip C107
~ типа DIP D431
~ типа TO T236
~ типа SO S452
~ типа SOJ S454
~ типа SOT S455
~ транзисторного типа T236
DIP-корпус D431
~ для многокристальных ИС P316
SIP-корпус S400
косой шлиф A141
коэффициент R45
~ вязкости V146
~ диффузии D214
~ загрузки L252
~ инжекции I160
~ лавинного умножения A260, M438
~ масштабирования S52
~ объединения по входу F19
~ ослабления R175
~ ослабления синфазного сигнала C321
~ отражения R138, R139
~ передачи по току в схеме с общей базой A93
~ переноса T213
~ полезного действия E31
~ преобразования C458
~ прилипания S685
~ разветвления по выходу F20
~ распределения D318
~ рекомбинации R93
~ усиления A125, A126, G4, G5
~ усиления по мощности P376
~ усиления по напряжению V171, V177
~ усиления по постоянному току в схеме с общим эмиттером D275
~ усиления по току C545, C548
~ усиления при малом уровне сигналов S459
~ усиления транзистора по току в схеме с общим эмиттером B114, B115
~ Холла H3
~ шума N90
кпд E31
краевая дислокация E21
~ контактная площадка E19
краевой эффект E22
край E16
~ зоны проводимости C388
~ кристалла C197
~ топологического элемента F39
краситель I164
кратковременный дрейф S294
~ сбой G119
кремниевая ИС S348
~ КМОП-структура на сапфире S542
~ мастерская S335
~ подложка S320
~ подложка с V-образными канавками V125

кремниевый затвор S336
~ компилятор S321
~ монокристалл S367
~ островок на сапфировой подложке S544
~ полевой транзистор с затвором Шотки S378
~ слиток S342
~ слиток квадратного сечения S605
кремний S317
~, ориентированный в кристаллографической плоскости (111) S318
~, подвергнутый электронно-лучевой обработке E123
~ полупроводниковой чистоты S214
~, полученный методом зонной плавки F197
~, полученный методом Чохральского C588
~ с высоким удельным сопротивлением H133
~ с дислокациями D45
~ с имплантированными ионами бора B237
кремнийорганическая смола S332
кремнийорганический материал O162
крест для совмещения F59
кривая C556
~ выхода годных Y5
~ солидуса S527
криогенная аппаратура C505
~ ловушка C299
~ техника C504
~ электроника C502
криогенные логические схемы C506
криогенный вакуумный насос C507
~ элемент C503
криоэлектроника C502
криптомикропроцессор C508
кристалл D145, M200
~ без герметизирующего покрытия B38, N5, U87
~ БИС L361
~, выращенный методом вытягивания P508
~, выращенный методом Чохральского C585
~ для ГИС H252
~ для толстоплёночной ГИС T129
~ для тонкоплёночной ГИС T144
~-заготовка Q33
~ ЗУ на ЦМД B275
~ ИС C177, I12, P97
~ ИС памяти M129
~ ИС с малой степенью интеграции I120
~ на ленточном носителе C209, D171, T23
~ оптоэлектронной ИС O140
~ полузаказной ИС S236
~ полупроводникового прибора S206
~, полученный методом зонной плавки F199
~, полученный методом зонной плавки в вакууме V21
~ с балочными выводами B91
~ с высокой плотностью упаковки D74, H86
~ с масочным программированием M79
~, смонтированный на ленточном носителе для автоматизированной сборки ИС T3
~ соединения типа $A^{II} B^{VI}$ C509
~ со столбиковыми выводами B299, P94
~ с проволочными выводами W129
~ устройства на ЦМД M12
кристаллизация из жидкой фазы L225
кристаллит C523, G146
кристаллическая решётка основного вещества H213
кристаллический двойник T315
~ полупроводник C522
кристаллографическая ориентация C526
~ ось C711
~ плоскость C527
кристаллодержатель C187, H38, H190, M374
кристаллоноситель C184, H38, H190, M374
~ в виде вырезанного участка ленточного носителя с герметизированным кристаллом T5

~ для монтажа методом перевёрнутого кристалла F178
~ для нескольких кристаллов M394
~ полупроводниковой ИС S207
~ с выводами L125
~ с многоуровневыми соединениями M407
~ с одним уровнем соединений S402
~ со столбиковыми выводами B300
кристаллы D141
круг Гамильтона H9
крутизна T210
крышка C13
~ из диэлектрического материала D161
~ с кварцевым окошком B297
кубическая кристаллическая решётка C538

Л

лавина A253
лавинная инжекция A257
~ ионизация A259
лавинно-индуцированная миграция A256
лавинно-инжекционная МОП-структура с многоуровневыми затворами A258
~ МОП-структура с плавающим затвором F187
лавинно-ключевой диод T260
~ режим T263
лавинно-пролётный диод A261, I70, T245
лавинный пробой A254
~ процесс A253
лазер, работающий в дальней УФ-области F24
~ УФ-диапазона U41
лазерная литография L56
лазерная подгонка резисторов на полупроводниковой пластине L68
~ прошивка отверстий L48
~ резка L38
~ резка полупроводниковых пластин L44
~ сварка L40
лазерное геттерирование L50
~ напыление L39
~ осаждение L43
~ сглаживание L60
~ скрайбирование L63
лазерно-стимулированная диффузия L37
лазерно-стимулированное легирование L47
~ осаждение L53
лазерный вырез L42
~ диод D258, L45
~ метод подгонки резисторов L67
~ пропил L55
~ растровый микроскоп L61
~ скрайбер L62
~ счётчик аэрозольных частиц L35
~ шлиф L64
лак L1
ламповый нагрев L12
~ отжиг L11
легирование D348, I103
~ акцепторной примесью P87, P506
~ бором B235
~ донорной примесью N148
~ за счёт нейтронной ядерной реакции N61
~ золотом G132
~ из газовой фазы G34
~ кремния S326
~ мышьяком A198
~ поверхности полупроводника S809
~ полупроводниковой подложки S211
~ примесью I104
~ примесью из раствора S530
~ примесью, уменьшающей время жизни неосновных носителей L170
~ фосфором P129
легированный резист D341
легирующая примесь D330, D349, I92
легкоплавкий припой S471
лента S709, T14
ленточный вывод R310
~ кристалл R309
~ нагреватель S711
~ носитель C49, F85, T14, T255
~ носитель кристаллов T20
~ носитель с балочными выводами B99
~ носитель с выводными рамками I246
~ носитель со столбиковыми выводами B302
~ питатель B109
~ транспортёр для полупроводниковых пластин W63
летучесть V169
ликвидус L232
линейная БИС L365
~ ИС L199
~ структура L207
~ характеристика L201
линейное расширение L198
линейно-изменяющаяся характеристика R32
линейные интегральные схемы L197
линза L156
линия Гамильтона H10
~ дислокации D301
~ малой ширины F108
~ разламывания C265
~ скрайбирования S104, S122
литографическое оборудование Y2
литография L240, P420
~ без применения фоторезистов R241
~ для изготовления фотошаблонов M68
~ для формирования структур с микронными элементами M230
~ для формирования структур с субмикронными элементами S737, V103
~ по всему полю пластины F288
~ по всему полю полупроводниковой пластины W29
~ с высоким разрешением H138
~ с использованием УФ-экспонирования U43
~ сканированием луча B105
~ с масштабированием S43
~ с последовательным шаговым экспонированием S683
~ фокусируемым ионным пучком F220
литьевое прессование T217
лицевая поверхность F4
ЛКД T260
ловушка S422, T258
логика L274
~ монтажного объединения или разветвления W137
~ на основе монтажного И W134
~ на основе монтажного ИЛИ W136
~ на переключателях тока C551
~ на эмиттерных повторителях E172
логическая блок-схема L291
~ ИС L294
~ ИС с инжекционным питанием I31
~ ИС с эксплуатационным программированием F77
~ матрица L282
~ матрица с эксплуатационным программированием F75
~ матричная ИС L283
~ операция L279
~ переключательная схема L298
~ сложность L287
~ схема G38, L286, L292
~ схема И A135
~ схема И—ИЛИ A139

~ схема ИЛИ O151
~ схема ИЛИ—НЕ N126, N135
~ схема И—НЕ N7
~ схема НЕ N133
~ схема с распределёнными параметрами на переходах Джозефсона D315
~ функция L276
~ ячейка L284
~ «1» L277
логические БИС L366
~ интерфейсные ИС L293
~ матрицы, программируемые плавкими перемычками F318
~ СБИС V108
~ схемы L274
~ схемы на арсениде галлия G10
~ схемы на комплементарных транзисторах C332
~ схемы на МДП-транзисторах M290
~ схемы на МОП-транзисторах M365, M372
~ схемы на ПЗС C75, C144
~ схемы на полевых транзисторах с ёмкостной связью C18
~ схемы на полевых транзисторах с затворами Шотки S85
~ схемы на приборах с переходами Джозефсона C506
~ схемы, программируемые пользователем U99
~ схемы СВЧ-диапазона M268
~ схемы с высокими логическими уровнями H111
~ схемы с высоким пороговым напряжением H164
~ схемы с высокой плотностью упаковки D75, T176
~ схемы с высокой помехоустойчивостью H119
~ схемы с непосредственными зарядовыми связями D273
~ схемы с низким быстродействием L340
~ схемы с низкими логическими уровнями L320
~ схемы с переменным порогом V70
~ схемы с плавкими перемычками I208
~ схемы с токовой инжекцией C550
~ схемы с транзисторами Шотки S96
~ схемы с эмиттерными связями E164
логический блок L275
~ ключ L298
~ расширитель G54
~ уровень L295
~ элемент G38, G44, L284, L289, L292
~ элемент И A136
~ элемент ИЛИ O163
~ элемент ИЛИ—НЕ N127
~ элемент И—НЕ N8
~ элемент И—НЕ—ИЛИ A137
~ элемент на арсениде галлия G2
~ элемент на МОП-транзисторах M362
~ элемент на одном МОП-транзисторе S395
~ элемент НЕ N35, N134
~ элемент с возможностью расширения по входам E357
~ элемент с одним логическим уровнем S404
~ элемент цифровой ИС D243
~ «0» L280
логическое моделирование L297
~ проектирование L288
~ состояние «0» Z14
~ состояние «1» O60
лодочка B201
~ для выращивания кристаллов G179
~ для термической обработки в печи F308
~ из поликристаллического кремния P337
~ из тефлона T46
лодочковый испаритель B202
локальная диффузия L265
~ изоляция углублённым оксидом L262
~ эпитаксия L263
локальное легирование L266

~ оксидирование кремния L267
~ оксидирование кремния на сапфире L268
~ травление L264
ломка B259, C264, C482, F253
~ полупроводниковых пластин S431
~ по рискам C223
ломкий материал F256
ломкость F257
лоток T265
ЛПД A261, I70, T245
~ с отрицательным сопротивлением T246
лужение T185
лужёный шариковый вывод T184
луч B86
~ прямоугольного сечения S270

М

магазин B134, M9
магнетронное распыление M25
магнитная проницаемость P116
магнитный полупроводник M16
магнитоакустическая линия задержки M18
магнитооптическое ЗУ M19
магниторезистивный эффект M20
магнитостатическая волна M17
~ объёмная волна M21
магнитострикционный преобразователь M23
магнитоэлектроника M15
мажоритарная логика M30
макет B258, M309, P487
~ ИС I19
макетная плата B258
макроблок M2
макроячейка M2, M3
максимальная разрешающая способность U11
малая ИС S456, S457
~ степень интеграции S457, S458
малогабаритная установка трафаретной печати M245
малогабаритный корпус L334, S452
~ корпус с J-образными выводами S454
~ корпус транзисторного типа S455
малое время жизни L321
~ время жизни носителей заряда S292
~ расстояние T179
маломощные диодно-транзисторные логические схемы L327
~ логические схемы L315
~ транзисторно-транзисторные логические схемы с диодами Шотки L328
маломощный транзистор L329
малошумящая схема L324
манипулирование H13
манипулятор H12
~ для передачи полупроводниковых пластин из кассеты в кассету C63
~ для полупроводниковых пластин W18
~ камеры для климатических испытаний E223
~ с вакуумным схватом V11
манометр G3
маркирование M40
маркировка I25, M40
~ ИС C205
~ красителем I166
~ кристаллов C205
~ на нижней поверхности B244
~ полупроводниковых пластин W33
маршрут R342
маска M41, M59
~ для ионной имплантации I337
~ для литографии L237

~ для напыления слоя E344
~ для плазменного травления P286
~ для программирования P463
~ для рентгеновской литографии X13
~ для термовакуумного осаждения V15
~ для травления E308
~ для формирования базовых областей B66
~ для формирования диффузионных областей D228
~ для формирования изолирующих областей I374
~ для формирования карманов с электропроводностью p-типа P527
~ для формирования коллекторных областей C309
~ для формирования контактов C417
~ для формирования легированных областей D353
~ для формирования межсоединений I240
~ для формирования металлизации D94, M175
~ для формирования рисунка P68
~ для формирования рисунка металлизации M165
~ для формирования эмиттерных областей E177
~ из негативного фоторезиста N43
~ из нитрида кремния S253
~ из припоя S502
~ из тугоплавкого материала R145
~ на всей поверхности полупроводниковой пластины F289
~, не проницаемая для кислорода O249
~, препятствующая оксидированию O212
маскирование M57, S282
~ боковой стенки канавки S301
~ диоксидом кремния S325
~ для проведения ионной имплантации I89
~ для формирования металлизации M166
~ жидким фоторезистом W108
~ оксидом и нитридом кремния O231
~ при проекционной литографии P472
~ с использованием промежуточного фотошаблона R281
маскирующая мембрана M70
~ плёнка M58, S283
маскирующий материал M43
~ оксид M60
~ рисунок M61
~ слой M41, M59
~ слой из нитрида кремния S353
масло для диффузионного насоса D233
масс-спектрометр M90
масс-спектроскопия M91
~ на вторичных ионах S154
масштаб уменьшения изображения при проекционной литографии P477
масштабирование D250, S51, S295
~ вертикальных размеров V101
масштабированная ИС D383, S45
~ МОП-структура S47
масштабированное изображение S49
материал подложки H215
~ подложки для выращивания эпитаксиального слоя P35
~ с КНД-структурой S358
~ с низким удельным сопротивлением L336
~ собственной проводимости V143
~ с узкой запрещённой энергетической зоной L306
матрица A185
~ аналоговых элементов L195
~ биполярных транзисторов B140
~ больших ячеек M5
~ изображений I37, P57
~ изображений структур M422
~ логических элементов G39, L282
~ ПЗС C138
~ полевых транзисторов F48
~ полупроводниковых приборов S202

~ с расположением элементов строками и столбцами X26
~ штырьковых выводов P241
~ элементов памяти A190
~ энергонезависимых элементов памяти N124
~ ячеек C87
~ ячеек ТТЛ с диодами Шотки S77
матричная БИС M108
~ ИС A185, A186, A187, I8, M104, M107
~ ИС с избирательными межсоединениями D297
~ МОП ИС M359
~ структура A194
матричные логические схемы A189
матричный корпус P241, P242
~ формирователь сигналов изображения A182, I37, I64
~ формирователь сигналов изображения большой площади L22
~ формирователь сигналов изображения на ПЗС C74
машина для монтажа методом накрутки W143
мгновенное прессование F155
МДМ-структура M159
МДП-структура M160
~-структура с термическим нитрированием T102
~-транзистор C399, M161, M293
медленный электрон S442
межатомное расстояние в кристаллической решётке I228
междиффузионные пустоты I250
междоузельная диффузия I276
междоузельный атом I274
междоузлие I273
межзёренная граница C512, G147
межзонный переход B34, I229
межкомпонентное соединение C344
межкристальный промежуток I248
межоперационная транспортировка H13, T211, T251
межслойная металлизация I264
межслойный изолирующий слой I266
межсоединение I232, M224
~ из силицида металла M194
~ из силицида тантала T13
~ на кристалле O43
межсхемное соединение I281
межуровневая металлизация I264
межуровневый оксид M420
межцентровое расстояние C94
межэлементная изоляция I247
меза-островок M140
мезаструктура M142
мезатранзистор M143
мезаэпитаксиальная технология M138
мелкая ловушка S268
~ V-образная канавка S269
~ структура кристалла ИС S259
мелкий акцепторный уровень S258
~ донорный уровень S262
~ переход S264
~ энергетический уровень S265
мембрана M126, P98
~- подложка для шаблона M70
мембранный шаблон M127
место локального перегрева H225
металл для формирования затвора G61
~ с высокой работой выхода H179
~ с низкой работой выхода L348
металлизация M164
~ алюминием A110
~ внутреннего слоя I269
~ для формирования вертикальных соединительных перемычек V96
~ для формирования затвора Шотки S90
~ для формирования межсоединений с высоким

359

~ разрешением F116
~ для формирования фиксированных межсоединений F148
~ из силицида S316
~ из тугоплавкого металла R148
~ канавок R80
~ керамики C105
~ омических контактов O33
~ поверхности с воздушными зазорами A65
~, сформированная методом обратной литографии L174
~ тугоплавким металлом R148
металлизированное сквозное отверстие P300, T171
металлизированный фотошаблон H25, H28, M178, M184
металлическая контактная площадка M162
~ маска M175
~ токопроводящая дорожка M163
металлический корпус C12
~ электрод затвора M156
металлографический микроскоп M170
~ шлиф M171
металлокерамика C108
металлокерамический корпус C98, M148
~ проводник C110
металлооксидный конденсатор M339
~ резистор M179
металлоорганическое соединение O161
металлоплёночный резистор M155
металлостеклянное основание корпуса G114
металлостеклянный корпус G95
~ спай G115
металлургия M174
металлы для контактов и выводов T67
~ для межсоединений I241
метод P430, T40
~ автоматизированного проектирования C3, C374
~ базового матричного кристалла G40, M102
~ базового матричного кристалла с большими ячейками M4
~ базового матричного кристалла с МОП-ячейками M97
~ Бриджмена — Стокбаргера B266
~ двойного тигля D366
~ двойной диффузии D372
~ двукратной диффузии D372
~ декомпозиции D21
~ жидкостного химического травления L223
~ зонной плавки F198
~ изготовления биполярных ИС B139
~ изготовления заказных ИС C557
~ изготовления ИС с двумя уровнями поликристаллического кремния T326
~ изготовления многокристальных ИС C180
~ изготовления прибора с применением одного фотошаблона S405
~ изоляции ИС I16
~ изоляции коллекторной диффузией C307
~ изоляции V-образными канавками, заполненными поликристаллическим кремнием V142
~ изоляции с использованием ионной имплантации I88
~ изоляции элементов в ИС на КНС-структуре S545
~ n-канальных МОП ИС N82
~ многостадийной диффузии S626
~ Монте-Карло M356
~ мультипликации блоками B193
~ низкотемпературной обработки C298
~ обратного мениска I298
~ окрашивания S628
~ оптического совмещения O119
~ перевёрнутого кристалла F180

~ плавающего тигля F185
~ плавких перемычек F316
~ присоединения выводов B219
~ проволочного монтажа кристаллов C178
~ проектирования D115
~ самосовмещения S167
~ транспортировки полупроводниковых пластин из кассеты в кассету C60
~ уменьшения изображения R120
~ фиксированных межсоединений F146
~ формирования нитрида кремния N73
~ формирования очень тонких плёнок V111
~ формирования рисунка D49
~ холодного тигля C296
~ Чохральского C586
~ Чохральского с использованием обволакивания расплава инертной жидкостью L221
~ Чохральского с использованием полного обволакивания расплава инертной жидкостью в магнитном поле M14
~ Чохральского с обволакиванием расплава инертной жидкостью, осуществляемый в атмосфере высокого давления H128
механизм работы биполярного прибора B157
~ работы диода D253
~ работы транзистора T227
механическая обработка M1
миграция межзёренных границ G148
микровыступ A214
микрозазор P491
микрозонд M246
~ Оже A237
микроинтерферометр M225
микроконтроллер M210
микрокорпус L334, V110
микролитография M227
~ для изготовления полупроводниковых ИС S222
микроминиатюризация M231
микромодуль M232
микромощная ИС M243
микромощные логические схемы M264
микромощный транзистор M244
микронеровность A214
микрообработка M219, M228
микропрофиль поверхности M262
микропроцессор M198, P449
~ с КНС-структурой S15
~ с микропрограммным управлением M256
~ с наносекундным быстродействием N12
~ среднего уровня M271
~, сформированный на одном кристалле с другими схемами C472
~ широкого применения L312, V109
микропроцессорная секция B170, D8, M255, S429, S432
микропроцессорный комплект M252
~ модем M253
микрорисунок M237
микросборка M199
микроскоп для визуального контроля I184
~ для визуального контроля полупроводниковых пластин W24
~ с расщеплённым лучом L186
микрослед M263
микроследы примеси U39
микроструктура M237
~ транзистора T234
микроструктурирование F112
микросхема C177, M202, M214
~ на керамической подложке C100
микросхемотехника M204
микросхемы M205
микротехнология M219
микротрещина C485, F139

микрофотография М221, Р182
~, полученная с помощью просвечивающего электронного микроскопа Т49
~, полученная с помощью растрового электронного микроскопа S59, S247
микрофотоснимок М221, Р182
микрофотосъёмка Р183
микрошлиф М257
микроЭВМ М198, М208, М229
~ для управления производством I129
~ с программным управлением S475
микроэлектроника М216
микроэлектронная технология М217
микроэлектронное устройство высокой функциональной сложности Н82
микроэлектронные приборы М216
миниатюрная зондовая измерительная установка М281
минимальная ширина линии L211
~ ширина токопроводящей дорожки Т208
минимальный размер С488
~ размер элемента G85
мишень установки для ионного распыления S603
~ установки для осаждения распылением D95
многовыводная ИС М413
многовыводной плоский корпус М414
многодолинный полупроводник М36
многозвенная схема лестничного типа L3
многозначные логические схемы М419
многозондовая измерительная установка М439
~ установка для проверки логических ИС L296
многозонная печь М447
многокамерная установка травления М389
многоканальный полевой транзистор М390
многокомпонентное стекло С358, М400
многократная диффузия М426
~ фотолитография М421
многократное экспонирование М427
многокристальная ГИС М396
~ ИС С359, М395
~ микросборка М392
~ сверхбольшая ГИС М399
многокристальный метод сборки ИС М393
~ микропроцессор С218, М397
~ монтаж М392
многомерное моделирование М401
многопозиционный фотоповторитель М436
многополосковая структура М442
многопроводный монтаж М446
~ монтаж высокой плотности Н91
многослойная керамика М406
~ маска L106
~ металлизация М410
~ печатная плата С349, М404
~ подложка С354, М412, М441
~ подложка для ГИС С219
~ полупроводниковая пластина С355
~ структура L107
многослойный диэлектрик L105
~ конденсатор М405
многоступенчатое осаждение М435
многоуровневая ИС М408, М417
~ КМОП-структура О196
~ металлизация М410
~ разводка М409
~ структура S621, Т174
многоуровневые логические схемы М419
~ межсоединения М409
многоуровневый затвор С250
~ полупроводниковый прибор М411
многоштырьковый корпус М423
многоэмиттерный транзистор М402, О201
многоярусная структура Т174
МНОП-структура М176

~-структура с поликремниевыми затворами S224
~-транзистор М303
моделирование S381
~ методом Монте-Карло М357
~ на уровне логических элементов G59
~ на уровне транзисторов Т233
~ на ЭВМ С375
моделирующая программа S382
моделирующее устройство S382
модель М309
модем с микропроцессором М253
модернизация U94
модифицированное химическое осаждение из паровой фазы М314
модуль дистанционного управления R184
~ диффузионной печи F309
~ для изготовления интегральных структур на полупроводниковых пластинах W11
~ на ИС I20
~ отмывки R325
модульная технологическая установка М318
~ установка для удаления припоя методом отсасывания D117
~ установка отмывки и очистки полупроводниковых пластин с погрузочно-разгрузочным устройством М319
модульность М316
модульный принцип М316
модуляризация М317
молектроника М335
молекулярная ИС М338
~ примесь М337
~ электроника М335
молекулярно-пучковая эпитаксия М334
~ эпитаксия кремния S350
молекулярно-пучковое осаждение М333
момент завершения операции E196
~ завершения травления Е298
монобрид М340
монобридный монтаж М340
монокристалл М342
монокристаллическая плёнка S390
монокристаллический затравочный стержень С532
~ полупроводник S393
~ слиток S392
монолитная ИС М348
~ микросхема М349
~ подложка U75
~ структура М345, М354
монолитный компонент М347
мономолекулярная плёнка М355
мономолекулярный слой М344
монооксид кремния S351
монослой М344
монтаж А216, I179, L251, W147
~ в корпусе С54
~ высокой плотности Н92
~ ИС в корпусе Р3, Р12
~ компонентов С346, S723
~ кристаллов С182, С206
~ кристаллов на кристаллоносителе С188
~ кристаллов на плате С208
~ кристаллов на плате ГИС Н250
~ методом перевёрнутого кристалла В4, I112, F176
~ на основании корпуса Н39
монтажная головка А174, Р254
~ канавка R84
~ площадка W153
~ схема W149
монтажник А215
монтажное И D362, W133
~ ИЛИ D363, W135
~ соединительное устройство F140
~ устройство Р256

монтажно-сборочное оборудование М375
монтажно-сборочный этап обработки В6
монтажный автомат А247
~ инструмент Р256
~ полуавтомат S198
~ стол В111
МОП ИС М371
~-конденсатор М360
~-структура М180
~-структура на транзисторах, работающих в режимах обогащения и обеднения Е212
~-структура с высоким пороговым напряжением Н165
~-структура с двумя уровнями поликристаллического кремния D380
~-структура с диэлектрической изоляцией D163
~-структура с затвором из тугоплавкого металла R150
~-структура с затвором Шотки S75
~-структура с изолированным затвором I188
~-структура с инжекционным затвором G56
~-структура с каналом n-типа N21
~-структура с каналом p-типа Р79
~-структура с кремниевыми затворами S339
~-структура с многоуровневыми затворами С351
~-структура с нижним затвором В8
~-структура с низким пороговым напряжением L347
~-структура с V-образной канавкой V121
~-структура с однотипными каналами S385
~-структура со скрытым каналом В312
~-структура с самосовмещёнными затворами S173
~-структура с плавающим затвором F190
~-структура с регулируемым пороговым напряжением А46
~-структура, сформированная двойной ионной имплантацией D376
~-структура типа «кремний на сапфире» М182
~-технология М368
~-транзистор М181, М370
~-транзистор, работающий в режиме обеднения D90
~-транзистор, работающий в режиме обогащения Е219
~-транзистор с вертикальной структурой V98
~-транзистор с изолированным затвором М363
~-транзистор с каналом n-типа N85
~-транзистор с кремниевым затвором S341
~-транзистор с металлическим затвором М158
~-транзистор с V-образным затвором G167, R78, V123
~-транзистор со скрытым каналом В313
~-транзистор с плавающим затвором F192
~-транзистор с субмикронными размерами S740
мостик В264
мощная ИС Р377
~ установки ионной имплантации Н85
мощность рассеяния D309
~ рассеяния DIP-корпуса D272
~ рассеяния кристаллоносителя С189
мощный полупроводниковый прибор Р379
мультиплексор на ПЗС С76
мультипликатор изображений I54, P71, R194
мультипликация М437, R198
~ блоками В194
~ изображений I49, I55, М432, P82
~ структур фотошаблонов М82
мультиплицирование D434, М437, R198
~ изображений с высокой разрешающей способностью Н136
мультиплицированное изображение М429, R197
мультиплицированные изображения R195
мышьяковистый водород А204
мягкие рентгеновские лучи S477

Н

набор G13
~ зондов Р425
~ инструментов О174
~ ИС С217
~ режущих дисков М424
~ режущих полотен В174
набухание В186
наведённый заряд I122
навеска для напыления Е341
навесной компонент А38, Е374
~ конденсатор F216
~ проволочный вывод W138
~ резистор О14
~ усилитель О12
навесные компоненты А40
нависание О195
нависающий край L215, О195
~ оксидного слоя О233
нагревостойкость Т109
нагрузка L243
нагрузочная способность F21, L248, О182
~ способность по току С546
~ характеристика L247
нагрузочное сопротивление L259
нагрузочный конденсатор L245
~ МОП-транзистор М183
~ резистор Р512
~ транзистор L260
~ n–p–n-транзистор с функционально-совмещёнными областями М135
надёжность R179
наклонная боковая стенка S440
накопительный конденсатор С159, М128, S694
накопление S694
~ заряда С48
~ объёмного заряда S561
накопленный заряд S702
накрутка W171
нанесение защитного покрытия С28
~ защитного стеклянного покрытия О194
~ золотого покрытия G135
~ методом центрифугирования S581
~ многослойных покрытий L10
~ покрытия С288, Р301
~ покрытия методом оксидирования О210
~ покрытия методом погружения D266
~ покрытия методом псевдоожижённого слоя F209
~ резиста R222
~ тонких металлических плёнок Т146
нанолитография N11
нанопроцессор N12
наноэлектроника N10
наполнитель F83
направление роста кристалла G183
~ травления D277
направленный травитель О165
направляющее устройство G195
направляющий край G196
напряжение лавинного пробоя А255
~ логического «0» L281
~ логической «1» L278
~ насыщения S27
~ обратного смещения В1, R287
~ отсечки С573
~ питания S796
~ пробоя В263, R369
~ пробоя диэлектрика D160
~ прямого смещения F230
~ смещения В120, В124, О24, V172
~ смещения на базе В51

~ смещения на подложке S752
~ смещения на эмиттере E162
напряжённость электрического поля F79
напыление E229, T97, V20
~ без разбрызгивания S588
~ сплошной толстой плёнки B295
~ тонких плёнок T152
напылительная камера E340
~ установка с большим вакуумным объёмом H81
напыляемое вещество E337
наращивание G178
нарушение работоспособности M31
~ соединения B210
~ срабатывания L72
насыщение дрейфовой скорости V80
натекание B14, R365
~ воздуха A70
~ паров масла O37
натяжение T64
начальный этап изготовления F274
неавтономный режим O69
неблагоприятные условия окружающей среды R358, S254
невыпрямляющий контакт O31
~ переход N115, O32
невырожденный полупроводник N101
негатив N41
~ оригинала N37
негативное изображение N41
~ изображение оригинала N37
негативный фоторезист N45
~ фотошаблон N43, N46
негерметичный корпус L152
недопроявление U62
недотравливание U63
нежелательная примесь C440, F227
неисправность F14, F32
нейтрализация зарядов статического электричества S646
нейтральный центр захвата N55
нейтронный активационный анализ N56
некогерентное излучение I113
нелегированная область U65
нелинейный резистор на основе оксида цинка Z20
немаскированная область U86
ненарушенная плавкая перемычка I196
ненасыщенные логические схемы N117
ненасыщенный режим N118
необработанная подложка B179
~ полупроводниковая пластина R47
неограниченный источник примеси I135
неоднородность кристаллов, расположенных по периферии и в центральной части полупроводниковой пластины W17
неосновной носитель заряда M282
неочищенный кремний R46
непаяное соединение S501
неплоская поверхность U66
неплоскостность N109, U67
неплоскостность полупроводниковой пластины S433, W35
неподсоединённый вывод F217
непороговая логика N120
непрерывный режим C445
непрецизионная фотолитография R178
непрецизионное совмещение R177
непрозрачная точка O78
непрозрачное пятно O78
непрозрачный дефект O76
~ участок O77
непроявленный фоторезист R262
неравновесный носитель заряда N107
неравномерность скорости травления в осевом направлении A264

~ скорости травления в радиальном направлении R3
неразрушающий зонд N110
~ контроль N102
нерастворимый фоторезист I181
нерегулярная разводка R37
нерегулярность структуры S720
нерегулярные межсоединения R37
неровная поверхность U66
неровность края E24
~ края токопроводящей дорожки L205
~ поверхности S813
несвязанный дефект L304
несквозное отверстие P249
нескоммутированная аналоговая матрица U51
~ ИС U54
~ логическая матрица U55
~ транзисторная ячейка U56
нескоммутированные логические элементы U58
нескоммутированный германий U57
~ компонент U53
~ кристалл U52
несмонтированная печатная плата U85
~ плата B37, N4
~ подложка B179
несовершенный кристалл I76
несовершенство I77
~ кристаллической решётки L97, S717
неспециализированный компонент N99
несплавной контакт N94
нестабильность R364
несущая лента B9
несущий вывод S800
неточное совмещение M288
неуправляемое легирование E281
нешлифованная поверхность подложки R340
нижняя поверхность B243
~ сторона B12, B243
низкая разрешающая способность L338
~ степень шероховатости поверхности F105
низкий вакуум R341
низкое потребление мощности L326
низкоомная область L337
низкоомный материал L336
~ полупроводник L325
низкотемпературная эпитаксия L342, R111
низкотемпературное оксидирование L343
~ осаждение из паровой фазы L346
низкотемпературный оксид L344
низкочастотная печь L316
нисходящее проектирование T197
нитевидный кристалл W114
нитрид бора в качестве источника диффузанта B199
~ кремния S352
нитрирование N66
новолачная смола N137
нож для вырезания оригинала A210
номенклатура N93, R38
~ продукции P457
номер сита M146
номинальная мощность P378
~ нагрузка L258
номинальное значение R44
~ напряжение V179
~ напряжение пробоя B262
номинальный срок службы R43
~ ток C552
норма R361
носитель C36
~ в собственном полупроводнике I284
~ заряда C36, C133
~ отрицательного заряда N38
~ положительного заряда P355

О

обволакивающий слой инертного газа I133
обдув D441
~ азотом N74
обеднение носителями заряда C148
обеднённая область D89
обеднённый канал D81
~ носителями заряда участок C149
обезгаживание D52, O175
~ в высоком вакууме H168
обеспечение качества Q16
~ радиационной стойкости R14
обеспыленное производственное помещение D440
обжиг B18, B19, C6
обкалывание краёв E18
~ краёв кристалла P111
обкладка конденсатора C21
области истока и стока S136
область A181, D325, R157
~ без защитного слоя D80
~ в эпитаксиальном слое E251
~ затвора G69
~, нарушенная ионной имплантацией I319
~ насыщения S25
~ ограничителя канала C129
~ поликристаллического кремния на оксидном слое P344
~ с высоким отношением длины к высоте H80
~ с V-образной канавкой V124
~, сформированная протонной имплантацией P486
облой B322, F154
облучение I354
~ нейтронами N60
~ рентгеновскими лучами X11
обогащение E210
обогащённая область E209
обогащённый канал E211
~ слой A18
обозначение I25
~ выводов L135
оболочка C53, E221
оборудование H30, S652
~ для жёлтых комнат Y2
~ для изготовления шаблонов M69
~ для литографии L235
~ для получения деионизованной воды D319
~ для последовательной шаговой мультипликации S663
~ для производства компонентов C345
~ для сборки и герметизации P14
~ для собственного производства ИС I148
~ для технологической обработки полупроводниковых пластин W43
~ для транспортировки H14
~ для чистой комнаты W118
~ проекционной литографии с последовательным шаговым экспонированием S663
~ производства специализированных ИС F239
обрабатываемость W159
обработка H13
~ в водных растворах A178
~ в условиях невесомости M222
~ для формирования субмикронных структур S730
~ изображений I51
~ кристаллов D175
~ кристаллов на полупроводниковой пластине C213
~ матриц A193
~ перед припаиванием крышки корпуса P406
~ поверхности S829
~ поверхности для улучшения адгезии P414

~ полупроводниковых пластин для изготовления ИС I21
образ I35
образец S8
V-образная канавка V115
образование G78
~ воронок C484
~ выступов на алюминиевой контактной площадке A112
~ газоразрядной плазмы G27
~ зародышей N152
~ зародышей при росте G182
~ каналов E40
~ кратеров C484
~ кратеров в кремнии S322
~ непроявленного фоторезиста R263
~ непроявленного фоторезиста из-за присутствия озона O255
~ несмачиваемых припоем участков D130
~ перемычек B265, E40
~ полос B32
~ проводящих каналов C123
~ трещин C481, C482
~ фасеток C473
~ шнура F80
~ ямок P251
~ ямок на контактных площадках C433
обратимость R302
обратимый переход R303
обратная диффузия B5, O170
~ литография L172, L173
~ мезаструктура R299
обратное натекание B14
~ преобразование Фурье I292, F243
~ рассеяние B11
~ смещение B1, R288
~ сопротивление B10, R301
обратносмещённый гетеропереход R290
~ диод B2, R289
~ p-n-переход R292
обратный ток R295
обрыв O79, O81
обходное соединение B327
объектив L156, O2
~ фотокамеры C10
~ фотоповторителя S665
объёмная акустическая волна B285
~ МДП-структура B292
объёмное время жизни V184
~ расширение V183
~ удельное сопротивление V185
объёмноцентрированная кристаллическая решётка B204
объёмные свойства B294
объёмный дефект B289
~ заряд B287, S560
ограниченное накопление объёмного заряда L192
ограничитель диффузии D237
~ канала C127
одновременная диффузия C292
~ обратная диффузия S383
одновременное напыление C293
однократная диффузия S396
~ инжекция S399
~ ионная имплантация S401
однокристальная ИС O51
~ микроЭВМ O53
однокристальное устройство на ЦМД S386
однокристальный микропроцессор M351, O52, O53, S387
~ усилитель O50
одноосная анизотропия U68
одноплатная микроЭВМ O48
однопозиционный фотоповторитель S410

однородность U69
односекционный тигель S398
однослойная металлизация O55, S403
одностадийная диффузия O61
односторонняя печатная плата S409
одноступенчатое уменьшение изображения O62
однотранзисторная ячейка O63
однотранзисторный элемент O63
~ элемент памяти S411
одноуровневая металлизация O55, O56, S403
оже-спектрометр A239
~-электрон A235
окисление O207
окислитель O206, O243
окислительная среда O208
окклюзия O5
окно O81, W123
~ в маске M56, M71
~ в маске для проведения диффузии D229, D239, D354
~ в слое оксида O242
~ для записи и стирания данных W175
~ для проведения базовой диффузии B55
~ для проведения эмиттерной диффузии E167
~ к сквозной области R51
окрашивание D23
оксид O215
~ алюминия A102
~ бериллия B112
~ бора B230
~ германия G86
~, заполняющий канавки R81
~, заполняющий мелкие канавки S267
~ на канальной области C125
~ на поверхности раздела I261
оксид, сформированный методом химического осаждения из паровой фазы C577
~, сформированный низкотемпературным оксидированием L344
~, сформированный пиролизом P530
оксидирование O207
~ в атмосфере влажного кислорода W109
~ в атмосфере сухого кислорода D416
~ в парах воды S655, V52, W109
~ в парах воды методом открытой трубы O87
~ в сухом кислороде методом открытой трубы O85
~ для формирования защитного покрытия C30
~ для формирования защитного слоя оксида F70
~ для формирования подзатворного оксида G64
~ кремния под маской L84
~ плоской поверхности P270
~ при высоком давлении H129
оксидная изоляция O227
~ маска для диффузии O219
~ область в канавке R83
~ пассивация O234
~ плёнка O210, O222
~ ступенька O239
оксидно-воздушная изоляция A71
оксидное маскирование O230
оксидный диэлектрик O218
~ диэлектрик для изоляции пересекающихся межсоединений C492
~ слой в многоуровневой металлизации M420
~ слой на боковой стенке канавки S302
~ слой, сформированный методом термического оксидирования T105
окуляр O8, V136
окунание D271
омическая закорачивающая перемычка O35
~ нагрузка R331
омический контакт O31
~ мостик O30
~ переход N115, O32

ОНОЗ L192
~-режим L356
операция O95, R363
~ ввода-вывода I176
~ И A138
~ И — НЕ N9
~ литографии R258
~, проводимая в жёлтой комнате Y3
~ редуцирования изображения R119
~ считывания R67
~ уменьшения изображения R119
~ формирования рельефа в слое резиста R258
~ формирования рисунка в слое резиста R258
операционный усилитель O96
~ усилитель с высокой скоростью нарастания выходного напряжения H142
~ усилитель со стабилизацией дрейфа D401
оплавление припоя S494, S505
~ припоя струёй горячего пара или газа V62
оплавленная ступенька R140
оплавляемый припойный столбик R143
опознавание I25
опорная частота R129
опорное напряжение R131
опорный диод R128
~ сигнал R127
оправка F152
определение качества диффузии G169
~ момента завершения операции E197
оптикоакустический микроскоп O139
оптическая ИС I212, O110
~ литография O113, P152, P165, P172, P189
~ связь O111
~ спектроскопия O132
оптически плоская пластина O114
оптический генератор изображений O121
~ компаратор для фотошаблонов M72
~ контроль O104
~ перенос изображений O123
~ сенсибилизатор P214
оптическое ЗУ O118
~ изображение O120
~ ПЗУ O128
~ редуцирование изображения P191, R115
~ совмещение O103
~ уменьшение изображения P191
~ экспонирование L185, O106
оптопара O148, P144
оптотранзистор O147, P184
оптрон O148, P144
оптроника O149
оптронная связь O111, P145
оптоэлектроника E137, O144, O149
оптоэлектронная ИС I212, O110, O140, O143
оптоэлектронные ИС M236
оптоэлектронный прибор L191, O145
опытная ИС T76
~ установка P237
опытный образец ИС P487, S8, T76
организация A179
органический наполнитель O156
~ полупроводник O160
~ резист O154
органическое связующее O155
~ стекло R213
оригинал A205, A211, M44
~, спроектированный с помощью ЭВМ C373
~ фотошаблона O167
ориентация A79
~ в кристаллографической плоскости (111) O164
~ кристалла ИС D172
~ электронного луча E71
ориентированный рост O166
ориентирующий знак M39

~ штырёк A84
осаждение D91, R391
~ в тлеющем разряде G124
~ для формирования многослойной структуры L6
~ из газовой фазы G23
~ из паровой фазы E343, V55
~ методом ионного распыления S597
~ методом открытой трубы O82
~ методом химического восстановления E56
~ на движущуюся подложку D446
~ плёнки металла M164
~ под острым углом к поверхности O4
~ поликристаллического материала P320
~ с высокой скоростью H130
~ тонких плёнок T150
~ эпитаксиального слоя E236
осветление C263
осевой вывод A265
ослабление R174
оснастка F152, T195
~ для вакуумных систем V5
~ для термокомпрессионной сварки B215
основание B50, M374, S751
~ корпуса H38, P4, S657
основной носитель заряда M27
остатки непроявленного фоторезиста S132
~ оксида R209
остаточная магнитная индукция R182
остаточное давление R210
остекловывание V154
островок I358, I359
~, изолированный диэлектриком D159
~, изолированный оксидом O225
острый выступ P473
осушитель D104, D415
отбраковка R174, S105, S112
~ кристаллов D178
~ кристаллов на полупроводниковых пластинах W55
отвердитель C541, H20
~ для эпоксидной смолы E269
отверждение C540, H21
~ ИК-излучением I136
~ эпоксидной смолы E262
отверстие H191, O81, W123
~ с наклонными стенками T27
отдача Y4
отжиг A150, B18, B19
~ без защитного покрытия C27
~ в водороде H269
~ в печи F307
~ контактным нагревом C415
~ перед герметизацией корпуса P408
~ поверхности S785
~ с защитным покрытием C29
отказ F14
отказавшие приборы F15
отказоустойчивая ИС F33, T194
~ конструкция D3, F36
отказоустойчивость F35
откачка F335, P515
отклонение B120
открытая поверхность E365
открытое состояние O47, O72
открытый транзистор O74
~ участок E364, R285
отливка C65
отметка для прекращения шлифовки L18
отмывка C252, R321, W74
~ и очистка S129
относительная влажность R176
отношение R45
~ высоты к ширине H56
~ концентраций примесей C379

~ концентраций легирующих примесей D356
~ напряжений в состоянии «1» и «О» O66
~ напряжений логических «1» и «О» O66
~ скоростей травления E316
~ ширины к длине A213
отображение I63
отпирание T277
отражательная способность R139
отрицательная логика N42
отрицательное сродство к электрону N39
отрицательный температурный коэффициент сопротивления N50
~ ТКС N50
отрыв L172
отсечка P239
~ канала C119
отслаивание L171, L172
~ слоя фоторезиста P202
~ термокомпрессионного соединения B224
отсутствие дефектов при входном контроле Z9
~ дефектов при выходном контроле Z10
~ натекания в вакуумный объём V25
~ перекрытия затвора областями стока и истока Z8
отыскание и устранение неисправностей T288
объём C23
охранное кольцо G192
~ кольцо n+типа N63
~ кольцо p+типа P125
оценка надёжности неразрушающим методом N104
очистка C252, C261, C263, P518, R136
~ воды с помощью ионообменных установок D70
~ в растворителях S 533
~ в тлеющем разряде G122
~ методом зонной плавки F196
~ методом ионного распыления S595
~ методом совместного воздействия УФ-излучения и озона U44
~ плазменным травлением P283
~ поверхности W125
~ продувкой воздуха A72
очищенный германий P519
~ кремний P520
ошибка монтажа C409, W150
~ совмещения A81

П

ПАВ A24, S801
~-генератор A25
падение напряжения P371
паз N132
пайка S497
~ волной припоя F204, W88
~ лямбда-волной припоя L5
~ оплавлением припоя R141
~ струёй горячего пара *или* газа V61
~ тугоплавким припоем B255
~ эвтектическим припоем E327
~ электросопротивлением R220
пакет программ для САПР D108
память S694
~ на ПЗС C145
~ на целой полупроводниковой пластине F290
~ с произвольной выборкой R35
панелька C47, S467
пантограф P24
пар V45
пара Дарлингтона D7
~ примесь внедрения — вакансия I280
паразитная ёмкость P33, S704
паразитная индуктивность S594, S706

паразитное срабатывание P32
паразитные компоненты P34
~ конденсаторы C20
~ резисторы R250
~ элементы P34
паразитный ток S705
параллельная конвейерная обработка P27
параллельное включение P26
параметрический усилитель P31
параметры P106
~ в режиме большого сигнала L34
парообразование V50
партия R363
парциальное давление P38
пары V45
пассиватор P43
пассивация P45
пассивация в водороде H270
~ нитридом кремния N72, S354
~ оксидным покрытием O234
~ поверхности S820
~ стеклом G110
пассивирование P45
пассивированный транзистор S819
пассивирующее покрытие P44
пассивная изоляция P49
~ область I111
~ подложка P51
пассивное масштабирование P48
~ резервирование P50
пассивный компонент P47
~ слой I134
паста I164
~ для толстоплёночных ГИС T134
~ для трафаретной печати P422, S115
~ для формирования резисторов R234
~ на основе благородных металлов N88
~ на основе неблагородных металлов B63
~ на основе тугоплавкого металла R149
паучковый вывод S579
паяное соединение S499
пентаоксид мышьяка A200
перевёрнутое изображение I297, R298
перевёрнутый кристалл B3, F172
~ кристалл с шариковыми выводами B27
передаточная функция T214
~ характеристика T212
передача T211
передающий затвор T215
передержка O193
пережигаемая перемычка Z2
пережог стабилитрона Z5
переключатель S835
переключательный транзистор S837
переключение S836
перекомпенсация O187
перекрытие O197
~ затворов G63
~ областей Z27
переменный резистор V68
перемещение T211, T251
~ дефекта D46
перемножение M437
перемычка B264, B326, L213
перенасыщение O203
перенос T211, T251
~ в паровой фазе V63
~ изображений с высокой точностью H101
~ носителей заряда C50
переориентация R73
перепрограммируемое ЗУ R202
~ ПЗУ R203
перепроявление O190
пересечение C491

~ балочных выводов B93
~ межсоединений ИС C494
~ проводников C392
перетравливание O192
~ оксидного слоя O232
переход в аморфное состояние A119
~, выращенный из паровой фазы V59
~ из аморфного состояния в кристаллическое A120
~ исток — канал S553
~ исток — подложка S559
~ металл — полупроводник M189
~ сток — канал D391
~ сток — подложка D395
~ эмиттер — база E161
$n-p$-переход N138
$p-n$-переход, сформированный в канавке R79
переходный режим T226
период C580
перистальтический ПЗС P115
периферийная ИС P110, C797
петля L303
печатная плата B200, C35, P415
~ плата, изготовленная по субтрактивной технологии S770
~ плата, смонтированная на другой плате P234
печь для выращивания кристаллов методом вытягивания C531
~ для испарения источника примеси S557
~ для оксидирования O211
~ для отжига A149
~ для расплавления припоя F320
~ для спекания S415
~ для сушки D409
~ с кварцевой трубкой Q29
~ с различными рабочими средами M388
~ с регулируемой атмосферой C451
~ с трубчатыми нагревательными элементами P532
ПЗИ C155
ПЗС C141
~ барьерного типа B49
~ с глубокообеднённым слоем D27
~ с меандровым каналом M117
~ с объёмным каналом B286
~ со ступенчатым профилем оксида S678
~ с параллельным переносом P30
~ с перекрывающимися затворами O198
~ с поверхностной структурой S805
~ с поверхностным каналом S804
~ с поликристаллическими кремниевыми затворами P342
~ с самосовмещёнными областями S168
ПЗУ R66
~, программируемое изготовителем F13
~, программируемое плавкими перемычками F322
~ с эксплуатационным программированием F78
пикопроцессор P227
пила S29
пилообразный край среза C167
пинцет P225
~ для кристалла D174
пирамида роста G185
пиролиз силана S311
пиролитическая реакция P531
пистолет для ионного распыления S600
~ для накрутки W172
~-распылитель S600
питатель F42
плавающая область E46
плавающий затвор F186
~ островок F193
~ переход F194
плавка M125
плавкая перемычка B195, F315

367

~ перемычка из титана и вольфрама T187
плавление M125
плавленый кварц F313
плавно изменяющаяся запрещённая зона G139
~ меняющаяся концентрация примеси G141
плавный переход G142, S470
плавный скос G144
плазма для формирования оксида O237
~ дугового разряда A180
~ тлеющего разряда G125
плазменная установка последовательной обработки полупроводниковых пластин S412
~ плазменное анодирование P279
~ оксидирование P287
~ распыление P289
~ травление P285
~ травление в цилиндрическом реакторе B41
~ удаление фоторезиста P290
плазменный реактор P284
~ реактор для группового оксидирования полупроводниковых пластин M444
~ реактор для групповой обработки полупроводниковых пластин M445
~ реактор для оксидирования полупроводниковых пластин G35
~ реактор для формирования нитридных и оксидных плёнок N70
плазмохимическое осаждение из паровой фазы P281
~ удаление P280
~ удаление фоторезиста P194
плакирование C241
плакирующий слой C242
планаризующее кольцо P266
планарная ИС P264
~ технология D198, P275
планарно-эпитаксиальная технология E232, P262
планарно-эпитаксиальный диод P261
~ прибор E231
~ транзистор E247, P263
планарный переход P268
~ реактор для плазменного травления P272
планетарное устройство P277
планировка M37
~ ЗУ M133
планшетный графопостроитель P304
~ координатограф P304
пластина для фотошаблона M45, R137
~ с износоустойчивым поверхностным слоем H28
~ с плоскопараллельными поверхностями P276
пластификатор P297
пластмасса литьевого прессования T216
пластмассовый DIP-корпус D432, R294
~ кристаллоноситель P293
~ ленточный носитель P293
~ облой P291
~ плоский корпус P412
плата C35
~ для монтажа ГИС H254
~ для монтажа кристаллов C183
~ для поверхностного монтажа S461
~ для тонкоплёночных ГИС T158
~ многокристальной ИС M394
~ с металлическим основанием M149
~ с плотным монтажом D76
плёнка F84, M126, P98
~ без посторонних включений C441
~ граната G200
~ диоксида кремния, полученная методом оксидирования в парах воды V53
~ для изготовления топологических чертежей D388
~ многоуровневых соединений W152
~ нитрида бора B238

~ оксинитрида кремния O254
~, полученная химическим осаждением из паровой фазы C175
~ резиста R 225
~, служащая подложкой S758
~ субмикронной толщины S735
~ фоторезиста P199
плёночная микросхема F94
~ микроэлектроника F92
~ технология F97
плёночные микросхемы F90
плёночный кристаллоноситель F88
~ микрорезистор M220
~ проводник F91
~ промежуточный фотооригинал P99
~ резистор F96
~ резистор на основе нитрида тантала T12
ПЛМ P461
плоский источник примеси P274
~ корпус с двухрядным расположением выводов D431
~ корпус с матричным расположением штырьковых выводов P241, P242
~ корпус с планарными выводами F163, P271
~ корпус со штырьковыми выводами, расположенными зигзагообразно Z17
~ корпус с четырёхсторонним расположением планарных выводов Q10
~ торец для ориентации слитка W12
~ электрод P260
плоскопараллельность поверхностей подложки S764
плоскостность P265
~ полупроводниковой пластины W13
плоскость F4
плотная заселённость D77
~ упаковка C270, T177
плотность D78
~ дефектов D40, D42
~ заполнения O7
~ носителей в инверсной области I295
~ размещения межсоединений I234
~ размещения соединений W148
~ размещения элементов в ЗУ S698
~ размещения элементов памяти M131
~ упаковки P13
~ упаковки в кристалле ИС C193
~ упаковки ИС C233, I221
~ упаковки ИС в эквивалентных логических элементах G50
~ упаковки элементов C89
~ упаковки элементов ИС C340, E150
плотноупакованная кристаллическая решётка C269
площадка I358, S422
~ для монтажа кристаллов C207, D170
~ для присоединения кристалла C185
площадь A181
~ кремниевого кристалла S319
~ полупроводникового кристалла S201
поверхностная дислокация S808
~ концентрация S807
~ плотность S807
~ подвижность S814
поверхностное натяжение S828
~ состояние S825
~ удельное сопротивление S280
поверхностные акустические волны A24, S801
поверхностный канал S803
~ монтаж S816, S818
~ рельеф T200
~ топологический элемент S810
поверхность F4
~ раздела B246, I256
~ раздела кристалла C512

~ с дефектами типа «апельсиновая корка» O150
повреждение D2, F14, F32
повторное оксидирование P189
~ оксидирование поликристаллического кремния P332
~ совмещение R73
повторяемость R193
повторяющиеся структуры R195
повышение качества изображения I44
~ подвижности носителей заряда M308
~ разрешающей способности R268
~ степени интеграции U96
поглощение A8
~ газов металлами O5
~ УФ-излучения U101
погрешность совмещения между шаблонами M73
погружение D271
~ в припой S492
погрузочно-разгрузочное устройство для полупроводниковых пластин W18
погрузочно-разгрузочные операции, выполняющиеся с помощью вакуумных пинцетов T314
подавление R174
подача на ленточном транспортёре B108
~ полупроводниковых пластин W31
подающее устройство F42
~ устройство для компонентов, вклеенных в ленту R124
~ устройство для ленточного носителя T22
~ устройство для полупроводниковых пластин W30
подвижность вакансий V4
~ носителей в собственном полупроводнике I288
~ носителей заряда в канале C124
подвижный носитель заряда M307
подгонка A47, F140, T8, T278
~ бескорпусного резистора C221
~ номиналов компонентов на кристалле ИС O46
~ резисторов R255
~ резисторов на активной подложке A36
подготовка P395
~ подложки S766
поддон T265
подзатворный диэлектрик G51
~ оксид G65
подколлекторная область S727
подложка B50, B203, S751
~ без остатков реактивов на поверхности R211
~ для фотошаблона M86
~ из полупроводникового соединения C362
~ с КНД-структурой S482
~ с КНС-структурой S548
~ с многоуровневыми соединениями M441
~ с многоуровневыми толстоплёночными соединениями T136
~ со слоем межсоединений I244, W155
~ со слоем нитрида кремния S355
~ с эпитаксиальным слоем E233
~ n-типа N150
подслой U64
подстраивание характеристик ИС с помощью навесных резисторов O15
подстроечный конденсатор P410, T282
~ резистор T282
подстройка T8, T278
подтравливание L79, L80, S298, S728, U60, U63
~ под оксидом O220
позитив P358
позитивная фотоэмульсия P357
позитивное изображение P358
~ изображение оригинала P354
позитивный фоторезист P357, P361
~ фотошаблон P362
позиционирование с помощью перекрестия C490

позиционирующее устройство P352
позиция S652
~ загрузки L257
~ загрузки и выгрузки кассет C53
показатель преломления R144
~ травления E300
поколение G78
покрытие C286, C288, C477, O186, O199
~ без полосатости S708
~ для отжига A152
~ из резиста R222
~ из эвтектического сплава E328
~ из эпоксидной смолы E261
~, нанесённое напылением E342
~ на оксидной ступеньке S675
поле изображения I46
~ модуля I61
~ экспонирования E370
полевой транзистор F66, U70
~ транзистор на арсениде галлия G9
~ транзистор на поликристаллическом кремнии P340
~ транзистор, работающий в режиме обеднения D86, N129
~ тразистор, работающий в режиме обогащения E215, N128
~ транзистор с барьером Шотки, работающий в режиме обеднения D84
~ транзистор с вертикальным p-n-переходом V94
~ транзистор с гребенчатыми затворами M428
~ транзистор с затвором Шотки B45, M186, S73
~ транзистор с затвором Шотки, работающий в режиме обогащения E220
~ транзистор с изолированным затвором I187
~ транзистор с изолированным кремниевым затвором S346
~ транзистор с каналом n-типа N19
~ транзистор с каналом p-типа P78
~ транзистор с коротким каналом S289
~ транзистор с V-образным затвором V113
~ транзистор со скрытым каналом B311
~ транзистор со смещённым затвором O22
~ транзистор с p-n-переходом и вертикальным каналом S647
~ транзистор с p-n-переходом, работающий в режиме обогащения E217
~ транзистор с плавающим затвором F188
~ транзистор с противоположно расположенными затвором и истоком O100
~ транзистор с резистивным изолированным затвором R229
~ транзистор с самосовмещённым затвором S172
~ транзистор с самосовмещённым затвором Шотки S179
~ транзистор с управляющим p-n-переходом P308
~ фототранзистор P155
~ эффект F64
полезная площадь R71
~ площадь кристалла C215
полиимидная плёнка P325
полиимидный клей P323
~ ленточный носитель P324
поликремниевый затвор S336
~ резистор P333
поликремний P318, P335, S365
поликристалл P318
поликристаллический кремний P318, P335, S365
~ кремний, выращенный методом открытой трубы O86
~ кремний, подвергнутый лучевой рекристаллизации B87
~ кремний, рекристаллизованный лазерным лучом L41
~ кремний, сформированный методом химического

осаждения из паровой фазы C577
~ полупроводник P334
~ слиток P321
полимеризуемый фоторезист P329
полимерная толстая плёнка P330
полимерный герметик P328
~ клей P326
~ резист P327
полированная поверхность L15
полировка L14
~ абразивной суспензией S446
~ травлением E313
политетрафторэтилен T45
полная автономная САПР, готовая к эксплуатации T308
~ воздушная изоляция F291
~ дислокация P104
~ изоляция элементов МОП ИС пористым оксидом кремния F281
полное сопротивление I75
~ сопротивление в режиме малого сигнала S460
~ сопротивление связи C476
полностью заказная ИС F279
положение P351, S637
положительное сродство к электрону P356
положительный температурный коэффициент сопротивления P364
~ ТКС P364
полосатость поверхности S827
~ покрытия C291
полоска F127, S709
полосковая гетероструктура S710
полуаддитивный процесс S197
полузаказная БИС S238
~ ИС S236, S237
~ матрица S235
~ разводка S241
полупроводник S200
~, легированный бором B239
~, легированный фосфором P134
~ с высокой подвижностью носителей H117
~ с кубической кристаллической решёткой C539
~ с низкой подвижностью носителей заряда L323
~ с примесной электропроводностью I109
~ с собственной электропроводностью I289
~ с узкой запрещённой зоной N13, S450
~ с широкой запрещённой зоной L425, W121
~ с электропроводностью n-типа D329, N149
~ с электропроводностью p-типа A17, H203, P507
~ n-типа D329, E119, N149
~ типа $A^{III}B^{V}$ G173
полупроводниковая ИС M345, M347, M348, S208, S217
~ ИС выборки и хранения M353
~ ИС микропроцессора S223
~ ИС миллиметрового диапазона M277
~ ИС операционного усилителя M350
~ ИС с воздушной изоляцией A68
~ ИС с изолирующими охранными кольцами G194
~ мезаструктура S221
~ микросборка S203
~ микросхема M349
~ область S201
~ пластина S232, S429
~ пластина для выборочного контроля S10
~ пластина, не соответствующая по величине допуска O181
~ пластина после сушки в центрифуге S582
~ пластина с базовыми матричными кристаллами M100, M106, R399
~ пластина с биполярными интегральными структурами B163
~ пластина с дефектами I78

~ пластина с интегральными структурами, имеющими столбиковые выводы B304
~ пластина с МОП-структурами M373
~ пластина с некоммутированными логическими матрицами U6
~ пластина с низким выходом годных кристаллов L349
~ пластина с эпитаксиальным слоем E257
~ пластина с эпитаксиальным слоем, выращенным из паровой фазы V187
~ подложка S199
~ подложка без эпитаксиального слоя B296
~ подложка с собственной электропроводностью I283
~ электроника S212
полупроводниковое ЗУ S220
~ соединение C360, S209
~ соединение типа $A^{II}B^{VI}$ C361
~ соединение типа $A^{III}B^{V}$ G174
полупроводниковый карман S228
~ лазер S218
~ прибор S200
~ прибор на соединении типа $A^{III}B^{V}$ C313
~ прибор СВЧ-диапазона M270
~ прибор с двумя гетеропереходами D375
~ прибор с двумя $p-n$-переходами D378
~ прибор с оптронной связью O142, P143
~ прибор с самосовмещёнными областями S180
~ прибор с тепловыми трубками T209
~ резистор S230
~ слиток B36, B131, B245, I145, S216
полупроницаемая мембрана S242
полутеневое размытие изображения P102
помехоустойчивость N91
помехоустойчивый прибор H118
помодульная печать изображений D154
помодульное совмещение D152
~ экспонирование D153
помутнение F221
поперечный пьезоэффект T257
пороговое напряжение T170, V182
пороговый ток T168
порошок D438
посадка кристалла C184, D151
последиффузионный отжиг D209
последовательная обработка полупроводниковых пластин S413
~ шаговая литография S683
~ шаговая мультипликация S669
последовательная шаговая мультипликация изображений I62
~ шаговая печать S683
~ шаговая проекционная литография S671
~ шаговая фотомультипликация S670
последовательно нанесённые слои S788
последовательное совмещение слоёв O200
~ формирование слоёв S792
~ шаговое совмещение S424
~ шаговое совмещение от кристалла к кристаллу F62
~ шаговое экспонирование S664
~ шаговое экспонирование фоторезиста на полупроводниковой пластине O136
последовательность операций термокомпрессионной сварки B229
~ технологических операций P452
~ технологической обработки полупроводниковой пластины S434
~ этапов проектирования D126
последовательный монтаж S674
послеимплантационный отжиг I332
последующая технологическая обработка A58
послойное совмещение I265, L161
пост визуального контроля кристаллов D181, I183,

V149
~ обеспечения качества продукции Q3
~ операционного контроля P432
постепенное ухудшение характеристик D60
постоянная кристаллической решётки L91
~ Холла H3
постоянное ЗУ R66
постоянный резистор F150
построчное сканирование L203
потенциальная яма P372, Q21, W98
потенциальный барьер B43, P370
потери на преобразование C460
поточная обработка I170
~ технологическая линия L193
~ установка ионного распыления I172
поточный метод производства I171
поуровневое размещение элементов F203
поэлементная обработка изображений P101
поэлементное резервирование E151
ППЗ C51, C164
ППЗУ P462, R203
правило R171, R361
~ масштабирование S53
~ проектирования D114
~ Рента R187
~ превращение C457, R101
предварительная обработка P395
~ ориентация C285, P388
~ термообработка P389
предварительное ионное легирование P404
~ совмещение P388
~ совмещение полупроводниковой пластины W39
~ старение P386
предельная заселённость энергетических уровней T169
~ степень интеграции I223
~ частота C572
предполагаемый срок службы E360
преобразование C457, T224
~ Фурье 244
преобразователь угол — код A142
пресс M330
~ для литья под давлением I159
~ для трансферного прессования T218
прессование M331
~ эпоксидной смолы E271
прессованный корпус M329
~ кристаллоноситель M328, P407
пресс-форма M325
~ для изготовления пластмассовых корпусов E192
прецизионная литография F114, H138, V103
~ обработка M228
~ трафаретная печать H140
~ фотолитография P394
~ шлифовка P392
прецизионное избирательное электролитическое осаждение M240
~ позиционирование A19
~ совмещение C487
~ шаговое перемещение I116
прецизионный фотошаблон F106
прибор D128, E146
~ герметизированный смолой R214
~ для визуального контроля полупроводниковых пластин W26
~ для измерения глубины залегания $p-n$-перехода D100
~ для измерения профиля распределения легирующей примеси D355
~ для контроля воздушной среды A115
~ для контроля плоскостности E160
~ для контроля фотошаблонов P174
~ для контроля шаблонов M63
~ для определения содержания примесей в полупроводниках S215
~ для определения типа электропроводности T332
~ для определения электропроводности полупроводниковых пластин W68
~ для определения усилия отрыва защитной ленты T25
~ для отбраковки кристаллов D179
~ для проверки кристаллов C513
~ для сортировки кристаллов D179
~ на акустических поверхностных волнах E39
~ на аморфном полупроводнике A123
~ на арсениде галлия G1
~ на биполярных и МОП-транзисторах B155
~ на магнитостатических волнах M22, M385
~ на МОП-транзисторах с V-образными затворами V122
~ на неосновных носителях M284
~ на основе монокристаллического полупроводника S389
~ на основе полупроводникового соединения C363
~ на ПАВ S32
~ на полевых транзисторах F65
~ на эффекте Ганна G199, T220
~ на эффекте Холла H5
~ с балочными выводами B94
~ с высоким пороговым напряжением H163
~ с зарядовой связью C141
~ с зарядовыми доменами C151
~ с инжекцией заряда C155
~ с низким быстродействием S441
~ с переносом заряда C51, C164
~ с переносом электронов T220
~ с переходом металл — полупроводник M190
~ со структурой типа «полупроводник на сапфире» S226
~ с субнаносекундным быстродействием S742
~ с термокомпрессионными проволочными выводами T116
~ с управляемыми поверхностными свойствами C455
~ типа «пожарная цепочка» B278
прикрепление выводной рамки L133
~ кристалла эвтектическим припоем E329
~ кристалла эпоксидным клеем E263
прилипание A41
применение заказных ИС C565
примесная зона I95
~ электропроводность E376, I97
примесный атом F226, I94
~ дефект I98
~ переходный металл T243
~ полупроводник E378, I109
~ центр C93, I96
примесь A48, I92
~ в базовой области B59
~ внедрения I278
~ в подложке S761
~ для формирования изолирующей области I371
~ для формирования ограничителя канала C128
~ для формирования скрытого слоя коллектора B315
~ замещения S747
~, наносимая на поверхность полупроводника S585
~, образующая мелкий уровень S266
~, определяющая тип электропроводности полупроводника M315
~, создающая ловушки T261
~, уменьшающая время жизни носителей заряда C43
~, упрочняющая кристаллическую структуру L95
~ элемента V группы G172
принципиальная схема B71
~ электрическая схема W149
приповерхностный дефект S769

~ слой B248, I258
припой S486
припойная маска S502
~ маска, сформированная трафаретной печатью S110
~ паста S504
припойное стекло S148, S496
присоединение балочных выводов B90
~ внешних концов выводов к штырькам корпуса O172
~ выводов I233, L124
~ кристалла C184, D151
~ кристалла и проволочных выводов D147
~ кристаллов к выводной рамке на ленточном носителе F87
~ кристалла клеем A44
~ проволочных соединений W131
~ сшиванием S687
приспособления для вакуумных систем V5
~ для разделения полупроводниковых пластин на кристаллы разламыванием W14
~ для разламывания подложки на отдельные платы S755
~ для сборки A219
пробой B260, P517, R368
~ Зенера Z3
~ изоляции затвора G57
~ коллекторного перехода C303
проведение фотолитографии P217
проверка A234, C168, C446, V81
~ герметичности L149
~ герметичности методом погружения в жидкость L216
~ герметичности методом погружения в краситель D444
~ кристаллов на полупроводниковой пластине O75
~ минимальных размеров элементов R362
~ на натекание l149
~ работоспособности F305
~ размеров D251
~ топологических проектных норм R362
провод L193, W126
проводимость C383, C387, E41
~ в обратном направлении B16, B294
~ при прямом смещении F231
проводник C297, W126
~ субмикронной ширины S734
~, сформированный трафаретной печатью S108
проводящая паста C400
~ паста для трафаретной печати P416
проводящее покрытие C391
проводящий канал C116, C385
проволока W126
~ для выводов L145
~ для монтажа методом накрутки W170
~ для термокомпрессионной сварки B221
проволочная перемычка W132
~ термокомпрессия W131
проволочное соединение W1216
проволочные соединения W147
проволочный вывод L145, W139
~ вывод, присоединённый методом термокомпрессии B222
~ испаритель H221
прогиб C7
программа автоматической трассировки A248
~ диалоговой трассировки I227
~ проверки «Верификатор» V82
~ размещения элементов P258
~ размещения элементов на кристалле C181
~ создания ССИС V128
~ трассировки R349
программатор P465
программируемая логическая матрица P461

~ матрица логических элементов P460
программируемое постоянное ЗУ P462
программист P465
программное обеспечение S472
~ обеспечение САПР S474
~ обеспечение систем автоматизированного проектирования S474
продолжительность операции термокомпрессии B214
проект D105
проектирование D105, D125, E206, H256, I13
~ ИС по заказу C559
~ кристалла C194
~ на уровне блоков B192
~ по наихудшему варианту W169
~ с выбором вариантов O138
~ топологии ИС L112
проектировщик D111
проектная норма D114
проекционная литография N97, P466, P470
~ литография с последовательным шаговым экспонированием S666, S671, W57
~ фотолитография O126, O180
~ фотолитография с УФ-экспонированием U104
проецирование P466
проецирование изображений P469
~ электронного луча E95
прозрачная плёнка T250
прозрачный фотошаблон L190, S156
производительность T172
~ монтажа P255
~ операции или процесса P445
~ при обработке полупроводниковых пластин W59
~ установки термокомпрессионной сварки B218
производственная площадь W160
~ площадь с контролируемой запылённостью D439
производственное помещение для сборки A220
производственные условия, соответствующие классу чистоты 100 C24
~ условия чистой комнаты C259
производственный операционный контроль P433
производство ИС с высоким выходом годных H180
прокаливание C6
прокол P517
~ базы P516
~ в слое диоксида кремния S373
пролётная область T247
промежуток G17
~ между кристаллами на полупроводниковой пластине S707
~ между полупроводниковыми пластинами W56
~ между электродами E53
промежуточный фотооригинал I270, R276
~ фотошаблон R276, R280, R283
промывка R321, W74
~ в деионизованной воде D65
~ камеры C115
промывочная кассета W78
промывочный лоток W78
промышленная установка P456
пропил с равными краями S275
пропитка I91
пропитывание I91
пропитывающее вещество I90
пропорциональное уменьшение размеров D250, S51, S295
пропускание света L189
просвечивающий электронный микроскоп T248
прослойка S566
простой полупроводник E147
противоположная полярность O101
противоположный тип электропроводности O101
профилометр P458
профиль анизотропного травления A146

~ вертикальных травленых краёв отверстий V88
~ поверхности S821
~ подтравливания U61
~ распределения концентрации примеси C388
~ распределения легирующей примеси D340
~ распределения легирующей примеси по глубине D102
~ распределения примеси I107
~ распределения примеси в вертикальном направлении V86
~ распределения примеси по Гауссу G75
~ распределения примеси при ионной имплантации I338
~ распределения температуры при обжиге F135
~ распределения удельного сопротивления R239
~ резиста R259
~ травления E314
проходной вывод L143
процесс P430
процессор P449
~ сигналов S306
~ с пикосекундным быстродействием P227
прочность D436, R359
~ на излом F255
~ подложки S768
~ сцепления слоя с подложкой P95
проявитель D123, D124
~ фоторезиста P197
проявление D125
~ жидкими химическими реактивами W103
~ методом погружения в жидкий проявитель I67
~ методом разбрызгивания S592
проявленный рисунок D122
прямая диффузия I119
прямое полное сопротивление F237
~ последовательное шаговое экспонирование D278
~ смещение F230
~ сопротивление F238
прямой ток F236
прямосмещённый диод F233
~ переход F234
ПТЛ C551
пузырёк B272
пузырьковый течеискатель B277
путь R342
пучок B86, E69
~ химически активных ионов R57
пыленепроницаемый бокс D442
пыль D438
пьезокристалл P233
пьезоэлектрический кристалл P233
пятно B183

Р

работа O95, P106
~ в режиме обеднения D88
~ в режиме обогащения E218
~ выхода W162
работоспособный кристалл F295
рабочая зона W160
~ камера W161
~ позиция O98, P351
~ характеристика O89, P107
~ частота O90
рабочее место S652, W167
~ место в чистой комнате C262
~ место для испытаний T80
~ место для сборки A221
~ место жидкостной химической обработки W101
~ место монтажника в чистой комнате C250
~ напряжение O94
~ поле координатного стола S627

~ поле модуля W165
рабочие характеристики P106
рабочий режим O91
~ фотооригинал P455
~ фотошаблон P169, W166
~ цикл D443
~ шаблон M48, P454
равновесный носитель заряда E276
равномерность U69
~ распределения легирующей примеси D358
радиальный вывод R5
радиатор D310, F99, H47, R23, S414
~ теплоотвода H44
радиационная защита от альфа-частиц A96
~ стойкость R15, R18
~ стойкость к полной дозе облучения T202
радиационное отверждение I355
радиационно-индуцированный захват R17
радиационно-стойкая ИС R13
~ КМОП-структура R12
~ КНС-структура R21
радиационно-стойкие диодно-транзисторные логические схемы R19
радиационно-стойкие микроэлектронные устройства H19
радиационный бета-толщиномер B118
~ дефект R16
~ нагрев R7
~ отжиг R9
радиация R8
радикальное плазмохимическое травление R24
разбавитель V78
разбавление D248
разбиение D19
~ на модули M317
разбраковка по электрическим параметрам E48
разброс параметров R364, S66
~ параметров в пределах одной партии изделий W156
~ параметров от партии к партии R367
разбухание S834
разводка I232, R342, R346, W147
разгонка U93
~ примеси D402
~ примеси для формирования базовой области B56
~ примеси из газообразного источника G28
разгрузка R181
разгрузочная камера T9
~ кассета U84
разделение полупроводниковой пластины на кристаллы C195, D177
~ системы S840
разделительная диффузия I369, S251
разделительный карман I378
разделительный слой S252, S566
разжижение D249
разламывание B259, C264, C482, F253
~ полупроводниковых пластин S431
~ по рискам C223
разложение D19
~ в тлеющем разряде G123
~ газообразного соединения G22
размер G82
~ зерна G165
~ изображения I61
~ ячейки в проволочном трафарете S120
~ ячейки сита M146
размещение A184, L108
~ топологических элементов F40
~ элементов M37, P278
~ элементов ЗУ M133
размножение D434, M437
~ дислокаций D302
размыкание O79, O81

размытие изображения I38
~ рисунка Р58
размытое изображение В196, D205
размытость изображения В197, F325
~ края изображения Е23
разнесённые электроды S565
разомкнутый эмиттер О80
разработка D105, D125
~ биполярных ИС В144
~ входных каскадов F273
~ заказных ИС С559
~ ИС I14
~ оригинала А207
~ программного обеспечения S476
~ топологии ИС L115
разрезание С574
разрешающая способность R266
~ способность изображения I56, Р230
~ способность литографии L239
~ способность маски М84
~ способность фотолитографии О112, Р164
~ способность фотошаблона Р178
разрешение R266
разрешённый энергетический уровень А89
разрушающее испытание выводов на отрыв D120
разрушение D2, R368
разрыв О79, О81, R368
разряд D281
разряд статического электричества Е141
4-разрядная микропроцессорная секция В171
16-разрядная микроЭВМ В167
16-разрядный микропроцессор В172
разупорядочение D305
~ кристаллической решётки L93
ракель S606
~ установки трафаретной печати Р419
рамка Р403
~ для припаивания кристалла S150
~ для присоединения кристалла D159
~ из припойного стекла G111
~ из припоя для припаивания крышки корпуса L165
~ из тугоплавкого припоя В257
~ из эвтектического сплава Е331
~ из эвтектического сплава золота и кремния G137
распад D19
распиливание S34
расплав М125
~ для выращивания эпитаксиального слоя G181
~ полупроводникового материала S219
расплавление F323
~ припоя S494
распознавание I25
~ образов I48, Р65, R89
~ по точке красителя I165
расположение А184, L108
~ в системе координат х—у Х27
распределение в соответствии с функцией дополнения интеграла ошибок до 1 Е283
~ дефектов по плотности D43
~ заряда С150
~ легирующей примеси D335
~ легирующей примеси по глубине D99
~ напряжённость электрического поля F63
~ по плотности D79
~ по скоростям V79
~ примеси I101
~ технологических газов G31
~ Ферми-Дирака F44
распределённая нагрузка D316
распределённые электроды S565
распыление S593
~ под углом В123
распыляемый геттер F158

рассасывание заряда D281
~ зарядов статического электричества S644
рассеяние S66
~ на дислокациях D303
~ тепла Н42
расстояние между выводами L142
~ между кассетами С57
~ между токопроводящими дорожками L209
~ между штырьковыми выводами L140, Р243, Р250
~ между электродами Е53
раствор S531
~ для выращивания эпитаксиального слоя G187
~ для жидкостной эпитаксии Е254
~ для удаления фоторезиста S714
~ мышьяка, наносимый на поверхность полупроводника А201
~ травителя Е292
растворение S531
растворимость S529
~ в твёрдой фазе S512
растворитель S532, V78
~ электронной чистоты Е116
растекание R365
~ заряда С158
растрескивание F253
растровый лазерно-акустический микроскоп S61
~ просвечивающий электронный микроскоп S63
~ туннельный микроскоп S64
~ электронный микроскоп S60
расчленение на модули М317
расширение элементов в горизонтальном направлении L89
расширитель Е358
~ по входу и выходу I175
реактив R52
~ для удаления фоторезиста S712
реактивная газоразрядная плазма R56
реактивное ионно-лучевое оксидирование R59
~ ионно-лучевое травление R58
~ ионное распыление R64
~ ионное травление I300, R60
~ травление R55
реактор для плазменного оксидирования О238
~ для плазменного травления Р284
~ для сухого травления D412
~ для травления Е309
~ для химического осаждения из паровой фазы металлоорганического соединения М311
~ для химического осаждения из паровой фазы с вертикальным потоком V90
~ для химического осаждения плёнок из паровой фазы С176
~ плазменного травления с радиальным потоком реактивных газов R4
~ с многогранным барабаном М403
~ с параллельными пластинами для плазменного травления Р28
реакционная камера R53
реакция R270
~ в газовой фазе G26
~ в жидкой фазе L230
~ восстановления R118
~ в паровой фазе V60
~ в твёрдой фазе S525
~ замещения S750
~ окисления О213
~ окисления-восстановления R107
~ разложения D20
~ с участием свободных радикалов R25
реализация в виде ГИС Н260
~ ИС в виде заказных приборов С565
~ на основе заказных ИС С562
ребро Е16, F99
реверсивный переход R303

регенерация R88, R102, R106, R151, R155
~ ЗУПВ R34
~ растворителя S534
регистр R158
~ на ПЗС C147
~ считывания R68
регистровый формирователь R159
регулирование C446, R171
регулировка A47
регулярная логика R169
регулярная структура R170
~ топология R168
регулярность структуры R167
регулятор R172
редукционная фотокамера R116
редуцирование изображения R115
режекция R174
режим накопления S701
~ насыщения S23
~ обеднения D85
~ обогащения E214
~ процесса герметизации S151
~ работы C381
~ работы с высоким быстродействием H149
~ с ограниченным накоплением объёмного заряда L356
~ хранения S701
режущее полотно B173, S31
режущий диск B173, C575, S31
резервирование B15, P26, R121
~ замещением A34
~ на кристалле O44
резервный блок S635
~ прибор S635
резервуар T10
~ для промывочной жидкости W77
резист R215
~ для литографии по металлическим плёнкам M152
~ для рентгенографии X16
~ для трафаретной печати S106
~ для формирования структур с элементами уменьшенных размеров F104
~ на основе органического соединения O154
~, удаляемый щелочным раствором A87
~, чувствительный к ближнему УФ-излучению N33
резистивная плёнка R228
~ цепочка R233
резистивно-ёмкостная цепочка R218
резистивный испаритель R227
~ материал R232
~ нагреватель R221
~ слой R230
~ элемент R226
резистор для ГИС H266
~ на основе неблагородного металла B64
~, ограниченный оксидными стенками W73
~ с лазерной подгонкой L85
~ с низким температурным коэффициентом сопротивления L341
~ с низким ТКС L341
~ с отводами T31
~ с отрицательным температурным коэффициентом N51
~, сформированный трафаретной печатью S109
резисторная дорожка R251
~ схема R219, R249
резисторно-транзисторная логика R254, T237
резисторно-транзисторные логические схемы R254, T237
резка C574, S34
~ диском с внутренней режущей кромкой A155
~ полупроводниковых пластин на кристаллы W54

~ полупроводниковых слитков на пластины S439, W23
резкий гетеропереход A6
~ край S271
~ переход A7, S274
резкое изображение S273
резкость D48, S276
~ изображения I60, P231
~ края изображения E26, M38
рекомбинационная область R98
рекомбинационное время жизни R95
~ излучение R96
рекомбинация носителей заряда C46
~ Оже A238
~ Шокли — Рида — Холла S287
рекристаллизация R101, R166
~ в виде монокристалла M343
~ методом зонной плавки Z26
~ при жидкостной эпитаксии L228
~ эпитаксиального слоя E252
рекристаллизованный переход R104
рельеф R181
~ оксидного слоя O235
~ поверхности S821, S823
~ полупроводниковой пластины W61
~ резиста R259
~ слоя резиста R256
ремонт R190
ремонтопригодность M26, R191, R192
ремонтоспособность R192
рентгеновская литография T12
~ спектроскопия X18
~ топография X21
~ установка совмещения и экспонирования X4
рентгеновские лучи X3
рентгеновский анализатор полупроводниковых пластин X23
~ толщиномер X20
рентгеновское излучение R332, X2
~ экспонирование X8
рентгенолитография X12
рентгеношаблон X13
реперный знак R130
репродуцирование R201
рециркулятор R87
~ воды W83
решётка G157, G159
рисунки I57
рисунок D396, I35, P55, P228
~ большой площади L23
~ в слое фоторезиста P205
~ избирательных соединений D298
~ маски M61
~ межсоединений C394
~ металлизации M167
~ на эмульсионном фотошаблоне E185
~ программируемых межсоединений P464
~ промежуточного фотошаблона R278, R282
~ расположения проводников L139
~ слоя резиста R256
~ соединений R348, W154
~ с элементами уменьшенных размеров F117
~ фиксированных межсоединений F145
~ фотошаблона P175
робот для чистых комнат W116
роботизированная погрузочно-разгрузочная система R329
робототехника R328
розетка R74
розеточная часть R74
роликовая сварка S152
~ термокомпрессионная сварка W158
рост G178
~ дендритов D72

375

~ кристалла C520
РТЛ R254, T237
рубилит R356
рубилитовая плёнка R356
рубилитовый оригинал R357
ручная транспортировка H233, O99
ручной монтаж M32
ручные погрузочно-разгрузочные операции O99

С

самовосстановление S191
самодиагностика C187
самоизоляция S188
самомаскирующая эпитаксия S189
самопрекращающееся оксидирование S192
самопроверка S193
самопроявляющийся резист S186
самосовмещение A252, S183
самосовмещённая фотолитография S176
самосовмещённые затворы и толстый оксидный слой S182
самосовмещённый затвор S171
~ инжектор S174
~ контакт S169
~ полицид S177
~ электрод S170
самотестирование S193
САПР C369, D109
сапфировая лента со слоем кремния S362
~ пластина со слоем кремния S550
~ подложка со слоем кремния S548
СБИС V107, V159
~, изготовленная по изопланарной технологии I384
~ памяти V162
сбой M31
сборка A216, P1
~ в корпус типа Cerdip C106
~ в пластмассовый корпус P299
~ высокой плотности H92
~ ГИС H247
~ и герметизация P12
~ и герметизация ГИС H265
~ и герметизация ИС M215
~ ИС на ленточном носителе F86
~ ИС на ленточном носителе с балочными выводами B102
~ ИС при нейтрализации зарядов статического электричества A165
~ кристаллов C182
~ на компонентах поверхностного монтажа S816
~ на поточной линии I168
~ печатных плат P77
~ плёночных микросхем F89
~ полупроводниковых приборов S203
сборочно-монтажная установка A215, I178
~ ИС в DIP-корпусах D268
~ установка для компонентов с радиальными выводами C342
сборочно-монтажное оборудование A218, I236
сборщик A215
сброс R206
свариваемость проволоки W128
сварка B211
~ встык B325
~ сдвоенным электродом P25
сварное соединение B206, W95
сварочная головка W97
сварочный инструмент в установке термокомпрессионной сварки B220
~ станок W96
сверхбольшая ИС V107, V159
~ степень интеграции V107

~ ячейка S772
сверхбыстродействующая ИС S787, U16, U105
сверхбыстродействующие логические схемы V106
сверхвысокая разрешающая способность U15
~ степень интеграции V161
сверхвысокий вакуум U17
сверхвысоковакуумная камера S793
сверхвысоковакуумное напыление U18
сверхвысококачественная ИС V104
сверхвысокочастотное плазменное травление M269
сверхмаломощные транзисторно-транзисторные логические схемы с диодами Шотки S791
сверхнизкое натекание U20
сверхпроводимость S782
сверхпроводник S783
сверхпроводниковая ИС S777
сверхпроводниковые логические схемы S778
сверхпроводниковый элемент S776
сверхпроводящий квантовый интерференционный датчик Q19, S779
~ слой S781
сверхрезкий переход H276
~ профиль H278
сверхрешётка S790
~ с коротким периодом S293
сверхскоростная ИС S787, U16, V105
сверхскоростные логические схемы V106
сверхсложность O188
сверхток O189
сверхтонкая мембрана U38
сверхчистая вода U23
~ комната S774, U12
~ комната с ламинарным потоком L8
~ поверхность M206
сверхчистый газ, требующийся для производства СБИС V160
~ германий H279
~ фоторезист U22
светлые интерференционные полосы B268
светодиод E178, L180
светодиодная матрица L181
светоизлучающий диод E178, L180
светочувствительный материал R20
свободная маска M376
свободный носитель заряда F261
~ уровень E180
~ электрон F262
свойства материала с примесной электропроводностью E377
свойство анизотропного травителя A147
связующее B137
~ вещество B137
связь L213, L214
~ между токопроводящими дорожками I268
сгруппированные дефекты C271
сдвиг S277
сдвиговый регистр S284
~ регистр на приборах типа «пожарная цепочка» B280
сегрегация примеси I108
секционная архитектура B169, S430
секционный микропроцессор B170, D8, M255, S429, S432
~ микропроцессор на элементах И^{2}Л I34
~ ЭСЛ-микропроцессор E15
семейство F16
~ характеристик F17
серия F16, L193
~ быстродействующих ИС H155
~ ИС C199, I201
~ логических ИС L290
~ логических ИС с эксплуатационным программированием F76
сертификация технологического процесса P431

сетка F222, G157, G159
~ размещения кристаллов C200
~ с малым шагом S449
~ с переменным шагом I356, V67
~ с фиксированным шагом F144
сеть N54
сигнал «О» Z13
~ «1» O59
~ регенерации R154
сигнальный процессор S306
СИД E178, L180
сила адгезии A42
~ натяжения T64
силикатное стекло S313
силиконовая смазка S330
силиконовый клей S327
сильная инжекция H110
сильное легирование H52
~ натекание G170
~ экспонирование H53
сильнолегированная область H51
сильнолегированный материал H50
~ слой H84
синтезатор речи S573, V167
синхротронное излучение S838
СИС M121, M382
система автоматизированного проектирования C369, D109
~ водоочистки с обратным осмосом R301
~ для металлизации M174, M195
~ на кристалле S839
~ очистки воды W82
~ паст P53
~ паст для толстоплёночной технологии I167
~ паст для формирования диэлектрических слоёв D167
~ паст для формирования толстоплёночных проводников C401
~ паст на основе оксида рутения R370
~ паст на основе палладия и серебра P23
~ проведения диффузии и оксидирования по методу закрытой трубы C268
~ проведения диффузии по методу открытой трубы O88
~, сдаваемая «под ключ» T309
~ технического зрения V148
~ условных обозначений N93
системотехника S841
сильфонное соединение B107
сканирующая проекционная литография S62
~ электронно-лучевая литография S58, W174
сканирующее устройство S55
сканирующий микрозонд Оже S57
~ оже-микроанализ S56
скафандр B251
~ с перчатками G121
сквид Q19, S779
сквозная область R50
сквозное отверстие V129, V130
скол S277
скоммутированная топология R343
скомпенсированная примесь C324
скорость S574
~ выращивания G186
~ диффузии D234
~ дрейфа носителей заряда D400
~ испарения E345
~ напыления E345
~ нарастания выходного напряжения S428
~ обработки P445
~ откачки E336, E356
~ рекомбинации R97
~ срабатывания O92
~ травления E315

~ травления полупроводника n-типа N53
скрайбер S124
~ для подложек S767
~ с алмазным резцом D137, D138
скрайбирование S125
~ керамических плат из оксида алюминия A103
скрайбированная полупроводниковая пластина S101
скрытая область B319
скрытый канал B309
~ слой B316
~ слой коллектора S726, S727
~ n^+-слой коллектора N18
слабая инжекция L319
~ ионная имплантация L182
слабодозированная ионная имплантация L310
слабое легирование L307, W94
~ натекание F107
~ проявление L178
~ сродство к электрону L311
~ травление M273
слаболегированная стоковая область L184
следы примеси T206
слиток B36, B131, B245, I145; R331
сложность C335
~ полупроводниковой пластины W1
сложный полупроводник C360
слоистый диэлектрик L105
~ материал L9
~ пластик L9
~ пластик для подложек ИС СВЧ-диапазона M267
слой C286, C288
~ диоксида кремния, сформированный электронно-лучевой обработкой E9
~ для формирования контактных площадок P20
~ композиционного материала C352
~ кремния, полученный методом химического осаждения из паровой фазы C579
~ межсоединений I237
~ полупроводниковой пластины W27
~, полученный пиролизом P528
~, препятствующий диффузии D225
~, препятствующий оксидированию A162, O209
~, препятствующий проникновению влаги M320
~, препятствующий травлению E322
~, служащий подложкой S762
~ с низкой подвижностью носителей заряда L322
~, стойкий к травителю E319
~, сформированный методом термовакуумного осаждения V14
~ фоторезиста L2, P161
~ шаблона M66
случайный дефект R36
смачиваемость W112
смачивающая способность W113
смесь для газового травления E307
смещение B120, B124, D397
смещённая маска O23
смола для герметизации C66, P374
смонтированная печатная плата L249, P347
смотровое окно W137
смотровой патрубок L137
смыкание P516
снижение процента выхода годных Y8
снятие R185, S713
~ зарядов статического электричества E142, S646
~ металлизации M258
~ резиста R265
собственная концентрация I285
~ электропроводность I286
собственное производство C33, I149
собственный дефект N16
~ полупроводник I289

совершенство кристаллической решётки L100
совместимость С322
~ корпусов по шагу выводов Р240
совмещение А79, R161
~ в горизонтальном направлении L88
~ всей полупроводниковой пластины с фотошаблоном F285
~ в фотолитографии с микрозазором S564
~ изображений Р56
~ контактных площадок Р21
~ по всему полю пластины G120
~ по оси z X1, Z1
~ промежуточного фотошаблона R277
~ с верхней и нижней поверхностями полупроводниковой пластины F275
~ с высоким разрешением Н139
~ с невысокой точностью R177
~ с низким разрешением L339
~ с помощью дифракционной решётки D188
~ с помощью лазерного интерферометра L54
~ фотооригинала R277
~ фотошаблона при фотолитографии с зазором Р492
совмещённая ИС С323
совмещённые слои R160
согласование F140
~ постоянных кристаллических решёток L98
согласующее устройство I256
соединение В206, В211, С407, С410, Н178, L193, L214
~ внахлёстку О197
~ встык А9, В324
~ кристалла с основанием корпуса С220
~ накруткой W145, W171
~ полученное методом ультразвуковой сварки U24
~ полученное методом шариковой термокомпрессии В21, N2
~ проволочных выводов W127
соединения R342, R346
соединитель С410
соединительная металлизация М168
~ перемычка между выводами выводной рамки Т173
создание заказных ИС С562
~ микрорельефа Е207
~ микрорельефа на полупроводниковой пластине W9
соответствие требованиям чистой комнаты С257
соотношение компонентов в смеси М297
~ между шириной и длиной W122
~ сторон Н56
сопротивление R217
~ в закрытом состоянии О21
~ включения О71
~ в открытом состоянии О71
~ выключения О21
~ контакта С437
~ насыщения S26
~ по переменному току А100
~ постоянному току D276
сортировка С246, S537
~ кристаллов D178
~ кристаллов на полупроводниковых пластинах W55
~ кристаллов по группам G140
сортировщик С247, М260, S536
сортирующее устройство С247, М260, S536
состав С356, F229
~ газовой фазы G32
~ осаждённого слоя D93
~ пасты Р52
~ покрытия С290
состояние С381, S637
~ в запрещённой зоне G19

~ включения О72
~ «включено» О47
~ выключения О25
~ «выключено» О16
~ на поверхности раздела I260
соударение С310
спай S138
~, полученный методом ультразвуковой пайки U30
спайность С264
специализация базового матричного кристалла М105
~ соединений I231
специализированная ИС С316, D24
специализируемая матрица С564
спецодежда для чистых комнат С260
спиральный геттер С295
сплав А90
~ никеля и железа N65
~ никеля и кобальта N64
сплавление F323
сплавная область А92
сплавной контакт А91
~ переход F312
сплошная диффузия В177
~ подложка М345, U75
~ полупроводниковая подложка В296
сплошное покрытие В176
~ экспонирование В178
сплошной слой С443
сползание В182
способ Т40
способность к восстановлению работоспособности R272
спутник-носитель С47, R74, S467
~ для ИС I17
~ для ИС в корпусе Р15
~ для плоского корпуса с четырёхрядным расположением выводов Q40
срабатывание R270, Т277
~ триггера Т275
средняя ИС М121, М382
~ наработка на отказ М118
~ степень интеграции М120, М121
средства автоматизированного проектирования С367, D106
~ диагностики D134
срез S277
~ кристалла С514
сродство А57
~ к электрону Е68
~ службы Е198, L167, L169
~ службы шаблона М67
срок хранения S281, S700
стабилизатор R172
~ напряжения U181
~ тока С553
стабилизация R171
стабилизированный источник опорного напряжения 5В, R134
стабилизирующий отжиг S620
стабилитрон Z4
стабильность S619
~ после подгонки Т283
~ при высоком напряжении Н175
стадия S625
стандартная ИС С67, О26, S633, S634
~ степень интеграции S63
стандартный блок микропрограммного обеспечения F137
~ коллектор со скрытым слоем S631
~ компонент С317, N99
~ микропроцессор С68
станок Т195
~ для полировки полупроводниковых пластин W37

~ для шлифовки и полировки P313
~ для шлифовки слитков I146
~ ультразвуковой сварки U35
старание A59
~ под нагрузкой L244
статическая термотренировка S640
~ характеристика S642
статический режим S654
~ элемент памяти S641
статическое ЗУ S648
~ ЗУПВ S651
~ электричество S645
стежковая сварка S688
стекловолокно F54, G104
стеклокерамика G99
стеклокерамический корпус G98
~ спай G113
стеклопластик G105
стеклотекстолит G104
стеклоэпоксид E268
стеклоэпоксидная печатная плата G103
стеклоэпоксидный сложный пластик F55
стеклянная оболочка G102
~ подложка для фотошаблона G108
стеклянное основание корпуса G106
~ связующее G96, V153
стеклянный корпус G102
~ кристаллоноситель G106
стеклянный припой S148, S496
стенд B111
стенка W71
степень вырождения D53, D54
~ интеграции C335, C336, C337, I220, I221, I222
~ интеграции выше сверхбольшой H375, O188, S789, U19
~ интеграции в эквивалентных логических элементах E278, G45
~ интеграции ИС на целой полупроводниковой пластике W27
~ интеграции кристалла C204
~ интеграции логической ИС L287
~ интеграции малых ИС L458
~ интеграции СБИС V161
~ интеграции, соответствующая БИС L364
~ компенсации C325
~ резервирования R122
~ функциональной сложности F296
стереомикроскопия S684
стержень R331
стереометрическая примесь S691
стехиометрическое отношение S692
стимулирование E210
стимулированная диффузия E208
стираемое программируемое ПЗУ E280
стойкость D436, E198, R217, R359, T193
~ к альфа-излучению A94
~ к бета-излучению B119
~ к реактивному ионному травлению R61
~ к рентгеновскому излучению X9
~ к травителю E318
~ к травлению E306, E318
~ к электромиграции E67
~ фоторезиста P200
сток D389
~ из силицида S314
~ с электропроводностью n-типа N24
~ с электропроводностью p-типа P89
~ n-типа N24
стоковая область D389
стол для позиционирования P353
столбиковый вывод B225, B298, C402, C421, P19, P236, R29
~ вывод для групповой пайки или сварки G15

~ вывод из припоя S489
~ вывод перевёрнутого кристалла ИС F177
~ вывод, сформированный методом напыления E338
столкновение C310
стравливание E317
стрела прогиба C7
строчное сканирование L208
строчный формирователь сигналов изображения L206
струйное проявление S592
структура A184, A185, C404, P55, S718
~ большой площади L23
~ горизонтального транзистора L90
~ ИС I7
~ ИС с изолирующими канавками R86
~ кристаллической решётки L102
~ металл — диэлектрик — металл M159
~ металл — диэлектрик — полупроводник M160
~ металл — нитрид — оксид — полупроводник M176
~ металл — нитрид — полупроводник M177
~ металл — оксид — полупроводник M180
~ металл — полупроводник — металл M193
~ ППЗ C165
~ с вертикальной интеграцией U95
~ с двухслойным пассивирующим покрытием из оксида и нитрида кремния N71
~ с изолирующими канавками I375
~ с плоской поверхностью P267
~ с субмикронными элементами S732
~ типа «кремний в диэлектрике» S343
~ типа «кремний в сапфире» S345
~ типа «кремний на диэлектрике» S357
~ типа «кремний на сапфире» S359
~ типа «кремний на шпинели» S363
~ типа поликремний — нитрид — оксид — полупроводник S224
~ типа «сэндвич» S15
~ фотошаблона P175
структурирование P66, S721
~ полупроводниковой пластины W36
структурированная плёнка P60
структурное проектирование S716
~ разупорядочение D305
ступень S659
ступенька S659
~ в оксидном слое O239
~ роста G188
сублимационный насос S729
субмикронная разрешающая способность S731
~ технология ИС S741
~ ширина канала S733
субнаносекундное быстродействие S743
субтрактивная технология S771
сужение N15
~ запрещённой энергетической зоны B31
суперкристалл S773
сурьма A161
суспензия S832
сухая обработка D421
~ технология D419
~ химическая обработка D407
сухое оксидирование D416
~ проявление D408
~ травление D410
сухой плёночный фоторезист D414
~ фоторезист N111, S511
сушка проявленного фоторезиста P367
схват P225
~ робота R330
схема N54, S68
~ входного каскада F272
~ выборки и хранения S9
~-защёлка L71

~ межсоединений I235, W149
~ на активных компонентах A29
~ на дискретных компонентах D284
~ на полупроводниковых приборах S208
~ регенерации R153
~ сдвига логического уровня L160
~ с сосредоточенными параметрами L375
~ технологического процесса P437
~, эквивалентная логическому элементу G53
~ электрических соединений C408
схемный элемент C234
схемотехника C235
схемотехнические требования C236
схемотехнический анализ C232
схемотехническое моделирование C238
схемы C237
~ с жёсткой логикой H31
~ с распределёнными параметрами D313
сцепление кристалла с подложкой D146
сцинтилляционный счётчик альфа-частиц A98
счётчик интерференционных полос F269
считывание изображения I58
~ маркировки на полупроводниковых пластинах W22, W44

Т

таблица T4
тактируемый RS-триггер R354
тактовая частота C266
тангенс угла диэлектрических потерь D166
тара для транспортировки полупроводниковых пластин W53
твердение H21
~ транспортировки T203
таунсендовский разряд T205
твердотельная схема S515
~ технология S526
~ электроника S519
твердотельные логические схемы S523
твердотельный компонент S516
~ лазер S522
~ прибор S517
~ формирователь сигналов изображения S521
твёрдая фаза S509
твёрдое тело S514
твёрдость H23, R315
~ при шлифовке L19
твёрдый источник легирующей примеси D338
~ источник примеси S513
текучесть F208
тело кристалла B203
~ резистора R243
тёмные интерференционные полосы D4
температура вспышки F159
~ Дебая D17
~ затвердевания H22
~ насыщения S24
~ обжига F136
~ окружающей среды A118
~ остекловывания V155
~ отверждения C543
~ перехода в жидкое состояние L233
~ перехода в твёрдое состояние S528
~ размягчения F205
~ расплавления F324
~ растекания F205
~ рекристаллизации R103
~ термического разложения D22
~ фазового перехода T225
температурная компенсация T54
температурный градиент T58

~ коэффициент ёмкости T51
~ коэффициент расширения E359, T100
~ коэффициент сопротивления T52
~ коэффициент частоты T57
~ профиль печи F310
тензодатчик S703
тензочувствительный измерительный преобразователь S703
теория надёжности R180
тепловое возбуждение T98
~ размытие T90
~ расширение T99
~ сопротивление T109
тепловой пробой T91
теплоотвод D310, H45, H47, R23, S414
~ с радиаторами F132
теплопроводность C383, H41, T93
теплостойкость H46
термическая диффузия T96
~ ионизация T101
термическая обработка H48, T112
~ очистка H40
~ стабилизация T111
термический отжиг T89
термическое возбуждение T98
~ выращивание оксида T104
~ оксидирование H43, T103
~ разложение T95
~ старение T88
термобарокамера P413
термовакуумная металлизация M153
термовакуумное испарение E339, T97, V20
термоимпульская сварка T107
термоионизация T101
термокомпрессионная сварка B211, T113, W93
~ сварка алюминиевой проволоки A108
~ сварка инструментом в виде «птичьего клюва» B165
~ сварка сшиванием S686
~ сварка шариком B23, T114
термокомпрессионное соединение B206, T115
~ соединение алюминиевой проволоки с контактной площадкой A114
термокомпрессия B211, T113
термомиграция T121
термообработка B18, H48, T112
~ в печи O184
~ в СВЧ-печи M265
~ перед травлением оксида P401
~ после проявления P367
~ после технологической операции P366
~ после экспонирования P368
~ с одновременной подачей напряжения смещения B122
термопластическая смола T123
термопластическое покрытие T122
термореактивная смола T125
термореактивное покрытие T124
термотренировка B320, T88
термоультразвуковая сварка T127
термохимическое осаждение из паровой фазы T94
термоэлектрический холодильник на основе эффекта Пельтье P100
тестер T73
~ логических ИС L299
тестирование T74
тестируемость T70
тестовая пластина для контроля технологического процесса P453
тестовая пластина для разработки технологического процесса P436
~ полупроводниковая пластина S10
~ структура T81
~ структура в полупроводниковой пластине D404

тестовый кристалл T72
~ кристалл для разработки технологического процесса P435
тефлон T45
тефлоновая кассета T47
техника E206, T43
~ матричных ИС на основе базовых ТТЛ кристаллов с диодами Шотки S78
технологическая линия L193, M34, P444
~ линия для обработки полупроводниковых пластин W10
~ линия для обработки полупроводниковых пластин с использованием ленточного транспортёра W64
~ линия для производства полупроводниковых приборов S229
~ обработка F2, H13, P439, T267
~ обработка без образования радиационных дефектов R11
~ операция P446, S659
~ совместимость P441
~ цепочка F437
технологические ограничения T41
технологический газ P438
~ жидкий реактив P448
~ контроль непосредственно на линии O70
~ метод M35
технологическое оборудование F1, P442
технологичность M33, W159
технология P430, T43
~ автоматизированной сборки ИС на ленточном носителе T6
~ биполярных ИС с поликремниевыми резисторами и самосовмещёнными областями P345
~ БИС L371
~ быстродействующих ИС H156
~ водоподготовки W86
~ высококачественных биполярных ИС H123
~ высококачественных КМОП H36
~ двух карманов T318
~ жидкостной химической обработки W110
~ заказных ИС C560
~ избирательного оксидирования S163
~ изготовления ИС I23
~ изготовления радиационно-стойких приборов R2
~ изоляции ИС с высокой плотностью упаковки H88
~ изоляции ИС углублённым оксидом B318
~ изоляции элементов ИС канавками с диэлектрическим материалом T272
~ ИС на КНД-структуре S484
~ ИС на КНС-структуре S539
технология ИС на МОП-транзисторах с плавающими кремниевыми затворами F191
~ ИС на структуре типа «кремний в диэлектрике» S344
~ ИС на целой полупроводниковой пластине F283
~ ИС с воздушной изоляцией A39
~ ИС с высокой плотностью упаковки H94
~ ИС с использованием легирования золотом G131
~ ИС с субнаносекундным быстродействием S744
~ n-канальных МОП ИС N84
~ КВС-структур S420
~ КМОП ИС C283
~ КМОП ИС на КНС-структуре S541
~ КМОП ИС на полупроводниковой подложке B288
~ КМОП ИС с КНС-структурой C282
~ линейных ИС L202
~ масштабированных ИС S48
~ МНОП ИС N73
~ МОП ИС с двухуровневыми поликремниевыми затворами D381
~ МОП ИС с кремниевыми затворами S337

~ МОП ИС с металлическими затворами M157
~ МОП ИС с одним поликремниевым слоем S408
~ МОП ИС с поликристаллическими кремниевыми затворами P343
~ МОП ИС с самосовмещёнными затворами и толстым оксидным слоем S20
~ МОП ИС с самосовмещёнными областями M188
~ МОП-структур с самосовмещёнными поликремниевыми затворами S178
~ МОП-структур с совмещёнными затворами S611
~ некоммутированных логических матриц U7
~ обработки кремниевых пластин S369
~ оптоэлектронных приборов E136
~ поверхностного монтажа S463
~ полевых транзисторов U72
~ полузаказных ИС S240
~ полупроводниковых ИС с оксидной изоляцией O226
~ присоединения кристаллов к балочным выводам на ленточном носителе B103
~ присоединения кристаллов к паучковым выводам на ленточном носителе S578
~ с самосовмещёнными силицидными базовыми контактами S182
~ толстоплёночных многослойных структур T135
~ трафаретной печати и вжигания нанесённой пасты S107
~ формирования столбиковых выводов B306
течеискатель L148
течь L147
тигель C496
~ из плавленого кварца F314
тигельная печь C498
~ плавка C500
тигельный испаритель C497
тиксотропная паста T164
тиксотропный клей T161
~ наполнитель T163
~ реактив T162
тип легирующей примеси D357, I110
~ примесной электропроводности D357, I110
~ электропроводности C390
~ электропроводности канала C130
типовая разрешающая способность литографии R345
тиражирование R198
~ фотошаблонов M82
ТКЕ T51
ТКР E359, T100
ТКС T52
ТКЧ T57
ток истока S554
~ канала C118
~ насыщения S22
~ неосновных носителей M283
~ основных носителей M28
~ отсечки C571
~ при обратном смещении R288
~ при прямом смещении F232
~ пробоя B261
~ рекомбинации R94
~ свехпроводимости S780
~ смещения B121
~ стока D392
~ утечки L146, S705
~ утечки через канал C122
~ утечки через подложку S763
токопроводящая дорожка C386, C397, H178, I232, L144, L193, P54, R363, T207, W151
~ дорожка первого уровня F138
токопроводящие дорожки M168
толстоплёночная ГИС S116, T133
толстоплёночные ГИС T139
толстоплёночный конденсатор с пассивирующим

слоем стекла G109
~ проводник T130
~ резистор S109
толстые плёнки T139
толщина D97
толщиномер D100, T141
тонкие плёнки T156
тонкий проволочный вывод F219
~ слой F84
тонкоплёночная ГИС T154
~ микросхема T145
~ технология S107, T159
тонкоплёночные ГИС T156
тонкоплёночный диод T151
~ полевой транзистор T153
~ проводник T147
~ транзистор T160
топография T200
~ поверхности полупроводниковой пластины W32
~ полупроводниковой пластины W61
топологическая норма L117
~ проектная норма D113, G85, L117
топологические данные L111
топологический размер элемента F37, F38
~ чертёж G81, L110, L113, T201
~ чертёж, выполненный вручную H11
~ элемент F37, T199
~ элемент прибора D128
~ элемент уменьшенного размера F108
~ элемент шаблона M54
топологическое проектирование G84
топология L108
~ базового матричного кристалла A188
~ заказной ИС C566
~ ИС I202
~ ИС с высокой плотностью размещения элементов H89
~ кремниевой ИС S349
~ кристалла C203
~ межсоединений I238
~ разводки R347
~ скоммутированных элементов R343
~ соединений R347
~ структур шаблона M76
тормозящий слой S693
торцевой металлический электрод M151
точечная пайка P246
~ сварка S590
точечный дефект P312, S394, S589
~ заряд P311
~ прокол B164, P166, P244
~ прокол, возникший при технологической обработке P443
~ прокол в оксидном слое O236
точка насыщения S24
~ пересечения C491
~ разветвления N89
~ росы D131
~ фазового перехода T225
точное совмещение A85, E348, F103, P393
точность номиналов без подгонки U91
~ номиналов после подгонки T281
~ регулировки температуры T62
~ совмещения A80, R162
~ трафаретной печати P421
~ установки температуры T62
травильная ванна E293
~ камера E294
травитель E288, E289
~ для оксида O221
~ для химической полировки P314
~ кремния S333
травление E288
~ без подтравливания N121, Z15

~ без резистной маски R240
~ диоксида кремния S324
~ кислотой A23
~ методом ионного распыления S599
~ методом погружения D267
~, обеспечивающее получение ровных краёв S272
~ оксида O221
~ оксидированной обратной поверхности полупроводниковой пластины R297
~ оптической стимуляцией L183
~ пассивирующего слоя P46
~ с использованием фоторезистной маски P196, P204
~ с использованием эксимерного лазера E352
транзистор на гомопереходах H208
~ на горячих электронах H220
~ на КНС-структуре S549
~ полосковой геометрии S715
~ с вертикальной структурой V102
~ с высокой подвижностью электронов H97
~ с глубокообеднённым слоем D28
~ с ионно-имплантированной базой I39
~ с кольцевым эмиттером R319
~ с металлической базой M147
~ с низким коэффициентом усиления L317
~ со сверхусилением S786
~ с поверхностным зарядом S806
~ с проницаемой базой P117
~ Шотки S80, S95
~ $n-p-n$-транзистор N139
транзисторная логика с непосредственными связями D274
~ матрица T229
~ структура T228
~ цепочка T230
транзисторно-транзисторная логика T239
транзисторно-транзисторные логические схемы T239
транзисторные логические схемы с резистивно-ёмкостными связями R245
~ логические схемы с резистивными связями R247
трансмутационное легирование N59, T249
трансмутационно-легированный кремний N58
~ полупроводник N57
транспарентный фотошаблон L190, S156
транспортёр T207
~ для межоперационной транспортировки P447
~ на воздушной подушке A74
транспортировка H13
~ пластин с помощью вакуумных схватов V32
~ полупроводниковых пластин W65
~ полупроводниковых пластин в кассетах C55
~ полупроводниковых пластин из кассеты в кассету C64
транспортный модуль для полупроводниковых пластин W20
~ поддон T203
трансферное прессование T217
трасса R742
трассировка R342, R346, W147
~ без сетки O018
~ по сетке O68
~ соединений W140
трассировочная установка W141
трафарет M41, S105
~ для толстоплёночной технологии S114
~ для толстоплёночных ГИС H267, S119
~ из нержавеющей стальной проволоки S629
трафаретная печать M187, P420, S112, S118, S373
~ печать для толстоплёночных ГИС T140
требования к точности совмещения A86
требуемая полезная площадь R72
тренировка A59
~ под нагрузкой L244

трёхбромистый бор B240
трёхдиффузионная ИС T165
~ структура T286
трёхкоординатный стол X30, X31
трёхмерная ИС T166
~ разводка T167
трёхмерное распределение D14
трёхслойная структура S15
трёххлористый бор B241
трёхэлектродная установка ионного распыления T285
~ установка ионного травления T284
трещина F139, F166
триггер T192, T274
~ со счётным запуском B135, T276
~ Шмитта S69
RS-триггер R207
RST-триггер R354
T-триггер B135, T276
триггерная схема F183, T274
триодный метод ионного распыления при низком давлении L332
триоксид мышьяка A202
~ сурьмы A160
труба диффузионной печи D238
~ диффузионной печи для проведения оксидирования O214
трубчатая печь T295
ТТЛ T239
~ с диодами Шотки S97
~ с транзисторами Шотки S81
тугоплавкий материал R146
~ припой H24
туннелирование электронов E132
туннелирующий электрон T303
туннельная инжекция T304
туннельный диод T301
туннельный переход E285, T305
~ пробой T299, Z3
~ ток T300
~ эффект E284, T302
турбомолекулярный вакуумный насос T306
турбулентный поток T307
тяжёлая примесь H54

У

увеличение G4, M437
~ в объёме S834
угловая ориентация T128
угловое совмещение T128
углубление G166, G169, M306, R76, T289, V44
~ для корпуса P11
~ для кристалла в основании корпуса C190
~ эмиттера E168
углублённая базовая область B60
~ область B319
~ оксидная область R83
углублённый оксид B317
удаление R185, S713
~ заусенцев D15, D62
~ летучих соединений V170
~ непроявленного резиста R263
~ непроявленного фоторезиста D103
~ облоя D15, D62
~ остатков фоторезиста с полупроводниковой пластины W4
~ поверхностных загрязнений D304
~ припоя D116, O89
~ пыли D441
~ резиста R265
~ сухого плёночного резиста D422

~ тонких плёнок M258
~ травлением E317
~ фоторезиста в кислородной плазме O248
~ фоторезиста со всей поверхности подложки S830
ударная ионизация C311, I72
ударное прессование I73
ударопрочность S288
удельная мощность P375
~ объёмная концентрация P121
~ поверхностная концентрация P120
~ теплоёмкость S570
~ электропроводность C396, S569
~ электропроводность p-типа P502
удельное поверхностное сопротивление S824
~ сопротивление R235, S571
~ сопротивление полупроводниковой пластины S437, W45
узел A216, N89
~ кристаллической решётки L101
узкая запрещённая энергетическая зона L313, N14
узкозонный материал L306
ультразвуковая пайка U31
~ сварка U36
~ сварка внахлёстку U34
~ сварка проволочных выводов U37
ультразвуковой зонд U29
ультразвуковые волны U33
ультрафиолетовое излучение U46
ультрафиолетовый стерилизатор U48
уменьшение бета B116
~ изображения R115
~ коэффициента усиления по току в схеме с общим эмиттером B116
~ толщины материала химическим методом C173
~ уровня легирования бором B233
~ ширины N15
умножение M437
универсальная аппаратура автоматизированного контроля V83
~ логическая матрица U81
~ матрица U79
универсальный асинхронный приёмопередатчик U80
~ логический элемент U82
~ синхронно-асинхронный приёмопередатчик U83
униполярная технология U72
упаковка P1, P17
~ высокой плотности H93
~ для шаблона M74
уплотнение P17, S138, S145
~ оксида O217
~ тонких плёнок T149
уплотнитель S139
уплотняющая прокладка S138
упорядоченная структура O152
упорядоченное состояние H114
управление C446
управляемая диффузия C452
управляющая ИС C447
~ ИС с эксплуатационным программированием F61
управляющий затвор C449
~ электрод C448, G38
уравнение диффузии D219
~ идеального диода I24, S285
~ непрерывности для электронов E102
~ транзистора T232
~ Шокли I24, S285
уровень S637
~ легирования C377, D352
~ полупроводниковой пластины W27
~ сложности C337
усадка S295
усиление A125, E210, G4, M437

~ по мощности P376
~ по напряжению V177
~ по току C548
~ при малом уровне сигнала S459
~ сдвига S278
усилитель A127
~ записи W173
~ на одном кристалле с другой схемой O40
~ на основе объёмного эффекта B290
~ на ПАВ S30
~ на паре Дарлингтона D5
~ на ППЗ C161
~ на приборе Ганна T219
~ считывания S248
ускоренная диффузия E208
~ тренировка A10
ускоренное испытание A11
~ старение A10
условие C381
условия наихудшего случая W168
~ окружающей среды A116, E222
~ проведения диффузии D216
усовершенствование R136, U94
усовершенствованная специализированная ЭСЛ A50
~ технология МОП ИМ с самосовмещёнными поликремниевыми затворами A52
~ ТТЛШ A54
~ ТТЛШ с низкой потребляемой мощностью A51
~ ТШЛ A53
усовершенствованные транзисторно-транзисторные логические схемы с диодами Шотки T240
усовершенствованный вариант U92
установка I179, L251, T195
~ визуального контроля полупроводниковых пластин W25
~ выращивания методом вытягивания P509
~ выращивания при высоком давлении H127
~ групповой пайки или сварки выводов G14
~ двойного травления B125
~ деионизации воды D63
~ для вклеивания компонентов в ленточный носитель T30
~ для выращивания G175
~ для выращивания кристаллов C519
~ для выращивания кристаллов методом вытягивания C529
~ для выращивания кристаллов методом Чохральского C587
~ для выращивания плёнок из паровой фазы V48
~ для вырезания кристалла из ленточного носителя и формовки выводов E354
~ для галтовки D50
~ для герметизации S144
~ для герметизации методом пайки S506
~ для герметичного соединения краёв крышки с основанием корпуса P108
~ для жидкостного травления W106
~ для имплантации ионов кислорода O250
~ для инфракрасной сушки I137
~ для ионного распыления S604
~ для контактного копирования фотошаблонов C429
~ для контроля и сортировки полупроводниковых пластин W15
~ для легирования D347
~ для монтажа B207, P258
~ для монтажа ГИС H249
~ для монтажа ИС в корпусе P16
~ для монтажа кристаллов C181, C210, D150
~ для монтажа кристаллов и микроэлементов M139
~ для монтажа кристаллов с использованием эвтектического припоя E330

~ для монтажа кристаллов с использованием эпоксидного клея E264
~ для монтажа методом перевёрнутого кристалла F175
~ для монтажа плоских корпусов с планарными выводами F164
~ для мультиплицирования D435
~ для нанесения легирующей примеси на поверхность полупроводника S586
~ для нанесения покрытий C287
~ для нанесения покрытий с устройством загрузки и выгрузки типа из кассеты в кассету C61
~ для нанесения припоя S490
~ для нанесения слоёв A175
~ для нанесения фоторезиста P195
~ для напыления E347
~ для напыления тонких плёнок F93
~ для обезжиривания D61
~ для обезжиривания в парах растворителя с одновременным воздействием ультразвуковых колебаний U32
~ для обезжиривания с погружением в жидкий растворитель и в парах растворителя I68
~ для обработки полупроводниковых пластин в процессе производства ИС I22
~ для оксидирования O243
~ для отжига A149
~ для отмывки W75
~ для отмывки и очистки полупроводниковых пластин W52
~ для отмывки и очистки фотошаблонов M85, R179
~ для очистки R137
~ для очистки азота N77
~ для пайки S144
~ для поверхностного монтажа S815
~ для подгонки номиналов T282
~ для подготовки компонентов к монтажу P405
~ для получения поликристаллического кремния P331
~ для поточной обработки полупроводниковых пластин в процессе производства ИС I169
~ для прикрепления выводной рамки F260
~ для присоединения внешних концов выводов к штырькам корпуса O171
~ для присоединения внутренних концов выводов к контактным площадкам кристалла I173
~ для присоединения кристаллов D150
~ для промывки W75
~ для проявления D123
~ для проявления методом разбрызгивания S591
~ для проявления фоторезиста P197
~ для проявления фоторезиста на полупроводниковых пластинах W5
~ для разделения полупроводниковых пластин на кристаллы D142
~ для разламывания F254
~ для резки подложек на отдельные платы S756
~ для резки полупроводниковых пластин на кристаллы D144, W6
~ для резки полупроводниковых слитков вдоль продольной оси L300
~ для резки полупроводниковых слитков на пластины M259, S435
~ для резки слитков S29
~ для рециркуляции R87
~ для рециркуляции воды W83
~ для сборки ГИС H246
~ для сборки ИС на выводных рамках L132
~ для сборки кристаллов C181
~ для сборки кристаллов в плоские корпуса с планарными выводами F164
~ для скрайбирования и ломки G198
~ для скрайбирования и разделения полупроводниковых пластин на кристаллы W51

~ для струйной промывки F211
~ для термовакуумного испарения E347
~ для термовакуумной металлизации M154
~ для технологической обработки P449
~ для травления и промывки полупроводниковых пластин E321
~ для трассировки соединений на полупроводниковой пластине W46
~ для удаления заусенцев D50
~ для удаления облоя D50
~ для удаления органических резистов O159
~ для удаления резиста R260
~ для удаления сухого плёночного фоторезиста D418
~ для удаления флюса D51
~ для удаления фоторезиста S712
~ для формирования рисунка P73, W176
~ для формовки выводов L128
~ жидкостной химической обработки W101
~ зонной очистки Z29
~ ионного легирования I87
~ ионного распыления с микропроцессорным управлением M247
~ ионного травления I306
~ ионного травления магнетронного типа M24
~ ионной имплантации I87
~ ионно-пучкового травления I306
~ компонентов C346, S723
~ контактной фотолитографии C435
~ контактной фотолитографии с вакуумным удержанием полупроводниковой пластины V13
~ лазерной обработки L58
~ лазерной подгонки резисторов L66
~ литографии A78, E366, L241, P418
~ литографии по всему полю полупроводниковой пластины W40
~ литографии сканированием луча B104
~ литографии с последовательным шаговым экспонированием W58
~ монтажа компонентов с радиальными выводами R6
~ на «1» R206
~ оптического совмещения и экспонирования O102
~ осаждения плёнок из паровой фазы V47
~ отверждения C542
~ отмывки в деионизованной воде A177
~ отмывки и очистки S126
~ отмывки и очистки пластин щётками B269
~ очистки C251, P521
~ очистки в водных растворах A177
~ очистки в парах растворителей V46
~ пайки волной припоя W89
~ пайки оплавлением припоя R142, S495
~ пайки струёй горячего газа H223
~ пескоструйной обработки S13
~ плазменной очистки P283
~ поверхностного монтажа M239, P223
~ полимеризации C542
~ проволочной темокомпрессионной сварки W130
~ проекционной литографии I52, P474
~ проекционной литографии без масштабирования O64, U78
~ проекционной литографии с последовательным шаговым экспонированием P478
~ проекционной литографии с уменьшением изображения R117
~ проекционной фотолитографии с источником дальнего УФ-излучения D37
~ проекционной фотолитографии с УФ-экспонированием U45
~ промежуточного фотошаблона R279
~ промывки R322
~ промывки и очистки вакуумных насосов V37
~ промывки и сушки R323

~ реактивного ионного травления I324, R62
~ регенерации травителя E291
~ рентгеновской литографии X4
~ рентгеновской литографии с последовательным шаговым экспонированием X19
~ сварки W96
~ скрайбирования S124
~ совмещения A78
~ совмещения и экспонирования A78, E366, M42
~ совмещения и экспонирования по всему полю полупроводниковой пластины F284
~ совмещения и экспонирования с субмикронной точностью S738
~ с программным управлением S473
~ с системой технического зрения E120
~ струйного проявления S591
~ сухого травления D411
~ термовакуумного осаждения плёнок V16
~ термоимпульсной сварки P513
~ термокомпрессионной сварки B207, H226, T117
~ термокомпрессионной сварки клинообразным пуансоном W92
~ термокомпрессионной сварки с микропроцессорным управлением M250
~ термоультразвуковой сварки T126
~ травления E299
~ травления с ультразвуковой активацией U28
~ трафаретной печати P418, S117
~ трафаретной печати для плат поверхностного монтажа S462
~ трафаретной печати для толстоплёночных ГИС T137
~ угла кристалла в заданное положение E25
~ ультразвуковой очистки U26
~ ультразвуковой сварки U25
~ фотолитографии O102, O124, P176
~ фотолитографии с зазором F22
~ фотолитографии с зазором и УФ-экспонированием U105
~ фотолитографии с микрозазором G18, N30, P493
~ фотолитографии с мягким контактом S468
~ фотолитографии с плотным контактом H18
~ фотолитографии с последовательным шаговым экспонированием O135
~ центробежной сушки полупроводниковых пластин W8
~ шариковой термокомпрессии B22, C24
~ экспонирования E365
~ электронно-лучевого отжига E72
~ электронно-лучевого экспонирования с электронным лучом изменяемой формы V69
~ электронно-лучевой литографии E79
~ электронно-лучевой литографии с векторным сканированием V76
~ электронно-лучевой литографии с непосредственным формированием изображений D279
~ электронно-лучевой литографии с непосредственным формированием изображений на полупроводниковой пластине E4
~ электронно-лучевой литографии со сканированием W50
~ электронно-лучевой литографии с растровым сканированием R41
~ электронно-лучевой проекционной литографии E8, E122
~ электронно-лучевой проекционной литографии с уменьшением изображения R114
установочная выемка I118
~ головка A174, P254
установочные отверстия I117
установочный знак M39
~ паз I118
~ штырёк A84

устойчивость R217, R359, S619
устранение дефектов R190
~ неисправностей в вакуумных системах V39
устройство A184, S652
~ визуального контроля I182
~ для виброизоляции V133
~ для выравнивания L158
~ для дозированного нанесения клея G127
~ для дозированного нанесения эпоксидного клея E265
~ для дозировки фоторезиста R224
~ для захвата и позиционирования кристалла P226
~ для защиты от статического электричества A169
~ для межоперационной транспортировки T222
~ для нанесения флюса F213
~ для обрезки и формовки выводов C569
~ для отделения кристалла от скрайбированной полупроводниковой пластины D155
~ для отсоса припоя S493
~ для поглощения вибрации V133
~ для позиционирования P352
~ для позиционирования кристаллов ИС C211
~ для позиционирования полупроводниковых пластин W38
~ для снятия зарядов статического электричества S649
~ для транспортировки полупроводниковых пластин W66
~ на ЦМД M10
~ подачи и перемещения H12
~ предварительного совмещения P387
~ прецизионного позиционирования M241
~ прецизионного шагового перемещения I115
~ программирования P465
~ сопряжения I256
~ управления электронным лучом B97
~ шагового перемещения S668
~ шагового перемещения сварочного инструмента B209
утечка L147
~ по поверхности диэлектрика C486
утолщение фоторезиста на краях кремниевой пластины P198
~ эмульсионного слоя E183
~ эпитаксиального слоя на краях полупроводниковой пластины E237
уход D397, R364
~ параметров под влиянием температуры T56
~ ширины линии L210
ухудшение качества шаблона M50
~ характеристик компонента C341
участок R157, S422
УФ-излучение U46
~ экспонирование U40

Ф

фазовая диаграмма P126, S638
фазовое превращение P127
фазовый переход P127, M224, M241
~ переход стекла G116
фактор, снижающий выход годных Y6
фасетирование C473
фасетка F11
фасеточная линза M431
фасеточный объектив F218, M431
фенольная смола P128
фигура совмещения A83, F60, R163
~ травления E261
физика твёрдого тела S524
физическая электроника E126
физические основы надёжности R180

физическое осаждение из паровой фазы P220
~ распыление B13, P219
фиксатор L71
фиксирование L72
фиксированная разводка F147, F151
~ соединительная металлизация F148
фиксированные межсоединения F147
фиксированный заряд F143
~ носитель заряда F142
фиксирующие отверстия I117
фиксирующий диод C243
~ диод Шотки S79
фильтр в SIP-корпусе S418
~ для фильтрации воды W81
~ на ПАВ S802
~ на ПЗС C72
~ сверхтонкой очистки U13
~ сверхтонкой очистки воздуха U21
~ с зарядовыми доменами C152
финишная подготовка выводов L126
~ обработка F130, F131
~ полировка F101
флюс F212
~ для пайки S498
~ для пайки тугоплавким припоем B256
форма O177, P55
~ выводов L127, L132
~ затвора G68
~ кристалла C214
~ роста кристаллов G184
~ электрода E51
формат изображения A213, I47
формирование G78
~ заказных соединений I231
~ изображений I57, I63, I65, P63, P66
~ изображений лазерным лучом L46
~ изображений методом литографии Л236
~ изображений на пластине без масштабирования O65
~ изображений с высоким разрешением H137
~ изображений фотошаблона M49
~ ИК-изображений I139
~ канавок G169
~ маски из нитрида кремния N69
~ маскирующего слоя из нитрида кремния N69
~ межслойного изолирующего оксида I267
~ межсоединений I243
~ микрорельефа E207
~ микрорельефа на поверхности полупроводниковой пластины W9, W36
~ нитрида кремния N66
~ покрытия из диоксида кремния S416
~ разводки R346, W147
~ рельефа D68, I65, P66
~ рельефа в слое нитрида кремния N67
~ рельефа в слое поликристаллического кремния P338
~ рельефа в слое резиста R257
~ рельефа поверхности S822
~ рисунка D48, D68, I57, I63, I65, P62, P66, W177
~ рисунка без применения резиста R242
~ рисунка в слое металлизации M150
~ рисунка в слое резиста R223, R257
~ рисунка в слое фоторезиста P207
~ рисунка в тонкой плёнке T148
~ рисунка контактных площадок B226
~ рисунка линии скрайбирования S123
~ рисунка маски для вытравливания канавок T273
~ рисунка методом микролитографии M226
~ рисунок методом обратной литографии L175
~ рисунок методом проекционной литографии P469
~ рисунок методом рентгеновской литографии X10
~ рисунок методом фотолитографии O122, P153, P185

~ рисунка микроструктур M223
~ рисунка оптическим методом O109
~ рисунка соединений на базовом матричном кристалле A191
~ рисунка с элементами субмикронного размера S739
~ рисунка с элементами уменьшенных размеров F109, F112
~ спаев S145
~ специализированной разводки на базовом матричном кристалле M105
~ столбиковых выводов B305
~ структур P63
~ структур с элементами уменьшенных размеров F122
~ тестовых структур T78
формирователь D403
~ сигналов записи W173
~ сигналов изображения I53, O130
~ сигналов изображения на ПЗС C143
~ тока C547
формовка M331
~ выводов L129
~ выводов компонентов C347
фосфид галлия G11
фосфоросиликатное стекло P135
фотоаппарат C9
фотогенерация P156
фотогравировка P152
фотодиод P149
фотоионизация P159
фотокамера C9
фотолак P201
фотолиз P166
фотолитическое восстановление P167
фотолитографическая операция У3
фотолитография O113, P152, P165, P172, P189, P420
~ по позитивному фоторезисту P363
~ с источником дальнего УФ-излучения D35
~ с микрозазором N31, P494
~ с мягким контактом S469
~ с последовательным шаговым экспонированием O134
~ с применением сухого плёночного фоторезиста D413
~ с уменьшением изображения для изготовления фотошаблонов R108
фотомаскирование O116, P172
фотометр P181
фотомультипликация P193
фотомультиплицирование P193
фотонабор P141
фотонаборная машина P140
фотооригинал A205, M44, M92, P136, P187
фотооригинал для проекционной фотолитографии O127
фотопластина P186
фотоповторитель I54, M83, O133, P71, P192, R194, R199, S662
фотоприёмник L188, O146, R148
фоторезист L1, L187, O129, P151, P201, R20, R215
~, чувствительный к дальнему УФ-излучению D39
~, чувствительный к УФ-излучению U47
фоторезистная маска M62, P163, P203
фоторезистный маскирующий слой M62
фоторезистор P206
фототравление P153
фототранзистор O147
фотохимическая обработка P154, P189
фотохимическое осаждение P138
~ осаждение оксида из паровой фазы P139
фоточувствительный переход P210
~ полупроводник P213
~ слой P161

фотошаблон M41, O115, P163, P168, P186
~ для фотолитографии с источником дальнего УФ-излучения D36
~, изготовленный по электронно-лучевой технологии E81
~, изготовленный фотоповторителем S667
~ с одной структурой S406
~ со слоем оксида железа F46, I353
~ со слоем позитивного фоторезиста P362
фотоэлектрическая генерация P156
фотоэлектрическое считывающее устройство P190
фотоэмульсия E182, L187, R151
~, чувствительная к УФ-излучению U103
фрезерование M278
фреоновая плазма F265
фритта F270
фторопласт T45
функциональная декомпозиция F303
~ ИС F299
~ производительность F306
~ способность F293
~ электроника F298
функциональное проектирование F297
функционально-модульный принцип F302
функционально сложные микросхемы C338
функциональные ИС F298
~ логические схемы F301
функциональный контроль F294
функционирование O95, P106

X

халькогенидное стекло C113
характеристика C556, R270
~ на участке насыщения S21
~ при обратном смещении R294
~ при прямом смещении F235
~ с отрицательным сопротивлением N47
~ S-типа S725
характеристики Q12
~ биполярных приборов B158
~ ИС I10
~ линейных ИС L200
~ технологического процесса T42
~ цифровых ИС D245
характеристическая температура D17
химическая полировка травлением C172
~ стойкость C170
химически активный газ R54
химический восстановитель R112
~ реактив для микроэлектронной промышленности M213
~ реактив, соответствующий требованиям электронной промышленности E114
~ реактор R65
~ травитель C171
химическое осаждение из паровой фазы C174
~ осаждение из паровой фазы в вакууме V9
~ осаждение из паровой фазы металлоорганического соединения M172
~ осаждение из паровой фазы при атмосферном давлении A228
~ осаждение из паровой фазы при низком давлении L330
~ осаждение из паровой фазы при пониженном давлении R109
~ осаждение из паровой фазы силана S309
~ осаждение эпитаксиального слоя из паровой фазы E235
химическое соединение C357
~ сродство C169
хладагент C463

холловская подвижность H8
холодильник C465
холодная сварка C300
~ формовка C297
хранения S694
хромированный фотошаблон C226
~ фотошаблон на кварцевой пластине Q27
~ эталонный фотошаблон C225
хрупкий материал F256
хрупкость F257

Ц

царапина S104
целостность I224
~ подзатворного оксида G67
центр зародышеобразования N153
центр захвата S422, T258
~ захвата электронов E133
~ кристаллизации C524
~ рекомбинации R90
~ рекомбинации носителей заряда C157
центральный процессор C95
центрифуга C96, S583
~ для нанесения фоторезиста P209
центрифугирование S581
цепочка конденсаторов C19
~ тонкоплёночных резисторов T155
~ транзисторов T230
RC-цепочка R218
цепь N54
цикл C580, R363
~ операции термокомпрессии B214
~ разогрева H49
~ регенерации R152
~ считывания и записи R70
~ считывания с регенерацией R69
циклическое изменение температуры T120
цилиндрический магнитный домен B272, B273, C582, M11
~ плазменный реактор C583
~ реактор B42
цифровая ИС D242
~ ИС на основе базового матричного кристалла G42
~ ИС на ПЗС D241
~ матрица D240
~ матричная ИС G42
цифровые интегральные схемы D244
ЦМД B272, B273, C572, M11

Ч

частей на миллиард P381
~ на миллион P382
~ на триллион P384
частичная дислокация P37
~ дислокация по Шокли S286
частота отсечки C572
~ регенерации R156
~ синхронизации C266
~ фазового перехода T242
чертёж D396
~ фотошаблона P171
четырёхзондовая измерительная установка F246
четырёхзондовый метод измерения F248
четырёхфазные логические схемы F245
четырёхэлектродная установка ионного травления T82
чёткий край S271
чёткое изображение S273
чёткость D48, S276

~ изображения I60, P231
~ края изображения E26, M38
~ токопроводящей дорожки L204
численное моделирование N156
число дефектов на миллион D47
чистая комната для литографии Y1
~ комната класса чистоты 100 C245, C256, W117
чистое производственное помещение C256, W117
чистота P522
~ обработки поверхности S811
чистый пропил C254
чувствительность S831
~ к альфа-излучению A97
~ к травителю E320
~ резиста R264

Ш

шаблон M41
~ для программирования P463
~ для проекционной литографии P471
~ для рентгеновской литографии X13
~ для электронно-лучевой литографии E6
~ для электронно-лучевой проекционной литографии G160
~ со слоем хрома для электронно-лучевой литографии E13
шаг P250
~ выводов L140, P243, P250
~ матрицы A192
~ мультипликации S659
~ решётки G158
шарик B20
шариковая термокомпрессионная сварка золотой проволоки G129
~ термокомпрессия B23, N3
шариковый вывод B20
~ вывод из припоя S487
шероховатая поверхность R340
шероховатость R338
~ поверхности F130
шина B323, H178, L193, R363
~ питания S794
~ считывания S249
ширина запрещённой энергетической зоны F224, F225
~ затвора G73
~ полосы частот B35
~ энергетической зоны B35
широкая запрещённая энергетическая зона L24
широкозонный полупроводник L25
шлиф L14
шлифовальный круг G164
~ порошок G163
~ состав L17
~ станок G161, L16
~ станок с вращающимися абразивными кругами R337
шлифование G162
~ абразивным кругом D299
~ поверхности S812
шлифованная поверхность L15
шлифовка L14
шлюз L270
~ вакуумной камеры V26
~ шлюзовая камера L271
шнурование F80
штук изделий в час U95
штырёк для монтажа методом накрутки W144
штырьковый вывод O183, P238, T69
~ вывод выводной рамки L134
~ вывод колодки R75

~ вывод спутника-носителя R75
шум-фактор N90
шумы полупроводникового прибора S225
шунт B264, B326
шунтирование B265

Э

эвтектика золота и кремния G136
эвтектический припой E332
~ сплав E326
эжекция E36
эквивалент ИС с малой степенью интеграции D289
эквивалентная схема двухполюсника T325
~ схема с распределёнными параметрами D314
~ схема четырёхполюсника F249
эквивалентное сопротивление E279
эквивалентный логический элемент E277, G52
экран S105
экранирование S112, S282
экранирующая плёнка S283
эксимерный лазер E351
экспоненциальное плавное распределение примеси E362
экспонирование E368
~ ближним УФ-излучением N32
~ большого поля L21
~ дальним УФ-излучением D33
~ для формирования рисунка P67
~ по всему полю полупроводниковой пластины F280, W119
~ при контактной фотолитографии C421
~ при проекционной фотолитографии P468
~ с микрозазором P490
~ УФ-излучением U240
экспонированная плёнка H363
экспонированный резист I42
~ участок E364
экспонирующее излучение E367
экспонометр E371
электрическая ёмкость C15, C23
~ прочность диэлектрика D169
~ шина B323
электрически перепрограммируемое ПЗУ E43
~ программируемое ПЗУ E47
~ стираемое ПЗУ E45
электрический заряд C132
~ пробой B260
~ разряд в среде силана S310
~ соединитель C410
электрическое смещение B120, B124
электровакуумная ИС V24
электрод C413, T65
~ истока S556
~ стока D393
~ эмиттера E169
электродный вывод L123
электроизоляционная подложка I190
электроискровая обработка E105
электролиз E57
электролизёр E59, P302
электролитическая ванна E59, P302
~ ионизация E63
~ полировка E65
электролитическое анодирование E58
~ лужение E145
~ оксидирование E64
~ осаждение E60, P301
~ осаждение с лазерным нагревом L51
~ травление E61
~ шлифование E62
электромагнитная очистка E66

электроника E118
электроника сверхпроводников S775
электронная бомбардировка E99
~ вакансия E134
~ заселённость E127
~ литография E85
~ литография с непосредственным формированием изображений D280
~ ловушка E133
~ оболочка E107
~ оже-спектроскопия A236
~ пушка E108, G197
~ пушка для ионного распыления S600
~ техника E113, E131
~ технология E131
~ электропроводность E101, N144
электронно-дырочная лавина E109
~ пара H197
~ рекомбинация E111, H198
~ электронно-дырочное рассеяние E112
электронное экспонирование E80
электронно-лучевая литография E85
~ литография с векторным сканированием V77
~ литография с непосредственным формированием изображений D280
~ литография с растровым сканированием R42
~ металлизация E88
~ обработка B98, E94
~ проекционная литография E95, E121
~ проекционная литография с уменьшением изображения D69
~ пушка E8
~ сварка E74
~ технология E10
~ установка для изготовления фотошаблонов E87
~ установка для напыления E78
~ установка для формирования изображений E90
электронно-лучевое зондирование E93
~ напыление E76
~ осаждение E75
~ формирование изображений E89
~ формирование изображения непосредственно на полупроводниковой пластине E3
~ экспонирование E80
электронно-лучевой генератор изображений фотошаблонов E86
~ зонд E92
~ испаритель E78, E100
~ мультипликатор изображений E83
~ нагрев E82
~ отжиг E73
электронно-чувствительная эмульсия E129
электронные приборы E118
электронный луч E69
~ микроскоп E125
~ полупроводник D329, E119, N149
~ прожектор G197
~ резист E96
~ ток E103
~ эмульсионный резист E129
электронолитография E85
электронорезист E96
электрооптика E137
электрооптический эффект E135
электроосаждение P301
электропроводность C387, E41
~, обусловленная дефектами кристаллической решётки D41
~ n-типа E101, N144
~ p-типа H193, P501
электропроводный клей E44
~ держатель полупроводниковых пластин E144
~ заряд E140, S643
электрохимическое осаждение E49

~ поле E143
~ травление A157, E55
~ травление с оптическим стимулированием P150
~ шлифование E50
лектроэрозионная обработка E54
элемент C86, D128, E146, P36
~ ДТЛ D261
~ изображения I43, P229
~ И² Л32
~ ИС I15
~ мажоритарной логики M29
~ на ПЗС C139
~ памяти S697, S699
~ ПТЛ C275
~ разрешения R267
~ рисунка P61
~ с конусными изолирующими областями T28
~ с отрицательным сопротивлением N49
~ схемы продвижения ЦМД P481
~ ТЛНС D13
~ ТТЛ T292
~ ТТЛ с диодами Шотки S76, S98
~ ТТЛШ S76, S98
~ ЭСЛ E163
элементарная ячейка U76
элементарный заряд E148
эллипсометр E153
эмалированная стальная подложка P350
эмиттер E159
~ встречно-гребенчатого типа I251
~, легированный мышьяком A196
~, легированный фосфором P132
~ с мелкой структурой S263
~ с оксидированными боковыми стенками O241
~ с оксидной изоляцией боковых стенок W72
~ с широкой запрещённой зоной W120
~ ячеистого типа M145
эмиттерная диффузия E166
~ область E159
~ область p–n–p-транзистора I162
эмиттерно-связанная логика E164
эмиттерно-функциональная логика E173
эмиттерный переход E161
~ повторитель E170
~ повторитель на паре Дарлингтона D6
~ ток E165
~ электрод E169
эмульгатор E181
эмульсионный фотошаблон E186
эмульсия E182
~ с высокой разрешающей способностью F110, H135
энергетическая зона B28, E198
энергетический уровень E202, E204
~ уровень Ферми F45
энергетическое состояние E204
энергозависимая память V168
энергонезависимое ЗУ N123
~ ЗУПВ N125, Z12
~ ЗУ с зарядовой адресацией N122
ЭПИК-процесс E227
~-технология E227
эпитаксиальная область E251
~ плёнка E238

~ плёнка для формирования ИС E256
эпитаксиальное выращивание E240
~ выращивание из жидкой фазы L226
~ выращивание при низком давлении L331
эпитаксиальный коллектор E234
~ островок E229
~ переход E242
~ реактор E249, G175
~ слой E225, E243
~ слой, выращенный из жидкой фазы L227
~ слой, легированный мышьяком A197
~ слой с электропроводностью n-типа N52
~ слой с электропроводностью p-типа P103
эпитаксия E240, E258
~ из жидкой фазы L229
~ из паровой фазы V58
~ из паровой фазы металлоорганического соединения M173
~ из паровой фазы на полупроводниковых пластинах, поддерживаемых на воздушной подушке V51
~ из твёрдой фазы S510, S520
~ кремния S331
~ при пониженном давлении R110
ЭПЛ E172
эпоксидная смола E259
~ смола для герметизации крышки корпуса L164
эпоксидный герметик E266
~ клей E260
~ слоистый пластик E270
эталонная частота R129
эталонный промежуточный фотошаблон M99
~ фотошаблон A211, M92, M96, R187
~ чертёж M94
этап S625
~ проектирования D113
эффект близости P489
~ Гаусса M20
~ Овшинского O205
~ подложки B205
~ поля F64
~ Холла H4
~ Шотки S87
эффективность E31
эффузионный элемент E32

Я

ядро N155
~ конденсации C380
язык для автоматизированного проектирования ИС I199 ямка P249
~ травления E312
ячейка C86
~ без соединительной металлизации P398
~ ЗУ S697
~ ЗУ с одноуровневой алюминиевой металлизацией S384
~ ПЗС C139
~ полупроводниковой ИС M346
~ ТТЛ с диодами Шотки S76
~ ТТЛШ S76
~ Холла H2

DEUTSCH

A

Abätzen E317
A^{III}-B^V-Bauelement C313
Abbau statischer Ladungen S644
Abbild R196
Abbildung I35, I57, I63
1:1-Abbildung auf dem Wafer O65
Abbildung durch Infrarotstrahlen I139
Abbildungen I57
Abbildungsprozeß I65
Abbildungsschärfe D48
Abbildung von Mikrostrukturen M223
Abdichten S145
~ durch Löten in der Sauerstoffatmosphäre O247
Abdichtung P17, S138, S145
Abdichtungsgas S147
Abgleich T278
Abgleichen mittels Strahlläppen A4
Abgleichgerät T282
Abgleichkondensator P410
Abgleich von Aktivsubstratwiderständen A36
~ von Chipwiderständen C221
A^{III}-B^V-Halbleiter G173
Abheben L171, L172
~ der Fotoresistschicht P202
Abhebetechnik L172, L173
A^{II}-B^{VI}-Kristall C509
Ableiten der elektrostatischen Aufladungen E142
Ableitvorrichtung S414
Ableseoperation R67
Ablösen R185, S713
~ des Fotoresists von der gesamten Substratoberfläche S830
~ des Resists im Sauerstoffplasma O248
~ einer Bondverbindung B224
ß-Abnahme B116
Abnahme der Linienbreite L210
~ von Nennwerten der Bauelementeparameter C341
abrupter Heteroübergang A6
~ pn-Übergang S274
~ Übergang A7
Abschätzung der Trennfugenqualität G169
Abscheidung D91, P391
~ im offenem Rohr O82
Abscherung S277
Abschirmfilm S283
Abschirmung S112, S282
Abschnürfrequenz C572
Abschnürspannung C570, C573
Abschnürstrom C571
Abschnürung P239
Abschrägung G144
Abstand A8, P250, P491
~ der Anschlüsse L142
~ der Anschlußstifte L140

Abstandsbelichtung N31, N97, O178, O180, P490, P494
~ mit UV-Strahlen U105
Abstandsbelichtungsgerät F22, P493
Abstandsjustier- und Belichtungsanlage F22, G18, N30
Abstandsjustierung P492, S564
Abstandskopierverfahren N31, O180, P494
Abstandsspalt P491
Abstandsverfahren P494
Abstimmung T8
Abstrahlen S14
Abtaster S55
Abtast- und Halteschaltung S9
Abtastwert S8
A^{III}-B^V-Verbindung C361, G174
Abziehen von Fotolackresten D103
Abzug F292, H209
Abzugsschrank F292
Adatom A37
Additivverfahren A39
Adhäsion A41
Adhäsionskraft A42
adsorbiertes Atom A37
Advanced ECL-Kundenschaltkreise A50
~ Low-Power-Schottky-TTL A51
~ MOS-Technologie mit selbstjustierendem Poly-Si-Gate A52
~ Schottky-Transistorlogik A53
~ Schottky-TTL A54, T240
akustische Oberflächenwelle A24, S801
~ Volumenwelle B285
akustoelektrischer Wandler A26
Akustoelektronik P385
Akzeptor A12
Akzeptoratom A13, P505
Akzeptordichte A15
Akzeptorkonzentration A15
Akzeptorstörstelle A14, A16
Akzeptorzusatz A16
allmählicher pn-Übergang S470
~ Übergang G142
Alpha A93
Alphastrahlungsempfindlichkeit A97
Alphastrahlungsresistenz A94
Alpha-Teilchen A93
Alphateilchenbeschuß A95
Alphateilchenschutz A96
Alphateilchenszintillationszähler A98
Altern A59
Alterung A59
~ unter Last L244
ALU A183
Aluminiumarsenid A107
Aluminiumdrahtbonden A108
Aluminiumdrahtbondung A114
Aluminium-Gate A109
Aluminiummetallisierung A110

Aluminium mit Glasdeckschicht G100
Aluminiumoxid A102
Aluminiumoxidkeramik A111
Aluminiumoxidkeramikgehäuse A104
Aluminiumstufenbedeckungsschicht A113
Alumosilikatglas A106
amorpher Halbleiter A122
~ Zustand A124
Ampullendiffusion B252
Analogelektronik A130
analoge Matrixanordnung A128
analoges Array A128
analoge Schaltkreistechnik A132
~s IC A131
Analogon auf Basis von diskreten Bauelementen D285
Analogschaltkreis A131
Analogsignal A133
Analysator A134
~ für Störstellengehalt in Halbleitern S215
Anätzen M273
Anblasen D441
Anfärbverfahren S628
angezapfter Widerstand T31
Anheften S687
Anheizzyklus H49
Anionenaustauscherharz A143
anisotroper Ätzer A144
anisotropes Ätzen A145, O165
~ Ätzmittel O165
~ Ätzprofil A146
~ Material A148
Anlage T195
~ für reaktives Ionenätzen R62
~ mit hoher Arbeitsleistung H166
~ zum eutektischen Chipbonden E330
~ zum Formieren von Anschlüssen L128
~ zum hermetischen Verbinden von Deckelkanten mit dem Gehäuseboden P108
~ zum kombinierten Thermokompressions- und Ultraschallbonden T126
~ zum Längszerteilen von Wafern L300
~ zur Diffusion im offenen Rohr O84
~ zur Diffusionsdurchführung im offenen Rohr O88
~ zur Durchführung von Diffusion/Oxydation im geschlossenen Rohr C268
~ zur Gewinnung des entionisierten Wassers D319
~ zur Hybridschaltkreismontage H246
~ zur Verkapselung durch Löten S506
Anodieren A158
anodische Oxydation A158, E58
Anodisieren E58
Anordnung A184
Anordnungsgeometrie G81
Anordnungsplan F203, P278
Anpassen F140
Anpassung T8
Anreicherung E210
Anreicherungsbetrieb E214, E218
Anreicherungsschicht A18
Anreicherungs-FET N128
Anreicherungsgebiet E209
Anreicherungskanal E210
Anreicherungstyp-FET E215
~-IFET E217
~-MOSFET E219
Anschluß C407, C410, T65
Anschlußabstand L142
Anschlußbonden I233, L124
Anschlußdichte I234
Anschlußdiffusion C419
Anschlußdraht L145
Anschlußdrahtaufnahmeloch L141
Anschlußfläche T66

Anschlußform L127, L139
Anschlußformen L129
Anschlußkennzeichnung L135
Anschlußkonfiguration L127, L139
Anschlußlageplan L139
Anschlußleitung L123
Anschlußplan C408
Anschlußstift O183, P238, T69
Anschlußstiftabstand L140, P243
Anschlußstiftkonfiguration F222
Anschlußstiftmatrix P241
Anschlußteil I256
Anschwellen S834
Ansprechen R270
Ansprechzeit R271
Anstiegsgeschwindigkeit der Ausgangsspannung S428
Anstiegszeit R327
Antimon(III)-Oxid A160
Antimontrioxid A160
Antioxydationsschicht A160
Antistatikmittel A163, A164
Antistatikschutz S650
Antistatik-Station A169
antistatische Behandlung D118
~ Fotoschablonenplatte A168
~ Handschuhe A167
~ Montage A165
~ Oberflächenbehandlung A170
antistatischer Folienbeutel A166
antistatisches Werkzeug A171
Antwort R270
anwenderprogrammierbare Logik U99
~ Logikfamilie F76
~ PLA F75
anwenderprogrammierbarer ROM F78
~ Steuerschaltkreis F61
anwenderprogrammierbares Logik-IC F77
Anwenderschaltkreis D24
anwendungsspezifischer Schaltkreis D24
anwendungsspezifisches IC C316
Apfelsinenschalenstruktur O150
Apfelsinenschaleneffekt O150
Applikator A175
Äquivalentgatter E277
~-Komplexität E278
Arbeitsbereich W160
Arbeitsfeld eines Moduls W165
Arbeitsgang R363
Arbeitsgeschwindigkeit von Bipolarbausteinen B161
Arbeitskammer W161
Arbeitsmaske W166
Arbeitsplatz W167
Arbeitsposition O98
Arbeitsschablone P454, W166
Arbeitstemperaturbereich O93
Arbeitsvorlage P455
Arbeitszyklus D443
Architektur A179
Arithmetik-Logik-Einheit A183
Array A185
Arraylogik A189
Array mit wählbaren Leiterbahnverbindungen D297
~-Strukturierung A191
Arsen A195
arsendotierte Epitaxieschicht A197
arsendotierter Emitter A196
Arsendotierung A198
Arsenid A203
Arsen(III)-Oxid A202
Arsen(V)-Oxid A200
Arsenpentoxid A200
Arsentrioxid A202
Arsenwasserstoff A204
ATMOS A46

Atomabsorptionsspektrophotometrie A229
Atomabstand I228
Ätzanisotropie E303
Ätzanlage E299
Ätzbad E293
Ätzempfindlichkeit E320
Ätzen E288
~ der oxydierten Waferrückseite R298
~ in Säuren A23
~ mit Fotoresistmaske P196
~ ohne Unterätzung Z15
~ von V-Gräben V117
Ätzer E288, E289
Ätzerregenerationsanlage L291
Ätzfaktor E300
ätzfeste Schicht E319
Ätzfestigkeit E306, E318
Ätzfigur E301
Ätzgas E290
Ätzgasmischung E307
Ätzgraben E310
Ätzgrube E312
ätzhemmende Schicht E322
Ätzkammer E294
Ätzkegel E324
Ätzlösung E292
Ätzmaske E308
Ätzoperationsabschlußmoment E298
Ätzprofil E314
Ätzprozeß ohne Unterätzung N121
Ätzrate E315
Ätzratenverhältnis E316
Ätzreaktor E309
Ätztiefe E295
Ätz- und Wässerungsanlage E321
Ätzung mit Fotoresistmaske P204
Ätzverhältnis E316
Aufbau A179
Aufblähung B185, B186
Aufblitzen F154
Aufdampfanlagentarget D95
Aufdampfen E339
Aufdampfgut D93
Aufdampfkammer E340
Aufdampfmaske D94, E344
Aufdampfrate E345
Aufdampfschicht-Substrat-Grenzfläche D96
Aufdampfung D91, V55
Auf-dem-Chip-System S839
Auffangflipflop L71
auf Filmband(folien)gebondetes Chip C209
Auffrischung R151
aufgedampfter Bondhügel E338
aufgedampfte Schicht E342
aufgeschleuderte Arsenlösung A201
aufgeschmolzene Lotsäule R143
~ Stufe R140
aufgesteuerter Transistor O74
aufgewachsener Leiterrahmen I147
aufgewachsene Schicht G177
Aufleuchten F154
Auflösen S531
Auflösung R266
Auflösungselement R267
Auflösungsverbesserung R268
Auflösungsvermögen D48
Auflösung von Mikrostrukturen F120
Aufnahmevorrichtung P225
Aufquellen S834
Aufquellung B186
Aufschleudern S581
aufschmelzbare Verbindung L2
Aufschmelzlötanlage R142
Aufschmelzlöten R141

Aufspaltung F258
Aufsputtern S597
Aufstäubungsbeschichtung S597
Aufwachsrate G186
Auger-Elektron A235
~-Elektronen-Spektroskopie A236
~-Mikrosonde A237
~-Rekombination A238
~-Spektrometer A239
Ausbeute Y4
Ausbeutekarte Y7
Ausbeutekurve Y5
Ausbeuteverminderung Y8
Ausbeuteverminderungsfaktor Y6
Ausbildung von Unebenheiten auf der Aluminiuminseloberfläche A112
Ausbrennen B321
Ausbrennwiderstand B195
aus der Dampfphase gezüchteter Übergang V59
Ausdiffusion O170
Ausfall B260, F14
ausfallsichere Konstruktion D3
ausfallsicherer Schaltkreis F33
Ausfließen B182
Ausfluß L147
Ausfüllen B7, R135
~ mit Polysilizium P341
~ von V-Gräben mit isolierendem Polysilizium V120
Ausgangsauffächerung F20
Ausgangsfächerung F20
Ausgangskontrolle O176
Ausgangslastfaktor F20, F21, O182
Ausgangssignal mit Verstärkaugsfaktor U77
„0"-Ausgangssignal Z11
Ausgangsstoff S636
Ausgasung O175
ausgefallene Bauelemente F15
Ausgleichsdotierung C474
Aushärtung C540
Ausheilen A150
~ durch Kontaktheizung C415
~ durch Strahlungseinwirkung R9
Ausheilung A150
~ der bei der Ionenimplantation entstandenen Strahlenschäden I332
Ausheilungsdeckschicht A152
Ausheilungsofen A149
Ausheizung im Ofen F307
Auslaugen L122
Auslaugung L122
Ausleseregister R68
Ausrüstung O174
~ zur Diffusionsdurchführung D220
Ausrüstungen für Maskenherstellung M69
~ zur Bauelementeherstellung C345
Ausschaltwiderstand O21
Ausschaltzeit O27, T310
Ausschneiden E353
Ausschußchip I174
Außenbeschichtung O186
Außenbonden O172
Außenbonder O171
Außenbordtrennsäge P114
Außenbordtrennscheibe P109
Außenleitung O13
Außenschalenelektron O173, P113
Aussparung R76
~ zur Gehäuseaufnahme P11
Ausstoßen E36
Austrittsarbeit W162
Austrocknen B19
Aus-Zustand O16, O25
Automatikbetrieb H15

automatische Bearbeitung U49
~ Bestückung A244
~ Folienbondanlage T2
~ Justier- und Belichtungsanlage A241
~ Prüfung A242
automatischer Router A248
~ Wafertransport H16
automatisches Bonden von Halbleiterchips an die Trägerstreifen-Bondhügel B303
~ Bonden von Halbleiterchips auf Zwischenträgerfilme B102, B103
~ Chipbonden an die Leiterrahmen am Zwischenträgerfilm F87
~ Chipbonden auf Trägerstreifen F86
~ Folienbonden T15, T17
~ Folienbondverfahren T6, T15, T17
~ Layout-Design A245
~ Prüfgerät A249
~ Testsystem A250
~ Vakuumabscheidungssystem A251
Automatisierung des Layontentwurfs L109
~ von Handhabeoperationen zwischen den Arbeitsgängen I255
Autorouter A248
axiale Ätzungsungleichmäßigkeit A264
~ Dampfphasenabscheidung V54
Axialzuleitung A265

B

Backgate-MOS-Struktur B8
Backwarddiode B2
Bad T10
Bahn P54
Balkenleiter B88
Balkenleitermontageeinheit B89
ballistische Heterostruktur B24
~ Transport B26
Band B28, T14
Bandabstand B30, E201, F223, F224, G17
Bandabstandverschmälerung B31
Band-Band-Übergang B34, I229
Bandbreite B35
Bänderstruktur E200
Bandkantenkrümmung B29
Bandlücke F225
Bandstruktur B33, E200
Bandtrockner C461
Bandzuleitung R310
BARITT-Diode B47
Barriere B43
Barrieren-CCD B49
Basis B50
Basisdiffusion B53
Basisdiffusionsfenster B55
Basisdiffusionsmaske B66
Basiselektrode B57
Basis-Emitter-Diode B58
basisflächenzentriertes Gitter B52
Basisgebiet B50
Basisgrundschaltung C318
Basisringelektrode B67
Basisseitenwand B68
Basisstörstelle B59
Basistechnologie B72
Basisverdrängung B65
Basisverfahren B69
Basisvorspannung B51
Baueinheit B282
Bauelement D128
~ auf Basis von amorphen Halbleitern A123

Bauelementebestückungssystem C342
Bauelementedichte C340, E150
Bauelementeintegration C343
Bauelementeplazierung C346
Bauelementeverbindung C344
Bauelementisolation I247
Bauelement mit hoher Schaltschwelle H163
~ mit kontrollierbaren Oberflächeneigenschaften C455
Baukastenprinzip B283
Baumuster P487
Baustein mit Bondhügeln B301
~ ohne Anschlüsse L138
Bauteil P36
BBD-Bauelement B278
~ Schieberegister B280
BCMOS B312
BDI-Technik B54
~ Verfahren B54
Beam-lead-Anschluß B88
~-lead-Baustein B94
~-lead-Bonden B90
~-lead-Chip B91
~-lead-IC B95
~-lead-Isolation B96
~-lead-Kreuzung B93
~-lead-Schaltkreis B95
~-lead-Verfahren B90
Bearbeitung H13, T267
Bearbeitungsfolge P452
Bearbeitung unter Schwerelosigkeitsverhältnissen M222
Bedampfungsanlage V47
Bedeckung C477
Bedingung C381
Bedingungen C381
Behälter T10
Behandlung H13, T267
Beimengung A48
Belastbarkeit L248
~ des Ausgangs O182
Belastung L243
Belastungsfähigkeit L248
Belastungsfaktor L252
Belastungskurve L247
Belastungswiderstand L259
Belichten E368
belichteter Abschnitt E364
~ Film E363
~ Teil E364
belichtetes Resist I42
Belichtung E348, P420
~ mit Röntgenstrahlung X8
~ mit Wellenlängen im fernen Ultraviolett D33
~ mit Wellenlängen im nahen Ultraviolett N32
Belichtungsanlage E366
Belichtungsdosis E369
Belichtungsfeld E370
Belichtungsgerät P418
Belichtungsmesser E371
Belichtungsquelle E372
Belichtungsstrahlung E367, I66
Belichtungswellenlänge E373, P423
Benetzbarkeit W112
Benetzungseigenschaft W113
Benetzungsfähigkeit W113
Bereich A181, D325, R38
~ mit großem Seitenverhältnis H80
Bereitschaftsgerät S635
berührungsfreies Meßverfahren N96
~ Ritzen N98
berührungslose Handhabung T204
Berylliumoxid B112
Berylliumoxidkeramik B113
Beschädigung D2

Beschaltung W147
Beschichtung C288
Beschichtungsanlage C287
~ mit automatischem Kassettenhandhabungssystem C61
Beschichtungskammer C288, D92
Beschichtungsmasse C290
Beschickung C132, L243, L251
Beschickungseinrichtung C166, L250
Beschickungsposition L257
Beschickungstrichter H210, L253
beschleunigte Alterung A10
~ Diffusion E208
Beschleunigung E210
besetztes Energieniveau F82
~ Niveau F82
Besetzung P348
Besetzungsdichte O7
Besetzungsgrad O6
Besetzungsinversion P349
Beständigkeit T193
~ gegen chemische Einwirkungen C170
Bestimmung des Operationsabschlußmomentes E197
Bestrahlung I354
bestückte Leiterplatte L249, P347
Bestückung I179, L251, S723
Bestückungsanlage für Bauteile mit radialen Anschlüssen R6
Bestückungssystem C342
Beta B114, D275
Betaskop B118
Beta-Strahlung B114, B117
~-Strahlungsresistenz B119
Betrieb O95
~ mit Ladungsträgerausräumung D85, D88
~ ohne manuelle Handhabung H15
Betriebsart O91
Betriebsbedingungen C381
~ der Klasse 100 C244
Betriebscharakteristik O89, P107
Betriebsfrequenz O90
Betriebsposition O98
Betriebsprüfstelle P432
Betriebsspannung O94
Beugungsgitter D187, G157
Beugungsgitterjustierung D188
Beugungsringe D186
Beugungsstreifen D186
Beugung von Röntgenstrahlung X5
bewegliche Maske M376
beweglicher Ladungsträger M307
Bezugsfrequenz R129
Bezugslöcher I117
Bezugssignal R127
Bezugsspannung R131
BIFET-Schaltkreis B146
~-Verstärker B127
BIGFET B149
Bild I35, P55, P228
Bildauflösung I56, P230
Bildelement I43, P229
Bilderfassung und -umwandlung I58
Bilderkennung I48
Bilderzeugung I57
~ mit hoher Auflösung H137
Bildfehler I45
Bildfeld I46
Bildfeldmontage P141
Bildfeldmontagesystem P140
Bildformat I47
Bildgenerator M75, P64
Bildgröße I61
Bildkontrasterhöhung I44
Bildmatrix I37, P57

Bildprojektion P469
Bildrandschärfe E26, M38
Bildrandunschärfe E23
Bildschärfe D48, I60, P231, S276
Bildschirm S105
Bildseitenverhältnis A213
Bildsensor A182, I53
Bildübertragung mit hoher Abbildungstreue H101
Bildunschärfe F325, I38
Bildverarbeitung I51, P101
Bildverkleinerungsschritt R119
Bildverkleinerungsverfahren R120
Bildvervielfältigung I49, I55
~ mit hoher Auflösung H136
~ nach dem Step-and-Repeat-Verfahren I62
Bimetallmaske B132
BIMOS-Baustein B156
binäres Logikgatter B136
Bindemittel B137
biologisch aktiver Staub A31
Bipolararray B140
Bipolarbaustein B138
Bipolar-Design B144
Bipolar-Eingang B148
bipolare Logik B154
bipolarer Abtast/Halte-Schaltkreis B160
~ Bit-Slice-Prozessor B141
~ Eigangstransistor B148
~ MOS-Baustein B156
~ Sample/Hold-Schaltkreis B160
~ Schaltkreis B143
bipolare Schaltung B143
bipolares Filter-IC B147
~ logisches Element B142
~ Treiber-IC B145
Bipolar-IC B143
~ IGFET B149
Bipolarisolation B152
Bipolartechnik B139, B159
Bipolartechnologie B159
~ mit selbstjustierender Oxidmaske O216
Bipolartransistor B162
~ mit Heteroübergang H72
Bipolarwafer B163
Bipolarzelle B142
bistabile Schaltung T192
4-Bit-Chip F241
16-Bit-Mikroprozessor B172
~-Mikrorechner B167
Bitscheibe S429
Bitscheibenarchitektur S430
Bit-Slice-Architektur B169, S430
4-Bit-Slice-Prozessor B170, B171, D8
Blanket-Diffusion B177
Blase B272
Blasendomäne B273
Blasenlecksucher B277
Blasenspeicher B274
Blasenspeicherchip B275
Blasenspeicher-IC B276
Blindbonden B184
Blitzlampenausheilung L11
Blockbauweise B188
Block-Compiler B187
Blockierung L270, L272
Blockmultiplikation B194
blockweise Multiplikation B194
bloßgelegte Zone D80
BN-Quelle B199
Boden B243
Body-Effekt B205
Bogenentladungsplasma A180
Bondablauf B229
Bondanlage B207

∼ für Hybridschaltkreise H249
∼ zum Chipkleben mittels Epoxidkleber E264
Bondanschluß B216
Bondausrüstung B215
Bonddraht B221
Bonddrahtanschluß B222
Bonden B211
Bonder B207
Bondgeschwindigkeit B218
Bondhügel B225, B298, C402, C431, P236, R29
Bondhügelherstellung B305
Bondhügelherstellungstechnologie B306
Bondhügelverformung B308
Bondinsel B225, P19
Bondinseldefinition B226
Bondkapillar B208
Bondschnittstelle B223
Bondspitze B220
Bondstelle B213
∼ am Chiprand E19
Bondung B206
Bondverbindung B206
Bondverfahren B219
Bondzyklus B214
Bor B231
Bor (III)-Bromid B240
∼-Chlorid B241
Bordiffusion B234
bordotierte Basis B232
bordotierter Halbleiter B239
Bordotierung B235
Borimplantation B236
borimplantiertes Silizium B237
Bornitridschicht B238
Boroxid B230
Borsilikatglas B242
Bortribromid B240
Bortrichlorid B241
Borverarmung B233
Böschungsloch T27
Böschungsprofilelement T28
Böschungswand S441
Böschungswinkel S300
Box B251
∼ mit regelbarer Stickstoffschutzatmosphäre C454
∼-Technik B318
Braggsche Reflexion B254
Brechen B259, C264, C482, F253, S431
∼ von geritzten Wafern C223
Brechungsindex R144
Brechzahl R144
Breitenabmessungen L77
breiter Bandabstand L24
Bremsschicht S693
Brettschaltung B258
Bridgman-Stockbarger-Verfahren B266
Bruch F253, R368
Bruchfestigkeit F255
Brüchigkeit F257
Brücke B264
Buchse I1
Bulk-CCD-Bauelement B286
∼-CMOS-Technologie B288
∼-Effekt-IC B291
∼-Effekt-Verstärker B290
∼-MIS B292
∼-Sputtern B295
Bündel B86
Bunker B134, H210
Bunkerladeanlage H210
Burn-in B320
∼ vor dem Verschließen des Gehäuses P408
Bürstenreinigungsanlage B269
Bus B323, H178

C

CAD C366
∼-Arbeitsplatz C5
∼-Bibliothek C368
∼-Lösung C3
∼-Softwarepaket D108
∼-System C369, D109
∼-Technik C3, C374
CCL-Array C138
∼-Bauelement mit vergrabenem Kanal B310
∼-Bildmatrix C74
∼-Bildsensor C143
∼-Element C141
∼-Element mit mäanderförmigem Kanal M117
∼-Filter C73
∼-Logik C75, C144
∼-Matrix I37, I64
∼ mit Gateüberlappung O198
∼-Multiplexer C76
∼-RAM S146
∼-RAM-Speicher C146
∼-Register C147
∼-Speicher C145
∼- und FET-Struktur C142
∼-Zelle C139, L206
CDI-Technik C307
∼-Verfahren C307
CERDIP-Gehäuse C103, C107
Cermet C108
Chalkogenidglas C113
Chalkogenidspeicher C114
Charakteristiken von Bipolarbausteinen B158
chemische Abscheidung aus der Gasphase C174
∼ Affinität C169
∼ Beständigkeit C170
∼ Naßbehandlung L217
chemischer Ätzer C171
chemisches Polierätzen C172
chemische Trockenbearbeitung D407
chemisch träge Schicht I134
Chip C177, D145, P97
Chipabstand I248
Chipadhäsion D146
Chipanschluß D151
Chipanschlußrahmen D149
Chipausbeute D182
Chipausrichtung D172
Chipausschneid- und Anschlußvorformanlage E354
Chipaussortiergerät D179
Chipaussortierung D178
Chipbauelement C192, N6
Chipbearbeitung D175
∼ im Waferverband C213
Chipbestückung C182
Chipbestückungseinrichtung C181
Chipbestückungsplatte C183
Chipbonden C184, D151
∼ mit Epoxidkleber E263
Chipbonder D156
Chipbondfläche D170
Chipbondrahmen D149
Chip-Carrier mit Bondhügeln B300
∼-Design C194
Chipejektor D155
Chip-Entwurf C194
chipexterner Verstärker O12
∼ Widerstand O14
Chip-Filmbandträger T20
Chip-Gehäuseboden-Anschluß C220
Chipgreifer D174
chipinterne Redundanz O44

397

Chipkante C197
Chipkomplexität C204
Chipkondensator C186
Chiplayout C203
Chipmarkierung C205
Chip mit Bondhügeln B299, P94
~ mit hochintegriertem Schaltkreis L361
~ mit hohem Integrationsgrad H86
~ mit hoher Bauelementepackungsdichte D74
~ mit mehreren Anschlüssen M413
Chipmontage C182, C206
Chipmontageausrüstung C181
Chipmontagefläche C207
Chiporientation D172
Chipplazierungsgerät C210
Chipplazierungsraster C200
Chipplazierung unmittelbar auf der Platine C208
Chippositioniereinrichtung C211
Chipprofil C214
Chipprüfgerät C212
Chips D141
Chipsortierung nach Gruppen G140
Chiptesten auf dem Wafer O75
Chiptester C513
Chipträger C187
~ mit Anschlüssen L125
~ mit Bondhügeln B300
Chipträgermontage C188
Chipträger ohne Anschlüsse L136
Chip-Trägerstreifen T20
Chipträgerverlustleistung C189
Chip-und-Draht-Bonden D147
Chipvereinzelung C195, D177, W54
chipweise Belichtung D153
~ Justierung D152, F62
chipweises Kopieren D154
Chipwiderstand C216, R246
CHMOS-Struktur C326
Chrommutterschablone C226
Chromreticle C225
Chromretikel C225
~ für Elektronenstrahllithografie E13
CID-Element C155
Cleanroom C256
CMIS-Struktur C329
CML-Gatter C275
CMOS-auf-Saphir-Struktur C280
~-IC C278, C328
~-IC mit isoliertem Gate I364
~-IGFET C327
~-Latchup C279
~-Schaltkreis C278, C328
CMOS/SOS-Mikroprozessor C281
CMOS/SOS-Struktur S542
CMOS/SOS-Technik S541
CMOS/SOS-Technologie C282
CMOS-Struktur C331
~-Struktur auf Saphirsubstrat C280
~-Technik C283
Coder E194
Codiereinrichtung E194
Codiffusion C292
«Combo»-Schaltkreis C315
Controller C456
Convolver C462
CPU C95
CVD C174
~-Anlage mit vertikalem Strom V90
~ bei atmosphärischem Druck A228
~ bei reduziertem Druck R109
~-Oxid C577
~-Polysilizium C578
~-Reaktor C176
~-Schicht C175

~-Siliziumschicht C579
C-V-Kennlinie C22
Czochralski-Verfahren C586
~-Ziehanlage C587
~-Ziehverfahren C586
CZ-Silizium C588

D

Dampf V45
Dampfdruckkammer P413
Dampfoxydation S655, V52
Dampfoxydationsbeschichtung V53
Dampfphasenabscheidung V55
Dampfphasendiffusion V56
Dampfphasenepitaxie V49, V58
Dampfphasenlöten V61
Dampfphasenreaktion V60
Dampfphasentransfer V63
Dampfphasenzüchtungsanlage V48
Dampfreinigungsanlage V46
Darlington-Emitterfolger D6
~-Paar 7
~-Verstärker D5
Dauerhaftigkeit D436, E198
Dauerstrichbetrieb C445
DCTL D274
~-Gatter D13
Debye-Länge D16
~-Temperatur D17
Deckel C13
Deckschicht A152, B176, C26, C286, C288, O199
Deckschichtstreifung C291
Deckschichtzusammensetzung C290
Deep-Depletion-CCD D27
~-Depletion-Transistor D28
Defektdichte D40, D42
Defektdichteverteilung D43
Defektelektron E134, M292
Defektelektronen-Quasiferminiveau H202
Defekte per Million D47
defektfreie Maske Z6
defektfreier Kristall D44
defektfreie Schicht H107
defektfreies Silizium Z7
defektfreie Zone N100
Defektfreiheit bei der Eingangskontrolle Z9
~ bei der Endkontrolle Z10
Defekthalbleiter A17, D2, I77
Defektkontrollgerät P174
Defektkonzentration D40
Defektwanderung D46
Degradation D60
Dehnungsmeßstreifen S703
Dekoration D23
Demineralisation D70
Dendrit D73
Dendritbildung D72
dendritischer Kristall D73
dendritisches Wachstum D72
Depletion-FET D86
~-MOSFET D90
~-Schottky-FET D84
~-Transistor D86
Derating C341, D60
Design D105
~ auf Modulebene B192
Designer D111
destilliertes Wasser D311
Detektormatrix A182
Diagnosehilfen D134
Diamantritzwerkzeug D137, D138

Diamantsäge D136
Diamanttrennscheibe D135
Diamantwerkzeug S124
3D-IC T166
Dichte D78
~ der Speicherelemente M131
~ Niveaubesetzung D77
~ Packung C270
Dichteverteilung D79
dichtgepacktes Chip D74
~ Kristallgitter C269
Dichtheitskontrolle durch Eintauchen in Färbemittel D444
Dichtung S138
Dichtungsmittel S139
Dickenmesser T141
Dicke/Resistivität Sortieranlage T142
Dickesortierung T143
Dickfilme T139
Dickschichtchip T129
Dickschichten T139
Dickschichthybridschaltung S116, T133
Dickschichthybridschaltungen T139
Dickschichthybridschaltungschip T129
Dickschichtleiter T130
Dickschichtmehrebenenstrukturtechnik T135
Dickschichtmehrebenensubstrat T136
Dickschichtpaste T134
Dickschichtsiebdruck T140
Dickschichttechnik S107
Dickschichtwiderstandstoff T138
dielektrische Durchschlagsspannung D159
~ Festigkeit D169
~ Isolation D164
dielektrischer Deckel D161
dielektrischer Verlust D165
dielektrischer Verlustfaktor D166
dielektrische Saphirisolation S16
dielektrisch isolierte Insel D159
Dielektrizitätskonstante I127, P118
Differenzätzen D184
Differenzätzrate D185
Differenzverstärker D183
diffundierendes Atom D206
diffundierte Basis D191
~ Leiterbahn D197, D203
diffundierter Kondensator D194
~ pn-Übergang D193
~ Widerstand D200
diffundiertes Draingebiet D192
~ Gebiet D199
~ Kollektorgebiet D215
~ Sourcegebiet D202
Diffusant D189
Diffusion D208
~ aus dotiertem Polisilizium D346
~ aus flüssiger Diffusionsquelle L219
~ durch eine Maske M52
~ entlang der Versetzungslinien P248
~ im geschlossenen Rohr C267
~ im offenen Rohr O83
~ in das Substrat S757
Diffusionsbarriere D210
Diffusionsdiode D195
Diffusionsdotierungsgefälle D224
Diffusionsdurchführungsbedingungen D216
Diffusionsfenster D239, D354
Diffusionsgebietskante D218
Diffusionsgeschwindigkeit D234
Diffusionsgettern D223
Diffusionsgleichung D219
Diffusionsgradient D224
diffusionshemmende Schicht D225
diffusionsinduzierte Kristalldeformation D226

Diffusionskapazität D213
Diffusionskassette D236
Diffusionskoeffizient D214
Diffusionsmaske D228
Diffusionsmaskenfenster D229, D354
Diffusionsmittel D189
Diffusionsofen D222
Diffusionsofenanlage mit Polysiliziumrohren P339
Diffusionspumpe D231
Diffusionspumpenflüssigkeit D232
Diffusionspumpenöl D233
Diffusionsrohr D238
Diffusionsquelle D190
Diffusionsschweißen D204
Diffusionsstopper D237
Diffusionstiefe D217
Diffusionszonenrand D218
digitale Mikroelektronik D244
digitales Array D240
~ CCD-Element D241
~ Logikgatter D243
Digital-IC D242
Digitalisiergerät D246
Digitalschaltung D242
DIL-Gehäuse D431
Dimension G82
DIMOS D163
Diode auf organischer GaAs-Schicht O157
~ mit negativem Widerstand N48
Diodenanordnung D254
Diodenarray D255
Diodenarraychip D256
Diodenätzen D257
Diodenfunktion D253
Diodensputteranlage D259
Dioden-Transistor-Logik D260
Dioxid D263
DIP-IC D269
~-Gehäuse aus Keramik C103
~-Gehäuse-Verlustleistung D272
direkte Abbildung mit Laserstrahlen L46
direkte Waferbelichtung im Step-and-Repeat-Verfahren D278
direktgekoppelte Transistorlogik D274
direkt ladungsgekoppelte Logik D273
diskrete Bauelemente A40
~ Fouriertransformation D288
~ integrierte Schaltung D290
diskreter Baustein S388
~ Kondensator F216
~ Microprozessor D291
~ Widerstand D292
diskretes Analogon D285
~ Bauelement A38, D283, E374
~ Chipbauelement D286
~ Halbleiterbauelement D293
~ IC D290
~ IC-Äquivalent D289
~ Mikrobauelement M212
~ MOS-Bauelement E149
diskrete Verdrahtung D294
DMOS-Struktur D369
~-Transistor D370
Dolby-IC D324
Domäne D325
Donator D326
Donatoratom D327
Donatorstörstelle D328
DOPOS-Technik D346
Doppelätzanlage B125
Doppeldiffusion D371
~-MOS mit Isolationsgräben T269
Doppeldiffusionsdiode D367
Doppeldiffusionsinjektor D368

Doppeldiffusionsverfahren D372
Doppeldotierung D373
Doppelelektrodenschweißen P25
Doppelepitaxie D374
Doppelgate-FET D428
Doppelimplantation D377
doppelimplantierte MOS-Struktur D376
Doppelkammemitter I251
Doppelkammer-Vakuumbedampfungsanlage D364
Doppelkammgate-FET M428
Doppelkammgeometrie I252
Doppelkammstruktur I253, I254
Doppelkammstrukturherstellung I254
Doppel-Poly-Si-Gate-MOS-Technik D381
doppelseitige Leiterplatte D382
~ Lithografie D433
Doppeltiegel-Kristallzüchtungsanlage D365
Doppeltiegelverfahren D366
Doppelwannenprozeß T318
Dosierer D361
Dosiskonzentration D360
Dotant D330
Dotantenaktivierung D331
Dotantenquelle D342
Dotantenquellenverdampfungsofen S557
Dotanten-Schleuderbeschichtungsanlage S586
Dotantenverhältnis D356
Dotantenverteilung D335
Dotieranlage D347
Dotieren D348
~ des Siliziums S326
~ von Halbleitern S211
Dotiermittel D330, D349
Dotierstoffatom von n-Typ N147
Dotierstoffmikrospuren U39
Dotierstoff zum Aufschleudern S585
~ zur Erzeugung von vergrabenen Kollektorgebieten B315
dotiertes Resist D341
Dotierung D348, I104
~ aus der Lösung S530
~ mit Fremdatomen I103, I104
~ mit trägerlebensdauerverkürzenden Fremdstoffen L170
Dotierungsatom D332
Dotierungsdichte D333
Dotierungsgas D336
Dotierungsgefälle D337
Dotierungsgleichmäßigkeit D358
Dotierungsgrad C377, D352
Dotierungsgradient D337
Dotierungsmaske D353
Dotierungsmittel D330, D249
Dotierungsprofil C378, D340
Dotierungsprofilmesser D355
Dotierungstiefe D351
Dotierungstyp D357
Draht W126
Drahtanschlüsse W147
Drahtbondbarkeit W128
Drahtbonden C178, W131
Drahtbonder W130
Drahtbondinsel W153
Drahtbondung W127
Drahtbrücke J20, W132, W138
Drahtende P235
drahtgebondete Hybridschaltung C179
drahtgebondetes Chip W129
Drahtrouting W140
Drahtroutinganlage W141
Drahtwickelmaschine W143
Drahtwickeln W171
Drahtwickelpistole W172
Drahtzuleitung W139

Drain D389
Drainbereich D389
Drainelektrode D393
Draingebiet D389
Drain-Kanal-Übergang D391
Drainstrom D392
Drain-Substrat-Übergang D395
Drain- und Sourcediffusion D390
Drehkondensator V66
Dreidiffusionsschaltkreis T165
dreidimensionaler Schaltkreis T166
dreidimensionale Verdrahtung T167
Dreielektrodenätzer T284
Dreielektrodensputteranlage T285
Dreifachdiffusionsstruktur T286
Dreikoordinatentisch X30, X31
Dreimasken-IC T279
Drift D397
Driftgeschwindigkeit D400
Driftgeschwindigkeitssättigung V80
Driftlänge D399
driftstabilisierter Operationsverstärker D401
Driftstrom D398
Druck P420
Drucken feiner Leiterzüge F114
Drucker P418
Druckmesser G3
DTL D260, T231
~-Gatter D261
~-Logik mit Z-Dioden
Dual-in-line-Gehäuse D431
~-Gehäuse aus Keramik C103
dunkle Interferenzstreifen D4
Dünnätzen C173
dünner Anschlußdraht F219
Dünnfilme T156
Dünnschichtabscheidung T150
Dünnschichtaufdampfen T152
Dünnschichtauftragung T146
Dünnschichtchip T144
Dünnschichtdefinition T148
Dünnschichtdiode T151
Dünnschichten T156
Dünnschicht-FET T153
Dünnschichthybridschaltung T154
Dünnschichthybridschaltungen T156
Dünnschichthybridschaltungchip T144
Dünnschichtleiter T147
Dünnschichtplattierung T146
Dünnschichtschaltkreis T145
Dünnschichtsputtern T157
Dünnschichtträgersubstrat T158
Dünnschichttransistor T160
Dünnschichtverdampfer F93
Dünnschichtverdichtung T149
Dünnschichtswiderstandskettenleiter T155
Dupliziergerät D435
Duplizierung D434
Durchbiegung C7
Durchbruch B260
Durchbruchnennspannung B262
Durchbruchspannung B263
Durchbruchstrom B261
Durchgang R363
Durchgangsleitung L143
Durchgriff P516
Durchkontakt V129
durchkontaktiertes Loch P300, T171
Durchlaßimpedanz F237
Durchlaßkennlinie F235
Durchlaßleitwert F231
Durchlaßstrom F232, F236
Durchlaßvorspannung F230
Durchlaßwiderstand F238

Durchlaufofen B110
Durchlauftrockenofen C461
Durchlaufzeit T244
durchreichendes Fenster R51
Durchsatzrate T172
Durchschagfestigkeit D169
Durchschlag B260, P516, P517, R368
Durchschlagsspannung R369
Durchsteuerzeit S428
Duroid D437
3D-Verteilung D14
dynamische Abscheidung D446
dynamisches Burn-in D445
DZTL-Logik D426

E

E-A-Erweiterungsglied I175
Ebenheit P265
Ebenheitsmesser F161
Ebenheitsprüfgerät F160
ECL E164
~-Bitscheibenprozessor E15
~-Gatter E163
Edelgas I131, N86
Edelgasatmosphäre I130
Edelgasschutzhülle I133
EEROM E45
Effusionszelle E32
EFL E172, E173
~-Schaltkreis E172
Egelgas R39
Eigenbeweglichkeit I288
Eigendefekt N16
Eigendiagnose S187
Eigenentwicklungsschaltkreis P482
Eigenhalbleiter I289
Eigenhalbleitergate I287
Eigenleitung I286
Eigenleitungsdichte I285
Eigenleitungssubstrat I283
Eigenleitungsträger I284
Eigenproduktion C33, I149
Eigenproduktionsausrüstung I148
Eigenschaft des anisotropen Ätzers A147
Eigensiliziumdioxid N17
Eimerkettenbauelement B278
Eimerkettenschaltung B278
Eimerkettenschieberegister B280
Eimerkettenspeicher B279
einachsige Anisotropie U68
Einbau von Fremdatomen auf Kristallgitterplätzen I103
Einbettung E155
Einbrennen von Dickfilmen T131
~ von Dickschichten T131
Einchipmagnetblasenbaustein S386
Einchipmikroprozessor O52, O53, S387
Einchipmikrorechner O53
Einchipschaltkreis O51
Einchipverstärker O40, O50
Eindiffundieren I119
Eindiffusion I119
Eindringung I290
Einebenenmetallisierung O56
Einebnen der Oberfläche von Halbleiterscheiben bei der Herstellung der LSI-Schaltkreise L370
Einebner L158
Einengung N15
einfache Diffusion S396
~ Injektion S399
Einfangzeit C34
Einfügen I179

Eingabe-Ausgabe-Bondstellen I177
~-Ausgabe-Operation I176
Eingangsauffächerung F19
Eingangsemitterfolger E171
Eingangsfächerung F19
Eingangs-FET F50
Eingangskontrolle I114
Eingangslastfaktor F19
Eingangsschaltung F272
Eingangssignal mit niedrigem Pegel L318
Eingangsteil F272
eingebaute Eigenprüfung B284
«eingebauter» Kanal I271
eingebautes Selbstdiagnosesystem B284
eingefangener Träger T262
eingefügte Testchipgruppe D405
~ Teststruktur D404
eingegossene Montageeinheit M326
eingeklebte Bauelemente R125
Eingravieren E207
Einheit P1
Einheitswiderstandsmesser R238
Einheitswiderstandsprofil R239
Einkanal-MOS-Struktur S385
Einkarten-Mikrorechner O48
Einklebemaschine T30
Einkleben in den Filmbandträger T29
Einkristall M342
Einkristallbauelement S389
Einkristallfilm S390
einkristalliner Impfstab C532
Einkristallkörper B245
Einkristallstab B36, B131, S392
Einkristallwachstum S391
Einmaskenschaltkreis O57
Einmaskentechnik S405
Einpassen F140
Einpegelgatter S404
Einplatinen-Mikrorechner O48
Einposition-Step-and-Repeat-Anlage S410
Einrichtung zur Bestimmung des Waferleitungstyps W68
«Eins»-Ausgangssignal O58
Einschaltwiderstand O71
Einschaltzeit O73, T331
Einschichtchipträger S402
Einschichtmetallisierung O55, S403
Einschichtpolysiliziumtechnik S408
Einschmelzstelle S138
Einschnürung F80
einschrittige Reduktion O62
einseitige Leiterplatte S409
«Eins»-Signal O59
einstellbarer Widerstand V68
Einstellung A47
Einströmen B14
Einstrukturmaske S406
Einstufendiffusion O61
Eins-Zustand O60
Eintauchen in Lot S492
einteiliger Tiegel S398
Einteilung C246
Eintransistor-MOS-Gatter S395
Eintransistorspeicherzelle S411
Eintransistorzelle O63
Eintransistorzellenspeicher O67
Einzelbildausrichtung D172
Einzelbildorientierung D172
Einzelchip I120
Einzelchipjustierung D152
Einzelchips D141
Einzelfeldjustierung F62
Einzelteil P36
Einzelversetzung S397

Einzelwaferbearbeitung S413
Einzelwaferplasmabearbeitungsanlage S412
Einzelzelle U76
Ein-Zustand O47, O72
Eisenoxidmaske I353
Ejektion E36
elektrolytische Oxydation E64
elektrische Feldstärke F79
~ Leitung E41
elektrisch isolierte Gateelektrode I186
~ lösch- und programmierbarer ROM E45
~ programmierbarer Testwertspeicher E47
~ programmierbarer ROM E47
~ umprogrammierbarer ROM E43
Elektroätzen E61
elektrochemische Abscheidung E49
elektrochemisches Ätzen E55
~ Schleifen E50
Elektrode T65
Elektrodenabstand E53
Elektrodenform E51
Elektroerodieren E105
Elektroerosion E54
elektroerosive Bearbeitung E54, E105
Elektrolyse E57
Elektrolysebad E59
elektrolytische Abscheidung E60
~ Ionisation E63
~ Oxydation E58, E64
elektrolytisches Ätzen A157, E61
~ Polieren E65
~ Schleifen E62
elektromagnetische Reinigung E66
Elektronenaffinität E68
Elektronenbeschuß E99
Elektronenbesetzung E127
Elektronenbildprojektion E121
Elektronenbildprojektor E122
Elektronendiffusionslänge E104
Elektronendrift E106
Elektronendurchtunnelung E132
elektronenempfindliche Emulsion E129
elektronenempfindliches Emulsionsresist E129
~ Resist E96
Elektronenfalle E133
Elektronenhalbleiter D329, E119
Elektronenhülle E107
Elektronenkanone E108
Elektronenkontinuitätsgleichung E102
Elektronenleitung E101
elektronenlithografisch hergestellte Maske E81
Elektronen-Löcher-Lawine E109
Elektronenmikroskop E125
Elektronenphysik E126
Elektronensonde E92
Elektronenstrahl E69
Elektronenstrahlabscheidung E75
Elektronenstrahlausheilung E73
Elektronenstrahlausheilungsanlage E72
elektronenstrahlbearbeitetes Silizium E124
Elektronenstrahlbearbeitung B98, E94
Elektronenstrahlbelichtung E80
Elektronenstrahlbelichtungsanlage E79
Elektronenstrahlbildgenerator E90
Elektronenstrahlbildprojektor E8
Elektronenstrahldirektschreiben D280, E3
Elektronenstrahldirektschreiber D279
Elektronenstrahl-Direktschreiberanlage E4
Elektronenstrahlheizung E82
Elektronenstrahljustierung E71
Elektronenstrahlkanone E8, G197
Elektronenstrahllithografie E85
~ für direkte Waferbelichtung
Elektronenstrahlmaskenschreiber E86

Elektronenstrahlmaskenschreiberanlage E87
Elektronenstrahlmetallisierung E88
Elektronenstrahlpositioniereinrichtung B97
Elektronenstrahlprojektion E95
Elektronenstrahlprojektionssystem mit
  Bildverkleinerung R114
Elektronenstrahlprojektionsverfahren E95
Elektronenstrahlrepeater E83
Elektronenstrahlschreiben W174
Elektronenstrahlschreiber B104, B105
Elektronenstrahlschweißen E74
Elektronenstrahlsonde E92
Elektronenstrahlsondierung E93
Elektronenstrahlstrukturierung E89
Elektronenstrahltechnik E10
Elektronenstrahlverdampfer E78, E100
Elektronenstrahlverdampfung E76
Elektronenstrom E103
Elektronentechnologie E131
Elektronentransferbauelement T220
Elektronentransferoszillator T221
Elektronentransferverstärker T219
Elektronik E118
elektronikgerechtes Reagens E114
~ Wasser E117
elektronische Technik E113
Elektron-Loch-Rekombination E111
~-Loch-Streuung E112
Elektrooptik E137
elektrooptischer Effekt E135
Elektroplattierung mit Laserheizung L51
elektrostatische Entladung E141
~ Ladung E140
elektrostatischer Waferträger E144
elektrostatisches Feld E143
Element E146
Elementarladung E148
Elementarzelle U76
Elementhalbleiter E147
Element mit negativem Widerstand N49
Elementredundanz E151
Ellipsometer E153
emissionsloser Übergang E114
Emissionsübergang E157
Emitter E159
~-Basis-Diode B58, E160
~-Basis-Übergang E161
Emitterdiffusion E166
Emitterdiffusionsfenster E167
Emitterdiffusionsmaske E176
Emitterelektrode E169
Emitterfolger E170
Emitterfolgerlogik E172
Emitterfunktionslogik E173
emittergekoppelte Logik E164
Emittergrundschaltung C320
Emitterimplantation E175
Emitter mit breitem Bandabstand W120
~ mit oxidisolierten Seitenwänden W72
Emittersenkung E168
Emitterstörstellendichte E174
Emitterstrom E165
Emitterverdrängung E177
Emittervorspannung E162
emittiertes Elektron E158
Empfänger/Sender U80
Emulsion E182
~ mit hoher Auflösung H135
Emulsionsmaske E186
Emulsionsmaskenbild E185
Emulsionsmittel E181
Emulsionsschichtverdickung E183
Endausbeute F102
Endbearbeitung von Anschlußdrähten L126

endgültige Standardschaltkreisverdrahtung M105
endlose Quelle I135
Endprüfung F100, O176
Endpunkt E196
Energieband B28, E199
Energiebänderstruktur E200
Energielücke E201, F225, G17
~ mit stetig variierender Breite G139
Energielückenzustand G19
Energieniveau E202
Energieniveaubesetzung L159
energiereiche Ionenimplantierung H99
Energiezustand E204
enge Plazierung T179
~ Toleranz T180
~ Überdeckungstoleranz T178
Enhancement/Depletion-MOS-Struktur E212
Enhancement-FET E215
~-FET-Schaltkreis E216
~-JFET E217
~-MOSFET E219
~-Schottky-FET E220
entionisiertes Wasser D64
Entionisierungsanlage D63
entarteter Bereich D58
~ Halbleiter D59
~ Zustand D55
entartetes Niveau D57
entartete Verteilung D56
Entartung D53
Entartungsgrad D54
Entfernen R185
~ der elektrostatischen Aufladung E142
~ von Lackresten vom Wafer W4
Entfernung des unentwickelten Fotoresists R263
Entfettungsanlage D61
Entflammungstemperatur F159
Entgasung D52, O175
entgegengesetzter Leitungstyp O101
Entgraten D15, D62
Entgrater D50
Entkappen D18
Entladekammer T9
Entladung D281
Entladungslöschen D282
Entlastung R181
Entlöten D116, U89
Entnahmemagazin U84
Entnetzung D130
Entschichtungsmittel S714
Entspannungsverdampfer F157
Entspannungsverdampfung F156
Entstaubung D441
Entstehung von nicht entwickelten Stellen im Resist infolge Ozoneinwirkung O255
~ von unentwickeltem Fotoresist R263
Entwerfen E206
entwickeltes Resistbild D122
Entwickler D123
Entwicklerlösung D124
Entwicklung D125
~ integrierter Schaltkreise I14
Entwicklungsfolge D126
Entwicklungsgerät D123
Entwicklungssichtprüfung D121
Entwurf D105
~ auf Modulebene B192
~ integrierter Schaltkreise I13
~ mit frei wählbaren Varianten O138
Entwurfsautomatisierung D107
Entwurfsdaten L111
Entwurfsdatenbank D110
Entwurfshilfen D106
Entwurfsmaß D114

Entwurfsphase D113
Entwurfsregel D114, L117
Entwurfssprache für integrierte Schaltkreise I199
Entwurfsstufe D113
Entwurfsverfahren D115
Entwurf von bipolaren Schaltungen B144
EPIC-Schaltkreis E246
EPIC-Verfahren E227
Epischicht E225
Epischichtverdickung an der Waferkante E237
Epischichtwachstumsschmelze G181
Epitaxialbereich E251
Epitaxial-CVD E235
epitaxiales Aufwachsen E236, E240
~ Füllen E250
epitaxiale Spitze E255
Epitaxialkollektor E234
Epitaxial-Planar-Bauelement E231
Epitaxiallösung E254
~-Planar-Diode P261
~-Planar-Transistor P263
~-Planar-Technik E232
~-Planar-Transistor E247
Epitaxialreaktor E249
Epitaxialschaltkreis E241
Epixatialschicht E225, E238, E243
Epitaxialübergang E242
Epitaxialwachstum E236
Epitaxie E240, E258
~ bei reduziertem Druck R110
Epitaxiereaktor G175
Epitaxieschicht E225, E238, E243
Epitaxieschichtrekristallisation E252
Epitaxieschichtwanne E248
Epoxidharz E259
Epoxidharzdeckschicht E261
Epoxidharzformen E271
Epoxidharz für Gehäusedeckelabdichtung L164
Epoxidharzgehäuse E272
Epoxidharzhärtemittel E269
Epoxidharzhärtung E262
Epoxidharzschichtpreßstoff E270
Epoxidharzverkappung E267
Epoxidharzverkappungsmaterial E266
Epoxidkleber E260
Epoxidkleberdosierer E265
Epoxiglas E268
Epoxiglasleiterplatte G103
EPROM E47, E280
Erhärtung H21
Erhärtungstemperatur H22
erhöhter Bondhügel R28
Erhöhung der Ladungsträgerbeweglichkeit M308
Erholung R102
Erkennung I25, R89
~ von Ausschußchips anhand aufgetragener Farbmarkierungen I165
erlaubtes Energieniveau A89
Erneuerung R186
Ersatzbaustein S567
Ersatzschaltung mit verteilten Parametern D314
Ersatzteil S567
Ersatzwiderstand E279
Erstarren S508
Erstarrung S508
erwartete Lebensdauer E360
erweiterbares Gatter E357
Erweiterungsbaustein E358
Erweiterungsglied G54
Erzeugnisnomenklatur P457
Erzeugung G78
~ des Gasentladungsplasmas G27
Esaki-Effekt E284
~-Übergang E285

403

ES-Direktschreiben E3
eutektische Bedeckung E328
~ Legierung E326
eutektisches Chipbonden E329
~ Löten E327
~ Lötmittel E332
eutektische Vorform E331
Evakuierung E335, P515
Evakuierungskammer E334
Evakuierungsrate E336, E356
Excimer-Laser E351
~-Laserätzen E352
Expertensystem-IC E361
Explosionspressen F155
exponentielle Störstellenverteilung E362
extrem hohe Auflösung U15
~ kleine Einstromung U20
~ kurzwelliges UV-Licht D34
Extrinsic-Halbleiter E378

F

Face-down-Montage B4, F176
Facette F11
Facettenbildung C473
Facettenlinse F218, M431
Fadenkreuzpositionierung C490
fallende Widerstandscharakteristik N47
Faltenbalg B107
Familie F16, L193
FAMOS F187
Fangstelle T258
Fan-in F19
Fan-out F20
Farbe I164
Farbmarkierung I166
Fehler F14, F32, F166
fehlerfreie Maske F34
fehlerfreier Schaltkreis F33
Fenlerfunktionsdiffusion E282
Fehlerfunktionsverteilung E283
fehlerhafte Justierung M288
~ Kristall I76
Fehlerlosigkeit I224
Fehlersuche T288
~ in Vakuumanlagen V39
fehlertolerante Konstruktion F36
fehlertolerantes Chip T194
~ Design F36
Fehlertoleranz F35
Fehlfunktion M31
Fehlordnung D305
Fehlstelle F166
Feinbearbeitung F130
feiner Riß F139
Feinjustierung A85, C487, E348, F103, P393
Feinleiter F108
Feinleiterbild F117
Feinleiterbilderzeugung F112
Feinleitergeometrie F111
Feinleitermetallisierung F116
Feinleiterschaltung F113
feinmaschiger Raster S449
Feinpositionierer M241
Feinpositioniertisch M242
Feinpositionierung A19
Feinschleifen P392
Feinüberdeckung P393
Feldeffekt F64
Feldeffekttransistor F66
~ des Anreicherungstyps N128
~ des Verarmungstyps N129

~ mit isoliertem Gate I187
~ mit isoliertem Si-Gate S346
~ mit isoliertem Widerstandsgate R229
~ mit selbstjustiertem Gate S172
~ mit vergrabenem Kanal B311
~ mit verschobenem Gate O22
Feldemission F67
Feldinversion F69
Feldoxidbereich F74
Feldoxidimplantation F72
Feldoxidisolation F68
Feldoxidschicht F71
Feldoxydierung F70
Feldstärkeverteilung F63
Fenster W123
Fermi-Dirac-Verteilung F44
~-Niveau F45
fernes Ultraviolett D34, X25
~ UV-Licht F23
Fernsteuerungsmodul R184
Ferromaske F46
Fertigbearbeitung F131
Fertigfeinpolieren F101
Fertigungsablaufplan P437
Fertigungsanlagen für kundenspezifische Schaltkreise F239
fertigungsbedingtes Nadelloch P443
Fertigungseinrichtungen F1
Fertigungsgerechtheit W159
Fertigungslinie M34, P444
~ mit kurzer Zykluszeit Q9
Fertigungsmöglichkeit M33
Fertigungsparameter T42
Fertigungsschritt P446
Fertigungsstraße L193
Fertigungsverfahren M35
feste Dotantenquelle S513
~ Phase S509
~ Programmierung F149
fester Körper S514
Festhalter R274
Festkörperbauelement S517
Festkörperbaustein S516
Festkörperbildsensor S521
Festkörperdiffusion S518
Festkörperelektronik S519
Festkörperlaser S522
Festkörperlogik S523
Festkörperphysik S524
Festkörperschaltkreis S515
Festkörpertechnik S526
Festphasenepitaxie S510, S520
Festphasenreaktion S525
Festprogrammierung F149
Festverbindungsmuster F145
festverdrahtete Logik H31
Festwertkondensator F141
Festwertspeicher F78
Festwiderstand F150
FET F66
~-Array F48
~-Bauelement F65
FET-Kanal F49
Feuchtebeständigkeit M323
Feuchtegehalt M321
Feuchtekammer H236
Feuchtemesser H238, M322
Feuchtesensor M324
Feuchtigkeitsbeständigkeit H237
Feuchtigkeitsmesser M322
Feuchtigkeitsschutzschicht M320
Feuchtigkeitstest H239
Feuchtoxydation W109
Feuchtwasserstoffatmosphäre H234, W107

FFS F170
Ficksches Diffusionsgesetz F58
~ Gesetz F58
Film F84
Filmband T14
Filmbandträger T255
Filmbandzuführvorrichtung T22
Filmträger F85, F88
Filmträgermontage F86
Filter-Hybridschaltkreis F98
Firmware-Baustein F137
Fitting F140
Flachdiode S260
Flachdiodenarray S261
Fläche A181, S422
flache Chipstruktur S259
~ Haftstelle S268
Flachemitter S263
Flächenbedarf R72
Flächendiode J26
Flächenstrahl S270
Flächentransistor J35
flächenzentriertes Gitter F6
flacher pn-Übergang S264
flaches Oxid S267
flaches Plastgehäuse P412
flache V-Grube S269
Flachgehäuse F163
~ mit mehreren Anschlüssen M414
~ mit planaren Anschlüssen P271
flachliegender Akzeptor S258
~ Donator S262
~ pn-Übergang S264
flachliegendes Energieniveau S265
flachliegende Störstelle S266
Flachoxidisolation S244
flammenlose Anlage für punktförmiges Löten N108
Flammpunkt F159
Flat-Pack-Gehäuse F163
~-Pack-Montageanlage F164
~-Pack-Schaltkreis F165
Fleck B183
flexible automatisierte Fertigung F169
flexibler Träger F168
flexibles Fertigungssystem F170
flexible Zuleitung C339, R212
Fließbarkeit F208
Fließbettbeschichtung F209
Fließbettverkappung F210
Fließfertigung I171
Fließlöten F204
Fließreihenbearbeitung I170
fließreihenintegrierte Sputteranlage I172
~ Waferbearbeitungsanlage I169
Fließreihenmontage I168
Fließtemperatur F205
Flip-Chip B3, F172
~-Bonden F176
~-Bonder F175
~-Höcker F177
~ mit Nagelkopfanschlüssen B27
~-Schaltkreis F179
~-Technik F180, I112
~-Träger F178
Flip-Flop F183, T192
floatende Insel F193
floatender Übergang F194
floatendes Gate F186
Floating-Bereich E46
~ Gate F186
~-Gate-FET F188
~-Gate-MOS F190
~-Gate-Schaltkreis F189
~-Gate-Silizium-Technik F191

~-Gate-Transistor F192
«Flubble» F207
flüchtiger Speicher V168
Flüchtigkeit V169
Flußmittel F212, S498
Flußmittelentferner D51
flußmittelloses Löten F214
flüssiger Dotant L220
~ Stickstoff L224
flüssiges Reagens für technologische Zwecke P448
Flüssigkristall L218
Flüssigphasenepitaxie L229
Flüssigphasenkristallisation L225
Flüssigphasenreaktion L230
Fluxer F213
Folie T14
Folienbondautomat B101
Folienbondtechnik T6
Folienbondverfahren F87
foliengebondete Anschlüsse T16
~ Hybridshaltung T18
foliengebondetes Bauelement T24
~ Chip T23
Folien- und Blasenspeicher F207
Folienzwischenträger F85
Förderband T207
Förderbandzuführung B108
Form O177, P55
Formierung des pn-Überganges J27
Formmasse zum Spritzpressen T216
Formstrahl S270
fortgeschrittene MOS-Technologie mit selbstjustierendem Poly-Si-Gate A52
Fotoabdecklack L231
Fotoätzen P152, P153
fotochemische Abscheidung P138
~ Bearbeitung P189
~ Gasphasenabscheidung P139
Fotodetektor P148
Fotodiode P149
Fotodruckverfahren P154
fotoelektrisches Ablesegerät P190
Fotoempfänger P148
fotoempfindlicher Halbleiter P213
~ Übergang P210
fotoempfindliche Schicht P161
Fotoemulsion L187, P151
Fotoerzeugung P156
Foto-FET P155
fotografische Verkleinerung P191
Fotoionisation P159
Fotokamera C9
Fotokopierlack L231
Fotolack L1, P201
Fotolackbeschichtungsanlage P195
Fotolack für Metallätzung M152
Fotolackschicht L2
Fotolithografie O113, P152, P165, P172, P189, P420
~ mit Bildverkleinerung für Maskenherstellung R108
~ mit extrem kurzwelligem UV-Licht D35
~ mit geringer Justiergenauigkeit R178
~ nach dem Step-and-Repeat-Verfahren O134
fotolithografische Anlage O124
~ Auflösung P164
~ Herstellung P154
fotolithografischer Prozeß P217
fotolithografisches Auflösungsvermögen O112
Fotolyse P166
fotolytische Reduktion P167
Fotomaske O115, P163, P168
~ für tiefen UV-Bereich D36
Fotomaskenauflösungsvermögen P178
Fotomaskenbild P175
Fotomaskenbildgenerator O121

Fotomaskendefekt P170
Fotomaskenfertigung A208
Fotomaskenkontrolle P173
Fotomaskenkontrollgerät P174
Fotomaskenkopie P169
Fotomaskenplatte P137
Fotomaskenreinigungsanlage P179
Fotomaskenzeichnung P171
Fotometer P181
Fotomultiplizierung P193
Fotoobjektiv C10
Fotooriginal A205
Fotoplotter P188
Fotoreduktion P191
Fotorepeater I54, O133, P71, P192
Fotoresist L1, O129, P201, R20
~ auf Halogenidbasis H1
Fotoresistentwickler P197
Fotoresistentwicklungsanlage P197
Fotoresistmaske P163, P203
Fotoresistrandverdickung P198
Fotoresistschicht L2, P161, P199
Fotoresistschichtstruktur P205
Fotoresistschichtstrukturierung P207
Fotoresistschleuder P209
Fotoresistwiderstandsfähigkeit P200
Fotoschablonenherstellung P217
Fotoschablonenplatte P186
Fotoschablonentwicklungsanlage P176
Fototransistor O147
Fotowiderstand P206
Fourier-Analysator F242
~-Inversion F243
~-Transformation F244
FPLA F75
Fräsen M278
Freiätzen von Diffusionsmaskenfenstern D229
~ von Kontaktfenstern C424
freie Anschlußleitung F217
~ Programmierung F171
freier Ladungsträger F261
freies Elektron F262
freie Weglänge F263, R38
~ Zuleitung F217
freigelegte Oberfläche E365
freigelegter Abschnitt R285
~ Bereich E364
Fleilegen E368
fremdartiges Substrat F228
Fremdatom F226, I94
Fremdion I330, I331
Fremdstoff C440, F227
fremdstofffreie Schicht C441
Fremdstoffspuren T207
Frenkel-Defekt F264, I280
~-Fehlordnung I280
Frenkelsche Fehlstelle F264
Freonplasma F265
Frequenzgang F267, R270
Frequenzkennlinie F267
frequenzkompensierter Kondensator F266
Fritte F270
Front-End-Design F273
Frontseite F4
Fügen I179
Führung G195
Führungskante G196
Füllen B7
Füllstoff F83
Funktion P106
Funktionalelektronik F298
funktionaler Schaltkreis F299
funktioneller Entwurf F297
funktionelle Schaltung F299

~ Teilung F303
Funktionieren P106
Funktionseffektivität F306
Funktionsentwurf F297
Funktionsfähigkeit F293
Funktionskomplexität F296
Funktionslogik F301
Funktionsmodulaufbau F302
Funktionsprüfung F294, F305
Funktionsstörung M31
Funktionstest F305
funktionstüchtiges Chip F295
Funktionsweise von Bipolarbausteinen B157

G

GaAs-Bauelement G1
~ FET G9
~-Logik G10
~-Logikgatter G2
Gal G6
Gallium-Aluminium-Arsenid G7
Galliumarsenid G1, G8
Galliumarsenidlogik G10
Galliumphosphid G11
galvanisches Verzinnen T186
galvanische Verzinnung E145
Gammastrahlung G12
Ganzscheibenbelichtung B178
Ganzscheiben-IC W47, W48
Ganzscheibenintegration F282, W27, W48
Ganzscheibenlithografie F288, W29
Ganzscheibenmaske F289
Ganzscheibenschaltkreis F282, F286
Ganzscheibenspeicher F290, W49
Ganzscheibentechnologie F283
Gas elektronischer Reinheit E115
Gasentladungsplasma G24
Gase zur Erzeugung von Halbleiterverbindungen S210
gasförmiger Ätzer G29
gasförmige Siliziumquelle S368
Gasphasenabscheidung E343, G23
Gasphasendiffusion G33
Gasphasendotierung G34
Gasphasenreaktion G26
Gasphasenzusammensetzung G32
Gasplasmaoxydationsreaktor G35
Gasreinigung G21
Gastransportreaktion T253
Gaszersetzung G22
Gate G38
~-Anschluß G46
~-Array G39
~-Array-Lösung G40
~ aus schwerschmelzendem Metall R147
Gatebereich G69
Gatebreite G73
Gategeschwindigkeit G70
Gateisolationsdurchbruch G57
Gate-Isolator G51
Gatekonfiguration G68
Gate-Leitbahn G60
Gatemetall G61
Gate-Oxid G51, G65
Gateoxidfehler G66
Gateoxidintegrität G67
Gate-Oxydierung G64
Gatestreifen G71
Gateüberlappung G63
Gatezone G69
Gate-Zuleitung G46
Gatter G38

Gatteranzahl G47
Gatteräquivalent G52
gatteräquivalente Schaltung G53
Gatterausgang G62
Gatterdichte G50
Gattererweiterung G54
Gatterfeld G39
Gatterfeldlösung G40
Gattergeschwindigkeit G70
Gatterkomplexität G45
Gatterverzögerung G48
Gatterverzögerungszeit G49
Gatterzahl G47
Gatterzelle G44
Gaußscher Satz G76
Gaußsches Gesetz G76
~ Störstellenprofil G75
Gaußsche Verteilung G74
Gauß-Verteilung G74
geätzte Mesastruktur E296
geerdetes Armband G171
gefüllter Kleber F81
Gegendotierung C474
gegossener Chipträger M328
gegossenes Gehäuse M329
gehäufte Defekte G271
Gehäuse C53, C54, F221, P1, P2
Gehäuseanschluß P9
Gehäuseboden M374, P4
Gehäusedeckel C13
Gehäuseinduktivität P8
gehäuselose Diode C196
gehäuseloser Kondensator C186
~ Schaltkreis U87
~ Widerstand C216
gehäuseloses Bauelement C192, U50
~ Chip D157
~ Halbleiterbauelement B40
~ IC P10
Gehäuse mit Pin-Grid-Array P242
~ mit Silberlotrahmen S374
Gehäusesockel P15, S657
Gehäuseverschluß P5
gekapseltes Chip P6
Gel G77
Gelbraum G1
Gelbraumausrüstung G2
Gelbraumschritt G3
gemischte BIFET-Technik B153
~ BI-MOS-Technik B155
~ Struktur M136
~ Technologie M295
Generation G78
Generations-Rekombinations-Rauschen G80
Generationszentrum G79
Generierung G78
Geometrie G82
geordneter Zustand H114
geordnete Struktur O152
gepufferte Ätzlösung B281
gepufferter Ätzer B281
Gerät D128
gereinigtes Germanium P519
~ Silizium P520
gerichtetes Ätzen D277
geringe Auflösung L338
~ Injektion L319
~ Lebensdauer L321
~ Leistungsaufnahme L326
~ Oberflächenrauhigkeit F105
geringer Integrationsgrad S457, S458
geritzter Wafer S101
Germaniumoxid G86
Germaniumsilikatglas G88

Gesamtabmessungen O185
Gesamtoberflächenstripping S830
Gesamtscheibenbelichtung W119
Gesamtstrahlungsdosishärte T202
Gesamtwaferbelichtung F280
Gesamtwaferjustieranlage F284
Gesamtwaferjustier- und Belichtungsanlage F284
Gesamtwaferjustierung F285, G120
geschichtetes Dielektrikum L105
geschmolzener Quarz F313
Geschwindigkeit S574
Geschwindigkeitsverteilung V79
gespeicherte Ladung S702
gesteuerte Diffusion C452
gestörter Kristall I76
getrennte Elektroden S565
Gettern G90
~ des Wafers W16
~ durch Ionenimplantation I345
Getterstörung G91
Getterung G90
Gewinn G4
gezogener Kristall P508
gezüchteter Kristall G176
Gießen C65, M331
Giga-scale-Schaltkreis G92
Gitter G157, G159
Gitteranpassung L98
Gitteraufbau L102
Gitterbau L102
Gitterfehler L92
Gitterfehlordnung L93
Gitterfehlstelle L103
Gitterkonstante L91
Gitterleerstelle L103
Gittermaske G160
Gitterplatz L101
Gitterrastermaß G158
Gitterschwingung L104
gitterstabilisierender Dotant L95
Gitterstörung L92
Gitterstruktur L102
Gitterunregelmäßigkeit L97
Gitterverzerrung L94
Gittervollkommenheit L100
Glanzpolieren B267
glasartiges Bindemittel V153
Glasbindemittel G96
Glasfaser F54, G104
Glasfaserepoxid-Schichtpreßstoff F55
Glasfaserkunststoff G105
Glasgehäuse G102
Glashartgewebe G104
glasierte Keramik G118
glasiertes Aluminiumoxid G117
Glaskapselung G97
Glaskeramik G99
Glaskeramikgehäuse G98
Glas-Keramik-Verbindung G113
Glaslot S148, S496
Glasmaskensubstrat G108
Glas-Metall-Gehäuse G95
~-Metall-Sockel G114
~-Metall-Verbindung G115
glaspassivierter Kondensator G109
Glaspassivierung G110
Glassockel G106
Glasumhüllung G102
Glasverkapselung G97
Glasvorform G111
Gleichförmigkeit U60
Gleichgewichtsladungsträger E276
gleichrichtender Übergang R105
Gleichstromwiderstand D276

Gleichtaktunterdrückung C321
gleichzeitige Aufdampfung C293
~ Diffusion zweier Fremdstoffe C292
Glimmentladungsabscheidung G124
Glimmentladungsplasma G125
Glimmentladungsreinigung G122
Glimmentladungszersetzung G123
Glitch G119
Glühen C6
Glühtemperatur F136
Glühtemperaturprofil F135
Goldbondhügel G130
Golddotierung G132
Golddotierungstechnologie G131
Goldmaske G133
Goldnagelkopfbonden G129
Goldplattierung G135
Gold-Silizium-Eutektik G136
Goniometer G138
Graben G166, M306, T268, T289, V44
Grabenätzung T270
grabenfüllendes Oxid R81
Grabenisolation G168
Grabenisolationstechnik T272
Grabenmaskendefinition T273
Grabenmetallisierung R80
Gradient des spezifischen Widerstandes R237
Granatschicht G20
Granulation G150
Granulierung G150
Graphitstreifenheizer G155
Graphitträger G154
Graphoepitaxie G153
Grat B322, F154
Gravur E207
Greifvorrichtung P225
~ eines Roboters R330
Grenze B246
Grenzfläche B246, I256
Grenzflächendefekt B247
Grenzfrequenz C572
Grenzgebiet B249
Grenzschicht B248, I256, I258
~ eines Heteroüberganges H74
Grenzschichtoxid I261
Grenzschichtzustand I260
Grobjustierung C285
Grobvakuum R341
Großfelbildmatrix L22
großflächige Belichtung L21
~ Struktur L23
Großpegellogik H111
Großsignalparameter L34
Grübchen P249
Grübchenbildung P251
~ an den Kontaktstellen C433
Grundbaustein B70
Grundchip A185, A186
Grundgitter H213
Grundmaterial H215
Grundschicht H214
Gruppe aktiver Bauelemente A32
Gruppenätzen B74
Gruppenbonden B73
gruppengebondeter Schaltkreis G16
Gruppentechnologie B75, B76
Gunndiode G200
Gunn-Element G199
~-Halbleiterschaltkreis G201
~-Mode G202
Gußstück C65
Gußteil C65
Güte Q1
Gütefaktor Q14

H

Haften A41
Haftfaktor S685
Haftfestigkeit P95
Haftstelle S422, T258
Haftstellenfremdbeimischung T261
Haftung A42
Haftvermögen P95
Halbleiter S200
Halbleiterarray S202
Halbleiterbauelementmontage S203
Halbleiterbaustein mit Optokopplerverbindung O142
Halbleiterbereich S201
Halbleiterchip I12, S206
Halbleiterchipfläche S201
Halbleiterchipträger S207
Halbleiterelektronik S212
Halbleiterfertigungslinie S229
Halbleiterlaser I33, S218
Halbleitermesastruktur S221
Halbleitermikrolithografie S222
Halbleiter mit breitem Bandabstand L25, W121
~ mit geringer Trägerbeweglichkeit L323
~ mit hoher Trägerbeweglichkeit H117
~ mit kubischem Gitter C539
~ mit schmalem Bandabstand N13, S450
~ mit zwei Heteroübergängen D375
~ mit zwei pn-Übergängen D378
Halbleitermontageeinheit S203
Halbleiterrauschen S225
Halbleiterschaltkreis S208, S217
Halbleiterscheibe S232
Halbleiterschmelze S219
Halbleiterspeicher S220
Halbleiterstab S216
Halbleitersubstrat S199
Halbleitertasche S228
Halbleiterverbindung S209
Halbleiterverbindungsgase S210
Halbleiterverkappungsmaterial S213
Halbleiterwiderstand S230
Halbschattenunschärfe P102
Hall-Beweglichkeit H8
~-Effekt H4
~-Element H5
~-Generator H7
~-IC H6
~-Koeffizient H3
~-Konstante H3
~-Schaltkreis H6
~-Zelle H2
Halogenidresist H1
Haltbarkeit D436
Halter R274, T265
Halterung M374, W163
Haltevorrichtung F152
Hamilton-Kreis H9
~ Linie H10
handgezeichnetes Layout H11
Handhabegerät mit Vakuumaufnahme V11
Handhabevorrichtung H12
Handhabung H13
~ durch den Bediener O99
~ mittels Vakuumpipetten T314
~ ohne Vakuumpipetten T313
Handhabungsausrüstung H14
Handhabung von Halbleiterscheiben mittels Vakuumaufnahmevorrichtungen V32
Handschuh-Box G121
Hardware H30
Härte H23

harte Betriebsbedingungen S254
Härtegrad H23
Härtemittel C541, H20
Härten B18, C540, H21
~ durch Infrarotstrahlen I136
harte Röntgenstrahlung H32
Härtezahl H23
Hartlot H24
Hartlöten B255
Hartlotflußmittel B256
Hartlotrahmen B257
Hartmaske H25
Hartplatte H28
Hartstrahlung H32
Härtung C540, H21
~ im Mikrowellenofen M265
Härtungsanlage C542
Härtungstemperatur C543
Härtung vor dem Ätzen P401
H-Ausgangssignal H121
HCMOS-Technik H36
Heften S687
Heißelektronendiode H217
Heißelektroneninjektion H219
Heißelektronentransistor H220
heißer Ladungsträger H216
~ Träger H216
heißes Elektron H218
Heißformen H222
Heißgasbonder H223
H-Eingangssignal H105
Heizfadenverdampfer H221
Heliumspektrometer H57
helle Interferenzstreifen B268
Hemmstoff R275
HEMT H97
hermetisch abgeschlossene Kamer S140
~ dichtes Gehäuse H60
~ dichtes Gehäuse ohne Anschlüsse L137
hermetische Abdichtung H61
~ Montageeinheit M326
hermetischer Verschluß H61, S145
hermetisches Verschließen des Gehäuses P5
hermmetische Verkappung H59
hermetisch verschlossene Hybridschaltung S142
hermetisierte Diode S141
Herstellbarkeit M33
herstellerprogrammierter ROM F13
~ Schaltkreis F12
Herstellung fester Verbindungsleitungen F146
~ von Bondhügeln B305
~ von Bondhügeln am Filmbandträger T19
~ von Bondhügeln am Trägerstreifen T19
~ von Lötverbindungen S145
~ von Verbindungsleitungen I243
Heterodiode H73
heteroepitaxiale Abscheidung H63
~ Schicht H64
heteroepitaxiales Wachstum H65
Heteroepitaxie H66
heterogene Reaktion H67
Heterojunction H71
~-Bipolartransistor H72
~-IC H69
Heterostruktur H75
Heteroübergang H71
HF-Heizung H103, R26
~-induziertes Plasma R305
~-Ofen H102
~-Sputtern R306
~-Trocknung H78
High-End-Mikroprozessor H98
High-Threshold-Logik H164
~-Voltage-IC H173

Hilfschip S797
Hilfsschaltkreis S797
Hilfsschaltungen S798
hindurchgehendes Gebiet R50
Hitzebeständigkeit H46
hitzehärtbare Beschichtung T124
hitzehärtbares Harz T125
HMOS H125
hochauflösende Abbildung H137
~ Emulsion F110
hochdichte Packung G93
~ Schaltkreistechnik H94
hochdichtes Layout H89
Hochdosisimplantation H96
hochdotierter Bereich H51
hochdotierte Schicht H84
hochdotiertes Material H50
Hochdruck-LEC-Verfahren H128
Hochdruckoxydation H129
Hochdruckzüchtungsanlage H127
hochempfindliches Resist F30, H153
hochentwickelte Niedrigleistungs-Schottky-TTL A51
Hochfahren auf die Betriebstemperatur T108
Hochfrequenzätzen R27
Hochfrequenzheizung H103, R26
Hochfrequenzionenätzen H104
Hochfrequenzofen H102
Hochfrequenzplasmaätzen R27
Hochfrequenzsputtern R306
Hochfrequenztrocknung H78
Hochgeschwindigkeitsaufdampfung H130
Hochgeschwindigkeitsbetrieb H149
Hochgeschwindigkeits-IC H146
Hochgeschwindigkeitslogik H147
Hochgeschwindigkeits-LSI-Schaltung H148
Hochgeschwindigkeitsplotter H151
Hochgeschwindigkeitsschaltkreis H146
Hochgeschwindigkeitsschaltung H146
Hochglanzpolieren M286, O107
Hochintegration G149, H141, L28
hochintegrierte Hybridschaltung L31
hochintegrierter Schaltkreis G149, H87, H106, H141, L27
hochintegrierte Superhochgeschwindigkeitsschaltung S787
Hochleistungs-Bipolartechnik H123
hochleistungsfähige Step-and-Repeat-Anlage H157
Hochleistungsimplantationsanlage H122
Hochleistungs-MOS H125
Hochleistungsschaltkreis H124
Hochleistungsverdampfer H81
hochohmige Last H131
hochohmiger Bereich H132
Hochpräzisionsschaltung H126
hochproduktive Spülanlage Q34
Hochspannungsdünnfilmtransistor H176
Hochspannungsdurchstrahlungsmikroskop H177
Hochspannungs-MOSFET H174
Hochspannungsschaltkreis H173
Hochspannungsstabilität H175
höchste Auflösung U11
Höchstgeschwindigkeitslogik V106
Höchstintegration E375, V107
Hochstromimplantationsanlage H85
Hochstrominjektion H110
Hochtechnologieschaltkreis H158
Hochtemperaturbearbeitung H162
Hochtemperatur-CVD H160
Hochtemperaturepitaxie H161
Hochtemperaturimplantation H224
Hochtemperaturtempern H159
Hochvakuum H29
Hochvakuumentgasung H168
Hochvakuumflansch H170

Hochvakuumkammer H167
∼ zum Aufdampfen von Dünnschichten D92
Hochvakuumschmierung H171
Hochvakuumtechnik H172
Hochvakuumverdampfung H169
hochwertiges Bauelement T198
Höcker B298
hohe Auflösung H134
∼ Ausgangsverzweigung H100
∼ Konzentration H83
Höhenjustierung Z1
hohe Packungsdichte C270, H93, T177
hoher Ausgangslastfaktor H100
hohes Auflösungsvermögen F120, H134
∼ Fan-out H100
hohe Verkappungsgüte H143
Homoepitaxie H205
Homojunction H206
∼-IC H210
∼-Transistor H208
Homoübergang H206
Hopper F43, H210, L253
horizontaler Epitaxiereaktor H211
H-Pegellogik H111
Huckepack-Leiterplatte P234
Hügel H181
Hybridbelichtungsverfahren H258
Hybridchip H252
Hybrid-DTL H257
hybride Bauelemente A40
Hybrideinheit H247, H261
hybride Mikrobaueinheit H261
∼ Strahlungsquelle H248
hybridgerechter Widerstand H266
hybridgerechtes Bauelement H255
Hybrid-IC H259
∼-IC-Träger H251
Hybridisierung H260
Hybridmaske H267
Hybridmikroelektronik H263
Hybridmodul H264
Hybridschaltkreis H259
Hybridschaltkreisbonden H250
Hybridschaltkreismontage H247
Hybridschaltkreisplatine H254
Hybridschaltung H259
Hybridschaltungsentwurf H256
Hybridschaltungsverkappung H265
Hybridtechnik H245
Hybridverstärker H244
hydrophobes Siliziumdioxid H272
Hydroplane-Polieren H273
hydrothermale Epitaxie H274
Hygrometer H275
hyperabrupter Übergang H276
hyperabruptes Profil H278
∼ Störstellenprofil H278

I

IC I197
∼-Array I8
∼-Bauelement I207
∼-Benchmark I10
∼-Element I15
∼ im Flachgehäuse mit planaren Anschlüssen P269
∼ im Keramikgehäuse C104
∼ im Plastgehäuse P295, P298
∼ im SO-Gehäuse S453
∼-Layout I202
∼-Leistungsdaten I10
∼-Leistungsparameter I10

∼ mit isolierenden Gräben T271
∼ mit Keramikchipträger C100
∼-Modul I20
∼-Produktion mit hoher Ausbeute H180
∼-Serie C199, I201
∼-Sockel C47
∼-Struktur I7
∼-Struktur mit Isolationsgräben R86
∼-Technologie I23
∼-Versuchsaufbau I19
∼-Versuchsmuster T76
∼-Vorlagenherstellung I9
ideales Kristallgitter P105
Identifizierung I25
IGFET I187
i-Halbleiter I289
I^2L I209, M137
∼-Bitscheibenprozessor I34
i-Leitung I286
I^2L-Gatter I32
∼-Schaltung I31
∼-Speicher I33
Immersionsentwicklung I67
Immersions- und Dampfentfettungsanlage I68
IMPATT-Diode A261, I70
∼-Dioden-Oszillator A262
Impedanz I75
Implantation I79, I80
Implantationsanlage I87
Implantationsfehler I82
Implantationsprofil I338
Implantationsstoff I79
Implantation von Ionen niedriger Energien L314
implantierte Dotantenmenge D360, I85, I335, I341
implantierter Kanal I84
implantiertes Oxid I86
Implantierung von Ionen hoher Energie H99
Imprägnierung I91
Imprägnierstoff I90
Impulsbetrieb R514
inaktiver Bereich I111
in den Isolationsgräben erzeugtes Siliziumoxid R85
Indexieren I116
Indexierungseinrichtung I115
Indexlöcher I117
Indexnut I118
Induktionsheizung I125
Induktionsofen I124
induktive Belastung I126
∼ Last I126
Induktivität I123, I127
in Durchlaßrichtung vorgespannte Diode F233
∼ vorgespannter Übergang F234
induxierte Ladung I122
induzierter Kanal I121
inertes Gas I131, R39
infrarote Strahlung I142
Infrarotheizung I138
Infrarotmikroskop I141
Infrarotquelle I143
Infrarotstrahlung I142
Infrarottomografie I144
Infrarottrockner I137
Injektion I154
Injektionsbereich I161
Injektionsdotierung I157
Injektionsgate-MOS-Struktur G56
Injektionskopplung I155
Injektionslaser I153
Injektionsstrom I156
Injektionswirkungsgrad I160
Injektor I162
injizierte Elektrone I151
∼ Löcher I152

injizierter Ladungsträger I150
~ Träger I150
inkohärente Strahlung I113
Innenbondanlage I173
Innenbonder I173
Innenbordtrennsäge A156
Innenbordtrennscheibe A153
Innenbordtrennschleifen A155
Innenschichtmetallisierung I269
Innenverbindung I281
innenzentriertes Gitter B204
Insel I358, I359
in Sperrichtung gepolte Diode R290
~ vorgespannter Heteroübergang R291
~ vorgespannter pn-Übergang R293
Instabilität R364
intaktes Chip F295
Integration I220
~ in einem Chip O42
Integrationsdichte I221
Integrationsgrad I220, C336, C337
Integrationsgraderhöhung U96
Integrationsgrenze I223
Integrationsniveau I222
Integration von Bauelementen C343
integrierter Baustein I20, I198
~ Höchstleistungsschaltung V104
~ Injektionslogik I209, M137
~ Logikschaltung L294
~ Mikroelektronik I210
~ Optik I213
~ Optoelektronik I213, I214
integrierter Baustein S20, S198
~ Höchstgeschwindigkeitsschaltkreis V105
~ Kondensator S11
~ Prozessor I215
~ Schaltkreis I197
~ Schaltkreis für Industrielle Anwendung I128
~ Schaltkreis im DIP-Gehäuse D269
~ Schaltkreis mit 10^9 Funktionselementen G92
~ Schaltkreis mit Heteroübergängen H69
~ Schaltkreis sehr hoher Geschwindigkeit V105
~ Schaltkreis vom Verarmungstyp D87
~ Siliziumschaltkreis S348
~ Spannungsregler I216
~ Vakuumschaltkreis I219, V24
~ Verstärker I6
~ Widerstand I217
integriertes Bauelement I207
~ Bauteil I198
integrierte Schaltkreistechnik I23
~ Schaltung I197, I220
~ Schaltungen I204
~ Schaltung im DIL-Gehäuse D429
~ Schaltung mit Schutzringisolation G194
~ Schottky-Logik I218
~ Verstärkerschaltung I6
~ Vertikalstruktur V95
Integrität I224
interaktiver rechnergestützter Entwurf I225
~ Router I227
interatomarer Kristallgitterabstand I228
Interdiffusion I249
Interdiffusionshohlräume I250
Interface I256
~-Chip I257
~-IC I257
~-Logik G128
~-Logikkonverter I259
Interferenzstreifen F268, I262
Interferenzstreifenzähler F269
Intrinsic-Barrier-Diode I282
~-Halbleiter I289
~-Leitung I286

inverse Fourier-Transformation I292
inverses Beta I291
Inversionsdichte I295
Inversionskanal I294
Inversionskapazität I293
Inversionsschicht I296
Ionenätzkammer I322
Ionenätzreaktor I324
Ionenaustauschanlage D63, D71
Ionenaustauscher I326
Ionenaustauschharz I327
Ionenaustauschmembran I325
Ionenbeschuß I317
Ionenbestrahlungsdefekt I303
Ionenerosion I321
Ionengetterpumpe I329
Ionenimplantation I79, I80
~ durch eine Maske M53
~ in bipolaren Geräten B151
~ in den amorphen Halbleiter A121
~ ohne Maske M64
Ionenimplantationsausheilung I332
Ionenimplantationsdosis I335
Ionenimplantationsgettern I345
Ionenimplantationsmaske I337
Ionenimplantation zur Erzeugung von MOS-Strukturen M364
Ionenimplantation zur Erzeugung von Verarmungsgebieten D82
ionenimplantierter Dotant I341
~ FET I340
~ MOS-Schaltkreis I344
~ Übergang I343
ionenstimuliertes Ätzen I320
Ionenstörstelle I330
Ionenstrahlabscheidung I304
Ionenstrahlätzen I307
~ in einer Diodenätzanlage D257
Ionenstrahlätzer I306
Ionenstrahlbelichtung I308
Ionenstrahlbeschichtung I302
Ionenstrahlepitaxie I305
Ionenstrahlkatodenzerstäubung I315
Ionenstrahllithografie I310
Ionenstrahlreinigung I301
Ionenstrahlschreiben I316
Ionisationskammer I346
Ionisationsmanometer I347
ionisierter Donator I348
Ionisierungsstrahlung I349
IR-Ausheilung I352
~-Strahlung I142
~-Tomografie I144
IS I197
ISL I218
~-Master-Slice I360
Isolation I192
~ der IC-Funktionselemente durch Protonenimplantation P485
~ durch Basisdiffusion B54
~ Durch in Sperrichtung vorgespannte pn-Übergänge R292
~ durch mit einem Isolator gefüllte Trennfugen E311
~ durch oxidgefüllte Gräben R82
~ mittels diffundierter pn-Übergänge D196
~ mittels porösem Oxid I367
~ mittels vergrabenem Oxid B318
Isolationsmaske I374
Isolationsmuster I194, I377
Isolationsoxid I193, I376
Isolationstasche I378
Isolationstechnik für hochintegrierte Schaltkreise H88
Isolationswand I366
Isolator I195

~ für Polysiliziumschichten I272
~-Halbleiter-Grenzfläche D168
Isolatorschicht I195
isolierender Dotant I371
~ Übergang I373
isolierendes Feldoxid F73
~ Substrat I190
Isoliermaterial I185
Isolierpastensystem D167
Isolierschicht I191
~-Feldeffekttransistor I187
~-MOSFFET M363
Isolierstoff I185
isolierte Insel I363
isolierter Graben-Oxidbereich R334
isoliertes Gate I362
isolierte Wanne I365
isoplanare Isolation I381
Isoplanarisolation I381
ISOPLANAR-S I383
Isoplanartechnik I379
~ mit maßstäblicher Verkleinerung S46
ISOPLANAR-Verfahren I382
isotroper Ätzer I386
isotropes Ätzen I387
isovalente Störstellen I388

J

jFET J28
~-CCD J24
Josephson-Effekt J11
~-Gate J15
~-IC J13
~-IC mit verteilten Parametern D315
~-Logik J14
~-Tunnel-Logik J16
~-Übergang J12
Justierfehler A81
Justiergenauigkeit A80, R162
Justiermarke A83, F60, R163
Justiermarkenkreuz F59
Justier- und Belichtungsanlage A78, E366, M42
Justierung A47, A79, R161
~ in x-Richtung X1
~ mit geringer Auflösung L339
~ mit hoher Auflösung H139
Justierungsanforderungen A86
Justierung von Ebene zu Ebene I265
~ zwischen den Ebenen L161

K

Kaltbearbeitungsverfahren C298
Kaltformen C297
Kaltschweißen C300
Kalttiegelverfahren C296
Kamera C9
Kameraobjektiv C10
Kammerspülung C115
Kammgeometrie F128
Kanal C116
Kanalabschnürung C119
Kanalbeweglichkeit C124
Kanalbildung C123
Kanaldiffusion C120
Kanalgebiet C126
Kanalinjektion C121
Kanallänge im Submikrometerbereich S733
Kanalleckstrom C122

Kanalleitfähigkeitstyp C130
Kanaloxid C125
Kanalroutingalgorithmus C117
Kanalstopper C127
Kanalstopstörstelle C128
Kanalstopzone C129
Kanalstrom C118
Kanalzone C126
Kante F16, F11
Kantenausbrechen E18
Kanteneffekt E22
Kantenlageeinstellung E25
Kantenrauhigkeit von Leiterbahnen L205
Kantenschärfe von Leiterbahnen L205
Kantenversetzung E21
Kapazität C15, C23
kapazitätsgekoppelte FET-Logik C18
Kapazitätstemperaturkoeffizient T51
kapazitive Last C16
Kapillarenverstopfung C25
Kappe C13
Kapselung E221, P12
Kapton-Film K1
Karte C35
Kaschierung C241
Kassette R274
Kassettenabstand C57
Kassettenbetrieb C55, C60, C64
Kassettenentladung C58
Kassettenhandhabungsstation C59
Kassettenhandhabungssystem C63
Kassettenlader C56
Kassettentransport C55, C64
katalytische Oxydation C69
Kationenaustauschharz C71
Katodenzerstäubung C70
kegeliger Verlauf T26
Kegeligkeit T26
Kehrbild I297
Keil T26
Keilbondanlage W92
Keilbonden S686, W93
Keilbonder W92
Keim S155
Keimbildung N152
~ beim Wachsen G182
Keimbildungsschicht N151
keimfreies Wasser B17
Keimkristall C525, S155
Kennlinienfeld F17
Kennlinienschar F17
Kennzeichnung I25, I166, M40
keramikbeschichtete Stahlunterlage P350
Keramikchipträger C102
Keramikdeckel C101
Keramikmetallisierung C105
Keramikträger C99
Kerbe N132
Kermet C108
~ auf Basis von unedlen Metallen B62
~ auf Edelmetallbasis N87
Kermetgehäuse C98, M148
Kermettechnologie C112
Kern N155
Kettenleiter L3
~-Widerstands-Netzwerk L3
«Killer» K4
Klären C263
Klasse-100-Reinraum C245
Klassierung C246
Klassifizierer C247
Klassifizierung C246
Klebemontage A44
Kleber A43, C91, G126

Kleberauftragseinrichtung G127
Kleber zur Herstellung einer Bondverbindung B212
Klebeverbindung C92
Klebrigkeit V144
Klebstoff C91
Kleinbreitengeometrie T175
Kleinintegration S458
Kleinleistungslogik L315
Kleinleistungstransistor L329
Kleinsignalimpedanz S460
Kleinsignalverstärkung S459
Klemmdiode C243
Klimakammer E224, T60, T92
∼-Manipulator E223
Knoten N89
Kollapsdurchmesser C301
Kollektor-Basis-Diode C302
∼-Basis-Durchbruch C303
∼-Basis-Kapazität C308
Kollektorcharakteristik C304
Kollektordiffusion C305
Kollektordiffusionsisolation C306
Kollektordurchbruch C303
Kollektorgrundschaltung C319
Kollektormaske C309
Kollision C310
kombinatorische Logikfunktion C314
kombinierte Lithografie M296
kombiniertes Gate aus ein- und polykristallinem
    Silizium S407
∼ Thermokompressions- und Ultraschallbonden T127
Kompatibilität C322
kompatibler Schaltkreis C323
kompatibles IC C323
Kompensation durch Dotanteneinbau D350
Kompensationsgrad C325
kompensierte Störstelle C324
komplementäre HMOS-Struktur C326
MNOS-Struktur S330
∼ TTL-Schaltkreise C334
komplementär-symmetrische
    MOS-Struktur C331
Komplementärtransistoren C333
Komplementärtransistorlogik C332
komplexe mikroelektronische Schaltkreise C338
Komplexität C335
Komplexitätsgrad C336
Komplexitätsstufe C337
Komposition C356, F229
Kompositionsschicht C352
Kondensationskern C380
Kondensator C17
Kondensatorbelag C21
Kondensatorkette C19
konditionierte Luft C382
Konduktanz C383
Konfiguration C404, G82, O177, P55
konforme Deckschicht C405
konischer Verlauf T26
Konizität T26
Konstruieren E206
Konstrukteur D111
Konstruktion C412
Kontakt C413, T65
Kontaktabstand C422
Kontaktbelichtung C421
Kontaktbelichtungsanlage C429, C435
Kontaktdiffusion C419
Kontaktfenster C439
Kontaktfläche C416, I245, L13, P19
Kontaktflächenjustierung P21
Kontaktflächenschicht P20
Kontaktflächenüberdeckung P21
Kontaktfotolithografie C432

Kontaktgruppe zum Nachweis von
    Testchipleckströmen C425
Kontaktherstellungsmaske C417
Kontakthöcker B298
Kontakthügel C402, C431
∼ für Simultanbonden G15
Kontaktierungsinsel P19
Kontaktinsel C431
Kontaktjustier- und Belichtungsanlage C435, H18
Kontaktkammgate F129
Kontaktloch V129, V130
kontaktlose Abbildung O179
kontaktloses Ritzen C427
Kontaktmetallurgie T67
Kontaktpotential C434
Kontaktritzen C438
Kontaktspannung C434
Kontaktstelle C431, P19, T66
∼ für Sondenprüfung P426
∼ zum Chipbonden C185
Kontaktwiderstand C437
kontinuierlich verschiebbarer Koordinatentisch
C444
Kontrolle A234, C168, C446
∼ der Abmessungen D251
∼ der Strukturabmessungen G83
∼ elektrischer Parameter E42
∼ von Fotomasken P173
kontrollierbare Übergangstiefe C453
Konversion C457
Konversionsverluste C460
Konvertierung C457
Konzentration D78
Konzentrationsgradient C376
Konzentrationsverhältnis C379
Koordinatenschreiber C469, D386, L114
Koordinatentisch C468, S625, T4, T312, X29
Koordinatentischarbeitsfeld S627
Koordinatentisch mit Luftlagerung A62
Koordinatenzeichnen C466
Kopieren D434, R297
Koplanarelektroden C470
Kopplung L214
Kopplungsimpedanz C476
Korn G146, G151
Körnchen G151
Korngrenze C512, G147
Korngrenzenwanderung G148
Körper B203
Kraterbildung C484
Kreuzdiffusion C489
1:4-Kreuzschienenschalter O49
Kreuzung C491
Kreuzungsoxid C492
Kreuzungspunkt C491
Kreuzungspunktchip C493
Kriechstrom C486
Kristallachse C511
Kristallanisotrophie C510
Kristallbaufehler C515
Kristallebene C527
Kristalleinbettung C516
Kristallfläche C517, F4
Kristallgrenzfläche C512
kristalliner Halbleiter C522
Kristallisationszentrum C524
Kristallit C523
Kristallkeim C525, N154
Kristallkörper B203
Kristallmikroprozessor C472
kristallografische Achse C512
∼ Orientierung C526
Kristallorientierung C526
Kristallrohling B36, I145

Kristallschnitt C514
Kristallwachstum C520
Kristallwachstumsschale G179
Kristallziehanlage C529, P509
Kristallziehofen C531
Kristallzüchtung C520
~ nach dem Zonenschmelzverfahren F200
Kristallzüchtungsanlage C519
Kristallzwilling T315
kritische Abmessung C488
Kryoelektronik C502
Kryoelement C503
Kryofalle C299
Kryogenelement C503
Kryogengerät C507
Kryogenik C504
Kryologik C506
Kryopumpe C507
Kryptomikroprozessor C508
kubisches Gitter C538
Kühler C465
Kühlflüssigkeit C464
Kühlkörper H44, D310, H44, H47, S414
Kühlkörperrippe F99
Kühlmittel C463
Kühlrippe F99
Kühlvorrichtung C465
Kunden-IC C563, F279
~-IC-Anwender F240
~-IC-Design C559
~-IC-Einsatz C565
~-IC-Layout C566
~-LSI-Herstellerbetrieb S335
Kundenschaltkreis C563
Kundenschaltkreisherstellung C562
Kundenschaltkreistechnologie C560
kundenspezifische Ausführung C562
~ Auslegung C565
~ Hardware C561
~ Leitungsführung C568
~ Maske C567
kundenspezifischer integrierter Schaltkreis C563
~ Schaltkreis F279
Kundenwunschentwurf C559
Kundenwunschmaske C567
Kundenwunschschaltkreis M7
Kundenwunsch-Schaltkreisherstellung C557
Kunststoffgrat P291
Kunststoffflachgehäuse P412
Kunststoffträger P293
Kunststoffverkappung P296
kupfergefüllter Kleber C471
Kurve C556
Kurvenschreiber G152
kurze Lebensdauer L321, S292
~ Trägerlebensdauer S292
~ Zykluszeit Q38
Kurzkanal-FET S289
Kurzperiodenübergitter S293
Kurzschließen S290
Kurzschluß S290
Kurzschlußbereich S291
Kurzzeitdrift S294
kurzzeitige Störung G119
Kurzzeitprüfung A11

L

Lack L1
Lackreste S132
Ladegerät L250
Ladekammer L246

Laden L243, L251
~ von Wafern W31
Ladeposition L257
Lader L250
Ladeschleuse L256
Ladestellung L257
Ladung C132
Ladungsausbreitung C158
Ladungsausgleich C137
Ladungsdomänenbauelement C151
Ladungsdomänenfilter C152
Ladungsdomänenschaltung C153
ladungsgekoppelte Logik C144
~ Schaltung C140
ladungsgekoppelter Bildsensor C143
~ FET C142
ladungsgekoppeltes Bauelement mit tiefer Verarmungsschicht D27
~ Register C147
Ladungsinjektionsbauelement C155
Ladungspaket C156
Ladungsspeicherbaustein C141
Ladungsspeicherdiode C160
Ladungsspeicherkondensator C159
Ladungsspeicherung C48
Ladungsträger C133
Ladungsträgerbeweglichkeit im Kanal C124
Ladungsträgerdichte C40
Ladungsträgerdiffusion C134
Ladungsträgerdrift C41
Ladungsträgereinfang C37
Ladungsträgererzeugung C135
Ladungsträgerinjektion C136
Ladungsträgerkonzentration C40
Ladungsträgerlaufzeit C52
Ladungsträgerlebensdauer C44
~ im Basisgebiet B61
Ladungsträgerrekombination C46
Ladungsträgerrekombinationszentrum C157
Ladungsträgertransfer C50
Ladungsträgerverarmung C148
Ladungstransferkanal C162
Ladungstransferstruktur C165
Ladungstransportkanal C162
ladungsverarmter Eimer C149
Ladungsverschiebeelement C51, C164
Ladungsverschiebeschaltung C163
Ladungsverschiebeverstärker C161
Ladungsverschiebungsschaltung C140
Ladungsverteilung C150
Lage S637
Lageplan F203
Lagerbeständigkeit S700
Lagerbox S695
Lagerfrist S281, S700
Lagerungsbestandigkeit S700
Lambdawellenlöten L5
Laminarbox L7
laminare Abscheidung L6
laminare Beschichtung L10
Laminarreinstraum L8
Laminat L9
Laminieren M331
Laminierpresse M330
Lampenausheilung L11
Lampenheizung L12
lange Lebensdauer L301
Längenausdehnung L198
langsame Logik L340
langsames Bauelement S441
~ Elektron S442
Langzeitdrift L302
Läppen L14
Läpphärte L19

Läppmarke L18
Läppmaschine L16
Läppmittel L17
Laserabgleichanlage L66
Laserabgleichverfahren L67
Laserabrunden L60
Laserabscheidung L43
Laser-Aerosolteilchenzähler L35
laserakustisches Rastermikroskop S61
laserausgeheilte SOS-Struktur L36
Laserbearbeitungsanlage L58
Laserbohren L48
Laserbonden L40
Laserdiode D258, L45
Laserdotierung L47
lasergetrimmter Widerstand L65
Lasergettern L50
laserinduzierte Abscheidung L53
∼ Diffusion L37
∼ Dotierung L47
laserinterferometrische Justierung L54
Laserlithografie L56
Laserrastermikroskop L61
Laserritzeinrichtung L62
Laserritzen L63
Laserschliff L64
Laserschneiden L38
Laserschnitt L42, L55
Laserscriber L62
laserstimulierte Abscheidung L53
∼ Diffusion L37
∼ Dotierung L47
Lasertrennen von Wafern L44
Lasertrimmer L66
Lasertrimmung von Widerständen auf dem Wafer L68
Lasertrimmverfahren L67
Laserverdampfung L39
Last L243
Lastcharakteristik L247
Lastfaktor L252
Lastkennlinie L247
Lastkondensator L245
Last-MOSFET M183
Lasttransistor L260
Lastwiderstand L259
Latch L71
Latchflipflop L71
Latchup L72
∼-Einschalten L74
latchupfreier Baustein L73
laterale Abmessungen L77
∼ Packungsdichte L85
lateraler Feldeffekttransistor L81
laterales Ätzen S304
∼ Dotierungsprofil L78
∼ Kristallziehen L87
laterale Struktur L75
Lateral-FET L81
Lateralgeometrie L82
Lateralisolation L83
Lateraloxydation L84
Lateralstruktur L75
Lateraltransistorstruktur L90
Laufzeit T244
Laufzeitbereich T247
Laufzeitdiode T245
∼ mit negativem Widerstand T246
Lawinendurchbruch A254
Lawinendurchbruchspannung A255
lawineninduzierte Migration A256
Lawineninjektion A250
Lawinenionisation A259
Lawinenlaufzeitdiode A261, I70
Lawinenprozeß A253

Lawinenvervielfachungsfaktor A260
Layout L108
Layoutentwicklung L115
Layoutentwurf L112
Layoutentwurfsautomatisierung L109
Layout-Regel L117
Layoutzeichnung L110, L113
L-B-Bad L118
Lebensdauer E198, L167, L169
Lebensdauerprüfung L168
Leckprüfung L149
lecksichere Verkappung L150
Lecksicherheit L151
Leckstrom L146
Lecksucher L148
Lecksuchgerät L148
Leckverlust L147
LEC-Verfahren L221
LED E178, L180
∼-Matrix L181
Leerstelle V1
Leerstellenbeweglichkeit V5
Leerstellendiffusion S746
Leerstellenkonzentration V2
Leescher Algorithmus L155
legierter Übergang F312
legierte Zone A92
Legierung A90
Legierungskontakt A91
L-Eingangssignal L318
leistungsarme DTL L327
∼ Logik L320
∼ Schottky-TTL L328
Leistungsdichte P375
Leistungsgewinn P376
Leistungshalbleiter P379
Leistungskennwerte digitaler Schaltungen D245
Leistungsparameter P106
Leistungsverstärkung P376
Leitbahn C386, C397, H178, L144, L193, R342
Leiterbahnauflösung T208
Leitbahnkreuzung C392
Leiter C397
Leiterbahn C397, L193, P54, R363, T207, W151
∼ der ersten Ebene F138
Leiterbahnabstand L209
Leiterbahnenkopplung I268
Leiterbahnverlauf R346
Leiterbildmatrix P57
Leiterbildoriginal M94
Leiterplatte B200, P415
∼ mit hoher Bestückungsdichte D76
Leiterplattenbestückung P77
Leiterrahmen F259, L131
Leiterrahmenanschlußstift L134
Leiterrahmenbefestigung L133
Leiterrahmenbefestigungsanlage F260
Leiterrahmen für DIL-Gehäuse D430
∼ für DIR-Gehäuse D270
∼ für SIL-Gehäuse S371
∼ mit Zwischenträgerbrückenanschlüssen S580
Leiterrahmenmontageanlage L132
Leiterrahmenpin L134
Leiterstruktur C394
Leiterzugführung R346
leitfähige Deckschicht C391
leitfähiger Kanal C385
Leitfähigkeit C396
Leitfähigkeitsband C384
Leitpaste C400
∼ für den Siebdruck P416
Leitpastensystem C401
Leitung C387, L193
Leitungsband C384

Leitungsbandkante C388
Leitungsbrücke W138
Leitungselektronendichte C389
Leitungstyp C390, I110
Leitungstypbestimmungsgerät T332
Leitweg R342
Leitwegführung R342, R346
Leitweglayout R347
Leitwegstruktur R348
Leitwert C383
Leseleitung S249
Leseoperation R67
Lese-Schreib-Zyklus R70
Leseverstärker S248
Lesezyklus mit Regenerierung R69
Leuchtdiode E178, L180
Leuchtdiodenmatrix L181
Lichtaktivierung L177
Lichtdetektor O146
lichtdurchlässige Fotomaske L190
Lichtdurchlässigkeit L189
Lichtemitterdiode E178, L180
Lichtempfänger L188, O146, P148
lichtempfindliche Emulsion L187
lichtempfindliches Material R20
Lichtfenstergehäuse W124
lichtoptischer Sensibilisator P214
lichtoptische Strukturerzeugung P185
Lichtprojektionslithografie O126
Lichtschnittmikroskop L186
Lichtspektroskopie O132
lichtstimulierte elektrochemische Ätzung P150
lichtstimuliertes Ätzen L183
Lichtwellengerät L191
Lift-off L172
∼-Metallisierung L174
∼-Methode L172, L173
∼-Strukturbildung L175
Lineararray L195
lineare Matrixanordnung L195
linearer Frequenzgang L201
∼ integrierter Schaltkreis L199
∼ LSI-Schaltkreis L365
lineare Schaltungen L197
lineares IC L199
∼ Verhalten L200
Lineartechnik L202
Linie L193
Linienabstand L209
Linienbreiteabnahme L210
Linienbreiteauflösung L211
Linienkantenrauhigkeit L205
Linienkantenschärfe L204
Linienstruktur L207
Linse L156
Liquiduskurve L232
Liquiduslinie L232
Liquidustemperatur L233
Lithografie L240
Lithografiemaske L237
Lithografie mit hoher Auflösung H138
∼ mit kombinierten Maskenherstellungsverfahren bzw. mit verschiedenen Strahlungsquellen M296
∼ mit maßstäblicher Verkleinerung S43
∼ mittels fokussierter Ionenstrahlen F220
∼ sehr kleiner Strukturbreiten V103
lithografische Abbildung L236
∼ Anlage L241
∼ Anlagen L235
∼ Auflösung L239
∼ Operation Y3
Loch E134, H191, M292
Loch-Elektron-Paar H197
∼-Rekombination H198

Löcherdiffusionslänge H195
Löcherdrift H196
Löchereinfang H192
Löchergas H199
Löcherhalbleiter A17, H203
Löcherinjektion H200
Löcherlebensdauer H201
Löcherleitung H193, P501
Löcherstrom H194
Loch mit abgeschrägten Wänden T27
lösch- und programmierbarer ROM E280
Logik L274
Logikblock L275
Logikfamilie L290
Logikgatter L292
Logikmatrix L282
Logik mit hoher Bauelementepackungsdichte D75
∼ mit hoher Packungsdichte T176
∼ mit niedrigem Signalpegel L320
∼ mit variabler Schwellspannung V70
Logikpegel L295
Logikschalter L298
Logikschaltung L286
Logikschaltungen mit hohem Schwellwert H164
Logiksimulation L297
Logiktastkopf L296
Logiktester L296, L299
Logikzelle L284
logische Eins L277
∼ Funktion L276
∼ ICs I203
«logisch-1»-Potential L278
logische Interfaceschaltungen L293
∼ Komplexität L287
∼ LSI-Schaltkreise L366
∼ Null L280
∼ Operation L279
logischer Entwurf L288
∼ Matrixschaltkreis L283
logische Schaltungen mit durchbrennbaren Schmelzsicherungen I208
logisches Element L284, L289
∼ Flußdiagramm L291
logische VLSI-Schaltungen V108
«logisch-0»-Potential L281
lokale Diffusion L265
∼ Dotierung L266
∼ Epitaxie L263
∼ Isolation durch vergrabenes Oxid L262
∼ Oxydation von Silizium auf Saphir L268
lokales Ätzen L264
Lokaloxydation von Silizium L267
Löschen C263
Löschung einer Entladung D282
lose Fehlstelle L304
Lösen S531
∼ einer Bondverbindung B210
Löslichkeit S529
∼ in der festen Phase S512
Lösung S531
Lösungsmittel S532, V78
∼ elektronischer Reinheit E116
Lösungsmittelrückgewinnung S534
Lot S486
Lotabsaugeinrichtung S493
Lotabsauggerät D117
Lotaufschmelzen S494
∼ in der Dampfphase V62
Lotaufschmelzlötmaschine S495
Lotauslaugung S500
Lotbeschichtungsanlage S490
Löten S497
∼ in der Dampfphase V61
Lötflußmittel S498

lötfreie Verbindung S501
Lötkontakthügel S489
Lötkugelpin S487
Lötmaschine S144
Lötmaske S502
Lötmittelrückfluß S505
Lötpaste S504
Lotschmelzofen F320
Lötverbindung S499
Low-End-Mikroprozessor L312, V109
Low-Power-DTL L327
~-Logik L315
~-Schottky-TTL L328
LSA-Mode L192, L356
LSI H141, L28
~-Chip L361
~-Komplexitätsgrad L364
~-Matrixschaltkreis M108
~-Mikroprozessor L367
~-Modem L368
~-Schaltkreis G149, H106, H141
~-Schaltkreis mit hermetisierender Verkappungsschicht S184
~-Schaltung L27
~-Schaltung mit vorgegebenen Leiterbahnverbindungen L30
~-Schaltung mit wählbaren Leiterbahnverbindungen L29
~-Technologie L371
Lücke G17
luftdichter Abschluß H60
luftdichte Verbindung A73
Lufteinströmen A70
Lüfter zur antistatischen Behandlung D119
Luftfeinstreinigungsfilter U21
luftgelagerte Führung A74
Luftisolationsverfahren A69
Luft-Oxid-Isolation A71
Luftreinigung A72
Luftspalt A66
Luftspaltmetallisierung A65
Luftspalt-Mikrobrücke A64

M

Magazin M9, T265
Magnetblase C582
Magnetblasenbaustein M10
Magnetblasendomäne M11
Magnetblasendomänenchip M12
Magnetblaseneinrichtung M10
Magnetblasenspeicher B247, M13
~ mit Stromzugriff C544
Magnetfeld-LEC-Verfahren M14
magnetischer Halbleiter M16
magnetoakustische Verzögerungsleitung M18
Magnetoelektronik M15
magnetooptischer Speicher M19
magnetostatische Raumwelle M21
~ Welle M17
Magnetostriktionswandler M23
Magnetowiderstandseffekt M20
Magnetronionenstrahlätzer M24
Magnetronzerstäubung M25
Majoritätsladungsträger M27
Majoritätslogik M30
Majoritätslogikgatter M29
Majoritätsträger M27
Majoritätsträgerstrom M28
Makroblock M2
Makrozelle M3
Makrozelle-Lösung M4
Makrozellengehäuse M6

Makrozellenmatrix M5
Makrozellentechnik M4
Manipulator zur automatischen Handhabung von Bauelementen A243
Manometer G3
manuelle Bestückung M32
~ Förderung H233
~ Handhabung H233
Markierung I25, I166, M40
~ an der Unterseite B244
Markierungsfarbe I164
Markierung von Ausschußchips R173
Maschenemitter M145
Maschengröße M146
maschinelle Bearbeitung M1
Maske M41, S105
~ für Elektronenstrahllithografie E6
~ für Verbindungsleitungen I240
Maskenabbildung M49
Maskenauflösungsvermögen M84
Maskenebene M66
Maskenherstellungsanlage M69
Maskenjustier- und Belichtungsanlage M42
Maskenjustier- und Belichtungsanlage für den Submirkrometerbereich S738
Maskenkontrollgerät P174
Maskenkopie M48
Maskenlayout M76
Maskenlebensdauer M67
Maskenlithografie M68
maskenlose Strukturerzeugung M65
Maskenmembran M70
Maskenöffnung M56, M71
Maskenplatte M45
maskenprogrammierter Schaltkreis M80
maskenprogrammiertes Array M78
~ Chip M78
~ IC M80
Maskenprüfgerät M63
Maskenstruktur M61
Maskenstrukturelement M54
Maskenstrukturgenerator M75
Maskensubstrat M86
Maskentoleranz M88
Maskenträger M46
Maskenüberdeckungsfehler M73
Maskenverpackung M74
Maskenverschlechterung M50
Maskenvervielfältigung M82
Maskenvervielfältigungsanlage M83
Maskenverzerrung M51
Maskenvorlage M44
Maskierfilm S283
Maskierungsschritt bei der Ionenimplantation I89
maskierte Diffusion M52
~ Ionenimplantation M53
Maskierung M57, S282
~ für Metallisierung M166
Maskierungsfilm M58
Maskierungsmittel M43
Maskierungsoxid M60
Maskierungsschicht M59
Massenspektrometer M90
Massenspektroskopie M91
massives Substrat B296
maßstabgerecht verkleinerte Schaltung D383
maßstäbliche Verkleinerung D250, S51, S295
Master-MOS-Verfahren M97
~-Retikel M99
Master-Slice M100, M101, U52
~-Technik M102
Material mit schmalem Bandabstand L306
~ mit SOS-Struktur S358
Matrix A185

417

Matrixanordnung A194
Matrixbehandlung A193
Matrixlogik A189
Matrixrastermaß A192
Matrixschaltkreis A185, A186, A187, I8, M107
Megachip M122
Mehrchipbaueinheit M392
Mehrchip-Mikroprozessor C218, M397
Mehrchipmontage M392
Mehrchipmontageverfahren M393
Mehrchipschaltung C359
Mehrchiptechnik C180
Mehrchipträger M394
mehrdimensionale Simulation M401
Mehrebenenbauelement M411
Mehrebenenchipträger M407
Mehrebenen-CMOS-Struktur O196
Mehrebenengate C350
~-MOS-Struktur C351
Mehrebenenisolator M416
Mehrebenenlogik M419
Mehrebenenoxid M420
Mehrebenenschaltkreis M408, M417
Mehrebenenstruktur S261, T174
Mehrebenen-Verbindungsgenerator M418
Mehrebenenverbindungsleitungen M409
Mehrfachbelichtung M427
Mehrfachdiffsion M426
Mehrfachemitter-Transistor M402
Mehrheitslogik M30
Mehrheitslogikgatter M29
Mehrkammerätzer M389
Mehrkanal-FET M390
Mehrkomponentenglas M400
Mehrlagenleiterplatte C349
Mehrlagenplatte C349
Mehrmaskenverfahren M421
Mehrmustermatrix M422
mehrpoliges Flachgehäuse M414
~ Gehäuse H109, M423
Mehrpositionsfotorepeater M436
Mehrschichtkeramik M406
Mehrschichtkondensator M405
Mehrschichtleiterplatte M404
Mehrschichtmetallisierung M410
Mehrschichtplatte M404
Mehrschichtsubstrat C219, C354, M412, M441
Mehrschichtverbindungsleitungen M409
Mehrschichtverdrahtungsfilm W152
Mehrschichtwafer C355
Mehrsondenanlage M439
Mehrstreifenanordnung M442
Mehrstrukturmatrix M422
Mehrstufenabscheidung M435
Mehrstufendiffusion S626
Mehrtalhalbleiter M36
Mehrverdrahtungsverfahren M446
~ mit hoher Packungsdichte H91
Mehrzonenofen M447
MELF-Elektrode M151
~-Widerstand M124
Membran M126, P98
Membranmaske M127
Membranretikel P99
Mesaätzung M139
Mesa-Epitaxietechnik M138
Mesagraben M141
Mesainsel M140
Mesastruktur M142
Mesatransistor M143
MESFET M186
Meßgerät G3
Messer zum Ausschneiden des Maskenoriginals A210
Meßsonde M119

Metallätzresist M152
Metall-auf-Glas-Maske M178
Metalle für Verbindungsleitungen I241
Metalleiterbahn M163
Metalleitung M163
Metalleitungsführung M168
Metall-Gate-Technik M157
~-Gate-Transistor M158
Metallgehäuse C12
Metall-Halbleiter-Barriere M189
~-Bauelement M190
~-Diode H217
~-Feldeffekttransistor M186
~-Grenzschicht M191
Metall-Halbleiter-Metall-Struktur M193
Metall-Halbleiter-Sperrschicht M189
metallische Gateelektrode M156
~ Kontaktfläche M162
Metallisieren mit Aluminium A110
metallisierte Fotomaske M184
Metallisierung fester Verbindungsleitungen F148
Metallisierung mit schwerschmelzendem Metall R148
Metallisierungsbahnen M168
Metallisierungsmaske M165
Metallisierungsmuster M167
Metallisierungssystem M195
Metallisierung von ohmschen Kontakten O33
Metall-Isolator-Halbleiter-Feldeffekttransistor M161
Metall-Isolator-Halbleiter-Struktur M160
Metall-Isolator-Metall-Struktur M159
Metallkeramikgehäuse M148
Metallkeramikleiter C110
Metallkernleiterplatte M149
Metallkernplatte M149
Metallmaske M175
Metall mit geringer Austrittsarbeit L348
~ mit hoher Austrittsarbeit H179
Metall-Nitrid-Halbleiter-Struktur M177
Metall-Nitrid-Oxid-Halbleiter M176
metallographischer Schliff M171
metallographisches Mikroskop M170
metallorganische CVD M172
metallorganische Gasphasenepitaxie M173
~ Verbindung O161
Metall-Oxid-Halbleiter-Struktur M180
Metalloxidwiderstand M179
Metallschichtabscheidung M164
Metallschichtwiderstand M155
Metallsilizid-Zwischenverbindung M194
Metallurgie M174
Metallverdampfer M154
Metallverdampfung M153
Methode der blockweisen Multiplikation B193
~ des invertierten Meniskus I298
Mikroabbildung M223
Mikrobaueinheit M199
Mikrobearbeitung M228
Mikrobeschichtung M240
Mikrobrücke mit Luftspalt A64
Mikrochip M200
Mikrochipwiderstand M201
Mikrocomputer M198, M208
Mikrocontroller M210
mikroelektronische Kapselung M215
mikroelektronischer Schaltkreis M214
mikroelektronisches Bauelement hoher Komplexität H82
mikroelektronische Technologie M217
Mikroelektronik M216
Mikrofertigung M219
Mikrofoto P182
Mikrofotografie M221, R182, P183
Mikroherstellung M219
Mikrointerferometer M225

Mikroleistungslogik M264
Mikroleistungsschaltkreis M243
Mikroleistungstransistor M244
Mikrolithografie M227
mikrolithografische Strukturierung M226
Mikrominiaturisierung M231
Mikromodul M232
Mikromuster M237
Mikroplazierungsanlage M239
mikroprogrammierter Mikroprozessor M256
Mikroprozessor M198
Mikroprozessorchip I22
Mikroprozessor für das obere Ende des Anforderungsspektrums H98
~ für das untere Ende des Anforderungsspektrums L312
mikroprozessorgesteuerte Meßsondenanlage M248
mikroprozessorgesteuerter Bonder M250
mikroprozessorgesteuerte Sputteranlage M247
Mikroprozessor mit SOS-Struktur S17
Mikroprozessormodem M253
Mikroprozessorschaltkreis I22, I215, M251
Mikroprozessor-Schaltkreissatz M252
Mikroprozessorscheibe M255
Mikrorechner M198, M208, M229
Mikrorechnerchip M209
Mikrorechner für industrielle Anwendung I129
Mikroriß C485
Mikroschaben M258
Mikroschaltkreis M202
Mikroschaltung M202
Mikroschaltungsanordnungen M205
Mikroschaltungsbauelement M203
Mikroschaltungstechnik M204
Mikroschichtwiderstand M220
Mikroschliff M257
Mikrosiebdruckanlage M245
Mikrosonde M246
Mikrosortierer M260
Mikrospur M263
Mikrosteuerwerk M210
Mikrostruktur M237
Mikrostrukturauflösung F109
Mikrostrukturerzeugung M122
Mikrostrukturlinie F108
Mikrostrukturlithografie F114
Mikrostrukturmaske F106
Mikrounebenheit A214
Mikroverbindungsleitung M224
Mikrowellenätzung M269
Mikrowellenhalbleiter M270
Mikrowellenhärtung M265
Mikrowellenlaminant M267
Mikrowellenlogik M268
Mikrowellenschaltung M266
MILIC-Schaltung M276
Millersche Indizes C521, M275
Milling M278
MIMIC-Schaltung M277
MIM-Struktur M159
minimale Leiterbahnbreite T208
Minisonde M281
Minoritätsladungsträger M282
Minoritätsträger M282
Minoritätsträgerbauelement M284
Minoritätsträgerstrom M283
Mischbett-Ionenaustauschanlage M294
Mischstruktur M136
Mischungsverhältnis M297
MISFET C399, M101
MIS-Logik M290
~-Struktur M160
~-Transistor C399, M293

Mittenabstand C94
mittlere Integration M121
~ Komplexität M120
mittlerer Ausfallabstand M118
~ Integrationsgrad M121
~ Mikroprozessor M271
MNOS-Struktur M176, S224
~-Transistor M303
MNS-Struktur M177
MOCVD M172
~-Reaktor M311
Modemchip M313
Modernisierung U94
Modifikator M315
modifizierte CVD M314
modulare Anlage M318
~ Bauweise M316
~ Waferreinigungsanlage mit Wafertransfervorrichtung M319
Modularisierung M317
Modularität M316
Modulstation M318
Molekularelektronik M335
molekulares IC M338
molekulare Verunreinigung M337
Molekularstrahlabscheidung M333
Molekularstrahlenquelle M336
Molekularstrahlepitaxie M334
Molekularstrahlkanone M336
MOM-Kondensator M339
Monobrid M340
Monobridschaltung M341
Monobridverfahren M340
Monokristall M342
monokristalline Rekristallisation M343
monolithischer Abtast-Halte-Schaltkreis M353
~ Baustein M347
~ Mikroprozessor M351
~ Operationsverstärker M350
~ μP-Schaltkreis S223
~ Schaltkreis M349
~ Widerstand M352
monolithische Schaltung M345
monolithisches IC mit Luftisolation A68
monolithisches Substrat U75
monolithische Struktur M345, M354
monolithische Zelle M346
monolithisch-integrierte Festkörperschaltung M348
~-integrierte Schaltung M345
monomolekularer Film M355
monomolekulare Schicht M344
Montage A216, I179
Montageabschlußstufe B6
Montageanlage A215
Montage auf Chipträgern C188
Montageausbeute A222
Montageausrüstung I178, M375
Montageeinheit A216
Montagefehler A217, C409
Montagehilfe A219
Montage in CERDIP-Gehäusen C106
Montagekopf A174
Montageraum A220
Montagesitz R84
Montagestation A221
Montagesystem für integrierte Schaltungen in DIP-Gehäusen D268
Montagetisch B111
Montage von Chips mittels Anschlußdrähten C178
~ von Halbleiterchips auf Zwischenträgerfilmen B100
Monte-Carlo-Simulation M357
~ Verfahren M356
Monteur A215
MOS-Feldeffekttransistor M181

~ mit vergrabenem Kanal V313
MOSFET M181
~-Gatter M362
~ mit isoliertem Gate M363
MOSIGT M363
MOS-Kondensator M360
~-Logik M365
~-Matrixschaltkreis M359
~-Schaltkreis M371
MOS/SOS-Struktur M182
MOS-Struktur M180
~ des Anreicherungs-Verarmungstyps E212
~ mit dem Gate aus schwerschmelzendem Metall R150
~ mit dielektrischer Isolation D163
~ mit einstellbarem Transistorschwellwert A46
~ mit floatendem Gate F190
~ mit floatendem Gate und Lawineninjektion F187
~ mit hohem Schwellwert H165
~ mit isoliertem Gate I188
~ mit niedriger Schwellspannung L347
~ mit rückwärtigem Substratanschluß B8
~ mit selbstjustierten Gates S173
~ mit Stapelgates und Lawineninjektion A258
~ mit thermischer Nitrierung T102
~ mit vergrabenem Kanal B312
~ mit zwei Polysiliziumebenen D380
MOS-Technik M368
MOS-Technologie M368
MOS-Transistor M370
~ im Verarmungsbetrieb D90
MOS-Transistorlogik M372
MOS-Transistor mit V-förmigem Gate G167
MOS-Wafer M373
MOVPE M173
MSA-Technik M188
MSI M121
~-Schaltkreis M121
~-Schaltung M382
MSM-Struktur M193
MSW-Bauelement M385
MTBF M118
Multichip-Hybridschaltung M396
~-Mikroprozessor M397
Multichipmodul M398
Multichipschaltung M395
Multichipsystem M399
Multiemittertransistor M402, O201
Multimediumofen M388
Multiple-In-Line-Gehäuse M433
Multiplikation M437
Multiplikationsverhältnis M438
Multiplizierung M437
Muster D396, P55, S8
Mustererkennung P66
Muttermaske M96

N

Nachbearbeitung F130
Nachbehandlung A58
Nachdiffusionstempern D209
Nachdiffusion zur Basisgebietherstellung B56
Nachhärten H17, P367, P368
Nachrüstungssatz R284
Nachtempern P366
Nachtrocknen H17, P366, P367
Nacktchip B38, C202, D157, N5
Nacktchipbauelement N6
Nadel S724
nadelförmiger Kristallit N34
Nadelkristall A21, W114
Nadelloch B164, B166, P244

Nagelkopf B20
Nagelkopfbonden B23
Nagelkopfbonder B22, C24
Nagelkopfbondstelle N2
Nagelkopfbondung B21
Nagelkopfbondverfahren B23, N3
Nailheadbonden B23
Nailheadbonder B22
Nailheadbonding N3
Nailheadbondstelle N1
NAND-Gatter N8
~-Operation N9
~-Schaltung N7
Nanoelektronik N10
Nanolithografie N11
Nanoprozessor N12
Naßätzverfahren L223
naßchemische Ätzanlage W106
~ Bearbeitung W102
~ Bearbeitungsanlage W101
naßchemisches Ätzen W105
~ Ätzmittel W104
~ Verfahren W110
naßchemische Workstation W101
n-Ätzrate N53
n-Diffusion N145
n^+-Diffusionsbereich N22
n-Dotant N146
n-Dotantenquelle N23
N-dotierter Drain N24
n-dotierte Source N26
n-Dotierung N148
Nebenschluß B326
Negationsgatter N35
Negativbild N41
negative Elektronenaffinität N39
~ Logik N42
~ Originalschablone N37
negativer Träger N38
~ Widerstandstemperaturkoeffizient N50
Negativmaske N43, N46
Negativresist N45
Negativwiderstandsdiode N48
Nennlast L258
Nennlebensdauer R43
Nennleistung P378
Nennspannung V179
Nennstrom C552
Nennwert R44
n-Epischicht N52
Netzwerk N54
Neujustierung R73
neutrale Fangstelle N55
Neutralisation statischer Aufladungen S646
Neutralisator für statische Aufladungen S649
neutralisierendes Mittel K4
Neutronenaktivierungsanalyse N56
Neutronenbestrahlung N60
neutronendotierter Halbleiter N57
neutronendotiertes Silizium N58
Neutronendotierung N59
Neutronentransmutationsdotierung N61
n-Halbleiter D329, E119, N149
nichteindringende Sonde N110
nichtentarteter Halbleiter N101
nichtflüchtiger ladungsadressierter Speicher N122
~ RAM N125
~ RAM-Speicher Z12
~Speicher N123
NICHT-Gatter N134
nicht gebundene Gatter U58
Nichtgleichgewichtsträger N107
nichtidealer Kristall I76
nicht kompensiertes Germanium U57

nichtlegierter Kontakt N94
Nichtleiter N95
nichtlinearer Zinkoxidwiderstand Z20
nicht maskierter Bereich U86
nicht montierter Wafer B179
nichtplane Oberfläche U66
nichtredudanter integrierter Schaltkreis N116
NICHT-Schaltung N133
nichtspezialisierter Baustein N99
nicht toleranzgerechter Wafer O181
nichtzerstörende Sonde N110
Nico N64
Niederdosisimplantation L310
Niederdruck CVD L330
Niederdruckepitaxie L331
Niederdrucktriodenzerstäubung L332
Niederfrequenzofen L316
niederohmiger Halbleiter L325
niederohmiges Gebiet L337
~ Material L336
Niedrigtemperaturepitaxie L342, R111
Niedrigtemperaturoxid L344
Niedrigtemperaturoxydation L343
Niedrigtemperaturpassivierung L345
Nife N65
Niro-Schablone S629
~-Siebdruckschablone S629
Nitriddefinition N67
Nitrid-Oxid-Reaktor N70
~-Oxid-Struktur N71
Nitridpassivierung N72
Nitridtechnik N73
Nitrierung N66
NITROX-Reaktor N70
Nitroxstruktur N71
Niveau S637
n-Kanal-Feldeffekttransistor N19
~-FET N19
~-JFET N20
~-MOS-Struktur N21
n-leitendes Substrat N150
n-Leitung E101, N144
NMOS-Technik N82
~-Technologie N84
~-Transistor N85
Nomenklatur N93, R38
NOR-Gatter N127
~-Schaltung N126, N135
Novolakharz N137
npn-Lasttransistor mit gemischter Struktur M135
npn-Transistor N139
n^+-Poly-Si-Gate N140
np-Übergang N138
n^+-Schutzring N63
n-Substrat N150
Null-Eins-Verhältnis O66
Nullsignal Z13
Nullüberlappung Z8
numerische Simulation N156
Nur-Lese-Speicher R66
nutzbare Chipfläche C215
Nutzeffekt E31
Nutzfläche R71
Nutzungsdauer L167
n-Wanne N27, N159
n-Wannen-CMOS-Technik N160

O

Oberflächenbehandlung S829
Oberflächenbeschaffenheit F130
Oberflächenbeweglichkeit S814
Oberflächen-CCD-Bauelement S805
Oberflächendichte S807
Oberflächendotierung S809
Oberflächenfehler S813
Oberflächengüte F130, S811
Oberflächenkanal S803
~-CCD S804
Oberflächenladungstransistor S806
Oberflächenmikroprofil M262
Oberflächenmontage S816, S818
Oberflächenmontageanlage S815
oberflächenmontierte Baugruppe S816
oberflächennaher Defekt S769
oberflächenpassivierter Transistor S819
Oberflächenpassivierung S820
Oberflächenprofil S821
Oberflächenprofilierung S822
Oberflächenreinigung D304
Oberflächenrelief S823
Oberflächenschleifen S812
Oberflächenspannung S828
Oberflächenstreifigkeit S827
Oberflächentempern S785
Oberflächenversetzung S808
Oberflächenwellen-Bauelement E38
Oberflächenzustand S825
Oberflächenzustandsdichte S826
Objektiv L156, O2
Objektivöffnung L157
Objektivrevolver O3
ODE-Ätzgraben O10
ODER-NICHT-Schaltung N135
ODER- Schaltung O151
Ofenbehandlung O184
Ofenkassette F308
Ofen mit Induktionsheizung I124
~ mit regelbarer Atmosphäre C451
~ mit Rohrheizelementen P532
Ofenmodul F309
Ofentemperaturprofil F310
Off-Chip-Trimmen O15
~-Verstärker O12
~-Widerstand O14
offene Abscheidung O82
~ Diffusion O83
offener Emitter O80
Off-Grid-Routing O18
Off-Line-Betrieb O19
~-Kontrolle O20
Öffnen E368
~ von Kontaktfenstern C424
Öffnung O81
Offsetspannung O24
OFW-Bauelement S32
~-Filter S802
~-Verstärker S30
ohmsche Brücke O30
~ Kurzschlußbrücke O35
~ Last R231
ohmscher Kontakt O31
~ Übergang N115, O32
~ Widerstand O34
Okklusion O5
Okular O8, V136
Öleinströmen O37
ölfreie Evakuierung O38
on-Board-Plazierung C208
On-Chip-Bausteine O41
~-Integration O42
~-Trimmen O46
~-Verstärker O40
~-Widerstand O45
~-Zwischenverbindung O43
On-Grid-Routing O68

On-line-Betrieb O69
~-Kontrolle O70
On-Wafer-Chiptesten O75
opaker Fleck O78
Operation O95
Operationsabschlußmoment E196
Operationsverstärker O96
~ mit hoher Slew-Rate H142
Optionsentwurf O138
optische Abbildung O109
~ Belichtung L185, O106
optisch ebener Wafer O114
optische Justier- und Belichtungsanlage O102
~ Justierung O103
~ Kontrolle O104
~ Kopplung O111
optischer Abtaster O130
~ ROM O128
~ Speicher O118
~ Transistor O147
optisches Bild O120
~ IC I212
optische Spektroskopie O132
~ Strukturdefinition O122
~ Strukturübertragung O123
~ Überdeckungsmethode O119
optoakustisches Mikroskop O139
Optochip O140
Optoelektronik E137, O144, O149
optoelektronische integrierte Schaltungen M236
optoelektronischer integrierter Schaltkreis O143
~ Schaltkreis I212
~ Sensor O146
optoelektronisches Bauelement O145
~ Gerät L191
~ IC I212
optoelektronische Technologie E136
Opto-IC O110, O143
Optokoppler O148, P144
Optosensor O146
Optotransistor P184
Optron O148
optrongekoppeltes Halbleitergerät P143
Optronik O149
Optronkopplung P145
OPV O96
Orangenhaut O150
organischer Füllstoff O156
~ Halbleiter O160
organisches Bindemittel O155
~ Glas R213
OR-Gatter O163
orientiertes Wachstum O166
(111-)Orientierung O164
Orientierungsmarke M39
Original A205, M92
Originalmuster M95
Originalschablone P187
Originalvorlage M93, M94, O167, P136, P187
~ für Lichtprojektionslithografie O127
OR-Schaltung O151
örtliche Überhitzung H225
Overlay-Transistor O201
Ovonic-Speicher O204
Ovshinsky-Effekt O205
Oxidätzer O221
Oxidätzung O221
Oxiddielektrikum O218
Oxiddiffusionsmaske O219
Oxidfenster O242
Oxid in flachen Trenngräben S267
Oxidisolation O227
Oxidisolationsgraben O228
oxidisolierte Insel O225

oxidisolierter integrierter Schaltkreis O224
Oxidmaskendiffusion O229
Oxidmaskierung O230
Oxid-Nitrid-Maskierung O231
Oxidpassivierung O234
Oxidplasma O237
Oxidreaktor O238
Oxidschicht O210, O222
Oxidschichtnadelloch O236
Oxidschichtüberätzung O232
Oxidstruktur O235
Oxidstufe O239
Oxidstufenbelag S675
Oxidüberhang O233
Oxidunterätzung O220
Oxidverdichtung O217
Oxidwachstum O223
Oxidwandbasisgebiet O240
oxidwandbegrenzter Widerstand W73
Oxidwandemitter O241
OXIM-Technik O226
Oxinitridschicht O254
Oxydation O207
Oxydationsanlage O243
Oxydationsbeschichtung O210
Oxydationshemmschicht O209
Oxydationsmaske O212
Oxydationsmedium O208
Oxydationsmittel O206, O243
Oxydationsofen O211
Oxydationsreaktion O213
Oxydationsreaktor O238
Oxydationsrohr O214
Oxydierung O207
~ zur Schutzoxidschichtherstellung C30

P

Paarerzeugung C45, E110
Packung P17
~ mit hoher Bauteildichte H92
Packungsdichte P13
Palette T265
Palladium-Silber-Leitpastensystem P23
Pantograph P24
Parallelelektroden-Plasmaätzer P28
Parallel-Pipelineverarbeitung P27
Parallelschaltung P26
Paralleltransfer-CCD P30
Parameterschwankung in einem Los W156
parametrischer Verstärker P31
parasitäre Auflösung P32
~ Bauelemente P34
~ Induktivität S594, S706
~ Kapazität P33, S704
~ Kondensatoren C20
parasitärer Strom S705
parasitäre Widerstände R250
Partialdruck P38
partielle Versetzung P37
passive Isolation P49
~ Reservehaltung P50
passives Bauelement P47
passive Skalierung P48
passives Substrat P51
Passivierung P45
Passivierungsmittel P43
Passivierungsschicht P44
Passivierungsschichtätzung P46
Paßstift A84
Paste I164
~ auf der Basis von schwerschmelzendem Metall R149
~ auf der Basis von unedlen Metallen B63

~ auf Edelmetallbasis N88
Pastensystem I167, P53
Pastenzusammensetzung P52
Patterngenerator P64
P²CMOS-Struktur P346
PCVD P281
p-diffundierte Wanne P83
~ Zone P82
p-Diffusion P503
p-dotierter Drain P89
p-dotierte Source P91
p-Dotierung P87, P506
Pegelumsetzer L160
Peltier-Kühler P100
p-Epischicht P103
PEP-Technik P262
peripheres Abbrechen P111
Peripherie-IC P110
peristaltisches CCD P115
Permeabilität P116
p-Halbleiter A17, H203, P507
Phasenübergang P127
Phasenübergangstemperatur T225
Phenolharz P128
Phosphordiffusionsquelle P130
phosphordotierter Emitter P132
~ Halbleiter P134
phosphordotiertes Siliziumdioxid P131
Phosphordotierung P129
Phosphorionenimplantation P133
Phosphorsilikatglas P135
photoresistive Maskierungsschicht M62
physikalische Gasphasenabscheidung P220
~ Grundlagen der Zuverlässigkeitstheorie R180
physikalisches Sputtern B13, P219
Pick-and-Place-Anlage P223
~-Kopf D222
~-Sauger P224
Pick-up-Einrichtung P226
~-Vorrichtung P225
Picoprozessor P227
piezoelektrischer Kristall P233
Pilotanlage P237
Pin P238
Pinabstand P243
p-i-n-Diode I282
Pin-Grid-Array P241
Pinkompatibilität P240
Pinzette P225
Pixel I43, P229
pixelorientierte Bildverarbeitung P101
p-Kanal-FET P78
p-Kanal-MOS-Struktur P79
p-Kontakt P81
planare Diffusionsquelle P274
Planarelektrode P260
planare Oxydierung P270
Planar-Epitaxial-Diode P261
Planar-Epitaxial-Technik P262
Planar-Epitaxial-Transistor P263
planarer Übergang P268
Planar-IC P264
planarisierte Struktur P267
Planarisierungsring P266
Planarplasmaätzanlage P28
Planarplasmaätzer P272
Planarscheibe P276
Planartechnik D198, P275
Plasmaanodierung P279
Plasmaätzen P280, P285
Plasmaätzer P284
~ mit radialem Strom reaktiver Gase R4
Plasmaätzmaske P286
Plasmaätzreinigung P283

plasmachemische Fotoresistablösung P194
~ Gasphasenabscheidung P281
Plasmaoxydation P287
Plasmareaktor für simultane Waferbehandlung M445
~ für simultane Waferoxydierung M444
Plasmareinigungssystem P282
Plasmasputtern P289
Plasmastripping P290
Plasmazerstäubung P289
Plast-DIP-Gehäuse D432, P294
Plastgrat P291
Plastträger P293
plastverkapptes IC P295
Plastverkappung P296, P299
Platte C35
Plattierung C241, P301
Plattierungsschicht C242
Plazierung der Strukturelemente F40
~ im Dialogbetrieb I226
Plazierungsanlage P258
Plazierungsautomat A247
Plazierungshalbautomat S198
Plazierungskopf P254
Plazierungsprogramm P258
Plazierungsrate P255
Plazierungswerkzeug P256
p-Leitfähigkeit P502
p-Leitung H193, P501
Plotter G152, P303
pn-Schichtisolation P309
pn-Übergang J21
~ als Ladungsträgerinjektor I163
Polarisierungsschlitz I118
Polierätzen E313
Polieren L14
polierender Ätzer P314
Polieren mit Schleifsuspension S446
polierte Fläche L15
Polychip-DIP-Gehäuse P316
Polyimidfilm P325
Polyimidkleber P323
Polyimidträger P324
Polykristall P318
Polykristallhalbleiter P334
polykristalline Abscheidung P320
polykristalliner Stab P321
polykristallines Silizium S365
polymere Abdichtung P328
polymerer Dickfilm P330
polymerisierbares Fotoresist P329
Polymerkleber P326
Polymerresist P327
Poly-Si-Gate-CCD P342
~-Gate-MOS P322
~-Gate-Technik P343
~-Gewinnungsanlage P331
Polysilizium P318, P335, S365
~-auf-Oxid-Bereich P344
~-FET P340
~-Gate S336
~-Isolation P319
Polysiliziumschälchen P337
Polysiliziumstrukturierung P338
Polysiliziumwiderstand P333
Position P351
Positioniertisch P353
Positioniervorrichtung P352
Positivbild P358
positive Elektronenaffinität R356
~ Emulsion P357
~ Fotoschablone P363
~ Originalvorlage P354
positiver Ladungsträger P355
positives TCR P364

Positivresist P361
Positivresistlithografie P363
Potentialbarriere B43, P370
Potentialbarrierenhöhe B46
Potentialgrube P372, Q21,
Potentialmulde W98
Potentialschwelle P370
Power-IC P377
ppb P381
ppm P382
ppt R384
Präzisionslithografie P394
Prellen C167
Preßspritzen T217
Preßwerkzeug M325
Prinzipschaltung B71
Produktionsfläche mit kontrolliertem Staubgehalt D439
Profilmesser P458
Programm für automatische Plazierung von Bauelementen auf Chips C181
programmgesteuerte Anlage S473
programmgesteuerter Mikrorechner S475
programmierbarer ROM P462
Programmierer P465
Programmiergerät P465
Programmiermaske P463
programmierte Gatteranordung P460
~ Logikanordnung P461
programmiertes Verbindungsmuster P464
Projektion P466
~ durch Elektronenbestrahlung mit Abbildungsverkleinerung D69
1:1-Projektionsanlage O64, U78
Projektionsbelichtung N97, P468
~ mit UV-Licht U104
~ mit Waferscanner S62
Projektionsscheibenrepeater W58
Projektionsjustier- und Belichtungsanlage I52, P474
Projektionsjustier- und Belichtungsanlage für die Fotolithografie mit extrem kurzwelligem UV-Licht D37
Projektionslithografie N97, P466, P470
Projektionsmaske P471
Projektionsmaskierung P472
Projektionsscheibenrepeater P478
Projektionsstrukturierung P469
Projektions- und Überdeckungsrepeater mit Bildverkleinerung R117
PROM P462
protonenimplantierter Bereich P486
Prototyp P487
Proximity-Effekt P489
Prozeß P430
Prozeßattestierung P431
Prozeßkontrolle P433
Prozeßreproduzierbarkeit P451
Prozessor P449
Prüfausbeute P428
Prüfbarkeit T70
Prüfeinrichtung I182
Prüfmikroskop I184
Prüfsonde T79
Prüfstand B111
Prüfstation I183,T80
Prüfstelle I183
Prüfung C168, C446, V81
p^+-Schutzring P125
μP-Slice S429
p-Typ-Halbleiter A17
Pull-up-Widerstand P512
Pulver D438
Punktdefekt S394, S589

Punktfehlstelle P312
punktförmiges Löten P246
Punktladung P311
Punktschweißen S590
p-Wannen-Diffusion P526
~-Maske P527
p-Well-Diffusion P526
~-Maske P527
pyrolytisch abgeschiedene Schicht P528
pyrolytische Abscheidung P529
~ Reaktion P531
pyrolytisches Oxid P530

Q

QTAT-Line Q9
Quad-Flat-Gehäuse Q10
Qualifikationsanforderungen Q12
Qualifikationsprüfung Q12, Q13
Qualifizierungsprüfungen bei einem Fertigungsprozeß P450
Qualität Q14
Qualitätskontrolle Q17
Qualitätssicherung Q16
Qualitätssicherungsstelle Q3
Qualität und Zuverlässigkeit Q15
Quantenausbeute Q22
quantenmechanische Tunnelung Q20
Quantenmulde Q21
Quanterinterferometer Q19
Quarz Q23
Quarzampulle Q26
Quarzchrommaske Q27
Quarzfensterdeckel B297
Quarzglastiegel F314
Quarzglocke Q24
Quarzrohrofen Q29
Quarzschiffchen Q26
Quarztiegel Q28
Quasi-Fermi-Niveau Q30
~-Fermi-Potential Q31
Quasikontakt Q17
Quasikontaktlithografie C426
quasimultidimensionale Simulation Q32
Quelle S552
Quickchip Q33
QUIL-Gehäuse Q11
QUIP-Gehäuse Q11
~-Sockel Q40

R

Radialanschluß R5
radiale Ätzungleichförmigkeit R3
radialer Anschluß R5
radikales Plasmaätzen R24
Rahmen F259
Rakel S606
~ der Siebdruckanlage P419
RAM R35
Rampenantwort R32
RAM-Regenerierung R34
~-Speicher R35
Rand E16
Randbondstelle E19
Randschärfe E26, M38
Raster G159
~-Auger-Mikroskopie S56, S57
Rasterelektronenmikroskop S60
rasterelektronenmikroskopische Aufnahme S59
Rasterelektronenstrahllithografie S58

Rastermaß P250
Raster mit festem Rasterabstand F144
Raster mit veränderlichem Rastermaß V67
Rasternetz mit irregulärem Rastermaß I356
Rasterscan-Anlage R41
~-Elektronenstrahllithografie R42
Rastertunnelmikroskop S64
rauhe Oberfläche R340
~ Umgebungsbedingungen R358
Rauhigkeit R338
Rauhigkeitsmesser R339
Raumladung S560
Raumladungsneutralisation S562
Raumladungsspeicherung S561
raumzentriertes Gitter B204
rauscharme Schaltung L324
Rauschfaktor N90
RCDTL R244
RC-Netzwerk R218
RCTL R245
Reagens R52
~ für die mikroelektronische Industrie M213
Reaktion mit freien Radikalen R25
Reaktionsgas R54
Reaktionskammer R53
reaktive Ionenstrahloxydation R59
reaktiver Ionenstrahl R57
reaktives Ätzen R55
~ Gasentladungsplasma R56
~ Ionenätzen I300, R60
~ Ionenstrahlätzen R58
~ Sputtern R64
Reaktor R65
~ mit Mehrflächentrommel M403
rechnergestützte Entwurfsmittel C367
rechnergestützter Entwurf C366
~ Kundenwunschentwurf C365
rechnergestützte Schablonenherstellung C371
rechnergestütztes Kunden-IC-Design C365
~ Logik-Design A246
~ Zeichnen C370
rechnererstellte Originalschablone C373
Rechnersimulation C375
Redox-Reaktion R107
Reduktion R115
Reduktionskamera R116
Reduktionsmedium R113
Reduktionsmittel R112
Reduktionsreaktion R118
Reduktionsschritt R119
Reduktionsverfahren R120
redundanter Schaltkreis R123
Redundanz R121
Redundanzgrad R122
reeller Leitwert C383
5V-Referenz R134
Referenzdiode R128
Referenzfrequenz R129
Referenzspannung R131
Referenzspannungsquelle R127, R133, V180
5V-Referenzspannungsquelle R134
Referenzzeichen R130
Reflexionskoeffizent R138
Reflexionsvermögen R139
Reflow-Lötmaschine S495
Refractory-MOS R150
Refresh R151
Refresh-Schaltung R153
~-Signal R154
~-Zyklus R152
Regel R171, R361
regelbarer Widerstand V68
regelmäßige Feldstruktur A185
Regelung C446, R171

Regeneration R155
Regenerationskassette R304
Regenerationsrate R156
Regenerierung R88, R102, R106
Register R158
Registertreiber R159
Regler R172
reguläre Logik R169
reguläres Layout R168
reguläre Struktur R170
reibgeschliffene Fläche L15
Reibschleifhärte L19
reines Material V143
Reinheit P522
Reinheitskontrolle C249
Reinigen in Lösungsmitteln S533
Reinigung C252, C261, R136, P518
~ im entionisierten Wasser D65
~ mittels Durchblasen von Luft A72
Reinigungsanlage C251, P521, R137
~ für Vakuumpumpen V37
Reinigungskassette C253
Reinraum C256, W117
Reinraumarbeitsplatz C262
Reinraumarbeitstisch C250
Reinraumausrüstung W118
Reinraumbedingungen C259
Reinraumbekleidung C260
Reinraum der Staubklasse 100 S245
~ für lithografische Arbeiten Y1
reinraumgerechte Bauweise C258
Reinraumkompatibilität C257
Reinstgas für VLSI-Herstellung V160
Reinstgermanium H279
Reinstraum S774, U12
Reinstresist U22
Reinstwasser U23
Reinwischen W125
Rekombinationskoeffizient R93
Rekombinationslebensdauer R95
Rekombinationsrate R97
Rekombinationsstrahlung R96
Rekombinationsstrom R94
Rekombinationszentrendichte R91
Rekombinationszentrenneutralisierer R92
Rekombinationszentrum R90
Rekombinationszone R98
Rekonversion R101
Rekristallisationstemperatur R103
Rekristallisation während der Flüssigphasenepitaxie L228
rekristallisierter Übergang R104
relative Feuchtigkeit R176
Relief R181
Remanenz R182
Rent-Regel R187
Reoxydation R189
Reoxydierung des Polysiliziums P332
Reparatur R190
Reparaturfähigkeit M26, R191, R192
Repeater R194
Reproduktion R201
Reproduzierbarkeit R193
~ von Serie zu Serie R366
~ von Wafer zu Wafer W62
Reproduzierung R297
Reserve B15
Reserveausrüstung B15
Reserveeinheit S635
Reservehaltung P26
Resist R215
Resistablösung R265
Resist auf organischer Basis O154
Resistbeschichtung R222

425

Resistdosiereinrichtung R224
Resistempfindlichkeit R264
Resistentfernungsmittel S712
Resistenz R217
~ gegen reaktives Ionenätzen R61
Resistfilm R225
Resist für Mikrostrukturlithografie F104
~ für tiefen UV-Bereich D39
Resisthaftung R216
Resistivitätsmesser R238
resistlose Lithografie R241
~ Strukturierung R242
resistloses Ätzen R240
Resist mit hoher Strahlungsempfindlichkeit F30
Resistprofil R259
Resistreste S132
Resistschicht R222, R225
Resiststrippmaschine R260
Resiststruktur R256
Resiststrukturierung R223, P257
Restdefekt R208
Restdruck R210
Restoxid R209
Retikel R276
Retikelbild R278
Retikeljustierung R277
Retikelladen R279
Retikelmaske R280
Retikelplatte R283
Retikelstruktur R282
Rezirkulator R87
RIGFET R229
Ring R317
Ringemittertransistor R319
Ringkontakt A154
Ringoszillator R320
Ringträger R318
Ringzähler C475
Rippenkühlkörper F132
Riß F139
Rißbildung C481, C482
Rißerkennung C480
Ritze C265, S104, S122
Ritzen S125
Ritzenmusterdefinition S123
Ritzen von Aluminiumoxidkeramikplatten A103
Ritzgraben S122
Ritzlinie K2
Ritz- und Vereinzelungsanlage W51
Ritzvorrichtung S124
Robotertechnik R328
Roboter zum Einsatz in Reinräumen W116
Robotik R328
robotisiertes Transfersystem R329
Robustheit R359
Rohchip Q33
Rohling B131, I145
Rohrofen T295
Rohsilizium R46
ROI-Bereich R334
Rollennahtschweißen S152
ROM R66
~-Speicher R66
Röntgenabbildung X10
Röntgenbelichtung X8
Röntgenbestrahlung X11
Röntgenbeugung X5
Röntgendickenmesser X20
Röntgenjustier- und Belichtungsanlage X4
Röntgenlithografie X12
röntgenlithografische Anlage X4
Röntgenmaske X13
Röntgenquelle X17
Röntgenresist X16

Röntgensichtprüfung X22
Röntgenspektroskopie X18
Röntgenstepper X19
Röntgenstrahlen X3
Röntgenstrahlenbeugung X5
Röntgenstrahlenbeständigkeit X9
Röntgenstrahlenhärte X9
Röntgenstrahlung R332, X2
Röntgentopografie X21
Röntgenuntersuchung X6
Röntgenwaferanalysator X23
Route R342
Routing R342, R346, W147
Routingalgorithmus C117
Routinganlage W141
Routingprogramm R349
RS-Flip-Flop R207
RST-Flip-Flop R354
RTL R254
Rubilith R356
Rubilithfolie R356
Rubilithvorlage R357
Rückdiffusion B5
Rückgewinnung R102
Rückkosmosesystem R301
Rückseite B12
Rücksetzen R206
Rückstreuung B11
Rückströmen B14
Rückwärtsdiode B2
Rückweisung R174, S105, S112
Rutheniumoxidpastensystem R370
Rüttelspeiser V131

S

Säge S29
Sägeblatt B173, S31
Sägeblattsatz B174
sägezahnförmige Kante C167
Sammelschiene H178
Sandstrahlanlage S13
Sandstrahlen S14
Sandwichstruktur S15
Saphir-Prozessor S17
SATO-Technik S20
Sättigungsbereich S25
Sättigungsbetrieb S23
Sättigungscharakteristik S21
Sättigungspunkt S24
Sättigungsspannung S27
Sättigungsstrom S22
Sättigungswiderstand S26
Satz G13, P1
Sauberschnitt C254
sauerstoffdichte Maske O249
Sauerstoffgehaltüberwachung O252
Sauerstoffimplanter O250
Sauerstoffmesser O251
Sauerstoffpräzipitation O253
saures Ätzmittel A22
SAW-Bauelement S32
~-Filter S802
~-Oszillator A25
~-Verstärker S30
SBC-Technik S37
SBR-Diffusion S41
Scanner S55
Schablonenhalter M55
Schablonenkassette M47
Schablonenmaske S119
Schablonenvergleichsgerät M72

Schaden D2, F32
Schadenbeseitigung R190
Schälchen B201
Schalten S836
Schalter S835
1-μ-Schaltkreis M234
Schaltkreiselement C234, I15
Schaltkreisentwicklung I14
Schaltkreisentwurf I13
schaltkreisintegrierte Bausteine O41
schaltkreisintegrierter Widerstand O45
Schaltkreisisolationstechnik I16
Schaltkreis mit dielektrischer Isolation D158
~ mit Diffusionsgebieten A88
~ mit erhöhten Elektroden E152
~ mit geringem Integrationsgrad S456, S457
~ mit geringer Packungsdichte L308
~ mit hermetisierten pn-Übergängen S143
~ mit Homoübergängen H207
~ mit Luftisolation A67
~ mit optimalem Integrationsgrad O137
~ mit Trennfugenisolation A67
Schaltkreissatz C217
Schaltkreisserie C199, I201
Schaltkreisstruktur I7
Schaltkreistechnik mit hohem Integrationsgrad H94
~ mit maßstäblicher Verkleinerung S48
Schaltkreistechnologie I23
Schalttransistor S837
Schaltung C407
Schaltungen mit verteilten Parametern D313
Schaltung mit diskreten Bauelementen D284
~ mit konzentrierten Parametern L375
~ mit wählbaren Leiterbahnverbindungen D295
Schaltungsanalyse C232
Schaltungsanforderungen C236
Schaltungsanordnung C237
Schaltungsdichte C193, C233
Schaltungselement zum Fortbewegen der Magnetblasen P481
Schaltungsfamilie I201
Schaltungskomplex C237
Schaltungssimulation C238
Schaltungstechnik C235
Schaltvorrichtung I115
Schar F16
Schärfe S276
scharfe Abbildung S273
~ Kante S271
scharfes Bild S273
Scharfkantenätzung S272
scharfkantiger Schnitt S275
Scheibe S429
Scheibenanschliff W12
Scheibenhalter D211
Scheibenprozessor B170, d8
Scheibenrepeater S663
Scheibenträger F311
Scheibenverarbeitungsfolge S434
Scheibe-zu-Scheibe-Reproduzierbarkeit S438
Scheinwiderstand I75
schematische Darstellung S68
Scherkraft S278
Scherung S277
Schicht C286, C288, F84
Schichtdielektrikum L105
Schichtelektronik F92
Schichtelemente F92
Schichtenauftragsanlage A175
Schichtleiter F91
Schichtmaske L106
Schicht mit geringer Trägerbeweglichkeit L322
Schichtpreßstoff L9
Schichtschaltkreis F94

Schichtschaltkreismontage F89
Schichtschaltungen F90
Schichtstoff L9
Schichtstruktur L107
Schichttechnik F97
Schichtwiderstand F96
Schiffchen B201
Schlagpressen I73
Schleier F221
Schleife L303
Schleifen G162, L14
Schleifmaschine G161, L16
~ für Kristallrohlinge I146
~ mit rotierenden Schleifscheiben R337
Schleifmittel A1
Schleifpulver A2, G163
Schleifscheibe G164
Schleifscheibenbearbeitung D299
Schleiftrimmen A5
Schleif- und Poliermaschine P313
Schleuder C96, S583
schleudern S581
Schleudertest C97
Schleuse L270
Schleusenkammer L271
Schliff L14
schlüsselfertiges CAD-System T308
~ System T309
schmaler Bandabstand L313, N14
schmelzbare Verbindung B195
Schmelze M125
Schmelzen F323, M125
Schmelzsicherungs-PROM F322
Schmelztemperatur F324
Schmelzung M125
Schmelzverbindung F315, Z2
schmelzverbindungsprogrammierbare Matrixlogik F318
schmelzverbindungsprogrammierbarer ROM F322
schmelzverbindungsprogrammierbares Chip F319
Schmelzverbindungsverfahren F316
Schmitt-Trigger S69
Schnabel B164
«Schnabel»-Defekt B164, B166
Schnabelthermokompression B165
«Schnabel»-Werkzeug B164
Schneiden C574
Schneid- und Vorformeinheit C569
schnell diffundierender Dotant F26
schnelle Evakuierung F29
~ Fouriertransformation F28, Q35
~ IC-Familie H155
~ IIL H145
~ I^{2}L H145
~ integrierte Schaltung F25
~ Logik H147
schnelles Ansprechen F31, H154
~ Bauelement H144
~ Chip F25
~ Einrichten Q37
~ Elektron F27
~ Härten Q36
Schnellwirkung F31, H150, O92, S574, S577
Schnellwirkungsgewinn S576
Schnitt K2
Schnittstelle I256
Schnittstellen-Logikkonverter I259
Schnittstellenschaltung I257
Schottky-Barriere S70
~-Barriere auf der Basis von organischen Schichten O158
~-Defekt S82
~-Diode H217, M190, S71
~-Effekt S87

427

∼-Feldeffekt-Transistor B45
∼-FET B45, M186
∼-FET-Logik S85
∼-Gate B44, S72
∼-Gate-Feldeffekttransistor S73
∼-Gate-Metallisierung S90
∼-Gate-MOS S75
∼-gekoppelte Transistorlogik S81
∼-Grenzfläche S92
∼-I²L S91
∼-Klemmdiode S79
∼-Transistor S80, S95
∼-Transistorlogik S96
∼-TTL S97
∼-TTL-Element S98
∼-Zelle S76
∼-Zellenarray S77
∼-Zellenarraytechnik S77
Schrägabscheidung O4
Schrägimplantation A140, T181
Schrägschliff A141
Schrägsputtern B123
Schraubenversetzung S121
Schreiben D68, W177
Schreib-Lösch-Fenster W175
Schreibverstärker W173
Schritt S659
Schrittschalttisch S672
Schrittschaltwerk des Bondwerkzeuges B209
schrittweise Belichtung S664, S683
∼ bewegter Koordinatentisch S672
∼ Überdeckung S424
∼ Waferbelichtung O136
Schrotrauschen S94
Schrubmaschine S128
Schrumpfung S295
Schub S277
Schubkontrolle S279
Schutzmaske B190
Schutzoxidschicht C31
Schutzring G192
Schutzringdiffusion G193
Schutzschicht B176, P483
Schutzschichtauftrag C28
schwachdotiertes Draingebiet L184
schwache Dotierung L307, W94
∼ Elektronenaffinität L311
∼ Entwicklung L178
∼ Injektion L319
∼ Ionenimplantation L182
schwacher Diffusant L309
schwaches Anströmen F107
Schwallöten F204, W88
Schwallötmaschine W89
Schweißanlage W96
Schweißkopf W97
Schweißmaschine W96
Schweißverbindung W95
Schwellenbesetzung T169
Schwellenspannung T170
schwellenwertfreie Logik N120
Schwellspannung V182
schwerer Dotant H54
schwerschmelzende Maske R145
∼ Metallisierung B148
schwerschmelzendes Mateiral R146
Schwimmtiegelverfahren F185
Schwingungsdämpfer V133
schwingungsisolierter Koordinatentisch V132
SCL S81
S/D-Bereiche S136
Sehsystem V148
Seite F4
Seitenverhältnis A213, H56, W122

Seitenwand S299
Seitenwandmaskierung S301
Seitenwandoxid S302
seitliche Ausbreitung L89
∼ Diffusion L76, S303
∼ Dotierung L86
∼ Überdeckung L88
Sekundärionenmassenspektroskopie S154
Selbstdotierung A240
selbstentwickelndes Resist S186
Selbstisolation S188
Selbstjustage S183
selbstjustierende Fotolithografie S176
∼ Polysiliziumtechnik P345, S178
∼ Silizidbasenkontakttechnik S181
selbstjustierendes Verfahren S167
selbstjustierte dicke Oxidschicht S182
∼ Elektrode S170
selbstjustierter Halbleiterbaustein S180
∼ Injektor S174
∼ integrierter Schaltkreis S175
∼ Kontakt S169
∼ Schottky-Feldeffekttransistor S179
selbstjustiertes CCD S168
∼ CMOS-IC mit isolierenden pn-Übergängen S338
∼ Gate S171
∼ Polycid S177
Selbstjustierung A252, S183
selbstmaskierende Epitaxie S189
selbstprüfende Schaltung S185
Selbstprüfung S193
Selbstreparatur S191
selbststoppende Oxydation S192
selektive Diffusion S157
∼ Dotierung P402, S158
∼ Maskierung S162
∼ Oxydationstechnik S163
selektiver Ätzer S159
selektives Abhebeverfahren S161
∼ Ablösen S165
∼ Oxidätzen S164
selektive Trassierung S166
∼ Verbindungen S160
SEM-Aufnahme S247
semiadditives Verfahren S197
Semikunden-Array S235
∼-Chip S236
∼-IC S237
∼-LSI-Schaltung S238
∼-Master-Slice S239
∼-Routing S241
Semikundenschaltkreis S237
Semikunden-Technik S240
semipermeable Membran S242
Semi-ROX-Struktur S246
Sensor S250
Serie F16, L193, R363
Shockley-Gleichung S285
Shockley-Read-Hall-Rekombination S287
Shockleysche Randschichtgleichung I24
∼ unvollständige Versetzung S286
Shockley-Versetzung S286
Sicherung B15
Sichtfenster V137
Sichtkontrolle V150
Sichtprüfung A173, V150
∼ der bestückten Leiterplatte P257
∼ nach der Abdichtung P369
Sichtprüfungsstation für Chips D181
Sichtprüfungsstelle V149
Sichtprüfung vor der Einkapselung P409
Sieb S105, S114
Siebdruck M187, P420, S112, S118, S370
Siebdruckanlage P418

siebdruckfähiges Resist S106
Siebdruckmaschine S117
Siebdruckmaske S110
Siebdruck mit hoher Auflösung H140
Siebdruckpaste P422, S115
Siebdruckpräzision P421
Siebdruck- und Einbrenntechnik S107
Siebmaschengröße M146
Siebzellengröße S120
«0»-Signal Z13
Signalprozessor S306
SII-Struktur S343
~-Technik S344
Silan-CVD S309
~-Entladung S310
Silanpyrolyse S311
silbergefüllter Kleber S376
Silber-Keramik-Adhäsion S375
SIL-Gehäuse S400
Siliconcompiler S321
Silicon Foundry S335
Silikatglas S313
Silikonfett S330
Silikonharz S332
Silikonharzverkappung S329
Silikonkleber S327
silikonorganisches Material O162
Silikonverkappungsmaterial S328
Siliziddrain S314
Silizidmetallisierung S316
Silizid-Polysilizium-Gate P317
Silizidsource S315
Silizium S317
(111)-Silizium S318
Siliziumätzer S333
Siliziumätzflüssigkeit S334
Silizium-Auf-Spinell-Struktur S363
Siliziumchipfläche S319
Siliziumdioxid Q23, S323, S364
Siliziumdioxidätzung S324
Siliziumdioxidmaskierung S325
Siliziumdotierung S326
Siliziumeinkristall S367
Siliziumepitaxie S331
Silizium-Gate S336
Siliziumgate-MOS-Struktur S339
Siliziumgatetechnik S337
Siliziumgate-Transistor S341
Silizium-im-Isolator-Struktur S323
Silizium-im-Saphir-Struktur S345
Silizium mit gestörtem Kristallgitter D45
~ mit hohem spezifischem Widerstand H133
Silizium-Molekelarstrahlepitaxie S350
Siliziummonoxid S351
Siliziumnitrid S352
Siliziumnitriderzeugung durch Ionenstrahlung I313
Siliziumnitridgate N68
Siliziumnitridmaske S353
Siliziumnitridmaskierung N69
Siliziumnitridpassivierung S354
Siliziumnitridsubstrat S355
Silizium-Saphir-Grenzfläche S366
Siliziumschaltkreislayout S349
Siliziumstab S342
~ mit quadratischem Querschnitt S605
Siliziumsubstrat S320
Siliziumwaferverarbeitungstechnik S369
Silox-Nadelloch S373
Si-MESFET S378
SIMOS S623
Simulation S381
~ auf Gatterebene G59
~ auf Transistorebene T233
Simulator S382

Simultanätzen B74
Simultanbonden B73, M89
Simultanbonder G14
simultane Ausdiffusion S383
Simultanherstellung B75
Simultanoperation B77
Simultantechnik B76
Sinterofen S415
SIP-Filter S418
SIS-Struktur S345
~-Technik S421
SIT J29
skalierte Darstellung S49
~ Geometrie S44
~ MOS-Struktur S47
skalierter integrierter Schaltkreis S45
skalierte Schaltung D383
Skalierung D250, S51
Skalierungsfaktor S52
Skalierungsregel S53
S-Kennlinie S725
Skrubben S129
Skrubber S128
Slew-Rate S428
Slice-Prozessor S432
SMD-Leiterplatte S461
~-Siebdruckanlage S462
~-Technik S463
Sockel C47, H38, R74, S467, S657
~ für integrierte Schaltkreise I17
Sockelmontage H39
Sockelstift R75
Softkontaktjustieranlage S468
Softkontaktlithografie S469
Software S472
~-Entwicklungshilfe S474
~-Entwicklungstechnik S476
~-Technik S476
SO-Gehäuse L334, S452
SOI-Gehäuse S454
SOI-IC S480
~-Schaltkreis I189
~-Substrat S482
~-Technik S484
Soliduslinie S527
Solidustemperatur S528
Sonde P424
Sondenanordnung P425
Sondenarray P425
Sondenprüfanlage P424, P427
Sondenprüfverfahren P429
Sondensatz P425
Sortiergerät C247
Sortiermaschine S536
Sortierung C246, S537
~ nach Dicke T143
~ nach elektrischen Parametern E48
Sortiment G13
SOS-Band S362
~-Bauelement S226
SOS/CMOS-Struktur S542
~-Technik S541
SOS-IC S360
~-Insel S544
~-Isolationstechnik S545
~-LSI-Schaltkreis S361
~-Struktur S357, S359
~-Substrat S548
~-Technik S539
~-Transistor S549
~-Wafer S550
SOT-Gehäuse S455
Source S552
~-Bereich S558

Source-Drain-Diode S555
Sourceelektrode S556
Source-Gebiet S558
Source-Kanal-Übergang S553
Sourcestrom S554
Source-Substrat-Übergang S559
Source-Zone S558
Spalt G17
Spaltung C264
spanende Bearbeitung M1
Spannung T64
Spannungsabfall P371
Spannungsbereich V178
Spannungskapazitätskennlinie C22, V173
Spannungskomparatorschaltkreis V174
Spannungsnennwert V179
Spannungsregler V181
Spannungsverstärkung V177
Spannungsverstärkungsfaktor V171
Speicher S694
Speicheraufteilung M133
Speicherbereichszuordnung M133
Speicherbetrieb S701
Speicherchip M129
Speichercontroller M130
Speicherdichte M131, S698
Speichereinheit S694
Speicherelement S699
Speicher hoher Packungsdichte H90
~-IC I18
Speicherkondensator C159, M128, S696
Speicher-Mapping M133
~ mit hoher Packungsdichte H90
~ mit superhoher Packungsdichte S784
~ mit wahlfreiem Zugriff R35
Speichern S694
Speichersteuereinheit M130
Speichertransistor M134
Speicherung S694
Speicherverwaltungschip M132
Speicherzelle S697
~ mit Einebenen-Aluminiummetallisierung S384
Speicher(zellen)matrix A190
Sperrdiode I370
sperrfreier Übergang N115
Sperrkennlinie R294
Sperrleitwert B16, R295
Sperrschicht I366
~ eines pn-Übergangs B48, B189
Sperrschicht-Feldeffekttransistor J28
~-FET P308
Sperrschichtfläche J22
Sperrschichtgleichrichtung P310
Sperrschichtisolation J32, D262
sperrschichtisoliertes CMOS-IC J30
Sperrschichtkapazität D83
Sperrschichtkondensator J23
Sperrschicht-SIT J29
Sperrspannung B191, C570
Sperrstrom R289, R296
Sperrvorspannung B1, R288
Sperrwiderstand B10, R302
Sperrzeit O27
spezifische Oberflächenkonzentration P120
spezifischer Oberflächenwiderstand S824
~ Leitwert S569
~ Scheibenwiderstand S437
~ Schichtwiderstand S280
~ Volumenwiderstand V185
~ Waferwiderstand W45
~ Widerstand R235, S571
spezifische Volumenkonzentration P121
~ Wärme S570
Spinnenanschluß S579

Spinnenbondtechnik S578
Spitze P473
Spitzenvorsprung P473
Sprachsynthesizer V167
Sprachsynthetisator S573, V167
Sprachsynthetisatorchip S572
spritzerloses Aufdampfen S588
Spritzgußpresse I159
Spritzpistole S600
Spritzpresse T218
Spritzpressen T217
Spritzpreßmasse T216
spröder Werkstoff F256
Sprühentwicklung S592
Sprühentwicklungsanlage S591
Spülanlage F211, R322, W75
~ hoher Arbeitsleistung Q34
Spülbehälter W78
Spülen R321, W74
~ der Arbeitskammer C115
Spülflüssigkeit W76
Spülflüssigkeitsbehälter W77
Spülrinne W78
Spül- und Trockenanlage R323
Spülung R321
Spülwasser R324
Sputterkanone S600
Sputterquelle S602
Sputterreaktor S604
Sputterreinigung S595
Sputtertechnik I315
SQUID Q19, S779
SRG-Technik S611
SSI S458
~-Schaltung S456, S457
Stab B36, B131, R331
stabile Fotomaske R360
Stabilisierung R171
Stabilisierungstempern S620
Stabilität S619
Stadium S625
Stammscheibe M100, M106
Standardbaustein C317, N99
Standard-IC O26, S633, S634
Standardintegration S634
Standardprozessor C68
Standardschaltkreis O26, S633
Standardschaltungsbaustein C67
Standardzellen-IC S632
Standby-Einheit S635
Stapelfehler S624
Stapelgate-CMOS S622
~-Injektions-MOS S623
starke Belichtung H53
~ Dotierung H52
~ Injektion H110
starkes Anströmen G170
starre Transparentmaske R316
Starrheit R315
Station S652
stationärer Zustand S654
statische atmosphärische Ladungen S639
~ Aufladung S643
~ Charakteristik S642
~ Elektrizität S645
~ Ladung S643
statischer Influenztransistor S647
~ RAM S651
~ Speicher S648
statisches Burn-in S640
statische Speicherzelle S641
Staub D438
staubdichte Box D442
staubfreier Raum D440

Staubklasse-100-Bedingungen C244
Staubklasse-100-Reinraum C245
steckbarer Sockel P305
steckbares Gehäuse P306
Steckerbuchse J1, R74
Steckgehäuse P306
Stecksockel C47, S467
Steckverbinder C410
Steg L213
Steifigkeit R315
Steilheit T210
Step-and-Repeat-Anlage S663
~-Einrichtung S668
~-Fotografie S670
~-Kamera S662
~-Linse S665
~-Lithografie S666
~-Multiplikation S669
~-Projektion S671
Stereomikroskopie S684
stetige Belastungssteigerung R31
stetig variierende Störstellenkonzentration G141
Steuereinheit C456
Steuerelektrode C448, G38
Steuergate C449
Steuer-IC C447
Steuerschaltkreis C447
Steuerung C446
Stichprobe S8, S112
Stichprobenahme S11
Stichprobenprüfung S12
stichprobenweises Burn-in S113
Stickstoffreinigungsanlage N77
Stickstoffschrank N75
Stickstoffspülung N74
Stift mit Wickelanschluß W144
Stimulierung E210
Stitchbonden S686
Stitchschweißen S688
stöchiometrische Beimischung S691
stöchiometrisches Verhältnis S692
Stoppmaske B190
Störabstand N92
Störleitung E376
störsichere Logik H119
störsicheres Bauelement H118
Störsicherheit N91
Störstelle C93, I92, I96
Störstellenaktivierung I93
Störstellenatom A230
Störstellenausscheidung I108
Störstellenband I95
Störstellendichte D40, I99
Störstellendiffusion I100
Störstellenelement der V. Gruppe G172
Störstellengradient I105
Störstellenhalbleiter E378, I109
Störstellenionisation I106
Störstellenkonzentration D40
Störstellenleitung D41,E376, I97
Störstellenprofil I107
Störstellentyp I110
Störstellenverteilung I101
Störstellenzentrum I96
Störung F14, I77
störungsfreier Kristall D44
Stoßfestigkeit S288
Stoßionisation C311, I72
Stoßlänge C312
Strahl B86
Strahlätzen J3
strahlenfeste Mikroelektronik H19
strahlenschädenfreie Bearbeitung R11
Strahlläppen A3

Strahlreinigung J4
Strahlung R8
ß-Strahlung B114, B117
strahlungsbedingte Störung R16
Strahlungserwärmung R7
strahlungsfeste CMOS-Struktur R12
~ Dioden-Transistor-Logik R19
~ DTL R19
strahlungsfestes IC R13
strahlungsfeste-SOS-Struktur R21
Strahlungshärte H23, R15
strahlungsinitiierte Härtung I355
strahlungslose Rekombination N113
strahlungsloser Übergang N114
Strahlungsquelle hoher Intensität H108
Strahlungsrekombination R22
strahlungsrekristalliertes Polysilizium B87
Strahlungsresistenz R15, R18
«Straße» S707
Streifen S709
Streifenabzugkrafttester T25
streifenförmige Heterostruktur S710
streifenfreie Resistschicht S708
Streifenheizer S711
Streifenkristall R309
Streifentransistor S715
Streifenzähler F269
Streifung B32
Streukapazität S704
Streustrom S705
Streuung S66
~ an Versetzungen D303
Streuung von Serie zu Serie R367
Strippen S713
Stripper S714
Stripping-Anlage für Resiste auf organischer Basis O159
Strippmaschine S712
Strombahn C386
stromführende Bahn L144
Stromführungsfähigkeit C546
Stromgenerator C549
stromgesteuerte Logik C551
Strominjektionslogik C550
Stromlaufplan W149
stromlose Plattierung E56
Stromquelle C554
Stromregler C553
Stromschaltlogik C551
Strom-Spannungs-Charakteristik C555
~-Charakteristik ohne Sättigungsabschnitt N119
Stromspannungskennlinie V176
Stromtreiber C547
Stromversorgungseinheit S795
Stromversorgungsgerät P380
Stromverstärkung C548
Stromverstärkungsfaktor C545
~ eines Bipolartransistors in Emitterschaltung B114, B115
~ von Bipolartransistoren in Basisschaltung A93
Struktur A185, P55, S718
Strukturabbildung D48, D68
Strukturabbildungsverfahren D49
Strukturbreite F37, F38
Strukturbreitenauflösung L211
Strukturbreitenkontrolle R362
Strukturelement einer Maske M54
Strukturentwurf S716
Strukturerzeugung P62, P63, S719
~ in der Metallisierungsschicht M150
Strukturerzeugungsmaske P68
Strukturgröße F37, F38, G85
Strukturgrößenkontrolle G83
strukturierter Film P60

Strukturierung D68, P66, S721
~ der Polysiliziumschicht P338
Strukturierungsbelichtung P67
Strukturjustierung P56
Strukturkante F39
Strukturschreibanlage P73, W176
Strukturunregelmäßigkeit S720
Strukturunschärfe P58
Strukturunvollkommenheit S717
Strukturvervielfältigung P72
Stück pro Stunde U95
Stückzahl pro Stunde U95
Stufe S625
Stufenoxid-CCD S678
Stufenversetzung E21
stugenweise Montage S674
Stumpfschweißen B325
Stumpfstoß A9, B324
Subkollektor S726
Subkollektorbereich S727
Sublimationspumpe S729
Submikrometerauflösung S731
Submikrometerbearbeitung S730
Submikrometerfilm S735
Submikrometerleiter S734
Submikrometerlithografie S737
Submikrometer-MOSFET S740
Submikrometerschaltkreis S736
Submikrometerstruktur S732
Submikrometerstrukturerzeugung S739
Submikrometertechnik S741
Subnanosekundenbauelement S742
Subnanosekundenfunktion S743
Subnanosekundentechnik S744
substituiertes Atom S748
Substitutionsreaktion S750
Substitutionsstörstelle S747, S749
Substrat B203, S751
Substratbrechvorrichtung S755
Substratdiffusion S757
Substratfestigkeit S768
Substratfilm S758
Substrathalter S753, S760
Substrathöhensensor S759
Substratkontaktfläche S754
Substratleckstrom S763
Substrat mit Epitaxieschicht E233
~ mit Verbindungsschicht I244
~ mit vielfachen Querverbindungen M441
Substratoberflächenbehandlung S766
Substrat ohne Reagenzreste R211
Substratplanparallelität S764
Substratritzvorrichtung S767
Substratschicht S762
Substratstörstelle S761
Substrattasche S765
Substratträger S753
Substrattrennsäge S756
Substratvorspannung S752
Subtraktivleiterplatte S770
Subtraktivverfahren S771
Superchip S773
superdichter Speicher S784
Superhochvakuumkammer S793
Superkleinleistungs-Schottky-TTL S791
Superlow-Power-Schottky-TTL S791
Superposition S792
superreine Oberfläche M206
Superzelle S772
supraleitender integrierter Schaltkreis S777
supraleitende Schicht S781
supraleitendes Element S776
~ Quanteninterferometer S779
~ Supraleiter S783

Supraleitung S782
Supraleitungselektronik S775
Supraleitungslogik S778
Supraleitungsstrom S780
Suspension S832
Suspensionskörnchengröße G165
Suszeptibilität S831
Synchrotronstrahlung S838
Systemchip S839
Systemdekomposition S840
System mit visuellen Erkennungseinrichtungen E120
Systemsegmentierung S840

T

TAB-Bonder T2
~-Chip T3
Tabelle T4
TAB-Technik T6
Taktfrequenz C266
Tal V44
Tantalnitridschichtwiderstand T12
Tantalsilizidverbindung T13
Tastkopf P424
Tauchätzen D267
Tauchbeschichtung D266
Tauchen D271
Tauchplattierung E56
Tauchprüfung L216
Taupunkt D131
TC-Bonder H226
TDL T231
Technik E206, T40, T43
Technologie T43
~ der Hochgeschwindigkeitsschaltungen H156
~ integrierter Schaltkreise I23
~ linearer Schaltkreise L202
~ sehr dünner Schichten V111
~ strahlungsfester Bauelemente R2
technologische Ausrüstung P442
~ Ausrüstungen F1
~ Bearbeitung F2
~ Einschränkungen T41
~ Kammer P440
~ Kompatibilität P441
Teflon T45
Teflonkassette T47
Teflonschiffchen T46
Teilchenverunreinigung P39
TEM T248
~-Mikroaufnahme T49
Temperaturdrift T56
Temperatureinstellbarkeit T62
Temperaturgefälle T58
Temperaturgradient T58
Temperaturkoeffizient der Frequenz T57
Temperaturkoeffizient der Kapazität T51
Temperaturkoeffizient des Widerstandes T52
Temperaturkompensation T54
temperaturkompensierte Referenzspannungsquelle T53
Temperaturschwankungsprüfung T55
Temperatursensor T61
Temperaturwechselprüfung T55
Temperofen K5
Tempern A150, B18, B19
~ mit Deckschicht C29
~ ohne Deckschicht C27
TEM-Untersuchung T63
Testanlage T75
Testanschlußfläche T77
Testblock T71
Testchip T72

~ zur Durchführung der Prozeßkontrolle P435
Testeinheit zur Überprüfung der
 Metallleiterbahngüte M185
Testen T74
Tester T73
Testpad T77
Testplatz T80
Testscheibe S10
Teststruktur T81
Teststrukturerzeugung T78
Testwafer zur Durchführung der
 Prozeßkontrolle P436, P453
T-Flip-Flop B135, T276
thermische Alterung T88
~ Anregung T98
~ Ausheilung T89
~ Behandlung H48
~ CVD T94
~ Diffusion T96
~ Ionisation T101
~ Oxidschicht T105
~ Oxydation H43
~ Oxydierung T103
~ Reinigung H40
thermisches Oxidwachstum T104
thermische Stabilisierung T111
thermisches Zerfließen T90
thermische Verdampfung T97
~ Zersetzung T95
Thermodiffusion T96
Thermoimpulsbondanlage P513
Thermokompression B211, T113
Thermokompressionsbondanlage T117
Thermokompressionsbondung T115
thermokompressionsgebondetes Bauelement T116
Thermokompressionskugelbonden T114
thermoplastische Beschichtung T122
thermoplastisches Harz T123
Thermosonic-Anlage T126
Thermosonicbonden T127
Thermowanderung T121
thixotrope Paste T164
thixotroper Kleber T161
thixotropes Füllmittel T163
~ Reagens T162
Thyristoreffekt in CMOS-Strukturen C279
Tiefe D97
Tiefe des pn-Überganges J25
~ Haftstelle D32
Tiefendiffusion D29, D402, U93
Tiefenmaße D98
tiefenmäßige Dotierung D101
Tiefenmeßgerät D100
tiefenorientierte Dotierung D101
Tiefenprofil D102
Tiefenverteilung D99
tiefer Akzeptor D25
~ Donator D30
~ Schnitt D31
tiefe Störstelle D26
tiefliegender Akzeptor D25
~ Donator D30
Tieftemperaturdampfabscheidung L346
Tiegel C496
tiegelfreies Verfahren C499
~ Züchtungsverfahren C499
Tiegelofen C498
Tiegelschmelzen C500
Tinte I164
Tisch T4
Tischplotter P304
T^2L T239
TO-Gehäuse T236
Toleranz T193

Top-down-Entwurf T197
Topografie T200
topologischer Entwurf G84
topologisches Element T199
~ Layout T201
~ Oberflächenbauelement S810
Torelektrode G38
Townsend-Entladung T205
Träger B201, C36, H190, M374
Trägeranschluß S800
Trägerbeweglichkeitserhöhung M308
Trägerdichte C40
Trägerdrift C41
Trägerdriftgeschwindigkeit D400
Trägereinfang C37
Trägereinfangzeit C34
Trägererzeugung durch Fotoanregung P156
Trägergas C42
Trägergasdiffusion G37
Träger-«Killer» C43
Trägerkonzentration C40
Trägerlaufzeit C52
Trägerlebensdauer C44
trägerlose Bandkristallzüchtung U90
Trägermaterial B50
Trägermedium V78
Trägerpaarerzeugung C45
Trägerrekombination C46
Trägerstreifen B9, C49, T255
~ mit Bondhügeln B302
~ mit Leiterrahmen I246
Träger-Träger-Wechselwirkung C38
Tränkung I91
Transfer T211, T251
Transferfunktion T214
Transfergate T215
Transfermagazin T223
Transferpresse T218
Transfersystem T222
Transistoranordnung T228
Transistorarray T229
Transistor-Dioden-Logik T231
Transistorfunktionsmechanismus T227
Transistorgleichung T232
Transistorkette T230
Transistorkonfiguration T235
Transistormikrostruktur T234
Transistor mit Homoübergang H208
~ mit hoher Elektronenbeweglichkeit H97
~ mit ionenimplantierter Basis I339
~ mit permeabler Basis P117
~ mit superhohem Verstärkungsfaktor S786
~ mit tiefer Verarmungsschicht D28
~ niedriger Verstärkung L317
Transistorsource T238
Transistor-Transistor-Logik T239
Transistorverstärkereffekt T227
Transistor-Widerstands-Logik T237
Transmissionselektronenmikroskop T248
Transmissionsrastermikroskop S63
Transmutationsdotierung T249
transparente Fotomaske S156
transparenter Film T250
Transport T251
Transportband P447
Transportbehälter T203
Transportbox T203
Transportwirkungsgrad T213
Transputer T256
transversaler Piezoeffekt T257
TRAPATT-Betrieb T263
~-Diode T260
Trassierung R342, R346
Treiber D403

~-IC I205
Treiberschaltkreis I205
Trennanlage für Kristallrohlinge M259
Trenndiffusion I369, S251
Trenndiode I370
Trennen S34
~ von Einkristallstäben in einzelne Scheiben S439
~ von Wafern W54
Trennfuge G166, G169, I372
Trennfugen G169
Trennfugenerzeugung G169
Trennsäge D144, S29
Trennsägeblatt B173
Trennsäge zur Scheibenherstellung S435
Trennscheibe B173, C575
Trennscheibensatz M424
Trennscheibe zur Scheibenherstellung S435, S436
Trennschicht S252, S566
Trennwand I366
Trichterbildung im Silizium S322
Trigger T274
Triggerung T275, T277
Trimmen T278
Trimmer T282
Trimmgenauigkeit T281
Trimmstabilität T283
Triodenätzer T284
Triodenzerstäubungsanlage T285
TRL T237
Trockenätzanlage G411
Trockenätzen D410
Trockenätzreaktor D412
Trockenbearbeitung D421
Trockenbox D406
Trockenentwicklung D408
Trockenfilmfotolithografie D413
Trockenfilmfotoresist D414
Trockenfilmfotoresistablösemaschine D418
Trockenfilmresist N111, S511
Trockenfilmresistablösung D422
trockengeschleuderter Wafer S582
Trockenmittel D415
Trockenofen D409, K5
Trockeneffekt K5
Trockenoxydation D416
Trockenresist S511
Trockensauerstoffatmosphäre D417
Trockensauerstoffoxydierung im offenen Rohr O85
Trockenverfahren D419
Trocknung im Mikrowellenofen M265
Trocknungsmittel D104
Trommelreaktor B42
TTL T239
~-Gatter T292
Trübung F221
Tunneldiode T301
Tunneldurchbruch T299
Tunneleffekt E284, T302
tunnelierendes Elektron T303
Tunnelinjektion T304
Tunnelstrom T300
Tunnelübergang E285, T305
Turbomolekularpumpe T306
Twin-Well-Verfahren T318
typisiertes lithografisches Auflösungsvermögen R345

U

UART U80
Überätzung O192
Überbelichtung O193
Überbrückung B264, B265, E40

überdeckte Schichten R160
Überdeckung R161, S792
Überdeckungsgenauigkeit R162
Überdeckungsjustierung O200
Überdeckungstoleranz R165
Überdeckung von Vorder- und Rückseitenstrukturen F275
~ zwischen den Ebenen L161
Überdotierung O191
Überentwicklung O190
Übergang J21, T241
~ aus dem amorphen in den kristallinen Zustand A120
~ in den amorphen Zustand A119
~ in den Glaszustand G116
Übergangsbetrieb T226
Übergangsfrequenz T242
Übergangsgrenzschicht J31
Übergangskriechstrom J34
Übergangstiefe J25
Übergitter S790
Überglasung O194
Überhang L215, O195
Überkompensation O187
Überkomplexität O188
Überlagerung S792
Überlagerungsschichten S788
Überlappung O197
Überprüfung von Fotomasken P173
Übersättigung O203
Überschreitung O202
Überschußladungsträger E349
Überschußlöcher E350
Überschußträger E349
Überstrom O189
Übertragungsfunktion T214
Übertragungskennlinie T212
ULA-Wafer U6
~-Technik U7
ULSI E375
~-Schaltung E375, S789, U19
ultradünne Membran U38
Ultrafeingeometrie U14
Ultrafilter U13
Ultrahöchstintegration S789, U19
Ultrahochvakuum U17
Ultrahochvakuumverdampfung U18
ultrahohe Auflösung U15
Ultraschallätzanlage U28
Ultraschallätzer U28
Ultraschallbondanlage U25
Ultraschallbondung U24
Ultraschalldampfentfettungsanlage U32
Ultraschalldrahtbonden U37
Ultraschallkeilbonden U34
Ultraschallöten U31
Ultraschallötstelle U30
Ultraschallreinigungsanlage U27
Ultraschallschweißen U36
Ultraschallschweißmaschine U35
Ultraschallsonde U29
Ultraschallwellen U33
Ultraviolettbelichtung U40
Ultraviolettstrahlung U46
Umgebung E222
Umgebungsbedingungen A116, E222
Umgebungsfeuchtegehalt A117
Umgebungsluftüberwachungsgerät A115
Umgebungstemperatur A118
Umgehung B327
umgekehrte Mesastruktur R300
umgekehrtes Bild I297, R299
Umkehr R287
umkehrbarer Übergang R303
Umkehrbarkeit R302

Umlaufvorrichtung P277
umprogrammierbarer ROM R203
~ Speicher R202
Umschalten S836
Umschmelzen und Züchtung R166
Umwandlung C457, T224
Umwandlungsverlust C460
Umwandlungswirkungsgrad C458
unbearbeitete Oberfläche R340
unbearbeiteter Wafer R47
unbegrenzte Quelle I135
unbeschichteter Wafer B179
unbesetztes Niveau E180
unbestückte Leiterplatte B37, U85
~ Platte N4
unbewegliche Ladung F143
unbeweglicher Ladungsträger F142
~ Träger F142
UND-Gatter A136
~-Glied A136
Undichtes Gehäuse L152
UND-NOR-Gatter A137
~-ODER-Schaltung A139
~-Operation A138
undotierter Bereich U65
undotiertes Material V143
UND-Schaltung A135
undurchsichtiger Bereich O77
unebene Oberfläche U66
Unebenheit N109, U67
unentwickeltes Fotoresist R262
unfreundliche Umgebung H212
~ Umgebungsbedingungen S254
ungenaue Justierung M288
~ Überdeckung R177
ungesättigte Logik N117
ungesättigter Zustand N118
ungesteuerte Dotierung E281
ungetrimmte Genauigkeit U91
uniaxiale Anisotropie U68
unipolarer Feldeffekttransistor U70
Unipolarschaltkreis U71
Unipolartechnik U72
Universalmatrix U79
Universalschaltkreis G42, M100, M101, U79
Universalschaltkreischip G41
Universalschaltkreistechnik M102
universelle Logikanordnung U81
universeller asynchroner Empfänger/Sender U80
~ synchroner/asynchroner Empfänger/Sender U83
universelles Logikelement U82
unlösliches Fotoresist I181
unmaskierte Ionenimplantation M64
Unschärfe B197, F325
Unterätzen L79, L80
Unterätzung S298, S728, U60, U63
Unterätzungsprofil U61
Unterbrechung O81
Unterdiffusion L76
Unterdrückung R174
Unterdrückungsfaktor R175
Unterentwicklung U62
Unterführung C494
Unterkreuzung C494
Unterlage B50, M374
Unterschicht U64
Unterseite B243
Unterseitenmarkierung B244
Unterstützungshardware S799
ununterbrochene Schicht C443
unverdrahtete Analogmatrix U51

~ Logikanordnung U55
unverdrahteter integrierter Schaltkreis U54
~ Schaltkreis U54
unverdrahtetes Bauelement U53
~ Chip U52
unverdrahtete Transistorzelle U56
unverkapptes Chip U87
~ Hybrid-IC B39
unversehrter Ausbrennwiderstand I196
unvollkommenes Ätzen U63
Unvollkommenheit I77
uph U95
USART U83
UV-Abstandsbelichtung U105
~-Absorption U101
UV-Belichtung U40
~-Degradation U102
~-empfindliche Emulsion U103
~-empfindliches Resist U47
~-Laser U41
~-Lithografie U43
UV/Ozon-Reinigung U44
UV-Projektionsanlage U45
~-Sterilisator U48

V

Vakuum V19
Vakuumanlage V6
Vakuumansaugvorrichtung V10
Vakuumaufdampfung V20
Vakuumaufdampfungsmaske V15
vakuumaufgedampfte Schicht V14
Vakuumaufnahmevorrichtung V10, V31
Vakuumaufspannvorrichtung V10
Vakuumausrüstungen V5
Vakuumbedampfung V20
Vakuumbedampfungsanlage V16
Vakuumbeschichtungsanlage V12
Vakuum-CVD V9
Vakuumdichtheit V25, V38
Vakuumfett V23
Vakuum-FZ-Kristall V21
Vakuumglocke B106
Vakuumintegrität V25
Vakuumkammer E334, V8
Vakuum-Kontaktbelichtungsanlage V13
Vakuumleitung V18
Vakuummesser G3, V28
Vakuummeter V28
Vakuumofen V22
Vakuumpumpanlage V36
Vakuumpumpe V34
Vakuumpumpenausrüstung V35
Vakuumrezipient B106
Vakuumschleuse V26
Vakuumschmelzen V27
Vakuumteller V10
Vakuumtempern V7
Vakuumtrocknen V7
Vakuumtrockner V17
Valenzband V42
Valenzelektron O173, P113, V43
Varaktor mit allmählichem Übergang G143
~ mit hyperabruptem Übergang H277
Varistor V175
VATE-Apparatur V83
~-Isolation V72
V-CVD V9

435

Vektorscan-Elektronen-Strahlanlage V76
~-Elektronenstrahllithografie V77
veränderlicher Widerstand V68
Verarbeitung P439
Verarbeitungseigenschaften W159
Verarbeitungsgeschwindigkeit P445
Verarmung an Ladungsträgern C148
Verarmungsbaustein D87
Verarmungsbetrieb D88
Verarmungs-FET N129
Verarmungskanal D81, I271
Verarmungsmodus D85
Verarmungstransistor D86
Verbindung C357, C407, C410, I232, L213, L214
Verbindungsauslegung nach Kundenwunsch I231
Verbindungsbrücke T173
Verbindungsdichte I234
Verbindungsebene I237
Verbindungsglied L213
Verbindungshalbleiter C360
Verbindungshalbleiterbaustein C363
Verbindungshalbleitersubstrat C362
Verbindungslayout I238
Verbindungsleitung I232
Verbindungsloch V129, V130
Verbindungsmuster I235
Verbindungsplan C408
verbotene Zone F223
Verbundglas C358
Verbundmasse zur Leiterherstellung C398
Verbundmaterial für Dickschichthybridtechnik T132
Verbundstoff C353
Verbundstoffschicht C352
Verdampfen E339
Verdampfer E347
Verdampfergetter F158
Verdampfergut E337
Verdampfergutmenge E341
Verdampfung V50
Verdampfungsgetter F158
Verdampfungsquelle E346
Verdampfungsrate E345
Verdampfungsschiffchen B202
Verdampfungstiegel C497
verdrahtete ODER-Logik W136
verdrahtete UND-Logik W134
Verdrahtetes Layout R343
~ ODER D363, W135
~ UND D362, W133
Verdrahtung V147
verdrahtungsdichte W148
Verdrahtungseinrichtung I236
Verdrahtungsfehler W150
Verdrahtungsmuster W154
Verdrahtungsplan W149
Verdrahtungssubstrat W155
Verdünnung D249
Verdünnungsmittel V78
Vereinzelungsanlage F254
Vereinzelungsstation D142
Verfahren T40
Verfeinerung R136
Verflüchtigung V170
Vergießen C65
Verglasung V154
Verglasungstemperatur V155
Vergolden G135
vergoldeter Anschluß G134
vergrabene n^+=Kollektorschicht N18
vergrabener Kanal B309

~ Kollektor B314
~ Standardkollektor S631
vergrabenes Basisgebiet B60
vergrabene Schicht B316
vergrabenes Gebiet B319
~ Oxid B317
Verguß P373
Vergußharz C66, P374
Vergußmasse C357, E187
Verhältnis R45
«Verifikator» V82
Verifizierung A234, V81
Verkappen C54, P3
~ im Glas G112
~ im Kleber A45
Verkappung C28, E191, P3, P12
Verkappungsablaufschema S151
Verkappungsanlage S144
Verkappungshardware P14
Verkappungsmaterial E187, S139
Verkappungsmittel S146
Verkappungsschicht C26, S149
Verkappungssystem P16
Verkapseln C54
verkapselte Hybridschaltung E189
verkapselter Schaltkreis E190
verkapseltes Bauelement E188
Verkapselung C32, E191
~ durch Löten S507
Verkleinerungsmaßstab bei der Projektionsbelichtung P477
Verlegung von Verbindungskanälen W140
Verlustleistung D309
Verriegelung L270, L272
Verschiebungsdefekt D307
Verschlechterung D60
verschleißfeste Originalschablone H26, H28
Verschleißfestigkeit W91
Verschließen P373
~ durch Glaslot G112
~ durch Parallelnahtschweißen P29
Verschmälerung N15
verschobene Maske O23
Versenk für Chipaufnahme C190
Versetzungsdichte D300
Versetzungslinie D301
Versetzungsvervielfachung D302
Versorgungsleitung S794
Versorgungsspannung S796
Verstärker A127
Verstärkung A125, G4, M437
Verstärkungsfaktor A125, A126, G4, G5
Versuchsaufbau B258, M309
Versuchsmuster S8
Versuchsmusterherstellung S11
verteilte Belastung D316
Verteilungsfaktor D318
vertiefter Oxidbereich R83
~ Übergang R79
Vertiefung G166, R76, V44
vertikale Doppeldiffusions-MOS-Struktur V87
~ Leitungsbrücke R326
~ Maßstabverkleinerung V101
vertikales anisotropes Ätzen V84
vertikales Ätzkantenprofil V88
~ Dotierungsprofil V86
~ Ziehen V100
Vertikal-FET V89
Vertikalinjektionslogik V92
Vertikalintegration V93
vertikalintegrierte Struktur V95
Vertikalmetallisierung V96

Vertikal-MOS V97
~-MOSFET V99
~-MOS-Struktur V97
Vertikalskalierung V101
Vertikaltransistor V102
Vertikalübergang-FET V94
verunreinigtes Halbleitermaterial A49
Verunreinigung C440, I92
~ durch Übergangsmetalle T243
~ durch Umgebungsluft A63
Verunreinigungsdefekt I98
vervielfältigte Abbildung M429
vervielfältigtes Bild R197
Vervielfältigung D434, M437, R198
Vervielfältigungsgerät R199
Vervielfältigung von Abbildungen M432
Vervollkommnete Version U92
Vervollkommnung U94
verwaschenes Bild B196, D205
Verwaschung B197
Very-Low-End-Mikroprozessor V109
verzerrte Abbildung D312
Verzinnen T185
verzinnte Kontaktfläche P411
verzinnter Kugelkontakt T184
Verzögerungszeit D66
V-Gate-FET V113
V-Graben V115
~-Bereich V124
~-DMOS V116
~-Gate R77
~-Isolation V119
~-MOSFET V123
~-MOS-Struktur V121
~-Siliziumsubstrat V125
V-Grube G55
VHPIC V104
VHSIC-Programm V128
Vibration C167
Vibrationslöten mit eutektischem Lötmittel E333
Vibrationsmagazin V135
Vibrationsspeiser V131
Vierelektrodenätzer T82
Vierphasenlogik F245
Vierpolersatzschaltung F249
Vierpunktprüfanlage F246
Vierpunktsondenmessung F247
Vierpunktsondenprüfverfahren F248
Viersondenmessung F247
Viersondenprüfverfahren F248
VIIL V118
VIL V92
V-I^{2}L V118
V/I-Monitor V140
VIP-Technik V142
Viskosimeter V145
Viskosität V146
Viskositätskoeffizient V146
Viskositätsregler V147
visuelle Chipprüfung D180
visuelle Entwicklungsprüfung D121
visuelle Prozeßkontrolle P434
Viterbi-Dekoder V151
~-Koderchip V152
VLE-Verfahren V51
VLSI-Integrationsgrad V161
~-Schaltung V107, V159
~-Speicher V162
VMOS-Bauelement V122
VMOSFET V123
VMOS-Struktur V121
VMOS-Transistor G167, R78
Vitrifizierung G116

Vollisolation mittels porösem Siliziumoxid F281
vollkommenes Kristallgitter P105
vollkommene Versetzung P104
Voll-Kunden-IC F279
vollkundenspezifischer Schaltkreis F279
Volluftisolation F291
Volumenausdehnung V183
Volumen-CCD B286
Volumendefekt B289
Volumeneffekt-IC B291
Volumeneffektverstärker B290
Volumeneigenschaften B294
Volumenladung B287
volumenladungsgekoppeltes Element B286
Volumenlebensdauer V184
Volumenwiderstand V185
Voralterung P386
Voralterungstest B320
Vorbearbeitung P395
Vorbehandlung vor dem Anschweißen des Gehäusedeckels P406
Vorbelegungsdiffusion D343
~ mit gasförmiger Dotantenquelle G28
Vorbereitung P395
Vorbeschichtungsdiffusion P397, S584
Vorderseite F4
vordiffundierte Scheibe P399
~ Zelle P398
vorepitaxiales Wachstum P400
Vorform P403
~ aus Gold-Silizium-Eutektik G137
Vorformen von Bauelementanschlüssen C347
Vorform für Anlöten von Gehäusedeckeln L165
~ zum hermetischen Chipanlöten S150
vorgefertigter Standardschaltkreis M104
vorgeformter Chipträger P407
vorgegebene Verdrahtung F151
~ Zwischenverbindungen F147
Vorhärten P389
Vorimplantation P404
Vorjustiergerät P387
Vorjustierung P388
Vorschrift R171
Vorspannung B120, B124, P466, V172
~ in Durchlaßrichtung F230
~ in Sperrichtung B1
Vorspannungsstrom B121
Vortrocknen P389
Vorverarbeitung F274
Vorwärtssteilheit T210
VPE-Wafer V187
VSO-Gehäuse V110

W

Wachseinbettung W90
Wachstum G178
Wachstumsform G184
Wachstumslösung G187
Wachstumspyramide G185
Wachstumsrate G186
Wachstumsrichtung G183
Wachstumsstufe G188
Wafer S429
Waferausbeute P119, W70
Waferausrichtung W28
Waferbearbeitung I21
Waferbearbeitungsanlage I22

437

Waferbearbeitungseinrichtungen W43
Waferdeformation W7
Waferdurchsatzrate W59
Waferebene W27
Waferebenheit W13
Wafereingravierung W9
Waferentwickler W5
Waferfertigungslinie W10
~ mit Förderband W64
Waferfertigungsmodul W11
Waferförderband W63
Wafergettern W16
Wafergradient W17
Waferhandhabevorrichtung W18
Waferhandhabungsmodul W20
Waferhorizontierung W28
Waferidentifikation W22
Waferkomplexität W1
Waferkontrollgerät W26
Waferkontrollmikroskop W24
Waferkontrollplatz W25
Waferkontrollstation W25
Waferkontroll- und Sortieranlage W15
Waferladeeinrichtung W30
Waferladen W31
Wafermarkenlesen W44
Wafermarkierung W33
Wafer-Maske-Abstand W60
Wafermeßsystem W34
Wafer mit Bondhügeln B304
~ mit Epitaxieschicht E257
~ mit geringer Chipausbeute L349
~ mit Strukturdefekten I78
Waferoberflächentopografie W32
Waferpoliermaschine W37
Waferpositioniereinheit W38
Waferprober W42
Waferroutinganlage W46
Wafer-Scanner W50
Waferschneiden W23
Waferschrubber W52
Wafersortierung W55
Wafer-Stepper O135
~-Stepper-Lithografie W57
Waferstrukturierung W36
Wafertopografie W61
Wafertransfer W64
Wafertransport W65
Wafertransportbox W53
Wafertransportsystem W66
Wafertrennsäge W6
Waferunebenheit S433, W35
Waferverbiegung W69
Wafervereinzelungsanlage W14
Wafervorderseite F276
Wafervorjustierung W39
Waferzentrifugaltrockner W8
Wafer-zu-Wafer-Reproduzierbarkeit W62
Waferzwischenraum W56
wählbare Leiterbahnverbindungen D296
Wand W71
Wandler-IC C459
Wanne T11, W98
Wannenbereich W100
Wannenimplantation W99
Wärmeabfuhr H42, H45
Wärmeableiter H47, R23
Wärmeableitung H42, H45
Wärmeabstrahlung H42
Wärmeausdehnung T99
Wärmeausdehnungskoeffizient E359, T100

Wärmebehandlung B18, H48, T112
Wärmebehandlungskammer T91
Wärmebehandlung unter Vorspannung B122
Wärmebeständigkeit H46, T109
Wärmedurchbruch T91
Wärmefestigkeit H46, T109
Wärmeimpulsschweißen T107
Wärmeleitung H41, T93
Wärmeschockkammer T110
Wärmesenke H47
Wärmestreuung H42
Wärmewiderstand T109
Waschanlage W75
Waschen W74
Wasseraufbereitungstechnologie W86
Wasserdampfoxydation im offenen Rohr O87
wasserdichte Packung W85
Wasserfilter W81
wassergekühlte W80
wasserlösliches Flußmittel W84
Wässern A178, R321
Wasserreinigungssystem W82
Wasserspül- und Reinigungsanlage für Masken M85
Wasserstoffpassivierung H270
Wasserstoffreduktion H271
Wasserstofftempern H269
Wasserumlaufanlage W83
Wässerung A178
Wässerungsmodul R325
Wechselmaske M376
Wechselstromwiderstand A100
Weg P54
Weglänge P54
Weglaufen R364
weiche Röntgenstrahlen S477
Weichlot S471
Weichmacher P297
«weißer Elefant» W115
Weiterschalten I116
Weiterschaltvorrichtung I115
Wellenfunktion W87
Wellenlöten W88
Wellenlötmaschine W89
Wendelgetter C295
Werkzeug T195
Werkzeugsatz O174
Werkzeug zur Maskenlayoutprüfung A206
Whisker W114
Wickeldraht W170
Wickelpistole W172
Wickelverbindung W145, W171
Widerstand R217
~ auf der Basis von unedlen Metallen B64
~ im Aus-Zustand O21
~ im Ein-Zustand O71
~ mit negativem Widerstandstemperaturkoeffizienten N51
~ mit niedrigem Widerstandstemperaturkoeffizienten L341
Widerstandselement R226
Widerstandsfähigkeit R217
Widerstandsfilm R228
widerstandsgekoppelte Transistorlogik R247
Widerstandsheizer R221
Widerstands-Kapazitäts-Netzwerk R218
~-Kondensator-Dioden-Transistor-Logik R244
~-Kondensator-Transistor-Logik R245
Widerstandskörper R243
Widerstandslast R231
Widerstandslöten R220

Widerstandsnetzwerk R219, R233, R249
Widerstandspaste R234
Widerstandsschicht R230
Widerstandsstreifen R251
Widerstandstemperaturkoeffizient T52
Widerstandstoleranz R252
Widerstands-Transistor-Logik R254
Widerstandstrimmen R255
Widerstandsverdampfer R227
Widerstandswerkstoff R232
Wiedergewinnung R88, R106
Wiederherstellung R100, R102
Wiederherstellungsfähigkeit R272
Wiederholstrukturen R195
Winkeljustierung T128
Winkel-Kode-Wandler A142
Wirbelstrom T307
Wired-AND W133
∼-AND-Logik W134
∼-ODER D363
∼-OR W135
∼-OR-Logik W136
∼-OR-Wired-AND-Logik W137
∼-UND D362
Wirtsgitter H213
Wirtsmaterial P35
Wirtssubstanz H215
Wischen W125
Wobbelbonden W158
Wölbung C7
wölbungsfreies Keramikplättchen C8
Wolframsonde T297
Wolframverdampfer T296
Workstation W167
Worst-case-Bedingungen W168
∼-Entwurf W169

X

X-Strahlung R332
x-y-Array X26
∼-Lage X27
∼-Plotter C469, X28
∼-Tisch C468
x-y-z-Tisch X30
x-y-θ-Tisch X31

Z

Zähigkeit V144
Zähigkeitsregler V147
Z-Diode Z4
Z-Dioden-Durchbrennen Z5
Zeichenmaschine D386
Zeichnen D387
∼ mittels x-y-Plotter C466
Zeichnung D396
Zeilenabtastung L208
zeilenadressierter RAM L194
zeilenweise Abtastung L203, L208
Zeitverhalten T183
Zeitverzögerung T182
Zelle C86
Zellenarray C87
Zellenaufbau C88
Zellenbibliothek C90
Zellendichte C89
Zellenfeld C87
zellulärer Aufbau C88
Zener-Durchbruch Z3

∼-Zap Z5
zentrale Verarbeitungseinheit C95
Zentrifuge C96, S583
Zerfließen R365
Zerkleinerung F258
Zerlegen B259, D19
Zerlegungsverfahren D21
Zersägen S34
Zersetzung D19
Zersetzungsreaktion D20
Zersetzungstemperatur D22
Zerstäubungssätzen S599
Zerstäubungskammer S601
Zerstäubungskatode S603
Zerstäubungstarget S603
zerstörender Zugtest D120
Zerstörung R368
zerstörungsfreie Kantenorientationsbestimmung N103
∼ Prüfung N102
∼ Zuverlässigkeitsbestimmung N104
Zerteilen C264, C482
∼ von geritzten Wafern C223
∼ von Wafern S431
Zerteilungslinie C265
Zickzackfenster Z18
Ziehapparat P509
Ziehen von Kristallen C530
Ziehverfahren P510
ZIL-Gehäuse Z17
Zinken F127
Zone A181, R157
Zonenhomogenisierung Z24
Zonen-Levelling-Verfahren Z24
Zonenreinigung F196, Z28
Zonenreinigungsanlage Z29
Zonenschmelzen F195, Z25
∼ mit Temperaturgradient T59
Zonenschmelzrekristallisation Z26
Zonenschmelzverfahren F198
Zonenüberlappung Z27
Zubehörelement P232
Zubehörteil P232
Zubringer F42
Zubringerband B109
Züchtungsanlage G175
zufälliger Defekt R36
Zufallsverbindungen R37
Zuführungsband B109
Zuführungseinrichtung für eingeklebte Bauelemente R124
Zuführungsposition L257
Zugtest P511
∼ an einer Bondverbindung B228
∼ für Chips D176
zugesteuerter Transistor O28
Zuleitung L123
zusammengesetzter Halbleiter C360
Zusammensetzung C356, F229
Zusammenstoßen C310
Zusatz A48
Zustand C381, S637
«0»-Zustand Z14
Zustandsdiagramm P126, S638
ZVE C95
Zuverlässigkeit R179
Zweichipmodem T319
zweidimensionale Matrix T320
Zweiebenenmetallisierung D379
Zweiebenen-Polysiliziumverfahren T326
Zweiebenenstruktur B130
Zweiebenenverbindungen T322
Zweiemittertransistor D427
Zweilagenmetallisierung T323

Zweipolersatzschaltung T325
Zweischrittätzung
Zweischrittdiffusion T328
Zweischrittreduktion T330
zweiseitig bedruckte Leiterplatte T327
Zweisondenmessung T324
Zweitalhalbleitermaterial T331
zweiteiliger Tiegel T321
Zwilling T315
Zwillingsbildung T317
Zwillingskristall T316
Zwischenchipverzögerungszeit I230
Zwischendiffusion I249
Zwischendiffusionshohlräume I250
Zwischengitteratom I274
~-Leerstellen-Paar I280
Zwischengitterdefekt I275

Zwischengitterdiffusion I276
Zwischengitterplatz I273
Zwischengitterstörstelle I278
Zwischenmetallisierung I269
Zwischenraum G17
Zwischenschablone A211, I270, R276
Zwischenschichtisolator I263, I266
Zwischenschichtmetallisierung I264
Zwischenschichtoxydierung I267
Zwischenträgerbrückenanschluß S579
Zwischenträgerfolienband B99
Zwischenträgermontage B100, B103
Zwischenverbindung I232
~ auf dem Chip O43
Zyklus C580
Zykluszeit C581
zylinderförmiger Plasmareaktor C583

FRANÇAIS

A

abrasif A1
~ de défauts sous inspection de sortie Z10
~ des défauts sous inspection d'entrée Z9
absorption A8
~ de UV-radiation U101
accélération de mobilité des porteurs M308
~ des porteurs M308
accepteur A12
~ profond D25
accessoires de la chambre blanche W118
~ du système à vide V5
accumulation de charge volumétrique S561
~ limitée de charge d'espace L192
acousto-électronique P385
action de bascule T275
~ de transistor T227
~ parasite P32
activation A27
~ de dopant D331
~ de dopant par recuit A151
~ d'impureté I93
~ d'impureté dopante I93
~ par lumière L177
adaptation des constantes de réseaux cristallins L98
additif A48
adhérence puce-substrat D146
adhésif A43, G126
~ à matériau de remplissage de cuivre C471
~ à remplissant en argent S377
~ chargé F81
~ conducteur E44
~ de silicone S328
~ époxy E260
~ polyimidique P323
~ polymère P326
~ pour connexion de puce B212
~ thixotropique T161
adhésion A41
~ argent-céramique S376
~ de résist R216
adhésivité V144
affichage I63
affinité A57
~ chimique C169
~ électronique E68
~ électronique, basse L311
~ électronique négative N39
~ électronique positive P356
agent R52
~ antistatique A163
~ chimique R52
~ chimique de micro-électronique M213
~ de durcissement C541
~ détachant S712

~ modificateur de viscosité V147
~ passivant P43
~ réducteur R112
~ réfrigérant C463
~ thixotropique T162
aiguille S724
~ d'installation à sérigraphier P419
ailette F99
air conditionné C382
aire A181
~ de jonction J22
~ pour montage de puces C207
~ productive W160
ajustage F140, T8, T278
~ abrasif A5
~ de résistance intégrée C221
~ des circuits intégrés par résistances pendues O15
~ des résistances R255
~ des résistances sur la tranche par laser L68
~ par jet abrasif A4
~ sur le substrat actif A36
~ sur une puce O46
ajustement A47
algorithme d'acheminement des canaux C117
~ de routage des canaux C117
~ Lee L155
alignement A79
~ à basse résolution L339
~ à haute résolution H139
~ à l'aide d'interféromètre laser L54
~ à micro-écart S564
~ angulaire T128
~ avec surface supérieure et surface inférieure de la tranche F275
~ champ à champ F62
~ couche par couche L161
~ critique C487
~ de photomasque en photolithographie à micro-écart P492
~ de photomasque intermédiaire R277
~ de précision P393
~ des plots de soudure P21
~ d'images P56
~ d'intercouche I265
~ d'un rayon cathodique E71
~ exact A85, E348, F103
~ global G120
~ optique O103
~ par réseau de diffraction D188
~ pas à pas S424
~ préliminaire C285
~ puce à puce D152, F62
~ sur la tranche entière F285
~ sur l'axe x X1
~ sur l'axe z Z1
aligneur A78, E366, M62

~ à précision submicronique S738
~ automatique A241
~ de lithographie de projection à ultraviolet lointain D37
~ de photolithographie à contact doux S468
~ de rayons X X4
~ des couches L158
~ optique O102
~ pas à pas S661
~ sur la tranche entière F234
alimentateur F42
~ à bande porteuse T22
~ à bunker F43
~ à pochette F43
~ vibratoire V131
alimentation L251
~ à bande B109
~ de tension de référence 5V R134
~ par convoyeur à bande B108
~ stabilisée de tension de référence 5V R134
~ pour composants en bande porteuse R124
alliage A90
~ eutectique E326
alpha A93
alumine A102
~ glaçurée G117
aluminium enrobé par verre G100
~ gainé par verre G100
ambiance de gaz inerte I130
~ d'oxygène sec D417
~ réductrice R113
amélioration de qualité d'image I44
amincissement chimique C173
amorphisation A119
amplificateur A127
~ à effet Gunn T219
~ à la base d'effet de volume B290
~ à ondes de surface acoustiques S30
~ à transfert de charge C161
~ à transfert d'électrons T219
~ BITEC B127
~ Darlington D5
~ d'écriture W173
~ de lecture S248
~ différentiel D183
~ hybride H244
~ incorporé O40
~ intégré I6
~ monopuce O50
~ monté en surface O12
~ opérationnel O96
~ opérationnel à acroissement rapide de la tension de sortie H142
~ opérationnel à stabilisation de dérive D401
~ paramétrique P31
~ pendu O12
~ sur une même puce O40
amplification E210
~ en courant C548
analogue aux composants discrets D285
analyse des circuits C232
~ neutronique d'activation N56
~ par microscope électronique à transparence T63
analyseur A134
~ de Fourier F242
~ des tranches aux rayons X X23
~ d'impureté du semi-conducteur S215
angle de décapage S301
~ de développement S301
aniorésine A143
anisotropie de décapage E303
~ du cristal C510
~ uniaxe U68
anneau R317

~ de garde G192
~ de garde p^+ P125
~ de garde type n^+ N63
~ de garde type p^+ P125
~ de planage P266
~ de protection G192
anodisation A158
~ électrolytique E58
~ par plasma P279
antimoine A161
antimoniure A159
appareil de contrôle des photomasques P174
appareillage de mesure pour les tranches W34
appareils défaillants F15
applicateur A175
application des circuits intégrés à la demande C565
architecture A179
~ en tranches B169, S431
arête E16
~ de puce C197
armoire azotique N75
arrangement A184
arrondi par laser L60
arsenic A197
arséniure A203
~ d'aluminium A107
~ de gallium G1, G8
~ de gallium-aluminium G7
arsine A204
assemblage A216, P1
~ à la bande porteuse F86
~ antistatique A165
~ à recouvrement O197
~ automatisé des circuits intégrés sur la bande porteuse T15
~ automatisé des puces sur la bande porteuse à poutres B100
~ compact C270
~ de circuit hybride H247
~ des cartes imprimées P77
~ des circuits intégrés à films F89
~ des puces C206
~ des semi-conducteurs S203
~ en boîtier plastique P299
~ en boîtier type Cerdip C106
~ en ligne I168
~ multipuce M392
~ sur le support de puce C188
assembleur A215
assurance de qualité Q16
atmosphère de hydrogène humide H234
~ de hydrogène liquide W107
~ réductrice R113
atome accepteur A13, P505
~ adsorbé A37
~ de dopant D332
~ de substitution S748
~ diffusant D206
~ d'impureté I94
~ donneur D327
~ dopant type n N147
~ étranger F226
~ interstitiel I274
attachement A233
~ adhésif A44
auge à laver W78
augmentation de degré d'intégration U96
~ de résolution R268
auto-alignement A252, S183
autodiagnostic S107
~ incorporé B284
~ in-situ B284
autodopage A240

auto-isolation S188
automatisation de conception D107
~ de conception de la topologie de C.I. L109
~ d'opérations de transfert d'interéquipements I255
autorestauration S191
autotest S193
avalanche A253
~ électron-trou E109
axe cristallographique C512
azote liquide L224

B

bague de garde G192
~ de garde p$^+$ P125
~ de garde type n$^+$ N63
~ de garde type p$^+$ P125
~ de protection G192
bain T10
~ de décapage E293
~ L-B L118
baisse de tension P371
balayage ligne par ligne L203
~ linéaire L208
banc B111
~ dans la salle blanche C250
bande B28, T14
~ à cadres de sortie I246
~ de conduction C384
~ de valence V42
~ d'impureté I95
~ énergétique B28, E199
~ énergétique interdite E201
~ interdite B30, F223, F225, G17
~ interdite changeable graduellement G139
~ interdite étroite L313, N14
~ interdite large L24
~ porteuse B9, C49, F85, T14, T255
~ porteuse à cadres de sortie I246
~ porteuse à poutres B99, B302
~ porteuse des puces T20
~ porteuse flexible F168
~ porteuse plastique P293
~ porteuse polyimidique P324
barre B36, R331
~ de court-circuitage ohmique O35
barrette de connexion entre sorties de cadre T173
~ en fil W132
barrière B43
~ de diffusion D210
~ du potentiel P370
~ isolante I366
~ potentielle B43
~ redresseuse R105
~ Schottky M189, S70
~ Schottky à la base des films organiques O158
bascule F183, T192, T274
~ binaire B135
~ D L71
~ R-S R207
~ R-S synchronisée R354
~ R-S-T R354
~ T T276
basculement T277
basculeur F183
~ de Schmitt S69
base B50, M374, S657
~ à parois latérales oxydées O240
~ de boîtier P4
~ de diffusion D191
~ de données pour conception D110
~ dopée par bore B232

~ plongée B60
bavure B322, F154
~ plastique P291
bêta B114, B115, D275
~ inverse I291
bêtascope B118
bibliothèque des éléments logiques C90
~ des programmes pour CAO C368
~ des programmes pour conception assistée par ordinateur C368
bille B20
bipolaire B138
blindage S112, S283
bloc G13, P1
~ aux éléments à poutres B89
~ d'assemblage des composants montés en surface S816
~ de base B70
~ de construction B282
~ des contacts pour vérification de courants de fuite C425
~ de test de qualité de métallisation M185
~ logique L275
~ normalisé de logiciel microprogrammé F137
~ pour contrôle des résistors diffusés D201
blocage L270, L272
boîtier C53, C54, E221, P1, P2
~ à double rangée de connexion plastique P294
~ à fenêtre optique W124
~ à sorties multiples H109
~ à une seule rangée des connexions S401
~ avec cadre en brasure d'argent S375
~ céramique en alumine A104
~ de macrocellule M6
~ de masque M74
~ de petites dimensions S452
~ de petites dimensions à sortie en J S454
~ de petites dimensions type transistor S454
~ DIP C103, D431
~ DIP plastique D432, P294
~ DIP pour circuit intégré multipuce P316
~ en céramique de verre G98
~ enfichable P306
~ en métal-verre G95
~ en résine époxy E272
~ en verre G102
~ étanche sans terminaisons L134
~ fakir P241, P242
~ filé par extrusion à la presse à shocs I71
~ flat-pack F163, P271
~ flat-pack à fiches en zigzag Z17
~ hermétique H60
~ métal-céramique M148
~ métallique C12
~ métallocéramique C98
~ moulé M329
~ multibroche M423
~ non étanche L152
~ petit L334
~ PGA P241, P242
~ plat P271
~ plat à fiches en zigzag Z17
~ plat à quatre rangées des sorties Q11
~ plat à quatre rangées des sorties planaires Q10
~ plat à rangées multiples des connexions M433
~ plat multibroche M414
~ sans broches de circuit hybride H251
~ sans terminaisons L138
~ type Cerdip C107
~ type TO T236
~ type transistor T236
~ VSO V110
bombardement électronique E99
~ ionique I317

~ par particules α A95
~ protonique P484
bord E16
~ bossu L215
~ de bande de conduction C388
~ de puce C197
~ en forme de scie C167
~ guidé G196
~ régulier S272
~ surplombant L215
~ topologique F39
bore B231
bossage H181, O195, P466
~ de couche d'oxyde O233
~ pointu P473
~ sur la couche épitaxiale E255
bosse H181
boucle L303
boule B245
box B251
~ à courant d'air laminaire L7
~ à gants G121
~ à nitrogène contrôlé C454
~ de transfert T203
~ de transport des tranches W53
~ étanche à la poussière D442
~ pour stockage S695
~ sec D406
bracelet mis à la masse G171
~ mis à la terre G171
brasage fort B255
brasure S486
~ à la vague-lambda L5
~ difficilement fusible H24
~ en verre S148, S496
~ eutectique E327, E332
~ par résistance R220
~ tendre S471
bride sous vide élevé H170
brillantage B267, M286
brisement B259, C264, C482
~ en chocolat C223
brochage de puce C184
broche P238
~ connectée par soudage à thermocompression B216
~ d'alignement A84
~ de connexion enroulée W144
~ de sortie O183
~ du cadre de sortie L134
~ flexible C339
bruit de génération-recombinaison G80
~ Schottky S94
bruits du semi-conducteur S225
brûlage B321
~ Zener Z5
bulle B272
~ magnétique B272, B273, M11
bunker H210
burn-in dynamique D445
~ en température élevée B320
bus B323, H178
~ de lecture S249
by-passe B326

C

câblage W147
~ à haute densité H92
~ discret D294
~ fixe F151
~ multifil à haute densité H91
~ tridimensionnel T167

cadre F259
~ à sorties coudées S580
~ crû de sortie I147
~ de boîtier DIP D270, D430
~ de sortie L131
~ en alliage eutectique E331
~ en brasure forte B257
~ en eutectique or-silicium préformé G137
~ en verre G111
~ pour boîtier à une seule rangée des connexions S371
~ pour connexion de puce D149
~ pour souder la puce S150
calcination C6
caméra C9
~ photographique C9
canal C116, C126
~ caché B309
~ conducteur C385
~ de déplétion D81
~ de transistor FET F49
~ enrichi E211
~ implanté I84
~ incorporé I271
~ induit I121
~ inverse I294
~ pour transfert de charge C162
~ superficiel S803
canon G197
~ électronique E8, E108, G197
~ électronique pour pulvérisation par ions S600
~ moléculaire M336
CAO C366, D109
capabilité de charge O182
~ de chargement L248
capacité C15, C23
~ de charge en courant C546
~ de couche de déplétion D83
~ de diffusion D213
~ de jonction collecteur-base C308
~ de la couche d'inversion I293
~ de sortance F21
~ fonctionnelle F293
~ parasite P33, S704
« capillaire » C24
capot C13
~ à fenêtre de quartz B297
~ céramique C101
~ d'évaporateur B106
capsule en quartz Q26
captage L72
capteur à jauge S703
~ de température T61
capture L72
~ des porteurs de charge C37
~ de structure CMOS C279
~ de trou H192
~ induite par radiation R17
caractéristique à la polarisation directe F235
~ amplitude-fréquence F267
~ à résistance négative N47
~ courant-tension C555
~ courant-tension sans plage de saturation N119
~ de chargement L247
~ de collecteur C304
~ de fonctionnement O89, P107
~ de polarisation inverse R293
~ de région de saturation S21
~ de transfert T212
~ statique S642
~ tension-capacité C22, V173
~ tension-courant C555, V176
~ type S S725
carte C35
~ à base métallique M149

445

~ à population dense D76
~ CMS S461
~ de circuit hybride H254
~ des composants du montage en surface S461
~ hors position P234
~ imprimée B200, P415
~ imprimée à deux faces T327
~ imprimée à double face D382
~ imprimée à simple face S409
~ imprimée fabriquée par technologie des substrats S770
~ imprimée nue U85
~ imprimée peuplée P347
~ mère C183
~ montée L249
~ multicouche C349, M404
~ non peuplée B37
~ nue N4
~ verre-époxy G103
carte-maquette B258
cartouche R274
cassette B201, C36, H190, M9, R274
~ de déchargement U84
~ de graphite G154
~ de masque M47
~ de nettoyage C253
~ de rinçage W78
~ de teflon T47
~ pour substrats S760
~ pour traitement des tranches en four F311
~ pour tranches régénérées R304
cassure F253
~ des tranches S431
cathode à refroidissement à l'eau W80
cavité G166, G169, P249, V44, W98
~ d'émetteur E168
~ pour boîtier P11
~ pour la puce C190
cellule C86
~ à couplage de charge C139
~ à un transistor O63
~ bipolaire B142
~ d'effusion E32
~ de Hall H2
~ de mémoire S697
~ de mémoire à métallisation au aluminium à un seul niveau S384
~ élémentaire U76
~ logique L284
~ monolithique M286
~ monotransistor de la mémoire S411
~ prédiffusée P398
~ statique de mémoire S641
~ transistorisée incommutable U56
~ unitaire U76
centre C93
~ accepteur A14
~ de capture S422, T258
~ de cristallisation C524
~ de génération G79
~ de recombinaison R90
~ de recombinaison des porteurs de charge C157
~ d'impureté I96
~ impur C93
~ neutre de capture N55
~ profond D26
centrifugation S581
centrifugeur C96
~ pour gainage par photorésist P209
centrifugeuse C96, S583
céramique à oxyde de béryllium B113
~ au oxyde d'aluminium A111
~ de béryllium B113
~ de verre G99

~ émaillée G118
~ glaçurée G118
~ multicouche M406
cercle Hamilton H9
cermet C108
~ à la base de métal noble N87
~ à la base de métaux vils B62
certification du processus P431
chaîne des résistances à couche mince T155
~ des transistors T230
~ technologique P437
chaleur spécifique S570
chambre à verrou L271
~ à vide E334, V8
~ à vide ultra-haut S793
~ blanche U12, W117
~ climatique E224, H236, T60, T92
~ de chargement L246
~ de décapage E294
~ de déchargement T9
~ de déposition D92
~ dépoussiérée D440
~ de pulvérisation ionique S601
~ de réaction R53
~ d'essai de choc thermique T110
~ de traitement thermique T92
~ de travail W161
~ d'évaporation E340
~ d'ionisation I346
~ hermétique S140
~ jaune Y1
~ photographique de réduction R116
~ pour décapage ionique I322
~ sous vide élevé H167
~ superblanche S774
~ technologique P440
~ thermique à dépression P413
~ ultra blanche à flux laminaire L8
champ de travail de la module W165
~ d'exposition E370
~ d'image I46
~ électrostatique E143
charge C132, F83, L243
~ à haute résistance H131
~ capacitive C16
~ d'électron E148
~ d'évaporation E341
~ distribuée D316
~ électrostatique E140, S643
~ fixe F143
~ inductive I126
~ induite I122
~ nominale L258
~ organique O156
~ ponctuelle P311
~ résistive R231
~ stockée S702
~ volumétrique S560
~ volumique B287
chargement C132, L243, L251
~ des tranches W31
charges statiques atmosphériques S639
chargeur C166, L250
~ des cassettes C56
~ des tranches W30
chargeur-déchargeur des tranches W18
chauffage électronique H103
~ haute fréquence R26
~ infrarouge I138
~ par faisceau d'électrons E82
~ par haute fréquence H103
~ par induction I125
~ par rayonnement R7
~ par tube I12

chauffeur à strips S711
~ de graphite en bande G155
chevauchement des grilles G63
~ des zones Z27
~ nul de drain-source Z8
chip C177
chute de tension P371
C.I. I197, I198
~ à la demande F279
~ de mémorisation I18
~ en boîtier céramique C104
~ matriciel A187
~ purement à la demande F279
~ standard S633, S634
cible de déposition D95
~ du réacteur de pulvérisation ionique S603
circuit à couches minces T145
~ actif A29
~ à faible bruit L324
~ à intégration standard S633
~ à moyenne échelle M382
~ à paramètres concentrés L375
~ à paramètres localisés L375
~ à transistors MOS M371
~ aux composants discrets D284
~ beam-lead B95
~ bistable T192, T274
~ CMOS C328
~ CMOS à grilles isolées de silicium I364
~ CMOS à isolation par jonctions J30
~ CMOS sans capture L73
~ compatible C323
~ de base B71
~ de capture L71
~ de cascade d'entrée F272
~ d'échantillonnage/stockage S9
~ de codec et de filtre intégré sur une même puce C315
~ de mise en forme des lignes L206
~ de porte équivalente G53
~ de rafraîchissement R153
~ de résistance R219, R249
~ ECL personnalisé amélioré A50
~ ECL personnalisé perfectionné A50
~ en optique intégrée I212
~ en opto-électronique intégrée I212
~ équivalent à paramètres distribués D314
~ équivalent du dipôle T325
~ ET A135
~ ET NON N7
~ ET OU A139
~ hybride H252, H255, H259
~ hybride à câblage des puces C179
~ hybride à couches épaisses T133
~ hybride à couches minces T154
~ hybride câblé C179
~ hybride du filtre F98
~ hybride encapsulé E189
~ hybride multipuce M396
~ hybride sans boîtier B39
~ I²L I31
~ I²L rapide H145
~ intégré I197, I198, I220
~ intégré à anneaux isolés de protection G194
~ intégré à autodiagnostic S185
~ intégré à basse compacité L308
~ intégré à BITEC B146
~ intégré à BITEC à grilles isolées B149
~ intégré à couplage de charge C140
~ intégré à domaines chargés C153
~ intégré à échelle micronique M234
~ intégré à effet de volume B291
~ intégré à effet Gunn G201
~ intégré à effet Hall H6
~ intégré à électrodes saillantes E152

~ intégré à éléments submicroniques S736
~ intégré à encapsulation par plastique P295
~ intégré à extra grande échelle E375
~ intégré à film F94
~ intégré à grande échelle G149, H106, H141, L27, L28, L29
~ intégré à grande échelle à la structure silicium-sur-saphir S362
~ intégré à grande échelle avec interconnexions fixées L30
~ intégré à grilles flottantes F189
~ intégré à haute compacité H87
~ intégré à haute précision H126
~ intégré à haute tension H173
~ intégré à hétérojonctions H69
~ intégré à homojonctions H207
~ intégré à implantation ionique I342
~ intégré à isolation aérienne A67
~ intégré à isolation diélectrique D158
~ intégré à isolation d'oxyde O224
~ intégré à jonctions de Josephson J13
~ intégré à jonctions hermétiques S143
~ intégré à la demande C563, M7
~ intégré à large échelle à auto-encapsulation S184
~ intégré à large échelle du microprocesseur L367
~ intégré à large échelle du modem L368
~ intégré à large échelle linéaire L365
~ intégré à la structure silicium-sur-isolant S480
~ intégré à la structure silicium-sur-saphir S360
~ intégré à moyenne échelle M121
~ intégré analogique A131
~ intégré à petite échelle S456
~ intégré à poutres B95
~ intégré à rainures isolantes T271
~ intégré à redondance R123
~ intégré à réduction à l'échelle S45
~ intégré à régions auto-alignées S175
~ intégré à supérieur niveau d'intégration S773
~ intégré à traits minces F113
~ intégré à transfert de charge C163
~ intégré à transistor FET à enrichissement E216
~ intégré à transistors complémentaires C328
~ intégré à transistors unipolaires U71
~ intégré à très faible consommation de puissance M243
~ intégré à très haute performance V104
~ intégré à très haute rapidité S787
~ intégré à très haute vitesse V105
~ intégré à très large échelle V107, V159
~ intégré à trois diffusions T165
~ intégré à ultra-haut niveau d'intégration S789
~ intégré à ultra-large échelle U19
~ intégré à un masque O57
~ intégré à vide V24
~ intégré bipolaire B143
~ intégré bipolaire d'échantillonnage-stockage B160
~ intégré bipolaire de conformateur B145
~ intégré bipolaire de filtre B147
~ intégré CMOS C278
~ intégré CMOS à grilles de silicium auto-alignées et jonctions isolantes S339
~ intégré compatible C323
~ intégré créé par technologie à sec D420
~ intégré créé par technologie isoplanaire I380
~ intégré créé par trois masques T279
~ intégré d'amplificateur I6
~ intégré de commande de la mémoire M132
~ intégré de conception personnalisée P482
~ intégré de convertisseur C459
~ intégré de Dolby D324
~ intégré de gestion programmable par utilisateur F01
~ intégré de haute qualité H124
~ intégré de mémoire à bulles B276
~ intégré de mémoire à bulles magnétiques B276

~ intégré de micro-ordinateur M209
~ intégré de microprocesseur I22, M251
~ intégré de puissance P377
~ intégré d'essai T76
~ intégré digital D242
~ intégré digital à CCD D241
~ intégré discret D290
~ intégré du comparateur de tension V174
~ intégré en boîtier céramique C104
~ intégré en boîtier de petites dimensions S453
~ intégré en boîtier DIP D269, D429
~ intégré en boîtier flat-pack F165, P269
~ intégré en boîtier plastique P295, P298
~ intégré encapsulé E190
~ intégré en mode à déplétion D87
~ intégré en petit boîtier L333
~ intégré entièrement diffusé A88
~ intégré en tranche entière W47
~ intégré fabriqué par épitaxie E241
~ intégré fabriqué par technologie avancée H158
~ intégré fabriqué par technologie EPIC E246
~ intégré fonctionnel F299
~ intégré hybride H259
~ intégré hybride à grande échelle L31
~ intégré hybride créé par puces sur la bande porteuse T18
~ intégré hybride créé par sérigraphie S116
~ intégré hybride encapsulé S142
~ intégré incommutable U54
~ intégré linéaire L199
~ intégré logique L294
~ intégré logique programmable par utilisateur F77
~ intégré matriciel I8, M107
~ intégré matriciel à large échelle M108
~ intégré matriciel à structure MOS M359
~ intégré microhertzien M266
~ intégré moléculaire M338
~ intégré monolithique M345, M348
~ intégré monopuce O51
~ intégré monté par flip-chip F179
~ intégré monté par soudage en groupe G16
~ intégré MOS de haute qualité H125
~ intégré multicouche M408, M417
~ intégré optique O110
~ intégré opto-électronique O140, O143
~ intégré personnalisé C316, D24
~ intégré planaire P264
~ intégré pour équipement industriel I128
~ intégré précaractérisé S632
~ intégré prédiffusé G42, S237
~ intégré programmable par masque M80
~ intégré programmable par producteur F12
~ intégré rapide H146
~ intégré résistant à la radiation R13
~ intégré sans boîtier D157, P10
~ intégré sans redondance N116
~ intégré sous vide I219
~ intégré standard C67, O26
~ intégré superconducteur S777
~ intégré sur la bande porteuse F95
~ intégré sur la tranche entière F282
~ intégré sur la tranche maître M104
~ intégré sur le silicium S349
~ intégré sur silicium-substrat-isolant I189
~ intégré tout diffusé A88
~ intégré tridimensionnel T166
~ logique L286
~ logique à paramètres distribués à effet Josephson D315
~ logique matriciel L283
~ LSI à auto-encapsulation S184
~ LSI prédiffusé S238
~ LSI rapide H148
~ MILIC M276

~ MIMIC M277
~ monobride M341
~ monolithique M345, M348, S208, S217
~ monolithique à isolation aérienne A68
~ monolithique d'amplificateur opérationnel M350
~ monolithique d'échantillon/stockage M353
~ monolithique du microprocesseur S223
~ MOS à implantation ionique I344
~ MSI M382
~ multicouche M417
~ multipuce M395
~ NON N133
~ OU O151
~ OU NON N126, N135
~ résistif R233
~ résistif-capacitif R218
~ semi-conducteur monolithique S208, 217
~ semi-conducteur monolithique du microprocesseur S223
~ solide S515
~ TTL Schottky amélioré A54
~ TTL Schottky perfectionné A54
~ TTL Schottky perfectionné à faible consommation A51
~ VLSI V159
~ VLSI créé par technologie isoplanaire I384
circuiterie C235
~ à couches minces F90
~ à films F90
~ auxiliaire S798
~ intégrée I204
~ linéaire L197
circuits C237, L197
~ à paramètres distribués D313
~ à paramètres répartis D313
~ DTL à faible consommation L327
~ hybrides à couches épaisses T139
~ hybrides à couches minces T156
~ intégrés fonctionnels F298
~ intégrés logiques I203
cisaillement des bordes de puce P111
claquage B260
~ de jonction collecteur-base C303
~ de Zener Z3
~ d'isolation de grille G57
~ par avalanche A254
~ thermique T91
~ tunnel T299
classificateur C247
classification C246
clé K3
cliché M93—95, P186, P187
~ de production original M99, P187
clivage C264
~ des bords E18
cloche en quartz Q24
codeur E194
codiffusion C292
coefficient d'amplification A126
~ de collage S685
~ de conversion C458
~ de diffusion D214
~ de dilatation thermique E359, T100
~ de distribution D318
~ de recombinaison R93
~ de répartition D318
~ de température de capacité T51
~ de température de fréquence T57
~ de température de résistance T52
~ de transfert T213
~ de viscosité V146
~ d'injection I160
~ négatif de température de la résistance N50
~ positif de température de résistance P364

cohésion adhésive A44
~ avec une colle C92
coin T26
~ du décapage E324
collage des composants en bande porteuse T29
colle C91, G126
collecteur à couche cachée B314
~ de diffusion D215
~ épitaxial E234
~ standard à couche cachée S631
collision C310
combinaison chimique C357
commande C446
commutateur S835
~ logique L298
commutation S836
compacité de circuit intégré C233
~ d'éléments E150
~ de puce C204
~ des composants C340
~ latérale L85
compactage P17
~ à haute densité H93
~ d'éléments E150
~, haut T177
~ latéral L85
comparateur optique des masques M72
compatibilité C322
~ avec salle blanche C257
~ broche à broche P240
~ technologique P441
compensation des charges C137
~ par dopage D350
~ thermique T54
compilateur de silicium S322
~ en bloc B187
complexité C335
~ des portes G45
~ des portes équivalentes E278
~ de tranche W1
~ fonctionnelle F296
~ logique L287
composant D128, E146, P36
~ actif A30
~ à poutres B301
~ à régions coniques oxydées d'isolation T28
~ de circuit C234
~ de fonctionnement rapide H144
~ de haute qualité T198
~ de montage P232
~ de réserve S567
~ discret D283, S389
~ encapsulé E188
~ hermétisé E188
~ incommutable U53
~ intégré C192, I198
~ intégré hybride H255
~ monolithique M347
~ non spécialisé N99
~ passif P47
~ pendu A38
~ sans boîtier N6, U50
~ solide S516
~ standard C317
~ sur la bande porteuse T24
composants A40
~ en bande porteuse R125
~ intégrés O41
~ pendus A40
composé organométallique O161
~ semi-conducteur S209
~ semi-conducteur III-V G174
composite C353
composition C356, F229

~ de couche déposée D93
~ de la pâte P52
~ d'enrobage C290
~ de phase gazeuse G32
~ pour circuits hybrides à couches épaisses T132
~ pour conducteurs C398
~ pour résistances à couche épaisse T138
compound C357
~ hermétique S146
~ pour moulage de volume B293
compression à explosion F155
compte-pose E371
compteur à laser des particules aérosoles L35
~ annulaire C475
~ de scintillation des particules α A98
~ des franges F269
concentration D78
~ de dosage des ions implantés d'impureté D360
~ des centres de recombinaison R91
~ des défauts D40
~ des états superficiels S826
~ des vacances V2
~ d'impureté changeable graduellement G141
~ d'impureté en zone émettrice E174
~, haute H83
~ intrinsèque I285
~ spécifique en surface P120
~ spécifique en volume P121
concepteur D111
conception D105, D125
~ à option O138
~ assistée par ordinateur C366, D109
~ automatisée de circuits intégrés personnalisés C365
~ de C. J. précaractérisée C88
~ de circuit intégré I13
~ de haut en bas T197
~ de la topologie de C.I. L112, L115
~ de puce C194
~ des cascades d'entrée F273
~ des circuits hybrides H256
~ des circuits intégrés à la demande C559
~ des circuits intégrés bipolaires B144
~ d'original A207
~ en cas pire W169
~ fonctionnelle F297
~ interactive assistée par ordinateur I225
~ logique L288
~ logique automatisée A246
~ modulaire B283
~ par modules B192
~ précaractérisée C88
~ structurée S716
~ topologique G84
condensateur C17
~ à capacité fixe F141
~ à compensation de fréquence F266
~ à couche passivée par verre G109
~ à jonction J23
~ ajustable P410, T282
~ de charge L245
~ de diffusion D194
~ de mémoire C159, M128, S696
~ intégré C186, I11
~ métal-oxyde-métal M339
~ MOM M339
~ MOS M360
~ multicouche M405
~ pendu F216
~ variable V66
condensateurs parasites C20
condition C381
~ de diffusion D210
~ dégénérée D55
conditions d'ambiance A116

449

~ du cas pire W168
conductance C383
~ inverse B16, R294
conducteur C397
~ à couche épaisse T130
~ à couche mince T147
~ à film F91
~ à largeur submicronique S734
~ créé par sérigraphie S108
~ en cermet C110
conductibilité E41
~ calorifique H41
~ intrinsèque I386
~ par électrons E101
~ par trous H193
~ thermique C383, H41, T93
~ type n N144
conduction C387
~ à la polarisation directe F231
~ d'impureté I97
~ extrinsèque E376
~ intrinsèque I286
~ par défauts cristallins D41
~ type n N144
~ type p P501
conductivité C396, S569
~ type p P502
conduit à vide V18
configuration C404, O177, P55
~ des régions d'isolement I377
~ des régions isolantes I194
~ des terminaisons L127
~ de transistor T235
conformateur de courant C547
conicité T26
connecteur C410, S835
connexion A233, B211, C407, C410
~ automatisée des puces aux sorties sur la bande porteuse T17
~ automatisée des puces sur la bande porteuse à poutres B303
~ by-pass B327
~ créée par soudage à thermocompression à bille B21, N2
~ de puce C184, D151
~ de puce par adhésif époxy E263
~ de puce par brasure eutectique E329
~ de soudage par ultra-son U24
~ des pattes L124
~ des poutres B90
~ des puces avec cadre sur bande porteuse F87
~ des sorties I233
~ des sorties en fil W127
~ des terminaisons L124
~ des terminaisons aux broches du boîtier O172
~ de transistor à base commune C318
~ de transistor à collecteur commun C319
~ de transistor à émetteur commun C320
~ en groupe M89
~ enroulée W171
~ externe O13
~ parallèle P26
~ par soudage à thermocompression B206
~ par thermocompression T115
~ puce-fil D147
~ puce-fond de boîtier C220
consigne R171
consommation, faible L326
constante diélectrique I128
~ du réseau cristallin L91
~ Hall H3
constitution pour exploitation dans les salles blanches C258
construction C412

~ en bloc B188
~ pour exploitation dans les salles blanches C258
~ tolérant des pannes D3, F36
contact C413, T65
~ allié A91
~ à micro-intervalle O17
~ annulaire A154
~ annulaire de base B67
~ auto-aligné S169
~ non allié N94
~ ohmique O31
~ type p P81
contaminant C440, F227
~ dispersive P39
~ ionique I331
~ par milieu aérien A63
contrôle A234, C168, C446, T74, V81
~ autonome de processus O20
~ de développement de photorésist D121
~ de fonctionnement F294
~ de processus P433
~ de processus en ligne O70
~ de propreté C249
~ de qualité Q17
~ des dimensions D151, G83
~ des photomasques P173
~ des règles topologiques R362
~ d'oxygène O252
~ du contenu d'oxygène O252
~ en ligne O70
~ non destructif N102
~ non destructif d'orientation du bord de cristal N103
~ optique O104
~ visuel de déplacement S280
~ visuel de développement de photorésist D121
~ visuel de placement P257
~ visuel de processus P434
~ visuel des puces D180
contrôleur C456
~ de la mémoire M130
~ des photomasques P174
conversion C457
convertisseur acousto-électrique A26
~ angle-code numérique A142
~ d'interface du niveau logique I259
convolver C462
convoyeur T207
~ à bande pour les tranches W63
~ au coussin d'air A74
~ pour transfert P447
coordinatographe C469, D386, L114, P303, X28
~ à rayer S126
copie de masque M48
~ de photomasque P169
corps B203
~ à couche épitaxiale E233
~ solide S514
couche C286, C288
~ à basse mobilité des porteurs de charge L322
~ à empêcher le diffusion D225
~ antidécapante E322
~ anti-oxydante A162, O209
~ à stopper le décapage S693
~ cachée B316
~ continue C443
~ de composite C352
~ de germe N151
~ de masquage M59, M66
~ d'enrichissement A18
~ de photorésist L2, P161
~ déposée par pyrolyse P528
~ déposée sous vide V14
~ de séparation S252
~ de silicium CVD C579

~ d'interconnexions I237
~ d'interface B248, I258
~ d'inversion I296
~ d'oxyde de paroi latérale S303
~ d'oxyde épaisse auto-alignées S182
~ d'oxyde formée par oxydation thermique T105
~ d'oxyde protectrice F73
~ électronique E107
~ enrichie A18
~ en substrat S762
~ enveloppante en gaz inerte I133
~ épitaxiale E225, E243
~ épitaxiale à conductance p P103
~ épitaxiale dopée par arsenic A197
~ épitaxiale en phase liquide L227
~ épitaxiale type n N52
~ étanche à l'humidité M320
~ fortement dopée H84
~ gainée C242
~ inerte I134
~ intermédiaire S566
~ isolante I191, I195
~ isolante de grille G51
~ mince F84
~ n^+ cachée du collecteur N18
~ photosensible P161
~ plaquée C242
~ pour plots de soudure P20
~ protectrice P483
~ résistant au décapant E319
~ résistive R230
~ scellée S149
~ source H214
~ superconductrice S781
~ supérieure O199
couches épaisses T139
~ minces T156
~ superposées R160
~ superposées successivement S788
coulage C65
~ de vapeur d'huile O37
coulée au creuset C500
coupage des tranches par laser L44
~ par lame de scie circulaire A155
~ par laser L38
coupe C574, L14, S278
~ de cristal C514
~ graduelle G144
~ métallographique M171
~ oblique A141
~ par laser L64
couplage entre pistes I268
~ par injection I155
coupure O79, O81, P239
~ du canal C119
courant à la polarisation directe F232
~ de claquage B261
~ de coupure C571
~ de déplacement diélectrique B121
~ de déplacement électrique B121
~ de dérive D398
~ de drain D392
~ de fuite L146, S705
~ de fuite à travers de substrat S763
~ de fuite de jonction J34
~ de la source S554
~ de polarisation inverse R289
~ de recombinaison R94
~ de saturation S22
~ de seuil T168
~ des minoritaires M283
~ des porteurs majoritaires M28
~ de supraconductibilité S780
~ de trous H194

~ d'injection I156
~ direct F236
~ disruptif B261
~ du canal C118
~ électronique E103
~ émetteur E165
~ inverse R295
~ nominal C552
~ parasite S706
~ tunnel T300
courbe C556
~ amplitude-fréquence F267
~ de solidus S527
~ du rendement Y5
courbure de bord de bande B29
~ de la tranche W69
court-circuit S291
couteau à couper l'original A210
couvercle C13
~ à fenêtre de quartz B297
~ céramique C101
~ en diélectrique D161
couverture C477
~ d'aluminium sur le degré oxyde A113
création des cavités P251
~ des lacunes P251
~ du résist non développé R263
creuset C496
~ à deux sections T321
~ à une section S399
~ en quartz Q28
~ en quartz fondu F314
creux T289
cristal II — VI C509
~ aciculaire A21, W114
~ créé par fusion à zone sous vide V21
~ créé par fusion de zone F199
~ crû G176
~ crû par méthode Czochralski C585
~ Czochralski C585
~ dendritique D73
~ exempt de défauts D44
~ imparfait I76
~ inverse F172
~ liquide L218
~ maclé T316
~ piézo-électrique P233
~ sans défauts D44
~ tiré P508
~ type II — VI C509
cristallisation en phase liquide L225
cristallite C523
~ aciculaire N34
croisement des conducteurs C392
~ des poutres B93
~ d'interconnexions C494
croissance G178
~ avant dépôt épitaxial P400
~ de cristal par fusion de zone F200
~ des cristaux à la bande sans substrat U90
~ des dendrites D72
~ des monocristaux S392
~ d'oxyde O223
~ du crystal C520
~ épitaxiale E240
~ épitaxiale en phase liquide L226
~ épitaxiale sous basse pression L331
~ épitaxique en phase vapeur V49
~ hétéroépitaxiale H65
~ orientée O166
~ par tirage P510
~ thermique d'oxyde T104
croix d'alignement F59
cryo-électronique C502

451

15*

cryogénie C504
cryologique C506
cryopompe C507
cryptomicroprocesseur C508
cuisson B18
~ des couches épaisses T131
cuve électrolithique E59
cuvette B201
~ de teflon T46
~ du four F308
~ en quartz Q25
~ en silicium polycristallin P337
~ pour croissance des cristaux G179
~ pour four à diffusion D211
~ pour traitement des tranches dans le four à diffusion D236
cyclage thermique T120
cycle C580, R363
~ court Q38
~ de lecture à régénération R69
~ de mise à la température H49
~ de rafraîchissement R152
~ de rechauffage H49
~ de soudage à thermocompression B214
~ lecture-écriture R70
~ opératoire D443

D

DCC à canal caché B310
~ à canal de volume B286
~ à canal superficiel S804
~ à grilles en polysilicium P342
~ à régions auto-alignées S168
~ à structure superficielle S805
~ à transfert parallèle P30
~ type barrière B49
décalage B120
décaleur à éléments à chapelet B280
~ du niveau L160
~ du niveau logique L160
décapage E288
~ à deux étapes T329
~ à deux stades T329
~ à excitation ionique I320
~ à l'aide de masque photorésistant P196, P204
~ à laser à excimères E352
~ anisotrope A145
~ à plasma P285
~ à sec D410
~ créé les bords réguliers S273
~ de dioxyde de silicium S325
~ de groupe B74
~ de la couche de passivation P46
~ de mesa M139
~ de rainure en V V117
~ des rainures T270
~ de surface inverse oxydée de tranche R297
~ différentiel D184
~ directionnel D277
~ d'oxyde O221
~ électrochimique A157, E55
~ électrolytique E61
~ faible M273
~ induit par lumière L183
~ ionique I307
~ ionique à l'installation à deux électrodes D257
~ ionique par plasma I300
~ ionique réactif R60
~ isotrope I387
~ latéral L80, S299, S305, S728, U60, U63
~ latéral par oxyde O220

~ liquide W105
~ localisé L264
~ microhertzien par plasma M269
~ orienté O165
~ par acide A23
~ par faisceau d'ions réactifs R58
~ par immersion D267
~ par jet J3
~ par plasma au réacteur cylindrique B41
~ par plasma haute fréquence R27
~ par pulvérisation ionique S599
~ photo-électorchimique P150
~ radicalaire par plasma R24
~ réactif R55
~ sans décapage latéral Z15
~ sans gravure sous-jacente N121
~ sans résist R240
~ sélectif d'oxyde S164
~ vertical anisotrope V84
décapant E288, E289
~ acide A22
~ anisotrope A144
~ chimique C171
~ chimique liquide W104
~ d'oxyde O221
~ gazeux E290, G29
~ isotrope I386
~ liquide pour silicium S335
~ orienté O165
~ pour polissage chimique P314
~ pour silicium S334
~ sélectif S159
~ tampon B281
décapsulage D18
décharge D281
~ électrique en milieu de silane S311
~ électrostatique E141
~ Townsend T205
déchargement R181
décodeur Viterbi V151
décollement L171, L172
~ de connexion par soudage à thermocompression B224
décomposition D19
~ de gaz G22
~ en décharge luminescente G123
~ fonctionnelle F303
~ thermique T95
décoration D23
découpage B259, C264, C482, C574, E353, S34
~ des lingots en tranches S439, W23
~ des tranches en puces W54
~ en puces C195
défaillance B260, D2, F14, M31
défaut D2, F14, F32, I77
~ aléatoire R36
~ créé par faisceau ionique I303
~ créé par implantation I82
~ créé par radiation laser L52
~ d'assemblage A217
~ de déplacement D307
~ de getterage G91
~ d'emballage S624
~ de paquetage S624
~ de photomasque P170
~ de Schottky S82
~ de substitution S749
~ de volume B289
~ d'impureté I98
~ d'oxyde de grille G66
~ du réseau cristallin C515, L92
~ Frenkel F264
~ induit par radiation R16
~ interstitiel I275

~ intrinsèque N16
~ non connecté L304
~ opaque O76
~ ponctuel P312, S395, S589
~ radiatif R16
~ résiduel R208
~ sous-superficiel S769
~ sur interface B247
~ type «bec d'oiseau» B164, B166
défauts groupés C271
~ par million D47
définition D48, S277, W177
~ de dessin D48, D68, P62, P63, P66
~ de dessin à la couche de métallisation M150
~ de dessin à la couche de polysilicium P338
~ de dessin à la couche du photorésist P207
~ de dessin aux rayons X X10
~ de dessin de masque pour décapage des rainures T273
~ de dessin des plots de soudure B226
~ de dessin des rayures S123
~ de dessin en couche de résist R223, R257
~ de dessin en couche mince T148
~ de dessin par faisceau ionique I316
~ de dessin par microlithographie M226
~ de dessin par photolithographie P185
~ de dessin sur réseau A191
~ de la tranche W36
~ de masque M49
~ de masque pour décapage des rainures T273
~ de motif P62, P63, P66
~ de motif par faisceau ionique I316
~ de nitrure de silicium N67
~ de piste conductrice L204
~ de qualité de diffusion G169
~ de relief I65
~ des bords d'image M38
~ des dessins sans résist R242
~ des microstructures F109
~ du bord d'image E26
~ du dessin I57, I63, I65
~ du motif I57, I63, I65
défluxeur D51
déformation de la tranche W7
~ de poutre B308
~ des sorties en fil W142
~ d'image I45
~ provoquée par diffusion D226
dégazage D52, O175
~ sous vide élevé H168
dégénérescence D53
dégradation D60
~ de bêta B116
~ de masque M50
~ des performances de composant C341
~ provoquée par UV-radiation U102
dégraisseur D61
~ par immersion dans le solvant liquide et vapeur de solvant I68
degré S659
~ de dégénérescence D53, D54
~ de dopage D352
~ de redondance R122
~ en couche d'oxyde O239
délai du signal de porte G48
déminéralisation D70
densification des couches minces T149
~ d'oxyde O217
densité D78
~ d'accepteurs A15
~ de compactage C340, P13
~ de compactage à la puce C193
~ de compactage de circuit intégré C233
~ de compactage d'éléments C89

~ de dopant D333
~ de la région d'inversion I295
~ d'électrons de conduction C389
~ de placement d'éléments de la mémoire M131
~ de puce C204
~ des cellules de mémoire S698
~ des défauts D40, D42
~ des dislocations D300
~ des portes équivalentes G50
~ des porteurs de charge C40
~ d'impureté I99
~ d'impureté dopante I99
~ d'intégration I221
~ d'interconnexions I234, W148
~ d'occupation O7
~ superficielle S807
dénudage R185
~ des microcouches M258
dépannage R190
dépassement des limites nominaux O202
déplacement B120, S278
~ de défaut D46
~ de la base B65
~ diélectrique B120
~ électrique B120
déplétion de dopage par bore B233
~ des porteurs de charge C148
déposition D91, P391
~ à étages multiples M435
~ axiale en phase vapeur V54
~ chimique en phase vapeur C174
~ chimique en phase vapeur sous basse pression L330
~ chimique en phase vapeur sous vide V9
~ chimique modifiée en phase vapeur M314
~ de motif de masque M76
~ des couches minces T150
~ dynamique D446
~ électrochimique E49
~ électrolytique E60
~ en décharge luminescente G124
~ en phase gazeuse G23
~ en phase vapeur E343, V55
~ en phase vapeur à basse température L346
~ épitaxiale E236
~ hétéroépitaxiale H63
~ laminaire L6
~ oblique O4
~ par faisceau d'électrons E75
~ par faisceau ionique I304
~ par laser L43
~ par réduction E56
~ photochimique P138
~ photochimique d'oxyde en phase vapeur P139
~ physique en phase vapeur P220
~ rapide H130
~ thermochimique en phase vapeur T94
dépôt D91, P391
~ à étages multiples M435
~ à jet moléculaire M333
~ chimique de couche épitaxiale en phase vapeur E235
~ chimique en phase vapeur C174
~ chimique en phase vapeur à haute température H160
~ chimique en phase vapeur à pression atmosphérique A228
~ chimique en phase vapeur à pression réduite R109
~ chimique en phase vapeur de silane S310
~ chimique en phase vapeur métallo-organique M172
~ de matériau polycristallin P320
~ dynamique D446
~ électrolytique E60, P301
~ électrolytique par chauffage laser L51
~ epitaxial E236
~ hétéroépitaxial H63
~ induit par laser L53

453

~ laminaire L6
~ oblique O4
~ par faisceau d'électrons E75
~ par faisceau ionique I304
~ par jet moléculaire M333
~ par laser L43
~ par métallisation M164
~ par méthode de tube ouvert O82
~ par pulvérisation ionique S597
~ par pyrolyse P529
~ par réduction E56
~ physique en phase vapeur P220
~ plasmachimique en phase vapeur P281
dépoussiérage D441
dérive D397, R364
~ à court temps S295
~ à vie longue L302
~ de défaut D46
~ d'électrons E106
~ des porteurs de charge C41
~ des trous H196
~ thermique des paramètres T56
désalignement M288
désionisateur D63
désordre D305
~ du réseau cristallin L93
désorganisation du réseau cristallin L93
dessin D396, I35, P55, P228
~ assisté par ordinateur C370
~ conducteur C394
~ de couche de résist R256
~ de la topologie L113
~ de masque M61
~ de métallisation M167
~ de photomasque P171, P175
~ de photomasque intermédiaire R282
~ de résist R256
~ des connexions échantillonnées D298
~ des régions d'isolement I377
~ des terminaisons L139
~ développé D122
~ d'interconnexions R348
~ plan de disposition créé à la main H11
~ sur photomasque d'émulsion E185
~ topologique L110, L113, T201
~ topologique créé à la main H11
dessoudure D116
destruction R368
détachement L171, L172, S713
~ de la couche du photorésist P202
~ du photorésist à la surface entière S830
détecteur de fuite L148
~ d'humidité M324
détection des fissures C480
~ d'instant de fin d'opération E197
détérioration de connexion B210
~ des performances de composant C341
développateur D123, D124
~ du photorésist P197
développement D125
~ à sec D409
~ de circuit intégré I14
~, faible L178
~ par immersion I67
~ par liquide de réaction W103
~ par pulvérisation fluidique S592
développeur du photorésist P197
développeuse D123
~ du photorésist P197
~ par pulvérisation fluidique S591
~ pour le photorésist sur tranche W5
diagramme des connexions C408
~ des phases P126
~ d'états S638

~ d'interconnexions I235, W149
diamètre du collapsus C301
diélectrique de grille G51
~ d'intercouche I263
~ multicouche L105
~ oxyde O218
~ pour couches polysilicium I272
différence de potentiel de contact C434
diffraction des rayons X X5
diffusant D189, D349
~ à diffusion rapide F26
~ à faible diffusivité L309
~ gazeux D336
diffusion D208
~ accélérée E208
~ à deux étapes T328
~ à deux stades T328
~ à l'intérieur I119
~ à un pas O61
~ au polysilicium dopé D346
~ au travers de masque M52
~ commandée C452
~ continue B177
~ croisée C489
~ de base B53
~ de bore B234
~ de canal C120
~ de collecteur C305
~ de drain et de source D390
~ de formation de collecteur C305
~ de la source gazeuse G37
~ de mise en forme des anneaux de protection G193
~ des porteurs de charge C134
~ d'impureté I100
~ d'impureté dans le substrat S757
~ d'impureté donatrice N145
~ d'impureté dopante I100
~ d'isolement I369
~, double D371
~ due aux dislocations D303
~ émettrice E166
~ en ampoule B252
~ en dopant liquide L219
~ en fonction d'erreurs E282
~ en phase gazeuse G33
~ en phase vapeur V56
~ en source solide d'impureté S518
~ excitée par radiation laser L37
~ horizontale S304
~ interstitielle I276
~ inverse B5, B11, O170
~ inverse simultanée S384
~ isolante I369
~ latérale L76, S304
~ le long de ligne de dislocation P248
~ localisée L265
~ multiple M426
~ par masque d'oxyde O229
~ par méthode de tube ouvert O83
~ par tube fermé C267
~ pour formation de base et de résistance standard S41
~ pour formation du canal C120
~ pour formation des contacts C419
~ pour formation des puits type p P526
~ profonde D29
~ SBR S41
~ secondaire D402, U93
~ sélective S157
~ séparatrice S251
~ simple S397
~ substitutionnelle S746
~ thermique T96
~ type p P503
digitaliseur D246

dilatation thermique T99
diluant V78
dilution D249
dimension G82
~ critique C488
~ de maille M146
~ d'image I61
~ topologique F37, F38
dimensions de profondeur D98
~ horizontales L77
~ hors toutes O185
diode à couche mince T151
~ à double diffusion D367
~ à hétérojonction H73
~ à jonction J26
~ à jonction émetteur-base E160
~ à porteurs chauds H217
~ à résistance négative N48
~ à stockage de charge C160
~ à structure fine S261
~ à temps de transit A261, T245
~ à temps de transit à barrière injectée B47
~ à temps de transit et plasma piégé T260
~ à temps de transit et résistance négative T246
~ BARITT B47
~ collecteur-base C302
~ de fixation C243
~ de référence R128
~ diffusée D195
~ d'isolement I370
~ EL L180
~ électroluminescente L180
~ émetteur-base B58
~ émettrice de lumière E178
~ encapsulée S141
~ en film organique sur arséniure de gallium O157
~ entre source et drain S555
~ Gunn G200
~ IMPATT A261, I70, T245
~ intégrée C196
~ laser L45
~ p-i-n à barrière intrinsèque I282
~ planaire-épitaxiale P261
~ polarisée en direct F233
~ polarisée en inverse B2, R290
~ protectrice entre source et drain S555
~ Schottky M190, S71
~ Schottky limiteuse S79
~ TRAPATT T260
~ tunnel T301
~ Zener Z4
dioxyde D263
~ de silicium Q23, S324, S365
~ de silicium de source N17
~ de silicium dopé par phosphore P131
~ de silicium formé en rainures R85
~ de silicium hydrophobe H272
dislocation de bord E21
~ en hélice S121
~ marginale E21
~ parfaite P104
~ partielle P37
~ partielle de Shockley S287
~ superficielle S808
~ unique S398
dispersion S66
~ des paramètres de processus dans un lot W156
~ électron-trou E112
dispositif D128
~ à basse rapidité S441
~ à bulles magnétiques M10
~ à couplage de charge C141
~ à couplage de charge à canal caché B310
~ à couplage de charge à canal de volume B286

~ à couplage de charge à canal superficiel S804
~ à couplage de charge à canal type méandre M117
~ à couplage de charge à couche de déplétion profonde D27
~ à couplage de charge à grilles superposées O198
~ à couplage de charge à régions auto-alignées S168
~ à couplage de charge à structure superficielle S805
~ à couplage de charge à transfert parallèle P30
~ à couplage de charge à transistors à jonction J24
~ à couplage de charge avec profil à degré d'oxyde S678
~ à couplage de charge péristaltique P115
~ à couplage de charge type barrière B49
~ à domaines chargés C151
~ à effet Gunn G199, T220
~ à effet Hall H5
~ à élément à chapelet B278
~ à haute immunité contre le bruit H118
~ à haute tension de seuil H163
~ à injection de charge C155
~ à jonction métal-semi-conducteur M190
~ à la base de monocristal S390
~ à la base de semi-conducteur composé C363
~ à ondes de surface acoustiques S32
~ à ondes élastiques de surface E39
~ à ondes magnétostatiques M22, M385
~ à poutres B94
~ à propriétés de surface contrôlables C455
~ à rapidité de sous-nanoseconde S742
~ à solide S517
~ à transfert de charge C51, C164
~ à transfert d'électrons T220
~ à transistors FET F65
~ à transistors MOS avec grilles en V V122
~ à transistors MOS bipolaires B156
~ au semi-conducteur amorphe A123
~ aux minoritaires M284
~ CCD à couche de déplétion profonde D27
~ CCD à grilles superposées O198
~ d'ajustage des résistances par laser L66
~ d'assemblage A219
~ de câblage F140
~ de croissance des cristaux C519
~ de décapage à sec D411
~ de définition de type de la conductibilité T332
~ de détermination du type de conductibilité des tranches W68
~ de gainage avec chargeur/déchargeur type cassette-cassette C61
~ d'emboîtage des puces C181
~ de mesure multisonde M439
~ de triage des puces D179
~ d'évacuation de brasure S493
~ discret à structure MOS E149
~ micro-électronique à haute complexité fonctionnelle H82
~ moulé par résine R214
~ opto-électronique L191
~ planaire épitaxial E231
~ pour cassure du substrat en puces séparées S755
~ pour connexion en fils par thermocompression T116
~ pour élimination d'électricité statique S649
~ pour élimination de photorésist à film sec D418
~ pour inspection des tranches W26
~ pour montage flip-chip E175
~ semi-conducteur à optocouplage O142
~ superconducteur quantique d'interférence S779
~ type semi-conducteur-sur-saphir S226
disposition L108
~ commutée R343
~ de circuit intégré I202
~ de circuit intégré à la demande C567
~ de circuit intégré sur la silicium S350
~ de puce C203

~ des connexions W147
~ d'interconnexions I238, R347
~ en système de coordonnées X-Y X27
~ régulière R168
disque coupant B173, C575
disruption B260
dissipateur D310
~ thermique D310
dissipation calorifique H42
~ thermique H42
dissolution S531
~ de diffusion des trous H195
~ interatomique I228
~ interélectrode E53
distorsion de masque M51
~ du réseau cristallin L94
distribution 3D D14
~ de charge C150
~ de dopant D335
~ de Fermi F44
~ de Fermi-Dirac F44
~ de gaz G31
~ dégénérée D56
~ des défauts par densité D43
~ d'impureté dopante I101
~ d'intensité du champ F63
~ d'intensité du champ électrique F63
~ en fonction d'erreurs E283
~ en vitesse V79
~ gaussienne G74
~ par densité D79
~ par profondeur D99
domaine D325
~ magnétique cylindrique C582, M11
données topologiques L111
donneur D326
~ ionisé I348
~ profond D30
dopage D348, I104
~ à basse concentration L307
~ à compensation C474
~ à transmutation T249
~ de la solution S530
~ de la surface du semi-conducteur S809
~ de silicium S327
~ d'impureté I103
~, double D373
~ du substrat semi-conducteur S211
~ en phase gazeuse G34
~ erratique E281
~ faible W93
~ fort H52
~ localisé L266
~ p P87
~ par arsenic A198
~ par bore B235
~ par impureté réduisant la durée de vie des minoritaires L170
~ par injection I157
~ par laser L47
~ par neutron N59
~ par neutron-transmutation N61
~ par or G132
~ par phosphore P129
~ sélectif P402, S158
~ type n N148
~ type p P506
dopant D330, D349, I92
~ donneur D328
~ liquide L220
~ pour collecteur à couche cachée B315
~ pour prédéposition S585
~ pour région isolante I371
~ stabilisant le réseau L95

~ stabilisant le réseau cristallin L95
~ type p P504
dorage G135
dorure G135
dose d'exposition E369
~ d'implantation ionique I335
doseur D361
~ d'adhésif G127
~ d'adhésif époxy E265
~ de résist R224
drain D389
~ à faible dopage L184
~ de diffusion D192
~ de siliciure S315
~ dopé p P89
~ type n N24
driver D403
duplication D434, R198
~ des masques M82
duplicatrice D435
~ des masques M83
durabilité D436
~ chimique C170
durcissant de résine époxy E269
durcissement C540, H21
~ de résine époxy E262
~ par infrarouge I136
~ par radiation I355
~ rapide Q36
durcisseur C541, H20
durée de cycle C581
~ de la vie L167, L169
~ de service nominale R43
~ de stockage S282, S700
~ de vie E198
~ de vie, courte S292
~ de vie de recombinaison R95
~ de vie des porteurs dans la base B61
~ de vie des porteurs de charge C44
~ de vie des trous H201
~ de vie du masque M67
~ de vie supposée E360
dureté H23
~ au rodage L19
~ de radiation R15
~ des rayons X X9
duroïde D437

E

eau désionisée D64
~ distillée D311
~ pour rinçage R324
~ purifié de bactéries B17
~ selon l'exigence d'industrie électronique E117
~ ultra-pure U23
ébauche moulée B131
ébavurage D15, D62
ébavureur D50
écart G17
~ entre broches L140
~ entre pistes conductrices L209
~ entre puces sur la tranche S707
~ entre terminaisons L142
écartement centre-centre C94
~ entre cassettes C57
échancrure formée par faisceau laser L42
~ laser L42
échangeur de chaleur R23
~ des ions I326
~ ionique I326
échantillon S8

échantillonnage S11, S112
~ en cassette C58
échelle de réduction à la lithographie de projection R477
~ d'intégration C335, C336, C337, I222
~ d'intégration de la tranche W27
~ d'intégration des petits circuits intégrés S458
~ d'intégration, grande L28
~ d'intégration, petite S458
~ standard d'intégration S634
échelon de croissance G188
éclaircissement C263
écluse de chambre à vide V26
écoulement R365
~ fort G170
écran S105
écriture W177
effet de bord E22
~ de champ F64
~ de Josephson J11
~ de proximité P489
~ de substrat B205
~ électro-optique E135
~ Hall H4
~ magnétique en résistance M20
~ Ovshinsky O205
~ Schottky S87
~ tunnel E284, T302
efficacité E31
~ de placement P255
effort de déplacement S279
égalisation de la surface de pastille pour circuit intégré à large échelle L370
éjection E36
électricité statique S645
électrode auto-alignée S170
~ de base B57
~ de commande C448
~ de drain D393
~ de la source D556
~ d'émetteur E169
~ isolée de grille I186
~ MELF M151
~ métallique de grille M156
~ planaire P260
électrodes coplanaires C470
~ distribuées S565
électrolyse E57
électrolyseur E59, P302
électron Auger A235
~ chaud H218
~ de valence O173, P113, V43
~ émis E158
~ lent S442
~ libre F262
~ périphérique P113
~ rapide F27
~ tunnel T303
électronique E118
~ à couches minces F92
~ à films F92
~ analogique A130
~ cryogénique C502
~ des semi-conducteurs S212
~ des solides S519
~ des superconducteurs S775
~ fonctionnelle F298
~ intégrée I206
~ moléculaire M335
~ physique E126
électrons injectés I151
électro-optique E137
élément C86, D128, E146, P36
~ à couplage de charge C139

~ à résistance négative N49
~ à un transistor O63
~ bipolaire B142
~ cryogénique C503
~ de C.I. I15
~ de circuit C234
~ de circuit pour propagation des domaines magnétiques en bulle P481
~ de dessin P61
~ de logique tout à transistors à diodes Schottky S76
~ de mémoire S699
~ de microcircuit M203
~ de motif P61
~ de résolution R267
~ d'image I43, P229
~ ET A136
~ ET OU NON A137
~ intégré I207
~ logique L284, L289
~ résistif R226
~ structural de dispositif D129
~ structural de masque M54
~ superconducteur S776
~ topologique F37, T199
~ topologique de montage en surface S810
éléments parasites P34
~ parasites actifs A33
«éléphant blanc» W115
élimination R185
~ de brasure U89
~ de contamination à la surface D304
~ d'électricité statique E149, S646
~ de photorésist non développé D103
~ de résist R265
~ de résist à film sec D422
~ de résist non développé R263
~ des défauts de systèmes à vide V39
~ de soudure D116
~ des restes de photorésist à la tranche W4
~ du photorésist en plasma d'oxygène O248
~ du photorésist par plasma P290
~ par décapage E317
~ plasmachimique du photorésist P194, P280
~ sélective S165
ellipsomètre E153
emballage P17
emboîtage des puces C182
émetteur E159
~ à grand gap W120
~ à isolation d'oxyde des parois W72
~ à large bande interdite W120
~ à parois latérales oxydées O241
~ à structure fine S264
~ dopé par arsenic A196
~ dopé par phosphore P132
~ en maille M145
~ interdigital I251
~ ouvert O80
~ répéteur E170
émetteur-répéteur Darlington D6
émetteur-suiveur Darlington D6
émission par champ F67
~ par champ électrique F67
empâtement P414
émulsifiant E181
émulsion E182
~ à haute résolution F110, H135
~ photosensible L187
~ positive P357
~ sensible à la UV-radiation U103
~ sensible aux électrons E129
encapsulage des puces sur bande porteuse à poutres B102
encapsulant en silicone S329

457

~ pour semi-conducteurs S213
encapsulation C28, C32, C54, E155, E191, P3, P12, S145
~ à étanchéité L150
~ de circuit hybride H265
~ de haute qualité H143
~ du cristal C516
~ en couche fluidisée F210
~ hermétique H59
~ par plastique P296
~ par résine de silicone S330
~ par résine époxy E267
~ par verre G97, G112
enceinte E221
encrage I166
encre I164
endommagement D2
endurance E198
engorgement du capillaire C25
enregistreur graphique G152
enrichissement E210
enrobage C28, C286, C288, E155, P301
~ conforme C405
~ de passivation P44
~ en résist R222
~ par faisceau ionique I302
~ par immersion D266
~ sans stripage S708
~ thermoplastique T122
~ thermoréactif T124
~ total B176
enroulement W171
ensemble G13
~ moulé M326
entaille K2
~ à bords réguliers S276
~ profonde D31
entraînement à température élevée d'échantillon S113
~ de émetteur E177
~ thermique T88
~ termique statique S640
entrance F19
entrée à transistors bipolaires B148
~ de bas niveau L318
entrefer A64, A66, G17
enveloppe E221
~ de verre G102
environnement E222
~ adverse R358
~ d'attaque H213
~ défavorable S254
~ de la salle blanche C259
~ de salle blanche classe 100 C244
~ sévère S254
épaisseur D97
épaississement de couche d'émulsion E183
~ de couche épitaxiale aux bords de la tranche E237
épitaxie E240, E258
~ à basse température L342
~ à haute température H161
~ à jet moléculaire M334
~ à pression réduite R110
~ à température réduite R111
~ automasquante S189
~ de silicium S332
~ de silicium par jet moléculaire S351
~, double D374
~ en phase liquide L229
~ en phase solide S510, S520
~ en phase vapeur V58
~ en phase vapeur aux tranches V51
~ en phase vapeur métallo-organique M173
~ hydrothermale H274
~ localisée L263
~ par faisceau ionique I305

~ par jet moléculaire M334
époussetage D441
époxyde de verre E268
épurateur d'eau W82
équation de continuité d'électrons E102
~ de diffusion D219
~ de diode idéale I24
~ de transistor T232
~ Shockley I24, S286
équipement automatique de mesure A249
~ création du vide V35
~ cryogénique C505
~ d'assemblage M375
~ de fabrication des masques M69
~ de la chambre jaune Y2
~ de lithographie L235
~ de lithographie à exposition pas à pas S663
~ de mesure pour les tranches W34
~ de multiplication pas à pas S663
~ de transfert H14
~ d'inspection I182
~ d'interconnexion I236
~ pour besoins individuels I148
~ pour désionisation d'eau D319
~ pour fabrication des composants C345
~ pour le traitement technologique des tranches W43
~ pour vidage V35
~ sous vide élevé H172
~ technologique P442
~ universel de contrôle automatisé V83
~ VATE V83
équivalent de C. I. discret D289
érosion ionique I321
erreur d'alignement A81
~ de câblage W150
~ de connexion C409
~ de superposition des masques M73
espace d'air A66
~ entre tranches W56
~, petite T179
espacement des broches P250
~ entre broches L140
~ entre pistes conductrices L209
~ entre terminaisons L142
essai accéléré A11
~ au centrifugeur C97
~ de détachement de la puce D176
~ de qualification Q12, Q13
~ de rupture P511
~ des sorties en fil de détachement B228
~ de stabilité au changement cyclique de température T55
~ destructif D120
~ d'étanchéité L149
~ d'étanchéité par immersion dans liquide L216
~ d'étanchéité par immersion dans un colorant D444
~ de traction P511
~ de vibration V134
~ de vie L168
essais de qualification du processus P450
étage S265, S659
étalement de charge C158
étamage T185
~ électrolytique E145
~ électroplastique T186
étanchage en atmosphère d'oxygène O247
~ par soudure en atmosphère d'oxygène O247
étanchéification P373
~ de boîtier P5
~ par adhésif A45
~ par soudage aux galets à joint parallèle P29
~ par soudure S507
étanchéité L151
~ à vide V38

étanchement E155, S145
étape S625
~ de conception D113
~ de montage B6
état S637
~ amorphe A124
~ d'arrêt O16, O25
~ de bande interdite G19
~ de déclenchement O25
~ d'enclenchement O72
~ d'interface I260
~ énergétique E204, S637
~ «off» O16, O25
~ «on» O47, O72
~ ordonné H114
~ superficiel S825
~ «un» O60
~ «zéro» Z14
ET câblé D362, W133
étude par rayons X X6
étuvage à haute fréquence H78
~ à HF H78
étuve D104, R5
~ à vide V17
~ centrifuge pour les tranches W8
eutectique or-silicium G136
évacuation E335
~ de chaleur H45
évaluation de fiabilité par méthode non destructive N104
évaporant E337
évaporateur E347
~ à creuset C497
~ à cuvette B202
~ à explosion F157
~ à faisceau d'électrons E78, E100
~ à filament H221
~ à haut rendement H81
~ à tungstène T296
~ à vide pour gainage C289
~ des couches minces F93
~ pour gainage C289
~ pour métallisation M154
~ résistif R227
évaporation des couches minces T152
~ explosive F156
~ ionique des couches minces T157
~ parallèle C293
~ par faisceau d'électrons E76
~ par laser L39
~ sans pulvérisation S588
~ sous ultravide U18
~ sous vide E339, V20
~ sous vide élevé H169
~ thermique T97
exactitude d'alignement A80
~ par rayons X X6
excitateur D403
excitation thermique T98
exigence aux circuits C236
expanseur E358
~ de porte G54
~ par entrée/sortie I175
expansion de volume V183
~ linéaire L198
explosion L172
exposition E368
~ à micro-écart P490
~ à photolithographie par contact C421
~ aux rayons X X8
~ continue D170
~ de champ large L21
~ de la tranche entière W119
~ de lithographie de projection P468

~ forte H53
~ multiple M427
~ optique L185, O106
~ optique pas à pas O136
~ par faisceau d'électrons E80
~ par faisceau ionique I308
~ par radiation ultraviolette U40
~ par ultraviolet lointain D33
~ par ultraviolet proche N32
~ pas à pas S660, S664
~ pour définition de dessin P67
~ pour définition de motif P67
~ puce à puce D153
~ sans contact O178
~ successive directe D278
~ sur la tranche entière F280
extension latérale des éléments L89
extinction de décharge D282
extraction d'oxygène O253

F

fabrication assistée par ordinateur F169
~ des circuits intégrés à la demande C562
~ des photomasques P217
~ des poutres sur la bande porteuse T19
~ des prototypes S11
~ d'original A208
~ en ligne I171
~ par technologie de groupe B75
face F4, F11
~ cristalline C517
~ inférieure B12, B243
facettage C473
facette F11
facteur d'amplification en courant C545, C548
~ d'amplification en tension V171
~ de bruit N90
~ de chargement L252
~ de compensation C325
~ de décapage E300
~ de décroissement du rendement Y6
~ de diffusion D214
~ de mise à l'échelle S52
~ de multiplication par avalanche A260, M438
~ de recombinaison R93
~ de réflexion R138
~ de réjection de mode commun C321
faisceau B86
~ d'électrons E69
~ de section rectangulaire S271
~ d'ions réactifs R57
~ électronique E69
famille F16, L193
~ des circuits intégrés I201
~ des circuits intégrés logiques programmables par utilisateur F76
~ des circuits intégrés rapides H155
~ des courbes F17
~ des puces C199
~ logique L290
FAO F169
fenêtre O81, W123
~ à la région de part en part R51
~ de contact C439
~ de diffusion D239
~ de diffusion au masque D229, D354
~ de diffusion de base B55
~ de diffusion émettrice E107
~ de masque M56, M71
~ en couche d'oxyde O242
~ en zigzag Z18

~ pour écriture-effacement W175
ferromasque F46
feuille de dessin en cuivre D388
fiabilité R179
fibre de verre F54, G104
~ époxy laminée F55
~ laminée G105
fiche P238, T69
~ de socle R75
fidélité de sérigraphie P421
figure du décapage E301
fil W126
~ des broches L145
~ mince de sortie F219
~ pour connexion enroulée W170
~ pour soudage à thermocompression B221
film F84
~ à épaisseur submicronique S735
~ crû G177
~ de blindage S284
~ de grenat G20
~ de masquage M58, S284
~ déposé par dépôt chimique en phase vapeur C175
~ de résist R225
~ d'interconnexions multicouches W152
~ d'oxydation O210
~ d'oxyde O222
~ d'oxyde protecteur F71
~ d'oxynitrure O254
~ du photorésist P199
~ en rubylith R356
~ en substrat S758
~ épais polymère P330
~ épitaxial E238
~ épitaxial pour substrat E256
~ exposé E363
~ hétéroépitaxial H64
~ Kapton K1
~ monocristallin S391
~ monomoléculaire M355
~ polyimide K1
~ polyimidique P325
~ résistif R228
~ sans contaminants C441
~ structuré P60
~ transparent T250
films épais T139
~ minces T156
filtre à DCC C73
~ à domaines chargés C152
~ à l'eau W81
~ à ondes acoustiques de surface S802
~ en boîtier à simple rangée des connexions S418
~ SIP S418
finition F130, F131
~ de la surface S811
~ des pattes L126
~ des terminaisons L126
fissuration C481, C482
fissure F139, F166
fixation du cadre de sortie L139
~ par cire W90
flash F154
flat-pack plastique P412
flèche C7
flip-chip B3, F172
~ avec sortie à bille B27
flip-flop T192, T274
flou B197, F325
~ de pénombre d'image P102
~ d'image I38, P58
~ du bord d'image E23
~ thermique T90
fluide pour pompes à diffusion D232

fluidité F208
flux F212
~ de brasage fort B256
~ de brasure S498
~ soluble dans l'eau W79, W84
~ turbulent T307
fluxeur F213
fonction de transfert T214
~ d'onde W87
~ logique L276
~ logique combinatoire C314
fonctionnement P106, W162
~ de bascule T275
~ de diode D253
fond B243
fonderie F239
~ de silicium S336
forage par laser L48
force d'adhésion A42
formage à chaud H222
~ à froid C297
~ de sorties des composants C347
~ des pattes L129
~ des terminaisons L129
format d'image A213, I47
formateur D403
~ de registre R159
~ des images optique O130
~ des lignes L206
~ des pattes L128
~ des terminaisons L128
~ intégré I205
formation de bossage à la surface de contact en aluminium A112
~ de filament F80
~ de jonction p-n J27
~ de la structure S719
~ de nitrure de silicium par faisceau d'ions I313
~ de photorésist non développé induite par ozone O255
~ des canaux C123
~ des cavités sur plots de soudure C433
~ des cratères C484
~ des microstructures F122
~ des poutres B305
~ des rayures B32
~ des traversée E40
~ des zones non mouillables par brasure D130
~ d'image infrarouge I139
~ d'images P66
~ d'images par faisceau laser L46
~ d'interconnexions I243
~ du profil de la surface S822
forme O177, P55
~ de croissance G184
~ de grille G68
~ des terminaisons L127, L139
formeur D403
four à basse fréquence L316
~ à creuset C498
~ à cuire K5
~ à diffusion D222, O211
~ à éléments chauffants tubulaires P532
~ à fritter S415
~ à haute fréquence H102
~ à induction I124
~ à pyrotubes P532
~ à recuire A149
~ avec tube en quartz Q29
~ à vide V22
~ convoyeur B110
~ convoyeur pour étuvage C461
~ de tirage des cristaux C531
~ multimilieu M388
~ multizone M447

~ pour évaporation de la source d'impureté S557
~ pour soudure F320
~ sous atmosphère contrôlée C451
~ tubulaire T295
fracturation C481, C482
fracture F253
fragilité F257
fragmentation F258
fraisage M278
~ par décapage sec M278
frange F268
franges de diffraction D186
~ d'interférence I262
~ d'interférence brillantes B268
~ obscures D4
fréon en plasma F265
fréquence de coupure C572
~ de référence R129
~ de transition T242
~ d'horloge C266
~ opérationnelle O90
fritte F270
frontière de diffusion D218
fuite L147
~ à la surface d'isolant C486
~ d'air A70
~ électrique par canal C122
~ faible F107
~ inverse B14
~ ultra-basse U20
fusible B195
~ en titane-tungstène T187
~ intacte I196
fusion F323, M125
~ à zone Z25
~ de brasure S494, S505
~ de brasure en phase vapeur V62
~ de matière semi-conductrice S219
~ de zone F195
~ de zone à gradient de température T59
~ pour dépôt G181
~ sous vide V27

G

gain A125, A126, E210, G4, G5
~ des signaux faibles S459
~ de vitesse S576
~ en courant C545, C548
~ en puissance P376
~ en tension V177
gainage C241, P301
~ de résist R222
~ des couches minces métalliques T146
~ en verre O194
~ laminé L10
~ par centrifugation S581
~ par couche fluidisée F209
~ par oxydation O210
~ sur le degré d'oxyde S675
gaine C286, C288, O186
~ en résist R222
~ totale B176
gal G6
galette antistatique pour masque A168
~ antistatique pour photomasque A168
gamme L193, R38
~ des puces C199
~ de températures de service O93
~ de tensions V178
gants antistatiques A167
gap F224, F225, G17

~ entre tranche et masque W60
garantie de la résistance à radiation R14
gaz actif chimique R54
~ de pureté électronique E115
~ des trous H199
~ inerte I131
~ noble N86, R39
~ porteur C42
~ pour formation du composé semi-conducteur S210
~ pour remplissage des boîtiers S147
~ rare R39
~ technologique P438
~ ultra-pur pour production des circuits VLSI V160
gel G77
gelée G77
générateur à effet Hall H7
~ de courant C549
~ des masques par faisceau d'électrons E86
~ des photomasques par faisceau d'électrons E86
~ d'image des masques M75
~ d'images R64
~ d'interconnexions multicouches M418
~ d'originaux A209
~ optique d'images O121
génération G78
~ de plasma à décharge gazeuse G27
~ des paires électron-trou C45, E110
~ des porteurs de charge C135
~ des structures de test T78
~ d'image sans masque M65
~ d'original pour C.I. I9
géométrie G82
~ à dimensions microniques M235
~ à traits minces F111
~ de C. I. à réduction à l'échelle S44
~ de circuits intégrés avec éléments à encombrement réduit T175
~ de disposition G81
~ d'électrode E51
~ des structures ultra-fines U14
~ en peigne F128
~ interdigitale I252
~ latérale L82
germanium G87
~ non compensé U57
~ purifié P519
~ ultra-pur H279
germe N153, N155
~ cristallin N154, S155
~ de cristallisation C525
~ monocristallin C532
germination N152
~ cristalline G182
getter G89
~ flash F158
~ spiral C295
getterage G90
~ de diffusion S223
~ de la tranche W16
~ d'implantation ionique I345
~ laser L50
glissement B182
glitch G119
gonflement B185, B186, S834
goniomètre G138
gradation exponentielle E362
gradient de concentration C376
~ de dopage D337
~ de la tranche W17
~ de résistivité R237
~ de température T58
~ d'impureté I105
~ d'impureté de diffusion D224
~ d'impureté dopante I105

gradin fondu R140
grain G146, G151
graissage sous vide V23
graisse de silicone S331
~ sous vide élevé H171
granulation G150
granule G146, G151
grapho-épitaxie G153
grattage S125
~ par laser L63
~ sans contact N98
gratteur à laser L62
~ à outil-diamant D137, D138
~ /découpeur des tranches W51
gravure E207
~ de la tranche W9
~ ionique à haute fréquence H104
grille G38, G157, G159
~ à barrière Schottky S72
~ à pas régulier F144
~ à pas variable I356, V67
~ à peigne F129
~ à rainure en V R77
~ auto-alignée S171
~ composée C350
~ de commande C449
~ de disposition des puces C200
~ de nitrure de silicium N68
~ de polysilicium S336
~ de silicium S336
~ de transfert T215
~ en aluminium A109
~ en métal réfractaire R147
~ en monosilicium et polysilicium S407
~ en polysilicium type n^{+2} N140
~ en semi-conducteur intrinsèque I287
~ flottante F186
~ isolée I362
~ polysilicium-siliciure P317
~ Schottky B44, S72
~ variable V67
groupe d'éléments actifs A32
guide G195
«guncher» G198

H

hauteur de barrière potentielle B46
herméticité L151
hermétisation S145
hermétique S139
~ en silicone S329
~ époxy E266
~ polymère P328
~ pour semi-conducteurs S213
hétéroépitaxie H66
hétérojonction H71
~ abrupte A6
~ polarisée en inverse R290
hétérostructure H75
~ à strips S710
~ ballistique B24
homoépitaxie H205
homojonction H206
hotte F292, H209
huile pour pompe à diffusion D233
humectabilité W112
humidité d'ambiance A117
~ relative R176
humidomètre H238
hybride multipuce M396
hybridisation H260

hydromètre H238, H275, M322
hydrophile W113

I

identification I25
~ des pattes L135
~ des terminaisons L135
~ des tranches W22
~ d'images I48
I^2L I209
îlot I358, I359
~ épitaxial E229
~ flottant F193
~ isolé I363
~ isolé par diélectrique D159
~ isolé par oxyde O225
~ silicium-sur-saphir S544
image I35, P55, P228
~ à distorsions D312
~ à haute définition S274
~ à la couche du photorésist P205
~ à l'échelle S49
~ à traits minces F117
~ de couche de résist R256
~ défectueuse D312
~ de masque M61
~ de photomasque R175
~ de photomasque intermédiaire R278, R282
~ de résist R256
~ développée D122
~ d'interconnexions R348
~ d'interconnexions fixes F145
~ d'interconnexions programmables P464
~ floue B196, D205
~, grande L23
~ inverse I297, R298
~ multiple M429
~ négative N41
~ négative d'original N37
~ nette S274
~ optique O120
~ positive P358
~ positive d'original P354
~ répétitive R197
imagerie I51, I57, I63, I65
~ à éléments submicroniques S739
~ à faisceau d'électrons E89
~ à haute résolution H137
~ à traits minces F112
~ aux rayons X X10
~ de projection P469
~ directe à faisceau d'électrons E3
~ multiple M432
~ optique O109
~ par faisceau laser L46
~ par lithographie L236
~ par lithographie inverse L175
~ par photolithographie O122
~ sans contact O179
~ sans résist R242
~ sur la tranche à l'échelle 1 O65
images I57
~ répétitives R195
imageur I53, P73
~ à couplage de charge S143
~ à faisceau d'électrons E90
~ à solide S521
~ matriciel A182, I37, I64
~ matriciel à DCC S74
~ matriciel de grande image L22
~ pas à pas W176
immersion D271

~ dans un bain de brasure S492
~ dans un bain de brasure fusible S492
immunité à la électromigration E67
~ au bruit N91
~ au rayonnement A94
impédance I75
~ de couplage S476
~ directe F237
~ en mode des signaux faibles S460
imperfection I77
~ de la structure cristalline S717
implantation I79, I80, I290
~ dans semi-conducteur amorphe A121
~ de la cavité W99
~ de puce C203
~ des ions de bore B236
~ d'impureté en profondeur D101
~ d'interconnexions I238
~ d'ions à grande énergie H99
~ d'ions à haute dose H96
~ d'ions dans semi-conducteur amorphe A121
~ d'ions de basse énergie L314
~ d'ions de phosphore P133
~ d'ions, faible L182
~ en profondeur D101
~ ionique I79, I80
~ ionique à basse dose L310
~ ionique à l'angle de surface A140
~ ionique à travers de couche d'oxyde protectrice F72
~ ionique à travers de masque M53
~ ionique, double D377
~ ionique pour bipolaires B151
~ ionique pour formation des structures MOS M364
~ ionique pour formation des zones émettrices E175
~ ionique pour zone de déplétion D82
~ ionique sans masque M64
~ ionique simple S402
~ ionique sous angle à la surface T181
implanteur I87
~ d'ions I87
~ d'ions à grand rendement H122
~ d'ions d'oxygène O250
~ d'ions puissant H85
imprégnant I90
imprégnation I91
impression pas à pas S683
~ sérigraphique M187
~ tranche à tranche D154
imprimante de sérigraphie S117
~ microminiaturisé de sérigraphie M245
impureté I92
~ acceptrice A16
~ à la base B59
~ atomique A230
~ compensée C324
~ créantles pièges T261
~ créée les niveau peu profond S267
~ dans le substrat S761
~ donatrice D328, N146
~ dopante I92
~ du groupe V G172
~ étrangère F227
~ implantée I79, I85
~ implantée par ions I341
~ interstitielle I278
~ ionique I330
~ lourde H54
~ moléoulairo M337
~ pour formation du limiteur de canal C128
~ réduisant une durée de vie des minoritaires K4
~ stœchiométrique S691

~ substitutionnelle S747
impuretés isovalentes I388
indexage I116
indexeur I115
indice de réfraction R144
indices de Miller C521, M275
inductance I123
~ de boîtier P8
~ parasite S594, S706
inductivité I127
infrarouge I142
ingénierie E206
~ des systèmes S841
~ des tranches de silicium S370
~ du logiciel S476
inhibiteur R275
injecteur I162
~ auto-aligné S174
~ de double diffusion D368
injection I154
~ de bas niveau L319
~ de canal C121
~ d'électrons chauds H219
~ des porteurs de charge C136
~ des trous H200
~-diffusion d'impureté pour formation de base B56
~ en avalanche A257
~ forte H110
~ par effet tunnel T304
~ simple S400
insertion I179, L251
~ automatique A244
~ manuelle M32
inspection A234
~ au microscope à grossissement fort H116
~ d'entrée I144
~ de placement P257
~ de sortie F100, O176
~ des paramètres électriques E42
~ des photomasques P173
~ optique O104
~ sélective S12
~ visuelle A173, V150
~ visuelle après étanchéification P369
~ visuelle aux rayons X X22
~ visuelle avant encapsulation P409
instabilité R364
installation à commande programmable S473
~ à découper les lingots S29
~ à détacher S712
~ à deux creusets pour croissance des cristaux D365
~ à deux électrodes pour pulvérisation ionique D259
~ à doper D347
~ à gainer le dopant pour prédéposition S586
~ à grand rendement H166
~ à oxyder O243
~ à plasma pour traitement séquentiel des tranches S412
~ à sérigraphier P418
~ à tirer les cristaux P509
~ automatique pour connexion des puces aux sorties sur la bande porteuse T2
~ automatique d'assemblage des puces sur la bande porteuse à poutres B101
~ à vide V6
~ d'ajustage T282
~ d'assemblage A215
~ de cassure F254
~ d'échange ionique D63, D71
~ d'échange ionique de déminéralisation M294

463

~ de connexion des puces par brasure eutectique E330
~ de croissance G175
~ de croissance des cristaux par méthode de Czochralski C587
~ de décapage à activation par ultra-son U28
~ de décapage à sec D411
~ de décapage double B125
~ de décapage liquide W106
~ de dégraissage par vapeur de solvant et vibrations ultra-sonores U32
~ de durcissement C542
~ de fabrication du silicium polycristallin P331
~ de gainage sous vide V12
~ de lavage et rinçage dans milieu aqueux A177
~ de lithographie L241, P418
~ de lithographie à micro-écart F22
~ de lithographie à micro-écartement F22
~ de lithographie aux rayons X avec exposition pas à pas X19
~ de lithographie de la tranche W40
~ de lithographie de projection P474
~ de lithographie de projection à échelle 1 O64
~ de lithographie de projection à exposition pas à pas P478
~ de lithographie de projection sans réduction à l'échelle U78
~ de lithographie de projection tranche à tranche W58
~ de lithographie électronique E79
~ de lithographie électronique de projection E8, E122
~ de lithographie par faisceau d'électrons B104
~ de lithographie par faisceau d'électrons avec balayage vectoriel U76
~ d'emboîtage flat-pack F164
~ de nettoyage par plasma P282
~ de photo-impression au gap G18
~ de photolithographie P176
~ de photolithographie à micro-écart P493
~ de photolithographie à micro-écart et UV-exposition U105
~ de photolithographie de projection à UV-ehposition U45
~ de photolithographie par contact à support à vide V13
~ de préinsertion des composants P405
~ de pulvérisation ionique commandé par microprocesseur M247
~ de pulvérisation ionique continue I172
~ de purification P521
~ de purification de zone Z29
~ de purification par ultra-son U27
~ de rayure S124
~ de recuit par faisceau d'électrons E72
~ de régénération du décapant E291
~ de rinçage F211
~ de rinçage et nettoyage S128
~ de rinçage-nettoyage des tranches W52
~ de rinçage-nettoyage par brosses B269
~ de sérigraphie des circuits hybrides à couches épaisses T137
~ de sérigraphie pour les cartes du montage en surface S462
~ d'étanchéification par soudure S506
~ de tirage des cristaux C529
~ de traitement technologique P449
~ d'exposition par faisceau d'électrons variable V69
~ d'exposition pas à pas à haute performance H157
~ d'insertion des composants à sorties radiales R6
~ industrielle P456
~ pilote P237

~ pour assemblage de circuit hybride H246
~ pour connexion B207
~ pour connexion des puces D150
~ pour croissance des cristaux sous haute pression H127
~ pour croissance épitaxique en phase vapeur V48
~ pour décapage E299
~ pour décapage/rinçage des tranches E321
~ pour découpage des substrats en cartes séparées S756
~ pour élimination de résist R260
~ pour encapsulation P16, S144
~ pour gainage par photorésist P195
~ pour grattage et cassure G198
~ pour montage de circuit hybride H249
~ pour montage en surface S815
~ pour raffinage R137
~ pour raffinage par vapeur des solvants V46
~ pour rinçage et nettoyage des photomasques P179
~ pour sablage S13
~ pour scellement des bords de capot avec base de boîtier P108
instant de fin de décapage E298
~ de fin d'opération E196
intégration I220
~ à échelle D383
~ à échelle optimale O137
~ à gigaéchelle G92
~ à grande échelle G149, H141
~ à interconnexions échantillonnées D295
~ à l'extra grande échelle E375
~ à moyenne échelle M120, M121
~ à petite échelle S457
~ à très large échelle V107, V161
~ à ultra-large échelle U19
~ des composants C343
~ en tranche entière W48
~ multipuce C359
~ standard S634
~ sur la tranche entière F282
~ sur une puce O42
~ verticale V93
intégrité I224
~ d'oxyde de grille G67
~ du vide V25
intensité du champ F79
~ du champ électrique F79
interaction des porteurs de charge C38
interconnexion des composants S344
~ en siliciure de métal M194
~ en siliciure de tantale T13
~ optique O111
~ sur une puce O43
~ tridimensionnelle T167
interconnexions I232, R346, W147
~ aléatoires R37
~ bicouches T322
~ échantillonnées D296
~ fixes F147
~ multicouches M409
~ sélectives S160
interdiffusion I249
interdigitation I254
interface B246, I256
~ broche-surface de contact B223
~ de couche déposée-substrat D96
~ de diffusion D218
~ de hétérojonction H74
~ de jonction J31
~ de semi-conducteurs composés C364
~ diélectrique-semi-conducteur D168
~ intergranulaire C512
~ métal-semi-conducteur M191
~ Schottky S92

~ silicium-saphir S367
interféromètre quantique Q19
interstice I273
intervalle G17
~ de contact G422
~ entre puces I248
intraconnexion I281
intrusion I290
inversion R287
~ de Fourier F243
~ de population P349
~ du champ F69
~ du champ électrique F69
ionisation d'impureté I106
~ d'impureté dopante I106
~ électrolytique E63
~ par avalanche A259
~ par choc I72
~ par collisions C311
~ par impact I72
~ thermique T101
irradiation I354
~ aux rayons X X11
~ par jonctions D262, J32
~ par jonctions polarisées en inverse R292
~ par neutrons N60
~ par oxyde O227
~ par petits sillons remplis d'oxyde S244
~ par rainures G168
~ par rainures à oxyde R82
~ par rainures décapées remplies par diélectrique E311
~ par rainures en V V119
~ par rainures formées par décapage vertical anisotrope V72
~ par silicium polycristallin P319
~ VATE V72
irrégularité de la structure S720
~ de la surface S813
~ du bord E24
~ du bord de piste conductrice L205
~ du réseau cristallin L97
isolant I185, I192, I195
~ d'oxyde pour interconnexions croisées C492
~ pour couches polysilicium I272
isolateur contre vibrations V133
~ intercouches I266
~ pour connexions multicouches M416
isolation I192
~ à air complète F291
~ air-oxyde A71
~ bipolaire B152
~ complète par oxyde poreux de silicium F281
~ de circuit intégré à poutres B96
~ des éléments de circuit bipolaire B152
~ diélectrique D164
~ diélectrique à structure silicium-sur-saphir S16
~ d'oxyde O227
~ intercomposante I247
~ isoplanaire I381
~ latérale L83
~ locale par oxyde fondu L262
~ par couche d'oxyde F68
~ par couche d'oxyde poreuse I367
~ par diffusion de base B54
~ par diffusion de collecteur C306
~ par dioxyde-polysilicium D264
~ par implantation protonique P485
~ par jonction diffusée D196
~ par jonction p-n P309
~ par jonctions polarisées en inverse R291

J

jack J1
~ de terminaison L141
jauge d'épaisseur T141
~ d'épaisseur aux rayons X X20
jeu G13, O174
~ de circuits intégrés C217
~ de pâtes pour couches diélectriques D167
~ des lames de scie B174, M424
~ des pièces de rechange R284
~ des puces de microprocesseur M252
~ des puces de test sur la tranche D405
~ de test T71
joint S138
~ bout à bout A9, B324
~ brasé S499
~ de soufflet B107
~ étanche S138
~ étanche à l'eau W85
~ hermétique A73, H61
~ par enroulement W145
~ soudé S499, W95
jonction J21
~ à barrière B48, B189
~ abrupte A7, S275
~ à effet tunnel T305
~ alliée F312
~ créée en phase vapeur V59
~ de diffusion D193
~ de Josephson J12
~ d'injection I163
~ d'isolement I373
~ drain-canal D391
~ drain-substrat D395
~ émetteur-base E161
~ épitaxiale E242
~ flottante F194
~ graduelle G142, S470
~ hyperabrupte H273
~ implantée I343
~ implantée par ions I343
~ métal-semi-conducteur M189
~ non rectifiante N115
~ n-p N138
~ ohmique O32
~ peu profonde S265
~ photosensible P210
~ planaire P268
~ p-n formée en rainure R79
~ polarisée en inverse R292
~ recristallisée R104
~ source-canal S553
~ source-substrat S559
~ tunnel T305

K

«killer» K4
kit de microprocesseur M252
~ des pièces de rechange R284

L

lacune H191, L103, P249
~ électronique E134
lame circulaire à tranchant à diamant D135
~ de scie B173, S31

465

~ de scie à découper les lingots S436
~ de scie à tranchant périphérique P109, P114
~ de scie circulaire A153
laminé L9
~ époxy E270
~ microhertzien M267
langage pour conception automatisé des C. I. I199
laque photosensible P201
largeur de bande B35
~ de bande interdite F224, F225
~ de grille G73
~ submicronique du canal S733
laser à diode D258
~ à excimères E351
~ à injection I153
~ à jonction *p-n* J33
~ à semi-conducteur S218
~ à solide S522
~ semi-conducteur S218
~ solide S522
~ ultraviolet U41
~ UV lointain F24
lavage W74
~ de chambre C115
laveur W75
LDT Zener D426
leant B137
~ en verre G96, V153
~ organique O155
lecture d'image I58
~ de la marque des tranches W44
~ photo-électrique P190
lentille L156
~ à facette F218
~ à image multiple M431
lien L213, L214
ligne d'alimentation S794
~ de brisement C265
~ de découpage C265
~ de dislocation D301
~ de fabrication des tranches W10
~ de fabrication des tranches avec convoyeur à bande W64
~ de grattage K2
~ de production M34
~ de production des semi-conducteurs S229
~ de retard magnéto-acoustique M18
~ de technologie L193
~ de traitement technologique P444
~ Hamilton H10
~ QTAT Q9
~ technologie haute productivité Q9
limite d'intégration I223
~ intergranulaire G147
limites technologiques T41
limiteur de canal C127
~ de diffusion D237
lingot B36, B131, B245, I145
~ de silicium S343
~ de silicium à section carrée S605
~ monocristallin S393
~ polycristallin P321
~ semi-conducteur S216
liquide de réaction du processus P448
~ pour rinçage W76
liquidus L232
lithographie L240, P420
~ à contact doux S469
~ à double face D433
~ à exposition pas à pas S666, S683
~ à faisceau d'électrons avec balayage de trame R42
~ à faisceaux électroniques à balayage W174
~ à haute résolution H138
~ à mise à l'échelle S43

~ à réduction à l'échelle S43
~ à ultraviolet lointain D35
~ aux rayons X X12
~ combinée M296
~ de la tranche W29
~ de masque M68
~ de microcomposants M230
~ de projection P466, P470
~ de projection à balayage S62
~ de projection par faisceau d'électrons à diminution d'image D69
~ de projection pas à pas S671
~ de projection sans contact N97
~ de projection tranche à tranche W57
~ des microstructures F114
~ des structures à traits fins V103
~ d'explosion L172
~ électronique E85
~ électronique à balayage S58
~ électronique de projection E95, E121
~ en arrière sélective S161
~ inverse L173
~ ionique I310
~ laser L56
~ par faisceau d'électrons B105
~ par faisceau d'électrons à enregistrement direct D280
~ par faisceau d'électrons avec balayage vectoriel V77
~ par faisceau ionique I310
~ par faisceau ionique focalisé F220
~ par UV-exposition U43
~ pour formation des structures à éléments submicroniques S737
~ sans contact C426
~ sans résist R241
~ sur la tranche entière F288
~ sur le photorésist positif P363
lixiviation L122
~ de brasure S500
localisation et élimination des défauts T288
logiciel S472
~ des systèmes de conception assistée par ordinateur S474
logique I203, L274
~ à bas niveau L320
~ à basse rapidité L340
~ à commutateurs de courant C551
~ à couplage de charge C144
~ à couplage de charge direct D273
~ à couplage par émetteurs E164
~ à DCC C75
~ à diodes et transistors resistant à la radiation R19
~ à émetteurs répéteurs E172
~ à faible consommation L315
~ à fusibles I208
~ à haut compactage D75, T176
~ à haute immunité H119
~ à hauts niveaux logiques H111
~ à injecteurs verticaux V92
~ à injection de courant C550
~ à intégration à très large échelle V108
~ à jonctions de Josephson J14
~ à jonctions tunnel de Josephson J16
~ à la base de ET câblé W134
~ à la base de OU câblé W136
~ à large échelle L366
~ à l'injection intégrée I209
~ à plusieurs valeurs M419
~ à quatre phases F245
~ à résistances et transistors R254, T237
~ à seuil élevé H164
~ à seuil variable V70
~ à transistors complémentaires C332
~ à transistors couplés directement D274
~ à transistors et diodes T231

~ à transistors et transistors T239
~ à transistors FET à grille Schottky S85
~ à transistors Schottky S96
~ à transistor Schottky amélioré A53
~ à transistor Schottky perfectionné A53
~ à très haute vitesse V106
~ avancée Schottky à transistors et transistors T240
~ bipolaire B154
~ câblée H31
~ complémentaire à transistors et transistors C334
~ densée D75
~ des solides S523
~ d'interface G128, L293
~ diode-transistor D260
~ diode-transistor à couplages résistifs-capacitifs R244
~ ECL E164
~ en arséniure de gallium G10
~ en réseau A189
~ ET câblé W134
~ ET câblé-OU câblé W137
~ FET à couplage capacitif C18
~ fonctionnelle F301
~ fonctionnelle à émetteurs couplés E173
~ hybride à diodes et transistors H257
~ I^2L à diodes Schottky S91
~ intégrée à injection M137
~ intégrée à injection à diodes Schottky S91
~ intégrée à injection avec isolation par rainures en V V118
~ intégrée à injection avec rainures en V V118
~ intégrée à injection rapide H145
~ intégrée Schottky I218
~ majoritaire M30
~ matricielle A189
~ microhertzienne M268
~ microwattée M264
~ MIS M290
~ MOS M365
~ MOS transistorisée M372
~ multivaleur M419
~ négative N42
~ non saturée N117
~ OU câblé W136
~ programmable par utilisateur U99
~ rapide H147
~ régulière R169
~ sans seuil N120
~ Schottky tout à transistors à faible consommation L328
~ supraconducteur S778
~ toute à transistors à diodes Schottky S97
~ toute à transistors à diodes Schottky S81
~ toute transistorisée Schottky à superbasse puissance S790
~ transistorisée à couplages résistifs R247
~ transistorisée à couplages résistifs-capacitifs R245
loi de Fick F58
~ gaussienne G76
longévité L167, L169
longueur de Debye D16
~ de dérive D399
~ de diffusion d'électrons E104
~ de parcours P54
~ de parcours libre R38
~ d'onde de radiation exposante E373
~ d'onde de rayonnement exposant P423
~ entre collisions C312
LSI du microprocesseur L367
~ du modem L368
~ linéaire L365

M

machine T195
~ à braser par jet de gaz chaud H223
~ à coller les composants en bande porteuse T30
~ à commande programmable S473
~ à couper sur microtranches M259
~ à décapage ionique en magnétron M24
~ à décapage multichambre M389
~ à décaper par plasma à plaques parallèles P28
~ à découper les lingots en tranches S435
~ à découper les tranches D142, D144
~ à découper les tranches en puces W6
~ à dessiner P73
~ à éliminer les résists organiques O159
~ à fracturer les tranches en puces W14
~ à gainer C287
~ à meuler G161
~ à meuler les lingots I146
~ à polir et roder P313
~ à polir les tranches W37
~ à roder L16
~ à souder S144, W96
~ à souder à thermocompression H226
~ à souder par fusion de brasure S495
~ de connexion des puces par adhésif époxy E264
~ de connexion du cadre F260
~ de connexion enroulée W143
~ de décapage à quatre électrodes T82
~ de décapage ionique I306
~ de décapage ionique à trois électrodes T284
~ de découpage de puce à la bande et de formation des sorties E354
~ de découpage longitudinal des lingots L300
~ de nettoyage C251
~ de rinçage et nettoyage des masques M85
~ de saisie et de positionnement P223
~ de soudage par ultra-son U25, U35
~ de soudage thermique ultra-sonique T126
~ de traitement par laser L58
~ d'insertion I178
~ pour brasage sans flamme N108
~ pour connexion des pattes intérieures aux plots de soudure I173
~ pour connexion des terminaisons aux broches du boîtier O171
~ pour insertion des circuits intégrés en boîtiers DIP D268
~ pour revêtement par brasure S490
~ pour soudage à la vague W89
~ pour soudage à thermocompression B207, T117
~ pour soudage à thermocompression à bille B22, C24
~ pour soudage à thermocompression commandée par microprocesseur M250
~ pour soudage à thermocompression des fils W130
~ pour soudage à thermocompression par poinçon cinéiforme W92
~ pour soudage en groupe G14
~ pour soudage par fusion R142
~ pour soudage thermo-impulsionnel P513
maclage T317
macle T315
macrobloc M2
macrocellule M3
magasin H210, M9, T11, T265
~ de transfert T223
magnéto-électronique M15
maille F222, G157, G159
~ à petit pas S440
maintenabilité M26
maître-cache photographique chromée C225
maître-dessin M94

maître-photomasque A211, M96
~ de production P455
mandrin F152
manipulateur H12
~ automatique pour composants A243
~ avec pince à vide V11
~ de chambre climatique E224
~ de saisie P225
~ de saisie de la puce D174
~ de saisie et de positionnement P224
~ de saisie et de positionnement de la puce P226
~ pour transfert cassette-cassette C63
manipulation H13
manomètre G3
manufacturabilité M33
manutention manuelle O99
mappage M37
mappe du rendement Y7
maquette B258, M309
maquette de C. I. I19
marge de bruit N92
marquage I25, M40
~ à la face inférieure B244
~ de la tranche W33
~ de puce rebutée R173
~ des puces C205
marque M39
~ d'alignement A83, F60
~ pour cessation de rodage L18
marqueur de référence R130
~ de superposition R163
~ d'orientation M39
masquage M57, S283
~ à photomasque intermédiaire R281
~ à photorésist M62
~ de lithographie de projection P472
~ de paroi latérale S302
~ par dioxyde de silicium S326
~ par nitrure de silicium N69
~ par oxyde O230
~ par oxyde et nitride O231
~ par oxyde et nitrure O231
~ par photorésist liquide W108
~ pour implantation ionique I89
~ pour métallisation M166
~ sélectif S162
masquant M43
masque M41, S105
~ à braser S502
~ à braser créé par sérigraphie S110
~ à microstructure F106
~ anti-oxydant O212
~ à oxyde de fer I353
~ bimétallique B132
~ chromé pour lithographie électronique E13
~ décalé O23
~ de circuit hybride H267
~ de collecteur C309
~ de déposition D94
~ de diffusion D228
~ de formation de base B66
~ de lithographie L237
~ de lithographie électronique E6
~ de photo-original R280
~ de production P454
~ de projection P471
~ de protection B190
~ des contacts C417
~ d'exposition créé par photorépétiteur S667
~ d'implantation ionique I337
~ d'interconnexions I240
~ d'or G133
~ d'oxyde de diffusion O219
~ en fil d'acier inox S629

~ en fil d'acier inoxydable S629
~ en matériau réfractaire R145
~ en membrane M127
~ en nitrure de silicium S354
~ fabriqué par technologie à faisceau d'électrons E81
~ imperméable pour oxygène O249
~ libre M276
~ maître tolérant à l'usure H26
~ métallique M175
~ métal au verre M178
~ multicouche L106
~ photorésistant P163, P203
~ pour décapage E308
~ pour décapage à plasma P286
~ pour définition de dessin P68
~ pour définition de motif P68
~ pour déposition sous vide V15
~ pour évaporation E344
~ pour formation des puits type p P257
~ pour formation des zones de diffusion D228
~ pour formation des zones émettrices E176
~ pour lithographie aux rayons X X13
~ pour lithographie électronique G160
~ pour métallisation M165
~ pour région isolante I374
~ pour régions dopées D353
~ pour technologie sérigraphique S114
~ programmable P463
~ rigide de transmission R316
~ sans défauts F43, Z6
~ sérigraphique S119
~ sur la tranche entière F289
~ tolérant à l'usure H25
masqueur à contact parfait H18
mâster-tranche U52
matériau à bande interdite étroite L306
~ à bande interdite large L25
~ à basse résistivité L336
~ anisotrope A148
~ à structure silicium-sur-isolant S358
~ composite C353
~ fortement dopé H50
~ fragile F256
~ hermétique E187
~ organosilicié O162
~ photosensible R20
~ réfractaire R146
~ résistif R232
~ semi-conducteur à deux vallées T331
~ semi-conducteur contaminé A49
~ source H215, P35, S636
~ vierge V143
matériel H30
~ à la demande C561
~ auxiliaire S799
~ création du vide V35
~ de transfert H14
~ pour encapsulation P14
~ pour vidage V35
matière de remplissage F83
matrice A185
~ à diodes électroluminescentes L181
~ à images I37
~ à images multiples M422
~ bipolaire B140
~ de mémoire A190
~ de mémoire non volatile N124
~ de mémorisation A190
mécanisme de déplacement pas à pas S668
mégapuce M122
mélange pour décapage gazeux E307
membrane M126
~ d'échange des ions I325
~ de masque M70

~ semi-perméable S242
~ ultra-fine U38
mémoire S694
~ à accès aléatoire R35
~ à accès aléatoire à couplage de charge C146
~ à accès au hasard ligne par ligne L194
~ à bulles B274
~ à bulles à accès par courant C544
~ à bulles magnétiques B274, M13
~ à bulles magnétiques à accès par courant C544
~ accessible à volonté volatile Z12
~ à couplage de charge C145
~ à élément à chapelet B279
~ à élément à un transistor O67
~ à haute compacité H90
~ à ovonic O204
~ à semi-conducteur S220
~ à superdensité des éléments à très haut niveau d'intégration S784
~ chalcogénure C114
~ de circuit VLSI V162
~ EAROM E43
~ en tranche entière W49
~ EPROM E280
~ I²L I33
~ intégrée I18
~ magnéto-optique M19
~ morte R66
~ morte effaçable électriquement E45
~ morte optique O128
~ morte programmable P462
~ morte programmable électriquement E47
~ morte programmable par producteur F13
~ morte programmable par utilisateur F78
~ morte programmée par traversées fusibles F322
~ morte reprogrammable R203
~ non volatile N123
~ non volatile à accès aléatoire N125
~ non volatile adressable par charge N122
~ optique O118
~ permanente programmable et effaçable E280
~ permanente reprogrammable électriquement E43
~ programmable par masque M81
~ PROM P462
~ reprogrammable R202
~ statique S648
~ statique à accès aléatoire S651
~ sur disques et bulles magnétiques F207
~ sur la tranche entière F290
~ volatile V168
mesa M142
~ semi-conducteur S221
mesa-îlot M140
mesure par sonde à quatre points F247
mesureur G3
~ de planéité F161
métal à bas travail de sortie des électrons L348
~ à grand rendement H179
~ d'impureté de transition T243
~ pour grille G61
métallisation à deux niveaux D379
~ à l'entrefer A65
~ à un niveau O56
~ bicouche T323
~ de céramique C105
~ de siliciure S317
~ des rainures R80
~ d'interconnexions fixes F148
~ intercouches I264
~ intermédiaire I269
~ monocouche O55
~ multicouche M410
~ ohmique O33
~ par aluminium A110

~ par faisceau d'électrons E88
~ par métal réfractaire R148
~ par méthode de lithographie inverse L174
~ pour formation de grille Schottky S90
~ pour interconnexions à traits minces F116
~ sous vide M153
~ verticale V96
métallurgie M174
métaux pour interconnexions I241
~ pour terminaisons T67
méthode bipolaire B139
~ Bridgman-Stockbarger B266
~ d'auto-alignement S167
~ de base B69
~ de câblage des puces C178
~ de creuset flottant F185
~ de Czochralski C586
~ de Czochralski par encapsulation liquide L221
~ de décomposition D21
~ de double creuset D366
~ de fabrication des circuits intégrés à deux couches de silicium polycristallin T326
~ de groupe B76
~ de mesure par deux sondes T324
~ de multiplication par blocs B193
~ de production de dispositif avec photomasque unique S405
~ de réduction d'image R120
~ de réseau prédiffusé G40
~ de superposition optique O119
~ LEC sous haute pression H128
~ Monte-Carlo M356
~ sans creuset C499
~ technologique M35
~ triode de pulvérisation ionique sous basse pression L332
meulage G162
~ abrasif D299
~ de la surface S812
~ de précision P392
~ électrochimique E50
~ électrolytique E62
meule G164
meuleuse à disques abrasifs rotatifs R337
micro-analyse d'Auger de balayage S56
micro-assemblage M199
~ hybride H247
~ multipuce M392
~ semi-conducteur S203
microboîtier L334, V110
microcircuit M202, M214
~ à substrat céramique C100
~ monolithique M349
microcircuiterie M204, M205
microcircuits M205
microcomposant discret M212
microcontrôleur M210
microcoupe M257
microdéposition M240
micro-écart P491
micro-électronique M216
~ à immunité à la radiation H19
~ analogique A132
~ complexe C338
~ compliquée C338
~ digitale D244
~ hybride H263
~ intégrée I210
micro-encapsulation M215
microfissure C485, F139
microfracture C185
micro-image M237
micro-imagerie M223
micro-interconnexion M224

micro-interféromètre M225
microlithographie M227
~ pour création des circuits monolithique S222
~ pour création des circuits semi-conducteurs monolithiques S222
microminiaturisation M231
micromodule M232
micro-opto-électronique M236
micro-ordinateur M198, M208
~ à 16 bits B167
~ à plaque unique O48
~ de gestion de production I129
~ monoplaque O48
~ monopuce O53
~ programmable S475
~ universel M229
micropack TAB T5
microphotographie M221, P182, P183
~ à l'aide d'un microscope électronique à balayage S59
~ créée par microscope électronique à transparence T47
~ par microscope électronique à balayage S247
microplaceur M239
micropositionneur M241
microprocesseur M198, P449
~ à 16 bits B172
~ à structure silicium-sur-saphir S17
~ bas de gamme L312
~ bipolaire en tranches B141
~ CMOS sur saphir C281
~ de rang moyen M271
~ discret D291
~ ECL en tranches E15
~ en tranches B170, D8, M255, S429, S432
~ et circuit intégré sur une même puce C472
~ haut de gamme H98
~ I^2L en tranches I34
~ microprogrammé M256
~ monolithique M351
~ monopuce O52, O53, S388
~ multipuce M397
~ standard C68
~ universel V109
microproduction M219
microprofil de surface M262
micropuce M200
microscope à faisceau sectionné L186
~ d'inspection I184
~ électronique E125
~ électronique à balayage S60
~ électronique à balayage et à transmission S63
~ électronique à transmission haute tension H177
~ électronique à transparence T248
~ infrarouge I141
~ laser à balayage L61
~ laser-acoustique à balayage S61
~ métallographique M170
~ opto-acoustique O139
~ pour inspection des tranches W24
~ tunnel à balayage S64
microsonde M246
~ Auger A237
~ d'Auger de balayage S57
microstructure F108, M237
~ de transistor T234
microtrace M263
microtraces d'impureté U39
microtraitement M219, M228
microtrieuse M260
migration des limites intergranulaires G148
~ induite par avalanche A256
milieu oxydant O208
minisondeur M281
minoritaire M282

mise à l'échelle D250, S51, S296
~ à l'échelle passive P48
~ à l'échelle verticale V101
~ au point rapide Q37
~ au rebut R174
~ en forme de dessin D48, D68
~ en forme de revêtement de dioxyde de silicium S416
~ en forme des cavernes dans silicium S323
~ en forme des rainures G169
~ en marche de circuit CMOS par capture L74
~ en rebut S105, S112
~ en réserve B15, P26
~ en traversée B265
mobilité de Hall H8
~ des porteurs de charge dans un canal C124
~ des vacances V4
~ intrinsèque I288
~ superficielle des électrons S814
mode à accumulation limitée de charge d'espace L356
~ à déplétion D85
~ à temps de transit et plasma piégé T263
~ autonome O19
~ continu C445
~ de fonctionnement O91
~ de fonctionnement rapide H149
~ d'encapsulation S151
~ d'enrichissement E214
~ de saturation S23
~ de stockage S701
~ en ligne O69
~ Gunn G202
~ impulsionnel P514
~ LSA L356
~ non saturé N118
~ statique S654
~ transitoire T226
~ TRAPATT T263
modèle M309, P487
modem à deux puces T319
~ à microprocesseur M253
modernisation U94
modifieur M315
modularisation M317
modularité M316
~ fonctionnelle F302
module de commande à distance R184
~ de rinçage R325
~ de transfert des tranches W20
~ du four F309
~ hybride H264
~ intégré I20
~ multipuce M398
~ pour dessoudure sous vide D117
~ pour la fabrication des tranches W11
moniteur de caractéristique courant-tension V140
~ pour l'air A115
~ pour l'air ambiant A115
monobride M340
monocouche M344
monocristal M342
~ de silicium S368
monolithique M345, M348
mono-oxyde de silicium S352
monopuce à bulles S387
~ à magnifiques S387
montage à la main M32
~ de microcircuit hybride H250
~ des composants S723
~ des puces C182, C206
~ des puces sur la carte C208
~ en boîtier C54
~ en boîtier type Cerdip C106
~ en face inverse B4
~ en support H39

∼ en support de boîtier H39
∼ en surface S816, S818
∼ multifil M446
∼ multipuce M392
∼ par flip-chip F176
∼ par méthode flip-chip I112
∼ pas à pas S674
∼ successif S674
∼ sur le support de puce C188
motif D396, I35, P55, P228
∼ de masque M61
∼ de métallisation M167
∼ de photomasque P175
∼ développé D122
∼ d'interconnexions R348, W154
∼ sur le photomasque d'émulsion E185
∼ topologique L110, L113
mouillabilité W113
moulage C65, M331, P373
∼ de résine époxy E271
∼ par choc I73
∼ par transfert T217
moule M325
∼ pour boîtiers plastiques E192
moyenne de temps de bon fonctionnement M118
moyens antistatiques A164
∼ CAO C367
∼ de conception assistée par ordinateur C367
∼ de conception automatisée D106
∼ diagnostiques D134
∼ pour contrôle de disposition d'original A206
multidiélectrique L105
multiplexeur à DCC C76
multiplication M427, R198
∼ des dislocations D302
∼ des masques M82
∼ d'images I49, I55, M432, P72
∼ d'images à haute résolution H136
∼ par blocs B194
∼ pas à pas S660, S669
∼ pas à pas d'images I62
multiplieur R199

N

nacelle de cristallisation C525
nanocircuits N10
nano-électronique N10
nanolithographie N11
nanoprocesseur N12
négatif N41
∼ d'original N37
netteté S277
∼ des bords d'image M38
∼ d'image I60, P231
nettoyage C252, C261
∼ au gaz G21
∼ aux solvants S533
∼ électromagnétique E66
∼ ionique I301
∼ par décapage à plasma P283
∼ par décharge luminescente G122
∼ par pulvérisation ionique S595
∼ par soufflage d'air A72
∼ par UV-radiation et ozone U44
∼ thermique H40
neutralisateur des centres de recombinaison R92
neutralisation de la charge volumétrique S562
nico N64
nifé N65
nitruration N66
nitrure de bore en source de diffusion B199

∼ de silicium S353
niveau accepteur peu profond S258
∼ de complexité C337
∼ de complexité de circuit intégré à large échelle L364
∼ de complexité LSI L364
∼ de dopage C377
∼ de Fermi F45
∼ dégénéré D57
∼ de la tranche W27
∼ donneur peu profond S263
∼ énergétique E202, S637
∼ énergétique BAS S266
∼ énergétique permis A89
∼ libre E180
∼ logique L295
∼ occupé F82
∼ permis A89
∼ quasi Fermi Q30
nivellement de la tranche W28
nœud N89
∼ du réseau cristallin L101
nombre des portes G47
nomenclature N93, R38
∼ de production P457
non-conducteur N95
non-planéité N109, U67
∼ de la tranche W35
∼ des tranches S433
non-uniformité axiale de décapage A264
∼ de décapage en direction radiale R3
norme de conception topologique G85
noyau de condensation C380
nucléus N155

O

objectif L156, O2
∼ à images multiples M431
∼ de caméra photographique C10
∼ de photorépétiteur S665
∼ photographique C10
occlusion O5
occupation O6
oculaire O8, V136
onde acoustique de volume B285
∼ de volume magnétostatique M21
∼ magnétostatique M17
ondes acoustiques de surface A24, S801
∼ ultra-soniques U33
opération O95, R363, S659
∼ à la chambre jaune Y3
∼ automatique H15
∼ de définition de dessin en couche de résist R258
∼ de groupe B77
∼ de lecture R67
∼ d'entrée/sortie I176
∼ de réduction d'image R119
∼ du bipolaire B157
∼ en mode à déplétion D88
∼ en mode d'enrichissement E218
∼ ET A138
∼ ET NON N9
∼ logique L279
∼ technologique P446
opérations de chargement-déchargement à l'aide de pinces T314
∼ de chargement-déchargement sans pinces T313
optique intégrée I213
optocouplage P145
optocoupleur P144
opto-électronique E137, O144, O149
∼ intégrée I213, I214

471

optotransistor P184
optron O148, P144
optronique O149
organigramme du processus P437
~ logique L291
orientation (111) O164
~ angulaire T128
~ cristallographique C526
~ de croissance G183
~ de puce D172
original A205, A211, M92, M93, M94
~ construit par ordinateur C373
~ de masque M44
~ de photolithographie de projection O127
~ de rubylith R357
~ de source O167
oscillateur à diode IMPATT A262
~ à effet Gunn T221
~ à onde acoustique de surface A25
~ à transfert d'électrons T221
~ en anneau R320
~ en annulaire R320
OU câblé D363, W135
outil T195
~ antistatique A171
~ de placement P256
~ diamant D137, S124
~ pour soudage à thermocompression B220
~ type «bec d'oiseau» B164
outillage F152, T195
~ pour soudage à thermocompression B215
ouverture E368, O81
~ conique T27
~ de la fenêtre de contact C424
~ de la fenêtre de diffusion au masque D229
~ de masque M71
~ d'objectif L157
oxydant O206, O243
oxydation O207
~ à basse température L343
~ anodique A158
~ à sec D416
~ autoterminable S192
~ catalytique C69
~ de grille G64
~ de surface plane P270
~ électrolytique E64
~ en vapeur V52
~ en vapeur d'eau par méthode de tube ouvert O87
~ intercouches I267
~ latérale L84
~ localisée du silicium L267
~ localisée du silicium-sur-saphir L268
~ par faisceau d'ions réactifs R59
~ par plasma R287
~ pour enrobage C30
~ pour formation de couche protectrice F70
~ sèche par méthode de tube ouvert O85
~ sous haute pression H129
~ sous oxygène liquide W109
~ sous vapeur d'eau S655
~ thermique H43, T103
oxyde O215
~ à la région de canal C125
~ CVD C577
~ d'aluminium glaçuré G117
~ de basse température L344
~ de béryllium B112
~ de bore B230
~ de canal C125
~ de grille G65
~ de masquage M60
~ de métallisation multicouche M420
~ d'interface I261

~ d'isolement I376
~ germanique G86
~ implanté I86
~ isolant I193
~ plongé B317
~ pyrolythique P530
~ remplissant les petits sillons S268
~ remplissant les rainures R81
~ résiduel R209
oxygénomètre O251

P

paire Darlington D7
~ d'impureté interstitielle-vacance I280
~ électron-trou H197
panne B260, D2, F14, F32, M31
pantographe P24
paquetage à haute densité H92
paquet des charges C156
paramètres en signal fort L34
~ technologiques T42
parcours de diffusion des trous H195
~ libre F263
paroi W71
~ de la base B68
~ latérale S300
~ latérale oblique S440
~ type n N159
partition du système S840
partitionnement du système S840
pas P250, S659
~ des broches P243, P250
~ du réseau A192, G158
passivation P45
~ de la surface S820
~ par nitrure de silicium N72, S355
~ par oxyde O234
~ par verre G110
~ sous basse température L345
pastille antistatique pour photomasque A168
~ de masque M45
~ de photomasque P137
pâte F212, I164
~ à la base de métal noble N88
~ à la base de métal réfractaire R149
~ à la base de métaux vils B63
~ à roder L17
~ à souder F212, S504
~ conductrice C400
~ conductrice pour sérigraphie P416
~ pour circuits hybrides à couches épaisses T134
~ pour formation des résistances R234
~ pour sérigraphie I164, P422, S115
~ thixotropique T164
pâtes P53
~ à la base de palladium-argent P23
~ à la base d'oxyde de ruthénium R370
patte C36
~ flexible L123, R212
~ souple L123
pavé semi-conducteur à tranches maître M106
peigne F127
pellicule F84, P98
~ de nitrure de bore B238
pentoxyde arsénieux A200
perçage de couche d'oxyde O236
perfection du réseau cristallin L100
perfectionnement R136, U94
performance P106
~ de C. I. I10
performances des bipolaires B158

~ des circuits intégrés digitaux D245
~ linéaires L200
perméabilité P116
permittivité I127, P118
personnalisation des interconnexions J231
~ de tranche maître M105
pertes de conversion C460
~ diélectriques D165
phase de conception D113
~ de montage B6
~ solide S509
phosphure de gallium G11
photocomposeuse P140
photocomposition P141
photodécapage P153
photodiode P149
photoémulsion P151
photogénération P156
photographie pas à pas S670
photogravure P152
~ à micro-écart N31
photo-impression P420
~ à micro-écart N31
photo-imprimante O124
~ à exposition pas à pas O135
photo-ionisation P159
photolithographie O113, P152, P165, P172, P189
~ à auto-alignement S176
~ à exposition pas à pas O134
~ à micro-écart P494
~ avec résist à film sec D413
~ de masque à réduction R108
~ de précision P394
~ de projection O126
~ de projection à UV-exposition U104
~ de projection sans contact O180
~ non précise R178
~ par contact C432
photolyse P166
photomasquage O116, P172
photomasque O115, P163, P168, P186
~ à la demande C567
~ à structure unique S406
~ chromé C226
~ chromé sur plaque en quartz Q27
~ d'émulsion E186
~ de pellicule P99
~ de travail W166
~ intermédiaire R276, R280, R283
~ maître M96
~ métallisé M184
~ négatif N43, N46
~ positif P362
~ pour lithographie à ultraviolet lointain D36
~ tolérant à usure R360
~ transparent L190, S156
photomètre P181
photomultiplication P193
photo-original A205, P136
photorécepteur L188, O146, P148
photorépéteur O133, P71, P192, S662
~ à positions multiples M436
photorépétiteur O133, P71, P192, R194, S662
~ à positions multiples M436
~ à une seule position S410
photorésist L1, O129, P151, P201, R20, R215
~ à film sec D414
~ à haute sensibilité à la lumière F30
~ de halogénure H1
~ insoluble I181
~ liquide L231
~ négatif N45
~ non développé R262
~ polymérisé R329

~ positif P361
~ sec S511
~ sec à film N111
~ sensible à la radiation ultraviolette U47
~ ultra-pur U22
photorésistance P206
phototraceur P188
phototransistor O147
~ FET P155
physique du solide S524
picoprocesseur P227
pièce P36
~ de montage P232
~ de rechange S567
~ moulée C65
pièces par milliard P381
~ par million P382
~ par trillion P384
piège T258
~ cryogénique C299
~ d'électrons E133
~, petit S269
~ profond D32
piézo-effet transversal T257
pince P225
~ à vide V10, V31
~ de robot R330
pincement P156
piqûre P516, P517
~ de la couche de dioxyde de silicium S374
piste H178
~ conductrice C386, C397, I232, L144, L193, P54, R363, T207, W151
~ conductrice du premier niveau F138
~ de grille G60
~ de résistance R251
~ diffusée D197, D203
~ métallique M163
pistolet pour enroulement W172
~ pour pulvérisation ionique S600
pixel P299
place de chauffage local H225
placement L108
~ automatisé interactif I226
~ compact C270
~ d'éléments de la mémoire M133
~ de précision pas à pas I116
~ des composants C346, P278
~ des éléments topologiques F40
~ du bord E25
~ en couches des éléments F203
~ latéral L86
placeur H12, P256, P258
~ automatique A247
~ de l'outil de soudure B209
~ de précision pas à pas I115
~ des puces C181, C210
~ semi-automatique S198
plage R38
plan F4
~ cristallographique C527
~ parallélisme des surfaces du substrat S764
planéité P265
~ de la tranche W13
plaquage C241
plaque C35
~ céramique sans flèches C8
~ du condensateur C21
~ imprimée B200
~ photosensible P186
~ tolérant à l'usure H28
plaquette C35
plasma à décharge gazeuse G24
~ d'arc A180

~ de décharge luminescente G125
~ induit de décharge à haute fréquence R305
~ pour formation d'oxyde O237
~ réactif à décharge gazeuse R56
plastifiant P297
plastique laminaire L9
~ pour moulage par transfert T216
plat d'orientation du lingot W12
plateau T265
~ de transfert T223
plot de brochage de puce C185
~ de câblage W153
~ de soudure B213, B225, C431, I245, L13, P19, T66
~ de soudure métallisé saillant R28
~ de soudure pour sonde P426
~ de test T77
~ métallique de soudure M162
plots de soudure d'entrée/sortie I177
poche de couche épitaxiale E248
~ de diffusion type p P83
~ d'isolement I378
~ isolée I365
pochette B134, H210, T11
~ de couche épitaxiale E248
~ d'isolement I378
~ du substrat S765
~ du substrat de silicium S765
~ isolée I365
~ semi-conductrice S228
~ type n N27
~ vibratoire V135
poinçon capillaire B208
~ de croisement C491
~ de rosée D131
~ de saturation S24
~ de transition de phase T225
~ d'inflammation F159
~ opaque O78
polarisation directe F230
~ du substrat S752
~ inverse B1
~ inverse sur la base B51
polarité opposée O101
polissage L14
~ à miroire B267
~ chimique E313
~ électrolytique E65
~ fini F101
~ hydraulique des surfaces planes H273
~ optique O107
~ par décapage C172
~ par suspension abrasive S446
pollution ionique I331
polycide auto-aligné S177
polycristal P318
polysilicium P318, P335, S366
~ à recristallisation par faisceau B87
~ créé par méthode de tube ouvert O86
~ CVD C578
~ recristallisé par faisceau laser L41
pompage P515
~ rapide F29
~ sans huile O38
pompe à diffusion D231
~ à vide V34
~ de sublimation S729
~ getter-ionique I329
~ turbomoléculaire T306
pont B264
~ chimique O30
population P348
~ à seuil T169
~ dense D77
~ du niveau énergétique L159

~ électronique E127
porte G44
~ à couplage par émetteurs E163
~ à expansion à l'entrée E357
~ à transistor MOS à effet de champ M362
~ à un seul niveau logique S404
~ à un transistor MOS S396
~ CMZ C275
~ DCTL D13
~ de logique diode-transistor D261
~ de logique toute à transistors à diodes Schottky S98
~ ECL E163
~ équivalente E277, G52
~ ET NON N8
~ I^2L I32
~ logique L292
~ logique à jonctions de Josephson J15
~ logique binaire B136
~ logique digitale D243
~ logique en GaAs G2
~ logique universelle U82
~ majoritaire M29
~ NON N35, N134
~ OU O163
~ OU NON N127
~ TTL T292
portes incommutables U58
porteur M27
~ chaud H216
~ de charge C36, C133
~ de charge en non-équilibre N107
~ de charge équilibré E276
~ de charge excédentaire E349
~ de charge fixe F142
~ de charge injecté I150
~ de charge libre F261
~ de charge positive P355
~ en non-équilibre N107
~ fixe F142
~ intrinsèque I284
~ libre F261
~ libre mobile M307
~ négatif N38
~ piégé T262
porteur-«assassin» C43
posemètre E371
position P351
~ de chargement L257
~ d'opération O98
positionnement de photomasque intermédiaire R279
~ de précision A19
~ par réticule C490
positionneur P352
~ de faisceau d'électrons B97
~ de la tranche W38
~ des puces C211
poste de contrôle visuel V149
~ de travail W167
~ de travail CAO C5
~ de travail dans la salle blanche C262
~ d'inspection I183
~ du contrôle de processus P432
post-traitement A58
potentiel quasi Fermi Q31
poudre D438
~ abrasive A2
~ pour meulage G163
poussière D438
~ biologique active A31
poutre B88, B225, B298, C402, C431, P19, P236, R29
~ de brasure S489
~ de cristal inverse F177
~ de flip-chip F177
~ d'or G130

~ fondue de brasure R143
~ formée par évaporation E338
~ pour soudage en groupe G15
ppb P381
ppm P382
ppt P384
préalignement P388
~ de la tranche W39
préaligneur P387
précipitation d'oxygène O253
précision des nominaux sans ajustage U91
~ de superposition R162
~ des valeurs nominaux après ajustage T281
~ d'établissement de la température T62
prédéposition S584
~ de diffusion P397
~ de dopant D343
~ de la source gazeuse G28
~ d'implantation P396
préforme P403
~ pour soudage du couvercle d'enceinte L165
pré-implantation P404
préparation de la surface du substrat S766
prescriptions d'exactitude d'alignement A86
presse M330
~ pour moulage par injection I159
~ pour moulage par transfert T218
pression partielle P38
~ résiduelle R210
prétraitement P395
~ thermique P389
prévieillissement P386
prise femelle R74
procédé P430
~ bipolaire B159
~ de base B72
~ de décapage chimique liquide L223
~ de dopage par or G131
~ de formation de nitrure de silicium N73
~ de fusion de zone F198
~ de ménisque inverse I298
~ d'interconnexions fixes F146
~ d'isolation par oxyde plongée B318
~ d'oxydation sélective S163
~ EPIC E227
~ LEC au champ magnétique M14
~ photolithographique multimasque M421
~ semi-additif S197
processeur P449
~ à 4 tranches B171
~ central C95
~ des signaux S307
~ intégré I215
~ multipuce C218
~ pour traitement des tranches en ligne I169
processus P430
~ de traitement chimique liquide W110
~ isoplanaire I382
production automatisée des photomasques C371
~ des C. I. à grand rendement H180
~ en ligne I171
~ individuelle I149
~ pour les besoins spécifiques C33
productivité P445, T172
~ de machine pour soudage à thermocompression B218
profil de concentration C378
~ de décapage E314
~ de décapage anisotrope A146
~ de décapage latéral U61
~ de distribution gaussienne G75
~ de dopage D340
~ de dopage en profondeur D102
~ de dopage vertical V86
~ de grille G68

~ de la surface S821
~ de la température de grillage F135
~ de la température du four F310
~ de puce C214
~ de résist R259
~ de résistivité R239
~ des bords verticaux décapés V88
~ d'implantation ionique I338
~ d'impureté I107
~ d'impureté dopante I107
~ hyperabrupt H278
~ latéral de dopage L78
profilomètre P458
~ de dopage D355
profondeur D97
~ de diffusion D217
~ de dopage D351
~ de jonction contrôlée C453
~ de jonction p-n J25
~ du décapage E295
progiciel de CAO D108
~ de conception assistée par ordinateur D108
programmation câblée F149
~ flexible F171
programme de conception de VHSIC V128
~ de placement P258
~ de placement à la puces C181
programmeur P465
projection P466
~ de rayon cathodique E95
~ d'images P469
projet D105
propriété de décapant anisotrope A147
propriétés de matériau à conduction extrinsèque E377
~ volumiques B294
protéction contre électricité statique S650
~ contre les particules L A96
prototype P487
puce C177, D145, P97
~ à bulles magnétiques M12
~ à haut compactage D74
~ à haute compacité H86
~ à intégration à petite échelle I120
~ analogique A131
~ à poutres B91, B299, P94
~ auxiliaire S797
~ avec sorties en fil W129
~ bonne F295
~ de base Q33
~ de C. I. I12
~ de circuit intégré à large échelle L361
~ de codeur Viterbi V152
~ de commande C447
~ défectueuse I174
~ de mémoire M129
~ de mémoire à bulles B275
~ de mémoire à bulles magnétiques B275
~ de modem M313
~ de point de croisement C493
~ de réseau à diodes D256
~ de semi-conducteur S206
~ de système expert E361
~ de test T72
~ de test pour conception du processus P435
~ d'interface I257
~ discrète D286
~ du commutateur de coordonnée un par quatre O49
~ du microprocesseur à quatre bits F241
~ du synthétiseur de parole S572
~ en bande R309
~ encapsulée P6
~ en réseau prédiffusé G41
~ hybride H252
~ incommutable U52

~ LSI L361
~ montée sur la bande porteuse pour assemblage automatisé des circuits intégrés T3
~ multibroche M413
~ nue B38, C202, N5, U87
~ opto-électronique O140
~ périphérique P110, S797
~ pour circuit hybride à couches épaisses T129
~ pour circuit hybride à couches minces T144
~ prédiffusée S236
~ produite en conditions d'espace cosmique S563
~ programmable par masque M79
~ programmée par traversées fusibles F319
~ rapide F25
~ spécialisée D24
~ sur la bande porteuse C209, D171, T23
~ sur la tranche entière F286
~ TAB T3
~ tolérant les pannes F33, T194
puissance de dissipation D309
~ de dissipation de boîtier DIP D272
~ de dissipation du support de puce C189
~ nominale P378
~ spécifique P375
puits de chargement L253
~ de potentiel P372, Q21, W98
pulvérisation S593
~ cathodique C70
~ de film épais continu B295
~ de magnétron M25
~ ionique à haute fréquence R306
~ ionique réactive R64
~ par faisceau ionique I315
~ par plasma P289
~ physique B13, P219
~ sous angle B123
pureté P522
purification P518, R136
~ de zone Z28
pyramide de croissance G185
pyrolyse de silane S312

Q

Q Q1
qualification Q12
qualité Q1, Q14
~ en fiabilité Q15
quartz Q23
~ créé par faisceau d'électrons E9
~ fondu F313
quasi-niveau Fermi des trous H202

R

raccordement par point S687
raclette S606
~ d'installation à sérigraphier P419
radiateur F99, R23, S414
~ à ailettes F132
~ de chaleur H44, H47
radiation R8
~ de recombinaison R96
~ exposante E367
~ ionisante I349
~ pour l'exposition I66
~ Roentgen R332
~ synchrotron S838
~ ultraviolette U46
radiorésistance à la dose d'irradiation totale T202
raffinage R136

~ de surface W125
~ par fusion de zone F196
rafraîchissement R151
~ de mémoire à accès aléatoire R34
rainage de contact C438
~ de plaques céramiques en alumine A103
~ laser sans contact C427
~ par laser L63
~ sans contact C427, N98
rainure G166, G169, M306, N132, R76, T268, T289, V44
~ décapée E310
~ de grille en V G55
~ de mesa M141
~ de montage R84
~ d'indexage I118
~ d'isolement I372
~ en V V115
~ formée par décapage orienté O10
~ isolante remplie par oxyde O228
rampage R31
~ thermique T108
rampe R32
rapidité H150, S574
~ de circuits intégrés bipolaires B161
~ de diffusion D234
~ de fonctionnement H150, S577
~ de la porte G70
~ de sous-nanoseconde S743
~ du décapage E315
rapport A213, R45
~ de réjection R175
~ des composants au mélange M297
~ des concentrations C379
~ des dopants D356
~ des vitesses du décapage E316
~ hauteur-largeur H56
~ largeur-longueur W122
~ signal «un»-signal «zéro» O66
~ stœchiométrique S692
rayon B86
~ cathodique E69
rayonnement β B114, B117
~ gamma G12
~ incohérent I113
~ X X2
rayons X X3
~ X durs H32
~ X mous S477
rayure S104, S122, S125
~ en V, petite S270
réacteur R65
~ à tambour polyédrique M403
~ chimique R65
~ cylindrique B42
~ cylindrique de plasma C583
~ de décapage E309
~ de décapage ionique I324
~ de décapage par plasma à flux radial de gaz réactif R4
~ de plasma pour oxydation des tranches G35
~ de plasma pour oxydation des tranches en groupe M444
~ de plasma pour traitement des tranches en groupe M445
~ de pulvérisation ionique S604
~ de pulvérisation ionique à trois électrodes T285
~ épitaxial E249, G175
~ horizontal H211
~ NITROX N70
~ nitrure-oxyde N70
~ planaire pour décapage à plasma P272
~ pour décapage à plasma P284
~ pour décapage à sec D412
~ pour déposition en phase vapeur à flux vertical V90

~ pour dépôt chimique C176
~ pour dépôt chimique en phase vapeur métallo-organique M311
~ pour oxydation par plasma O238
réactif R52
~ chimique selon l'exigence d'industrie électronique E114
réaction aux radicaux R25
~ de décomposition D20
~ de réduction R118
~ de substitution S750
~ de transport T253
~ de transport de gaz T253
~ d'oxydation O213
~ en phase gazeuse G26
~ en phase solide S525
~ en phase vapeur V60
~ hétérogène H67
~ oxydation-réduction R107
~ oxydoréduction R107
~ pyrolithique P531
~ sous phase liquide L230
réalignement R73
réalisation à la base des circuits intégrés à la demande C562
~ de photolithographie P217
~ des circuits intégrés à la demande C565
récepteur/transmetteur asynchrone universel U80
~ synchrone/asynchrone universel U83
réchauffeur type résistance R221
recirculateur R87
~ d'eau W83
reclamation R88
recombinaison Auger A238
~ des porteurs de charge C46
~ électron-trou E111, H198
~ non radiative N113
~ radiative R22
~ Shockley-Read-Hall S288
recompensation O187
reconnaissance R89
~ d'images P65
~ par point d'encre I165
reconstruction R186
reconversion R101
recouvrement C477, R102
~ à basse résolution L339
~ d'aluminium sur le degré oxyde A113
recristallisation R101, R166
~ de couche épitaxiale E252
~ en monocristal M343
~ par fusion à zone Z26
~ sous épitaxie en phase liquide L228
rectification à la jonction p-n P310
recuit A150, B18, B19
~ à chauffage par contact C415
~ à haute température H159
~ après implantation ionique I332
~ après la diffusion D209
~ avant étanchéification du boîtier P408
~ avec revêtement de protection C29
~ de lampe L11
~ de stabilisation S620
~ de tube L11
~ en four F307
~ infrarouge I352
~ par faisceau d'électrons E73
~ par radiation R9
~ sans revêtement de protection C27
~ sous hydrogène H269
~ sous vide V7
~ superficiel S785
~ thermique T89
récupération R106

~ de solvant S534
redistribution de dopant D402
redondance B15, P26, R121
~ active A34
~ par éléments E151
~ passive P50
~ sur une puce O44
réducteur R112
réduction R100, R115
~ à l'échelle D250, S51, S296
~ de largeur de ligne L210
~ d'image à un degré O62
~ du rendement Y8
~ optique des images à deux degrés T330
~ photographique P191
~ photolythique P167
~ sous hydrogène H271
référence de tension V180
réflexibilité R139
réflexion de Bragg B254
réfrigérant C463
~ fluidique C464
réfrigérateur C465
refroidisseur à effet Peltier P100
regard V137
régénération R102, R155
~ de mémoire à accès aléatoire R34
~ de solvant S534
régime C381
~ de fonctionnement C381
région A181, R157
~ à basse résistivité L337
~ active A28
~ à haut rapport longueur-hauteur H80
~ à haute résistance H132
~ alliée A92
~ avec rainure en V V124
~ cachée B319
~ court-circuitante S292
~ de canal C126
~ de cavité W100
~ de déplétion D89
~ de diffusion D199
~ de diffusion type p P82
~ défaillie par implantation ionique I319
~ dégénérée D58
~ de grille G69
~ de la sous-couche de collecteur S727
~ de part en part R50
~ de recombinaison R98
~ de saturation S25
~ de silicium polycristallin sur couche d'oxyde P344
~ de source S558
~ de temps de transit T247
~ diffusée n^+ N22
~ d'injection I161
~ d'interface B249
~ d'oxyde enfoncée R83
~ d'oxyde protectrice F74
~ du limiteur de canal C129
~ enrichie E209
~ épitaxiale E251
~ exposée E364
~ flottante E46
~ formée par implantation protonique P486
~ fortement dopée H51
~ inactive I111
~ isolée oxydée en rainure R334
~ non dopée U65
~ non masquée U06
~ opaque O77
~ ouverte E364, R285
~ plongée B319
~ semi-conductrice S201

477

régions drain/source S136
registre R158
~ à couplage de charge C147
~ à décalage S285
~ de lecture R68
réglage R171
règle R361
~ de conception D114
~ de mise à l'échelle S53
~ de Rent R187
~ topologique L117
régularité R167
régulateur R172
~ de courant C553
~ de tension V181
~ intégré de tension I216
réjection R174
relief R181
~ de couche d'oxyde O235
~ de la surface S823
rémanence R182
remise à zéro R206
remplissage B7, R135
~ des rainures isolantes en V par silicium polycristallin V120
~ par matériau épitaxial E250
~ par silicium polycristallin P341
remplissant thixotropique T163
rendement Y4
~ d'assemblage A222
~ de production des tranches W59, W70
~ des circuits intégrés F102
~ des puces D182
~ des puces aux essais de sonde P428
~ en tranche P119
~ fonctionnel F306
~ quantique Q22
réoxydation R189
~ de silicium polycristallin P332
réparabilité R191, R192
réparation R190
répétabilité du processus P451
répéteur d'images par faisceau d'électrons E83
~ émetteur E170
~ émetteur d'entrée E171
répétiteur d'images par faisceau d'électrons E83
~ émetteur E170
~ émetteur d'entrée E171
~ photographique I54
réplique R196
réponse R270
~ de rampe R32
~ linéaire L201
~ rampante R32
~ rapide F31, H154
~ temporelle T183
représentation à l'échelle S49
reproductibilité R193
~ de série à la série R366
~ de tranche à la tranche S438
~ tranche à tranche W62
reproduction R201, R296
réseau A185, A186, A187, G157, N54
~ à bases centrées B52
~ à couplage de charge C138
~ à diodes D255
~ à diodes à structure fine S262
~ à faces centrées F6
~ à interconnexions échantillonnées D297
~ analogique A128
~ analogique incommutable U351
~ à transistor FET F48
~ bidimensionnel T320
~ compact C269

~ cristallin centré B204
~ cristallin compact C269
~ cristallin parfait P105
~ cubique C538
~ de cellules C87
~ de condensateurs C19
~ de diffraction D187
~ d'éléments de logique tout à transistors à diodes Schottky S77
~ des broches P241
~ des macrocellules M5
~ des portes logiques programmable P460
~ des semi-conducteurs S202
~ des sondes P425
~ de test sur la tranche D404
~ digital D240
~ d'images P57
~ intégré I8
~ linéaire L195
~ logique L282
~ logique incommutable U55
~ logique programmable P461
~ logique programmable par utilisateur F75
~ logique programmé par traversées fusibles F318
~ logique universel U81
~ multistrip M442
~ personnalisable C564
~ prédiffusé A186, G39, Q33, S235
~ programmable par masque M78
~ transistorisé T229
~ type échelle L3
~ universel U79
~ X-Y X27
réseau-hôte cristallin H213
réservation B15
réservoir T10
~ pour liquide de rinçage W77
résine cationique C71
~ d'échange ionique I326, I327
~ de silicone S333
~ en novolaque N137
~ époxy E259
~ époxy pour étanchéité du couvercle d'enceinte L164
~ phénolique P128
~ photosensible L1
~ pour étanchéification P374
~ pour moulage C66
~ thermodurcissable T125
~ thermoplastique T123
résist R215
~ à émulsion électronique E129
~ à film sec D414
~ à haute sensibilité à la lumière F30
~ à la base de composition organique O154
~ autodéveloppable S186
~ de ultraviolet proche N33
~ dopant D341
~ éliminé par alkaline A87
~ exposé I42
~ polymère P327
~ pour lithographie des microstructures F104
~ pour métallisation M152
~ pour sérigraphie S106
~ radiographique X16
~ sec N111
~ sec à film N111
~ sensible au ultraviolet lointain D39
~ sensible aux électrons E96
~ très sensible H153
résistance D436, E198, R217, R359, T193
~ à ajustage par laser L65
~ à coefficient négatif de température N51
~ à film F96

~ ajustable T282
~ à la base de métaux vils B64
~ à la fracture F252
~ à la radiation R15, R18
~ à l'humidité H237, M323
~ à l'usure W91
~ à microcouche M220
~ à parois d'oxyde W73
~ à sorties T31
~ au choc S289
~ au décapage E306, E318
~ au décapage ionique réactif R61
~ au décapant E318
~ au rayonnement α A94
~ au rayonnement X X9
~ créée par sérigraphie S109
~ d'arrêt O21
~ de charge L259, P512
~ de contact C437
~ de déclenchement O21
~ d'enclenchement O71
~ de saturation S26
~ directe F238
~ du photorésist P200
~ du substrat S768
~ en courant alternatif A100
~ en courant continu D276
~ en micropuce M201
~ en polysilicium P333
~ équivalente E279
~ fixe F150
~ intégrée C216, I217, O45, R246
~ inverse B10, R302
~ MELF M124
~ métal-film M155
~ métal-oxyde M179
~ monolithique M352
~ non linéaire à la base d'oxyde de zinc Z20
~ «off» O21
~ ohmique O34
~ «on» O71
~ pelliculaire à la base de nitrure de tantale T12
~ pendue O14
~ pour circuit hybride H266
~ semi-conductrice S230
~ thermique T109
~ variable V68
résistances parasites R250
résistivimètre R238
résistivité K235, S571
~ de la tranche S437, W45
~ superficielle S824
~ superficielle de la couche S281
~ volumétrique V185
résistor à bas coefficient de température L341
~ diffusé D200
~ discret D292
~ intégré C216
résolution R266
~ de la piste conductrice T208
~ de ligne L211
~ de lithographie L239
~ de lithographique conventionnelle R345
~ de masque M84
~ de photolythographie P164
~ de photomasque P178
~ d'image I56, P230
~, haute F120, H134
~ maximale U11
~ optique de lithographie O112
~ submicronique S731
~ ultra-haute U15
résorption des charges électrostatique S644

restaurabilité R272
restauration R206
restes du résist non développé S132
retard de temps T182
~ entre puces I230
retrait S296
rétrécissement N15
~ de bande interdite B31
rétrodiffusion B11
réversibilité R286
revêtement O186, P301
~ conducteur C391
~ de protection C26
~ de protection d'oxyde C31
~ de protection pour recuit A152
~ en époxy E261
~ eutectique E327
~ extérieur O186
~ par évaporation E342
~ sans défauts H107
rigidité R315
~ d'adhésion de la couche au substrat P95
~ diélectrique D169
rigole G166, G169
rinçage C252, R321, W74
~ dans l'eau désionisée D65
~ et nettoyage S129
~ et nettoyage par jet J4
rinceuse R322, W75
~ haute productivité Q34
~ modulaire des tranches à chargeur-déchargeur M319
robot pour les chambres blanches W116
robotique R328
rodage L14
~ optique O107
ronflement du photorésist sur bords de tranche en silicium P198
routage R342, R346, W147
~ à la demande C568
~ des connexions W140
~ par métallisation M168
~ par réseau O68
~ sans grille O18
~ sélectif S166
~ semi-personnalisé S241
route R342
routeur R349, W141
~ automatique A248
~ de la tranche W46
~ interactif I227
ruban en saphir à couche de silicium S363
rubylith R356
rugosimètre R339
rugosité F130, R338
~ microscopique A214
rupture B260, R368
~ thermique T91

S

sablage S14
sac antistatique A166
saillie O195
salle blanche C256
~ blanche classe 100 C245
~ d'assemblage A220
saturation de la vitesse de dérive V80
scanner de la tranche W50
~ optique O130
scanneur S55
scaphandre à gants G121
scellage S145

scellement S138
~ hermétique H61
~ par ultra-son U30
~ verre-céramique G113
~ verre-métal G115
schéma S68
~ de câblage W149
~ équivalent du quadripôle F249
sciage S34
~ à bords réguliers C254
~ laser L55
scie S29
~ circulaire A156
~ circulaire à tranchant à diamant D136
scintillomètre des particules α A98
scripteur pour substrats S767
~ pour substrats céramiques S767
séchage à haute fréquence H78
~ à HF H78
séchoir infrarouge I137
ségrégation d'impureté I108
~ d'impureté dopante I108
semi-conducteur S200
~ à bande interdite étroite N13, S450
~ à basse mobilité des porteurs de charge L323
~ à basse résistivité L325
~ à deux jonctions D378
~ à double hétérojonction D375
~ à grand gap W121
~ à haute mobilité des porteurs H117
~ à large bande interdite W121
~ amorphe A122
~ à optocouplage P143
~ à régions auto-alignées S180
~ à réseau cubique C539
~ à tubes chauffants T209
~ composé C360
~ cristallin C522
~ dégénéré D59
~ de puissance P379
~ discret D293
~ dopé par bore B239
~ dopé par neutron N57
~ dopé par phosphore P134
~ électronique D329, E119
~ élémentaire E147
~ extrinsèque E378, I109
~ intrinsèque I289
~ magnétique M16
~ microhertzien M270
~ monocristallin S394
~ multicouche M411
~ multivallée M36
~ non dégénéré N101
~ opto-électronique O145
~ organique O160
~ photosensible P213
~ polycristallin P334
~ sans boîtier B40
~ type III-V C313, G173
~ type n D329, N149
~ type p A17, H203, P507
senseur S250
~ de l'hauteur du substrat S759
sensibilisateur optique P214
sensibilité au décapant E320
~ au rayonnement α A97
~ de résist R264
séparateur des tranches D155
séparation de tranche D177
séquence des opérations de soudage
 à thermocompression B229
~ de traitement technologique des tranches S434
~ d'opérations technologiques P452

série F16, L193, R363
sérigraphie M187, P420, S112, S118, S371
~ à haute résolution H140
~ pour circuits hybrides à couches épaisses T140
shunt B264
shuntage B265
signal analogique A133
~ d'entrée à haut niveau H105
~ de rafraîchissement R154
~ de référence R127
~ de sortie à gain «1» U77
~ de sortie à haut niveau H121
~ de sortie «un» O58
~ du zéro Z13
~ «un» O59
silicium S318
~ (111) S319
~ à dislocations D45
~ à haute résistivité H133
~ à ions de bore implantés B237
~ à pureté semi-conducteur S214
~ brut R46
~ Czochralski C589
~ défectif D45
~ dopé par neutron N58
~ fabriqué par fusion de zone F197
~ irradié par faisceau d'électons E124
~ polycristallin P318, P335, S366
~ purifié P520
~ sans défauts Z7
sillon R76, T268, T289
sillon en V, petit S270
simulateur S383
simulation S382
~ au niveau des portes G59
~ au niveau de transistors T233
~ des circuits C238
~ logique L297
~ Monte-Carlo M357
~ multidimensionnelle M401
~ numérique N156
~ quasi multidimensionnelle Q32
~ sur l' ordinateur C375
site S423
~ à époussetage contrôlé D439
socle C47, R74, S467
~ enfichable P307
~ pour boîtier à quatre rangées des sorties Q40
~ pour encapsulation P15
~ QUIP Q40
solide S514
~ de résistance R243
solidification S508
solubilité S529
~ en phase solide S512
solution S531
~ d'arsenic déposée à la surface A201
~ de développement D124
~ du décapant E292
~ pour dépôt G187
~ pour épitaxie E254
~ pour strippage S714
solvant S532, V78
~ de pureté électronique E116
sondage P429
sonde P424
~ à faisceau d'électrons E92
~ à pointe en tungstène T297
~ à quatre points F246
~ de mesure M119
~ de test T79
~ non destructive N110
~ ultra-sonique U29
sondeur P424, P427

~ de la tranche W42
~ de mesure commandé par microprocesseur M248
~ des puces C212
~ multiple M439
sortance F20
~, haute H100
sortie à balle de brasure S487
~ à bille B20
~ axiale A265
~ coudée S579
~ de bande R310
~ de boîtier P9
~ de grille G46
~ de porte G62
~ dorée G134
~ du support S800
~ en fil L145, P235, W139
~ en fil connectée par soudage à thermocompression B222
~ étamée à balle T184
~ flexible L123
~ métallisée par or G134
~ non connectée F217
~ passante L143
~ pendue en fil J20
~ radiale R5
~ souple L123
sorties connectées automatiquement au cadre sur la bande porteuse T16
~ connectées automatiqement au cadre sur la bande porteuse par thermocompression T119
soudabilité du fil W128
soudage S497
~ à froid C300
~ à la vague W88
~ à thermocompression B211, T113
~ à thermocompression à balle T114
~ à thermocompression à bille B23, N3
~ à thermocompression à la molette W158
~ à thermocompression de fil en aluminium A108
~ à thermocompression des fils W131
~ à thermocompression par outil type «bec d'oiseau» B165
~ à thermocompression par poinçon cunéiforme W93
~ à thermocompression par point S686
~ automatique à thermocompression B184
~ aux galets S152
~ de groupe B73
~ des sorties en fil par ultra-son U37
~ en bout B325
~ en phase vapeur V61
~ par diffusion D204
~ par électrode accouplée P25
~ par faisceau d'électrons E74, E93
~ par fusion R141
~ par impulsion E203
~ par laser L40
~ par points S590, S688
~ par ultra-son U31, U36
~ thermique par impulsions T107
~ thermique ultra-sonique T127
~ ultra-sonique par recouvrement U34
soudure B206, S486
~ à la vague F204
~ à la vague-lambda L5
~ à thermocompression de fil en aluminium à la surface de contact A114
~ eutectique E332
~ par points P246
~ sans flux F214
~ vibrationnelle par brasure eutectique E333
soufflage D441
~ par azote N74
source S552

~ à conductance p P91
~ de courant C554
~ de diffusant D190
~ de diffusion D202
~ de diffusion de phosphore P130
~ de dopant D342
~ de dopant type n N23
~ de pulvérisation ionique S602
~ de radiation de haute intensité H108
~ de radiation exposante E372
~ de rayonnement hybride H248
~ de rayonnement X X17
~ de siliciure S316
~ de tension de référence R127, R133
~ de tension de référence à compensation thermique T53
~ de transistor à effet de champ T238
~ d'évaporation E346
~ gazeuse de silicium S369
~ infinie I135
~ infrarouge I143
~ par points S688
~ planaire de diffusion P274
~ solide de dopant B338
~ solide d'impureté S513
~ type n N26
sous-couche U64
~ de collecteur S726
sous-décapage L79, L80, U63
sous-développement U62
sous-ensemble A216
~ moulé M326
spectromètre à hélium H57
~ Auger A239
~ de masse M90
spectrophotométrie d'absorption atomique A229
spectroscopie Auger électronique A236
~ de masse M91
~ de masse à ions secondaires S154
~ optique O132
~ par rayons X X18
SQUID Q19
stabilisateur R172
stabilisation R171
~ thermique T111
stabilité S619, T193
~ à l'électromigration E67
~ après ajustage T283
~ chimique C170
~ sous haute tension H175
stade S625
station S652
~ antistatique A169
~ d'assemblage A221
~ d'assurance de qualité Q3
~ de chargement/déchargement des cassettes C59
~ de contrôle visuel des puces D181
~ de test T80
~ de traitement chimique par liquide W101
~ d'inspection des tranches W25
~ modulaire M318
stéréomicroscopie S684
stérilisateur ultraviolet U48
stimulation E210
stockage S694
~ de charge C48
striation de la surface S827
~ d'enrobage C291
strip S709
~ de grille G71
stripage S713
structuration P66, S721
structure P55, S718
~ à couches multiples S621

481

- ~ à deux niveaux B130
- ~ à éléments submicroniques S732
- ~ à intégration verticale V95
- ~ à rainures d'isolement I375
- ~ à rainures isolées R86
- ~ à régions superposées par fonctions M136
- ~ à transfert de charge V165
- ~ à transistors FET C142
- ~ à trois couches S15
- ~ CMOS à deux couches de polysilicium P346
- ~ CMOS multicouche O196
- ~ CMOS résistant à la radiation R12
- ~ CMOS silicium-sur-saphir S542
- ~ CMOS sur saphir C280
- ~ complémentaire métal-oxyde-semi-conducteur à grilles multiples S622
- ~ de bande B33, E200
- ~ de C. I. I7
- ~ de diode D254
- ~ de test T81
- ~ de transistor T228
- ~ de trois diffusions T286
- ~ d'injection métal-oxyde-semi-conducteur à grilles multiples S623
- ~ du réseau cristallin L102
- ~ du transistor latéral L90
- ~ en réseau A194
- ~ fine de la puce S260
- ~ interdigitale I253, I254
- ~ isolante à petits sillons remplis d'oxyde S246
- ~ latérale L75
- ~ linéaire L207
- ~ mesa décapée E296
- ~ mesa inverse R299
- ~ métal-isolant-métal M159
- ~ métal-isolant-semi-conducteur M160
- ~ métal-isolant-semi-conducteur à nitruration thermique T102
- ~ métal-isolant-semi-conducteur complémentaire C329
- ~ métal-nitrure-oxyde-semi-conducteur M176
- ~ métal-nitrure-semi-conducteur M177
- ~ métal-oxyde-semi-conducteur M180
- ~ métal-semi-conducteur-métal M193
- ~ MIS de volume B292
- ~ MNOS à grilles en polysilicium S224
- ~ MNOS complémentaire C330
- ~ monolithique M345, M354
- ~ MOS M180
- ~ MOS à basse tension de seuil L347
- ~ MOS à canal caché B312
- ~ MOS à canal n N21
- ~ MOS à canal type p P79
- ~ MOS à canaux unifiés S386
- ~ MOS à deux diffusions et rainures isolantes T269
- ~ MOS à deux niveaux de silicium polycristallin D380
- ~ MOS à double diffusion D369
- ~ MOS à double diffusion avec rainure en V V116
- ~ MOS à double implantation ionique D376
- ~ MOS à grille à la base de métal réfractaire R150
- ~ MOS à grille de polysilicium P322
- ~ MOS à grille de silicium S340
- ~ MOS à grille flottante F190
- ~ MOS à grille inférieure B8
- ~ MOS à grille injectée G56
- ~ MOS à grille isolée I188
- ~ MOS à grilles auto-alignées S173
- ~ MOS à grille Schottky S75
- ~ MOS à grilles composées C351
- ~ MOS à haute tension de seuil H165
- ~ MOS à injection en avalanche à grilles multicouches A258
- ~ MOS à isolation diélectrique D163
- ~ MOS à rainure en V V121
- ~ MOS à réduction à l'échelle S47
- ~ MOS à tension de seuil ajustable A46
- ~ MOS avalanche-injection à grille flottante F187
- ~ MOS complémentaire C331
- ~ MOS complémentaire à haute performance C326
- ~ MOS en mode enrichissement/déplétion E212
- ~ MOS silicium-sur-saphir M182
- ~ MOS verticale V97
- ~ MOS verticale à double diffusion V87
- ~ multibande M442
- ~ multicouche L107
- ~ multiniveau S621, T174
- ~ multistrip M442
- ~ nitrure-oxyde N71
- ~ ordonnée O152
- ~ planaire P267
- ~ polysilicium-nitrure-oxyde-semi-conducteur à grilles en polysilicium S224
- ~ régulière R170
- ~ silicium-au-isolant S344
- ~ silicium-au-saphir S345
- ~ silicium-sur-isolant S357
- ~ silicium-sur-isolant créée par recristallisation laser L59
- ~ silicium-sur-isolant créée par traitement à laser L57
- ~ silicium-sur-saphir S359
- ~ silicium-sur-saphir créée par recuit à laser L36
- ~ silicium-sur-spinelle S363
- ~ SOS tolérant à la radiation R21
- ~ type sandwich S15
- substance source S636
- substrat B50, B203, S751
- ~ à conductibilité intrinsèque I283
- ~ à connexions multicouches M441
- ~ à couche d'interconnexions I244
- ~ à couche en nitrure de silicium S356
- ~ à couches épaisses multiples T136
- ~ actif A35
- ~ à l'interconnexion W155
- ~ à structure silicium-sur-isolant S342
- ~ à structure silicium-sur-saphir S548
- ~ céramique C99
- ~ de masque M86
- ~ de silicium S321
- ~ émaillé en acier P350
- ~ en semi-conducteur composé C362
- ~ en silicium à rainures en V V125
- ~ en verre pour masque G108
- ~ étranger F228
- ~ isolant I190
- ~ massif B296
- ~ monolithique U75
- ~ multicouche C219, C354, M412, M441
- ~ non monté B179
- ~ nu B179
- ~ passif P51
- ~ pour circuit hybride à couches minces T158
- ~ sans défauts résiduels à la surface R211
- ~ semi-conducteur S199, S205
- ~ semi-conducteur massif B296
- ~ type n N150
- succession de conception D126
- supercellule S772
- supercircuit intégré S789
- superconducteur S783
- superconductibilité S782
- superintégration S789
- superposition O197, S792
- ~ des grilles G63
- ~ des plots de soudure P21
- ~ latérale L88
- ~ non précise R177
- ~ précise R161
- ~ successive O200
- superpuce S773

superréseau S790
~ à courte période S294
support C36, H38, H190, R274, W163
~ à seul niveau S402
~ à vide V10
~ céramique de puce C102
~ de la puce semi-conductrice S207
~ de masque M46, M55
~ de puce C187, M374
~ de puce à connexions multicouches M407
~ de puce à poutres B300
~ de puce à terminaisons L125
~ de puce en film F88
~ de puce moulé M328, P407
~ de puce sans terminaisons L136
~ des substrats S753, S760
~ électrostatique des tranches E144
~ en anneau R318
~ en verre G106
~ métal-verre G114
~ multipuce M394
~ planétaire P277
~ plastique P293
~ pour montage par flip-chip F178
supracomplexité O188
supraconducteur S783
supracourant O189
supraéchelle d'intégration O188
surdécapage O192
~ de couche d'oxyde O232
surdéveloppement O190
surdopage O191
surexposition O193
surface active R71
~ active requise R72
~ de contact B213, B225, C416, C431, I245, L13, P19, T66
~ de contact de bord E19
~ de contact du substrat S754
~ de contact gainée par brasure P411
~ de face F4
~ de la puce de silicium S320
~ de la puce semi-conductrice S201
~ inférieure B243
~ intermédiaire du cristal C512
~ non plan U66
~ ouverte E365
~ plane de montage de la puce D170
~ polie L15
~ pour montage de puces C207
~ rodée L15
~ rugueuse R340, U66
~ superfinie M206
~ supérieure de la tranche F276
~ type «peau d'orange» O150
~ utile de puce C215
sursaturation O203
surtension Q1
surveillance automatique A242
~ visuelle A173
susceptibilité S831
suspension S832
synthétiseur de parole S573, V167
système à copier les photomasques par contact C429
~ à copier par contact C435
~ à deux chambres pour dépôt sous vide D364
~ à grand rendement H166
~ à osmose inverse R300
~ automatique de dépôt sous vide A251
~ à vision E120
~ CAO C369
~ CAO clé en main T308
~ clé en main T309
~ d'assemblage aux cadres de sortie L132

~ de chargement-déchargement robotique R329
~ de conception assistée par ordinateur C369
~ de conception assistée par ordinateur clé en main T308
~ de décapage ionique réactif R62
~ de déposition en phase vapeur V47
~ de diffusion par méthode de tube ouvert O84, O88
~ de fabrication flexible F170
~ de génération des masques pas faisceau d'électrons E87
~ de génération des photomasques par faisceau d'électrons E87
~ de lithographie L241, P418
~ de lithographie à faisceau d'électrons avec balayage de trame R41
~ de lithographie de projection I52
~ de lithographie de projection à réduction d'image R117
~ de lithographie électronique à enregistrement direct E4
~ de lithographie électronique de projection avec réduction d'image R114
~ de lithographie par faisceau d'électrons à enregistrement direct D279
~ de métallisation M195
~ de photo-impression à micro-écart N30
~ de photolithographie P176
~ de photolithographie par contact C435
~ de pompage sous vide V36
~ de préinsertion des composants P405
~ de purification d'azote N77
~ de régénération du décapant E286
~ de rinçage/nettoyage des pompes à vide V37
~ de rinçage-séchage R323
~ des pâtes conductrices C401
~ des pâtes sérigraphiques I167
~ de test T75
~ de test automatique A250
~ de traitement des tranches I22
~ de transfert T222
~ de transfert des tranches W66
~ de vision V148
~ d'insertion des composants C342
~ d'oxydation-diffusion par tube fermé C268
~ en puces S839
~ intégré S839
~ multipuce M399
~ pour déposition sous vide V16
~ pour le contrôle et le triage des tranches W15

T

table T4
~ à coordonnées avec isolation contre vibrations V132
~ à déplacement continu C444
~ de micropositionnement M242
~ de montage B111
~ de positionnement P353
~ traçante P304
~ x-y C468, S625, T4, T312, X28, X29
~ x-y à coussinet d'air A62
~ x-y à déplacement continu C444
~ x-y à déplacement pas à pas S672
~ x-y-z X30
~ x-y-θ X31
tableur à rayer S126
tache B183
~ opaque O78
taille S278
~ de grain G165
~ de maille de masque sérigraphique S120
tangente d'angle de pertes diélectriques D166

tannage H17, H21
technique T40, T43
~ automatique de topologie A245
~ BOX B318
~ CAO C3, C374
~ cryogénique C504
~ d'ajustage des résistances par laser L67
~ d'assemblage multipuce M393
~ de brochage B219
~ de conception D115
~ de conception assistée par ordinateur C374
~ de creuset froid C296
~ de définition de dessin D49
~ de diffusion à étapes multiples S626
~ de double diffusion D372
~ de fabrication des circuits intégrés à la demande C557
~ de macrocellule M4
~ de mesure sans contact N96
~ de mise en forme de dessin D49
~ de peinturage S628
~ de sonde à quatre points F248
~ des traversées fusibles F316
~ de traitement à froid C298
~ de tranche maître M102
~ de transfert cassette-cassette C60
~ d'isolation à la structure silicium-sur-saphir S545
~ d'isolation de circuit intégré I16
~ d'isolation par diffusion de collecteur C307
~ d'isolation par implantation ionique I88
~ d'isolation par rainures en V à silicium polycristallin V142
~ électronique E113
~ de flip-chip F180
~ hybride d'exposition H258
~ multipuce C180
~ nMOS N82
technologie P430, T43
~ à couches minces F97, T159
~ additive A39
~ à films F97
~ à films minces T159
~ à films très minces V111
~ à la base de réseau d'éléments de logique tout à transistors à diodes Schottky S78
~ à rapidité de sous-nanoseconde S744
~ à sec D419
~ à une couche en polysilicium S408
~ bipolaire B159
~ bipolaire de haute qualité H123
~ BITEC B153
~ cermet C112
~ CMOS C283
~ CMOS de circuit intégré sur le substrat semi-conducteur B288
~ CMOS de haute qualité H36
~ CMOS sur saphir C282
~ d'assemblage automatisé des circuits intégrés sur la bande porteuse T6
~ d'assemblage des puces sur la bande porteuse à poutres B103
~ de base B72
~ de base des C. I. à transistors bipolaires à couches collectrices cachées S37
~ de circuiterie linéaire L202
~ de circuit intégré à transistor MOS à grille métallique M157
~ de circuit intégré CMOS à parois type n N160
~ de connexion des puces aux sorties coudées sur la bande porteuse S578
~ de deux pochettes T318
~ de fabrication des circuits intégrés à la demande C560

~ de fabrication des dispositifs résistant à la radiation R2
~ de formation des poutres B306
~ des C. I. I23
~ des C. I. à contacts de base auto-alignés en siliciure S181
~ des C. I. à haute compacité H94
~ des C. I. à réduction à l'échelle S48
~ des C. I. MOS à grilles auto-alignées et à couche d'oxyde épaisse S20
~ des C. I. prédiffusés S240
~ des circuits intégrés à isolation d'oxyde O226
~ des circuits intégrés bipolaires avec résistances en polysilicium et régions auto-alignées P345
~ des circuits intégrés MOS à grilles flottantes en silicium F191
~ des circuits intégrés rapides H156
~ de sérigraphie et de cuisson des pâtes S107
~ des réseaux logiques incommutables U7
~ des solides S526
~ des structures à couches épaisses multiples T135
~ des structures MOS à grilles auto-alignées S611
~ des structures MOS à grilles en polysilicium P343
~ de structure MOS à grilles en polysilicium auto-alignées S178
~ de traitement de l'eau W86
~ de traitement des tranches de silicium S370
~ d'intégration à grande échelle L371
~ d'intégration à isolation aérienne A69
~ d'isolation à haute compacité H88
~ d'isolation par rainures isolantes T272
~ du montage en surface S463
~ électronique E131
~ en cermet C112
~ hybride H245
~ isoplanaire I379
~ isoplanaire à réduction à l'échelle S46
~ isoplanaire S I383
~ mesa-épitaxiale M138
~ micro-électronique M217
~ mixte M295
~ MNOS N73
~ MOS M368
~ MOS à grilles de silicium S338
~ MOS à régions auto-alignées M188
~ MOS perfectionnée à grilles polysiliciums auto-alignées A52
~MOS pour circuit intégré à grille en polyilicium à deux niveaux D381
~ nMOS N84
~ OAT O216
~ opto-électoronique E136
~ par faisceaux d'électrons E10
~ planaire D198, P275
~ planaire-épitaxiale E232, P262
~ SATO S20
~ SBC S37
~ sérigraphique S107
~ silicium-au-isolant S344
~ silicium-sur-isolant S484
~ silicium-sur-saphir S539
~ SIS S420
~ SOI S484
~ SOS S539
~ SOS/CMOS S541
~ submicronique S741
~ subtractive S771
~ sur la tranche entière F283
~ TAB T6
~ unipolaire U72
teflon T45
température d'ambiance A118
~ de Debye D17
~ de décomposition D22

~ de durcissement C543, H22
~ de flux F205
~ de fusion F324
~ de grillage F136
~ de la transition à l'état liquide L233
~ de la transition en état solide S528
~ de recristallisation R103
~ de transition de phase T225
~ de vitrification V155
temps d'arrêt O27
~ de branchement T311
~ de capture C34
~ de croissance R327
~ de débranchement T310
~ de déclenchement O27, T310
~ de délai D66, T182
~ de délai du signal de porte G49
~ d'enclenchement O73, T311
~ de réponse R271
~ de retard T182
~ de vie L169
~ de vie des porteurs de charge C44
~ de vie de volume V184
~ de vol T244
~ de vol des porteurs de charge C52
~ moyen entre défaillances M118
teneur en humidité M321
tension T64
~ d'alimentation S796
~ d'avalanche A255
~ de blocage B191
~ de claquage B263
~ de claquage du diélectrique D160
~ de coupure C573
~ de décalage O24
~ de polarisation B120, B124, V172
~ de polarisation de coupure C570
~ de polarisation inverse R288
~ de référence R131, R132
~ de rupture R369
~ de saturation S27
~ de service O94
~ de seuil T170, V182
~ de zéro logique L281
~ disruptive B263
~ d'«un» logique L278
~ nominale V179
~ nominale disruptive B262
~ préalable d'émetteur E162
~ superficielle S828
terminaison T65
~ flexible L123
~ souple L123
test T74
~ accéléré A11
~ au centrifugeur C97
~ de fonctionnement F305
~ de qualification Q13
~ de résistance à l'humidité H239
~ des puces in situ O75
testabilité T70
testeur T73
~ de bulle B277
~ d'effort de détachement du ruban protecteur T25
~ de planéité F160
~ des circuits logiques L299
~ des cristaux C513
~ des masques M63
~ des puces C212
~ in situ D404
~ multisonde des circuits logiques L296
tête de placement A174, P254
~ de saisie et de positionnement P222
~ de soudage W97

théorie de fiabilité R180
thermocompression T113
~ à balle de fil d'or G129
thermomigration T121
thermostabilité H46
tirage P510
~ des cristaux C530
~ horizontal Z24
~ latéral des cristaux L87
~ vertical V100
tolérance T193
~ au rayonnement ß B119
~ de masque M88
~ des pannes F35
~ de superposition R165
~ serrée T180
~ serrée d'alignement T178
~ sur résistance R252
tomographie infrarouge I144
topographie T200
~ aux rayons X X21
~ de la tranche W61
~ de surface de la tranche W32
topologie L108
~ à haute compacité H89
~ commutée R343
~ de circuit intégré I202
~ de circuit intégré à la demande C566
~ de circuit intégré sur silicium S350
~ de motif de masque M76
~ de puce C203
~ de réseau prédiffusé A188
~ d'interconnexions R347
~ régulière R168
tourelle à objectif O3
traçage R342
~ au coordinatographe C466
tracé D387
traces d'impureté T206
traceur D386, G152, P303
~ rapide H151
~ x-y X28
traducteur de magnétostriction M23
trait mince F108
traitabilité W159
traitement H13, P439, T267
~ à haute température H162
~ antistatique D118
~ antistatique de surface A170
~ à sec D421
~ automatique U49
~ avant soudure du capot de boîtier P406
~ chimique à sec D407
~ chimique par liquide L217, W102
~ de la surface S829
~ de pipeline parallèle P27
~ des puces D175
~ des puces sur la plaque semi-conductrice C213
~ des réseaux A193
~ des tranches I21
~ d'images point par point P101
~ en état d'apesanteur M222
~ en ligne I170
~ en milieu aqueux A178
~ initial F274
~ par faisceau d'électrons E94
~ par jet abrasif A3
~ photochimique P154, P189
~ pour formation des structures submicroniques S730
~ sans défauts radiatifs R11
~ séquentiel des tranches S413
~ technologique F2, P439
~ technologique sans défauts radiatifs R11
~ thermique B18, H48, T112

485

~ thermique à l'amenée de la tension de polarisation B122
~ thermique après décapage d'oxyde P401
~ thermique après développement P367
~ thermique après exposition P368
~ thermique au four O184
~ thermique au four microhertzien M265
~ thermique final P366
~ thermique microhertzien M265
~ thermique postérieur au développement P367
~ thermique sous vide V7
tranche S232, S429
~ à bas rendement des puces L349
~ à couche épitaxiale E257
~ à poutres B304
~ après étuvage en centrifugeuse S582
~ à réseaux logiques incommutables U6
~ à structure MOS M373
~ à structure silicium-sur-saphir S550
~ bipolaire B163
~ brute R47
~ défectueuse I78
~ de microprocesseur M255
~ de test pour conception du processus P436
~ de test pour contrôle du processus P453
~ hors la tolérance O181
~ maître M100, M101, V52
~ multicouche C355
~ planaire P276
~ plate optique O114
~ pour inspection sélective S10
~ prédiffusée P399
~ rayée S101
~ semi-conductrice S232
~ VPE V187
tranches D141
transconductance T210
transducteur de magnétostriction M23
transfert H13, T211, T251
~ à la main H233
~ automatique des tranches H16
~ ballistique B26
~ cassette-cassette C64
~ des porteurs de charge C50
~ des tranches W65
~ d'images à haute fidélité H101
~ en cassette C55
~ en phase vapeur V63
~ optique d'images O123
~ par aspiration T204
~ par pinces à vide V32
transformation C457, T224
~ de Fourier F244
~ de Fourier discrète D288
~ de Fourier inverse I292
~ de Fourier rapide F28, Q35
~ de phase P127
transistor à base d'implantation ionique I339
~ à base métallique M147
~ à base perméable P117
~ à bas gain L317
~ à charge superficielle S806
~ à commutation S837
~ à couche de déplétion profonde D28
~ à couche mince T160
~ à deux émetteurs D427
~ à effet de champ F66
~ à éffet de champ à jonction verticale S647
~ à électrons chauds H220
~ à émetteur annulaire R319
~ à émetteur circulaire R319
~ à faible consommation L329
~ à haute mobilité d'électrons H97
~ à homojonctions H208

~ à jonction J35
~ à micropuissance M244
~ à optocouplage P184
~ à structure en strip S715
~ à structure silicium-sur-saphir S549
~ à structure verticale V102
~ à supergain S786
~ à surface passivée S819
~ ballistique B25
~ bipolaire B162
~ bipolaire à hétérojonctions H72
~ bipolaire d'entrée B148
~ de charge L260
~ de mémoire M134
~ de polarité n-p-n N139
~ fermé O28
~ FET F66, U70
~ FET à appauvrissement N129
~ FET à barrière Schottky à enrichissement E220
~ FET à canal caché B311
~ FET à canal n N19
~ FET à canal type p P78
~ FET à couche mince T153
~ FET à court canal S290
~ FET à déplétion D86
~ FET à deux grilles D428
~ FET à enrichissement E215, N128
~ FET à grille à barrière métallique M186
~ FET à grille auto-alignée S172
~ FET à grille décalée O22
~ FET à grille de silicium isolée S347
~ FET à grille en V V113
~ FET à grille flottante F188
~ FET à grille isolée I187
~ FET à grille isolée résistive R229
~ FET à grille Schottky B45, S73
~ FET à grille Schottky auto-alignée S179
~ FET à grilles en peigne M428
~ FET à implantation ionique I340
~ FET à jonction p-n P308
~ FET à jonction p-n à canal n N20
~ FET à jonction p-n à enrichissement E217
~ FET à jonction verticale V94
~ FET à source et drain opposés O100
~ FET à structure métal-isolant-semi-conducteur M161
~ FET à structure MOS M181
~ FET avec grille à jonction J28
~ FET avec grille à jonction et à canal vertical J29
~ FET d'entrée F50
~ FET de Schottky à déplétion D84
~ FET de silicium à grille Schottky S379
~ FET en arséniure de gallium G9
~ FET en polysilicium P340
~ FET latéral L81
~ FET multicanal M390
~ FET vertical V89
~ haute tension à couches minces H176
~ mesa M143
~ MIS C399, M293
~ MNOS M303
~ MOS M370
~ MOS à canal caché B313
~ MOS à canal n N85
~ MOS à déplétion D90
~ MOS à double diffusion D370
~ MOS à échelle submicronique S740
~ MOS à effet de champ à grille isolée M363
~ MOS à grille à rainure en V R78
~ MOS à grille de silicium S342
~ MOS à grille en V G167, V123
~ MOS à grille flottante F192
~ MOS à grille métallique M158
~ MOS à haute tension H174

~ MOS à rainure en V R78
~ MOS à structure verticale V98
~ MOS de charge M183
~ MOSFET à enrichissement E219
~ multi-émetteur M402, O201
~ non bloqué O74
~ n-p-n N139
~ n-p-n de charge à régions superposées par fonctions M135
~ optique O147
~ planaire-épitaxial E247, P263
~ Schottky S80, S95
~ unipolaire U70
transistors complémentaires C333
transition amorphe/cristalline A120
~ avec émission E157
~ bande à bande B34
~ de phase T224, T241
~ de phase de verre G116
~ entre bandes I229
~ inverse R303
~ non radiative N114
~ radiative E157
transmission de lumière L189
~ d'images à haute fidélité H101
transport T251
transporteur T207
transputer T256
trappe T258
~ cryogénique C299
~ électronique E133
~ profonde D32
traversée B264, L213
~ conductrice verticale R326
~ d'air A64
~ en fil W138
~ en polysilicium verticale V99
~ fusible F315, Z2
tri C246, S537
~ en épaisseur T143
triage C246, S537
~ des puces D178
~ des puces par groupes G140
~ des tranches W55
~ en épaisseur T143
~ par paramètres électriques E48
tribromure de bore B240
trichlorure de bore B241
trieuse C247, S536
~ en épaisseur et résistivité T142
trigger F183
trioxyde arsénieux A202
~ d'antimoine A160
trou H191, M292
~ d'épingle P244
~ d'épingle à cause de traitement technologique P443
~ du décapage E312
~ électronique E134
~ métallisé P300
~ métallisé de traversée T171
~ ponctuel B164, B166
~ traversé V129, V130
trous d'indexage I117
~ excédentaires E350
~ injectés I152
~ pour indexage I117
tube de four à diffusion D238, O214
tunneling de la barrière d'électrons E132
~ quantique-mécanique Q20
type de conduction C390
~ de dopage D357
~ de la conductibilité de canal C130
~ d'impureté I110
~ d'impureté dopante I110

U

UAL A183
ultrafiltre U13
~ d'air U21
ultravide U17
ultraviolet extrême X25
~ lointain F23, D34, F23
uniformité U69
~ de dopage D358
unité arithmétique logique A183
~ d'alimentation P380, S795
~ de base B70
~ de coupe-formatage des sorties C569
~ en réserve S637
unités par l'heure U95
«un» logique L277
uph U95
usinage M1
~ par électro-érosion E54, E105
~ par faisceau d'électrons B98
utilisateur des circuits intégrés personnalisés F240
UV-exposition U40
UV-laser U41
UV lointain F23
UV-radiation U46

V

vacance L103, V1
vacuomètre G3, V28
~ d'ionisation I347
valeur nominale R44
vallée V44
vapeur V45
vaporisation V50
varactor à jonction graduelle G143
~ à jonction hyperabrupte H277
variance R364
~ des paramètres de série à la série R367
varistance V175
ventilateur pour traitement antistatique D119
vérificateur V82
vérification A234, C168, C446, V81
vernis L1
verre à braser S148, S496
~ chalcogénure C113
~ compound C358
~ de borosilicate B242
~ de silicate S314
~ en aluminosilicate A106
~ en phosphorosilicate P135
~ germanosilicate G88
~ multicomposant M400
~ organique R213
verrou L270
~ de chargement L256
verrouillage L270, L272
version perfectionnée U92
vêtement de travail pour les salles blanches C260
VHSIC V105
vibration C167
~ du réseau cristallin L104
vide V19
~ bas R341
vides d'interdiffusion I250
vie L167, L169
~ courte L321
~ longue L301
vieillissement A59
~ accéléré A10

487

~ en charge L244
~ thermique T88
viscosimètre V145
viscosité V144, V146
visualisation I63
vitesse S574
~ de croissance G186
~ de croissance de la tension de sortie S428
~ de décapage du semi-conducteur type n N53
~ de dépôt G186
~ de dérive D400
~ de fonctionnement O92
~ de recombinaison R97
~ de régénération R156
~ de réponse O92
~ de traitement P445
~ d'évacuation E336, E356
~ d'évaporation E345

~ différentielle de décapage D185
vitrification V154
voile F221
volatilisation V170
volatilité V169

Z

zéro logique L280
zone A181, R157
~ active A28
~ de déplétion D89
~ dénudée D80
~ de travail W160
~ interdite F223
~ sans défauts N100

NEDERLANDS

A

aanbrengen van contacteerbobbels B305
∼ van verbindingen I243
aanbrenging op S792
aan de jongste ontwikkelingen van de techniek
    aangepaste versie U92
aanetsen M273
aangevoerde partij C132
aangroei G178
∼ installatie G175
∼ tempo G186
aanhouden van structuurmaat G83
aanpasbaar bedradingspatroon D298
∼ verbindingenpatroon D296
aanpasbare integratie D295
aanpassing op wens van klant C565
∼ van definitieve IC-uitvoering aan klantespecs M105
∼ van master-slice aan klantespecs M105
∼ van produkt ontwerp volgens klantspecificaties met
    be C365
aanschakelen door latch-up L74
aanslag R274
aansluit|compatibiliteit P240
∼ configuratie L127, L139
∼ contactering L124
∼ draad L145
aansluiten via verbindingen I233
aansluitfout C409
aansluiting A233, C407, C410, L123, T65
aansluitingen|dichtheid I234
∼ vormen L129
∼ vormer L128
aansluit|kenmerk L135
∼ patroon L127, L139
∼ pen O183, P238, T69
aansluitpennen|afstand L140, L142
∼ patroon F222
∼ rooster P241
∼ roostermaat P243
∼ steek L140
∼ tussenmaat L140, L142
aansluitpen van voetje R75
aansluitraam F259, L131
∼-bevestiging L133
∼ met dubbele contactenrij D430
∼ met enkele contactenrij S371
∼-montagesysteem L132
∼ pin L134
∼ voor DIP-behuizing D270
aansluit|schema C408
∼ stift O183, P238, R75, T69
∼ vlakje P19, T66
aantal D47
∼ toegangen F19
aan-toestand O47, O72
aan/uit-verhouding D443
aanvoer S552
∼ band T255
aanvoeren L251

aanvoer|inrichting F42, L250
∼-lopende band B109
∼ machine C166
∼ positie L257
∼ trechter L253
aan vraag aan te passen fabricage F169
aanvullingspakket R284
aanzet P466
aardingsarmband G171
abrupte hetero-overgang A6
∼ overgang A7
∼ p-n overgang S274
absorptie A8
acceptor A12
∼ atoom A13
∼ concentratie A15
∼ doopstof A16
∼-doteeratoom P505
∼-doteerstof P504
∼ dotering A16, P506
∼ lokatie A14
accumulatielaag A18
achterpoort-MOS B8
achteruitgang D60
achterzijde B12
actief gebied A28
∼ stof A31
∼ substraat A35
actieve component A30
∼ redundantie A34
∼ schakeling A29
activering A27
∼ door licht L177
∼ door uitgloeien A151
activeringstijd T311
adatoom A37
additief proces A39
adhesie A41, A42
A/D-omzetter D246
aërostatische geleiding A74
afbeelding I35, I63, P228
afbeeldingen I57
afbeelding met röntgenstralen X10
∼ op afstand O179
afbeeldings|procédé I65
∼ scherpte D48
∼-verveelvoudiging M432
afbeelding van micro-structuren M223
afbijtmiddel S714
afbladderbestendigheid P95
afbraak D19
afbramen D15
afdekkend|e diffusiestap B177
∼e oxydatie C30
∼ oxyde C31
afdekking met SiO$_2$ S416
afdeklaag B176, C13, C26
∼ bij temperen A152
∼ opbrengen C28

~ patroon R256
~ zonder ribbels S708
afdeklak R215
~ hechting R216
afdeklaklaag R222, R225
~ opbrengen R222
afdeklak op organische basis O154
~ voor metaaletsen M153
afdekmasker B190
afdichten P17
~ met dubbele lasnaad P29
~ met kleefmiddel A45
afdichting S138
~ in zuurstofatmosfeer O247
~ met glassoldeer G112
~ met soldeer S507
afdichtings-epoxy van IC-huis L164
~ voor kapje L164
afdichtings gas S147
~ procedure S151
~ voorvorm S150
afdicht inrichting S144
~ middel S139
~ verbinding S146
afdruk R196
afdrukken P420
afdrukker P418
affiniteit A57, C169
afgebakende diffusie L265
~ dotering L266
afkeuring R174
afknijp... P239
afknijpen P239
afknijp instelling C570
~ spanning C573
~ stroom C571
afknip- en voorvormapparaat C569
afknippen C574
aflegmagazijn H210
afregelcondensator P410, T282
afregeling T278
afregelnauwkeurigheid T281
afscheiding van vreemde atomen I108
afschermende diffusie G193
afscherming S105, S112, S282
afschermlaag S283
afschuiving S277
afsluiting S138
afsluitlaag S149
afsnijblad C575
afsnijden C574
afsnij frequentie C572
~ mes C575
afspoelen R321
afstand P250
~ bedieningsmoduul R184
~ bij contactprocédé C422
afstands belichtingsapparaat F22
~ laag S566
afstand spanning O24
~ tussen chips I248
~ tussen wafel en masker W60
aftaster S55
aftekenen S125
aftrekken L171, L172
aftreksterkte P95
afvalstoffen F15
afvoer D389, S414
~ elektrode D393
~-kanaalovergang D391
~-onderlaagovergang D395
~ stroom D392
afwassen R321
afwerking F130

~ van aansluitingen L126
afzagen S34
afzetting D91
afzuigkap F292, H209
aggressieve omgeving H212
AIM A256
akoestische oppervlaktegolf S801
akoesto-elektrische omvormer A26
~-elektronica P385
alfa A93
alfa-deeltjes-scintillatieteller A98
alfa-stralings gevoeligheid A97
~ ongevoeligheid A94
algoritme van Lee L155
alkalisch te verwijderen fotolak A87
als val fungerende dotering T261
ALU A183
aluminium arsenide A107
~-contactering A108
~ dekvlak per belichtingsstap A113
~ draad-verbinding A114
~-metallisering A110
aluminiumoxyde A102
~-behuizing A104
~-keramiek A111
aluminiumpoort A109
aluminosilicaatglas A106
amorfe halfgeleider A122, A123
~ staat A124
analoge elektronica A130
~ geïntegreerde schakeling A131
~ matrixschakeling A128
~ micro-elektronica A132
analoog-digitaalomzetter D246
~ IC A131
analysator A134
analyse van schakeling C232
AND-bewerking A138
~-element A136
~-NOR poort A137
~-OR schakeling A139
~-schakeling A135
anionen-wisselhars A143
anisotroop etsen A145, O165
~ etsmiddel A144, O165
~ etsprofiel A146
~ materiaal A148
anisotrope etseigenschap A147
anodisch e elektrolytische oxydatie E58
~ etsen A157
~ oxyderen A158
anodiseren A158, E58
antimonide A159
antimonium A161
antimoon A161
antimoonoxyde A160
anti-oxidatielaag A162
antistatisch blind masker A168
~e assemblage A165
~e behandeling D118
~e handschoenen A167
~e hoes A166
~e hulpmiddelen A164
~e oppervlaktebehandeling A170
~e werkplek A169
~gereedschap A171
~maken D118
~middel A163
apertuur L157
apparaat D128
apparatuur H30
applicator A175
architectuur A179
arseen A195

491

~ pentoxyde A200
~ trihydride A204
~ trioxyde A202
~ waterstof A204
arsenicum A195
arsenide A203
asemblage A216
~ met automatische onderdelenaanvoer op band T15
~ produktiviteit A222
~ ruimte A220
ATMOS A46
atomaire-absorptiespectrofotometrie A229
ATT-diode A261
~-oscillator A262
Auger-elektron A235
~-elektronenspectroscopie A236
~-microsonde A237
~-recombinatie A238
~-spectrometer A239
automatisch|e componentenmanipulator A243
~e contactering d.m.v. film met contactbobbels B303
~e controle A242
~e testapparatuur A249
~e uitlijn- en belichtingsinstallatie A241
~insteken A244
~op band aangevoerde en gecontacteerde aansluitingen T16
~ patroongenereren A245
~ testsysteem A250
~ vacuüm-opdampsysteem A251
automatisering van lay-out-ontwerp L109
axiale aansluitdraad A265
~ dampfase-depositie V54

B

baan P54
baar I145
bacterievrij water B17
bak B134, T10
balcontacteermachine B22
balcontactering B21, B23
~ met gouddraad G129
~ met thermocompressie T114
balletje B20, P97
ballistisch|e heterostructuur B24
~ e transistor B25
~ ladingdragerstransport B26
band B28, T14
bandafstand B30, E201, G17
~ verkleining B31
band-aftreksterkte-tester T25
~-bandovergang B34
~breedte B35
~enstructuur E200
~leiding R310
~overgang I229
~randkromming B29
~sprong I229
~structuur B33
~toevoerinrichting T22
~van dotering I95
~verwarmer S711
BARITT-diode B47
barrière B43
~ hoogte B46
barst F139
barstjesvorming in substraat S755
basis B50
~ aanpak B69
~ bouwsteen B70
basisdiffusie B53

~ venster B55
basis|dotering B59
~ elektrode B57
~-emitterdiode B58
~ proces B72
~ ringelektrode B67
basisversie-IC M104
~ schijf M100
~-wafel M106
basis|voorinstelling B51
~ voorspanning B51
~ zonemasker B66
~ zonewand B68
bastaard halfgeleidermateriaal A49
BBD B278
~-schuifregister B280
BDI-procédé B54
~-techniek B54
beam-lead B88
~-bouwsteen B94
~-chip B91
~-contactering B90
~-geïntegreerde schakeling B95
~-IC B95
~-isolatie B96
~-kruising B93
~-samenstel B89
bedekking C477
~ van niveausprongen S675
bedieningswijze H13
bedrade AND D362, W133
~ AND-logica W134
~-chiphybrideschakeling C179
~-chiptechniek C178
~ EN D362, W133
~ EN-logica W134
~ OF D363, W135
~ OF-bedrade EN-logica W137
~ OF-logica W136
~ OR D363, W135
~ OR-logica W136
bedrading W147
bedradings|apparatuur I236
~ grondlaag W155
~ patroon W154
beeld I35, P228
~ detaillering I56, P230
~ element I43, P229
~ formaat I47, I61
~ fout I45
~ gedetailleerdheid P230
~ herkenning I48
~ onderscheidingsvermogen I56
~ onscherpte B197
~ opnemen I58, I63
beeldopnemer I53
~ complex I37
~ matrix I37
~ regel I37
beeld|overbrenging door projectie P469
~ projectie P469
~ projectie-installatie I52
~ puntgewijze bewerking P101
~ randscherpte M38
~ regelopnemer L206
~ resolutie I56, P230
~ rijopnemer L206
~ scherm S105
~ scherpte I60, P231
~ sensor I53
~ signaalverwerking I51
beeldveld I46
~ montage R141
~ montagesysteem P140

beeld |verbetering I44
~ verhouding A213, H56
~ verkleiningsstap R119
~ verveelvoudiging I55
~ vlakopnemer A182
~ vlaksensor A182
~-voor-beeld-lithografie I62
~ vormende straling I66
beeldvorming I57, I63
~ in de lithografie L236
~ met hoge lijnendichtheid F112
~ met infraroodstralen I139
~ met IR-stralen I139
~ met IR-stralen I139
beeldvormings |matrix met groot chipvlak L22
~ proces I65
beeldwazigheid B197, I38
begrenzing van contacteereilandjes B226
behandelde lucht C382
behandeling H13, P439, T267
~ in een matrix A193
~ in oven O184
~ op een rij A193
behandelings |snelheid P445
~ tempo P445
behandelkamer P440
beheersing C446
beheerste diepte van p-n-overgang C453
behuisd |e chip P6
~ e geïntegreerde schakeling P6
~ IC P6
behuizen P12
behuizing C53, C54, P2
~ in kunststof P299
~ in plastic P299
behuizing met aansluitpennenrooster P242
~~ contactenrij ter weerszijden D431
~~ eenzijdige contactenrij S400
~~ geringe bouwhoogte L334
~~ geringe buitenmaten S452
~~ geringe buitenmaten type J S454
~~ meer dan 2 evenwijdige contactenrijen M433
~~ om-en-om geplaatste rijcontacten Z17
~~ vierzijdige contactenrij Q11
~~ zeer geringe buitenmaten V110
~~ zilversoldeerraam S374
behuizings |afsluiting P5
~ bodem P4
~ inductantie P8
~ materiaal P14
~ systeem P16
behuizing zonder uitstekende aansluitingen L138
beitelen C574
bekleden C241
bekleding C288
~ door opdampen E342
bekledingslaag C242, C286
bekleding voor reine ruimte C260
belastbaarheid L248
belastbaarheidsvermindering van component C341
belasting L243
belastings |condensator L245
~ curve L247
~ factor D443, L252
~ karakteristiek L247
~ transistor L260
~ weerstand L259
belichte afdeklak I42
~ film E363
~ fotolak I42
~ zone E364
belichting E368
~ met elektronenstraal E80
~ met röntgenstraling X8

~ met ultraviolet licht U40
~ op afstand O178
~ op korte afstand P490
belichtings |apparaat E366
~ bron E372
~ golflengte E373, P423
~ masker-origineel A211
~ meter E371
~ sterkte E369
~ veld E370
belicht oppervlak E365
bellengeheugen B274
~-chip B275
~ schakeling B276
bellenlekzoeker B277
bemonster-aanhoudschakeling S9
bemonstering S11
benadering met vast verbindingspatroon E146
benodigd nuttig oppervlak R72
bepaling van de loop van de metallisatiebanen M168
beperkte ruimteladingsopslag L192
beproefbaarheid T70
beproeving T74
~ op afdichting door onderdompelen in kleurstof D444
beproevingsinstallatie T75
bereidingskuip R137
bereik A181, C477, R38
berylliumoxyde B112
~-keramiek B113
beschadiging D2
~ onder de oppervlakte S769
beschadigingsbestand ontwerp D3
beschermingslaag P483
bescherming tegen alfadeeltjes A96
~~ statische lading S650
beschieting met alfa-deeltjes A95
~~ elektronen E99
besmet stof A31
bestraling I354
~ met diep-UV D33
~ met ultraviolet licht U40
bestralings | bron E372
~ dosis E369
~ golflengte E373
~ meter E371
~ veld E370
besturing C446
bestuurder C456
bestuurschip C447
~ voor randapparatuur P110
bestuurs-IC C447
beta B114
betascoop B118
beta-straling B117
beta-stralingsbestendigheid B119
beta-verslechtering B116
betrouwbaarheid R179
bevestiging A233, B206
bevestigingsinstallatie voor aansluitramen F260
bevochtigbaarheid W112, W113
beweeglijke ladingdrager M307
beweeglijkheid aan oppervlakte S814
beweeglijkheidsverhoging M308
bewerking bij doorlopende aanvoer I170
~ bij hoge temperatuur H162
~ in quasi-gewichtloze toestand M222
~ in water A178
~ met elektronenbundel B98
~ met fotochemische apparatuur P217
bewerkings |gang P447
~ reeks P452
~ stap P446
bewerking zonder personeel U49
~ zonder toezicht U49

493

bezet energieniveau F82
bezette printplaat L249, P347
bezetting P348
bezettings|dichtheid O7
~ graad O6
~ omkering P349
biFET versterker B127
bij fabricage ontstaan speldeprikgaatje P443
bijmenging A48
bij te voegen testgroep D405
~~~ teststructuur D404
bijvullen L251
bijvuller L250
bijvultrechter L253
bijzonderheid van apparaat D129
~~ bouwsteen D129
bimetaalmasker B132
biMOS B155
~-bouwsteen B156
binaire flip-flop B135
~ logicapoort B136
binder B137
bindmiddel B137
binnenlaagmetallisatie I269
bio-actief stof A31
bipolaire bemonster-houdschakeling B160
~ bit-slice B141
~ bouwsteen B138
~ cel B142
~ chip B143
~ FET IC met geïsoleerde poort B149
~ ingang B148
~ ingangstransistor B148
~ ionenimplantatie B151
~ isolatie B152
~ logica B154
~ matrixschakeling B140
~ MOS B155
~ partverwerker B141
~ processorschakel B141
~ schakeling B143
~ stuurschakeling B145
bipolaire transistor B162
~~ met hetero-overgang H72
bipolaire wafel B163
bipolair-FET IC B146
~ filter B147
~-JFET-technologie B153
~-MOS-bouwsteen B156
~ ontwerp B144
~ proces B159
~ techniek B139
~ techniek voor grote prestaties H123
bistabiele kipschakeling F183
~ schakeling T192
~ wipschakeling F183
16-pit-micro|computer B167
~ processor B172
4-bit|-partverwerker B171
~ s chip F241
bit-slice|-architectuur B169, S430
~-microprocessor B170, S432
4-bit-slice-processor B171
16-bitter B172
blaar B185
blaas B185
blad B173
bladderbestendigheid P95
blindcontaceren B184
blok-compileerprogramma B187
~-compiler B187
~ constructie B188
blokgewijs bouwen M317
~ opzetten M317

blokgewijze opbouw M316
blokherhalingsmethode B193
blokkeer|diode I370
~ spanning B191
blokkering L270, L272
blokontwerp B188, B192
bloksgewijze herhaling B194
blootgelegd|e zone D80
~ gedeelte R285
blootstelling E368
~ aan diep-UV D33
~ aan röntgenstraling X8
~ aan ultraviolet licht U40
BN-bron B199
bobbelcontacteertechnologie B306
bodem B243
boekencontrole A234
~ op reinheid C249
boekenverificatie A234
bolletje P97
bolling C7
boogplasma A180
boorzuuranhydride B230
borg R274
~ schakeling L71
borium B231
~ diffusie B234
~ dotering B235
~ implantatie B236
~ nitride-huid B238
~ tribromide B240
~ trichloride B241
borosilicaatglas B242
borstelreiniger B269
botsing C310
botsingstraject C312
bouwdoosconcept B283
bouwelement met amorfe halfgeleider A123
bouwsteen B282, D128
bouwsteen met bestuurbare oppervlakte-eigenschappen C455
~ ~ hoge drempelwaarde H163
~ ~ vaste programmatuur F137
braam B322, F154
Bragg-reflectie B254
breed energie-interval L24
breedtematen L77
breekbaarheid F257
breekbaar materiaal F256
breek|machine F254
~ sterkte F255
breken B259, C264, C482
~ van de schijf S431
~ van de wafel S431
brekingsindex R144
breuk B259, R368
~ vastheid F255
~ vlak F253
Bridgman-Stockbargermethode B266
bron S552
~-afvoerdiode S555
~ elektrode S556
~-kanaal-overgang S553
~ stroom S554
~-substraat-overgang S559
~ van grote intensiteit H108
~ voor planaire diffusie P274
~-zone S558
broosheid F257
broos materiaal F256
bros materiaal F256
brug B264
buigings|ringen D186
~ rooster D187, G157

~ roosteruitlijning D188
~ tralie D187
buigzame aansluiting C339
buisoven T295
buitenbaan-elektron P113
buitenlaag O186
buitenverbinding O13
bundel B86
~ positioneerder B97
bus B323, J1

C

CAD C366, D107
~-bibliotheek C368
~-faciliteiten C367
~-modellenbestand C368
~-systeem C369, D109
~-techniek C3
~-werkplek C5
calcineren C6
camera C9
~ lens C10
capacitantie C15
capaciteit C15, C23
capaciteits-temperatuurcoëfficiënt T51
capaciteit van de depletielaag D83
~ ~ ~ uitputtingslaag D83
~ ~ ~ verarmingslaag D83
capacitief gekoppelde FET-logica C18
capacitieve belasting C16
~ koppeling tussen verbindingssporen I268
capillair |stuk C24
~ verstopping C25
capsulatie C32
cassette-aan-en-afvoersysteem C60
~-afstand C57
~ bemonstering C58
~ lader C56
~-methode C60
~ verwerker C63
~-verwerkingsplek C59
CCD C141
~-beeldopnemer C74
~-filter C73
~-logica C75
CCD met ingebed kanaal B310
~ ~ inwendig kanaal B286
~ ~ parallelle ladingsoverheveling P30
~ ~ poortoverlap O198
CCD-multiplexer C76
CDI C306
~-techniek C307
cel C86
cellen |bibliotheek C90
~ dichtheid C89
cellenmatrix C87
~ geheugen A190
cellenrij C87
cellulair ontwerp C88
cel met isolatie-talud T28
~ ~ laminaire luchtstroming L7
celmodellenverzameling C90
centrale verwerkingseenheid C95
centrifuge C96, S583
~-droge wafel S582
cerdip C103
~-behuizing C107
~ montage C106
cermet C108
~-behuizing M148
~ geleider C110

~ omhulsel C98
~ op basis van onedele metalen B62
~ procédé C112
chalcogenide geheugen C114
~ glas C113
chemisch |e affiniteit C169
~e depositie E56
~e duurzaamheid C170
~e houdbaarheid C170
~e stof voor micro-elektronica-industrie M213
~ etsmiddel C171
~ etspolijsten C172
~ neerslaan E56
chemisch opdampen C174
~ ~ bij hoge temperatuur H160
~ ~ onder atmosferische druk A228
chemisch opgedampte laag C175
~ produkt van elektronica-kwaliteit E114
~ stabiele laag I134
chip C177, D145
~ aanbrengen D151
~ aansluiten D151
chip-assemblage C182
~-inrichting C181
chip-beproeving op de wafel O75
~-bewerking C213, D175
~-bodemverbinding C220
~-complexiteit C204
~-component N6
~-condensator C186
~ contacteermachine D150
~ contacteren C184, D151
~-diode C196
~-draagfilm F88
~-draagfolie F88
chipdrager C187
~ band T20
~ film T20
~ met aansluitingen L125
~ met contacteerbobbels B300
~ montage C188
~ zonder uitstekende aansluitingen L136
chip-duwproef D176
~ eindmontage op dragerfilm B102
~-elementendichtheid C193
chip-externe versterker O12
~ weerstand O14
chip-hechting D146
~ holte C190
~ indeling C203
~ insolderen C208
chip-interne component O41
~ versterker O40
chip |kit-installatie D150
~ kitten D151
~-kleefmontage A44
~-layout C203
~ legeerinstallatie D150
~ legeren D151
~ lijmen C184
chip met contacteerbobbels B299, P94
~ ~ enkelvoudige schakeling I120
~ ~ grote elementendichtheid H86
~ ~ grote pakkingsdichtheid H86
~ ~ hoge pakkingsgraad D74
~ ~ veel aansluitingen M413
~ ~ zeer complexe schakeling L361
chip-montage C206, D151
~-installatie D150
~-installatie voor verlijming met epoxy E264
~ met bedrading D147
~ met epoxylijm E263
~ plaat C183
~ plek D170

495

~ raam D149
~ vlak C207
chip-ontwerp C194
~-op-film C209, D171
~-oppikker D174
~-oriëntatie D172
~-plaatser C210
~ plaatsingsraster C200
~-positioneerder C211
~-print C183
~ profiel C214
~ rand C197
chips D141
~ merken C205
chipsortering naar kwaliteitsklasse G140
chips-sorteermachine D179
~ sorteren D178
chipstapeldrager M407
chips-uitbreker F254
~ van elkaar losmaken D177
~ van elkaar scheiden D177
chip|tester C513
~-testinrichting C212
~ uitsnijder en contactenvormer E354
~-uitwerper D155
chip-voor-chip|belichting D153
~-lithografie D154
~-uitlijning D152
chip voor randapparatuur P110
~-weerstand C216
~ weerstanden trimmen C221
chip zonder behuizing U87
~ ~ kapje U87
chroom-belichtingsmasker C226
~-moedernegatief C225
~ plaat C226
CID C155
cirkelzaag P114
classificatie C246
classificeerder C247
clean-room C256
~-compatibel ontwerp C285
~-compatibiliteit C257
CMIS C329
CML C551
~-poort C275
CMOS-FET C331
~-IC C278, C328
~-IGFET C327
CMOS met geïsoleerde silicium-poorten I364
~ ~ sperlaagisolatie J30
CMOS-op-saffier C280
~-procédé C283
CMOS-SOS C280
~-microprocessor C281
~-procédé C282
CMRR C321
coating C288
~-kamer C289
~-mengsel C290
codeerder E194
codiffusie C292
collapsdiameter C301
collector-basis capaciteit C308
~ diode C302
~ doorbraak C303
collectordiffusie C305
~-isolatie C306
collector-karakteristiek C304
~ onderlaag B314
~-sjabloon C309
combi-en-paslithografie M296
combo-schakeling C315
compatibel|e geïntegreerde schakeling C323

~ IC C323
compatibiliteit C322
compensatiegraad C325
complementaire MNOS C330
~ transistoren C333
~ transistorlogica C332
~ TTL C332, C334
complex A185
complexe microelektronica C338
complexiteit C335
~ in equivalente poorten E278
~ op chip-niveau C204
complexiteits|graad C336
~ klasse C337
componenten aan de rol R125
~ dichtheid C233; C340
~-insteekmachine voor radiale aansluitdraden R6
~ montage op chip C182
component met contacteerbobbels B301
~ van topkwaliteit T198
~ zonder behuizing C192
composiet-materiaal voor dikkelaagtechniek T132
compositie C356, F229
computer|bestuurde werkwijze O69
~-gegenereerd ontwerppatroon C373
~ onafhankelijke werkwijze O19
computer-ondersteund concept-ontwerpen C370
~e belichtingssjabloonvervaardiging C371
~ ontwerpen C366
~ ontwerpsysteem C369
~ tekenen C370
computersimulatie C375
concentratie|gradiënt C376
~ per oppervlakte-eenheid P120
~ per volume-eenheid P121
~ verhouding C379
condensatiekern C380
condensator C17
~ netwerk C19
~ plaat C21
conditie C381, C381
configuratie C404
connector C410
constructie C412
construeren E206
contact C413, T65
~ belichting C421
~ belichtingsapparaat C429, C435
~ bobbel voor simultaancontactering G15
~ diffusie C419
~ draad-trekproef B228
contacteer|bobbel B298, C402, P236
~ draad B221
~ eilandje B225, C185, P19
~ laag P20
contacteermachine B207
~ voor externe verbindingen O171
~ voor interne verbindingen I173
contacteer|snelheid B218
~ tip B220
~ vlakje B225, C185, P19
contacteervlakjes voor in/uitvoer I177
~ voor I/O I177
contacteilandje C431
contacteren B211
~ met een snavel B165
~ met elektronenstraal E74
contactering met automatische aanvoer op band T17
~ ~ laser L40
contacterings|balletje B20
~ cyclus B214
~ techniek B219
contactfotolithografie C432
contactloos inkerven N98

~ ritsen C427, N98
contactloze lithografie C426, N97
~ meettechniek N96
contact |metallurgie T67
~ op afstand O17
~ patroonmasker C417
~ potentiaal C434
~ venster C439
~ vlak C416
contactvlakje C431, L13
~ van metaal M162
continu |verstelbare coördinatentafel C444
~ werking C445
contradotering S474
controle A234, C168, V81
~-apparatuur I182
controle-gereedschap voor ontwerpcliché A206
~ ~ ontwerpnegatief A206
~ ~ ontwerptekening A206
~ ~ ontwerptransparant A206
controle |materiaal I185
~-microscoop I184
~ na binnenkomst I114
~ op elektrische parameters E42
~ op maatvoering D251
~ op ontwikkeling D121
~ op reinheid C249
controleren C168
controle |sluis I183
~-toestel V82
controleur V82
conversie C457
~ rendement C458
~-verlies C460
convertering C457
coördinatentafel C468, S625, T4
coördinatograaf C469
coplanaire elektroden C470
cryptografie-microprocessor C508
CTD C164
curve C556
~ nschaar F17
~ schrijver P303
CVD C174
~ bij onderdruk R109
~ bij verminderde druk R109
~-oxyde C577
~-polysiliciumlaag C578
~-siliciumlaag C579
cyclus C580
~ tijd C581
cylindrisch |e magneetbel C582
~ plasmareactievat C583
Czochralski-methode C586
~-procédé C586
~-produktiesysteem C587
~-silicium C588

D

dal V44
damp V45
dampfase-depositie V55
~-diffusie V56
~-epitaxie V49, V58
~-kweekinstallatie V48
~-reactie V60
~-solderen V61
damp |levitatie-epitaxie V51
~ oxydatie V52
~ reinigingsinstallatie V46
Darlington-emittervolger D6

~-paar D7
~-versterker D5
data-partverwerker D8
dauwpunttemperatuur D131
DCTL D274
~-poort D13
deactiveringstijd T310
Debye-lengte D16
~-temperatuur D17
decentrale schakelingen D313
decoratie D23
deel P36
deeltjes |overdracht vanuit dampfase V63
~ verontreiniging P39
defect F14
~ atoom A230
~ e exemplaren per miljoen D47
~ elektron M292
defect-elektronen |concentratie D40
~ dichtheid D42
~ verplaatsing D46
definitie D48
degeneratie D53
~ graad D54
deïonisator D63
dekbad F154
dekken R161
dekkings |nauwkeurigheid R162
~ tolerantie R165
deklaag B176, C13, C26, C286, C288, O19
~ bij temperen A152
~ opbrengen C28
~ patroon R256
~ zonder ribbels S708
deklak R215
~-definitie R223
~-doseerinrichting R224
~-fijnheid R223
~ hechting R216
~ laag R222, R225
~ op organische basis O154
~ voor metaaletsen M152
demineralisator D71
demineralisering D70
dendriet D73
~ vormig kristal D73
~ vorming D72
dendritisch kristal D73
depletie door borium B233
~ kanaal D81
depositie D91
~ door glimontlading G124
~ door sputteren S597
~ door verstuiving S597
~ in lagen L6
~ in open buis O82
~ van metallisatielaag M164
desolderen D116
destructieve aftreksterkteproef D120
detailleringsvermogen D48
diagnose-hulpmiddelen D134
diamanten afkapschijf D135
~ kerfgereedschap D138
diamant |kerver D137
~ zaag D136
3D-IC T166
dichtbezet kristalpooster C269
~ te chip D74, H86
~ te printplaat D76
dichten P17
dichte pakking C270
dichtgestuurde transistor O28
dichtheid D78
dichtheidsverdeling D79

497

dichtmiddel S139
dicht opeengepakte structuur T175
diëlektricum tussen polysiliciumlagen I272
diëlektrisch e constante P118
~e doorslagspanning D160
~e doorslagvastheid D169
~e isolatie D164
~e isolatie met saffier S16
~e verliesfactor D166
~e verliezen D165
~ geïsoleerd eilandje D159
~ geïsoleerde MOS D163
~ geïsoleerd IC D158
~ kapje D161
diepdiffusie D29, D402
diepe kerf D31
diepgelegen overgang R79
diepgelegen acceptor D25
~ donor D30
~ doteringsconcentratie D26
~ ladingdragerval D32
diepontladings-CCD D27
diepte D97
~ diffusie U93
~ maat D100
~ maten D98
~ meter D100
~ profiel D102
~ van overgang J25
~ verdeling D99
diep-UV -afdeklak D39
~-licht D34
~-lithografie D35
~-masker D36
~-projectielithograaf D37
~-projectie-uitlijn- en belichtingsapparaat D37
~-straling D34
differentiaalversterker D183
diffusie D208
~-atoom D206
~ barrière D210
~ bron D190
~ buis D238
~ capaciteit D213
~-cassette D236
~ coëfficiënt D214
~ dichte laag D225
~ diepte D217
~ diode D195
diffusie door masker M52
~ ~ oxydevenster M52
diffusie gradiënt D224
~-IC A88
~ in kast B252
~ in open buis O83
~ langs breuklijnen P248
~ lassen D204
diffusiemasker D228
~ venster D229
diffusie-oven D222
diffusiepomp D231
~ olie D233
~ vloeistof D232
diffusie schuitje D211
~ snelheid D234
~ stof D189
~ stopper D237
~ van afvoer en bron D390
diffusie vanuit gasbron G37
~ ~ gasfase G33
~ ~ vloeistofbron L219
diffusie venster D239
~ vergelijking D219
~ voorzieningen D220

~ zonerand D218
diffuus beeld D205
digitaal IC D242
digitale CCD D241
~ chip D242
~ geïntegreerde schakeling D242
~ hoekwaarde-omzetter A142
~ logicapoort D243
~ matrix D240
~ micro-elektronica D244
digitaliseerder D246
dikkelaag-drukker T137
~-geleider T130
~-hybride-chip T129
~-hybrideschakeling S116, T133
~-hybrideschakelingen T139
~ pasta T134
~ procédé S107
~-weerstandsmateriaal T138
~-zeefdruk T140
dikke lagen T139
dikte D97
~ maat D100, T141
~ meter D100, T141
~ profiel D102
~ voeler T141
DIL-huisje D431
~-IC D429
~-spin D430
diode-laser D258
diodematrix D255
~-IC D256
diode met extra ladingdragerbeweeglijkheid H217
~ ~ hetero-overgang H73
~ ~ ladingsopslag C160
~ ~ negatieve weerstand N48
~ ~ sperinstelling B2
diode schakeling D254
~-sputterinstallatie D259
~-transistorlogica D260
~-verstuivingsinstallatie D259
~-werking D253
dioxyde D263
DIP D431
~-IC D269
~-insteker D268
~-spin D270
~-vermogensdissipatie D272
directe elektronenstraal-lithografie D280
~ procesbesturing O70
~ wafelbelichting in stappentechniek D278
~ werkwijze O69
direct gekoppelde transistor-logica D274
~ ladinggekoppelde logica D273
~-op-wafel-schrijvende-E-straaltechniek E4
~ schrijven met elektronenstraal E3
~ toegankelijk lees/schrijfgeheugen R35
disbalans-ladingdrager N107
discreet IC D290
~ IC-equivalent D289
discrete bedrading D294
~ chip-component D286
~ component A38, D283
~ condensator F216
~ Fourier-transformatie D288
~ geïntegreerde schakeling D290
~ halfgeleider D293
~ microbouwsteen M212
~ microprocessor D291
~ MOS-bouwsteen E149
~ schakeling D284
~ weerstand D292
dislocatie aan de oppervlakte S808
dissipatievermogen D309

distributiecoëfficiënt D318
doelmatigheid E31
Dolby-IC D324
domein D325
dompel |bekleding D266
~-coating D266
dompelen D271
dompel |etsen D267
~ proef L216
~ solderen S492
~-verdampontvetter I68
donkere interferentiestrepen D4
donor D326
~ atoom D327
~ doteerstof D328
~-halfgeleider D329
dood geheugen R66
door bestraling gekristalliseerd polysilicium B87
doorblazen met lucht A72
doorbraak B260
~ spanning B263
~ stroom B261
~ waarde B262
doorbranden B321
~ van zenerdiode Z5
doordrenking I91
door gebruiker te programmeren IC F77
~ ~ ~ integrale logica-schakeling F77
~ ~ ~ leesgeheugen F78
~ ~ ~ logica U99
~ ~ ~ logicamatrix F75
~ ~ ~ ROM F78
~ ~ ~ stuurelement F61
doorgemetalliseerd gat P300, T171
door inbranden te programmeren matrixlogica F318
door ionenbestraling gestimuleerd etsen I320
doorlaat |gebied R50
~ geleidingsvermogen F231
~ impedantie F237
~ instelling F230
~ kromme F235
~-rasterelektronenmicroscoop S63
~ stroom F232, F236
~ venster R51
~ voorspanning F230
~ weerstand F238
door laser gekristalliseerd polysilicium L41
~ ~ gerekristalliseerd silicium-op-isolator L59
~ ~ gerekristalliseerd SOI L59
door laser gestimuleerd |e diffusie L37
~ ~ ~e dotering L47
~ ~ ~e neerslag L53
~ ~ ~ opbrengen L53
~ ~ ~ opdampen L53
door laserstralen veroorzaakte fout L52
doorlichten S112
door licht gestimuleerd etsen L183
doorlopende assemblage I168
~ laag C443
~ montage I168
door oxyde omsloten basis O240
~ ~ ~ emitter O241
doorslaan B321
doorslag B260, B321, P516, P517, R368
~ spanning D160, R369
~ vastheid D169
doorsmelten F323
door smeltverbindingen programmeerbare chip F319
doorsnee lithografie-resolutie R345
~ onderdeel C317
door te branden verbinding Z2
doorvoer L143
~ snelheid T172
door warmte hardende kunsthars T125

doorzichtige film T250
DOPOS-procédé D346
doseerinstallatie D361
dosisconcentratie D360
dotant uit groep G172
doteermiddel D349
doteerstof D330
~ voor collectoronderlaag subcollector B315
doteren D348
~ van halfgeleiders S211
dotering D348, I92
dotering met arsenicum A198
~ ~ lage concentratie L307
~ ~ vreemde atomen I104
doterings |activering D331, I93
~ afschermmiddel D341
~ atoom D332, I94
~ bron D342
~ bronverdampingsoven S557
~ concentratieverval D337
~ defect I98
~ dichtheid D333, I99
~ diepte D351
~ diffusie I100
~ dragerstof D338
~ factor D356
~ gas D336
~ gastheer D338
~ gelijkmatigheid D358
doteringsgraad C377, D352
~ gradiënt D337, I105
~ installatie D347
~ ionisatie I106
~ locatie C93, I96
~ masker D353
~ neutralisatie D350
doteringsprofiel C378, D340, I107
~ meter D355
doterings |verdeling D335, I101
~ verval bij diffusie D224
dotering van silicium S326
~ vanuit een oplossing S530
~ vanuit gasfase G34
doven van ontlading D282
draad W126
~ aansluitvlakje W153
~ brug J20, W132, W138
~ contacteerbaarheid W128
~ contacteermachine W130
~ contactering W127, W131
~ gecontacteerde chip W129
~ leiding W139
~ lus W138
~ pletten W142
~ routeringsmachine W141
draadspiraal-verbinding W145
~-verbindingsmachine W143
draadtoevoer-capillair B208
draagfilm F85
~ contactering F87
~ montage F86
draagfolie F85
draai |condensator V66
~ tafel T312
dradenkruis-positionering C490
dragerfilm B99, C49
~-contacteerautomaat B101
~ technologie B103
dragermedium V78
drempel |bezetting T169
~ spanning T170
~ stroom T168
~ vrije logica N120
driecoördinatentafel X31

drie-diffusies-IC T165
driedimensionale geïntegreerde schakeling T166
~ verbindingsstructuur T167
~ verdeling D14
driemasker-IC T279
drievoudige diffusiestructuur T286
drift D397
~ afstand D399
~ snelheid D400
~ stroom D398
~ traject D399
drijfzone-kristal F199
~ groei F200
~ kweek F200
drijvende-kroestechniek F185
drijver-IC I205
droge afdeklak N111
~ bewerking D421
~ chemie D407
drogefilm-afdeklak D414
~-fotolak D414
~-fotolithografie D413
droge fotolak S511
~ oxydatie D416
~ plasmafotolakstripper D418
droger D409
drogezuurstof-atmosfeer D417
~-oxydatie in open buis O85
droog |apparaat D409
~ etsapparaat D411
~ etsen D410
~ etsreactor D412
~ lakstrippen D422
~ middel D104, D415
~ ontwikkelen D408
~ oven K5
~ procédé D419
~ stof D409
~ warmen B19
druk |getrouwheid P421
~ meter G3
~ zeef voor hybride-techniek H267
DTL D260; T231
~-poort D261
~-zenerdiode D426
dubbeldiffusie D371
~-MOS met geulisolatie T269
dubbeldotering D373
dubbele diffusie D371
~-diffusietechniek D372
~ dotering D373
~-kamstructuur I253
~-kamvorm I252
~-kroesmethode D366
dubbel-elektrodelassen P25
~-emittertransistor D427
~-epitaxie-procédé D374
~ etsinstallatie B125
dubbel gediffundeerde diode D367
~ ~ injector D368
~ ~ MOSFET D369
~ ~ MOS-transistor D370
dubbel geïmplanteerde MOS D376
~ holte-procédé T318
~-ionenimplantatieprocédé D377
~ poly-procédé D381
~ poort-FET D428
dubbelzijdige lithografie D433
~ printplaat D382; T327
dun band T14
dun-etsen C173
dun lint T14
dunne epi-laag E238
~ epitaxiaallaag op substraat E256

~epitaxiale laag E238
~ laag F84
dunnelaag-chip T144
~-depositie T150
~-diode T151
~-FET T153
~-geleider T147
~-hybrideschakeling T154
~-hybrideschakelingen T156
~ opdamper F93
~-opdamping T150, T152
~-schakeling T145
~-sputtering T157
~-structuurdefinitie T148
~-structuurfijnheid T148
~-substraat T158
~ technologie T159
dunnelaag-transistor T160
~ transistor voor hoge spanningen H176
~-verdichting T149
~-verstuiving T157
~-weerstandsladder T155
dunne lagen T156
dun vel P98
duplicatie D434
duplicator D435
dupliceerapparaat D435
duroid D437
duurzaamheid D436, E198
3D-verbindingsstructuur T167
~-verdeling D14
dwarskracht S278
dynamisch inbranden D445
~ opdampen D446

E

EAROM E43
ECL E164
~-part E15
~-poort E163
edelgas I131, N86, R39
~ atmosfeer I130
~ omhulling I133
edelmetaal-cermet N87
~-pasta N88
eenassige anisotropie U68
één-chipper O53
eendimensionale matrix L195
een gelijk exemplaar maken T315
~ ~ ~ uitzoeken T315
eenheidsweerstands|meter R238
~ profiel R239
eenlaags-metallisatie O55
één-nul-verhouding O66
één-op- |één-afbeelding op de wafel O65
~ één-projectie-installatie O64
~ vier schakel-chip O49
één-signaal O59
één-staat O60
eenstaps-diffusie O61
één-toestand O60
één-transistor cel O63
~ cellen-geheugen O67
~ geheugencel S411
eentransistor-MOS-poort S395
een tweede exemplaar maken T315
~ ~ ~ uitzoeken T315
één-uitgangssignaal O58
één-wafel-plasmabehandelinstallatie S412
EEROM N45
eerstelaags-geleiderbaan F138

effenheid P265
efficiency E31
effusiecel E32
EFL E172
eigen |beweeglijkheid I288
~ defect N16
~ fabricagevoorziening I148
eigengeleiding I286
eigengeleidings |poort I287
~ romp I283
eigen |groei-siliciumdioxyde N17
~ halfgeleider I289
~ ladingdrager I284
~ ladingdragerconcentratie I285
eigenschappen in massieve vorm B294
eilandje I358, I359, M162
eindbewerking B6, F130
eind |controle F100
~ montage op dragerfilm B102
~ opbrengst F102
eindpunt E196
~ detectie E197
eindresultaat E196
eisen t.a.v. schakeling C236
elektrisch |e brugvorming E40
~e geleiding E41
~ geleidende lijm E44
~ geleidend kleefmiddel E44
~ geleidend plakmiddel E44
~ programmeerbaar leesgeheugen E47
~ programmeerbaar ROM E47
~ te wijzigen leesgeheugen E43
~ te wijzigen ROM E43
~ wisbaar leesgeheugen E45
~ wisbaar ROM E45
~ zwevende zone E46
elektrochemisch bedekken E49
~ neerslaan E49
~ slijpen E50
elektrode T65
elektroden |afstand E53
~ vorm E51
~ met tussenruimte S565
elektro-etsen E55, E61
elektrolyse E57
~ bad E59
elektrolytisch anodiseren E58
~e depositie E60
~e ionisatie E63
~e oxydatie E64
~ etsen E55, E61
~ polijsten E65
~ slijpen E62
~ vertinnen E145
elektromagnetische reiniging E66
elektromigratie-immuniteit E67
elektronen |affiniteit E68
~ beeldprojectie E121
~ beeld-projector E122
~ bezetting E127
~ bombardement E99
elektronenbundel E69
~-lithografie B105
~ positioneerder B97
~ schrijver B104
elektronen-continuïteitsvergelijking E102
~ diffusiediepte E104
~ doteerstof D328
~ drift E106
~ fysica E126
~-gatenlawine E109
elektronengevoelige afdeklak E96
~ emulsie E129
elektronen |halfgeleider D329

~ kanon E108, G197
~ microscoop E125
~-omhulsel E107
elektronenstraal E69
~-belichtingsapparaat E79
~ bewerking E94
~-depositie E75
~-lithografie E85
~-lithografisch vervaardigd masker E81
~-maskersysteem E87
~-maskervormer E86
~-metallisatie E88
~-patroonschrijver E90
~-projectie E95
~-repeteerprojector E83
~ schrijven W174
~ schrijver met variabele bundelvorm V69
~ sonde E92
elektronenstraaltechniek voor direct schrijven D279
~-uitgloeiing E73
~-uitgloei-installatie E72
~-uitlijning E71
~ verdamper E78
~ verhitting E82
elektronen |stroom E103
~ technologie E131
~ val E132
elektron-gat |-paarvorming E110
~-recombinatie E111
~-verstrooiing E112
elektronica E118
~ met hybride schakelingen F92
~ met laagschakelingen F92
elektron in buitenste schil O173, P113
elektronisch |e beeldsignaalverwerking I51
~e halfgeleider E119
~e techniek E113
~zichtsysteem E120
elektro-optica E137
elektro-optisch effect E135
~e technologie E136
elektrostatisch |e lading E140
~e lading wegnemen E142
~e ontlading E141
~e wafelhouder E144
~ veld E143
element E146
elementaire halfgeleider E147
~ kristalcel U76
~ lading E148
elementenreserve E151
element in schakeling C234
~ met negatieve weerstand N49
~ uit groepen III en V C313
ellipsometer E153
ELSI E375
emissie-diode E178
emissieve recombinatie R22
emissor E159
emitter E159
emitter-basis |diode E160
~-overgang E161
emitterdiffusie E166
~ venster E167
emitter-dip-effect E168
~ doteringsconcentratie E174
~ elektrode E169
emitterende diode E178
emitter |gekoppelde logica E164
~ masker E170
~ materiaal met grote bandafstand W120
~ stroom E165
~ verdringing E177
emittervolger E170

501

~ ingang E171
~-logica E172
emitter |voorinstelling E162
~-voorspanning E162
emmerketting-bouwsteen B278
~-geheugen B279x
~-schuifregister B280
emulgator E181
emulgeermiddel E181
emulsie E182
~ laag-aandikking E183
~ maskerpatroon E185
EN-bewerking A138
~-element A136
energieband B28, E199
~ enstructuur E200
~ van dotering I95
energie-interval E201, G17
energiek |e ladingdrager H216
~ elektron H218
energieniveau E202
~ bezetting L159
energie |staat E204
~toestand E204
energieverschil G17
~ toestand G19
energie-zuinige logica L315
enge dekkingstolerantie T178
~ passingstolerantie T178
~ spatiëring T179
~ structuurmaat T175
~ tolerantie T180
enkelcel U76
enkel-chip micro |computer O53
~ ~ processor O52; O53
enkel-chips magneetbellenbouwsteen S386
~ microprocessor S387
enkel-chip versterker O50
enkel-ion-implantatie S401
enkelkanaals-MOS S385
enkellaags chipdrager S402
~ metallisatie S403
~ polysiliciumtechniek S408
enkelmasker-geïntegreerde schakeling O57
~-IC O57
~-methode S405
enkelpatroons fotomasker S406
enkelpositie-stappenrepeteermachine S410
enkelvoudig |e diffusie S396
~e dislocatie S397
~e injectie S399
~e metallisatie O56
~e verkleining O62
~ kristal M342
enkelwafelverwerking S413
enkelzijdige printplaat S409
EN/OF schakeling A139
EN-schakeling A135
ent |laag H214
~ materiaal H215
~ rooster H213
EPIC-methode E227
epi-laag E238
epi-planair |e diode P261
~e transistor P263
~-techniek P262
epitaxiaal bekleden E236
~ gepassiveerd IC E246
~-IC E241
epitaxiaallaag E225, E243
~ op substraat E256
epitaxiaal lichaam E233
~ neerslaan E236
~ opdampen E236

~ opvullen E250
~ overgang E242
epitaxiaal-planair |e bouwsteen E231
~ e transistor E247
~ technologie E232
epitaxiale aangroei E240
~ collector E234
~ CVD E235
~ laag E238
epitaxiale opgroei bij lage druk L331
~ ~ vanuit vloeistoffase L226
epitaxiale zone E251
epitaxie E258
~ bij onderdruk R110
~ bij verlaagde temperatuur R111
~ bij verminderde druk R110
~-eilandje E229
~-installatie G175
epitaxielaag E225, E243
~ holte E248
epitaxie-oplossing E254
~-punt E255
~-randverdikking E237
~ vat E249
~ kamer E249
epoxy-deklaag E261
~ doseerder met reservoir E265
epoxy-glas E268
~-printplaat G103
~ vezelplaat F55
epoxy-harder E269
~ hars E259
~-huisje E272
~-ingietmassa E266
~ lijm E260
~-plaatmateriaal E270
~-uitharding E262
EPROM E47, E280
equivalente poortschakeling E277
~ schakeling met gelede elementen D314
~ weerstand E279
Esaki-effect E284
~-overgang E285
E-straal |-chroommasker E13
~-kwartskristal E9
~ masker E6
~ projector E8
~ techniek voor direct schrijven D279
~-technologie E10
ets E288
~ anisotropie E303
~ bad E293
~ bestendige laag E319
~ bestendigheid E306, E318
~ diepte E295
etsen in diode-installatie D257
~ met excimeer-laser E352
~ met fotolakmasker P196
~ met radicalen R24
~ met reactieve ionenstraal R58
ets- en spoelinstallatie E321
etsen zonder onderetsing Z15
ets |factor E300
~ figuur E301
etsgas E290
~ mengsel E307
ets |gevoeligheid E320
~ graad E315
etsing met fotolakmasker P204
ets |installatie E299
~ kamer E294, E309
~kegel E324
~ masker E308
etsmiddel E288, E289

∼-regeneratieapparatuur E291
etsongelijkheid in langsrichting A264
etsoplossing E292
∼ voor silicium S334
ets |polijsten E313
∼ profiel E314
∼ putje E312
∼ slotmoment E298
etsstof E289
∼ voor silicium S333
ets |vat E309
∼ verhouding E316
∼ werende laag E322
euthecticum E326
eutectisch |e alliage E326
∼e chipbevestiging E329
∼e chipmontagemachine E330
∼e goud-siliciumverbinding G136
∼e voorvorm E331
∼ hardsolderen E327
∼ soldeer E332
∼ trilsolderen E333
∼ vlak E328
evenredig verkleind IC S45
evenwichtsladingdrager E276
exacte uitlijning E348
excimeer-laser E351
expansiestuk B107
expertsysteem op chip E361
explosiepersen F155
exponentiële verdeling van doteringsatomen E362
extern contacteren O172
∼e component E374
extra beweeglijk |e ladingdrager H216
∼ ∼ elektron H218
extra buitenlaag O186
extra-complexe integratie E375
extra-groteschaal-integratie E375
extreem-geringe terugstroming U20
extrinsieke eigenschappen E377
∼ geleiding E376
∼ halfgeleider E378

F

fabricagelijn M34, P444
∼ met korte doorlooptijd Q9
fabricage |methode M35
∼ procesgang F2
fabricagestap P446
∼ die in geel-lichtruimte moet plaatsvinden Y3
fabricage |straat P447
∼ uitrusting F1
∼ voorzieningen F1
fabriceerbaarheid M33
fabriek P456
fabrieksmatig geprogrammeerd |e chip F12
∼ ∼ leesgeheugen F13
∼ ∼ ROM F13
facet F11
∼ lens F218
∼ tenlens M431
falen F14
familie F16
FAMOS F187
fan-in F19
fan-out F20
fase S659
∼ diagram P126
∼-overgang P127, T224
∼-overgangspunt T225
∼ sprong P127

fenolhars P128
Fermi-niveau F45
∼-verdeling F44
ferromasker F46
FET F66
∼-ingang F50
∼-kanaal F49
FET-matrix F48
FET met dubbelekam-poort M428
∼ ∼ geïsoleerde poort I187
∼ ∼ geïsoleerde siliciumpoort S346
∼ ∼ geïsoleerde weerstandspoort R229
∼ ∼ ingebed kanaal B311
∼ ∼ verschoven poort O22
∼ ∼ zelfgejusteerde poort S172
∼ ∼ zwevende poort F188
FET van het verarmingstype D86
∼ ∼ verrijkingstype E215
fiberglas F54
FIC F94
fijnafwerking F105, P392
fijn detaillerende beeldvorming H137
∼ ∼ zeefdruk H140
fijne geleider F108
fijne lijn F108
fijne-lijn |definitie F109
∼ detaillering F120
∼ lithografie F114
∼ metallisatie F116
∼ resolutie F120
fijngestructureerd |e geïntegreerde schakeling F113
∼ IC F113
∼ vormenpatroon F111
fijnjustering A85
fijn lek F107
fijnlijnig |e geometrie F111
∼ patroon F117
fijnste structuurelement R267
fijnstructuur-emulsie F110
∼-lithografie F114, H138
∼ masker F106
∼-vervaardiging F122
fijnuitlijning A85, C487, F103
fijnverdeelde afdeklak F104
∼ fotolak F104
film F84
∼-aftreksterkte-tester T25
∼ contacteer-automaat T2
∼ gecontacteerde hybrideschakeling T18
∼ toevoerinrichting T22
filter-bouwsteen in SIL-huisje S418
flat pack F163
∼ ∼-IC F165
flexibel |e aansluitdraad R212
∼e drager F168
∼e fabricage F169
∼e programmering F171
∼ machinepark F170
flip-chip F172
∼ contactbobbel F177
∼ drager F178
∼ methode F180
∼ montage F176
∼ montage-automaat F175
∼-techniek I112
flip-flop F183; T192
flits F154
flubbel F207
flux F212
fluxer F213
fluxvrij contacteren F214
∼ solderen F214
folie- en bellengeheugen F207
formaatverkleining S295

fosfor-diffusiebron P130
~ dotering P129
~ ionen-implantatie P133
~ silicaat-glas P135
fotochemisch |e apparatuur P217
~e bewerking P189
~e depositie P138
~ opdampen P138
~ opgedampt oxyde P139
fotodetector P148
fotodiode P149
foto-elektrisch afleesapparaat P190
foto-elektrochemische etsen P150
foto-emulsie P151
~ masker E186
~ plaat E186
foto-etsen P152, P153
foto-FET P155
fotografische verkleining P191
~ vermenigvuldiging P193
foto-ionisatie P159
fotolak L1, O129
~-aanbrenginrichting P195
~ centrifuge P209
~ in poedervorm S511
fotolaklaag L2, P161, P199
~ afnemen P202
~ aftrekken P202
~ dekking P200
~ structurering P207
fotolakmasker P203
~ patroon P205
fotolak |ontwikkelaar P197
~ op halogenide-basis H1
~-randophoping P198
~ resten verwijderen D103
fotolithografie O113, P152, P165
~-inrichting O124
~-masker P163
~ met geringe justeernauwkeurigheid R178
~ volgens stappenrepeteermethode O134
fotolithografisch detailleringsvermogen O112, P164
~e detaillering O112, P164
~e resolutie O112, P164
~e vervaardiging P154
fotolyse P166
fotolytische reductie P167
fotomasker O115, P168
~ beschadiging P170
~ controle P173
~ controleapparaat P174
~ detaillering P178
fotomaskering O116, P172
fotomasker |kopie P169
~ patroon P175
~ reinigingsapparaat P179
~ resolutie P178
~ tekening P171
foto-ontwikkelapparatuur P197
fotoplotter P188
fotoreductie P191
fotorepeater P71, P192
fotoresistlak P201
fotosjabloon-ontwikkelapparaat P176
~ plaat P186
~ plaat-origineel P187
fototransistor P184
fotoweerstand P206
Fourier-analysator F242
~-inversie F243
~-transformatie F244
fout F32, F166
foutloos kristal D44
~ masker F34

fouttolerantie F35
fouttolerant ontwerp F36
foutvrije chip F33
~ zone N100
foutvrijheid I224
~ bij ingangscontrole Z9
~ bij uitgangscontrole Z10
foutvrij kristalrooster P105
~ masker Z6
~ silicium Z7
foutzoeken in vacuüminstallaties V39
FPLA F75
~-familie F76
FPROM F78
fragmentatie F258
Frenkel-defect F264
~s defect I280
~se ordefout I280
freonplasma F265
frequentie |compensatie-condensator F266
~ karakteristiek F267, R270
frezen M278
frit F270
fritten F270
front F4
front-end-ontwerp F273
functie |blokken-logica F301
~ capaciteit F293
~ complexiteit F296
~ gebonden IC C316, D24
functiegericht |e elektronica F298
~ ontwerp F297
functionaliteit F293
functioneel ontwerp F297, L288
functionele beproeving F305
~ controle F294
~-emitterlogica E173
functionerende chip F295
funktieblokken-opbouw F302
fysiek |e uitwisselbaarheid P240
~ ritsen C438
fysisch opdampen P220
~ sputteren B13, P219
~ verstuiven P219

G

GaAlAs G7
GaAS G1, G8
~-FET G9
~-logica G10
gal G6
gallium-aluminium-arsenide G7
~ arsenide G1, G8
~ fosfide G11
galvanisch bad P302
~e bedekking E60
~ vertinnen E145, T186
galvaniseer |bad P302
~ vloeistof P302
galvaniseren E60, P301
galvanisering onder laserverhitting L51
gammastraling G12
gang R363
GaP G11
gasbinden G90
gasbinder G89
gasbinding door diffusie D223
~ door ionenimplantatie I345
gasfasereactie G26
gasontladingsplasma G24
gasontleding G22
gasplasma-oxydatie-inrichting G35

~ vorming G27
gasreiniger S128
gasreiniging G21, S129
gassen voor vervaardiging van
  halfgeleiderverbindingen S210
gastransportreactie T253
gas van elektronica-kwaliteit E115
~ ~ VLSI-kwaliteit V160
~ ~ voldoende zuiverheid voor VLSI-fabricage V160
gasvormig |e siliciumbron S368
~ etsmiddel G29
gaswassen G21, S129
gaswasser S128
gat E134, H191, M292
gate G38
gat-elektron |paar H197
~ recombinatie H198
gaten |concentratie D40
~ dichtheid D42
~ dichtheidsverdeling D43
~ drift H196
~ gas H199
~ geleiding D41, H193, P501
~ geleidingsvermogen P502
~ halfgeleider H203
~ injectie H200
~ levensduur H201
~ opvang H192
~ stroom H194
~ verplaatsing D46
Gaussiaans doteringsprofiel G75
Gauss-verdeling G74
geadsorbeerd atoom A37
geautomatiseerde chipmontage op dragerfilm B100
gebied A181, R38, R157
~ met grote zijdenverhouding H80
~ met ionenbestralingsschade I319
gebonden ladingdrager F142
gebrek F32, I77
gebruik H13
gebruiksduur L167
gebufferde ets B281
gecentreerd rooster B204
gecompenseerde dotering C324
gecomputeriseerde ontwerptechniek C374
gedeeltelijke dislocatie volgens Shockley S286
~ druk P38
~ ontzetting P37
gedeïoniseerd water D64
gedestilleerd water D311
gediffundeerd |e afvoer D192
~e basis D191
~e bron D202
~e collector D215
~e condensator D194
~e geleiderbaan D197, D203
~e las D204
~e overgang D193
~e weerstand D200
~ part D199
~ weerstandenblok D201
gedoteerde halfgeleider I109
gedrag P106
~ in stabiele toestand S654
gedrukte bedrading P415
~ schakeling P415
geel-licht-ruimte Y1
~-uitrusting Y2
geëmitteerd elektron E158
gefocusseerde-ionenstraallithografie F220
geformeerde stralenbundel S270
gefotografeerde ontwerptekeningen P136
geglazuurd aluminiumoxyde G117
~ e keramiek G118

gegoten behuizing M329
~ houder M328
geharde plaat H28
geheel P1
geheel klantspecifiek IC F279
geheugen S694
~ beheer-chip M132
~ beheerder M132
~ bestuurder M130
~ bestuurschakeling M130
~ capaciteit M128
geheugencel S697
~ met enkele aluminiummetallisatielaag S384
geheugen-chip M129
~ condensator M128, S696
~ element S699
~-elementendichtheid M131
~ met ultrahoge pakkingsdichtheid S784
~ plaatsbepaling M133
~ transistor M134
~ werking S701
geïmplanteerd |e doteerstof I85
~e dotering I341
~ kanaal I84
~ oxyde I86
geïnduceerd |e lading I122
~ kanaal I121
geïnjecteerde elektronen I151
~ gaten I152
~ ladingdrager I150
geïntegreerd |e bouwsteen I20; I198
~e CMOS-schakeling C278, C328
~e component I198
~e condensator I11
~e diodematrix-schakeling D256
~e Dolby-schakeling D324
~e epitaxiaalschakeling E241
~e halfgeleiderschakeling S217
~e IC-elektronica I206
~e IC met contactenrij ter weerszijden D429
~e injectielogica I209
~e laagschakeling F94
~element I207
~e logica I203
~e logicaschakeling L294
geïntegreerde matrixschakeling A187
~e micro-elektronica I210
~e microschakeling zonder behuizing P10
~e optica I213
~e optiek I213
~ e optische schakeling I212
~ e opto-elektronica I214
geïntegreerde schakeling I197, I204
geïntegreerde schakeling in bipolair-FET-technologie
  B146
~ ~ ~ DIP-uitvoering D269
~ ~ ~ heterotechniek H69
~ ~ ~ homo-technologie H207
~ ~ ~ isoplanair-techniek I380
~ ~ ~ matrix-vorm M106
~ ~ ~ platte behuizing F165
~ ~ ~ SO-huisje S453
geïntegreerde schakeling met contactenrij ter
  weerszijden D429
~ ~ ~ geïsoleerde onderlaag I189
~ ~ ~ geringe bouwhoogte L333
~ ~ ~ geringe integratiegraad S456
~ ~ ~ hermetisch afgedekte p-n-overgange S143
~ ~ ~ inwendige werking B291
~ ~ ~ kunststof huisje P298
~ ~ ~ luchtisolatie A67
~ ~ ~ plastic huisje P298
~ ~ ~ totaaldiffusie A88
~ ~ ~ verhoogde elektroden E152

~ ~ ~ zeer groot prestatievermogen V104
geïntegreerde schakeling op flip-chip F179
~ ~ op schaal S45
~ ~ van het catalogustype C67
~ ~ van verarmingstype D87
~ ~ van verrijkingstype E216
~ ~ voor hoge spanningen H173
~ ~ voor industriële toepassing I128
~ ~ werkend met ladingsdomeinen C153
geïntegreerde Schottky-logica I218
~ siliciumschakeling S348
~ smeltlogica I208
~ spanningsregelaar I216
~ stuurschakeling I205
~ vacuümschakeling I219, V24
~ versterker met inwendige werking B290
~ weerstand I217, O45
geïoniseerde donor I348
geïsoleerd eiland F193
~ eilandje I363
~e poort F186, I362
~e poortelektrode I186
~e put I365
gekleurde merklak I164
gekoppelde procesbesturing O70
~ werkwijze O69
gekweekt kristal G176
gel G77
gelaagd diëlektricum L105
~e bekleding L10
~e coating L10
~e microgolfstructuur M267
~en geperst epoxy-plaatmateriaal E270
~e stof L9
~e structuur L107
~ glas C358
~ masker L106
~ materiaal L9
gelaste verbinding W95
geleidelijke overgang G142
geleidende deklaag C391
~ transistor O74
geleider C397, G195, L123
geleiderand G196
geleiderbaan T207
~ breedte T208
geleiderpasta voor zeefdruk P416
geleiders |kruising C392
~ patroon C394
geleiderspoor L144, L193, R363, T207
~ breedte T208
geleider |sporenpatroon L207
~ stelsel op palladium-zilver basis P23
geleiding C387
~ door defect-elektronen D41
geleidings |baan C386
~ band C384
~ bandrand C388
~ elektronendichtheid C389
~ kanaal C385
~ pasta C400
~ pastasysteem C401
~ tijd O73
~ toestand O47, O72
~ traject C386
~ type C390, I110
geleidingsvermogen C383, C396
~ bij doorlaatinstelling F231
~ bij sperinstelling R294
geleidingsweerstand O71
geleiding via doteringen I97
~ ~ elektronen E101
gele ruimte Y1
~ ~-uitrusting Y2

gelijdelijke p-n-overgang S470
gelijkmatige afschuining G144
~ belastingtoename R31
~ helling G144
~ schuinte G144
~ temperatuur-opvoering T108
~ temperatuurstijging T108
gelijkmatigheid R167
gelijkmatig toenemend verloop R32
~ verlopende doteringsconcentratie G141
gelijkrichtende sperlaag R105
gelijkrichting door p-n overgang P310
gelijkstroom |versterkingsfactor beta D275
~ weerstand D276
gelijktijdige uitdiffusie S383
gelijkvormigheid U69
gelijkwaardige poortschakeling E277
geluidsgolfoscillator A25
gemeenschappelijke-basisschakeling C318
~-collectorschakeling C319
~-emitterschakeling C320
gemengd |e belichtingstechniek H258
~e FET-technologie B153
~e schakeling onderbrengen in één behuizing H265
~e technologie M295
~ procédé M295
gemetalliseerd fotomasker M184
gemiddeld storingsvrij interval M118
generatie G78
generering G78
~-recombinatieruis G80
geometrie G82
~ op schaal S44
geometrisch ontwerp G81
geordende opstelling O152
~ plaatsing O152
~ schikking O152
geperste glasvezelplaat G105
geplanariseerde structuur P267
gepolijst vlak L15
gepolymeriseerde fotolak P329
geprogrammeerd verbindingspatroon P464
gereduceerde maatvoering S51
gereedschap T195
gerekristalliseerde overgang R104
gericht |e elektronenstraal-lithografie V77
~e groei O166
~ etsen D277
~ werkende elektronenstraalschrijver V76
geringe levensduur L321
~ vermogensopname L326
geritste plak S101
germanium G87
~ dioxyde G86
germanosilicaatglas G88
gerobotiseerd goederentransportsysteem R329
geschakeerd bandinterval G139
geschakelde AND W133
~ AND-logica W134
~ bouw B169, S430
~ EN W133
~ EN-logica W134
~ microprocessor B170, S432
~ OF W135
~ OF-geschakelde EN-logica W137
~ OF-logica W136
~ OR W135
~ OR-logica W136
geslepen vlak L15
gesloten-buisdiffusie C267
gesmolten kwarts F313
gespiegeld beeld R298
gestapeld stel bijeenbehorende maskers M74
gestructureerde laag P60

gestuurde diffusie C452
getande structuur F128
getrapt|e depositie M435
~e diffusietechniek S626
~e neerslag M435
~ opbrengen M435
~ opdampen M435
getrokken kristal P508
getter G89
getteren G90
gettering door ionenimplantatie I345
getterstoring G91
geul T268
~ enmasker-definitie T273
~ etsen T270
~ isolatie-technologie T272
gevoeligheid S831
gewijzigde chemische opdamping M314
~ CVD M314
gezuiverd germanium P519
~ silicium P520
gieteling I145
gieten C65, M331
giet|hars C66, P374
~ massa C357
~ naad B322, F99
gietsel C65
giet|stuk M331
~ vorm M325
giga-integratie G92
gladde kerf C254
gladheid F130
glanspolitoer B267
glasachtig bindmiddel V153
glas|bindmiddel G96
~ fiber G104
~ gepassiveerde condensator G109
~ keramiek G99
~ keramische behuizing G98
glas-metaal|behuizing G95
~-versmelting G115
glasomhulling G102
glas-op|keramiek-afdichting G113
~-metaal-afdichting G115
~-metaal-voetje G114
glas|passivering G110
~ soldeer S148, S496
~ vezel G104
glazen maskergrondplaat G108
~ voetje G106
~ voorvorm G111
gleuf N132
glimontladingsplasma G125
glitch G119
globale uitlijning G120
gloeidraadverdamper H221
gloeien A150, C6, T89
gloeioven A149
goed-percentage na sondetest P428
golffunctie W87
~ soldeerinstallatie W89
~ solderen F204, W88
goniometer G138
goot T289
gordel M306
~ ets E310
~ vormige uitholling M306
gouddotering G132
gouddoterings-procédé G131
gouden contacteerbobbel G130
goudmasker G133
goud-siliciumvoorvorm G137
grafiekschrijver G152
grafiet|drager G154

~ magazijn G154
~ strookverhitter G155
grafisch invoertableau D246
grafo-epitaxie G153
granaatlaag G20
granulatie G150
graveren G207
grensfrequentie C572
grensgebied B249
grenslaag B248, I258
~ oxyde I261
~ staat I260
grensvlak B246, I256
~ defect B247
~ op hetero-overgang H74
~ tussen opgedampte laag en ondergrond D96
~ tussen verbindingsmateriaal en halfgeleider C364
grenswaarde E196, R44
grijpinrichting P225
~ van robot R330
groef G166
~ isolatie G168
groei G178
~ piramide G185
~ richting G183
~ smelt G181
~ stap G188
~ tempo G186
~ vorm G184
groep actieve elementen A32
~ contacten voor lekstroomtest C425
groepering A184, A185
groepsgewijs contacteren B73
~ etsen B74
groeps|methode B76
~ operatie B77
groeven G169
grof lek G170
~ uitlijning C285
~-vacuüm R341
grondmateriaal P35
grondslagen der betrouwbaarheidstheorie R180
groot chipvlak beslaand patroon L23
grootschalige integratie G149, H141, L28
~ ~ in matrix-vorm M108
grootschalig IC M122
grootsignaal-parameters L34
grootste buitenmaten O185
grootvlakkige belichting L21
GSI G149
guncher G198
Gunn-effect|-bouwsteen G199
~-diode G200
~-geïntegreerde schakeling G201
~-IC G201

H

haar W114
haarscheurtje C485
~s opsporen C480
~ svorming C481
haarscheurvorming C482
~ in substraat S755
haarvorming F80
halfdoorlatend membraan S242
halfgeleidend lichaam S199
halfgeleider S200
~-beeldopnemer S521
halfgeleiderbouwsteen S517
~ met optische koppeling O142
halfgeleider-bouwstenenmontage S203

∼-chip S206
∼-chipdrager S207
∼-chipvlak S201
∼ component S516
∼-elektronica S212, S519
∼-geheugen S220
∼ glasgeheugen C114
∼ holte S228
∼-IC S217
∼-inkapselmateriaal S213
∼-kwaliteit silicium S214
∼-laser J33, S218
∼-logica S523
halfgeleidermateriaal met brede bandsprong L25
∼ ∼ grote bandafstand W121
∼ ∼ twee dalpunten T331
halfgeleider matrix S202
∼-mesastructuur S221
halfgeleider met dubbele hetero-overgang D375
∼ ∼ dubbele overgang D378
∼ ∼ geringe ladingdragerbeweeglijkheid L323
∼ ∼ grote ladingdragerbeweeglijkheid H117
∼ ∼ kleine bandafstand N13
∼ ∼ kubische kristalstructuur C539
∼ ∼ regulaire kristalstructuur C539
halfgeleider-microlithografie S222
∼ montage-eenheid S203
∼-nitride-oxyde-halfgeleider S224
∼ op basis van II-VI verbinding C361
∼ plak S232
∼ produktielijn S229
∼ ruis S225
∼-schakeling S208
∼-smelt S219
∼-verbinding S209
∼ verbinding uit groepen G174
∼ weerstand S230
∼ zone S201
halfschaduwwaas P102
halgeleiderelement zonder behuizing B40
Hall-beweeglijkheid H8
∼-cel H2
∼-coëfficiënt H3
∼-constante H3
Hall-effect H4
∼-bouwsteen H5
∼-geïntegreerde schakeling H6
∼-IC H6
Hall-generator H7
halogeen-resist H1
Hamilton-cirkel H9
∼-lijn H10
handschoenkast D406, G121
hanteren met pincet T314
∼ zonder pincet T313
hantering H13
∼ door bediener O99
hanteringsapparatuur H14
harden B18, C540, H21
∼ vóór het etsen P401
harder C541, H20
harde röntgenstraal H32
hardheid H23
harding H21
∼ door bestralen I355
hardings installatie C542
∼ middel C541, H20
∼ temperatuur C543, H22
hardsoldeer 24
∼ mal B257
∼-vloeimiddel B256
hardsolderen B255
hardvacuüm H29
hardware H30

hard worden S508
hart-op-hart-afstand C94
HCMOS C326
∼-techniek H36
hechting A41, A42
hechtkracht P95
heet elektron H218
heetgas-montagemachine H223
helder e interferentielijnen B268
∼ maken C263
helium-spectrometer H57
HEMT H97
herhaalbaarheid R193
herhalingsnauwkeurigheid R193
herkenning R89
herkristallisatie R166
∼ bij zonesmelten Z26
∼ door zonesmelten Z26
∼ laag F312
∼ van epitaxiaallaag E252
∼ vanuit vloeistoffase L228
hermetisch afgedichte hybrideschakeling S142
∼ afgesloten kamer S140
∼e afdichting H61, S138, S145
∼e afsluiting S145
∼e behuizing H60
∼e diode S141
∼ e inkapseling H59
∼ huisje zonder uitstekende aansluitingen L137
∼ ingegoten montage-eenheid M326
herprogrammeerbaar geheugen R202
∼ star geheugen R203
herstel R102, R155
herstellen R100
herstel snelheid R156
∼ vermogen R272
heruitlijning R73
hete-elektronentransistor H220
∼ ladingdrager H216
hetero-epitaxiaal depositieprocédé H63
∼-epitaxiale laag H64
∼-epitaxiale opgroei H65
∼-epitaxie H66
heterogene reactie H67
hetero-overgang H71
∼-overgangsstructuur H75
HF-drogen H78
∼-geïnduceerd plasma R305
∼-ionenetsen H104
∼-oven H102
∼-plasma-etsen R27
∼-sputteren R306
∼-verhitting H103, R26
∼-verstuiven R306
high-tech geïntegreerde schakeling H158
H-ingang H105
HiNIL H119
hittebestendige metallisatie R148
hittebestendigheid H46
hittebestendig masker R145
∼ materiaal R146
HLL H111
HMOS H125
hobbel H181
hoedje C12, C13
hoekmeter G138
hoge concentratie H83
∼ doteringsgraad H52
hogedruk-kweekinstallatie H127
∼-LEC-proces H128
∼-oxydatie H129
hoge fan-out H100
∼ onderdelendichtheid D77
∼ pakkingsdichtheid T177

~ pakkingsgraad C270
~ produktiviteit H166
~ resolutie H134
hoge-snelheids-technologie H156
~ stuurcapaciteit H100
hoge-temperatuur |-CVD H160
~-epitaxie H161
hoge uitgangsbelastbaarheid H100
holle zone W100
holte V44, W98
homo-epitaxie H205
homogene overgang H206
homo-junctie H206
~-IC H207
~-transistor H208
homo-overgang H206
hoofdlijn H178
hoofdlijnen van de configuratie O177
~ van de opzet O177
hoofdverbindingslijn B323
hoogfrequent drogen H78
~-ionenetsen H104
~-oven H102
~-plasma-etsen R27
~-sputteren R306
~ verhitting H103, R26
hooggedoseerde ioenimplantatie H96
hoogglans-afwerking M286, O107
hoog ingangssignaal H105
hoog-niveau-logica H111
hoogöhmige belasting H131
~ halfgeleider H120
hoog onderscheidingsvermogen H134
hoogontwikkeld |e laag-vermogen Schottky-TTL A51
~e Schottky-transistorlogica A53
~e Schottky-TTL A54, T240
~ zelfinpassend polysilicium-proces A52
hoogoplossende beeldverveelvoudiging H136
~ beeldvorming H137
~ emulsie H135
hoog oplossingsvermogen H134
hoog-resistief silicium H133
hoog-resistieve zone H132
hoog scheidend-vermogen H134
hoogspannings-doorzicht-elektronenmicroscoop H177
~-MOS-transistor H174
~ stabiliteit H175
~-TEM H177
hoogte-breedte-verhouding H56
hoog uitgangssignaal H121
~ uit-tal H100
hoogvacuüm-apparatuur H172
~ flens H170
~ kamer H167
~-ontgassing H168
~ smering H171
~-verdamping H169
hoogwaardige A50
hopper H210, L253
horizontaal |gevormdheid L82
~ houden van zonesmelt Z24
~ maken van zonesmelt Z24
horizontale reactor H211
hot-carrier H216
~ diode H217
hot-spot H225
houdbaarheid D436
houder F152, H190, M374, R274, T265
huid P98
huis C53
huisje zonder uitstekende aansluitingen L138
hulp-chip S797
~ eenheid S635
~ middel voor software-ontwikkeling S474

~ printplaat P234
~ schakelingen S798
huls C53
hybride chip H252
~-chip-drager H251
~ component H255
~ DTL H257
~ filterbouwsteen F98
~ geïntegreerde schakeling H259
~ IC F94, H259
~ IC zonder kapje B39
~ LSI L31
~ micro-elektronica H263
~ moduul H264
~ schakelingen F90
~ stralingsbron H248
~-techniek H245
~ versterker H244
hybridisatie H260
hydro |foob siliciumdioxyde H272
~ meter H275
~ thermische epitaxie H274
hygrometer H238
hyperabrupt |e overgang H276
~e-overgangsvaractor H277
~ profiel H278
hyperzuiver germanium H279

I

IC I197
~-behuizing met om-en-om geplaatste rijcontacten Z17
~-bewerker met doorlopende aanvoer I169
~-bewerkingsinstallatie I22
~-chip I12
~-condensator I11
~-configuratie I7
~-element I15
~-familie I201
~-geheugen I18
IC in heterotechniek H69
~ ~ keramiekhuisje C104
~ ~ matrix-vorm M107
~ ~ SO-huisje S453
~ ~ zwevende-poorttechniek F189
IC-isolatietechniek I16
~-logica I203
IC met geringe bouwhoogte L333
~ ~ geulisolatie T271
~ ~ ingebouwde reserve R123
~ ~ luchtisolatie A67
~ ~ verhoogde elektroden E152
IC-moduul I20
~-ontwerp I13, I202
~-ontwikkeling I14
~ op flip-chip F179
~-opstelling I7
~-procestechnologie I23
~-produktie met hoge opbrengst H180
~-structuur met isolatie-uitsparingen R86
IC-test I10
~ resultaten I10
IC-typenreeks C199, I201
IC van verarmingstype D87
~ ~ verrijkingstype E216
IC-versterker I6
~-voetje C47, I17
~ voor hoge spanningen H173
identificatie I25
I²FET I340
i-geleiding I286
IGFET I187

i-halfgeleider I289
I^2IC I342
II-VI-kristal C509
ijzeroxydemasker I353
I^2 I209, S91
~-geheugen I33
~-part I34
~-poort I32
~-processorschakel I34
~-schakeling I31
~-slice I34
IMPATT-diode I70
impedantie I75
imperfect kristal I76
implantatie I79, I80
~-apparatuur met hoge ionenafgifte H122
~ beschadegingen I82
~ bij verhoogde temperatuur H224
~ in amorfe halfgeleider A121
~-installatie I87
~ schade I82
~ stof I79
~ van verarmingstype D82
impregneermiddel I90
impregnering I91
impuls |bedrijf P514
~ contactering E203
inbedding E155
in bedrijf zijn O95
inbranden B320
~ bij zeefdruk S113
~ van dikkelaag-structuur T131
~ vóór afdichting P408
inbrand |profiel F135
~-PROM F319, F322
~ temperatuur F136
inbrengen van vreemde atomen als dotering I103
in brokken verdelen F258
in chips opdelen C264, C482
~ ~ verdelen C195
incoherente belichting I113
indamping E339
in dekking brengen R161
~ ~ zijn R161
in de lengte werkende plakkensnijmachine L300
indeling C246
indexering I116
indexgaten I117
indiffunderen I119
indiffusie I119
indirecte procesbesturing O20
~ werkwijze O19
in doorlaatrichting geschakelde diode F233
~ ~ werkende diode F233
~i~ werkende overgang F234
indringing I290
inductantie I123
inductie I123
~-oven I124
~ spoel I123
inductieve belasting I126
inductieverhitting I125
inductieve verhitting I125
inductiviteit I123, I127
in één gang te verwerken partij voor opdampen E341
~ ~ vlak gemonteerde geïntegreerde schakeling P269
inert gas I131, R39
infrarood |bron I143
~ droger I137
~ microscoop I141
~ straling I142
~ tomografie I144
~-uitharden I136
~ verhitting I138

ingangs |controle I114
~ staat-hoog H105
~ staat-laag L318
ingebed |de laag B316
~de oxydelaag B317, B318
~de zone B319
~ kanaal B309
~ oxyde B317
ingebouwd zelfdiagnosesysteem B284
ingegoten halfgeleider-bouwsteen R214
~ montage-eenheid M326
ingekapseld |e component E188
~ e geïntegreerde schakeling E190
~ e hybrideschakeling E189
~ IC E190
ingekerfde lijn S122
ingelaten basiszone B60
~ overgang R79
ingenieurswezen E206
ingeschaalde geometrie S44
ingieten P373
~ in epoxy E267
ingiet |mal E192
~ matrijs E192
~ vorm E192
in hars ingegoten halfgeleider-bouwsteen R214
in isolatie-uitsparingen aangebracht siliciumdioxyde R85
~ ~ verzonken siliciumdioxyde R85
injectie I154
~ dotering I157
~ koppeling I155
~ laser I153
injectie met extra beweeglijke elektronen H219
~ ~ ~ hete elektronen H219
injectie |rendement I160
~ stroom I156
~ zone I161
injector I162
~-overgang I163
in kaart brengen M37
inkapselen P373
inkapseling E191
~ in glas G97
~ in kunststof P296
~ in plastic P296
~ met siliconenhars S329
~ van hoge kwaliteit H143
inkapsel |middel E187
~ stof E187
inkeping N132
inkerven S125
~ met laser L63
inkerving S104, S122
in korrelvorm brengen G150
inkrassen S125
~ van aluminiumoxyde-keramikplaatjes A103
inkt I164
in kunststof gekapselde geïntegreerde schakeling P295
in opdracht gemaakt IC M7
inpassen in kleiner formaat D250
in plakken zagen S439
inplanting in holte W99
in plastic gekapselde geïntegreerde schakeling P295
in register brengen R161
~ ~ gebrachte lagen R160
~ ~ zijn R161
inrichting A184
~ voor het aanbrengen van vloeimiddel F213
inschakel |tijd O73, T311
~ weerstand O71
insluiting O5
insnoering P239
inspectie door sterk vergrotende microscoop H116

in sperrichting ingestelde diode R289
~ ~ werkende diode R289
~ ~ werkende hetero-overgang R290
~ ~ werkende overgang R292
inspringing R76
instabiliteit R364
installatie O174
~ voor het verwijderen van vloeimiddelresten D51
~ voor reactief ionen-etsen R62
insteek-bouwsteen P306
~ machine I178
~ machine voor radiale aansluitdraden R6
~ orgaan voor aansluiting L141
~ voetje C47, P15, P305, R74, S467
insteken I179
instelcondensator P410, T282
instelling A47
~ op verzadiging S23
instel spanning B124
~ stroom B121
in stukjes verdelen F258
intacte smeltbrug I196
in-tal F19
integrale IC-elektronica I206
~ optica I213
~ optiek I213
~ optische schakeling I212
~ opto-elektronica I214
~ schakeling I197
integratie I220
~ bij evenredige verkleining D383
~ dichtheid I221
~ graad C336, I220
~ grens I223
~ in één chip O42
~ met factor 1 miljard G92
~ met maskerprogrammering M80
~ met permanente programmering M80
~ niveau I222
~ op basis van universele logica G42
~ op standaard-schaal S634
~ van componenten C343
integriteit I224
interactief CAD I225
~ inpassen I226
~ ontwerpen met computerhulp I225
interactieve routeerder I227
interatomaire afstand I228
interdiffusie I249
interface I256
~-chip I257
interferentiestreep F268
interferentiestrepen I262
~ teller F269
intermitterende beweging I116
intern e IC-configuratie I7
~e verbinding I281
~ kanaal I271
intrinsieke-barrière-diode I282
~ beweeglijkheid I288
~ geleider I289
~ geleiding I286
~ ladingdrager I284
~ ladingdragerconcentratie I285
~ poort I287
~ romp I283
in/uitgangs-uitbreidings-chip I175
in/uitvoerbewerking I176
invangtijd C184
inverse beta I291
~ Fourier-transformatie I292
inversie capaciteit I293
~ dichtheid I295
~ kanaal I294

~ laag I296
in V-vorm wegetsen G169
in water oplosbaar vloeimiddel W84
inwendig e materiaalgeluidsgolf B285
~e materiaallading B287
~ getande circelzaag A156
~ materiaaldefect B289
in zeefdruk vervaardigde dikke-laagweerstand S109
~ ~ vervaardigde geleider S108
I/O-bewerking I176
ionen beschieting I317
~ bestraling I308
~ bestralingsschade I303
~ bombardement I317
~ dotering I330
~-erosie I321
~ etskamer I322
~ etsvat I324
~ getterpomp I329
ionenimplantatie bij hoge energie H99
~ door masker M53
~ dosis I335
~-FET I340
~-IC I342
~ masker I337
~-MOS I344
~-overgang I343
~ profiel I338
~ van verarmingstype D82
~ voor emitter E175
~ voor MOS-technologie M364
ionenstraal bekleding I302
~ depositie I304
~-epitaxie I305
~ etsen in diode-installatie D257
~ etser I306
~ etsing I307
~-lithografie I310
~ nitratie I313
~ reiniging I301
~ schrijven I316
~ verstuiving I315
ionen uitwisselaar I326
~ uitwisselhars I327
~ uitwisselingsmembraan I325
ionisatie onder invloed van licht P159
~vat I346
ioniserende straling I349
IR-bron I143
~-droger I137
~-microscoop I141
~-straling I142
~-tomografie I144
~-uitgloeiing I352
~-uitharden I136
~-verhitting I138
ISL I218
~-master-slice I360
isolatie I192
isolatie door basisdiffusie B54
~ ~ halfverzonken oxyde S244
~ ~ opgevulde etspartij E311
~ ~ opvullen met oxyde R82
~ ~ p-n overgang P309
~ ~ sperrende p-n-overgangen R291
isolatie gordel-structuur I375
~ holte I378
~ masker I374
isolatie met gediffundeerde overgang D196
~~ polysilicium P319
~ ~ poreus oxyde I367
isolatie-oxyde I193, I376
~ pastasysteem D167
~ patroon I194, I377

~ stof I185
~ technologie voor zeer dicht gepakte schakeling H88
~ tussen elementen I247
~ wand I366
isolator I195
~-halfgeleidergrensvlak D168
isolerend |e dotering I371
~e laag I191
~e overgang I373
~ grondplaatje I190
~ veldoxyde F73
isolering door protonenbeschieting P485
~ door protonenbombardement P485
isoplanair complex I384
~-isolatie I381
~-procédé I382
Isoplanar I379
~-procédé met verkleinde maatvoering S46
~ S I383
isotroop etsen I387
isotrope ets I386
isovalente dotanten I388

J

JFET-CCD J24
~ van verrijkingstype E217
JGFET J28
Josephson-effect J11
~-logica J14
~-logicapoort J15
~-overgang J12
~-schakeling J13
~-tunnellogica J16
justeer |eisen A86
~ fout A81
~ inrichting A78
~ merk A83, R163
~ nauwkeurigheid A80
justering A47, A79
justeringsnauwkeurigheid R162

K

kaal IC D157
kaart C35
kale chip B38, C202
~ printplaat N4
kamer met klimaatregeling E224
~ ~ regelbare temperatuur en vochtigheid T60
~ ~ regelbare vochtigheidsgraad H236
kamvorm F128
kamvormige emitter I251
~ poortelektrode F129
kanaal C116
~ afsnoering C119
~ diffusie C120
~ gebied C126
~ geleidingstype C130
~ injectie C121
~ lekstroom C122
~ oxyde C125
~ routeringsalgoritme C117
kanaalstop C127
~ dotering C128
~ zone C129
kanaal |stroom C118
~ vorming C123
~ zone C126
kanon G197
kant E16, F4
kant-en-klaar CAD-systeem T308

~ systeem T309
kantscherpte E26
kap C12, C13, H209
kapafdichtings-voorvorm L165
kapton-film K1
kartelrand C167
kast B251
~ met klimaatregeling E224
~ met regelbare stikstofatmosfeer C454
katalytische oxydatie C69
kationenwisselhars C71
katode |sputtering C70
~ verstuiving C70
keep G166
keramiek-metalen omhulsel C98
~-metallisatie C105
keramisch |e chipdrager C102
~e DIP C103
~ grondplaatje C99
~ ingekapseld IC C104
~ kapje C101
kerf K2, S104
~ definitie S123
~ werktuig S124
kern N155
~-microprocessor C472
kernvorming bij groeien G182
~ ~ kweken G182
kerven S125
keuring op uiterlijk A173
kiem S155
~ kristal C525, S155
kiemvorming N152
~ bij groeien G182
~ bij kweken G182
kiemvormings |centrum N153
~ laag N151
kijk |inrichting V148
~ venster V137
killer K4
kipschakeling F183
kit G126
~ lijm C91
klantgebonden apparatuur C561
~ hardware C561
~ IC C563
~ ontwerp C559
~ uitvoering C562
klant |gerichte ontwerptechnologie C560
~ specifiek belichtingsmasker C567
~ voor maskermakerij F240
klaren C263
kleef |coëfficiënt S685
~ kracht A42
~ middel A43
klein energie-interval L313
kleine scheur F139
kleinschalig |e integratie S457
~ integratieniveau S458
kleinsignaal |impedantie S460
~ versterking S459
kleinvermogen-transistor L329
klemdiode C243
klemmend opgewikkeld draad W170
kleur |stipherkenning I165
~ techniek S628
klieven C574
klimaatkamer T60, T92
kloktempo C266
kloven C574
knippen C574
knoop N89
~ punt N89
koelapparaat C465

koeler C465
koel |lichaam D310, H47
~ middel C463
~ oven C465
~ rib F99
~ vat C465
~ vin F99
~ vloeistof C464
koperhoudend |e lijm C471
~ glas C113
kopiëren D434
koppel |chip I257
~ impedantie C476
koppeling I256, L214
koppelingsautomatisering I255
koppeling tussen verbindingssporen I268
koppelorgaan I256
kopschakeling F272
korrel G146
korrelgrens C512
~ migratie G148
~ vlak G147
korrelgrootte G165
korreling G150
korreltje G151, P97
korte-afstandslithografie met UV U105
~ levensduur S292
~ ontwikkel- en produktietijd Q38
~ reactietijd F31
korte-termijn |-drift S294
~-verloop S294
kort-kanaal-FET S289
kortsluiting S290
kortsluitzone S291
koude-kroestechniek C296
~ las C300
koud lassen C300
koudvervormen C297
koudverwerkingstechniek C298
kras S104
~ spoor C265
~ werktuig S124
kratervorming C484
~ in silicium S322
krimp S295
kring L303
kristal |anisotropie C510
~ as C511
~ entstaaf F532
~ grensvlak C512
kristalgroei C520
~ apparaat C519
kristal |inbedding C516
~-indices C521
~ kiem C525, N154
kristalkweekapparaat C519
~ met dubbele kroes D365
kristallen kweken C520
kristallichaam B203
kristalliet C523, G146
kristallijne halfgeleider C522
kristallisatie |kern C524
~ vanuitvloeistoffase L225
kristalliseren C473
kristal |oriëntatie C526
~ roosterfout C515
~ snede C514
kristalstaaf I145
~ voor halfgeleiderproduktie S216
kristaltrek |apparaat C529
~ inrichting P509
kristaltrekken C530
kristaltrekoven C531
kristal |vlak C517, C527, F4, F11

~ zijde C517
kritische afmeting C488
kroes C496
~ loos procédé C499
~ met dubbele bodem T321
~ met enkelvoudige bodem S398
kroezenoven C498
kromme C556
kromte C7
kruip C486
kruisdiffusie C489
kruisend |e oxydelaag C492
~ oxyde C492
kruising C491
kruispunt C491
~-chip C493
kryo-elektronica C502
kryo-elektronische element C503
~ ontwerpen C504
kryogene apparatuur C505
kryologica C506
kryopomp C507
kryotronica C502
kryoval C299
kubisch rooster C538
kuip T11
kunststof behuizing met contactenrij ter weerszijden D432
~ DIL-huisje P294
~ DIP P294
~ drager P293
~ welnaad P291
kwalificatie Q12
~ beproeving Q13
~-eisen Q12
~ proef Q12
~-testen Q13
kwaliteit Q14
~ beheersing Q17
~ en betrouwbaarheid Q15
kwaliteits |achteruitgang onder invloed van UV U102
~ garantie-sluis Q3
kwaliteit |verificatie Q17
~ verzekering Q16
kwantenopbrengst Q22
kwantum |interferentie-Josephsonpoort Q19
~ mechanisch tunnelen Q20
~ put Q21
kwarts Q23
~ ampul Q26
~ buisoven Q29
~-chroommasker Q27
~ glaskroes F314
~ kristal Q23
~ schuitje Q25
~ smeltkroes Q28
~ vacuümklok Q24
kweekinstalatie G175
~ oplossing G187
~ schaal G179
kweken G178

L

laad |kamer L246
~ positie L257
~ sluis L256
laag C286, C288, F84
laag |bezet IC L308
~-energetische ionenimplantatie L314
~ frequent-oven L316
~ gedoseerde ionenimplantatie L310
~ geleider F91

513

laag-IC F94
laag ingangssignaal L318
laag met geringe ladingdragerbeweeglijkheid L322
laag |niveau-logica L320
~ ohmige halfgeleider L325
laag |ontwerp F203
~ opbrenging met ionenstraal I302
~-opbrengmachine C287
~ opdamper F93
~-op-laag-uitlijning I265
laag oplosend vermogen L338
~-resistief materiaal L336
~-resistieve zone L337
laagschakelingen F90
laag scheidend vermogen L338
laagsgewijs dekkend positioneren O200
laagtechniek F97
laag verbruik L326
laagverbruik-DTL L327
~-Schottky-TTL L328
laagversterkende transistor L317
laag-voor-laag in dekking brengen L161
~ in register brengen L161
laag |vorming door dampoxydatie V53
~ weerstand F96
laatste gladslijpgang F101
laddernetwerk L3
laden L251
lader L250
lading C132, L243
~ compensatie C137
ladingdrager C36, C133
~-accumulatie C48
~ beweeglijkheid in kanaal C124
~ diffusie C134
~ drift C41
~ gas C42
~ injectie C136
~ invang C37
~ levensduur C44
~ looptijd C52
~-neutralisator C43
~ paarvorming C45
~-recombinatie C46
ladingdragers |dichtheid C40
~ injectie-bouwsteen C155
~ levensduur in de basiszone B61
~ overheveling C50
~-recombinatiecentrum C157
~ uitputting C148
ladingdragervorming C135
ladinggekoppeld CCD-geheugen C145
~ CCD-RAM C146
~ CCD-register C147
~e bouwsteen C141
~e CCD-beeldopnemer C143
~e CCD-cel C139
~e CCD-logica C144
~e CCD-matrix C138
~e CCD-rij C138
~e CCD-schakeling C140
~e FET C142
ladinghevel |bouwsteen C51, C164
~ schakeling C163
~ structuur C165
~ versterker C161
ladingoverdrachtskanaal C162
ladingsdepletie C148
ladingsdomeinen-bouwsteen C151
~ filter C152
~-IC C153
ladings |opslag-condensator C159
~ pakket C156
~ spreiding C158

~ verarmd emmertje C149
~ verarming C148
~ verdeling C150
lading voor opdampen E341
lagedruk-CVD L330
~-epitaxie L331
~-triodeverstuiving L332
lage elektronenaffiniteit L311
lagen |diode J26
~-FET J28, P308
~ inductie-transistor J29
~ transistor J35
lage resolutie L338
lage-temperatuur |-epitaxie L342
~-opdamping L346
~-oxydatie L343
~-oxyde L344
~-passivering L345
lak I164, L1
lakgevoeligheid R264
laklaag L2
lakloos etsen R240
lakloze lithografie R241
~ patroonoverbrenging R242
~ structurering R242
lakresten S132
lakstrippen R265
~ over de gehele oppervlakte S830
lakstripper R260
lak |structureringsstap R258
~ structuurprofiel R259
~ verwijderaar R260
~ verwijdering over de gehele oppervlakte S830
lakverwijderings |machine S712
~ middel S712
lambda-golfsoderen L5
laminaat L9
lange-duurverloop L302
~ levensduur L301
langs traject geleiden R342
langzame logica L340
lap |machine L16
~ merk L18
lappen L14
laser-aerosoldeeltjesteller L35
~-afronden L60
~ akoestische rastermicroscoop S61
~-bewerkingsinrichting L58
~ boren L48
~ bundeldoorsnede L64
~ diode L45
~ dotering L47
~ gedeelte L64
laser-getemperd silicium-op-saffier L36
~ SOS L36
laser |getrimde weerstand L65
~ gettering L50
~-inkerver L62
~ interferometrische uitlijning L54
~-kerf L55
~-lithografie L56
~-maatwerker L66
~ maatwerk-op-wafel L68
~-maatwerktechniek L67
~ profiel L64
~ rastermicroscoop L61
~-ritser L62
~ sectie L64
~ snede L42, L55
laserstraal |snijden L38
~ verdamping L39
laser-trimmen-op-wafel L68
~-trimmer L66
~-trimtechniek L67

las │installatie W96
~ kop W97
last L243
lasverbinding W95
latch-up L72
~ in CMOS C279
~-vrije bouwsteen L73
laten overlopen buiten zeker kader O202
~ uitlopen buiten zeker kader O202
lateraal doteringsprofiel L78
~ in register brengen L88
~ in register zijn L88
~-isolatie L83
~ kristaltrekken L87
~-oxydatie L84
~ structuur L75
laterale bezettingsgraad L85
~ dekking L88
~ FET L81
~ geometrie L82
~ pakkingsgraad L85
~ plaatsing L86
~ transistor-structuur L90
~ uitlijning L88
lawinedoorbraak A254
~ spanning A255
lawinedoorslag A254
~ spanning A255
lawine-effect A253
~-injectie A257
~-ionisatie A259
~-looptijddiode A261, I70
~-migratie-effect A256
~-vermenigvuldigingsfactor A260
~ werking A253
lay-out L108
~-out-gegevens L111
~-out-maker L114
~-out-ontwerp L112
~-out-ontwerpregel L117
~-out-ontwikkeling L115
~-out-tekening L110, L113
~-out-tekenmachine L114
L-B-bad L118
LCC L136
LEC-proces L221
LED L180
ledigpompen P515
LED-matrix L181
leemte V1
leemten │beweeglijkheid V4
~ concentratie V2
leer van de magneto-elektronica M15
lees │cyclus met regeneratie R69
~ geheugen R66
~ lijn S249
~ operatie R67
~ register R68
~-schrijfcyclus R70
~ versterker S248
lege printplaat B37, U85
legering A90
legerings │contact A91
~ zone A92
lege roosterplaats L103, V1
legingssnelheid E356
leiding L123, L193
leirand G196
lek │controle L149
~ detector L148
lekdichte inkapseling L150
lekdichtheid L151
lek │stroom C571, L146
~ zoeken in vacuüminstallaties V39

~ zoeker L148
lengte-breedteverhouding W122
lens L156
levensduur E198, L167, L169
~ in de basiszone B61
~ proef L168
~ verkortende dotering L170
LF-oven L316
lichaam B203
licht breekbaar materiaal F256
licht │doorlaatbaarheid L189
~ doorlatendheid L189
~ doorlatend masker L190
licht gedoseerde implantatie L182
~ gedoteerde afvoer L184
lichtgevende diode L180
~-diode-matrix L181
lichtgevoelige detector P148
~ diode P149
~ emulsie L187, P151
~ FET P155
~ halfgeleider P213
~ laag P161
~ transistor O147
~ weerstand P206
licht │golven-bouwsteen L191
~ meter P181
~ optische sensibilisator P214
~ opwekking P156
~ projectie-lithografie O126
~ sensor L188
~ snedemicroscoop L186
lift-off L172
~-lithografie L173
~-metallisatie L174
~-patroonvorming L175
lijm A43, C91, G126
~ met toevoeging F81
~ montage C92
~ opbrengmachine G127
lijn L193
~ adresseerbare RAM L194
~ aftasting L208
~ breedtenawkeurigheid L211
~ definitie L204
lijnen │patroon L207
~ rasteraftasting L203
lijnrandonregelmatigheid L205
lineair │e frequentiekarakteristiek L201
~e integratie L199
~e LSI-schakeling L365
~e matrix L195
~e schakelingen L197
~e technologie L202
~e uitzetting L198
~ gedrag L200
~ geïntegreerde schakeling L199
~ IC L199
L-ingang L318
lint T14
~ kristal R309
liquidus │curve L232
~ lijn L232
~ temperatuur L233
lithograaf P418
lithografie L240, P420
~-apparatuur L235
~-inrichting L241
~-masker L237
~ met positieve afdeklak P363
~ met schaalverkleining S43
~ met verkleind masker R108
~ vor zeer fijne structuur V103
lithografisch detailleringsvermogen L239

~e fijnstructureerbaarheid L239
~e resolutie L239
LOBOS L262
localiseren M37
LOCOS L267
logen L122
logica L274
~ als verbindende schakel G128, L293
~ blok L275
~ bouwsteen L275
~-cel L284
~-familie L290
logica-functie L276
~-element L289
logica-IC L294
logicamatrix L282
~ bouwsteen L283
logica met hoge drempelwaarde H164
~ ~ hoge pakkingsdichtheid T176
~ ~ hoge structuurdichtheid D75
~ ~ variabele drempelspaning V70
logicapoort L292
~ van GaAs G2
logica |schakelaar L298
~ schakeling L286
~ simulatie L297
~-stroomdiagram L291
~ tester L299
~ testpen L296
~-typenreeks L290
logisch concept L288
~e bewerking L279
~e combinatiefunctie C314
~e een L277
~e-een-potentiaal L278
~e nul L280
~e-nul-potentiaal L281
~e-nultoestand Z14
~e operatie L279
~ niveau L295
loop R363
looptijd D66, I230, T244
looptijddiode T245
~ met negatieve weerstandskarakteristiek T246
looptijdzone T247
lopende band B109
~ ~ aanvoer B108
~ ~-assemblage I168
~ ~ droogoven C461
~ ~-montage I168
~ ~ oven B110
~ ~-produktie I171
~ ~-wafellijn W64
loslaten van verbinding B224
~ van verbindingscontact B210
losmaken L171, L172, S713
los onderdeel P232
LOSOS L268
losse aansluiting F217
~ component S388
~ condensator F216
los |solderen D116
~ trekken L171, L172
loutering R136
loze kristalroosterfout L304
LPE-laag L227
LSA L192
~-werkwijze L356
LSI L28
~-chip L361
~-complexiteitsgraad L364
~ in matrix-vorm M108
~-logica L366
LSI met aanpasbare verbindingenloop L29

~ ~ flexibele verbindingenloop L29
~ ~ vaste verbindingenloop L30
LSI-microprocessor L367
~-modem L368
LSI-schakeling L27
~ met hermetische afdeklaag S184
LSI-technologie L371
LSPTTL L328
luchtdichte verbinding A73
luchtgelagerde geleiding A74
~ x-y tafel A62
luchtisolatietechniek A69
luchtledig maken E335
luchtlek A70
lucht-oxyde isolatie A71
luchtspleet A66
~ metallisering A65
~-microbrug A64
lus L303
lusvormige draadbrug W138

M

maagdelijk materiaal V143
maas |vormige emitter M145
~ wijdte M146
maat G3
maatstaf R361
maatvoering G83
maatwerk C562, T8
~-IC C563
machinaal bedrijf H15
~ bewerken d.m.v. straalverspaning A3
machinale afwerking F131
~ bewerking M1
~ eindbewerking F131
~ elektro-erosie E54
~ micro-bewerking M228
~ verspaning M1
~ vonkverspaning E54, E105
~ wafeloverbrenging H16
machinerie voor componentenfabricage C345
machine voor het op band bevestigen T30
~ ~ ~ op film bevestigen T30
macroblok M2
Macrocel M3
~-behuizing M6
~-matrix M5
~-methode M4
magazijn M9, T265
magneetbel B272
~ domein B273
magneetbellen-bouwsteen M10
~-chip M12
~ domein M11
~ geheugen B274, M13
~ geheugen met stroomaansturing C544
magneetveld-LEC-techniek M14
magnetische verschijnselen M15
magnetischgevoelige halfgeleider M16
magnetisme M15
magneto-akoestische vertragingslijn M18
~-elektronica M15
~-optisch geheugen M19
~ resistief effect M20
magnetostatische golf M17
~-golf-bouwsteen M22
~ volumegolf M21
magnetostrictie-omvormer M23
magnetron-ionenstraaletser M24
~ verstuiving M25
mal M325, P403

manipulatie H13
manipulator H12
~ met vacuümopklemming V11
~ voor klimaatgeregelde ruimte E223
manometer G3
manuele behandeling H233
~ verwerking H233
markering M40
maskeer |film M58
~ laag M59, S283
~ middel M43
~ oxyde M60
~ patroon M61
masker M41
~ achteruitgang M50
~ cassette M47
maskercontrole |apparaat P174
~-instrument M63
maskerdefinitie M49
maskerdekkings-controleapparaat M72
~ fout M73
masker |diffusie M52
~ drager M46
maskerende fotolak M62
masker |grondplaat M86
~ houder M55
maskering M57, S282
maskeringsstap bij implantatie I89
masker-ionenimplantatie M53
~ kopie M48
~ laag M66
~ levensduur M67
~-lithografie M68
maskerloze ionenimplantatie M64
~ patroonvorming M65
~ structurering M65
masker |makerij F239
~ membraan M70
~ met gehard oppervlak H25
~ model M44
~ negatief N43
~ opening M56, M71
~ origineel M44
~ patroonfijnheid M49
~ patroongenerator M75
~ patroonontwerp A207, M76
~ patroonvormer M75
~ plaat M45
maskerprogrammeerbaar complex M78
~ geheugen M81
maskerprogrammeerbare chip M79
masker |replicator M83
~ resolutie M84
~ structuurelement M54
~ substraat M86
~ tolerantie M88
~ uitlijn- en belichtingsapparaat M42
~ verslechtering M50
~ verveelvoudiging M82
~ vervorming M51
massa |geluidsgolf B285
~ spectrometer M90
~ spectrometrie M91
massief CMOS-proces B288
~ sputteren B295
~ substraat B296
massieve MIS B292
master-MOS-procédé M97
master-slice M100
~ benadering M102
~-IC M104
~ wafel M106
maten G82
materiaal met brede bandsprong L25

~ ~ geringe bandafstand S450
~ ~ kleine bandafstand L306
~ ~ lage resistiviteit L336
~ ~ lage specifieke weerstand L336
~ ~ twee dalpunten T331
materiaalspanning als gevolg van diffusie D226
materieel H30
mate van redundantie R122
matige complexiteit M120
matrijs M325
matrix A185
~-chip A186
~-complex met aanpasbare verbindingenloop D297
~ geheugen A190
~-IC A187, I8, M107
~ logica A189
~-LSI M108
~ rastermaat A192
~ schakeling in IC-vorm I8
~ structurering A191
~ structuur A188, A194
maximale resolutie U11
maximum-formaat O185
meandervormig CCD M117
mechanisme A184
meegeïntegreerde weerstand O45
meerchips-DIP P316
~ integratie C359
~-montage M392
~-processor C218
meercomponentenglas M400
meerderheids |ladingdrager M27
~ ladingdragersstroom M28
~ logica M30
~ logicapoort M29
meerdimensionale modelvorming M401
~ simulatie M401
meerkameretser M389
meerkanaals-FET M390
meerlaags-CMOS O196
~ condensator M405
~-dikkelaagsubstraat T136
~-dikkelaagtechnologie T135
~-geïntegreerde schakeling M408
~-halfgeleiderbouwsteen M411
~ IC M408, M417
~-integratie M417
~-isolator M416
~ keramiek M406
~-metallisatie M410
~-oxyde M420
~ poort C350
~ printplaat C349, M404
~ structuur T174
meerlaagssubstraat C219, C354, M412, M441
~-verbindingen M409
~-verbindingspatroongenerator M418
~-verbindingsvlies W152
~ wafel C355
meermaskers-procédé M421
meermaterialenlaag C352
meerniveaus-logica M419
meerpatronenmatrix M422
meerpuntssonde M439
meervoudige bedradingstechniek M446
~ belichting M427
~ diffusie M426
~ stappenprojector M436
~ zaagschijven M424
meerzones-oven M447
meet |contact T77
~ instrument G3
~ kop M119, P424
~ pen P424

~ sonde met wolfraampunt T297
~ stift met wolfraampunt T297
megachip M122
MELF M151
~-weerstand M124
membraan M126, P98
~ masker M127
~-reticule P99
mengbed-ontharder M294
mengsel voor massief vormgieten B293
~ ~ ~ vormpersen B293
~ ~ ~ vormspuiten B293
mengverhouding M297
merged transistor logic M137
merken I166, M40
~ van afgekeurde chips R173
merkteken op onderzijde B244
mesa-epitaxiaal-techniek M138
~-etsing M139
~-holling M141
~-structuur M142
~ transistor M143
~-vormig eilandje M140
MESFET M186
mes voor het uitsnijden van het maskeroriginee1 A210
metaal |basis-transistor M147
~-elektrode contactering bij omgekeerde chip M151
~-glasmasker M178
metaal-halfgeleider M186
~ barrière M189
~ grensvlak M191
~-metaal M193
metaal-isolator |-halfgeleider M160
~-halfgeleider-FET M161
~-halfgeleider-veldeffecttransistor M161
~-metaal M159
metaal-keramiek-behuizing M148
~ laagweerstand M155
~ masker M175
~ met geringe uitree-arbeid L348
~ met hoge uittree-arbeid H179
metaal-nitride |-halfgeleider M177
~-oxyde-halfgeleider M176
metaalorganische verbinding O161
metaal-oxyde-halfgeleider M180
~-FET M181
~ silicium-op-saffier M182
~/SOS M182
metaaloxydeweerstand M179
metaalpoort |techniek M157
~ transistor M158
metaal-silicide-tussenverbinding M194
~ verdamper M154
~ verdamping M153
~ zeefdruk M187
metalen geleiderspoor M163
~ hoedje C12
~ kap C12
~ lijn M163
~ poortelektrode M156
metallisatie |banenroutering M168
~ etsmasker M165
~ maskering M166
~ met vast patroon F148
~ patroon M167
~ testveld M185
metalliseren P301
metalliseringssysteem M195
metallografisch | e microscoop M170
~ gedeelte M171
metallo-organische CVD M172
~ gasfase-epitaxie M173
~ VPE M173
metallurgie M174

met anisotropisch etsprocédé gemaakte uitsparing O10
met arsenicum gedoteerde emitter A196
~ ~ ~ epitaxiale LAAG A197
met borium gedoteerde basis B232
~ ~ ~ halfgeleider B239
met borium geïmplanteerd silicium B237
met de hand getekend ontwerp H11
~ ~ ~ insteken M32
met droog procédé vervaardigd |e geïntegreerde schakeling D420
~ ~ ~ ~ IC D420
met elektronenstraal bewerkt silicium E124
meter G3
met etsen uitgespaarde mesa-structuur E296
met fosfor gedoteerd |e emitter P132
~ ~ ~ e halfgeleider P134
~ ~ ~ oxyde P131
met glas bekleed aluminium G100
~ ~ overtrokken aluminium G100
met/in epoxy ingieten E271
~ ~ persen E271
~ ~ vormen E271
met korte reactietijd F31
met laser aangebracht |e afzetting L43
~ ~ ~ e depositie L43
~ ~ ~ neerslag L43
met laser bewerkt silicium-op-isolator L57
~ ~ ~ SOI L57
met laser in chips verchippen L44
~ ~ ~ ~ verdelen L44
met neutronen gedoteerd |e halfgeleider N57
~ ~ ~ silicium N58
met onderdelen bezette printplaat L249
met open-buis methode aangebracht polysilicium O86
met thermocompressie gecontacteerde bouwsteen T116
~ ~ gemaakte verbindingen bij automatische aan T119
met vacuüm-zonesmeltmethode vervaardigd kristal V21
met verrijkingswerking E214
micro-beeldvorming M223
~ bestuurseenheid M210
~ bouwsteen M199
~-chip M200
~ chipweerstand M201
microcomputer M198, M208
~ met prestaties van mainframe M229
~ op één kaart O48
~ op één printplaat O48
~ voor industrieel gebruik I129
micro-elektronica I210, M216
micro-elektronische schakeling M214
~ technologie M217
micro |fabricage M219
~ foto M221, P182
~ geprogrammeerde microprocessor M256
microgolf-halfgeleider M270
~-IC M266
~-logica M268
~-plasma-etsen M269
~-warmtebehandeling M265
micro-interferometer M225
~-laagweerstand M220
~-lithografie M227
~-lithografische patroonvorming M226
~ mainframe M229
~-meetpen M246
~ miniaturisatie M231
microminiaturisering M231
~ in elektronica M215
micro-moduul M232
micron-geometrie M235
~-IC M234
~-lithografie M230
~-structuurmaat M235
micro-oneffenheid A214

∼ patroon M237
∼-plaatsingsinstallatie M239
∼-plakkenzaag M259
∼-platering M240
∼-positioneerder M241
∼-positioneertableau M242
microprocessor I215, M198
∼-bouwpakket M252
microprocessorgestuurde contacteerautomaat M250
∼ meetsonde-installatie M248
∼ sputterinstallatie M247
microprocessor-IC I22, M251
∼ in SOS-techniek S17
∼-modem M253
∼ op basis van saffier S17
∼-part M255
∼-schakel M255
microprocessor van het catalogustype C68
∼ voor veeleisende toepassingen H98
∼ voor weinig-eisende toepassingen L312
∼ voor zeer weinig eisende toepassingen V109
micro-profiel van oppervlak M262
∼ samenstel in hybride-techniek H261
microschakeling M202, M205
∼ op keramische ondergrond C100
microschakelings|element M203
∼ techniek M204
micro-schaven M258
microscopisch gereinigd oppervlak M206
micro-slijpen M257
∼ sonde M246
∼-sorteerinrichting M260
∼-spoor M263
∼ stuureenheid M210
∼-verbinding M224
microvermogen-IC M243
∼ logica M264
∼-transistor M244
microwatt-logica M264
microzeefdrukapparatuur M245
middelmatige complexiteit M120
middelschaal-integratie M121
middenklasse-microprocessor M271
Miller-indices C521, M275
MIM M159
minderheids|ladingdrager M282
∼ ladingdragers-bouwsteen M284
∼ ladingdragersstroom M283
minimum geleiderbaanbreedte T208
∼ geleiderspoorbreedte T208
∼ structuurmaat G85
mini-sondeerinrichting M281
MIS M160
∼ FET C399, M161
∼-logica M290
∼-transistor M293
misuitlijning M288
mm-golf|-IC uit één stuk M277
∼ lijnbeeldsensor-IC M276
MNOS M176
∼-transistor M303
MNS M177
MO-CVD M172, M314
∼-reactor M311
model M92
modemchip M313
modificator M315
modulair bewerkingsstation M318
∼e opbouw M316
modulariteit M316
moeder|exemplaar M92
∼ laag H214
∼ masker M96
∼ materiaal H215, P35

∼ rooster H213
moleculair|e elektronica M335
∼e geïntegreerde schakeling M337
∼e onzuiverheid M337
∼ IC M337
moleculenstraal-depositie M333
∼-epitaxie M334
∼ kanon M336
∼-opdamping M333
MOM-condensator M339
momentane waarde S8
momentwaarde S8
monobrid M340
∼ montage M340
∼-schakeling M341
monokristal|groei S391
∼ kweek S391
∼ lichaam B245
monokristallijne bouwsteen S389
∼ gieteling S392
∼ halfgeleider S393
∼ laag S390
∼ rekristallisatie M343
∼ staaf S392
monokristal|staaf B36, B131
∼ van silicium S367
monolithisch M345
∼e bemonster/houdschakeling M353
∼e cel M346
∼en component M347
∼e geïntegreerde schakeling M345, M348
∼e microprocessor S223
∼e microschakeling M349
∼e opamp M350
∼e operationele versterker M350
∼e processor M351
∼e structuur M254
∼e weerstand M352
∼ IC M348
∼ IC met luchtisolatie A68
∼ IC met schermring-isolatie G194
∼ substraat U75
monomoleculaire laag M344, M355
monster S8
∼s nemen S11
montage A216
∼-eenheid A216
∼-element A216
∼ faciliteiten A218
∼ film met contacteerbobbels B302
∼ fout A217, C409
montage-installatie A215
∼ voor flat packs F164
∼ voor hybride bouwstenen H246
∼ voor hybride schakelingen H249
montage in voetje H39
∼ kop A174
∼ met automatische onderdelenaanvoer op band T15
∼ plek A221
∼ ruimte A220
∼-uitrusting A218, M375
montage van hybride bouwstenen H247
∼ ∼ hybride microschakelingen H250
∼ ∼ laagschakeling F89
Monte Carlo methode M356
∼ ∼ modelvorming M357
∼ ∼ simulatie M357
monteur A215
MOS M180
∼-belastingstransistor M183
∼-condensator M360
MOSFET M181
∼-logicapoort M362
∼ met geïsoleerde poort M363

~ van verrijkingstype E219
MOS-logica M365
MOS-matrix-IC M359
MOS met geïsoleerde poorten I188
~ ~ groot prestatievermogen H125
~ ~ hoge drempelwaarde H165
~ ~ ingebed kanaal B312
~ ~ instelbare drempelwaarde A46
~ ~ lage spanningsdrempel L347
~ ~ poortelektrode van hittebestendig metaal R150
~ ~ zelfgejusteerde poorten S173
~ ~ zwevende poort en lawine-injectie F187
MOS-procédé met verkleinde maatvoering S47
~ silicium-op-saffier M182
~ /SOS M182
MOS-structuur met dubbele polysillaag D380
~ ~ gestapelde poortzone en lawine-injectie A258
~ ~ meerlaagspoort C351
~ ~ poort aan achterzijde B8
MOS-techniek M368
~-technologie M368
MOS-transistor M370
~ logica M372
~ met V-poort G167
~ schakeling M371
MOS van verarmingstype D90
~-wafel M373
MOVPE M173
MSI M120
~-schakeling M382
MSM M193
MSW-bouwsteen M385
MTBF M118
MTL M137
multi-atmosfeer oven M388
multichip-drager M394
~-hybrideschakeling M396
~-microprocessor M397
~-moduul M398
~-montage-eenheid M392
~-montagetechniek M393
~-schakeling M395
~ systeem M399
~ techniek C180
multidal-halfgeleider M36
multi-emitter transistor M402
multilijn H178

N

naadlassen S152
naald S724
~ kristal W114
~ oog B166
naaldvormig |e kristalliet N34
~ kristal A21
naaldvorming op aluminiumlaagje A112
naamgeving N93
naar behoren functionerende chip F295
~ ~ werkende chip F295
~ ~ werkende geïntegreerde schakeling F299
naar buiten uitgevoerde leiding P9
naar keus bij te voegen testgroep D405
~ ~ ~ ~ ~ teststructuur D404
naar klante-eisen te structureren bouwsteen C564
~ ~ ~ ~ roosterontwerp C564
nabehandeling A58
nabewerkingscassette R304
nabije belichting P490
nabijheidseffect P489
nabij-UV |-belichting N32
~-gevoelige afdeklak N33

nadiffusie |temperen D209
~ voor basiszone B56
nadrogen H17, P366, P367, P368
n^+afschermring N63
nagaan V81
naharden H17, P367, P368
NAND-bewerking N9
~-poort N8
~-schakeling N7, N130
nano-elektronica N10
~ lithografie N11
~ processor N12
natchemisch procédé W110
~ werkstation W101
natemperen P366
nat etsen W105
nat-ets |installatie W106
~ middel W104
~ techniek L223
nat |maskering W108
~ ontwikkelen W103
~ polijsten met amarilpoeder S446
natte chemie W102
~ chemische behandeling L217
nauwkeurig afgebakende diffusie L265
~ afgebakende dotering L266
~e afwerking P392
~e positionering A19
nauwkeurigheid vóór trimmen U91
~ zonder trimmen U91
nauwkeurig in dekking brengen P393
~ ~ dekking zijn P393
~ ~ register brengen P393
~ ~ register zijn P393
n^+collectoronderlaag N18
~-diffusie N22, N145
n-donor |doteeratoom N147
~ doteerstof N146
~ dotering N148
n-doteerstof D328
n-doteringsbron N23
neerslaan in lagen L6
~ vanuit gasfase G23
neerslag D91, P391
~ door glimontlading G124
~ in zuurstofatmosfeer O253
negatief beeld N41, R298
~ maskerorigineel N37
~ oxide-etsen R297
negatie-poort N35
negatieve elektronenaffiniteit N39
~ EN-poort N36
~ fotolak N45
~ ladingdrager N38
~ logica N42
~ sjablone N46
~-weerstandskarakteristiek N47
~ weerstandstemperatuurcoëfficiënt N50
n-epi N52
~ taxielaag N52
n-etsfactor N53
netwerk N54
~ van grote nauwkeurigheid H126
neus P466
neutrale opvanglokatie N55
neutralisator K4
~ voor statische lading S649
neutronen |activeringsanalyse N56
~ bestraling N60
~ dotering N59
neutron-transmutatiedotering N61
neven-chip P110
~ verbinding B327
n-gedoteerde afvoer N24

∼ bron N26
n-geleiding E101, N144
n-halfgeleider D329, N149
n-holte N27
nico N64
niet-aangesloten overgang F194
niet-binnendringende sonde N110
niet-destructieve controle N102
∼ randdetectie N103
∼ waardering N104
NIET-EN |-bewerking N9
∼-poort N8
∼-schakeling N7, N130
niet-gecompenseerd germanium U57
niet-gekoppelde procesbesturing O20
∼ werkwijze O19
niet-gelegeerd contact N94
niet-geleidende transistor O28
niet-geleider N95
niet-geleidingstoestand O16, O25
niet-geprogrammeerde ULA U6
niet-lineaire weerstand op zinkoxyde-basis Z20
niet-ondersteunde draad F219
NIET-poort N35, N134
niet-programmeerbare logica H31
niet-redundant |e geïntegreerde schakeling N116
∼ IC N116
NIET-schakeling N133
niet-specialistisch standaardonderdeel N99
niet-sperrende Ohmse overgang N115
niet-uitlopend etsen N121
niet-verbonden emitter O80
∼ poorten U58
∼ transistorcel U56
niet-vlak oppervlak U66
niet-vluchtig |e geheugenmatrix N124
∼ geheugen N123
∼ ladinggeadresserd geheugen N122
∼ lees/schrijfgeheugen N125
∼ RAM N125, Z12
nife N65
nikkel-cobalt N64
∼-ijzer N65
nitreren N66
nitride-maskering N69
∼-oxyde-reactor N70
∼-oxyde-structuur N71
∼-passivering N72
∼-poort N68
∼-procédé N73
nitrideringsnauwkeurigheid N67
nitrox-reactor N70
∼ structuur N71
niveau S637
∼ bezetting L159
niveau-omzetter L160
∼-koppeling I259
n-kanaal |-FET N19
∼-JGFET N20
∼-MOS N21
∼-sperlaag-FET N20
NMOS-procédé N82
∼-technologie N84
∼-transistor N85
N-NOF poort A137
NOCH-NOCH-schakeling N135
∼-poort N127
∼-schakeling N126
nog niet geactiveerd materiaal V143
nomenclatuur N93
nominaal vermogen P378
nominale belastingswaarde L258
∼ doorbraakwaarde B262
∼ levensduur R43

∼ spanningswaarde V179
∼ stroomsterkte C552
∼ waarde R44
NOR-poort N127
∼-schakeling N126, N135
NOT-AND-schakeling N130
∼-OR-schakeling N135
∼-poort N35, N134
∼-schakeling N133
novolac-hars N137
n-p-n-transistor N139; N139
n^+ polysilicium-poort N140
n-p-overgang N138
n-put N159
∼-CMOS-techniek N160
∼-diffusie P526
∼-diffusiemasker P527
n^+ subcollector N18
n-substraat N150
NTC-weerstand N51
nul |overlap afvoer-bron Z8
∼ signaal Z13
numerieke modelvorming N156
nuttig chipvlak C215
∼ effect E31
∼ e levensduur L167
∼ oppervlak R71

O

objectief L156, O2
∼ opening L157
∼-revolver O3
occlusie O5
oculair O8; V136
ODE-uitsparing O10
off-chip trimmen O15
∼-versterker O12
∼-weerstand O14
offset-spanning O24
OF-poort O163
∼-schakeling O151
ohms contact O31
∼e belasting R231
∼e brug O30
∼e brugschakeling O30
∼e geleider O31
∼e kortsluiting O35
∼e metallisatie O33
∼e overgang O32
∼e weerstand O34
olie |terugstroming O37
∼ vrij luchtledig pompen O38
ombouw C457
omgang H13
omgekeerd beeld I297, R298
∼e chip met speldekopcontactering B27
∼e mesa-structuur R299
∼e-osmose-systeem R300
omgeving E222
omgevingscondities A116, E222
∼ voor reine ruimte C259
omgevings |luchtbewakingsapparaat A115
∼ temperatuur A118
omhullen volgens wervelbed-methode F210
omhulling C54, E221
omhulsel E221
omkeerbaarheid R302
omkeerbare overgang R303
omkering R286
omloop |leiding B326
∼ verbinding B327

omslagpunt E196
omstandigheden in het slechtste geval W168
omvorming T224
omwalde emitter W72
~ weerstand W73
omzetter-IC C459
omzetting C457, T224
onbedraad IC D157
onbedrade chip B38, C202
onbehuisd |e component U50
~ IC D157
onbeklede component C192
onbelaste emitter O80
onbelichte fotografische maskerplaat P137
~ wafel R47
onbewerkt |e halfgeleider S205
~e maskerplaat M45
~e wafel B179, R47
~ materiaal V143
~ oppervlak R340
~ silicium R46
onbezet niveau E180
~ te L103
onbruikbare chip I174
onderbreking O79
onderdeel P36
onderdelen aanbrengen L251
~ bak T203
~ dichtheid E150
~ in printplaat steken P77
~ insteekmachine C342
onderdiffusie L76
onderdrukking R174
onderdrukkingsfactor R175
onderdrukking van tweelingsignalen C321
onderetsen S728
onderetsing L79, L80, U60, U63
onderetsingsprofiel U61
ondergrond B50
~ met verbindingslaag I244
onderhoudbaarheid M26
onderkruising C494
onderlaag U64
onderliggende overgang R79
onderlinge verbinding I232
onderontwikkeling U62
onder ruimtecondities vervaardigde chip S563
onderscheidingsvermogen R266
ondersteboven gemonteerde chip F172
ondersteunings-hardware S799
onderzijde B243
onderzoeken op verborgen fouten S112
ondiep |e acceptordotering S258
~e donordotering S262
~e emitter S263
~e overgang S264
~e oxydepartij S267
~e V-groef S269
~ oxyde S267
ondoorzichtige plek O78
~ zone O77
ondoorzichtigheidsfout O76
oneffenheid N109, U67
oneffen oppervlak U66
ongecontroleerde dotering E281
ongedoteerde zone U65
ongekromde keramiekplaatjes C8
ongelijk oppervlak U66
ongemaskerde zone U86
ongesteunde bandkristalkweek U90
ongestructureerd analoog complex U51
~e analoge matrix U51
~e chip U52
~e component U53

~e geïntegreerde schakeling U54
~ en ULA U6
~ logica-complex U55
onklare chip I174
onnauwkeurige overdekking R177
onontwikkelde lak R262
onoplosbare fotolak I181
onregelmatigheid D305; F166
onregelmatig kristalrooster I356
onschendbaarheid I224
onscherpte B197, F325
ontaarde halfgeleider D59
~ toestand D55
ontaarding D53
ontaardings |verdeling D56
~ vrije halfgeleider N101
~ zone D58
ontaard niveau D57
ontbinding D19
ontbramen D15, D62
ontbramer D50
ontbrekend elektron E134
ontetsen E317
ontgassing D52, O175
ontharden A150, T89
ontharder D71
ontharding D70
~ door contactverhitting C415
onthardingsoven A149
ontkapseling D18
ontkoppel... B326
ontlading D281
ontlasting R181
ontlaten A150, R9, T89
ontlating met flitsbuis L11
ontleding D19
~ door glimontlading G123
ontledings |reactie D20
~ techniek D21
~ temperatuur D22
ontspannings |getter F158
~ verdamper F157
~ verdamping F156
ontstaan R263
ontstoffen D441
ontvankelijkheid S831
ontvetter D61
ontvlam |punt F159
~ temperatuur F159
ontvochtigen D130
ontwateren C6
ontwerp D105; L108
~ automatisering D107
~ automatiseringssysteem D109
~ cliché A205
~ dat voldoet aan reine-ruimte-condities C258
~ en vervaardiging van geïntegreerde schakeling C235
ontwerper D111
ontwerp |fase D113
~ gegevensbank D110
~ hulpmiddelen D106
ontwerp met hybride bouwstenen H256
~ ~ keuzemogelijkheden O138
~ ~ onderlinge verbindingen R343
ontwerpmodel A205
~ voor moedermasker M93
ontwerp naar vlakverdeling G84
~ ~ wens C559
ontwerp |regel D114
~ stap D113
~ structuur A179
~ techniek D115
~ tekening A205, M93
~ tekenvel D388

~ transparant A205
ontwerp van geïntegreerde schakelingen I13
~ ~ verbindingenloop R347
ontwerp volgens klantespecificatie C559, C566
~ voorbeeld A205
~ voor omstandigheden in het slechtste geval W169
~ voorschrift D114
ontwikkelaar D123, D124
ontwikkeld lakbeeld D122
ontwikkelen en construeren E206
ontwikkeling D125
~ in bad I67
~ van geïntegreerde schakelingen I14
ontwikkel|procédé D126
~ vloeistof D124
ontzouter D71
ontzouting D70
onuitputtelijke bron I135
onversterkt uitgangssignaal U77
onverstoorbaarheid N91
onverstoorbare bouwsteen H118
~ logica H119
onverzadigde logica N117
~ werkwijze N118
onvoldoend afsluitende behuizing L152
~ dichte behuizing L152
onvolkomen ets U63
~ etsing U63
onvolkomenheid I77
onwerkzame chip I174
~ zone I111
onzuiverheid I92
opamp O96
~ met zelfstabiliserende instelling D401
op band bevestigde chip T23
~ ~ bevestigde component T24
~ ~ bevestigen T29
opbergdoos S695
opberging S694
opbolling C7
opbouw van schakeling C237
opbrengen D91
~ door sputteren S597
~ door verstuiving S597
~ in lagen L6
~ met ionenstraal I304
~ met laser L43
~ plateren met dunnelaag T146
~ van dunnelaag T146
~ van metallisatielaag M164
opbrengst E31, Y4
~ aan chips D182
~ per schijf P119
opcentrifugeren S584
~ de installatie voor doteringsdeklaag S586
op chip mee-geïntegreerde component O41
~ ~ mee-geïntegreerde versterker O40
~ ~ mee-integreren O42
opdampbron E346
opdampen E339, E343
~ in lagen L6
~ in open buis O82
~ met laser L43
~ van metallisatielaag M164
opdamping D91, E343, V55
~ met ionenstraal I304
~ vanuit gasfase G23
opdampinstallatie E347, V47
~ met dubbele vacuümkamer D364
opdamp|kamer D92, E340
~ masker D94, E344
~ snelheid E345
~ verbinding D93
op de kop gemonteerde chip F172

op één chip geïntegreerde schakeling O51
opeen|gehoopte defecten C271
~ pakken P17
op een technologisch hoger plan brengen U94
open-buis diffusie-installatie O84
~ installatie O88
open depositie O82
open diffusie O83
open emitter O80
openen O81
~ van contactvensters C424
opengestuurde transistor O74
opening O81
open opdamping O82
operationele versterker O96
~ versterker met hoge stijgsnelheid H142
~ versterker met zelfstabiliserende instelling D401
op film bevestigde chip T23
~ ~ bevestigde component T24
~ ~ bevestigen T29
~ ~ gemonteerd IC F95
opfris|cyclus R152
~ schakeling R153
~ signaal R154
opfrissing R151
op functieblokken gebaseerde logica F301
opgecentrifugeerde arseenoplossing A201
opgedampte contacteerbobbel E338
~ laag E342
opgegroeid aansluitraam I147
~e laag G177
opgeslagen lading S702
opgesmolten soldeerzuil R143
~ verhoging R140
opgevangen ladingdrager T262
opgewikkeld draad W170
op hol slaan R364
ophoping S694
op klantenspecificaties ontworpen ECL-schakeling A50
opknappen R100
oplegraam M374
op licht reagerende overgang P210
oplooptijd R327
oplosbaarheid S529
~ in vaste vorm S512
oplosmiddel S532, V78
~ van elektronica-kwaliteit E116
oplossen S531
oplossing S531
op maat maken T8
opname via microscoop M221
opneemelement P225
opnemen van vreemde atomen als dotering I103
opnemer P225, S250
op nul zetten R206
oppervlak A181, F4
oppervlakte|behandeling S829
~ beslag F222
~-CCD S805
~ concentratie P120
~ dichtheid S807
~ dotering S809
~ fouten S813
~ geluidsgolf A24
~ gesteldheid F130; S811
~ gestreeptheid S827
oppervlaktekanaal S803
~-CCD S804
oppervlakte|kwaliteit F130, S811
~ lading-transistor S800
oppervlaktemontage S815, S816, S818
~-eenheid S816
oppervlakten-nivellering bij LSI-fabricage L370
oppervlakte-passivering S820

~ profiel S821
~ profilering S822
~ reiniging D304
~ reliëf S823
~-ribbeling S827
~ spanning S828
~-tempering S785
~-toestand S811, S825
~ toestandsdichtheid S826
oppik-inrichting P225, P226
oprolmachine C462
op schaal verkleind procédé S48
opslag S694
~ condensator C159, S696
~ dichtheid S698
~ element S699
~ levensduur S281, S700
opsmelt |soldeerinstallatie R142
~ solderen R141
opspaninrichting A219
opstelling A184
~ met onderlinge verbindingen R343
opstellingsplan L108, P278
~ van moedermasker M95
op stralingsschade gebaseerde fout R16
~ ~ ~ ladingdragervangst R17
op te centrifugeren doteerstof S585
opteken-plotter S126
optimale integratiegraad O137
optische beeldaftaster O130
~ beeldvorming O109
~ belichting L185, O106
~ controle O104
~ geïntegreerde schakeling O110
~ koppeling P144, P145
~ overdekkingsmethode O119
optische patroon |generator O121
~ ~ overdracht O123
~ ~ vorming O122
optisch |e ROM O128
~e spectroscopie O132
~e stappen-repeteercamera O133
~e uitlijning O103
~e verbinding O111
~ geheugen O118
~ gekoppelde halfgeleiderbouwsteen P143
~ IC I212
~ justeer- en belichtingsapparaat O102
~ vlakke wafel O114
opto-akoestische microscoop O139
~-chip O140
~-elektronica O144; O149
opto-elektronisch |e bouwsteen L191
~e chip O143
~e halfgeleider O145
~e IC-techniek M236
~e sensor O146
~e voeler O146
~ IC I212
opto-IC O110
~-koppeling O148
optron O148
optronica O149
opvullen R135
opvullend oxyde R81
opvulling B7
opwaartse integratie U96
opwarmperiode H49
opwekking G78
opzetten S834
opzwellen B186, S834
organisch bindmiddel O155
~e afdeklak O154
~e-afdeklakstripper O159

~e halfgeleider O160
~e vulstof O156
~ glas R213
~-op-GaAs diode O157
~-organisch-contactbarrière O158
organo |metaal O161
~ silicium-materiaal O162
oriëntatie volgens de c-as O164
oriënteringsmerkje M39
origineel M92
~ van opstellingsplan M95
~ van tekening M94
~ voor lichtprojectie-lithografie O127
originele ontwerptekeningen O167
OR-poort O163
~-schakeling O151
oudering A59
~ onder belasting L244
ovencassette F308
oven met buisverwarmingselementen P532
~ ~ inductieve verhitting I124
~ ~ veiligheidsgasvulling C451
oven |moduul F309
~ schuitje F308
~ temperatuurprofiel F310
overbelichting O193
overbrenging T211
~ door vacuüm-oppik-inrichting V32
~ in cassettes C55
overbrengingsmagazijn T223
overbrugging B264, B265, B326
overbruggings... B326
overcompensatie O187
overcomplexiteit O188
overdekken R161
overdekkende lagen R160
overdekkings |nauwkeurigheid R162
~ tolerantie R165
overdeklaag O199
overdotering O191
overdracht T211
overdrachts |functie T214
~ karakteristiek T212
~ poort T215
~ systeem T222
over elkaar gelegde lagen S788
overetsing O192
overgang J21, R105, T224, T241
~ amorf-kristallijn A120
~ in amorfe staat A119
~ naar glastoestand G116
overgangs |formering J27
~ grensvlak J31
~ weerstand C437
~-werking T226
overglazing O194
overhang L215, O195
overheveling T211
overhevelings |poort T215
~ systeem T222
overkoepelende automatisering I255
overkruisend |e oxydelaag C492
~ oxyde C492
overlapping O197
~ van poorten G63
overlay-transistor O201
overlopen buiten zeker kader O202
overmaat R121, R122
overontwikkeling O190
overschot |gaten E350
~-ladingdrager E349
overstek O195
overstroom O189
overtrekken P301

overtreklaag F154
oververzadiging O203
ovonisch geheugen O204
Ovshinsky-effect O205
~-geheugen C114
OXIM-technologie O226
oxydans O206
oxydatie O207
~ bekleding O210
~-buis O214
~-diffusie in gesloten buis C268
~ door stoom S655
~-inrichting O243
~-masker O212
~ medium O208
~ middel O206
~-oven O211
~-reactie O213
~ reactor O238
~ remmende laag O209
~ stap O239
oxydator O206
oxyde O215
~-aangroei O223
~-diëlektricum O218
~-diffusiemasker O219
~-etsing O221
oxyde-geïsoleerd|e geïntegreerde schakeling O224
~ eilandje O225
~e-monoliettechnologie O226
oxyde-isolatie|-geul O228
~ procédé O227
oxydelaag O210, O222
oxyde|masker-diffusie O229
~ maskering O230
~-nitridemaskering O231
~-onderetsing O220
~-overetsing O232
~-overhang O233
~-passivering O234
~ patroon O235
~ plasma O237
oxyderen met reactieve ionestraal R59
oxyderesten R209
oxydering O207
oxyde|venster O242
~ verdichting O217
oxynitridelaag O254

P

paarvormingscentrum G79
p⁺afschermring P125
pak-en-plaats|-kop P222
~-machine P223
~-zuigmond P224
pakken P17
pakket P1
~ zaagbladen B174
pakkingsdichtheid P13
pakkingsgraad C340
~ op chip C193
~ van geïntegreerde schakeling C233
pak maskers M74
pantograaf P24
parallel... B326
parallel-CCD P30
~ elektroden-plasma-etser P28
~ le pijplijnconfiguratie P27
~ schakeling P26
parametrische versterker P31
paramp P31

parasitaire actieve elementen A33
~ capaciteit P33, S704
~ condensatoren C20
~ elementen P34
~ inductie S594
~ oscillaties P34
~ verschijnselen P34
~ weerstanden P250
~ werking P32
paren T315
partverwerker S429
pas|gleuf voor behuizing P11
~ merk R163
~ rand P11
passen F140
~ op contacteervlakjes P21
passief substraat P51
passieve component P47
~ isolatie P49
~ parallelschakeling P50
~ schaalverkleining P48
passing F140
passiverende deklaag P44
passivering P45
~ met waterstof H270
passiverings|laagetsing P46
~ middel P43
passtift A84
pasta I164
~ op basis van hittebestendig metaal R149
~ op basis van onedele metalen B63
~ samenstelling P52
~ systeem I167, P53
patroon P55
~ afbeelding D68
~ afbeeldingstechniek D49
~ generator voor belichtingsmaskers A209
~ herkenning P65
~ identificatie P65
~ masker P68
~ met geringe lijnbreedte F117
~ onscherpte P58
~ oproeper P64
~ oproeping P63
~ overbrengingsstraling E367
~ overdracht met hoge afbeeldingsgetrouwheid H101
~ schrijver P73, W176
~ uitlijning P56
~ verveelvoudiging P72
~ vormer P64
patroonvorming P63, P66
~ door belichting P185
~ door elektronenstraal E89
~ van afdeklaag R257
P²CMOS P346
p-contact P81
PCVD P281
p-diffusie P503
~ holte P83
~ lengte H195
~ zone P82
p-doteer|atoom P505
~ stof P504
p-dotering P506
p-doteringsinsluiting P87
Peltier-effect-koelelement P100
pelweerstand P95
pen P238
pennenrooster P241
~ maat P243
p-epi P103
p-epitaxie-laag P103
PEP-techniek P262
periode C580

∼ duur C581
peristaltisch CCD P115
permanente logica H31
permanent geprogrammeerd complex M78
∼ ∼e chip M79
∼ ∼ geheugen M81
permeabiliteit P116
persen M331
pers |naad B322, F99
∼ stuk M331
PGA P460
p-gedoteerde afvoer P89
∼ bron P91
p-geleiding H193, P501
p-geleidingsvermogen P502
p-halfgeleider H203, P507
picoprocessor P227
piëzo-elektrisch kristal P233
pilletje P97
pinch-off P239
pin-compatibiliteit P240
p-i-n-diode I282
pixel P229
p-kanaal FET P78
∼ MOS P79
PLA P461
plaatsbepaalde diffusie L265
∼ dotering L266
plaatselijk |e epitaxie L263
∼e isolatie door verzonken oxyde L262
∼e oververhitting H225
∼e oxydatie van silicium L267
∼e oxydatie van silicium-op-saffier L268
∼e oxydatie van SOS L268
∼ etsen L264
plaatsing A184
∼ onder oppervlakte D101
∼ op kant E25
∼ op rand E25
plaatsings |apparatuur P258
∼ automaat A247
∼ kop P254
∼ programma P258
∼ tempo P255
∼ werktuig P256
plaatsing van componenten C346
∼ van structuurelementen F40
plaatsnijden E207
plak S429
plakken snijden W54
∼ zaag S435
∼ zaagblad S436
plak |middel A43, G126
∼ onefenheid S433
plan L108
planair diffusieprocédé D198
∼e behuizing P271
∼e geïntegreerde schakeling P264
∼-elektrode P260
∼e overgang P268
∼e oxydering P270
∼-epitaxiaal-techniek P262
∼-epitaxiale diode P261
∼-epitaxiale transistor P263
∼e plasma-etser P272
∼e wafel P276
planair gemonteerd |e geïntegreerde schakeling P269
∼ ∼ IC P269
planair IC P264
∼-techniek P275
planariseringsring P266
planetaire houder P277
∼ spanklem P277
plasma-anodisering P279

∼-chemische fotolakverwijdering P194
∼-chemisch opdampen P281
∼-CVD P281
plasma-etsen P285
∼ met radicalen R24
plasma-etser P284
∼ met radiale stroming R4
plasma-etsmasker P286
∼-etsreiniging P283
∼-oxydatie P287
plasmareactor voor simultane wafelbehandeling M445
∼ voor simultane wafeloxydering M444
plasma-reinigingssysteem P282
∼-sputteren P289
∼-strippen P290
∼-verassing P280
∼-verstuiving P289
plastic DIL-huisje D432, P294
∼ DIP D432
∼ drager P293
∼ huisje P412
∼ IC P295, P198
∼ welnaad P291
plateren C241, P301
plateringslaag C242
plek S422
pletten van contacteerbobbel B308
plotter G152; P303
p-n-JGFET P308
p/n-tester T332
polijsten L14
polijstend etsmiddel P314
polijstmiddel L17
polyimide drager P324
∼ film P325
∼ kleefmiddel P323
∼ laag P325
∼ lijm P323
∼ plakmiddel P323
polykristal P318
polykristallijn |e baar P321
∼e depositie P320
∼e gieteling P321
∼e halfgeleider P334
∼e staaf P321
∼ opdampen P320
polykristal van silicium S365
polymeer afdekmiddel P327
∼ afdichtmiddel P328
∼ kleefmiddel P326
∼ lijm P326
∼ plakmiddel P326
polymere dikke-laag P330
∼ laag P327
polysilicium P318, P335
∼-definitie P338
∼-diffusie-apparatuur P339
∼ FET P340
∼-fijnstructurering P338
∼-opvulling P341
∼-oxyde-zone P344
∼-poort CCD P342
∼-poort-procédé P343
∼-schuitje P337
∼ veldeffecttransistor P340
∼-vervaardigingsinrichting P331
∼ weerstand P333
polysil-poort-MOS P322
poort G38
∼ aansluiting G46
∼ cel G44
∼ configuratie G68
∼-diëlektricum G51
∼ elektrode van hittebestendig metaal R147

poorten ǀcomplexiteit G45
~ dichtheid G50
~ matrix G39
~ matrix-benadering G40
~ matrix-chip G41
~ rooster G39
~ tal G47, L287
poort ǀequivalent G52
~ in gemengde mono- en polysiliciumtechniek S407
~ injectie-MOS G56
~-isolatie G51
~ isolatiedoorbraak G57
~ keep G55
~ lijn G60
~ metaal G61
~ met één logisch niveau S404
~ oxydatie G64
poortoxyde G65
~-bestendigheid G67
~-defect G66
poort ǀschakeltijd G49
~ snelheid G70
~ strook G71
~ uitbreider G54
~ uitbreidingsschakeling G54
~ uitgang G62
~ vertraging G48
~ vertragingstijd G49
~ vervangingsschakeling G53
~ zone G69
~ zonebreedte G73
positie P351
positief beeld P358
~ fotosjabloon P362
~ maskeroriginee1 P354
positieve elektronenaffiniteit P356
~ emulsie P357
~ fotolak P361
~ ladingdrager P355
~ terugkoppeling R155
~ weerstandstemperatuurcoëfficiënt P364
positioneer ǀinrichting P352
~ tableau P353
potentiaalbarrière B43, P370
~ hoogte B46
potentiaal ǀput P372; W98
~ val P371
ppb P381
ppm P382
ppt P384
precisie-fotolithografie P394
predepositie vanuit gasbron G28
preparatie vóór dotering D343
prestatiecurve P107
prestaties P106
~ op punt van snelheid S577
~ van bipolaire bouwstenen B158
~ van digitale schakelingen D245
principeschakeling B71
printplaat B200; P415
~ met hybride schakelingen H254
~ met metalen binnenlaag M149
~ voor hybride schakelingen H254
printplatenmagazijn F43
procédé P430
~ van omgekeerde meniscus I298
proces P430
~ apparatuur P442
procesbesturings ǀcontrole P433
~ sluis P432
proces ǀcertificaat P431
~ certifiëring P431
~ reproduceerbaarheid P451
processor P449

~-IC I22
~ schakel S429
proces-testkwalificatie P450
~ uitrusting P442
~ variatie tijdens produktie W156
~ verdraaglijkheid P441
~ verloop P437
~ verwerking tot IC I21
produkt ǀcombinatie P457
~ definitie volgens klantespecificatie C557
produktie ǀbedrijf P456
~ fabriek P456
~ in eigen beheer I149
~-installatie P456
~ lijn L193; M34
~ serie R363
~ straat M34
~ voor eigen gebruik C33
~ wijze met doorlopende aanvoer I171
produktiviteits ǀaantastende factor Y6
~ grafiek Y7
~ kromme Y5
~ vermindering Y8
proef ǀexemplaar S8
~ fabriek P237
~-IC T76
proef met gelijkmatige temperatuur ǀ-opvoering T108
~ ~ ~ ~ stijging T108
proef ǀmodel op ware grootte M309
~ opbouw van IC I19
~ opzetbord B258
~ structuur T81
~ wafel S10
profielmeter P458
programmabestuurde machine S473
~ microcomputer S475
programmapakket voor CAD D108
~ ~ ontwerpautomatisering D108
programmatuur S472
programmeerapparaat P465
programmeerbaar logicacomplex P461
~ poortcomplex P460
~ ROM P462
programmeer- en wisbaar uitleesgeheugen E280
~ masker P463
programmeur P465
projectie P466
~ belichting P468
1:1 projectie-installatie U78
projectie ǀlithograaf P474
~-lithografie N97, P466, P470
~ lithografie met UV U104
~ masker P471
~ maskering P472
PROM P462
protonen ǀbeschieting P484
~ bombardement P484
prototype P487
p-type-halfgeleider A17
pull-up weerstand P512
pulserend elektronenkanon G198
~e werking P514
punt P473
~ contact-elektrode W114
~ defect P312, S394, S589
~ lading P311
~ lassen S590
~-onvolkomenheid P312
~ solderen P246
put P249; W98
~ corrosie P251
putje P249
putjesvorming P251
~ op contactplekken C433

PVD P220
pyrolithisch |e reactie P531
~ opdampen P529
~ opgedampte laag P528
~ oxyde P530

Q

Q Q1
QA-sluis Q3
QTAT-lijn Q9
quad flatpack Q10
quasi-contact |belichtingsapparaat N30
~ lithografie G18, N31
quasi-Fermi |-niveau Q30
~ niveau voor gaten H202
~-potentiaal Q31
quasi-multidimensionale simulatie Q32
quick chip Q33
QUIL Q11
QUIP-voetje Q40

R

raak |afstand P491
~ contact-uitlijnapparaat H18
radiale aansluiting R5
~ draad R5
~ etsongelijkheid R3
raffinage R136
~-installatie R137
rakel S606
rakelings-contact |lithograaf P493
~ lithografie P494, S469
~-uitlijnapparaat S468
rakelingse maskeruitlijning P492
rakel van zeefdrukinrichting P419
RAM R35
~-opfrissing R34
~-regeneratie R34
rand E16, L215
~ afbrokkeling E18
~-chips uit wafel breken P111
~ contactgebied E19
~ effect E22
randonregelmatigheid E24
~ van geleidersporen L205
rand |onscherpte E23
~ roosterfout E21
~ scherpte D48, E26, M38
~ scherpte van contacteereilandjes B226
raster G159; S105
raster-Auger |microscopie S56
~ microsonde S57
rasterelektronen |microscoop S60
~ microscopische opname S59, S247
~ straal-lithografie R42, S58
raster-E-straalinstallatie R41
~ maat P250
~ met variabele maaswijdte V67
~ projectielithografie S62
~ tunnelmicroscoop S64
~-wafellithograaf W50
RCDTL R244
RC-netwerk R218
RCTL R245
reactiecamera R53
reactief etsen R55
~ gasplasma R56
~ ionenetsen I300, R60
~ sputteren R64

~ verstuiven R64
reactie |gas R54
~ in vloeistoffase L230
~ met radicalen R25
~ tijd R270, R271
~ vat voor chemisch opdampen C176
reactieve ionenstraal R57
reactor R65
~ met veelvlakkige trommel M403
~ met verticale stroming V90
reagens R52
rechtlijnige frequentiekarakteristiek L201
rechtstreekse afbeelding met laserbundel L46
recirculator R87
recombinatie |coëfficiënt R93
~ factor R97
~ kern R90
recombinatiekernen-dichtheid R91
~-neutralisator R92
recombinatie |levensduur R95
~ straling R96
~ stroom R94
~ zone R98
reconditionering R100
reconversie R101
recuperatie R106
redox-reactie R107
reductie R115
~ door waterstof H271
~ medium R113
~ middel R112
~ onder invloed van licht P191
~ techniek R120
redundante geïntegreerde schakeling R123
redundantie R121
reeks R38
~ met zeer goede snelheidsspecificaties H155
reepcontactering B90
referentie R127
~ frequentie R129
~ gate I117
~-merkteken R130
~ potentiaal R131
~-signaal R127
~ spanning R132
~-spanningsbron R127, R133
~-spanningsdiode R128
reflectie-factor R138
~-vermogen R139
reflow-soldeermachine S495
regel R171
regelaar C456, R172
regelbare weerstand V68
regeling C446, R171
regelkring L303
regelmatige tussenafstand P250
~ vlakverdeling G82
regelmatigheid R167
regelmatig patroon R170
~ vormenpatroon G82
regel van Rent R187
regeneratie R88, R102, R106, R155
~-snelheid R156
register R158
~ stuurschakeling R159
regulair |e layout R168
~e logica R169
~ rooster C538
reine ruimte C256, W117
~ ~-faciliteiten W118
reine werkplek C262
reiniger C251
~ door glimontlading G122
~ door verstuiving S595

~ in oplosmiddel S533
reinigingscassette C253
rek T265
reken-en-beslis-eenheid A183
rekristallisatietemperatuur R103
rekstrookje S703
relatieve vochtigheid R176
reliëf R181
remanentie R182
remanent magnetisme R182
remlaag S693
remmende stof R275
REM-opname S247
rendement E31
reoxydatie R189
reoxydering van polysilicium P332
reparatie R190
repareerbaarheid R191; R192
repeteerprojector R194
repeterende fotolithograaf P192
~ patroonafbeelder I54; P71
replica R196
reproduceerbaarheid R193
~ van schijf tot schijf S438
~ van serie tot serie R366
~ van wafel tot wafel W62
reproduktie R201
REPROM R203
reserve B15; B15; R121
~ eenhied S635
~-onderdeel S567
reservoir B134; T10
residuvrij substraat R211
resist R215
resistentie R217
~ tegen reactief ionen-etsen R61
resistiviteit R235
resistiviteitsmeter R238
resolutie R266
responsie R270
rest|druk R210
~ magnetisatie R182
~ schade R208
reticule R276
~-beeld R278
~-laden R279
~-masker R280
~-maskering R281
~-patroon R282
~-plaat R283
~-uitlijning R277
~ voor moedermasker M99
richten van wafel W28
richtingsafhankelijk etsen O165
~ etsmiddel O165
rij R38
~ complex L195
rijgdraadcontactering S686
rijgen S687
ring R317
~ contact A154
~ oscillator R320
ringvormig blad met inwendige snijrand A153
~e drager R318
ritsen S125
~ met laser L63
~ van aluminiumoxyde-keramiekplaatjes A103
rits|inrichting S124
~ lijndefinitie S123
~ structurering I254
~ structuur I253
~ vorm I252
~ werktuig S124
RJGFET R229

robotica R328
robot|techniek R328
~ voor reine ruimten W116
robuustheid R359
roestvrijstalen sjabloon S629
ROM R66
romp-chip N5
~ component N6
rondom-afdichter P108
~-luchtisolatie F291
~ slijpen A155
röntgen|bestraling X11
~-diktemeter X20
~-gevoelige lak X16
~-lithografie X12
~ lithografie-apparatuur X4
~-lithografiemasker X13
~ onderzoek X6
~-spectroscopie X18
~-stappenprojector X19
~-stappenrepeteer-lithograaf X19
~ straal X3
~ stralenbuiging X5
~ straling R332; X2
röntgenstralings|bestendigheid X9
~ bron X17
~ hardheid X9
röntgen-topografie X21
~-uitlijn-en-belichtingsapparatuur X4
~-wafelanalysator X23
rookkap F292, H209
rooster A185, G157, G159
~ constante G158, L91
~ defect L92
~ fout C515, L92
~ foutenconcentratie D300
~ foutlijn D301
~ leemte V1
~ leemtenconcentratie V2
~ masker G160
~ onregelmatigheid L97
~ passing L98
~ plaats L101
~ puntdefect P312
~ punt-onvolkomenheid P312
~ structuur L102
~ trilling L104
roostertussen|atoom I274
~ atoom-leemtenpaar I280
~ defect I275
~ dotering I278
~ plaats I273
rooster|verstarrende dotering L95
~ vervorming L94
~ volgende routering O68
~ volmaaktheid L100
route R342
routeren R342
routering R346
~ buiten rooster om O18
routerings|algoritme C117
~ automaat A248
~ programma R349
RS-flip-flop R207
RST-flip-flop R354
RTL R254
rubiliet|folie R356
~-origineel R357
rugzak-print P234
ruimtelading S560
ruimteladings|neutralisatie S502
~ ophoping S561
ruimtelijke verdeling D14
ruimte met laminaire luchtstroming L7

~ ~ regelbare vochtigheidsgraad H236
ruis ∥afstand N92
~ factor N90
ruthenium-oxydepasta-systeem R370
ruwheid R338
ruwheidsmeter R339
ruw oppervlak R340

S

samengesteld ∥e laag C352
~ materiaal C353
samengevoegde structuur M136
samen opdampen C293
samenstel A216
~ in hybride-techniek H247
samenstelling C356, F229
~ vanuit gasfase G32
samenstel met reepverbindingen B89
~ van microschakelingen M205
~ van schakelingen C237
sandwich-structuur S15
SATO-procédé S20
SAW S801
~-bouwsteen S32
~-filter S802
~-versterker S30
SBC-techniek S37
SBR-diffusie S41
scanner S55
schaalverkleining S51
schaalverkleinings ∥factor S52
~ regel S53
schade D2
~ onder de oppervlakte S769
schakel L213, S429
schakelaar S835
schakelbeweging I116
schakelen I116, S836
schakelindex-inrichting I115
schakeling C407
schakelingen C237
schakeling met discrete componenten D284
~ met geconcentreerde paramenters L375
~ met groot prestatievermogen H124
~ voor laag stoorniveau L324
schakel ∥transistor S837
~ verhouding D443
scheidend vermogen R266
scheidings ∥diffusie I369, S251
~ diode I370
~ groef I372
~ laag S252
~ spleet P491
~ wand I366
schema S68
schematische weergave S68
scherm S105
~ ring G192
scherp beeld S273
~e rand S271
~e randen wegetsen S272
~ gerande kerf S275
scherpte S276
~-en -contrastverbetering I44
scheur F139
scheurtjes opsporen C480
~ vorming C481
scheurvorming C482
~ in substraat S755
schiften C246
schijf S429

~ bewerkingsprocedure S434
~-oneffenheid S433
~ slijpen D299
schijnweerstand I75
schijvenmagazijn voor oven F311
schikking A184
Schmitt-triggerschakeling S69
schokbestendigheid S288
schoonmaak C261
schoonmaken C252
schoonwissen W125
Schottky-barrière M189, S70
~-bouwsteen M190
~-cel S76
Schottky-cellenmatrix S77
~ technologie S78
Schottky-defect S82
~-diode S71
~-effect S87
Schottky-FET M186, S73
~-logica S85
~ met verarmingsmetaallaag D84
~ van verrijkingstype E220
Schottky-geïntegreerde injectielogica S91
~-gekoppelde transistorlogica S81
~-grensvlak M191
~-klemdiode S79
~-metaal-halfgeleidergrenslaag S92
~-MOS S75
Schottky-poort S72
~-metaal-oxyde-halfgeleider S75
~ metallisatie S90
~-veldeffecttransistor S73
Schottky-ruis S94
~-transistor S80, S95
~-transistorlogica S96
~-transistor-transistorlogica S97
~-TTL-poort S98
schouder P466
schrijf ∥stuurbouwsteen W173
~ stuurschakeling W173
~/uitwis-venster W175
schrijven D68, W177
schrijver W176
schrobben S129
schrobinrichting S128
schroefvormige dislocatie S121
schuif ∥register S284
~ spanning S277
schuine depositie O4
~ implantatie T181
~ ionenimplantatie A140
~ slijp A141
~ zijwand S440
schuin opdampen O4
~ sputteren B123
schuitje B201
schuur ∥middel A1
~ slijphardheid L19
SCTL S81
S/D-zones S136
secundair-ionenmassaspectroscopie S154
selectief aftrekken S161
~ etsmiddel S159
~ losmaken S161
~ lostrekken S161
~ oxydatieprocédé S163
~ oxyde-etsen S164
selectieve diffusie S157
~ dotering S158
~ maskering S162
~ tracering S166
~ verbinding S160
~ verwijdering S165

semi-additief procédé S197
semi-automatische componenteplaatser S198
semi-maatwerk chip S236
~ complex S235
~ geïntegreerde schakeling S237
~ LSI S238
~ masterslice S239
~-procédé S240
~-verbindingenloop S241
semi-ROC-structuur S246
sensor S250
serie R363
~ fabricage B75
Schockley-Read-Hall recombinatie S287
siccatief D409
signaal-processor S306
~/spanningsniveau-omzetter L160
SII S343
~-technologie S344
silaan-CVD S309
~-ontlading S310
~-pyrolyse S311
SIL-huisje S400
silicaatglas S313
silicide-afvoer S314
~-bron S315
~-metallisatie S316
~-polysiliciumpoort P317
silicium S317
~-atelier S335
~-chipvlak S319
~-compiler S321
siliciumdioxyde S323
~-etsen S324
~-maskering S325
silicium|dotering S326
~ epitaxie S331
~-gieteling S342
silicium-IC S348
~-layout S349
silicium-in|-isolator S343
~-isolator-technologie S344
~-saffier S345
silicium-isolatorstructuur S347
~ lichaam S320
~ met hoge specifieke weerstand H133
~ met roosterfouten D45
~-moleculstraalepitaxie S350
~ monoxyde S351
siliciumnitride S352
~ masker S353
~-maskering N69
~-passivering S354
~-poort N68
~-substraat S355
silicium-ondergrond S320
~-op-isolator S359
~-op-saffier S359
~-op-spinel S363
~ oxyde S364
siliciumpoort S336
~-MOS-procédé S337
~-MOS-technologie S341
~-structuur S339
~-transistor S341
silicium-saffiergrensvlak S366
~ staaf S342
~ techniek met zwevende poort F191
~-wafel-techniek S369
siliconen|hars S332
~ inkapselmateriaal S328
~ lijm S327
~ smeermiddel S330
~ vet S330

silox-speldekopgaatje S373
SIL-spin S371
Si-MESFET S378
simulatie S381
~ op transistor-niveau T233
~ van poortlaag G59
~ van poortligging G59
~ van schakeling C238
simulator S382
simultaan|contacteermachine G14
~ contacterings-IC G16
~ montage M89
~ montage-IC G16
~ montagemachine G14
sinaasappelschileffect O150
sinteroven S415
SiO$_2$ S323
SiO$_2$-polysilicium-isolatie D264
SIS S345
~-technologie S420
sjabloon M41
~ masker S119
S-karakteristiek S725
slag-extrusiebehuizing I71
~ persen I73
sleep L14
sleutel K3
slice S429
~ microprocessor S432
slijpen G162, L14
slijp- en polijstmachine P313
slijpen van oppervlakte S812
slijpmachine G161, L16
~ met roterende slijpschijf R337
~ voor kristalstaven I146
slijpmiddel A1, L17
slijp|schijf G164
~ stof A2, G163
~ trimmen A5
~ vlak F11
slijtvastheid W92
slijtvast moedersjabloon H26, H28
slingerproef C97
slotmoment E196
SLSI S789
sluier F221
sluis L270
~ ruimte L271
sluitende dubbele-kamstructuur I253
~ dubbele-kamvorm I252
~ ritsstructuur I253
~ ritsvorm I252
sluiting S138
SM S818
smalle geleider F108
~lijn F108
SMD-printplaat S461
~-techniek S463
smelt M125
smelten F323
smeltkroes C496
~ met dubbele bodem T321
~ met enkelvoudige bodem S398
~ techniek C500
smelt|middel F212
~ oven F320
~ temperatuur F324
~ verbinding F315
~ verbindingstechnologie F316
SM-installatie S815
snavel B164
~-defect B166
snede K2
snelbindend Q36

531

~ elektron F27
snelheid S574
snelheids|verdeling V79
~ verzadiging V80
~ winst S576
snelheid van bipolaire schakelingen B161
snel IC F25
~ indringende diffusiestof F26
snelle afdeklak F30
~ asrotatie S581
~ chip F25
~ draaiing S581
snel leegpompen F29
snelle fotolak F30
~ Fourier-transformatie F28, Q35
~ responsie F31
~ spin S581
~ tollen S581
snel|opstelling Q37
~ reagerend F31
~ spoelinstallatie Q34
~ verdamper F157
~ verdamping F156
~ verhardend Q36
snijden C574
SNO-halfgeleider S224
soepele vrije draadverbinding P235
software S472
~-technologie S476
SO-huisje S452
SOI S357
~-IC S480
~-materiaal S358
~-substraat S482
~-technologie S484
SOJ-huisje S454
soldeer S486
~ afdichtinstallatie S506
~ bobbel S489
~ bolletje S487
~ loos contact S501
~ loze verbinding S501
~ masker S502
soldeer opsmelten S494
~ ~ in dampfase V62
soldeer-opsmeltmachine S495
~ pasta S504
~ terugvloeiing S505
~ uitloging S500
~ verbinding S499
~ vloeimiddel S498
~ zuiger D117
solderen S497
solidus|kromme S527
~ temperatuur S528
sonde P424
~ contactplek P426
sonden-opstelling P425
~-stel P425
sonderen P429
sondering met elektronenstraal E93
sonde-test|inrichting P427
~ plek P427
soort dotering I110
soortelijk|e laagweerstand S280
~e volumeweerstand V185
~e warmte S570
~e weerstand R235, S571
~e weerstand aan oppervlakte S824
~e-weerstandsgradiënt R237
~e weerstand van plak S437
~e weerstand van schijf S437
~e weerstand van wafel W345
~geleidingsvermogen S569

sorteerapparaat C247
sorteerder C247
sorteermachine S536
sorteren C246, S537
~ op dikte T143
~ op elektrische parameters E48
SOS S359
~-band S362
~-bouwsteen S226
SOS/CMOS S542
~-procédé S541
SOS-eiland S544
~-IC S360
~-isolatietechniek S545
~-LSI S361
~-substraat S548
~-techniek S539
~-transistor S549
~-wafel S550
SOT-huisje S455
span|inrichting A219
~ klem F152
spanning T64
~ als gevolg van diffusie D226
~-capaciteitskarakteristiek V173
spanninggestuurde weerstand V175
spannings|bereik V178
~ drempel V182
~ gebied V178
~ gebrag van condensator C22
~ kromme van condensator C22
~ referentie R133
~ referentiebron V180
~ regelaar R172, V181
~ stabilisator R172
~ vergelijkings-IC V174
~ versterking V177
~ versterkingsfactor V171
~-voorinstelling V172
spatvrij opdampen S588
specifiek poortental L287
spectrale gevoeligheid R270
speldekop|las N2
~ lassen N3
~ verbinding N2
speldeprikgaatje P244
~ in oxydelaag O236
spergeleidingsvermogen B16, R294
sper|instelling R287
~ kromme R293
sperlaag B43
~-CCD B49
~ condensator J23
~-FET J28, P308
~-FET van verrijkingstype E217
~ injectie-looptijddiode B47
~ isolatie D262, J32
~ kruipstroom J34
~ overgang B48, B189
~ poort B44
~-SIT J29
~ zone J22
sper|poort-FET B45
~ stroom R288, R295
~ tijd O27
~ toestand O25
~ voorspanning B1, C570, R287
~ weerstand B10, O21, R301
spiegelglad polijsten H273
spiegelglans-polijsten M286
spin F259, L131
~ contacteertechniek S578
spinnepoot S579
spinvormig aansluitraam S580

spiraalvormige gasbinder C295
~ getter C295
spiraalwikkel-pistool W172
spleet F139, F253, G17
~ breedte tussen wafel en masker W60
splijten C264
splijtlijn C265
spoel-drooginstallatie R323
~ eenheid R325
spoelen R321, W74
~ met gedeïoniseerd water D65
spoel- en reinigingsinstallatie voor maskers M85
~ installatie F211, R322, W75
~ rek W78
~ vloeistof W76
~ vloeistoftank W77
~ water R324
spook-AND D362
~-EN D362
~-OF D363
~-OR D363
spoor R363
~ afstand L209
~ breedteverlies L210
~ van vreemdestof T206
spraak-chip S572
~ generator S573, V167
~ synthetisator S573, V167
spreiding S66
sproeien S593
sproei-ontwikkelaar S591
~-ontwikkeling S592
~ pistool S600
spuitgieten M331, T217
spuitgiet-kunststof T216
~ machine I159
~ pers I159, T218
~ stuk M331
sputter-etsen S599
~-installatie met doorlopende werkstukaanvoer I172
~-kanon S600
~-reactor S604
~-reiniging S595
SQUID S779
SRG-procédé S611
SSI S457
~-IC S456
~-niveau S458
staaf B36, B131, I145, R331
staat S637
stabilisering R171
stabiliseringstempering S620
stabiliteit S619
stadium S625, S659
stalen ondergrond met keramische bovenlaag P350
standaard-cellenschakeling S632
~ IC-test I10
~ onderdeel N99
~-schaal IC S633
~ subcollector S631
stand in bedrijf O98
~ tijd E198
stang S657
stap S659
~ die in geel-lichtruimte moet plaatsvinden Y3
stapelfout S624
stapelpoort-CMOS S622
~-injectie-MOS S623
stapelstructuur S621, T174
stapmechanisme in een contacteermachine B209
stappenprojector P478
stappenrepeteer-apparatuur S663
~-belichting S664
~-fotografie S670

~-inrichting S668
~-lithografie S666
~-masker S667
~-objectief S665
~-proces S660
~-projectie S671
~-projector S662
~-uitlijnprojector S661
~-verveelvoudiging S669
stappen-wafelbelichter O135
stapsgewijze lithografie S683
~ uitlijning op pasvlakjes S424
~ wafelbelichting O136
stap-voor-stap montage S674
star geheugen R66
starheid R315
station S652
statisch|e atmosfeercondities S639
~e elektriciteit S645
~e geheugencel S641
~e influentietransistor S647
~e karakteristiek S642
~e lading S643
~e zelfontlading S644
~ geheugen S648
~ inbranden S640
~ RAM S651
statistische diffusiefout E282
~ foutverdeling E283
steeklassen S688
steekproef S8
~ gewijze controle S12
~ uitvoeren S11
steel S657
steilheid T210
stekerbus J1
stel G13, P1
~ chips C217
~ IC's C217
~ stereomicroscopie S684
sterk|e belichting H53
~e concentratie H83
~e dotering H54
~e injectiestroom H110
~ gedoteerde laag H84
~ gedoteerde zone H51
~ gedoteerd materiaal H50
~ geïntegreerde schakeling H106
~ geordende staat H114
~ geordende toestand H114
steun|draad S800
~ strook B9
stift S657
stijfheid R315
stijf transparantmasker R316
stijg|snelheid S428
~ tijd R327
stikstof|kast N75
~ reinigingsinstallatie N77
~ spoeling N74
stof D438
~ arme zone D439
~ dichte kast D442
stofvrije omgeving volgens klasse 100 C244
~ ruimte D440
~ ruimte volgens klasse 100 C245
stoichiometrische onzuiverheid S691
~ verhouding S692
stompe las B324
stomplassen B325
stomplas-verbinding A9
stoom|kamer P413
~ oxydatie in open buis O87
stoor|afstand N92

~ impuls G119
~ ongevoeligheid N91
stootionisatie C311, I72
stootlas B324
storing D305, F14, F32, M31
storingsbeveiligde chip T194
storingzoeken T288
straal B86
~ etsen J3
~ reiniging J4
straat S707
strakheid van geleidersporen L204
strakke maatvoering T175
stralen S14
~ bundel B86
straler R23
straling R8
~ hardings-procédé R2
stralingsbestendige CMOS R12
~ DTL R19
~ geïntegreerde schakeling R13
~ microelektronica H19
stralings|bestendigheid R15, R18
~ bestendig SOS R21
~ gevoelig materiaal R20
stralingsharde CMOS R12
~ geïntegreerde schakeling R13
stralings|hardheid R15
~ harding R14
stralingsloze overgang N114
~ recombinatie N113
~ sprong N114
stralings|overgang E157
~ resistentie R18
~ verdraagzaam SOS R21
~ verwarming R7
stralingsvrije behandeling R11
~ bewerking R11
streepvorming B32
strepenteller F269
striatie van de deklaag C291
strippen S713
~ in zuurstof-plasma O248
stripper S712
strokenrooster M442
stroming F212
strooicapaciteit S704
strooi-inductie S706
strooiing S66
strooiveld F268
strook S709
~-transistor S715
~ vormige heterostructuur S710
stroom F212
~ bron C554
~ generator C549
~ gestuurde logica C551
~ injectielogica C550
stroomloos neerslaan E56
stroomloze depositie E56
~ overgang F194
stroom|regulator C553
~ schakellogica C551
stroom-spanningskarakteristiek C555, V176
~ buiten verzadigingsgebied N119
stroom|sterke implantatie-inrichting H85
~ stuurschakeling C547
~ versterking C548
~ versterkingsfactor C545
~ voercapaciteit C546
stroperigheid V144
structurerende belichting P67
structurering D68, P66, S719, S721
~ door belichting P185

~ in vorm van sluitende dubbele kam I254
~ op wens van klant C565
structureringsfijnheid D48
~ van metaallaag M150
structureringstechniek D49
structurering van afdeklaag R257
structuur A185, P55, S718
structuurbreedte-controle R362
~ nauwkeurigheid L211
structuur|element F37, P61
~ fabricage P62
~-fijnheid van metaallaag M150
~ formaat F37, F38
~ formering P62
~ maat G85
~ met isolatie-uitsparingen R86
~ onregelmatigheid S720
~ ontwerp S716
~ onvolkomenheid S717
~ overdracht op afstand O180
~ rand F39
~ verstoring D305
~ vorming S719
stuiklassen B325
stuiteren C167
stuk gereedschap T195
stuks per uur U95
stuur|capaciteit F20, F21
~ elektrode C448
~-IC I205
~ karakteristiek T212
~ poort C449
~ schakeling D403
~ trap D403
~ vermogen L248
subcollector B314, S726
~-zone S727
sublimatiepomp S729
submicron|bewerking S730
~-geleiderspoor S734
~-IC S736
~-kanaalbreedte S733
~-laag S735
~-lithografie S737
~-maskeruitlijner S738
~-MOS-bouwsteen S740
~-patroonvorming S739
~-resolutie S731
~-structurering S739
~-structuur S732
~-structuurfijnheid S731
~-technologie S741
submicro-spoor van doteerstof U39
subnanoseconde-bouwsteen S742
~-prestaties S743
~-technologie S744
substitutie-atoom S748
~-diffusie S746
~-dotering S747
~ reactie S750
~-roosterfout S749
substituutweerstand E279
substraat B203, S751
~-contactvlak S754
~-diffusie S757
~ dikte-gelijkmatigheid S764
~ dotering S761
~ holte S765
~ hoogtevoeler S759
~ houder S753, S760
~-inkerfinrichting S767
~ laag S758, S762
~ lekstroom S763
~ met verbindingslaag I244

∼-ritsinrichting S767
∼ sterkte S768
∼ van ander materiaal F228
substraatverzaagmachine S756
∼ vlakkenevenwijdigheid S764
∼ voorbehandeling S766
∼-voorspanning S752
∼ werking B205
subtractief fabricageproces S771
subtractieve printplaat S770
supercel S772
super-chip S773
super clean room S774
super-emittervolger D6
supergeleidend e kwanteninterferentie-bouwsteen S779
∼e laag S781
∼element S776
∼e logica S778
∼ IC S777
supergeleider S783
supergeleidings-elektronica S775
∼ stroom S780
∼ vermogen S782
super grootschalige integratie S789
superkristalrooster met kleine roostermaat S293
superpositie S792
superreine ruimte S774
superrooster S790
supersnel IC S787
susceptibiliteit S831
suspensie S832
synchrotronstraling S838
systeem bouw en -ontwikkeling S841
∼-chip S839
∼ drager F259
∼ met hoge gegevensdoorvoercapaciteit H166
∼ segmentering S840

T

taaivloeibaarheid V144
TAB-automaat T2
∼-chip T3
tabel T4
TAB-IC T5
tabletje P97
TAB-procédé T6
tand F127
tangens delta D166
tank T10
tantalium nitride-filmweerstand T12
∼ silicide-verbinding T13
taps T26
∼e opening T27
tapsheid T26
taps verloop T26
∼ verlopen T26
tastkop P424
TC-contacteerder H226
TEA T219
techniek T40, T43
∼ van isolatie door implanting I88
technisch e parameters T42
∼e vloeistof P448
∼ gas P438
technologie T43
∼ met hoge pakkingsdichtheid H94
∼ van lineaire schakelingen L202
technologisch e beperkingen T41
∼e grenzen T41
∼-geavanceerde geïntegreerde schakeling H158

teflon T45
∼-cassette T47
∼-schuitje T46
tegengestelde polariteit O101
tegenhanger in discrete vorm D285
tegenhouder R274
tegenvoorspanning B1
tekenaap P24
tekenen D387
∼ met coördinatograaf C466
tekening D396
∼ van moedermasker M94
teken machine D386, G152, P303
∼ tafel P304
teller-ringschakeling C475
TEM T248
∼-onderzoek T63
∼-opname T49
temperatuur bestendigheid T109
∼ coëfficiënt van frequentie T57
∼ compensatie T54
∼ drift T56
temperatuurgecompenseerde referentiespanningsbron T53
∼ spanningsreferentie T53
temperatuur gradiënt T58
∼-instelbaarheid T62
∼ schok T110
∼ sensor T61
∼ stabilisatie T111
∼ verloop T56
∼ voeler T61
∼ wisselbeproeving T55
∼ wisselproef T55, T120
temperen A150, B18, B19, T89
∼ bij hoge temperatuur H159
∼ door bestraling R9
∼ door contactverhitting C415
∼ met afdeklaag C29
∼ zonder afdeklaag C27
tempering in oven F307
temperoven A149, K5
terugdiffusie B5
terugkerende patronen R195
terugkoppeling R155
terugomzetting R101
terugstellen R206
terugstroming B14
terugverstrooiing B11
terugwerkend ontwikkelen en construeren R296
terugwijkend deel R76
terugwinning R88, R102, R106
terugwinning van oplosmiddel S534
test blok T71
∼-chip T72
∼-chip voor procescontrole P435
∼ contact T77
testen T74
∼ met sondes P429
tester T73
test inrichting met sondes P424
∼ installatie T75
∼ kop T79
∼ pen T79
∼ plek T80
∼ sonde T79
∼ structuur T81
∼ structuurontwikkeling T78
∼ wafel P453, S10
∼-wafel voor procescontrole P436
tetrode ctacr T82
te verdampen stof E337
thermisch e aanslag T98
∼e behandeling H48, T112

535

∼e CVD T94
∼e defocussering T90
∼e diffusie T96
∼e dissociatie T95
∼e doorslag T91
∼e excitatie T98
∼e ionisatie T101
∼e ontleding T95
∼e oxydatie H43
∼e oxydelaag T105
∼e oxydelaagvorming T104
∼e oxydering T103, T104
∼e reiniging H40
thermische schok T110
∼e stabilisatie T111
∼e verdamping T97
∼e weerstand T109
∼ genitreerde metaal-isolator-halfgeleider T102
∼ genitreerde MIS T102
∼ harden vóór het etsen P401
∼ verouderen T88
thermocompressie T113
∼-contact T115
∼-contacteerapparaat T117
∼-contacteerder H226
∼-contactering T115
∼-verbinding T115
thermo-diffusie T96
thermohardende coating T124
∼ deklaag T124
∼ hars T125
thermo-impulscontacteerinstallatie P513
thermolyse T95
thermomigratie T121
thermoplastische coating T122
∼ deklaag T122
∼ kunsthars T123
thermopuls-contactering T107
thermosone contacteerinstallatie T126
thermosoon contacteren T127
thèta-hoekuitlijning T128
theta-tafel X31
thixotroop middel T162
∼ vulmiddel T163
thixotropisch |e lijm T161
∼e pasta T164
∼ middel T162
∼ vulmiddel T163
tijdsverloop T183
tijdvertraging T182
tinzuiger S493
titanium-wolfraam smeltverbinding T187
TO-behuizing T236
toegangscapaciteit F19
toegestaan energieniveau A89
toegestane afwijking in masker M88
∼ waarde R44
toegevoegde bouwstenen A40
toestand C381, S637
toestandsdiagram S638
toets K3
toevallige onvolkomenheid R36
toevalsverbindingen R37
toevoeging A48
toevoerband T255
toevoerder voor opgespoelde componenten R124
toevoer |inrichting F42
∼ magazijn H210
∼ positie L257
TO-huisje T236
tolerantie T193
top-down ontwerp T197
topografie T200
topologisch |e lay-out T201

∼element T199
∼e opstelling T201
∼e vlakindeling T201
∼e vlakverdeling T201
∼ ontwerp T201
∼ oppervlakte-functie-element S810
totaal |belichting B178
∼ diffusie-IC A88
totale stralingsdosishardheid T202
tot chips opbreken C223
tot één geheel maken P12
t.o.v. ondergrond gecentreerd kristalrooster B52
Townsend-ontlading T205
traag elektron S442
tracé R342
traceren R342
trage bouwsteen S441
traject P54
∼ geleiding R346
tralie G157, G159
∼ rastermaat G158
transcalente bouwsteen T209
transfer-pers T218
transferred-electron |-bouwsteen T220
∼-oscillator T221
∼-versterker T219
transformatie T224
transistor |bronelektrode T238
∼-contour T235
∼-diode-logica T231
∼ in aan-toestand O74
∼ in uit-toestand O28
∼-keten T230
∼-matrix T229
transistor met brede uitputtingslaag D28
∼ ∼ doorlatende onderlaag P117
∼ ∼ gepassiveerd oppervlak S819
∼ ∼ grote elektronenbeweeglijkheid H97
∼ ∼ homo-overgang H208
∼ ∼ ingebed kanaal B313
∼ ∼ ionenimplantatie-basis I339
∼ ∼ ringvormige emitter R319
∼ ∼ Schottky-klemdiode S80
∼ ∼ tegenover elkaar gelegen poort en bron O100
transistor-microstructuur T234
∼-opstelling T228
∼-samenstel T228
∼ technologie met zelfjusterend oxydemasker O216
∼-transistor-logica T239
∼ vergelijking T232
∼-weerstand-logica T237
∼-werking T227
transitfrequentie T242
transmissie-elektronenmicroscoop T248
transmutatie-dotering T249
transparant |e film T250
∼ fotomasker S156
transport T251
∼ bak T203
∼ band T255
∼ kist T203
∼ reactie T253
∼ rendement T213
∼ systeem T222
transputer T256
transversaal piëzo-effect T257
trap S625, S625, S659
TRAPATT T263
∼-diode T260
∼-werking T263
trapoxyde-CCD S678
trechter B134, H210
trek |beproeving P511
∼ groeiprocédé P510

~ proef P511
trigger T192, T274
~ flip-flop T276
triggering T275, T277
trilaanvoerinrichting V131
trillings |beproeving V134
~ isolator V133
trillingvrij opgestelde tafel V132
tril |magazijn V135
~ test V134
~ toevoerinrichting V131
trimmen T278
~ d.m.v. straalslijpen A4
~ op de chip O46
~ van actieve substraatelementen A36
trimmer T282, T282
trimstabiliteit T283
triode-etser T284
~-sputterinrichting T285
TRL T237
trommelbad B42
~-plasma-etsen B41
TTL S97; T239
~-poort T292
tuimelschakeling F183
tunnel |diode T301
~ doorbraak T299
~ effect E284, T302
tunnelend elektron T303
tunnelen van elektronen E133
tunnel |injectie T304
~ overgang E285, T305
~ stroom T300
turbomoleculaire pomp T306
turbulente stroming T307
tussendiffusie I249, I276
~ holten I250
tussengevoegde n-p-n belasting M135
~ structuur M136
tussenlaag-diëlektricum I263
~ isolator I266
~ metallisatie I264
~ oxydatie I267
tussenmetallisatie I269
tussenruimte G17
tussensjabloon I270, R276
tussenverbinding op de chip O43
twee-chips modem T319
tweedimensionale matrix T320
~ patroonherhaling P57
tweelaags |metallisatie D379, T323
~-polysiliciumtechniek T326
~-verbindingen T322
tweeling T315
~ kristal T316
~ vorming T317
tweepool-vervangingsschakeling T325
tweepuntsmeting T324
tweetraps-diffusie T328
~-etsen T329
~-reductie T330
tweeverdiepingenstructuur B130
tweewaarden-wipschakeling B135
type doteringsmiddel D357
typenreeks F16, L193
~ met zeer goede snelheidsspecificaties H155

U

UART U80
uitbannen van statische oplading S646
uitbreidbare poortschakeling E457

uitbreidingsbouwsteen E358
uitdamper met schuitje B202
uit dampfase gekweekte overgang V59
uitdamping E339
uitdiffusie O170
uit één stuk M345
uiteenvallen D19
uiteindelijke opbrengst F102
uit functieblokken bestaande chip F295
~ ~ bestaand IC F299
uitgangs |belastbaarheid F20, F21, O182
~ controle O176
~ signaal nul Z11
~ staat-hoog H121
~ stof S636
~-stuurvermogen O182
uitgassing O175
uitgewerkte tekening D68
uitgloeien A150, B321, C6, T89
~ bij hoge temperatuur H159
~ door contactverhitting C415
uitgloeiing in oven F307
~ na ionenimplantatie I332
uitgloeioven A149
uitharden C540
uithardingsinstallatie C542
uitkristalliseren C473
uitlaadkamer T9
uitlees |geheugen R66
~ operatie R67
~ register R68
uitlijn |eisen A86
~-en belichtingsapparatuur A78
~ fout A81
uitlijning A79
~ in X-richting X1
~ in Z-richting Z1
~ met geringe nauwkeurigheid L339
~ met tussenafstand S564
~ per chip F62
~ van voor tot achter F275
uitlijnmerk A83, F60
~ enkruis F59
uitlijnnauwkeurigheid A80
uitlogen L122
uitlopen L147
~ buiten zeker kader O202
uitneemmagazijn U84
uitputting door borium B233
uitputtingskanaal D81
uitrusting O174
uitschakel |tijd O27, T310
~ weerstand O21
uitscheiding van vreemde atomen I108
uitslaan door ozon-inwerking O255
uitsluiting L272
uitsnijden E353
uitsnijder en contactenvormer E354
uitsolderen D116, U89
uitsparing R76
~ en opvullend oxyde R81
~ voor chip-montage C190
uitspringende punt P473
uitspringing P466
uit standaardcellen opgebouwde schakeling S632
uitstoten E36
uitstralende diode E178
uit-tal F20
uit-toestand O16, O25
uittree-arbeid E68, W162
utval F14
uitvloeien B182
uit voorraad leverbaar IC O26
uitwendig |e component E374

~ snijdend blad P109
uitwerpen E36
uitwisselbaarheid C322
uitzettingscoëfficiënt 359
ULA U55
~-technologie U7
ULSI U19
ultra-complexe integratie U19
ultra-dun membraan U38
ultra-fijne detaillering U15
~ geometrie U14
~ maatvoering U14
~ resolutie U15
~ structurering U15
~ structuur U14
ultra-fijn luchtfilter U21
~ vormenpatroon U14
ultrafilter U13
ultra-groteschaal-integratie U19
ultra-hard vacuüm U17
ultra-hoog vacuüm U17
~-vacuümkamer S793
ultra-laagvermogen Schottky-TTL S791
ultra-reine zone U12
~ ~ met laminaire luchtstroming L8
ultrasone afdichting U30
~ contacteerinstallatie U25
~ contactering U24
~ dampontvettingsinstallatie U32
~ draadcontactering U37
~ etser U28
~ golven U33
~ lasmachine U35
~ reinigingsinstallatie U27
~ verbinding U24
~ wigcontactering U34
ultrasoon contact U24
~ lassen U36
~ solderen U31
~ sonde U29
ultraviolet-gevoelige afdeklak U47
~-laser U41
~-lithografie U43
~-ozon-reiniging U44
~-projectiesysteem U45
~-sterilisator U48
~-straling U46
ultra-zuiver |e fotolak U22
~ water U23
uniformiteit U69
unipolair |e FET U70
~e geïntegreerde schakeling U71
~-technologie U72
universeel logicacomplex U81
universele asynchrone ontvanger/zender U80
~ logicapoort U82
~ matrix U79
~ synchrone/asynchrone ontvanger/zender U83
USART U83
UV-absorptie U101
~-gevoelige afdeklak U47
~-gevoelige emulsie U103
~-laser U41
~-lithografie U43
~-projectiesysteem U45
~-sterilisator U48
~-straling U46

V

vacuüm V19
~-apparaat V6
~-bestendigheid V25

~-contactbelichtingsapparaat V13
~-CVD V9
~ depositie E343
~-dichtheid V25, V38
~-doorbraasinstallatie V37
~-drogen V7
~-droger V17
~-getrokken kamer E334
~-grijpinrichting V31
~-kamer V8
~ klok B106
~-laagopbrengmachine V12
vacuüm-leiding V18
~ meetbuis I347
~ meter G3, V28
~-opbouwtempo E336
~-opdampinstallatie V16
~-opdampmasker V15
~-opgedampte laag V14
~-opkleminrichting V10
~-oppik-inrichting V31
~-oven V22
vacuümpomp V34
~ installatie V36
~ materieel V35
vacuüm-reinigingsinstallatie V37
~ sluis V26
~-smelten V27
~-temperen V7
~ trekken E335
~-uitrusting V5
~-verdamping V20
~-vet V23
~-werkstukhouder V10
val T258
valentie |band V42
~-elektron V43
van achteren contacteren B4
~ ~ gecontacteerde chip B3
van behuizing voorzien P3
van componenten voorzien S723
vang |groef I118
~ tijd S34
van onderlaag aftrekken L171, L172
~ ~ losmaken L171, L172
~ ~ lostrekken L171, L172
van verarmingstype D85
van verrijkingstype E214
varactor met gelijkdelijke overgang G143
variabele condensator V66
~ weerstand V68
variatie tijdens produktie W156
~ van serie tot serie R367
varistor V175
vaste bedrading F151
~ condensator F141
~ interne verbindingen F147
~ lading F143
~ landingdrager F142
~ maatvoering G83
~ programmering F149
vastestof-beeldopnemer S521
~ bouwsteen S517
~-component S516
~-diffusie S518
~-doteringsbron S513
~-elektronica S519
~-epitaxie S520
~-fase S509
~ fase-epitaxie S510
~-fysica S524
~-laser S522
~-reactie S525
~ schakeling S515

∼-technologie S526
∼-toestand S514
vast e weerstand F150
∼ geheugen R66
vasthouder R274
vast raster F144
∼ verbindingspatroon F145
∼ verbonden logica H31
∼ worden S508
vat T10
VATE V84
∼-isolatie V72
VDMOS V87
vector-scan elektronenstraal -lithografie V77
∼ ∼ schrijver V76
veeleisende omgevingscondities S254
veelpolig e behuizing M423
∼ IC met platte behuizing M414
∼ platte behuizing M414
veelzijdige automatische beproevingsapparatuur V83
veldeffect F64
∼-bouwsteen F65
∼-transistor F66
veldeffecttransistor met geïsoleerde poort I187
∼ ∼ geïsoleerde siliciumpoort S346
∼ ∼ geïsoleerde weerstandspoort R229
∼ ∼ verschoven poort O22
veldeffecttransistor van verarmingstype N129
∼ ∼ verrijkingstype N128
veld emissie F67
∼ inversie F69
∼ omkering F69
∼ oxydatie F70
veldoxyde-implantatie F72
∼-isolatie F68
∼ laagje F71
∼ zone F74
veldsterkte F79
∼ verdeling F63
venster W123
∼ in doteringsmasker D354
∼ raambehuizing W124
ventilator voor antistatische behandeling D119
verarmings... D85
verarmings-FET N129
∼ kanaal D81
∼ type D85
∼ zone D89
verbeterde diffusie E208
verbetering E210
∼ van detailleerbaarheid R268
∼ van detaillering R268
verbinden B211, I233
verbinding C357, C407, I232, L213, L214
verbindingen W147
∼ dichtheid I234
∼ loop R346
∼ loop volgens klantevoorschrift C568
verbindings band I246
∼ brug T173
∼ complexiteit W148
∼ contact B206
∼ dichtheid W148
∼ eilandje I245
∼ fout C409, W150
∼ gat V129
∼ geleider B216
∼ grondlaag W155
verbindingshalfgeleider C360
∼ bouwsteen C363
∼ lichaam C362
∼ uit groep (III-V) G173
verbindings laag I237
∼ lijm B212

∼ lijn W151
∼ metallurgie I241
∼ opening V130
∼ orgaan L213
verbindingspatroon I238, R348, W140, W147, W154
∼-aanpassing volgens klantespecificaties I231
∼ masker I240
verbindings plan R347
∼ raakvlak B223
∼ raamaansluiting S579
∼ reep B88
∼ schema C408, I235, W149
∼ stuk C410
∼ techniek B219
∼ vlak B213
∼ vlakje I245
verbinding van componenten C344
∼ via contacteerdraad B222
verboden tussenbandzone F225
∼ zone F223
∼-zonebreedte F224
verbrokkeling F258
verdamper E347
∼ met grote capaciteit H81
∼ werkend met elektronenbeschieting E100
verdamping E339, V50
∼ in ultra-hoog-vacuüm U18
∼ met elektronenstraal E76
verdampings bron E346
∼ kroes C497
∼ snelheid E345
verdeelde belasting D316
verdeling A184
∼ naar functiegroepen F303
verdelingsfactor D318
verdringing vanuit de basiszone B65
verdunnen D249
verdunning D249
verdunningsmiddel F212, V78
verenigbaarheid C322
∼ met reine-ruimtecondities C257
verfijning R136
verftechniek S628
vergelijkingsspanningsdiode R128
vergelijking van Schockley S285
∼ voor ideale diode I24
verglaasd aluminiumoxyde G117
∼e keramiek G118
verglazing V154
verglazingstemperatuur V155
vergrendeling L270, L272
vergrendelschakeling L71
vergroting E210
vergulde aansluiting G134
vergulden G135
verharding H21
verhardingsmiddel H20
verhevenheid in metallisatie R28
verhoogd aansluitvlakje R29
verhouding R45
verificatie A234, V81
∼-toestel V82
verkapping C28, C32
verkleind IC S45
verkleinende elektronenbundelprojectie D69
∼ elektronenstraal-projectie-installatie R114
∼ projectielithograaf R117
verkleining R115
verkleinings camera R116
∼ factor bij projectielithografie P477
∼ stap R119
verlies D60
∼ vermogen D309
verloop D397

vermeerdering van roosterfouten D302
vermenigvuldiging M437
vermindering R115
vermogens |dichtheid P375
~ halfgeleider P379
~-IC P377
~ winst P376
venieuwing R186
verontreinigende stof C440
verontreiniging C440, I92
~ door overgangsmetalen T243
verontreinigingsvrije laag C441
verontreiniging uit omgevingslucht A63
veroudering A59
verpakken P17
verrichting P106
verrijking E210
verrijkings-FET N128
~ kanaal E211
~/verarmings-MOS E212
~ werking E214, E218
verrijkte zone E209
verschil |etsen D184
~-etsgraad D185
~ versterker D183
verschoven masker O23
verschuivingsdefect D307
versiering D23
verslechtering D60
versmalling N15
versneld |e veroudering A10
~ testen A11
versplintering F258
verspreide Josephson-logicaschakeling D315
~ schakelingen D313
verspreiding S66
verstarren S508
verstelspanning O24
versterker A127
~ met inwendige werking B290
versterking A125, E210, M437
versterkingsfactor A126, G4, G5
~ beta B115
verstoorde roosterorde L93
verstrooiing S66
~ van roosterfouten D303
verstuivings |bron S602
~ doel S603
~ etsen S599
~ installatie met doorlopende werkstukaanvoer I172
~ kamer S601
~ kathode S603
~ object S603
verticaal anisotroop etsen V84
~ doteringsprofiel V86
~ etsrandenprofiel V88
~-FET V89
~ geïntegreerde structuur V95
~ kristaltrekken V100
~ zonesmelten F195
verticale bruggeleider R326
~ dubbel-gediffundeerde MOS V87
~ injectielogica V92
~ integratie V93
~ JFET V94
~ lagen-FET V94
~ metaal-oxyde-halfgeleider V97
~ metallisatie V96
~ MOS V97
~ MOS-transistor V98
~ polysiliciumbrug V99
~ schaalverkleining V101
~ transistor V102
~ zonesmelttechniek F198

~ zonezuivering F196
vertind bolcontact T184
vertinnen E145, T185, T186
vertragende stof R275
vertragingstijd D66
~ tussen chips I230
vertroebeling F221
ver-UV |-laser F24
~-straling F23
vervaardiging van belichtingsmaskers A208
~ ~ belichtingsmaskers t.b.v. IC-produktie I9
~ ~ contacteerbobbels op montageband T19
verval D60
vervangingsweerstand E279
verveelvoudigd beeld R197
~e afbeelding M429
verveelvoudiging D434, M437, R198
verveelvoudigings |apparaat R199
~ factor M438
verveelvoudiging van afbeelding I49
vervluchtiging V170
vervormd beeld D312
verwachte levensduur E360
verwarming door lampen L12
verwerkbaarheid W159
verwerker H12
~ capaciteit per functie F306
~ proces P349
~ tempo P445
verwerking via cassettes C64
~ zonder manipulatie T204
~ zonder personeel U29
~ zonder toezicht U49
verwijdering R185
~ over de gehele oppervlakte S830
~ van etsmiddel E317
~ van onontwikkelde afdeklak R263
verwisselbaar masker M376
verzadigings |gebied S25
~ kromme S21
~ punt S24
~ spanning S27
~ stroom S22
~ weerstand S26
verzonken metallisatie R80
~ montagevlak R84
~ oxyde R81
~-oxyde zone R334
vezelglas 54
V-groef V115
~ DMOS V116
~ etsen V117
~-I² V118
~ isolatie V119
~ MOS V121
~ MOS-bouwsteen V122
~ MOS-transistor V123
~-poort R77
~ siliciumsubstraat V125
~ zone V124
VHPIC V104
VHSIC V105
~-programma V128
viaduct-spoor R365
vierfasen-logica F245
vierkante silicium-gieteling S605
~ siliciumstaaf S605
vierpool-vervangingsschakeling F249
vierpuntssonde F246
~-meettechniek F248
~ meting F247
vierpuntstaster F246
VIL V92
V/I-monitor V140

vin F99
vinger F127
~-geometrie F128
~ vormige poortelektrode F129
VIP-techniek V142
viscositeit V146
viscositeits|meter V145
~ regulator V147
V-isolatie G168
visuele bewaking V150
visuele controle V150
~ ~ na afdichting P369
~ ~ op ontwikkeling D121
~ ~ op schuifspanningen S279
~ ~ sluis voor kale chips D181
~ ~ vóór afdichting P409
visuele inspectie na verchipping D180
~ ~ onder röntgenlicht X22
visuele procesbesturingscontrole P434
viterbi-codeer-chip V152
~-decodeer-chip V151
vitrificatie G116
vlak F4, F11
vlakgecentreerd rooster F6
vlakheids|meter F161
~ tester F160
vlakindeling L108
vlakke afschuining G144
~ chip-structuur S259
~ diode S260
~-diodenmatrix S261
~ helling G144
~ schuinte G144
vlakmontage|behuizing F163
~ huisje met vierzijdige contactenrij Q10
vlak onder de oppervlakte gelegen dotering S266
~ ~ ~ ~ ~ val 268
vlak|passer L158
~ verdeling G82, L108
~ vertinner S490
vlamboogplasma A180
vlamloze puntcontacteermachine N108
vlampunt F159
VLE V51
vlek B183
vliegenooglens F218
vlies P98
vloeibaar doteermiddel L220
vloeibaarheid F208, V146
vloeibaar kristal L218
vloeibare fotolak L231
~ stikstof L224
vloeikristal L218
vloeimiddel F212
~ op waterbasis W79
vloeistoffase-epitaxie L229
~-laag L227
vloeistof|lek L147
~ vrije afdeklak N111
vloeitemperatuur F205
VLSI V107
~-geheugen V162
~-integratiegraad V161
~-logica V108
~-schakeling V159
vluchtig geheugen V168
vluchtigheid V169
V-MOS-transistor G167, R78
vocht|absorberende stof D104
~ bestendigheid H237, M323
vochtbestendigheids|proef H239
~ test H239
vochtgehalte M321
vochtige waterstofatmosfeer W107

vochtigheids|graad in de omgeving A117
~ meter H238, M322
vocht|oxydatie W109
~ scherm M320
~ sensor M324
~-waterstofatmosfeer H234
~ werende laag M320
voedings|apparaat P380
~ eenheid S795
~ inrichting F42
~ lijn S794
~ spanning S796
voeler S250
voetje C47, H38, R74, S467
volgens Czochralski-methode getrokken kristal C585
volgens klantespecs gemaakt IC M7
volgorde van verbinden B229
volkomen ontzetting P104
volledig|e isolatie door poreus siliciumoxyde F281
~ machinaal bedrijf H15
volleschijf-belichting W119
~-chip F286
~-geheugen F290, W49
~-IC W47
~-integratie F282, W27, W48
~-lithografie F288
~-masker F289
~-technologie F283
volle wafel|belichting F280
~ ~-uitlijner F284
~ ~-uitlijning F285
volmaakt kristalrooster P105
volmachinale wafeloverbrenging H16
volume|concentratie P121
~-levensduur V184
~-uitzetting V183
voor G166
voorbeeld M92
voorbehandelen P414
voorbehandeling P395, P414
voorbehandelings|diffusie P397
~ implanting P396
voorbehandeling van deksel P406
~ van kapje P406
voorbereiding P395
voordekbad F154
voordrogen P389
voorepitaxiale groei P400
voorgediffundeerde cel P398
~ plak P399
~ slice P399
voorgevormde chip-drager P407
voorharden P389
voorimplantatie P404
voorinsteeksysteem P405
voorinstelling B120
voorkant F4
voorkeursdotering P402
vooroudering P386
voorschrift R171
voorspanning B120, B124
~ in doorlaattoestand F230
~ in sperrichting B1
~ in spertoestand R287
voor spiraalverbinding geschikte aansluitstift W144
voortplantingselement P481
vooruitlijnapparaat P387
vooruitlijning P388
voorvertind soldeereilandje P411
voorverwerking F274
voorvorm P403
voorvormen van aansluitingen bij componenten C347
voorwaarde C381
voorwaarden voor geslaagde diffusie D216

541

voor zeefdrukken geschikte afdeklak S106
voorzieningen voor computer-ondersteund ontwerpen C367
~ ~ gedeïoniseerd water D319
~ ~ maskervaardiging M69
voorzien van bekleding C288
~ ~ coating C288
~ ~ deklaag C288
voorzijde F4
vorm G82
vormen M331
vormenpatroonafbeelding op maatraster S44
vormer M330
vormingscentrum G79
vorm |machine M330
~ naad F154
~ stuk M331
~ vast fotomasker R360
~ volgend bekleden C405
VPE-wafel V187
V-poort-FET V113
vreemd atoom F226, I94
~ ~ band I95
vreemde stof I92
vreemd |geleidende halfgeleider I109
~ geleidng I97
~ ion I330, I331
~ materiaal F227
5V-referentiespanningsbron R134
vrij |e aansluiting F217
~ e emitter O80
~ e ladingdrager F261
~ elektron F262
~ e weglengte F263, R38
~ geven C263
~ lopende draad F219
~ maken C263
~ traject F263
VSLI-niveau V161
VSO-huisje V110
vullen L251, R135
vuller F83, L250
vulling L243
vultrechter L253
vuurvast materiaal R146

W

waarde in bedrijf R44
wafel-bewerkingsapparatuur W43
~ breker W14
~ buiten toleranties O181
~-centrifugaaldroger W8
~ complexiteit W1
~ deler D142
~ drukker W40
~ effenheid W13
~-fabricagemoduul W11
~-getteren W16
~-gradiënt W17
~ gravering W9
~-hanteerinrichting W18
~-hanteringsmoduul W20
~-identificatie W22
wafel-inspectie |-apparaat W26
~ microscoop W24
~ plaats W25
wafel |kromheid W69
~-lader W30
wafel-lithografie W29
~ met stappenprojector W57
wafel-meet |apparatuur W34

~ systeem W15
wafel merken W33
~-merklezen W44
wafel met contacteerbobbels B304
~ ~ epitaxiaallaag E257
~ ~ geringe chips-opbrengst L349
~ ~ materiaalfouten I78
wafel |niveau W27
~ oneffenheid W35
~ ontdoen van lakresten W4
~-ontgassing W16
~ ontwikkelaar W5
~ opbrengst W70
~ overbrenging W65
~ overbrengingssysteem W66
~ part D145
~ partjes D141
~-p/n-tester W68
~-polijstmachine W37
~-positioneerinrichting W38
~ produktielijn W10
~ produktiviteit W70
wafelreiniger W52
~ met modulaire werkstukloop M319
wafel-rits-en-verchip-installatie W51
~-routeringssysteem W46
wafels laden W31
wafel |snijden W23
~-sonde W42
wafels op tussenafstand plaatsen W56
~ band W63
~ systeem W66
~ tussen cassettes C64
wafel |tussenruimte W56
~ type-tester W68
~ verbrokkelaar W14
~-verchipzaag W6
~ vervorming W7
~-verwerkingscapaciteit W59
~-verwerkingssnelheid W59
~ verzager D144
~-verzendcassette W53
~-vlakslijpen W12
~-vooruitlijning W39
~ voorzijde F276
wal W71
wand W71
wanorde D305
warmte |afgifte H42
~-afleiding H45
~ afstraler H44
warmteafvoer H45
~ lichaam H47
~ met koelribben F132
~ vermogen van chipdrager C189
warmtebehandeling B18, H48, T112
~ in oven O184
warmte |behandelingskamer T92
~ bestendigheid H46
~ dissipatie H42
~ geleiding H41, T93
~ straler R23
~-uitzetting T99
~-uitzettingscoëfficiënt T100
~ voorbehandeling B122
~ weerstand T109
warmvervormen H222
wasemkap F292, H209
wasinbedding W90
was-installatie W75
wassen W74
wassing W74
waterbadreiniger A177
water |behandelingstechnologie W86

~ dichte pakking W85
~ filter W81
~ gekoelde kathode W80
waterpas stellen van wafel W28
waterrondpompinstallatie W83
waterstoftemperen H269
water van elektronica-kwaliteit E117
~ zuiveringsinstallatie W82
wazig beeld B196
wazigheid B197, F325
weekmaker P297
weergave met maatraster S49
~ op schaal S49
weerkaatsings |coëfficiënt R138
~ vermogen R139
weer opvullen B7
weerstand R217
weerstand-condensator diode-transistor logica R244
~ netwerk R218
~-transistor logica R245
weerstand in aan-toestand O71
~ ~ geleidingstoestand O71
~ ~ hybride-techniek H266
~ ~ niet-geleidende toestand O21
~ ~ uit-toestand O21
weerstand met lage temperatuurcoëfficiënt L341
~ ~ negatieve temperatuurcoëfficiënt N51
~ ~ vertakking T31
weerstand op basis van onedele metalen B64
weerstands |belasting R231
~-chip R246
~ element R226
~ gekoppelde transistorlogica R247
~ gradiënt R237
~ laag R228, R230
~ lichaam R243
~ materiaal R232
~ netwerk R219, R233, R249
~ pasta R234
~ solderen R220
~ strook R251
~-temperatuurcoëfficiënt T52
~ tolerantie R252
~ trimmen R255
~ verdamper R227
~ verhitter R221
weerstand-transistor logica R254
weg P54
wegetsen van contactvensters C424
~ van diffusiemaskervensters D229
weglengte P54
wegneming R185
wegsmeltbaar geheugenelement B195
wegsmeltbare verbinding F315, Z2
wegsmelten F323
weinig oppervlak beslaand S449
~ verlaagd energieniveau S265
Weiss-gebied D325
welving C7
werkbank B111
werkcyclus D443
werkend beeldformaat W165
~e chip F295
~e geïntegreerde schakeling F299
werk |frequentie O90
~ gebied W160
werking O95
~ op basis van verarmingseffect D88
werkings |snelheid O92
~ wijze op basis van Gunn-effect G202
werking van bipolaire bouwstenen B157
~ zonder handbediening H15
werkkamer W161
~ spoelen C115

werk |karakteristiek O89
~ masker W166
~ origineel P455
~ plek S652, W167
~ sjabloon P454
~ spanning O94
werkstuk bij opdampen D95
~ houder A219, W163
~ houder voor contactering B215
~ kenkist T203
~ overbrenging in cassettes C55
werktafel in reine ruimte C250
werktemperatuurbereik O93
werktuig T195
~ bouwkunde E206
werkvlak op coördinatentafel S627
werkwijze O91
wervelsinteren F209
wet van Fick F58
~ ~ Gauss G76
whisker W114
wigcontacteermachine W93
wigcontactering W94
wikkelklemverbinding maken W171
winst G4
wipschakeling F183
wisselstroomweerstand A100
wisselwerking tussen ladingdragers C38
wissen C263, W125
wisvensterdeksel B297
witte olifant W115
wobbel-contactering W158
wolfraam G6
~ verdamper T296
worst-case condities W168

X

~-ontwerp W169
X-straling R332
X-Y- |complex X26
~ coördinatentafel X29
~ locatie X27
~ matrix X26
~ plotter X28
~ stappenrepeteertafel S672
~ tafel S625, X31
~ Z-tafel X30

Z

zaag S29
~ blad B173, S31
zachte Röntgenstraling S477
zachtsoldeer S471
zagen S34
zandstraalinstallatie S13
zandstralen S14
zeef S105, S114
zeefdruk P420, S112, S370
~-en inbrandprocédé S107
~ getrouwheid P421
~ inrichting P418, S117
zeefdrukken S118, S370
zeefdruk |pasta P422, S115
~-SMD S462
~-soldeermasker S110
zeefmaaswijdte S120
zeer complexe integratie L28, V107
~ ~ logica L366
zeer complexe matrixschakeling met aanpasbare
    verbindingenloop L29
~ ~ ~ ~ flexibele verbindingenloop L29

~ ~ ~ ~ vaste verbindingenloop L30
zeer complexe micro-elektronicabouwsteen H82
~ ~ microprocessor L367
zeer complex IC L27
zeer dicht bezette chip met meerlaagsverbindingen H91
zeer dichte bezetting H93
~ ~ opstelling H89
~ ~ pakking H93
zeer dichtgepakte geïntegreerde schakeling H87
zeer dicht gepakt geheugen-IC H90
zeer dichtgepakt IC H87
zeer dicht openpakken van elementen in één behuizing H92
zeer-dunne-lagentechniek V111
zeer fijn dekkende laag H107
~ ~ detaillerende zeefdruk H140
~ ~ foutvrije laag H107
zeer gevoelige afdeklak F30, H153
~ ~ fotolak F30, H153
~ ~ resist H153
zeer goede snelheidsprestaties H150
zeer grootschalige integratie V107
zeer nauwkeurige uitlijning H139
zeer snel element H144
~ ~ IC H146, U16
~ ~le afdeklak H153
~ ~le depositie H130
~ ~le fotolak H153
~ ~le geïntegreerde schakeling H146, V105
~ ~le IIL H145
~ ~le logica H147, V106
~ ~le LSI H148
~ ~le plotter H151
~ ~le resist H153
~ ~le stappen-repeteer-installatie H157
~ ~le tekenmachine H151
~ ~le werking H149
~ ~ opbrengen H130
~ ~ opdampen H130
~ ~ reageren H154
zeer veelpolige behuizing H109
zelfdiagnose S187
zelfdotering A240
zelfgejusteerd contact S169
~e CCD S168
~e dikke oxydelaag S182
~e elektrode S170
~e geïntegreerde schakeling S175
~e halfgeleider-bouwsteen S180
~e injector S174
~e poort S171
~e Schottky-veldeffecttransistor S179
~ IC S175
zelfinductie-coëfficiënt I127
zelfisolatie S188
zelfjusterend |e contacttechnologie op silicide-basis S181
~e fotolithografie S176
~ metallisatie-procédé M188
~ polycide S177
~ polysilicium-procédé S178
zelfjustering A252, S183
zelfjusterings |methode S167
~-polysilicium-procédé P345
zelfmaskerende epitaxie S189
zelfontwikkelde geïntegreerde schakeling P482
zelfontwikkelende fotolak S186
zelfreparatie S191
zelfstoppende oxydering S192
zelftesten S193
zelftestend |e geïntegreerde schakeling S185
~ IC S185
zener |diode Z4
~-doorslag Z3
zetten S834
zichtcontrole V150
~ op onderdelenplaatsing P257
~ sluis V149
zicht-inrichting V148
~-inspectie V150
zigzag-DIL Z17
~-sleuf Z18
zijdelings |e diffusie L76, S303
~e ets S304
~e spreiding L89
~etsen S298
zijdenverhouding H56, W122
zijwand S299
~ hoek S300
~ maskering S301
~ oxyde S302
ZIL Z17
zilver |houdende lijm S376
~-op-keramiek hechting S375
zone A181, R157
zone met hoge specifieke weerstand H132
~ ~ kleine bandafstand N14
~ ~ lage resistiviteit L337
~ ~ lage specifieke weerstand L337
~ ~ opvuloxyde R83
~ ~ protonenimplant P486
zone-overlapping Z27
~-raffinage Z28
zonesmelten Z25
~ met temperatuurgradiënt T59
zonezuivering Z28
zonezuiveringsinstallatie Z29
zuiver |e kerf C254
~ gladde snede C254
zuiverheid P522
zuiverheidstester voor halfgeleiders S215
zuivering P518
zuiveringsinstallatie P521
zuuretsbad A22
zuuretsen A23
zuurkast F292; H209
zuurstof |dicht masker O249
~ gehaltebewaking O252
~ inplanter O250
~ meter O251
zwakke diffusiestof L309
~ dotering L307, W91
~ injectiestroom L319
~ ontwikkeling L178
zware omgevingscondities R358
zwellen B186, S834
zwenktafel T312
zwerfstroom S705
zwevend eiland F193
~e overgang F194
~e poort F186
~ e-poort-MOS F190
~ eiland F193

BASE

B42 e **barrel-type reactor**
    r цилиндрический [барабанный] реактор m *(для плазменного травления)*
    d Trommelreaktor m
    f réacteur m cylindrique *(de décapage par plasma)*
    nl trommelbad n

B43 e **barrier**
    r (потенциальный) барьер m
    d Barriere f, Potentialbarriere f
    f barrière f (potentielle)
    nl 1. (potentiaal)barrière f 2. sperlaag f (m)

B44 e **barrier gate**
    r затвор m (с барьером) Шотки
    d Schottky-Gate n
    f grille f Schottky
    nl sper(laag)poort f (m)

B45 e **barrier-gate FET**
    r полевой транзистор m с затвором Шотки
    d Schottky-Feldeffekt-Transistor m, Schottky-FET m
    f transistor m FET à grille Schottky
    nl sperpoort-FET m

B46 e **barrier height**
    r высота f потенциального барьера
    d Potentialbarrierenhöhe f
    f hauteur f de barrière potentielle
    nl (potentiaal)barrièrehoogte f

B47 e **barrier-injection and transit-time diode**
    r инжекционно-пролётный диод m
    d BARITT-Diode f
    f diode f à temps de transit à barrière injectée, diode f BARITT
    nl sperlaaginjectie-looptijddiode f, BARITT-diode f

B48 e **barrier junction**
    r запирающий переход m
    d Sperrschicht f eines pn-Übergangs
    f jonction f à barrière
    nl sperlaagovergang m

B49 e **barrier-type CCD**
    r ПЗС m барьерного типа
    d Barrieren-CCD n
    f DCC [dispositif m à couplage de charge] type barrière
    nl sperlaag-CCD m

B50 e **base**
    r 1. база f, базовая область f 2. основание n; подложка f
    d 1. Basis f, Basisgebiet n 2. Unterlage f; Trägermaterial n
    f 1. base f 2. base f; substrat m
    nl basis f; ondergrond m

B51 e **base bias**
    r напряжение n смещения на базе
    d Basisvorspannung f
    f polarisation f inverse sur la base
    nl basisvoorspanning f, basisvoorinstelling f

B52 e **base-centered lattice**
    r базоцентрированная (кристаллическая) решётка f
    d basisflächenzentriertes Gitter n
    nl réseau m à bases centrées
    nl t.o.v. ondergrond gecentreerd (kristal)rooster n

B53 e **base diffusion**
    r диффузия f для формирования базы, базовая диффузия f
    d Basisdiffusion f
    f diffusion f de base
    nl basisdiffusie f

B54 e **base-diffusion isolation**
    r изоляция f базовой диффузией
    d Isolation f durch Basisdiffusion, BDI-Verfahren n, BDI-Technik f
    f isolation f [isolement m] par diffusion de base
    nl isolatie f door basisdiffusie, BDI-procédé n, BDI-techniek f

B55 e **base-diffusion window**
    r окно n для проведения базовой диффузии
    d Basisdiffusionsfenster n
    f fenêtre f de diffusion de base
    nl basisdiffusievenster n

B56 e **base drive-in**
    r разгонка f примеси для формирования базовой области
    d Nachdiffusion f zur Basisgebietherstellung
    f injection-diffusion f d'impureté pour formation de base
    nl nadiffusie f voor basiszone

B57 e **base electrode**
    r базовый электрод m
    d Basiselektrode f
    f électrode f de base
    nl basiselektrode f

B58 e **base-emitter diode**
    r (интегральный) диод m на основе эмиттерного перехода
    d Basis-Emitter-Diode f, Emitter-Basis-Diode f
    f diode f émetteur-base
    nl basis-emitterdiode f

B59 e **base impurity**
    r примесь f в базовой области
    d Basisstörstelle f
    f impureté f à la base
    nl basisdotering f

B60 e **base-insert**
    r углублённая базовая область f
    d vergrabenes Basisgebiet n
    f base f plongée
    nl ingelaten basiszone f (m)

B61 e **base lifetime**
    r время n жизни носителей в базовой области
    d Ladungsträgerlebensdauer f im Basisgebiet
    f durée f de vie des porteurs dans la base

BASE

nl (ladingdragers)levensduur *m* in de basiszone

B62 *e* **base-metal cermet**
r кермет *m* на основе неблагородных металлов der
d Kermet *m* auf der Basis von unedlen Metallen
f cermet *m* à la base de métaux vils
nl cermet *n* op basis van onedele metalen

B63 *e* **base-metal paste**
r паста *f* на основе неблагородных металлов
d Paste *f* auf der Basis von unedlen Metallen
f pâte *f* à la base de métaux vils
nl pasta *m* op basis van onedele metalen

B64 *e* **base-metal resistor**
r резистор *m* на основе неблагородного металла
d Widerstand *m* auf der Basis von unedlen Metallen
f résistance *f* à la base de métaux vils
nl weerstand *m* op basis van onedele metalen

B65 *e* **base push-out**
r вытеснение *m* базы *(в коллекторную область)*
d Basisverdrängung *f* *(ins Kollektorgebiet)*
f déplacement *m* de la base *(dans région de collecteur)*
nl verdringing *f* vanuit de basiszone

B66 *e* **base-region mask**
r маска *f* для формирования базовых областей
d Basisdiffusionsmaske *f*
f masque *m* de formation de base
nl basiszonemasker *n*

B67 *e* **base ring**
r базовый кольцевой контакт *m*
d Basisringelektrode *f*
f contact *m* annulaire de base
nl basisringelektrode *f*

B68 *e* **base sidewall**
r боковая стенка *f* базы
d Basisseitenwand *f*
f paroi *f* de la base
nl basiszonewand *m*

B69 *e* **basic approach**
r базовый (конструктивно-технологический) метод *m*
d Basisverfahren *n*
f méthode *f* de base
nl basisaanpak *m*

B70 *e* **basic building block**
r базовый конструктивный блок *m*
d Grundbaustein *m*
f bloc *m* [unité *f*] de base
nl basisbouwsteen *m*

B71 *e* **basic circuit**
r принципиальная схема *f*
d Prinzipschaltung *f*
f circuit *m* de base
nl principeschakeling *f*

B72 *e* **basic process**
r базовая технология *f*
d Basistechnologie *f*
f technologie *f* [procédé *m*] de base
nl basisproces *n*

B73 *e* **batch bonding**
r групповая сварка *f*
d Simultanbonden *n*, Gruppenbonden *n*
f soudage *m* de groupe
nl groepsgewijs contacteren *n*

B74 *e* **batch etching**
r групповое травление *n*
d Simultanätzen *n*, Gruppenätzen *n*
f décapage *m* de groupe
nl groepsgewijs etsen *n*

B75 *e* **batch fabrication**
r изготовление *n* методом групповой технологии
d Simultanherstellung *f*, Gruppentechnologie *f*
f fabrication *f* par technologie de groupe
nl seriefabricage *f*

B76 *e* **batch method**
r групповой (технологический) метод *m*
d Simultantechnik *f*, Gruppentechnologie *f*
f méthode *f* de groupe
nl groepsmethode *f*

B77 *e* **batch operation**
r групповая операция *f*
d Simultanoperation *f*
f opération *f* de groupe
nl groepsoperatie *f*

B78 *e* **BAW** *see* **bulk acoustic wave**

B79 *e* **BBB** *see* **basic building block**

B80 *e* **BBD** *see* **bucket-brigade device**

B81 *e* **BBSR** *see* **bucket-brigade shift register**

B82 *e* **BC** *see* 1. **buried channel** 2. **buried collector**

B83 *e* **BCCD** *see* 1. **bulk-channel CCD** 2. **buried-channel CCD**

B84 *e* **BCMOS** *see* **buried-channel MOS**

B85 *e* **BDI** *see* **base-diffusion isolation**

B86 *e* **beam**
r луч *m*; пучок *m*
d Strahl *m*; Bündel *n*
f rayon *m*; faisceau *m*
nl straal *m* (*f*), (stralen)bundel *m*

B87 *e* **beam-crystallized polysilicon**
r поликристаллический кремний *m*, подвергнутый лучевой рекристаллизации
d strahlungsrekristallisiertes Polysilizium *n*
f polysilicium *m* à recristallisation par faisceau
nl door bestraling gekristalliseerd polysilicium *n*

B88 e **beam lead**
  r балочный вывод *m*
  d Beam-lead-Anschluß *m*, Balkenleiter *m*
  f poutre *f*
  nl verbindingsreep *m*, beam-lead *m*

B89 e **beam-lead assembly**
  r блок *m* на компонентах с балочными выводами
  d Balkenleitermontageeinheit *f*
  f bloc *m* aux éléments à poutres
  nl samenstel *n* met reepverbindingen, beam-lead-samenstel *n*

B90 e **beam-lead bonding**
  r присоединение *n* балочных выводов
  d Beam-lead-Bonden *n*; Beam-lead-Verfahren *n*
  f connexion *f* des poutres
  nl reepcontactering *f*, beam-lead-contactering *f*

B91 e **beam-lead chip**
  r кристалл *m* с балочными выводами
  d Beam-lead-Chip *n*
  f puce *f* à poutres
  nl beam-lead-chip *m*

B92 e **beam-lead contact** see **beam lead**

B93 e **beam-lead crossover**
  r пересечение *n* балочных выводов
  d Beam-lead-Kreuzung *f*
  f croisement *m* des poutres
  nl beam-lead-kruising *f*

B94 e **beam-lead device**
  r прибор *m* с балочными выводами
  d Beam-lead-Baustein *m*
  f dispositif *m* à poutres
  nl beam-lead-bouwsteen *m*

B95 e **beam-lead integrated circuit**
  r ИС *f* с балочными выводами
  d Beam-lead-IC *n*, Beam-lead-Schaltkreis *m*
  f circuit *m* intégré à poutres, circuit *m* beam-lead
  nl beam-lead-geïntegreerde schakeling *f*, beam-lead-IC *n*

B96 e **beam-lead isolation**
  r изоляция *f* элементов в ИС с балочными выводами
  d Beam-lead-Isolation *f*
  f isolation *f* de circuit intégré à poutres
  nl beam-lead-isolatie *f*

B97 e **beam positioner**
  r устройство *n* управления (электронным) лучом
  d Elektronenstrahlpositioniereinrichtung *f*
  f positionneur *m* de faisceau d'électrons
  nl (elektronen)bundelpositioneerder *m*

B98 e **beam-processing**
  r электронно-лучевая обработка *f*
  d Elektronenstrahlbearbeitung *f*
  f usinage *m* par faisceau d'électrons
  nl bewerking *f* met elektronenbundel

B99 e **beam tape**
  r ленточный носитель *m* с балочными выводами
  d Zwischenträgerfolienband *n*
  f bande *f* porteuse à poutres
  nl dragerfilm *m*

B100 e **beam tape-automated assembly**
  r автоматизированная сборка *f* ИС на ленточном носителе с балочными выводами
  d Zwischenträgermontage *f*, Montage *f* von Halbleiterchips auf Zwischenträgerfilmen
  f assemblage *m* automatisé des puces sur la bande porteuse à poutres
  nl geautomatiseerde (chip)montage *f* op dragerfilm

B101 e **beam tape-automated bonder**
  r автоматизированная установка *f* для присоединения кристаллов к балочным выводам на ленточном носителе
  d Folienbondautomat *m*
  f installation *f* automatisée d'assemblage des puces sur la bande porteuse à poutres
  nl dragerfilm-contacteerautomaat *m*

B102 e **beam tape packaging**
  r сборка *f* ИС на ленточном носителе с балочными выводами
  d automatisches Bonden *n* von Halbleiterchips auf Zwischenträgerfilme
  f encapsulage *m* des puces sur bande porteuse à poutres
  nl (chip)eindmontage *f* op dragerfilm

B103 e **beam tape technology**
  r технология *f* присоединения кристаллов к балочным выводам на ленточном носителе
  d Zwischenträgermontage *f*, automatisches Bonden *n* von Halbleiterchips auf Zwischenträgerfilme
  f technologie *f* d'assemblage des puces sur la bande porteuse à poutres
  nl dragerfilmtechnologie *f*

B104 e **beamwriter**
  r установка *f* литографии сканированием луча
  d Elektronenstrahlschreiber *m*
  f installation *f* de lithographie par faisceau d'électrons
  nl elektronenbundelschrijver *m*

B105 e **beamwriter lithography**
  r литография *f* сканированием луча
  d Elektronenstrahlschreiben *n*
  f lithographie *f* par faisceau d'électrons
  nl elektronenbundel-lithografie *f*

B106 e **bell jar**
  r колпак *m* вакуумной напылительной установки
  d Vakuumglocke *f*, Vakuumrezipient *m*
  f capot *m* d'évaporateur
  nl vacuümklok *f (m)*

BELLOWS

B107 *e* **bellows joint**
   r сильфонное соединение *n*
   d Faltenbalg *m*
   f joint *m* de soufflet
   nl expansiestuk *n*

B108 *e* **belt feed**
   r подача *f* на ленточном транспортёре
   d Förderbandzuführung *f*
   f alimentation *f* par convoyeur à bande
   nl lopende-bandaanvoer *m*

B109 *e* **belt feeder**
   r ленточный питатель *m*
   d Zuführungsband *n*, Zubringerband *n*
   f alimenteur *m* à bande
   nl (aanvoer-)lopende band *m*

B110 *e* **belt furnace**
   r конвейерная печь *f*
   d Durchlaufofen *m*
   f four *m* convoyeur
   nl lopende-bandoven *m*

B111 *e* **bench**
   r 1. монтажный стол *m* 2. стенд *m*
   d 1. Montagetisch *m* 2. Prüfstand *m*
   f 1. table *f* de montage 2. banc *m*
   nl werkbank *f (m)*

B112 *e* **beryllia**
   r оксид *m* бериллия, BeO
   d Berylliumoxid *n*
   f oxyde *m* de béryllium
   nl berylliumoxyde *n*

B113 *e* **beryllium(-oxide) ceramics**
   r бериллиевая керамика *f*
   d Berylliumoxidkeramik *f*
   f céramique *f* (à oxyde) de béryllium
   nl beryllium(oxyde-)keramiek *f*

B114 *e* **beta**
   r 1. коэффициент *m* усиления транзистора по току в схеме с общим эмиттером, бета, ß
2. бета-излучение *n*
   d 1. Stromverstärkungsfaktor *m* eines Bipolartransistors in Emitterschaltung, Beta, ß 2. Beta-Strahlung *f*, ß-Strahlung *f*
   f 1. bêta *m* 2. rayonnement *m* ß
   nl beta

B115 *e* **beta-current gain**
   r коэффициент *m* усиления транзистора по току в схеме с общим эмиттером, бета, ß
   d Stromverstärkungsfaktor *m* eines Bipolartransistors in Emitterschaltung, ß
   f bêta *m*
   nl versterkingsfactor *m* beta

B116 *e* **beta degradation**
   r уменьшение *n* коэффициента усиления по току в схеме с общим эмиттером, уменьшение *n* бета, уменьшение *n* ß
   d ß-Abnahme *f*
   f dégradation *f* de bêta
   nl beta-verslechtering *f*

B117 *e* **beta radiation**
   r бета-излучение *n*
   d Beta-Strahlung *f*, ß-Strahlung *f*
   f rayonnement *m* ß
   nl beta-straling *f*

B118 *e* **betascope**
   r радиационный бета-толщиномер *m*
   d Betaskop *n*
   f bêtascope *m*
   nl betascoop *m*

B119 *e* **beta tolerance**
   r стойкость *f* к бета-излучению
   d Beta-Strahlungresistenz *f*
   f tolérance *f* au rayonnement ß
   nl beta-(stralings)bestendigheid *f*

B120 *e* **bias**
   r 1. смещение *n*; отклонение *n* 2. напряжение *n* смещения, (электрическое) смещение *n*
   d 1. Abweichung *f* 2. Vorspannung *f*
   f 1. décalage *m*, déplacement *m* 2. tension *f* de polarisation, déplacement *m* (di)électrique
   nl voorinstelling *f*, voorspanning *f*

B121 *e* **bias current**
   r ток *m* смещения
   d Vorspannungsstrom *m*
   f courant *m* de déplacement (di)électrique
   nl instelstroom *m*

B122 *e* **bias heat treatment**
   r термообработка *f* с одновременной подачей напряжения смещения
   d Wärmebehandlung *f* unter Vorspannung
   f traitement *m* thermique à l'amenée de la tension de polarisation
   nl warmtevoorbehandeling *f*

B123 *e* **bias sputtering**
   r распыление *n* под углом
   d Schrägsputtern *n*
   f pulvérisation *f* sous angle
   nl schuinsputteren *n*

B124 *e* **bias voltage**
   r напряжение *n* смещения, (электрическое) смещение *n*
   d Vorspannung *f*
   f tension *f* de polarisation
   nl instelspanning *f*, voorspanning *f*

B125 *e* **bi-etching system**
   r установка *f* двойного травления
   d Doppelätzanlage *f*
   f installation *f* de décapage double
   nl dubbeletsinstallatie *f*

B126 *e* **BIFET, bi-FET** *see* **bipolar-junction FET technology**

B127 *e* **bi-FET amplifier**
   r ИС *f* усилителя на биполярных и полевых транзисторах
   d BIFET-Verstärker *m*
   f amplificateur *m* BITEC
   nl biFET versterker *m*

B128 *e* **bi-FET technology** *see* **bipolar-junction FET technology**